附　　録

北宋の商業活動

－商税統計史料一覧－

『北宋の商業活動』正誤表

本文

略例：所在行　上5：本文、上から5行。下5：本文下から5行

頁	所在行	誤	正
（8）	下3	3対1	1対3
11	下6	標竿	標竿
98	上4	考義	孝義
256	下12	元年	六
380	上6	高公鎮	九域志、公塘鎮
400	下10	杜渚	社渚
	下9	杜渚	社渚
507	下7	添坑	漆坑
508	上2	添坑	漆坑
630	下13	彌年	牟

新務表

頁		誤	正
8	T2	標竿	標
277	礬山務	（鎮）	削除
	礬山務	S3	T1
221	T3	洪塞	徳
349		黄濟県	廣
399	S1	杜渚鎮	社
339	注	⑦稿・補、楮。志、渚	社楮。社渚
507	T10	添坑	漆
639		魏成	城

旧務表

頁		誤	正
341	①	補、北	①原文、北河志、北阿
341		唐村新河	唐村・新河
628		彌年	牟

地理表

頁・欄		誤	正
29	平原県・備考欄	樂家	藥家
239	貢欄	紫茸毛毨	紫茸・毛毨
253	新城鎮欄	廃、截原寨	廃截原寨
253	開邊寨	廃、新門寨	廃新門寨
98	永安県・備考欄	考義鎮	孝義鎮
547	土産欄	興廣州	與廣州

県変遷図

頁	欄	誤	正
56	旧務年代・鄧城	○	×
144	太平興国中	博川	博州
188	旧務年代・乾祐	○	×
253	外県欄	慶州	寧州

商税統計史料一覧表

注①②…は各州軍の旧務表・新務表の欄外注の番号と一致

京東東路① B

靑州　　　　　B1
舊在城及臨朐・千乘・博興・壽光・臨溜県・淳化鎮・博興河口・王家口九務②
歳　　　　　　　　　　　　　43,766・000
熙寧十年
在城　　　　　B1　　　　20,316・605
壽光県　　　　R1　　　　 5,380・144
臨朐県　　　　R2　　　　 4,401・129
臨溜県　　　　R3　　　　 3,316・894
千乘県　　　　R4　　　　 3,219・482③
博興県　　　　R5　　　　 2,569・509
淳化鎮　　　　S1　　　　　 459・640④
博昌鎮　　　　S2　　　　 1,515・955
淸河鎮　　　　S3　　　　　 706・803
新鎮　　　　　S4　　　　　 491・010
文家港　　　　T1　　　　17,088・088
南鹽務　　　　T2　　　　 8,544・044
博興河渡　　　T3　　　　　　19・050

密州　　　　　B2
舊在城及安丘①・高密・莒県・浹滄・板橋六務
歳　　　　　　　　　　　　　29,196・000
熙寧十年
在城　　　　　B2　　　　36,727・256
莒県　　　　　R1　　　　 5,887・390
高密県　　　　R2　　　　 3,885・885
安丘県　　　　R3　　　　 6,474・935②
牲葉鎮③　　　S1　　　　　 461・237
信陽鎮④⑤　　S2　　　　10,576・818
板橋鎮　　　　S3　　　　 3,912・078
濤洛場　　　　T1　　　　19,211・400

齊州　　　　　B3
舊在城及淸平軍・禹城・臨邑・長淸県・新鎮・擧鎮・劉宏・龍山・新舊安仁鎮①・耿明水・新市・肅安・黃河・南泊水渡・柳家巷・李家店・胡家羑②・胡家林・耿口・商家橋口・茅家口・老僧口・陰河口・馮家口・李唐口・淯口・高河口・黎濟寨・商家橋三十一務
歳　　　　　　　　　　　　　49,619・000
熙寧十年

在城　　　　　B3　　　　11,836・611
禹城県　　　　R1　　　　 4,974・902
章丘県　　　　R2　　　　 6,615・061
臨邑県　　　　R3　　　　 6,251・083
長淸県　　　　R4　　　　 6,427・362
新安仁鎮　　　S1　　　　　 616・137
舊安仁鎮　　　S2　　　　　 534・444
劉宏鎮　　　　S3　　　　 1,405・696
普濟鎮　　　　S4　　　　　 651・692
臨濟鎮　　　　S5　　　　 5,016・460
歸蘇鎮　　　　S6　　　　 1,684・204
新県耿鎮　　　S7　　　　 1,721・956
舊県耿鎮　　　S8　　　　 1,966・468
新鎮　　　　　S9　　　　 1,295・816
新市鎮　　　　S10　　　 1,672・465
仁風鎮　　　　S11　　　 1,591・491
肅安鎮　　　　S12　　　 2,210・425⑤
回河鎮　　　　S13　　　 2,427・997
曲隄鎮　　　　S14　　　 2,445・331
齊河鎮　　　　S15　　　 2,245・284
莒鎮　　　　　S16　　　 1,965・461
龍山鎮　　　　S17　　　 1,529・598
遙牆鎮　　　　S18　　　 2,208・571
黎濟寨　　　　T1　　　　　 889・822
標竿口　　　　T2　　　　11,567・158
老僧口　　　　T3　　　　　 763・427
胡家羑　　　　T4　　　　 2,566・081
李家店⑥　　　T5　　　　　 833・877
胡家林　　　　T6　　　　　 748・567

沂州　　　　　B4
舊在城及沂水・新泰・丞①・費県五務
歳　　　　　　　　　　　　　34,459・000
熙寧十年
在城　　　　　B4　　　　16,690・402
沂水県　　　　R1　　　　 4,439・324
丞県　　　　　R2　　　　 2,835・841
費県　　　　　R3　　　　 1,305・911
新泰県　　　　R4　　　　 1,707・655
蘭陵鎮　　　　S1　　　　　 698・423

力劭鎮	S 2	466・802		歲			15,669・000
屯陽鎮	S 3	983・056		熙寧十年			
靜壇鎮	S 4	1,600・940		在城	B 7		13,978・723
王相公庄(鎮)	S 5	7,538・720		昌邑県	R 1		1,225・312
蘇村(鎮)	S 6	4,157・381		昌樂県	R 2		1,326・718
				園底	T 1		14,060・893

登州　　B 5
舊在城及牟平・文登・黃県四務
歲　　　　　　　　　　　　　10,223・000
熙寧十年

在城	B 5	5,390・708
黃県	R 1	2,759・786
牟平県	R 2	2,828・069
文登県	R 3	2,705・868
兩水鎮	S 1	2,145・006
馬停	T 1	368・518

萊州　　B 6
舊在城及卽墨・萊陽・膠水県四務
歲　　　　　　　　　　　　　16,450・000
熙寧十年

在城	B 6	6,241・375
萊陽県	R 1	5,635・829
膠水県	R 2	5,083・194
卽墨県	R 3	2,163・494
羅山鎮	S 1	412・993
諸橋驛	T 1	4,521・763
海倉鎮	S 2	12,921・090
陳村	T 2	7,338・503

濰州　　B 7
舊在城及昌邑・昌樂県三務

淄州　　B 8
舊在城及長山・高苑・鄒平・臨河鎮・清城・金嶺・賈濟河口・趙崑口・南河口・北河口十一務
歲　　　　　　　　　　　　　14,200・000
熙寧十年

在城	B 8	6,758・786
鄒平県	R 1	3,327・852
長山県	R 2	2,306・761
高苑県	R 3	26,526・289
淄鄕鎮	S 1	1,525・740
陶唐口(鎮)	S 2	1,426・160
趙邑口(鎮)	S 3	28,389・097
金嶺(鎮)	S 4	1,379・197
孫家店(鎮)	S 5	1,018・283

淮陽軍　　B 9
舊在城及宿遷県二務
歲　　　　　　　　　　　　　32,956・000
熙寧十年

在城	B 9	16,125・226
宿遷県	R 1	2,746・699
桃園鎮	S 1	1,566・234
崔野鎮	S 2	1,093・705
魚溝鎮	S 3	3,071・028

京東西路　　C

兗州　　C 1
舊在城及萊蕪・龔邱・泗水・仙源・奉符・鄒県・太平・新興鎮九務
歲　　　　　　　　　　　　　38,301・000
熙寧十年

在城	C 1	8,437・843
龔邱県	R 1	2,141・279
仙源県	R 2	1,898・176
泗水県	R 3	1,162・189
奉符県	R 4	4,521・874
萊蕪県	R 5	4,528・809
太平鎮	S 1	1,663・958
鄒鎮	S 2	1,686・197

徐州　　C 2
舊在城及蕭・豐・沛・滕県・利國監・白土鎮七務
歲　　　　　　　　　　　　　64,276・000
熙寧十年

| 在城 | C 2 | 16,203・793 |
| 利國監 | T 1 | 6,144・800 |

商税統計史料一覧表

豐県	R 1	1,667・000		金郷県	R 1	5,653・821
滕県	R 2	7,328・780		鄆城県	R 2	3,234・026
蕭県	R 3	2,823・912		合蔡鎮	S 1	1,160・654
沛県	R 4	6,488・693		任城県	R 3	2,770・401
卞塘鎮	S 1	3,239・504		魯橋鎮	S 2	830・856
留城鎮	S 2	215・618		山口鎮	S 3	3,522・020
白土鎮	S 3	1,271・173		昌邑城	T 1	262・658

曹州　　　　C 3
舊在城及南華・宛句・乗氏四務
歳　　　　　　　　　　　　　　　18,883・000
熙寧十年
在城　　　　　C 3　　　　　　　7,658・096
宛句県　　　　R 1　　　　　　　4,505・069
乗氏県　　　　R 2　　　　　　　3,754・487
南華県　　　　R 3　　　　　　　7,213・931
定陶県　　　　R 4　　　　　　　3,570・641
柏林鎮　　　　S 1　　　　　　　882・736

鄆州　　　　C 4
舊在城及壽張・平陰・陽穀・中都・東阿県・楊劉口・景德鎮・竹家・鄒家・王家・沙溝十二務
歳　　　　　　　　　　　　　　　68,042・000
熙寧十年
在城　　　　　C 4　　　　　　　32,444・363
壽張県　　　　R 1　　　　　　　2,817・075
陽穀県　　　　R 2　　　　　　　6,596・788
東阿県　　　　R 3　　　　　　　3,527・534
中都県　　　　R 4　　　　　　　2,617・028
平陰県　　　　R 5　　　　　　　3,554・422
竹口鎮　　　　S 1　　　　　　　2,440・346
安樂鎮　　　　S 2　　　　　　　1,532・459
景德鎮　　　　S 3　　　　　　　2,930・018
楊劉鎮　　　　S 4　　　　　　　644・417
關山鎮　　　　S 5　　　　　　　824・600
但歡鎮　　　　S 6　　　　　　　4,413・240
寧郷鎮　　　　S 7　　　　　　　1,486・787
北新橋(鎮)　　S 8　　　　　　　1,259・051
滑家口(鎮)　　S 9　　　　　　　3,173・271
傳家岸(鎮)　　S 10　　　　　　　22,467・439

濟州　　　　C 5
舊仕城及金郷・鄆城・任城県・合蔡・魯橋鎮六務
歳　　　　　　　　　　　　　　　32,742・000
熙寧十年
在城　　　　　C 5　　　　　　　6,305・148

單州　　　　C 6
舊在城及成武・碭山・魚臺県・黃隊五務
歳　　　　　　　　　　　　　　　25,784・000
熙寧十年
在城　　　　　C 6　　　　　　　5,740・912
成武県　　　　R 1　　　　　　　2,683・164
碭山県　　　　R 2　　　　　　　1,853・699
魚臺県　　　　R 3　　　　　　　2,609・468
河渡　　　　　T 1　　　　　　　20・000
黃隊鎮　　　　S 1　　　　　　　4,809・041
河渡　　　　　T 2　　　　　　　24・484
甲頭　　　　　T 3　　　　　　　21・727

濮州　　　　C 7
舊在城及臨黃・雷澤・臨濮・范県・瓠河・柏林・蘇村八務
歳　　　　　　　　　　　　　　　18,713・000
熙寧十年
在城　　　　　C 7　　　　　　　19,637・968
雷澤県　　　　R 1　　　　　　　6,736・799
臨濮県　　　　R 2　　　　　　　3,898・701
范県　　　　　R 3　　　　　　　2,147・963
張郭鎮　　　　S 1　　　　　　　364・487
安定鎮　　　　S 2　　　　　　　694・321
徐村鎮　　　　S 3　　　　　　　791・717

廣濟軍　　　C 8
舊在城一務
歳　　　　　　　　　　　　　　　3,922・000
今廢

東京　　　　A 1
都商税院
舊不立額
熙寧十年　　　　　　　　　　　　402,379・137
開封府
舊十五県及崔橋・義聲・圍城・陳橋・建雄鎮・馬欄橋・李家・張家渡二十三務

歳		108,740・000	圍城鎮	S 8	962・286	
熙寧十年			原武鎮	S 9	2,227・782	
管城県	R 1	11,512・417	宋樓鎮	S 10	943・397	
酸棗県	R 2	3,152・395	張三館鎮	S 11	181・369	
韋城県	R 3	5,971・416	建雄鎮	S 12	1,585・018	
陳留県	R 4	6,768・103	白臯鎮	S 13	661・703	
封丘県	R 5	4,713・040	靈河鎮	S 14	234・240	
襄邑県	R 6	7,814・877	李固鎮	S 15	1,296・195	
中牟県	R 7	4,611・870	馬欄橋(鎮)	S 16	2,171・414	
新鄭県	R 8	3,306・617	崔橋(鎮)	S 17	794・614	
咸平県	R 9	9,635・374	陽武橋	T 1	1,546・860	
長垣県	R 10	9,405・181	張家渡	T 2	664・029	
鄢陵県	R 11	1,214・391	李家渡	T 3	937・968	
太康県	R 12	11,867・623	朱家曲(鎮)	S 18	653・990	
雍丘県	R 13	13,527・258				
考城県	R 14	5,673・638	**南京**	**A 3**		
東明県	R 15	5,421・226	舊在城及南河・寧陵・會亭・穀熟・下邑・楚邱・虞城・			
陽武県	R 16	6,220・885	柘城県九務			
尉氏県	R 17	7,477・154	歳		33,923・000	
扶溝県	R 18	2,497・357	熙寧十年			
胙城県	R 19	1,628・068	在城	A 3	27,886・280	
白馬県	R 20	4,207・730	寧陵県	R 1	3,723・250	
滎陽鎮	S 1	1,384・942	穀熟県	R 2	1,675・119	
滎澤鎮	S 2	1,713・974	柘城県	R 3	2,223・554	
武邱鎮	S 3	2,094・062	楚邱県	R 4	3,826・420	
河口鎮	S 4	2,667・833	下邑県	R 5	1,538・938	
萬勝鎮	S 5	323・034	虞城県	R 6	3,287・238	
陳橋鎮	S 6	205・678	會亭鎮	S 1	361・580	
郭店鎮	S 7	2,825・652	治平鎮	S 2	1,039・317	

京西南路   D

襄州	**D 1**		樊村鎮	S 2	127・100
舊在城及中廬・宜城・穀城・南漳県。大讓・高舎・牛頭八務			峴首津(鎮)	S 3	3,003・715
歳		35,893・000	**鄧州**	**D 2**	
熙寧十年			舊在城及南陽・順陽・淅川県・渚陽・峽口・鸚鵒七務		
在城	D 1	55,467・473	歳		35,876・000
鄧城県	R 1	1,796・343	熙寧十年		
南漳県	R 2	3,056・643	在城	D 2	21,370・809
宜城県	R 3	1,593・299	南陽県	R 1	5,051・040
中廬県	R 4	2,975・610	淅川県	R 2	1,782・732
光化県	R 5	8,333・640	順陽県	R 3	1,569・365
穀城県	R 6	2,991・570	峽口鎮	S 1	3,861・094
牛首鎮	S 1	273・353			

商税統計史料一覧表

渚陽鎮	S 2	1,765・677
鸛鴝鎮	S 3	1,133・928
北趙鎮	S 4	2,041・053
方城鎮	S 5	7,860・449

隨州　　　D 3
舊在城及棗陽・唐城三務
歳		5,636・000
熙寧十年		
在城	D 3	3,378・555
唐城県	R 1	648・632
棗陽県	R 2	2,168・699

金州　　　D 4
舊在城及洵陽・平利・漢陰県・激口・浣口・溜口・任口・蜀口・閭口・瓦鎮・洵城・他溪・荘門・水銀・青鳳・龍迴・連山十八務
歳		6,886・000
熙寧十年		
在城	D 4	8,330・617
洵陽県	R 1	1,280・169
漢陰県	R 2	2,787・513
平利鎮	S 1	358・019

房州　　　D 5
舊在城一務
歳		1,060・000
熙寧十年		
在城	D 5	5,435・476
竹山県	R 1	1,262・397
平安關(鎮)	S 1	441・484

寶豐鎮	S 2	460・510

均州　　　D 6
舊在城及鄖郷県・南門場三務
歳		8,816・000
熙寧十年		
在城	D 6	6,977・624
鄖郷県	R 1	3,372・552

鄧州　　　D 7
舊城及永清鎮二務
歳		12,668・000
熙寧十年		
在城	D 7	8,818・060
京山県	R 1	1,299・583
長壽県	R 2	2,397・074

唐州　　　D 8
舊在城及方城・湖陽・比陽県・山莊五務
歳		22,295・000
熙寧十年		
在城	D 8	10,607・954
湖陽県	R 1	991・907
比陽県	R 2	2,804・055
桐柏県	R 3	621・510

光化軍　　D 9
舊在城一務
歳		10,892・000
今廢		

京西北路　　E

許州　　　E 1
舊在城及陽翟・臨穎・許田・長葛・舞陽・鄢城県・合流渡・駛口・新寨十務
歳		34,476・000
熙寧十年		
在城	E 1	18,334・022
陽翟県	R 1	4,999・989
長葛県	R 2	1,900・689
臨穎県	R 3	1,429・824
鄢城県	R 4	4,438・414
舞陽県	R 5	1,413・749

北舞鎮	S 1	1,393・384
長葛鎮	S 2	292・333
合流鎮	S 3	1,752・751
新寨鎮	S 4	308・162
許田鎮	S 5	2,011・935

孟州　　　E 2
舊在城及氾水・濟源・河陰・温県・氾水渡・九鼎渡七務
歳		21,770・000
熙寧十年		

在城	E 2	8,549・925
濟源県	R 1	1,969・496
温県	R 2	1,605・878
王屋県	R 3	716・356
河陰県	R 4	5,739・522
行慶關②	T 1	3,802・764
黃河渡	T 2	387・369

蔡州 E 3
舊在城及上蔡・遂平・西平・平輿・眞陽・新息・①
襃信・新蔡・確山県・東岸・毛宗・射子鎭・汝②
南・臨淮・閭江渡十六務③

歲		38,429・000
熙寧十年		
在城	E 3	12,016・725
上蔡県	R 1	3,362・758
西平県	R 2	1,343・665
遂平県	R 3	2,220・111
確山県	R 4	1,214・046
眞陽県	R 5	1,580・191
新息県	R 6	3,504・162
襃信県	R 7	2,133・837
新蔡県	R 8	1,944・003
平輿県	R 9	611・748
汝陽県	R 10	113・105
東岸鎭	S 1	489・592
毛宗鎭	S 2	637・470
呉城鎭	S 3	637・194
王務鎭	S 4	1,004・954

陳州 E 4
舊在城及南頓・商水・西華・項城県・珍寇鎭六務①②

歲		35,755・000
熙寧十年		
在城	E 4	19,533・506
商水県③	R 1	1,185・041
項城県	R 2	1,750・180
西華県	R 3	3,156・159
珍寇鎭④	S 1	529・854
長平鎭	S 2	992・800
南頓鎭⑤	S 3	1,217・229

潁州 E 5
舊在城及正陽・界溝・斥溝・永寧・漕口・潁①②③④
上・沈丘・萬壽・河鑠・會津・河渡十二務⑤⑥

歲		50,519・000

熙寧十年		
在城	E 5	3,916・459
沈丘県⑧	R 1	1,826・865
萬壽県	R 2	1,236・876
潁上県⑨	R 3	1,934・146
斥溝鎭	S 1	1,105・201
漕口鎭	S 2	505・917
永寧鎭	S 3	115・267
正陽鎭	S 4	4,094・385
永安鎭	S 5	1,251・501
界溝鎭	S 6	836・471
河鑠	T 1	1,927・200
會津門	T 2	176・080
河渡	T 3	1,102・589
王家市(鎭)	S 7	370・740

汝州 E 6
舊在城及襄城・魯山・郟城・汝墳・葉県・龍興・①②
潁橋鎭・石塘河・洛南務十務③

歲		26,725・000
熙寧十年		
在城	E 6	3,241・174
襄城県	R 1	3,871・210
葉県	R 2	7,393・991
郟城県④	R 3	1,892・206
魯山県⑤	R 4	4,670・324
潁橋鎭	S 1	454・939
汝墳鎭	S 2	542・095
龍興鎭	S 3	450・949
曹村鎭	S 4	1,197・346
洛南務	T 1	327・586
石塘河務(鎭)	S 5	114・549

信陽軍 E 7
舊在城及羅山県二務①

歲		6,051・000
熙寧十年		
在城	E 7	3,522・782
羅山県	R 1	2,923・253

鄭州 E 8
舊在城及新鄭・榮澤・榮陽・原武・陽武・郭店・
宋家渡・陳橋九務

歲		24,703・000
今廢		

滑州	E 9		壽安県	R 4	952・483
舊在城及章城・胙城・靈河県・大翟村・李固・白 皐渡七務①			新安県	R 5	552・971
			永寧県	R 6	1,078・502
歳		30,697・000	澠池県	R 7	4,629・988
今廢			長水県	R 8	766・198
			密県	R 9	3,239・695
西京	A 2		登封県	R 10	1,325・103
舊在城及穎陽・登封・王屋・壽安・澠池・緱氏・① 伊陽・偃師・新安・永寧・伊闕②・永安・長水・ 鞏③・密県・白波・彭婆・曲河・白沙・三郷・延 禧・長泉鎮・南陳・長泉渡⑤・府店二十六務			彭婆鎮	S 2	615・952
			穎陽鎮	S 3	337・837
			白波鎮	S 4	2,674・418
			曲河鎮	S 5	887・914
歳		60,456・000	長泉鎮	S 6	836・605
熙寧十年			三郷鎮	S 7	2,163・148
在府⑥	A 2	37,943・984	伊闕鎮	S 8	1,722・989
鞏県	R 1	1,407・304	費莊場(鎮)	S 9	566・779
永安県	R 2	1,519・062	伊陽県⑩	R 11	1,389・435
偃師県	R 3	873・097	府店(鎮)	S 10	570・000
緱氏鎮⑦	S 1	1,495・083			

河北東路　　F

澶州	F 1		鹽山・馬明二十二務		
舊在城及德清軍・臨河・衛南・觀城・清豐県・土① 樓・東石店・水北・舊州鎮十務			歳		56,247・000
			熙寧十年		
歳		37,776・000	在城	F 2	10,475・674
熙寧十年			保順軍	T 1	14,283・228
在城	F 1	15,567・834	樂陵県	R 1	1,526・125
觀城県	R 1	2,582・908	南皮県	R 2	1,425・753
清豐県	R 2	6,009・714	鹽山県	R 3	37,438・426
衛南県	R 3	1,794・073	郭疃鎮③	S 1	123・723
臨河県	R 4	1,028・566	饒安鎮	S 2	326・099
德清軍②	R 5	2,885・418	無棣県⑤	R 4	17,280・987④
斜門鎮	S 1	22・190	任河鎮	S 3	250・530
舊州鎮	S 2	806・336	長蘆鎮	S 4	525・468
土樓鎮	S 3	516・426	通商鎮	S 5	286・304
商渡口	T 1	1,028・282	會寧鎮⑥	S 6	391・034
大塔渡口	T 2	334・362	馬逮鎮	S 7	262・164
曹村渡	T 3	28・054	東保安鎮	S 8	904・192
衛城店	T 4	555・346	馬明鎮	S 9	667・096
大韓店	T 5	176・659	徐村場	T 2	119・700
			樂延鎮	S 10	386・341⑦
滄州	F 2		歸化鎮	S 11	1,471・595
舊在城及保順軍・歸化・屯莊・保安・南皮・臨 津・樂陵・任河・趙觀・長蘆・咸平・通商・朱 堪・荊州口①・會寧・馬逮・饒安・劇家口・郭橋・②			屯莊鎮	S 12	530・851
			郭橋鎮	S 13	1,075・022
			西保安鎮	S 14	585・104

臨津鎮	S 15	1,332・460
乾符寨	T 3	404・795
劇家口(鎮)	S 16	1,400・890
楊攀口(鎮)	S 17	752・547
韋家莊(鎮)	S 18	290・385
車店(鎮)	S 19	320・751

冀州 F 3
舊在城及新河・南宮・衡水・棗強・蓚県・堂陽七務

歲　　　　　　　　　　　26,153・000
熙寧十年
在城	F 3	10,331・434
衡水県	R 1	848・596
南宮県	R 2	1,221・428
棗強県	R 3	585・615
武邑県	R 4	577・773
蓚県	R 5	2,028・538
新河鎮	S 1	990・450
堂陽鎮	S 2	123・155
來遠鎮	S 3	206・234
長蘆鎮	S 4	421・313
楊家鎮	S 5	544・942
王貫鎮	S 6	151・201
觀津鎮	S 7	483・374
李億鎮	S 8	351・585

瀛州 F 4
舊在城及束城・景城・樂壽県・肅寧城・劉解・永牢鎮七務

歲　　　　　　　　　　　35,968・000
熙寧十年
在城	F 4	19,167・575
樂壽県	R 1	1,407・353
景城鎮	S 1	903・574
永牢鎮	S 2	219・177
束城鎮	S 3	1,636・179
肅寧城(寨)	T 1	1,325・581

博州 F 5
舊在城及博平・興利・任平・高唐・固河・廣平・夾灘・劉家・沙塚・回河・堂邑・明靈・趙林十四務

歲　　　　　　　　　　　67,240・000
熙寧十年
在城	F 5	12,261・301
博平県	R 1	2,318・618
高唐県	R 2	3,334・368
堂邑県	R 3	3,299・252
沙塚鎮	S 1	468・178
廣平鎮	S 2	981・258
興利鎮	S 3	1,957・415
夾灘鎮	S 4	1,957・415
劉家鎮	S 5	4,244・476
固河鎮	S 6	700・605
張家渡	T 1	571・895
王館店(鎮)	S 7	1,737・571

棣州 F 6
舊在城及商河・陽信県・欽風・歸仁・西界・太平・脂角・寬河・新務・七里渡十一場

歲　　　　　　　　　　　73,812・000
熙寧十年
在城	F 6	26,760・140
陽信県	R 1	2,544・170
商河県	R 2	5,789・730
新務鎮	S 1	2,429・664
太平鎮	S 2	660・955
欽風鎮	S 3	832・217
永利鎮	S 4	864・619
歸仁鎮	S 5	1,137・552
西界鎮	S 6	468・544
脂角鎮	S 7	713・390
寬河鎮	S 8	540・517
歸仁渡	T 1	2,018・460
七里務	T 2	3,070・323
七里渡(鎮)	S 9	2,370・746
達多口(鎮)	S 10	2,185・174

莫州 F 7
舊在城及任邱・長豐三務

歲　　　　　　　　　　　8,983・000
熙寧十年
在城	F 7	5,378・858
任邱県	R 1	2,838・678
長豐鎮	S 1	1,397・638

雄州 F 8
舊在城一務

歲　　　　　　　　　　　12,893・000
熙寧十年
在城	F 8	11,552・225

商税統計史料一覧表

覇州	F 9	
舊在城及文安・大城三務		
歳		5,096・000
熙寧十年		
在城	F 9	2,498・174
文安県①	R 1	1,221・976
大城県	R 2	2,098・290
德州	F 10	
舊在城及將陵①・平原・徳平県・懷仁・重興・王琮・水務・呉橋・藥家・將陵②・安樂・安陵鎮十三場		
歳		70,547・000
熙寧十年		
在城	F 10	30,429・991
平原県	R 1	2,506・636
水務鎮	S 1	606・781
盤河鎮	S 2	290・484
磁博鎮	S 3	550・338
徳平鎮	S 4	1,259・970
麋村鎮	S 5	408・441
重興鎮	S 6	611・434
將陵鎮	S 7	102・856
懷仁鎮	S 8	1,119・586
禰化鎮	S 9	714・595
藥家鎮	S 10	1,802・251
羅家渡口	T 1	2,825・538
官橋渡口	T 2	2,362・815
沙河渡口	T 3	1,570・027
新河渡口	T 4	257・268
濱州	F 11	
舊在城及安定・蒲臺・永和・永豐・招安六務		
歳		20,651・000
熙寧十年		
在城	F 11	8,877・346
招安鎮	S 1	2,392・243
永豐鎮	S 2	5,489・464
丁字河鎮	S 3	18,119・165
馬家莊鎮	S 4	5,185・978
寧海鎮	S 5	12,073・480
東永和鎮	S 6	1,519・775
二汊鎮	S 7	434・738
通賓鎮	S 8	353・650
蒲臺鎮	S 9	707・044
舊安定鎮	S 10	1,477・892
新安定鎮	S 11	1,636・754
李則鎮	S 12	1,103・250
新定渡	T 1	2,155・991
三汊渡	T 2	1,808・066
蒲臺渡	T 3	2,010・189
東永和渡	T 4	2,259・798
丁字河渡①	T 5	999・807
恩州	F 12	
舊在城及歷亭・武城・饒陽・寧化・漳南県六務		
歳		23,621・000
熙寧十年		
在城	F 12	9,738・293
清河県	R 1	455・610
武城県	R 2	1,842・851
歷亭県	R 3	2,333・037
寶保鎮	S 1	714・361
安樂鎮	S 2	1,893・065
金河渡口	T 1	1,012・204
永靜軍	F 13	
舊在城及阜城・弓高・新高・仁高・袁村店・李橋・呉橋・婆羅河口九務		
歳		22,970・000
熙寧十年		
在城	F 13	23,891・714
阜城県	R 1	895・984
呉橋鎮	S 1	592・347
仁高鎮	S 2	292・021
安陵鎮	S 3	608・092
新高鎮	S 4	449・815
乾寧軍	F 14	
舊在城一務		
歳①		7,042・000
熙寧十年		
在城	F 14	4,862・923
范橋鎮②	R 1	530・303
信安軍	F 15	
舊在城一務		
歳		5,986・000
熙寧十年		
在城	F 15	1,434・157

保定軍①	F 16	
舊在城一務		
歲		1,733・000
熙寧十年		
在城	F 16	1,738・283
北京	A 4	
舊在城及淸平・成安・內黃・朝城・洹水・魏・莘・淸水・冠氏・夏津・永濟・經城・臨淸・宗城・南樂縣・韓張・李固・馬橋・馬陵・梁村・淺口・曹仁鎭・鄒店二十四務		
歲		84,454・000②
熙寧十年		
在府	A 4	38,628・067
朝城縣	R 1	7,516・683③
莘縣	R 2	2,839・268
淸平縣	R 3	1,558・081
新縣④	T 1	418・860
舊縣⑤	T 2	418・819
夏津縣	R 4	1,235・220⑥
冠氏縣	R 5	1,651・438
內黃縣	R 6	3,432・119

成安縣	R 7	2,873・032
魏縣	R 8	1,696・897
臨淸縣	R 9	2,104・910
宗城縣	R 10	1,416・744
南樂縣	R 11	1,301・600
韓張鎭	S 1	2,684・193
馬橋鎭	S 2	499・687
定安鎭⑦	S 3	1,545・648
桑橋鎭	S 4	410・349
李固鎭	S 5	1,046・407
淺口鎭	S 6	1,045・742
永濟鎭	S 7	2,338・119
潭城鎭	S 8	1,000・764
洹水鎭	S 9	2,202・896
延安鎭	S 10	659・502
北馬陵渡口	T 3	2,990・552
陳家口	T 4	468・120
蘭家口	T 5	1,136・956
董古渡口⑧	T 6	1,959・789
南馬陵渡口	T 7	1,737・100
梁村渡口	T 8	1,136・956
南北羅村渡⑨	T 9	5,976・302⑩

河北西路　　G

眞定府	G 1	
舊在城及天威軍・欒城・元氏・藁城・眞定・靈壽・平山・獲鹿・石邑・行唐・新城縣①・井陘縣・北寨・嵐州寨十五務		
歲		49,735・000
熙寧十年		
在城	G 1	39,590・152
藁城縣	R 1	1,223・792
欒城縣	R 2	725・653
元氏縣	R 3	1,245・383
獲鹿縣	R 4	525・325文
井陘縣	R 5	1,137・638
平山縣	R 6	955・660
行唐縣	R 7	924・242
眞定縣	R 8	28・078
北寨	R 9③	1,068・381
相州	G 2	
舊在城及蕩陰①・永和・臨漳②・林慮・鄴縣・天禧鎭七務		

歲		22,669・000
熙寧十年		
在城	G 2	12,222・089
蕩陰縣④	R 1	1,217・878
臨漳縣	R 2	1,100・257⑤
林慮縣	R 3	2,940・998⑥
永和鎭	S 1	792・018
鄴鎭	S 2	496・932
天禧鎭	S 3	593・021⑦
定州	G 3	
舊在城及無極・新樂・陞邑①・北平・唐縣・龍泉・曲陽・望都縣②・軍城寨・東城・張謙・五女村・羊馬・懷德驛・佛殿・新興村河口十七務		
歲		26,700・000
熙寧十年		
在城	G 3	19,738・473
北平軍	R 1③	4,458・850
無極縣	R 2	1,930・578
新樂縣	R 3	950・290

商税統計史料一覧表

唐県	R 4	500・005		衛鎮	S 3	1,353・556
望都県	R 5	429・922		苑橋鎮②	S 4	1,039・750
曲陽県	R 6	831・091		淇門鎮	S 5	798・081
龍泉鎮	S 1	359・481		河渡	T 1	303・955
軍城寨	T 1	587・311		張家渡	T 2	1,798・911
				李家渡	T 3	1,903・466
邢州	G 4			宋家渡	T 4	1,305・855

邢州　舊在城及鉅鹿・内丘①・堯山・團城・平郷・沙河七務
歳　　24,657・000
熙寧十年

在城	G 4	12,839・242
内丘県②	R 1	2,094・364
鉅鹿県	R 2	1,797・747
南和県	R 3	714・961
沙河県	R 4	1,276・355
堯山鎮	S 1	1,056・570
團城鎮	S 2	195・120
平郷鎮	S 3	926・072
綦村鎮	S 4	1,984・347
新店鎮	S 5	594・199

洺州　G 7
舊在城及臨洺・肥郷・平恩・曲周・鷄澤県・新①
寨・洺水・白家灘九務
歳　　20,745・000
熙寧十年

在城	G 7	6,367・545
鷄澤県②	R 1	3,169・958
平恩県	R 2	1,364・695
肥郷県	R 2	1,129・328
北洺水鎮	S 1	119・170
東臨洺鎮③	S 2	372・600
白家灘鎮④	S 3	175・787
曲周鎮	S 4	390・445
西臨洺鎮	S 5	1,146・635
新安鎮⑤	S 6	225・369
新寨鎮⑥	S 7	883・456

懷州　G 5
舊在城及在武德・武陟・修武・清化・萬善・宋①
郭・外場八務
歳　　20,608・000
熙寧十年

在城	G 5	4,700・831
武陟県	R 1	1,808・649
武德鎮	S 1	1,907・433
修武鎮	S 2	1,418・136
宋郭鎮	S 3	1,299・805
清化鎮	S 4	809・404
萬善鎮	S 5	1,757・869

深州　G 8
舊在城及安平・饒陽・束鹿・武彊県五務①
歳　　20,123・000
熙寧十年

在城	G 8	6,570・055
安平県	R 1	3,212・325
饒陽県	R 2	2,199・805
武彊県	R 3	4,345・361
束鹿県②	R 4	2,201・926

衛州　G 6
舊在城及新郷・共城・獲嘉県・大寧鎮・張家・李
家渡・河渡①八務
歳　　20,853・000
熙寧十年

在城	G 6	5,718・066
黎陽県	R 1	6,462・271
共城県	R 2	3,792・088
獲嘉県	R 3	2,687・511
新郷鎮	S 1	2,877・196
大寧鎮	S 2	966・941

磁州　G 9
舊在城及邯鄲・武安・昭德・固鎮・觀臺村
店・大趙店・二祖店・北陽・邑城②・觀臺渡十二務
歳　　13,720・000
熙寧十年

在城	G 9	7,544・793
邯鄲県	R 1	4,397・448
武安県	R 2	2,849・000
固鎮	S 1	1,961・228
觀臺鎮⑤	S 2	1,164・892
河口	T 1	354・593

二祖店(鎮)	S 3	1,522・454
臺村店(鎮)	S 4	346・107
大趙店(鎮)	S 5	306・678
邑城店(鎮)	S 6	197・025

祁州 G10
舊在城及鼓城・深澤県三務
歳　　　　　　　　　　1,094,765・000①
熙寧十年

在城	G10	8,267・449
鼓城県	R 1	5,920・646
深澤鎮	S 1	1,070・158

趙州 G11
舊在城及臨城・高邑・寧晉・柏郷・隆平県六務①
歳　　　　　　　　　　21,498・000②
熙寧十年

在城	G11	11,209・396
高邑県	R 1	1,483・630
臨城県	R 2	1,005・917
寧晉県	R 3	1,423・796
贊皇鎮③	S 1	780・000④
柏郷村(鎮)⑤	S 2	823・696
奉城鎮⑥	S 3	775・195

保州 G12
舊在城一務
歳　　　　　　　　　　11,220・000
熙寧十年

在城	G12	11,073・689

安肅軍 G13
舊在城一務
歳　　　　　　　　　　4,240・000
熙寧十年
在城　　　G13　　　4,103・520

永寧軍 G14
舊在城一務
歳　　　　　　　　　　13,057・000
熙寧十年

在城	G14	10,252・333
新橋鎮	S 1	876・630

廣信軍 G15
舊在城一務
歳　　　　　　　　　　4,156・000
熙寧十年
在城　　　G15　　　4,084・022

順安軍 G16
舊在城及高陽県二務
歳　　　　　　　　　　3,421・000
熙寧十年

在城	G16	3,034・635
高陽県	R 1	1,401・361

通利軍 G17
舊在城及淇門・苑橋鎮三務
歳　　　　　　　　　　10,082・000
今廢

永興軍路　　H

京兆府 H 1
舊在城及咸陽・興平・醴泉・武功・涇陽・櫟陽・①
臨潼・藍田・鄠県・甘北・零口鎮十二務②
歳　　　　　　　　　　56,904・000
熙寧十年

在城	H 1	38,445・842
咸陽県	R 1	4,112・763
藍田県	R 2	3,694・243
涇陽県	R 3	2,192・507
櫟陽県	R 4	2,960・003
醴泉県	R 5	3,626・549
鄠県	R 6	5,288・741
臨潼県③	R 7	695・618
奉天県	R 8	5,038・328
興平県	R 9	4,866・482
武功県	R 10	4,572・435
零口鎮	S 1	1,331・589
渭橋鎮	S 2	548・664
粟邑鎮	S 3	277・246
毗沙鎮	S 4	1,252・803
子午鎮	S 5	737・005④
臨涇鎮	S 6	524・788
薛祿鎮	S 7	1,807・439
鳴犢鎮	S 8	543・027

商税統計史料一覧表

秦渡鎮	S 9	768・907	

河中府　　H 2
舊在城及猗氏・龍門・萬泉・臨晉・虞郷県・洴谷・永樂・永安鎮・三亭・清澗渡十一務
歳　　　　　　　　　　　　　33,672・000
熙寧十年

在府	H 2	15,793・553
臨晉県	R 1	2,621・335
龍門県	R 2	2,852・200
猗氏県	R 3	2,871・560
萬泉県	R 4	2,584・625
榮河県	R 5	3,050・689
河東県	R 6	237.253
北郷鎮	S 1	45・086
清澗渡	T 1	959・351

陝州　　H 3
舊在城及湖城・芮城県・三門・曹張・銀冶六務
歳　　　　　　　　　　　　　30,006・000
熙寧十年

在城	H 3	30,635・736
夏県	R 1	3,139・976
芮城県	R 2	349・710
靈寶県	R 3	1,587・312
閿郷県	R 4	4,775・102
三門鎮	S 1	609・851
集津鎮	S 2	486・591
曹張鎮	S 3	925・356

延州　　H 4
舊在城及延川・膚施・延長・臨眞・豐林・延水・門山・敷政・金明・永和關・安遠・楊・塞門・永平・甘泉・栲栳寨十六務
歳　　　　　　　　　　　　　21,760・000
熙寧十年

在城	H 4	14,018・507
延川	R 1	685・273
臨眞県	R 2	508・155
延長県	R 3	219・538
甘泉県	R 4	661・740
敷政県	R 5	416・006
門山県	R 6	142・846
青化鎮	S 1	153・856
延水鎮	S 2	621・150
豐林鎮	S 3	409・998

綏德城	T 1	712・514
青澗城	T 2	2,350・017
永寧關	T 3	664・005
萬安寨	T 4	282・595
金明寨	T 5	83・228
永平寨	T 6	618・854
順安寨	T 7	210・072
丹頭寨	T 8	659・945
招安寨	T 9	219・040
新安寨	T10	249・767
懷寧寨	T11	727・592
綏平寨	T12	498・063
白草寨	T13	297・910
安定堡	T14	441・048
安寨堡	T15	405・350
黑水堡	T16	155・452

同州　　H 5
舊在城及夏陽・新市・良輔・澄城・郃陽・沙苑・寺前・延祥・白水・芝川十一務
歳　　　　　　　　　　　　　13,380・000
熙寧十年

在城	H 5	5,663・606
朝邑県	R 1	2,612・103
白水県	R 2	2,140・437
郃陽県	R 3	4,116・292
馮翊県	R 4	555・555
韓城県	R 5	3,451・612
澄城県	R 6	2,473・550
新市鎮	S 1	591・659
良輔鎮	S 2	1,332・920
延祥鎮	S 3	831・372
寺前鎮	S 4	652・116
夏陽鎮	S 5	548・588

華州　　H 6
舊在城及渭南・華陰・下邽・蒲城県・赤水・關西・荊姚鎮八務
歳　　　　　　　　　　　　　23,149・000
熙寧十年

在城	H 6	17,172・632
華陰県	R 1	1,351・884
下邽県	R 2	2,461・719
關西場(鎮)	S 1	1,430・653
荊姚場(鎮)	S 2	1,370・110
蒲城場(鎮)	R 3	3,816・039

赤水場(鎮)	S 3	707・575
渭南鎮③	S 4	1,139・086④

耀州	H 7	
舊在城及富平・三原・美原・淳化・同官・雲陽・黃堡・孟店九務		
歲		19,885・000
熙寧十年		
在城	H 7	6,286・034
富平県	R 1	5,935・312
美原県	R 2	2,607・453
三原県	R 3	3,804・360
同官県	R 4	2,027・341
雲陽県	R 5	3,211・777
淳化県	R 6	3,127・194
孟店鎮	S 1	890・649
黃堡鎮	S 2	2,467・603

邠州	H 8	
舊在城及三水・定平・宜祿県四務①		
歲		14,445・000
熙寧十年		
在城	H 8	7,689・716
三水県	R 1	5,119・479
宜祿県	R 2	2,195・028
永壽県	R 3	1,556・200
龍泉鎮	S 1	1,083・688

鄜州	H 9	
舊在城及鄜城・洛川・三川・直羅五務①		
歲		8,809・000
熙寧十年		
在城	H 9	4,967・273
直羅県②	R 1	210・591
洛川県	R 2	1,108・216
康定軍	R 3③	2,033・187
三川鎮	S 1	133・621
赤松鎮	S 2	286・138

解州	H 10	
舊在城及安邑・聞喜県・東鎮・橫水五務		
歲		12,862・000
熙寧十年		
在城	H 10	7,704・756
安邑県①	R 1	8,756・178②
聞喜県	R 2	2,500・159

橫水	T 1	1,827・021
劉莊冶	T 2	1,222・522

慶州	H 11	
舊在城及合水・鳳川・華池・淮安・五交・業樂・柔遠・府城・景山・沃壤十一務		
歲		12,919・000
熙寧十年		
在城	H 11	8,426・859
合水県	R 1	497・465
彭原県	R 2	860・302
淮安鎮	S 1	546・406
業樂鎮	S 2	922・932
五交鎮	S 3	291・423
金櫃鎮	S 4	79・812
華池鎮	S 5	1,460・853
鳳川鎮	S 6	95・646
董志鎮	S 7	565・605
景山鎮	S 8	1,188・499
大順城①	T 1	793・797
西谷寨	T 2	169・278
東谷寨	T 3	125・749
府城寨	T 4	199・350
大順寨	T 5	183・841
柔遠寨	T 6	474・791
荔原堡	T 7	158・723

虢州	H 12	
舊在城及玉城・盧氏・朱陽県四務①		
歲		7,242・000
熙寧十年		
在城	H 12	3,427・298
朱陽県	R 1	1,741・887③
盧氏県	R 2	4,189・702
玉城鎮④	S 1	884・975
欒川冶(鎮)	S 2	2,239・922

商州	H 13	
舊在城及洛南・採造①・坑冶四務		
歲		13,579・000
熙寧十年		
在城	H 13	8,944・812
洛南県	R 1	4,213・757
故県鎮	S 1	1,567・705
商洛県	R 2	107・302
豐陽県	R 3	1,190・103

商税統計史料一覧表

石界鎮	S 2	2,961・400	
採造務(鎮)	S 3	626・705	
坑冶務	T 1	656・255	
錫定冶	T 2	未立額	

寧州 H 14
舊在城及彭原・襄樂・眞寧・董志・山河六務
歲　　　　　　　　　　　　　　17,567・000
熙寧十年

在城	H 14	8,516・006
襄樂県	R 1	1,019・938
眞寧県	R 2	224・652
定安県	R 3	123・145
定平県	R 4	2,330・299
山河鎮	S 1	471・561
永昌鎮	S 2	467・222

坊州 H 15
舊在城及宜君県・北拓鎮・昇平県四務
歲　　　　　　　　　　　　　　5,417・000
熙寧十年

在城	H 15	3,845・401
宜君県	R 1	358・195
昇平鎮	S 1	539・845
北拓鎮	S 2	514・150

丹州 H 16
舊在城及烏仁關・虎谷鎮・烏仁渡四務
歲　　　　　　　　　　　　　　2,055・000
熙寧十年

在城	H 16	2,370・143
宜川県	R 1	199・790
烏仁關	T 1	34・325

環州 H 17
舊在城及馬嶺・木波・合道・石昌鎮・大抜寨六務
歲　　　　　　　　　　　　　　13,859・000
熙寧十年

在城	H 17	4,759・579
木波鎮	S 1	1,854・726
馬嶺鎮	S 2	454・546
合道鎮	S 3	552・971
石昌鎮	S 4	215・703
大抜寨	T 1	97・826
安塞寨	T 2	239・105
洪德寨	T 3	103・194
肅遠寨	T 4	139・937
團保寨	T 5	345・837
平遠寨	T 6	295・729
永和寨	T 7	355・337
定邊寨	T 8	462・481
烏崙寨	T 9	81・484

保安軍 H 18
舊在城及德靖寨二務
歲　　　　　　　　　　　　　　3,314・000
熙寧十年

在城	H 18	1,801・890
德靖寨	T 1	676・362
順寧寨	T 2	489・261
園林堡	T 3	270・156

乾州 H 19
舊在城及薛禄・麻亭・大横・日教寺・李呉店・好時・馮氏八務
歲　　　　　　　　　　　　　　12,614・000
今廢

慶成軍 H 20
舊在城及北鄉鎮二務
歲　　　　　　　　　　　　　　4,073・000
今廢

秦鳳路　　I

鳳翔府　　I 1
舊在城及塾屋・寶雞・岐山・扶風・普潤・郿・虢県・横渠・岐陽・馬磧・陽平・洛谷・清平・赤谷十五務
歲　　　　　　　　　　　　　　42,148・000
熙寧十年

在城	I 1	30,462・879
寶雞県	R 1	5,652・604
扶風県	R 2	574・245
虢県	R 3	430・641
岐山県	R 4	641・760
塾屋県	R 5	4,025・873

— 947 —

普潤県	R 6	598・423
郿県	R 7	1,598・059
虢川鎮	S 1	3,380・118
駱谷務③	T 1	1,540・828
馬磧鎮	S 2	509・695
武城鎮④	S 3	244・001
清平鎮	S 4	1,629・056
横渠務(鎮)	S 5	1,349・365
崔模場(鎮)⑤	S 6	661・815
陽平務(鎮)	S 7	1,304・281
岐陽務(鎮)	S 8	3,361・738⑥

秦州 Ⅰ 2
舊在城及弓門・定西・長道・伏羌・三陽・白沙・①
牀穣・大潭・冶坊・靜戎・清水・鹽官・白石・百
家・夕陽・隴城・永寧冶・太平監十九務④

歳		63,381・000
熙寧十年		
在城	Ⅰ 2	79,959・372
隴城県	R 1	3,613・275
清水県	R 2	2,235・761
太平監	T 1	520・604
百家鎮	S 1	507・258
夕陽鎮	S 2	571・984
白沙鎮	S 3	235・955
鐵冶鎮④	S 4	518・136
伏羌城	T 2	3,084・073
靜戎寨②	T 3	98・108
三陽寨	T 4	244・593
弓門寨	T 5	390・215
定西寨	T 6	88・366
隴城寨④	T 7	462・917
冶坊堡	T 8	134・416

涇州 Ⅰ 3
舊在城及靈臺・良原・長武・百里五務①

歳		13,922・000
熙寧十年		
在城	Ⅰ 3	9,471・788
良原県②	R 1	2,191・604
靈臺県	R 2	2,403・745
百里鎮	S 1	1,259・787
長武寨	T 1	1,217・956

熙州 Ⅰ 4
(旧務不記)

熙寧十年		
在城	Ⅰ 4	3,600・000①

隴州 Ⅰ 5
舊在城及定戎・呉山・新關・隴安・保寧・汧陽・①
銀冶八務②

歳		21,362・000
熙寧十年		
在城	Ⅰ 5	13,034・830
保寧鎮	S 1	413・136
汧陽県	R 1	1,213・103
呉山県	R 2	1,136・322③
古道場	T 1	681・159
隴安県	R 3	2,101・212
定戎鎮	S 2	919・396
安化鎮④	S 3	468・530

成州 Ⅰ 6
舊在城及泥陽・栗亭・金沙・府城五務①

歳		94,632・000②
熙寧十年		
在城	Ⅰ 6	2,500・775
栗亭県	R 1	5,234・487
府城鎮③	S 1	372・490
泥陽鎮④	S 2	1,159・629

鳳州 Ⅰ 7
舊在城及武休・廣郷県・固鎮四務①

歳		30,843・000
熙寧十年		
在城	Ⅰ 7	10,836・526
廣郷鎮(県)	R 1	2,645・385
武休鎮	S 1	9,392・912
固鎮(県)③	R 2	24,816・590
隔茅鎮④	S 2	3,681・019

岷州 Ⅰ 8
(旧務不記)

熙寧十年		
在城	Ⅰ 8	1,005・443
長道県	R 1	797・654
大潭県	R 2	1,572・498
故城鎮	S 1	577・065
骨谷鎮	S 2	370・419
白石鎮	S 3	1,323・424
滔山鎮①	S 4	651・516

— 948 —

商税統計史料一覧表

馬務鎮	S 5	351・403②	

渭州	Ｉ 9		
舊在城及耀武①・新寨②・瓦亭③・隴竿・牧龍城・潘原・定川・靜邊・得勝寨⑥・安國鎮十一務④			
歳		24,160・000	
熙寧十年			
在城	Ｉ 9	6,411・278	
華亭県⑦	Ｒ 1	3,417・694	
安化県	Ｒ 2	1,843・664	
潘原県	Ｒ 3	2,514・754	
崇信県	Ｒ 4	2,268・592⑧	
耀武鎮	S 1	501・540	
白巌河鎮⑨	S 2	700・723	
安國鎮	S 3	946・252	
西赤城(鎮)	S 4	492・672	
黄石河務(鎮)⑩	S 5	517・396	
瓦亭寨⑪	T 1	1,505・547	

原州	Ｉ 10		
舊在城及新城・新門・開邊・彭陽・柳泉六務			
歳		7,781・000	
熙寧十年			
在城	Ｉ 10	3,970・738①	
彭陽県②	Ｒ 1	551・972	
新城鎮	S 1	1,258・521	
柳泉鎮③	S 2	520・684	
蕭鎮	S 3	155・145④	
開邊寨	T 1	1,499・699	
綏寧寨	T 2	597・722	
西壕寨⑤	T 3	287・977	
靖安寨	T 4	494・046	
平安寨	T 5	1,260・490	

階州	Ｉ 11		
舊在城及將利県二務			
歳		19,652・000	
熙寧十年			
在城	Ｉ 11	13,172・372①	
將利県	Ｒ 1	1,229・236②	
盧布津場	T 1	4,066・035③	
石門務(鎮)	S 1	253・180	
角弓務(鎮)	S 2	585・097	
河口務(鎮)	S 3	322・615	
故城務(鎮)	S 4	229・483	
利亭務(鎮)	S 5	1,915・704	

河州	Ｉ 12		
無定額			

鎮戎軍	Ｉ 13		
舊在城及東山・乾興・天聖寨・彭陽城・安邊堡六務			
歳		7,809・000①	
熙寧十年			
在軍	Ｉ 13	2,375・768	
彭陽城	T 1	1,201・185	
天聖寨	T 2	532・686	
東山寨	T 3	1,479・820	
乾興寨	T 4	406・948	
開遠堡	T 5	376・247	
張義堡	T 6	未有額	

德順軍	Ｉ 14		
(旧務不記)			
熙寧十年			
在城	Ｉ 14	3,728・113	
水洛城	T 1	5,059・900	
靜邊寨	T 2	2,105・264	
隆德寨	T 3	1,188・537①	
得勝寨	T 4	389・893	
通邊寨	T 5	346・878	
治平寨	T 6	769・907	
中安堡	T 7	325・121	
威戎堡	T 8	496・884②	
麻家堡	T 9	182・149③	

通遠軍	Ｉ 15		
(旧務不記)			
熙寧十年			
在軍①	Ｉ 15	2,490・899	
威遠鎮	S 1	859・154	
永寧寨	T 1	5,832・950	
寧遠寨	T 2	1,423・807	

儀州	Ｉ 16		
舊在城及崇信県・制勝關・黄石河四務			
歳		8,054・000	
今廢			

開寶監	Ｉ 17		
舊在城一務			
歳		171・000	
今廢			

河東路　　J

太原府　　　　J 1
舊在城及清源・榆次・文水・平晉・壽陽・祁県・
百井・團柏九務
歳　　　　　　　　　　　　　43,018・000
熙寧十年
在城　　　　　J 1　　　　30,724・110
孟県　　　　　R 1　　　　 3,751・223
太谷県　　　　R 2　　　　 1,107・608
文水県　　　　R 3　　　　 1,178・234
交城県　　　　R 4　　　　 1,736・959
清源県　　　　R 5　　　　 3,000・282
壽陽県　　　　R 6　　　　 1,815・265
祁県　　　　　R 7　　　　 1,933・889
徐溝鎮　　　　S 1　　　　 1,743・996
團柏鎮　　　　S 2　　　　 1,493・367
晉祠鎮　　　　S 3　　　　　 203・702
百井寨　　　　T 1　　　　　 462・137

潞州　　　　　J 2
舊在城及長子・襄垣・屯留・渉・壺關県六務
歳　　　　　　　　　　　　　25,689・000
熙寧十年
在城　　　　　J 2　　　　　 403・038
渉県　　　　　R 1　　　　　　44・417
襄垣県　　　　R 2　　　　　　 1・716
屯留県　　　　R 3　　　　　　 1・472
潞城県　　　　R 4　　　　　　 0・501
襪亭鎮　　　　S 1　　　　　　 1・872
渉県西戍　　　T 1　　　　　　 1・866

晉州　　　　　J 3
舊在城及霍邑・趙城・洪洞・冀氏・襄陵・晉橋店
七務
歳　　　　　　　　　　　　　29,206・000
熙寧十年
在城　　　　　J 3　　　　33,136・746
襄陵県　　　　R 1　　　　 1,362・018
洪洞県　　　　R 2　　　　 1,064・022
神山県　　　　R 3　　　　　 604・833
霍邑県　　　　R 4　　　　 1,209・095
冀氏県　　　　R 5　　　　 1,408・550
岳陽県　　　　R 6　　　　　 972・531
趙城鎮　　　　S 1　　　　　 515・560
和川鎮　　　　S 2　　　　　 140・792

攀山務(鎮)　　S 3　　　　　 172・195

府州　　　　　J 4
舊在城　　　　　　　　　　　不立額
熙寧十年
在城　　　　　J 4　　　　 2,640・571
久良津　　　　T 1　　　　 2,061・000

麟州　　　　　J 5
舊　　　　　　　　　　　　　不立額
熙寧十年
在城　　　　　J 5　　　　 2,499・821

絳州　　　　　J 6
舊在城及太平・稷山・垣曲・曲沃・合口六務
歳　　　　　　　　　　　　　24,780・000
熙寧十年
在城　　　　　J 6　　　　 8,781・183
太平県　　　　R 1　　　　 4,728・080
稷山県　　　　R 2　　　　 4,614・139
曲沃県　　　　R 3　　　　 3,538・312
翼城県　　　　R 4　　　　 4,393・106
垣曲県　　　　R 5　　　　 2,783・736
絳県　　　　　R 6　　　　 1,817・114
正平県　　　　R 7　　　　　 642・889
鄕寧鎮　　　　S 1　　　　　 156・356

代州　　　　　J 7
舊在城及五臺・雁門・陽武・崞県・繁時・寶興・
義興・石碏・瓶形・大石・梅廻・茹越・胡谷・西
陘・土墱・石磙・樓板・麻谷寨十九務
歳　　　　　　　　　　　　　 7,949・000
熙寧十年
在城　　　　　J 7　　　　 3,998・612
繁時県　　　　R 1　　　　　 744・828
五臺県　　　　R 2　　　　 2,019・658
崞県　　　　　R 3　　　　 1,650・404
興善鎮　　　　S 1　　　　　 613・776
石碏鎮　　　　S 2　　　　 1,488・120
雁門寨　　　　T 1　　　　　　59・922
土墱寨　　　　T 2　　　　　　65・023
石磙寨　　　　T 3　　　　　 124・258
胡谷寨　　　　T 4　　　　　　66・754
麻谷寨　　　　T 5　　　　　 134・579

商税統計史料一覧表

瓶形寨	T 6	62・086
茹越寨	T 7	58・876
梅廻寨	T 8	64・732
義興冶寨	T 9	389・995
西陘寨	T 10	50・084
陽武寨	T 11	174・827
樓板寨	T 12	132・268
大石寨	T 13	70・097
寶興寨	T 14	280・596

隰州　　J 8
舊在城及温泉・永和・蒲県・上平・永和關・大寧県・渡利・石樓九務
歳　　　　　　　　　　　　　9,049・000
熙寧十年

在城	J 8	4,319・763
蒲県	R 1	1,462・044
大寧県	R 2	799・278
石樓県	R 3	387・282
永和県	R 4	424・835
上平關	T 1	191・508
温泉県	R 5	1,550・915
吉郷軍(県)	R 6	2,062・496
永和關	T 2	629・684
馬鬪關	T 3	13・910
渡利務	T 4	752・215

汾州　　J 9
舊在城及平遙・介休・靈石・孝義五務
歳　　　　　　　　　　　　　17,908・000
熙寧十年

在城	J 9	7,601・763
平遙県	R 1	4,219・752
介休県	R 2	2,714・581
靈石県	R 3	4,302・493
西河県	R 4	318・637
孝義鎮	S 1	231・308
洪山寺	T 1	732・627

忻州　　J 10
舊在城一務
歳　　　　　　　　　　　　　5,699・000
熙寧十年

在城	J 10	6,800・288

澤州　　J 11
舊在城及高平・沁水・陽城県四務
歳　　　　　　　　　　　　　17,794・000
熙寧十年

在城	J 11	11,159・582
高平県	R 1	3,003・516
陽城県	R 2	1,056・250
沁水県	R 3	1,882・761
端氏県	R 4	668・164

憲州　　J 12
舊在城一務
歳　　　　　　　　　　　　　2,622・000
熙寧十年

在城	J 12	3,844・211

嵐州　　J 13
舊在城及樓煩県・合河津三務
歳　　　　　　　　　　　　　3,908・000
熙寧十年

在城	J 13	3,992・125
合河県	R 1	698・373
樓煩県	R 2	2,952・715
乳浪寨	T 1	9,000・896
合河津	T 2	2,021・109
飛鳶堡	T 3	1,550・373

石州　　J 14
舊在城及方山・定胡・平夷県・天渾・伏落津六務
歳　　　　　　　　　　　　　6,949・000
熙寧十年

在城	J 14	5,047・357
平夷県	R 1	428・053
方山県	R 2	441・522
定胡県	R 3	207・248
臨泉県	R 4	359・025
伏落津	T 1	349・043
天渾津	T 2	55・824
石窟驛	T 3	180・948

威勝軍　　J 15
舊在城及西湯・武郷三務
歳　　　　　　　　　　　　　5,423・000
熙寧十年

在城	J 15	5,023・501
武郷県	R 1	398・038

新縣上県	R 2	1409・536
①舊綿上(場)	T 1	835・408
②榆社鎮	S 1	971・336
沁源県	R 3	1,129・568
③西湯鎮	S 2	326・761
④南關(鎮)	S 3	275・844
⑤		
平定軍	J 16	
舊在城及承天軍・樂平県・百井寨四務		
歳		5,221・000
熙寧十年		
在城	J 16	3,730・431
承天軍(寨)①	T 1	64・622
樂平県	R 1	1,184・644
遼山県	R 2	4,264・780
②和順鎮	S 1	753・862
平城鎮	S 2	636・576
芹泉鎮	S 3	680・769
靜陽寨	T 2	225・463
東百井寨	T 3	389・066
黃澤關	T 4	281・685
寧化軍	J 17	
舊在城一務		
歳		647・000
熙寧十年		
在城	J 17	1,213・688
	①②	
火山軍	J 18	
舊在城一務		
歳		1,004・000
熙寧十年		
在城	J 18	2,889・830
雄勇津	T 1	633・486
岢嵐軍	J 19	
舊在城一務		
歳		3,894・000
熙寧十年		
在城	J 19	593・065
保德軍	J 20	
舊在城一務		4,813・000
熙寧十年		
在城	J 20	4,459・013
大堡津	T 1	139・910
慈州	J 21	
舊在城及谷都鎮二務①		
歳②		3,262・000
今廢		
遼州	J 22	
舊在城及芹泉・榆社・平城・和順五務		
歳		5,049・000
今廢		
大通監	J 23	
舊在城及東冶二務①		
歳		2,672・000
今廢		

淮南東路　　K

揚州	K 1	
舊在城及天長・①銅城鎮・②瓜洲・③邵伯・板橋・石梁七務		
歳		78,490・000
熙寧十年		
在城	K 1	41,849・403
④瓜洲鎮	S 1	7,690・244
邵伯鎮	S 2	1,641・575
天長県	R 1	7,987・280
⑤銅城鎮	S 3	8,032・536
高郵県	R 2	28,126・038
⑥三塾鎮	S 4	481・912
⑦臨澤鎮	S 5	150・959
樊良鎮	S 6	2,030・762
		⑧
亳州	K 2	
舊在城及衛眞・鹿邑・城父・蒙城・永城・鄸県・谷陽・酇城・保安・鄸陽十一務①		
歳		33,944・000
熙寧十年		
在城	K 2	4,377・204
谷陽鎮②	S 1	563・709

商税統計史料一覧表

衛眞県	R 1	1,680・482
鹿邑県	R 2	4,546・938
蒙城県	R 3	2,785・318
酇県	R 4	876・962
永城県	R 5	7,569・703
酇城鎮	S 2	826・016
蒙館鎮	S 3	356・299
酇陽鎮	S 4	391・814
保安鎮	S 5	271・305
藥墻務	T 1	253・946

宿州　　　　　K 3
舊在城及蘄・虹・臨渙県・柳子・蘄澤・靜安・零壁・荊山鎮九務
歳　　　　　　　　　　　32,092・000
熙寧十年

在城	K 3	15,079・299
臨渙県	R 1	1,539・454
虹県	R 2	2,042・894
蘄県	R 3	606・862
柳子鎮	S 1	871・348
蘄澤鎮	S 2	511・945
靜安鎮	S 3	666・055
零壁鎮	S 4	2,156・632
荊山鎮	S 5	1,191・324
新馬鎮	S 6	795・323
西故鎮	S 7	599・928

楚州　　　　　K 4
舊在城及寶應・淮陰・鹽城県・北神堰・黄浦・馬邏・謝陽八務
歳　　　　　　　　　　　61,687・000
熙寧十年

在城	K 4	67,881・587
寶應県	R 1	16,080・170
淮陰県	R 2	2,197・239
鹽城県	R 3	6,487・233
漣水県	R 4	21,191・691
黄浦	T 1	137・051

海州　　　　　K 5
舊在城及沭陽・懷仁県・臨洪鎮四務
歳　　　　　　　　　　　18,670・000
熙寧十年

在城	K 5	11,669・309
沭陽県	R 1	4,888・578
懷仁県	R 2	31・501
臨洪鎮	S 1	583・770

泰州　　　　　K 6
舊在城及如皋・興化・泰興・西溪県・陵亭・柴墟鎮七務
歳　　　　　　　　　　　21,064・000
熙寧十年

在城	K 6	13,371・460
興化県	R 1	3,492・582
柴墟務(鎮)	S 1	1,599・477
如皋務(県)	R 2	3,567・489
泰興務(県)	R 3	1,616・063
海波務	T 1	1,276・413
陵亭務(鎮)	S 2	157・350
西溪務(鎮)	S 3	992・216

泗州　　　　　K 7
舊在城及青陽・徐城・招信県・平源・南城・木場七務
歳　　　　　　　　　　　25,416・000
熙寧十年

在城	K 7	21,682・484
河南務	T 1	3,216・775
青陽務(鎮)	S 1	1,532・240
徐城務(鎮)	S 2	791・351
招信務(県)	R 1	1,054・037
木場務(鎮)	S 3	268・705
平源務(鎮)	S 4	101・594

滁州　　　　　K 8
舊在城及來安・全椒県・白塔四務
歳　　　　　　　　　　　11,334・000
熙寧十年

在城	K 8	12,545・063
來安県	R 1	1,215・882
全椒県	R 2	1,257・137
白塔鎮	S 1	326・479

眞州　　　　　K 9
舊在城及横驛・六合・瓜歩・宣化五務
歳　　　　　　　　　　　60,614・000
熙寧十年

在城	K 9	53,536・135
六合県	R 1	6,498・531
宣化鎮	S 1	1,486・615

― 953 ―

瓜歩鎮①		S 2	1,390・766	漣水軍	K 11	
				舊在城及淮南渡二務		
通州		K 10		歳		12,956・000
舊在城及海門縣二務				今廢		
歳			7,787・000			
熈寧十年				高郵軍		K 12
在城		K 10	5,493・002	舊在城及樊梁・三塾・北阿・臨津嶺・第二溝場・		
海門縣		R 1	3,742・236	名勒②・唐村・新河八務③		
崇明務(鎮)		S 1	295・341	歳		50,698・000
				今廢		

淮南西路　　L

壽州		L 1		蘄水縣	R 1	2,501・754
舊在城及壽春①・安豊・霍邱・六安・霍山・麻歩・				黄梅縣	R 2	1,230・916
開順口八務				石橋鎮	S 1	612・508
歳②			133,224・000	廣濟縣	R 3	860・591
熈寧十年				蘄口鎮	S 2	26,540・566
在城		L 1	17,550・621	王祺鎮	S 3	160・700
壽春縣		R 1	6,274・533	馬嶺鎮	S 4	622・591
安豊縣		R 2	8,863・154			
霍邱縣		R 3	13,796・622	和州	L 4	
六安縣		R 4	18,500・937	舊在城及東關・含山・烏江・采石・柵江六務		
麻歩務(鎮)		S 1	1,265・203	歳		23,622・000
霍山務(鎮)		S 2	4,255・919	熈寧十年		
開順口(鎮)		S 3	1,331・035	在城	L 4	16,124・037
來遠務(鎮)		S 4	382・953	烏江縣	R 1	3,140・977
撅澗(鎮)③		S 5	1,162・613	含山縣	R 2	2,131・790
				柵江務(寨)①	T 1	572・381
廬州		L 2		東關務(寨)	T 2	3,312・172
舊在城及愼縣①・舒城縣・九井・青陽鎮・故郡六務②				采石務	T 3	1,719・632
歳			50,882・000			
熈寧十年				舒州	L 5	
在城		L 2	50,315・887	舊在城及太湖・宿松・望江・桐城縣・許公・皖①		
愼縣		R 1	1,971・217	口・孔城・永安・石溪・龍溪・馬頭②・長風・盤小		
舒城縣		R 2	8,087・503	鎮③・鎮銅山④⑤・雙港⑥・楊溪・石口・鷲山十九務		
青陽鎮		S 1	403・177	歳⑦		42,926・000
九井鎮		S 2	1,296・636	熈寧十年		
				在城⑧	L 5	3,830・980
蘄州		L 3		許公務(鎮)	S 1	871・722
舊在城及蘄水・黄梅・廣濟縣・蘄口・王祺②・石				雙港務(鎮)⑨	S 2	446・192
橋・馬嶺八務				鷲山務(鎮)	S 3	504・301
歳			55,767・000	孔城務(鎮)	S 4	1,065・011
熈寧十年				永安務(鎮)	S 5	7,927・468
在城		L 3	21,141・279	宿松務(縣)	R 1	1,390・327

— 954 —

石溪務(鎮)	S 6	657・142	
皖口務(鎮)	S 7	1,733・515	
太湖務(県)	R 2	3,038・982	
楊溪務	T 1	136・321	
桐城務(県)	R 3	1,624・250	
望江務(県)	R 4	907・649	

濠州	L 6		
舊在城及定遠県・蘆塘・藕塘四務			
歲		16,051・000	
熙寧十年			
在城	L 6	8,264・643	
定遠県	R 1	8,984・190	
藕塘鎮	S 1	998・659	
永安鎮	S 2	857・620	

光州	L 7		
舊在城及光山・朱皐・固始県・子安・仙居・商城七務			
歲		36,036・000	
熙寧十年			
在城	L 7	4,925・696	
固始県	R 1	9,200・113	
光山県	R 2	4,638・228	
仙居県	R 3	1,572・931	
商城鎮	S 1	3,017・904	
朱皐鎮	S 2	677・777	
子安鎮	S 3	842・138	

黃州	L 8		
舊在城及黃陂・麻城・岐亭・團風・久長・陽羅・故県・白沙九務			
歲		33,273・000	
熙寧十年			
在城	L 8	25,067・111	
故県鎮	S 1	1,704・962	
麻城県	R 1	5,146・710	
久長鎮	S 2	1,465・852	
黃陂県	R 2	2,912・979	
團風務(鎮)	S 3	1,274・520	
陽羅務(鎮)	S 4	1,519・247	
岐亭務(鎮)	S 5	570・993	

無爲軍	L 9		
舊在城及廬江・糁潭・柘皐・石牌・崑山・巢県・渡八務			
歲		56,856・000	
熙寧十年			
在軍	L 9	20,040・837	
巢県	R 1	3,009・890	
廬江県	R 2	9,971・339	
糁潭務(鎮)	S 1	907・056	
柘皐務(鎮)	S 2	1,096・997	
崑山務(鎮)	S 3	900・741	
石牌務(鎮)	S 4	238・495	

兩浙路　M

杭州	M 1		
舊在城及龍山・浙江・北郭・范浦・餘杭・珀坎・臨安・於潛・昌化・富陽・新城・南新十三場			
歲		120,303・000	
熙寧十年			
在城	M 1	82,173・228	
富陽県	R 1	17,234・620	
新城県	R 2	5,921・396	
臨安県	R 3	13,774・739	
於潛県	R 4	6,413・014	
昌化県	R 5	3,635・994	
鹽官県	R 6	650・448	
浙江場	T 1	16,446・805	
龍山場	T 2	2,992・665	
范浦鎮	S 1	306・505	
江漲橋鎮	S 2	2,805・908	
外県場鎮	S 3	17,242・391	
南新場(鎮)	T 3	2,640・049	
珀坎場	T 4	1,452・978	
曹橋場	T 5	122・783	

越州	M 2		
舊在城及上虞・新昌・漁浦・諸暨・餘姚・西興・蕭山・剡県九場			
歲		27,577・000	
熙寧十年			
在城	M 2	28,916・092	
蕭山県	R 1	4,635・459	

剡県	R 2	4,343・064
諸曁県	R 3	9,058・097
上虞県	R 4	1,601・844
餘姚県	R 5	3,617・247
新昌県	R 6	1,953・912
西興鎮	S 1	800・023
漁浦鎮	S 2	3,240・191
曹娥鎮	S 3	4,936・148
三界場(鎮)	S 4	907・034
纂風場(鎮)	S 5	45・630
龍山場	T 1	2,153・039

蘇州	M 3	
舊在城及常熟・崑山・呉江県・福山五務		
歳		55,200・000
熙寧十年		
在城	M 3	51,034・929
常熟県	R 1	8,303・112
呉江県	R 2	5,557・303
福山鎮	S 1	1,931・831
慶安鎮	S 2	324・871
木瀆鎮	S 3	24・939
崑山場(県)	R 3	7,448・779
梅里場(鎮)	S 4	2,450・614

潤州	M 4	
舊在城及金壇・丹徒・丹陽県・呂城・埤城六場		
歳		17,191・000
熙寧十年		
在城	M 4	25,061・891
丹陽県	R 1	5,064・196
金壇県	R 2	2,883・086
丹徒県	R 3	184・341
延陵鎮	S 1	1,996・757
丁角鎮	S 2	2,058・958
大港鎮	S 3	1,919・486
呂城堰務(鎮)	S 4	334・247

湖州	M 5	
舊在城及德清・安吉・長興・武康・梅溪・四安・烏墩・施渚場・新市十場		
歳		45,535・000
熙寧十年		
在城	M 5	39,312・017
長興場(県)	R 1	5,471・349
安吉場(県)	R 2	12,936・810
施渚場(鎮)	S 1	2,770・901
德清場(県)	R 3	3,958・269
四安場(鎮)	S 2	1,973・763
梅溪場(鎮)	S 3	1,041・728
武康場(県)	R 4	6,347・331
烏墩場(鎮)	S 4	2,104・475
新市場(鎮)	S 5	1,771・521

婺州	M 6	
舊在城及蘭溪・東陽・義烏・永康・武義・浦江県・李溪八場務		
歳		31,482・000
熙寧十年		
在城	M 6	27,208・267
武義県	R 1	3,401・072
義烏県	R 2	9,980・498
浦江県	R 3	6,048・038
孝順鎮	S 1	2,734・659
開化場	T 1	820・803
蘭溪務(県)	R 4	8,342・631
東陽務(県)	R 5	7,365・331
永康務(県)	R 6	5,126・581

明州	M 7	
舊在城及奉化・定海・慈溪・象山県五場		
歳		17,664・000
熙寧十年		
在城	M 7	20,220・500
奉化場(県)	R 1	2,934・958
慈溪場(県)	R 2	2,474・423
定海場(県)	R 3	644・293
象山場(県)	R 4	673・130

常州	M 8	
舊在城及無錫・宜興県・張渚・湖㳇渚五場		
歳		23,302・000
熙寧十年		
在城	M 8	26,266・401
江陰県	R 1	10,422・080
奔牛場(鎮)	S 1	683・079
青城場(鎮)	S 2	197・412
無錫場(県)	R 2	10,091・856
宜興県場	R 3	8,151・556
張渚場(鎮)	S 3	2,215・741
湖㳇場(鎮)	S 4	2,813・891
萬歳場(鎮)	S 5	161・337

岑村場	T 1	1,528・540
利城場(鎮)	S 6	2,421・155 ⑧

温州	M 9		
①舊在城及瑞安・永安・平陽県・前倉・柳市鎮六務			
歳		22,104・000
熙寧十年			
在城	M 9	25,391・006
瑞安場(県)	R 1	6,280・007 ②
永安場(鎮)	S 1	4,703・999
平陽場(県)	R 2	2,041・234
前倉場(鎮)	S 2	1,512・130
樂清場(県)	R 3	2,049・794

台州	M 10		
舊在城及黃巖・港頭・県渚・渚路橋・寧海・天台・仙居八場			
歳		28,386・000
熙寧十年			
在城	M 10	23,440・445
黃巖県	R 1	6,434・581
仙居県	R 2	4,226・039
天台県	R 3	4,441・964
寧海県	R 4	2,261・515
県渚務(鎮)	S 1	2,321・751
渚路橋務	T 1	633・885
港頭務(鎮)	S 2	1,526・021

處州	M 11		
舊在城及青田・縉雲・松陽・龍泉・遂昌県・①保定場七場			
歳		12,852・000
熙寧十年			
②在城	M 11	8,892・881
青田県	R 1	6,754・069
龍泉県	R 2	2,939・329
松陽県	R 3	2,168・281
遂昌県	R 4	2,294・883
縉雲県	R 5	4,687・068

衢州	M 12		
舊在城及龍遊・②江山・常山県・③開化・禮賓・安仁・④白革場八務			
歳		19,081・000
熙寧十年			
在城	M 12	39,383・872

江山県	R 1	1,524・531
常山場(県)	R 2	743・534
開化場(県)	R 3	719・853
南銀場	T 1	215・626
⑤白革湖場(鎮)	S 1	469,276
⑥龍遊場(県)	R 4	847・754
⑦禮賓場(鎮)	S 2	785・276
安仁場	T 2	73・666

睦州	M 13		
舊在城及①桐廬・逐安・壽昌・分水・青溪六場			
歳		16,943・000
熙寧十年			
在城	M 13	7,045・047
青溪県	R 1	6,816・545
逐安県	R 2	3,020・728
桐廬県	R 3	11,112・853
分水県	R 4	3,695・235
壽昌県	R 5	3,875・692

秀州	M 14		
舊在城及華亭・青龍・澉浦・廣陳・崇德・海鹽七場			
歳		33,664・000
熙寧十年			
在城	M 14	27,452・640
①華亭城(県)	R 1	10,618・671
海鹽県	R 2	3,660・168
崇德県	R 3	4,078・260
青龍鎮	S 1	15,879・403
魏塘場	T 1	288・470
②金山場	T 2	712・021
廣陽場	T 3	937・825
澉浦場(鎮)	S 2	1,819・476

江陰軍	M 15		
舊在城及利城・糴村三場			
歳		4,272・000
今廢			

江南東路　　N

江寧府	N 1	
舊在城及句容・溧水・溧陽・下蜀・固城六務		
歲		27,062・000
熙寧十年		
在城	N 1	45,059・469
句容県	R 1	3,052・989
溧水県	R 2	5,524・573
溧陽県	R 3	2,860・650
杜渚鎮	S 1	136・898
下蜀寨(鎮)	S 2	607・650
宣州	N 2	
舊在城及南陵・寧國・旌德・涇県・杜遷・城子・馬頭・水陽鎮九務		
歲		26,709・000
熙寧十年		
在城	N 2	16,476・011
寧國県	R 1	6,726・840
南陵県	R 2	4,210・415
涇県	R 3	4,214・909
旌德県	R 4	2,661・174
太平県	R 5	2,574・716
水陽鎮	S 1	1,966・370
杜遷務(鎮)	S 2	400・393
城子務(鎮)	S 3	1,819・340
符裏窯務(鎮)	S 4	1,408・612
歙州	N 3	
舊在城及祁門・婺源・績溪・休寧・黟県六務		
歲		13,537・000
熙寧十年		
在城	N 3	12,258・120
休寧県	R 1	2,967・216
績溪県	R 2	1,436・739
婺源県	R 3	4,782・750
黟県	R 4	1,279・584
祁門県	R 5	2,988・087
清化鎮	S 1	244・059
江州	N 4	
舊在城及湖口・彭澤・瑞昌・德安・德化六務		
歲		29,147・000
熙寧十年		
在城	N 4	15,362・237
德安県	R 1	3,534・195
彭澤県	R 2	3,234・843
瑞昌県	R 3	3,655・638
湖口県	R 4	19,837・887
竹木務	T 1	520・938
池州	N 5	
舊在城及石靈芝・秀山・青陽・太平・銅陵・石埭・順安・趙屯・石澤・建德十一務		
歲		16,674・000
熙寧十年		
在城	N 5	4,851・713
銅陵県	R 1	1,752・240
建德県	R 2	7,141・158
青陽県	R 3	3,076・076
石埭県	R 4	1,252・336
東流県	R 5	1,196・584
池口鎮	S 1	13,386・479
大通鎮	S 2	3,616・062
順安鎮	S 3	375・415
饒州	N 6	
舊在城及德興・浮梁・餘干・安仁県・石頭鎮六務		
歲		25,470・000
熙寧十年		
在城	N 6	14,503・275
浮梁県	R 1	5,475・779
餘干県	R 2	4,720・755
樂平県	R 3	10,249・567
安仁県	R 4	5,542・678
德興県	R 5	3,797・638
景德鎮	S 1	3,337・957
石頭鎮	S 2	848・381
信州	N 7	
舊在城及玉山・弋陽・寶豐・永豐・鉛山・貴溪県・汭口八務		
歲		44,261・000
熙寧十年		
在城	N 7	16,351・353
弋陽県	R 1	5,978・570
鉛山務県	R 2	5,378・856
玉山務(県)	R 3	4,563・221
寶豐務(鎮)	S 1	1,208・479

商税統計史料一覧表

汭口務(鎮)	S 2	683・695	
永豊務(県)	R 5	4,231・198	

太平州	N 8		
舊在城及丹陽・蕪湖・繁昌県・采石・荻港・上・下巻橋八務			
歳		21,421・000	
熙寧十年			
在城	N 8	3,739・619	
繁昌県	R 1	1,554・405	
慈湖務(鎮)	S 1	393・634	
采石務(鎮)	S 2	1,368・785	
丹陽務(鎮)	S 3	307・065	
蕪湖務(県)	R 2	13,220・735	
巻橋務(鎮)	S 4	945・023	
荻港務(鎮)	S 5	1,299・927	

南康軍	N 9		
舊在城及建昌・都昌県・太平・娉婷・桐城・河湖七務			
歳		26,075・000	
熙寧十年			
在城	N 9	20,670・365	
都昌県	R 1	2,679・079	
建昌県	R 2	5,995・092	

廣徳軍	N 10		
舊在城及建平県二務			
歳		13,006・000	
熙寧十年			
在城	N 10	10,005・425	
建平県	R 1	4,309・230	

江南西路　O

洪州　O 1

舊在城及豊城・進賢・武寧・南昌・奉新・分寧・靖安・新建・土坊十務

歳		39,092・000	
熙寧十年			
在城	O 1	28,904・680	
奉新県	R 1	1,645・169	
武寧県	R 2	3,277・620	
豊城県	R 3	4,749・375	
分寧県	R 4	1,887・319	
靖安県	R 5	441・111	
進賢鎮	S 1	1,583・981	
樵舎鎮	S 2	1,456・818	
土坊鎮	S 3	2,404・677	
査田鎮	S 4	718・110	

虔州　O 2

舊在城及興國・雩都・東江・西江・磁窰六務

歳		25,382・000	
熙寧十年			
在城	O 2	39,887・672	
興國県	R 1	670・452	
雩都県	R 2	675・161	
虔化県	R 3	1,014・686	
會昌県	R 4	329・661	
信豊県	R 5	619・932	
石城県	R 6	72・405	
龍南県	R 7	713・996	
瑞金県	R 8	343・701	
安遠県	R 9	411・487	
磁窰務	T 1	2,887・089	
東江務	T 2	1,643・483	
西江務	T 3	1,966・608	

吉州　O 3

舊在城及吉水・安福・廬陵県・永和鎮・新市・柴竹務七務

歳		32,945・000	
熙寧十年			
在城	O 3	9,553・591	
吉水県	R 1	5,280・088	
太和県	R 2	4,724・998	
安福県	R 3	5,901・915	
永新県	R 4	5,468・147	
永豊県	R 5	3,132・190	
萬安県	R 6	3,095・752	
龍泉県	R 7	3,840・168	
永和鎮	S 1	1,712・426	
柴竹務	T 1	3,772・468	
沙市務(鎮)	S 2	1,302・505	
栗傅務(鎮)	S 3	2,227・926	

— 959 —

袁州	O 4			熙寧十年		
舊在城及分宜・萬載・萍鄉・獲村・宣風・盧溪・				在城	O 7	5,792・670
上栗八務				大冶県	R 1	2,715・158
歲		12,132・000		通山県	R 2	340・288
熙寧十年				磁胡務(鎮)	S 1	406・770
在城	O 4	8,583・564		佛圖務(鎮)	S 2	956・704
分宜県	R 1	1,523・304		南安軍	O 8	
萍鄉県	R 2	2,519・250		舊在城及南康・上猶県三務		
萬載県	R 3	1,522・705		歲		5,108・000
				熙寧十年		
撫州	O 5			在城	O 8	11,806・600
舊在城及金谿二務				南康県	R 1	1,487・496
歲		3,603・000		上猶県	R 2	1,827・724
熙寧十年						
在城	O 5	18,275・421		臨江軍	O 9	
崇仁県	R 1	819・845		舊在城及新喻・新淦県・永泰・樟永鎮五務		
宜黃県	R 2	欠 1・664		歲		15,370・000
金谿県	R 3	583・378		熙寧十年		
				在城	O 9	6,738・573
筠州	O 6			新淦県	R 1	5,696・580
舊在城及上高・新昌県三務				新喻県	R 2	3,696・094
歲		4,615・以百錢為陌				
熙寧十年				建昌軍	O 10	
在城	O 6	7,772・141		舊在城及南豐県二務		
上高県	R 1	1,753・814		歲		9,924・000
新昌県	R 2	609・381		熙寧十年		
				在城	O 10	11,327・396
興國軍	O 7			南豐県	R 1	3,248・920
舊在城及大冶県二務				太平場	T 1	197・893
歲		14,561・000				

荊湖南路　P

潭州	P 1			衡山県	R 7	10,519・524
舊在城及衡山・湘潭・湘陰・醴陵・湘鄉・益陽県				瀏陽県	R 8	4,446・126
七務				黃犇場	T 1	226・288
歲		39,143・000		永興場	T 2	8,951・590
熙寧十年						
在城	P 1	33,939・304		衡州	P 2	
湘鄉県	R 1	7,327・349		舊在城一務		
湘陰県	R 2	3,078・464		歲		8,727・000
湘潭県	R 3	9,847・034		熙寧十年		
益陽県	R 4	5,661・887		在城	P 2	11,766・609
醴陵県	R 5	6,264・579		常寧県	R 1	3,386・699
攸県	R 6	3,649・548		耒陽県	R 2	6,098・522

商税統計史料一覧表

茶陵県	R 3	2,903・366		邵州	P 6		
安仁県	R 4	1,895・712		舊在城及武岡・白沙三務			
茭源坑	T 1	331・926②		歳		3,602・000	
				熙寧十年			
道州	P 3			在城	P 6	9,035・730	
舊在城一務				武岡県	R 1	3,203・670	
歳		3,353・000		白沙場(鎮)	S 1	774・147	
熙寧十年							
在城	P 3	6,314・610		全州	P 7		
				舊在城及路溪二務			
永州	P 4			歳		2,345・000	
舊在城及祁陽・東安県三務①				熙寧十年			
歳		3,973・000		在城	P 7	4,063・351	
熙寧十年							
在城	P 4	4,727・611		桂陽監	P 8		
祁陽県	R 1	3,986・230		舊在城及板源場二務			
東安県②	R 2	1,340・647		歳		5,527・000	
				熙寧十年			
郴州	P 5			在城	P 8	5,464・100	
舊在城一務				藍山県①	R 1	10・803	
歳		3,100・000		龍岡坑	T 1	・673	
熙寧十年				小馬竹坑	T 2	1・168	
在城	P 5	12,382・548		板源坑②	T 3	・756	
桂陽県	R 1	200・622		石筍坑③	T 4	5・413	
宜章県	R 2	600・193		大富坑	T 5	252・227	
永興県	R 3	1,129・622①		小白竹坑	T 6	5・407	
新塘坑	T 1	193・980		毛壽坑	T 7	5・554	
浦溪坑	T 2	3,497・994		水頭坑	T 8	64・422	
延壽坑	T 3	774・781		九鼎坑	T 9	・934	
雷溪坑	T 4	15・324					

荊湖北路　　Q

江陵府	Q 1			西津場	T 2	1,052・153
舊在城及沙市・潛江・建寧・松滋・公安・監利・				沙市務	T 3	9,801・065
石首県・赤岸・白苢・涔陽市・藕池①・東津・西津				房陵務(鎮)③	S 1	592・896
十四務				建寧務(鎮)	S 2	754・190
歳		26,466・000		玉沙務(鎮)	S 3	440・680
熙寧十年				長林務(県)	R 5	4,166・796
在城	Q 1	8,468・528		師子務(鎮)	S 4	236・485
監利県	R 1	2,038・269		公安務(県)	R 6	1,440・759
潛江県	R 2	1,560・190		枝江務(鎮)	S 5	1,887・683
松滋県	R 3	1,640・028		白水務(鎮)④	S 6	2,894・905
當陽県②	R 4	1,602・447		沙岡務	T 4	298・544
東津場	T 1	872・940		赤岸務(鎮)	S 7	96・371

— 961 —

山口務(鎮)	S 8	2,561・578
石首務(県)	R 7	508・096
藕池務(鎮)	S 9	1,625・916
⑤汙陽務(鎮)	S 10	5,694・202

鄂州　Q 2
舊在城及武昌・崇陽・嘉魚・咸寧・蒲圻県・金牛・同城鎮八務
歳　　　　　　　　　　　　15,445・000
熙寧十年

在城	Q 2	14,462・112
②崇陽県	R 1	2,266・865
嘉魚県	R 2	647・459
③咸寧県	R 3	3,037・307
蒲圻県	R 4	1,781・474
漢陽県	R 5	11,147・569
漢川鎮	S 1	1,173・618
金牛鎮	S 2	837・652

安州　Q 3
舊在城及應城・雲夢・孝感県・澴河鎮五務
歳　　　　　　　　　　　　18,230・000
熙寧十年

在城	Q 3	209・171
應城県	R 1	1,465・589
景陵県	R 2	4,749・104
②雲夢鎮	S 1	739・931
③澴河鎮	S 2	196・373

鼎州　Q 4
舊在城及龍陽・桃源県・趙塘鎮四務
歳　　　　　　　　　　　　7,209・000
熙寧十年

在城	Q 4	5,161・545
②桃源県	R 1	1,647・892
龍陽県	R 2	1,321・291
高居市	T 1	646・493

澧州　Q 5
舊在城及慈利・石門・安郷県四務
歳　　　　　　　　　　　　5,243・000
熙寧十年

在城	Q 5	7,845・882
石門県	R 1	2,904・124
慈利県	R 2	3,905・177
安郷県	R 3	1,554・211

峽州　Q 6
舊在城及清江・南湘・牟谷・靖江五務
歳　　　　　　　　　　　　7,033・000
熙寧十年

在城	Q 6	7,508・829
安香鎮	S 1	7・200
陵江場	T 1	1,547・809
遠安県	R 1	407・248
④牟谷場	T 2	151・111
⑤古驛鋪	T 3	7・400

岳州　Q 7
舊在城及華容・平江・臨湘県・羊角・磊石・澧口・領市・烏沙・候景・閣子鎮十一務
歳　　　　　　　　　　　　14,104・000
熙寧十年

在城	Q 7	25,684・311
華容県	R 1	607・561
沅江県	R 2	838・322
臨湘県	R 3	6,846・116
平江県	R 4	2,303・682
烏沙鎮	S 1	92・734
公田鎮	S 2	4,812・400
③閣子鎮	S 3	584・478

歸州　Q 8
舊在城一務
歳　　　　　　　　　　　　4,120・000
熙寧十年

在城	Q 8	5,794・643
②興山鎮	S 1	99・284

辰州　Q 9
舊在城一務
歳　　　　　　　　　　　　2,187・000
熙寧十年

在城	Q 9	2,616・920

沅州　Q 10
①(旧務不記)
熙寧十年

在城	Q 10	10・362
麻陽県	R 1	20・147
③黔江城	T 1	274・910
安江寨	T 2	18・013
鎮江寨(鋪)	T 3	9・803

商税統計史料一覧表

朝安鋪	T 4	20・842	漢陽軍	Q 12		
洪江鋪	T 5	13・498	舊在城及下汊・椎務三務			
			歳			14,983・000
復州	Q 11		今廢			
舊在城及沔陽県二務						
歳		4,907・000	**荊門軍**	Q 13		
今廢			舊在城及師子場二務			
			歳			11,106・000
			今廢			

福 建 路　　V

福州　　V 1
舊在城及司閩清・懷安・寧德・長溪・永昌・永泰・長樂・古田・連江・福清県・寶興銀場十二務
歳　　　　　　　　　　　　　　31,970・000
熙寧十年
在城　　　　V 1　　　　38,400・512
懷安県　　　R 1　　　　7,003・787
連江県　　　R 2　　　　4,260・942
羅源県　　　R 3　　　　2,035・544
寧德県　　　R 4　　　　1,877・665
長溪県　　　R 5　　　　5,660・890
閩清県　　　R 6　　　　1,584・486
永泰県　　　R 7　　　　2,220・336
古田県　　　R 8　　　　4,355・967
長樂県　　　R 9　　　　2,654・712
福清県　　　R 10　　　6,480・615
寶興場　　　T 1　　　　　　7・705
水口鎮　　　S 1　　　　5,911・588
黃洋場　　　T 2　　　　　20・598
長溪場　　　T 3　　　　　15・175

建州　　V 2
舊在城及建陽・浦城・崇安・松溪・關隸・龍焙七務
歳　　　　　　　　　　　　　　24,863・000
熙寧十年
在城　　　　V 2　　　　15,987・387
建陽県　　　R 1　　　　8,436・718
浦城県　　　R 2　　　15,702・570
崇安県　　　R 3　　　　3,203・071
松溪県　　　R 4　　　　2,279・110
關隸県　　　R 5　　　　1,642・723
遷陽鎮　　　S 1　　　　3,450・695

監庫　　　　T 1　　　　　　4・448
黃柏洋場　　T 2　　　　　23・643
天受場　　　T 3　　　　　19・371
通德場　　　T 4　　　　　65・585
武仙場　　　T 5　　　　　30・931
永興場　　　T 6　　　　　　8・605
臨江務(鎮)　S 2　　　　　18・526
蕉溪坑　　　T 7　　　　　　1・396
大同山　　　T 8　　　　　　3・625
潘家山　　　T 9　　　　　　1・936

泉州　　V 3
舊在城及南安・惠安・同安・永春・清溪・德化県・青陽・大盈九務
歳　　　　　　　　　　　　　　21,404・000
熙寧十年
在城　　　　V 3　　　　19,939・353
南安県　　　R 1　　　　4,753・758
惠安県　　　R 2　　　　2,348・639
清溪県　　　R 3　　　　1,563・856
德化県　　　R 4　　　　1,206・487
永春県　　　R 5　　　　2,373・824
同安県　　　R 6　　　12,093・354
淄在鎮　　　S 1　　　　1,393・721
倚羊場　　　T 1　　　　　　5・071
五華場　　　T 2　　　　　11・305
青陽務　　　T 3　　　　　25・788
大盈務　　　T 4　　　　311・750

南劍州　　V 4
舊在城及順昌・尤溪・將樂・沙県・龍蓬・海瀛・王豐・杜唐・安仁・新豐・亳歴・龍泉十三務
歳　　　　　　　　　　　　　　18,709・000

熙寧十年		
在城	V 4	15,596・267
順昌県	R 1	3,026・680
沙県	R 2	5,454・931
尤溪県	R 3	3,884・682
將樂県	R 4	3,010・937
龍門場	T 1	199・397
寶應場②	T 2	83・881
周田場	T 3	33・904
小安仁場	T 4	9・787
安仁場	T 5	241・506
大演場	T 6	288・860
華洋場	T 7	186・758
杜唐場	T 8	14・596
石牌場	T 9	250・751
漆坑場③	T 10	396・372

汀州	V 5	
舊在城及寧化・武平・上杭・鍾寮・黃焙・寶安・龍門八務		
歲		10,231・000
熙寧十年		
在城	V 5	5,823・784
寧化県	R 1	6,837・820
上杭県	R 2	773・861
武平県	R 3	908・087
留村鎮	S 1	166・087
主寶場	T 1	361・684
寶安場①	T 2	6・504
龍門舊場	T 3	2・230
龍門新場	T 4	8・562
長永坑	T 5	259・071

漳州	V 6	
舊在城及漳浦・龍巖・長泰県・清遠・敦照・耕園・習德・巖洞・峽裏十務		
歲		11,657・000
熙寧十年		
在城	V 6	6,110・756
漳浦県	R 1	3,195・962
龍巖県	R 2	1,986・823
長泰県	R 3	1,040・844
大濟場①	T 1	346・875
耕園務	T 2	117・483
清遠務(鎮)	S 1	136・931
峽裏務	T 3	514・599
習德務	T 4	85・371
敦照務(鎮)	S 2	62・937
海口務(鎮)	S 3	1,391・539

邵武軍	V 7	
舊在城及歸化・建寧県三務		
歲		8,293・000
熙寧十年		
在城	V 7	9,836・339
光澤県	R 1	629・598
歸化県	R 2	2,020・687 ①—
建寧県	R 3	3,435・432
黃土場	T 1	42・685
龍須場②	T 2	7・827
太平場	T 3	68・233

興化軍	V 8	
舊在城及莆田・黃石・仙遊・石碧潭①・龍華・風亭・興化八務		
歲		4,805・000
熙寧十年		
在城	V 8	3,987・179
興化県	R 1	679・693
黃石務	T 1	100・076
迎仙務	T 2	81・326
県市務②	R 2	881・812
石碧潭務(鎮)	S 1	238・837
風亭務	T 3	381・143
龍華務(鎮)	S 2	291・340

廣南東路　　W

廣州	W 1	
舊在城及清遠・增城・新會・四會・信安・懷集① 県・扶胥口・尼子・馬頭・上岡・厥口・吉河・東南河道十四務		
歲		27,022・000
熙寧十年		
在城	W 1	37,308・229
增城県	R 1	2,526・394

新會県	R 2	5,616・728
清遠県	R 3	6,770・084
懷集県	R 4	1,489・369
東莞県	R 5	5,047・418
金牛・馬頭・上岡・馬寧等鎮		
	S 1～4	1,180・484
扶胥口鎮	S 5	919・343
尼子鎮	S 6	159・552
厥口鎮	S 7	420・747
郷遙場	T 1	354・565
上雲場	T 2	39・839
管曲龍場	T 3	363・387
吉利場	T 4	3,245・490
亭頭場	T 5	600・000
吉河場	T 6	36・957
東南河道場	T 7	2,624・899

韶州 W 2
舊在城及翁源・樂昌・仁化県・濛瀼・白石・靈源・樂昌場・玉壺鎮・螺坑・馬嶺・舟頭・高藤津十三務

歳		4,662・000
熙寧十年		
在城	W 2	16,962・154
翁源県	R 1	57・121
樂昌県	R 2	622・454
仁化県	R 3	562・195
濛瀼鎮	S 1	1,903・575
白石場	T 1	50・287
大湖場	T 2	30・531
浙橋場	T 3	2・574
靈源場	T 4	181・790
伍汪場	T 5	136・773
岑水場	T 6	2,113・237
黃坑場	T 7	1,160・135
蘇平場	T 8	296・000
大富場	T 9	9・241
石膏場	T 10	7・000
舟頭津	T 11	1,219・331

循州 W 3
舊在城及興寧・龍川・羅翊四務

歳		2,590・000
熙寧十年		
在城	W 3	16・135
長樂県	R 1	32・786
興寧県	R 2	1・996

潮州 W 4
舊在城及潮陽・松口・招迎・黃崗五務

歳		10,799・000
熙寧十年		
在城	W 4	15,329・174
程郷県	R 1	2,922・962
潮陽県	R 2	7,639・265
圃灣鎮	S 1	2,740・357
黃崗鎮	S 2	189・925
黃衝錫場	T 1	188・000
烏鬭溪銀場	T 2	150・000
石阮銀場	T 3	8・500
樂口銀場	T 4	590・650
彊豐濟銀場	T 5	・322
松口務	T 6	31・451
焦溪鋪	T 7	200・951
招迎鋪	T 8	292・028

連州 W 5
舊在城及桐臺・清瀧・保安四務

歳		4,115・000
熙寧十年		
在城	W 5	6,859・456
陽山県	R 1	312・432
連山県	R 2	370・272
桐臺鎮	S 1	82・391
清瀧鎮	S 2	63・642
保安鎮	S 3	26・755

賀州 W 6
舊在城及遨崗市・武安市・短潭市・北度市・樊村市・南郷市・太平市・古潭市・川石市・白博市・古城市・亭歩市・實城市・馮乘市・大山市・廣利市・白霞市・龍崗市・龍合市・龍腹市・遨峽溪市・清河市・寶建市・桂嶺市二十五務

歳		2,430・000
熙寧十年		
在城	W 6	3,238・471
富川県	R 1	1,498・496
桂嶺県	R 2	585・981

封州 W 7
舊在城及開建県六虛市八務

歳		1,823・000

熙寧十年		
在城	W7	3,359・482
外場	T1	215・696
五虛	T2〜T6	2,016・142
端州	**W8**	
舊在城一務		
歲		2,659・000
熙寧十年		
在城	W8	7,914・601
四會県	R1	3,237・980
三水鎮	S1	21・507
胥口鎮	S2	8,505・301
黃客步	T1	90・827
新州	**W9**	
舊在城一務		
歲		301・000
熙寧十年		
在城	W9	918・074
索盧場	T1	30・071
信安場	T2	77・454
布榮場	T3	62・340
康州	**W10**	
舊在城及都成・悅城・瀧水・新虛・歸虛・晏虛・覇圓・合水・橫崗・都合・扶蠶・馬虛・招商・房店十五務		
歲		5,055・000
熙寧十年		
在城	W10	3,734・785
瀧水県	R1	586・000
都城鎮	S1	857・415
悅城鎮	S2	520・612
南恩州	**W11**	
舊在城一務		
歲		846・000
熙寧十年		
在城	W11	3,393・769
陽春県	R1	806・853
銅陵場	T1	8・646
陽江場	T2	3,007・285
峒山場	T3	3・200
博學場	T4	7・552
富林場	T5	4・034

刺峒場	T6	5・811
朝祿場	T7	2・343
鏝頭場	T8	11・370
白水場	T9	4・832
丹輪場	T10	2・854
南雄州	**W12**	
舊在城及始興・邑溪・懷化・溪塘・下坡六務		
歲		6,073・000
熙寧十年		
在城	W12	10,202・839
始興県	R1	2,133・567
溪塘鎮	S1	991・823
英州	**W13**	
舊在城及洽光・清溪・禮平・賢德・堯山・竹溪・羅口八務		
歲		8,204・000
熙寧十年		
在城	W13	14,313・242
洽光県	R1	8,636・402
竹溪場	T1	910・158
鍾峒場	T2	177・296
大康場	T3	1・200
宜安場	T4	894・848
羅口場	T5	3,224・884
清溪場(鎮)	S1	5,775・938
堯山場	T6	974・984
師子場	T7	425・904
賢德場	T8	829・359
銀江場	T9	230・481
鳳林虛	T10	194・794
大岡虛	T11	788・116
陽溪虛	T12	483・600
板步虛(鎮)	S2	307・404
長岡虛	T13	482・622
黃中虛	T14	601・277
臺石虛	T15	846・005
光口虛(鎮)	S3	393・204
龍崗虛	T16	435・317
白駒虛	T17	928・076
回口虛(鎮)	S4	776・191
蓮塘虛	T18	351・000
三接團	T19	322・400

商税統計史料一覧表

惠州	W 14	
舊在城及河源・博羅・海豐県四務		
歲		3,591・000
熙寧十年		
在城	W 14	8,577・777
河源県①	R 1	3,675・673
博羅県	R 2	1,428・276
海豐県	R 3	2,289・443

梅州	W 15	
舊在城及雙派場①二務		
歲		1,043・000
今廢		

春州	W 16	
舊在城及銅陵県・陽江場・鏝頭・博學・富林・洞石・朝祿①・刺銅虛②等九務		
歲		426・000
今廢		

廣南西路　　X

桂州	X 1	
舊在城及臨桂・陽朔・永福・慕化・理定・永寧①・義寧・靈川・脩仁・荔浦②・興安県・古県・胡桃場十四務		
歲		4,955・000
熙寧十年		
在城	X 1	6,675・435
靈川県	R 1	1,482・524
興安県	R 2	1,921・154
義寧県	R 3	771・680
古県	R 4	351・224
荔浦県③	R 5	1,928・919
永福県	R 6	593・551
陽朔県	R 7	1,351・713
胡桃場	T 1	4,007・974
脩仁鎮④	S 1	704・467
浪石場(鎮)	S 2	64・543
慕化鎮⑤	S 3	50・396

容州	X 2	
舊在城及北流・陸川・平龍・博當鎮①五務		
歲		3,439・000
熙寧十年		
在城	X 2	1,761・607
北流県・龍門②・平温・中和・崺石等場	R 1 T 1～4	614・920
陸川県・雙牆・公平等	R 2 T 5・6	512・315
博當鎮	S 1	55・570

邕州	X 3	
舊在城一務		
歲		1,679・000
熙寧十年		
在城	X 3	2,598・322
外場	T 1	1,274・806

象州	X 4	
舊在城及石平・利仁・虛民・武陽口・武津・金鎮七務		
歲		1,373・000
熙寧十年		
在城	X 4	1,931・815
來賓県	R 1	313・289,1,3①
武仙県	R 2	61・432,6,6
陽鎮口	T 1	15・204,4,2
武津鎮	S 1	13・015,3,1
利仁虛	T 2	74・019,1,6
鄭馱虛	T 3	10・594
油藍虛	T 4	9・191
石傅虛	T 5	6・312文足②
莫虛	T 6	39・788
大鳥虛	T 7	68・623
廣化虛	T 8	37・052
張峒虛	T 9	6・378文足③
連在虛	T10	12・932
五鹽鋪	T11	2・204

融州	X 5	
舊在城一務		
歲		267・000
熙寧十年		

在城	X 5	391・348
外場	T 1	64・000

昭州	X 6	
舊在城及荊硤・櫟安・牛泉・現歩・靜戎・思賀・白沙・弄諸・松門・永安・龍平・恭城十三務①		
歳		1,961・000
熙寧十年		
在城	X 6	2,144・845
立山県	R 1	918・700
恭城県②	R 2	280・073

梧州	X 7	
舊在城一務		
歳		2,021・000
熙寧十年		
在城	X 7	2,993・751

藤州	X 8	
舊在城一務①		
歳		1,326・000
熙寧十年		
在城	X 8	2,521・791
岑溪県	R 1	324・646
棠林場②	T 1	110・674
小虚	T 2	231・632

龔州	X 9	
舊在城一務		
歳		515・000①
熙寧十年		
在城	X 9	1,248・749

潯州	X 10	
舊在城及北津・鬱江三務		
歳		863・000
熙寧十年		
在城	X 10	1,383・281

貴州	X 11	
舊在城及含山・穿山・平悅・康和・都錄・易今・都零・龍山鎮・大利・懷澤場十一務		
歳		1,311・000
熙寧十年		
在城	X 11	2,138・956②

柳州	X 12	
舊在城及樂晏・柳城・洛容・洛信・洛勾・武義・江口・思順九務		
歳		1,808・000
熙寧十年		
在城・十二務①	X 12	3,643・465

宜州	X 13	
舊在城及智州・懷遠軍・富仁監・草虚五務		
歳		4,278・000
熙寧十年		
在城	X 13	2,396・180
河池県	R 1	1,213・844
富仁監	T 1	5,084・650
寶富場	T 2	1,515・835
懷遠寨	T 3	496・673②
天河県等共	R 2③	
一十五處	T 4～17	390・360

賓州	X 14	
舊在城及莫邪・羅目・古當四務		
歳		1,115・000
熙寧十年		
在城	X 14	2,201・103
上林県	R 1	90・624
遷江県	R 2	118・296

横州	X 15	
舊在城及北口・永定三務		
歳		1,276・000
熙寧十年		
在城	X 15	1,116・577
外務	T 1	363・062

化州	X 16	
舊在城及調良・廉口①・零淥・都寶五務		
歳		2,419・000
熙寧十年		
在城	X 16	4,205・694
呉川県②	R 1	1,372・817
官寨場	T 1	909・135
都寶・廉口・	T 2・3	
零淥(鎮)・	S 1	
東橋等場	T 4	369・280

商税統計史料一覧表

高州	X17			廉州	X22		
舊在城及茂名県・仙靈・博鋪・舢黎・瀧消六務				舊在城及石康・白石・大廉・平陸五務			
歳			371・000	歳			2,366・000
熙寧十年				熙寧十年			
在城	X17		1,075・703	在城	X22		1,877・519
茂名県	R1		670・536	石康県	R1		471・648
信宜県	R2		704・789	大廉場	T1		122・942
仙靈場	T1		114・230	平陸場	T2		30・143
博鋪場	T2		92・422	英羅場	T3		138・146
舢黎場	T3		110・009	白石場(鎮)	S1		50・051
瀧消場	T4		37・636	三村場(寨)	T4		15・381
永興場	T5		14・795				
舢龍場	T6		48・014	瓊州	X23		
都成津	T7		60・000	舊在城一務			
龐村浮艷津	T8		46・800	歳			4,288・000
鎮歩津	T9		8・400	熙寧十年			
奇津	T10		36・000	在城	X23		19,592・042
				昌化軍	X24		
雷州	X18			舊不立額			
舊在城及廉江二務				熙寧十年			
歳			1,126・000	在城	X24		16,539・183
熙寧十年				昌化鎮	S1		285・700
在城	X18		7,397・546	感恩鎮	S2		79・408
遞角場	T1		2,479・024				
				萬安軍	X25		
白州	X19			舊不立額			
舊在城一務				熙寧十年			
歳			1,029・000	在城	X25		1,189・142
熙寧十年							
在城	X19		1,627・665	朱崖軍	X26		
				舊在城一務			
欽州	X20			歳			200・000
舊在城一務				熙寧十年			
歳			1,029・000	在城	X26		1,237・145
熙寧十年							
在城	X20		4,280・213	蒙州	X27		
靈山県	R1		3,187・375	舊在城一務			
外場	T1		1,092・838	歳			799・000
				今廢			
鬱林州	X21						
舊在城一務				賔州	X28		
歳			1,155・000	舊在城及永興虛二務			
熙寧十年				歳			320・000
在城	X21		1,162・549	今廢			
興業県	R1		409・842				
錄鵶鎮	S1		38・189				

― 969 ―

南儀州	X 29		歳			058・000
舊在城一務			今廢			

成都府路　　R （鉄銭路）

成都府	**R 1**		**彭州**	**R 4**		
舊在城及清流・新都・新繁・靈泉・廣都・温江・雙流・犀浦・郫県・河屯・雍店・鹽此・招携・軍屯・洛帯・馮街・彌牟・全節・小東南津・北津二十一務			舊在城及濛陽・永昌県・棚口・木頭鎮・石粉・安徳・永樂八務			
			歳			277,857・000
歳		899,300・000	熙寧十年			
熙寧十年			在城	R 4		30,196・170,5
在城	R 1	67,508・059,4分	導江県	R 1		26,431・315,
温江県	R 1	9,229・986,4	導江鎮	S 1		5,114・736,2
郫県	R 2	15,307・269,7	永昌場(県)	R 2		11,514・347,
靈泉県	R 3	6,941・703,	濛陽鎮(県)	R 3		10,724・247,7
新繁県	R 4	15,197・443,1	蒲村場(鎮)	S 2		6,379・553,9
雙流県	R 5	14,920・103,5	棚口場(鎮)	S 3		2,447・734,
廣都県	R 6	22,531・705,	木頭場(鎮)	S 4		1,924・990,5
新都県	R 7	16,923・679,	棚口津	T 1		561・116,
犀浦鎮	S 1	2,495・322,	西津	T 2		745・093,
籍鎮	S 2	580・288,	南津	T 3		286・595,
眉州	**R 2**		**綿州**	**R 5**		
舊在城及彭山二務			舊在城及津漑場二務			
歳		127,100・000	歳			126,375・000
熙寧十年			熙寧十年			
在城	R 2	38,422・778,9	在城	R 5		54,376・966,
東濟	T 1	412・840,	彰明県	R 1		2,020・105,
			魏城県	R 2		2,299・216,
蜀州	**R 3**		羅江県	R 3		2,223・344,
舊在城及江源・新津・方井・新渠・永康・味江・竹木八場			神泉県	R 4		1,439・031,
			龍安県	R 5		4,031・753,
歳		219,910・000	鹽泉県	R 6		492・847,
熙寧十年			石泉県	R 7		146・776,
在城	R 3	18,492・011,	西昌鎮	S 1		2,447・457,
江源県	R 1	8,249・118,				
永康県	R 2	11,819・092,7	**漢州**	**R 6**		
新津県	R 3	12,530・971,	舊在城及德陽県二務			
靑城県	R 4	12,922・942,9	歳			170,486・000
新渠鎮	S 1	2,307・818,7	熙寧十年			
味江鎮	S 2	5,251・698,6	在城	R 6		48,399・129,
靑城竹木場	T 1	786・403,	德陽県	R 1		12,774・617,
新渠竹木場	T 2	1,059・505,2	什邡県	R 2		9,406・936,
陶塤寨(鎮)	S 3	1,204・017,	綿竹県	R 3		8,036・721,

商税統計史料一覧表

嘉州	R 7			在城	R 10	13,286・598,	
舊在城及洪雅・徽非・青永・白州・笑江・南津・東津八務				名山場(県)②	R 1	19,586・912,	
				百丈場(鎮)③	S 1	1,449・550,	
歳		116,121・000		榮經場(県)④	R 2	970・273,	
熙寧十年				盧山場(県)⑤	R 3	606・175,	
在城	R 7	32,923・812,		平羌津⑥	T 1	128・389,	
洪雅場(県)①	R 1	5,828・949,					
徽非場(鎮)②	S 1	1,133・200,		茂州	R 11		
				舊在城一務			
邛州	R 8			歳		1,400・000	
舊在城及依政・蒲江・火井・安仁県・故驛・沙渠・合水・頭泊・臨溪・後田・夾門・延貢・壽安・平樂①・大邑・思安・西悲②・婆寒十九場				熙寧十年			
				在州	R 11	無(不立額)	
				牛溪鎮	S 1	147・777,	
歳		124,070・000					
熙寧十年				簡州	R 12		
在城	R 8	37,459・844,		舊在城及平泉・乾封県・竹木場四務①			
火井県	R 1	7,167・458,		歳		129,150・000	
大邑場(県)③	R 2	4,173・963,		熙寧十年			
安仁場(県)④	R 3	3,198・976,		在城	R 12	30,128・970,	
依政場(県)⑤	R 4	5,362・137,		平泉県	R 1	2,768・890,1	
蒲江場(県)⑥	R 5	1,546・149,		江南県(鎮)②	S 1	317・636,	
延貢場(寨)⑦	T 1	1,663・108,					
思安場(寨)⑨	T 2	1,411・702,		威州	R 13		
鹽井頭場(寨)⑩	T 3	2,419・759,		不立額			
黎州	R 9			陵井監	R 14		
舊在城一務				舊在城及貴平・井研・籍県四務			
歳		21,318・000		歳		8,975・000	
熙寧十年				熙寧十年			
在城	R 9	3,150・196,		在監	R 14	16,549・605,	
				井研場(県)①	R 1	2,918・677,	
雅州	R 10						
舊在城及名山・百丈・榮經・盧山県・平羌津・和川・車領・始陽・靈關・思經十一務				永康軍	R 15		
				舊在城及青城・導江・味江・陶埧五務			
歳①		32,036・000		歳		209,370・000	
熙寧十年				今廢			

梓 州 路　　　S（鉄銭区）

梓州	S 1			中江場(県)	R 2	1,566・759
舊在城及飛鳥二務				東關場(県)	R 3	192・293
歳		274,046・000		射洪場(県)	R 4	271・423①
熙寧十年				飛鳥場(県)	R 5	5,078・363
在城	S 1	55,078・049		鹽亭場(県)	R 6	274・233
銅山場(県)②	R 1	133・029		永泰場(県)	R 7	230・812③

沿城場(県)	R 8	951・728
通泉場(県)	R 9	501・011

遂州　　　S 2
舊在城及白水二務
歲　　　　　　　　　　　　　280,676・000
熙寧十年
在城　　　　S 2　　　　　　48,438・224
泉水場　　　T 1　　　　　　 1,709・152

果州　　　S 3
舊在城一務
歲　　　　　　　　　　　　　148,188・000
熙寧十年
在城　　　　S 3　　　　　　32,478・789

資州　　　S 4
舊在城一務
歲　　　　　　　　　　　　　92,677・000①
熙寧十年
在城　　　　S 4　　　　　　21,389・764

普州　　　S 5
舊在城一務
歲　　　　　　　　　　　　　68,321・000
熙寧十年
在城　　　　S 5　　　　　　17,864・114
安居場①　　R 1　　　　　　　 125・726
樂至場　　　R 2　　　　　　　 367・051

昌州　　　S 6
舊在城及大足・昌元・永川・龍水・陝山・米糧・
李店・龍安②・劉安③・安仁・靜南・河樓④・永康・三
驅⑤・獠母⑥・賴川・寶蓋・龍會・永安・趙市・龍
門・清灘・豐安・歸仁・磴子・小井・灘子・舊
州・永昌⑦・鐵山・龍歸⑧・來蘇・侯溪⑨・永祥・牛
尾・永興・歡樂⑩・咸昌三十九務⑪
歲　　　　　　　　　　　　　51,057・000
熙寧十年
在城　　　　S 6　　　　　　11,456・285
昌元県　　　R 1　　　　　　　 134・400⑫
永川県　　　R 2　　　　　　　 154・834

戎州　　　S 7
舊在城及南溪・宜賓県三務
歲　　　　　　　　　　　　　103,245・000

熙寧十年
在城　　　　S 7　　　　　　13,410・120①
宜賓場(鎮)　S 1　　　　　　　 400・000
南溪(県)　　R 1　　　　　　　 400貫文②

瀘州　　　S 8
舊在城及綿水・江安・江口・安夷・七里六務
歲　　　　　　　　　　　　　113,293・000
熙寧十年
在城　　　　S 8　　　　　　20,501・840
合江県　　　R 1　　　　　　　　50・000
綿水場(鎮)　S 1　　　　　　 1,080貫文①

合州　　　S 9
舊在城一務
歲　　　　　　　　　　　　　137,206・000
熙寧十年
在城　　　　S 9　　　　　　37,597・400

榮州　　　S 10
舊在城一務
歲　　　　　　　　　　　　　47,347・000
熙寧十年
在城　　　　S 10　　　　　 7,417・295
威遠県　　　R 1　　　　　　　 302・557
資官県　　　R 2　　　　　　　 427・874①
應靈県　　　R 3　　　　　　　 623・674

渠州　　　S 11
舊在城一務
歲　　　　　　　　　　　　　53,221・000
熙寧十年
在城　　　　S 11　　　　　15,563・033

懷安軍　　S 12
舊在城及金堂・古城三務
歲　　　　　　　　　　　　　181,488・000
熙寧十年
在城　　　　S 12　　　　　21,148・120
金堂県　　　R 1　　　　　　　 651・575
古城鎮　　　S 1　　　　　　 2,338・263

廣安軍　　S 13
舊在城及岳池・單溪三務①
歲　　　　　　　　　　　　　42,786・000
熙寧十年

在城	S 13	17,554・539		富順監	S 14	
岳池県	R 1	193・850		舊在監一務		
新明県	R 2	509・890		歳		44,349・000
				熙寧十年		
				在監	S 14	9,788・541

利 州 路　　T（鉄銭区）

興元府	T 1			西水県	R 4	50・964
舊在城及城固・西県三務				新政県	R 5	72・039
歳		426,146・000		奉國県	R 6	66・251
熙寧十年				**劍州**	T 5	
在城	T 1	54,967・600		舊在城及梓潼・武連・劍門・陰平・普成・臨津七務		
城固県	R 1	6,293・211				
襃城県	R 2	9,711・102		歳		106,204・000
西県	R 3	14,904・863		熙寧十年		
元融橋(鎮)	S 1	1,565・413		在城	T 5	18,594・500
				梓潼県	R 1	18,514・512
利州	T 2			陰平県	R 2	4,743・533
舊在城及葭萌・昭化県三務				武連県	R 3	1,306・060
歳		134,563・000		普成県	R 4	1,746・188
熙寧十年				普安県	R 5	192・685
在城	T 2	43,051・702		劍門務(県)	R 6	7,948・752
葭萌県	R 1	1,531・831				
嘉川県	R 2	1,906・269		**巴州**	T 6	
昭化県	R 3	2,450・357		舊在城及七盤・恩陽・曾口・其章五務		
				歳		37,104・000
洋州	T 3			熙寧十年		
舊在城及塙水・西郷・平定・子午・鷄雄・遊仙・少府八務				在城	T 6	5,561・945
				恩陽県	R 1	167・848
歳		75,022・000		曾口県	R 2	296・837
熙寧十年				通江県	R 3	4,878・489
在城	T 3	22,262・316		難江県	R 4	3,900・103
西郷県	R 1	1,398・988		清化鎮	S 1	171・523
鷄雄場	T 1	51・874				
牛羊場	T 2	3,111・464		**文州**	T 7	
				舊在城及水口・扶州・安昌・貹毦・曲水六務		
閬州	T 4					
舊在城一務				歳		26,598・000
歳		150,165・000		熙寧十年		
熙寧十年				在城	T 7	8,634・673
在城	T 4	25,741・512		保安務	T 1	6,134・359
南部県	R 1	23・080		扶州務(鎮)	S 1	32・935
新井県	R 2	149・611		曲水鹽税	T 2	307・600
蒼溪県	R 3	128・811				

興州	T 8			清川県	R 1	5,407・321
舊在城及長舉二務						
歲		79,130・000		三泉県	T 11	
熙寧十年				舊在城及西県二務①		
在城	T 8	33,115・653		歲		121,500・000
長舉場(県)	R 1	2,358・159		熙寧十年		
				在城	T 11	28,586・133
蓬州	T 9			金牛鎮	S 1	8・138
舊在城及一務				青烏鎮②	S 2	6・197
歲		30,651・000				
熙寧十年				集州	T 12	
在城	T 9	4,686・913		舊在城及永城・清化・塗輪・厥坡・大牟・盤道七場		
儀隴県①	R 1	929・878		歲		11,827・000
營山県	R 2	642・456		今廢		
伏虞県②	R 3	552・672				
				壁州	T 13	
龍州①	T 10			舊在城及一務		
舊在城及淸川二務				歲		25,726・000
歲		16,292・000		今廢		
熙寧十年						
在城	T 10	14,527・026				

夔 州 路　　U（鉄銭区）

夔州	U 1			熙寧十年		
舊在城及巫山県二務				在城	U 3	19,719・867、7
歲		132,331・000①②		永睦県	R 1	254・772
熙寧十年				新寧県	R 2	447・893
在城	U 1	21,292・999		東鄉県	R 3	579・190
巫山県	R 1	14,150・538		邑渠県	R 4	386・709
黔州	U 2			施州	U 4	
舊在城及鹽井・信寧・南州・龍門・雙牌①・龍合七務				舊在城及五重・建陽・新化・椒潦①五務		
歲		41,396・000		歲		60,159・000
熙寧十年				熙寧十年		
在城	U 2	10,185・307		在城	U 4	5,600・114
黔江県	R 1	977・630②		朱溪場	T 1	154・449
鹽井鎮	S 1	1,308・073		建陽津	T 2	212・094
玉山鎮	S 2	260・378		支圍鋪	T 3	79・828
信寧場(鎮)	S 3	192・970		太平鋪	T 4	8・400
				舊白鋪	T 5	122・900
達州	U 3			施度鋪	T 6	117・317
舊在城一務						
歲		69,803・000		忠州	U 5	
				舊在城及豐都二務		

商税統計史料一覧表

歳		45,932・000
熙寧十年		
在城	U 5	14,420・926
豊都県	R 1	748・996
墊江県	R 2	2,668・614
南賓県	R 3	386・960
①尉司(県)②	R 4	760・792

萬州	U 6	
舊在城及巴陽・漁陽・武寧・北沱・同寧六務		
歳		42,112・000
熙寧十年		
在城	U 6	17,062・880
武寧県	R 1	13・080

開州	U 7	
舊在城一務		
歳		23,264・000
熙寧十年		
在城	U 7	5,834・970
封鹽場	T 1	1,534・594

涪州	U 8	
舊在城及温山・武龍・白馬・新豊・石門六務		
歳		71,320・000
熙寧十年		
在城	U 8	28,385・456
樂温県	R 1	2,329・045
白馬津	T 1	4,151・937
陵江陽(鎮)	S 1	10・696
温山(鎮)	S 2	10・301

渝州	U 9	
舊在城及壁山・馬驍三務		
歳		48,365・000
熙寧十年		
在城	U 9	31,615・977
江津県	R 1	5,995・493
壁山県	R 2	1,551・220

雲安軍	U 10	
舊在城及徧欄司二務		
歳		43,071・000
熙寧十年		
在城	U 10	17,836・068
①雲安監	T 1	701・151

梁山軍	U 11	
舊在城一務		
歳		6,742・000
熙寧十年		
在城	U 11	2,517・797、6

南平軍	U 12	
(旧務不記)		
熙寧十年		
在城	U 12	1,433・927
南川県(鎮)	S 1	1,258・581
隆化県	R 1	756・412

大寧監	U 13	
舊在監一務		
歳		73,933・000
熙寧十年		
①在監	U 13	12,939・843

北宋の都市と町

清木場 東 著

中 国 書 店

はしがき

　酒が売れるのは人々が多く集まる都市の市街地や町中であるのは今も昔も変りはない。酒のある地を訪ねて探せば町や都市に行き着くことになる。

　北宋最盛期における約1,800の都市や大きな町である州県鎮市における酒販売所が酒務であるが、その販域がわずか半径10～20里に規制され、町はその町域内に限定されているので、四京・19路の南北5,300里、東西4,100里にわたる国域[1]の酒需要に、都市や大きな町の酒務では足りず、小規模の造り酒屋である酒坊を多くの小さな町に置いている。

　その夕闇の地平を俯瞰したとしてイメージすると、酒務の灯火が蛍の如く疎らに浮かび、その間隙を埋めて星屑のように二万数千、或は三万余[2]に及んだと言われている酒坊の明かりが明滅する。

　都市エリアや大きな町エリアから遠く離れて在る無数の小さな町や村の人戸にとって、酒坊は欠くことのできない存在なのである。

　酒を売っていたが滅び去って久しい都市や町を探訪しようと想い立ち、些か単純ではあるが諸記録[3]を照らし合わせると[4]歴史の底に埋もれていた夥しい都市や町の光が浮かび上がって来ると考え、はじめ気楽に統計を手蔓に四周二万里の地平の酒務・酒坊の地を訪ねて旅に出た。やがて探索が一筋縄ではいかないことに気づかされた。準備不足の付として多大な時間を払わされ、漢文を読み解くのとは異質の方法が求められ苦労させられた[5]。今では、そうしたもろもろのことどもも、それはそれとしてよし、としている。酒客には後悔というものがない。

-i-

はしがき

注

(1) 福建・廣南東西・夔州路を除く四京・19路の南北約5,300里（江南西路南安軍—東京—河北西路廣信軍）。東西約4,100里（京東東路登州—東京—秦鳳路河州）。九域志六・南安軍・地里、東京四千四十里。同書二・廣信軍・地理、東京一千三百里。同書一・登州・地理、東京一千八百里。同書三・河州・地理、東京二千三百里。

　当時は杜撰な調査しかできなかったと思われるが、それでも国域の主客戸は1,432万余戸とされている（表1）。これは九域志に基づく本書各州軍地理表の主客戸合計数（千位四捨五入）である。

表1　地区別戸統計（単位、万）

地区	北部	南部	鉄銭区	計
戸	567	705	160	1,432

典拠：本書二～四編・序の総合表
注　次の表2によれば、熙寧十年戸であろう

　また、表2によれば熙寧十年の約1,425万戸より元豊戸が約300万戸増大し、さらに哲宗朝の紹聖戸は1,944万戸に達する。この戸口増大により酒麴銭も北宋末まで増加傾向にあったことが窺われる。

表2　「戸口雑録」の主客戸（宋会要食貨11の26～30）

開宝9年	3,090,504	治平3年	12,917,221	元祐1年	17,957,092	大観2年	陞戸増124,173
至道3年	4,132,576	熙寧2年	1,444,043	3年	18,289,375	3年	陞戸234,200
天禧5年	8,677,677	5年	15,091,560	6年	18,655,093	紹興29年	11,091,885
天聖7年	10,162,689	8年	15,864,529	紹聖1年	19,120,921	30年	11,575,733
慶暦2年	10,307,640	10年	14,245,270	4年	19,435,570	31年	11,364,377
8年	10,723,695	元豊1年	16,402,631	元符2年	17,915,555	32年	11,584,334
嘉祐3年	10,825,580	3年	16,730,504	崇寧1年	陞戸303,495	淳熙15年	11,876,373
8年	12,462,317	6年	17,211,713	2年	陞戸259,758	16年	12,907,438

注　全国統計。至道以降の戸数は福建・廣南東西・夔州路の主客戸を含む。紹興以降は銅銭区南部・鉄銭区の主客戸

(2) 周藤吉之「免役法の成立と衙前並に坊場・河渡銭との関係」『宋代史研究』（東洋文庫、1969）、203頁。

(3) 元々『中書備對』に録されていた「酒麴雑録」・「司農寺帳」・「商税雑録」を用いる。『中書備對』については（宋）華仲衍撰・馬玉臣輯校『《中書備對》輯佚校注』（河南大学出版社、2007）、38頁参照。同書は、華仲衍経歴、『中書備對』の成立ち、資料的な価値、散逸した諸統計の収集、その他の研究である。

　また「塩法五」を併せ用いる。この「塩法五」の官売法地区の州軍塩銭額記載を前掲『《中書備對》輯佚校注』は『中書備對』としない。これは「塩法五」が州軍塩銭額記載の末尾に「以上國朝會要」と付記しているためである。この説に従う。

(4) 対照地数は次の表3に示した地理表の地名・新旧商税地・酒務地の8,646処、及び「塩法五」の塩場務747処である。

　本書では不権の廣南東西路、一部州軍が不権の夔州路・福建路を除く四京・19路の酒務名・商税務名・塩務名を都市・町の記載史料として対照している。

　食貨下七酒に「川峡承舊制。賣麴價重。開寶二年。詔減十之二。既而頗興榷酤。言事者多陳其非便。太平興國七年罷。仍舊賣麴。自是惟夔・達・開・施（夔州路）・瀘（梓州路）・黔・涪（夔州路）、黎・威州（成都府路）、梁山・雲安軍（夔州路）。及河東之麟・府州。荊湖之辰州。福建之福・泉・汀・漳州・興化軍。廣南東・西路。不禁」（括弧内筆者）とみえるが、「酒麴雑録」は河東路の麟州・府州、

成都府路の黎州・威州、梓州路の瀘州、荊湖路の辰州を不榷としていない。府州は旧務・旧額を記すが、麟州は「熙寧十年無祖額・買撲○○貫」とし、瀘州は「熙寧十年祖額○○貫○○文」とし、旧額について記載しないので、旧務年代は不榷であろう。黎州・威州・辰州は単に「無定額」とし、「旧」・「熙寧十年」の語句が無いので、旧務年代も無定額とし、食貨下七酒の「不禁」は旧務年代前のこととしておく。というのは、禁榷の州軍にも「無定額」はみられるからである。京東西路の萊蕪監・利国監、河東路の大通監、秦鳳路の沙苑監・太平監・司竹監、荊湖路の沅州、成都府路の茂州などは「無定額」とのみ記す。「商税雑録」の東京都商税院も「旧不立額」とする。

「無定額」は「不榷」を意味せず、榷酤の州軍であるが官監務に祖額を立てないことを意味し、「不立額」とも表記されるケースもみられる。

なお不榷の州軍では万戸酒制がとられ、両税と共に一定の銭を徴収し、酒造を解禁していた。中国の研究を挙げて置く。李華瑞『宋代酒的生産和征榷』（河北大学出版社、1995。248～251頁）。また楊宇勛「不榷、允醸與敷配：宋朝萬戸酒考析」（『臺灣師大歷史學報』第45期、2011。73～84頁）が詳しい。日本の論考もある（一編一章、注(3)）。

表3　本書対照地（総計9,393）

地区	①	②	③	④	⑤	⑥	⑦
北部	878	1,005	942	503(377)	982	124(126)	塩場設置区3路244
南部	445	490	445	320(243)	587	70(77)	塩場設置区7路503
鉄銭区	209	159	414	149(109)	885	39(40)	塩場不設区
計	1,532	1,654	1,801	972(729)	2,454	233(243)	747

①：旧商税務地、②：新商税務地、③：酒麹務地、④：地理表県
⑤：地理表鎮市、⑥：地理表州軍、⑦：塩場塩務地
総計9,393：計欄合計。但し④⑥計欄（　）内の数を除く
④の地理表県＝郭下県＋外県　郭下県＝地理表県－外県。
④の（　）内：外県数、全729。⑥の（　）内：郭下県数、全243
⑦の塩務は：南部KLMNOPQ 7路67州軍503処、北部HIJ 3路27州軍244処、計10路94州軍747処。
典拠：①③は二～四編「序」の表1、②は一編三章注(7)表8、④⑤⑥は二～四編各州軍の地理表、⑦は「塩法五」。鎮市名は本編三章末表11a 場務表。
注　1 10州府の郭下県が2県のため州軍数と郭下県数とは一致せず。北部2府（開封、京兆）、南部7州府（杭、越、蘇、常、湖、洪、江寧府）、鉄銭区1府（成都府）。
　　2 上記北部3路27州以外の北部諸州軍及び鉄銭区諸州軍塩販売場務は「塩法五」にみえない。なお路記号H～Qは本編一章六節の表7路記号表参照。

(5) 税財政統計史料の「酒麹雑録」・「司農寺帳」・「商税雑録」・「塩法五」に対するこれまでの税財政諸研究の視座と方法（個々別々に考察する手法）とを転換して、異質の分野である都市研究の史料として生かすには、理論上、都市を認知する基礎概念と経済指標の導入及び四統計を総合する方法が必要になる。

都市の基礎概念「人口の集中」・「都市は経済の中心」・「政治行政の中心」を導入し、場務が置かれた地が都市であることを証明して、その都市エリアにおける酒麹銭が経済的豊かさの指標であり、商税が商業活動規模の指標であること、及びそこの塩銭が塩消費指標（人口指標）であることを証する。また総合する方法として表と図を用い、四統計・九域志に場務が記載されているか否かを確認して各州軍の表と図に○・×などの単純な印を付して都市における場務の有無及び都市の存続を明示する。

都市基礎概念・経済指標・諸統計総合方法の三つを基礎の眼目とし（一編）、これをふまえて宋朝最盛期の都市分布調査を全国的規模で展開する（二～四編）。

北宋の都市と町

清木場　東

目　次

はしがき ……………………………………………………………………… i

凡　例 ………………………………………………………………………… xi

第一編　酒麴専売制と酒銭管轄
序 ……………………………………………………………………………… 1

第一章　酒麴務 ……………………………………………………………… 4
はじめに …………………………………………………………………… 4
第一節　酒麴務の立地条件 ……………………………………………… 4
第二節　酒界分制 ………………………………………………………… 7
第三節　酒額制 …………………………………………………………… 10
第四節　官売制・買撲制 ………………………………………………… 12
　　1　官売制……12　2　買撲制……13

第五節　酒務の分類 ……………………………………………………… 15
　　1　民営酒務……15　2　少額官務・高額官務……18

第六節　「酒麴雑録」 …………………………………………………… 20
　　1　作成目的……21　2　記載形式……22
　　3　旧務年代（付塩場年代）……28
　　4　路記号・州軍記号・記載順序　……30

第七節　表・図 …………………………………………………………… 31
　　1　酒統計……31　2　銭額表……32　3　県変遷図・地理表……32
　　4　酒務表の用語……34　5　その他……35

おわりに …………………………………………………………………… 36

第二章　熙寧の酒坊 ………………………………………………………… 42
はじめに …………………………………………………………………… 42
第一節　榷酒銭管轄体制の変革 ………………………………………… 42

― iv ―

第二節　「司農寺帳」 …………………………………………………… 49
　　　　1　形式……49　2　河渡……51　3　税場・酒坊……52

　　第三節　酒坊銭 …………………………………………………………… 54
　　　　1　物額・物価……55　2　酒坊銭……57

　おわりに ……………………………………………………………………… 62

第三章　都市の基準と指標 ………………………………………………… 72
　はじめに ……………………………………………………………………… 72
　　第一節　都市の基準 ……………………………………………………… 72
　　第二節　都市の経済指標 ………………………………………………… 75
　　第三節　小都市・町の格差 ……………………………………………… 79
　　第四節　大きな町に準ずる町 …………………………………………… 80

　おわりに ……………………………………………………………………… 82

第二編　銅銭区北部
　序 …………………………………………………………………………… 101
第一章　四京・京東東路 …………………………………………………… 102
　はじめに …………………………………………………………………… 102
　　第一節　四京 …………………………………………………………… 104
　　　　1　東京Ａ1……104　2　西京Ａ2……109　3　南京Ａ3……113
　　　　4　北京Ａ4……115

　　第二節　京東東路 ……………………………………………………… 118
　　　　1　青州Ｂ1……118　2　密州Ｂ2……120　3　齊州Ｂ3……122
　　　　4　沂州Ｂ4……126　5　登州Ｂ5……128　6　萊州Ｂ6……130
　　　　7　濰州Ｂ7……132　8　淄州Ｂ8……134　9　淮陽軍Ｂ9……136

　おわりに …………………………………………………………………… 138

第二章　京東西路 …………………………………………………………… 144
　　　　1　兗州Ｃ1……144　2　徐州Ｃ2……146　3　曹州Ｃ3……148
　　　　4　鄆州Ｃ4……150　5　濟州Ｃ5……153　6　單州Ｃ6……155
　　　　7　濮州Ｃ7……157　8　廣濟軍Ｃ8……159

　おわりに …………………………………………………………………… 161

| 第三章　京西南路 | ……………………………………………… 165 |

　　1　襄州 D1……165　2　鄧州 D2……167　3　随州 D3………169
　　4　金州 D4……171　5　房州 D5……174　6　均州 D6………176
　　7　鄖州 D7……178　8　唐州 D8……180　9　光化軍 D9……182

　　おわりに ………………………………………………………… 183

| 第四章　京西北路 | ……………………………………………… 188 |

　　1　許州 E1………188　2　孟州 E2……191　3　蔡州 E3……193
　　4　陳州 E4………195　5　潁州 E5……197　6　汝州 E6……199
　　7　信陽軍 E7……201　8　鄭州 E8……203　9　滑州 E9……205

　　おわりに ………………………………………………………… 207

| 第五章　河北東路 | ……………………………………………… 212 |

　　1　澶州 F1……212　2　滄州 F2………214　3　冀州 F3……217
　　4　瀛州 F4……219　5　博州 F5………221　6　棣州 F6……223
　　7　莫州 F7……225　8　雄州 F8………227　9　覇州 F9……229
　　10　德州 F10……231　11　濱州 F11……233　12　恩州 F12……235
　　13　永靜軍 F13……237　14　乾寧軍 F14……239　15　信安軍 F15……241
　　16　保定軍 F16……243

　　おわりに ………………………………………………………… 244

| 第六章　河北西路 | ……………………………………………… 250 |

　　1　眞定府 G1……250　2　相州 G2………252　3　定州 G3………254
　　4　邢州 G4……257　5　懷州 G5………259　6　衛州 G6………261
　　7　洺州 G7……263　8　深州 G8………265　9　磁州 G9………267
　　10　祁州 G10………269　11　趙州 G11……271　12　保州 G12……273
　　13　安肅軍 G13……274　14　永寧軍 G14……276　15　廣信軍 G15……278
　　16　順安軍 G16……280　17　通利軍 G17……282

　　おわりに ………………………………………………………… 283

| 第七章　永興軍路 | ……………………………………………… 289 |

　　1　京兆府 H1……289　2　河中府 H2……292　3　陝州 H3……294
　　4　延州 H4………297　5　同州 H5………299　6　華州 H6……302
　　7　耀州 H7………304　8　邠州 H8………306　9　鄜州 H9……308
　　10　解州 H10………310　11　慶州 H11………312　12　虢州 H12………314

13	商州 H13……316	14	寧州 H14……319	15	坊州 H15……321
16	丹州 H16……323	17	環州 H17……325	18	保安軍 H18……327
19	乾州 H19……329	20	慶成軍 H20……331		

 おわりに …… 332

第八章　秦鳳路 …… 338

1	鳳翔府 I1……338	2	秦州 I2……341	3	涇州 I3……343
4	熙州 I4……345	5	隴州 I5……348	6	成州 I6……350
7	鳳州 I7……352	8	岷州 I8……354	9	渭州 I9……356
10	原州 I10……358	11	階州 I11……361	12	河州 I12……363
13	鎮戎軍 I13……364	14	德順軍 I14……367	15	通遠軍 I15……369
16	儀州 I16……371	17	開寶監 I17……373		

 おわりに …… 375

第九章　河東路 …… 380

1	太原府 J1……380	2	潞州 J2……383	3	晉州 J3……385
4	府州 J4……387	5	麟州 J5……389	6	絳州 J6……391
7	代州 J7……393	8	隰州 J8……395	9	汾州 J9……397
10	忻州 J10……399	11	澤州 J11……401	12	憲州 J12……403
13	嵐州 J13……405	14	石州 J14……407	15	威勝軍 J15……409
16	平定軍 J16……411	17	寧化軍 J17……413	18	火山軍 J18……415
19	岢嵐軍 J19……417	20	保德軍 J20……418	21	慈州 J21……420
22	遼州 J22……422	23	大通監 J23……424	24	豊州 J24……425

 おわりに …… 427

第三編　銅銭区南部

 序 …… 433

第一章　淮南東路 …… 434

1	揚州 K1……434	2	亳州 K2……436	3	宿州 K3……438
4	楚州 K4……440	5	海州 K5……443	6	泰州 K6……445
7	泗州 K7……447	8	滁州 K8……449	9	眞州 K9……451
10	通州 K10……453	11	漣水軍 K11……455	12	高郵軍 K12……456

 おわりに …… 458

第二章　淮南西路 ……………………………………………… 463

　　1　壽州 L 1 ……463　　2　廬州 L 2 ……465　　3　蘄州 L 3 ………467
　　4　和州 L 4 ……469　　5　舒州 L 5 ……471　　6　濠州 L 6 ………474
　　7　光州 L 7 ……476　　8　黄州 L 8 ……478　　9　無爲軍 L 9 ……480

　おわりに ………………………………………………………………… 482

第三章　兩浙路 ………………………………………………… 487

　　1　杭州 M 1 ……487　　2　越州 M 2 ……490　　3　蘇州 M 3 ………492
　　4　潤州 M 4 ……494　　5　湖州 M 5 ……496　　6　婺州 M 6 ………498
　　7　明州 M 7 ……500　　8　常州 M 8 ……502　　9　温州 M 9 ………505
　10　台州 M10……507　11　處州 M11……509　12　衢州 M12………511
　13　睦州 M13……513　14　秀州 M14……515　15　江陰軍 M15……517

　おわりに ………………………………………………………………… 519

第四章　江南東路 ……………………………………………… 524

　　1　江寧府 N 1 ……524　　2　宣州 N 2 ……526　　3　歙州 N 3 ………528
　　4　江州 N 4 ……530　　5　池州 N 5 ……532　　6　饒州 N 6 ………534
　　7　信州 N 7 ……537　　8　太平州 N 8 ……539　　9　南康軍 N 9 ……541
　10　廣德軍 N10……543

　おわりに ………………………………………………………………… 545

第五章　江南西路 ……………………………………………… 549

　　1　洪州 O 1 ………549　　2　虔州 O 2 ………551　　3　吉州 O 3 ………553
　　4　袁州 O 4 ……556　　5　撫州 O 5 ……558　　6　筠州 O 6 ………560
　　7　興國軍 O 7 ……562　　8　南安軍 O 8 ……564　　9　臨江軍 O 9 ……566
　10　建昌軍 O10……568

　おわりに ………………………………………………………………… 570

第六章　荆湖南路 ……………………………………………… 574

　　1　潭州 P 1 ……574　　2　衡州 P 2 ……576　　3　道州 P 3 ………578
　　4　永州 P 4 ……580　　5　郴州 P 5 ……582　　6　邵州 P 6 ………584
　　7　全州 P 7 ……586　　8　桂陽監 P 8 ……588

　おわりに ………………………………………………………………… 590

第七章　荊湖北路 ……595

　　1　江陵府 Q1 ……595　　2　鄂州 Q2 ……597　　3　安州 Q3 ……600
　　4　鼎州 Q4 ……602　　5　澧州 Q5 ……604　　6　峡州 Q6 ……606
　　7　岳州 Q7 ……608　　8　歸州 Q8 ……610　　9　辰州 Q9 ……612
　　10　沅州 Q10 ……614　　11　漢陽軍 Q12 ……616　　12　荊門軍 Q13 ……618

　おわりに ……620

第四編　鉄銭区

序 ……625

第一章　成都府路 ……627

　　1　成都府 R1 ……627　　2　眉州 R2 ……630　　3　蜀州 R3 ……632
　　4　彭州 R4 ……634　　5　綿州 R5 ……636　　6　漢州 R6 ……638
　　7　嘉州 R7 ……640　　8　邛州 R8 ……642　　9　黎州 R9 ……645
　　10　雅州 R10 ……646　　11　茂州 R11 ……648　　12　簡州 R12 ……650
　　13　威州 R13 ……652　　14　陵井監 R14 ……654　　15　永康軍 R15 ……656

　おわりに ……658

第二章　梓州路 ……664

　　1　梓州 S1 ……664　　2　遂州 S2 ……666　　3　果州 S3 ……668
　　4　資州 S4 ……670　　5　普州 S5 ……673　　6　昌州 S6 ……675
　　7　戎州 S7 ……678　　8　瀘州 S8 ……680　　9　合州 S9 ……682
　　10　榮州 S10 ……684　　11　渠州 S11 ……686　　12　懷安軍 S12 ……688
　　13　廣安軍 S13 ……690　　14　富順監 S14 ……692

　おわりに ……694

第三章　利州路 ……700

　　1　興元府 T1 ……700　　2　利州 T2 ……702　　3　洋州 T3 ……704
　　4　閬州 T4 ……706　　5　劍州 T5 ……709　　6　巴州 T6 ……711
　　7　文州 T7 ……713　　8　興州 T8 ……715　　9　蓬州 T9 ……717
　　10　龍州 T10 ……720　　11　三泉県 T11 ……722　　12　集州 T12 ……723
　　13　壁州 T13 ……725

　おわりに ……727

第五編　総合

　序 ……………………………………………………………………… 733
　第一章　鉄銭区酒銭額 ………………………………………………… 734
　　はじめに …………………………………………………………… 734
　　第一節　新旧酒額増減率 ………………………………………… 735
　　第二節　酒額倍率 ………………………………………………… 738
　　第三節　酒額水準 ………………………………………………… 740
　　第四節　酒額と戸数・商税の比例関係 ………………………… 743
　　おわりに …………………………………………………………… 748

　第二章　まとめ ………………………………………………………… 751
　　はじめに …………………………………………………………… 751
　　第一節　酒銭額 …………………………………………………… 751
　　第二節　都市の分布 ……………………………………………… 755
　　　1　不明地……756　2　行政都市……757　3　小都市……760
　　第三節　町 ………………………………………………………… 763
　　　1　酒務の町……763　2　税場の町……766　3　塩場の町……767
　　　4　坊場・河渡の町……768
　　第四節　単務州軍・場務不記県 ………………………………… 770
　　　1　単務州軍……770　2　場務不記県……772
　　第五節　小さな町候補地 ………………………………………… 775
　　第六節　酒坊の役割 ……………………………………………… 776
　　おわりに …………………………………………………………… 779

あとがき ………………………………………………………………… 798

凡　例

一、書名略称。

　　『宋會要輯稿』・食貨・酒麴雑録、「酒麴雑録」。同・商税雑録、「商税雑録」。同・塩法五（食貨22-1～23-8）、「塩法五」。

　　『永楽大典』巻7507・倉・常平倉二所収『中書備對』熙寧九年司農寺帳、「司農寺帳」

　　（以上を統計史料と総称する）

　　『宋會要輯稿』・方域、方域。

　　『元豊九域志』、九域志。表中の注、志。

　　『太平寰宇記』、寰宇記。表中の注、記。

　　『宋史』地理志、地理志。表中の注、地。

　　同書・食貨、宋史食貨。

　　『宋會要輯稿』・食貨、宋会要食貨。同・職官、宋会要職官

　　『資治通鑑』、通鑑。

　　『續資治通鑑長編』、長編。

　　『輿地廣記』、広記。

　　（以上を記述史料と総称する）

　　拙著『唐代財政史研究（運輸編）』（九州大学出版会、1996）、拙著1。

　　拙著『北宋の商業活動』（久留米大学経済学会、2005）、拙著2。

　　拙著『北宋の都市－酒麴務・酒麴銭－』（久留米大学経済学会、2008）、拙著3。

二、本文・表・注の地名・書名及び史料は、旧漢字。

三、本文は新漢字。また麴・縣・鎭の字は地名・史料共に新漢字。

四、路記号、拙著2の記号に同じ。一編一章の路記号表参照。

五、京・府・州・軍（同下州）・監（同下州）の総称を州軍とす。

六、州軍・外県の酒麴務を州県務と呼ぶ。

七、鎮・草市・墟・店（小都市・町）、城・寨・塞・堡・軍（州軍管轄）・鎮（軍事機関・治安機関）、関・津・渡・口（交通機関）、及び監（州管轄）・場・務・坑・冶（生産機関）の総称

凡　例

　　を鎮市とす。鎮市は州県と対置する語とし、また郷村は州県（城郭を有する邑）・鎮市と対置した語とす。

八、鎮市の酒務を鎮市務と呼ぶ。

九、比率計算は原則として小数点第一位を四捨五入。

十、酒麹統計に計算して付した新額計は祖額・買撲の文以下も合計した額。本文中の新額・銭額表の新額は酒統計の祖額・買撲の文を切捨て、貫以上を合計した額。なお酒統計に付した新額計と本文・銭額表の新額とで差がある場合はすべて1貫未満の差である。

第一編　酒麹専売制と酒銭管轄

序

　「酒麹雑録」が記載する酒麹務・酒麹銭は、景祐～慶暦及び熙寧十年のものであるが、両年代の麹専売は僅か四つの都市（四京）に限定され、四京に属する外県・鎮市、及び諸路の州軍県鎮では酒専売が行なわれた。麹専売と酒専売は基本的には同じである。本編の目的は酒麹専売制・酒銭管轄体制とそれらの変遷を確認することにある。

　「酒麹雑録」・「司農寺帳」・「商税雑録」・「塩法五」は税財政分野の統計史料で、「はしがき」注5で述べたように、それらを都市・町の史料として分析するにはそれぞれに対する三種の工夫が必要になる。またこれまで特に「酒麹雑録」・「司農寺帳」の基礎研究がなされていない[1]。両統計の解釈・理解には少なくとも次のことが前提になる。

　一、酒務の立地条件・酒界分制・酒額制・官売制、及び酒務を請負う買撲制の変遷などを整理して把握する。特に買撲制では人戸買撲官監務の存在を認識する必要がある。

　二、両統計の記載と専売制度・酒麹銭管轄体制の変革とを相互関連的に解釈する。

　これらは「酒麹雑録」・「司農寺帳」分析の大前提であり、疎かにすると統計を分析できなくなり、また統計が記載する内容の理解を誤ることになる[2]。

　「酒麹雑録」・「司農寺帳」両統計の違いを数字に基づき示しておく。

表1　酒麹銭・坊場銭の比較

地区	北部	南部	計
酒麹銭旧額	889	429	1,318
酒麹銭新額	830	453	1,283
新旧差額	−59	24	−35
差額率①	−7%	6%	−3%
坊場銭	162	74	236
買撲	100	73	173
坊場買撲差額	62	1	63
差額率②	38%	1%	27%

銭額：単位万貫（千位四捨五入）
新旧差額＝新額−旧額　買撲差額＝坊場銭−買撲
差額率①＝新旧差額÷旧酒麹銭
差額率②＝坊場買撲差額÷坊場銭
典拠　新旧酒麹額：本章末比較表2a　坊場銭：本編二章表11
　　　買撲：本編二章注（2）表13（二～三編各章「おわりに」表1）
注　1 坊場銭は「司農寺帳」では坊場河渡銭である。本編二章で明らかにするように、常平河渡は極少なく河渡銭も僅かであり、坊場河渡銭を坊場銭とみなしても大勢に変わりはない
　　2 比較困難な鉄銭区4路及び南部の福建・廣南東西路3路を除く

　表1によれば「酒麹雑録」の旧額と熙寧十年の新額（祖額＋買撲）は、南部・北部で大きな開きがあるが、全体では35万貫減〔差額率①（新額−旧額）÷旧額3％減〕である。「司農寺帳」の熙寧九年坊場銭は南部・北部で約236万貫であるが、坊場銭は熙寧三～五年に至

第一編　酒麹専売制と酒銭管轄

り司農寺—常平司の管轄に入ったので、新務年代では三司の管轄外である。「酒麹雑録」旧額に仮に坊場銭が含まれておれば、両額に約236万貫に近い差額が出る。差が僅か35万貫であるはずはない。即ち「酒麹雑録」の旧額には坊場銭は入っていない。

坊場は買撲されるので「酒麹雑録」の熙寧十年の買撲173万貫を坊場銭と仮定しよう。表によれば坊場銭は236万貫で買撲とは63万貫もの差がある。したがって、「酒麹雑録」熙寧十年買撲＝「司農寺帳」坊場銭ではあり得ない。なお、「司農寺帳」坊場銭と「酒麹雑録」買撲とは僅か一年違いの統計である。

買撲は本編二章で述べる人戸買撲官監務の買撲銭である。仮に買撲が坊場銭とすれば三司管轄の場務を記す「酒麹雑録」に買撲官監務の買撲銭が記載されていないことになる。

「酒麹雑録」の旧額・新額には坊場銭は含まれていず、「酒麹雑録」は三司管轄の四京・諸州軍の官直営務である高額酒麹務の祖額と人戸買撲官監務の買撲の統計であり、坊場銭統計である「司農寺帳」は「酒麹雑録」とは関連性がない全く別の統計である。

また「酒麹雑録」は約1,800の場務数を記載するが、「司農寺帳」坊場は約２万数千であり、両統計の場務数は懸絶している。場務数からみても当然両統計には関連性はない。「酒麹雑録」は司農寺坊場を一切含まない統計である。

「酒麹雑録」の記載に坊場・坊場銭が含まれるか否かの認識は、「酒麹雑録」・「司農寺帳」に対する極めて重要な基本的な認識である。このため本編の序で明らかにしておくことにした。なお「司農寺帳」については本編二章で詳論する。

本編を踏まえて二～四編で調査・分析を行い、五編でまとめる。本編一章の専売制の整理の過程で、研究視点を異にする権酤・坊場の先行研究と重なる部分が多々出てくることをあらかじめお断りして御寛恕を乞う[3]。

日本の従来の考証を重視する研究手法に従って、二～四編では「酒麹雑録」・「商税雑録」の両統計と九域志に記載された地を対照して総合した。考証すべき内容が全体として厖大であるため、簡潔を期して単純化を図り、考証結果の要点のみを述べる。その記述においては文章をなるべく統一化し、また考証結果を表と記号及び印を多用してなるべく簡潔化した。二～四編の記述に単調の嫌いがあるが、この分析考証過程を抜きにしては都市・町を統計の中から取り出すことが出来ない。興味のある方はお付き合い願いたい。労多くして成果はわずかに過ぎないが、五編二章でまとめている。

なお本編及び五編を読めば本書の全体的な把握・理解ができるようになっている。

第一章　酒麹務

注

(1)　「酒麹雑録」・「司農寺帳」を用いる榷酤・坊場の内外の研究を省みると、両統計のそのものを史料として十分に考証していず、酒務数・その他の誤字・脱漏・異字さえ看過されている。そのことは措くとして、これまで両統計のそれぞれの全体と部分との比較がなされていず、相違・矛盾に気づかず、両統計の理解が甚だ曖昧にされてきた。例えば、「酒麹雑録」は「旧」と「熙寧十年」との酒麹銭額を記すが、前者は単に「〇〇貫」とし、後者は「祖額〇〇貫〇〇文買撲〇〇貫〇〇文」とするので、「旧」に何故祖額・買撲がないのかという問いがなされていない。また「酒麹雑録」と「司農寺帳」との相互関連的な比較考証も殆どない。両統計を用いるこれまでの論考は基礎研究を欠き、数的比較が多く、地名（場務名）は考証されていない。

(2)　日本の研究で最近に至り新説が立てられた。同説は熙寧の買撲坊場は課利と浄利銭とからなり、坊場銭は一般的に浄利銭とも呼ばれ、「酒麹雑録」が記載するは熙寧十年祖額・買撲のうち、祖額に坊場課利が含まれ、買撲は坊場買撲の浄利銭であるとする（島居一康後掲論文）。新説は宋代史研究の先学である周藤吉之が早くとりあげた『中書備對』の坊場河渡の統計である熙寧九年「司農寺帳」と「酒麹雑録」とを比較しない。

　　　新説で問題となるのは次の単純な矛盾である。
　　　①「酒麹雑録」の成都府路・梓州路では、熙寧十年祖額（新説では坊場課利を含む）を記すが、両路全州軍の買僕が記されていない。新説では課利はあるが浄利銭がないことになる。熙寧九年「司農寺帳」に両路の坊場河渡銭が記されている。同説では坊場銭＝浄利銭とするので、浄利銭は存在していた。
　　　②「酒麹雑録」の利州路全州軍には熙寧十年買撲のみが記され、祖額が記されていない。新説に立てば、課利はないが課利に上乗せした浄利銭があったことになる。

　　　新説が成立するには、「酒麹雑録」の記載は成都府路・梓州路の全州軍の買撲が脱漏又は省略され、且つ利州路の記載は全州軍祖額の脱漏又は省略であることを証明しなくてはならなくなる。

　　　また、例えばＪ５麟州「熙寧十年無祖額。買撲二千一百八十六貫」・Ｊ24豐州「熙寧十年無祖額。買撲三百四十貫八十文」などの記載がみえる。新説によれば課利が定められていないが、浄利銭はあったことになる。

　　　なお新説では「酒麹雑録」記載場務が「司農寺帳」坊場より懸絶して少ないことが説明できない。前掲周藤吉之論文を活用していないため両統計の比較ができなかったと思われる。

　　　まとめると新説では熙寧～元豊二年における榷酒銭管轄体制の変化が把握されていず、また「酒麹雑録」の全体と部分の比較考証がなされていず、更に「酒麹雑録」と「司農寺帳」との対比検証がなされていない。また人戸買撲官監務を看過している。本編にはそれらの基本的な作業を含めている。

(3)　榷酤・坊場の日本の重要な研究をあげておく。武田金作「宋代の榷酤に就いて」（『史学雑誌』四五―五・六）。曾我部静雄「宋代の坊場の民間経営について」（『宋代政経史の研究』）。大崎富士夫「坊場の買撲経営について（『広島商大論集・法文編』一一の二）。古林廣「農村酒造」・「都市酒造」'（『宋代産業経済史』）。周藤吉之前掲論文。島居一康「宋代榷酤の課税構造」（『宋代財政構造の研究』汲古書院、2012年。429～484頁）は、宋代榷酤の最新の研究である。榷塩制・榷酤制・榷茶制・その他の厖大な史料及び先行研究を整理・分析した労作である。中国の論文・著書は必要に応じて示す。

第一編　酒麹専売制と酒銭管轄

第一章　酒麹務

はじめに

「酒麹雑録」は三司―転運司が会計上管轄する四京の旧麹務・旧麹銭と四京の外県及び諸路州軍の旧酒務・旧酒銭額を記載し、且つ旧酒銭額と対比すべく熙寧十年の祖額・買撲を配している。「酒麹雑録」に記されている酒麹務は本章六節で証するが、仁宗景祐～慶暦の麹務（四京）・酒務（四京外県・諸路州軍）である。同時にそれらは熙寧十年の酒麹務でもある。また「酒麹雑録」が記す酒麹務名は、精確には酒麹務が置かれた都市・町の地名である。

本章では酒麹専売における酒麹務立地条件・酒界分・酒額制・官売制・買撲制・その他の基本的な制度を整理し、二～四編の都市・町の調査・分析に備える。

第一節　酒麹務の立地条件

酒専売史料を都市研究の視点から分析する際、重要なことは酒務の立地である。酒務はどのような地に設置されたのであろうか。管見によるとこの基本的な問題に言及した論文はあるが、本格的に取り上げた研究はないので、まずこの常識的な基本から確認する。

商人が商店開設をする目的は商品を多く販売してより多くの利潤を上げることにある。王朝の営利専売でも同じく利潤（酒麹銭・塩銭・その他）が最重要の目標である。宋会要食貨20－4・淳化五年四月の条に次の如くみえる。

　　詔天下酒榷。先是分遣使者監筦。歳取其利以資國用。自今募民掌之。減常課十二。云々。

　　　天下に詔して酒榷す。是より先、使者を分遣して監筦せしめ、歳に其利を取り、以て國用に資す。今より民を募り之を掌らしめ、常課は十に二を減じ、云々。

この太宗後半の淳化五年詔は、以前は天下の酒務に使者を派遣して監臨させ、利益をあげて国用に資していたことを述べている。なお今後民間人に酒務を掌らせ、課額の二割を減じることを命じているが、この施策は短命で一年も維持されなかった。宋史食貨下七・酒の冒頭に次の如く指摘している。

　　宋榷酤之法。諸州城内皆置務醸酒。県鎮郷閭或許民醸。而定其歳課。若有遺利。所在多請官酤。

　　　宋の榷酤の法、諸州城内に皆務を置き酒を醸す。県鎮郷閭或は民の醸するを許す。

第一章　酒麹務

しかして其歳課を定む。若し遺利有らば所在に多く官酤を請う。

諸州城内では酒務を置いて専売を行い、県鎮・郷村でも課額を立て酒造させた。また県鎮・郷村の酒務のうち利益があるところは官営としたことを指摘している。

次に具体例をあげると、宋会要食貨20－4・真宗咸平五年五月十一日の条に次の如くみえる。

> 命度支員外郎李士衡・閤門祗候李溥訪陝西諸州増酒権之利。先是。士衡上言陝西権酤尚多遺利。中略。望遣使制置其事。可済邊用。而不擾民。故有是命。

> 度支員外郎李士衡・閤門祗候李溥に命じて陝西諸州を訪ね酒権の利を増さしむ。是より先、士衡上言す、「陝西権酤尚多く利を遺す。中略。望むらくは使を遣りその事を制置せば、邊用を済す可し。しかして民を擾せず」と。故に是の命有り。

陝西諸州の権酤にはまだ増益が見込めるとの上言がなされ、利益増大をはかる使者が派遣された。

以上にみたように北宋の酒専売は営利専売である。利益をあげるための酒務立地条件は利潤追求の商店立地条件と基本的には同じである。いうまでもなく商店を置く地は多くの客足が見込まれる地、即ち都市の市街や人が多く集まる町である。宋会要食貨20－11・元祐八年七月十三日の条に次の如くみえる。

> 戸部言。買撲場務課利錢數增虧。全在人烟多寡。昨來省併興廢。其課利量行增添。既人烟稀少沽賣遲細亦合裁減。縁元祐勅。只有廢置州県鎮寨處場務。有量行增減之法。其割併県分鎮寨之處。乞亦依此施行。從之。

> 戸部言う、「買撲場務課利錢數の増虧は、全て人烟の多寡に在り。昨來（州県鎮寨を）省併・興廢せば、其課利は増添を量行す。既に人烟稀少にして沽賣遲細せば亦合に裁減すべし。元祐勅に縁るにただ州県鎮寨を廢置する處の場務有らば、増減を量行するの法有り。其県を割併し、鎮寨を分つの處もまた此に依り施行せんことを乞う」と。之に從る。

場務課利の増欠は全て人家の多寡に左右されるので、人家の多寡により場務課利の増減を行うべきことが上申され、それが裁可されている。この財務機関の戸部申請により酒銭額の増減の基本的な基準は戸口に置かれたという甚だ重要な基準を確認できる。更に州県鎮寨などの置廃・割出・併合により戸口が増減するので、この場合も酒課の増減を行った。

同じく宋会要食貨20－10・元豊四年二月十一日の条に次の如くみえる。

> 詔增永興軍乾祐県十酒場。県令姚煇言。県界凡六百里。戸口增倍。止有兩酒務。乞興置故也。

第一編　酒麹専売制と酒銭管轄

　　詔して永興軍（京兆府）の乾祐県に十酒場を増す。県令姚輝、「県界おおよそ六百里、
　　戸口倍増するに、ただ両酒務有るのみ。興置せんことを乞う」と言う故なり。

県域が六百里ある京兆府属県の乾祐県には二つの酒務があるのみであったが、戸口が倍増したので十酒場を増設した。この詔により酒の場務設置の基準は戸口であることを再確認しておきたい。酒務の地は都市の基礎概念「人口の集中」（本編三章「はじめに」参照）があてはまる。

更に長編巻四二八・元祐四年五月甲午の条に次の如くみえる。

　　京西轉運司言。韓城村人物繁盛。場務係百姓撲買。欲乞改為鎮。創酒税務。置監官一
　　員。從之。

　　京西轉運司言う、「韓城村、人・物繁盛たるに、場務は百姓の撲買に係る。欲いて
　　乞う、改めて鎮と為し、酒・税務を創り、監官一員を置かんことを」と。之に従う。

韓城村を鎮に昇格させ、酒と商税の場務を設置して監臨官一員を置いた。その理由として人・物即ち戸口・物資が「繁盛」であることがあげられている。物資繁盛は延いては商業活動が盛んであることを意味する。商税務を併設して官員を置いたのはこのことを証している。

これらのことから宋王朝は戸口・物資を酒消費力、即ち財力＝経済力としてとらえていたことが明らかである。このことは都市・町研究において甚だ重要な意味を有するので留意しておきたい。酒務は経済力のある地に置かれたのであり、換言すれば酒務地は人口の多い経済力を有する都市・町の存在を示しているのである。

以上の酒務設置条件を伝える三史料はいずれも北宋後半の史料であるが、示されている条件は全時代に通じる酒務設置条件である。この条件を踏まえると北宋前半に属する真宗朝の次の詔の理解が容易になる。宋会要食貨20－5・大中祥符八年六月に次の如くみえる。

　　詔令麹院出牓召在京酒戸。除本店自來賖買麹貨。於大中祥符五年至七年内取一年中等
　　數。立充本店舊買麹額外。相度逐廂市肆人烟。別認所買麹貨數目。依例賖買。云々。

　　詔す。麹院に令して牓を出し在京の酒戸を召し、本店の自來賖買せる麹貨は大中祥
　　符五年より七年に至る内の一年の中等の數を取りて本店の舊買の麹額に立充するを除
　　くの外、逐廂の市肆・人烟を相度し、別に買う所の麹貨の數目を認め、例に依り賖買
　　せしめよ。云々。

各酒戸に額外の麹を麹院から賖買させる場合は、開封府の行政管区である廂の市肆・人烟を相度した。即ち酒戸の買麹額増加は酒戸が酒販売を行う廂内にある店舗や人家の多少を量って行われた。市肆は商業、飲食店をはじめとするサービス業（旅館・その他）と解してよく、経済活動と関連することに留意しておきたい。

以上にみたように酒務立地条件は「人烟多寡」・「戸口倍増」・「人・物繁盛」・「市肆・人烟」であるが、要するに酒務は戸口が多く物資豊な経済力のある地に置かれた。後文にあげる北宋初期の太祖建隆・乾徳時代における酒麹禁令の条文をみると、両京・州府・県鎮の酒界分、城門内及び酒務設置の町（郷村・道店）への私酒持込みが厳禁されている。それらの禁令は酒務が両京・州府・県鎮の城内などの都市及び郷村・道店などの町に置かれていたことを前提としている。両京・州軍・県鎮の城内及び酒務が置かれた郷村・道店などの町には人家が多く物資が豊であったのである。禁令にみえる「郷村・道店」は郷域の町の意である。このことは上にあげた韓城村が「人・物繁盛」であり、はじめ酒戸が置かれ百姓が買撲していたが、後に鎮に昇格させ官員を置き、場務の設置にいたったことからも明らかである。すなわち韓城村は町であったのであり、その町がさらに発達して小都市である鎮となったのである。この「人・物繁盛」にもとづく韓城村→韓城鎮の昇格、酒戸→酒務・商税務の設置などの具体的処置は、酒消費力＝経済力こそが酒務立地の基本条件であることを如実にものがたる。

　以上にみた酒務立地条件によれば、「酒麹雑録」が列挙する約1,800処にのぼる酒麹務地は、仁宗～神宗朝の「人・物繁盛」の都市や町である。宋人は戸口・物資を経済力としてとらえており、基本的には人口の多い経済力のある都市に酒務を置いた。したがって酒務地は人口の多い経済力のある都市・町であり、酒麹銭・酒麹務の分析を始めるに当り、まずこのことを認識しておくことが重要である。

第二節　酒界分制

次に宋史食貨七下・酒に、
　　天聖以後。北京售麹如三京法。官售酒・麹亦畫疆界。云々。
　　　天聖以後、北京麹を售るに三京の法の如くす。官、酒・麹を售るに、また疆界を畫す。云々。
とみえる。この文章は二つの文からなる。一つは天聖以後、三京（東京開封府・西京河南府・南京應天府）と同じ制度による北京（河北の大名府）の麹専売を伝え、二は官務の酒・麹専売では境界を設けていたことを記す。この境界を酒界分と呼ぶことにする。なお酒界の語も用いられるが、一般的に権酤における「酒界」の語は酒務買撲の請負期間を指し、普通一界は三年間である。

　酒界分は外からの私造の酒麹持込み禁止エリアであるから、同時に酒務が生産する酒の

第一編　酒麹専売制と酒銭管轄

消費エリアでもある。これは生産—販売—消費が行なわれる圏であり一種の経済的エリアである。

　また宋会要食貨20－2・建隆三年三月の詔の一節に次の如くみえる。

　　東京去城五十里。西京及諸州府去城二十里。不許將外來酒入界。併入州府・縣・鎮城門。云々。

　　東京は去城五十里、西京及び諸州府は去城二十里に、外來の酒將て界に入り、併びに州府・縣・鎮の城門に入るを許さず。云々。

　まずこの記述の地理的な言及は城外と城門内＝城内との二つであることに注目したい。官務酒界分は東京が城門内・城外50里、西京及び諸州は城門内・城外20里とされ、外来の酒持込みを禁じていた。したがって州軍県鎮の城邑が酒の生産・販売エリアの核であり、その外にも消費エリアが広がっていた。

　同じく食貨20－7・天聖七年十一月二日の条に次の如くみえる。

　　開封府言。開封縣民樂守元・郭順所居各去城三十里之外。先幹釀村酒。因水壞屋。擅徙三十里之内。檢會舊條。惟有埒外酒入界及私造麹條。外今詳村民造麹。本亦酤酒出課。即與私造異科。望自今有如此類者。減造私麹條一等定罪。若犯酒多自從重法。奏可。

　　開封府言う、「開封縣の民樂守元・郭順の居する所は各去城三十里の外にして、先に村酒を幹釀するも、水、屋を壞すに因り、擅に三十里の内に徙る。舊條を檢會するに、ただ埒外酒の入界及び私造麹の條有るのみ。外に今詳らかにするに村民麹を造るも、本よりまた酤酒し課を出す。即ち私造と科を異にす。望むらくは、今自り此の如き類の者有らば、造私麹條の一等を減じ定罪せん。若し犯酒多ければ自ら重法に從らん」と。奏、可とす。

　開封県（東京郭下県）の去城30里外の村酒戸が、水害による家屋損壊のため、30里内に移転して営業したため、罪に問われた。この類の違反は以後私造麹・埒外酒入界の罪一等を減じることにした。したがって天聖七年（1029年）の時点ですでに東京の酒界分は去城30里とされていた。なお南宋では去城25里になる（慶元條法事類45）。

　東京は例外の中央大都市であるので、全国一般の州府及び三京が地方における中心的大都市である。その酒界分20里が全国における州府クラスの都市の一般的酒界分である。

　次にこの資料が伝える甚だ重要な点は、東京酒界分内の村に酒務の設置が認められていなかったことである。したがって30里の境界内では麹院から麹を買う酒戸の営業のみが許された。換言すれば、東京官務酒界分内に在った鎮・草市・道店・村では原則として麹院

—8—

以外の麹による酒の醸造・販売は許されなかったことがわかる。このことは全国の地方の中心都市である各州府の酒界分20里内においても同様であったはずである。

更にこのことは地方の県鎮においても同じであったことは次の史料から確認される。同じく宋会要食貨20－4・端拱二年五月詔に次の如くみえる。

　應兩京及諸道州府民間酒肆輸課者。自來東京去城五十里。西京及諸州去城二十里。即不説去県鎮遠近。今後須県鎮去城十里外。

　　あらゆる兩京及び諸道州府の民間酒肆の課を輸する者、自來、東京は城を去ること五十里、西京及び諸州は城を去ること二十里なるも、即ち県鎮を去ることの遠近を説かず。今後須らく県鎮は城を去ること十里外とすべし。注、名詞の前の「應」を「あらゆる」と訓むのは、日野開三郎『五代史』(1971年)の訓み方にならった。

文中の両京・諸道州府の「民間酒肆輸課者」は村酒戸即ち民営酒務である。民営酒務の設置が許されたのは、指摘したように、3京・諸州＝全国諸都市の官務酒界分の20里外であった。詔によれば太宗後半の端拱二年(989年)以降、県鎮の官務酒界分は去城10里とされた。なお端拱二年は仁宗の天聖を去ること30余年前で、天聖は旧務年代(「酒麹雑録」に記す旧酒務の年代)の約10年前であるから、旧務年代(景祐～慶暦、本章六節参照)の約40年前から全国の県鎮などの酒界分は城内・城外10里とされていたのである。したがって州県鎮城邑の酒界分の外に在った郷村人戸は酒戸に頼っていた。

因みに宋史食貨下七は上の詔を簡潔に次の如く記す。

　端拱二年令。民買麹醸酒酤者。県鎮十里如州城二十里之禁。

　　端拱二年令し、民の買麹醸酒し酤する者、県鎮十里は州城二十里の禁の如くせしむ。

以上にみた酒界分を整理すると、景祐～慶暦の旧務年代前に全国州府の都市酒界分は城内・去城20里、県鎮は城内・去城10里であった。

ここで特に留意しておきたいのは、酒界分は城邑＝都市を核とする酒麹販売エリアであったが、規定では車の里程は1日最低30里(5、60里は進めた)、驢・徒歩の里程は1日最低50里(6、70里は進めた)とされていたので[1]、去城20～10里の酒界分は、半日～1日で往復できる都市―郷村間の日常の物資流通圏と一致させていたことである。即ち酒界分は諸商品・農産物の生産―輸送―販売―消費が行なわれる経済圏でもある。この経済圏を都市経済圏または都市エリアと呼ぶことにする。

城外の農業生産品は城内でも販売され消費される。城内の手工業生産商品の消費者は城内居住者に限定されるものではなく城外から来る郷村人戸による消費も行なわれ、酒の消費も酒界分からわかるように都市エリアで行なわれた。

第一編　酒麹専売制と酒銭管轄

次に四京・州府・県鎮は城郭都市であり、酒・麹・塩などの文献ではしばしば郭・坊郭・郭内・城・城内・在城と表記され、これと対置される語は郷村・村である。宋会要食貨20－1・建隆三年三月の酒麹禁法を定めた詔に次の如くみえる。

　　前略。應郷村・道店有場務處。其外來酒不許入界。云々。

　　　あらゆる郷村・道店の場務有る處、其外來の酒、界に入るを許さず。云々。

太祖の時代から郷村・道店に場務が置かれ、その酒界分への酒持込みを禁じていた[2]。普通に用いられる「郷村」は幾つかの村からなる郷域、または郷の村[3]を指称する語であるが、ここに示されている郷村・道店は、民営の酒務が置かれ且つ界を有するのであるから、草市・虚・虚市などと呼ばれる「町」を指称し、道店は郷域の沿道に発達した「町」である[4]。それらの町の酒界分を町エリアと呼ぶことにする。なお後に述べるが、景祐前では小村にも酒戸が置かれていたので、宋初期のこの詔の郷村の語には村も含まれている。

先に確認しておいたように、酒務の立地条件（多くの人戸・豊富な物資）からしても、この史料の郷村・道店は町でなくてはならない。都市エリアと町エリアとが対置されている史料をもう一例あげておく。

同じく乾徳四年十一月の詔の一節に次の如く見える。

　　<u>兩京及諸道州府禁法地分</u>。併郷村・道店有場務處。若外來酒不許入界。云々。（○印の若は上の建隆三年三月詔では其である。）

　　　兩京及び諸道州府の禁法の地分、併びに郷村・道店の場務有る處は、若外來の酒、界に入るを許さず。云々。

この詔では下線を付している両京・諸道州府の禁法地分＝官営酒務酒界分と郷村・道店＝町の民営酒務酒界分とが対置されている。

民営酒務が置かれたのは戸口が比較的に多く、また近隣の村に通じる道があり人が集まり易い地であったはずである。なお両詔は建国初期に酒の私的な生産・販売を禁じ、違反に対する刑罰を定めた長文の詔であるが、上に示した部分は都市エリア・町エリアに酒務・酒戸を置くので、両エリアへの私的な生産による酒の持込みを禁じた部分である。

第三節　酒額制

酒麹務・酒麹銭の統計である「酒麹雑録」をみると、いくつかの問題があり、その問題を解決しなければ都市・町の経済的統計史料としてこれを使えない。先に指摘しておいたように問題の一つは、この統計では旧額と熙寧十年額とが示されているが、旧額には祖額・

第一章　酒麴務

買撲が無く熙寧額には祖額と買撲とがあることである。同じ場務の祖額と買撲の合計であるのか、祖額と買撲とは異なる場務の酒銭であるかについての説明が付されていない。これらの問題は酒額制・官売制・買撲制及びそれらの制度が適用される酒務との関連から解明しなくてはならない。

まず酒額制からみておく。酒務に限らず塩務・商税務・その他の場務においても各場務が1年に上げるべき売上額・徴収額・生産額が定められ、その課額達成度で監臨官や知州・知県・場務官の業績が評価された。また買撲場務にも祖額がたてられていた。その売上額・徴収額は課・額・課額・課利などといわれている。課額制において本研究で留意される規則は、一酒界分につき一課額を立てる規則である。即ち各官営務酒界分・衙前買撲務酒界分・民営買撲務酒界分毎に課額を立てるのを原則としていた。後文で示すように巨大都市であった東京酒界分でも麹院の一額のみである。また宋会要食貨20－5・天禧三年六月の条に次の如くみえる。

光禄少卿薛顔言。杭州酒務税課一十五萬貫。都作一務。望折爲三務。詔三司定奪以聞。

光禄少卿薛顔言う、「杭州酒務税課一十五萬貫、都作一務。望らくは折して三務と爲さん」と。三司に詔して定奪し以て聞せしむ。注、○印を付した用語は他にみられない。酒務課額の意であろう。酒務・税課と読めば酒務課・商税課となるが、恐らく「務税」又は「税」が衍字であろう。

真宗の天禧三年は旧務年代より15年前であるが、杭州（在城）酒界分には一務十五万貫の課額が立てられていた。三務十五万貫の申請が出されたので、三司にその検討が命ぜられた。「酒麹雑録」の両浙路統計をみると、杭州には郭下県が二県あるが、旧酒務は在城務のみが記されているので、一酒界分一額である。

都市エリアの一酒界分につき一課額を立てる原則を一界一額原則と呼ぶことにする。町エリアにおいても買撲額があるので一界一額であった。しかし「酒麹雑録」を通覧すると在城務の他に郭下県務がみられる。これは一界複額制をとる例であるが、多くはない(5)。本研究は都市・町の研究であるので、在城務と郭下県務は、一つの行政都市に存在するので郭下県務を酒務数に入れない。これは酒務数と都市エリア数とを一致させるためである。

一界一額原則を取るのであるから、旧務年代の各州軍の全酒務の課額の合計が「酒麹雑録」の各州軍の旧額である。但し州域全体に一括して課せられた州額ではない。この旧額と比較すべく対置されているのは新額でなければならず、その新額として示されているのが祖額・買撲であるから、新額は祖額と買撲との合計額である。このことは後文で再度とりあげる。

なお島居一康前掲論文は「民戸が請負う買撲課額は、会計上は"歳課を分認する"と表

— 11 —

第一編　酒麹専売制と酒銭管轄

現されようように、州軍の酒課総額を各「坊場」単位に分割したものである」（433頁）とする。州軍の酒銭総額は熙寧前では官監務・衙前買撲務・人戸買撲務の三種の諸場務の合計額であり、買撲されなければ合計額はそれだけ減少する。北宋権酤制では州額が設定され、その額が各官監務・衙前買撲務・人戸買撲務に細かく割当てられる制度ではない。特に人戸買撲務は民戸が保証人を立て、その町の酒消費量を見込んで請負う。州額の一部を割り付けることはできない。官監務などでも酒務立地条件でみておいたように、各酒務地（酒界分＝都市エリア・町エリア）の戸口・物資などの豊かさを鑑みて設立される。初めに州域全体の州額を立てこれを各酒務に割当てる方式はとらない。各州軍の全場務の酒銭合計が各州軍の酒銭額である。後述する塩銭額は州県の戸口を計り大まかに州域全体の塩銭額を立て売塩場に塩銭額を割当てるので、酒銭額と塩銭額の立額方式は異なる。

第四節　官売制・買撲制

熙寧前の官管轄酒務はその管理経営方式から官監務（官直営酒務）と買撲酒務とに大別され、買撲酒務は衙前買撲務と酒戸買撲務とに区分される。

1　官売制

はじめ官務酒造では租（両税）の米麦を用いた。宋会要食貨20－6・淳化五年九月の条の一節に次の如くみえる。

> 先是。程能建議。置天下酒榷。所在以官吏專掌。取民租米麥供用。以官錢市樵薪。給使者・工人俸料。後略。
>
> 是より先、程能建議して天下に酒榷を置く。所在に官吏以て專掌せしめ、民租の米麥を取りて供用し、官錢以て樵薪を市い、使者・工人に俸料を給す。

太宗の淳化五年までは、両税の米麦を用い、燃料費・人件費には官銭をあて、官吏の直接指揮下に酒造を行なった。省略した後文によれば質の悪い酒しか生産できず、且つ官粟・官銭の浪費になっていた。太宗はその悪弊を知っていたのでこの制を廃した[6]。

次に宋史食貨七下・酒に、

> 諸州官釀所費穀麥。準常羅以給。不得用倉儲。酒匠・役人當受糧者給錢。
>
> 諸州官釀の費やす所の穀麥は、常羅に準じ以て給し、倉儲を用いるを得ず。酒匠・役人の當に受糧すべき者は錢を給す。

第一章　酒麹務

とみえ、官が醸造に必要な穀・麦を買い付け、酒匠（杜氏）・人夫を雇用し、売上から給与を与えて酒造に当らせた。官が酒造の全面的な運営権をもっていた。これが北宋官売制の官直営務即ち官監務における一般的な経営方式である。

2　買撲制

はじめ二種類の買撲制を併用していた[7]。一つは請負人に一定の基準額を示し、それ以上の請負額を決めさせる制である。二は指定した衙前に指定額である祖額を請負わせる制である。

宋会要食貨20－3・太宗太平興国元年十月の条に、次の如くみえる。

　詔。先是。募民掌茶・鹽・榷酤。民多增常數求掌以規利。歲或荒儉。商旅不行。至虧常課。多籍沒家財。以實甚乘仁恕之道。自今並宜開寶八年額爲定。不得復增。

　　詔す。是より先、民を募りて茶・鹽・榷酤を掌らせるに、民多く常數を增して求掌し、以て利を規む。歲或は荒儉せば、商旅行かず、常課を虧くに至り、多く家財を籍沒す。以て實に甚だ仁恕の道に乘る。今自り並びに宜しく開寶八年額を以て定（額）と爲し、復增すを得ず。

この史料は茶場・塩場・酒務の買撲額を競わせていたことを伝えている。即ち、太祖時代の初期買撲制では買撲人を予め指定せず且つ請負額を決めていなかった。この制では請負人は競って請負額を吊り上げるため、請負額を達成できず家財を没収される弊害が出ていた。この請負人即ち買撲人を榷酤では一般に酒戸と呼んでいる。太宗は即位して茶場・塩場・酒務の初期買撲制を廃し、太祖の開宝八年額を定額＝祖額とし、この祖額の増額を禁じた[8]。したがって、衙前買撲と同じ定額制買撲（祖額制）に統一された。これが太平興国から熙寧までの一般的な買撲制である。

太祖時代の初期買撲を無定額制買撲、太宗以後の旧買撲を定額制買撲又は祖額制買撲と呼ぶことにする。「酒麹雑録」が旧額における買撲を示さない理由は、旧務年代では官売・買撲ともに祖額制を採っていたためであると解さねばならない。即ち旧額は官売祖額と買撲祖額との合計額である。

この熙寧前の旧買撲制と新法下の実封投状による新買撲制との比較を、劉摯が明快に行っている。宋会要食貨20－10・哲宗元祐元年二月六日の条に次の如くみえる。

　侍御史劉摯言。坊場之法。舊制撲戶相承。皆有定額。不許增擅價數輒有剝奪。新法乃使實封投狀。許價高者射取之。於是小人徼一時之幸。爭越舊額。至有三兩倍者。舊百

緡今有至千緡者。交相囊槖。虚帳低本。課額既大。理難敷辨。於是百敝随起。決至虧欠。州県勞於督責患及保在（任）。監鋼係累。終無賞納。官司護惜課額。不爲減價。則誰人從肯定承買。今天下坊場如此者十五六處。故實封增價之所得。比傚敗闕之所。失殆爲相補也。乞罷實封投状之法。委逐路轉運提擧司將見今買名淨利數額與新法已前舊相對比。量及地望緊慢。取酌中之數。立爲永額。一用舊法。召人庶乎承買者。無破敗之患而官入之利有常而無失也。

　侍御史劉摯言う、「坊場の法、舊制（買）撲戸相承するに、皆定額有りて、價數を增擡して輒ち剝奪する有るを許さず。新法は乃ち實封投状せしめ、價高き者に之を射取するを許す。是に於いて小人一時の幸を徼め、争いて舊額を越え三兩倍の者有るに至る。舊百緡にして今千緡に至る者有り。交相囊槖し、虚帳して本を低し、課額既に大にして、理として敷辨し難し。是に於いて、百敝隨起し、決ず虧欠するに至る。州県督責に勞い、患は保在（任）に及び、監鋼係累するも、終に賞納する無し。官司課額を護惜し、減價を爲さず。則ち誰人か從いて承買を肯定せんや。今天下坊場此の如き者十に五六處なり。故に實封增價の得る所と敗闕の所を比傚せば、失殆相補するを爲すなり。乞う實封投状の法を罷めんことを。逐路轉運・提擧司に委ね見今の買名淨利の數額を將て新法已前の舊と相對比し、地望緊慢を量り、及び中數を酌取し、立てて永額と爲し、一に舊法を用い、人の承買を庶う者を召せば破敗の患無し。而して官入の利に常有り失無からん」と。（　）内：意を以て補う。

　実封投状の新買撲制は先にみた太平興国前の太祖時代の初期買撲制、即ち課額を無視する買撲と同じ欠陥に陥ったので、熙寧前の旧制の定額制買撲（祖額制）をとるべきことが主張されている。なお初期買撲及び新買撲制では買撲の基準額があり、買撲人は基準額以上の値を付けた。基準額を課額・課・常課などと呼び、基準額以上の付値を新買撲制では浄利銭という。

　熙寧前の旧買撲制と熙寧の新買撲制との相違は、買撲祖額の有無であるので両時代の酒麹銭の記載に当っては、当然のこととしてその相違が反映されていなければならない。このため、「酒麹雑録」は旧務年代では官営務・買撲務は祖額制（設定された上限額）をとるので単に各州軍の銭額＝祖額合計のみを示し、熙寧十年の記載では祖額がある官直営務の祖額と祖額が無い（上限額が設定されない）買撲官監務（本編二章一節参照）の買撲とを併記しているのである。熙寧では買撲銭は原則として三年（一酒界）ごとに実封投状により変化し、買撲には官監買撲と坊場買撲とがあった。

　初期買撲制（太祖時代）・旧買撲制（太宗以後〜英宗時代）・新買撲制（神宗以後）の何れの制

第一章　酒麹務

でも、買撲人は穀物を買い付け、酒匠・工人を雇用して酒の醸造・販売を行なったので運営権は買撲人にあった。官は財産を担保に入れさせ且つ保証人を立てさせ買撲させた（認可）。また官は買撲人が請負った酒銭の完納を督励し（督促）、契約不履行時には請負人・保証人から財産を没収し（賠償）、それでも不足すれば監鋼係累（処罰）した。北宋買撲制では買撲人が運営権を有し、官は認可・督促・賠償・処罰の四権を有した。経営の経費を官は負担せず、官にとって買撲制は有利であったが、買撲戸倒産という欠陥もあった。

第五節　酒務の分類

　酒務はその課額から高額官務・衙前少額官務・民営酒務の三種に大別される。これは大まかに行政都市・小都市・町に対応する分類である。

1　民営酒務

　上奏・詔勅などで用いられる郷村の語のうち、京・府・州・軍・監・県・鎮に対比される郷村は郷域をさし、町である草市・店・その他も郷村に含まれる。これは前者が城・邑であり、これに対比される郷村は城邑の外の全ての域を指すからである。また狭義の郷は幾つかの村が存在する域であり、集落・町を意味しない。郷域において人戸がなす集落が村である。草市・店・その他などの町も村と共に郷域に含まれる。酒麹関連の史料における郷村の語は、集落としての村及び郷域に在る町である草市・店・その他である。
　国初から城外の郷村にも酒務が置かれた。太祖時代の例をあげると宋会要食貨20－2・建隆三年三月詔の一節に次の如くみえる。
　　應郷村・道店有場務處。其外來酒不許入界。云々。
　　あらゆる郷村・道店、場務有る處、其外來の酒、界に入るを許さず、云々。
　郷村・道店に場務があり、その酒界分に外からの酒の持込みを禁じていた。ここに言う郷村道店は小村、及び大村[9]、草市などを含めている。後に小村の少額酒務（酒戸）は廃止されることになる。なお研究者によっては下線部分を「郷村の道店」と読んでいるが後述するようにわずか十戸の村にも酒戸が置かれたことが指摘されているので、「郷村・道店」と読むことにした。
　例をあげておこう。同じく食貨20－5・天禧元年九月の条に次の如くみる。
　　判三司都催欠憑由司張師德言。淮南郷村酒戸額少者。並望停廢。從之。

— 15 —

第一編　酒麴専売制と酒銭管轄

　　判三司都催欠憑由司張師徳言う、「淮南郷村酒戸の額少なき者、並びに望むらくは停廃せん」と。之に従う。

　淮南における郷村の少額酒戸は真宗天禧元年に廃止された。少額酒戸であるからこの文の郷村は村であり、町としての大村・草市・道店ではない。また同じく食貨20-7・天聖七年八月二十七日（宋史食貨下七は乾興初とす）の条に次の如くみえる。
　　　　　　1029　　　　　　　　　　　　　　　1022

　　上封者言。榷酤之利。債歳既多。日比年増。略無止息。縻穀為費。兼資兇頑。但以設法為名。全忘壊俗之本。十家之聚。必立課程。比屋之間。倶有醞醸。恐非禁人群飲教人節用之道也。中略。望今後郷村人戸乞揌額開置酒務及添銭剗奪。或非因敗闕無人承替有利息処。官自開酤。並皆止絶。云々。中略。事下三司。三司上言。応於郷村揌額斡醸者。自今不得以課額多少。官司無得受理。云々。中略。奏可。

　　上封の者言う、「榷酤の利、債歳既に多く、日比年増し、略止息する無く、穀を縻り費を為し、兼ねて兇頑に資す。但設法を以て名と為し、全く壊俗の本たるを忘る。十家の聚、必ず課程を立て、比屋の間に、倶に醞醸する有り。人に群飲を禁じ人に節用の道を教うるに非ざるを恐るるなり。中略。望らくは、今後郷村人戸、額を揌て酒務を開置し及び添銭剗奪せんことを乞うもの、或は敗闕に因るに非ざるも人承替する無く利息有るの処に官自ら開酤するは、並びに皆止絶せんことを。云々」と。事三司に下り、三司上言す、「あらゆる郷村に於いて額を揌て斡醸する者、今自り課額の多少を以てするを得ず、官司受理するを得る無し。云々」と。中略。奏、可とす。

　この史料は村の酒戸廃止の甚だ重要な内容を伝えているので特に注目しておく必要があろう。ここにいう「郷村」は、論中の「十家の聚」（買撲するには保証戸を入れて最低十戸が必要とされた）は誇張であろうが、小村を指していよう。天聖七年以前は小村でも人戸が額をたて酒坊を開設することができたが、その廃止が上言され、三司は村の酒務設置は額の大小を問わず禁止を上言し、これが裁可された。また利益が見込まれる村に官が開酤することも禁じている。この郷村酒務は「郷村人戸乞揌額開置酒務」と「官自開酤」とが対置されているので、民営酒務即ち酒戸である。

　また同じく食貨20-8・景祐元年七月九日の詔の一節に次の如くみえる。

　　買撲郷村酒務課額十貫以下停廃。中略。如不及十貫。依勅停廃。不得衷私分擘。別処酤売。云々。

　　買撲の郷村酒務の課額十貫以下は停廃し、中略。十貫に及ばざる如きは勅に依り停廃し、衷私に分擘して別処に酤売するを得ず。云々。

— 16 —

第一章　酒麹務

　全国的に郷村の民営酒務で10貫未満の村酒務は廃止され、また町の酒戸が私的に他の村に支店を出して酒の販売をすることも禁じた。なお国境における寨外の一部の酒務も防衛・治安上から廃された[10]。

　以上に略述したように、はじめ郷域の小村にも少額の酒務（酒戸）が置かれていたが、次第に整理され、それらの廃止を天聖七年（1029）に命じたが、不徹底に終り、景祐元年（1034）に再度10貫未満の村の民営酒務廃止を命じた。小村の酒務廃止は時代の趨勢であった。

　次に町の民営酒務の課額についてみておく。宋会要食貨54－3、天聖三年八月の条に次の如くみえる。

　　三司言。中略。省司今相度欲下逐路轉運司。據州軍縣鎮郷村・道店。併自來人戸相承買撲去處。如勾當年限已滿有人承替或添長課利百貫以上。並委自逐州府官吏體量及檢詳前後所降宣勅條貫。具詣實狀申轉運使。候到勘會詣實即差替勾當。從之。

　　　三司言う、「中略。省司今相度して欲わくは逐路轉運司に下し、州軍縣鎮の郷村・道店の自來人戸相承買撲したるの處、如し勾當して年限已に滿ちて人承替するに或は課利に百貫以上を添長する有らば、ならびに委ねて自ら逐州府の官吏體量し、及び前後降せし所の宣勅の條貫を檢詳し、詣實の狀を具して轉運使に申し、詣實を勘會するを候ち、即ち差替勾當せしめん」と。之に從る。

　天聖三年の「郷村・道店」の酒務買撲における増額申請制は、100貫以上の増額申請に限り、各州から転運使に申請し、転運使が審査して認可するというものである。これが認められ、末尾に「從之」とみえる。旧課額に100貫以上を上乗せさせるケースの手続が示されている。したがってここに言う「郷村・道店」は、課額数百貫以上の大村・草市・道店などの町の酒務である。百貫未満の酒務は小可場務と呼ばれた[11]。

　以上のことから、景祐前には民営酒務にはおおまかではあるが百貫以上、100貫未満～10貫以上、10貫未満の3ランクがあったことがわかる。

　判三司の言「淮南郷村酒戸額少者」（天禧元年）、三司の言「応於郷村糠額斡醸者」（天聖七年）、及び詔の「買撲郷村酒務課額十貫以下」（景祐元年）によれば、繰り返し小村酒戸の廃止令が出され、最終的には景祐元年に第3ランクの10貫未満の集落を村とし、酒務設置を禁じた。したがって、中央財務官庁及び朝廷の認識によれば、小村は酒消費年10貫未満の集落で酒戸が無い村である。

　本研究でもこの認識に基づき、以下の村の基準は、酒消費10貫未満と看做され、酒戸が置かれていない集落とする。また酒務設置を許した第1・2ランクの村を大きな町・小さ

—17—

第一編　酒麹専売制と酒銭管轄

な町として位置づけておきたい。

　本書では、町の語は人口が集中し、家屋の立ち並ぶ地域をさす（現代国語例解辞典、小学館）。集落の語は狭義では村里を指し、広義では都市をも含む（新明解国語辞典、三省堂）ことにする。また以下の論述においては、都市の語に町を含める場合もある。大都市・小都市・町・小さな町のより精確な基準は本編三章で提示する。

2　少額官務・高額官務

　官に仕える衙前に対する特典として官酒務を買撲させる制度がはやくから行なわれた。例えば宋会要食貨20－5・大中祥符七年二月の条に次の如くみえる。

　　　詔應陝西諸州軍県鎮酒務。衙前及百姓諸色人等已增添課利買撲。云々。

　　　詔す。あらゆる陝西諸州軍の県鎮酒務、衙前及び百姓諸色人等已に課利を增添して買撲するに、云々。

　三代目皇帝真宗の大中祥符における陝西諸州軍の衙前及び百姓諸色人による県や鎮の官務買撲を伝える。また宋会要食貨20－8・景祐元年正月二十七日の条に次の如くみえる。

　　　臣僚言。諸道州府軍監県鎮等酒務。自來差監官處。乞不以課利一萬貫以上。並許衙前及諸色不該罰贖人一戸以上十戸已來同入狀。依元勅。將城郭・草市・衝要・道店產業充抵當預納一年課利買撲。從之。（〇印の字、原文寮）

　　　臣僚言う、「諸道州府軍監県鎮等酒務の自來監官を差するの處、乞う、課利一萬貫以上を以てせざるは、並びに衙前及び諸色（人）の罰贖人に該らざれば、一戸以上十戸のすでに來たりて同に狀を入るるを許し、元勅に依り城郭・草市・衝要・道店の產業を將て抵當に充て一年の課利を預納し買撲せしめん」と。之に從う。（（　）内、大中祥符詔により補う。一戸以上十戸は買撲戸・保証戸）

　四代目皇帝仁宗の景祐元年（旧務年代初）に従来監官差遣の州軍の県や鎮のうち、１万貫未満のものは衙前・諸色人（罰贖者を除く）に買撲させた。したがってこの買撲酒務は従来では監官差遣の官酒務であることに留意したい。当然１万貫以上は監官差遣の官務である。

　なお研究者によっては下線部分を「課利一万貫以上を以てせず」と読み、全官務を買撲にしたと解釈しているが、この解釈はとらないことにする。

　五代目皇帝英宗の治平に至ると、より少額の官酒務を買撲としている。同じく食貨20－9・治平四年五月十九日の条の一節に次の如くみえる。

　　　前略。乃詔。官監一年不及三千緡以上。即令買撲如故。自今有係衙前買撲場務。即欲

— 18 —

第一章　酒麹務

拘収入官者。具因依聴裁。(○印を付した字の原文は却。意を以て訂正)

乃りて詔す。官監一年に三千緡以上に及ばざるは、即ち令して買撲せしむること故の如し。今自り衙前の買撲場務に係り、即ち拘収して官に入れんことを欲う者有らば、具して因りて聴裁に依れ。

治平四年になると監臨官を置く官務を年額3千貫以上とし、未満の酒務は従来どおり買撲とした。また衙前買撲場務（3千貫未満）を官監務にする場合は聴裁せしめた。

以上にみたように、はじめ県鎮などの官務の中には1万貫未満の官務があり、買撲制にしていた。治平以降は課額3千貫未満の官酒務を原則として買撲酒務とした。こうした熙寧前からの衙前等が買撲した1万貫未満〜数千貫の官務を少額官務と呼ぶことにする。この官務は課額が少額であるので小都市エリア（少額の県を含む）の酒務である。これは先にみておいた古くから町エリアに置かれた民営買撲酒務とは別である。

「酒麹雑録」の各州軍の買撲額を通覧すると、次の表1に示しているように州軍により差がある。銅銭区186州軍の約九割の州軍（167例）では買撲は30％未満で、買撲が50％以上の州軍は約4％（6例）に過ぎない。表2をみると、買撲率40〜99％の州軍11であるが、いずれの州軍も都市が多く町が極少ない。町0の州軍3、町1の州軍4である。高買撲率州軍は町が甚だ少ないので、ほとんどの都市の酒務は少額官務であり買撲されていたことになる。

表1　新務年代買撲率水準表

買撲率	州軍数		州軍記号	水準
99％	1	1％	L4	Ⅳ
50％以上	6	4％	C1、H2、K9、L1、L5、L9	
40％以上	4	2％	C3、C7、I13、K8	Ⅲ
30％以上	8	4％	A3、B6、C6、E6、K1、L6、M6、O8	
20％以上	23	12％	省略	Ⅱ
10％以上	47	25％	省略	
10％未満	88	48％	省略	
0％	9	7％	A1、F16、G5、G15、I8、N4、N10、O7、P3	Ⅰ

典拠：二〜四編各章「おわりに」銭額総合表

表2　新務年代高買撲率州軍表（40％〜99％）

州軍記号	C1	C3	C7	H2	I13	K8	K9	L1	L4	L5	L9
都市	8	4	5	5	5	4	4	9	4	13	6
町	1	0	1	2	1	1	0	6	0	5	4

典拠：二〜四編各章の酒務表及び各章「おわりに」表4

また熙寧十年の銅銭区の買撲約99.5％であるL4和州・74％のH2河中府・89％のL1

第一編　酒麹専売制と酒銭管轄

壽州などは、買撲監官務（本編二章参照）がほとんどで官直営務が極少なかったことによると解さねばならない。

　後述するが熙寧三～五年以降、三司管轄酒務銭には官監酒務銭と買撲官監務銭とがある。したがって「酒麹雑録」熙寧十年の祖額は、官直営務の官監酒務銭で、買撲は買撲官監務の買撲銭である。

　次に宋会要食貨20－6・天聖三年十二月の条に次の如くみえる。

　　　三司言。中略。自餘課額及一萬貫者。不許買撲。從之。

　　　三司言う、「中略、自餘、課額一萬貫に及ぶ者は、買撲を許さず」と。之に従う。

　天聖三年(1025)に課額１万貫の酒務の買撲を禁止するに至っている。先にあげた仁宗景祐元年(1034)の条にも１万貫未満の酒務を買撲としているので、高額官務は１万貫以上としておきたい。しかし銅銭区の旧務年代27州軍、新務年代18州軍の官売額は１万貫未満であるので（五編741頁・表９）、行政都市高額官務１万貫以上は原則的なものである。鉄銭区でもこの原則が適用されない州軍が新旧両年代に計７例みられる（五編739頁・表７）。

第六節　「酒麹雑録」

　「酒麹雑録」の全体と部分を比較してみると多くの相違がみられる。その相違の説明ができなければこの統計を全体的に理解したことにならない。大きな違いは次の四つである。その他の違いは随時指摘して考察する。

1　路レベルで比較すると、東京～荊湖路の州軍（１群）には熙寧十年の祖額・買撲を記載するが、成都府・梓州路の州軍（２群）には熙寧十年の祖額のみを記し、また利州路の州軍（３群）には買撲のみを記載する。

2　新旧両時代の記載を比較すると、１群・２群・３群の旧務年代の酒銭額記載ではすべて祖額・買撲の区分をせず、熙寧十年の酒銭額記載では、祖額・買撲、祖額、買撲を記載する。一見しただけでは旧額が祖額と買撲を記していない理由は不明である。

3　新旧両時代の記載を比較すると、旧務年代では酒務名・酒務数・酒銭額の三項目をセットで記載する。しかし熙寧十年では酒銭額を記載するが、酒務名・酒務数を記載しない。

4　「酒麹雑録」の州軍の記載は、「某州。舊在城云々」ではじまり、「舊」は「熙寧十年」に対置されている。その「舊」の年代はこれまで不明とされている。不明の旧年代と熙寧十年の比較をしていることになる。そのようなことが行われるはずはない。

第一章　酒麹務

「酒麹雑録」が作成された当初（元豊三年）は「舊」の年代について言及されていたはずである。

以上の「酒麹雑録」の相違を作成目的、専売制の観点から考察する。本書はあくまでも権酤・坊場・酒麹専売の研究ではないが、これらの考察を踏まえなければ二編～四編の酒務・酒銭の分析による都市・町の考察に入れなかった。

1　作成目的

　東京～荊湖北路（1群）、成都府路・梓州路（2群）、利州路（3群）の三者は、熙寧十年の祖額・買撲の記載が相違する。1群ではほとんどの州軍に祖額・買撲を示し、2群では祖額のみを示して買撲を記載せず、3群では祖額を示さず買撲のみを記す。これらの相違の理由を説明できなければ「酒麹雑録」の酒銭・酒務統計を都市経済史料として活用できない。

　この問題の解決策は、「酒麹雑録」が作成された目的をとらえることである。参考になるのは「商税雑録」である。商税の場合、熙寧十年の商税銭額・税務地と対比できるように旧商税銭額・旧税務地を示すので、新旧の比較が「商税雑録」の目的の一つであることが明示されている。比較対象は前前王朝（仁宗）と現王朝（神宗）との税務及び税収額である。

　既に述べたが「酒麹雑録」と「商税雑録」はもともと『中書備對』に録されていた統計であり、形式も類似しているので両統計の目的の一つは新旧の比較と思われる。但し、次の問題もある。

　成都府路・梓路の諸州軍は祖額を記しているが買撲を示していず、利州路は祖額を記載せず買撲のみを示しているので、「酒麹雑録」が酒銭の新旧の比較を目的にしているとするのは問題である。

　しかし、次の表3に示しているように、成都府路・梓州路・利州路の新酒額は旧額に対して2例（R4・T7）を除くと約90％減になっている。成都府路・梓州路が買撲を脱漏し、利州路が祖額を脱漏しているならば、3路諸州軍が挙って約90％減にはならない。用語は相違するが、3路の各州軍の酒銭は新旧の全額を記しているのである。「酒麹雑録」が新旧酒額の比較を一つの目的としているとすることに問題はない。減額率及び用語の相違については五編一章で詳論する。

表3　鉄銭区酒銭増額率表（鉄銭額）

酒銭増額率（％）					
成都府路		梓州路		利州路	
R 1	−90	S 1	−90	T 1	−86
R 2	−90	S 2	−90	T 2	−90
R 3	−87	S 3	−87	T 3	−87
R 4	−83	S 4	−89	T 4	−91
R 5	−91	S 5	−90	T 5	−90
R 6	−90	S 6	−89	T 6	−86
R 7	−90	S 7	−	T 7	−82
R 8	−90	S 8	−	T 8	−88
R 9	−	S 9	−90	T 9	−91
R 10	−90	S 10	−90	T 10	−90
R 11	−	S 11	−90	T 11	−87
R 12	−91	S 12	−90	T 12	−
R 13	−	S 13	−90	T 13	−
R 14	−92	S 14	−	−	−
R 15	−	−	−	−	−

典拠：各路「おわりに」表1

2　記載形式

次に「酒麹雑録」は巻頭に四京の酒麹統計をあげ、しかる後に21路の州軍酒統計を示す。それらの記載形式を細分すると幾つかの形式がみられるが、大別すると東京と3京・21路の二パターンに分けられる。まず東京は次の形式をとる。

甲　東京。官造麹。買於酒戸①。
　　毎歳舊○○貫②。
　　熙寧十年（祖額錢）③○○貫○○文。
　　　①は賣に同じ　②○○印は漢数字（以下、同じ）。　③西京記載により補う

乙　開封府十五県及某・某・・・鎮・某三十五務①。
　　毎歳舊錢○○貫・絲○○兩・絹○○疋
　　今二十一県。熙寧十年（祖額）②錢○○貫○○文○○分・絲○○兩・絹○○疋○○丈○○尺○○寸
　　　①地名　②西京記載により補う

東京の甲（京城の郭内麹院）と外県の乙（郭下の県を含まず）とに分け、それぞれの旧額・熙寧十年額を示す。この形式は東京のみに適用され、他の3京及び各路の諸州軍には用いられていない。この形式は「商税雑録」における東京のそれと同じで、商税統計は京城内を都商税院とし、その新・旧額（旧無額）を示し、別に諸外県税務の新旧額を記すが、祖額・買撲の語を用いない。また酒麹統計が四京・21路の各州軍の熙寧十年新額（官売・買撲）のみを示し新酒務を記さないのに対し、商税統計は熙寧十年の新務と税務ごとの新額を記す。

なお酒麹の熙寧十年額を西京・南京・北京・諸路州軍の記載では祖額としている。その祖額は場務の新目標額であり、同時に関係職員の成績査定における基準額でもある。その祖額を熙寧額または新額と呼ぶことにする。この新額に対して商税・酒麹ともに旧額が何年の祖額であるか明記していない。旧務年代は場務が置かれた州・軍・県・鎮の置廃・移管年代から商税・酒麹ともに景祐～慶暦と推定される。

次に商税・酒麹ともに旧額は貫までを示し、文を記さないが、新額の銭額は文までを記す。これは四京及び諸州軍の記載でも同じである。なお新額の場合は、州軍によっては分・釐までを記す。

酒麹では、東京・開封府外県の旧額・新額に絹額・絲額を記す。他の三京及び州軍の記載ではそれらが記されている場合と銭額のみの場合の両ケースがある。また布・銀が記されている州軍もある。開封府および数州軍を除くと、絹・絲・布・銀・粟・梲その他の額は少額ケースが多い。商税には物額はみられない。

なお酒麹では東京・開封府には買撲がないが、三京・諸路州軍のほとんどは買撲を記載する。商税は新旧ともに買撲を記さない。

次に「酒麹雑録」の西京の記載形式は下の如くである。

  丙 西京。官造麹如東京之制。<u>舊在城</u>及某・某・・・<u>県</u>某・・<u>鎮</u>
              ①   ② ③
    某二十三務。
    歳〇〇貫・絹〇〇疋
  丁 熙寧十年祖額〇〇貫〇〇文。買撲〇〇貫〇〇文
      ①は北京記載により補う ②③は南京記載により補う

西京は周知の如く河南府に置かれていたので、「及」の後の県は河南府の外県である。「舊在城」を補っているが、「西京（官造麹如東京之制）及某・某・・・」と読むこともできる。しかし諸州軍の場合は「某州。舊在城及某・某・・・」とあるので、「舊在城」を補うのが妥当であろう。

南京・北京及び州軍の記載は丙・丁の記載形式をとる。また買撲を記すケースと若干の記さないケースがみられる[02]。なお県・鎮の字を補っているが、州軍の記載においても県・鎮の字が省略されているケースが少なくないので、県変遷図・地理表により県・鎮の判別をしなければならない。東京では旧額は「毎歳舊」と記すが、西京・南京・北京・諸州軍では単に「歳」とするのみである。この「毎歳舊」は後で取り上げる。

  丙 南京。官造麹如東京之制。<u>舊在城</u>及某・某・・・県・某・某・・・某鎮九務。
               ①
    歳〇〇貫

第一編　酒麹専売制と酒銭管轄

　　丁　熙寧十年。祖額在城賣麹○○貫○○文。寧陵県官監○○貫○○文。諸県買撲○
　　　　○貫○○文
　　　　　①②は北京記載により補う　③衍字

　下線部分③の「賣麹」は他の三京に見えないので衍字であろう。また「諸県買撲」とするが、西京・北京・諸州軍は単に「買撲」とする。南京の「諸県買撲」は後で取り上げる。

　　丙　北京。官造麹如東京之制。舊在城及某・某・某・・・県・・・某鎮二十七務。
　　　　歳○○貫
　　丁　熙寧十年。祖額○○貫○○文。買撲○○貫○○文。
　　　　　①原文、欠、脱漏。西京・南京記載により補う。

　　　　　京東路　東路
　　丙　青州。舊在城及某・某・某・・某県・某・某・・・某鎮・某十務
　　　　歳○○貫
　　丁　熙寧十年。祖額○○貫○○文。買撲○○貫○○文
　　　　　①は他の州軍記載により補う

　青州のこの記載形式が銅銭区の州軍においてとられている最も一般的な形式である。四京には「官、麹を造り酒戸に買（＝売）る」、または「官、麹を造ること東京の制の如し」の文句が入るが、諸路州軍の酒務記載ではこの文句が無い。先に述べたように、四京の「在城」で麹専売が行なわれているが、四京の外県及び19路州軍は酒専売であるので、この文句が入っていないものと思われる。脱漏ではないであろう。なお「在城」の前に置く「舊」は在城・県鎮市酒務と「歳○○貫」にかかる。「歳○○貫」は在城と諸県鎮市との合計額であり、州額ではないことに留意したい。このことは一界一額原則からみても明らかである。

　次に旧額と熙寧十年額とが対置されている形式について述べる。「酒麹雑録」の旧額記載では旧場務を記して後に酒額を記し、祖額・買撲の区別をしない。これは先にみておいたように、太宗以後は買撲・官売ともに祖額制をとらせたことによる。このため「酒麹雑録」は景祐～慶暦の旧額については祖額・買撲の区別をしていないのである。

　熙寧の新買撲制は初期買撲とほぼ同じで買撲額（但し、基準額はあった）を定めず競争入札制をとったので「酒麹雑録」は熙寧十年の官売制の祖額と新買撲制の買撲とを示しているのである。この買撲は官監務の買撲であり、次章でとりあげる司農寺の酒坊買撲を含まないので留意しておきたい。

　次に「酒麹雑録」の記載形式には例外的なものが14例みられる。そのうち13例は、「舊。

第一章　酒麹務

在城一務。歳〇〇貫〇〇文。熙寧十年。祖額〇〇貫〇〇文。買撲〇〇貫〇〇文」の形式をとる。この記載形式であれば、少なくとも官直営務＝官監酒務と買撲官監酒務との２務以上がなければならないので、「在城一務」は矛盾する。北部の河北東西路・河東路、及び南部の江南西路・荊湖南北路の６路13州軍（F８雄州, F15信安軍。G12保州。G13安粛軍。J12憲州, J17寧化軍, J18火山軍, J20保徳軍。O５撫州。P５郴州, P７金州。Q６峡州, Q８帰州）の記載がこの形式をとる。省略・脱漏・記載ミスとするべきではなかろう。同形式の北部高額例の２万貫以上の３例のうち２例を示しておく。

　雄州舊在城一務歳二萬三千八百二十七貫熙寧十年祖額二萬二千三百一十八貫七十六文買撲四百六十二貫六百三十六文。

　安粛軍舊在城一務歳二萬二千五百七貫熙寧十年祖額二萬九千六貫七百二十八文買撲三百一貫七百八十八文。

南部では１万貫以上は１例にとどまる。

　撫州舊在城一務歳一萬二千八百二十六貫熙寧十年祖額一萬九千三百五貫一十七文買撲一千七百三十六貫六百七十文。

五編二章で詳論するが、南部の撫州外県は３県で、いずれの県も州郭から109〜150里離れている。撫州が在城一務であるならば外県の民は往復２，３百里（少なくとも２，３日）の旅をしなければ酒が手に入らなかったことになる。ここでは疑問を提するに留める。

　次にＪ３府州は祖額と買撲とを分けて記載せず、「祖額・買撲〇〇貫」の形式をとるので、完全な州額制の記載形式である。

　府州舊在城一務歳二萬六千五百五十二貫熙寧十年祖額買撲二千三百四十七貫六百文。

以上の14例は、州額制が実施されていたのか、報告段階で州額制の記載形式をとったかは明らかではない。

　この州額制的記載形式例は熙寧十年231州軍（旧州軍244）の僅か14例（６％）に過ぎず特殊例である（759頁表5d）。三司管轄下における酒麹務には、熙寧前の従来の官直営である祖額制官監務と新買撲制官監務とがあった。新務年代の官監務は三司管轄の酒務の呼称である。司農寺の酒坊は新買撲制下におかれた主として小さな町の酒坊である。しかしこの酒坊には熙寧以前に主として衙前に買撲させていた県鎮酒務が含まれるので、斉一的に酒坊を小さな町の酒坊と限定してはならない。

　五編二章で述べるが、三司酒麹務を記載する「酒麹雑録」にみえない県が123県ある。それらの酒務は司農寺の酒坊とされたために「酒麹雑録」には記載されていないものと思われる。したがって、それらの場務不記県123は司農寺坊場約２万数千に比すれば１％未

第一編　酒麴専売制と酒銭管轄

満と極少ないが、司農寺酒坊には県鎮酒務が含まれているとみるべきであろう。

　次に記載形式で問題となるのは、先に指摘しておいたが、東京・開封府を除く全国の州軍の新務年代の酒務については言及がないことである。常識的には新酒務が記載されていないのは、旧酒務と新酒務とが同じであるためと解釈すべきである。しかし次の二つの問題がある。

　一　旧務年代から熙寧十年年までの間に、20州軍が廃止され（酒務69が移管。後掲表４参照）、５州軍が新設された（表４参照）。この置廃にともない行政管区の併合・分割が行われたので、新旧の時代で酒務の所属州軍が相違する。換言すれば旧務年代と新務年代では州軍によっては酒務数が相違するケースがある。

　二　県鎮の昇降・置廃（慶暦以後170余）が行われたので（五編二章、表35a〜d参照）、新旧の時代で行政上の格が相違するケースが生じていた。

　前者は行政機関の置廃であり、専売機関の酒務の置廃ではない。後者は行政上の格の相違であり、酒務の置廃ではない。（両ケースは本論の各州軍の県変遷図及び本文で指摘している）

　両ケース共に全州軍数・全県鎮数からすると僅かで、極限られた州軍の極少数酒務の所属州軍の変化に過ぎない。具体的にはその廃止州軍・新設州軍における移管酒務は70余で全国の酒務地約1,800処の約４％に過ぎず大勢にほとんど影響を与えない（表４参照）。このため「酒麴雑録」は旧酒務を示すが新酒務を記さず、煩雑を避けて簡潔を期し、新務年代では祖額・買撲額のみを示して酒務を記載しなかったと思われる。また地理表で確認した旧酒務地の元豊までの存続の割合は八、九割以上である（後掲比較表２）。なお新旧の酒務が同じであることの根拠の一つは不明地０の州軍が七割であることである。不明地は後述するが、酒務地のうち地理表にみえない地であるので、不明地０は新旧酒務が同じであることを意味する（五編二章で詳論する）。

　更に熙寧前では酒麴場務の権酒銭は全て三司―転運司が会計上管轄していた。旧務年代の酒麴場務をあげて、新務年代の酒麴務に言及していないのは、熙寧十年現在の酒麴務を旧務年代の酒麴務としたからである。というのは、旧務年代では三司一転運司が全ての権酒銭を管轄したのであるから、旧務年代の小さな町の酒坊・酒坊銭をあげていなければならない。次章で述べる熙寧九年酒坊は２万数千処であり、酒坊銭は数百万貫にのぼり、決して無視すべき額ではない。「酒麴雑録」が旧務年代の酒坊・酒坊銭について言及していないのは、熙寧三〜五年以降は酒坊銭が会計上において司農寺―常平司の管轄に入っており、三司―転運司の会計帳から除外され、司農寺―常平司の会計帳に繰入れられていたからである。即ち「酒麴雑録」は、旧酒務に旧酒坊を含めず、旧額には旧酒坊銭を入れてい

第一章　酒麹務

ないのである。

　また「酒麹雑録」は旧務年代に存在した州軍で熙寧十年までに廃されて存在しない州軍については、全て「今廃」と記す。表4に示した廃州軍20は全て「今廃」と記していることからみて、現存諸州軍の記載は「今」即ち熙寧十年の酒務・酒額であることになる。

　「酒麹雑録」が酒務は約70処を除き、今即ち熙寧十年を前提にし、旧務年代を前提としていない根拠の一つとして成都府路のR14陵井監をあげておく。熙寧五年に陵州を降格改名して陵井監としたが、陵州は旧務年代以前から置かれていた州であり、旧務年代に税務・酒務が置かれていた（四編一章陵井監参照）。しかし「酒麹雑録」は「陵井監舊在監及貴平・井籍県・・・」と記載しているのである。この記載の仕方は「商税雑録」と同じで、熙寧十年現在のでの監名を用いる（拙著2・656頁）。州軍名は全て新務年代の名称である。

　旧酒麹務は熙寧十年現在の三司管轄下酒麹務でもあることを「酒麹雑録」は前提にしている。このことを踏まえて、今一度記載を省みると、「酒麹雑録」の冒頭の東京・開封府の記載は、「東京。官造麹。中略。<u>毎歳舊（銭）</u>〇〇貫〇〇文。熙寧十年〇〇貫〇〇文。開封府十五県某・某・・三十五務。<u>毎歳舊銭</u>〇〇貫。中略。今二十一県。熙寧十年〇〇貫〇〇文。後略」であり、「毎歳舊（銭）」・「毎歳舊銭」からわかるように、「舊」は「銭」に係り、酒麹場務には係らない。開封府の記載では「今県十一」の次に「熙寧十年〇〇貫〇〇文」を置くので、新旧の比較を明示している。3京・19路諸州軍は「舊在城及某・某・・〇〇務歳〇〇貫」とするので「舊」は酒務と酒額に係ると解される。「酒麹雑録」は冒頭の東京・開封府の記載に「舊」と「今」の語を示すことにより、「酒麹雑録」が新旧の酒麹務の新旧の酒麹銭の記載であることを示しているのである。即ち東京・開封府の新旧を示すことにより以下の記載の理解の範としている。なお廃された州軍20の酒務69の移管先は次の表4に示している。

　以上の考察によれば「酒麹雑録」は旧務＝新務を前提にしている。しかし廃州軍の酒務の移管からみて、精確には旧務＝新務ではない。また「商税雑録」の廃務・新設による増減は少なくなく[13]、社会的・経済的変化があったことを推測せしめる。したがって、酒務にも新設・廃務があったとみなければならない。しかし、「酒麹雑録」はその新設・廃務を無視しているので、酒務の増減が全体から見れば大勢に影響しないと言う判断に立って、大まかには旧酒務＝新酒務としたのであろう。

表4　廃止・新設の州軍（付新設州軍の酒務数）

廃州軍	C8 廣濟	D9 光化	E8 鄭	E9 滑	G17 通利	H19 乾	H20 慶成	I16 儀	I17 開寶	J21 慈	計 10
酒務	1	1	8	4	6	7	3	7	1	3	41
移管先	曹	襄	開封	開封	衛	邠鳳翔京兆	河中	渭	鳳	絳晉隰	14
廃州軍	J22 遼	J23 大通	K11 漣水	K12 高郵	M15 江陰	Q12 漢陽	Q13 荊門	R15 永康	T12 集	T13 壁	10
酒務	3		1	3	3	3	1	8	2	3	28
移管先	威勝平定	威勝太原	楚	揚	常	鄂	江陵	蜀彭	巴	巴	13
新設州軍	I8 岷	I14 德順	I15 通遠	J24 豊	Q10 沅	—	—	—	—	—	5
酒務	不記	不記	不記	不記	不記	—	—	—	—	—	不記
旧所在地	秦	渭	秦	奪還地	辰	—	—	—	—	—	5

典拠：各州軍酒務表
注　1　廃州軍20、酒務増加州軍24、移管酒務69
　　2　新設州軍5はいずれも小州軍で酒務数は1、2と思われる

3　旧務年代（付塩場年代）

　州軍県鎮の置廃・昇降・移管の年代によって酒務の旧務年代が推定される。次の旧務年代史料表は各州軍の「酒務表」に関する論述から拾った史料を整理したものである。史料は西京・10路にわたる。上限及び下限を示すのは河北東路の①F10德州で、景祐二年～慶暦八年を旧務年代とする。これに対して②～⑨は旧務年代の上限のみを推定させる史料である。景祐二年（B3齊州）から慶暦四年（E2孟州）を上限としており年代的に幅が広い。⑩～⑬は下限を推定させる史料で、旧務年代の下限を宝元二年～慶暦四年以前とする。⑭A2西京の史料は下限または上限を推定させるものであるが、表の上限・下限史料と矛盾しない。なお表にあげなかった史料も数例あるが景祐～慶暦の間の史料である。

　これらの史料から特定の年を旧務年代として決定する必要はない。路により若干の相違があったと解しておきたい。旧務年代を大まかに景祐～慶暦（1034～1049年）としておけばよいであろう。これを一般的旧務年代として論を進めたい。

　河東路の⑩大通監の下限は宝元二年前で、同路⑥太原府・⑦威勝軍は同年以後を上限とするので矛盾する。慶暦二年説（後掲）があるが、このことからわかるように特定年代に旧務年代を確定することは適切ではない。

　なお「商税雑録」によれば旧務年代史料には下限が康定元年（1040）2例、寳元二年（1039）3例がみられ、また天禧五年（1021）～乾興元年（1022）の例もみられる（拙著2・序章（9）頁）。したがって、旧商税務・旧酒務の旧務年代は幅をもたせて理解しておくべきである。

第一章　酒麹務

表5　旧酒務年代判定史料表

上・下限	①F10徳州	景祐2年～慶暦8年	1035～1047年
上　限	②B3齊州	景祐2年以後	1035年以後
	③C4鄆州	景祐2年以後	1035年以後
	④B4沂州	景祐3年以後	1036年以後
	⑤R13威州	景祐3年以後	1036年以後
	⑥J1太原府	宝元2年以後	1039年以後
	⑦J15威勝軍	宝元2年以後	1039年以後
	⑧H9郟州	康定元年以後	1040年以後
	⑨E2孟州	慶暦3年前又は慶暦4年以後	1044年以後
下　限	⑩J23大通監	宝元2年前	1039前
	⑪I9渭州	慶暦3年前	1043前
	⑫D8唐州	慶暦4年前	1044前
	⑬F1澶州	慶暦4年前	1044前
その他	⑭A2西京	慶暦3年前又は慶暦4年以後	1043年前又は1044年以後

典拠：各州軍「酒務表」本文〔拙著3・(26)頁、旧務年代史料表に同じ〕

　次に「塩法五」は先に述べた塩場設置区の各都市・町の塩場・塩銭額の統計であるが、その統計の年代が示されていないので、旧商税や旧酒務の年代と同じく記載されている州軍・県鎮の年代から推定しなければならない。次の表6によれば、上限は熙寧四年、下限は元豊三年である。おそらく熙寧十年前後であろう。

表6　塩務年代判定史料表

	年代	所属州軍記号・県
上限	熙寧4年	M8江陰県　O3萬安県
	5	K1高郵県・K4漣水県。Q8興山鎮
	6	P5永興県。Q1長林県・営陽県・玉沙鎮・建寧鎮・枝江鎮。Q2漢川鎮・Q3景陵県
	7	J15楡社鎮・J16遼山県
下限	元豊3	Q10黔江城・領江鋪

典拠：拙著2の記載州軍の県変遷図及び作図に用いた史料

　なお、島居一康書は「また河北東路・魏州が大名府に昇格したのは慶暦2年（1042）であるが、『会要』19-1～19〔酒麹雑録〕の四京売麹銭額の北京の項には「北京」の表記が欠落し、西京・南京にある「売麹如東京之制」の文言がない。これは『中書備対』が河北東路に記載されていた魏州の売麹銭額を、「四京」の項に合わせるために移動したためで、従って表記が欠落している「北京」の数値は、北京がまだ魏州と呼ばれていた慶暦2年当初の売麹銭額を記載したものである（表62を参照）。以上の理由により、「旧」が慶暦2年を指すことが確定する。なおこのことから、同じ『中書備対』に拠る『会要』食貨16～18商税、同22～28塩法、同29～28茶法に記載の「旧額」についても、酒課と同じく慶暦2年

第一編　酒麹専売制と酒銭管轄

の立定と見られる。」(同書461頁、注10) と述べている。「移動したため欠落した」は慶暦二年立定の根拠にならない。全州軍名は熙寧のものであり、且つ脱漏は他の州軍にも散見される。また先に述べたが「商税雑録」の旧務年代には幅があり慶暦二年と確定できない。なお「塩法五」は『中書備対』ではない (本書「はしがき」注 (3) 参照)。

4　路記号・州軍記号・記載順序

　「商税雑録」では京・路の記載順序は次の記号表で示す A～X の順序である。京は東京・西京・南京・北京の順で, 記号では A1～A4 である。路は B 京東東路から X 廣南西路までの23路である。本書では、四京は地理的に分散して所在するが、四京を路と同等に見立てて諸路と比較することにした。なお若干の路で州軍の記載順序が「商税雑録」と相違する。記載順序は全て「商税雑録」に合わせたので注意しておきたい。

　東京の旧務の記載順序は先に示したように「東京・開封十五県及鎮・その他」の順であり、他の3京は「某京及在城・県・鎮・その他」とする。B 京東東路以下の各路の各州軍における旧務の記載順序は、「在城・県・鎮・その他」を基本とする。

　州軍の酒務の記載順序は、在城 (州庁が置かれた都市)、県 (外県、州庁が置かれた県以外の州軍の属県)、鎮 (治安を掌る鎮使が置かれ、郷村と区別された行政管区、小都市又は町、辺境は軍事機関)、草市 (鎮使が置かれない町)、寨・堡・城 (軍事機関が置かれた)、監 (生産機関。監には同下州の監と州府に所属する監があるが、ここでの監は後者)・その他である。しかしこの記載順序が守られていない例が甚だ多い。

　次に「酒麹雑録」の統計史料は記号表に示した京・路のうち四京・19路 (B～T) の酒務・酒銭額の統計史料である。但し夔州路・福建路の一部の州軍は酒の専売が行なわれているが、多くの重要な州軍は「不榷」とされているので両路及び廣南東西路は分析対象から除外した。

　本研究では比較・表記・その他の便宜に供するため、京・路に A・B～T の記号を付している。また各路の州軍は路記号に番号を付して示す。例えば江南東路の江寧府は N1、次の宣州は N2 である。本研究では路記号 A～T は商税務・酒務に共通して用いている。

第一章　酒麹務

表7　路記号表

1	東　　京	A1	8	京西北路	E	15	淮南西路	L	22	梓州路	S
2	西　　京	A2	9	河北東路	F	16	兩浙路	M	23	利州路	T
3	南　　京	A3	10	河北西路	G	17	江南東路	N	24	夔州路	U
4	北　　京	A4	11	永興軍路	H	18	江南西路	O	25	福建路	V
5	京東東路	B	12	秦鳳路	I	19	荊湖南路	P	26	廣南東路	W
6	京東西路	C	13	河東路	J	20	荊湖北路	Q	27	廣南西路	X
7	京西南路	D	14	淮南東路	K	21	成都府路	R			

　州務は路の記号に番号を付す。例、F1、F2・・・
　県務はR（大文字）。番号を付す。例、R1、R2・・・
　鎮務はS（大文字）。番号を付す。例、S1、S2・・・
　草市・その他はT（大文字）。番号を付す。例、T1、T2・・・

第七節　表・図

　「酒麹雑録」・「商税雑録」・九域志を総合する方法として表・図・記号・印を用いる。以下の表・図及び表・図に用いる用語・記号・印に目を通していただきたい。

1　酒統計

　「酒麹雑録」を録して分析を加えるが、その録した統計を酒統計と呼ぶことにする。「酒麹雑録」は各京・府・州・軍・監の旧場務名・州軍旧額と熙寧十年の祖額・買撲（銅銭区）とをセットで記す。「酒麹雑録」を酒統計に録する際、原文には誤字・脱字・衍字・異字（音通）があるので、訂正し或は補った。

　商税務・酒務の併設、及び元豊までの酒務地存続を明示するため酒統計の酒務名（地名）に〇・□・△などの印を付す。これらの印付けは、「酒麹雑録」と「商税雑録」及び九域志の記載を総合する手段である。

　〇は旧商税務（景祐～慶暦）が置かれた地、□は新商税務（熙寧十年）が置かれた地、△は地理表（九域志）にみえる元豊の州府・県鎮・その他の地名であることを意味する。これらの印により新旧の小都市・新旧の大きな町の区別が容易になる（本編三章73・74頁参照）。単純な誤字・脱字などは酒統計の欄外注で示す。

　酒統計に新額計を付す。この新額計は祖額と買撲との合計で、文までを加算した数値である。金・銀・絹・布・その他はこの新額計に含めていないので注意しておきたい。

第一編　酒麹専売制と酒銭管轄

2　銭額表

　この表では酒統計の祖額を官売額としている。官直営務、即ち官監務の販売酒銭であるからである。同統計の買撲は買撲官監務の買撲銭（課利＋浄利銭）であるので、表でも単に買撲とした。銭額表は各州軍の旧銭額（旧額＝官売祖額＋買撲祖額）・新銭額（新額＝官直営務官売祖額＋官監務買撲銭）、その新旧の差額及び旧額に対する新額の増額率、また官売率（新額にしめる祖額＝官売額の比率）・買撲率（新額にしめる買撲の比率）をまとめた表である。絲・絹・布等の物額が記されている州軍では銭額表の欄外にその額を記している。なお鉄銭区3路には銭額表を付さず、銭額・増減は各章「おわりに」の表1銭額総合表に整理して示した。

　銭額表の官売・買撲は酒統計の文を切捨てている。そのため銭額表の新額も官売・買撲の文を合計に入れていない。文までを合計した数値と文を合計しない場合とでは1貫以下の相違がある。州軍の酒銭額のレベルを決定する場合、1貫の相違は全く影響がない。このため銭額表では文を切り捨てた官売・買撲の合計数値を新額として示している。したがって酒統計の新額計と銭額表の新額とは1貫以下の相違があるので注意しておきたい。

　なお酒麹銭額は酒麹価格の高下にも左右される。京師の麹価の変動は、国初一斤200文、開宝七年100文、太平興国中150文、その後200文、168文、熙寧四年200文とされた（宋会要食貨20−9・熙寧四年六月四日の条参照）。熙寧十年の新額は、麹価最高の200文に値上げされていたが、旧額より25％減じている。酒麹価格上下は長期的にみれば酒麹銭額に大きな影響を与えず常識的な数値に落ち着くと考えるのが経済学的な見方である。銭額に大きな変動が生じるのは、人口の大変動・生産力の大変動・戦乱などの全国規模の社会的経済的大変動が起きた場合である。仁宗〜神宗朝にそれらの大変動は起きていない。

3　県変遷図・地理表

　県変遷図は九域志・「酒麹雑録」・「商税雑録」を総合した図である。太平興国〜元豊間の州軍・県の置廃・移管を記し、旧務年代の推定に用い、また酒務地が県又は鎮市かの判別に役立てる。酒務地によっては旧務年代では県で、新務年代・元豊では鎮であるケースがある。逆に旧務年代の鎮が新務年代では県である場合がある。その変化を県変遷図に示した。また郭下・外県に〇・×を付し、新旧商税務・酒務の設置・不設を示している。

　なお県変遷図の番号①・②・③…は拙著2であげた史料番号である。また図中の↓は県鎮の存続、→は併入、⇩は割出、⬇は割入、⋯→は移転を意味する。県のうち（　）を付し

第一章　酒麹務

た県は太平興国後に割入又は新設された県である。

　旧務年代が不明の州軍の図においては一般的な年代である景祐～慶暦に旧務年代を設定している。また旧務年代推定に供するため州軍により鎮置廃図を示す。県変遷図・鎮置廃図は拙著2に掲載した図に同じであるので本書では作図に用いた史料を示していない。

　次に地理表は拙著2で九域志・寰宇記・その他を用いて作成した表である。酒務地の存続・新税務地の確認に必要となる。県の地理的位置及び水系・郷鎮・堡寨・その他、及び州軍の主客戸・土産（文海版寰宇記、宋本寰宇記）・土貢を示した。都市・町の地理的・経済的環境を理解把握するための基礎資料を整理してまとめた表であり、随所で活用する。

　次に九域志が採録した県以外の地2,452処には保安機関の鎮、場務監などの生産機関、寨堡城などの軍事機関、関津などの軍事交通機関が置かれている。そのなかには三司系の新旧商税務・酒務が設置された地があり、約1,000処（41％）にのぼる（五編二章776頁、表16）。したがって九域志の鎮市採録基準に経済的重要性も含まれている。この経済的重要性の採録基準からみて、九域志が記載した地で「商税雑録」・「酒麹雑録」にみえない地に司農寺の坊場が置かれていた可能性が高いと考えられる。

　九域志が採録した地即ち地理表の記載地と「商税雑録」・「酒麹雑録」の記載地とを対照して総合し、且つ次の二種の地を検出し、その地名に○又は×印を付す。

一、「商税雑録」に旧商税場の地としてあげられている地が新商税務地として記載されていないケースがある。その旧商税務が熙寧に司農寺管轄に移管された可能性があり、且つ「酒麹雑録」にはみえない酒坊があったことも考えられるので、この地を大きな町に準ずる町とし、地理表の地名に○印を付す。

二、地理表の記載地で「商税雑録」・「酒麹雑録」にみえない地がある。この地に酒坊が置かれていた可能性が考えられ、この地を小さな町候補地とする。地理表の地名に×印を付す。両統計・九域志と「司農寺帳」とを関連させる手段である。

三、地理表の無印の地は小都市、又は大きな町で、酒統計にみえる地である。大きな町は旧税務・新税務が置かれていない地で、酒務のみが置かれた地である。

　なお州郭に隣接する監・場、及び寨・城の出先機関である小さな寨・堡・鋪、及び無名の塩井などは町ではない可能性も考えられるが、本書ではそれらも小さな町候補の対象に含めることにした。

　検出した×印及び○印の地の数は各州軍の地理表の欄外に示し、各章「おわりに」の表7にまとめた。なお地理表に地名がみえない不明地数もこの表7に示している。

　地理表にみえる町・小都市、及び小さな町候地、機関等の全国的な比較を各章で行うの

第一編　酒麹専売制と酒銭管轄

で、章末の諸路比較表1（以下、比較表1）に水準を付して示した。なお各路の表7は五編二章五節「小さな町候補地」でまとめる。

4　酒務表の用語

　酒務表は「酒麹雑録」・「商税雑録」・九域志の分析をまとめる表である。
在城（州軍庁舎所在の都市）　外県（州庁が置かれた郭下県以外の県）　置務県（酒務設置の外県）
県置務率（置務県数÷外県数×100。以下、比率計算の×100を省略）
鎮市務（鎮及び鎮以外の草市・その他に置かれた酒務の総称）
鎮市務率（鎮市務数÷酒務数、各州軍の全酒務数にしめる鎮市務数の比率。以下、州軍の全酒務数を酒
　　　　務数、又は酒務と略す）
州県務（在城務＋外県酒務）
州県務率（州県務÷酒務、酒務数にしめる州県務の比率）
併設地（商税務・酒務が併設された地）
併設率（併設地÷酒務、併設地数が酒務数にしめる比率）
対旧商税務率（併設地÷旧商税務、旧商税務地数に対する併設地数の比率）
新税務地（酒務が置かれている地に新商税務が置かれた地）
新税務地率（新税務地÷酒務、酒務地数にしめる新税務地数の比率）
対新商税務率（新税務地÷新商税務、新商税務数に対する新税務地数の比率）
存続地（酒務地が元豊時代まで存続し、地理表にみえる地。不明地及び地理表不記地を含めず）
存続率（存続地÷酒務、存続地数が酒務数にしめる比率）
旧商税務（景祐～慶暦の税務）
新商税務（熙寧10年の税務）
不明地（酒務地で地理表にみえず、且つ旧商税務・新商税務が置かれなかった地）
不明率（不明地÷酒務、酒務地数にしめる不明地数の比率）
地理表不記地　酒務地の中には旧商税務・新商税務が記載されているが、地理表に記載されていないケー
　　　　スがある。このため酒務地として元豊まで存続したか否かが確認出来ない。この地を地
　　　　理表不記地と呼び、不明地と共に存続地に入れない。酒務表の欄外に示し、各章「おわ
　　　　りに」の表2でまとめる。この地は旧務年代では不明地と共に都市・町数に含めるが、
　　　　新務年代では都市・町数に含めない。都市・町を示す各章「おわりに」表4では不明地
　　　　と共に地理表不記地を町数に含めない。
廃州軍酒務地　州軍が廃されると、管域に在った郭下県・外県・鎮市は他の州軍の管轄下に入る。酒統
　　　　計には新務年代までにその州軍に移管されてきた県鎮は表記されていない。廃州軍の県
　　　　鎮のなかには新商税務が置かれた新務地や存続地・不明地・地理表不記地があり、これ

第一章　酒麹務

らは移管先の州軍の新商税務・地理表により確認される。移管先で存続している県鎮、及び不明地・地理表不記地は、旧属の州軍の酒務表に（　）で括り示すことにする。二〜四編各章「おわりに」の表2・4の新務地・存続地・不明地及び諸比率にもそれらの廃州軍の県鎮を含めた。また廃州軍の酒統計の酒務地にも□・△の印を付した。例えば、旧州軍の郭下県が移管先の州軍で新商税務が置かれ、存続しておれば酒統計の旧州軍の在城は「在城」と表記する。
○□△

5　その他

次に二〜四編各章「おわりに」の表1〜表7は各路の分析結果をまとめた表である。

表1

路の諸州軍の酒統計の銭額分析結果を表1銭額表にまとめた。この表1に基づき酒額と戸口、酒額と商税額との相関性を分析し、次に祖額と買撲との比較から都市エリア・町エリアの酒消費を考察する。また表1の酒麹額・官売額・その他に基づく分析から路における酒麹価格政策について論じる。

表2

表2は路の諸州軍の酒統計の酒務分析結果をまとめた。先ずこの表の存続率・不明率から行政都市・小都市・町の社会的・経済的安定性を分析する。次に酒務と商税務の併設（小都市）の多少、酒務単記地（町）の多少を論じる。

表3・表4

表3・表4は各州軍の酒務表に基づき旧務年代・新務年代の路における行政都市・小都市・町をまとめている。表3では不明地・地理表不記地の酒務を町に含めているが、新務年代まで両地が存続したと断定できないため、表4では両地を町から除いている。

表5

この表は表3・表4にもとづき作成している。旧務年代と新務年代は約40年隔たっているので、その間の都市・町の変化を分析した表である。

表6

この表は酒務が記載されていない新商税地・旧商税地（税場単記地）をまとめた表である。この表にもとづき税場政策を分析する。

表7

この表は各州軍の地理表の鎮市を分析した結果をまとめている。記載地数、小都市・町、

— 35 —

第一編　酒麹専売制と酒銭管轄

小さな町候補地、大きな町に準ずる町、無名地（機関数のみが記載され、機関が置かれている地名を記さない地。例、塩井89、寨12、堡36）を整理して示している。また記載地を保安機関、生産機関、軍事機関に分類して示す。

比較表1

比較表1（本章末）は全路の各章の表7をまとめた表で、町・小都市、準小都市候補、町候補、記載地、保安機関、生産機関、軍事機関などの路レベルの水準を示している。路レベルでの比較に用いる。

比較表2

比較表2（本章末）は各路の州県務・鎮市務・併設地・存続地・不明地・新旧酒額・都市・町の数、及び酒銭増額率水準・新旧酒額水準を示している。路レベルの比較に用いる。

おわりに

宋会要食貨54－4・諸倉庫・神宗熙寧七年正月一日詔の一節に次の如くみえる。

　諸務場所収課利。除県寨合截留外。並於軍資庫送納。其在州銭数多者即次日。少者即五日一納。外県鎮寨次月上旬裏。外買撲場務次月内併納。中略。其官監場務仍置州印・暦随銭取。庫務官監往來通押買撲。在州官監酒課利銭。並五日一納。從編勅所定也。

　諸務場所収の課利、県・寨に合に截留すべきを除くの外は、並びに軍資庫に送納す。其在州の銭数多き者は即ち次の日、少なき者は即ち五日に一納す。外県・鎮・寨は次月上旬裏に、外の買撲場務は次月内に併びに納むべし。中略。其官監場務は仍ち州の印・暦を置き、銭に随いて取る。庫務官監往來して買撲を通押す[14]。在州官監の酒の課利銭は並びに五日に一納す。編勅所の定めに従うなり。

この規定によれば、各州軍の諸場務（酒麹務・商税務・その他の場務を含む）の課利は軍資庫に入れた（但し、県寨に残すべき銭を除く）。場務課利銭の入庫規定を整理すると次の四規定になる。

一、州軍郭内の諸場務銭は多少により翌日又は5日に一度入庫。

二、外県・鎮・寨の諸場務銭は翌月上旬に入庫。

三、外買撲場務は翌月内に入庫。

四、州軍郭内の官監務酒銭は五日に一度の入庫。

この規定は場務を州軍郭内場務、州軍郭外の県・鎮・寨の場務、及び買撲場務の三種に区別している。この規定の州軍在城・県・鎮・寨は主として大中小の城郭都市であるので、

第一章　酒麹務

これらの城郭都市場務と対置されている三の外買撲場務は先にみておいた郷村・道店などの主として大小の町の買撲場務である。

次章で述べるが、司農寺は熙寧三〜五年以降に郷村買撲場務銭を管轄していたので、司農寺酒坊銭には規定三の翌月内入庫が適用された。

次に二〜四編では本章をふまえて「酒麹雑録」の分析を行い、四京・19路（UVWXを除く）の行政都市、小都市、大きな町を明らかにする。その分析においては「商税雑録」及び地理表を合わせ活用する。なお二〜四編では三司管轄下の酒務のみが置かれた大きな町を単に町と呼ぶことにするので、注意を促しておきたい。また二〜四編で論じる酒務の置廃は三司管轄酒務の置廃であり、管轄を異にする司農寺酒坊の置廃を含まない。

注

(1) 唐王朝の行程規定は公式令に定められ、本来流罪・地方官赴任・帰朝・その他に際して、目的地までに何日で到着すべきかを計算するための基準を示す法規である。これが唐・五代の王朝財政運輸にも適用された。風雨その他で遅れる場合もあるため、一日に最低進むべき基準である。唐後半に入唐した円仁の記録によれば驢で1日に最高95里であり、1日6、70里の記録が甚だ多い。拙著1、255〜282頁参照。なお30里は半日程であり、荘園の立地にも適していた。日野開三郎『唐代先進地帯の荘園』（1986年）、41〜46頁参照。

(2) 塩法でも都市・郷村の区別が行われた。宋史食貨下三・塩之類・建隆二年の条に、「始定官塩闌入法。中略。民所受鬻塩以入城市三十斤以上者。云々」とみえる。これは郷村の蚕塩を城・草市に持ち込むことを禁じた塩禁の一部である。五代から蚕塩法は郷村に適用され、都市の州府・県鎮・草市には官売法が適用された。日野開三郎『五代史』、115〜125頁。

(3) 村の語も使用される。宋会要食貨20-7・天聖六年九月の条の一節に、「應（原文、遇）天府県鎮村坊買撲酒務。云々」とみえ、また同じく天聖七年八月二十七日の条の一節に、「其県鎮村幹酒者。自今以三年一替。云々」とみえ、両史料では郷村の語ではなく村の字のみを使っている。郷は地域を指称する語で集落を意味しない。日野開三郎『續唐代邸店の研究』（1970）、12〜18頁参照。酒務・酒場の立地条件からみて「郷村」の村は、本書でいう人戸の多い町を意味するものでなければならない。また郷村内に市が多くあった。同書「郷村内定期市の市と墟」・「郷村内定期市場の町邑への発展」（24〜63頁）参照。

(4) (3)の日野開三郎前掲書、285〜293頁参照

(5) 複額制をとるのは次の表10の34州軍の在城である。在城複額制をとる州軍は経済的に豊かな北部・南部に多く、経済的に劣る鉄銭区は比較的に少ない。

表10　在城複額制州軍（34）

北部	C2,C4,D5,E3,F9,G4,G5,G9,G14,H3,H5,H12,I10,I11,J2,J3	計16州軍
南部	K4,L4,L6,L7,M2,M4,M5,M13,N4,O2,O3,P2	計12州軍
鉄銭区	S3,S6,S7,T2,T3,T9	計6州軍

(6) 太宗時代に一時的に江浙の酒麹専売を廃止し、酒麹銭を徴収した例があるが、酒麹専売が北宋の国是である。宋会要食貨20-3・太平興国九年九月の条に、「詔。江浙之間禁榷私酒。小民規利率多犯

第一編　酒麹専売制と酒銭管轄

法。宜更條制以便於民。令遣左拾遺韋務昇等往杭州。將各務課額於上等戸均定麹法錢數。依秋夏税期輸納。其酒更不禁榷。」とみえ、杭州の専売を止め、麹銭を上戸に均配した。しかし雍熙二年[985]には再度専売制を実施するにいたった。同年五月の条に、「前略。廢杭州榷酤之禁。以酒麹課額均賦於民。中略。自今宜依舊置清酒務。差官監當。中略。其所均錢並罷納。」とみえ、不榷は一年も続かなかった。

(7) 裴汝誠・許沛藻「宋代買撲制度略論」(『半粟集』河北大學出版社、2000。248-249頁) は買撲制の嚆矢を唐後半とす。

(8) 祖額加増は禁止されたが、この後に買撲額を添長（加増）していた例もみられる。宋会要食貨20・大中祥符七年二月（陝西）、仁宗天聖三年十一月（西川州軍）・同年十二月（地域不記）、同六年九月（應天府）の条参照。いずれも添長禁止を命じている。また同真宗景徳二年正月の条では江南・淮南・兩浙・荊湖の被災地の榷酒を一時止めたが、榷酒再開時に増額せぬよう命じている。なお五年ごとに課額の改定が行われた。この定期的改定祖額に添長が行われるケースがあったのである。

(9) (1)の日野開三郎書8頁参照。

(10) 宋会要食貨20-5・大中祥符五年六月の条に、「涇原路都鈐轄曹瑋言。沿邊諸寨。許令人戸買撲酒店。直於寨外邊上開沽。恐隱藏姦惡。乞行停廢。從之」とみえ、涇原路諸寨の酒店買撲が行われていたが、大中祥符五年以後は防衛・保安上から禁止されるに至った。

(11) 100貫未満の酒務は小可務と呼ばれた。宋会要食貨20-7・天聖七年の条に、「開封府言。看詳所稱小可場務而無指定年額錢數。今請以年額一百貫以下者定爲小可。從之」とみえる。

(12) 銅銭区でも買撲不記＝買撲０の州軍がみられる。熙寧十年の買撲０貫の州軍11であるが、次の表11に示しているように小都市０・町０の州軍６であり、買撲０貫であることが理解できる。しかしＡ１東京開封府・Ｇ５邢州は小都市・町が複数存在するので買撲０貫は矛盾する。開封府の小都市・町20のうち16（陳橋・義聲・建雄・馬欄橋・圉城・朱家曲・宋樓・萬勝・張三館・赤倉・八角・郭橋・盧館・蕭館・潘鎭・故濟陽）は元豊まで存続した。旧商税務・新商税務・地理表のいずれにもみえない不明地は道士・諌寺・靜封・張橋の町４である。Ｇ５邢州の小都市３（青化・宋郭・萬善鎭）は元豊まで存続し、新商税務も置かれいる。町２（尚郷・柏樹店）は不明地である。Ａ１開封府・Ｇ４邢州及びＫ４楚州・Ｏ７興國軍は新務年代では酒務は全て官監務（官直営務）とされていたと解すれば買撲０貫が説明できる。換言すれば11州軍には買撲官監務が置かれなかったのである。以上の小都市名・町名については各州軍の酒務表参照。

表11　銅銭区の買撲不記州軍（12）

区　　　分	Ａ１	Ｆ15	Ｇ５	Ｉ８	Ｊ５	Ｋ４	Ｎ４	Ｎ10	Ｏ７	Ｐ３	Ｑ９	Ｑ11
行政都市	16	1	4	—	1	3	5	2	2	1	1	—
小都市	5	0	3	—	0	1	0	0	0	0	0	—
町	15	0	2	—	0	0	0	0	1	0	0	—

Ｉ８岷州、新設州。Ｑ11復州、脱漏
典拠：表中の各州軍が属する路の「おわりに」の表３。Ｉ８は「在城」を記さず

(13) 次の表12に示したように商税務は銅銭区北部・南部では多くの路で増大し、鉄銭区では減少した。また表13には各路で新旧の商税務の増減が比較できる州軍数・減務州軍数を示している。全路で減務州軍がみられるが、減務州軍は北部では１～８州軍で、南部１～４州軍、鉄銭区２～６州軍である。減務州軍の比率ではＲ成都府路40％・南部Ｌ淮南西路44％などが最大であるが、減務州軍が50％を越える路はない。30％以上の路６、20％台の路７であり、20％未満の路７である。なお鉄銭区の減務州軍率が26％で最も高く、北部・南部が各24・18％で低い（表13・欄外参照）。

表12　路別商税務増減

	路	A	B	C	D	E	F	G	H	I	J
北部	増 減 務	9	18	11	－3	－1	27	－8	32	31	26
	旧 務 数	83	75	52	48	79	115	105	137	86	98
	増 減 率	11	24	21	－6	－1	23	－8	23	36	27

	路	K	L	M	N	O	P	Q	鉄銭区	R	S	T
南部	増 減 務	－6	－7	17	－2	15	24	10		－22	－25	0
	旧 務 数	74	75	105	68	45	20	58		97	65	47
	増 減 率	－8	－9	16	－3	33	120	17		－23	－38	0

増減率：増・減務÷旧務数
北　部：増142（増152、減12）
南　部：増51（増66、減15）
鉄銭区：減47（増0、減47）
典拠：本編二章の表17各路計欄（69頁）、二～四編序・表1総合表（旧務数）
注　1　増減は減務数と新設務数の多少に上り生じる
　　2　州軍レベルの新設税務数（増務）は本編二章の表17乙欄参照
　　3　州軍レベルの旧商税務で新商税務としてみえない税務数（減務）は本編二章の表19甲欄参照（70頁）

表13　各路減務の州軍数

	路	A	B	C	D	E	F	G	H	I	J	計
北部	州 軍 数	4	9	8	9	9	16	17	20	12	23	127
	減務州軍	1	2	2	3	1	5	4	2	3	8	31
	比 率	25	22	25	33	11	31	24	10	25	35	24

	路	K	L	M	N	O	P	Q	計	鉄銭区	R	S	T	計
南部	州 軍 数	12	9	15	10	10	8	12	76		15	14	13	42
	減務州軍	2	4	1	3	2	1	1	14		6	2	3	11
	比 率	17	44	7	30	20	13	8	18		40	14	23	26

州軍数：旧務年代（本書二～四編の各編「序」表1参照）
比　率：減務州÷州軍数
北部比率24％：減務州軍31÷州軍127
南部比率18％：減務州軍14÷州軍76
鉄銭区比率26％：減務州軍11÷州軍42
全区比率23％：全減務州軍56÷全州軍245
典　拠：本編二章の表17を集計

⒁ 『慶元條法事類』36・庫務門に「諸官監場務及縣鎮寨應赴州送納錢物並給印暦。隨錢物庫務監官往來。通簽用印。云々」とみえ、官監場務・県鎮寨から州への銭物送納については印・暦が用いられ、銭物に随って庫務監官が往来し、通簽用印した。下線部は本文であげている熙寧七年詔の文とほぼ同じである。

第一編　酒麹専売制と酒銭管轄

諸路比較表1（地理表分析）

路	町・小都市	水準	町候補地	水準	記載地	水準	保安機関	水準	軍事機関	水準	生産機関	水準	大きな町に準ずる町
A	47	Ⅲ	38	Ⅱ	87	Ⅱ	85	Ⅲ	0	Ⅰ	2	Ⅰ	2
B	22	Ⅱ	12	Ⅰ	35	Ⅰ	29	Ⅰ	4	Ⅰ	2	Ⅰ	1
C	18	Ⅰ	5	Ⅰ	34	Ⅰ	32	Ⅱ	0	Ⅰ	2	Ⅰ	11
D	10	Ⅰ	56	Ⅱ	68	Ⅱ	66	Ⅱ	0	Ⅰ	2	Ⅰ	2
E	39	Ⅱ	23	Ⅱ	62	Ⅱ	61	Ⅱ	1	Ⅰ	0	Ⅰ	0
F	90	Ⅳ	57	Ⅱ	148	Ⅲ	107	Ⅳ	41	Ⅳ	0	Ⅰ	1
G	41	Ⅲ	14	Ⅰ	57	Ⅱ	50	Ⅱ	2	Ⅰ	5	Ⅰ	2
H	93	Ⅳ	53	Ⅱ	152	Ⅳ	90	Ⅲ	44	Ⅳ	18	Ⅱ	6
I	76	Ⅳ	173	Ⅳ	250	Ⅳ	76	Ⅲ	163	Ⅳ	11	Ⅱ	1
J	38	Ⅱ	44	Ⅱ	82	Ⅱ	16	Ⅰ	58	Ⅳ	8	Ⅰ	0
計	474	－	475	－	975	－	612	－	313	－	50	－	26
K	39	Ⅱ	32	Ⅱ	71	Ⅱ	62	Ⅱ	0	Ⅰ	9	Ⅰ	0
L	49	Ⅲ	65	Ⅲ	118	Ⅲ	113	Ⅳ	3	Ⅰ	2	Ⅰ	4
M	45	Ⅲ	56	Ⅱ	103	Ⅲ	75	Ⅲ	1	Ⅰ	27	Ⅲ	2
N	21	Ⅱ	38	Ⅱ	66	Ⅱ	54	Ⅱ	0	Ⅰ	12	Ⅱ	7
O	11	Ⅰ	52	Ⅱ	68	Ⅱ	52	Ⅱ	0	Ⅰ	16	Ⅱ	5
P	16	Ⅰ	49	Ⅱ	65	Ⅱ	23	Ⅰ	20	Ⅲ	22	Ⅲ	0
Q	23	Ⅱ	73	Ⅲ	96	Ⅱ	44	Ⅱ	45	Ⅳ	7	Ⅰ	0
計	204	－	365	－	587	－	423	－	69	－	95	－	18
R	104	Ⅳ	88	Ⅲ	197	Ⅳ	163	Ⅳ	10	Ⅱ	24	Ⅲ	5
S	66	Ⅳ	443	Ⅳ	545	Ⅳ	357	Ⅳ	15	Ⅱ	173	Ⅳ	36
T	42	Ⅲ	95	Ⅳ	144	Ⅲ	122	Ⅳ	16	Ⅱ	6	Ⅰ	7
計	212	－	626	－	886	－	642	－	41	－	203	－	48
総計	890	－	1,466	－	2,448	－	1,677	－	423	－	348	－	92

各水準の路をまとめると以下の如くである
　町・小都市水準　　Ⅰ20未満 4路 CDOP　　　　Ⅱ20以上 6路 BEJKNQ
　　　　　　　　　　Ⅲ40以上 5路 AGLMT　　　　Ⅳ60以上 5路 FHIRS
　町候補水準　　　　Ⅰ30未満 4路 BCEG　　　　 Ⅱ30以上10路 ADFHJKMNOP
　　　　　　　　　　Ⅲ60以上 3路 LQR　　　　　 Ⅳ90以上 3路 IST
　記載地水準　　　　Ⅰ50未満 2路 BC　　　　　 Ⅱ50以上10路 ADEGJKNOPQ
　　　　　　　　　　Ⅲ100以上 4路 FLMT　　　　Ⅳ150以上 4路 HIRS
　保安機関水準　　　Ⅰ30未満 3路 BJP　　　　　Ⅱ30処以上 8路 CDEGKNOQ
　　　　　　　　　　Ⅲ70処以上 4路 AHIM　　　 Ⅳ100処以上 5路 FLRST
　軍事機関水準　　　Ⅰ10未満11路 ABCDEGKLMNO　Ⅱ10処以上 3路 RST
　　　　　　　　　　Ⅲ20処以上 1路 P　　　　　 Ⅳ30処以上 5路 FHIJQ
　生産機関水準　　　Ⅰ10未満12路 ABCDEFGJKLQT Ⅱ10処以上 4路 HINO
　　　　　　　　　　Ⅲ20処以上 3路 MPR　　　　 Ⅳ30処以上 1路 S
典拠：各州軍地理表（各路「おわりに」表7）
注　水準決定の基準値の取り方は水準Ⅰ・Ⅲ・Ⅳの路数が少なく、水準Ⅱの路が最も多く一般的な水準になるようにしている。但し、軍事機関・生産機関の場合はこの基準値の取り方が適用し難い。これは多くの路の両機関が0又は1, 2であるためである。

第一章　酒麹務

諸 路 比 較 表　2a（酒務地分析）

路記号	州県務	鎮市務	鎮市務率	全酒務地	併設地	併設率	存続地	存続率	不明地	不明率	旧小都市	新小都市	旧酒務町	新酒務町	旧酒額	旧額水準	新酒額	新額水準	酒銭増額率
A	56	40	42	96	69	72	89	93	5	5	16	24	26	16	1,196	IV	1,009	IV	−16
B	34	33	49	67	49	73	38	57	4	6	15	25	18	0	633	III	858	III	36
C	34	26	43	60	42	70	52	87	5	8	8	15	18	6	534	II	592	II	11
D	25	7	22	32	25	78	30	94	1	3	5	5	2	1	292	II	364	II	25
E	46	29	39	75	61	81	71	95	2	3	15	17	14	10	613	III	551	II	−10
F	51	82	62	133	105	80	112	84	6	5	57	60	25	13	878	III	876	III	−0.2
G	68	27	28	95	82	86	90	95	5	5	18	29	9	5	911	III	847	III	−7
H	85	93	52	178	109	61	152	85	25	14	36	57	57	15	1,789	IV	1,305	IV	−27
I	33	75	69	108	72	67	87	81	17	16	40	34	34	9	1,319	IV	1,175	IV	−11
J	76	23	23	99	70	70	92	92	6	6	11	18	12	1	726	III	708	III	−2
北	508	435	46	943	684	73	813	86	76	8	221	284	215	76	8,891	−	8,285	−	−7
K	34	40	54	74	61	82	70	95	3	4	27	27	13	8	974	III	828	III	−15
L	32	46	59	78	64	82	77	99	0	0	32	29	14	16	469	II	418	II	−11
M	68	45	40	113	81	72	96	85	14	12	15	24	30	6	1,680	IV	1,916	IV	14
N	44	16	27	60	53	88	59	98	1	2	10	13	6	2	475	II	531	II	12
O	37	9	20	46	30	65	45	98	1	2	2	5	7	2	186	I	212	I	14
P	21	7	25	28	19	68	28	100	0	0	2	6	5	1	106	I	141	I	33
Q	30	16	35	46	40	87	43	93	2	4	11	12	5	3	394	II	480	II	22
南	266	179	40	445	348	78	418	94	21	5	99	116	80	38	4,284	−	4,526	−	6
R	59	111	65	170	77	45	152	89	14	8	31	7	80	87	1,298	IV	1,359	IV	5
S	43	81	65	124	21	17	108	87	16	13	1	1	81	65	591	II	703	III	19
T	44	76	63	120	26	22	74	62	46	38	0	1	76	38	306	II	339	II	11
鉄	146	268	66	414	124	30	334	81	76	18	32	9	237	190	2,195	−	2,401	−	9
計	920	882	49	1,802	1,156	64%	1,565	87%	173	10%	352	409	532	300	15,370	−	15,212	−	−1%

酒額単位：千貫（銅銭，各路百位以下切り捨て）　北：北部　南：南部　鉄：鉄銭区　鎮市務率＝鎮市務÷全酒務
水　　準：IV 100万貫以上　III 60万貫以上　II 20万貫以上　I 20万貫未満
用　　語：本章七節「4 酒務表」の用語を参照。
旧酒務町・新酒務町：二～四編各章「おわりに」表3・表4参照
典　　拠：二～四編各章「おわりに」表1～4，鉄銭区新旧酒銭は五編一章の表1仮定1鉄銭区酒額（736頁）
注　州県務・鎮市務・全酒務地は旧務年代

諸 路 比 較 表　2b（路の鎮市務率・併設率・存続率・不明率の水準）

鎮市務率	水準	IV 60％以上	III 40％以上	II 20％以上	I 20％未満
	路	FIRST　5路	ABCHKLM　7路	DEGJNOPQ　8路	0路
併設率	水準	IV 80％以上	III 70％以上	II 60％以上	I 60％未満
	路	EFGKLNQ　7路	ABCDJM　6路	HIOP　4路	RST　3路
存続率	水準	IV 100％以上	III 90％以上	II 80％以上	I 80％未満
	路	P　1路	ADEGJKLNOQ　10路	CFHIMRS　7路	BT　2路
不明率	水準	IV 20％以上	III 8％以上	II 3％以上	I 3％未満
	路	T　1路	CHIMRS　6路	ABDEFGJKQ　9路	LNOP　4路

典拠：比較表2a
注　水準II・IIIに属する路が一般的な路。但し併設率の場合はIV・IIIの水準の路が一般的な路である

第一編　酒麹専売制と酒銭管轄

第二章　熙寧の酒坊

はじめに

　熙寧三～五年及び元豊二年の榷酒銭の会計上の管轄体制の変化を精確におさえ、その変化の把握・理解にたって計帳である「司農寺帳」を分析する。一章でみておいたように宋人は酒務の立地条件を「人・物繁盛」・「人烟多寡」・「市肆・人烟」・「戸口倍増」とし、酒務を人戸が多く、物資豊な都市や町に置き、加えて景祐までに数度にわたり村の酒務（酒戸・酒坊・坊場）の設置禁止を行なった。酒戸を置かない村は年間酒消費10貫未満であるので、約40年後の熙寧九年「司農寺帳」にみえる2万数千の坊場が置かれた地は原則として酒消費10貫以上の集落、即ち小さな町である。

第一節　榷酒銭管轄体制の変革

　初歩的な財政管轄体制から確認しておこう。国初から両税・榷酒・商税・榷塩・その他の重要な財政歳入は軍国の用を掌る三司が所管した。しかし熙寧の新役法施行にともない榷酒銭・商税などの一部が募役の財源として司農寺の管轄下に入ることになる。長編巻二一七・熙寧三年十一月甲午条に次の如くみえる。

　　陝西常平倉司奏。乞應係自來衙前人買撲酒税等諸般場務。候今界年満。更不得令人買撲。並拘收入官。於半年前依自來私賣價數。於要閙處出牓。限兩箇月召人承買。如後下狀人添起價數。即取問先下狀人。如不願添錢。即給與後人。不以人數。依此取問。若限外添錢。更不在行遣給付之限。其錢以三季作三限。於軍資庫送納。乞下本路遵守施行。從之。

　　陝西常平倉司奏して乞う、「應に自來衙前・（諸色）人の買撲に係るべき酒・税等諸般場務は、今の界の年満るを候ち、更ち人に令して買撲するを得させしめず。並びに拘收して官に入れ、半年前に自來の私賣價數に依り、要閙の處に牓を出し、兩箇月を限り、人を召して承買させん。如し後に狀を下す人、價數を添起せば、即ち先に下狀せし人に取問し、如し添錢を願わざれば、即ち後人に給す。人數を以てせず、此に依り取問す。若し限外に添錢するは更ち行遣給付の限に在らず。其錢は三季以て三限と作し軍資庫に送納す。乞う、本路に下し遵守施行せんことを」と。之に從る。

　　注、（　）内は意を以て補う

陝西路（永興軍・秦鳳路）において、衙前・諸色人が従来買撲してきた既存の酒務・商税務などをはじめとする諸般の場務を官に一旦召上げ、新たに広く人々に買撲させた。周知のようにこれが実封投状による新買撲制の始まりで、この制は熙寧五年に全国的に施行されることになる。なおこの条の註に次の如くみえる。

　前略。熙寧三年始命應酬衙前場務皆官自賣之。歸其財於常平司。云々。

　　熙寧三年、始めて命じて應に衙前に酬せるべき場務は皆官自ら之を賣り、其財を常平司に歸す。云々。

この註も新買撲制の適用は衙前諸色人に買撲させていた場務であり、官直営の官監場務ではないことに注目したい。また上の本文の陝西常平司奏文では場務銭を軍資庫に送納させるとするが、この註では新買撲場務銭を中央財務官庁の一つである司農寺の指揮下にある各路常平司に帰せしめたことを記す。即ち三司管轄の一部の場務銭を司農寺－常平司に移管したとする。これは地方現場の場務銭の州軍軍資庫への収納と上級財務官庁会計の管轄との違いである。即ち一旦現地州軍の軍資庫に場務銭を入れさせ、その後に一部の場務銭を常平司に配分したことを意味する。新旧の諸財務機関間における榷酒銭管轄を図示すると次の如くである。以下では管轄の語は三司－転運司又は司農寺－常平司の会計上の榷酒銭管轄を指すことにする。

図1　榷酒銭管轄の新旧体制図（元豊二年前）

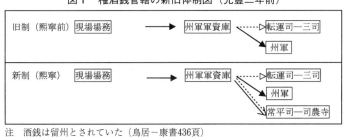

注　酒銭は留州とされていた（鳥居－康書436頁）
　┄┄▷ 管轄　━━▶ 銭の移動　══▶ 管轄・銭の移動

また長編巻二一八・熙寧三年十二月乙丑の条に、

　中書言。開封府優輕場務。令府界提點及差役司同共出牓。召人承買。仍限兩月内許諸色人實封投状。委本司収接封掌。候限滿。當官開折。取看價最高人給與。仍先次於牓内曉示百姓知委。從之。

　　中書言う、「開封府の優輕の場務は、府界提點及び差役司に令して同じく共に牓を出し、人を召して承買させん。仍りて兩月内を限り、諸色人に實封投状せしめ、本司に委ねて収接封掌し、限滿つるを候ちて、當官開折し、價の最高の人を取看して給與させん。仍りて先次に牓内において百姓に曉示して知委せしめん」と。之に從る。

第一編　酒麹専売制と酒銭管轄

とみえ、熙寧三年十二月には中書省の上申により開封府界においても大小の場務に實封投状の新買撲制を適用した。

次に同書巻二二〇・熙寧四年二月丁巳の条に、

司農寺言。相度京西差役條目内酒税等諸般坊店場務之類。候今界滿拘収入官。於半年前依自來私價例要鬧處出牓。召人承買。限兩月日。並令實封投状。置暦拘管。限滿據所投状開驗。著價最高者方得承買。如著價同。並與先下状人。其錢聽作三限。毎年作一限送納。從之。

司農寺言う、「相度するに、京西差役條目内の酒・税等の諸般の坊店場務の類は、今の界滿つるを候ちて拘収し、官に入れん。半年前に自來の私價例に依り要鬧の處に出牓し、人を召して承買させ、兩月日を限り、並びに實封投状せしめん。暦を置きて拘管し、限滿つれば投状せる所に據り開驗し、著價最高の者方に承買するを得べし。如し著價同じならば、並びに先に下状せし人に與う。其錢は三限と作して、毎年一限と作し送納するを聽す」と。之に從う。

とみえ、司農寺の申請により、熙寧四年二月には、京西路（京西南路・京西北路）においても差役（衙前役）條目内の酒（務）・税（場）など諸般の坊店場務に實封投状の新買撲制を適用している。その新買撲制適用の対象は衙前差役の報酬として買撲させていた既存の酒務・税場などであった。

以上の熙寧三〜四年の四史料は、開封府及び陝西路・京西路など広範囲の既存の衙前役関連場務に対する新買撲制、即ち競争入札の實封投状制を適用したこと、及びその場務銭を一旦現地の州軍の軍資庫に収め、その後に常平司管轄に入れたことを伝えている。このことは統計史料・記述史料の解釈で重要な意味を持つので留意したい。

なお熙寧三・四年の買撲場務銭の軍資庫への納入細則は熙寧七年詔にみられる（前章「おわりに」参照）。

次に長編巻二三〇・熙寧五年二月壬申の条に、

詔。天下州縣酒務。不以課額高下。並以祖額紐算淨利錢數。許有家業人召保買撲。與免支移・折變。

詔す。天下の州縣酒務、課額の高下を以てせず、並びに祖額・紐算せる淨利の錢數を以て、家業を有するの人に召保して買撲するを許し、支移・折變を免ずるを與す。

とみえ、熙寧五年に至り天下州縣の酒務を買撲させた。この詔により新買撲制は「祖額＋淨利錢」を買撲させたことがわかる。なお文中の「支移・折變を免ずるを與す」は支移・折變をさせないという特典を買撲人に与えたことを意味する。買撲人は請負銭を見銭で納

第二章　熙寧の酒坊

め、物で折納する必要はなく（免折變）、且つ現地以外の地へ輸送して納入しなくてよかった（免支移）。祖額は四年までの買撲祖額又は新定の課利（最低基準額）であろう。

　この詔で問題となるのは「天下州県酒務」である。先の熙寧三年十一月甲午条に付された註をみると、

　　初撲買坊場。實録未見日月。遍天下撲買。則在五年二月十五日
　　　初めて坊場を買撲させるは實録に日月未だ見えず。遍く天下の撲買は、則ち五年二月十五日に在り。

とあり、五年二月壬申詔の「天下州県酒務」の酒務を買撲坊場としている。したがって、詔の「天下州県酒務」は正確には「天下州県坊場」である。なお先にあげた熙寧三・四年の三史料では「諸般場務」・「優輕場務」・「坊店場務」の語を使っている。

　以上にみた熙寧三・四・五年の場務への新買撲制適用は既存場務を対象とするもので、場務新設は一切謳っていないことに留意したい。

　次ぎに長編巻三〇〇・元豊二年九月甲午の条に次の如くみえる。

　　●詔。鬻官監場務錢屬三司外。郷村場務買名錢依舊入司農寺。時三司言。人戸買撲官監及非折酬銜前場務所増収錢。並合入三司帳。而司農寺以謂官監場務外。皆是新法拘収錢。不當入三司。乞存留以助募役。兼歳入百萬緡於市易務封樁。若失此錢。恐不能繼。爭辨久之。乃從司農之請。

　　　詔す、「鬻せる（買撲）官監場務錢の三司に属するの外、郷村場務の買名錢（酒坊錢）は舊に依り司農寺に入れよ」と。時に三司言う、「人戸買撲官監（錢）及び銜前（役）に新酬するに非ざる（銜前役に新酬するを除く）場務の増収したる所の錢は、並びに合に三司の帳に入れるべし」と。而して司農寺以謂らく、「官監場務の外は皆是新法拘収の錢、當に三司に入れるべからず。乞う、存留して以て募役を助け、兼ねて歳に百萬緡を市易務に入れ封樁せんことを。若し此の錢を失えば、恐らくは繼ぐ能わざらん」と。爭辨すること之久しくして、乃ち司農の請いに從る。（宋会要食貨20-10・同年月二十九日の条は●印の詔・時の二字を省略、又○印の折・謂・是・之をそれぞれ新・爲・自・寺とす）

　この史料は詔文と詔が出された事情説明文とから構成されているが、詔が特に重要で、詔は「鬻官監場務錢」を三司管轄とし、「郷村場務買名錢」を旧により司農寺管轄とすることを決定している。短文で省略が多い詔である。

　事情説明文は三司が「人戸買撲官監（錢）」及び「非折（新）酬銜前場務所増収錢」（新銜前役費用以上の余った場務錢）を要求していたこと、及び司農寺は「官監場務」以外の

— 45 —

第一編　酒麹専売制と酒銭管轄

場務銭は新法により司農寺の管轄とされていることを主張して争っていたことを述べる。

　本編の序で証したように、「酒麹雑録」は坊場及び坊場銭を一切含まないので、「酒麹雑録」熙寧十年の祖額・買撲は官監場務銭・買撲官監場務銭であり三司の管轄になっていたことが明らかである。しかし、三司が「人戸買撲官監（銭）」を要求しているので、一部の買撲官監場務の銭が司農寺管轄になっていたことになる。先にみておいたように（前章四節「2　買撲制」）、熙寧まで一部の県鎮官酒務は衙前買撲であったが、熙寧三〜五年にそれらが司農寺管轄になった。

　三司の要求の一つが「人戸買撲官監（銭）」[1]であるので、要求された「人戸買撲官監（銭）」は司農寺管轄下の買撲県鎮官務銭（熙寧前の衙前買撲務銭）を意味している。したがって詔文の「鬻官監場務銭」は司農寺が元豊二年まで管轄してきた「人戸買撲官監（銭）」である。即ち、熙寧三〜五年から買撲官監務銭は、三司管轄と司農寺管轄とに分割管轄されていたことになる。いうまでもないが、官直営務の官監務銭は三司管轄である。

　元豊二年詔により、三司は全ての買撲官監場務銭を管轄するようになり、司農寺は所管の買撲官監場務銭を放棄することになったが、「郷村場務買名銭」＝酒坊銭（坊場銭）に三司が手をつけるのを避けることに成功した。

　次に事情説明文で司農寺は新報酬衙前役費用＝募役銭として使った残りの銭百万貫を市易務に毎年貯積することを述べている。三司の要求の一つである「非折（新）酬衙前場務所増収銭」は、具体的には募役で使い残したこの百万貫である。二年以後、三司はこの銭を要求できなくなったことになる。

　事情説明文の三司の言にみえる人戸買撲官監務の例は次の長編巻三〇五・元豊三年六月己未の条にある。

　　　權發遣京東路轉運副使李察言。近歳聽民買官監酒務。增羨則利入私家。虧折則逋負官課。由此暗失歳入。乞買酒務人欠淨利。若雖無欠而課贏。可以官監者皆復之。仍乞不拘常制奏擧官監。增助財計。從之。（版本により、監を鹽とす、誤）

　　　權發遣京東路轉運副使李察言う、「近歳民に官監酒務を買（撲）するを聽すに、增羨せば則ち利は私家に入れ、虧折せば則ち官課を逋負す。此に由り暗に歳入を失す。乞う、買（撲）酒務の人、淨利を欠き、（或は）若し欠くること無く而して課贏つると雖も、官監（と）す可き者は以て皆之を復さん。仍りて乞う、常制に拘わらず官監を奏擧せしめ、財計を增助せん」と。之に從う。（　）内の字は意を以て補う。

　この史料は元豊三年に転運副使が京東路（京東東路・京東西路）の民間人買撲官監酒務の欠点とその対処策（買撲官監務の官直営務化）を上申しているところからみて、転運司が

― 46 ―

買僕官監酒務を所轄していたことがわかる。「酒麴雑録」に京東路の南京・17州軍の熙寧十年の祖額と買撲とが記載されているが、その買撲銭はこの文の買撲官監酒務の買撲銭である。他の銅銭区諸路のほとんどの州軍にも祖額と買撲を記すので、元豊二年前に全国的に三司管轄下の買撲官監酒務があった。また京東路転運副使の言に「乞買（撲）酒務人欠浄利」とみえるので、熙寧の三司管轄の買撲官監務にも新買撲制が適用され、課利に上乗せする浄利銭を納めさせていたことが確認される。

まとめると、表１の如くである。熙寧五年以降全国的に既存の衙前買撲県鎮酒務（買撲官監酒務）と郷村買撲民営務を官に入れた。司農寺―常平司はその一部の買撲官監酒務銭と郷村買撲民営務銭とを管轄した。これに対して、三司―転運司も一部の買撲官監酒務銭を管轄し、新買撲制を適用した。したがって、三司は官監酒務（官直営酒務銭）と一部の買撲官監酒務銭とを管轄した。この酒銭管轄体制が「酒麴雑録」熙寧十年祖額・買撲、及び「司農寺帳」熙寧九年坊場（酒坊）銭を分析するに当っての大前提である。

なお熙寧三～五年から元豊二年までは司農寺は一部の県鎮買撲官監務（熙寧前の旧衙前買撲務）銭を管轄していたが、三年からは三司管轄となり、司農寺は郷村買撲酒坊銭のみを専管するに至り、三司は官監場務銭と全ての買撲官監酒務銭とを管轄した。

表１　権酒銭管轄の変革

機　関	熙寧変革前	熙寧３～５年後	元豊２年改変
三　司	A＋B＋C	A＋B1	A＋B
司 農 寺	管轄せず	B2＋C	C

A：官監務＝官直営務　B：衙前買撲県鎮場務　C：郷村買撲場務
B1：三司買撲官監務　B2：司農寺買僕官監務（B1＋B2＝B）
備考　「司農寺帳」熙寧九年の司農寺酒坊銭約257万貫（B2＋C）
　　　「酒麴雑録」熙寧十年の三司酒麴銭約1,522万貫（A＋B1）

用語を統一する。以下、三司管轄の権酒銭を酒務銭・麴務銭、又は酒麴銭と呼び、司農寺管轄の権酒銭は単に酒坊銭又は坊場銭とする。

次に長編巻三一一・元豊四年三月四日辛卯の条に権発遣度支副使公事の奏がみえる。

　権發遣度支副使公事蹇周輔奏。聞江南西路人。納淨利買撲鹽場。緣鹽繋民食。與坊場不同。今量縣大小・戸口多寡立年額。官自出。仍乞先廢罷買撲處。今轉運司候法行日於增賣鹽錢內據淨利錢數撥還提舉司。從之。

　權發遣度支副使公事蹇周輔奏す、「聞く、江南西路の人、淨利を納め鹽場を買撲す、と。鹽は民食に繋るに緣り、坊場とは同じからず。今、縣の大小・戸口の多寡を量りて年額を立て、官自から出賣せん。仍りて乞う、先に廢罷せる買撲の處、今、轉運司法行わるるの日を候ち、增賣の鹽錢の內（から）、淨利錢數に據り、提舉司に撥還せ

第一編　酒麹専売制と酒銭管轄

ん」と。之に從う。

先の元豊二年九月詔から約二年後の元豊四年におけるこの奏文の要点は次の如くである。

①現状　塩場設置区の江南西路では、人戸が浄利銭を納めて塩場を買撲している。

　　注　同路では製塩は行なわれていないので塩場は塩販売場である。また「塩法五」の江南西路で塩銭額が記されていない県は9県（O1R1奉新，O1R5靖安，O2R9安遠，O3R6萬安，O5R1崇仁，O5R2宜黄，O5R3金谿，O6R1上高，O6R2新昌）である。なおこの他に塩場設置区の県で塩額が記載されていない県23・州2（両浙路M14秀州・荊湖南路P6邵州）である。

②廃止理由　塩は酒を売る坊場とは異なり民食に係るので買撲塩場を廃止する。

③官売場務設立　県の大小と人口とに基準を置き年額を立て、官売場務を設置する。

④塩銭の分割　官売場務の増売塩銭から、浄利銭分の銭を提挙司に撥還する。

注目したいのは④の人戸買撲塩場の官務化に伴い、旧來の浄利銭分の銭を提挙司に返金（撥還）したことである。このことから人戸買撲塩場の収益は浄利銭と呼ばれ従来常平司の管轄下にあったことがわかる。

熙寧～南宋では、常平司所轄の坊場・河渡①と転運司所轄の坊場・河渡とがあり、この所轄体制から、両司は一定の書式（考課式）に基づき坊場・河渡の成績書を作成した。考課式により転運司は収益＝実績（課利＋浄利）を課利と書き、常平司は実績（課利＋浄利）を浄利と書く②。先の常平買撲塩場の浄利はこの常平司考課式の浄利と同義である。

浄利の語には大別して課利に上乗せする狭義用法の浄利と収益全体（課利＋浄利）を指す広義用法の浄利とがある。また中央財務総本部の戸部の奏文「人戸買撲去處所収浄利。名曰坊場銭。並屬常平司」は③、浄利が坊場銭と命名されていたことを明記する。坊場銭は考課式の浄利の公式名称であり、課利に上乗せする狭義の浄利を指す語ではない（なお64頁参照）。

①宋会要職官43-4・熙寧九年十月十二日。詔、常平銭穀・莊産・戸絶田土・保甲・義勇・農田・水利・差役・坊場・河渡、委提舉司專管勾。　②「一酒税務（割註。坊場・河渡・・・准此。無即云無）。其祖額并遍年及本年収諸色課利。逐色各若干。中略。以上転運司用此」「一場務浄利。比舊額有無増虧。限外有若干拖欠。中略。場務出賣遇幾處。都計浄利錢若干。舊額浄利錢若干。中略。以上提舉常平司用此」。『慶元條法事類』巻五・職制門二・考課式。　③宋会要食貨20-13・宣和二（三？）年六月二十七日。前条に同年十月二十三日の条あり。

なお熙寧・元豊における郷村人戸買撲酒坊の課利・浄利銭の分割管轄を明記する史料は、管見によれば内外の諸研究では発見されていない[2]。

本書は〔「酒麹雑録」熙寧十年の買撲は、三司—転運司管轄の買撲官監務の課利＋浄利銭である。「司農寺帳」熙寧九年坊場河渡銭は、司農寺管轄の人戸買撲坊場・人戸買撲河

渡の課利＋浄利銭である。酒の生産・販売機関である人戸買撲坊場の課利は三司―転運司に、浄利銭は司農寺―常平司に分割管轄されていず、郷村人戸買撲坊場の課利と浄利銭は司農寺―常平司が一括して管轄していた〕とする見解をとる。

第二節　「司農寺帳」

1　形式

　「司農寺帳」は坊場・酒坊銭の重要な統計であるので、記載形式・特徴をふまえ、そのうえで記載されている坊場河渡の具体的な内容を分析する。早く周藤吉之[3]が用いた『永樂大典』巻七五〇七・倉・常平倉二にみえる元豊三年の『中書備對』・坊場河渡の条をあらためて「酒麹雑録」との関連から考察する。まず記載形式を把握する。常平倉二の冒頭に次の如くみえる。

　　中書備對。常平・免役・坊場河渡。中略。
　　Ⓐ司農寺熙寧九年帳。府界・諸路提擧司常平管錢物數。舊管。錢〇〇貫。物斛〇〇石兩。賜到錢〇〇貫。借到錢〇〇貫。中略。斛斗〇〇石。九年帳。應在〇〇石疋兩斤束道帶蓆團。中略。見在〇〇貫石疋兩斤束道件。中略。
　　Ⓑ免役。司農寺熙寧九年帳府界・諸路免役應管錢物數。元數年額〇〇貫。年支〇〇貫。中略。九年帳収〇〇貫石疋兩。中略。支金銀斛斗〇〇貫石兩。應在錢銀斛斗疋帛〇〇貫疋石兩。見在〇〇貫疋石兩片束俵道。中略。
　　Ⓒ坊場河渡。司農寺熙寧九年帳。府界・諸路坊場河渡應管錢物數。坊場河渡等。共〇〇處。一界錢〇〇貫文。絹〇〇疋。九年帳。収〇〇貫石疋道兩。（支）錢斛金銀紬絹〇〇貫疋石兩。中略。應在〇〇貫疋石束。中略。見在貫〇〇疋石兩。後略。
　　　注　意を以て記号を付す。また改行し、下線を付す。（　）内、意を以て補う。

　Ⓐ全国常平銭物・Ⓑ全国免役銭物・Ⓒ全国坊場河渡銭物にはそれぞれ「舊管（元數）」・「収」・「支」・「應在」・「見在」の5項目を記すので、『中書備對』は熙寧九年司農寺会計帳を引用していることがわかる[4]。なお常平では九年帳の収支を記さない[5]。これは開封府・各路の記載においても同じで、脱漏ではない。

　これに続いて全国統計額の内訳として開封府界・各路に分けてそれぞれの常平・免役・坊場河渡を記載する。内訳として示された開封府・各路においても上の5項目記載形式をとる。Ⓒの全国坊場河渡を詳しくみると次の如くである。

第一編　酒麹専売制と酒銭管轄

①坊場河渡。司農寺熙寧九年帳。府界・諸路坊場河渡應管錢物數。坊場河渡等共二萬六千六百六處。一界錢一千二萬五百八十四貫文・絹一百四十七匹。

②九年帳。收三百八十六萬五千三百八十貫石疋道兩。錢斛斗疋帛金銀三百八十二萬九千七百三十九貫石疋兩。絲交子五千一百七十六兩道。草三萬四百六十五束。

③支一百七十四萬八百四十貫石疋道兩。錢斛金銀紬絹一百七十三萬六千四百九十七貫石疋。絲交子四千三百四十三道兩。

④應在四百四十萬一千七十四貫石疋束。錢斛疋帛四百三十九萬七千九百八十五貫石疋。草三千八十九束。

⑤見在三百六十四萬五百八十七貫石疋兩。絲交子二千三百一十二道兩。草三萬一百一十七束。錢斛金銀疋帛三百六十萬八千一百五十八貫疋兩。注、意を以て番号・下線を付し、改行す。開封府・諸路では下線部分がない。②の銀の原文、錢。誤

整理すると次の如くである。

①坊場務河渡総数（26,606処）と一界額（3年間買撲銭10,020,584貫・絹147疋）。

②九年帳の収入総額である収（3,865,380）とその内訳（錢斛疋帛金銀3,829,739・絲交子5,176・草30,465）

③支出総額である支（1,740,840）とその内訳（錢斛疋帛1,736,497・絲交子4,343）

④帳簿上の残額総額である応在（4,401,074）とその内訳（錢斛疋帛4,397,985・草3,089）

⑤実際の現在総額である見在（3,640,587）とその内訳（絲交子2,312・草30,117・錢斛金銀疋帛3,688,158）

開封府界・各路の坊場河渡・坊場河渡銭は文言を変えて後の表11に示している[6]。なお各路記載の坊場河渡数は合計約27,000であり、上記の坊場河渡総数26,606とは約400の差がある。本書では各路記載数の全国合計約27,000を用いる。

以上にみたように、『中書備對』の資料的特徴は体系的で整然とした記載であること[7]、さらに最も重要な特徴は財務官庁の一つである司農寺の熙寧九年計帳という財務会計帳を引いていることにある。したがってこの記載は正確度・信頼度の高い資料である。また体系的であるので、この計帳の理解においては全体と部分を比較しつつ把握する必要がある。

2　河渡

　「酒麹雑録」では熙寧十年でも廣南東路の全州軍を不権とする[8]。熙寧九年「司農寺帳」の同路に（河川35以上。拙著2、520頁）、

　　河渡三處。一界一百二十貫文。九年帳。収九十六貫。

とみえ、河渡三處のみが記載され、坊場はみえない。権酒が行われていないので酒坊がないのは当然である。注目したいのは広大な管区に多くの河川が存在する廣南東路の常平司河渡が僅か3箇所と少ないことである。したがって、他路においても常平河渡は少なかったことを推測せしめ、約27,000の坊場河渡のほとんどは坊場と思われる。南宋の史料によれば河渡には官渡・常平河渡・私渡の三種があり、私渡が甚だ多いが、官渡は極少なく、常平河渡は僅かであり、河川・沼沢が多い荊湖北路でも常平河渡は45処に過ぎない[9]。

　次に「司農寺帳」の坊場が酒務のみを指すのであれば廣南東路は不権であるので坊場がないのは当然であるが、同じく不権の廣南西路では、不権であるにもかかわらず坊場が記載されている。

　　坊場・河渡二百八十五處。一界六萬八千七百二十八貫。九年帳。収一萬八千六百九十
　　八貫。

権酒が行なわれていなかったのであるから、ここにみえる坊場には酒坊は含まれない。よって「司農寺帳」の坊場の語は酒坊以外の場務を含む[10]。なお先にみておいた記述史料によれば、陝西路・京西路・開封府界の熙寧三・四年の新買撲制の適用対象は酒務・税務など諸般の場務であった。

　酒坊がない廣南西路の坊場・河渡285処で廣南東路に比して多いが、その具体的な内容は明らかではない。「司農寺帳」の他の14路の坊場・河渡は数千～数万である。6路（NOPQST）が330～815処であるので、他路に比すれば廣南西路の坊場は少ない（後掲表11）。

　廣南東路には商税・塩場などの場務があるが[11]、「司農寺帳」は同路の坊場を記さないので、廣南東路における商税場務・塩場及びその他の場務銭は三司管轄で、司農寺管轄下になかったことをものがたる。

　また山川に富む夔州路の「司農寺帳」に、

　　坊場・河渡六十四處。一界一千六十二貫。九年帳。収一千五十五貫。

とみえ、坊場と河渡を合わせて64処であるから、やはり司農寺管轄下の常平河渡は少なかったとこがわかる。

　なお「酒麹雑録」によれば夔州路の酒務は、忠州・萬州・大寧監のそれぞれの在城1務、

第一編　酒麹専売制と酒銭管轄

渝州の在城1務及び外県3務の計7務であり、その他の8州軍は不権である[02]。酒坊は忠・萬・渝の3州及び大寧監の計4州軍の酒坊であるため、廣南東路及び次の福建路を除くと、夔州路の坊場河渡64と甚だ少ない路になっていると思われる[03]。

次に「司農寺帳」の福建路（河川35。拙著2、497頁）に、

　　酒坊三處。一界八十貫。九年帳。収二十貫。

とみえる。ここでは「坊場」とせず、酒坊と記す。酒坊3処のみであるから常平司河渡はなかった。「酒麹雑録」の福建路酒務は、建州13務・南剣州18務・邵武軍4務の計35務である[04]。またその他の5州軍（福・汀・泉・漳州、興化軍）は不権である。司農寺管轄の酒坊3と甚だ少ないのは、他の35務は三司—転運司管轄下に置かれ、また不権州軍が多かったことによると思われる。酒坊3処のみということは本路の多くの酒務・商税場・塩場・茶場などの場務銭は三司—転運司管轄下にあったことを意味する。

なお「司農寺帳」は京東東路（河川56以上。拙著2、2頁）・梓州路（河川55。同663頁）・利州路（河川43。同692頁）の3路は単に「坊場」と記し、「河渡」を記さない。福建路にも常平河渡はみえないので原文に従ってこれら3路には常平河渡がなかったと解しておく。

以上をまとめると、常平河渡は極少なく、更に常平河渡がない路4であるので「司農寺帳」が記す「坊場河渡」約27,000のほとんどは坊場と考えてよいであろう。恐らく常平河渡数は千には及ばなかったであろう。よって坊場約27,000として論を進めたい。

3　税場・酒坊

坊場河渡約27,000（福建・廣南東西・夔州路を含めず）のうち、河渡が極少数であると思われるので、ほとんどは坊場である。先にみておいた榷酒銭の移管を伝える熙寧三・四年の史料に「酒・税等諸般場務」（陝西常平司奏請）・「差役條目内酒・税等諸般坊店場務之類」（司農寺奏請）がみえるので、坊場には少なくとも税場・酒坊が含まれる。坊場に含まれる場務のうち最多は酒坊で、税場がこれに次いで多かったと思われる。塩茶生産の塩場・茶場は地域的に限定されていて少数である。淮南・江南・兩浙・荊湖・福建・廣南では官場から塩販売が行なわれた（「塩法五」）。これらの地域での塩販売場のなかには新買撲制が適用されたものがあった。しかしそのほとんどは三司—転運司の管轄である[05]。

以下、税場について考察する。「商税雑録」は在城・外県・鎮市の新旧商税場務をあげる。各州軍に記載された新旧商税場務を対比すると、旧商税場で新商税場としてみえないものがある。旧務年代と新務年代とでは約40年の開きがある。経済的・社会的な変動によ

り旧商税場の一部は閉鎖され、経済的新発展の地には新税場が増設されたとする解釈が一般的な第一の解釈であろう[16]。第二の解釈は、熙寧三～五年にかけての新法施行に伴い、酒務・商税場の一部が司農寺—常平司の管轄下に組み込まれたので、旧商税場のうち、新商税場として示されていない旧商税場は司農寺—常平司の管轄に入り、司農寺帳の税場（坊場）となったとする解釈である。後で述べるが福建路・廣南東路の旧税場で新務年代に記されない税場があるが、それらは「司農寺帳」にも坊場として記されていない。したがって、それらの旧商税場は閉鎖税場である。このことから廃務も少なくなかったと思われる。

両解釈をとるべきである。即ち一部の税場が司農寺—常平司に移管されたため、「商税雑録」に新税場としてみえず、また廃止された税場も記されていないと思われる。ここでは仮に廃止商税場を0とし、旧商税場で新商税場として記されていないものを司農寺に移管された旧税場＝坊場と仮定し、後で必要に応じて調整することにしよう。

表2は路レベルの移管税場・新設商税場を示している。州県・鎮市の旧税場のうち熙寧十年の新税場として記載されていない旧税場は計326処である[17]。したがって、税場が司農寺帳記載の坊場に含まれたとしても326処以下である。福建路・廣南東路では新商税場にみえない旧商税場は廃されていた。四京・19路でも廃止税場があった筈である。したがって、坊場とされたものは326処より少なかったであろう。

表2　移管税場・新設税場

	路	A	B	C	D	E	F	G	H	I	J	計				
北部	移管税場	10	21	9	19	12	24	18	23	12	8	156				
	新設場	19	39	20	9	11	51	10	55	43	34	291				
南部	路	K	L	M	N	O	P	Q	計	鉄銭区		R	S	T	計
	移管税場	14	10	8	13	7	1	16	69			44	41	16	101
	新設場	8	3	25	11	22	25	26	120			22	16	16	54

移管税場：新商税場にみえない旧税場（司農寺管轄）　新設場：新設商税場（旧税場にみえない新税場、三司管轄）
総計：旧税場326、新設場446
典拠：本章注（17）表17

これまでの研究により知られているように、商税場の乱設は物資の流通を阻害するため、五代の特に後周朝から北宋の太宗時代にかけて節度使などが置いた乱設税場の撤廃政策がとられた。したがって、熙寧新法下においても商税場の新設は極力抑えられていたはずである。表2によれば四京・19路の新設商税場は総計446処と少なく抑えられている。このように旧務年代～熙寧十年までの三司の商税場の新設もあるので、募役法財源確保のために司農寺—常平司管轄の税場をさらに増設したとは考えられない。このことは先にみておいたように、熙寧三・四・五年の場務の新買撲化政策の史料は、既存の買撲場務を対象と

第一編　酒麹専売制と酒銭管轄

し、新場務の増設を含んでいないことからも首肯されよう。とすれば、「商税雑録」の旧務年代の商税場のうち新務年代にみえない一部の税場が司農寺―常平司の管轄下に入り、司農寺帳の坊場に含まれていたと思われるが、閉鎖税場がある廣南東路・福建路の例からもわかるように、坊場とされた旧商税場は多くなかったであろう。

なお表3に示しているように、旧商税場で新商税場としてみえないものを仮に全て坊場とし、州軍レベルでみると坊場0・坊場1～3処の州軍が計222州軍でほとんどを占める。坊場が4・5処の州軍は23州軍に過ぎず、坊場6以上は僅か6州軍である。これらのことは三司管轄下の商税場のうち司農寺管轄に移管された税場が諸州軍でいかに少なかったかを証している。

次に坊場河渡を全て酒坊とみなして論を進め、必要に応じて調整しよう。坊場河渡を酒坊とみなすと表4に示しているように、酒坊地は10路において1,500処以上であり、1000処以上3路、500処以上3路、500処未満3路である。また北部17,300余、南部7,300余と多く、鉄銭区2,500余と少ない。対比欄に示しているように、鉄銭区を1とすれば、北部はその約7倍、南部は約3倍である。後で述べるように鉄銭区では行政都市・小都市も甚だ少ないが（五編二章の表5b・表6b、759頁・761頁）、小さい町も少なかった。但し、坊場河渡には常平河渡及び税場が含まれるので上の数値はやや小さくなる。

表3

水準		州軍数	州軍記号
水準Ⅰ	0	120	省略
水準Ⅱ	1～3	102	省略
水準Ⅲ	4・5	23	省略
水準Ⅳ	6以上	6	L5-6, G3-8, R1-12 B3-14, D4-14, S6-35

水準欄の数値は旧商税場で新商税場としてみえない税場数
水準Ⅳの州軍記号欄表例、L5-6：L5舒州の坊場6
典拠：本章注（17）の表18
注　税場を坊場と仮定した数値

表4

水準	Ⅳ	Ⅲ	Ⅱ	Ⅰ
路	C,E,F,G,H,I,J,K,L,R	B,D,M	N,Q,S	O,P,T
地区	北部	南部	鉄銭区	計
酒坊	17,368	7,340	2,544	27,252
対比	7	3	1	

水準　Ⅳ：1500以上、Ⅲ：1000以上、Ⅱ：500以上、Ⅰ：500未満
典拠　表11

第三節　酒坊銭

「司農寺帳」に絹・絲・銀・その他の財物が記されているので、「酒麹雑録」の酒麹銭と比較するためには、それらを銭に換算した数値をみておく必要がある。

1 物額・物価

　熙寧九年「司農寺帳」にみえる開封府界・諸路の坊場河渡銭の単位は次の表5の如くである。前章の熙寧五年詔でみたように新買撲制では人戸は買撲銭を折変して納めなくてよい特典を与えられていたので、官が米粟或は布絹・その他を買撲銭で購入したものが物額として「司農寺帳」に記載されているのである。草3路（F,G,H）、絲2路（K,S）、物額ではないが交子は2路（I,S）にみえる。草は計30,461束（1束27文）、約822貫、交子計2,350（1道770文）で約1,800貫、絲計約3,900両（1両約270文）で約1,000貫に過ぎない。なお交子1道1貫としても2,350貫である。なお後に支移・折変も行われるようになった。

表5　「司農寺帳」各路銭物額

路	坊場河渡銭	単位	路	坊場河渡銭	単位	路	坊場河渡銭	単位
B	坊場 261,786	貫石 両（金銀）	K	194,819	貫石 絲2,249両	R	1,004,487	貫石疋（絹） 両（金銀）
C	245,955	貫 両（金銀）	L	99,686	貫	S	坊場 332,058	貫疋（紬絹） 両（金銀） 絲1,677両 交子2,339道
D	163,998	貫石	M	239,971	貫 両（金銀）	T	坊場 357	貫疋（絹） 両（金銀）
E	190,806	貫石	N	83,595	貫疋（紬絹） 両（金銀）	A1	54,924	貫
F	159,807	貫石	O	5,531	貫			
G	140,817	貫石 草28,876束	P	37,529	貫			
H	180,842	貫石 草1,345束	Q	79,838	貫 両（銀）			
I	158,235	貫石 草240束 交子11道						
J	61,823	貫石						

典拠：「司農寺帳」各路坊場河渡・九年収の条、本章注（6）
熙寧～靖康の物価
　草1束　　熙寧5年27文、
　絲1斤　　熙寧末400文
　交子1道　熙寧前500文・770文、熙寧2年1貫
　布1匹　　元豊以前450～450文
　絹1匹　　熙寧6年1貫200文、元豊4年2貫～2貫300文
　銀1両　　1熙寧中1貫以上、靖康中2貫200～500文
　金1両　　元祐～靖康2年10～35貫
　鉄1斤　　熙寧7年10文
参考文献　注（19）程民生書、全漢昇論文、加藤繁論文、劉森書
　　注　1坊場河渡銭欄に**坊場**とする路は「司農寺帳」に河渡が記されてない路（B, S, T）
　　　　2単位欄の（　）：物額内容

　斛布絹銀金などは多くの路にみえるが、その数量は10万を越える数ではなかったと思われる。これは次の「酒麹雑録」の例から首肯されよう。次の表6の「酒麹雑録」の物額は

第一編　酒麴専売制と酒銭管轄

16路43州軍に記載され、絲・絹・布・銀・米粟・銀・金・水銀・鉄・方木など10種類に及ぶ。ほとんどが数千以下であり、万に及ぶのは銀のみで鳳翔府の新務年代の一例に過ぎない。

表6　「酒麴雑録」記載物額

路		絲	絹	布	米粟	銀	その他	計	州軍	計
A	新	1,070	8					1,078	A1,A2	2
	旧	6,114	43					6,157		
B	新		0	1,023				1,023	B3,B4,B5	3
	旧		22	1,593				1,615		
C	新	0	672					672	C1,C5,C7	3
	旧	330	660					990		
D	新	426						426	D2	1
	旧	397						397		
E	新	530	52					582	E3,E,5	2
	旧	0	0					0		
F	新	0	254					254	F2,F6,F9,F11	4
	旧	136	267					403		
H	新				783	240	水銀63	1,086	H1,H2,H3,H5	7
	旧				1,179	235	水銀62, 方木550	2,026	H8,H13,H20	
I	新				2,122	17,732		19,854	I1,I2,I5,I6,I7	7
	旧				0	1,016		1,016	I10,I16,	
L	新	36	4,458					4,494	L6	1
	旧	8	2,391					2,399		
N	新						金62, 鉄7,500	7,562	N6,N8	2
	旧							0		
O	新					46		46	O8	1
	旧					46		46		
P	新					72		72	P2,P4	2
	旧					333		333		
Q	新	767	131			180		1,078	Q1,Q3,Q4,Q7	4
	旧	1,100	184			180		1,464		
R	新			5,460				5,460	R2,R8,	2
	旧			1,680				1,680		
S	新			1,420				1,420	S12	1
	旧			4,420				4,420		
T	新					126		126	T6	1
	旧					0		0		
計	新	2,829	5,575	7,903	2,905	18,396	7,625	45,233	16路43州軍	
	旧	8,085	3,567	7,693	1,179	1,810	612	22,946		

典拠：二〜四編当該州軍酒統計（A〜I：二編、L〜Q：三編、R〜S：四編）
注　匹・両・端・石・斤未満は切捨

「酒麴雑録」の物額記載は新務年代42例・旧務年代38例であり、新務年代の絲2,829両・絹5,575匹・布7,903端・米粟2,905石・銀18,396両・その他7,625両斤（金62両・水銀63斤・鉄7,500斤）であり、計45,233匹端両石斤である[08]。なお旧務年代は計22,946 匹端両石斤条（方木単位、条）であり、新務年代の約半数である。大まかに言えば物額は数万程度であり、

数的には新旧両年代の錢額約1,500万貫余の１％にも満たない。

　新務年代をみると、数値的には銀約１万８千余（１両約２貫で、４万貫弱）、布約８千（１匹約500文、４千貫）、鉄約８千（１斤20文、160貫）、絹約６千（１匹１．２貫、約７千貫強）、米粟約３千（高く評価して１斗100文、約300貫）⁽¹⁹⁾、絲約３千などが多い。金は１例で62両（１両30貫、２千貫弱）と僅かである。

　これらの例から見ると物額の総計は数万（交子を含む）で、貫に換算すると６万貫に満たない。よって「司農寺帳」の坊場河渡における物額は銭数の貫数として扱っても大差は生じない。坊場河渡銭数を銭額（貫）とみなし、比較に際しては必要に応じて調整することにする。なお常平司は主として穀価の高下を調節する機関であるので、石数が多かったと思われる。石を貫に換算するとその数値は少なくなる。論証の目的は「酒麹雑録」の三司管轄の酒麹銭額と「司農寺帳」の司農寺管轄の酒坊銭額とを比較した場合、酒麹銭額がはるかに高額であることを証することにあるので、「司農寺帳」記載の穀・絲・その他の物額数を貫数としても問題は生じず、また「酒麹雑録」記載の物額を酒麹額に含めず銭額のみで比較しても大勢に影響はない。

２　酒坊銭

　酒坊銭の分析にあたり、改めて酒坊銭が三司系計帳に記入されないことを再確認しておきたい。玉海巻一八四・食貨・常平倉・真宗景徳三年正月の条に次の如くみえる。

　　戚綸上封言。請於京東西・河北・河東・陝西・淮南・江南・兩浙各置常平倉。以逐州戸口多少量。留上供錢一二萬貫。小州或一二千貫。付司農寺係帳。三司不問出入。委輸運司。併本州選幕職州県官清幹者一員。專掌其事。

　　戚綸上封して言う、「請う、京東西・河北・河東・陝西・淮南・江南・兩浙に各常平倉を置き、逐州戸口の多少を以て量り、上供錢一、二萬貫を、小州或は一、二千貫を留めて司農寺係帳に付し、三司は出入を問わず。輸（轉）運司に委ねて併びに本州幕職州県官の清幹の者一員を選び、其の事を專掌せめん。云々」と。

司農寺管轄下に常平倉が置かれ、その財源は司農寺帳に入れた。「三司不問出入」とあるので少なくとも景徳三年からは司農寺会計は三司会計から独立した会計であった。熙寧九年の司農寺酒坊銭は募役と市易務に用いられる謂わば特別会計財源であり、これに対し周知の如く三司の財物は広く軍国の用に供される中央・地方の謂わば一般会計財源である。両者のこの会計制度上の区分から三司権酒銭と司農寺権酒銭とが重複することは原理的に

第一編　酒麹専売制と酒銭管轄

あり得ない。換言すれば司農寺管轄収入が三司系の帳簿に記載されることはない。また『中書備對』は「酒麹雑録」とは別に「司農寺帳」坊場銭を同時に示しているのであるから、「酒麹雑録」に重複して坊場銭を示す筈はなかろう。

次に「酒麹雑録」・「司農寺帳」を総括した後掲表11の総計欄によれば酒麹務約1,800処・酒麹銭約1,582万貫であり、酒坊約27,000処・酒坊銭約250万貫〔鉄銭額は表11の銭額下の（ ）内の額を用いる〕であるので、酒麹務の平均額は約8,788貫、酒坊の平均額は約92貫と少なく酒麹務平均額の約１％に過ぎない（精確には後掲表11参照）。全体的な比較からみて坊場の額がいかに零細であったかが明らかである。

路レベルでみると、酒麹銭に対する酒坊銭の比率である酒坊銭率は、後掲表11に示しているように銅銭区では３～45％であるが、鉄銭区では44～74％で大きく相違する。また酒坊平均額（１酒坊当りの平均酒銭）も銅銭区では216貫以下であるが、鉄銭区では417～621貫と甚だ高額で不自然である（後掲表11）。したがって鉄銭区酒坊銭は鉄銭額であると思われる。「酒麹雑録」における換算比「銅銭対鉄銭＝１対10」で銅銭に換算すると鉄銭区の数値は後掲表11の鉄銭区数値欄の（ ）内に示した数値になる。（ ）内の鉄銭区酒坊銭率は４～７％、酒坊平均額は41～62貫となり、銅銭区路の比率３～45％・平均額14～216貫の範囲内におさまり（後掲表11）、銅銭区の低水準路と近似値をとる。以下では鉄銭区の酒坊銭関連の数値は表11の（ ）内の数値を用いることにする。なお換算比「銅銭対鉄銭＝１対２」で換算すると鉄銭区の数値は銅銭区の高水準路と近似値になる。鉄銭区の酒麹銭・商税はいずれも低水準であるあるので酒坊銭も低水準であるのが自然である。

次に酒麹銭に対する比率である酒坊銭率に４等級の水準を設けると、次の表７に示しているように41～45の第Ⅳ水準の路２、23～34％の第Ⅲ水準の路５で、12～18％ の第Ⅱ水準の路８が最も多い。10％未満の第Ⅰ水準の路４である。したがって酒坊銭率は路レベルでは酒麹銭の10～30％台であるのが普通で40％台は極少ない。酒坊銭は諸路において酒麹銭よりはるかに零細であった。

表７　路の酒坊銭率（酒坊銭÷酒麹銭）の水準

水準	Ⅳ（40％以上）	計	Ⅲ（20％以上）	計	Ⅱ（10％以上）	計	Ⅰ（10％未満）	計
路	CD	2路	BE KLP	5路	FGHIMNQR	8路	JOST	4路

典拠：表11
注：「司農寺帳」はA1開封府界を別に記載するのでAを示さず。3京はC・E・Fに含まれる

このことは諸路における酒麹務・酒坊の平均酒銭額をみるとより明確になる。表11の酒麹務平均額は753～16,963貫と高額であるが、これに対して酒坊平均額はＢ京東東路216貫・Ｍ両浙路193貫の例外を除く18路において14～134貫に過ぎない。また次の表８の酒麹銭・

酒坊銭平均額水準表にまとめているように、酒麹務平均額は第Ⅲ水準の5千貫以上の路16で、1千貫未満の路1（J河東路753貫）に過ぎず、ほとんどの路が高額である。これに対し酒坊平均額は約200貫が最高で2路に過ぎず、ほとんどの路の酒坊平均額は60～134貫（第Ⅱ～Ⅲ水準の路14）である。なお酒坊平均額最高額216貫は酒麹務平均額最低753貫の約3分の1に過ぎない。

表8　路の酒麹銭・酒坊銭の平均額水準表

酒麹銭	Ⅳ	計	Ⅲ	計	Ⅱ	計	Ⅰ	計
路	BDIKMQ	6路	CEFGHLNPRS	10路	OT	2路	J	1路
酒坊銭	Ⅳ	計	Ⅲ	計	Ⅱ	計	Ⅰ	計
路	BM	2路	CDENP	5路	FGHIKLQRS	9路	JOT	3路

酒麹銭平均額水準　Ⅳ1万貫以上　Ⅲ5千貫以上　Ⅱ1千貫以上　Ⅰ1千貫未満
酒坊銭平均額水準　Ⅳ約200貫　Ⅲ100貫以上　Ⅱ50貫以上　Ⅰ50貫未満
典拠：後掲表12
注　1　「司農寺帳」はA1開封府界を別に記載するため除外
　　2　A2A3A4の3京はそれぞれE,C,Fに含まれる

以上にみた酒坊銭率・酒坊平均額は「司農寺帳」の坊場河渡銭・坊場河渡数を全て酒坊銭・酒坊とみなした数値であるので実際の数値と若干の相違がある。即ち酒坊銭率は河渡銭・その他の場務銭を含み、酒坊銭が少なくなるので、表11の率より低率になる。しかしおおまかな比較における傾向は常平司の河渡・商税場・その他の場務が先にみておいたように甚だ少ないので分析した数値と大差が生じず、酒麹銭が巨額で、酒坊銭が零細であるという大勢は変わらない。

後掲表12総計表によれば、「酒麹雑録」の熙寧十年酒麹銭総額15,224,891貫（物額を除く）、熙寧九年司農寺管轄坊場河渡銭2,579,553貫石両束道（物額を含む）であり（計欄）、後者は前者の約二割に及ばない。また先にあげたが、宋史食貨下七・酒の冒頭に、「宋の榷酤の法。中略。若し遺利有らば、所在に多く官酤るを請う」とみえ、利がある酒務は官監としたことを指摘している。また宋会要食貨20-13・宣和三年六月二十七日の条にも「戸部奏す、伏して観るに、諸路の州県の坊務には監官の處有り元より轉運司に隷す。人戸買撲せる處の所収の浄利、名けて曰く坊場銭と。並びに常平司に屬す。中略。元祐中に至り、諸路申請し、凡天下の場務の利入の稍厚き者は轉じて官監と為す。以て其余の場務の出売行なわれざるを致し、浸敗闕を成す。云々」とみえ、熙寧より10数年後の元祐中に官監務の拡大がはかられたが、その対象はやや利が厚い酒坊であった。かくて「酒麹雑録」の酒麹銭額が巨額で、坊場河渡銭のうち酒坊銭額がこれにはるかに及ばないのは当然である[20]。

酒麹務地は行政都市・小都市・大きな町であるが、酒坊銭が零細であるので酒坊の地は

第一編　酒麹専売制と酒銭管轄

主として小さな町で、十数貫の極小さな町も含まれたであろう。因みに先にあげた福建路酒坊3処の一界（三年間）は80貫、九年帳収は20貫であるので、1酒坊当たり1界23貫・年収7貫弱である。また廣南東路の河渡3処の一界は120貫、九年帳収は96貫であるので、1河渡当り1界40貫、年収32貫である。例は少ないが司農寺管轄酒坊銭・河渡銭は決して高額ではなかった。

　次に表11の酒麹務に対する酒坊の倍率である酒坊倍率を路レベルでみると、3〜152倍である。酒坊倍率の水準を100倍以上の第Ⅳ水準、50倍以上の第Ⅲ水準、10倍以上の第Ⅱ水準、10倍未満の第Ⅰ水準の四ランクに等級づけると、次の表9にまとめているように第Ⅳ水準の路2、第Ⅲ水準の路6、第Ⅱ水準の路8、第Ⅰ水準の路3である。一般的な水準は第Ⅱ・第Ⅲ水準で14路が属する。したがって「酒麹雑録」が記す三司管轄下の酒麹務が諸路においていかに少なく、酒坊がいかに多いかがわかる。

表9　路の酒坊倍率（酒坊÷酒麹務）水準表

酒坊倍率水準	Ⅳ 100倍以上	計	Ⅲ 50倍以上	計	Ⅱ 10倍以上	計	Ⅰ 10倍未満	計
路	GI	2路	BCD EFH	6路	JKLM NPQR	8路	OST	3路

注：「司農寺帳」はA1開封府界を別に記載するため除外。他の3京はC, E, Fに含まれる

　次の表10の郷平均酒坊水準によれば1郷当りの平均酒坊は1〜16処である。水準Ⅱ〜Ⅳに14路が属している。平均すると1郷当りに1処以上の酒坊地があり、最多はⅠ秦鳳路の16処である（後掲表11）。酒坊地がいかに多く存在したかがわかる。

　北部の6路は1郷当り10処以上で、北部には酒坊地が発達し、Ⅰ秦鳳路16処・D京西南路14処・C京東西路13処などが多い。南部・鉄銭区ではK淮南東路10・L淮南西路8処を除くと、1郷当り1〜3処に過ぎない。但し、この酒坊数には河渡・その他の場務が若干含まれるので酒坊倍率・郷平均酒坊の数値はやや小さくなる（表11欄外の酒坊率・郷平均酒坊計算式参照）。

表10　路の郷平均酒坊水準

郷平均酒坊水準	Ⅳ 10処以上	計	Ⅲ 5処以上	計	Ⅱ 2処以上	計	Ⅰ 1処	計
路	BCDE FIK	7路	GHJL	4路	QRS	3路	MNO PT	5路

典拠：表11
注：「司農寺帳」はA1開封府界を別に記載するため除外。
他の3京はC, E, Fに含まれる。

第二章　熙寧の酒坊

表11　熙寧九年「司農寺帳」酒坊表（付熙寧十年酒麹務・酒麹銭、元豊郷）

地区	路	酒麹銭（貫）	酒坊銭（貫）	酒坊銭率	酒麹務	酒坊	酒麹務平均額	平均酒坊額	酒坊倍率	郷	郷酒坊平均数
北部	A	1,009,651	—	—	96	—	10,517	—	—	225	—
	B	858,546	261,786	30	67	1,211	12,814	216	59	103	12
	C	592,262	245,955	42	60	1,834	9,871	134	73	139	13
	D	364,612	163,998	45	32	1,259	11,394	130	87	92	14
	E	551,348	190,806	35	75	1,512	7,351	126	58	148	10
	F	876,626	159,807	18	133	2,375	6,591	67	98	162	15
	G	847,273	140,817	17	95	1,838	8,918	76	117	205	9
	H	1,305,670	180,842	14	177	1,824	7,376	99	74	310	6
	I	1,175,852	158,235	13	107	2,175	10,989	72	152	137	16
	J	708,764	61,823	9	100	1,769	753	34	22	311	6
	計	8,290,604	1,564,069	19	942	15,797	8,810	99	16	1,832	9
南部	K	828,698	194,819	24	74	2,341	11,198	83	26	227	10
	L	418,448	99,686	24	78	1,595	5,364	62	18	194	8
	M	1,916,850	239,971	13	113	1,238	16,963	193	12	860	1
	N	531,652	83,595	16	60	641	8,860	130	11	451	1
	O	212,969	5,531	3	46	380	4,629	14	9	358	1
	P	141,460	37,529	27	28	330	5,052	113	15	264	1
	Q	480,830	79,838	17	46	815	10,452	97	21	261	3
	計	4,530,907	740,969	16	445	7,340	10,181	100	17	2,615	3
鉄銭区	R	1,359,500	1,004,487 (100,448)	74 (7)	170	1,653	7,997	607 (60)	10	705	2
	S	703,910	332,053 (33,205)	47 (5)	124	534	5,676	621 (62)	5	349	2
	T	339,970	149,210 (14,921)	44 (4)	120	357	2,833	417 (41)	3	297	1
	計	2,403,380	1,485,750 (148,575)	62 (6)	414	2,544	5,805	584 (58)	6	1,351	2
	A1	595,362	54,924	9	36	1,571	16,537	34	36	103	15
	総計	15,820,253	3,845,712 (2,508,537)	24 (16)	1,801	27,252	8,789	141 (92)	15	5,798	5
備考	U	無額	1,055 (105)	—	7	64	—	16 (1)	—	207	—
	V	6州軍不権	20	—	35	3	1,319	6	0	207	—
	W	不権	96	—	0	3	—	—	—	178	—
	X	不権	18,698	—	0	285	—	—	—	259	—
	計	—	19,869	—	42	355	—	—	—	851	—

A（四京）欄の酒坊銭、酒坊銭率、酒坊、酒坊平均額、酒坊倍率を「—」としているのはA1（東京・開封府界）の数値がA1欄に示されていることによる。また北部酒坊銭額にはA1 54,924貫を加えねばならない。表12参照。
酒坊銭率＝酒坊銭（物額も貫とす、河渡銭を含む）÷酒麹銭（物額を含まず）　酒麹務平均額＝酒麹銭÷酒麹務　酒坊平均額＝酒坊銭÷酒坊（河渡を含む）　酒坊倍率＝酒坊÷酒麹務　郷平均＝酒坊÷郷　注（　）内、本章二・三節本文参照
典拠　酒麹務・酒麹銭：「酒麹雑録」。前章諸路比較表2参照。酒坊・酒麹銭：本章注(6)の「司農寺帳」、
　　　郷：二～四編各章地理表（なお、拙著2・各章「はじめに」総合表2に路の総郷数を示す）
注　1 鉄銭区の酒銭は五編一章の仮定1の銭額。酒坊銭は鉄銭額で、その下の（　）内は銅銭額、Uも同じ
　　2 A1の新酒麹額・郷の数は最上段Aに含まれるが、A1の坊場・坊場銭は北部に含まれず
　　3 備考欄のUVWX 4路の数値は総計欄数値に含まれず
　　4 A2西京・A3南京・A4北京の坊場数・坊場銭は各E,C,Fの3路に含まれる

第一編　酒麹専売制と酒銭管轄

表12　酒坊表の総計

地区	酒麹銭	坊場銭率	酒坊銭	酒坊	酒麹務	酒坊倍率	郷	郷平均酒坊
北部	8,290,604	18	1,618,993	17,368	941	26	1,832	9
南部	4,530,907	16	740,969	7,340	445	17	2,615	3
鉄銭	2,403,380	61	219,592	2,544	414	6	1,351	2
計	15,224,891	17	2,579,553	27,252	1,800	15	5,798	5

典拠：表11
注　1　主たるものは酒坊であるので坊場河渡を酒坊とし、坊場河渡銭を酒坊銭とみなす
　　2　鉄銭区の酒銭は銅銭額（表11注1参照）で、酒坊銭は表11の（　）内の銅銭額
　　3　廣南東西路・夔州路・福建路の4路を含まず
　　4　北部の酒坊銭・坊場はA1の酒坊銭・酒坊を含む

おわりに

　「司農寺帳」にみえる坊場河渡のほとんどは酒坊であり、その酒坊銭は「酒麹雑録」にみえる三司—転運司管轄の酒麹銭とは異なり、司農寺—常平司管轄に入っていた。酒麹務は大都市・中都市・小都市・大きな町に置かれ、約1,800処と少ないが、酒坊は主として小さな町に置かれ、約27,000処に近く、郷よりはるかに多い。都市・町の研究においては、三司酒務が置かれた大きな町を補う存在として、司農寺の酒坊が置かれた小さな町は重要であろう。その重要性からみて惜しまれるのであるが、酒坊が置かれた所の地名即ち小さな町名はほとんどが不明である[21]。このため前章の地理表の説明に際し、地理表に記された地名の若干を小さな町候補地とし、地理表の地名に×印を付すことを述べた。二～四編各章「おわりに」の表7で、各路の小さな町候補地をまとめ、全国的な総括は五編二章五節「小さな町候補地」で行う。

注

(1)　李華瑞『宋代酒的生産和征権』（河北大学出版社、1995年）は、「人戸買撲官監」を人戸買撲・官監とする（128頁）。この読み方では文意が通じない。人戸買撲官監務の実例は本文の後文で示す。

(2)　李華瑞前掲書は体系的な酒の生産・酒麹専売の総合研究である。ただ次の点は問題であるので言及しておきたい。坊場銭＝浄利銭で祖額を含まない。三司—転運司が坊場の祖額（課利）を管轄し、坊場銭＝浄利銭は司農寺—常平司に入れ、これが「司農帳」の坊場銭であるとする（同書214頁）。この解釈は17年後の島居一康説と同じで、同説をとると矛盾が生じること、先に論じた如くである。換言すれば、島居一康説は17年前の李華瑞説と同じ誤りを繰返している。

次に李華瑞は「酒麹雑録」と「司農寺帳」を統一的に取扱って、「酒麹雑録」の買撲は坊場の祖額＝課利であり、「司農寺帳」の坊場銭がその課利に上乗せされた浄利銭と解釈している（203頁）。

別の観点からみてみよう。表13は「酒麹雑録」買撲と「司農寺」酒坊銭との比較である。李華瑞説に立てば北部では平均すると課利は浄利銭＝酒坊銭の64％で、南部では約99％であり大差がある。路レベルの最低〜最高は20〜249％である。地区により、路により、課利に対する浄利銭が大きく異なる。5路（BDGPQ）が50％以下、6路（CEFHIK）が100％未満、5路（JLMNO）が100％以上である。O江南西路は実に249％に達している。浄利銭は酒坊を請け負うために上乗せする銭であるので、個別の請負の特殊ケースを除けば、常識的な上乗せをする。利潤を確保するためには上乗せにも限界があるからである。利潤なき赤字の請負は倒産に至るのでそうした請負は長続きせず淘汰され、長期的にみると常識的な線に落ち着く。祖額に上乗せする浄利銭の比率が路によりこのように著しく相違するはずはない。

また島居一康書によれば坊場銭＝買撲銭であるので「酒麹雑録」熙寧十年買撲銭と同九年「司農寺」坊場銭とは僅か一年違いであるので両者はほぼ同じ額でなければならないが、この表13によれば坊場銭約236万貫・買撲銭約173万貫で、両額の差は実に63万貫に達する。買撲＝坊場浄利銭ではあり得ないこと明らかである。

表13　路の買撲銭・坊場銭対比率

路	坊場銭	買撲銭	比率
B	261,786	94,839	36%
C	245,955	213,291	87%
D	163,998	33,307	20%
E	190,806	106,175	56%
F	159,807	122,282	77%
G	140,817	67,018	48%
H	180,842	164,808	91%
I	158,235	130,332	82%
J	61,823	70,712	114%
計	1,564,069	1,002,764	64%
K	194,819	170,031	87%
L	99,686	166,564	167%
M	239,971	288,700	120%
N	83,595	46,399	180%
O	5,531	13,790	249%
P	37,529	10,573	28%
Q	79,838	34,811	44%
計	740,969	730,868	99%
A1	54,924	0	0%
総計	2,359,962	1,733,632	差約63万

比率＝買撲銭÷坊場銭×100
典拠：各章「おわりに」表1、本章表12
注　A2・A3・A4の買撲は各E・C・Fの買撲に含めている

次に李華瑞・島居一康両論文が課利・浄利銭の分割管轄の根拠としてあげる史料の一つは、宋会要食貨20−13・宣和二年六月二十七日の条である。

戸部奏、伏覩諸路州県坊務有官監去處元隸運司。人戸買撲去處所収浄利。名曰坊場錢。並屬常平司。以備雇募衙前綱費支酬重難州軍公使之外。歳起上供一百萬貫。利入浩博。各有司存。故熙豊剏法諸以買撲場務不許擘畫官監。至元祐中。諸路申請凡天下場務利入稍厚者。皆轉爲官監。以致其餘場務出賣不行浸成敗闕。紹聖繼述申嚴舊制從立徒二年之禁。蓋欲革絶侵界之弊。便買人各得安業。法意深遠織悉倶具迹來。臣僚妄有陳公肆違令。今措置除酤賣興盛酒場合遵依現行條法。不許經畫官監外。其有県鎮界滿無人承買者今後提舉常平司計會。轉運司同差官同體究事因。從逐司公共相度。如可以經畫官監同具事狀保明申戸部。審度行下訖奏（奉）。内浄利錢止依見承買人所納之數。令轉運司認爲常平。餘並依崇寧五年二月十五日已降約束施行。從之」

注　李華瑞書215頁では上段の下線部分を「諸路村坊」とし、原文を書き換え、上段一行の常平司までを引く。島居一康書は上段二行の利入浩博までを引く（同書466頁の注38）。両書は全文の文脈を把握しない。

戸部奏す、「伏して観るに、諸路州県坊務、官監の處有りて元より運司に隷す。人戸買撲の處の所収の浄利は、名づけて坊場錢と曰う。並びに常平司に屬し、以て衙前を雇募して綱費重難に支酬し、（及び）州軍の公使に備うるの外、歳に起して一百萬貫を上供す。利入浩博にして各司存す。故に熙豊、法を剏て諸以て買撲場務は官監に擘畫するを許さず。

元祐中に至り、諸路申請し、凡天下場務利入稍厚者、皆轉じて官監と爲し、以て其餘の場務出賣

第一編　酒麹専売制と酒銭管轄

行われず浸敗闕を成すを致す。紹聖、舊制を繼述申嚴し、徒二年の禁を立つ。蓋し侵界の弊を革絶し、便ち買人各業に安ずるを得させんことを欲えばなり。法の意深遠繊恣にして迹來を俲具す。臣僚妄に公に違令を肆し申陳する有り。今措す、酤賣興盛の酒場は合に現行の條法に違依すべし。官監に經畫するを許さざるを除くの外、其県鎮に在りて界満ち承買する人無き者は、今後、提擧常平司計會し、轉運司同に差官し同體して事因を究め、逐司公共相度に從る。如し<u>官監に經畫</u>すべければ同に事状を具し、保明して戸部に申し、審度し行下し訖れば奏す。内、淨利錢は止見承買人の所納の數に依り、轉運司に令して常平司に認爲せしむ。餘は並びに崇寧五年二月十五日已降の約束に依り施行せん」と。之に從う。

この戸部奏全文の文脈は、下線を付している人戸買撲坊場の官監化の禁止であり、この戸部奏を根拠にして坊場の祖額（課利）が轉運司に、祖額を除く淨利錢が常平司に属したとすることはできない。戸部の奏文の何処にもに課利又は祖額の語がみえないのである。

また下線を付した官監坊務と人戸買撲場務とが対置され、前者の酒銭が轉運司、後者の酒銭が常平司に属したことが述べられている。淨利の語義用法の中に、人戸買撲坊場の祖額（課利）＋淨利錢を単に淨利と呼ぶ用法があるとみるべきである（48頁参照）。

また坊場銭分割管轄の根拠として李華瑞書（214頁本文）・島居一康書（466頁注（38））は、宋会要49－28・政和三年二月十七日（島居一康書は大觀元年二月十七日。誤）淮南轉運司奏をあげる。

前略。又買撲坊場河渡課利入<u>轉運同司</u>。淨利入提擧常平司。云々。
又買撲坊場河渡課利は轉運司に入れ、淨利は提擧常平司に入る。
_{注、下線を付した司同又は同司に両研究は言及しない（原文の「同」の字を省略す）}

両書が引用したこの文を轉運司・常平司による坊場・河渡の課利・淨利の分割管轄の根拠とするのは誤りである。このことについては別稿で詳論する（なお48頁参照）。

次に島居一康書（466頁注（38））は「『（建炎以来朝野）雑記』甲14東南酒課「大中祥符元年春始有実封投状、給売価格高之令而民困矣。熙寧以後坊場銭又尽入常平司、紹興元年又命概増五分輸戸部。」と記す。注、( ) 内、筆者

同書は坊場銭＝淨利銭とする前提に立ってこの史料を用いている。前提を置かなければこの史料を坊場銭分割管轄の根拠として使えない。李華瑞がこの史料を用いないのは正しい。

なお『慶元條法事類』（新文豊出版公司、1976年）巻五・職制門二・考課式によれば、酒務・税務及び坊場・河渡・その他の祖額・課利の考課は轉運司管轄で（同書54～55頁）、出売場務淨利は提擧常平司管轄である（同書56頁）。

「酒麹雑録」熙寧十年の祖額・買撲及び熙寧九年「司農寺帳」坊場銭に対する解釈を整理すると表14の如くである。

表14　「酒麹雑録」・「司農寺帳」解釈

―――	「酒麹雑録」の熙寧十年統計		熙寧九年「司農寺帳」
－	祖額	買撲	坊場銭
李華瑞書	官監務の祖額	坊場の課利	坊場の淨利銭
島居一康書	官監務の祖額＋坊場の課利	坊場の淨利銭	言及ナシ
本書	官監務の祖額	買撲官監務の課利＋淨利銭	坊場の課利＋淨利銭

両書が熙寧・元豊の史料をあげず、北宋終末期の徽宗朝の史料から熙寧・元豊からの制としたのは、「酒麹雑録」・「司農寺帳」の比較検証が不十分であったこと及び人戸買撲官監務を看過したこと、更に上掲の淮南轉運司奏の解釈の誤りによると思われる。

島居一康書は「実封投状方式による買撲坊場において、民戸が請負う個々の酒坊の酒課「祖額」すなわち買撲課利銭は「名課銭」「買名銭」などと呼ばれ、これに対して民戸が醸造販売して得る利益、

— 64 —

第二章　熙寧の酒坊

すなわち販売価格と坊場課利銭との差額は「浄利銭」と呼ばれた」と述べているが（前掲書435頁）、本文で挙げた長編巻三〇〇・元豊二年九月甲午条に「郷村場務買名銭は舊に依り司農寺に入る」とみえ、買名銭を司農寺に入れていた。課利銭＝買名銭であれば課利銭が司農寺に入れられたことになり、課利銭を転運司―三司に、浄利銭を常平司―司農寺に入れたとする分割説と甚だしく矛盾する（同書はこの史料を挙げない）。

　　島居一康・李華瑞の「酒麹雑録」祖額・買撲、及び「司農寺帳」坊場銭に対する解釈は本書の解釈と根本的に相違する。なお、祖額・課利・課利銭・買名銭、及び剰利・浄利・浄利銭の語義用法については別稿で詳論する。時期・年代・文脈によりそれらの語義が異なる。

(3) 周藤吉之前掲論文、200～202頁。「司農寺帳」坊場河渡条を表にし、路間の多少を比較検討している。

(4) 『慶元條法事類』三十二・財用門三・場務式・轉運司申鑄銭計帳の形式は「某路轉運司　今具某年某州某監鑄銭計帳　一前帳應在見管數已在今帳應在項内作旧管聲説　一前帳在見。中略。一收。中略。一支。中略。一應在。中略。一在見。後略。」となっている。『中書備對』の「司農寺帳」形式と類する。下線部分の前帳見在は「司農寺帳」の旧管に同じ。

(5) 今堀誠二が永楽大典の『中書備對』を始めて紹介し、常平銭・免役銭・坊場河渡銭のうち常平銭物を分析した。同「宋代常平倉研究（上）」（『史学雑誌』56-10、1946）982～991頁。同論文所掲第二表に開封府界・諸路の常平銭斛・その他を整理し、21項目にわたり説明がなされている。なお『中書備對』の性格、史料としての価値などの詳細については前章の『《中書備対》輯佚校注』参照。

(6) 「司農寺帳」開封府界・諸路坊場河渡の處・界・収をあげておく。路の記載順序は原文に従い、本書の路記号を付す。

　　A１開封府界　坊場河渡　一千五百七十一處一界二十七萬六千五百九十二貫　九年帳収五萬四千九百二十四貫文　B京東東路　坊場　一千二百一十一處一界八十一萬九千五百二十七貫文　九年帳収銭斛金銀二十六萬一千七百八十六貫石兩　E京西北路　坊場河渡　一千五百一十二處一界三十七萬四千二百八十七貫　九年帳　収銭斛一十九萬八百六貫石　D京西南路　坊場河渡　一千二百五十九處一界三十八萬五千八百二十五貫文　九年帳　収銭斛斗一十六萬三千九百九十八貫石　C京東西路　坊場河渡　一千八百三十四處一界七十四萬二千六百一十四貫　九年帳　収金銀銭二十四萬五千九百五十五貫兩　M兩浙路　坊場河渡　一千二百三十八處一界九十三萬三千五百六十四貫　九年帳　支（収）金銀銭二十三萬九千九百七十一貫兩　I秦鳳等路　坊場河渡　二千一百七十五處一界二千（十）八萬三千八百二十八貫　九年帳　収一十五萬八千二百三十五貫石束道　銭斛一十五萬七千九百八十貫石　草二百四十束　交子一十一道　K淮南東路　坊場河渡　二千三百四十一處一界六十萬四千三百九十四貫　九年帳　収一十九萬四千八百一十九貫石兩　銭斛一十九萬三千六百七十貫石　絲一千一百四十九兩　L淮南西路　坊場河渡　一千五百九十五處一界三十七萬四千六百四貫　九年帳　収九萬九千六百八十六貫　P荊湖南路　坊場河渡　三百三十處一界八萬二千六百一十二貫　九年帳　収三萬七千五百二十九貫　Q荊湖北路　坊場河渡　八百一十五處一界二十五萬一千五百三十七貫　九年帳　収銭銀七萬九千八百三十八貫兩　N江南東路　坊場河渡　六百四十一處一界二十四萬四千四百三十一貫　九年帳　収銭紬絹金銀八萬三千五百九十五貫疋兩　O江南西路　坊場河渡　三百八十處一界二萬一千二百三十九貫　九年帳　収五千五百三十一貫　W廣南東路　河渡　三處一界一百二十三貫文　九年帳　収九十六貫　X廣南西路　坊場河渡　二百八十五處一界六萬八千七百二十八貫　九年帳　収一萬八千六百九十八貫　V福建路　酒坊　三處一界八十晉　九年帳　収二十貫　J河東路　坊場河渡　一千七百六十九處一界一十四萬五千八百三十五貫　九年（帳）　収銭斛六萬一千八百二十三貫石　F河北東路　坊場河渡　二千三百七十五處一界三十三萬五千八百二十九貫文　九年帳　収銭斛一十五萬九千八百七貫石　G河北西路　坊場河渡　一千八百

第一編　酒麹専売制と酒銭管轄

　　　　　三十八處一界二十二萬六千六十五貫　九年帳　収一十四萬八百一十七貫石束　錢斛一十萬一千九百四十一貫石　草二萬八千八百七十六束　H永興軍等路　坊場河渡　一千八百二十四處一界四十萬六千一百四十四貫文　九年帳　収錢斛一十八萬八百四十二貫石束　錢一十六萬二千三百四十三貫斛斗一萬七千一百五十四石　草一千三百四十五束　U夔州路　坊場河渡　六十四處一界一千六十二貫　九年帳　収一千五十五貫　T利州路　坊場　三百五十七處一界三十七萬七千九貫　九年帳　収金銀錢絹一十四萬九千二百一十貫定兩　S梓州路　坊場　五百三十四處一界五十八萬六千二十四貫　絹一百四十七疋　九年帳　収三十三萬二千五百三十貫石疋兩道　錢斛金銀紬絹二十二萬八千三十六貫石疋兩　絲一千六百七十七兩　交子二千三百三十九道　R成都府路　坊場河渡　一千六百五十三處一界二百四十八萬三千六百一十九貫　九年帳　収金銀錢絹一百萬四千四百八十七貫石定兩

　　　　注　1（　）内、筆者意を以て補い、又は訂正
　　　　　　2　I秦鳳路の坊場河渡「二千」を「一千」と見る例がある。周藤吉之は「二千」とす。
　　　　　　3　G河北西路の収は錢石＋草の合計より一万多い。
　　　　　　4　S梓州路の収は内訳合計より十万多い。多くの路よりはるかに多額であるので収「三十三萬」は「二十三萬」であろう。表11では記載に従って「三十三」としている。周藤吉之に同じ。

(7)　但し『中書備對』の末尾に鄜延路・環慶路・河東路・涇原路・秦鳳路の九年帳がみえるが、その位置づけが不明である。記述に「已俵未催」・「欠閣借支」の文がみえるので常平である。しかし河東路・秦鳳路の常平は別に記載されている。比較するとこの末尾の記載の銭物数は甚だ少ない。なお今堀誠二前掲論文の第二表にも示されているが、説明されていない。

(8)　「酒麹雑録」の末尾に「廣南路　東路。中略（13州軍名）。西路。中略（27州軍名）。已上並榷」とみえる。州軍名のみを羅列するので「不榷」が正しい。宋史食貨下七も「不禁」とする。

(9)　宋会要・方域13—13・14の四方津・淳熙六年・十二年にみえる渡を整理すると表15の如くである。南宋前半においても長江沿岸の常平買撲河渡は甚だ少ない。官渡も多くはなく、私渡に比べ甚だ少ない。特に荊湖北路の常平河渡が45と少ないことに注目したい。

表15　南宋河渡例

所在地	官渡	常平買撲渡	私渡	廃渡	淳熙年月日
眞州沿江	6	1	22	私渡22	6年4月2日
揚州沿江	2	1	51	私渡51	同上
泰州沿江	1	0	4	私渡4	同上
通州沿江	1	1	62	私渡62	同上
鎮江府沿江	7	0	41	私渡41	6年1月26日
荊湖北路	—	45	—	45	12年12月18日

注　表で廃渡とした私渡の中にはその重要性から存留された私渡もあった。数不明。

(10)　傅宗文『宋代草市鎮研究』（1987）は司農寺帳坊場を酒坊とし且つ草市の坊場とする。『文献通考』の虚市の記述を根拠としている（同書84～86頁）。周藤吉之前掲書（220～203頁）・李華瑞前掲書（202～203頁）も坊場を酒坊とする。しかし坊場の語は、酒坊を指す用例、及び酒坊とその他の場とを合せ含めた用例がある。

(11)　宋会要食貨19「商税雑録」、同22「塩法五」参照。

(12)　「酒麹雑録」夔州路に「忠州。舊在城一務。歳千七百三十六貫。熙寧十年。無額。萬州。舊在城一務。歳千三百四十七貫二百六十九文。渝州。舊在城及江津・壁山・巴県四務。歳千七百三十六貫。熙寧十年。無額。大寧監。舊在城一務。歳四百二十一貫。熙寧十年。無額」とみえる。萬州は「熙寧十年。無額」が脱漏していると思われる。また旧額を文まで記すのは例外で、萬州のみである。なお上の記述に続いて「夔州　黔州　達州　開州　施州　涪州　雲安軍　梁山軍　以上不榷」とみえる。

(13)　表11、備考U欄参照。

⑭　「酒麹雑録」に、「福建路。建州。舊在城及浦城・松溪・關隸・建陽・崇安県・天受・大挺・幽胡・永興・大同山・通徳場・柳源坑十三務。歳五萬四千四百四十八貫。熙寧十年祖額三萬六千九百八十四貫二百五十九文。買撲九千一百九十三貫七百二十八文。南劍州。舊在城及九溪・將樂・順昌・沙県・王豊・杜唐・婁杉・安福・石牌・葉洋・龍逢・龍泉・梅宮・小安仁・楊興・新豊・安仁場十五務。歳萬五千九百七十一貫。熙寧十年。無額。邵武軍。舊在城及光澤県・黄土・龍髻場四務。歳五千七百八十二貫。熙寧十年。無額。福州・汀州・泉州・漳州・興化軍。以上不権」とみえる。なお南劍州の酒務を十五とするが、数えると18務である。熙寧十年は無額とされている。不権ではないので建州・南劍州・邵武軍は熙寧十年以後も酒専売は行われた。福州・汀州・泉州・漳州・興化軍など5州軍では旧務年代から酒専売は行われなかった。なお福建路は酒坊3と少ないことから、「司農寺帳」の記載には問題があるように思われる。3州軍に果たして小さな町は僅か3処に過ぎなかったのであろうか。建・南劍州・邵武軍の旧税務23、新税務は39、郷68、鎮10、生産機関である場48で、総計は165である。税務地と鎮・場が重なるケースもあるが、人戸を有する地は少なくない。小さな町3は少なすぎる感があることを否めない。しかし、5州軍は不権であったので、建・南劍州・邵武軍の小さな町も不権で万戸酒制がとられた可能性もある。「司農寺帳」の「酒坊三」の記載を誤りとすることはできない。

　　なお福建路の不権州軍及び廣南東西両路では両税に付加して酒銭を徴し、酒造・販売を自由化した
（「はしがき」注(4)楊宇勛前掲論文）。

表16　建州・南劍・邵武の税務・郷・鎮・場

州　軍	新税務	郷	鎮	場	計
建州	17	35	3	16	71
南劍州	15	18	5	19	57
邵武軍	7	15	2	13	37
計	39	68	10	48	165

場：生産機関
典拠：拙著2、497頁の総合表1・2

⑮　「塩法五」に東南諸路の熙寧十年の塩場・塩銭額がみえる。なお永興軍路・河東路の一部州軍も含まれる。これらの諸路州軍は所謂官売法が適用された州軍である。ほとんどの塩場の地には税場・酒務が併設されているので（本編三章末・表11a。86〜90頁参照）、「塩法五」にみえる州県鎮市の塩場は三司―転運司管轄下のもので、司農寺―常平司の塩場は含まれない。

⑯　拙著2ではこの解釈をしている。

⑰　州軍レベルでの新設税場・旧税場は後掲表17・18・19の如くである。表18の州軍レベルでみると旧税場・新設税場がみられない州軍が多く存在する。

　　表19に酒麹不権路の廣南東西両路、及び多くの州軍が不権とされた福建路・夔州路の旧税場・新設税場をまとめている。注目したいのは福建路である。「司農寺帳」では福建路の酒坊3である（表11）。これに対して表19の旧税場は10処であるから、旧税場のうち熙寧十年の新商税務としてみえない税務を坊場と仮定すると、福建路の場合は廃された税場が多かったことになる。他の路でも旧税場のなかに廃務が含まれている可能性が高いであろう。また廣南東路は坊場0であるので（表11）、旧税場48〜53処は廃務である。廣南西路の坊場河渡285処（表11）であるので、旧税場が司農寺に管轄されたと仮定してもよい。しかし、福建路・廣南東路の廃務が多いことから西路全ての旧税場が司農寺管轄に入ったとすることは適切ではなかろう。

⑱　熙寧より約2、30年前の皇祐中の金帛・絲纊・芻粟・材木の類が四百萬余であったというから、時期によ物額は変化した。宋史食貨下七・酒・皇祐中参照。

⑲　熙寧新法下では免役銭・青苗銭の課徴が行われて銭重物軽の弊が強く出たとされている。旧法党の新法党に対する経済政策面の攻撃材料としてこれがしばしば使われた。全漢昇「宋代之物価」（国立中央研究院歴史語言研究所編『歴史語言研究所集刊』第1冊、365〜364頁）に多くの史料があげられている。また具体的な米価史料は368〜372頁にみえ、米価表が示されている（382頁）。なお絹・金銀の

第一編　酒麹専売制と酒銭管轄

価格も若干あげられているが、同論文の主たる目的は米価研究である。
　北宋〜南宋の米粟価格研究は早くは陳裕菁「北宋米價考」（南京中国史学会『史学襍誌』1（3）、1929年）である。また最近では何忠礼「関于北宋前期的糧価」（『中国史研究』、一九八五－一）がある。詳細な研究は程民生「粮食」（『宋代物価研究』、2008年）である。同書121〜168頁に開封府界・13路及び四川の各地の北宋〜南宋の米粟価が示されている。熙寧〜元豊の米価を80〜180文とする（135頁）。また龙登高「宋代粮价分析」（中国経済史研究1993年第一期）によれば熙寧の平常の価格は斗米40〜100文、1石400文〜1貫で、兩浙の荒年における価格は200文、1石2貫である。「酒麹雑録」の物額例からすると司農寺帳の物額では石数が最多と思われる。後掲表20に同氏の研究から参考となる米価例を抜粋して示しておく。
　交子の面額については劉森『宋金紙幣史』（1993）、17頁参照。なお諸種の物価は程民生書に網羅されているが、金銀価格については加藤繁『唐宋時代に於ける金銀の研究』（東洋文庫、1936）を参照した。

(20)　因みに、宋会要食貨56—35・政和三年二月戸部奏に「伏覩諸路買撲坊場依降召人實封投狀添錢承買。準紹聖免役敕。已買樸而官司經畫請官監者徒二年。以革侵紊之弊。自奉行役來。尚有陳請將興販去處拘取官監計一百餘處。雖有上條徒爲虛文。欲乞下諸路監司今後遵依紹聖免役敕條施行。如尚敢依前陳請者。從本部申朝廷。乞重行黜責。從之」とみえる。徒二年の法があるにも拘らず、地方官司は商業が盛んな地（興販去處）の買撲坊場を盛んに取込んで官監とし法律を空文化していたという。その数100余処であった。北宋末期においても厚利の酒坊は官監化されていたことが明らかである。司農寺酒坊銭が零細であった所以である。換言すれば司農寺酒坊の地は一般的には経済力に乏しい小さな町である。

(21)　李華瑞前掲書に台州諸県の酒坊名23と県からの方位・里程が示されている（200〜201頁）。

第二章　熙寧の酒坊

表17　旧税場＝移管又は廃止税場（甲欄）・新設商税場（乙欄）

A	州	1	2	3	4	計
	甲	1	4	1	4	10
	乙	6	1	1	11	19

B	州	1	2	3	4	5	6	7	8	9	計
	甲	1	1	14	0	0	0	0	5	0	21
	乙	5	3	12	6	2	4	1	3	3	39

C	州	1	2	3	4	5	6	7	8	計
	甲	1	0	0	4	0	0	4	0	9
	乙	0	2	1	8	2	3	3	1	20

D	州	1	2	3	4	5	6	7	8	9	計
	甲	2	0	0	14	0	1	1	1	0	12
	乙	3	1	0	0	3	0	1	1	0	9

E	州	1	2	3	4	5	6	7	8	9	計
	甲	1	3	4	0	0	0	0	3	1	12
	乙	2	2	2	1	2	1	0	0	1	11

F	州	1	2	3	4	5	6	7	8								
	甲	2	4	0	1	3	0	1	0								
	乙	6	9	7	0	0	4	0	0								
	州	9	10	11	12	13	14	15	16	計							
	甲	1	5	0	3	4	0	0	0	24							
	乙	1	8	12	3	0	1	0	0	51							

G	州	1	2	3	4	5	6	7	8		
	甲	5	0	8	0	1	0	0	0		
	乙	0	0	0	3	0	1	2	1		
	州	9	10	11	12	13	14	15	16	17	計
	甲	3	0	1	0	0	0	0	0	0	18
	乙	0	0	1	0	0	0	0	0	1	10

H	州	1	2	3	4	5	6	7		
	甲	1	5	2	4	2	0	0		
	乙	7	0	4	15	2	0	0		
	州	8	9	10	11	12	13	14		
	甲	0	0	1	1	0	0	0		
	乙	1	1	1	6	1	5	1		
	州	15	16	17	18	19	20	計		
	甲	0	2	0	0	5	0	23		
	乙	0	0	8	2	1	0	55		

I	州	1	2	3	4	5	6	7	8	9
	甲	1	3	0	—	1	1	0	—	2
	乙	3	2	0	1	1	0	1	5	3
	州	10	11	12	13	14	15	16	17	計
	甲	1	0	—	1	—	0	1	1	12
	乙	5	6	1	2	6	4	3	0	43

J	州	1	2	3	4	5	6	7	8				
	甲	2	2	1	0	0	1	0	0				
	乙	4	3	4	1	0	2	1	1				
	州	9	10	11	12	13	14	15	16				
	甲	0	0	0	0	0	0	0	1				
	乙	1	0	1	0	3	2	3	3				
	州	17	18	19	20	21	22	23	計				
	甲	0	0	0	1	0	0	8					
	乙	0	1	0	1	1	1	1	34				

K	州	1	2	3	4	5	6		
	甲	2	1	0	3	0	0		
	乙	0	2	2	0	0	1		
	州	7	8	9	10	11	12	計	
	甲	1	0	1	0	1	5	14	
	乙	1	0	0	1	0	1	8	

L	州	1	2	3	4	5	6	7	8	9	計
	甲	0	1	0	0	6	1	0	1	1	10
	乙	2	0	0	0	0	1	0	0	0	3

M	州	1	2	3	4	5	6	7	8	
	甲	2	0	0	1	0	1	0	0	
	乙	4	4	3	3	0	2	0	4	
	州	9	10	11	12	13	14	15	計	
	甲	1	0	1	0	0	1	1	8	
	乙	1	0	0	1	0	3	0	25	

N	州	1	2	3	4	5		
	甲	1	1	0	0	5		
	乙	1	2	1	1	3		
	州	6	7	8	9	10	計	
	甲	0	1	1	4	0	13	
	乙	2	0	1	0	0	11	

O	州	1	2	3	4	5		
	甲	0	0	1	4	0		
	乙	2	7	7	0	2		
	州	6	7	8	9	10	計	
	甲	0	0	0	2	0	7	
	乙	0	3	0	0	1	22	

P	州	1	2	3	4	5	6	7	8	計
	甲	0	0	0	0	0	0	1	0	1
	乙	4	5	0	0	7	0	0	9	25

Q	州	1	2	3	4	5	6	7		
	甲	2	2	1	0	1	0	3	5	
	乙	7	1	0	1	0	4	2		
	州	8	9	10	11	12	13	計		
	甲	0	0	—	0	2	0	16		
	乙	1	0	7	1	1	1	26		

R	州	1	2	3	4	5	6	7	8
	甲	12	1	2	3	1	0	5	11
	乙	0	1	1	5	7	2	0	1
	州	9	10	11	12	13	14	15	計
	甲	0	5	0	2	0	1	1	44
	乙	0	0	1	1	0	0	3	22

S	州	1	2	3	4	5	6	7		
	甲	0	1	0	0	0	35	0		
	乙	8	1	0	0	2	0	0		
	州	8	9	10	11	12	13	14	計	
	甲	4	0	0	0	1	0	41		
	乙	1	0	3	0	0	1	0	16	

T	州	1	2	3	4	5	6	7	
	甲	0	0	5	0	1	2	3	
	乙	2	1	1	6	0	0	1	
	州	8	9	10	11	12	13	計	
	甲	0	0	0	5	0	16		
	乙	0	3	0	2	0	0	16	

州欄：州軍番号　甲欄：旧税場で新商税場としてみえない税場。拙著2では廃務とされている　乙欄：新設税場
典拠：拙著2各州軍税務表の廃務欄・新設欄（843～928頁）
注　1　廃された州軍域の旧税場・新設税務を含む
　　2　廃止州軍を含めるため路の旧税場・新設税場の差と路の新旧税場差は必ずしも一致せず

第一編　酒麹専売制と酒銭管轄

表18　移管税場及び廃止税場0の州軍・新設税場0の州軍

	路	州軍番号	計	路	州軍番号	計	路	州軍番号	計
旧税場0州軍	B	4,5,6,7,9	5	K	3,5,6,8,10	5	R	6,9,11,13	4
	C	2,3,5,6	4	L	1,3,4,7	4	S	3,4,6,7,9,11,12,14	8
	D	2,3,5	3	M	2,3,5,7,8,10,12,13	8	T	1,2,4,8,9,10,11	7
	E	4,5,6,7	4	N	3,4,6,10,	4	—		—
	G	2,4,6,7,8,10,12,13 14,15,16	11	P	1,2,3,4,5,6,8	7	—		—
	H	6,7,8,9,12,13,14 15,17,18	10	Q	5,8,9	3	—		—
	I	3,7,11,15	4	—		—	—		—
	J	4,5,7,8,9,10,11,12 13,14,15,17,18,19,20	15	—		—	—		—
	計		63	計		38	計		19
新設0州軍	C	1	1	K	1,4,5,8,9	5	R	1,7,9,10,13,14	6
	D	3,4,6	3	L	2,3,4,5,7,8,9	7	S	3,4,6,7,9,11,12,14	8
	E	7	1	M	5,7,10,11,13	5	T	5,6,8,10	4
	F	4,5,7,8,13,15,16	7	N	7,9,10	3	—		—
	G	1,2,3,5,8,10,12,13 15,16	10	O	4,6,8,9	4	—		—
	H	2,6,7,15,16	5	P	3,4,6,7	4	—		—
	I	3,6	2	Q	3,5,9	3	—		—
	J	5,10,12,17,19	5	—		—	—		—
	計		34	計		31	計		18

典拠：前頁の表17
注　1　移管税場は司農寺坊場になったと仮定した税場
　　2　総計：移管税場及び廃止税場0の州軍120　新設税場0の州軍83

表19　酒不権路の廃止税場・新設税場

V	州軍番号	1	2	3	4	5	6	7	8	計			
	甲	0	1	0	6	2	1	0	0	10			
	乙	3	11	3	8	4	2	4	1	36			
W	州軍番号	1	2	3	4	5	6	7	8				
	甲	0	5	2	0	0	24	2-7	0				
	乙	8	8	1	7	2	2	1-6	3				
	州軍番号	9	10	11	12	13	14	15	16	計			
	甲	0	11	0	3	1	0	廃	廃	48-53			
	乙	2	0	3	0	18	0	—	—	55-60			
X	州軍番号	1	2	3	4	5	6	7	8	9	10		
	甲	2	1	0	4	0	11	0	0	0	2		
	乙	1	6	1	12	1	0	0	2	0	0		
	州軍番号	11	12	13	14	15	16	17	18	19	20		
	甲	10	0-8	0-1	3	2	1	0	1	0	0		
	乙	0	4-12	16-15	2	1	3	5	1	0	1		
	州軍番号	21	22	23	24	25	26	27	28	29	計		
	甲	0	0	0	0	0	0	廃	廃	廃	37-46		
	乙	2	2	0	2	0	0	—	—	—	61-70		
U	州軍番号	1	2	3	4	5	6	7	8	9	10	11	12	13	計
	甲	0	4	0	3	0	4	0	3	1	1	0	—	0	16
	乙	0	2	4	5	3	0	1	2	1	1	0	2	0	21

甲欄：廃止税場（旧税場で新税場としてみえない税場）　乙欄：新設税場数
典拠：拙著2、当該州軍税務表の廃務欄・新設欄、903～916・929～932頁

第二章　熙寧の酒坊

表20　平常の斗米価

両浙路		河東・河北		陝西		京西・京東		東都	
慶暦3年	60-70,77	熙寧2年	70,80	皇祐3年	60,90-120	乾興1年	10	熙寧2年	100
熙寧8年	50	熙寧3年	75-85	熙寧4年	100	天聖6年	10	熙寧6年	85,105,75
元祐4年	60	元豊8年	30	元豊7年	160	慶暦4年	麦50	熙寧7年	100,90 中等粳米85 上等粳米100
元祐5年	70	政和2年	120	元祐2年	200以上	熙寧2年	40	—	—
元祐6年	70以下	—	—	元符2年	300	大観2年	麦112	—	—

典拠：尨登高前掲論文、表2, 3

第一編　酒麹専売制と酒銭管轄

第三章　都市の基準と指標

はじめに

　税財政の統計史料である「商税雑録」・「酒麹雑録」・「塩法五」、及び記述史料に記載されている京・府・州・軍・監・在城・県・鎮・村・その他の呼称は、歴史的用語であるので、基準・指標によりそれらを都市・町に分類しよう。

　古代都市国家をはじめとして都市の基準には種々の基準があるが、極簡単な「都市は人口の集中した地域で、政治、経済、文化の中心になっている大きなまち」(『現代国語例解辞典　第二版』(小学舘都))を用いたい。人々に理解されている分り易い都市概念である。上位概念は都市で、この概念を構成する下位概念を、①人口の集中、②政治の中心、③経済の中心、④文化の中心としている。なお②には当然行政が入っているので、②を「政治行政の中心」とし、また④の文化は唐宋では都市に附随する要素であるので採用しないことにする。まず人口・政治行政・経済の観点から都市・町の基準を設定する。次に経済的指標により「商税雑録」に記載されている都市のうち約1,500を大都市・中都市・小都市に大別し、それぞれを典型都市、及び境界型都市、特例都市に分類する。

第一節　都市の基準

1　大都市・中都市の基準

　その地が全国レベルではなく、地方の各州軍管域内レベルでの大都市であるか否かを決める基準の一つは、政治・司法・民政などを司る機関である京・府・州・軍・監などの政治行政官庁の存在である。またその地が地方の中都市であるか否かを決める基準の一つは、政治・司法・民政などを司る機関である県の政治行政官庁の存在である。政治行政官庁の存在は、都市の概念の一つ、「政治行政の中心」に当てはまる。また州軍・外県などの官庁が置かれた在城・外県郭には、そのエリアの経済・戸口に対応して、三司管轄の商税場務・酒麹務・塩場・塩務などの財務機関が併設された。換言すれば、それらの財務機関はそのエリアが「人口の集中」・「経済の中心」の地であることを示しているのである。

　在城・外県郭は、「人口の集中」・「政治行政の中心」・「経済の中心」の三基準が当てはまる都市である。

第三章　都市の基準と指標

　二～四編各章州軍の冒頭に示している酒統計（「酒麹雑録」）に記載する在城がその地方の大都市で、外県が中都市である。酒統計の分析結果をまとめた各州軍酒務表の州県欄に外県名と州県務数を示している。その数が大都市＋中都市の数である。酒務又は商税務の記載がない外県は各州軍の分析記述において指摘し、県変遷図に×印で示している。五編二章四節の「2　場務不記県」でまとめる。

　また二～四編各章の「おわりに」の表3・表4に新旧両時代の各路の大都市数・中都市数を整理し、五編二章二節の「2　行政都市」で、北部・南部・鉄銭区の四京・19路の大都市・中都市をまとめている。

　なお廃された167県（五編二章796頁表35a・表35b）のうち2県の旧県地（F8莫州郭下県の莫県・J1太原府外県の太原県）は地理表（九域志）に鎮としてもみえない。

2　小都市の基準

　その集落が小都市であるか否かを決める基準の一つを、鎮市における三司管轄の商税務・酒務の併設とする。「商税雑録」・「酒麹雑録」・「塩法五」に記載されている場務・銭額は三司管轄下の場務・銭額である。地方において大都市・中都市と離れた別の地で商業活動が行なわれるので、朝廷はそれを財源の一つとするため商税場務を置き、またその地は人口が多く消費が盛んに行われるので酒務或は塩場を置く。酒販売は国家による生産―販売の経済活動の一つであり、鎮市には「人口の集中」・「経済の中心」の基準が当てはまる。

　次に各州軍の酒統計に記載されている酒務地で〇印（旧商税務あり）が付されている鎮市（酒務・商税務の併設地）が旧務年代の小都市である。また□印（新商税務あり）が付されている鎮市が新務年代の小都市である。両時代の小都市は各州軍の酒務表の併設地及び新税務地欄に地名とその数を示している。

　なお、全地区の小都市は、五編二章二節の「3　小都市」でまとめる。

3　大きな町の基準

　その集落が各州軍域内での地方の大きな町であるか否かを決める基準を、三司が管轄する酒銭の課額がたてられた酒務の存在としておく。既に述べたように三司はなるべく戸口が多く課額の大きな場務を管轄下に置く処置をとっていたので、三司管轄の酒務が置かれた集落を大きな町としたい。酒務地は「人・物繁盛」「戸口倍増」の地であるので、酒務

第一編　酒麹専売制と酒銭管轄

が置かれた集落には「人口の集中」・「経済の中心」の基準が当てはまる。

　酒統計に記載されている酒務地で○・□両印が付されていない鎮市及び△印のみの鎮市が旧務年代の大きな町である。また△印（地理表にみえる地）のみを付す鎮市は新務年代の町でもある。

　○・□・△の何れの印も付されていない鎮市を不明地（「商税雑録」・地理表にみえない鎮市）と呼び、また○印又は□印が付されているが、△印が付されていない鎮市を地理表不記地（地理表にみえない鎮市）とする。不明地・地理表不記地は何れも元豊まで存続したことが確かめられない鎮市であるので、存続地及び新務年代の町数に含めない。

　なお旧務年代・新務年代の町数・小都市数・地理表不記地数は各州軍の酒務表欄外に記し、各路の小都市数・町数は二〜四編各章「おわりに」の表3・表4で整理する。また五編二章三節の「1　酒務の町」で全地区における町をまとめている。

4　小さな町の基準

　坊場の酒額は大きな町より極少額である。坊場の地は大きな町より戸口が少なく小さな町であるが、酒務の設置条件「戸口繁盛」からみて、坊場のない村より比較的多くの戸口が集中していたであろう。小さな町には都市の基礎概念「人口の集中」を適用できよう。

　小さな町は或は三万余とも言われているが、その地名は数十例を除いてほとんどは不明である。地理表の記載鎮市で酒務及び商税務が記載されていない地を小さな町候補地としたい。×印を付した地がこの小さな町候補地で、地理表の欄外にその数を示した。二〜四編各章「おわりに」の表7で路の町候補地を整理し、五編二章三節の「4　坊場・河渡の町」で全区の候補地をまとめている。

5　村の基準

　景祐元年後における集落を村とする基準は、その集落に酒坊が置かれていないことである。一章でみておいたように、景祐までに数度にわたり村酒務（村酒戸）の設置禁止令が出され、最終的には村酒戸を廃した。景祐元年後の酒戸が置かれない集落を村と呼ぶことにする。そうした集落は年間酒消費が10貫未満であった。

　以上の小都市・大きな町・小さな町及び村の四基準はあくまでも原則的なもので、基準からずれる集落が存在したと考えておくべきである。例えば、遠く離れた集落では10貫未

第三章　都市の基準と指標

満でも酒戸が置かれたであろう。また本来は小さな町である集落の酒坊を三司の酒務とした例がみられる（五編、763頁）。

第二節　都市の経済指標

　前近代における代表的な経済活動は農業・商業・手工業であるが、都市における経済活動には運輸・旅館・倉庫業・飲食・その他のサービス業がある。商業活動は生産と消費を結びつけることにより生産と消費を刺激し拡大させて、諸産業を活性化し経済規模を拡大発展させる。商業活動は酒麹務や坊場、或は塩場などが置かれる都市や町の代表的な経済活動である。商税・商業活動に対する次のことを確認しておきたい。
一、商税が連動する各都市における商業活動は、商税課税対象の商品販売及び商品輸送であり、前者の住税税率３％、後者の過税税率２％であるので次の式が成り立つ。
　　　　都市商税額＝住税＋過税　　販売商品総額×0.03＝住税　　輸送商品総額×0.02＝過税
　「商税雑録」の商税額の住税・過税が不明のため、住税０又は過税０とし、商税額から販売及び輸送の各商品総額を計算する。両総額の間の数値が販売商品総額＋輸送商品総額の実際の合計額で、商業活動規模の指標である。合計額の大小は商税額の大小により決まるので、商税額を商業活動規模の指標としてよい（拙著２、(1)～(6)頁参照）。
　　　　例、商税50貫　50÷0.03＝販売商品総額1666　50÷0.02＝輸送商品総額2500　合計額＝1666～2500貫
　　　　　注　①殆どの都市では住税が商税額の大半以上を占め、合計額は販売商品総額に近い数値をとったであろう
　　　　　　　②人が運ぶ課税対象物品にも商税は課せられたが、税額の殆どは商業活動の商税と考えられる
二、「商税雑録」が記載する商税は、全国の都市や町の商税であり、全国の都市エリア・町エリアの商業活動規模をとらえるのに最適の指標である。
　本章末に付す表12税額序列表（以下、序列表）は福建路・廣南東西両路及び鉄銭区４路、計７路を除く比較可能な四京・16路190州軍の各都市・町約1,500をその商税額の大小に基づき並べた表である。四京・19路の新務年代の税務は1,654処であるが、序列表の税務は約150処少ない。これは主として序列表には鉄銭区税務を含めていないことによる。また税額に欠字があるケースや無定額の州軍・税務不記県・商税が脱漏して商税額が比較できない都市は除外している。なお郭下県は在城内の県であるので都市数には含めず、その税額は在城額に入れ、都市として数えないので、序列表では除外されている。
　同表は、各都市の順位・都市記号・税額をセットで示している。都市名・町名は簡略を期して示していないが、都市記号により本書附録「北宋の商業活動―商税統計史料一覧―」（以下、本書附録）で都市・町の名称を確認できる。

第一編　酒麹専売制と酒銭管轄

　次の表 1 a は序列表に基づき全都市・町約1,500の在城額・外県額・鎮市額の商税額を十等にランク付け、各ランクに属する在城数・外県数・鎮市数を示したものである。

　なお、本節及び次節の都市区分では、煩雑を避けるため、小都市と町を分けず、町を小都市に入れている。小都市・町の指標及び格差は後文で取上げる。

表 1 a　都市の経済指標格差

等級	一	二	三	四	五	六	七	八	九	十	合計
基準値	8〜3万貫	2万貫	1万貫	5千貫	4千貫	3千貫	2千貫	1千貫	5百貫	5百貫未満	合計
在城数	25	20	47	51	13	16	9	5	1	3	190
外県数	1	3	19	88	52	76	103	142	63	42	589
鎮市数	0	3	14	19	10	21	57	170	180	252	726
計	26	26	80	158	75	113	169	317	244	297	1505
比率	9%　①132÷1505			34%　②515÷1505				57%　③858÷1505			―
類型	網掛け部分：在城典型			網掛け部分：外県典型				網掛け部分：鎮市典型			―

比率欄①の132：一〜三等計欄数合計　②の515：四〜七等計欄数合計
　　　③の858：八〜十等計欄数合計　①〜③の1505：全都市数（合計欄の総計）
典拠：本章末、序列表
注　1　未定額・無額・今廃・郭下県などを除く
　　2　鉄銭区3路、及び福建路・廣南東西路・夔州路の7路を含まず
　　3　鉄銭区州軍額は鉄銭・銅銭の区別に問題があり除外（五編一章参照）

大都市指標

　三等までが万貫以上で大であり、四等以下は数千貫と小さくなり、八等以下は 2 千貫未満である。等級別に都市数をみると指標万貫以上の一〜三等の都市132と僅かで全体の一割弱に過ぎない。指標数千貫の四〜七等の都市515で全体の三割と多く、指標 2 千貫未満の都市858で最多であり全体の六割弱を占める（表 1 a 比率欄）。

　表 1 a の在城の多くは網掛の 1 万貫以上で一〜三等に分布する。万貫以上の在城92は全在城190の約五割である。一〜三等の在城の商業活動規模は大で、多くの外県よりはるかに高額であるので、在城はその地方における大都市である。商業活動指標 1 万貫以上の都市を以て大都市の典型とするのが適切であり、地方における大都市としての条件の一つを商業活動指標 1 万貫以上としておこう。

中都市指標

　主として外県は表の網掛の 1 万貫未満〜 2 千貫以上の四〜七等に分布している。ここに319県が集中し、全県589の五割強をしめる。外県における商業活動規模指標は数千貫が最も一般的である。在城をその地方における大都市とするので、外県は中都市として位置づけられる。商業活動指標数千貫の都市を以て中都市の典型とするのが適切である。地方に

おける中都市としての条件の一つを商業活動指標数千貫としておく。

小都市指標

　鎮市（小都市・大きな町）における商業活動は在城・外県にはるかに及ばず低レベルで、主として八〜十等に分布する。低レベルであるので、鎮市は地方における小都市・大きな町である。八〜十等に網掛の鎮市約600が集中し、全鎮市726の八割をしめる。したがって、鎮市においては、千貫台から数百貫の商業活動指標が最も一般的である。商業活動指標2千貫未満の都市を小都市・大きな町の典型とするのが適切である。各州軍内の小都市・町としての条件の一つを商業活動指標2千貫未満としておく。

　以上の商業活動指標の商税額の大小によれば、地方における都市は大都市・中都市・小都市（大きな町を含む）に大別され、それらの指標間には大きな格差があり、且つ都市数にも大差がある。

　次に表1bは都市の指標等級・税額に基づき、都市を典型、及び各典型から外れた境界型・特例に分け、その数・比率を示したものである。

　典型は1,013で全体の67％、境界型269で18％、特例223で15％である（各型の計欄）。境界型・特例は当然の事ながら、少なくそれぞれ全体の二割弱である。

　先に都市概念を導入して在城を大都市、外県を中都市、鎮市を小都市としたが、それらは商業活動からみると斉一的ではなく、多様でそれぞれ典型・境界型・特例に分類され、また小都市から町が区別されるので、都合10タイプに分けられる。

　表の境界型Aは大都市と中都市、境界型Bは中都市と小都市の境界型である。境界型Aの在城は経済的には県に近いが、行政上の事情で州又は軍・監としている例である。また境界型Aの県は経済的には州軍に近いが県にされている例である。

　両税徴収・その輸送・司法をはじめとした諸行政的見地から州県を置くが、その地理的位置が適切か否かも判断基準にされる。また県を州にすると州行政官・衙前を置かねばならず、財政的経費が生じるため、経済発展の外県郭を州郭に昇格させる例は極少なく、景祐〜熙寧間には無い。その間の新設州軍5であるが、敵占領地の奪回（I8・I24・Q10）、軍事目的（I14・I15）による設置である。因みに旧務年代以降に廃された州軍14であるが、後に再設されたのは6州軍に過ぎず（795頁表34a欄外）、州軍建置は抑えられていた。

　境界型Bの県は経済的には小都市に近いが、行政上の都合で県とされている都市である。境界型Bの鎮市は経済的には県に近いが行政上の都合で鎮市とされている都市である。廃県（降格167例）及び鎮の県への昇格（74例）は少なくない（796・797頁表35a〜e）。それらは二〜四編の県変遷図で示している。

第一編　酒麹専売制と酒銭管轄

表1b　都市類型

典型都市	等級	都市数	比率1	税額	全都市数
在城典型	一～三等	92処	48%	9万未満～1万	全在城190処
外県典型	四～七等	319処	54%	1万未満～2千	全外県589処
鎮市典型	八～十等	602処	83%	2千未満～1	全鎮市726処
計		1,013処	67%	―	総計1,504処

境界型	等級	都市数	比率2	税額	全都市数
A	四等在城	51処	27%	1万未満～五千	全在城190処
A	三等外県	19処	3%	2万未満～1万	全外県589処
B	八等外県	142処	24%	3千未満～1千	全外県589処
B	七等鎮市	57処	8%	3千未満～2千	全鎮市726処
計		269処	18%	―	総計1,504処

特例都市	等級	都市数	比率3	税額	全都市数
在城	五～十等	47処	25%	5千未満～10	全在城190処
外県	一～二等	4処	1%	8万～1万	全外県589処
外県	八～十等	105処	18%	2千貫未満～1	全外県589処
鎮市	二～六等	67処	9%	3万未満～3千	全鎮市726処
計		223処	15%	―	総計1,505処

典型都市　比率1：各典型の都市数÷各典型の都市数
　　　　　　　　例、在城典型の比率48%＝92÷全在城190
境界型都市　比率2：境界型A・Bの都市数÷都市数
　　　　　　　　例、A型四等の在城の比率27%＝在城51÷全在城190
　　　　　　　　　　A型三等の外県の比率3%＝外県19÷全外県589
　　　　　　　　　　B型七等の鎮市の比率8%＝鎮市57÷全鎮市726
特例都市　比率3：都市数÷全都市数
　　　　　　　　例、在城の比率25%＝47処÷全在城190
各型の計欄　比率：都市数÷総計
　　　　　　　　例、典型計欄67%＝1,013÷1,504
税額単位：貫
典拠：表1a及び序列表

　典型・境界型を外れる都市、即ち特例は特殊な事情をもつ都市である。一例をあげると、Q10沅州は熙寧七年に奪回した地に新設された州で、少数民族地区に置かれ、軍事・交通・運輸の機能を有する機関である鋪が多く置かれている。また酒は無定額とされ、商税は州であるが僅か10貫で、順位は1504処中の1489番である。特例の都市は個別に研究する必要がある都市であり、今後の研究に俟ちたい。

町の指標

　先に示した基準により税務・酒務の併設地を小都市とすると、北部・南部・鉄銭区で小都市は352処である[1]。序列表に基づく表1aによれば鎮市1千貫以上は294（特例を含む）処であり、56処少ない。これは主として序列表には鉄銭区が含められていないことによる。鉄銭区の酒税併設の小都市40処を除くと小都市は312処で表1aの商業活動指標1千貫以

上の鎮市294処とほぼ同じになる。小都市の商業活動指標は１千貫以上としておこう。

　三司管轄の大きな町は529処[2]、表１ａの千貫未満鎮市432処で約100処少ない。鉄銭区に小さな町に入れるべき大きな町が多いためである（五編763頁「１　酒務の町」）。

　宋会要食貨54—3・天聖四年正月の条に次の如くみえる。

　　三司言。近勅逐路轉運司相度轄州軍外鎮・道店商税場務課利年額不及千貫至五百貫以下處。許依陝西轉運司擘畫體例施行。具有無妨礙詣實事狀申奏。云々。

　　　三司言う、近く逐路轉運司に勅して相度せしむるに、轄せる州軍の外鎮・道店の商税場務課利の年額千貫に及ばず、五百貫以下に至るの處は、陝西轉運司擘畫せる體例に依り施行するを許さん。妨礙の有無・實事を詣せるの狀を具して申奏せよ。云々。

旧務年代の景祐より８年前の仁宗天聖四年に、陝西路をはじめとした諸路に年額が千貫未満で５百貫以下になる鎮や道店の商税場があった。この三司の言の後文[3]に挙げられている路は、河東路・河北路・廣南西路・荊湖南路・荊湖北路・江南東路・江南西路・兩浙路・梓州路・利州路・夔州路などである。南北銅銭区・鉄銭区にわたる広範囲に商税額千貫未満の鎮や道店の商税場が存在していた。これらは表１ａ鎮市欄の九等～十等の432処に該当する大きな町の税場である。

　序列表の九～十等の記号にＳの字が含まれているものが多いが、それらは鎮と記載されているものである（鎮以外は記号にＴの字が入いる）。「商税雑録」に「鎮」と記されていても、商業活動指標が１千貫未満であれば、本書では町になる。また表１ａの八等の１千貫以上の鎮市にＴの字が入っているものは、本書の基準ではそれらは小都市である。

第三節　小都市・町の格差

　次に先にあげたが長編巻三一一・元豊四年三月四日辛卯の条に「權發遣度支副使公事蹇周輔奏す、聞くに、江南西路人、淨利を納め鹽場を買撲す、と。鹽は民食に繫るに縁り、坊場とは同じからず。今、県の大小・戸口の多寡を量りて年額を立て、官自から出賣せん。云々」とみえ、元豊四年現在において塩場設置区の江南西路では塩場買撲も行なわれていたので、これを官売場務にきりかえた。この奏で注目したいのは、塩場設立の基準は、県の大小・戸口の多寡を基準としていることである[4]。

　塩の消費量は大まかにはそのエリアの人口の多少に左右されるので、小都市と町の格差は塩消費量に現われる。ここでは小都市と町の格差を塩販売機関である塩場の設置率からみておく。

第一編　酒麹専売制と酒銭管轄

　熙寧十年ころの権塩は周知のように大別すると通商法（売塩場不設）と官売法（売塩場設置）により行なわれ、通商法は国が塩商に塩を卸し、塩商が消費者に小売するが、塩場を設置する官売法では国が消費者に塩を塩場から直接小売する（通商・官売の何れも詳細にみれば種々の方法が取られた。島居一康書、5～9章）。この官売法は主として銅銭区の南部9路に適用され、銅銭区北部には一部の州軍を除き通商法が適用された。塩場設置州軍のうち、宋会要食貨22・23「塩法五」にみえる南部7路州軍（福建・廣南東西を含めず）及び北部3路（永興軍・秦鳳・河東）州軍の鎮市における塩場の有無を本章末の表11a塩場設置区鎮市場務表（以下、場務表）に示している[5]。同表では商税場・酒務の有無も合わせ示した。「酒麹雑録」・「商税雑録」及び「塩法五」を総合した表である。

　この場務表に基づく次の表2よれば、塩場設置区の三司管轄の商税場務・酒務が併設されている小都市180で、その塩場設置率は90％である（計欄）。甚だ多くの小都市に三司管轄の塩場が設置されていた。また同表に示しているように、南部の設置率87％、北部の設置率は97％で、傾向をほぼ同じくする。

表2　小都市の塩場設置率（新務年代）

地区	路	州軍	小都市	塩場	設置率
南部	7	42	119	103	87％
北部	3	17	61	59	97％
計	10	59	180	162	90％

設置率：塩場÷小都市
州軍：小都市・塩場を記載する州軍
小都市：表11cの税塩酒併記地①の○○○印の鎮市と税
　　　　塩併記地③の○×○印の市鎮
典拠：本章末の表11b・c

表3　町の塩場（新務年代）

地区	路	州軍	町	塩場	設置率
南部	7	52	58	11	19％
北部	3	17	29	3	10％
計	10	69	87	14	16％

町87：表11c（⑥の×○×73処＋④の×○○14処）
塩場14：表11c④の×○○14処
設置率：塩場÷町
南部の設置率19％＝11÷58，北部10％＝3÷29
計欄16％＝14÷87
典拠：本章末の表11b・c

　次に酒務が置かれているが、三司管轄の商税場が記されていない新務年代の町は、場務表に基づく表3によれば南部58・北部29、計87処で、それらの町に置かれた塩場14であるので[6]、町における塩場設置率は16％である。

　小都市における塩場設置率は全体では90％で、小都市の塩場設置率は町における設置率16％に比して甚だ高率である。小都市エリアと町エリアとの人口格差は大であった。

第四節　大きな町に準ずる町

　章末表11aの塩場設置区場務表に示している①○○○印・②○○×印・③○×○印・④○××印の鎮市には税場が置かれている。税場が置かれた地（鎮市）を税場地と呼ぶこと

第三章　都市の基準と指標

にすると、①は税場地に酒務・塩場があり、②は税場地に酒務が置かれ、③は税場地に塩場が置かれ、⑤は併設場務がなく税場のみのが記載されている税場単記地である。

次の表4によれば税場地は全330処である。そのうち⑤の税場単記型鎮市は46処で14％に過ぎないが（計欄・率欄）、併設型鎮市は284処で86％をしめる（表4、注）。ほとんどの税場地に酒務・塩場が併設されていた。

塩は朝夕に消費される物資であるので、塩を売る塩場は当然戸口を抱える町や都市に置かれる。商税場のある鎮市330の塩場266であり、その設置率81％であるので（表4注）、商税場は多くの戸口を有する集落に置かれるのが普通であることがわかる。81％の設置率から推して塩場が記載されていない税場単記型鎮市46（14％）には司農寺管轄の酒坊や塩場が置かれていたと考えてよいであろう。

商税は流通している多くの指定商品に課税されるので、税場が置かれている地は、人戸が集落をなし、商業活動が行なわれ、一般的に塩や酒も売られている町や都市である。

通商法が適用された銅銭区北部州軍及び鉄銭区州軍にも、二〜四編（各章「おわりに」表6）で明らかにするが、酒務が記載されていない税場単記鎮市が多くみられる。塩場設置区の南北98州軍の税場地例からからみて、塩場不設州軍の税場単記鎮市にも司農寺管轄の酒坊が置かれていたと解するのが自然である。本書では四京・19路の諸州軍における税場単記鎮市を大きな町に準ずる町としておく。全地区で334処である（五編二章・表10、767頁）。

大きな町に準ずる町の基準は三司管轄税場の存在で、地方における「人口の集中」・「経済の中心」の基準が当てはまる。五編二章三節「2　税場の町」で全地区の大きな町に準ずる町をまとめている。

表4　税場地の酒務・塩場

地区	路	州軍数	①○○○	②○○×	③○×○	⑤○××	合計
南部	7	46	103	16	45	38	202
北部	3	13	59	2	59	8	128
計	10	59	162	18	104	46	330
率	—	—	49％	5％	32％	14％	—

率：計欄数÷330　例、①の49％＝162÷330
①○○○の地：税酒塩の3場を併記
②○○×の地：税場・酒務併記、塩場不記
③○×○の地：税場記載、酒務不記、塩場併記
⑤○××の地：税場記載、酒務・塩場共に不記
典拠：表11b
注　1　税場地330＝合計欄、塩場266＝①の162処＋③の104処
　　2　塩場設置率81％＝266÷330
　　3　併設地284＝①の162処＋②の18処＋③の104処（計欄）
　　4　併設地率86％＝284÷330

第一編　酒麹専売制と酒銭管轄

おわりに

　商業活動指標の全国的水準によれば、大都市・中都市・小都市はそれぞれ典型・境界型・特例に区分され、典型が最も多く、境界型・特例が約一割五分～二割存在する。これらの境界型・特例の存在から分るように在城・外県・鎮市は各々多様である。この全国水準からみた都市区分は、地方別の都市の区分とは相違する可能性が考えられるので、各州軍内において商税額が在城より大である高額県、鎮市が外県より高額である高額鎮市をみておこう。なお「商税雑録」に記載されている熙寧十年の各地区の在城・外県・鎮市は表5の如くである[7]。

　表6aは「商税雑録」の四京・19路の熙寧十年の高額鎮市236の内訳である。北部に多く167処で、南部はその半数にも満たず62処である。鉄銭区は極端に少なく7処に過ぎない。

表5　新務年代全国商税場務

	地区	在城	外県	鎮市	計
四京十九路	北部	120	348	537	1,005
	南部	70	219	201	490
	鉄銭区	39	83	37	159
	計	229	650	775	1,654
―	備考	61	96	237	394
―	総計	390	946	1,012	2,048

備考：夔州路＋福建路＋廣南東西路
典拠：本章注（7）表8

　先ず鎮市額が所属州軍内の最少額県より高額の鎮市173例で（表6a各地区の上段）、鎮市775の22％・外県650の27％である。またどの外県額よりも高額な鎮市43例（表6a各地区の中段）で[8]、全鎮市の6％・外県の7％である。在城より高額の鎮市18例（表6a各地区の下段）で、全鎮市の2％・在城226の8％に過ぎない[9]。高額鎮市合計は236で一見多いようであるが、四京・19路の在城・外県・鎮市の全商税場務は1,654処であるので（表5、計欄）、その14％（表6b）、即ち約一割に過ぎない。全国的水準での比較（前掲表1b）の特例と同様に高額鎮市は地方比較においても極僅かである。

表6a　「商税雑録」新務年代高額鎮市（総計236）

地区	段	A	B	C	D	E	F	G	H	I	J	計
北部	上	20	4	9	4	9	8	12	40	10	15	131
	中	0	7	2	1	0	2	1	7	6	0	26
	下	0	4	0	0	1	2	0	0	2	1	10
	計	20	15	11	5	10	12	13	47	18	16	167

地区	段	K	L	M	N	O	P	Q	計
南部	上	5	2	16	1	5	2	7	38
	中	2	1	1	0	3	3	3	13
	下	3	2	0	1	0	0	5	11
	計	10	5	17	2	8	5	15	62

地区	段	R	S	T	計
鉄銭区	上	3	0	1	4
	中	0	2	1	3
	下	0	0	0	0
	計	3	2	2	7

上段：当該州軍内最少額県額＜鎮市額
中段：当該州軍内最高額県＜鎮市額
下段：当該在城額＜鎮市額
典拠：拙著2、各州軍商税統計表熙寧十年額
　　　（本書附録参照）

注　1　上段・中段・下段の鎮市は重ならない
　　2　中段・下段の鎮市名は後掲表9・10参照（上段の鎮市数は多いので、鎮市名・記号を省略）

第三章　都市の基準と指標

表6b　商税高額鎮市総合

	上段	中段	下段	合計	率1	全務
北部	131	26	10	167	10%	
南部	38	13	11	62	4%	
鉄銭区	4	3	0	7	0.4%	1,654
計	173	42	21	236	15	
率2	10%	3%	1%	14%	—	

全務：在城務＋県務＋鎮市務（表5計欄参照）
率1：合計÷全務　率2：計÷全務
典拠：表6a　全務：表5

表7　商税高額県（14例）

県	B8R3 高苑	F2R3 鹽山	F2R4 無棣	G6R1 黎陽	I6R1 栗亭	I7R2 固鎮	I8R2 大潭	J16R2 遼山	L1R4 六安	L6R1 定遠	L7R1 固始	N4R4 湖口	N8R2 蕪湖	Q10R1 麻陽
外県額	26526	37438	17280	6462	5234	24816	1572	4264	18500	8984	9200	19837	13220	20
在城額	6758	10475	10475	5718	2500	10836	1005	3730	17550	8264	4925	15362	3739	10

単位：貫
典拠：当該州軍商税統計（本書附録）

　次に表7によれば在城額より高額の県14で在城229の6％、全外県650の2％にとどまる。全国的水準比較、州軍内比較の結果はほぼ同じであり、高額鎮市・高額県は共に特例に属することを示している。

　なお、人口の多少を示す食塩消費量の指標は塩場設置区の都市・町に置かれた塩場銭額である。南部7路において在城額より高額の県は僅か7州にみられ（全州軍71の10％）、9県（全県242の4％）に過ぎない（K8-全椒, K10-海門, L9-廬江, M2-剡・諸暨, M5-安吉, O8-南康・上猶, Q3-景陵、「塩法五」）。塩額からみても地方における大都市は在城で、外県は中都市である。

　以上の種々の角度からの検証によれば、在城＞外県＞鎮市が一般的であり、この原則から外れた在城・外県・鎮市は甚だ少なく特例である。地方における大都市は在城であり、中都市は外県で、その下に小都市があり、酒務が置かれた大きな町や、商税務のみが置かれた大きな町に準ずる町がある。

　それらは広大な国域に点在し、その間隙を埋めて本編二章でみた2万7千余の小さな町が年酒消費10貫未満の村々の中に布置され、宋人の酒の需要に応えていたのである。

第一編　酒麴専売制と酒銭管轄

注

(1)　五編二章、761頁表 6b。
(2)　五編二章、765頁表 9b。
(3)　後文は次の如くである。
　　　　具有無妨礙詣實事狀申奏。內河東路轉運司相度別無妨礙。廣南西・荊湖南北・梓州・江南東西・河北・兩浙路轉運司相度到事理。除乞依舊施行外。有利州・夔州路轉運司相度到。轄下州軍管界鎮務・道店商稅場務課利。年額不及千貫至五百貫已下處。許人認定年額買撲。更不差官監管。別無妨礙。省司看詳。欲依逐路轉運司所陳事理施行。從之。
　　　　妨礙の有無・實事を詣せる狀を具して申奏せよ。その内、河東路轉運司相度するに別に妨礙無し。廣南西・荊湖南北・梓州・江南東西・河北・兩浙路轉運司事理を相度し舊に依り施行せんことを乞うを除くの外、利州・夔州路轉運司相度したる有り。轄下の州軍管界の鎮務・道店の商稅場務課利、年額千貫に及ばず五百貫已下に至るの處は、人に年額を認定して買撲するを許し、更に官監を差して管せざるも、別に妨礙無し。省司看詳す。欲はくば逐路轉運司の陳べる所の事理に依り施行せんと。之に從う。
　　　　旧制は監官を派遣する制であろう。新制度では千貫未満の商税場務を官監場務とせず、買撲場務としている。対象としているのは本書が町とする集落の税務である。なお京東路・京西路・成都府路・福建路・廣南東路の処置はみえない。
(4)　拙著「北宋の郭中官売制と塩銭制」(『産業経済研究』26-4)の「量口賦塩」11〜15頁。
(5)　本章末の表11a塩場設置区鎮市場務の税場記号に S 又は T の字が入っているものが鎮市である。
(6)　塩場が置かれた町は次の14例である。
　　　K3S8通海鎮。K3S9桐虛鎮。L5S8石井鎮。L5S9長風沙鎮。L6S4長樂鎮。M1T8湯村場。M8T3橫林場。O2T4雩都県銀場。P2S4新城鎮。Q1S11灣陽鎮。H4T14龍安寨。H11S9平戎鎮。I13T10三川寨。J10T2忻口寨。(注、×○○の Q2S1漢川・Q2S2下漢鎮は旧務年代の漢陽軍酒務、例に入れず)
(7)　「商税雑録」熙寧十年諸路の在城・外県・鎮市数

表8　諸路新商税場務 (1,005＋490＋159＝1,654)

路		A	B	C	D	E	F	G	H	I	J	計
北部	在城	4	9	7	8	7	16	16	18	15	20	120
	外県	48	28	27	19	29	25	39	58	25	50	348
	鎮市	53	56	29	11	30	100	43	90	73	52	537
	計	105	93	63	38	66	141	98	166	113	122	1005

路		K	L	M	N	O	P	Q	計
南部	在城	9	9	14	10	10	8	10	70
	外県	22	23	58	36	36	19	25	219
	鎮市	33	36	50	20	13	17	32	201
	計	64	68	122	66	59	44	67	490

路		R	S	T	計
鉄銭区	在城	14	14	11	39
	外県	35	21	27	83
	鎮市	24	4	9	37
	計	73	39	47	159

路		U	V	W	X	計
備考	在城	13	8	14	26	61
	外県	15	36	24	21	96
	鎮市	15	51	87	84	237
	計	43	95	125	131	394

典拠：拙著2、二〜三編各章「おわりに」総合表3 (本書附録に同じ)
注　本章末の表12税額序列表は税額比較不可の場務を除くので、同表の北部・南部の税務数はこの表と一致しない

第三章　都市の基準と指標

(8) 新務年代における当該州軍の外県で最高額の県より高額の鎮市。

表9　鎮市税額＞外県最高税額（43例）

鎮市		銭額	県額	鎮市		銭額	県額
B1T1	文家港	17088	5380	I10T2	綏寧寨	597	〃
B1T2	南鹽務	8544	〃	I10T5	平安寨	1260	〃
B2S2	信陽	10576	6474	I11T1	盧布津場	4066	1228
B2T1	濤洛場	19211	〃	I11S5	利亭	1915	〃
B3T2	摽竿口	11567	6615	K3S4	零壁	2156	2042
B4S5	王相公庄	7538	4439	K7T1	河南務	3216	1054
B9S3	魚溝	3071	2746	K7S1	青陽	1532	〃
C4S10	傅家岸	22467	6596	L4T2	東關寨	3312	3140
C6S1	黄隊	4809	2683	M14S1	青龍	15879	10618
D2S5	方城	7860	5051	O2T1	磁窰務	2887	1014
F4S3	束城	1636	1407	O2T2	江東務	1643	〃
F5S5	劉家	4244	3334	O2T3	西江務	1966	〃
G5S1	武徳	1907	1808	P5T2	浦溪坑	3497	1129
H4T1	綏徳城	712	685	P8T5	大富坑	252	10
H4T2	青澗城	2350	〃	P8T8	水頭坑	64	〃
H11S2	業樂	922	860	Q1S10		5694	4166
H11S5	華池	1460	〃	Q6T1	陵江場	1547	407
H11S8	景山	1188	〃	Q10T1	黔江城	274	20
H15S1	昇平	539	358	S8S1	綿水場	1080	50
H15S2	北拓	514	〃	S12S1	古城	2338	651
I10S1	新城	1258	551	T3T2	牛羊場	3111	1398
I10T1	開邊寨	1499	—			—	—

鎮市：所属州の県で最高額の県より高額の鎮市　　県額：所属州の県で最高の県額
典拠：本書附録

(9) 新務年代における当該州軍の在城額より高額の鎮市。

表10　鎮市税額＞在城税額（18例）

鎮市	B6S2 海倉	B6T2 陳村	B7T1 園底	B8S3 趙嵓口	E5S4 正陽	F11S3 丁字河	F11S5 寧海	I8S3 白石	I14T1 水洛城	J13T1 乳浪寨	L3S2 蘄口	L5S5 永安	N5S1 施渚	Q1T3 沙市務	Q10T1 黔江城	Q10T2 安仁寨	Q10T4 朝安鋪	Q10T5 洪江鋪
鎮市額	12921	7338	14060	28389	4094	18119	12073	1323	5059	9000	26540	7927	13386	9801	274	18	20	13
州額	6241	6241	13978	6758	3916	8877	8877	1005	3728	3992	21141	3038	3076	8468	10	10	10	10

典拠：本書附録

第一編　酒麹専売制と酒銭管轄

表11a　塩場設置区鎮市場務表（税場・酒務・塩場）
　　　　記号：所属路・所属州軍を示すために付す（本編一章、31頁記号表参照）
　　　　税：商税場務　酒：酒務　塩：塩場　○印：場務設置　×印：場務不記
　　　　典拠：商税場は本書附録　　塩場は「塩法五」　　酒務は二～三編当該州軍酒務統計
　　　　注　①鎮市記号：商税場務の記号を基本にし、これに塩場・酒務の記号を追加。塩場単記・酒務単記
　　　　　　の鎮市の記号は本場務表にのみに使用。本書附録及び後掲の序列表には見えない。
　　　　　②削除酒務2、泗州K7T1河南務（県郭内に所在）及び蘄州L3T3蘄口都塩倉（蘄口鎮郭内に所在）
　　　　　③零賣場・零鹽場が5例、金場1例が見られる。鎮市に置かれたとしておき、後考に俟ちたい。
　　　　　④旧務年代酒務＝新務年代酒務であるので、廃州軍の旧務年代の酒務は本表では移管先の州軍に
　　　　　　示し○印を付す。それらは移管先州軍の地理表にみえる。

×○×：酒務単記鎮市（73処）

地名	記号	税	酒	塩	地名	記号	税	酒	塩	地名	記号	税	酒	塩
					巣村	M8T4	×	○	×	社家	H17T10	×	○	×
石梁	K1S7	×	○	×	柳市	M9S3	×	○	×	掌保	H17T11	×	○	×
宣陵	K1S8	×	○	×	九龍	M11S1	×	○	×	于㙇	H17T12	×	○	×
大儀	K1S9	×	○	×	利山	M11S2	×	○	×	佛堂	H17T13	×	○	×
板橋	K1S10	×	○	×	大盈	M14S4	×	○	×	谷小	H17T14	×	○	×
北阿	K1S11	×	○	×	徐沙	M14S5	×	○	×	赤勲	H17T15	×	○	×
北神	K4S5	×	○	×	石門	M14T3	×	○	×	啓樓	H17T16	×	○	×
三十里	K7T1	×	○	×	牛進	M14T4	×	○	×	土侯	H17T17	×	○	×
水口	K8T1	×	○	×	上海	M14T5	×	○	×	谷榆	H17T18	×	○	×
六丈	K8T2	×	○	×	趙屯	M14T6	×	○	×	搆店	H17T19	×	○	×
石港	K10T1	×	○	×	柳口	M14T7	×	○	×	高家	H17T20	×	○	×
郭界歩	L1S7	×	○	×	嵩子	M14T8	×	○	×	盤蚯	H17T21	×	○	×
隠賢	L1S8	×	○	×	廣成	M14T9	×	○	×	曲抜	H17T22	×	○	×
成家歩	L1S9	×	○	×	州銭	M14T10	×	○	×	劉家	H17T23	×	○	×
南廬	L1S10	×	○	×	漢盤	M14T11	×	○	×	賈家	H17T24	×	○	×
史源	L1S11	×	○	×	興利場	N6T1	×	○	×	姚家	I9T7	×	○	×
謝歩	L1S12	×	○	×	永平監	N6T2	×	○	×	麻家	I9T8	×	○	×
羅場	L9S5	×	○	×	義豐監	O2T5	×	○	×	酒務	I9T9	×	○	×
襄安	L9S6	×	○	×	寶積場	O2T6	×	○	×	草川	I9T10	×	○	×
武亭	L9S7	×	○	×	銀場	O2T7	×	○	×	截原	I10T11	×	○	×
礬山	L9S8	×	○	×	沙峒	Q1T5	×	○	×	羅使	I10T12	×	○	×
臨浦	M2S7	×	○	×	泉	Q1S12	×	○	×	新城	J15T1	×	○	×
李溪	M6S2	×	○	×	趙塘	Q4S1	×	○	×	城西	J15T2	×	○	×
小溪	M7S1	×	○	×	石胡務	H4T18	×	○	×	水谷	J19S1	×	○	×
望亭	M8S7	×	○	×	司川鎮	H11S8	×	○	×					

○○○：税酒塩3場務併記鎮市　　○○×：税酒併記鎮市　　○×○：税塩併記鎮市
○××：税場単記鎮市　　　　　××○：塩場単記鎮市　　×○○：酒塩併記鎮市

地名	記号	税	酒	塩	地名	記号	税	酒	塩	地名	記号	税	酒	塩
					臨澤鎮	K1S5	○	×	○	蒙館鎮	K2S3	○	○	○
瓜洲鎮	K1S1	○	○	○	樊良鎮	K1S6	○	×	○	鸞陽鎮	K2S4	○	○	○
邵伯鎮	K1S2	○	○	○	龍舟堰	K1T1	×	×	○	保安鎮	K2S5	○	○	○
銅城鎮	K1S3	○	○	○	谷陽鎮	K2S1	○	○	○	藥墻務	K2T1	○	×	×
三塾鎮	K1S4	○	○	○	郫城鎮	K2S2	○	○	○	柳子鎮	K3S1	○	○	○

— 86 —

第三章　都市の基準と指標

名称	符号	1	2	3	名称	符号	1	2	3	名称	符号	1	2	3
蘄澤鎮	K3S2	○	○	○	孔城鎮	L5S4	○	○	○	慶安鎮	M3S2	○	○	○
靜安鎮	K3S3	○	○	○	永安鎮	L5S5	○	○	○	木瀆鎮	M3S3	○	○	○
零壁鎮	K3S4	○	○	○	石溪鎮	L5S6	○	○	○	梅里鎮	M3S4	○	×	○
荊山鎮	K3S5	○	○	○	皖口鎮	L5S7	○	○	○	零賣場	M3T1	×	×	○
新馬鎮	K3S6	○	○	○	石井鎮	L5S8	×	○	○	江灣場	M3T2	○	×	○
西故鎮	K3S7	○	○	○	長風沙鎮	L5S9	×	○	○	丹徒場	M4S1	×	○	○
通海鎮	K3S8	×	○	○	荻歩鎮	L5S10	×	×	○	延陵鎮	M4S2	○	○	○
桐墟鎮	K3S9	×	○	○	楊溪務	L5T1	○	○	×	丁角鎮	M4S3	○	○	○
太平鎮	K4S1	×	×	○	藕塘鎮	L6S1	○	○	○	大港鎮	M4S4	○	○	○
金城鎮	K4S2	×	×	○	永安鎮	L6S2	○	○	○	呂城堰鎮	M4S5	○	○	○
洪澤鎮	K4S3	×	×	○	蘆塘鎮	L6S3	×	×	○	施渚鎮	M5S1	○	○	○
瀆頭鎮	K4S4	×	×	○	長樂鎮	L6S4	○	○	○	四安鎮	M5S2	○	○	○
黃浦	K4T1	○	○	○	淮東鎮	L6S5	×	×	○	梅溪鎮	M5S3	○	×	×
臨洪鎮	K5S1	○	○	○	商城鎮	L7S1	○	○	○	烏墩鎮	M5S4	○	○	○
柴墟鎮	K6S1	○	○	○	朱阜鎮	L7S2	○	○	○	新市鎮	M5S5	○	×	○
陵亭鎮	K6S2	○	○	○	子安鎮	L7S3	○	×	○	青墩場	M5T1	×	×	○
西溪鎮	K6S3	○	○	○	故縣鎮	L8S1	○	○	×	孝順鎮	M6S1	○	○	○
海安鎮	K6S4	×	○	○	久長鎮	L8S2	○	○	×	開化場	M6T1	×	×	×
海波務	K6T1	○	×	×	團風鎮	L8S3	○	○	×	奔牛鎮	M8S1	○	○	○
青陽鎮	K7S1	○	○	○	陽邏鎮	L8S4	○	○	○	青城鎮	M8S2	○	○	○
徐城鎮	K7S2	○	○	○	岐亭鎮	L8S5	○	○	○	張渚鎮	M8S3	○	○	○
木場鎮	K7S3	○	○	○	糝潭鎮	L9S1	○	○	○	湖洑鎮	M8S4	○	○	○
平源鎮	K7S4	○	×	○	柘皐務	L9S2	○	×	○	萬歲鎮	M8S5	○	○	○
白塔鎮	K8S1	○	○	○	崑山鎮	L9S3	○	○	○	利城鎮	M8S6	○	○	○
宣化鎮	K9S1	○	○	○	石牌鎮	L9S4	○	○	○	岑村場	M8T1	○	○	×
瓜歩鎮	K9S2	○	○	○	零鹽場	L9S5	×	○	○	羅村場	M8T2	○	×	○
崇明鎮	K10S1	○	○	○	范浦鎮	M1S1	○	×	○	橫林場	M8T3	○	○	○
麻歩鎮	L1S1	○	○	○	江漲橋鎮	M1S2	○	×	○	永安鎮	M9S1	○	○	○
霍山鎮	L1S2	○	○	×	外縣場鎮	M1S3	○	×	○	前倉鎮	M9S2	○	○	○
開順口鎮	L1S3	○	○	○	南新鎮	M1S4	○	○	○	縣渚鎮	M10S1	○	○	○
來遠鎮	L1S4	○	○	○	浙江場	M1T1	○	×	×	港頭鎮	M10S2	○	○	○
攧澗鎮	L1S5	○	×	○	龍山場	M1T2	○	×	○	渚路橋務	M10T1	○	○	○
霍邱鎮	L1S6	×	○	○	垍坎場	M1T3	○	×	×	零賣場	M10T2	○	○	○
青陽鎮	L2S1	○	○	○	曹橋場	M1T4	○	○	○	白革湖鎮	M12S1	○	○	○
九井鎮	L2S2	○	○	○	臨平場	M1T5	×	×	○	禮賓鎮	M12S2	○	○	○
石橋鎮	L3S1	○	○	○	長安場	M1T6	×	×	○	南銀場	M12T1	○	○	○
蘄口鎮	L3S2	○	○	○	浣坎場	M1T7	×	×	○	安仁場	M12T2	○	○	○
王祺鎮	L3S3	○	○	○	湯村場	M1T8	×	×	○	青龍鎮	M14S1	○	○	×
馬嶺鎮	L3S4	○	○	○	零賣場	M1T9	×	×	○	澉浦鎮	M14S2	○	○	×
獨木鎮	L3S5	×	○	○	西興鎮	M2S1	○	○	○	廣陽鎮	M14S3	○	○	○
東溪務	L3T1	×	○	○	漁浦鎮	M2S2	○	○	○	魏塘場	M14T1	○	○	○
洗馬務	L3T2	×	×	○	曹娥鎮	M2S3	○	×	×	金山場	M14T2	×	×	×
柵江寨	L4T1	○	○	○	三界鎮	M2S4	○	○	○	擧善鎮	N1S1	○	○	○
東關寨	L4T2	○	×	○	篡風鎮	M2S5	○	×	○	杜渚鎮	N1S2	○	○	○
采石戍	L4T3	○	×	○	錢清鎮	M2S6	×	×	○	卜蜀槃鎮	N1S3	○	○	○
許公鎮	L5S1	○	○	○	龍山場	M2T1	○	○	×	水陽鎮	N2S1	○	○	○
雙港鎮	L5S2	○	○	○	五夫場	M2T2	×	×	○	杜遷鎮	N2S2	○	○	○
鷲山鎮	L5S3	○	○	○	福山鎮	M3S1	○	○	○	城子鎮	N2S3	○	×	○

第一編　酒麹専売制と酒銭管轄

名称	コード				名称	コード				名称	コード			
符裏窯鎮	N2S4	○	×	○	四凍	P2T9	×	×	○	太平鎮	Q3S3	×	×	○
清化鎮	N3S1	○	×	×	烏波	P2T10	×	×	○	北舊鎮	Q3S4	×	×	○
馬當鎮	N4S1	×	×	○	松柏	P2T11	×	×	○	東舊鎮	Q3S5	×	×	○
竹木務	N4T1	○	×	×	梓夏	P2T12	×	×	○	高居市	Q4T1	○	○	×
零鹽場	N4T2	×	×	○	永明鎮	P3S1	×	×	○	鐵冶場	Q5T1	○	×	○
池口鎮	N5S1	○	×	×	高亭鎮	P5S1	×	×	○	卓渚場	Q5T2	○	×	○
大通鎮	N5S2	○	×	○	新塘坑	P5T1	○	×	○	澧川寨	Q5T3	○	×	○
順安鎮	N5S3	○	×	○	浦溪坑	P5T2	○	×	○	西牛寨	Q5T4	○	×	○
景德鎮	N6S1	○	×	○	延壽坑	P5T3	○	×	○	臺宜寨	Q5T5	○	×	○
石頭鎮	N6S2	○	×	○	雷溪坑	P5T4	○	×	×	索口寨	Q5T6	○	×	○
寶豊鎮	N7S1	○	×	○	流江坑	P5T5	○	×	○	安福寨	Q5T7	○	×	○
汭口鎮	N7S2	○	×	○	安福驛	P5T6	○	×	○	武口寨	Q5T8	○	×	○
慈湖鎮	N8S1	○	×	○	資興場	P5T7	○	×	○	太平寨	Q5T9	○	×	○
采石鎮	N8S2	○	×	○	征陂場	P5T8	○	×	○	安香鎮	Q6S1	○	×	×
丹陽鎮	N8S3	○	×	×	共江橋場	P5T9	○	×	○	陵江場	Q6T1	○	×	×
羨橋鎮	N8S4	○	×	○	白沙場	P6S1	○	×	○	牟谷場	Q6T2	○	×	○
荻港鎮	N8S5	○	×	○	香風鎮	P8S1	○	×	○	古驛鋪	Q6T3	○	×	×
進賢鎮	O1S1	○	×	○	龍岡坑	P8T1	○	×	○	新安寨	Q6T4	○	×	○
樵舍鎮	O1S2	○	×	○	小馬竹坑	P8T2	○	×	×	漢流寨	Q6T5	○	×	○
土坊鎮	O1S3	○	×	×	板源坑	P8T3	○	×	○	巴山寨	Q6T6	○	×	○
查田鎮	O1S4	○	×	○	石筍坑	P8T4	○	×	○	麻溪寨	Q6T7	○	×	○
磁窯務	O2T1	○	×	×	大富坑	P8T5	○	×	○	烏沙鎮	Q7S1	○	×	○
東江務	O2T2	○	×	×	小白竹坑	P8T6	○	×	○	公田鎮	Q7S2	○	×	○
西江務	O2T3	○	×	×	毛壽坑	P8T7	○	×	○	閤子鎮	Q7S3	○	×	○
零都県銀場	O2T4	×	×	○	水頭坑	P8T8	○	×	○	興山鎮	Q8S1	○	×	×
永和鎮	O3S1	○	×	○	九鼎坑	P8T9	○	×	×	秭歸鎮	Q8S2	○	×	○
沙市鎮	O3S2	○	×	○	屠陵鎮	Q1S1	○	×	○	黔江城	Q10T1	○	×	○
栗傅鎮	O3S3	○	×	○	建寧鎮	Q1S2	○	×	○	安江寨	Q10T2	○	×	○
柴竹務	O3T1	○	×	×	玉沙鎮	Q1S3	○	×	○	鎮江鋪	Q10T3	○	×	○
磁胡鎮	O7S1	○	×	○	師子鎮	Q1S4	○	×	○	朝安鋪	Q10T4	○	×	×
佛圖鎮	O7S2	○	×	○	枝江鎮	Q1S5	○	×	○	洪江鋪	Q10T5	○	×	×
太平場	O10T1	○	○	○	白水鎮	Q1S6	○	×	○	錦州寨	Q10T6	×	×	○
黄鞏場	P1T1	○	×	×	赤岸鎮	Q1S7	○	×	○	青化鎮	H4S1	○	×	○
永興場	P1T2	○	×	○	山口鎮	Q1S8	×	×	○	延水鎮	H4S2	○	×	×
泉溪鎮	P2S1	×	×	○	藕池鎮	Q1S9	○	×	○	豊林鎮	H4S3	○	×	○
白竹鎮	P2S2	×	×	○	汚陽鎮	Q1S10	○	×	○	足永鎮	H4S4	×	×	○
寒溪鎮	P2S3	×	×	○	涔陽鎮	Q1S11	×	×	○	綏德城	H4T1	○	×	○
新城鎮	P2S4	×	○	○	東津場	Q1T1	×	×	×	青澗城	H4T2	○	×	○
大濁鎮	P2S5	×	○	○	西津場	Q1T2	×	×	×	永寧關	H4T3	○	×	○
安陽鎮	P2S6	×	×	○	沙市務	Q1T3	○	×	○	萬安寨	H4T4	○	×	○
菱源坑	P2T1	○	×	○	沙岡務	Q1T4	×	×	○	金明寨	H4T5	○	×	○
金場	P2T2	○	×	○	漢川鎮	Q2S1	○	○	○	永平寨	H4T6	○	×	○
彭蠡驛	P2T3	○	×	○	金牛鎮	Q2S2	○	×	○	順安寨	H4T7	○	×	○
西渡	P2T4	×	×	○	下汊鎮	Q2S3	×	○	○	丹頭寨	H4T8	○	×	○
高店塘	P2T5	×	×	○	白湖鋪	Q2T1	○	×	○	招安寨	H4T9	○	×	○
李家團	P2T6	×	×	○	澠口鋪	Q2T2	○	×	○	新安寨	H4T10	×	×	×
高灘	P2T7	×	×	○	雲夢鎮	Q3S1	○	×	○	懷寧寨	H4T11	○	×	○
冷水	P2T8	×	×	○	澴河鎮	Q3S2	○	○	×	綏平寨	H4T12	○	×	○

第三章　都市の基準と指標

名称	コード	1	2	3	名称	コード	1	2	3	名称	コード	1	2	3
白草寨	H4T13	○	×	○	耀武鎮	I9S1	○	×	○	寧府寨	J4T3	×	×	○
安定堡	H4T14	○	×	○	白巌河鎮	I9S2	○	×	×	百勝寨	J4T4	×	×	○
安塞堡	H4T15	○	×	○	安國鎮	I9S3	○	○	○	河濱堡	J4T5	×	×	○
黒水堡	H4T16	○	×	○	西赤城鎮	I9S4	○	×	×	斥候堡	J4T6	×	×	○
龍安寨	H4T17	×	×	○	黄石河鎮	I9S5	○	×	×	西安堡	J4T7	×	×	○
淮安鎮	H11S1	○	○	○	瓦亭寨	I9T1	○	○	○	靖化堡	J4T8	×	×	○
業樂鎮	H11S2	○	×	○	新城鎮	I10S1	○	×	○	神堂寨	J5T1	×	×	○
五交鎮	H11S3	○	×	○	柳泉鎮	I10S2	○	×	○	銀城寨	J5T2	×	×	○
金櫃鎮	H11S4	○	×	○	肅鎮	I10S3	○	×	○	神木寨	J5T3	×	×	○
華池鎮	H11S5	○	○	○	開邊寨	I10T1	○	×	○	建寧寨	J5T4	×	×	○
鳳川鎮	H11S6	○	○	○	綏寧寨	I10T2	○	×	○	靜羌寨	J5T5	×	×	○
董志鎮	H11S7	○	○	○	西壕寨	I10T3	○	×	○	横陽堡	J5T6	×	×	○
景山鎮	H11S8	○	○	○	靖安寨	I10T4	○	×	○	鎮川堡	J5T7	×	×	○
平戎鎮	H11S9	×	×	○	平安寨	I10T5	○	×	○	蘭干堡	J5T8	×	×	○
大順城	H11T1	○	○	○	彭陽城	I13T1	○	×	○	通津堡	J5T9	×	×	○
西谷寨	H11T2	○	○	○	天聖寨	I13T2	○	×	○	神木堡	J5T10	×	×	○
東谷寨	H11T3	○	○	○	東山寨	I13T3	○	×	○	肅定堡	J5T11	×	×	○
府城寨	H11T4	○	×	○	乾興寨	I13T4	○	×	○	恵定堡	J5T12	×	×	○
大順寨	H11T5	○	○	○	開遠堡	I13T5	○	×	○	興善鎮	J7S1	○	○	○
柔遠寨	H11T6	○	○	○	張義堡	I13T6	○	×	○	石觜鎮	J7S2	○	○	○
荔原寨	H11T7	○	×	○	高平寨	I13T7	×	×	○	雁門寨	J7T1	×	×	○
木波鎮	H17S1	○	○	○	熙寧寨	I13T8	×	×	○	土墱寨	J7T2	×	×	○
馬嶺鎮	H17S2	○	○	○	定川寨	I13T9	○	×	○	石硤寨	J7T3	×	×	○
合道鎮	H17S3	○	○	○	三川寨	I13T10	×	×	○	胡谷寨	J7T4	×	×	○
石昌鎮	H17S4	○	×	○	水洛城	I14T1	○	×	○	麻谷寨	J7T5	×	×	○
大抜寨	H17T1	○	○	○	靜邊寨	I14T2	○	○	○	瓶形寨	J7T6	×	×	○
安塞寨	H17T2	○	○	○	隆徳寨	I14T3	○	○	○	茹越寨	J7T7	×	×	○
洪徳寨	H17T3	○	×	○	得勝寨	I14T4	○	○	○	梅廻寨	J7T8	×	×	○
蕭遠寨	H17T4	○	○	○	通邊寨	I14T5	○	×	○	義興冶寨	J7T9	×	×	○
團保寨	H17T5	○	○	○	治平寨	I14T6	○	×	○	西陘寨	J7T10	×	×	○
平遠寨	H17T6	○	○	○	中安堡	I14T7	○	×	○	陽武寨	J7T11	×	×	○
永和寨	H17T7	○	○	○	威戎堡	I14T8	○	×	○	楼板寨	J7T12	×	×	○
定邊寨	H17T8	○	○	○	麻家堡	I14T9	○	○	×	大石寨	J7T13	×	×	○
烏崙寨	H17T9	○	○	○	徐溝鎮	J1S1	○	○	○	寶興寨	J7T14	×	×	○
徳靖寨	H18T1	○	○	○	團柏鎮	J1S2	○	×	○	孝義鎮	J9S1	○	○	○
順寧寨	H18T2	○	×	○	晉祠鎮	J1S3	○	×	○	郭柵鎮	J9S2	×	×	○
園林堡	H18T3	○	×	×	晉寧鎮	J1S4	×	×	○	洪山寺	J9T1	○	○	○
故城鎮	I8S1	○	×	×	百井寨	J1T1	×	×	○	石嶺關	J10T1	×	×	○
骨谷鎮	I8S2	○	×	×	清酒務	J1T2	×	×	○	忻口寨	J10T2	×	×	○
白石鎮	I8S3	○	×	○	赤塘關	J1T3	×	×	○	雲内寨	J10T3	×	×	○
洺山鎮	I8S4	○	×	○	天門關	J1T4	×	×	○	徒合寨	J10T4	×	×	○
馬務鎮	I8S5	○	×	○	陽興寨	J1T5	×	×	○	瑯車鎮	J11S1	○	×	○
良恭鎮	I8S6	×	×	○	凌井驛	J1T6	×	×	○	周村	J11T1	○	○	○
宕昌寨	I8T1	×	×	○	祆亭鎮	J2S1	×	×	○	乳浪寨	J13T1	○	×	○
床川寨	I8T2	×	×	○	沙県西城	J2T1	○	×	×	合河津	J13T2	○	×	○
閭川寨	I8T3	×	×	○	白馬場	J2T2	×	×	○	飛鳶堡	J13T3	×	×	○
臨江寨	I8T4	×	×	○	久良津	J4T1	×	×	○	伏落津	J14T1	×	×	○
荔川寨	I8T5	×	×	○	安豐寨	J4T2	×	×	○	天渾津	J14T2	○	×	○

第一編　酒麹専売制と酒銭管轄

石窟驛	J14T3	○	×	○	平城鎮	J16S2	○	○	○	
尅胡寨	J14T4	×	×	○	芹泉鎮	J16S3	○	×	○	
榆社鎮	J15S1	○	○	○	承天軍	J16T1				
西湯鎮	J15S2				靜陽寨	J16T2	○	×	○	
南關鎮	J15S3				東百井寨	J16T3				
舊絲上県	J15T1	○	×	○	黄澤關	J16T4	○	×	○	
和順鎮	J16S1	○	×	○	窟谷寨	J17T1	×	×	○	
					雄勇津	J18T1	○	×	○	
					大堡津	J20T1	○	×	○	
					保寧寨	J24T1	×	×	○	
					永安寨	J24T2	×	×	○	

表11a 分析（州軍数・坊場売塩・鎮市数・鎮市の場務併記・塩場単記地）

1 州軍数

　表11aの鎮市が所属している州軍は次の表11bの南北銅銭区の塩場設置州軍である。塩場・塩額を記す「塩法五」記載州軍は南部70州軍、北部28州軍、計98州軍（塩場設置の銅銭区福建8・廣南東路14・廣南西路26、計48州軍を除く）に及ぶ。

　記載州軍を連記・単記により分類すると、次の表11bに示した如く、甲型の在城・外県・鎮市連記州軍78、乙型の在城・外県連記州軍13（鎮市不記）、丙型の在城単記州軍7（外県・鎮市不記）の三型に分類される。在城・鎮市連記州軍（外県不記）は甲型に含めているが、例は少なく主として北部州軍にみられる。外県がない州軍も含まれる。

　北部における塩場設置は28州軍に限定され、塩場設置は主として南部州軍において行われた。また北部では路内を官売法州軍と通商法州軍とに区別している。H永興軍路は僅か4州軍、I秦鳳路は5州軍に官売法を適用して、他の州軍は通商法としている。またJ河東路ではJ3晉州・J6絳州・J12憲州の3州にのみ通商法を適用し、他の19州軍を塩場設置州軍とする。なお北部のA四京～G河北西路67州軍・H永興軍路14州軍・I秦鳳路10州軍・J河東路19州軍及び鉄銭区のR成都府路・S梓州路・T利州路の3路39州軍（夔州路13州軍を除く）など、計149州軍は塩場不設である。

　「塩法五」には次の表11bの乙型の在城・外県連記及び丙型の在城単記が含まれるので記載州軍98であるが、鎮市が所属する州軍は表11bの甲型州軍に限定されるので78州軍（南部52・北部26）である。なお「塩法五」は南部の兩浙路M14秀州を記載していないが、表11aには秀州鎮市を含めているので、表11aの鎮市が所属する州軍は79州軍になる。

2 坊場売塩

　次に表11bで注目されるのは、乙・丙型即ち州額単記（県鎮額不記）・州県額連記型（鎮市額不記）は南部18州軍と多いが、北部には乙型2・丙型0と少ないことである。北部26州軍（北部の93％）では鎮市に多く塩場を置くが、南部18州軍では州県のみに塩場を置くので、一見すると鎮市は州県塩場から塩の供給をうけたことになる。しかし、遠方の鎮市から州県塩場まで日々の食塩を人戸が購買に来たとは思えない。鎮市には州県塩場の支所が置かれ、その支所塩額は州県塩場額に入れていたか、或は酒坊銭が司農寺管轄であったように、鎮市の塩銭が司農寺管轄であったため三司管轄の塩場額を記載する「塩法五」に見えないとも考えられる。これは本部塩場・支所塩場間の塩額の問題、又は三司・司農寺間の塩銭管轄の問題ということになる。なお郷村は蠶塩法で州県から塩が配されていた。

　先にあげたが、長編巻三一一・元豊四年三月四日辛卯の条に以下の奏がみえる。

　　権発遣度支副使公事寒周輔奏。聞江南西路人。納淨利買撲鹽場。縁鹽繫民食。與坊場不同。今量県大小。戸口多寡立年額。官自出。仍乞先廢罷買撲處。今轉運司候法行日於増賣鹽錢内據淨利錢數撥還提舉司。從之。

　　権発遣度支副使公事寒周輔奏す、「聞くに、江南西路人、淨利を納め鹽場を買撲す、と。鹽は民食に繫るに縁り、坊場とは同じからず。今、県の大小・戸口の多寡を量りて年額を立て、官自から出賣せん。仍りて乞う、先に廢罷せる買撲の處、今、轉運司法行わるの日を候ち、増賣の鹽錢の内、淨利錢數に據り、提舉司に撥還せんことを」と。之に從う。

　元豊四年現在において江南西路では塩場を買撲させていたが、権発遣度支副使公事寒周輔の奏請に基づき、坊場と異なり塩は民食に繫がるものであるので買撲塩場を廃止し、県の大小・戸口の多寡を量り

官場直売とすることになった。したがって、少なくとも江南西路では元豊四年ごろまでは買撲塩場が存在したので、坊場でも塩が販売されていたと思われる。

なお撫州は塩のみならず商税・酒銭も在城額しか記していないので州額制が採られたと思われる。州額制では県務・鎮務などの銭額は州額に統合されていた。

表11b　「塩法五」記載州軍

記載型 地区	路	甲型 在城外県鎮市額連記型 (在城・鎮市連記を含む) 州軍番号	州軍数 小計	乙型 県州額連記型 (鎮市額不記) 州軍番号	丙型 在城額単記型 (県鎮額不記) 州軍番号	州軍数 合計
南部	K	1,2,3,4,5,6,7,8,9,10	10	—	—	10
	L	1,2,3,4,5,6,7,9	8	—	8	9
	M	1,2,3,4,5,6,8,9,10,12	10	7,11,13	—	13
	N	1,2,4,5,6,7,8	7	3,9,10	—	10
	O	1,3,7,10	4	2,4,8,9	5,6	10
	P	2,3,5,6,8	5	1,4	7	8
	Q	1,2,3,5,6,7,8,10	8	4	9	10
	計		52	13	5	70
	比率		74%	19%	7%	—
北部	H	4,11,17,18	4	—	—	4
	I	8,9,10,13,14	5	—	—	5
	J	1,2,4,5,7,9,10,11,13,14 15,16,17,18,19,20,24	17	—	12,19	19
	計		26	0	2	28
	比率		93%	0%	7%	—

典拠：「塩法五」
注　「塩法五」はM14秀州塩額を記載しないが、表11aには秀州鎮市を含めている

3　鎮市数

甲型南北79州軍（秀州を含める）の塩場記載鎮市は表11c計欄に示した400処（表の①162＋③104＋④14＋⑦120）である。表11a は、塩場が記載されていない表11cの②○○×印の税酒両場併記鎮市18・⑤○××印の税場単記鎮市46・⑥×○×印の酒務単記鎮市73、計137を含めているので、表11a の鎮市数は537処（表11c 合計欄の南部333＋北部204）である。「塩法五」が記載する鎮市400、表11a の鎮市537で相違するので注意しておきたい。

4　鎮市の場務併設

次に「商税雑録」・「酒麹雑録」・「塩法五」に記載された塩場設置区の79州軍の鎮市537を場務の併設・単設により類型化すると、表11cの如くである。大別すると場務併設型鎮市と場務単設型鎮市の二種であるが、併設鎮市298（計A欄の南部175＋北部123。55%）、単記鎮市239（計B欄の南部158＋北部81。45%）で大差はない。

併設型・単設型を細分すると七種になる。表11cの併設型は①の税酒塩三場併設型鎮市162・②の税酒両場併記型鎮市18・③の税塩両場併設鎮市型104・④の酒塩併設型鎮市14の四種である。併設鎮市では三場務併設と税塩両場併設の鎮市が甚だ多く、税酒両場併設と酒塩両場併設の鎮市が極少ない。単設型を細分すると⑤の税務単設型鎮市46・⑥の酒務単設型鎮市73・⑦の塩場単設型鎮市120の三種になる。単設鎮市では塩場単設が120処と特に多いが、併設鎮市のような極端な差はない。

第一編　酒麹専売制と酒銭管轄

表11c　場務記載の鎮市類型

大別	併　設　型　鎮　市					単　設　型　鎮　市				合計(A+B)	比率3
細分	①○○○ 税酒塩併設型	②○○× 税酒併設型	③○×○ 税塩併設型	④×○○ 酒塩併設型	計A	⑤○×× 税場単設型	⑥×○× 酒務単設型	⑦××○ 塩場単設型	計B		
南部	103	16	45	11	175	38	47	73	158	333	62%
北部	59	2	59	3	123	8	26	47	81	204	38%
小計	162	18	104	14	298	46	73	120	239	537	—
					比率1 55%				比率2 45%		

比率1：55％＝計A298÷合計537　　　比率2：45％＝計B239÷合計537
比率3：南部62％ ＝南部合計333÷合計537　　北部38％＝部北合計204÷合計537
併設型鎮市計A：298処、単設型鎮市計B：239処
合計537処＝計A298＋計B239
典拠：「商税雑録」・「酒麹雑録」・「塩法五」に基づく表11a

5 塩場単設地

　表11aの××○印の塩場単設鎮市は120処（表11c小計）である。三司管轄の酒務が置かれる程の大きな町ではないが、塩場単設鎮市120は司農寺管轄の酒坊銭・商税銭も有したと思われるので、大きな町に準ずる町とするのが適切である。

　それらを地理表記載地と照合すると表11dの如くである。塩場単設鎮市の約六割の73処は地理表にみえ、約四割は地理表に記載されていない。五編二章で地理表記載地をまとめ、地理表記載地に付した×印地を小さな町候補地とするが、記載地73は小さな町候補地から除く地である。塩場単設鎮市73を大きな町に準ずる町とするからである（五編二章三節の「3　塩場の町」）。

　なお税酒塩併設鎮市及び税酒併設鎮市は小都市として、また酒務単設鎮市・酒塩併設鎮市は大きな町として二編～四編の分析で地名を明らかにしているが、税場単設鎮市・税塩併設鎮市及び塩場単設鎮市は二～四編に地名が出てこないので、五編二章注（3）の表21a・21b及び注（5）の表25にまとめて示した。塩場不設州軍の税場単設鎮市は記号により本書付録で確認でき、塩場設置州軍の税塩併設鎮市及び税場・塩場の単設鎮市は記号で表11aにより地名を知ることができる。即ち、本書・本書付録・表11aにより「商税雑録」・「酒麹雑録」・「塩法五」に記載されている鎮市は全て把握され、これら三統計以外の鎮市は地理表に表記している。

表11d　地理表記載の塩場単記鎮市

地区	記載地	不記地	合計
南部	35	38	73
北部	38	9	47
計	73	47	120
比率	61％	39％	—

比率＝計÷合計120
典拠：塩場単記鎮市所属州軍地理表
　　　表11aの××○鎮市
注　1　塩場単記鎮市記号は五編二章注（6）表25に示す
　　2　記載地73は大きな町に準ずる町であるので、町候補地から差引かねばならない。

　なお坊場河渡の町2万7千余であるが、税場の町46・塩場の町120（計166）には坊場が併設され、大きな町に準ずる町とするので、坊場河渡の町はやや少なくなる。

第三章　都市の基準と指標

表12　税額序列表

序列	税場	税額	序列	税場	税額	序列	税場	税額	序列	税場	税額
1	A1	108740	46	K7	21682	91	A1R13	13527	136	P1R3	9847
2	M1	82173	47	D2	21370	92	N5S1	13386	137	Q1T3	9801
3	I2	79959	48	k4R4	21191	93	K6	13371	138	F12	9738
4	K4	67881	49	L3	21141	94	N8R2	13220	139	A1R9	9635
5	D1	55467	50	N9	20670	95	I11	13172	140	O3	9553
6	k9	53536	51	B1	20316	96	I5	13034	141	I3	9471
7	M3	51034	52	M7	20220	97	M5R2	12936	142	A1R10	9405
8	L2	50315	53	L9	20040	98	B6S2	12921	143	I7S1	9392
9	N1	45059	54	N4R4	19837	99	G4	12839	144	L7R1	9200
10	K1	41849	55	G3	19738	100	L9S3	12704	145	M2R3	9058
11	O2	39887	56	C7	19637	101	K8	12545	146	P6	9035
12	G1	39590	57	E4	19533	102	P5	12382	147	J13T1	9000
13	M12	39383	58	B2T1	19211	103	F5	12261	148	L6R1	8984
14	M5	39312	59	F4	19167	104	N3	12258	149	P1T2	8951
15	A4	38628	60	L1R4	18500	105	G2	12222	150	H13	8944
16	H1	38445	61	E1	18334	106	F11S5	12073	151	M11	8892
17	A2	37943	62	O5	18275	107	E3	12016	152	F11	8877
18	F2R3	37438	63	F11S3	18119	108	A1R12	11867	153	L1R2	8863
19	B2	36727	64	L1	17550	109	B3	11836	154	D7	8818
20	P1	33939	65	F2R4	17280	110	O8	11806	155	J6	8781
21	J3	33136	66	M1S3	17242	111	P2	11766	156	H10R1	8756
22	C4	32444	67	M1R1	17234	112	K5	11669	157	O4	8583
23	J1	30724	68	H6	17172	113	B3T2	11567	158	E2	8549
24	H3	30635	69	B1T1	17088	114	F8	11552	159	B1T2	8544
25	I1	30462	70	B4	16690	115	A1R1	11512	160	H14	8516
26	F10	30429	71	N2	16476	116	O10	11327	161	Q1	8468
27	M2	28916	72	M1T1	16446	117	G11	11209	162	C1	8437
28	O1	28904	73	N7	16351	118	J11	11159	163	H11	8426
29	B8S3	28389	74	C2	16203	119	Q2R5	11147	164	M6R4	8342
30	K1R2	28126	75	B9	16125	120	M13R3	11112	165	D1R5	8333
31	A3	27886	76	L4	16124	121	G12	11073	166	D4	8330
32	M14	27452	77	K4R1	16080	122	I7	10836	167	M3R1	8303
33	M6	27208	78	M14S1	15879	123	M14R1	10618	168	G10	8267
34	F6	26760	79	H2	15793	124	D8	10607	169	L6	8264
35	L3S2	26540	80	F1	15567	125	B2S2	10576	170	M8R3	8151
36	B8R3	26526	81	N4	15362	126	P1R7	10519	171	L2R2	8087
37	M8	26266	82	K3	15079	127	F2	10475	172	K1S3	8032
38	Q7	25684	83	N6	14503	128	M8R1	10422	173	K1R1	7987
39	M9	25391	84	Q2	14462	129	F3	10331	174	L5S5	7927
40	L8	25067	85	F2T1	14283	130	G14	10252	175	D2S5	7860
41	M4	25061	86	B7T1	14060	131	N6R3	10249	176	Q5	7845
42	I7R2	24816	87	H4	14018	132	M8R2	10091	177	A1R6	7814
43	F13	23891	88	B7	13978	133	N10	10005	178	O6	7772
44	M10	23440	89	L1R3	13796	134	M6R2	9980	179	H10	7704
45	C4S10	22467	90	M1R3	13774	135	L9R2	9971	180	K1S1	7690

第一編　酒麹専売制と酒銭管轄

181	H8	7689	229	B3R3	6251	277	I6R1	5234	325	C1R5	4528
182	C3	7658	230	B6	6241	278	F11S4	5185	326	B6T1	4521
183	J9	7601	231	A1R16	6220	279	Q4	5161	327	C1R4	4521
184	K2R5	7569	232	C2T1	6144	280	L8R1	5146	328	C3R1	4505
185	G9	7544	233	P2R2	6098	281	L9R1	5146	329	J20	4459
186	B4S5	7538	234	M6R3	6048	282	M6R6	5126	330	G3R1	4458
187	A4R1	7516	235	F1R2	6009	283	H8R1	5119	331	P1R8	4446
188	Q6	7508	236	N9R2	5995	284	B6R2	5083	332	M10R3	4441
189	A1R17	7477	237	N7R1	5978	285	M4R1	5064	333	B4R1	4439
190	M3R3	7448	238	A4T9	5976	286	I14T1	5059	334	E1R4	4438
191	E6R2	7393	239	A1R3	5971	287	D2R1	5051	335	C4S6	4413
192	M6R5	7365	240	H7R1	5935	288	J14	5047	336	B1R2	4401
193	B6T2	7338	241	M1R2	5921	289	H1R8	5038	337	G9R1	4397
194	C3R2	7328	242	O3R3	5901	290	J15	5023	338	J6R4	4393
195	P1R1	7327	243	B2R1	5887	291	B3S5	5016	339	K2	4377
196	C3R3	7213	244	I15T1	5832	292	ER1	4999	340	G8R3	4345
197	N5R2	7141	245	G10R1	5829	293	B3R1	4974	341	M2R2	4343
198	M13	7045	246	Q8	5794	294	H9	4967	342	J8	4319
199	D6	6977	247	O7	5792	295	M2S3	4936	343	N10R1	4309
200	Q7R3	6846	248	F6R2	5789	296	L7	4925	344	J9R3	4302
201	M13R1	6816	249	C6	5740	297	K5R1	4888	345	J16R2	4264
202	J10	6800	250	E2R4	5739	298	H1R9	4866	346	F5S5	4244
203	A1R4	6768	251	G6	5718	299	F14	4862	347	N7R4	4231
204	B8	6758	252	O9R1	5696	300	N5	4851	348	N7R5	4231
205	M11R1	6754	253	Q1S10	5694	301	Q7S2	4812	349	M10R2	4226
206	O9	6738	254	A1R14	5673	302	C6S1	4809	350	J9R1	4219
207	C7R1	6736	255	H5	5663	303	N3R3	4782	351	N2R3	4214
208	N2R1	6726	256	P1R4	5661	304	H3R4	4775	352	H13R1	4213
209	B3R2	6615	257	C5R1	5653	305	H17	4759	353	N2R2	4210
210	C4R2	6596	258	I1R1	5652	306	O1R3	4749	354	A1R20	4207
211	G8	6570	259	B6R1	5635	307	Q3R2	4749	355	H12R2	4189
212	K9R1	6498	260	M3R2	5557	308	J6R1	4728	356	Q1R5	4166
213	C2R4	6488	261	N6R4	5542	309	P4	4727	357	B4S6	4157
214	K4R3	6487	262	N1R2	5524	310	O3R2	4724	358	H5R3	4116
215	B2R3	6474	263	K10	5493	311	N6R2	4720	359	H1R1	4112
216	G6R1	6462	264	F11S2	5489	312	A1R5	4713	360	G13	4103
217	M10R1	6434	265	N6R1	5475	313	M9S1	4703	361	E5S4	4094
218	B3R4	6427	266	M5R1	5471	314	G5	4700	362	G15	4084
219	M1R4	6413	267	O3R4	5468	315	M11R5	4687	363	M14R3	4078
220	I9	6411	268	P8	5464	316	E6R4	4670	364	I11T1	4066
221	G7	6367	269	D5	5435	317	L7R2	4638	365	P7	4063
222	M5R4	6347	270	A1R15	5421	318	M2R1	4635	366	I1R5	4025
223	P3	6314	271	B5	5390	319	A2R7	4629	367	J7	3998
224	C5	6305	272	B1R1	5380	320	J6R2	4614	368	J13	3992
225	H7	6286	273	N7R2	5378	321	A1R7	4611	369	P4R1	3986
226	M9R1	6280	274	F7	5378	322	H1R10	4572	370	I10	3970
227	L1R1	6274	275	H1R6	5288	323	N7R3	4563	371	M5R3	3958
228	P1R5	6264	276	O3R1	5280	324	K2R2	4546	372	E5	3916

373	B2S3	3912	421	K6R1	3492	469	N1R1	3052	517	M8S4	2813
374	Q5R2	3905	422	H5R5	3451	470	H2R5	3050	518	M1S2	2805
375	C7R2	3898	423	A4R6	3432	471	L5R2	3038	519	D8R2	2804
376	B2R2	3885	424	H12	3427	472	Q2R3	3037	520	D4R2	2787
377	M13R5	3875	425	I9R1	3417	473	G16	3034	521	K2R3	2785
378	E6R1	3871	426	M6R1	3401	474	M13R2	3020	522	J6R5	2783
379	D2S1	3861	427	P2R1	3386	475	L7S1	3017	523	M5S1	2770
380	H15	3845	428	I1S1	3380	476	L9R1	3009	524	C5R3	2770
381	J12	3844	429	D3	3378	477	D1S3	3003	525	B5R1	2759
382	O3R7	3840	430	D6R1	3372	478	J11R1	3003	526	B9R1	2746
383	L5	3830	431	E3R1	3362	479	J1R5	3000	527	M6S1	2734
384	A3R4	3826	432	I1S8	3361	480	M1T2	2992	528	O7R1	2715
385	H6R3	3816	433	N6S1	3337	481	D1R6	2991	529	J9R2	2714
386	H7R3	3804	434	F5R2	3334	482	A4T3	2990	530	B5R3	2705
387	E2T1	3802	435	B8R1	3327	483	N3R5	2988	531	G6R3	2687
388	N6R5	3797	436	B1R3	3316	484	D1R4	2975	532	A4S1	2684
389	G6R2	3792	437	L4T2	3312	485	N3R1	2967	533	C6R1	2683
390	O3T1	3772	438	A1R8	3306	486	H13S2	2961	534	N9R1	2679
391	C3R2	3754	439	F5R3	3299	487	H1R4	2960	535	A2S4	2674
392	J1R1	3751	440	A3R6	3287	488	J13R2	2952	536	A1S4	2667
393	K10R1	3742	441	O1R2	3277	489	G2R3	2940	537	N2R4	2661
394	N8	3739	442	O10R1	3248	490	M11R2	2937	538	I7R1	2645
395	J16	3730	443	E6	3241	491	M7R1	2934	539	M1T3	2640
396	I14	3728	444	M2S2	3240	492	C4S3	2930	540	J4	2640
397	A3R1	3723	445	C2S1	3239	493	E7R1	2923	541	H2R1	2621
398	O9R2	3696	446	A2R9	3239	494	L8R2	2912	542	C4R4	2617
399	M13R4	3695	447	N4R2	3234	495	L9R2	2912	543	Q9	2616
400	H1R2	3694	448	C5R2	3234	496	Q5R1	2904	544	H5R1	2612
401	I7S2	3681	449	B1R4	3219	497	P2R3	2903	545	C6R3	2609
402	M14R2	3660	450	K7T1	3216	498	Q1S6	2894	546	H7R2	2607
403	N4R3	3655	451	G8R1	3212	499	J18	2889	547	H2R4	2584
404	P1R6	3649	452	H7R5	3211	500	O2T1	2887	548	F1R1	2582
405	MR51	3635	453	P6R1	3203	501	F1R5	2885	549	N2R5	2574
406	H1R5	3626	454	C4S9	3173	502	M4R2	2883	550	B1R5	2569
407	M2R5	3617	455	G7R1	3169	503	G6S1	2877	551	B3T4	2566
408	N5S2	3616	456	E4R3	3156	504	A4R7	2873	552	Q1S8	2561
409	I2R1	3613	457	A1R2	3152	505	H2R3	2871	553	F6R1	2544
410	I4	3600	458	L4R1	3140	506	N1R3	2860	554	O4R2	2519
411	C3R4	3570	459	H3R1	3139	507	H2R2	2852	555	I9R3	2514
412	K6R2	3567	460	O3R5	3132	508	G9R2	2849	556	F10R1	2506
413	C4R5	3554	461	H7R6	3127	509	A4R2	2839	557	L3R1	2501
414	J6R3	3538	462	O3R6	3095	510	F7R1	2838	558	H10R2	2500
415	N4R1	3534	463	I2T2	3084	511	B4R2	2835	559	I6	2500
416	C4R3	3527	464	P1R2	3078	512	B5R2	2828	560	J5	2499
417	C5S3	3522	465	N5R3	3076	513	F10T1	2825	561	F9	2498
418	E7	3522	466	B9S3	3071	514	A1S7	2825	562	A1R18	2497
419	E3R6	3504	467	F6T2	3070	515	C4R3	2823	563	I15	2490
420	P5T2	3497	468	D1R2	3056	516	C4R1	2817	564	M7R2	2474

第一編　酒麴専売制と酒銭管轄

565	H5R6	2473	613	D3R2	2168	661	F5S4	1957	709	E4R2	1750
566	H7S2	2467	614	B6R3	2163	662	M2R6	1953	710	J1S1	1743
567	H6R2	2461	615	A2S7	2163	663	E3R8	1944	711	H12R1	1741
568	M3S4	2450	616	K3S4	2156	664	E5R3	1934	712	F16	1738
569	B3S14	2445	617	F11T1	2155	665	J1R7	1933	713	F5S7	1737
570	C4S1	2440	618	M2T1	2153	666	M3S1	1931	714	A4T7	1737
571	F6S1	2429	619	C7R3	2147	667	G3R2	1930	715	J1R4	1736
572	B3S13	2427	620	B5S1	2145	668	E5T1	1927	716	L5S7	1733
573	M8S6	2421	621	C1R1	2141	669	M4S3	1919	717	A2S8	1722
574	O1S3	2404	622	H5R2	2140	670	I11S5	1915	718	B3S7	1721
575	I3R2	2403	623	E3R7	2133	671	G5S1	1907	719	L4T3	1719
576	D7R2	2397	624	L4R2	2131	672	G6T3	1903	720	A1S2	1713
577	F11S1	2392	625	I14T2	2105	673	E1R2	1900	721	O3S1	1712
578	I13	2375	626	M5S4	2104	674	C1R2	1898	722	B4R4	1707
579	F6S9	2370	627	A4R9	2104	675	P2R4	1895	723	L8S1	1704
580	H16	2370	628	I5R3	2101	676	F12S2	1893	724	L9S1	1704
581	F10T2	2362	629	F9R2	2098	677	E6R3	1892	725	A4R8	1696
582	H4T2	2350	630	G4R1	2094	678	O1R4	1887	726	C1S2	1686
583	A4S7	2338	631	A1S3	2094	679	Q1S5	1887	727	B3S6	1684
584	F12R3	2333	632	J8R6	2062	680	J11R3	1882	728	K2R1	1680
585	H14R4	2330	633	J4T1	2061	681	H17S1	1854	729	A3R2	1675
586	M10S1	2321	634	M4S2	2058	682	C6R2	1853	730	B3S10	1672
587	F5R1	2318	635	M9R3	2049	683	I9R2	1843	731	C2R1	1667
588	B8R2	2306	636	K3R2	2042	684	F12R2	1842	732	C1S1	1663
589	Q7R4	2303	637	M9R2	2041	685	O8R2	1827	733	A4R5	1651
590	M11R4	2294	638	D2S4	2041	686	H1T1	1827	734	J7R3	1650
591	I9R4	2268	639	Q1R1	2038	687	E5R1	1826	735	Q4R1	1647
592	Q2R1	2266	640	H9R3	2033	688	M14S2	1819	736	O1R1	1645
593	M10R4	2261	641	K1S6	2030	689	N2S3	1819	737	O2T2	1643
594	F11T4	2259	642	F3R5	2028	690	J6R6	1817	738	K1S2	1641
595	B3S15	2245	643	H7R4	2027	691	J1R6	1815	739	Q1R3	1640
596	H12S2	2239	644	J13T2	2021	692	F11T2	1808	740	F4S3	1636
597	I2R2	2235	645	J7R2	2019	693	G5R1	1808	741	F11S11	1636
598	O3S3	2227	646	F6T1	2018	694	H1S7	1807	742	I1S4	1629
599	A3R3	2223	647	E1R5	2011	695	F10S10	1802	743	A1R19	1628
600	E3R3	2220	648	F11T3	2010	696	H18	1801	744	Q1S9	1625
601	M8S3	2215	649	M4S1	1996	697	G6T2	1798	745	L5R3	1624
602	B3S12	2210	650	G4S4	1984	698	G4R2	1797	746	K6R3	1616
603	B3S18	2208	651	M5S2	1973	699	D1R1	1796	747	E2R2	1605
604	A4S9	2202	652	L2R1	1971	700	F1R3	1794	748	Q1R4	1602
605	G8R4	2201	653	E2R1	1969	701	D2R2	1782	749	M2R4	1601
606	G8R2	2199	654	N2S1	1966	702	Q2R4	1781	750	B4S4	1600
607	k4R2	2197	655	O2T3	1966	703	M5S5	1771	751	K6S1	1599
608	H8R2	2195	656	B3S8	1966	704	D2S2	1765	752	I1R7	1598
609	H1R3	2192	657	B3S16	1965	705	G5S5	1757	753	D1R3	1593
610	I3R1	2191	658	G9S1	1961	706	O6R1	1753	754	B3S11	1591
611	F6S10	2185	659	A4T6	1959	707	N5R1	1752	755	H3R3	1587
612	M11R3	2168	660	F5S3	1957	708	E1R3	1752	756	O1S1	1583

757	E3R5	1580	805	L8S2	1465	853	F4T1	1325	901	J17	1213
758	L7R3	1572	806	L9S2	1465	854	A2R10	1325	902	J3R4	1209
759	I8R2	1572	807	Q3R1	1465	855	I8S3	1323	903	N7S1	1208
760	F10T3	1570	808	J8R1	1462	856	Q4R2	1321	904	I13T1	1201
761	D2R3	1569	809	H11S5	1460	857	B4R3	1305	905	E6S4	1197
762	H13S1	1567	810	O1S2	1456	858	G6T4	1305	906	N5R5	1196
763	B9S1	1566	811	M1T4	1452	859	I1S7	1304	907	K3S5	1191
764	Q1R2	1560	812	Q1R6	1440	860	O3S2	1302	908	H13R3	1190
765	A4R3	1558	813	N3R2	1436	861	A4R11	1301	909	H11S8	1188
766	H8R3	1556	814	F15	1434	862	N8S5	1299	910	I14T3	1188
767	N8R1	1554	815	H6S1	1430	863	D7R1	1299	911	E4R1	1185
768	Q5R3	1554	816	ER3	1429	864	G5S3	1299	912	J16R1	1184
769	J8R5	1550	817	B8S2	1426	865	L2S2	1296	913	J1R3	1178
770	J13T3	1550	818	F2R2	1425	866	B3S9	1295	914	Q2S1	1173
771	Q6T1	1547	819	G11R3	1423	867	D4R1	1280	915	G9S2	1164
772	A4S3	1545	820	I15T2	1423	868	N3R4	1279	916	L1S5	1162
773	I1T1	1540	821	G5S2	1418	869	K6T1	1276	917	C1R3	1162
774	K3R1	1539	822	A4R10	1416	870	G4R4	1276	918	C5S1	1160
775	A3R5	1538	823	E1R5	1413	871	L8S3	1274	919	I6S2	1159
776	K7S1	1532	824	J15R2	1409	872	C2S3	1271	920	G7S5	1146
777	C4S2	1532	825	N2S4	1408	873	L1S1	1265	921	H6S4	1139
778	B3S17	1529	826	J3R5	1408	874	D5R1	1262	922	F6S5	1137
779	M8T1	1528	827	F4R1	1407	875	I10T5	1260	923	G1R5	1137
780	M10S2	1526	828	A2R1	1407	876	C4S8	1259	924	I5R2	1136
781	F2R1	1526	829	B3S3	1405	877	F10S4	1259	925	A4T5	1136
782	B8S1	1525	830	G16R1	1401	878	I3S1	1259	926	A4T8	1136
783	M12R1	1524	831	F2S16	1400	879	I10S1	1258	927	D2S3	1133
784	O4R1	1523	832	F7S1	1397	880	k8R2	1257	928	P5R3	1129
785	O4R3	1522	833	E1R1	1393	881	N5R4	1252	929	G7R3	1129
786	G9S3	1522	834	K9S2	1390	882	H1S4	1252	930	J15R3	1129
787	L8S4	1519	835	L5R1	1390	883	E5S5	1251	931	F10S8	1119
788	L9S4	1519	836	A2R11	1389	884	G1R3	1245	932	H9R2	1108
789	F11S6	1519	837	A1S1	1384	885	E5R2	1236	933	J1R2	1107
790	A2R2	1519	838	B8S4	1379	886	A4R4	1235	934	E5S1	1105
791	B1S2	1515	839	H6S2	1370	887	L3R2	1230	935	F11S12	1103
792	M9S2	1512	840	N8S2	1368	888	I11R1	1229	936	E5T3	1102
793	I9T1	1505	841	G7R2	1364	889	B7R1	1225	937	G2R2	1100
794	I10T1	1499	842	J3R1	1362	890	G1R1	1223	938	L9S2	1096
795	A2S1	1495	843	G6S3	1353	891	H1T2	1222	939	B9S2	1093
796	J1S2	1493	844	H6R1	1351	892	F3R2	1221	940	H8S1	1083
797	J7S2	1488	845	I1S5	1349	893	F9R1	1221	941	A2R6	1078
798	O8R1	1487	846	E3R2	1343	894	E4S3	1217	942	F2S13	1075
799	k9S1	1486	847	P4R2	1340	895	G2R1	1217	943	G10S1	1070
800	C4S7	1486	848	F2S15	1332	896	I3T1	1217	944	G1R9	1068
801	G11R1	1483	849	H5S2	1332	897	K8R1	1215	945	L5S4	1065
802	I13T3	1479	850	L1S3	1331	898	E3R4	1214	946	J3R2	1064
803	F11S10	1477	851	H1S1	1331	899	A1R11	1214	947	G4S1	1056
804	F2S11	1471	852	B7R2	1326	900	I5R1	1213	948	J11R2	1056

第一編　酒麴専売制と酒銭管轄

949	K7R1	1054	997	H7S1	890	1045	G11S3	775	1093	F2S9	667
950	Q1T2	1052	998	B3T1	889	1046	P5T3	774	1094	K3S3	666
951	A4S5	1046	999	A2S5	887	1047	P6T1	774	1095	H4T3	664
952	A4S6	1045	1000	H12S1	884	1048	I14T6	769	1096	H4R4	661
953	M5S3	1041	1001	G7S7	883	1049	H1S9	768	1097	I1S6	661
954	G6S4	1039	1002	C3S1	882	1050	A2R8	766	1098	F6S2	660
955	A3S2	1039	1003	K2R4	876	1051	B3T3	763	1099	H4T8	659
956	F1R4	1028	1004	A2R3	873	1052	Q1S2	754	1100	A4S10	659
957	F1T1	1028	1005	Q1T1	872	1053	J16S1	753	1101	L5S6	657
958	H14R1	1019	1006	k3S1	871	1054	F2S17	752	1102	H13T1	656
959	B8S5	1018	1007	L5S1	871	1055	J8T4	752	1103	H5S4	652
960	O2R3	1014	1008	F6S4	864	1056	B3T6	748	1104	B3S4	651
961	F12T1	1012	1009	L3R3	860	1057	J7R1	744	1105	I8S4	651
962	G11R2	1005	1010	H11R2	860	1058	M12R2	743	1106	M1R6	650
963	I8	1005	1011	I15S1	859	1059	Q3S1	739	1107	D3R1	648
964	E3S4	1004	1012	L6S2	857	1060	H1S5	737	1108	Q2R2	647
965	A4S8	1000	1013	N6S2	848	1061	J9T1	732	1109	Q4T1	646
966	F11T5	999	1014	F3R1	848	1062	H4T11	727	1110	M7R3	644
967	L6S1	998	1015	M12R4	847	1063	G1R2	725	1111	C4S4	644
968	k6S3	992	1016	L7S3	842	1064	M12R3	719	1112	J6R7	642
969	E4S2	992	1017	Q7R2	838	1065	O1S4	718	1113	I1R4	641
970	D8R1	991	1018	Q2S2	837	1066	E2R3	716	1114	E3S2	637
971	F3S1	990	1019	E5S6	836	1067	F10S9	714	1115	E3S3	637
972	B4S3	983	1020	A2S6	836	1068	F12S1	714	1116	M7R4	637
973	F5S2	981	1021	J15T1	835	1069	G4R3	714	1117	J16S2	636
974	J3R6	972	1022	B3T5	833	1070	O2R7	713	1118	M10T1	633
975	J15S1	971	1023	F6S3	832	1071	F6S7	713	1119	J18T1	633
976	G6S2	966	1024	G3R6	831	1072	M14T2	712	1120	J8T2	629
977	H2T1	959	1025	H5S3	831	1073	H4T1	712	1121	H13S3	626
978	O7S2	956	1026	C5S2	830	1074	F11S9	707	1122	L3S4	622
979	G1R6	955	1027	K2S2	826	1075	H6S3	707	1123	D8R3	621
980	A2R4	952	1028	C4S5	824	1076	B1S3	706	1124	H4S2	621
981	G3R3	950	1029	G11S2	823	1077	F5S6	700	1125	O2R5	619
982	I9S3	946	1030	M6T1	820	1078	I9S2	700	1126	H4T6	618
983	N8S4	945	1031	O5R1	819	1079	B4S1	698	1127	B3S1	616
984	M14T3	937	1032	G5S4	809	1080	J13R1	698	1128	A2S2	615
985	G4S3	926	1033	F1S2	806	1081	H1R7	695	1129	J7S1	613
986	H3S3	925	1034	M2S1	800	1082	C7S2	694	1130	L3S1	612
987	G1R7	924	1035	J8R2	799	1083	H4R1	685	1131	E3R9	611
988	H11S2	922	1036	G6S5	798	1084	M8S1	683	1132	F10S6	611
989	I5S2	919	1037	I8R1	797	1085	N7S2	683	1133	O6R2	609
990	M2S4	909	1038	K3S6	795	1086	I5T1	681	1134	H3S1	609
991	L5R4	907	1039	H11T1	793	1087	J16S3	680	1135	F13S3	608
992	L9S1	907	1040	G2S1	792	1088	L7S2	677	1136	N1S3	607
993	F2S8	904	1041	K7S2	791	1089	H18T1	676	1137	Q7R1	607
994	F4S1	903	1042	C7S3	791	1090	O2R2	675	1138	K3R3	606
995	L9S3	900	1043	M12S2	785	1091	O2R1	670	1139	F10S1	606
996	F13R1	895	1044	G11S1	780	1092	J11R4	668	1140	J3R3	604

1141	P5R2	600	1189	F2S4	525	1237	B1S1	459	1285	I13T5	376
1142	K3S7	599	1190	G1R4	525	1238	F12R1	455	1286	N5S3	375
1143	I1R6	598	1191	H1S6	524	1239	E6S1	454	1287	G7S2	372
1144	I10T2	597	1192	N4T1	520	1240	H17S2	454	1288	I6S1	372
1145	G4S5	594	1193	I2T1	520	1241	E6S3	450	1289	E5S7	370
1146	G2S3	593	1194	I10S2	520	1242	F13S4	449	1290	I8S2	370
1147	J19	593	1195	I2S4	518	1243	L5S2	446	1291	B5T1	368
1148	Q1S1	592	1196	I9S5	517	1244	O1R5	441	1292	C7S1	364
1149	F13S1	592	1197	F1S3	516	1245	D5S1	441	1293	A3S1	361
1150	H5S1	591	1198	J3R7	515	1246	H4T14	441	1294	G3S1	359
1151	G3T1	587	1199	H15S2	514	1247	J14R2	441	1295	J14R4	359
1152	F2S14	585	1200	k3S2	511	1248	Q1S3	440	1296	D4S1	358
1153	F3R3	585	1201	I1S2	509	1249	F11S7	434	1297	H15R1	358
1154	I11S2	585	1202	Q1R7	508	1250	I1R3	430	1298	K2S3	356
1155	Q7S3	584	1203	H4R2	508	1251	G3R5	429	1299	H17T7	355
1156	K5S1	583	1204	I2S1	507	1252	J14R1	428	1300	G9T1	354
1157	O5R3	583	1205	E5S2	505	1253	J8R4	424	1301	F11S8	353
1158	F3R4	577	1206	L5S3	504	1254	F3S4	421	1302	F3S8	351
1159	I8S1	577	1207	I9S1	501	1255	A4T1	418	1303	I8S5	351
1160	I1R2	574	1208	G3R4	500	1256	A4T2	418	1304	H3R2	349
1161	L4T1	572	1209	A4S2	499	1257	H4R5	416	1305	J14T1	349
1162	F5T1	571	1210	H4T12	498	1258	O2R9	414	1306	G9S4	346
1163	I2S2	571	1211	H11R1	497	1259	I5S1	413	1307	I14T5	346
1164	L8S5	570	1212	G2S2	496	1260	B6S1	412	1308	H17T5	345
1165	L9S5	570	1213	I14T8	496	1261	A4S4	410	1309	O2R8	343
1166	A2S10	570	1214	I10T4	494	1262	H4S3	409	1310	O7R2	340
1167	A2S9	566	1215	I9S4	492	1263	F10S5	408	1311	A2S3	337
1168	H11S7	565	1216	B1S4	491	1264	Q6R1	407	1312	M4S4	334
1169	K2S1	563	1217	E3S1	489	1265	O7S1	406	1313	F1T2	334
1170	F1T4	555	1218	H18T2	489	1266	I13T4	406	1314	P2T1	331
1171	H5R4	555	1219	H3S2	486	1267	H4T15	405	1315	O2R4	329
1172	H17S3	552	1220	F3S7	483	1268	F2T3	404	1316	E6T1	327
1173	A2R5	552	1221	K1S4	481	1269	L2S1	403	1317	K8S1	326
1174	I10R1	551	1222	H11T6	474	1270	J2	403	1318	F2S2	326
1175	F10S3	550	1223	H14S1	471	1271	N2S2	400	1319	J15S2	326
1176	H1S2	548	1224	M12S1	469	1272	J15R1	398	1320	I14T7	325
1177	H5S5	548	1225	F5S1	468	1273	N8S1	393	1321	M3S2	324
1178	H11S1	546	1226	F6S6	468	1274	K2S4	391	1322	A1S5	323
1179	F3S5	544	1227	I5S3	468	1275	F2S6	391	1323	I11S3	322
1180	H1S8	543	1228	A4T4	468	1276	G7S4	390	1324	F2S19	320
1181	E6S2	542	1229	H14S2	467	1277	I2T5	390	1325	J9R4	318
1182	F6S8	540	1230	B4S2	466	1278	I14T4	389	1326	E1R4	308
1183	H15S1	539	1231	H17T8	462	1279	J7T9	389	1327	N8S3	307
1184	B3S2	534	1232	I2T7	462	1280	J16T3	389	1328	M1S1	306
1185	I13T2	532	1233	J1T1	462	1281	E2T2	387	1329	G9S5	306
1186	F2S12	530	1234	B2S1	461	1282	J8R3	387	1330	G6T1	303
1187	F14R1	530	1235	D5S2	460	1283	F2S10	386	1331	Q1T4	298
1188	E4S1	529	1236	D5S2	460	1284	L1S4	382	1332	H4T13	297

第一編　酒麹専売制と酒銭管轄

1333	K10S1	295	1377	H4R3	219	1421	J3S1	140	1465	J7T6	62
1334	H17T6	295	1378	H4T9	219	1422	H17T4	139	1466	J7T1	59
1335	E1R2	292	1379	M12T1	215	1423	J20T1	139	1467	J7T7	58
1336	F13S2	292	1380	C2S2	215	1424	K4T1	137	1468	J14T2	55
1337	H11S3	291	1381	H17S4	215	1425	L5T1	136	1469	J7T10	50
1338	F2S18	290	1382	H4T7	210	1426	N1S2	136	1470	M2S5	45
1339	F10S2	290	1383	H9R1	210	1427	I2T8	134	1471	H2S1	45
1340	M14T1	288	1384	Q3	209	1428	J7T5	134	1472	J2R1	44
1341	I10T3	287	1385	J14R3	207	1429	H9S1	133	1473	H16T1	34
1342	F2S5	286	1386	F3S3	206	1430	J7T12	132	1474	K5R2	31
1343	H9S2	286	1387	A1S6	205	1431	D1S2	127	1475	F1T3	28
1344	L9S4	283	1388	J1S3	203	1432	H11T3	125	1476	G1R8	28
1345	H4T4	282	1389	P5R1	200	1433	J7T3	124	1477	M3S3	24
1346	J16T4	281	1390	H11T4	199	1434	F2S1	123	1478	C6T2	24
1347	J7T14	280	1391	H16R1	199	1435	F3S2	123	1479	F1S1	22
1348	H1S3	277	1392	M8S2	197	1436	H14R3	123	1480	C6T3	21
1349	J15S3	275	1393	O10T1	197	1437	M1T5	122	1481	Q10R1	20
1350	Q10T1	274	1394	G9S6	197	1438	F2T2	119	1482	Q10T4	20
1351	D1S1	273	1395	Q3S2	196	1439	G7S1	119	1483	C6T1	20
1352	K2S5	271	1396	G4S2	195	1440	E5S3	115	1484	B1T3	19
1353	H18T3	270	1397	P5T1	193	1441	E6S5	114	1485	Q10T2	18
1354	K7S3	268	1398	J8T1	191	1442	E3R10	113	1486	P5T4	15
1355	C5T1	262	1399	M4R3	184	1443	H13R2	107	1487	Q10T5	13
1356	F2S7	262	1400	H11T5	183	1444	H17T3	103	1488	J8T3	13
1357	F10T4	257	1401	I14T9	182	1445	F10S7	102	1489	P8R1	10
1358	K2T1	253	1402	J14T3	180	1446	K7S4	101	1490	Q10	10
1359	I11S1	253	1403	E5T2	176	1447	Q8S1	99	1491	Q10T3	9
1360	P8T5	252	1404	F1T5	176	1448	I2T3	98	1492	Q6S1	7
1361	F2S3	250	1405	G7S3	175	1449	H17T1	97	1493	Q6T3	7
1362	H4T10	249	1406	J7T11	174	1450	Q1S7	96	1494	P8T7	6
1363	N3S1	244	1407	J3S2	172	1451	H11S6	95	1495	P8T4	5
1364	I1S3	244	1408	H11T2	169	1452	Q7S1	92	1496	P8T6	5
1365	I2T4	244	1409	M8S5	161	1453	I2T6	88	1497	J2R4	5
1366	H17T2	239	1410	L3S3	160	1454	H4T5	83	1498	J2R2	2
1367	H2R6	237	1411	H11T7	158	1455	H17T9	81	1499	J2S1	2
1368	Q1S4	236	1412	K6S2	157	1456	H11S4	79	1500	J2T1	2
1369	I2S3	235	1413	J6S1	156	1457	M12T2	73	1501	P8T1	1
1370	J9S1	231	1414	H4T16	155	1458	O2R6	72	1502	P8T2	1
1371	I11S4	229	1415	I10S3	155	1459	J7T13	70	1503	P8T3	1
1372	P1T1	226	1416	H4S1	153	1460	J7T4	66	1504	P8T9	1
1373	G7S6	225	1417	Q6T2	151	1461	J7T2	65	1505	J2R3	1
1374	J16T2	225	1418	F3S6	151	1462	P8T8	64			
1375	H14R2	224	1419	K1S5	150	1463	J7T8	64			
1376	F4S2	219	1420	H4R6	142	1464	J16T1	64			

第二編　銅銭区北部

序

　銅銭区北部地域の南は淮河、北は遼との国境で区切られる。西は西夏・隴西に至り東は渤海湾・日本海に至る地域である。その南北のほぼ中央を黄河が東西に貫流している。東部沿岸地区の運河である汴河・漳水が南北を結び、また西部内陸地区では長江中流に注ぐ漢水を遡流して襄陽・商州・京兆府の運路が南北を結んでいた。このように銅銭区北部（以下、北部）には東西南北の水運路・陸運路が敷かれている。その運路を通じて西北辺に展開する長大な国境地帯防衛軍に対する軍需物資・民間商品が西北辺へ向って流れた。

　北部は大きくは五つの地域、即ち河南、河北、山南－河南西部、山西、陝西に分けられ、河南の京東東路・京東西路、河北の河北東路・河北西路、山南－河南の京西南路・京西北路、山西の河東路、陝西の永興軍路・秦鳳路など9路から構成されている。

　北部9路の州軍は、四京及び京東東路の9州軍、京東西路の8州軍（新務年代、7）、河北東路の16、河北西路の17（16）、京西南路の9（8）、京西北路の9（7）、河東路の23（21）、永興軍路の20（18）、秦鳳路の12（15）で、計127州軍（121）であり、多くの州軍が存在した。

表1　銅銭区北部総合表（都市・町・税務・税額・酒額・酒額倍率・戸・州軍）

路	行政都市	小都市・町	計	旧商税務	旧酒銭額	旧商税額	酒額倍率	戸数	州軍数
A 四　　　京	56	40	96	83	120	29	4.1	58	4
B 京 東 東 路	34	33	67	75	63	25	2.5	70	9
C 京 東 西 路	34	26	60	52	53	27	2.0	57	8
D 京 西 南 路	25	7	32	48	29	14	2.0	31	9
E 京 西 北 路	46	29	75	79	61	27	2.2	43	9
F 河 北 東 路	51	82	133	115	88	48	1.8	53	16
G 河 北 西 路	68	27	95	105	91	29	3.1	56	17
H 永 興 軍 路	85	92	177	137	179	33	5.4	85	20
I 秦　鳳　路	33	74	107	86	132	24	5.5	51	17
J 河　東　路	76	23	100	98	73	23	3.1	57	24
計　　10	508	433	942	878	889	279	3.1	561	133

　　酒銭額・商税額・戸数．単位万（各路千位四捨五入）、東京は住城（都商税院）旧商税を含まず（不立額）、戸は元豊戸　酒額倍率＝旧酒銭額÷旧商税額
　　典拠　旧酒額・戸数及び都市・町：各路「おわりに」表1・2　旧商税額：拙著2の各路「はじめに」総合表1
　注　1 拙著2のG・Iの旧商税及びE戸数を訂正
　　　2 州軍数は新設州軍を含む

第一章　四京・京東東路

第二編　銅銭区北部

表2　　　　　　　　銅鉄銭区比較表（都市・町・酒額・税務・税額・戸）

地　区	行政都市		小都市・町		計		旧酒銭額		旧税務数		旧商税額		戸	
銅銭区北部	508	55%	434	49%	942	52%	889	61%	878	57%	279	53%	561	39%
銅銭区南部	266	29%	179	20%	445	25%	429	28%	445	29%	194	37%	705	49%
鉄　銭　区	146	16%	268	30%	414	23%	220	14%	209	14%	53	10%	168	12%
計	920	—	881	—	1,801	—	1,538	—	1,532	—	526	—	1,434	—

酒銭額・商税額・戸数：単位万、銅銭額、戸は新務年代　％：各区が全国にしめる比率
典拠：各区諸路の「おわりに」表1・2　　鉄銭区旧酒銭は五編一章表1仮定1鉄銭区酒額、なお五編二章表20参照
注　北部旧商税額は開封府額を含む

　なお四京の各京が所在する路は京東西路（東京・南京）、京西北路（西京）、河北東路（北京）の3路に分散しているが、表1の銅銭区北部総合表に示しているように、四京には行政都市56、小都市・町40、計96が存在し、また酒額も高水準Ⅳであるので（比較表20）、四京は1路に匹敵する。

　次に表2の銅鉄銭区比較表によれば旧務年代においては、四京・9路の北部州軍の酒麹務942（行政都市508＝州県、小都市・町434＝鎮市）・酒銭額総計889万貫で、商税務878・商税額267万貫であり、酒銭額が商税額の1.8〜5.5倍で、平均3.1倍である（表1）。また酒麹・課税対象商品の消費を可能にした経済力の基盤である戸561万である。

　次に北部の戸数は全体の約四割であるが、都市・町数942は全体の約五割、酒額は実に六割で、また商税額は全体の約五割をしめる。北部は経済的に中心的存在であった。

　本編〜四編は専ら酒麹雑録記載地の分析を行い、また坊場の視点にたって地理表を分析している。三司の酒務が置かれた町は大きな町であるが、これを単に町と呼ぶことにする。

第一章　四京・京東東路

はじめに

　はじめ東京・西京の麹院・麹務で麹を造り酒戸に販売して酒戸のみに酒の醸造・販売を許した。天禧以降では南京でも行なわれた[1]。また後掲史料によれば天聖以降に北京も麹専売とされたので、旧務年代（景祐〜慶暦）では四京は麹専売であった。河北・西川で麹専売を行った早い時期の記録があるが、後に酒専売に移行したので[2]、旧務年代では全路の州軍・県鎮は酒専売であった。四京の麹務・麹銭分析では麹統計・麹院・麹務・麹銭・麹銭額（麹額）・麹務地・麹務表などの用語を用いる。

第一章　四京・京東東路

　麹専売は官が麹を造り酒戸のみに醸造・販売させ、四京酒界分内ではそれ以外の一切の麹・酒の生産・販売を厳禁したので、麹専売＝酒専売である。州軍・県鎮・郷村・道店の三司管轄下の酒務・酒戸などの酒販売機関を酒務と総称し、この酒務と関連する用語として酒務統計・酒銭額（酒額）・酒銭・酒務地・酒務表などの語を用いる。また場合により酒麹・酒戸・酒麹務・酒麹銭・酒麹専売の語を用いる。なお本編～四編の酒銭・酒戸に司農寺酒坊の酒銭・酒坊は含めない。

　なお夔州路・福建路・廣南東路・廣南西路は多くの州軍が不権とされていたので、分析対象地から原則的に除外し、必要に応じて言及する(3)。

注

(1) 宋会要食貨20－4・景徳四年二月詔の一節に、「其西京清酒務。宜令停廢。一依東京體例施行。云々。」とみえ、景徳4年に西京の清酒務を廃し、東京と同じにした。これは麹専売への転換を意味する。同じく食貨20－6・天禧三年十一月五日の条に、知應天府の言がみえ、後文に「仍令依西京例任人買麹醞酒」とあり、同月十七日詔に、「其南京酒麹課利。中略。依東西京例。招召衆戸取便。買麹造酒沽賣。」とみえ、天禧三年には東京・西京と同じく南京でも麹専売が実施された。

(2) 宋会要食貨20－3・開寶二年九月詔に、「西川諸州賣麹價高。云々。」とみえ、西川ははじめ麹専売であった。同じく乾徳五年三月の詔の一節に、「貝州言。承前節度使差（元）随監當麹務。除官麹外別抑配酒戸買屬州麹。民受其弊。」とみえ、河北路の貝州及びその支郡の州で麹の官売が行なわれていた。また同じく太平興国七年八月の成都府路・梓州路・利州路に対する詔に付された文に、「先是。諸州官置酒酤。並從除放。依舊造麹市與民。其益州歳増麹銭六萬貫。並除之。」とみえる。この太平興国の資料は三路に対して一時酒専売制を行ったが、弊害が多いので旧により麹専売に切り替えたことを伝える。同じく食貨20－6・天聖三年十一月の条に、「上封者言。西川州軍酒麹場自來依勅於衙前中取曾主持重難事者令買撲勾當。中略。望下益梓利夔四路轉運司據轄下州軍酒麹場務。依舊額出辨。不許増剋撲。帝曰小民爭利煩擾。官司誠如所奏速與指揮」とみえ、天聖までは四川四路に酒麹務が置かれていた。

　また宋会要食貨20－4・雍熙三年十一月の条の一節に、「澶州官務一斗酒。量較其大小。不及官斗七勝。中略。慮諸道州府酒務亦有以此小斗。云々。」とみえ、雍熙時代に河北の澶州では酒務が置かれていた。同食貨20－7・天聖五年五月の条に、「前略。河北州府・縣鎮酒税務。各有京朝官使臣監當外。云々。」とみえ、天聖では河北は麹務ではなく酒務が置かれ、京朝官・使臣が監當したことを記すので、河北は天聖までに酒専売になっていた。また同じく食貨20－9・熙寧九年十月十二日の条の一節に、「訪聞成都府路州縣酒務多有虧敗。云々。」とみえ、西川の成都府路州県に酒務が置かれていたので、熙寧までに成都府路は酒専売になっていた。

(3) 宋会要食貨20－3・開寶四年四月の条に、「廣南轉運使王明言。廣州酒麹元無禁法。軍民取便醞賣。詔依舊不禁。」とみえ、廣南路は酒麹専売が国初から行われなかった。同年十月に、「知邕州范旻言。本州元無麹法。詔如廣州例」とみえ、廣南西路の邕州も廣州と同じく酒麹専売は行われなかった。「酒麹雑録」には廣南東路・西路の諸州をあげて「不権」とするので、国初から廣南東・西路は熙寧十年まで専売が行われなかった。夔州路は4州、福建路は3州のみの専売を記し、他は州名をあげて「以上不権」と注している。なお廣南東西路の「以上不権」の原文は「不」を「並」とする。諸州の記載に、酒麹務・酒麹銭額が記載されていないので、原文の「並」は「不」の誤りである。

第二編　銅銭区北部

第一節　四京

1　東京Ａ１

　東京・開封府の酒麹務及び新旧酒麹銭額は次の如くである。東京は麹専売で、開封府外県及び鎮市は酒専売である。

(1)　酒麹統計
○□△
東京。官造麹買於酒戸。
毎歳舊　　　　　　４７４，６４５貫
熙寧十年祖額　　　３５５，８０４貫９２０文
　①

開封府十五県及赤倉・道士・八角・郭橋・陳橋・諫寺・靜封・義罄・建雄・朱家曲・盧館・宋樓・張橋・馬欄橋・蕭館・圍城・潘・故濟陽・萬勝鎮・張三館三十五務
　　　　　　　　　　　　　　　　　　　　　　　②
毎歳舊錢　　　　　　３４４，４８４貫
　　　　絲　　　　　　６，１１４両
　　　　絹　　　　　　　　　８疋
今二十一県
　③
熙寧十年錢　　　　　２４０，５５８貫３４８文７分
　　　　絲　　　　　　１，０７０両
　　　　絹　　　　　　　　８疋１丈７尺７寸
　　　　新額計　　　５９６，３６３貫２６８文

注　①原文、不記　②東京全体としては、上段の東京を加え３６務　③本文参照
○印：旧税務有り　□印：新税務有り　△印：地理表にみえる地
(諸印は、以下の酒麹統計に共通)

A1 東京	銭　額　表	
旧　　額		819,129貫
新　額	官売	596,362貫
	買撲	0
	計	596,362貫
新旧差額		－222,767貫
増額率		－27％
官売率		100％
買撲率		0％

旧絹額　　８疋
新絹額　　８疋１丈７尺７寸
新旧差額　　１丈７尺７寸
増額率　　５％
旧絲額　　6,114両
新絲額　　1,070両
新旧差額　　5,044両
増額率　　－82％

　熙寧十年の開封府外県の酒銭については、買撲課額を示さず、「今二十一県。熙寧十年銭○○貫○○文。絲○○両。絹○匹○丈○尺○寸」とするので、これが祖額である。旧務年代と新務年代の開封府銭額を比較すると新務年代は約11.5万貫（約−34％）減である。「今県二十一」とするので、県以外の旧務年代の鎮市20務は司農寺坊場とされたため買僕がないとする解釈も考えられる。しかし東京熙寧十年額

— 104 —

第一章　四京・京東東路

（＝祖額）も旧課額より約25％減になっているので、減額を買撲務有無の根拠とするのは適切ではない。熙寧十年現在では、鎮市20務は全て官直営務＝官監務で、買撲官監務がないため買撲課額が開封府にはないと解すべきである[1]。また開封府には鄭・滑両州の12酒務が含まれていたにも拘らず、酒額は30％減になっている。司農寺酒坊とは関係なく別な原因により開封府酒額は大きく落込んだことが明らかである。

「酒麹雑録」が鎮には言及しないが、県については「今県二十一」と記すのは、旧務年代の県15、熙寧十年の県21で県数が大きく相違しているためこの文言を入れたのであろう。県数に開きが生じたのは、県変遷図に示しているように熙寧五年に滑・鄭両州が廃されて開封府に割入されていたことによる。他の三京・19路の州軍には「今県〇〇」の文言はなく、「熙寧十年祖額〇〇貫〇〇文・買撲〇〇貫〇〇文」としいている。

なお九域志にもとづく県変遷図によれば熙寧十年の外県は20県であるが、「商税雑録」も熙寧十年の外県を21県とする。拙著2では九域志の記載にもとづき「商税雑録」の榮陽県・榮澤県・原武県を鎮に改め20県としている[2]。

京城内の麹販売機関は麹院と呼ばれ、多くの酒戸がその統轄下に置かれ酒の醸造販売に当っていたが、麹銭額は一額になっている。即ち京城酒界分内は麹院のみに課額が立てられた。また酒麹統計に「開封府十五県」と記す15県は外県務（以下、県または県務）で、これには郭下県である開封県・祥符県は含まれない（地理表参照）。旧務年代では酒務は県務15・鎮務19・その他１で、計35務とされているので各務に酒銭課額が立てられた。

「毎歳舊錢・絲・絹」はそれら35務の課額の総額である。この「毎歳舊錢・絲・絹」に対応しているのが「熙寧十年錢・絲・絹」であるが、上段の東京郭内の記載形式から「熙寧十年錢・絲・絹」は「熙寧十年祖額」であることが明らかである。すでに述べたが「酒麹雑録」の一つの目的は旧額と新額とを比較することにあるため、銅銭区のほとんどの州軍は旧額と祖額・買撲とを対比させている。

次に京城酒界分の新旧額の差額は－118,841貫である。熙寧十年の麹額は最高の１斤200文であるにも拘わらず25％と大きく減じている。京城酒界分外の開封府外県15務及び鎮市務20の新旧額の差額－103,926貫であり、30％減である。酒麹額増減原因については章末で論じる。京城内外の旧額合計は819,129貫・新額合計＝官売596,362貫（文切り捨て）で、新旧の差額－222,767貫・増額率27％減である。また官買率100％・買撲率０％である。以上の数値を銭額表に整理して示す。なお酒麹統計の新額計と本文・銭額表の新額・新額計は差が１貫ある。これは酒麹統計では文・分までを計算しているが、本文・銭額表では文・分を加算していないために生じている。以下の章でもこれは同じであるので注意しておき

－105－

第二編　銅銭区北部

A1 開封府　県変遷図

年代	外県	郭下
太平興国中	陽武 原武 新鄭 管城 滎澤 滎陽 胙城 韋城 白馬 咸平 東明 鄢陵 扶溝 酸棗 長垣 太康 中牟 考城 襄邑 雍丘 尉氏 陳留 封邱	浚儀 開封

↓：存続，↓（太）：割入，↓（白）：割出，○：税務設置，①〜⑤：史料番号、拙著2のA1の県変遷図参照
1〜15：旧外県番号，20〜1：新外県番号　旧務年代の上の○は商税務，下の○は酒務の設置
注　1 以上の矢印・史料番号，新旧県番号，○・×印は，本書の全ての県変遷図及び鎮置廃図に共通
　　2 鄭州再建はE8県変遷図参照

たい。

　なお新旧の絲の増額率−82％・絹の増額率5％であるが、酒麹銭全体の増減に大きな影響をあたえないのでそれらの増減を除外し酒麹銭増減に加えないことにする。これは、一編二章で論じたように物額を銭額に換算すると全体としては大差は生じないためである。

(2)　酒麹務表

　次に寰宇記1・九域志1・方域12により太平興国中〜元豊間の開封府諸県の変化を県変遷図[3]に示す。酒麹統計は東京＝在城・県15・鎮市20を記すが、それらの酒麹務からは旧務年代は分からず不明であるので、一般的な旧務年代である景祐〜慶暦に従っておく。

A1 開封府　鎮置廃図

県	白馬	襄邑	陳留	封丘	東明
鎮	靈河	黎驛鎮	崇化鎮	河口鎮	屯固鎮	潘鎮	東明鎮

天僖2年 1018			(2)			
天聖7年 1092				(2)		
明道2年 1033		(4)				
旧務年代 皇祐3年 1051	×	(3)	×		(1)	
治平3年 1066	(6)			?	?	
熙寧2年 1069		(5)				
10年	○	×	○	×	×	
元豊中 1078〜1085	○	×	○	×	×	

旧務年代、熙寧10年の×：商税務にみえない
元豊中の○：地理表にみえる　×：地理表にみえない
表は新旧商税務表（拙著2，48〜49頁）

第一章　四京・京東東路

　図によれば熙寧五年前の旧外県15であり、酒麴統計の旧県酒務15であるので、県置務率は100%である。また酒麴務は州県務（東京十外県）16・鎮市務20の計36務であり、州県務率44%、鎮市務率56%である。

　次に酒麴統計の地名に〇印を付した東京・15県（州県務16）、及び陳橋[1]・義聲[2]・建雄[3]・馬欄橋[4]・圉城[5]（鎮市務5）の計21処が酒麴務・旧商税務の併設地である。酒麴務地36処にしめる併設地の併設率は58%で、比較的に低率である（比較表2）。また旧商税務24処[(4)]に対する併設地の対旧商税務率は88%と高率である。

　次に旧務年代の小都市は鎮市のうち〇印を付した併設地5処で、町は鎮市のうち〇印を付さない鎮市で15処（6～20の地）である。

　次に酒麴務地に新商税務が設置された新税務地は、酒麴統計の地名の上に□印を付した東京・15県（州県務16）、及び1・3～5の地・朱家曲[6]・宋樓[7]・萬勝[8]・張三館[9]（鎮市務8）の24処である。酒麴務地36処にしめる新税務地の新務地率は67%、また新商税務42処[(5)]に対する新税務地の対新商税務率は57%である。

　次に酒麴務地で元豊まで存在して地理表[(6)]にみえる存続地は、酒麴統計の地名に△印を付している。存続地は東京・15県（州県務16）、及び1～9の地・赤倉[10]・八角[11]・郭橋[12]・盧館[13]・蕭館[14]・潘鎮[15]・故済陽[16]（鎮市務16）で計32処である。酒麴務地36処にしめる存続地の存続率は89%である。

　次に新務年代の小都市は鎮市のうち□印を付した新務年代の併設地である新税務地8処で、町は鎮市のうち〇△印及び△印のみの鎮市で計8処（2・10～16の地。酒麴務表の新税務地にみえず存続地にみえる地）である。

　次に旧商税務・新商税務・地理表のいずれにもみえない無印の不明地は道士[17]・諫寺[18]・靜封[19]・張橋[20]の4処で、不明率11%である。不明地は存続地及び新務年代の町に含めない。以上の酒麴務・諸数値を酒麴務表に整理して示す。

第二編　銅銭区北部

A1　開封府　格東京　地理表

（主戸183,770　客戸51,829　計235,599　貢　方紋綾，方紋紗，蘆席，麻黄，酸棗）

格	県	距離	郷	鎮	％	その他	備　　考	水　　系	計36
赤	開封	郭下	6	1	16	0	赤倉鎮	汴河,恵民河,通濟渠,浚溝,逢澤,沙海	6
赤	祥符	郭下	8	4	50	0	陳橋・郭橋・八角・張三館鎮	蔡河, 廣濟河, 金水河	3
畿	尉氏	南90	8	3	37	0	朱家曲・宋樓・盧館鎮	恵民河, 長明溝, 制澤陂	3
畿	陳留	東52	4	7	175	0	北・南・城西・城南・城東・河口・蕭館鎮	汴河, 睢溝	2
畿	雍丘	東87	7	1	14	0	圉城鎮	汴河	1
畿	封丘	北60	6	1	16	0	潘鎮	白溝河, 黄池	2
畿	中牟	西70	5	3	60	0	白沙・圃田・萬勝鎮	汴河, 鄭河, 圃田澤	3
畿	陽武	西北90	10	1	10	0	陽武歸鎮	黄河, 汴河, 白溝河	3
畿	酸棗	西北90	5	1	20	0	草市鎮	黄河	1
畿	長垣	東北105	7	0	0	0		濮水, 刃河	2
畿	東明	東90	6	1	16	0	故濟陽鎮	廣濟河	1
畿	襄邑	東170	6	2	33	0	崇化・黎驛鎮	汴河, 睢水	2
畿	扶溝	南180	5	2	40	0	建雄・義聲鎮	洧水, 白水	2
畿	鄢陵	南160	4	1	25	0	馬欄橋鎮	洧水, 潰水	2
畿	考城	東180	4	0	0	0		黄溝	1
畿	太康	東南230	8	3	37	0	高柴・崔橋・青桐鎮	蔡河, 渦水	2
畿	咸平	東南90	4	0	0	0			0
計	17		103	31	30	0	土産　絹, 綿, 穀子, 麻黄, 酸棗		5種
田（千頃）	1,134	水利田（千頃）	16			田・水利田：百位四捨五入			

距離欄：郭下からの里程・方位　％：郷鎮率（鎮÷郷×100）
その他欄：諸機関, 例, 鎮・寨・堡・城, 場務, 冶, その他
備考欄：鎮名及びその他の機関名　土産：物産, 寰宇記による　水系：県域の河川・運河・湖・泉・海・その他
×印の地：税務・酒務不記の地で小さな町候補地13
出典：①土産以外は九域志　②田は通考・田賦4　③水利田は宋会要食貨61
注　陽武歸鎮は新税務の陽武橋鎮の可能性もあろう。ここでは同一鎮とせず

A1　東京　　酒　麹　務　表

外県	置務県	置務率	州県務	州県務率	鎮市務	鎮市務率	酒麹務	併設地	併設率	旧商税務	対税旧商率	新税務	新務地率	新商税務	対新商率	存続地	存続率
15	15	100	16	44	20	56	36	21	58	24	88	24	67	42	57	32	89

併設地 21処	州県	京在城・15県	16処
	鎮市	¹陳橋・²義聲・³建雄・⁴馬欄橋・⁵圉城（小都市）	5処
新税務地 24処	州県	京在城・15県	16処
	鎮市	1・3～5の地・⁶朱家曲・⁷宋樓・⁸萬勝・⁹張三館（小都市）	8処
存続地 32処	州県	京在城, 15県	16処
	鎮市	1～9の地・¹⁰赤倉・¹¹八角・¹²郭橋・¹³盧館・¹⁴蕭館・¹⁵潘鎮・¹⁶故濟陽	16処
不明地		¹⁷道士・¹⁸諫寺・¹⁹靜封・²⁰張橋　　4処	不明率　11　％

旧務年代の町15（6～20の地）・小都市5、新務年代の町8（2・10～16の地）・小都市8
注　①不明地は存続地・新務年代の町に入れず
　　②旧務年代・新務年代の税務数（24・42）は都商税院を含む

第一章 四京・京東東路

注

(1) 島居前掲書438頁の表62は、四京酒課の統計である。東京・熙寧十年買撲浄利銭額2,7698.510貫文とするが、「酒麹雑録」には東京の買撲銭が記されていず、同表の東京買撲浄利銭額は「酒麹雑録」の西京の買撲銭である。また同表の西京買撲浄利銭額2,6132.304は南京の買撲銭で、南京の買撲浄利銭額1,8391.060は北京の買撲銭である。同表では北京の買撲浄利銭額は無い（表中のこの欄、──）とするので、祖額はあるが買撲浄利銭額は無いことになる。この表62を引用してはならない。
　「酒麹雑録」の熙寧十年の祖額は官直営務の官監務祖額であり、買撲は買撲官監務の買僕銭で課利＋浄利の合計額である。この解釈は同書の「酒麹雑録」解釈と根本的に異なるので注意しておきたい。
(2) 拙著２、45頁。
(3) 県変遷図の作成史料は拙著２、44～45頁参照。
(4) 拙著２、43頁。なお、旧商税務は本書付録を参照（以下、同じ）。
(5) 拙著２、43～44頁。なお、新商税務は本書付録を参照（以下、同じ）。
(6) 拙著２、47頁の地理表に同じ。

２　西京Ａ２

　西京・河南府の酒麹務及び新旧酒麹銭額は次の如くである。西京酒界分が麹専売で、河南府外県・鎮市は酒専売である。

(1) 酒麹統計

西京。官造麹如東京之制。（舊。在城）及永寧・長水・密・新安・緱氏・鞏・偃師・壽安・永安・潁陽・登封・澠池・福昌・河清・王屋・白波・彭婆・伊闕・三郷・府店・貝莊・曲河二十三務

```
歳　　　　　　　114,195貫
　　絹　　　　　　35疋
熙寧十年祖額　　120,848貫637文
　　買撲　　　　 27,698貫510文
　　新額計　　　148,547貫147文
```

注　①意を以て補う　②王屋県は孟州地理表にみえ、存続地である
　　③買撲官監務の課利銭＋浄利銭（以下同じ）

酒麹統計の「歳」は東京の例によれば、「毎歳舊銭」である。旧額は114,195貫で、祖額＝官売額と買撲を合せた新額は148,546貫（文切り捨て）であり、両額の差額34,351貫で、増額率は30％である。また官直営の官監務の官売額は120,848貫・買撲官監務の買撲27,698貫で、官売率81％・買撲率19％である。以上の数値を銭額表に整理して示す。

A2 西京		銭　額　表
旧　額		114,195 貫
新　額	官売	120,848 貫
	買撲	27,698 貫
	計	148,546 貫
新旧差額		34,351 貫
増額率		30 %
官売率		81 %
買撲率		19 %

```
旧絹額　　 35疋
新絹額　　  0疋
新旧差額　 35疋
増額率　 －100 %
```

第二編　銅銭区北部

(2) 酒麹務表

　次に寰宇記3・九域志1により太平興国中～元豊間の西京・諸県の変化を県変遷図[1]に示す。旧務の王屋県は図によれば慶暦三年に孟州に割出され、同四年に再び西京に併入されている。旧務年代は慶暦三年前又は同四年以後である。図では慶暦三年前として示した。

　図によれば河南府外県は永寧・長水・密県・新安・緱氏・鞏県・偃師・壽安・永安・潁陽・登封・澠池・福昌・河清・王屋・伊闕・伊陽の17県であるが、酒麹統計には伊陽が含まれていない。置務県16で県置務率は94％である。また酒麹務は州県務（在城＋外県、以下同じ）17・鎮市務6の計23務であり、州県務率74％・鎮市務率26％である。

　なお酒麹統計は白波・彭婆を伊闕県の前に置くが、両者は県ではなく鎮である。このように酒麹統計は必ずしも「県・鎮・その他」の順に酒麹務地を並べているとは限らず注意しなければならない。この西京の記載順序はそうした多くの中の一例である。

　次に酒麹統計に○印を付した在城・永寧¹・長水²・密県³・新安⁴・緱氏⁵・鞏県⁶・偃師⁷・壽安⁸・永安⁹・潁陽¹⁰・登封¹¹・澠池¹²・王屋¹³・伊闕県¹⁴¹⁵（州県務15）、及び白波¹⁶・彭婆¹⁷・三郷¹⁸・府店¹⁹・曲河²⁰（鎮市務5）の計20処が酒麹務・旧商税務の併設地である。酒麹務地23処にしめる併設地の併設率は86％、また旧商税務26処[2]に対する併設地の対旧商税務率は79％である。

　次に旧務年代の小都市は鎮市のうち○印を付した併設地5処で、町は鎮市のうち○印を

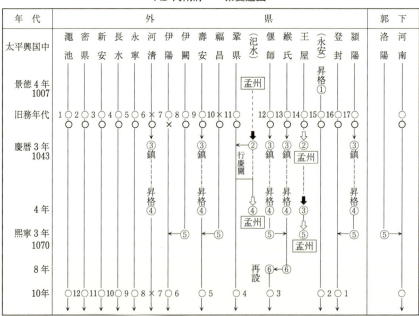

A2　河南府　　県変遷図

第一章　四京・京東東路

付さない鎮市で2処（22・23の地）である。

　なお河清・福昌両県の旧商税務は記載されていず、清河県の場合は新商税務も記載されていない。伊陽県は酒務が記載されていない。税務・酒務不記の県は五編二章で分析する。

　次に酒麹務地に新商税務が設置された新税務地は、酒麹統計に□印を付した上記の1～5・7～10・12・13の地（州県務11）、及び6・11・15・16～20の地（鎮市務8）で計19処である。酒麹務地23処にしめる新税務地の新務地率は83％、また新商税務22処[3]に対する新税務地の対新商税務率は86％である。

　なお図によれば緱氏県は慶暦三年と熙寧八年に鎮となり、また伊闕・福昌・潁陽の3県は熙寧三年に鎮に降格された。さらに偃師県は熙寧三年に鎮に降格したが同八年には再び県になっている。したがってそれらの県は酒麹務表の併設地欄（旧務年代）・新税務地欄（熙寧十年）・存続地欄（元豊）で県から鎮、鎮から県に変化することになる。こうした変化は他の州軍でもみられ注意しておく必要がある。

　次に酒麹務地23処のうち元豊まで存在して地理表[4]にみえる存続地は、酒麹統計の地名に△印を付している。存続地は上記の1～5・7～10・12～14の地・河清（州県務13）、及び6・11・15・17～20の地・福昌（鎮市務8）で計21処である。酒麹務地23処にしめる存続地の存続率は91％である。

　次に新務年代の小都市は酒麹統計の鎮市のうち□印を付した新務年代の併設地である新税務地8処で、町は鎮市のうち△印のみを付した福昌である。

A2　河南府　格西京　地理表　（主戸78,550　客戸37,125　計115,675　貢　蜜，蝋，瓷器）

格	県	距離	郷	鎮	％	その他	備考	水系	計29
赤	河南	郭下	4	5	125	0	建春門・彭婆・洛陽・龍門・上東門鎮	伊水，洛水，瀍澗水，金水	4
赤	永安	東 85	3	1	33	0	孝義鎮	洇河	1
畿	偃師	東 60	2	1	50	0	緱氏鎮	黄河，曲洛	2
畿	鞏県	東 110	1	0	0	0		黄河，洛口	2
畿	登封	東南 130	2	3	150	0	潁陽・曲河・費荘鎮	潁泉	1
畿	密県	東南 200	1	1	100	0	大隗鎮	洧水，潰水，鄖水	3
畿	新安	西 70	2	2	100	0	慈澗，延禧鎮	金水，穀水，陝水	3
畿	澠池	西 156	3	1	33	0	土壕鎮	黄河，澠池水	2
畿	永寧	西 250	5	1	20	0	府店鎮	黄河，杜陽水	2
畿	長水	西 240	3	1	33	0	上洛鎮	洛水，松陽水	2
畿	壽安	西南 76	8	3	37	0	柳泉・福昌・三郷鎮	洛水，昌水，少水	3
畿	伊陽	南 260	4	2	50	鎮場 1	小水・伊闕鎮（場名不記）	伊水，湑陽水	2
畿	河清	北 45	3	1	33		長泉鎮	瀍瀍水	1
計 13			41	22	53	1	土産	桑白皮，桔梗，元参，丹参，旋覆花，大戟，白蠟，半夏，芫花，蛸粉	10種
卓財監		北 40							

○印の地：旧税務の地で大きな町に準ずる町1
×印の地：小さな町候補地12

第二編　銅銭区北部

　なお王屋県は熙寧三年に孟州に割出されたため、孟州地理表[5]にみえるので存続地である。白波鎮[16]は西京・孟州の地理表にみえないので、地理表不記地であり、不明地の員荘と共に存続地・新務年代の町に含めない。

　次に旧商税務・新商税務・地理表のいずれにもみえない不明地は員荘[23]のみで、不明率3％である。以上の酒麹務・諸数値を酒麹務表に整理して示す。一般に、存続率＋不明率＝100％、であるが、県鎮が他州軍に割出され、或いは酒麹務地が地理表に記されていないと、その州軍では、存続率＋不明率＜100％、となる。西京もこの例である。

A2 西京　　　　　　　　　　酒　麹　務　表

外県	置務県	県置務率	州県務	州県務率	鎮市務	鎮市務率	酒麹務	併設地	併設率	旧商税務	対税旧商率	新税務地	新税務率	新商税務	対税新商率	存続地	存続率
17	16	94	17	74	6	26	23	20	86	26	79	19	83	22	86	21	91

併設地 20処	州県	在城[1]・永寧[2]・長水[3]・密県[4]・新安[5]・緱氏[6]・鞏県[7]・偃師[8]・壽安[9]・永安[10]・潁陽[11]・登封[12]・澠池[13]・王屋[14]・伊闕[15]	15処
	鎮市	白波[16]・彭婆[17]・三郷[18]・府店[19]・曲河[20]（小都市）	5処
新税務地 19処	州県	1～5・7～10・12・13の地	11処
	鎮市	6・11・15・17～20の地（小都市）	8処
存続地 21処	州県	1～5・7～10・12～14の地・河清[21]	13処
	鎮市	6・11・15・17～20の地・福昌[22]	8処
不明地		員荘[23]　　　　　　　　　　　　　　1処	不明率　3％

旧務年代の町3（21～23の地）・小都市5、新務年代の町1（22の地）・小都市8

　注　①16の地は地理表不記地及び不明地は存続地・新務年代の町に入れず
　　　②酒麹務23＝存続地21＋不明地1＋地理表不記地1
　　　③21の地は新旧両年代の酒務県（税務不記の県、以下の表同じ）

注

(1) 県変遷図の作成史料は拙著2、95頁を参照。
(2) 拙著2、94頁。
(3) 拙著2、94～95頁。
(4) 拙著2、98頁の地理表に同じ。
(5) 第五章京西北路・E2孟州地理表。

第一章　四京・京東東路

3　南京Ａ３

　南京・應天府の酒麹務及び新旧酒麹錢額は次の如くである。南京は麹専売で、應天府外県・鎮市は酒専売である。

(1)　酒麹統計

南京。官造麹如東京之制。(舊。○在城)△及楚丘○□・穀熟○□△・寧陵○□・虞城○□△・下邑○□・柘城県○□△・高辛△・會亭○□△・濟陽鎮○□△
十務
歳　　　　　　　　　　　　　７８，７１８貫
熙寧十年。在城賣麹　　　　　３０，６９９貫２１７文
寧陵県官監　　　　　　　　　１５，４９５貫１４９文
諸県買撲　　　　　　　　　　２６，１３２貫３０４文
　　　　　　　新額計　　　　７２，３２７貫６７０文
　注　①意を以て補う　②原文、九。南京を入れ、計１０　③本文参照

　東京の例によれば、この酒麹統計の「歳」は「毎歳舊錢」であり、旧額は78,718貫である。「在城賣麹」と「寧陵県官監」とを合せた額が東京・西京・北京の「熙寧十年祖額」＝新祖額と解すべきである。また熙寧十年の「諸県買撲」は、熙寧十年の「在城賣麹」・「寧陵県官監」＝新祖額と対置されているので、西京・北京及び他の州軍の「買撲」と同じであろう。即ち寧陵県を除く６県務・３鎮務が買撲されたことを意味する。それらは買撲官監務である。

A3　南京	錢　額　表	
旧　　額		78,718 貫
新　　額	官売	46,194 貫
	買撲	26,132 貫
	計	72,326 貫
新旧差額		－6,392 貫
増額率		－8％
官売率		64％
買撲率		36％

　旧額78,718貫・新額72,326貫（文切り捨て）で、両額の差額は－6,392貫、増額率－８％である。また在城額と寧陵県官監とを合せた官直営の官監務の官売額46,194貫で、官売率64％である。また諸県務・鎮務の買撲官監務の買撲26,132貫、買撲率36％である。以上の数値を錢額表に整理して示す。

(2)　酒麹務表

　次に寰宇記12・九域志１により太平興国中～元豊間の南京應天府諸県の変化を県変遷図[1]に示す。酒麹統計は在城・県６・鎮市３を記すが、それらの酒麹務からは旧務年代は不明であるので、一般的な旧務年代である景祐～慶暦に従っておく。

— 113 —

第二編　銅銭区北部

　図によれば熙寧十年前の旧外県6で、また酒麹統計の県務6であるので、県置務率は100％である。次に酒麹務は州県務7・鎮市務3務の計10務であり、州県務率70％、鎮市務率30％である。

　次に酒麹統計に○印を付した在城（南京）¹・楚丘²・穀熟³・寧陵⁴・虞城⁵・下邑⁶・柘城県⁷（州県務7）、及び會亭⁸（鎮市務1）の計8処が酒麹務・旧商税務の併設地である。酒麹務地10処にしめる併設地の併設率80％、旧商税務9処⁽²⁾に対する併設地の対旧商税務率89％である。

　次に旧務年代の小都市は酒麹統計の鎮市のうち○印を付した併設地1処（8の地）で、町は鎮市のうち○印を付さない地で2処（9・10の地）である。

　次に酒麹務地に新商税務が設置された新税務地は、酒麹統計に□印を付した上記の1～7の地（州県務7）、及び8の地（鎮市務1）の計8処である。酒麹務地10処にしめる新税務地の新務地率は80％、また新商税務9処⁽³⁾に対する新税務地の対新商税務率は89％である。

　次に酒麹務地で元豊まで存在して地理表⁽⁴⁾にみえる存続地は、酒麹統計の地名に△印を付している。存続地は上記の1～7の地（州県務7）、及び8の地・高辛⁹・濟陽¹⁰（鎮市務3）で計10処である。酒麹務地10処にしめる存続地の存続率は100％である。

　次に新務年代の小都市は鎮市のうち□印を付した新務年代の併設地である新税務地1処（8の地）で、町は鎮市のうち△印のみの地で2処（9・10の地）である。

　次に旧商税務・新商税務・地理表のいずれにもみえない不明地はなく、不明率0％である。以上の酒麹務・諸数値を酒麹務表に整理して示す。

A3　應天府　県変遷図

年　代	州格	外　県							郭下
太平興国中	宋州	寧陵	虞城	下邑	穀熟	柘城	楚丘		宋城
景徳3年 1006	應天府								
大中祥符7年 1014	南京								
旧務年代		1○ ○	2○ ○	3○ ○	4○ ○	5○ ○	6○ ○		○
熙寧10年 1077		○6	○5	○4	○3	○2	○1		○

A3　應天府　格南京　地理表　（主戸65,490　客戸25,844　計91,334　貢　絹）

格	県	距離	郷	鎮	％	その他	備　　考	水　系	計13
赤	宋城	郭下	6	3	50	0	城東・河南・葛驛鎮	汴水,睢水,渙水	3
畿	寧陵	西 55	5	3	60	0	新城・新興・長寧鎮	汴水,睢水,渙水	3
畿	柘城	西南 80	7	1	14	0	八橋鎮	渙水,包水,弘水	3
畿	穀熟	東南 40	6	3	50	0	高辛・濟陽・營城鎮	汴水,穀水	2
畿	下邑	東 120	6	2	33	0	會亭・濟陽鎮	汴水,黄水	2
畿	虞城	東北 55	5	1	20	0	治平鎮		0
畿	楚丘	東北 70	5	0	0	0			0
計 7			40	13	32	0	土産 漆,棗,絡,紵,綿,絁,穀,絹		8種

×印の地：小さな町候補地8、○印の地：大きな町に準ずる町

第一章　四京・京東東路

A3 南京　　　　　　　　　　酒　麹　務　表

	外県	置務県	県置務率	州県務	州県務率	鎮市務	鎮市務率	酒麹務	併設地	併設率	旧商税務	対税旧商率	新務税地	新務地率	新商税務	対税新商率	存続地	存続率
	6	6	100	7	70	3	30	10	8	80	9	89	8	80	9	89	10	100
併設地 8処	州県	在城¹・楚丘²・穀熟³・寧陵⁴・虞城⁵・下邑⁶・柘城⁷															7処	
	鎮市	會亭⁸（小都市）															1処	
新税務地 8処	州県	1～7の地															7処	
	鎮市	8の地（小都市）															1処	
存続地 10処	州県	1～7															7処	
	鎮市	8の地・高辛⁹・濟陽¹⁰															3処	
不明地														0処	不明率			0 %

旧務年代の町2（9・10の地）・小都市1、新務年代の町2（9・10の地）・小都市1

注

(1) 県変遷図の作成史料は拙著2、48～49頁参照。
(2) 拙著2、48頁。　(3) 拙著2、48頁。
(4) 拙著2、50頁の地理表に同じ。

4　北京 A 4

　北京・大名府の酒麹務及び新旧酒麹銭額は次の如くである。北京は麹専売で、大名府外県・鎮市は酒専売である。

(1)　酒麹統計

北京。舊。在城及臨清・經城・清平・冠氏・夏津・宗城・幸・魏・内黄・恒水・成安・館陶・南樂・朝城・永濟県・安賢・定安・普通・桑橋・淺口・清水・延安・李固・孫生・博寧・曹仁鎮二十七務①

歳	184,790貫
熙寧十年租額	174,026貫200文
買撲	18,391貫067文
新額計	192,417貫267文

注　①脱漏。本文参照。なお島居前掲書は魏州の文を移動させたため脱漏したとするが（461頁、注(10)）、誤字・脱漏は所々に散見される。「酒麹雑録」は多くの史料に基づき編集された統計で、計帳などではない。

　西京・南京の記載例からすると、「北京。官造麹如東京之制」を文頭に補うべきであろ

第二編　銅銭区北部

う。旧額は184,790貫・新額192,417貫（文切り捨て）で、両額の差額7,627貫・増額率4％である。また官直営の官監務の官売額は174,026貫・官売率90％、買撲官監務の買撲18,391貫・買撲率10％である。以上の数値を銭額表に整理して示す。

(2) 酒麹務表

次に寰宇記54・九域志1・地理志2により太平興国中～元豊間の大名府諸県の変化を県変遷図[1]に示す。酒麹統計は在城・県15・鎮市11を記すが、それらの酒麹務からは旧務年代は不明である。魏州から北京への昇格をとれば旧務年代は慶暦二年以後となる。一般的な旧務年代である景祐～慶暦に従っておく。

A4 北京	銭　額　表	
旧　　　額		184,790 貫
新　　　額	官売	174,026 貫
	買撲	18,391 貫
	計	192,417 貫
新旧差額		7,627 貫
増額率		4 ％
官売率		90 ％
買撲率		10 ％

図によれば旧外県15であり、酒麹統計の県務15であるので、県置務率は100％である。また酒麹務は州県務16・鎮市務11の計27務で、州県務率59％・鎮市務率41％である。

なお經城・洹水・永濟の3県は熙寧5・6年に鎮に降格され、熙寧十年では鎮市務であるので留意しておきたい。

次に酒麹統計に〇印を付した在城・臨清・經城・清平・冠氏・夏津・宗城・莘県・魏県・内黄・洹水・成安・南樂・朝城・永濟県（州県務15）、及び桑橋・淺口・清水・李固・曹仁（鎮市務5）の計20処が酒麹務・旧商税務の併設地である。酒麹務地27処にしめる併設地の併設率74％、旧商税務24処[2]に対する併設地の対旧商税務率83％である。なお館陶県の新旧商税務は記載されていない。また經城・洹水・永濟3県は新務年代では鎮市である。

次に旧務年代の小都市は酒麹統計の鎮市のうち〇印を付した併設地5処（16～20の地）で、町は〇印を付さない地で6処（21・22・24～27の地）である。

次に酒麹務地に新商税務が設置された新税務地は、酒麹統計に□印を付した上記の1・2・4～10・12～14の地（州県務12）、及び11・15～17の地・定安・桑橋・延安（鎮市務7）の計19処である。酒麹務地27処にしめる新税務地の新務地率は70％、また新商税務32処[3]に対する新税務地の対新商税務率は53％である。

次に酒麹務地で元豊まで存在して地理表[4]にみえる存続地は、酒麹統計の地名に△印を付している。存続地は上記の1・2・4～10・12～14の地・陶館（州県務13）、及び3・11・15～19・21・22の地・安賢・普通・孫生・博寧（鎮市務13）で計26処である。酒麹務地27処にしめる存続地の存続率は96％である。なお曹仁が地理表不記地のため、存続率＋不明率＜100％、となる。

第一章　四京・京東東路

A4　大名府　県変遷図

年　代	外　　　　　　　　　　　県															郭下		格
太平興国中	内黄	清平	夏津	朝城	莘県	冠氏	魏県	南樂	宗城	經城	成安	洹水	臨清	永濟	館陶	大名	元城	魏州
慶暦2年 1042																		③北京
旧務年代	1○○	2○○	3○○	4○○	5○○	6○○	7○○	8○○	9○○	10○○	11○○	12○○	13○○	14○○	15×○	○	○	
熙寧5年 1072												①						
6年								②		②		①				②		
10年 1077	○12	○11	○10	○9	○8	○7	○6	○5	○4		○3		○2		×1	○		

　次に新務年代の小都市は酒麹統計の鎮市務のうち□印を付した新務年代併設地である新税務地7処で、町は鎮市のうち△印のみの地4処（24〜27の地）及び○△を付した2処（3・18の地）、計6処である。

　次に旧商税務・新商税務・地理表のいずれにもみえない不明地はなく、不明率0％である。以上の数値を酒麹務表に整理して示す。

A4　大名府　格北京　地理表（主戸102,321　客戸39,548　計141,869　貢　花紬　綿紬　平紬　紫草）

格	県	距　離	郷	鎮	％	その他	備　　考	水　系	計29
赤	元城	郭下	2	4	200	0	大名・故城・定安・安賢鎮	御河, 大河故瀆, 屯氏河	3
畿	莘	東 90	4	1	25	0	馬橋鎮	泉源河	1
畿	朝城	東南 80	2	1	50	0	韓張鎮	武河, 黄河	2
畿	南樂	南 44	4	0	0	0		大河故瀆, 枯繁河, 金隄	3
畿	内黄	西南 124	5	0	20	0		御河, 菱水, 蕩水	3
畿	成安	西 100	4	1	25	0	洹水鎮	安陽河, 漳河	2
畿	魏	西 35	2	1	50	0	李固鎮	漳河, 王鳳渠	2
畿	館陶	北 45	2	1	50	0	淺口鎮	御河, 漳河, 屯民河	3
畿	臨清	北 150	4	2	50	0	延安・永濟鎮	御河, 張甲河	2
畿	宗城	西北 170	5	3	60	0	蓋館・武道・經城鎮	張甲河, 漳渠	2
畿	夏津	東北 250	2	1	50	0	孫生鎮	屯氏河, 澗溝河	2
畿	清平	東 180	2	0	0	0		新渠, 金隄	2
畿	冠氏	東北 60	3	5	166	0	清水, 博寧, 普通, 劉劫, 桑橋鎮	傘山水, 沙河	2
計13			41	20	48	0	土産　絹, 絲, 棉, 絁, 紬		5種

×印の地：小さな町候補地 5

第二編　銅銭区北部

A4　北京　　　　　　　　　酒　麹　務　表

		外県 15	置務県 15	県置務率 100	州県務 16	州県務率 59	鎮市務 11	鎮市務率 41	酒麹務 27	併設地 20	併設率 74	旧商税務 24	対税旧商率 83	新税務地 19	新税務率 70	新商税務 32	対税新商率 53	存続地 26	存続率 96
併設地 20 処	州県	\[1\]在城・\[2\]臨清・\[3\]經城・\[4\]清平・\[5\]冠氏・\[6\]夏津・\[7\]宗城・\[8\]莘県・\[9\]魏県・\[10\]内黄・\[11\]洹水 \[12\]成安・\[13\]南樂・\[14\]朝城・\[15\]永濟																	15 処
	鎮市	〔16〕桑橋・〔17〕淺口・〔18〕清水・〔19〕李固・〔20〕曹仁（小都市）																	5 処
新税務地 19 処	州県	1・2・4～10・12～14の地																	12 処
	鎮市	11・15～17・19の地・〔21〕定安・〔22〕延安（小都市）																	7 処
存続地 26 処	州県	1・2・4～10・12～14の地・〔23〕陶舘																	13 処
	鎮市	3・11・15～19・21・22の地・〔24〕安賢・〔25〕普通・〔26〕孫生・〔27〕博寧																	13 処
不明地																			0 処	不明率	0 ％

旧務年代の町 6（21・22・24～27の地）・小都市 5、新務年代の町 6（3・18・24～27の地）・小都市 7
注　①20の地は地理表不記地 1、存続地に入れず
　　②酒麹務27＝存続地26＋地理表不記地 1
　　③23の地は新旧務年代の酒務県（税務不記の県）
　　④新商税務19は南北羅村渡を 2 務と数えた数値。拙著 2、143～144頁参照

注

(1) 県変遷図の作成史料は拙著 2、144頁参照。
(2) 拙著 2、142頁。
(3) 拙著 2、142～143頁。
(4) 拙著 2、146頁の地理表に同じ。

第二節　京東東路

1　青州 B 1

青州の酒務及び新旧酒銭額は次の如くである。

(1) 酒統計

舊。○□在城及壽光・○□臨淄・○□△千乘・○□博興・○□臨朐県・○□△淳化・○□博昌・□△大王橋鎮・□猫兒潟十務

歳　　　　　　　　　　９９，７５４貫
熙寧十年祖額　　　　１１３，５７２貫５９１文
　　買撲　　　　　　　１０，５３５貫６４０文
　　　　新額計　　　１２４，１０８貫２３１文

第一章　四京・京東東路

旧額は99,754貫・新額124,107貫（文切り捨て、以下の州軍同じ）で、両額の差額24,353貫・増額率24％である。また官監務の官売額は113,572貫・買撲官監務の買撲10,535貫で、官売率92％・買撲率8％である。以上の数値を銭額表に整理して示す。以下では上記の官監務・買撲官監務の語を省くことにする。

B1 青州　銭　額　表		
旧　　額		99,754貫
新　　額	官売	113,572貫
	買撲	10,535貫
	計	124,107貫
新旧差額		24,353貫
増額率		24％
官売率		92％
買撲率		8％

(2) 酒務表

次に寰宇記18・九域志1により太平興国中〜元豊間の青州諸県の変化を県変遷図[1]に示す。酒統計は在城・県5・鎮市4を記すが、それらの酒務からは旧務年代は不明であるので、一般的な旧務年代である景祐〜慶暦に従っておく。

図によれば熙寧十年前の旧外県5であり、酒統計の県酒務5であるので、県置務率は100％である。また酒務は州県務6・鎮市務4の計10務で、州県務率60％・鎮市務率40％である。

次に酒統計に○印を付した在城・壽光[1]・臨淄[2]・千乗[3]・博興[4]・臨朐[5]県（州県6）、及び淳化鎮[6]（鎮市務1）の7処が酒務・旧商税務の併設地である。併設地が酒務地10処にしめる併設率70％、旧商税務9処[2]に対する併設地の対旧商税務率78％である。

次に旧務年代の小都市は、鎮市のうち○印を付した併設地1（7の地）で、町は鎮市のうち○印を付さない地（以下の州軍酒統計同じ）で3処（8・9・10の地）である。

B1 青州　　　県変遷図						
年代	外		県			郭下
	千乗	博興	臨朐	壽光	臨淄	益都
太平興国中 976〜983						○
旧務年代	○1	○2	○3	○4	○5	○
	○	○	○	○	○	○
熙寧10年 1077	○5	○4	○3	○2	○1	○

次に酒務地に新商税務が設置された新税務地は、酒統計に□印を付した上記の1〜6の地（州県務6）、及び7の地・博昌[8]（鎮市務2）の8処である。酒務地10処にしめる新税務地の新務地率は80％、また新商税務13処[3]に対する新税務地の対新商税務率は62％である。

次に酒務地で元豊まで存在して地理表[4]にみえる存続地は、酒統計の地名に△印を付している。存続地は上記の1〜6の地（州県務6）、及び7・8の地（鎮市務2）で計8処である。酒務地10処にしめる存続地の存続率は80％である。

次に新務年代の小都市は酒統計の鎮市のうち□印を付す新務年代の併設地である新税務地2処（7・8の地）で、町は△印のみの鎮市及び○△印の鎮市（以下の州軍酒統計同じ）であ

第二編　銅銭区北部

るが、青州の町 0 である。

　次に旧商税務・新商税務・地理表のいずれにもみえない不明地は大王橋鎮[9]・猫兒潟[10]で不明率20％である。以上の酒務・諸数値を州酒務表に整理して示す。

B1 青州　格望　地理表　（主戸67,216　客戸25,846　計93,062　貢　仙紋綾，棗）

格	県	距　離	郷	鎮	％	その他	備　　考	水　系	計16
望	益都	郭下	5	0	0			3水（字欠）	3
望	壽光	東北 62	6	0	0	塩務 2	高困×・廣陵務	2水（字欠）	2
緊	臨朐	東南 40	3	1	33	0	穆陵鎮	洱水・般水	2
上	博興	西北 120	4	2	50	0	淳化・博昌鎮	2水（字欠）・海浦	3
上	千乗	北 80	3	2	66	0	新鎮・清河鎮	黄河・因水・縄水・済水	4
上	臨淄	西北 40	2	0	0			天齊淵・康浪水	2
計 6			23	5	21	2	土産　海魚，鹽，絲，綿，絹，猫兒，仙元綾	7種	
京東路田（千頃）		1,149	水利田（千頃）		26	田・水利田：百位四捨五入			

×印の地：小さな町候補地 3

B1 青州　　　　酒　務　表

外県	置務県	県置務率	州県務	州県務率	鎮市務	鎮市務率	酒務	併設地	併設率	旧商税務	対税旧商率	新税務地	新税務率	新商税務	対税新商率	存続地	存続率
5	5	100	6	60	4	40	10	7	70	9	78	8	80	13	62	8	80

併設地 7 処	州県	在城[1]・壽光[2]・臨淄[3]・千乗[4]・博興[5]・臨朐[6]	6 処
	鎮市	淳化[7]（小都市、以下の州軍酒務表同じ）	1 処
新税務地 8 処	州県	1〜6	6 処
	鎮市	7, 博昌[8]（小都市、以下の州軍酒務表同じ）	2 処
存続地 8 処	州県	1〜6	6 処
	鎮市	7, 8	2 処
不　明　地		大王橋鎮[9]・猫兒潟[10]　　2 処	不明率　20 ％

旧務年代の町 3（8〜10の地）・小都市 1、新務年代の町 0・小都市 2

注

(1) 県変遷図の作成史料は拙著 2、4 頁参照。
(2) 拙著 2、3 頁。　(3) 拙著 2、3 頁。　(4) 拙著 2、5 頁の地理表に同じ。

2　密州 B 2

密州の酒務及び新旧酒銭額は次の如くである。

第一章　四京・京東東路

(1)　酒統計

舊。在城及安丘・高密県・信陽・清洛場五務
　　　　　　　　○□△　○□△　○□△　　□△

歳　　　　　　　　　８６，１０５貫
熙寧十年祖額　　　　９９，３２７貫９３３文
　　買撲　　　　　　２，４４５貫８６６文
　　　新額計　　　１０１，７７３貫７９９文

　旧額は86,105貫・新額101,772貫で、両額の差額15,667貫・増額率18％である。また官売額は99,327貫・買撲2,445貫で、官売率98％・買撲率２％である。以上の数値を銭額表に整理して示す。

(2)　酒務表

　次に寰宇記24・九域志１・方域５により太平興国中～元豊間の密州諸県の変化を県変遷図(1)に示す。酒統計は在城・県２・鎮市２を記すが、それらの酒務からは旧務年代は不明であるので、一般的な旧務年代である景祐～慶暦に従っておく。

　図によれば熙寧十年前の旧外県３であり、酒統計の県酒務２であるので、県置務率は67％である。また酒務は州県務３・鎮市務２の計５務で、州県務率60％・鎮市務率40％である。

　次に酒統計に○印を付した在城・安丘・高密県（州県務３）の３処が酒務・旧商税務の併設地である。併設地が酒務地５処にしめる併設率60％、旧商税務６処(2)に対する併設地の対旧商税務率50％である。なお莒県の酒務は記載されていない。

　次に酒務地に新商税務が設置された新税務地は、酒統計に□印を付した上記の１～３の地（州県務３）、及び信陽（鎮市務１）の４処である。酒務地５処にしめる新税務地の新務地率は80％、また新商税務８処(3)に対する新税務地の対新商税務率は50％である。

　次に酒務地で元豊まで存在して地理表(4)にみえる存続地は、酒統計の地名に△印を付している。存続地は上記の１～３の地（州県務３）、及び４の地（鎮市務１）で計４処である。

B2 密州　銭額表

旧　　額		86,105 貫
新　　額	官売	99,327 貫
	買撲	2,445 貫
	計	101,772 貫
新旧差額		15,667 貫
増額率		18 ％
官売率		98 ％
買撲率		2 ％

B2 密州　県変遷図

年　代	外　　　県			郭下
	膠西―安丘	高密	莒県	諸城
開宝４年 971	①改名			
太平興国中				
旧務年代	1 ○ ○	2 ○ ○	3 ○ ×	○ ○
熙寧10年 1077	○ 3 ↓	○ 2 ↓	○ 1 ↓	↓

— 121 —

第二編　銅銭区北部

酒務地5処にしめる存続地の存続率は80％である。

次に旧商税務・新商税務・地理表のいずれにもみえない不明地は清洛場[5]の1処で、不明率20％である。以上の酒務・諸数値を酒務表に整理して示す。

B2 密州　格上　地理表　（主戸73,642　客戸76,505　計150,147　貢　絹，牛黄）

格	県	距離	郷	鎮	％	その他	備考	水系	計6以上
望	諸城	郭下	4	1	25	0	信陽鎮	濰水・荊水・盧水	3
望	安丘	西北 120	4	1	25	0	李文鎮	浯水・汶水・濰水	3
望	莒	西南 190	3	0	0	0		欠	
上	高密	東北 120	3	0	0	0		欠	
計	4		14	2	14	0	土産 細布，黄牛，海蛤，絁布		4種

×印の地：小さな町候補地1

B2 密州　　　　　酒　務　表

外県	置務県	県置務率	州県務	州県務率	鎮市務	鎮市務率	酒務	併設地	併設率	旧商税務	対税旧商率	新税務地	新税務地率	新商税務	対税新商率	存続地	存続率
3	2	67	3	60	2	40	5	3	60	6	50	4	80	8	50	4	80

併設地	州県	在城[1]・安丘[2]・高密[3]	3処
3処	鎮市		0処
新税務地	州県	1～3の地	3処
4処	鎮市	信陽[4]	1処
存続地	州県	1～3の地	3処
4処	鎮市	4の地	1処
不明地		清洛[5]	1処	不明率	20％

旧務年代の町2（4・5の地）・小都市0、新務年代の町0・小都市1

注

(1) 県変遷図の作成史料は拙著2、6頁参照。
(2) 拙著2、5頁。
(3) 拙著2、5頁。
(4) 拙著2、7頁の地理表に同じ。

3　齊州B3

齊州の酒務及び新旧酒銭額は次の如くである。

第一章　四京・京東東路

(1) 酒統計

舊。在城及清平軍・臨邑・禹城・長清県・龍山・蕭安①・新安仁・舊安仁・新鎮・新市・明山・擧鎮・劉宏・新孫耿・曲堤鎮・梨濟寨②・胡家羌・李家店・歸蘇・臨濟③・廻河・濟河④・淫墻店・胡家林二十五務⑤

歳　　　　　　　　１７０，３６６貫
　　　絹　　　　　　２２疋
熙寧十年祖額　　　２１１，６６４貫０６２文
　　　買撲　　　　　２４，２２２貫５９１文
　　　　新額計　　　２３５，８８６貫６５３文

注　①本文参照。　②本文参照。　③原文、※(不明瞭の字、以下同じ)。本文参照。
　　④本文参照。　⑤原文、六。本文参照。

①の蕭安は旧商税務の蕭安と音は相違するが字形が似るので同じ鎮としておく。②の梨濟寨の梨と旧商税務の黎濟寨の黎と音通（Li）であるので同じ寨として扱う。③は不鮮明であるが、廻に似る。また同鎮は鎮置廃図の回河鎮と同じ鎮とする。④の濟河は旧商税務の齊河と音通であるので同一鎮として扱う。次に⑥の原文は「六」とするが、数えると25務であるので、「二十五務」に訂正した。

旧額170,366貫・新額235,886貫で、両額の差額65,520貫・増額率38％である。また官売額は211,664貫・買撲24,222貫で、官売率90％・買撲率10％である。以上の数値を銭額表に整理して示す。

(2) 酒務表

次に寰宇記19・九域志1・地理志1・方域5により太平興国中～元豊間の齊州諸県の変化を県変遷図(1)に示す。また方域12により鎮置廃図を作成して示しておく(2)。酒統計に廻河・濟河・曲堤鎮がみえるが、鎮置廃図によれば三鎮は景祐二年に建置されている(3)。したがって齊州の旧酒務年代は同年以降である。

B3 齊州　　銭額表

旧	額		170,366貫
新	額	官売	211,664貫
		買撲	24,222貫
		計	235,886貫
新旧差額			65,520貫
増額率			38％
官売率			90％
買撲率			10％

旧絹額　　22疋
新絹額　　 0疋
新旧差額　−22疋
増額率　−100％

B3 齊州　県変遷図

第二編　銅銭区北部

B3　齊州　鎮置廃図

県	歴城								禹城		長清				臨邑	
鎮	遙城鎮	歴城鎮	安平鎮	樂口鎮	新市鎮	孫耿鎮	固河鎮	張家坦鎮	劉宏鎮	商家橋鎮	安仁鎮	齊河鎮	豊齊鎮	仁風鎮	曲隄鎮	回河鎮	臨邑鎮	福壽鎮
建隆1年 960																	(1)─(後廃)	(1)─(後廃)
2年						(9)②(臨邑県移転)												
3年												(3)─(後廃)						
開宝1年 968									旧(6)									
2年							(8)	(8)	旧(7)									
3年			(11)	旧(10)														
至道2年 996										旧(5)								
景祐2年 1035							(後廃)	(後廃)				(4)		(2)	(2)	(2)		
3年			(12)															
旧務年代			×─×	×		○			○	○─×	○	×		×─○	×─○	×─○		
慶暦4年 1044	(13)	(13)	(12)(廃)			○			○	(後廃)	○	○		○	○	○		
熙寧10年 1077	○	×				○			○		○	○		○	○	○		

　図によれば熙寧三年前の旧外県4であり、酒統計の県酒務4であるので、県置務率は100％である。また酒務は州県務5・鎮市務20の計25務で、州県務率20％・鎮市務率80％である。

　次に酒統計に○印を付した在城・清平軍・臨邑・禹城・長清県（州県務5）、及び龍山・蕭安・新安仁・舊安仁・新鎮・新市・擧鎮・劉宏・梨濟寨・胡家尭・李家店・胡家林（鎮市12）などの17処が酒務・旧商税務の併設地である。併設地が酒務地25処にしめる併設率68％、旧商税務31処[4]に対する併設地の対旧商税務率55％である。

　次に酒務地に新商税務が設置された新税務地は、酒統計に□印を付した上記の1・2（章丘）〜5の地（州県務5）、及び6〜11・13〜17の地・曲堤鎮・歸蘇・臨濟・廻河・濟河（鎮市務16）などの21処である。酒務地25処にしめる新税務地の新務地率は64％、また新商税務29処[5]に対する新税務地の対新商税務率は72％である。

　なお清平軍は章丘県城内に置かれた軍で、景徳三年に建置されているので旧務年代では軍が酒務を管していた。熙寧三年に廃軍されているので、新務年代（熙寧十年）では章丘

第一章　四京・京東東路

県が酒務を管したはずである。

次に齊州の場合、地理表(6)に示しているように、鎮・その他に関する記述が欠けているので、酒務地で元豊まで存続した地・不明地を確認できない。なお酒統計の無印の地である明山[23]・新孫耿[24]・涇墻店[25]は存続地欄又は不明地欄に記すべき地で、区分は鎮市務に属する。

齊州の存続地が不明であるので東路の存続率が低くなる。精確な比較をする際は齊州を除かねばならないので注意したい。以上の酒務・諸数値を酒務表に整理して示す。

B3 齊州　格上　地理表　（主戸 欠 客戸 欠 貢 絹, 綿, 陽起石, 防風）

格	県	距離	郷	鎮	%	その他	備　　考	水　系	計?
緊	歴城	郭下	欠	欠	?	?	欠	欠	
緊	禹城	西北130	欠	欠	?	?	欠	欠	
中	章丘	欠	欠	欠	?	?	欠	欠	
中	長清	欠	欠	欠	?	?	欠	欠	
中	臨邑	欠	欠	欠	?	?	欠	欠	
計 5						土産	綿, 絹, 絲, 葛, 防風, 陽起石		6種

注　太平興国中の主戸12,803, 客戸19,315, 計32,118（寰宇記）

B3 齊州　　　　酒　務　表

外県	置務県	県置務率	州県務	州県務率	鎮市務	鎮市務率	酒務	併設地	併設率	旧商税務	対旧商税率	新税務地	新税務地率	新商税務	対新商税率	存続地	存続率
4	4	100	5	20	20	80	25	17	68	31	55	21	64	29	72	—	—

併設地 17処	州県	在城[1]・清平軍[2]・臨邑[3]・禹城[4]・長清[5]	5処
	鎮市	龍山[6]・蕭安[7]・新安仁[8]・舊安仁[9]・新鎮[10]・新市[11]・擧鎮[12]・劉宏鎮[13]・梨濟[14]・胡家羌[15]・李家店[16]・胡家林[17]	12処
新税務地 21処	州県	1・2(章丘)～5の地	5処
	鎮市	6～11・13～17の地・曲堤鎮[18]・歸蘇[19]・臨濟[20]・廻河[21]・濟河[22]	16処
存続地 —処	州県	1～5	—処
	鎮市		—処
不　明　地		明山[23]・新孫耿[24]・涇墻店[25]・その他　　—処	不明率　—%

旧務年代の町8（18～25の地）・小都市12、新務年代の町不明・小都市16
注　23～25の地は不明地としておく。不明地は存在地・新務年代の町に入れず

注

(1) 県変遷図の作成史料は拙著2、8頁参照。
(2) 拙著2、10頁の図を移録。資料は同書9頁参照。
(3) 方域12-13に「廻河・曲隄鎮・仁風鎮。並景祐二年置」・「濟河鎮。景祐二年置」とみえる。なお「隄」は「堤」に同じ。
(4) 拙著2、7頁。　(5) 拙著2、7～8頁。　(6) 拙著2、12頁の地理表に同じ。

第二編　銅銭区北部

4　沂州 B 4

沂州の酒務及び新旧酒銭額は次の如くである。

(1) 酒統計
舊。在城及沂水・丞・費・新泰県・蘭陵六務
　　　　　　　　　　①　　　　　②
歳　　　　　　　　　４８，８１６貫
　　　　　　　布　　　１４２端
熙寧十年祖額　　　　７４，５０５貫７５４文
　　買撲　　　　　　６，４７５貫７６６文
　　　　　　　布　　　１００疋（端）
　　　　　　　　　　　　　　　③
　　　　　新額計　　８０，９８１貫５２０文
①原文、承　②原文、太　③原文、正

旧額は48,816貫・新額80,980貫で、両額の差額32,160貫・増額率65％である。また官売額は74,505貫・買撲6,475貫で、官売率92％・買撲率8％である。以上の数値を銭額表に整理して示す。

B4 沂州	銭額表	
旧額		48,816貫
新額	官売	74,505貫
	買撲	6,475貫
	計	80,980貫
新旧差額		32,164貫
増額率		66％
官売率		92％
買撲率		8％

旧布額　142端
新布額　100端
新旧差額　－42端
増加率　－29％

(2) 酒務表

次に寰宇記23・九域志1により太平興国中～元豊間の沂州諸県の変化を県変遷図[1]に示す。また方域12により、鎮置廃図を示す[2]。

丞県管内に所在する蘭陵鎮が酒統計にみえるが、鎮置廃図によれば同鎮は景祐三年に建置されているので、旧務年代は同年以降である。

県変遷図によれば熙寧十年前の旧外県4であり、酒統計の県酒務4であるので、県置務率は100％である。

B4 沂州　県変遷図					
年代	外県				郭下
太平興国中	新泰	丞県	費県	沂水	臨沂
旧務年代	1○	2○	3○	4○	○
	○	○	○	○	○
熙寧10年 1077	○4	○3	○2	○1	○
	↓	↓	↓	↓	↓

また酒務は州県務5・鎮市務1の計6務で、州県務率83％・鎮市務率17％である。

次に酒統計に○印を付した在城・沂水・丞・費・新泰県（州県務5）の5処が酒務・旧商税務の併設地である。併設地が酒務地6処にしめる併設率83％、旧商税務5処[3]に対す

る併設地の対旧商税務率100％である。

次に酒務地に新商税務が設置された新税務地は、酒統計に□印を付した上記の１～５の地（州県務５）、及び蘭陵（鎮市務１）の計６処である。酒務地６処にしめる新税務地の新務地率は100％、また新商税務11処[4]に対する新税務地の対新商税務率は55％である。

次に酒務地で元豊まで存在して地理表[5]にみえる存続地は、酒統計の地名に△印を付している。存続地は上記の１～５の地（州県務５）、及び６の地（鎮市務１）で計６処である。酒務地６処にしめる存続地の存続率は100％である。

次に旧商税務・新商税務・地理表のいずれにもみえない不明地はなく、不明率０％である。以上の酒務・諸数値を酒務表に整理して示す。

B4 沂州　鎮置廃図

県	沂丞 水県
鎮	蘇蘭 村陵
大中祥符1年 1008	②置
天聖2年 1024	廃
景祐3年 1036	置①
旧務年代	×× ×○
熙寧10年 1077	○○
元豊	再 設 ○○ ↓↓

B4 沂州　格上　地理表　（主戸35,120　客戸24,969　計60,089　貢　紫石英, 仙霊脾, 伏苓, 鍾乳）

格	県	距　離	郷	鎮	％	その他	備　　考	水　系	計9
望	臨沂	郭下	3	4	133	0	力邵・利城・石門・王相鎮	沂水, 沭水	2
望	丞県	西南 180	4	1	25	0	蘭陵鎮	丞水	1
望	沂水	北　180	2	2	100	0	靜壇・蘇村鎮	沂水, 沭水, 汶水	3
望	費県	西　 90	3	1	33	0	屯陽鎮[1]	潯水	1
中	新泰	西　170	2	0	0	0		汶水, 沂水	2
計 5			14	8	57	0	土産　紫石英, 黄銀, 絹, 綿		4種

×印の地：小さな町候補地2
注　(1)の原文は屯。校注によれば毛の誤。新商税務も毛陽鎮とす

B4 沂州　　　　酒　務　表

外県	置務県	県置務率	州県務	州県務率	鎮市務	鎮市務率	酒務地	併設地	併設率	旧商税務	対税旧商率	新税務地	新務地率	新商税務	対税新商率	存続地	存続率
4	4	100	5	83	1	17	6	5	83	5	100	6	100	11	55	6	100

併設地 5 処	州県	在城・沂水・丞県・費県・新泰	5 処
	鎮市		0 処
新税務地 6 処	州県	1～5の地	5 処
	鎮市	蘭陵	1 処
存続地 6 処	州県	1～5の地	5 処
	鎮市	6の地	1 処
不明地		0 処　不明率　0 ％	

旧務年代の町1（6の地）・小都市0、新務年代の町0・小都市1

第二編　銅銭区北部

注

(1)　県変遷図の作成史料は拙著2、13頁参照。
(2)　拙著2、14頁参照。
(3)　拙著2、13頁。
(4)　拙著2、13頁。
(5)　拙著2、15頁の表に同じ。

5　登州B5

登州の酒務及び新旧酒銭額は次の如くである。

(1)　酒統計

舊。○在城及□黄・△牟○平県□三△務

歳		9,756貫
	布	1,451端
熙寧十年祖額		34,400貫253文
	買撲	3,024貫828文
	布	923端1丈4尺
	新額計	37,425貫081文

旧額は9,756貫・新額37,424貫で、両額の差額27,668貫・増額率284％である。この増額率は例外で、検討を要する。また官売額は34,400貫・買撲3,024貫で、官売率92％・買撲率8％である。以上の数値を銭額表に整理して示す。

B5 登州	銭 額 表	
旧　額		9,756貫
新　額	官売	34,400貫
	買撲	3,024貫
	計	37,424貫
新旧差額		27,668貫
増額率		284％
官売率		92％
買撲率		8％

旧布額　1,451端
新布額　　923端1丈4尺
新旧差額　－527端3丈6尺
増額率　　－36％（丈以下切捨）

(2)　酒務表

次に寰宇記20・九域志1により太平興国中～元豊間の登州諸県の変化を県変遷図[(1)]に示す。登州の酒統計は在城・県2を記すが、それらからは旧務年代は不明であるので、一般的な旧務年代である景祐～慶暦に従っておく。

図によれば熙寧十年前の旧外県3であり、酒統計の県酒務2であるので、県置務率は67％である。また酒務は州県務3・鎮市務0の計3務で、州県務率100％・鎮市務率0％である。

第一章　四京・京東東路

次に酒統計に○印を付した在城[1]・黄[2]・牟平県[3]（州県務3）の3処が酒務・旧商税務の併設地である。併設地が酒務地3処にしめる併設率100％、旧商税務4処[(2)]に対する併設地の対旧商税務率75％である。なお文登県の酒務は記載されていない。

次に酒務地に新商税務が設置された新税務地は、酒統計に□印を付した上記の1〜3の地（州県務3）の3処である。酒務地3処にしめる新税務地の新務地率は100％、また新商税務6処[(3)]に対する新税務地の対新商税務率は50％である。

次に酒務地で元豊まで存在して地理表[(4)]にみえる存続地は、酒統計の地名に△印を付している。存続地は上記の1〜3の地（州県務3）である。酒務地3処にしめる存続地の存続率は100％である。

次に旧商税務・新商税務・地理表のいずれにもみえない不明地はなく、不明率0％である。以上の酒務・諸数値を酒務表に整理して示す。

B5　登州　県変遷図

年代	外	県		郭下
	牟平県	黄県	文登	蓬莱
太平興国中				
旧務年代	1○	2○	3×	○
熙寧10年 1077	○3	○2	○1	○

B5　登州　格上　地理表　（主戸49,560　客戸28,670　計78,230　貢　金, 石器, 牛黄）

格	県	距離	郷	鎮	％	その他	備　考	水　系	計4
望	蓬莱	郭下	3	1	33	寨2	雨水鎮　駝基・沙門寨	之罘水	1
望	黄県	西南53	3	1	33	0	羅山鎮	黄水	1
緊	牟平	東180	3	0	0	寨2	乳山・閻家口寨	清陽水	1
中	文登	東280	3	0	0	0		昌陽水	1
	計 4		12	2	16	4	土産　文蛤, 牛黄, 紗布, 水葱席		4種

×印の地：小さな町候補地5

B5　登州　酒　務　表

外県 3	置務県 2	県置務率 67	州県務 3	州県務率 100	鎮市務 0	鎮市務率 0	酒務 3	併設地 3	併設率 100	旧商税務 4	対旧商税務率 75	新税務地 3	新税務地率 100	新商税務 6	対新商税務率 50	存続地 3	存続率 100

併設地 3処	州県	在城[1]・黄県[2]・牟平[3]	3処
	鎮市		0処
新税務地 3処	州県	1〜3の地	3処
	鎮市		0処
存続地 3処	州県	1〜3の地	3処
	鎮市		0処
不明地		0処　不明率　0％	

旧務年代の町0・小都市0、新務年代の町0・小都市0

第二編　銅銭区北部

　　　　　　　　　　　　注
　(1)　県変遷図の作成史料は拙著 2、15頁参照。
　(2)　拙著 2、15頁。
　(3)　拙著 2、15頁。
　(4)　拙著 2、16頁の地理表に同じ。

6　莱州 B 6

莱州の酒務及び新旧酒銭額は次の如くである。

(1)　酒統計

舊。在城及莱陽・膠水県・羅山鎮四務
歳　　　　　　　60,115貫
熙寧十年祖額　　51,931貫712文
　　　買撲　　　33,453貫089文
　　　　　新額計　85,384貫801文

　旧額は60,115貫・新額85,384貫で、両額の差額25,269貫・増額率42％である。また官売額は51,931貫・買撲33,453貫で、官売率61％・買撲率39％である。以上の数値を銭額表に整理して示す。

(2)　酒務表
　次に寰宇記20・九域志1により太平興国中～元豊間の莱州諸県の変化を県変遷図[1]に示す。酒統計は在城・県 2・鎮市 1 を記すが、それらの酒務からは旧務年代は不明であるので、一般的な旧務年代である景祐～慶暦に従っておく。
　図によれば熙寧十年前の旧外県 3であり、酒統計の県酒務 2 であるので、県置務率は67％である。また酒務は州県務 3・鎮市務 1の計 4 務で、州県務率75％・鎮市務率25％である。
　次に酒統計に〇印を付した在城・莱陽・膠水県（州県務

B6 莱州　　銭　額　表

旧	額		60,115貫
新	額	官売	51,931貫
		買撲	33,453貫
		計	85,384貫
新旧差額			25,269貫
増額率			42 ％
官売率			61 ％
買撲率			39 ％

B6 莱州　県変遷図

年　代	外　　　県	郭下
太平興国中	膠　即　莱 水　墨　陽	掖県
旧務年代	1〇 2〇 3〇 〇　×　〇	〇
熙寧10年 1077	〇3 〇2 〇1	〇

第一章　四京・京東東路

3）の3処が酒務・旧商税務の併設地である。併設地が酒務地4処にしめる併設率75％、旧商税務4処[(2)]に対する併設地の対旧商税務率100％である。なお卽墨県の酒務は記載されていない。

次に酒務地に新商税務が設置された新税務地は、酒統計に□印を付した上記の1～3の地（州県務3）、及び羅山鎮[4]（鎮市務1）の4処である。酒務地4処にしめる新税務地の新務地率100％、また新商税務8処[(3)]に対する新税務地の対新商税務率は50％である。

次に酒務地で元豊まで存在して地理表[(4)]にみえる存続地は、酒統計の地名に△印を付している。存続地は上記の1～3の地（州県務3）、及び4の地（鎮市務1）で計4処である。酒務地4処にしめる存続地の存続率は100％である。

次に旧商税務・新商税務・地理表のいずれにもみえない不明地はなく、不明率0％である。以上の酒務・諸数値を酒務表に整理して示す。

B6 萊州　格中　地理表　（主戸75,281　客戸47,700　計122,981　貢　牛黄，牡蠣，海藻，石器）

格	県	距　離	郷	鎮	％	その他	備　　考	水　系	計4
望	掖県	郭下	4	2	50	0	羅山・海倉鎮	掖水	1
望	萊陽	東南140	4	0	0	0		五龍水	1
望	膠水	南　80	2	0	0	0		膠水	1
中	卽墨	東南240	2	0	0	0		沽水	1
計 4			12	2	16	0	土産　牡蠣，決明，海藻，綿，絹，牛黄，麻布，茯苓，文蛤，石器　10種		

B6 萊州　　　　酒　務　表

外県	置務県	県置務率	州県務	州県務率	鎮市務	鎮市務率	酒務	併設地	併設率	旧商税務	対旧商務率	新税務地	新務地率	新商税務	対新商務率	存続地	存続率
3	2	67	3	75	1	25	4	3	75	4	100	4	100	8	50	4	100

併設地 3 処	州県	在城[1]・萊陽[2]・膠水[3]	3 処
	鎮市		0 処
新税務地 4 処	州県	1～3の地	3 処
	鎮市	羅山[4]	1 処
存続地 4 処	州県	1～3の地	3 処
	鎮市	4の地	1 処
不明地		0 処　不明率　0 ％	

旧務年代の町1（4の地）・小都市0、新務年代の町0・小都市1

第二編　銅銭区北部

注

(1) 県変遷図の作成史料は拙著2、17頁参照。
(2) 拙著2、16頁。
(3) 拙著2、6頁。
(4) 拙著2、17頁の表に同じ。

7　濰州B7

濰州の酒務及び新旧酒銭額は次の如くである。

(1)　酒統計

舊。○□△在城及○□△昌邑・○□△昌樂県三務
歳　　　　　　　　　47,097貫
熙寧十年祖額　　　　51,643貫405文
　　　買撲　　　　　 1,777貫704文
　　　　新額計　　　53,421貫109文

旧額は47,097貫・新額53,420貫で、両額の差額6,323貫・増額率13％である。また官売額は51,643貫・買撲1,777貫で、官売率97％・買撲率3％である。以上の数値を銭額表に整理して示す。

B7 濰州	銭	額　表
旧　額		47,097貫
新　額	官売	51,643貫
	買撲	1,777貫
	計	53,420貫
新旧差額		6,323貫
増額率		13％
官売率		97％
買撲率		3％

(2)　酒務表

次に寰宇記18・九域志1・地理志1により太平興国中〜元豊間の濰州諸県の変化を県変遷図(1)に示す。酒統計は在城・県2を記すが、それらの酒務からは旧務年代は不明であるので、一般的な旧務年代である景祐〜慶暦に従っておく。

図によれば熙寧十年前の旧外県2であり、酒統計の県酒務2であるので、県置務率は100％である。また酒務は州県務3・鎮市務0の計3務で、州県務率100％・鎮市務率0％である。

次に酒統計に○印を付した在城・昌邑・昌樂県（州県務3）の3処が酒務・旧商税務の併設地である。併設地が酒務地3処にしめる併設率100％、旧商税務3処(2)に対する併設

— 132 —

第一章　四京・京東東路

地の対旧商税務率100％である。

　次に酒務地に新商税務が設置された新税務地は、酒統計に□印を付した上記の１～３の地（州県務3）の３処である。酒務地３処にしめる新税務地の新務地率は100％、また新商税務４処[(3)]に対する新税務地の対新商税務率は75％である。

　次に酒務地で元豊まで存在して地理表[(4)]にみえる存続地は、酒統計の地名に△印を付している。存続地は上記の１～３の地（州県務3）で計３処である。酒務地３処にしめる存続地の存続率は100％である。

　次に旧商税務・新商税務・地理表のいずれにもみえない不明地はなく、不明率０％である。以上の酒務・諸数値を酒務表に整理して示す。

B7 濰州　県変遷図

年　代	外　県		郭　下
	昌樂	昌邑	北海
			青州
建隆３年 962	建置	① 建置	① 建置 北海軍
乾徳３年 965	② 建置		② 昇格・改名 濰州
太平興国中 旧務年代	○ 1 ○	○ 2 ○	○
熙寧10年 1077	○ 2	○ 1	○

B7 濰州　格上　地理表　（主戸36,806　客戸13,125　計49,931　貢　仙紋綾，綜絲絁）

格	県	距　離	郷	鎮	％	その他	備　　考	水　系	計4
望	北海	郭下	4	0	0	0		濰水, 汶水	2
望	昌邑	東 60	3	0	0	0		濰水	1
緊	昌樂	西 55	3	0	0	0		胸水	1
計 3			10	0	0	0	土産　綜絲素絁, 綿, 絹, 禦氏棗, 仙紋綾		5種

B7 濰州　　　　　酒　務　表

外県	置務県	県置務率	州県務	州県務率	鎮市務	鎮市務率	酒務	併設地	併設率	旧商税務	対税旧商務率	新税務地	新務地率	新商税務	対税新商務率	存続地	存続率
2	2	100	3	100	0	0	3	3	100	3	100	3	100	4	75	3	100

併設地	州県	在城¹・昌邑²・昌樂³	3 処
3 処	鎮市		0 処
新税務地	州県	1～3の地	3 処
3 処	鎮市		0 処
存続地	州県	1～3の地	3 処
3 処	鎮巿		0 処
不　明　地		0 処　不明率　0 ％	

旧務年代の町0・小都0、新務年代の町0・小都市0

第二編　銅銭区北部

注

(1) 県変遷図の作成史料は拙著2、18頁参照。
(2) 拙著2、18頁。
(3) 拙著2、18頁。
(4) 拙著2、19頁の地理表に同じ。

8　淄州 B 8

淄州の酒務及び新旧酒銭額は次の如くである。

(1) 酒統計

舊。在城及鄒平・長山・高苑県・金嶺鎮・趙嵓口・劉家店七務
歳　　　　　　　　　５８，６６０貫
熙寧十年祖額　　　７５，９１３貫５４３文
　　買撲　　　　　　４，８２０貫１０１文
　　　　新額計　　　８０，７３３貫６４１文

注　①原文、巌趙。志、趙嵓

旧額は58,660貫・新額80,733貫で、両額の差額22,073貫・増額率37％である。また官売額は75,913貫・買撲4,820貫で、官売率94％・買撲率6％である。以上の数値を銭額表に整理して示す。

B8 淄州	銭額表	
旧　額		58,660 貫
新　額	官売	75,913 貫
	買撲	4,820 貫
	計	80,733 貫
新旧差額		22,073 貫
増額率		37 ％
官売率		94 ％
買撲率		6 ％

(2) 酒務表

次に寰宇記19・九域志1により太平興国中～元豊間の淄州諸県の変化を県変遷図⑴に示す。酒統計は在城・県3・鎮市3を記すが、それらの酒務からは旧務年代は不明であるので、一般的な旧務年代である景祐～慶暦に従っておく。

図によれば熙寧十年前の旧外県3であり、酒統計の県酒務3であるので、県置務率は100％である。また酒務は州県務4・鎮市務3の計7務で、州県務率57％・鎮市務率43％である。

次に酒統計に〇印を付した在城・鄒平・長山・高苑県⑵（州県務4）及び金嶺鎮・趙嵓口（鎮市務2）の計6処が酒務・旧商税務の併設地である。併設地が酒務地7処にしめる併設

率86％、旧商税務11処[3]に対する併設地の対旧商税務率55％である。

次に酒務地に新商税務が設置された新税務地は、酒統計に□印を付した上記の1～4の地（州県務4）、及び5・6の地（鎮市務2）の6処である。酒務地7処にしめる新税務地の新務地率は86％、また新商税務9処[4]に対する新税務地の対新商税務率は67％である。

次に酒務地で元豊まで存在して地理表[5]にみえる存続地は、酒統計の地名に△印を付している。存続地は上記の1～4の地（州県務4）、及び5・6の地（鎮市務2）で計6処である。酒務地7処にしめる存続地の存続率は86％である。

次に旧商税務・新商税務・地理表のいずれにもみえない不明地は劉家店[7]の1処（鎮市務1）で、不明率14％である。以上の酒務・諸数値を酒務表に整理して示す。

B8 淄州　県変遷図

年代	外　　　県	郭下
太平興国中	高苑　鄒平　長山	淄川
景徳3年 1006	置宣化軍①	
旧務年代	1○ 2○ 3○	○
熙寧10年 1070	○廃軍②	
10年	○3 ○2 ○1	○

B8 淄州　格上　地理表　（主戸32,519　客戸24,008　計56,527　貢 綾, 防風, 長理石）

格	県	距離	郷	鎮	％	その他	備　考	水　系	計6
望	淄川	郭下	2	1	50	0	金嶺鎮	淄水	1
中	長山	北 55	1	1	100	0	陶唐口鎮	粟水	1
中下	鄒平	西北 70	2	5	250	0	孫家・趙嵓口・淄郷・臨河・唯婆鎮	糸河, 済河	2
下	高苑	北 110	2	0	0	0		黄河, 済河	2
計 4			7	7	100	0	土産 防風, 長理石, 紬絹, 麻布		4種

×印の地：小さな町候補地1、○印の地：大きな町に準ずる町1

B8 淄州　　酒　務　表

外県	置務県	県置務率	州県務	州県務率	鎮市務	鎮市務率	酒務地	併設地	併設率	旧商税務	対旧商税務率	新税務地	新務地率	新商税務	対新商税務率	存続地	存続率
3	3	100	4	57	3	43	7	6	86	11	55	6	86	9	67	6	86

併設地	州県	1在城・2鄒平・3長山・4高苑	4処
6処	鎮市	5金嶺・6趙嵓	2処
新税務地	州県	1～4の地	4処
6処	鎮市	5・6の地	2処
存続地	州県	1～4の地	4処
6処	鎮市	5・6の地	2処
不明地		7劉家店	1処　不明率　14％

旧務年代の町1（7の地）・小都市2、新務年代の町0・小都市2
注　不明地の7の地は存続地・新務年代の町に入れず

第二編　銅銭区北部

注

(1) 県変遷図の作成史料は拙著2、20頁参照。
(2) 拙著2、20～21頁では、九域志の記述にもとづき高苑県は宣化軍に割出され、熙寧十年の廃軍に伴い淄州に併入されたとしている。しかし淄州の旧商税務及び酒統計に高苑県が明記されているので、宣化軍が高苑県に置かれたが同下州の軍ではなく、高苑県は淄州に属していたと考えるべきである。本書ではこの解釈にもとづき拙著2の旧図を訂正して県変遷図を作成した。
(3) 拙著2、20頁。
(4) 拙著2、20頁。
(5) 拙著2、21頁の地理表に同じ。

9　淮陽軍 B 9

淮陽軍の酒務及び新旧酒銭額は次の如くである。

(1)　酒統計

舊。在城及宿遷県・桃園・魚溝鎮四務
歳　　　　　　　　52,580貫
熙寧十年祖額　　　50,752貫153文
　　買撲　　　　　 8,088貫800文
　　　新額計　　　58,840貫953文

旧額は52,580貫・新額58,840貫で、両額の差額6,260貫・増額率11％である。また官売額は50,752貫・買撲8,088貫で、官売率86％・買撲率14％である。以上の数値を銭額表に整理して示す。

B9 淮陽軍	銭額表	
旧　額		52,580貫
新　額	官売	50,752貫
	買撲	8,088貫
	計	58,840貫
新旧差額		6,260貫
増額率		11 ％
官売率		86 ％
買撲率		14 ％

(2)　酒務表

次に寰宇記17・九域志1・方域5により太平興国中～元豊間の淮陽軍諸県の変化を県変遷図[(1)]に示す。酒統計は在城・県1・鎮市2を記すが、それらの酒務からは旧務年代は不明であるので、一般的な旧務年代である景祐～慶暦に従っておく。

図によれば熙寧十年前の旧外県1であり、酒統計の県酒務1であるので、県置務率は100％である。また酒務は州県務2・鎮市務2の計4務で、州県務率50％・鎮市務率50％

第一章　四京・京東東路

である。

次に酒統計に○印を付した在城・宿遷（州県務）の2処が酒務・旧商税務の併設地である。併設地が酒務地4処にしめる併設率50％、旧商税務2処[(2)]に対する併設地の対旧商税務率100％である。

次に酒務地に新商税務が設置された新税務地は、酒統計に□印を付した上記の1・2の地（州県務2）、及び桃園・魚溝鎮（鎮市務2）の4処である。酒務地4処にしめる新税務地の新務地率は100％、また新商税務5処[(3)]に対する新税務地の対新商税務率は80％である。

次に酒務地で元豊まで存在して地理表[(4)]にみえる存続地は、酒統計の地名に△印を付している。存続地は上記の1・2の地（州県務2）、及び3・4の地（鎮市務2）で計4処である。酒務地4処にしめる存続地の存続率は100％である。

次に旧商税務・新商税務・地理表のいずれにもみえない不明地ははなく、不明率0％である。以上の酒務・諸数値を酒務表に整理して示す。

B9 淮陽軍　県変遷図

年　代	外県	郭下
	宿遷	下邳
	徐　　州	
太平興国7年 982	↓②	↓①
旧務年代	1○	○
熙寧10年 1077	○1	○

B9 淮陽軍　格同下州　地理表　（主戸33,948　客戸51,541　計85,489　貢　絹）

格　県	距　離	郷	鎮	％	その他	備　　考	水　系	計6
望　下邳	郭下	8	0	0	0		沂水, 泗水, 沭水, 睢水	4
中　宿遷	東南180	3	3	100	0	崔野・桃園・魚溝鎮	泗水, 汜水	2
計　2		11	3	27	0	土産　菖蒲		1種

B9 淮陽軍　　　　　酒　務　表

外県	置務県	県務率	州県務	州県務率	鎮市務	鎮市務率	酒務	併設地	併設率	旧商税務	対税旧商務率	新税務地	新務地率	新商税務	対税新商務率	存続地	存続率
1	1	100	2	50	2	50	4	2	50	2	100	4	100	5	80	4	100

併設地 2処	州県	在城・宿遷	2処
	鎮市		0処
新税務地 4処	州県	1・2の地	2処
	鎮市	桃園・魚溝	2処
存続地 4処	州県	1・2の地	2処
	鎮市	3・4の地	2処
不明地		0処　不明率	0％

旧務年代の町2（3・4の地）・小都市0、新務年代の町0・小都市2

第二編　銅銭区北部

注

(1) 県変遷図の作成史料は拙著2、22頁参照。
(2) 拙著2、22頁。
(3) 拙著2、22頁。
(4) 拙著2、23頁の地理表に同じ。

おわりに

　酒麹統計の原文冒頭に「東京。中略。毎歳舊四十七萬四千六百四十五貫。熙寧十年。三十五萬五千八百四貫九百二十文。」とみえ、外県を含まない東京在城エリアの旧・新麹銭額が各約47・35万貫であることを記す。この額は他の州軍額に比して甚だ高額である。一方、『東京夢華録』・「清明上河圖」・その他の多くの文献にもとづく諸研究は、東京開封府が中世最大級の都市であるとしていること、周知の如くである。最大都市エリアの麹銭額が懸絶して高額であることは、酒麹額の大小は大まかではあるが都市経済の大小を計る指標であることを示唆する。なお東京を除く三京・京東東路（以下、東路）9州軍の酒麹額はそれぞれの外県を含めた管域全体の酒麹額であるので留意しておく必要がある。

　先に指摘しておいたように、酒麹機関の第一立地条件は「人・物繁盛」であった。東京の巨額麹銭額はまさしくこの立地条件の正しさを裏付けるものである。

　次に表1の銭額総合表に四京・東路9州軍の酒麹額関連の数値及び地理表にもとづく県

表1　四京・京東東路　銭額総合表

州軍		旧額	新額	差額	増額率	官売額	買撲額	官売率	買撲率	外県	戸	新商税
A1	東京 在城	474,645	355,804	−118,841	−25	596,362	0	100	0	15	235,599	555,081
	外県	344,484	240,558	−103,926	−30							
A2	西京	114,195	148,546	34,351	30	120,848	27,698	81	19	12	115,675	67,548
A3	南京	78,718	72,326	−6,392	−8	46,194	26,132	64	36	6	91,334	45,561
A4	北京	184,790	192,417	7,627	4	174,026	18,391	90	10	12	141,869	95,930
	計	1,196,832	1,009,651	−187,181	−16	937,430	72,221	93	7	45	584,477	764,120
B1	青州	99,754	124,107	24,353	24	113,572	10,535	92	8	5	93,062	68,023
B2	密州	86,105	101,772	15,667	18	99,327	2,445	98	2	3	150,147	87,133
B3	齊州	170,366	235,886	65,520	38	211,664	24,222	90	10	4	−	86,649
B4	沂州	48,816	80,980	32,164	66	74,505	6,475	92	8	4	60,089	42,418
B5	登州	9,756	37,424	27,668	284	34,400	3,024	92	8	3	78,230	16,195
B6	莱州	60,115	85,384	25,269	42	51,931	33,453	61	39	3	122,981	44,314
B7	濰州	47,097	53,420	6,323	13	51,643	1,777	97	3	2	49,931	30,589
B8	淄州	58,660	80,733	22,073	37	75,913	4,820	94	6	3	56,527	72,654
B9	淮陽軍	52,580	58,840	6,260	11	50,752	8,088	86	14	1	85,489	24,601
	計	633,249	858,546	225,297	36	763,707	94,839	89	11	28	696,456	472,576

注　州軍記号に下線を付した州軍は物額を有す

第一章　四京・京東東路

数・戸数及び拙著2にもとづく商税（新額）をまとめている。経済力の基礎となる県数・戸数は四京のうちで南京が最少であり、また商業活動の指標である商税額も最少であるので、南京の経済力は他の三京に甚だ劣ることが推測される。南京の例も酒麴額の大小と都市エリア経済力の大小との間に大まかには相関性があることを示唆していよう。但し、全国の州軍の酒銭額をこまかかく比較すると酒銭額が州軍の戸数・商税の大小と正比例しないことが少なくない。これは戸数・商税が少差であれば、田の広狭・物産の多少・その他の経済的・社会的条件が酒消費量を変化させることによる。酒務の立地条件でみておいたように、酒務設置・課額の増減は「人烟多寡」・「戸口倍増」・「人・物繁盛」・「市肆・人烟」を計って行われていたのであるから、基本的には酒銭額は戸数・商税と相関性を有するのである。

　四京・東路9州軍においては、表1に示しているように官売率は各93%・89%であり、小都市、町の買撲率は各7%・11%に過ぎないので、行政都市エリア経済力が小都市エリア・町エリアの経済力よりはるかに強大で約10倍であったことがわかる。

　一般的に多くの州軍は四京・東路9州軍と同じ傾向にあり、行政都市エリア経済力がはるかに小都市・町のエリアに優る。

　開封府の酒銭額の減額は甚だ大であるので言及しておく。熙寧十年では鄭・滑両州の酒務12が開封府に属したにも拘らず、表1のA1外県の新旧酒額は差額欄によれば約10万貫の減である。開封府旧酒額の中に旧務年代の酒坊銭が含まれていたとすれば、その酒坊銭が司農寺に移管された結果、熙寧十年額が約10万貫減額したと仮定しよう。しかし、「司農寺帳」熙寧九年の酒坊銭を含む坊場河渡銭は約5万貫であるので、その仮定が成立する可能性は0に等しい。

　また表1のA1在城の差額欄をみると、12万貫減である。麴価格は熙寧十年では一斤200文と最高額に引き上げられていた。したがって、麴価・酒価の高下は酒麴額の高下に直結しないことがわかる。酒麴価格が吊り上げられると、人戸の余剰の経済力がほぼ同じであれば、原理的に酒麴消費量が低下するためである。

　次に表2は四京・東路9州軍の酒麴務表をまとめた表である。指摘しておくべきことは、商税務・酒麴務が併設された行政都市・小都市が甚だ多いことである。併設地118（69＋49）は行政都市・小都市であり、全酒麴務163（96＋67）の72%であるのに対し、酒務のみの町は42（24＋18）で26%に過ぎない（表3）。また不明地・地理不記地も僅で存続率が四京・東路（齊州を除く）いずれも約90%で甚だ高い。

　四京と東路9州軍とを比較すると、州軍数は4対9であるが、表2の州県務は四京56・

第二編　銅銭区北部

表2　A四京・B京東東路酒麹務総合表

州軍	州県務	市鎮務	鎮市率	酒麹務	併設地	併設率	対税旧務商率	新税務地	新税務地率	対税新務商率	存続地	存続率	不明地	不明率	旧商税務	新商税務	地理表不記地
A1	16	20	56	36	21	58	88	24	67	57	32	89	4	11	24	42	0
A2	17	6	26	23	20	86	79	19	83	86	21	91	1	3	26	22	1
A3	7	3	30	10	8	80	89	8	80	89	10	100	0	0	9	9	0
A4	16	11	41	27	20	74	83	19	70	53	26	96	0	0	24	32	1
4京計	56	40	42	96	69	72	83	70	73	67	89	93	5	5	83	105	2
B1	6	4	40	10	7	70	78	8	80	62	8	80	2	20	9	13	0
B2	3	2	40	5	3	60	50	4	80	50	4	80	1	20	6	8	0
B3	5	20	80	25	17	68	55	21	64	72	—	—	—	—	31	29	—
B4	5	1	17	6	5	83	100	6	100	55	6	100	0	0	5	11	0
B5	3	0	0	3	3	100	75	3	100	50	3	100	0	0	4	6	0
B6	3	1	25	4	3	75	100	4	100	50	4	100	0	0	4	8	0
B7	3	0	0	3	3	100	100	3	100	75	3	100	0	0	3	4	0
B8	4	3	43	7	6	86	55	6	86	67	6	86	1	14	11	9	0
B9	2	2	50	4	2	50	100	4	100	80	4	100	0	0	2	5	0
東路計	34	33	49	67	49	73	65	59	88	65	38	57	4	6	75	93	0

注　①A2・A4に地理表不記地が各1処あり、不明地5と共に存続地に含めず。Aの酒麹務96＝存続地89＋不明地5＋地理表不記地2
　　②東路存続率が57％と低いのはB3斉州の存続地が不明のためである。斉州酒務25を除くと酒務42、存続地38で存続率90％になる。酒務42＝存続地38＋不明地4
　　③以下、各章表2の酒務数計算は、①・②の方式に同じ

表3-A　四京旧務年代の都市・町

州軍	A1	A2	A3	A4	計4
行政都市	16	17	7	16	56
小都市	5	5	1	5	16
町	15	1	2	6	24
酒麹務	36	23	10	27	96

表3-B　京東東路旧務年代の都市・町

B1	B2	B3	B4	B5	B6	B7	B8	B9	計9
6	3	5	5	3	3	3	4	2	34
1	0	12	0	0	0	0	2	0	15
3	2	8	1	0	1	0	1	2	18
10	5	25	6	3	4	3	7	4	67

小都市数：各州軍酒務表の併設地欄の鎮市数
町　　数：酒務－（行政都市＋小都市）、不明地を含む
典　　拠：各州軍酒務表
注　①下線を付した行政都市数には税務が記されていない酒務県が含まれる（A2-1、A4-1、計2県）
　　②町・小都市数は各州軍の酒務表欄外に記す

東路34であり、また酒麹務数は四京96務、東路67務で、東路の数値がかなり小さい。併設地では四京69処に対し、東路49処と劣る。さらに旧商税務をみると四京83務・東路75務、新商税務は四京105務・東路93務でありいずれも東路の数値が低い（表2）。これらの諸数値の格差から、四京は大都市を中心とした広い管域を有して経済力が高く、東路の管域は広大であるが、小州軍のあつまりであるため経済力が劣ることが明かである。換言すると酒麹額・酒麹務数の多少は四京と東路9州軍の経済力の大小を反映している。

第一章　四京・京東東路

表4-A　四京　新務年代の都市・町

四　　京	A1	A2	A3	A4	計
行政都市	16	11	7	12	46
小 都 市	8	8	1	7	24
町	8	1	2	5	16
酒 務 県	0	1	0	1	2
存 続 地	32	21	10	26	89/88

存続地＝行政都市＋小都市＋町＋酒務県（熙寧10年後に廃された県・鎮及び不明地・地理表不記地を含まず）
行政都市数：各州軍酒務表新税務地欄の州県数
小都市数：各州軍酒務表新税務地欄の鎮市数
町　　数：各州軍酒務表新税務地欄にみえず、存続地欄のみにみえる酒務地

表4-B　東路　新務年代の都市・町

州　　軍	B1	B2	B3	B4	B5	B6	B7	B8	B9	計
行政都市	6	3	5	5	3	3	3	4	2	34
小 都 市	2	1	16	1	0	1	0	2	2	25
町	0	0	－	0	0	0	0	0	0	0
酒 務 県	0	0	0	0	0	0	0	0	0	0
存 続 地	8	4	－	6	3	4	3	6	4	38/59

酒務県：各州軍酒務表の新税務地欄にみえず、存続欄にみえる酒務設置の県で、商税務が記載されていない。各州軍の県変遷図参照
典拠：各州軍酒務表
注①Aの都市・町（酒麹統計の□印の地）のなかに地理表不記地（△印の無い地）があるので都市・町数と存続数とが一致しない（A2-1、A4-1、計2県）
　②Bの都市・町の計と存続地計が一致しないのは九域志・斉州記載の脱漏による

表5-A　四京　　変動表

	旧務年代 州軍数	旧務年代 比率	新務年代 州軍数	新務年代 比率	変動率
四　　　　京	4	－	4	－	0%
州　軍　甲	1	25%	1	25%	0%
州　軍　乙	1	25%	1	25%	0%
酒　務　数	96		88		－8%
都　市　数	70		72		3%
町　　　数	26		16		－38%
都市の対酒務率	73%		82%		9%
町の対酒務率	27%		18%		－9%
町の対都市率	37%		22%		－15%

州軍甲：小都市未発達州軍（小都市0又は1）
州軍乙：町未発達州軍（町数0又は1）
比率：甲、乙州軍÷全州軍
対酒務率＝都市数÷酒務数

表5-B　東路　　変動表

	旧務年代 州軍数	旧務年代 比率	新務年代 州軍数	新務年代 比率	変動率
全　州　軍	9	－	9	－	0%
州　軍　甲	7	78%	5	56%	29%
州　軍　乙	5	56%	9	100%	80%
酒　務　数	67		59		－12%
都　市　数	49		59		20%
町　　　数	18		0		－100%
都市の対酒務率	73%		100%		27%
町の対酒務率	27%		0%		－27%
町の対都市率	37%		0%		－37%

対都市率＝町数÷都市数
州軍、酒務、都市、町の変動率＝（新数－旧数）÷旧数
対酒務率、対都市率の変動＝新比率－旧比率
典拠：表3・表4

　次に表3Aによれば旧務年代の四京の酒麹務地96で、その内訳は行政都市56・小都市14・町26である。都市70（56＋14）の対酒務地率73％、町26の対酒務地率27％である（表5A）。酒務の大半は都市に置かれた。

　次に表3Bによれば旧務年代の東路の酒務地67で、その内訳は行政都市34・小都市15・町18である。都市49の対酒務率73％、町18の対酒務率は27％である（表5B）。

　以上にみたように、旧務年代では酒務は都市に集中し、町の酒務は少なかった。

　なお表3A・Bの行政都市には商税務がなく酒務のみが置かれた酒務県（商税務不記の県）が含まれる。酒務県は県変遷図に示している。各州軍の酒務表の併設地欄の州県には酒務

第二編　銅銭区北部

県がみえないので注意したい。以下の各章州軍の酒務表でも同じである。
　次に旧務年代の四京のうち小都市が0又は1の小都市未発達（表5A、州軍甲）はA3のみで、多くの京で小都市が発達していた。また町が0又は1の町未発達（表5A、州軍乙）はA2のみで他の三京には町が発達していた。新務年代の四京で小都市未発達京・町未発達京がしめる比率は共に25％であり、旧務年代と同じであるが、諸路に比較すれば旧務年代・新務年代共に小都市・町は甚だ発達していた（一遍一章末、比較表2）。
　次に旧務年代の東路9州軍のうち小都市が0又は1の小都市未発達州軍7（表5B、州軍甲）で78％であり、甚だ多くの州軍で小都市は未発達であった。小都市はB3齊州のみで16と極端に多い（表4B）。また町が0又は1の町未発達州軍5（表5B、州軍乙）であり、56％で過半数をしめる。新務年代の州軍9にしめる小都市未発達州軍甲・町未発達州軍乙の比率はそれぞれ56％・100％であり、小都市はやや多くなっているが、町未発達州軍は倍増している。また表5A・表5Bの変動率を比較すると四京の変動率が東路より小さい。
　次に表4Aよれば、四京の存続地即ち新務年代の新酒務地88処の内訳は行政都市49（酒務県を含む、46+3）、小都市24、町16である。新務年代の都市72（52+20）の対酒務地率82％、町16の対酒務地率18％である（表5A）。また都市対町＝72対16であり、町の対都市率は22％である（表5A）。町の対酒務地率・対都市率は旧務年代より低率になっている。なお新務年代の町16で旧務年代26より減少している。
　次に表4Bによれば、東路の新務年代の新酒務地59処の内訳は行政都市34、小都市25、町0である。新務年代の都市59の対酒務地率100％、町の対酒務地率0％である（表5B）。また都市対町＝59対0で、町の対都市率は0％である（表5B）。町の対酒務地率・対都市率は旧務年代より低率になっている。その一因は次のことにあろう。
　地理表に示した地名は九域志が採録した地であるが、九域志は草市や道店を採録しないので、存続地は旧酒務地より少なくなる場合がある。存続地は38処、存続率は57％以上（表2）になる可能性が十分にある。
　次に酒麹務が置かれず商税務のみが置かれた地である旧商税地・新商税地は表6の如くである。表を通覧するとB3齊州のみが例外的に14処と多く、特殊な事情があったと思われるので、齊州を除外して考えるべきである。齊州を除くと四京・東路の旧商税地28処（16+12）であり旧商税務127（83+44）の二割強で、旧商税地は少数に過ぎない。このことに加えて併設地が99（67+32）処（齊州を除く）と甚だ多いことから旧商税地は厳選された地であることがわかる。
　また四京・東路の全州軍13（4+9）のうち旧商税地が0～3の州軍9と多い。このこ

第一章　四京・京東東路

とは商税務乱設を行わなかったことを意味する。

　四京・東路の新商税地69（35＋34）で旧商税地42よりも多いのは、三司の税務増加による（表2参照）。なおA1開封府の商税務が18務増加しているのは（表2）、鄭滑両州の割入が主因である。

表6　四京・東路　新旧商税地

四京	州軍	A1	A2	A3	A4				計
	旧商税地	3	6	1	6				16
	新商税地	18	3	1	13				35
東路	州軍	B1	B2	B3	B4	B5	B6	B7	B8	B9	計
	旧商税地	2	3	14	0	1	1	0	5	0	26
	新商税地	5	4	8	5	3	4	1	3	1	34

旧商税地＝旧商税務－併設地、新商税地＝新商税務－新税務地
典拠：本章「おわりに」前掲表2

　次ぎに四京・東路の地理表をまとめると表7の如くである。四京における記載地87処は一般的な水準Ⅱにある。その内訳は町・小都市47処で水準Ⅲ、また小さな町候補地38処で一般的な水準Ⅱである。それらの都市・町に置かれている機関を機能により分類すると、保安機関の鎮85（水準Ⅲ）で比較的に多いが、寨・堡・城などの軍事機関はなく、監・場等の生産機関も2処（水準Ⅰ）と少ない。

　次ぎに東路の記載地は35処で低い水準Ⅰにある。その内訳は町・小都市22（水準Ⅰ）、また小さな町候補12（水準Ⅰ）である。それらの都市・町に置かれている機関を機能により分類すると、保安機関の鎮29、保寨・堡などの軍事機関4、監・場などの生産機関2と少なく、いずれも水準Ⅰである。（水準は一編一章末、比較表1参照）

表7　四京地理表記載地

路	記載地	無名地	町・小都市	大きな町に準ずる町	町候補地
A	87	1	無印地 47	○印地 2	×印地 38
記載機関	保安	軍事	生産		
	鎮 85	0	監1,場1		

記載地＝町・小都市＋大きな町に準ずる町＋町候補地
無名地：地理表の銀場で町候補地数に含めているが、機関に地名が付されていず町ではない可能性もある。
典拠：本章四京の地理表

表7　京東東路地理表記載地

路	記載地	無名地	町・小都市	準小都市候補	町候補地
D	35	0	無印地 22	○印地 1	×印地 12
記載機関	保安	軍事	生産		
	鎮 29	寨 4	銀場1、銭監1		

記載地＝町・小都市＋大きな町に準ずる町＋町候補地
典拠：本章各州軍の地理表

第二編　銅銭区北部

第二章　京東西路

1　兗州Ｃ１

兗州の酒務及び新旧酒銭額は次の如くである。

(1)　酒統計
舊。在城及太平・仙源・奉符・萊蕪・瑕丘・龔邱・泗水・鄒県・萊蕪監　十務
　　　　　　　　①　　　②　　　③　　④　　⑤　　⑥　　⑦　　⑤
歳　　　　　　　　　　　６４，９９６貫
　　　　　　絲　　　　　　３３０兩
熙寧十年祖額　　　　３５，０４８貫９７２文
　　買撲　　　　　　３５，８０８貫０３７文
　　　　新額計　　　７０，８５７貫００９文

注　①原文、菜又は萊。志、萊。　②郭下県。酒務数に入れず。　③原文、龔丘。志、龔邱。　④原文、洄。志、泗　⑤萊蕪監は兗州の条に見えないが、京東西路酒統計の文末に見える。萊蕪監は兗州に属しているので兗州の酒統計に加えた。なお酒統計の酒務は十務であるが、郭下県を除くので、計算上の酒務数は９務である。　⑥原文、九。萊蕪監を加えたので計10

旧額は64,996貫・新額70,856貫（文切り捨て、以下の州軍同じ）で、両額の差額5,860貫・増額率９％である。また官売額（祖額、以下同じ）は35,048貫・買撲35,808貫で、官売率49％・買撲率51％である。以上の数値を銭額表に整理して示す。

C1 兗州	銭　額　表	
旧　　額		64,996 貫
新　　額	官売	35,048 貫
	買撲	35,808 貫
	計	70,856 貫
新旧差額		5,860 貫
増額率		9 ％
官売率		49 ％
買撲率		51 ％

旧絲額　　330両
新絲額　　　0

(2)　酒務表
次に寰宇記21・九域志１により太平興国中〜元豊間の兗州諸県の変化を県変遷図[1]に示す。酒統計は在城・県６（郭下の瑕丘県を除く）・鎮市２を記すが、それらの酒務からは旧務年代は不明であるので、一般的な旧務年代である景祐〜慶暦に従っておく。

熙寧五年前の旧外県６であり、酒統計の県酒務６であるので、県置務率は100％である。また酒務は州県務７・鎮市務２の計９務で、州県務率78％・鎮市務率22％である。

次に酒統計に○印を付した在城・仙源・奉符・萊蕪・龔邱・泗水・鄒県（州県務７）、及
　　　　　　　　　　　　１　　２　　３　　４　　５　　６　　７

— 144 —

第二章　京東西路

び太平(鎮市務1)の8処が酒務・旧商税務の併設地である。併設地が酒務地9処にしめる併設率89%、旧商税務9処[(2)]に対する併設地の対旧商税務率89%である。

次に旧務年代の小都市は鎮市のうち○印を付した併設地の1処で、町は鎮市のうち○印を付さない地(以下の諸州軍酒統計同じ)で、1処(9の地)である。

次に酒務地に新商税務が設置された新税務地は、酒統計に□印を付した上記の1〜6の地(州県務6)、及び7・8の地(鎮市務2)の8処である。酒務地9処にしめる新税務地の新務地率は89%、また新商税務8処[(3)]に対する新税務地の対新商税務率は100%である。

C1	兗州	県変遷図					
年　代	外　　　　県						郭下
太平興国中	泗水	乾封	襲邱	萊蕪	鄒県	曲阜	瑕邱
大中祥符1年 1008		↓改名 ①奉符					
5年					改名 ②仙源→		
旧務年代	1○	2○	3○	4○	5○	6○	○
熙寧5年 1072					②→		
熙寧10年	○5	4	○3	○2	1		○
元豊7年 1084						再建④←	

なお旧務年代の鄒県は熙寧五年に鎮に降格されているので新務年代では鎮市務である。

次に酒務地で元豊まで存在して地理表[(4)]にみえる存続地は、酒統計の地名に△印を付している。存続地は上記の1〜6の地(州県務6)、及び7・8の地・萊蕪監[(5)](市鎮務3)で計9処である。酒務地5処にしめる存続地の存続率は100%である。

次に新務年代の小都市は鎮市のうち□印を付した新務年代の併設地である新税務地2処である。町は鎮市のうち○△印の地及び△印のみの地であるが(以下の州軍酒統計同じ)、兗州の新務年代の町1処(9の地)である。

次に旧商税務・新商税務・地理表のいずれにもみえない無印の地である不明地はなく、不明率0%である。以上の酒務・諸数値を酒務表に整理して示す。

C1　兗州　格大都督府　地理表 (主戸56,178　客戸39,524　計95,702　貢　花綾,墨,伏苓,雲母,防風,紫石英)

格	県	距　離	郷	鎮	%	その他	備　考	水　系	計14
上	瑕邱	郭下	3	0	0	0		泗水,洸水	2
上	奉符	東北180	2	2	100	0	太平,静封鎮	汶水	1
上	泗水	東北90	3	0	0	0		泗水,洙水	2
上	襲邱	北45	2	0	0	0		洸水,濉水	2
中下	仙源	東40	2	0	0	0		泗水,洙水,沂水	3
中下	萊蕪	東北300	2	0	0	0		嬴汶水,牟汶水	2
下	鄒県	東南50	2	0	0	0		泗水,漷水	2
計 7			16	2	12	0	土産　笙,鏡花綾,絹,綿,防風,紫石英,茯苓		7種
	萊蕪監	東北250	0	0	0	0			

×印の地：小さな町候補地1

第二編　銅銭区北部

C1　兗州　　　　　　　酒　務　表

外県	置務県	置務率	州県務	州県務率	鎮市務	鎮市務率	酒務地	併設地	併設率	旧商税務	対税旧商率	新税務地	新税地率	新商税務	対税新商率	存続地	存続率
6	6	100	7	78	2	22	9	8	89	9	89	8	89	8	100	9	100

併設地	州県	在城¹・仙源²・奉符³・萊蕪⁴・龔邱⁵・泗水⁶・鄒県⁷	7 処
計 8	鎮市	太平⁸（小都市、以下の州軍酒務表同じ）	1 処
新税務地	州県	1～6の地	6 処
計 8	鎮市	7・8の地（小都市、以下の州軍酒務表同じ）	2 処
存続地	州県	1～6の地	6 処
計 9	鎮市	7・8の地・萊蕪監⁹	3 処
不明地			0 処	不明率 0 %

旧務年代の町1（9の地）・小都市1、新務年代の町1（9の地）・小都市2

注

(1)　県変遷図の作成史料は拙著2、28頁参照。
(2)　拙著2、28頁。　(3)　拙著2、28頁。
(4)　拙著2、29頁の地理表に同じ。
(5)　萊蕪監は京東西路の条の末尾に「萊蕪監。無定額」とみえる。地理表の最下欄に兗州直轄の監としてみえ、同下州の監ではなかった。太平興国時代から存在した監である。なお新旧商税務はみえない。

2　徐州 C 2

徐州の酒務及び新旧酒銭額は次の如くである。

(1)　酒統計

舊。在城及蕭・彭城・滕・豊・沛県・利國監・白土鎮八務①　　　　　　②　　　　　　　　　　　　　　③
歳　　　　　　　　　100,642貫
熙寧十年祖額　　　　88,261貫194文
　　　買撲　　　　　24,021貫676文
　　　　　新額計　　112,282貫870文
　注　①郭下県、酒務数に入れず。②原文、勝、志、滕。
　　　③原文、七。計8

C2　徐州　　銭 額 表

旧額		100,642貫
新額	官売	88,261貫
	買撲	24,021貫
	計	112,282貫
新旧差額		11,640貫
増額率		12 %
官売率		79 %
買撲率		21 %

旧額は100,642貫・新額112,282貫で、両額の差額11,640貫・増額率12%である。また官売額は88,261貫・買撲

第二章　京東西路

24,021貫で、官売率79％・買撲率21％である。以上の数値を銭額表に整理して示す。

(2)　酒務表

次に寰宇記15・九域志1により太平興国中～元豊間の徐州諸県の変化を県変遷図[(1)]に示す。酒統計は在城・県4（郭下県を入れず）・鎮市2を記すが、それらの酒務からは旧務年代は不明であるので、一般的な旧務年代である景祐～慶暦に従っておく。

図によれば熙寧十年前の旧外県4であり、酒統計の県酒務4（彭城県務を除く）であるので、県置務率は100％である。また酒務は州県務5・鎮市務2の計7務で、州県務率71％・鎮市務率29％である。

次に酒統計に○印を付した在城・蕭・滕・豊・沛県（州県務5）、及び利國監[(2)]・白土鎮（鎮市務2）の7処が酒務・旧商税務の併設地である。併設地が酒務地7処にしめる併設率100％、旧商税務7処[(3)]に対する併設地の対旧商税務率100％である。

次に酒務地に新商税務が設置された新税務地は、酒統計に□印を付した上記の1～5の地（州県務5）、及び6・7の地（鎮市務2）の7処である。酒務地7処にしめる新税務地の新務地率は100％、また新商税務9処[(4)]に対する新税務地の対新商税務率は78％である。

次に酒務地で元豊まで存在して地理表[(5)]にみえる存続地は、酒統計の地名に△印を付している。存続地は上記の1～5の地（州県務5）、及び6・7の地（鎮市務2）で計7処である。酒務地7処にしめる存続地の存続率は100％である。

次に旧商税務・新商税務・地理表のいずれにもみえない不明地はなく、不明率0％である。以上の酒務・諸数値を酒務表に整理して示す。

C2　徐州　県変遷図

年　代	外　　県	郭下
	宿遷　下邳　豊県　滕県　蕭県　沛県	彭城
太平興国7年 982	⇨　⇨　｜　｜　｜　｜　｜ 淮陽軍	｜
旧務年代	1○　2○　3○　4○	○
熙寧10年 1077	○　○　○　○ 　　　　　4　3　2　1	○
	↓　↓　↓　↓	↓

C2　徐州　格大都督府　地理表（主戸84,870　客戸19,046　計103,916　貢　雙絲綾，紬，絹）

格	県	距　離	郷	鎮	％	その他	備　　考	水　系	計10
望	彭城	郭下	5	2	40	0	×下塘・呂梁洪鎮	泗水，猴水，沛澤	3
望	沛県	西北140	5	1	20	0	○留城鎮	泗水，泡水，潨水	3
望	蕭県	西　50	4	2	50	0	×永安・白土鎮	古汴渠	1
緊	滕県	北　190	4	0	0	0		潨水	1
緊	豊県	西北140	2	0	0	0		泡水，大澤	2
計 5			20	5	25	0	土産　孤桐，鱏魚，浮磬，五色土		4種
利國監		東北 70	0	0	0	0	製鉄（寰宇記15）		

×印の地：小さな町候補地2、○印の地：大きな町に準ずる町2

第二編　銅銭区北部

C2 徐州															酒務表
外県	置務県	置務率	州県務	州県務率	鎮市務	鎮市務率	酒務地	併設地	併設率	旧商税務	対旧商率	新税務地	新務地率	新商税務	対新商率	存続地	存続率
4	4	100	5	71	2	29	7	7	100	7	100	7	100	9	78	7	100

併設地	州県	在城・蕭・滕・豊・沛県	5処
計 7	鎮市	利國監・白土鎮	2処
新税務地	州県	1〜5の地	5処
計 7	鎮市	6・7の地	2処
存続地	州県	1〜5の地	5処
計 7	鎮市	6・7の地	2処
不明地		0処　不明率	0％

旧務年代の町0・小都市2、新務年代の町0・小都市2

注

(1)　県変遷図の作成史料は拙著2、6頁参照。
(2)　京東西路の酒統計の末尾に「利國監。無定額」とみえ重複している。旧額・新額に利國監の酒銭は入っていないことになる。また地理表の最下欄によれば徐州直轄の監で同下州の監ではない。同監は徐州の新旧商税務にもみえる。
(3)　拙著2、30頁。　(4)　拙著2、30頁。
(5)　拙著2、31頁の地理表に同じ。

3　曹州 C 3

曹州の酒務及び新旧酒銭額は次の如くである。

(1)　酒統計

舊。在城及冤句・南華・乘氏県四務

歳	４３，９１８貫
熙寧十年祖額	３８，９９１貫６０３文
買撲	３３，７６６貫７９２文
新額計	７２，７５８貫３９５文

C3 曹州	銭額表	
旧額		43,918貫
新額	官売	38,991貫
	買撲	33,766貫
	計	72,757貫
新旧差額		28,839貫
増額率		66％
官売率		54％
買撲率		46％

旧額は43,918貫・新額72,757貫で、両額の差額28,839貫・増額率66％である。また官売額は38,991貫・買撲33,766貫

第二章　京東西路

で、官売率54％・買撲率46％である。以上の数値を銭額表に整理して示す。

(2)　酒務表

次に寰宇記13・九域志1により太平興国中～元豊間の曹州諸県の変化を県変遷図[1]に示す。酒統計は在城・県3を記すが、それらの酒務からは旧務年代は不明であるので、一般的な旧務年代である景祐～慶暦に従っておく。

図によれば熙寧四年前の旧外県3であり、酒統計の県酒務3であるので、県置務率は100％である。また酒務は州県務4・鎮市務0の計4務で、州県務率100％・鎮市務率0％である。

C3 曹州　県変遷図		
年　代	外　　県	郭下
太平興国2年 977	南華　乗氏　宛句　定陶	濟陰
旧務年代	①〇 ②〇 ③〇 ↓建置 廣濟軍	(定陶)
熙寧4年 1071	②	
10年	〇4 〇3 〇2 〇1	

次に酒統計に〇印を付した在城[1]・宛句[2]・南華[3]・乗氏[4]県（州県務4）の4処が酒務・旧商税務の併設地である。併設地が酒務地4処にしめる併設率は100％で、また旧商税務4処[2]に対する併設地の対旧商税務率も100％である。

次に酒務地に新商税務が設置された新税務地は、酒統計に□印を付した上記の1～4の地（州県務4）の4処である。酒務地4処にしめる新税務地の新務地率は100％、また新商税務6処[3]に対する新税務地の対新商税務率は67％である。

次に酒務地で元豊まで存在して地理表[4]にみえる存続地は、酒統計の地名に△印を付している。存続地は上記の1～4の地（州県務4）である。酒務地4処にしめる存続地の存続率は100％である。

次に旧商税務・新商税務・地理表のいずれにもみえない不明地はなく、不明率0％である。以上の酒務・諸数値を酒務表に整理して示す。

C3　曹州　格輔　地理表（主戸42,358　客戸20,252　計62,610　貢　絹, 葶藶子）

格	県	距　離	郷	鎮	％	その他	備　　考	水　系	計8
望	濟陰	郭下	4	0	0	0		菏水, 氾水	2
望	宛句	西　35	4	0	0	0		菏水, 瀰溝, 北濟溝	3
緊	乗氏	北　54	3	0	0	0		濮水	1
上	南華	西北117	5	0	0	0		濮水	1
上	定陶	東北 27	3	1	33	0	柏林鎮	濮水	1
計 5			19	1	5	0	土産　絹, 葶藶子, 蛇床子, 犬		4種

〇印の地：大きな町に準ずる町1

第二編　銅銭区北部

C3 曹州																	酒務表
外県	置務県	置務率	州県務	州県務率	鎮市務	鎮市務率	酒務	併設地	併設率	旧商税務	対旧商税率	新税務地	新税務地率	新商税務	対新商税率	存続地	存続率
3	3	100	4	100	0	0	4	4	100	4	100	4	100	6	67	4	100

併設地	州県	在城¹・冤句²・南華³・乗氏⁴	4 処
計 4	鎮市		0 処
新税務地	州県	1～4の地	4 処
計 4	鎮市		0 処
存続地	州県	1～4の地	4 処
計 4	鎮市		0 処
不明地		0 処　不明率　0 %	

旧務年代の町 0・小都市 0、新務年代の町 0・小都市 0

注

(1)　県変遷図の作成史料は拙著 2、32頁参照。
(2)　拙著 2、31頁。　(3)　拙著 2、32頁。
(4)　拙著 2、33頁の地理表に同じ。

4　鄆州 C 4

鄆州の酒務及び新旧酒銭額は次の如くである。

(1)　酒統計

舊。在城及中都・平陰・壽張・須城・陽穀・東阿県①・景徳・但歓②・寧郷・竹口・石横・迎鸞・界首・澄空・翔鸞・安樂・公乗③・麟臺・楊劉鎮④・滑家口⑤・關山禘二十二務⑥

歳　　　　　　　　115,333貫
熙寧十年祖額　　　112,648貫823文
　　買撲　　　　　 32,318貫380文
　　　　新額計　　144,967貫203文

注　①郭下県、酒務数に入れず　②原文、河。志、阿
　　③原文、勧。志、歓　④原文、口。志、鎮　⑤志、禘ナシ
　　⑥原文、一。計22

C4 鄆州		銭額表
旧額		115,333貫
新額	官売	112,648貫
	買撲	32,318貫
	計	144,966貫
新旧差額		29,633貫
増額率		26 %
官売率		78 %
買撲率		22 %

旧額は115,333貫・新額144,966貫で、両額の差額29,633貫・増額率26%である。また官売額は112,648貫・買撲

32,318貫で、官売率78％・買撲率22％である。以上の数値を銭額表に整理して示す。

(2) 酒務表

次に寰宇記13・九域志1・方域12により太平興国中～元豊間の鄆州諸県・鎮の変化を県変遷図[1]・鎮置廃図に示す。酒統計は在城・県5（郭下県を除く）・鎮市15を記す。鎮置廃図によれば、景徳鎮は景祐二年建置であり、酒統計に同鎮がみえるので、旧酒務年代は同年以降である。

図によれば熙寧十年前の旧外県5であり、酒統計の県酒務5であるので、県置務率は100％である。また酒務は州県務6・鎮市務15の計21務で、州県務率29％・鎮市務率71％である。

次に酒統計に〇印を付した在城¹・中都²・平陰³・壽張⁴・陽穀⁵・東阿県⁶（州県務6）、及び景徳⁷・楊劉⁸鎮（鎮市務2）の計8処が酒務・旧商税務の併設地である。併設地が酒務地21処にしめる併設率38％、また旧商税務12処[2]に対する併設地の対旧商税務率67％である。

次に酒務地に新商税務が設置された新税務地は、酒統計に□印を付した上記の1～6の地（州県務6）、及び7・8の地・但歓⁹・寧郷¹⁰・竹口¹¹・安樂¹²・滑家口¹³・闕山禘¹⁴（鎮市務8）の14処である。酒務地21処にしめる新税務地の新務地率は67％、また新商税務16処[3]に対する新税務地の対新商税務率は88％である。

次に酒務地で元豊まで存在して地理表[4]にみえる存続地は、酒統計の地名に△印を付している。存続地は上記の1～6の地（州県務6）、及び7～14の地・石横¹⁵・界首¹⁶・翔鸞¹⁷・公乘¹⁸（鎮市務12）で計18処である。酒務地21処にしめる存続地の存続率は86％である。

次に旧商税務・新商税務・地理表のいずれにもみえない不明地は迎鸞¹⁹・澄空²⁰・麟臺²¹の3処で、不明率14％である。以上の酒務・諸数値を酒務表に整理して示す。

C4 鄆州　県変遷図

年　代	外　県					郭下
太平興国中	中都	平陰	陽穀	東阿	壽張	須城
景祐2年 1036						
旧務年代	1〇	2〇	3〇	4〇	5〇	〇
熙寧10年 1077	〇5	〇4	〇3	〇2	〇1	↓

C4 鄆州　鎮置廃図

県	陽穀	壽張	同右	同右	平陰	同右	東阿
鎮	安樂	竹口	迎鸞	翔鸞	寧郷	景徳	秋仁
太平興国5年 980							置①
至道中 995～997						置②	
大中祥符1年 1008				置④	置④		
天聖3年 1025			置⑤				
景祐2年 1035						置③	
旧務年代	×	×	×	×	×	〇	(後廃)
熙寧10年 1077	〇	〇	×	〇	×	〇	
元豊中 1078～1085	〇	〇	?	〇	〇	〇	
元祐1年 1086	⑥廃						

第二編　銅銭区北部

C4 鄆州　格緊　地理表（主67,260戸　客66,777戸　計134,037　貢　絹, 阿膠）

格	県	距　離	郷	鎮	％	その他	備　　　考	水　系	計10
望	須城	郭下	8	0	0	0		濟水, 清河	2
望	陽穀	西北 120	3	2	66	0	安樂・公乘鎮	黄河, 礌磯津	2
緊	中部	東南 60	2	0	0	0		汶水, 大野陂	2
緊	東阿	西北 60	2	5	250	0	景德・楊劉・關山・銅城・北新橋鎮	黄河	1
上	壽張	西南 60	4	1	25	0	竹口鎮	濟水	1
上	平陰	東北 120	2	7	350	0	但歡・石横・界首・寧郷・滑家口・傅家岸・翔鸞鎮	黄水, 鹹水	2
計 6			21	15	71	0	土産　阿膠, 蛇床子, 綿, 官䴊		4種

×印の地：小さな町候補地1、○印の地：大きな町に準ずる町2

C4 鄆州　　　　酒　務　表

外県	置務県	置務県率	州県務	州県務率	鎮市務	鎮市務率	酒務	併設地	併設率	旧商税務	対税旧商率	新税務地	新税務率	新商税務	対税新商率	存続地	存続率
5	5	100	6	29	15	71	21	8	38	12	67	14	67	16	88	18	86

併　設　地	州県	在城¹・中都²・平陰³・壽張⁴・陽穀⁵・東阿県⁶	6 処
計 8	鎮市	景德⁷・楊劉鎮⁸	2 処
新税務地	州県	1～6の地	6 処
計 14	鎮市	7・8の地・但歡⁹・寧郷¹⁰・竹口¹¹・安樂¹²・滑家口¹³・關山¹⁴	8 処
存　続　地	州県	1～6の地	6 処
計 18	鎮市	7～14の地・石横¹⁵・界首¹⁶・翔鸞¹⁷・公乘¹⁸	12 処
不　明　地		迎鸞¹⁹・澄空²⁰・麟臺²¹　　　3 処	不明率　14 ％

旧務年代の町13（9～21の地）・小都市2、新務年代の町4（15～18の地）・小都市8
注　不明地3は存続地・新務年代の町に入れず

注

(1) 県変遷図の作成史料は拙著2、34～35頁参照。
(2) 拙著2、33頁。
(3) 拙著2、34頁。
(4) 拙著2、36頁の地理表に同じ。

第二章 京東西路

5 濟州C5

濟州の酒務及び新旧酒銭額は次の如くである。

(1) 酒統計
舊。在城及金郷・任城・鄆城県・曾橋鎮・昌邑城六務
歳　　　　　　　　６６,１６８貫
　　　　絹　　　　　１２疋
熙寧十年祖額　　　６１,９２３貫９３４文
　　買撲　　　　　１６,３３０貫０９１文
　　　新額計　　　７８,２５４貫０２５文

旧額は66,168貫・新額78,253貫で、両額の差額12,085貫・増額率18％である。また官売額は61,923貫・買撲16,330貫で、官売率79％・買撲率21％である。以上の数値を銭額表に整理して示す。

C5 濟州	銭 額 表	
旧　額		66,168貫
新　額	官売	61,923貫
	買撲	16,330貫
	計	78,253貫
新旧差額		12,085貫
増額率		18％
官売率		79％
買撲率		21％

旧絹　12疋
新絹　　0

(2) 酒務表

次に寰宇記14・九域志1により太平興国中～元豊間の濟州諸県の変化を県変遷図[(1)]に示す。酒統計は在城・県3・鎮市2を記すが、それらの酒務からは旧務年代は不明であるので、一般的な旧務年代である景祐～慶暦に従っておく。

図によれば熙寧十年前の旧外県3であり、酒統計の県酒務3であるので、県置務率は100％である。また酒務は州県務4・鎮市務2の計6務で、州県務率67％・鎮市務率33％である。

C5 濟州　県変遷図				
年　代	外	県		郭下
	任城	鄆城	金郷	鉅野
太平興国中	○	○	○	○
旧務年代	○1	○2	○3	○ ○
熙寧10年 1077	○3	○2	○1	○
	↓	↓	↓	↓

次に酒統計に○印を付した在城[1]・金郷[2]・任城[3]・鄆城県[4]（州県務4）4処が酒務・旧商税務の併設地である。併設地が酒務地6処にしめる併設率67％、また旧商税務6処[(2)]に対する併設地の対旧商税務率67％である。

次に酒務地に新商税務が設置された新税務地は、酒統計に□印を付した上記の1～4の地（州県務4）、及び昌邑城[5]（鎮市務1）の5処である。酒務地6処にしめる新税務地の新務地率は83％、また新商税務8処[(3)]に対する新税務地の対新商税務率は63％である。

— 153 —

第二編　銅銭区北部

　次に酒務地で元豊まで存在して地理表⁽⁴⁾にみえる存続地は、酒統計の地名に△印を付している。存続地は上記の１～４（州県務４）の地で４処である。酒務地６処にしめる存続地の存続率は67％である。

　次に旧商税務・新商税務・地理表のいずれにもみえない不明地は曾橋鎮（鎮市務１）で、不明率17％である。以上の酒務・諸数値を酒務表に整理して示す。なお新務年代にみえる昌邑城が地理表にみえないため、存続率＋不明率＜100％となる。

C5　濟州　格上　地理表（主戸41,045　客戸14,453　計55,498　貢　阿膠）

格	県	距　離	郷	鎮	％	その他	備　　考	水　系	計7
望	鉅野	郭下	4	1	25	0	合蔡鎮	鉅野澤	1
望	任城	東　90	7	2	28	0	魯橋・山口鎮	泗水，新河	2
望	金郷	東南 90	5	0	0	0		桓溝	1
望	鄆城	北　60	3	0	0	0		馬頬河，濮水，洸溝	3
計 4			19	3	15	0	土産　阿膠，蛇床子，綿，官䱌，荻薕		5種

○印の地：大きな町に準ずる町 3

C5 濟州　　　　　酒　務　表

外県	置務県	置務率	州県務	州県務率	鎮市務	鎮市務率	酒務	併設地	併設率	旧商税務	対税旧商率	新税務地	新税務地率	新商税務	対税新商率	存続地	存続率
3	3	100	4	67	2	33	6	4	67	6	67	5	83	8	63	4	67

併設地	州県	在城¹・金郷²・任城³・鄆城⁴	4 処
計 4	鎮市		0 処
新税務地	州県	１～４の地	4 処
計 5	鎮市	昌邑城⁵	1 処
存続地	州県	１～４の地	4 処
計 4	鎮市		0 処
不　明　地		曾橋鎮⁶　　　　　　　　　　　　1 処	不明率　17 ％

旧務年代の町２（5、6の地）・小都市０、新務年代の町０・小都市１
注　地理表不記地の５の地及び不明地の６の地は、存続地・新務年代の町に入れず

注

(1) 県変遷図の作成史料は拙著２、37頁参照。
(2) 拙著２、36頁。
(3) 拙著２、36頁。
(4) 拙著２、37頁の地理表に同じ。

第二章　京東西路

6　單州 C 6

單州の酒務及び新旧酒銭額は次の如くである。

(1)　酒統計

舊｡在城及成武県・黃隊・魚臺県四務①
歳　　　　　　　　　５４,１００貫
熙寧十年祖額　　　　３２,１７１貫３８４文
　　買撲　　　　　　１６,３３０貫０９１文
　　　　新額計　　　４８,５０１貫４７５文
　注　①原文、鎮｡志、県

旧額は54,100貫・新額48,501貫で、両額の差額－5,599貫・増額率－10％である。また官売額は32,171貫・買撲16,330貫で、官売率66％・買撲率34％である。以上の数値を銭額表に整理して示す。

C6　單州	銭　額　表	
旧　　額		54,100貫
新　　額	官売	32,171貫
	買撲	16,330貫
	計	48,501貫
新旧差額		－5,599貫
増 額 率		－10％
官 売 率		66％
買 撲 率		34％

(2)　酒務表

次に寰宇記14・九域志1・方域12により太平興国中～元豊間の單州諸県の変化を県変遷図(1)に示す。酒統計は在城・県2・鎮市1を記すが、それらの酒務からは旧務年代は不明であるので、一般的な旧務年代である景祐～慶暦に従っておく。

図によれば熙寧十年前の旧外県3であり、酒統計の県酒務2であるので、県置務率は67％である。また酒務は州県務3・鎮市務1の計4務で、州県務率75％・鎮市務率25％である。なお碭山県の酒務は記載されていない。

次に酒統計に○印を付した在城・成武県・魚臺県（州県務3）、及び黃隊（鎮市務1）の4処が酒務・旧

年　代	外　　　県			郭下
太平興国中	魚臺	成武	碭山	單父
	黃隊鎮	成武鎮		
端拱中 988～989		①		
淳化4年 993	②	（後廃）		
旧務年代	○1	×2 ○3	×	○
熙寧10年 1077	○ ○3 ×	○2 ○1		○

商税務の併設地である。併設地が酒務地4処にしめる併設率100％、旧商税務5処(2)に対する併設地の対旧商税務率80％である。

— 155 —

第二編　銅銭区北部

　次に酒務地に新商税務が設置された新税務地は、酒統計に□印を付した上記の1～3の地（州県務3）、及び4の地（鎮市務1）の4処である。酒務地4処にしめる新税務地の新務地率は100％、また新商税務8処[3]に対する新税務地の対新商税務率は50％である。

　次に酒務地で元豊まで存在して地理表[4]にみえる存続地は、酒統計の地名に△印を付している。存続地は上記の1～3の地（州県務3）、及び4の地（鎮市務1）で計4処である。酒務地4処にしめる存続地の存続率は100％である。

　次に旧商税務・新商税務・地理表のいずれにもみえない不明地はなく、不明率0％である。以上の酒務・諸数値を酒務表に整理して示す。

C6 單州　格上　地理表（主戸48,470　客戸11,807　計60,277　貢　蛇蚺，防風）

格	県	距離	郷	鎮	％	その他	備考	水系	計3
望	單父	郭下	5	0	0	0			0
望	碭山	東南90	5	0	0	0		古午溝	1
緊	成武	西北50	4	0	0	0		（欠）	
上	魚臺	東北95	5	1	20	0	黄隊鎮	泗水，涓溝	2
計4			19	1	5	0	土貢　枸杞，紬，絹		3種

C6 單州　　酒務表

外県	置務県	置務率	州県務	州県務率	鎮市務	鎮市務率	酒務地	併設地	併設率	旧商務	対税旧商率	新税務地	新務地率	新商税務	対税新商率	存続地	存続率
3	2	67	3	75	1	25	4	4	100	5	80	4	100	8	50	4	100

併設地 計4	州県	在城¹・成武²・魚臺県³	3処
	鎮市	黄隊⁴	1処
新税務地 計4	州県	1～3の地	3処
	鎮市	4の地	1処
存続地 計4	州県	1～3の地	3処
	鎮市	4の地	1処
不明地		0処　不明率　0％	

旧務年代の町0・小都市1、新務年代の町0・小都市1

注

(1) 県変遷図の作成史料は拙著2、38頁参照。
(2) 拙著2、38頁。
(3) 拙著2、38頁。
(4) 拙著2、39頁の地理表に同じ。

7　濮州 C 7

濮州の酒務及び新旧酒銭額は次の如くである。

(1)　酒統計

舊。在城及雷澤・臨濮・范県・柏林・安定・永平・臨黃八務
歳　　　　　　　　６６，４３５貫
　　　絹　　　　　６４８疋
熙寧十年祖額　　　３６，０６１貫４２８文
　　買撲　　　　　２８，５８６貫９６０文
　　　絹　　　　　６７２疋
　　　新額計　　　６４，６４８貫３８８文

注　①原文、苑。志、范　②原文、七。計8

旧額は66,435貫・新額64,647貫で、両額の差額－1,788貫・増額率－3％である。また官売額は36,061貫・買撲28,586貫で、官売率56％・買撲率44％である。以上の数値を銭額表に整理して示す。

(2)　酒務表

次に寰宇記14・九域志1・方域12により太平興国中～元豊間の濮州諸県の変化を県変遷図[1]に示す。酒統計は在城・県3・鎮市4を記すが、それらの酒務からは旧務年代は不明であるので、一般的な旧務年代である景祐～慶暦に従っておく。

図によれば熙寧十年前の旧外県3であり、酒統計の県酒務3であるので、県置務率は100％である。また酒務は州県務4・鎮市務4の計8務で、州県務率50％・鎮市務率50％である。

次に酒統計に〇印を付した在城・雷澤・臨濮・范県（州県務4）、及び柏林・臨黃（鎮市務2）の計6処が酒務・旧商税務の併設地である。併設地が酒務地8処に

C7 濮州	銭　額　表	
旧　　額		66,435貫
新　額	官売	36,061貫
	買撲	28,586貫
	計	64,647貫
新旧差額		－1,788貫
増額率		－3％
官売率		56％
買撲率		44％

旧絹額　　　648疋
新絹額　　　672疋

C7 濮州　県変遷図（付鎮）

年代	外　県			郭下
太平興国中	雷澤	臨濮	范県	鄆城
旧務年代	×1	〇2	〇3	〇
治平2年 1064	×①徐村鎮	〇	〇	〇
熙寧4年 1071				
10年	〇	〇3 〇2	〇1	〇
元豊	↓	↓	↓	↓

— 157 —

第二編　銅銭区北部

しめる併設率75％、旧商税務8処[(2)]に対する併設地の対旧商税務率75％である。

　次に酒務地に新商税務が設置された新税務地は、酒統計に□印を付した上記の1～4の地（州県務4）、及び安定[7]（鎮市務1）の計5処である。酒務地8処にしめる新税務地の新務地率は63％、また新商税務7処[(3)]に対する新税務地の対新商税務率は71％である。

　なお旧務年代にみえる柏林[5]・臨黄[6]は新商税務にみえない。

　次に酒務地で元豊まで存在して地理表[(4)]にみえる存続地は、酒統計の地名に△印を付している。存続地は上記の1～4の地（州県務4）、及び6の地・永平[8]（鎮市務2）の地で計6処である。酒務地8処にしめる存続地の存続率は75％である。

　次に旧商税務・新商税務・地理表のいずれにもみえない不明地はなく、不明率0％である。以上の酒務・諸数値を酒務表に整理して示す。なお柏林[5]・臨黄[6]が地理表にみえないので、存続率＋不明率＜100％である。

C7　濮州　　格上　　地理表（主戸45,367　客戸14,469　計59,836　貢　絹）

格	県	距　離	郷	鎮	％	その他	備　　考	水　　系	計8
望	鄆城	郭下	10	2	20	0	永平・張郭鎮	黄河	1
緊	雷澤	東南 70	5	1	20	0	瓠河鎮	廣濟河, 瓠子河, 沙河, 雷夏澤	4
上	臨濮	南 60	5	1	20	0	徐村鎮	沙河, 濮河	2
上	范県	東 60	5	1	20	0	安定鎮	黄河	1
計 4			25	5	20	0	土産　綿, 絹		2種

○印の地：大きな町に準ずる町3

C7　濮州　　　　　　　　酒　務　表

外県	置務県	置務率	州県務	州県務率	鎮市務	鎮市務率	酒務地	併設地	併設率	旧商税務	対旧商務率	新税務地	新務地率	新商税務	対新商務率	存続地	存続率
3	3	100	4	50	4	50	8	6	75	8	75	5	63	7	71	6	75

併設地 計 6	州県	在城[1]・雷澤[2]・臨濮[3]・范県[4]	4 処
	鎮市	柏林[5]・臨黄[6]	2 処
新税務地 計 5	州県	1～4の地	4 処
	鎮市	安定[7]	1 処
存続地 計 5	州県	1～4の地	4 処
	鎮市	永平[8]	1 処
不　明　地		0 処　　　不明率　　0 ％	

旧務年代の町2（7、8の地）・小都市2、新務年代の町1（8の地）・小都市1
注　5・6の地は地理表不記地、存続地・新務年代の町に入れず

注

⑴ 県変遷図の作成史料は拙著2、40頁参照。
⑵ 拙著2、39頁。
⑶ 拙著2、39頁。
⑷ 拙著2、41頁の地理表に同じ。

8 廣済軍 C 8

廣済軍の酒務及び旧酒銭額は次の如くである。

(1) 酒統計

舊。○在城□一務△
　　　　①
歳　　　　　　　２２，７３５貫
今廃
　注　①原文、不記

C8 廣済軍	銭　額　表	
旧　　　額		22,735貫
新　　額	官売	一貫
	買撲	一貫
	計	今廃
新旧差額		一貫
増　額　率		－％
官　売　率		－％
買　撲　率		－％

廣済軍は熙寧四年に廃されたので旧額は22,735貫であるが、新額はない。以上の数値を銭額表に整理して示す。

(2) 酒務表

次に寰宇記13・九域志1により太平興国中～熙寧4年の廣済軍の県の変化を県変遷図⑴に示す。酒統計が記す在城からは旧務年代は不明であるので、一般的な旧務年代である景祐～慶暦に従っておく。

図によれば熙寧四年前に旧外県０で、県置務率はない。酒務は州県務１・鎮市務０の計１務で、州県務率100％・鎮市務率０％である。

次に酒統計に○印を付した在城（州県務１）の１処が酒務・旧商税務の併設地である。併設地が酒務地１処にしめる併設率100％、旧商税務１処⑵に対する併設地の対旧商税務率100％である。

廣済軍は熙寧四年に廃され曹州に割入され、新商税務が

C8 廣済軍	県変遷図		
王朝	年　　代	郭　下	備考
唐		鎮戌	
後周	広順中 951～953	定陶鎮	建置
宋	乾徳１年 963	発運務	設置
	開宝1年 968	転運司	設置
	太平興国２年 977	廣済軍	建置
	4年	定陶県	建置
	旧務年代	○ ○	
	熙寧４年 1071	⇩廃軍 曹　州	

第二編　銅銭区北部

かつての郭下県である定陶県置かれたので、新税務地1・存続地1・不明地0である。それらの数値及び諸比率は割出先の曹州酒務表に表記できないので、（　）で括って本軍酒務表に示す。なお参考のため旧域の地理表[3]を示しておく。

C8　廣濟軍旧域　地理表（主戸5,048　客戸800　計5,848）

格	県	距離	郷	鎮	%	その他	備　　考	水　系	計1
上	定陶	郭下	3	1	33	0	柏林鎮	濮水	1
計	1		3	1	33	0	土産 不記		

注1．戸・土産：寰宇記13
　2．他は曹州地理表による
　3．廣濟軍は元祐元年に再設された（広記7・地理1）
　4．鎮は曹州地理表にみえる

C8　廣濟軍　　　　　酒　務　表

外県	置務県	置務率	州県務	州県務率	鎮市務	鎮市務率	酒務	併設地	併設率	旧商税務	対税旧商率	新税務地	新税務地率	新商税務	対税新商率	存続地	存続率
0	0	−	1	100	0	0	1	1	100	1	100	(1)	(100)	(1)	(100)	(1)	(100)

併設地	州県	在城		1 処
計 1	鎮市			0 処
新税務地	州県	(1) の地		(1) 処
計 (1)	鎮市			(0) 処
存続地	州県	(1) の地		(1) 処
計 (1)	鎮市			(0) 処
不明地			(0) 処　不明率	(0) ％

旧務年代の町0・小都市0、新務代の町0・小都市0

注

(1) 県変遷図の作成史料は拙著2、41〜42頁参照。
(2) 拙著2、41頁。
(3) 拙著2、42頁の地理表に同じ。

第二章　京東西路

おわりに

　表1に京東西路8州軍の銭額表をまとめ、また戸数・新商税額を付している。C2徐州・C4鄆州の元豊戸は各約10万戸・約13万戸で、元豊に近い熙寧10年の新商税額はそれぞれ約5万貫・約9万貫であり、戸・商税共に京東西路でトップクラスである。熙寧10年の酒新額もそれぞれ約11万貫・14万貫でトップクラスである。逆に戸・商税が低レベルのC6單州（戸約6万・税約2万貫）の新酒額は約5万貫と少額である。京東西路では戸・商税の大小がおおまかには酒額の大小と一致する。

　次に酒額の新旧の相違をみると、熙寧四年に廃されてC3曹州に併入されたC8廣濟軍を除く7州軍のうち2州軍が減額し、増額州軍5であるが、路全体では7％の微増である。減額率・増額率が同率の州軍がなく、また新旧額の差額が同数の州軍もない。このように各州軍の新旧の増減率及び差額が一定ではないので、斉一的・均一的な増減政策は行われなかったことがわかる。増減率・差額に一定の傾向がみられないのであるから、新旧額の相違は主として酒消費量自体の変動により生じたとみなければならない。

　次に官売額・買撲をみると、路全体の熙寧十年の官売額は約40万貫、買撲は約20万貫で、官売額が買撲の二倍である。官売が路全体の68％を占め、買撲は32％に過ぎない。各州軍の官売額・買撲をみると、C5濟州・C6單州の買撲以外は相違しているので、各州軍に対する両額同額の割付販売は行われなかったことがわかる。各州軍における官売率・買僕率をみると、C2徐州・C5濟の両比率が共に79％・21％であるが、これは偶然であろう。他の州軍では両比率は相違するので、各州軍に両比率同率による割付販売の政策はとられなかった。したがって官売額・買撲・官売率・買撲率はそれぞれ都市エリア・町エリアの酒消費量が反映したものと解される。

表1　C京東西路　銭額総合表

州軍		旧額	新額	差額	増額率	官売	買撲	官売率	買撲率	戸	新商税
<u>C1</u>	兗州	64,996	70,856	5,860	9	35,048	35,808	49	51	95,702	26,036
C2	徐州	100,642	112,282	11,640	12	88,261	24,021	79	21	103,916	45,378
C3	曹州	43,918	72,757	28,839	66	38,991	33,766	54	46	62,610	27,582
C4	鄆州	115,333	144,966	29,633	26	112,648	32,318	78	22	134,037	92,723
<u>C5</u>	濟州	66,168	78,253	12,085	18	61,923	16,330	79	21	55,498	23,736
C6	單州	54,100	48,501	−5,599	−10	32,171	16,330	66	34	60,277	17,759
<u>C7</u>	濮州	66,435	64,647	−1,788	−3	36,061	28,586	56	44	59,836	34,267
C8	廣濟軍	22,735	廃	—	—	—	—	—	—	—	—
計		534,327	592,262	57,935	11	405,103	187,159	68	32	571,876	267,481

注　州軍記号に下線を付した州軍は物額を有す

第二編　銅銭区北部

　次に表2に8州軍の酒務表をまとめている。旧務年代（旧商税務）・熙寧十年（新商税務）・元豊（地理表）のいずれにもみえない不明地5・不明率8％・存続率87％は、京東西路において酒務が置かれた行政都市・小都市・町が社会的・経済的に安定性が甚だ高かったことを証する。

　次に併設率が路全体としては70％と高率であり、併設率が50％未満の州軍1（C4）と少ない。このことは京東西路の都市には酒務・商税務の併設が一般的に多く行われたことを証する。また新商税務が置かれた新務年代の併設地である新税務地の新務地率も78％と高率であるので、新務年代でも併設が多く行われた。

　次に表3によれば旧務年代の酒務地60で、その内訳は行政都市34・小都市8・町18である。都市42（34+8）の対酒務地率70％、町18の対酒務地率30％である（表5）。酒務の大半は都市に置かれた。酒務のみが置かれた町は18処で、京東西路は他路に比較してやや多い（比較表2b）。また都市対町＝42対18で、町の対都市率は43％である（表5）。

　次に旧務年代の全州軍8のうち小都市が0又は1の小都市未発達の州軍5（表5、州軍甲）で、全州軍の63％をしめ（表5）、やや多くの州軍で小都市は発達していなかった。また町

表2　C京東西路　酒務総合表

州軍	州県務	鎮市務	鎮市率	全酒務	併設地	併設率	対税旧務商率	新税務地	新務地率	対税新務商率	存続地	存続率	不明地	不明率	旧商税務	新商税務	地理記表不地
C1	7	2	22	9	8	89	89	8	89	100	9	100	0	0	9	8	0
C2	5	2	29	7	7	100	100	7	100	78	7	100	0	0	7	9	0
C3	4	0	0	4	4	100	100	4	100	67	4	100	0	0	4	6	0
C4	6	15	71	21	8	38	67	14	67	88	18	86	3	14	12	16	0
C5	4	2	33	6	4	67	67	5	83	63	4	67	1	17	6	8	1
C6	3	1	25	4	4	100	80	4	100	50	4	100	0	0	5	8	0
C7	4	4	50	8	6	75	75	5	63	71	5	75	0	0	8	7	2
C8	1	0	0	1	1	100	100	(1)	(100)	(100)	(1)	(100)	(0)	(0)	1	(1)	(0)
計	34	26	43	60	42	70	81	48	80	77	52	87	5	8	52	62	3

注①C8の新商税務（1）は曹州に含まれているので、計に加えない
　②不明地5及び地理表不記地3は存続地・新務年代の町に含めない
　③全酒務60＝不明地5＋地理表不記地3＋存続地52

表3　C京東西路　旧務年代の都市・町

州軍	C1	C2	C3	C4	C5	C6	C7	C8	計
行政都市	7	5	4	6	4	3	4	1	34
小都市	1	2	0	2	0	1	2	0	8
町	1	0	0	13	2	0	2	0	18
酒務（計）	9	7	4	21	6	4	8	1	60

典拠：各州軍酒務表

第二章　京東西路

表4　C京東西路　新務年代の都市・町

州　　軍	C1	C2	C3	C4	C5	C6	C7	計
行政都市	6	5	4	6	4	3	4	32
小　都　市	2	2	0	8	1	1	1	15
町	1	0	0	4	0	0	1	6
酒　務　県	0	0	0	0	0	0	0	0
存　続　地	9	7	4	18	4	4	5	53 / 51

典拠：各州軍酒務
注　1 新廃軍1及び地理表不記地3があるため計欄の数値が一致しない

表5　変動表

	旧務年代		新務年代		変動率
	州軍数	比率	州軍数	比率	
全　州　軍	8	—	7	—	−13%
州　軍　甲	5	63%	4	57%	−20%
州　軍　乙	5	63%	6	86%	20%
酒　務　数	60		53		−12%
都　市　数	42		47		12%
町　　数	18		6		−67%
都市の対酒務率	70%		89%		19%
町の対酒務率	30%		11%		−19%
町の対都市率	43%		13%		−30%

州軍甲：小都市未発達州軍（小都市0又は1）
州軍乙：町未発達州軍（町数0又は1）
比率：甲、乙州軍÷全州軍
対酒務率＝都市数÷酒務数　対都市率＝町数÷都市数
州軍、酒務、都市、町の変動率＝（新数−旧数）÷旧数
対酒務率、対都市率の変動＝新比率−旧比率　典拠：表3・表4

が0又は1の町未発達（表5、州軍乙）の州軍5で63%であり（表5）、やや多くの州軍で町は発達していなかった。特に町はC4鄆州に発達していた。新務年代では都市未発達の州軍4で全州軍7の57%であり、未発達州軍がやや多いが、町未発達の州軍は6で全州軍の86%をしめ（表5）、町は甚だ多くの州軍で発達していなかった。

次に表4によれば新務年代の新酒務地53処の内訳は行政都市32、地方小都市15、町6である。新務年代の都市47（32＋15）の対酒務地率89%、町6の対酒務地率11%である（表5）。また都市対町＝47対6であり、町の対都市率は13%である（表5）。町の対酒務地率・対都市率は旧務年代より低率になっている。その一因は次のことにあったと思われる。

地理表に示した地名は九域志が採録した地であるが、九域志は道店や草市を採録しないので、存続地は旧酒務地より少なくなる場合がある。表2の存続地52・存続率87%以上になる可能性が十分にあろう。

新務年代では京東西路には少なくとも商税務・酒務が併置された行政都市32、小都市15、酒務のみが置かれた町6が存在した。

次に酒務が置かれず商税務のみが記された地である旧商税地・新商税地は表6の如くである。京東西路の旧商税地10処は旧商税務52の2割弱で、旧商税地は甚だ少ない。このことに加えて酒務・商税務の併設地が42処と甚だ多いことから旧商税地は厳選された地であ

第二編　銅銭区北部

表6　京東西路　新旧商税地

州　　軍	C1	C2	C3	C4	C5	C6	C7	C8	計
旧 商 税 地	1	0	0	4	2	1	2	0	10
新 商 税 地	0	2	2	2	3	4	2	－	15

旧商税地＝旧商税務－併設地、新商税地＝新商税務－新税務地
典拠：「おわりに」表2

ることがわかる。

　また表6によれば全州軍8のうち旧商税地が0～3の州軍7と多い。路として商税務乱設を行わなかったことを意味する。

　新商税地15で旧商税地よりも多いのは、基本的には新務年代までの経済力発展にともない三司の税務が増加したことによる（表2）。

　次ぎに本章の諸州軍の地理表の分析をまとめると表7の如くである。京東西路の記載地34処と少なく低い水準Ⅰにある。その内訳は町・小都市18（水準Ⅱ）、また小さな町候補地5（水準Ⅰ）である。それらの都市・町に置かれている機関を機能により分類すると、保安機関の鎮32（水準Ⅱ）、寨・堡・城などの軍事機関はなく、監・場等の生産機関2（水準Ⅰ）と少ない。（水準は一編一章末、比較表1参照）

表7　京東西路　地理表記載地

路	記載地	無名地	町・小都市	大きな町に準ずる町	町候補地
C	34	0	無印地　18	○印地　11	×印地　5
機　能	保安	軍事	生産		
機　関	鎮　32	0	監　2		

記載地＝町・小都市＋大きな町に準ずる町＋町候補地
典拠：各州軍地理表

第三章　京西南路

1　襄州 D 1

襄州の酒務及び新旧酒銭額は次の如くである。

(1)　酒統計

舊。在城及鄧城・宜城・中廬・南漳県・牛首鎮・樊村・穀城八務
歳　　　　　　　　　　６６，７６７貫
熙寧十年祖額　　　９７，０８０貫０７２文
　　買撲　　　　　　８，６６３貫８６４文
　　新額計　　　１０５，７４３貫９３６文
　注　①原文、彰。志、漳。　②旧商税務、頭。　③穀城は県と思われる。地理表参照。

旧額は66,767貫・新額105,743貫（文切り捨て、以下の州軍同じ）で、両額の差額38,976貫・増額率58％である。また官売額（祖額、以下同じ）は97,080貫・買撲8,663貫で、また官売率92％・買撲率8％である。以上の数値を銭額表に整理して示す。

D1 襄州	銭　額　表	
旧　　額		66,767 貫
新　　額	官売	97,080 貫
	買撲	8,663 貫
	計	105,743 貫
新旧差額		38,976 貫
増額率		58 ％
官売率		92 ％
買撲率		8 ％

(2)　酒務表

次に寰宇記145・九域志1・地理志1により太平興国中～元豊間の襄州諸県の変化を県変遷図[1]に示す。酒統計は在城・県5・鎮市2を記すが、それらの酒務からは旧務年代は不明であるので、一般的な旧務年代である景祐～慶暦に従っておく。

図によれば熙寧五年前の旧外県5であり、酒統計の県酒務5であるので、県置務率は100％である。また酒務は州県務6・鎮市務2の計8務で、州県務率75％・鎮市務率25％である。

次に酒統計に○印を付した在城・宜城・中廬・南漳・穀城県（州県務5）、及び牛首鎮（鎮市務1）の計6処が酒務・旧商税務の併設地である。併設地が酒務地8処にしめる併設率75％、旧商税務8処[2]に対する併設地の対旧商税務率75％である。なお鄧城県の旧商税務は記載されていない。

第二編　銅銭区北部

次に旧務年代の小都市は鎮市のうち○印を付した併設地1処で、町は鎮市のうち○印を付さない地（以下の州軍酒統計同じ）で、1処（樊村）である。

次に酒務地に新商税務が設置された新税務地は、酒統計に□印を付した上記の1～5の地・鄧城[7]（州県務6）、及び6の地・樊村[8]（鎮市務2）の8処である。酒務地8処にしめる新税務地の新務地率は100％、また新商税務10処[(3)]に対する新税務地の対新商税務率は80％である。鄧城の旧商税務は記されていない。

次に酒務地で元豊まで存在して地理表[(4)]にみえる存続地は、酒統計の地名に△印を付している。存続地は上記の1～5・7の地（州県務6）、及び6・8の地（鎮市務2）で計8処である。酒務地8処にしめる存続地の存続率は100％である。

次に新務年代の小都市は鎮市のうち□印を付した新税務地2処で、○△印及び△印のみの鎮市（以下の州軍酒統計同じ）であるが襄州の町0である。

次に旧商税務・新商税務・地理表のいずれにもみえない不明地はなく、不明率0％である。以上の酒務・諸数値を酒務表に整理して示す。

なお襄州の鎮18であるが、そのうち旧商税務が記載された鎮3、新商税務が記載された鎮3にすぎず、また酒務記載の鎮2である。新旧商税務・酒務が記載されたのは牛首鎮のみである。多くの鎮は小都市としての鎮ではなかった（地理表、×印鎮）。

D1　襄州　県変遷図

年代	外県						郭下
	(光化)	義清	南漳	宜城	鄧城	穀城	襄陽
乾徳2年 964	①④ 光化軍 軍乾県 建徳建 置県置						
太平興国1年 976		②改中蘆名					
旧務年代		1○	2○	3○	4×	5○	○
熙寧5年 1072	③廃軍④改光化県	○	○	○	○	○	○
10年	○6	○5	○4	○3	○2	○1	○

D1　襄州　格望　地理表（主戸40,772　客戸52,255　計93,027　貢　白穀、漆器、麝）

格	県	距離	郷	鎮	%	その他	備考	水系	計16
緊	襄陽	郭下	4	8	50	0	大安・鼎林・覘昌・沈碑・朝宗・漢陰・八疊・東岸鎮	漢江、襄河	2
望	光化	西北180	2	1	50	0	次胡鎮	漢江、温水	2
望	鄧城	北20	8	3	37	0	牛首・樊城・高舎鎮	湍河、泌白水	2
緊	穀城	西北150	4	3	75	錫窟1	杜母・鄧塞・青堲鎮・潰石錫窟	筑水、粉水	2
中下	宜城	南90	4	2	50	0	淇水・樊村鎮	漢江、襄水	2
中下	中蘆	西120	3	0	0	0		長渠、木渠	2
中下	南漳	西南120	3	1	33	0	臭猪鎮	淇水、潟水、漳水、沮水	4
計	7		28	18	64	1	土産　鹹乾魚、丹麝皮、火麻布、鼈甲、庫路眞、弓弩材、麝香、縮砂、漆器、宜城美酒、樵頭魚		11種

×印の地：小さな町候補地15、○印の地：大きな町に準ずる町1

第三章　京西南路

D1　襄州　　　　　　　酒　務　表

外県	置務県	置務率	州県務	州県務率	鎮市務	鎮市務率	酒務地	併設率	併設地	旧商税務	対旧商税率	新務地	新務地率	新税務	新商税務	対新商税率	存続地	存続率
5	5	100	6	75	2	25	8	6	75	8	75	8	100	10	80	8	100	

併設地	州県	在城¹・宜城²・中盧³・南漳⁴・穀城⁵	5 処
計 6	鎮市	牛首⁶（小都市、以下の州軍酒務表同じ）	1 処
新税務地	州県	1～5の地・鄧城⁷	6 処
計 8	鎮市	6の地・樊村⁸（小都市、以下の州軍酒務表同じ）	2 処
存続地	州県	1～5・7の地	6 処
計 8	鎮市	6・8の地	2 処
不　明　地			0 処　不明率　0 ％

旧務年代の町1（8の地）・小都市1、新務年代の町0・小都市2
注　7の地は旧務年代では酒務県（税務不記の県）

注

(1) 県変遷図の作成史料は拙著2、56頁参照。
(2) 拙著2、55頁。
(3) 拙著2、55～56頁。
(4) 拙著2、57頁の地理表に同じ。

2　鄧州D 2

鄧州の酒務及び新旧酒銭額は次の如くである。

(1)　酒統計

舊。在城及南陽・淅川・内郷県・渚陽①・硤石・鸛鴒七務②
歳　　　　　　　　　81,298貫
　　　　絲　　　　　397兩
熙寧十年租額　　　87,926貫139文
　　買撲　　　　　8,614貫596文
　　　　絲　　　　　426兩半
　　新額計　　　　96,540貫735文
注　①原文、諸。志、渚　②原文、八。計7

第二編　銅銭区北部

　旧額は81,298貫・新額96,540貫で、両額の差額15,242貫・増額率19％である。また官売額は87,926貫・買撲8,614貫で、官売率91％・買撲率9％である。以上の数値を銭額表に整理して示す。

D2 鄧州	銭 額 表	
旧　　額		81,298 貫
新　　額	官売	87,926 貫
	買撲	8,614 貫
	計	96,540 貫
新旧差額		15,242 貫
増額率		19 ％
官売率		91 ％
買撲率		9 ％

旧絲額　397両
新絲額　426両半

(2)　酒務表

　次に寰宇記142・九域志1により太平興国中～元豊間の鄧州諸県の変化を県変遷図[(1)]に示す。酒統計は在城・県3・鎮市3を記すが、それらの酒務からは旧務年代は不明であるので、一般的な旧務年代である景祐～慶暦に従っておく。

　図によれば熙寧十年前の旧外県4であり、酒統計の県酒務3あるので、県置務率は75％である。また酒務は州県務4・鎮市務3の計7務で、州県務率57％・鎮市務率43％である。

　次に酒統計に○印を付した在城[1]・南陽[2]・淅川[3]（州県務3）、及び渚陽[4]・鸛鴿[5]（鎮市務2）の計5処が酒務・旧商税務の併設地である。併設地が酒務地7にしめる併設率71％、旧商税務7処[(2)]に対する併設地の対旧商税務率71％である。なお順陽県の酒務、内郷県の新旧商税務は記載されていない。

　次に酒務地に新商税務が設置された新税務地は、酒統計に□印を付した上記の1～3の地（州県務3）、及び4・5の地（鎮市務2）の5処である。酒務地7処にしめる新税務地の新務地率は71％、また新商税務9処[(3)]に対する新税務地の対新商税務率は56％である。

　次に酒務地で元豊まで存在して地理表[(4)]にみえる存続地は、酒統計の地名に△印を付している。存続地は上記の1～3の地・内郷県[6]（州県務4）、及び4・5の地（鎮市務2）で計6処である。酒務地7処にしめる存続地の存続率は86％である。

　次に旧商税務・新商税務・地理表のいずれにもみえない不明地は硤石[7]（鎮市務1）で、不明率14％である。以上の酒務・諸数値を州酒務表に整理して示す。

　なお鄧州の鎮22・郷11で、郷より鎮が多いが、酒務が記載された鎮はわずか2鎮にすぎず、また新旧商税務が記載された鎮も3鎮と少ない。多くの鎮は小都市としての鎮ではな

D2 鄧州　県変遷図

年　代	外　　県	郭下
太平興国中	方城 / 南陽 / 淅川 / 内郷 / 順陽	穣県
	唐　州 / 方城県	
旧務年代	1○ 2○ 3× 4○ / ○ ○ × ○	○
慶暦4年 1044	③降格 ①鎮→	
熙寧10年 1077	○4 ○3 ×2 ○1 / 昇格	○
元豊1年 1078	②③ / 唐　州	

第三章　京西南路

かった（地理表、×印鎮）。

D2 鄧州　格上　地理表（主戸17,370　客戸17,105　計34,475　貢　白菊，花蠟燭）

格	県	距離	郷	鎮	％	その他	備　考	水　系	計10
上	穣県	郭下	4	8	200	0	張村・曲河・延陵・匀調・蒿葺・穰東・穰延・廣晋鎮	湍水, 朝水	2
中下	南陽	東北120	3	6	200	0	博望・羅渠・石橋河・安衆・北趙・故県鎮	梅溪水, 白水, 清冷水（注）	3
中下	内郷	西北240	2	6	300	0	渚陽・峡口・長安・菊潭・丹水・板橋鎮	黄水, 菊水	2
中下	淅川	西　200	1	2	200	0	鸛鶒×・白亭鎮	淅水, 富水	2
中下	順陽	西南120	1	0	0	0		丹水	1
計　5			11	22	200	0	土産　絹, 絲布, 蔓荊子, 欵冬花, 白菊花		5種

×印の地：小さな町候補地18、○印の地：大きな町に準ずる町1

D2 鄧州　　　　酒　務　表

外県	置務県	置務県率	州県務	州県務率	鎮市務	鎮市務率	酒務	併設地	併設率	旧商税務	対税旧商率	新税務	新税務率	新務地	新商税率	対税新商率	存続地	存続率
4	3	75	4	57	3	43	7	5	71	7	71	5	71	9	56		6	86

併設地	州県	在城¹・南陽²・淅川³	3処
計　5	鎮市	渚陽⁴・鸛鶒⁵	2処
新税務地	州県	1〜3の地	3処
計　5	鎮市	4・5の地	2処
存続地	州県	1〜3・内郷⁶県	4処
計　6	鎮市	4・5の地	2処
不　明　地		硤石⁷　　　　　　　1処　　不明率　14％	

旧務年代の町1（7の地）・小都市2、新務年代の町0・小都市2
注　5の地は新旧務年代の酒務県

注

(1) 県変遷図の作成史料は拙著2、58頁参照。
(2) 拙著2、58頁。
(3) 拙著2、58頁。
(4) 拙著2、60頁の地理表に同じ。

3　随州 D 3

随州の酒務及び新旧酒銭額は次の如くである。

(1) 酒統計

舊。在城及棗陽県二務
歳　　　　　　　　18,316貫

第二編　銅銭区北部

熙寧十年祖額　　　　　　　１９,６６４貫８７４文
　　　買撲　　　　　　　　　２,０７１貫５３６文
　　　　新額計　　　　　　　２１,７３６貫４１０文

D3 随州	銭　額　表	
旧　　額		18,316 貫
新　　額	官売	19,664 貫
	買撲	2,071 貫
	計	21,735 貫
新旧差額		3,419 貫
増　額　率		19 %
官　売　率		90 %
買　撲　率		10 %

　旧額は18,316貫・新額21,735貫で、両額の差額3,419貫・増額率19％である。また官売額は19,664貫・買撲2,071貫で、また官売率90％・買撲率10％である。以上の数値を銭額表に整理して示す。

　(2)　酒務表

　次に寰宇記144・九域志１により太平興国中～元豊間の随州諸県の変化を県変遷図[1]に示す。酒統計は在城・県１を記すが、それらの酒務からは旧務年代は不明であるので、一般的な旧務年代である景祐～慶暦に従っておく。

　図によれば熙寧元年前の旧外県３であり、酒統計の県酒務１であるので、県置務率は33％である。また酒務は州県務２・鎮市務０の計２酒務で、州県務率100％・鎮市務率０％である。

D3 随州　県変遷図			
年　代	外　　　県		郭下
太平興国中	棗陽	唐城　光化	随県
旧務年代	1○	2○　3×	○
熙寧１年1068	○	×　× ①	○→
10年	○2	○1	○

　次に酒統計に○印を付した在城・棗陽県（州県務２）の２処が酒務・旧商税務の併設地である。併設地が酒務地２処にしめる併設率100％、旧商税務３処[2]に対する併設地の対旧商税率67％である。なお唐城・光化両県の酒務は記載されていない。また光化県の旧商税務も記載されていない。

　次に酒務地に新商税務が設置された新税務地は、酒統計に□印を付した上記の１・２の地（州県務２）の２処である。酒務地２処にしめる新税務地の新務地率は100％、また新商税務３処[3]に対する新税務地の対新商税務率は67％である。

　次に酒務地で元豊まで存在して地理表[4]にみえる存続地は、酒統計の地名に△印を付している。存続地は上記の１・２の地（州県務２）で計２処である。酒務地２処にしめる存続地の存続率は100％である。

　次に旧商税務・新商税務・地理表のいずれにもみえない不明地はなく、不明率０％である。以上の酒務・諸数値を酒務表に整理して示す。

第三章　京西南路

D3　随州格上　地理表（主戸12,135　客戸25,977　計38,112　貢　絹，綾，葛，覆盆）

格	県	距　離	郷	鎮	％	その他	備　　考	水　系	計4
上	随県	郭下	3	1	33	0	※光化鎮	涓水, 檀水	2
中下	唐城	西北 85	1	0	0	0		溠水	1
中下	棗陽	西北 160	1	0	0	0		瀘水	1
	計 3		5	1	20	0	土産 蒲黄，枳實，會羅，葛，覆盆子，奈花綾，小絹		7種

×印の地：小さな町候補地 1

D3　随州　　　　　　　酒　務　表

外県	置務県	置務県率	州県務	州県務率	鎮市務	鎮市務率	酒務	併設地	併設率	旧税務	旧商税率	新税務地	新務地率	新商税務	新商税率	存続地	存続率
3	1	33	2	100	0	0	2	2	100	3	67	2	100	3	67	2	100

併設地	州県	①在城・②棗陽	2 処
計 2	鎮市		0 処
新税務地	州県	1・2の地	2 処
計 2	鎮市		0 処
存続地	州県	1・2の地	2 処
計 2	鎮市		0 処
不明地		0 処　不明率　0 ％	

旧務年代の町 0・小都市 0、新務年代の町 0・小都市 0

注

(1) 県変遷図の作成史料は拙著2、60～61頁参照。
(2) 拙著2、60頁。
(3) 拙著2、60頁。
(4) 拙著2、61頁の地理表に同じ。

4　金州 D 4

金州の酒務及び新旧酒銭額は次の如くである。

(1) 酒統計

舊。在城及酒務①

歳　　　　　　　　　13,571貫
熙寧十年沮額　　　　16,508貫088文
　　買撲　　　　　　1,337貫520文
　　　新額計　　　　17,845貫608文

注　①原文、麹。誤、本文参照

第二編　銅銭区北部

①の文には脱漏があるものと思われる。金州の旧商税務は18務で外県4のうち2県に税務が置かれ、旧商税額は大約七千貫である[1]。また地理表によれば戸数も約三万六千戸と多く、州格は上であり、決して小州ではない。また土貢品は麩金をはじめとし薬剤など7品目があり、土産は紙・蠟などを含めて8種類に達し、物産に乏しくない州である。こうしたことからみると酒統計に「在城及麹務」とあるが、県務・鎮市務などの酒務の脱漏があるとみなければならない。また一般的形式からみて麹は誤字である。京西南北路で麹務とする州軍はないので、「麹務」は誤りとして論を進める。なお研究者により原文の「麹務」を「酒務」の誤りとしないが、四京・福建路・夔州路を除くと酒専売制は転運司管轄の路単位で統一されているので、この解釈はとらない。

D4 金州	銭額表	
旧　額		13,571貫
新　額	官売	16,508貫
	買撲	1,337貫
	計	17,845貫
新旧差額		4,274貫
増額率		31％
官売率		93％
買撲率		7％

　旧額は13,571貫・新額17,845貫で、両額の差額4,274貫・増額率31％である。また官売額は16,508貫・買撲1,337貫で、官売率93％・買撲率7％である。以上の数値を銭額表に整理して示す。

(2)　酒務表

　次に宋本寰宇記141・九域志1により太平興国中～元豊間の金州諸県の変化を県変遷図[2]に示す。酒統計は在城を記すが、旧務年代は不明であるので、一般的な旧務年代である景祐～慶暦に従っておく。

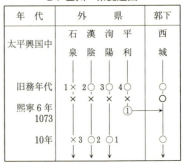

　図によれば熙寧六年前の旧外県4であり、酒統計の県酒務0であるので、県置務率は0％である。また酒務は州県務1・鎮市務0の計1務で、州県務率100％・鎮市務率0％である。

　次に酒統計に〇印を付した在城務の1処（州県務1）が酒務・旧商税務の併設地である。併設地が酒務地1処にしめる併設率100％、また旧商税務18処[3]に対する併設地の対旧商税務率6％で甚だ低率で例外に属する。これは脱漏があるためであろう。なお石泉県の新旧商税が記載されていない。また4外県の酒務が記載されていない。

　次に酒務地に新商税務が設置された新税務地は、酒統計に□印を付した上記の1の地（州県務1）の1処である。酒務地1処にしめる新税務地の新務地率は100％、また新商税

－172－

第三章　京西南路

務4処[(4)]に対する新税務地の対新商税務率も25％と低率である。

　次に酒務地で元豊まで存在して地理表[(5)]にみえる存続地は、酒統計の地名に△印を付している。存続地は上記の1の地（州県務1）の1処である。酒務地1処にしめる存続地の存続率は100％である。

　次に旧商税務・新商税務・地理表のいずれにもみえない不明地はなく、不明率0％である。以上の酒務・諸数値を酒務表に整理して示す。

　なお先に指摘したように酒務地の脱漏があると思われるので金州と他の州軍の都市数・町数などを詳細に比較することは適切ではない。

D4　金州　格上　地理表（主戸13,132　客戸23,049　計36,181　貢　白膠香, 黄蘖, 杜仲, 麩金, 麝, 枳殻, 枳實）

格	県	距　離	郷	鎮	％	その他	備　　　考	水　　系	計10
下	西城	郭下	5	2	40	0	衡口・平利鎮	洛水, 吉水	2
中	洵陽	東 120	8	0	0	0		漢江, 洵水, 淯水（注）	3
中下	漢陰	西北 165	4	0	0	0		漢江, 直水	2
下	石泉	西 80	2	0	0	0		漢江, 壬水, 石泉	3
計 4			19	2	10	0	土産　麝香, 黄蘖, 紙, 漆, 鍾乳, 麩金, 厚朴, 蠟		8種

×印の地：小さな町候補地1

D4　金州　　　　　酒　務　表

外県	置務県	置務率	州県務	州県務率	鎮市務	鎮市務率	酒務	併設地	併設率	旧商税務	対旧商率	新税務地	新税務地率	新商税務	対新商率	存続地	存続率
4	0	0	1	100	0	0	1	1	100	18	6	1	100	4	25	1	100

併設地	州県	在城	1処
計 1	鎮市		0処
新税務地	州県	1の地	1処
計 1	鎮市		0処
存続地	州県	1の地	1処
計 1	鎮市		0処
不明地		0処　不明率　0％	

旧務年代の町0・小都市0、新務年代の町0・小都市0

注

(1) 拙著2、61頁。旧商税務は在城・3県・14鎮市、新商税務は在城・2県・1鎮。
(2) 県変遷図の作成史料は拙著2、62頁参照。
(3) 同(1)。　(4) 拙著2、62頁。
(5) 拙著2、63頁の地理表に同じ。

第二編　銅銭区北部

5　房州 D 5

房州の酒務及び新旧酒銭額は次の如くである。

(1)　酒統計
舊。在城及房陵・竹山県三務
　　　①
歳　　　　　　　　　　７，５５０貫
熙寧十年祖額　　　１８，６７３貫０６１文
　　　買撲　　　　　　８４８貫６９１文
　　　　新額計　　１９，５２１貫７５２文
注　①郭下県、酒務数に入れず

　旧額は7,550貫・新額19,521貫で、両額の差額11,971貫・増額率159％である。また官売額は18,673貫・買撲848貫で、官売率96％・買撲率４％である。以上の数値を銭額表に整理して示す。なお増額率が例外的に高い。

(2)　酒務表
　次に寰宇記143・九域志１により太平興国中〜元豊間の房州諸県の変化を県変遷図[1]に示す。酒統計は在城・県１（郭下県を入れず）を記すが、それらの酒務からは旧務年代は不明であるので、一般的な旧務年代である景祐〜慶暦に従っておく。

　図によれば熙寧十年前の旧外県１であり、酒統計の県酒務１であるので、県置務率は100％である。また酒務は州県務２（房陵県を除く）・鎮市務０の計２務で、州県務率100％・鎮市務率０％である。

　次に酒統計に〇印を付した在城の１処が酒務・旧商税務の併設地である。併設地が酒務地２処にしめる併設率50％、旧商税務１処[2]に対する併設地の対旧商税務率100％である。なお竹山県の旧商税務は記載されていない。

　次に酒務地に新商税務が設置された新税務地は、酒統計に□印を付した上記の１の地・竹山県（州県務）の２処である。酒務地２処にしめる新税務地の新務地率は100％、また新

D5 房州	銭　額　表	
旧　　額		7,550貫
新　　額	官売	18,673貫
	買撲	848貫
	計	19,521貫
新旧差額		11,971貫
増額率		159 %
官売率		96 %
買撲率		4 %

D5 房州　県変遷図

年　代	外県	郭下
太平興国中	竹山	房陵
旧務年代	１×	〇
	〇	〇
熙寧10年 1077	〇１	〇
	↓	↓

第三章　京西南路

商税務4処[3]に対する新税務地の対新商税務率は50％である。

　次に酒務地で元豊まで存在して地理表[4]にみえる存続地は、酒統計の地名に△印を付している。存続地は上記の1・2の地（州県務）で計2処である。酒務地2処にしめる存続地の存続率は100％である。

　次に旧商税務・新商税務・地理表のいずれにもみえない不明地はなく、不明率0％である。以上の酒務・諸数値を酒務表に整理して示す。

D5 房州　格下　地理表（主戸14,118　客戸7,113　計21,231　貢　紵，麝，鍾乳）

格	県	距離	郷	鎮	％	その他	備　　考	水系	計4
上	房陵	郭下	5	1	20	0	平安関鎮	筑水，粉水	2
下	竹山	西 105	2	1	50	0	寶豊鎮	堵水，浸水	2
計 2			7	2	28	0	土産　紫布，鍾乳，麝香，石楠葉，黄蘗，雷丸，羊，黄蘗皮		8種

D5 房州　　酒　務　表

外県	置務県	置務率	州県務	州県務率	鎮市務	鎮市務率	酒務	併設地	併設率	旧商税務	対税旧商率	新税務地	新税地率	新商税務	対税新商率	存続地	存続率
1	1	100	2	100	0	0	2	1	50	1	100	2	100	4	50	2	100

併設地	州県	在城[1]	1 処
計 1	鎮市		0 処
新税務地	州県	1の地・竹山県[2]	2 処
計 2	鎮市		0 処
存続地	州県	1・2の地	2 処
計 2	鎮市		0 処
不 明 地		0 処　不明率　0 ％	

旧務年代の町0・小都0、新務年代の町0・小都市0
注　2の地は旧務年代では酒務県（税務不記の県）

注

(1) 県変遷図の作成史料は拙著2、63～64頁参照。
(2) 拙著2、63頁。
(3) 拙著2、63頁。
(4) 拙著2、64頁の地理表に同じ。

第二編　銅銭区北部

6　均州 D 6

均州の酒務及び新旧酒銭額は次の如くである。

(1)　酒統計

舊。在城及南門・鄖郷県三務
①
歳　　　　　　　　　　　24,759貫
熙寧十年祖額　　　　　32,773貫413文
　　買撲　　　　　　　 2,129貫910文
　　　新額計　　　　　34,903貫323文
注　①南門は県ではない。地理表参照。旧商税務は南門場。

旧額は24,759貫・新額34,902貫で、両額の差額10,143貫・増額率41%である。また官売額は32,773貫・買撲2,129貫で、官売率94%・買撲率6%である。以上の数値を銭額表に整理して示す。

D6 均州	銭　額　表	
旧　　額		24,759貫
新　　額	官売	32,773貫
	買撲	2,129貫
	計	34,902貫
新旧差額		10,143貫
増額率		41 %
官売率		94 %
買撲率		6 %

(2)　酒務表

次に寰宇記143・九域志1により太平興国中〜元豊間の均州諸県の変化を県変遷図[1]に示す。酒統計は在城・県1・鎮市1を記すが、それらの酒務からは旧務年代は不明であるので、一般的な旧務年代である景祐〜慶暦に従っておく。

図によれば熙寧十年前の旧外県1であり、酒統計の県酒務1であるので、県置務率は100%である。また酒務は州県務2・鎮市務1の計3務で、州県務率67%・鎮市務率33%である。

D6 均州　県変遷図		
年　代	外県	郭下
太平興国中	鄖郷	武當
旧務年代	1〇	〇
	〇	〇
熙寧10年 1077	〇1	〇
	↓	↓

次に酒統計に〇印を付した在城・鄖郷県（州県務2）、及び南門（鎮市務1）の計3処が酒務・旧商税務の併設地である。併設地が酒務地3処にしめる併設率100%、旧商税務3処[2]に対する併設地の対旧商税務率100%である。

次に酒務地に新商税務が設置された新税務地は、酒統計に□印を付した上記の1・2の地（州県務2）の2処である。酒務地3処にしめる新税務地の新務地率は67%、また新商税務2処[3]に対する新税務地の対新商税務率は100%である。なお南門は新商税務にみえ

第三章 京西南路

ない。

次に酒務地で元豊まで存在して地理表[4]にみえる存続地は、酒統計表の地名に△印を付している。存続地は上記の1・2の地（州県務2）で計2処である。酒務地3処にしめる存続地の存続率は67％である。

次に旧商税務・新商税務・地理表のいずれにもみえない不明地はなく、不明率0％である。以上の酒務・諸数値を酒務表に整理して示す。なお南門[3]が地理表にみえないので、存続率＋不明率＜100％である。

D6 均州　格上　地理表（主戸21,946　客戸5,032　計26,978　貢　麝）

格	県	距　離	郷	鎮	％	その他	備　　考	水　　系	計3
上	武當	郭下	3	1	33	0	平陵鎮[×]	漢水	1
下	鄖郷	西　113	5	0	0	0		漢水、寒泉水	2
計 2			8	1	12	0	土産　鹿脯，羚羊，麝香，蠟，山鶏皮，萎蕤，椒		7 種

×印の地：小さな町候補地1

D6 均州　　　　　　　　酒　務　表

外県	置務県	置務率	州県務	州県務率	鎮市務	鎮市務率	酒務	併設地	併設率	旧商税務	対税旧商率	新税務地	新税務地率	新商税務	対税新商率	存続地	存続率
1	1	100	2	67	1	33	3	3	100	3	100	2	67	2	100	2	67

併設地	州県	在城[1]・鄖郷県[2]	2 処
計 3	鎮市	南門[3]	1 処
新税務地	州県	1・2の地	2 処
計 2	鎮市		0 処
存続地	州県	1・2の地	2 処
計 2	鎮市		0 処
不 明 地		0 処　　　不明率	0 ％

旧務年代の町 0・小都市 1、新務年代の町 0・小都市 0
注　3の地は地理表不記地、存続地・新務年代の町に入れず

注

(1) 県変遷図の作成史料は拙著2、65頁参照。
(2) 拙著2、64頁。
(3) 拙著2、65頁。
(4) 拙著2、65頁の地理表に同じ。

第二編　銅銭区北部

7　郢州 D 7

郢州の酒務及び新旧酒銭額は次の如くである。

(1) 酒統計

舊。在城及京山県・永清鎮三務
　　　　　　　　①
歳　　　　　　　　　20,348貫
熙寧十年祖額　　　　22,143貫069文
　　　買撲　　　　　 7,457貫376文
　　　新額計　　　　29,600貫445文
　注　①原文、凉。志、京

旧額は20,348貫・新額29,600貫で、両額の差額9,252貫・増額率45%である。また官売額は22,143貫・買撲7,457貫で、官売率75%・買撲率25%である。以上の数値を銭額表に整理して示す。

D7 郢州	銭	額	表
旧　額			20,348貫
新　額	官売		22,143貫
	買撲		7,457貫
	計		29,600貫
新旧差額			9,252貫
増額率			45 %
官売率			75 %
買撲率			25 %

(2) 酒務表

次に寰宇記144・九域志1により太平興国中〜元豊間の郢州諸県の変化を県変遷図(1)に示す。酒統計は在城・県1・鎮市1を記すが、それらの酒務からは旧務年代は不明であるので、一般的な旧務年代である景祐〜慶暦に従っておく。

図によれば熙寧十年前の旧外県1であり、酒統計の県酒務1であるので、県置務率は100%である。また酒務は州県務2・鎮市務1の計3務で、州県務率67%・鎮市務率33%である。

D7 郢州	県変遷図	
年　代	外県	郭下
太平興国中	京山	長壽
旧務年代	1×○ ○	○ ○
熙寧10年 1077	↓1	↓

次に酒統計に○印を付した在城（州県務1）、及び永清鎮（鎮市務1）の計2処が酒務・旧商税務の併設地である。併設地が酒務地3処にしめる併設率67%、旧商税務2処(2)に対する併設地の対旧商税務率100%である。なお京山県の旧商税務は記載されていない。

次に酒務地に新商税務が設置された新税務地は、酒統計に□印を付した上記の1の地・京山県（州県務2）の2処である。酒務地3処にしめる新税務地の新務地率は67%、また新商税務2処(3)に対する新税務地の対新商税務率は100%である。なお永清鎮の新商税務は記載されていない。○△印を付したこの鎮は新務年代の町である。

次に酒務地で元豊まで存在して地理表[4]にみえる存続地は、酒統計の地名に△印を付している。存続地は上記の1・3の地（州県務2）、及び2の地（鎮市務1）で計3処である。酒務地3処にしめる存続地の存続率は100％である。

次に旧商税務・新商税務・地理表のいずれにもみえない不明地はなく、不明率0％である。以上の酒務・諸数値を酒務表に整理して示す。

なお郢州の鎮14・郷5で、郷より鎮がはるかに多いが、酒務・旧商税務が記載されているのはわずか永清鎮のみに過ぎない。ほとんどの鎮（地理表、×印鎮）は小都市としての鎮ではなかった。

D7　郢州　格上　地理表（主戸6,640　客戸24,935　計31,575　貢　白紵）

格	県	距離	郷	鎮	％	その他	備　考	水　系	計3
上	長壽	郭下	2	7	350	0	賈豊・永安・新興・灘河・青謙・穴口・永清鎮	漢水	1
下	京山	東110	3	7	233	0	曹武・富水・歸徳・西同・永龍・平抜・豊谷鎮	漳河，富河	2
計	2		5	14	280	0	土産　紵布，丹參，貝母，牛膝		4種

×印の地：小さな町候補地13

D7　郢州　　　　　酒　務　表

外県 1	置務県 1	置務率 100	州県務 2	州県務率 67	鎮市務 1	鎮市務率 33	酒務 3	併設地 2	併設率 67	旧商税務 2	対税旧商率 100	新務地 2	新務地率 67	新商税務 2	対税新商率 100	存続地 3	存続率 100

併設地	州県	在城														1処	
計2	鎮市	永清鎮														1処	
新税務地	州県	1の地・京山県														2処	
計2	鎮市															0処	
存続地	州県	1・3の地														2処	
計3	鎮市	2の地														1処	
不明地								0処			不明率					0％	

旧務年代の町0・小都市1、新務年代の町1（2の地）・小都市0
注　3の地は旧務年代では酒務県

注

(1) 県変遷図の作成史料は拙著2、66頁参照。
(2) 拙著2、66頁。
(3) 拙著2、66頁。
(4) 拙著2、67頁の地理表に同じ。

第二編　銅銭区北部

8　唐州 D 8

唐州の酒務及び新旧酒銭額は次の如くである。

(1)　酒統計

舊。在城及方城・湖陽・比陽・桐柏県五務
歳　　　　　　　　　　　28,304貫
熙寧十年祖額　　　　　　36,538貫335文
　　　買撲　　　　　　　 2,188貫104文
　　　　新額計　　　　　38,726貫439文

注　①方城は鄧州に割出されて鎮に降格したが、新商税務が置かれた　②原文、鎮。志、県（地理表参照）

D8 唐州	銭　額　表	
旧　額		28,304貫
新　額	官売	36,538貫
	買撲	2,188貫
	計	38,726貫
新旧差額		10,422貫
増額率		37％
官売率		94％
買撲率		6％

旧額は28,304貫・新額38,726貫で、両額の差額10,422貫・増額率37％である。また官売額は36,538貫・買撲2,188貫で、官売率94％・買撲率6％である。以上の数値を銭額表に整理して示す。

(2)　酒務表

次に宋本寰宇記142・九域志1により太平興国中〜元豊間の唐州諸県の変化を県変遷図(1)に示す。酒統計は在城・県4を記す。図によればそれらのうち方城県は慶暦四年に鄧州へ割出されているので、唐州の旧務年代は同年以前である。

図によれば慶暦四年前の旧外県4であり、酒統計の県酒務4であるので、県置務率は100％である。また酒務は州県務5・鎮市務0の計5務で、州県務率100％・鎮市務率0％である。

次に酒統計に○印を付した在城・方城・湖陽・比陽（州県務4）の計4処が酒務・旧商税務の併設地である。併設地が酒務地5処にしめる併設率80％、旧商税務5処(2)に対する併設地の対旧商税務率80％である。なお桐柏県の旧商税務は記載されていない。

次に酒務地に新商税務が設置された新税務地は、酒統計に□印を付した上記の1・3・4の地・桐柏県（州県務4）及び2の地（鎮市務1）の5処である。酒務地5処にしめる新税

務地の新務地率は80％、また新商税務4処[3]に対する新税務地の対新商税務率は100％である。なお、方城県は鄧州に割出されて鎮に降格し、熙寧十年では唐州に属しているが、元豊元年に再び唐州の県となった[4]。

　次に酒務地で元豊まで存在して地理表[5]にみえる存続地は、酒統計表の地名に△印を付している。存続地は上記の1〜5の地（州県務）の地で計5処である。酒務地5処にしめる存続地の存続率は100％である。

　次に旧商税務・新商税務・地理表のいずれにもみえない不明地はなく、不明率0％である。以上の酒務・諸数値を酒務表に整理して示す。

　なお唐州の鎮6（地理表、×印鎮）であるが、酒務・新旧商税務が記載されていないので、それらの鎮は小都市としての鎮ではなかったと思われる。

D8 唐州　格上　地理表（主戸21,758　客戸11,243　計33,001　貢　絹）

格	県	距離	郷	鎮	％	その他	備　考	水　系	計7
中下	泌陽	郭下	2	1	50	0	平氏鎮[5]	泌陽, 醴水	2
中下	湖陽	南60	2	1	50	0 銀場1	×崔橋鎮 花山銀場	泌水	1
中下	比陽	東北75	1	0	0	0		比水	1
下	桐柏	東160	2	0	0	0		淮水, 柘河	2
下	方城	北160	2	4	200	0	青臺・許封・羅渠・新寨鎮	堵水	1
計5			9	6	66	1	土産　絹, 方城黎, 半夏, 桔梗, 茱萸, 烏頭		6種

×印の地：小さな町候補地7

D8 唐州　　酒　務　表

外県	置務県	置務率	州県務	州県務率	鎮市務	鎮市務率	酒務	併設地	併設率	旧商税務	対税旧商	新税務地	新務地率	新商税務	対税新商	存続地	存続率
4	4	100	5	100	0	0	5	4	80	5	80	4	80	4	100	5	100

併設地	州県	在城[1]・方城[2]・湖陽[3]・比陽県		4処
計4	鎮市			0処
新税務地	州県	1・3・4の地・桐柏県[5]		4処
計5	鎮市	（2の地）		（1）処
存続地	州県	1〜5の地		5処
計5	鎮市			0処
不　明　地		0処	不明率	0％

旧務年代の町0・小都市0、新務年代の町0・小都市1
注　①2の地はD2鄧州に属し、新商税務あり（酒統計注①参照）。鄧州酒務表に表記できないので、唐州に含め、（　）で括る
　　②5の地は旧務年代の酒務県

第二編　銅銭区北部

注

(1) 県変遷図の作成史料は拙著2、68頁参照。
(2) 拙著2、67頁。　(3) 拙著2、67頁。　(4) 拙著2、68頁。　(5) 拙著2、69頁の地理表に同じ。

9　光化軍 D 9

光化軍の酒務及び旧酒銭額は次の如くである。

(1) 酒統計

舊。在城一務
歳　　　　　　　　　　　３１,９７４貫
今廃

光化軍は熙寧五年に廃されたので旧額31,974貫のみである。これを銭額表に示す。

(2) 酒務表

次に寰宇記145・九域志1・地理志1により太平興国中～元豊間の光化軍諸県の変化を県変遷図[(1)]に示す。酒統計は在城を記すが、酒務からは旧務年代は不明であるので、一般的な旧務年代である景祐～慶暦に従っておく。

図によれば熙寧五年前の旧外県0であるので県置務率はない。また州県務1・鎮市務0の計1務で、州県務率100％・鎮市務率0％である。

次に酒統計に〇印を付した在城（州県務1）の1処が酒務・旧商税務の併設地である。併設地が酒務地1処[(2)]にしめる併設率100％、旧商税務1処[(2)]に対する併設地の対旧商税務率100％である。

次に光化軍は熙寧五年に廃され襄州に併入された。新税務地・新商税務・存続地は襄州酒務表に表記できないので本軍酒務表に（　）で括って示しておく。以上の酒務・諸数値を酒務表に整理して示す。なお参考のため光化軍の旧域の

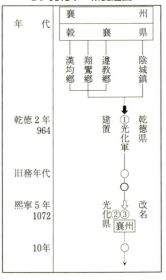

D9 光化軍　銭額表

旧	額		31,974貫
新　額	官売		一貫
	買撲		一貫
	計		今廃
新旧差額			一貫
増額率			－ ％
官売率			－ ％
買撲率			－ ％

D9 光化軍　県変遷図

地理表⁽³⁾を示しておく。

D9 光化軍旧域　地理表（主戸3,685　客戸3,345　計7,030　貫）

格	県	距離	郷	鎮	％	その他	備　考	水　系	計2
望	光化	(旧郭下)	2	1	50	0	次胡鎮	漢江, 温水	2
計	1		2	1	50	0	土産 不記		

戸・土産：寰宇記，他は襄州地理表による
注　鎮は襄州地理表にみえる

D9 光化軍　　酒　務　表

外県	置務県	置務率	州県務	州県市務率	鎮市務	鎮市務率	酒務	併設地	併設率	旧商税務	対税旧商率	新税務地	新税務地率	新商税務	対税新商率	存続地	存続率
0	0	―	1	100	0	0	1	1	100	1	100	(1)	(100)	(1)	(100)	(1)	(100)

併設地	州県	¹在城							1	処
計 1	鎮市								0	処
新税務地	州県	(1の地)							(1)	処
計(1)	鎮市								(0)	処
存続地	州県								(1)	処
計(1)	鎮市								0	処
不　明　地			0 処	不明率	0	％

旧務年代の町0・小都市0，旧域の新務年代の町0・小都市0
注　1の地の郭下光化県は襄州地理表にみえ存続

注

(1) 県変遷図の作成史料は拙著2、70頁参照。
(2) 拙著2、69頁。
(3) 拙著2、71頁の地理表に同じ。

おわりに

　表1に京西南路9州軍の銭額表をまとめ、また戸数・新商税額を付している。D1襄州・D2鄧州の元豊戸は各約9万戸・約3万戸で、元豊に近い熙寧10年の新商税額はそれぞれ約8万貫・約5万貫であり、戸・商税共に京西南路でトップクラスである。熙寧十年の新酒額もそれぞれ約11万貫・10万貫でトップクラスである。逆に戸・商税が低レベルのD5房州（戸約2万・税約8千貫）の新酒額は約2万貫と少額である。京西南路では戸・商税の

第二編　銅銭区北部

表1　D 京西南路　銭額総合表

州軍		旧額	新額	差額	増額率	官売	買撲	官売率	買撲率	戸	新商税
D1	襄州	66,767	105,743	38,976	58	97,080	8,663	92	8	93,027	79,614
<u>D2</u>	鄧州	81,298	96,540	15,242	19	87,926	8,614	91	9	34,475	46,432
D3	随州	18,316	21,735	3,419	19	19,664	2,071	90	10	38,112	6,194
D4	金州	13,571	17,845	4,274	31	16,508	1,337	93	7	36,181	12,755
D5	房州	7,550	19,521	11,971	159	18,673	848	96	4	21,231	7,598
D6	均州	24,759	34,902	10,143	41	32,773	2,129	94	6	26,978	10,349
D7	郢州	20,348	29,600	9,252	45	22,143	7,457	75	25	31,575	12,514
D8	唐州	28,304	38,726	10,422	37	36,538	2,188	94	6	33,001	15,023
D9	光化軍	31,974	廃	—	—	—	—	—	—	—	—
計		292,887	364,612	71,725	24	331,305	33,307	91	9	314,580	190,479

注　州軍記号に下線を付した州軍は物額を有す

大小がおおまかには酒額の大小と一致する。

次に酒額の新旧の相違をみると、熙寧四年に廃されたD9光化軍を除く8州軍は全て増額している。路全体では24％増である。同率の州軍2（D2・D3）に過ぎない。また新旧額の差額が同数の州軍はない。このように各州軍の新旧の増減率及び差額が一定ではないので、斉一的・均一的な増減政策は行われなかったことがわかる。増減率・差額に一定の傾向がみられないのであるから、新旧額の相違は主として酒消費量自体の変動により生じたとみなければならない。なお、D5房州の増額率が例外的に高率である。

次に官売額・買撲をみると、路全体の熙寧十年の官売額は約33万貫、買撲は約3万貫で、官売額が買撲の11倍である。官売が路全体の91％を占め、買撲は9％に過ぎない。各州軍の官売額・買撲をみると全州軍で相違しているので、各州軍に対する両額同額の割付販売は行われなかったことがわかる。また各州軍における官売率をみると、D6均州・D8唐州の比率が共に94％であるが、これは偶然であろう。他の州軍では比率は相違するので、各州軍に同比率による割付販売の政策は取られなかった。したがって官売額・買撲・官売率・買撲率はそれぞれ都市エリア・町エリアの酒消費量が反映したものと解される。

次に表2に9州軍の酒務表をまとめている。旧務年代（旧商税務）・熙寧十年（新商税務）・元豊（地理表）のいずれにもみえない不明地の不明率3％及び元豊までの存続率91％は、京西南路において酒務が置かれた行政都市・小都市・町が社会的・経済的に安定性が甚だ高かったことを証する。なお地理表不記地も1処で少ない。

次に併設率が路全体としては78％と高率であり、また州軍レベルでみると併設率が50％未満の州軍0である。このことは京西南路の州県・鎮市には酒務・商税務の併設が多く行われたことを証する。また新商税務が置かれた新務年代の併設地である新税務地26の新務

第三章　京西南路

表2　D京西南路　酒務総合表

州軍	州県務	鎮市務	鎮市率	全酒務	併設地	併設率	対旧税務商率	新税務地	新務地率	対新税務商率	存続地	存続率	不明地	不明率	旧商税務	新商税務	地理表不記地
D1	6	2	25	8	6	75	75	8	100	80	8	100	0	0	8	10	0
D2	4	3	43	7	5	71	71	5	71	56	6	86	1	14	7	9	0
D3	2	0	0	2	2	100	67	2	100	67	2	100	0	0	3	3	0
D4	1	0	0	1	1	100	6	1	100	25	1	100	0	0	18	4	0
D5	2	0	0	2	1	50	100	2	100	50	2	100	0	0	1	4	0
D6	2	1	33	3	3	100	100	2	67	100	2	67	0	0	3	2	1
D7	2	1	33	3	2	67	100	2	67	100	3	100	0	0	5	4	0
D8	5	0	0	5	4	80	80	4	100	100	5	100	0	0	5	4	0
D9	1	0	0	1	1	100	100	(1)	(100)	(100)	(1)	(100)	(0)	(0)	1	(1)	0
計	25	7	22	32	25	78	52	27	84	71	30	94	1	3	48	38	1

注　①D9の酒務1は襄州に割入され存続していたので存続地に含める
　　②D9の新商税務(1)は襄州に含まれているので計に加えず
　　③地理表不記地1（南門）

表3　D京西南路　旧務年代の都市・町

州軍	D1	D2	D3	D4	D5	D6	D7	D8	D9	計
行政都市	<u>6</u>	<u>4</u>	2	1	<u>2</u>	2	<u>2</u>	<u>5</u>	1	25
小都市	1	2	0	0	0	1	1	0	0	5
町	1	1	0	0	0	0	0	0	0	2
酒務（計）	8	7	2	1	2	3	3	5	1	32

典拠：各州軍酒務
注　下線を付した行政都市数には酒務県を含む（D1−1、D2−1、D7−1、D8−1、計4県）

地率は84％と甚だ高率になっており、新務年代も併設が多く行われた。

次に表3によれば旧務年代の酒務地32で、その内訳は行政都市25・小都市5・町2で、都市30（25＋5）の対酒務地率約94％、町2の対酒務地率6％である（表5）。また都市対町＝30対2で、町の対都市率は7％である（表5）。酒務のほとんどは都市に置かれた。

次に旧務年代の9州軍のうち小都市が0又は1の州軍8（表5、州軍甲）で全州軍の89％であり、町が0又は1の州軍9（表5、州軍乙）で全州軍の100％である。旧務年代では小都市・町はほとんどの州軍で発達していなかった。また新務年代の都市未発達州軍6で全州軍8の75％で、町未発達州軍8で全州軍の100％であり（表5）、旧務年代とほぼ同じである。

次に酒務が置かれず商税務のみが記された地である旧商税地・新商税地は表6の如くである。京西南路の旧商税地23処は旧商税務48の五割弱と多く、他路にはみられない数少ない例である。税務が乱設された可能性も疑われよう。しかし表を通覧するとD4金州にのみ17処と多く、特殊な事情があったと思われるので、金州を除外して考えるべきである。

第二編　銅銭区北部

金州を除くと旧商税地はわずか6処に過ぎず、旧商税務30の二割でしかない。やはり京西南路でも旧商税地は数少ない地であることがわかる。これに加えて酒務・商税務の併設地が24処（金州を除く）と多いことから旧商税地は厳選された地であることがわかる。

また全州軍9のうち旧商税地が0〜3の州軍8と多いことは、路として商税務乱設を行なわなかったことを意味する。

次に表2によれば3州軍で7務が増加し、3州軍で16務が減じ、全体では10務減となっている。減務は司農寺坊場（税場）とされた可能性も考えられる。

表4　D 京西南路　新務年代の都市・町

州　　軍	D1	D2	D3	D4	D5	D6	D7	D8	計
行政都市	6	3	2	1	2	2	2	4	22
小 都 市	2	2	0	0	0	0	0	(1)	5
町	0	0	0	0	0	0	1	0	1
酒 務 県	0	1	0	0	0	0	0	0	1
存 続 地	8	6	2	1	2	2	3	5	29

典拠：各州軍酒務表
注　D8 小都市 (1) は本文参照

表5　変動表

	旧務年代		新務年代		変動率
	州軍数	比率	州軍数	比率	
全　州　軍	9	−	8	−	−11%
州　軍　甲	8	89%	6	75%	−25%
州　軍　乙	9	100%	8	100%	−11%
酒　務　数	32		28		−9%
都　市　数	30		27		−7%
町　　数	2		1		−50%
都市の対酒務率		94%		97%	3%
町 の 対 酒 務 率		6%		3%	−3%
町 の 対 都 市 率		7%		3%	−4%

州軍甲：小都市未発達州軍（小都市0又は1）
州軍乙：町未発達州軍（町0又は1）
比率：甲、乙州軍÷全州軍
対酒務率＝都市数÷酒務数
対都市率＝町数÷都市数
州軍、酒務、都市、町の変動率＝（新数−旧数）÷旧数
対酒務率、対都市率の変動＝新比率−旧比率
典拠：本章表3・4

第三章　京西南路

表6　京西南路　新旧務地

州　　軍	D1	D2	D3	D4	D5	D6	D7	D8	D9	計
旧商税地	2	2	1	17	0	0	0	1	0	23
新商税地	2	4	1	3	2	0	0	0	－	12

旧商税地＝旧商税務＋併設地、新商税地＝新商税務＋新税務地
典拠：本章「おわりに」表2

　次ぎに本章の諸州軍の地理表をまとめると表7の如くである。京西南路の記載地68処で一般的な水準Ⅱである。その内訳は町・小都市10（水準Ⅱ）で、また小さな町候補地56（水準Ⅱ）である。それらの都市・町に置かれている機関を機能により分類すると、保安機関の鎮66（水準Ⅱ）、寨・堡・城などの軍事機関はなく、監・場等の生産機関2と少ない（水準Ⅰ）。（水準は一編一章末、比較表1参照）

表7　京西南路　地理表記載地

路	記載地	無名地	町・小都市	大きな町に準ずる町	町候補地
D	68	0	無印地　10	○印地　2	×印地　56
機　能	保安	軍事	生産		
機　関	鎮　66	0	場1,窯1		

記載地＝町・小都市＋大きな町に準ずる町＋町候補地
典拠：本章各州軍地理表

第二編　銅銭区北部

第四章　京西北路

1　許州 E 1

許州の酒務及び新旧酒銭額は次の如くである。

(1)　酒統計

舊。在城及長葛・臨潁・陽翟・許田・鄢城県・合流・繁城・椹潤・馳口・長葛・新寨鎮十二務
歳　　　　　１３１，８３２貫
熙寧十年祖額　　　８６，９７５貫７９４文
　　買撲　　　　　２７，５４８貫００４文
　　　新額計　１１４，５２３貫７９８文
　注　①原文、頴。志、潁　②原文、馳。志、馳

旧額は131,832貫・新額114,523貫（文切り捨て、以下の州軍同じ）で、両額の差額－17,309貫・増額率－13％である。また官売額（祖額、以下同じ）は86,975貫・買撲27,548貫で、官売率76％・買撲率24％である。以上の数値を銭額表に整理して示す。

E1 許州	銭額表	
旧額		131,832 貫
新額	官売	86,975 貫
	買撲	27,548 貫
	計	114,523 貫
新旧差額		－17,309 貫
増額率		－13 ％
官売率		76 ％
買撲率		24 ％

(2)　酒務表

次に宋本寰宇記7・九域志1により太平興国中～元豊間の許州諸県の変化を県変遷図[(1)]に示す。酒統計は在城・県5・鎮市6を記すが、それらの酒務からは旧務年代は不明であるので、一般的な旧務年代である景祐～慶暦に従っておく。

図によれば熙寧四年前の旧外県6であり、酒統計の県酒務5であるので、県置務率は83％である。また酒務は州県務6・鎮市務6の計12務で、州県務率50％・鎮市務率50％である。

次に酒統計に〇印を付した在城・長葛・臨潁・陽翟・許田・鄢城県（州県務6）、及び合

―188―

第四章　京西北路

E1　許州　鎮建置図

年代	舞陽	長葛	郾城	舞陽	臨潁	長社	所属県
	北舞	長葛	新寨	駅口	孟寨	合流	繁城	許田(旧、許昌)	椹澗	鎮
至道3年 997							①		
咸平1年 998					④				
天聖10年 1032	?	?	?	?	?		県	②	
旧務年代	×	×	○	×	○	×	○	×	
熙寧4年 1071	×	○	○	○	○	○	③鎮	○	
10年	○	○	○	○	○	○		×	
元豊中	○	○	○	○	○	○		○	

資料
　①臨潁県繁城鎮。至道三年置。
　②長社県椹澗鎮。天聖十年置。
　③　　　許田鎮。熙寧四年置。
　④舞陽県孟寨鎮。咸平元年置。
典拠
　方城12-13（①〜④）
　旧務表（新寨，駅口，合流，許田）
　新務表（北舞，長葛，新寨，合流，許田）
　地理表（全鎮）

流・駅口・新寨鎮（鎮市務3）の計9処が酒務・旧商税務の併設地である。併設地が酒務地12処にしめる併設率75%、旧商税務10処[(2)]に対する併設地の対旧商税務率90%である。なお舞陽県の酒務は記載されていない。

　次に旧務年代の小都市は○印を付す併設地の鎮市で3処、町は○印を付さない鎮市（以下の州軍酒統計同じ）で、3処（10〜12の地）である。

　次に酒務地に新商税務が設置された新税務地は、酒統計に□印を付した上記の1〜4・6の地（州県務5）、及び5・7・9の地・長葛鎮（鎮市務4）の計9処である。酒務地12処にしめる新税務地の新務地率は75%、また新商税務11処[(3)]に対する新税務地の対新商税務率は82%である。なお旧務年代の許田県は熙寧四年に降格され、新務年代では鎮である。また駅口の旧商税務は記載されているが新商税務は記載されていない。

　次に新務年代の小都市は□印を付す新税務地の鎮市で4処、町は□印がなく△印のみの鎮市及び○△の鎮市（以下の州軍酒統計同じ）で、3処（8・11・12の地）である。

　次に酒務地で元豊まで存在して地理表[(4)]にみえる存続地は、酒統計の地名に△印を付している。存続地は上記の1〜4・6の地（州県務5）、及び5・7〜10の地・繁城・椹澗（鎮市務7）で計12処である。酒務地12処にしめる存続地の存続率は100%である。

　次に旧商税務・新商税務・地理表のいずれにもみえない不明地はなく、不明率0%である。以上の酒務・諸数値を酒務表に整理して示す。

第二編　銅銭区北部

E1 穎昌府　格次府　地理表（主戸31,675　客戸25,777　計57,452　貢　絹，薦席）

格	県	距　離	郷	鎮	％	その他	備　　考	水　系	計？
次赤	長社	郭下	7	2	28	0	許田・榷澗鎮	欠	
次畿	郾城	東南120	4	2	50	0	新寨・駅口鎮	欠	
次畿	陽翟	西北 90	4	0	0	0		欠	
次畿	長葛	北　 60	6	1	16	0	長葛鎮	欠	
次畿	臨潁	東南 60	4	2	50	0	合流・繁城鎮	欠	
次畿	舞陽	西南180	4	3	75	0	孟寨・北舞・順化鎮	欠	
計　6			29	10	34	0	土産　乾柿，黄明膠，絹，麓心布		4種

×印の地：小さな町候補地 2

E1 許州　　　　　酒　務　表

外県	置務県	置務率	州県務	州県務率	鎮市務	鎮市務率	酒務	併設地	併設率	旧商税務	対税旧商率	新税務地	新税務地率	新商税務	対税新商率	存続地	存続率
6	5	83	6	50	6	50	12	9	75	10	90	9	75	11	82	12	100

併設地	州県	在城¹・長葛²・臨潁³・陽翟⁴・許田⁵・郾城県⁶	6処
計　9	鎮市	合流⁷・駅口⁸・新寨鎮⁹（小都市、以下の州軍酒務表同じ）	3処
新税務地	州県	1〜4・6の地	5処
計　9	鎮市	5・7・9の地・長葛鎮¹⁰（小都市、以下の州軍酒務表同じ）	4処
存続地	州県	1〜4・6の地	5処
計　12	鎮市	5・7〜10の地・繁城¹¹・榷澗¹²	7処
不明地		0処　　不明率	0％

旧務年代の町 3（10〜12の地）・小都市 3、新務年代の町 3（8、11、12の地）・小都市 5

注

(1) 県変遷図の作成史料は拙著 2、76頁参照。
(2) 拙著 2、75頁。
(3) 拙著 2、75〜76頁。
(4) 拙著 2、78頁の地理表に同じ。

2　孟州 E2

孟州の酒務及び新旧酒銭額は次の如くである。

(1) 酒統計

舊。在城及氾水・温・河陰・濟源県五務
歳　　　　　　　55,402貫
熙寧十年祖額　　73,851貫764文
　買撲　　　　　4,118貫944文
　　新額計　　　77,970貫708文

E2 孟州	銭　額　表	
旧　　額		55,402貫
新　額	官売	73,851貫
	買撲	4,118貫
	計	77,969貫
新旧差額		22,567貫
増額率		41％
官売率		95％
買撲率		5％

旧額は55,402貫・新額77,969貫で、両額の差額22,567貫・増額率41％である。また官売額は73,851貫・買撲4,118貫で、官売率95％・買撲率5％である。以上の数値を銭額表に整理して示す。

(2) 酒務表

次に寰宇記52・九域志1により太平興国中～元豊間の孟州諸県の変化を県変遷図[1]に示す。酒統計は在城・県4を記す。酒統計に氾水県がみえるので、慶暦三年前又は同四年以後が旧酒務年代である。慶暦三年前としておく[2]。

次に図によれば熙寧五年前の旧外県4であり、酒統計の県酒務4であるので、県置務率は100％である。また酒務は州県務5・鎮市務0の計5務で、州県務率100％・鎮市務率0％である。

次に酒統計に○印を付した在城・氾水・温・河陰・濟源県（州県務5）の計5処が酒務・旧商税務の併設地である。併設地が酒務地5処にしめる併設率100％、旧商税務7処[3]に対する併設地の対旧商税務率71％である。なお、王屋酒務はA2西京酒統計にみえる。

次に酒務地に新商税務が設置された新税務地は、酒統計に□印を付した上記の1・3～5の地（州県務4）の計4処である。酒務地5処にしめる新税務地の新務地率は80％、また

第二編　銅銭区北部

新商税務7処[(4)]に対する新税務地の対新商税務率は57％である。

　次に酒務地で元豊まで存在して地理表[(5)]にみえる存続地は、酒統計の地名に△印を付している。存続地は上記の1～5の地（州県務）で計5処である。酒務地5処にしめる存続地の存続率は100％である。なお県から降格されていた新務年代の氾水鎮は元豊三年昇格したので、地理表では県になっている。

　次に旧商税務・新商税務・地理表のいずれにもみえない不明地はなく、不明率0％である。以上の酒務・諸数値を孟州酒務表に整理して示す。

E2　孟州　格望　地理表（主戸22,742　客戸7,333　計30,075　貢　梁米）

格	県	距離	郷	鎮	％	その他	備　　考	水　系	計14
望	河陽	郭下	2	0	0	0		黄河, 湛水, 同水	3
望	温県	東 70	3	0	0	0		河, 因水	2
望	濟源	西北 60	4	0	0	0		濟水, 溴水, 沁水	3
上	氾水	東南 110	2	0	0	關 1	行慶關	黄河, 氾水	2
中	河陰	東北 162	3	0	0	0		黄河, 汁河渠, 索水	3
中	王屋	西北 130	1	0	0	0		黄河	1
計 6			15	0	0	土産 1	黄魚鮓, 梁米, 石榴		3種

E2　孟州　　　　酒　務　表

外県	置務県	置務率	州県務	州県務率	鎮市務	鎮市務率	酒務地	併設地	併設率	旧商税務	対税務旧商率	新務地	新税務地率	新商税務	対税務新商率	存続地	存続率
4	4	100	5	100	0	0	5	5	100	7	71	4	80	7	57	5	100

併 設 地	州県	在城・氾水[2]・温[3]・河陰[4]・濟源[5]	5処
計 5	鎮市		0処
新税務地	州県	1・3～5の地	4処
計 4	鎮市		0処
存 続 地	州県	1～5の地	5処
計 5	鎮市		0処
不　明　地		0処	不明率	0 ％

旧務年代の町0・小都市0、新務年代の町0・小都市0
注　2の地は新税務が記載されていないが、地理表にはみえ、存続地

注

(1) 県変遷図の作成史料は拙著2、79及び95～97頁参照。
(2) 氾水県は慶暦三年以前にも孟州属県であったので、酒務の旧務年代は同年以前である可能性もある。なお旧商税務年代でも孟州の旧務年代を慶暦三年以前としている（拙著2、97頁）。
(3) 拙著2、78頁。　(4) 拙著2、78頁。　(5) 拙著2、80頁の地理表に同じ。

第四章　京西北路

3　蔡州 E 3

蔡州の酒務及び新旧酒銭額は次の如くである。

(1)　酒統計

舊。在城及新蔡・上蔡・襃信・遂平・西平・眞陽・確山・汝陽・新息・平興県・王臺・陽安・呉城・陳寨・金郷・苽陂・諸丁・謙恭・王務・黄特・謝子鎮二十二務

歳　　　　　　　　　８６,３５７貫
熙寧十年祖額　　　　１１０,９１８貫３７５文
　　買撲　　　　　　１２,７１２貫５６０文
　　　　絲　　　　　　５３０両４銭
　　　　絹　　　　　　１３疋８寸
　　　　新額計　　　１２３,６３０貫９３５文

注　①原文、川。志、平　②郭下県、酒務数に入れず　③原文、瓜波。志、苽陂　④原文、譲。志、恭
　　⑤原文、持。志、特

旧額は86,357貫・新額123,630貫で、両額の差額37,273貫・増額率43%である。また官売額は110,918貫・買撲12,712貫で、官売率90%・買撲率10%である。以上の数値を銭額表に整理して示す。

E3 蔡州	銭　額　表	
旧　　額		86,357 貫
新　　額	官売	110,918 貫
	買撲	12,712 貫
	計	123,630 貫
新旧差額		37,273 貫
増額率		43 %
官売率		90 %
買撲率		10 %

旧絹額　　0
旧絲額　　0
新絹額　　13疋8寸
新絲額　　530両4銭

(2)　酒務表

次に寰宇記11・九域志1により太平興国中～元豊間の蔡州諸県の変化を県変遷図[1]に示す。酒統計は在城・県9(汝陽県を除く)・鎮市11を記すが、それらの酒務からは旧務年代は不明であるので、一般的な旧務年代である景祐～慶暦に従っておく。

図によれば熙寧十年前の旧外県9であり、酒統計の県酒務9であるので、県置務率は100%である。また酒務は州県務10・鎮市務11の計21務で、州県務率48%・鎮市務率52%である。

次に酒統計に○印を付した在城・新

E3 蔡州　県変遷図

年　代	外　　　　県	郭下
太平興国中	西平　眞陽　朗山　新息　遂平　平興　襃信　新蔡　上蔡	汝陽
大中祥符5年 1012	①改名 確山	
旧務年代	1　2　3　4　5　6　7　8　9 ○　○　○　○　○　○　○　○　○	○
熙寧10年 1077	○　○　○　○　○　○　○　○　○ 9　8　7　6　5　4　3　2　1	○

第二編　銅銭区北部

蔡・上蔡[3]・褒信[4]・遂平[5]・西平[6]・眞陽[7]・確山[8]・新息[9]・平輿県[10]（州県務10）、及び謝子鎮[11]（鎮市務1）の計11処が酒務・旧商税務の併設地である。併設地が酒務地21処にしめる併設率52％、旧商税務16処[(2)]に対する併設地の対旧商税務率69％である。蔡州の併設率は他の州軍に比して低率である。

　次に酒務地に新商税務が設置された新税務地は、酒統計に□印を付した上記の1～10の地（州県務10）、及び呉城[12]・王務[13]（鎮市務2）の12処である。酒務地21処にしめる新税務地の新務地率は57％で、新務年代の併設率も他の州軍に比して低率にとどまる。また新商税務14処[(3)]に対する新税務地の対新商税務率は86％である。

　次に酒務地で元豊まで存在して地理表[(4)]にみえる存続地は、酒統計の地名に△印を付している。存続地は上記の1～10の地（州県務10）、及び11・13の地・王臺[14]・陳寨[15]・金郷[16]・苽陂[17]・謙恭[18]・黄特[19]（鎮市務8）の計18処である。酒務地21処にしめる存続地の存続率は86％である。

　次に旧商税務・新商税務・地理表のいずれにもみえない不明地は陽安[20]・諸丁[21]（鎮市務2）で、不明率10％である。以上の酒務・諸数値を酒務表に整理して示す。なお呉城[12]が地理表にみえず、存続率＋不明率＜100％である。

E3　蔡州　格緊　地理表（主戸62,156　客戸75,930　計138,086　貢　綾）

格	県	距　離	郷	鎮	％	その他	備　　考	水　　系	計20
上	汝陽	郭下	5	4	80	0	射子・陳寨・王臺・金郷鎮	湊水，瀁水	2
上	上蔡	北　55	2	3	150	0	東岸・苽陂・邵店鎮	汝水，鴻河水	2
中	新蔡	東　160	3	1	33	0	南殄寇鎮	汝水	1
中	褒信	東南 170	3	0	0	0		淮水，汝水	2
中	平輿	東　45	3	0	0	0		汝水，葛陂	2
中	遂平	西北 70	3	0	0	0		龍泉水，灙水	2
中	新息	東南 155	2	1	50	0	王務鎮	淮水，汝水	2
中	確山	西南 75	4	4	100	0	黄特・毛宗・謙恭・石子鎮	溮水，溱水	2
中	眞陽	南　80	2	0	0	0		淮水，汝水，石塘陂	3
中	西平	西北 105	1	0	0	0		㴲水，鄧艾陂	2
計 10			28	13	46	0	土産　龍鳳蚊幬，澤蘭，茱萸，水蛭虻，生石斛，耆草，蛊虫 7種		

×印の地：小さな町候補地3

第四章　京西北路

E3　蔡州　　　　　　　　酒　務　表

外県	置務県	置務県率	州県務	州県務率	鎮市務	鎮市務率	酒務	併設地	併設率	旧商税務	対税旧商率	新税務地	新税務地率	新商税務	新商税率	対税新商率	存続地	存続率
9	9	100	10	48	11	52	21	11	52	16	69	12	57	14		86	18	86

併設地	州県	在城¹・新蔡²・上蔡³・襃信⁴・遂平⁵・西平⁶・眞陽⁷・確山⁸・新息⁹・平興県¹⁰	10 処
計 11	鎮市	謝子鎮¹¹	1 処
新税務地	州県	1〜10の地	10 処
計 12	鎮市	呉城¹²・王務¹³	2 処
存続地	州県	1〜10の地	10 処
計 18	鎮市	11・13の地・王臺¹⁴・陳寨¹⁵・金郷¹⁶・苽陂¹⁷・謙恭¹⁸・黃特¹⁹	8 処
不明地		陽安²⁰・諸丁²¹	2 処　不明率　10 ％

旧務年代の町10（12〜21の地）・小都市1、新務年代の町7（14〜19の地）・小都市2
注　①12の地理表不記地及び不明地2は、存続地・新務年代の町に入れず
　　②新商税務14に汝陽県務を含まれず。拙著2・81頁参照

注

(1)　県変遷図の作成史料は拙著2、81頁参照。
(2)　拙著2、80頁。
(3)　拙著2、81〜82頁。
(4)　拙著2、82頁の地理表に同じ。

4　陳州 E 4

陳州の酒務及び新旧酒銭額は次の如くである。

(1)　酒統計

舊。在城及商水・西華・南頓・項城県・殄寇鎮六務
　　　　　　　○△　○□△　　○□△
　　　　　　　　①　　②　　　　③

歳　　　　　　　　　97,838貫
熙寧十年祖額　　　　73,417貫073文
　　買撲　　　　　　 9,308貫930文1分
　　　　新額計　　　82,726貫003文1分
注　①※　②原文、頃。志、項　③原文、殄寇鋪。志、殄寇鎮

旧額は97,838貫・新額82,725貫で、両額の差額−15,113貫・増額率−15％である。また官売額は73,417貫・買撲9,308貫

E4 陳州		銭　額　表
旧　額		97,838貫
新　額	官売	73,417貫
	買撲	9,308貫
	計	82,725貫
新旧差額		15,113貫
増額率		−15 ％
官売率		89 ％
買撲率		11 ％

— 195 —

第二編　銅銭区北部

で、官売率89％・買撲率11％である。以上の数値を銭額表に整理して示す。

(2) 酒務表

次に寰宇記10・九域志1により太平興国中～元豊間の陳州諸県の変化を県変遷図[1]に示す。酒統計は在城・県4・鎮市1を記すが、それらの酒務からは旧務年代は不明であるので、一般的な旧務年代である景祐～慶暦に従っておく。

図によれば熙寧六年前の旧外県4であり、酒統計の県酒務4であるので、県置務率は100％である。また酒務は州県務5・鎮市務1の計6務で、州県務率83％・鎮市務率17％である。

次に酒統計に○印を付した在城・商水・西華・南頓・項城県（州県務5）、及び珍寇鎮（鎮市務1）の計6処が酒務・旧商税務の併設地である。併設地が酒務地6処にしめる併設率100％、旧商税務6処[2]に対する併設地の対旧商税務率100％である。

次に酒務地に新商税務が設置された新税務地は、酒統計に□印を付した上記の1～3・5の地（州県務4）、及び4・6の地（鎮市務2）の計6処である。酒務地6処にしめる新税務地の新務地率100％、また新商税務7処[3]に対する新税務地の対新商税務率は86％である。なお旧務年代の南頓県は熙寧六年に降格され、新務年代では鎮である。

次に酒務地で元豊まで存在して地理表[4]にみえる存続地は、酒統計の地名に△印を付している。存続地は上記の1～3・5の地（州県務4）、及び4・6の地（鎮市務2）で計6処である。酒務地6処にしめる存続地の存続率は100％である。

次に旧商税務・新商税務・地理表のいずれにもみえない不明地はなく、不明率0％である。以上の酒務・諸数値を酒務表に整理して示す。

E4 陳州　県変遷図

年代	外　　県	郭下
太平興国中	南頓　商水　西華　項城	宛邱
旧務年代	1○　2○　3○　4○	○
熙寧6年 1073	①→	
10年	○3　○2　○1	○

E4 陳州　格上　地理表（主戸25,649　客戸18,584　計44,233　貢　絹，紬）

格	県	距離	郷	鎮	％	その他	備　　考	水　系	計9
緊	宛邱	郭下	6	2	33	0	馮唐・子丁鎮	蔡河，穎水，洧水	3
上	項城	東南70	7	2	28	0	慕口・珍寇鎮	穎水，百尺堰	2
中	商水	西南80	5	3	60	0	南頓・白帝・谷陽鎮	穎水，商水	2
中	西華	西　80	4	1	25	0	長平鎮	蔡河，穎水	2
計4			22	8	36	0	土産　絲，綿，綾，絹		4種

×印の地：小さな町候補地5

E4 陳州						酒　務　表									
外県	置務県	置務率	州県務	州県務率	鎮市務	鎮市務率	酒務	併設地	併設率	旧商税務	対税旧商率	新税務地	新税務地率	新商税務	対税新商率	存続地	存続率
4	4	100	5	83	1	17	6	6	100	6	100	6	100	7	86	6	100

併設地	州県	在城[1]・商水[2]・西華[3]・南頓[4]・項城県[5]	5処
計　6	鎮市	殄寇鎮[6]	1処
新税務地	州県	1〜3・5の地	4処
計　6	鎮市	4・6の地	2処
存続地	州県	1〜3・5の地	4処
計　6	鎮市	4・6の地	2処
不　明　地		0処　　不明率　　0％	

旧務年代の町 0・小都市 1、新務年代の町 0・小都市 2

注

(1) 県変遷図の作成史料は拙著 2、83頁参照。
(2) 拙著 2、82頁。
(3) 拙著 2、83頁。
(4) 拙著 2、84頁の地理表に同じ。

5　潁州 E 5

潁州の酒務及び新旧酒銭額は次の如くである。

(1) 酒統計

舊。在城及沈邱[①]・萬壽県・界溝・斤溝・正陽・漕口七務
歳　　　　　　８３，４６２貫
煕寧十年租額　　７５，８１２貫４７５文
　　買撲　　　　７，７５０貫７４０文
　　　　絹　　　　３９疋２尺４寸
　　　新額計　８３，５６３貫２１５文
注　①原文、丘。志、邱

E5 潁州	銭　額　表	
旧　額		83,462貫
新　額	官売	75,812貫
	買撲	7,750貫
	計	83,562貫
新旧差額		100貫
増額率		0.1％
官売率		91％
買撲率		9％

旧絹額　　　0
新絹額　　39疋2尺4寸

旧額は83,462貫・新額83,562貫で、両額の差額100貫・増額率0.1％である。また官売額は75,812貫・買撲7,750貫

第二編　銅銭区北部

で、官売率98％・買撲率２％である。以上の数値を銭額表に整理して示す。

(2)　酒務表

次に寰宇記11・九域志１により太平興国中～元豊間の潁州諸県の変化を県変遷図[(1)]に示す。酒統計は在城・県２・鎮市４を記すが、それらの酒務からは旧務年代は不明であるので、一般的な旧務年代である景祐～慶暦に従っておく。

図によれば熙寧十年前の旧外県３であり、酒統計の県酒務２であるので、県置務率は67％である。また酒務は州県務３・鎮市務４の計７務で、州県務率43％・鎮市務率57％である。

		E5　潁州　県変遷図		
年　代		外　　県		郭下
	萬	潁	沈	汝
太平興国中	壽	上	邱	陰
旧務年代	○ 1	○ 2	○ 3	○
熙寧10年 1077	○ 3	× ○ 2	○ 1	○
元豊中	↓	↓	↓	↓

次に酒統計に○印を付した在城[1]・沈邱[2]・萬壽県[3]（州県務３）、及び界溝[4]・斤溝[5]・正陽[6]・漕口[7]（鎮市務４）の７処が酒務・旧商税務の併設地である。併設地が酒務地７処にしめる併設率100％、旧商税務12処[(2)]に対する併設地の対旧商税務率58％である。なお潁上県の酒務は記載されていない。

次に酒務地に新商税務が設置された新税務地は、酒統計に□印を付した上記の１～３の地（州県務３）、及び４～７の地（鎮市務４）の計７処である。酒務地７処にしめる新税務地の新務地率は100％、また新商税務14処[(3)]に対する新税務地の対新商税務率は50％である。

次に酒務地で元豊まで存在して地理表[(4)]にみえる存続地は、酒統計の地名に△印を付している。存続地は上記の１～３の地（州県務３）、及び４～７の地（鎮市務４）の計７処である。酒務地７処にしめる存続地の存続率は100％である。

次に旧商税務・新商税務・地理表のいずれにもみえない不明地はなく、不明率０％である。以上の酒務・諸数値を酒務表に整理して示す。

E5　潁州　格上　地理表（主戸45,624　客戸45,784　計91,408　貢　紬，絁，絹，絺）

格	県	距　離	郷	鎮	％	その他	備　　考	水　　系	計8
望	汝陰	郭下	5	4	80	0	王家市・永寧・椒陂・櫟頭鎮	潁水，淮水，濄水，汝水	4
望	萬壽	西北 57	3	3	100	0	斤溝・界溝・税子歩鎮	潁水	1
緊	潁上	東 117	2	3	150	0	正陽・漕口・江陂鎮	潁水，淮水，江陂塘	3
緊	沈丘	西 110	3	1	33	0	永安鎮		
計 4			13	11	84	0	土産 花官紵，綿		2種

×印の地：小さな町候補地4

第四章　京西北路

E5 頴州																酒　務　表
外県	置務県	置務県率	州県務	州県務率	鎮市務	鎮市務率	酒務	併設地	併設率	旧商税務	対旧商税務率	新税務地	新税務地率	新商税務	対新商税務率	存続地	存続率
3	2	67	3	43	4	57	7	7	100	12	58	7	100	14	50	7	100

併設地	州県	在城¹・沈邱²・萬壽³	3 処
計 7	鎮市	界溝⁴・斤溝⁵・正陽⁶・漕口⁷	4 処
新税務地	州県	1～3の地	3 処
計 7	鎮市	4～7の地	4 処
存続地	州県	1～3の地	3 処
計 7	鎮市	4～7の地	4 処
不明地		0 処　不明率　0 ％	

旧務年代の町 0・小都市 4、新務年代の町 0・小都市 4

注

(1) 県変遷図の作成史料は拙著 2、85頁参照。
(2) 拙著 2、84頁。
(3) 拙著 2、84～85頁。
(4) 拙著 2、86頁の地理表に同じ。

6　汝州 E 6

汝州の酒務及び新旧酒銭額は次の如くである。

(1)　酒統計

舊。在城及龍興・魯山・襄城・葉・郟城①・汝墳・頴橋鎮・石塘河・洛南十務
歳　　　　　　　　４８，２４０貫
煕寧十年祖額　　　３６，２７６貫５１８文
　　買撲　　　　　１６，５４１貫６５３文
　　　新額計　　　５２，８１８貫１７１文
　注　①原文、郊。志、郟

E6 汝州	銭　額　表	
旧　額		48,240 貫
新　額	官売	36,276 貫
	買撲	16,541 貫
	計	52,817 貫
新旧差額		4,577 貫
増額率		9 ％
官売率		69 ％
買撲率		31 ％

旧額は48,240貫・新額52,817貫で、両額の差額4,577貫・増額率 9 ％である。また官売額は36,276貫・買撲16,541貫で、官売率69％・買撲率31％である。以上の数値を銭額表

第二編　銅銭区北部

に整理して示す。

(2) 酒務表

次に寰宇記8・九域志1により太平興国中～元豊間の汝州諸県の変化を県変遷図[1]に示す。酒統計は在城・県5・鎮市4を記すが、それらの酒務からは旧務年代は不明であるので、一般的な旧務年代である景祐～慶暦に従っておく。

　図によれば熙寧四年前の旧外県5であり、酒統計の県酒務5であるので、県置務率は100％である。また酒務は州県務6・鎮市務4の計10務で、州県務率60％・鎮市務率40％である。

　次に酒統計に○印を付した在城・龍興・魯山・襄城・葉・郟城（州県務6）、及び汝墳・潁橋鎮・石塘河・洛南（鎮市務4）の計10処が酒務・旧商税務の併設地である。併設地が酒務地10処にしめる併設率100％、旧商税務10処[2]に対する併設地の対旧商税務率は100％である。

　次に酒務地に新商税務が設置された新税務地は、酒統計に□印を付した上記の1・3～6の地（州県務5）、及び2・7～10の地（鎮市務5）の計10処である。酒務地10処にしめる新税務地の新務地率は100％、また新商税務11処[3]に対する新税務地の対新商税務率は91％である。なお旧務年代の龍興県は新務年代では鎮である。

　次に酒務地で元豊まで存在して地理表[4]にみえる存続地は、酒統計の地名に△印を付している。存続地は上記の1・3～6の地（州県務5）、及び2・7～9の地（鎮市務4）で計9処である。酒務地10処にしめる存続地の存続率は90％である。

　次に旧商税務・新商税務・地理表のいずれにもみえない不明地はなく、不明率0％である。以上の酒務・諸数値を酒務表に整理して示す。なお洛南が地理表にみえず、存続率＋不明率＜100％である。

E6　汝州　県変遷図

年代	外　県					郭下
太平興国中	龍興	魯山	襄城	郟城	葉県	梁県
旧務年代	○1	○2	○3	○4	○5	○
熙寧4年 1071	①→					
10年	○4	○3	○2	○1		↓

E6　汝州　格輔　地理表（主戸24,139　客戸28,236　計52,375　貢　紬，絁）

格	県	距離	郷	鎮	％	その他	備　　考	水　系	計9
中	梁県	郭下	1	2	100	0	臨汝・趙洛鎮	汝水，廣潤河	2
緊	襄城	東南150	3	2	66	0	潁橋・姜店鎮	汝水	1
上	葉県	東南240	1	2	200	0	石塘河・汝墳鎮	石塘河，澧水	2
中	郟城	東南90	2	1	50	0	長橋鎮	汝水，扈潤水	2
中	魯山	南120	1	2	200	0	曹村・龍興鎮	滍水，鴞河	2
計5			8	9	112	0	土産　絹，絁，蜜，蠟，鹿脯		5種

×印の地：小さな町候補地4

第四章　京西北路

E6 汝州　　　　　酒　務　表

		外県	置務県	置務率	州県務	州県務率	鎮市務	鎮市務率	酒務	併設地	併設率	旧商税務	対税旧商率	新税務	新税務地	新務地率	新商税務	対税新商率	存続地	存続率
		5	5	100	6	60	4	40	10	10	100	10	100	10	100	11	91	9	90
併設地	州県	在城¹・龍興²・魯山³・襄城⁴・葉⁵・郟城⁶																	6 処	
計 10	鎮市	汝墳⁷・潁橋鎮⁸・石塘河⁹・洛南¹⁰																	4 処	
新税務地	州県	1・3～6の地																	5 処	
計 10	鎮市	2・7～10の地																	5 処	
存続地	州県	1・3～6の地																	5 処	
計 9	鎮市	2・7～9の地																	4 処	
不明地																		0 処	不明率	0 %

旧務年代の町 0・小都市 4、新務年代の町 0・小都市 5
注　10の地は地理表不記地、存続地・新務年代の町に入れず

注

(1) 県変遷図の作成史料は拙著 2、87頁参照。
(2) 拙著 2、86頁。
(3) 拙著 2、86頁。
(4) 拙著 2、88頁の地理表に同じ。

7　信陽軍 E 7

信陽軍の酒務及び新旧酒銭額は次の如くである。

(1)　酒統計

舊。在城及羅山県二務
歳　　　　　　　　　8,508貫
熙寧十年祖額　　　15,622貫145文
　　買撲　　　　　　500貫353文
　　　新額計　　16,122貫498文

E7 信陽軍		銭　額　表
旧　額		8,508貫
新　額	官売	15,622貫
	買撲	500貫
	計	16,122貫
新旧差額		7,614貫
増額率		89 %
官売率		97 %
買撲率		3 %

旧額は8,508貫・新額16,122貫で、両額の差額7,614貫・増額率89%である。また官売額は15,622貫・買撲500貫で、官売率97%・買撲率3%である。以上の数値を銭額表に整理して示す。

第二編　銅銭区北部

(2) 酒務表

次に寰宇記132・九域志1・地理志1により太平興国中～元豊間の信陽軍諸県の変化を県変遷図[1]に示す。酒統計は在城・県1を記すが、それらの酒務からは旧務年代は不明であるので、一般的な旧務年代である景祐～慶暦に従っておく。

図によれば熙寧十年前の旧外県1であり、酒統計の県酒務1であるので、県置務率は100％である。また酒務は州県務2・鎮市務0の計2務で、州県務率100％・鎮市務率0％である。

E7 信陽軍　県変遷図			
年　代	外　県		郭下
	鍾山	羅山	義陽
開宝9年 976	①	①	→
太平興国1年 976			改名② 信陽
雍熙3年 986		再設③ →	
旧務年代		1 ○ ○	○ ○
熙寧10年 1077		○ 1	○

次に酒統計に○印を付した在城・羅山県（州県務2）が酒務・旧商税務の併設地である。併設地が酒務地2処にしめる併設率100％、旧商税務2処[2]に対する併設地の対旧商税務率100％である。

次に酒務地に新商税務が設置された新税務地は、酒統計に□印を付した上記の1・2の地（州県務2）である。酒務地2処にしめる新税務地の新務地率100％、また新商税務2処[3]に対する新税務地の対新商税務率は100％である。

次に酒務地で元豊まで存在して地理表[4]にみえる存続地は、酒統計の地名に△印を付している。存続地は上記の1・2の地（州県務2）である。酒務地2処にしめる存続地の存続率は100％である。

次に旧商税務・新商税務・地理表のいずれにもみえない不明地0、不明率0％である。以上の酒務・諸数値を酒務表に整理して示す。

E7 信陽軍　格同下州　地理表（主戸5,666　客戸12,732　計18,398　貢　紵布）

格	県	距　離	郷	鎮	％	その他	備　　考	水　系	計2
中下	信陽	郭下	2	1	50	0	淮北鎮	淮水	1
中下	羅山	東北110	2	0	0	0		獅水	1
計 2			4	1	25	0	土産　緋葛，白紵布，花蛇，茶		4種

×印の地：小さな町候補地1

第四章　京西北路

E7 信陽軍　　　　　　酒　務　表

外県	置務県	置務率	州県務	州県務率	鎮市務	鎮市務率	酒務	酒務率	併設地	併設率	旧商税務	対税旧商率	新税務地	新税務地率	新商税務	対税新商率	存続地	存続率
1	1	100	2	100	0	0	2	100	2	100	2	100	2	100	2	100	2	100

併設地	州県	在城・羅山		2処
計 2	鎮市			0処
新税務地	州県	1・2の地		2処
計 2	鎮市			0処
存続地	州県	1・2の地		2処
計 2	鎮市			0処
不　明　地			0処	不明率 0 %

旧務年代の町 0・小都 0、新務年代の町 0・小都市 0

注

(1) 県変遷図の作成史料は拙著 2、88頁参照。
(2) 拙著 2、88頁。
(3) 拙著 2、89頁。
(4) 拙著 2、7頁の地理表に同じ。

8　鄭州 E 8

鄭州の酒務及び旧酒銭額は次の如くである。

(1) 酒統計

舊。在城及原武・滎陽・新鄭・滎澤県・陽橋・郭店・陳橋鎮八務
歳　　　　　　　６７，６９２貫①
今廃

①原文、楊。志、陽。なお新商税務は東京商税務参照

旧額は67,692貫であるが、熙寧五年に廃されたので新額はない。以下の数値を銭額表に示す。

E8 鄭州　銭額表

旧　額		67,692貫
新　額	官売	－貫
	買撲	－貫
	計	今廃
新旧差額		－貫
増額率		－％
官売率		－％
買撲率		－％

第二編　銅銭区北部

(2)　酒務表

次に寰宇記9・九域志1により太平興国中〜元豊間の鄭州諸県の変化を県変遷図[1]に示す。酒統計は在城・県4・鎮市3を記すが、それらの酒務からは旧務年代は不明であるので、一般的な旧務年代である景祐〜慶暦に従っておく。

図によれば熙寧五年前の旧外県4であり、酒統計の県酒務4であるので、県置務率は100%である。また酒務は州県務5・鎮市務3の計8務で、州県務率63%・鎮市務率37%である。

次に酒統計に○印を付した在城・原武・榮陽・新鄭・榮澤県（州県務5）、及び郭店・陳橋（鎮市務2）の計7処が酒務・旧商税務の併設地で

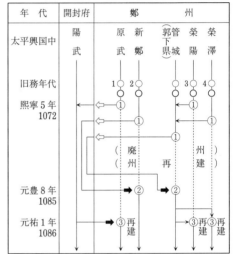

E8　鄭州　県変遷図

ある。併設地が酒務地8処にしめる併設率88%、旧商税務9処[2]に対する併設地の対旧商税務率78%である。なお陽橋の旧商税務は記載されていない。

次に割出先の開封府（東京）酒麹務表に表記できないので、新税務地・新商税務・存続地及びそれらに関連する諸比率は（　）で括って本州酒務表に示す。鄭州は元祐元年に再設されたので地理表を示している。酒務地で元豊まで存在して地理表[3]にみえる存続地は、酒統計の地名に△印を付している。存続地は上記の1〜7の地（州県務7）、及び陽橋（鎮市務1）で計8処である。酒務地8処にしめる存続地の存続率は100%である。

次に旧商税務・新商税務・地理表のいずれにもみえない不明地はなく、不明率0％である。以上の酒務・諸数値を酒務表に整理して示す。

E8　鄭州　格輔　地理表（主戸14,744　客戸16,232　計30,976　貢　絹，麻黃）

格	県	距離	郷	鎮	%	その他	備　考	水　系	計17
望	管城	郭下	4	1	25	0	×圃田鎮	金水河，圃田澤，鄭水，廣仁陂	4
緊	榮陽	西60	2	3	150	0	賈谷・永清・須水鎮	嵩渝水，須水，鴻溝，京水，索水	5
上	新鄭	西南90	2	1	50	0	郭店鎮	惠民河，溱水，洧水	3
上	原武	北60	4	2	50	0	陽橋・陳橋鎮	黃河，汴河	2
中	榮澤	西北45	2	0	0	0		黃河，汴河，榮澤	3
計	5		16	7	43	0	土産　藜，黃麻，鳳融席		3種

×印の地：小さな町候補地4

E8 鄭州　　酒務表

外県	置務県	置務率	州県務	州県務率	鎮市務	鎮市務率	酒務	併設地	併設率	旧商税務	対税旧商	新税務地	新税務地率	新商税務	対税新商	存続地	存続率
4	4	100	5	63	3	37	8	7	88	9	78	(7)	(86)	(7)	(100)	8	100

併設地	州県	在城¹・原武²・滎陽³・新鄭⁴・滎澤⁵県	5 処
計 7	鎮市	郭店⁶・陳橋鎮⁷	2 処
新税務地	州県	（1〜5の地）	(5) 処
計 (7)	鎮市	（6・7の地）	(2) 処
存続地	州県	1〜5の地	5 処
計 8	鎮市	6・7の地・陽橋⁸	3 処
不　明　地		(0) 処　不明率	0 ％

旧務年代の町1（8の地）・都市2、旧域の新務年代の町1（8の地）・小都市2
注　1〜7の地は東京開封府の新税務地としてみえる。但し2・3・5は鎮に降格、拙著2、43〜44頁及び47頁移管務表参照

注

(1)　県変遷図の作成史料は拙著2、90頁参照。
(2)　拙著2、89頁。
(3)　拙著2、91頁の地理表に同じ。

9　滑州 E 9

滑州の酒務及び旧酒銭額は次の如くである。

(1)　酒統計

舊。在城及韋城・胙城・靈河県四務
歳　　　　　　　　３４,５１９貫
今廃
注　新商税務は東京商税務参照

E9 滑州	銭　額　表	
旧　額		34,519貫
新　額	官売	－貫
	買撲	－貫
	計	今廃
新旧差額		－貫
増額率		－％
官売率		－％
買撲率		－％

旧額は34,519貫であるが、熙寧五年に廃されたので新額はない。以上の数値を銭額表に示す。

第二編　銅銭区北部

(2)　酒務表

　次に寰宇記9・九域志1により太平興国中～元豊間の滑州諸県の変化を県変遷図[1]に示す。酒統計は在城・県3を記すが、それらの酒務からは旧務年代は不明であるので、一般的な旧務年代である景祐～慶暦に従っておく。

　図によれば熙寧五年前の旧外県3であり、酒統計の県酒務3であるので、県置務率は100％である。また酒務は州県務4・鎮市務0の計4務で、州県務率100％・鎮市務率0％である。

　次に酒統計に〇印を付した在城・韋城・胙城・靈河県（州県務4）が酒務・旧商税務の併設地である。併設地が酒務地4処にしめる併設率100％、旧商税務7処[2]に対する併設地の対旧商税務率57％である。なお靈河県は治平三年に鎮に降格された。

　次に割出先の開封府（東京）酒麹務表に表記できないので、新商税務・新税務地・新務地率は（　）で括って本州酒務表に示す。また元豊四年に再設されたので地理表[3]を示す。酒務地で元豊まで存在して地理表にみえる存続地は、酒統計の地名に△印を付している。存続地は上記の1・2・3（州県務3）、及び4の地（鎮市務1）で計4処である。酒務地4処にしめる存続地の存続率は100％である。

　次に旧商税務・新商税務・地理表のいずれにもみえない不明地はなく、不明率0％である。以上の酒務・諸数値を酒務表に整理して示す。

E9　滑州　県変遷図

年代	外	県			郭下
太平興国中	黎陽	韋城	胙城	靈河	白馬
雍熙4年 987	①澶州				
旧務年代	1	2	3		○
治平3年 1066				②	→
熙寧5年 1072	③	③			③
	開　封　府				
10年	○3	2			○1
元豊4年 1081	④	④			④

E9　滑州　格輔　地理表（主戸20,959　客戸2,423　計23,382　貢　絹）

格	県	距離	郷	鎮	％	その他	備　考	水　系	計5
中	白馬	郭下	4	1	25	0	靈河鎮	黄河, 黎陽津, 靈河津	3
望	韋城	東南 50	5	1	20	0	武丘鎮	濮水	1
緊	胙城	南 90	4	0	0	0		濮水	1
計 3			13	2	15	0	土産 方紋綾, 綿, 絹, 花紗		4種

第四章　京西北路

E9　滑州　　　　　　　　　酒　務　表

外県	置務県	置務率	州県務	州県務率	鎮市務	鎮市務率	酒務地	併設地	併設率	旧商税務	対旧商率	新税務地	新税務地率	新商税務	対新商率	存続地	存続率
3	3	100	4	100	0	0	4	4	100	7	57	(4)	(100)	(4)	(100)	4	100

併設地	州県	在城¹・韋城²・胙城³・靈河⁴	4 処
計 4	鎮市		0 処
新税務地	州県	（1・2・3の地）	(3) 処
計 (4)	鎮市	（4の地）	(1) 処
存続地	州県	1～3の地	3 処
計 4	鎮市	4の地	1 処
不　明　地			0 処　不明率　0 ％

旧務年代の町0・小都市0、旧域の新務年代の町0・小都市1
注　1～4の地は東京開封の新税務・地理表にみえる。但し、4の地は鎮に降格。拙著2、43～44頁参照

注

(1) 県変遷図の作成史料は拙著2、92～93頁参照。
(2) 拙著2、92頁。
(3) 拙著2、94頁の地理表を移録。

おわりに

　表1に京西北路9州軍の銭額表をまとめ、また戸数・新商税額を付している。E1許州・E3蔡州の元豊戸は各約6万戸・約14万戸で、元豊に近い熙寧10年の新商税額はそれぞれ約4万貫・約3万貫であり、戸数・商税共に京西北路でトップクラスである。熙寧10年の新酒銭額もそれぞれ約11万貫・12万貫でトップクラスである。逆に戸・商税が低レベルのE7信陽軍（戸約2万・商税約6千貫）の新酒銭額は約2万貫と少額である。京西北路では戸・商税の大小がおおまかには酒額の大小と一致する。

　次に酒額の新旧の相違をみると、熙寧五年に廃されE8鄭州・E9滑州を除く7州軍のうち2州軍が減額し、増額州軍5であるが、路全体では10％減である。減額率・増額率が同率の州軍がなく、また新旧額の差額が同数の州軍もない。このように各州軍の新旧の増減率及び差額が一定ではないので、斉一的・均一的な増減政策は行われなかったことがわかる。増減率・差額に一定の傾向がみられないのであるから、新旧額の相違は主として酒

— 207 —

第二編　銅銭区北部

表1　E京西北路　銭額総合表

州軍		旧額	新額	差額	増額率	官売	買撲	官売率	買撲率	戸	新商税
E1	許州	131,832	114,523	−17,309	−13	86,975	27,548	76	24	57,452	38,269
E2	孟州	55,402	77,969	22,567	41	73,851	4,118	95	5	30,075	22,767
E3	蔡州	86,357	123,630	37,273	43	110,918	12,712	90	10	138,086	32,807
E4	陳州	97,838	82,725	−15,113	−15	73,417	9,308	89	11	44,233	28,362
E5	潁州	83,462	83,562	100	0.1	75,812	7,750	91	9	91,408	20,393
E6	汝州	48,240	52,817	4,577	9	36,276	16,541	69	31	52,375	24,151
E7	信陽軍	8,508	16,122	7,614	89	15,622	500	97	3	18,398	6,445
E8	鄭州	67,692	廃	−	−	−	−	−	−	−	−
E9	滑州	34,519	廃	−	−	−	−	−	−	−	−
計		613,850	551,348	−62,502	−10	472,871	78,477	86	14	432,027	173,194

注　州軍記号に下線を付した州軍は物額を有す

消費量自体の変動により生じたとみなければならない。

次に官売額・買撲をみると、路全体の熙寧十年の官売額は約47万貫、買撲は約8万貫で、官売額が買撲の約六倍である。官売が路全体の86％を占め、買撲は14％に過ぎない。また各州軍の官売額・買撲をみると全州軍で相違しているので、各州軍に対する両額同額の割付販売は行われなかったことがわかる。官売率・買撲率をみると両比率は各州軍で相違するので、各州軍に両比率同率で割付販売の政策は取られなかった。したがって官売額・買撲・官売率・買撲率はそれぞれ都市エリア・町エリアの酒消費量が反映したものと解される。

次に表2に9州軍の酒務表をまとめている。旧務年代（旧商税務）・熙寧十年（新商税務）・元豊（地理表）のいずれにもみえない不明地2・不明率3％（水準Ⅱ。比較表2b）・地理表不記載地2と少なく、また元豊までの存続地71・存続率95％（表の計欄括弧内）であるので、京西北路において酒務が置かれた行政都市・小都市・町が社会的・経済的に安定性が甚だ高かったことがわかる。

次に併設率が路全体としては81％と高率であり、また州軍レベルでみると併設率が50％未満の州軍0である。このことは京西北路の州県・鎮市には酒務・商税務の併設が多く行われたことを証する。また新商税務が置かれた新税務地は新務年代の併設地で、新務地率も81％と甚だ高率である。新務年代でも併設が多く行われた。

次に表3によれば旧務年代の酒務地75で、その内訳は行政都市46・小都市15・町14である。都市61（46+15）の対酒務地率約81％、町14の対酒務地率19％である（表5）。また都市対町＝61対14で、町の対都市率は23％である（表5）。都市の酒務が多く町の酒務は甚だ

第四章　京西北路

表2　E京西北路　酒務総合表

州軍	州県務	鎮市務	鎮市率	全酒務	併設地	併設率	対旧商率	税務旧地	新税務率	新務地率	対新商率	税務新地	存続地	存続率	不明地	不明率	旧商税務	新商税務	地理表不記地
E1	6	6	50	12	9	75	90	9	75	82	12	100	0	0	10	11	0
E2	5	0	0	5	5	100	71	4	80	57	5	100	0	0	7	7	0
E3	10	11	52	21	11	52	69	12	57	80	18	86	2	10	16	15	1
E4	5	1	17	6	6	100	100	6	100	86	6	100	0	0	6	7	0
E5	3	4	57	7	7	100	58	7	100	50	7	100	0	0	12	14	0
E6	6	4	40	10	10	100	100	10	100	91	9	90	0	0	10	11	1
E7	2	0	0	2	2	100	100	2	100	100	2	100	0	0	2	2	0
E8	5	3	38	8	7	88	78	(7)	(86)	(100)	(8)	(100)	(0)	(0)	9	(7)	0
E9	4	0	0	4	4	100	57	(4)	(100)	(100)	(4)	(100)	(0)	(0)	7	(4)	0
計	46	29	39	75	61	81	77	61	81	78	71	95	2	3	79	67	2

注　①E8・E9は元豊4年に再設されたので存続地。但し、新務年代は開封府の地であるので括弧内に示す
　　②不明地2・地理表不記地2は存続地に含めず
　　③E8・E9の新商税(7)・(4)はA1に入っているので、本表の計に加えず

表3　E京西北路　旧務年代の都市・町

州　　軍	E1	E2	E3	E4	E5	E6	E7	E8	E9	計
行政都市	6	5	10	5	3	6	2	5	4	46
小　都　市	3	0	1	1	4	4	0	2	0	15
町	3	0	10	0	0	0	0	1	0	14
酒務（計）	12	5	21	6	7	10	2	8	4	75

典拠：各州軍酒務

少ない。

　次に旧務年代の全州軍7のうち小都市が0又は1の小都市未発達の州軍5（表5の州軍甲）で全州軍の56％であるので、多くの州軍で小都市は発達していなかった。小都市は特定の州軍（E1・E5・E6）に多い。また町が0又は1の町未発達の州軍7（表5の州軍乙）で全州軍の78％であるので、多くの州軍で町は発達していなかった（表5）。町も特定の州軍（E1・E3）に多い。また新務年代の小都市未発達州軍3で全州軍7の43％であり、新務年代でも小都市はやや発達していず、また町未発達州軍5で全州軍の71％であり町は多くの州軍で発達していなかった（表5）。

　次に新務年代では東京に鄭・滑両州が併入されていたので京西北路の新務年代の存続地は、両州の12処を71拠から除いた59処と少なくなっているのである。旧域でみると括弧内（表2、計欄）に示しているように存続率95％である。表4によれば新税務地60の内訳は、行政都市33・小都市17・町10である。都市50（33＋17）の対酒務地率84％、旧務年代より

第二編　銅銭区北部

表4　E 京西北路　新務年代の都市・町

州　軍	E1	E2	E3	E4	E5	E6	E7	計
行政都市	5	4	10	4	3	5	2	33
小都市	4	0	2	2	4	5	0	17
町	3	0	7	0	0	0	0	10
酒務県	0	0	0	0	0	0	0	0
存続地	12	5	18	6	7	9	2	60／59

典拠：各州軍務表
注　氾水県が熙寧十年では廃されていたが、元豊で再設されたので、行政都市4、存続地5で存続地が1処多い。
　またE3・E6には地理表不記地が各1拠あるため、存続地が都市・町合計より1処少ない。

表5　　　　変動表

	旧務年代		新務年代		変動
	州軍数	比率	州軍数	比率	
全州軍	9	－	7	－	－22%
州軍甲	5	56%	3	43%	－40%
州軍乙	7	78%	5	71%	－29%
酒務数	75		62		－17%
都市数	61		52		－15%
町数	14		10		－29%
都市の対酒務率	81%		84%		3%
町の対酒務率	19%		16%		－3%
町の対都市率	23%		19%		－4%

州軍甲：小都市未発達州軍（小都市0又は1）
州軍乙：町未発達州軍（町0又は1）
比率：甲、乙州軍÷全州軍
対酒務率＝都市数÷酒務数
対都市率＝町数÷都市数
州軍、酒務、都市、町の変動＝（新数－旧数）÷旧数
対酒務率、対都市率の変動＝新比率－旧比率
典拠：本章表3・表4

やや高率になっている（表5）。また町10の対酒務地率16％である（表5）。都市対町＝52対10であり、町10の対都市率19％である（表5）。旧務年代より低率になっている。その一因は次のことにあると思われる。

地理表に示した地名は九域志が採録した地であるが、九域志は草市や道店を採録しないので、存続地は旧酒務地より少なくなる場合がある。このため表2の存続地71・存続率95％以上になる可能性が十分にある。また新務年代の町数・対酒務地率・対都市比率もやや高くなる可能性がある。

新務年代では京西北路には少なくとも商税務・酒務が併置された行政都市33、小都市19、酒務のみが置かれた町10が存在した。

次に酒務が置かれず商税務のみが記された地である旧商税地・新商税地は表6の如くである。京西北路の旧商税地18処は旧商税務79の約二割で、旧商税地は数少ない地であることがわかる。このことに加えて酒務・商税務の併設地が61処と甚だ多いことから旧商税地

第四章　京西北路

は厳選された地であることがわかる。

また旧商税地が0～3の州軍7と多いことは、路として商税務乱設を行なわなかったことを意味する。なお新商税地16と旧商税地とが同数であるのは、基本的には経済発展の地が増えず商税務が新設されなかったことによる。税務は前掲表2によれば13務減少しているが、鄭・滑両州の開封府への割出に主因がある。

表6　京西北路　新旧税務地

州　　軍	E1	E2	E3	E4	E5	E6	E7	E8	E9	計
旧 商 務 地	1	2	5	0	5	0	0	2	3	18
新 商 務 地	2	3	3	1	7	1	0	―	―	17

旧商税地＝旧商税務－併設地、新商税地＝新商税務－新税務地
典拠：本章表2

次ぎに本章の諸州軍の地理表の分析をまとめると表7の如くである。京西北路の記載地62処で一般的な水準Ⅱにある。その内訳は町・小都市39（水準Ⅱ）で、また小さな町候補地23（水準Ⅱ）である。それらの都市・町に置かれている機関を機能により分類すると、保安機関の鎮61（水準Ⅱ）、寨・堡・城などの軍事機関1、監・場等の生産機関0（水準Ⅰ）と少ない。（水準は一編一章末、比較表1を参照）

表7　京西北路　地理表記載地

路	記載地	無名地	町・小都市	大きな町に準ずる町	町候補地
E	62	0	無印地　39	○印地　0	×印地　23

機　能	保安	軍事	生産
機　関	鎮 61	関 1	0

記載地＝町・小都市＋大きな町に準ずる町＋町候補地
典拠：本章各州軍地理表

第二編　銅銭区北部

第五章　河北東路

1　澶州 F 1

澶州の酒務及び新旧酒銭額は次の如くである。

(1)　酒統計
舊。在城及德清軍・觀城・清豐・臨河県・舊州・土樓・水北鎮・東石九務
　　　　　　　　　　　　　　　　　①
歳　　　　　　　　　79,187貫
熙寧十年祖額　　　　81,354貫487文
　　　買撲　　　　　10,402貫279文
　　　　　新額計　　91,756貫766文
　注　①原文、工。志、土

旧額は79,187貫・新額91,756貫（文切り捨て、以下の州軍同じ）で、両額の差額12,569貫・増額率16％である。また官売額（祖額、以下同じ）81,354貫・買撲10,402貫で、官売率89％・買撲率11％である。以上の数値を銭額表にまとめる。

F1 澶州	銭 額 表	
旧　額		79,187貫
新　額	官売	81,354貫
	買撲	10,402貫
	計	91,756貫
新旧差額		12,569貫
増額率		16 %
官売率		89 %
買撲率		11 %

(2)　酒務表

次に寰宇記57・九域志2・広記10・方域5・同12により太平興国中～元豊間の澶州諸県の変化を県変遷図[1]に示す。酒統計は在城・県4・鎮市5を記す。酒統計に德清軍・清豐県がみえるが、図によれば清豐県庁は慶暦四年に德清軍に移転しているので、旧務年代は同年以前である[2]。

　図によれば皇祐元年前の旧外県4であり、酒統計の県酒務3であるので、県置務率は75％である。また酒務は州県務4・鎮市務5の計9務で、州県務率44％・鎮市務率56％である。

　次に酒統計に○印を付した在城[1]・觀城[2]・清豐[3]・臨河県[4]（州県務4）、及び德清軍[5]・舊州[6]・土樓[7]・水北鎮[8]・東石[9]（鎮市務5）の計9処が酒務・旧商税務の併設地である。併設地が酒務地9処にしめる併設率100％、旧商税務10処[3]に対する併設地の対旧商税務率90％である。なお衛南県の酒務は記載されていない。

次に旧務年代の小都市は、鎮市のうち○印を付す併設地で5処である。○印を付さない鎮市が町であるが（以下の州軍統計同じ）、無いので町0である。

次に酒務地に新商税務が設置された新税務地は、酒統計に□印を付した上記の1～4の地（州県務4）、及び6・7の地（鎮市務2）の計6処で、新税務地の新務地率は67％、また新商税務13処[4]に対する新税務地の対新商税務率は46％である。

次に酒務地で元豊まで存在して地理表[5]にみえる存続地は、酒統計の地名に△印を付している。存続地は上記の1～4の地（州県務4）、及び6・7の地（鎮市務2）の計6処である。酒務地9処にしめる存続地の存続率は67％である。なお徳清軍は新商税務表にみえるが、清豊県郭内に在ったので、新務年代では都市数に入れない。このため□印を酒統計では付していない。

次に新務年代の小都市は、鎮市のうち□印を付す新税務地で2処である。△印のみを付す鎮市及び○△印の鎮市が町であるが（以下の州軍酒統計同じ）、無いので新務年代の町0である。

次に新旧商税務・地理表にみえない不明地はなく、不明率0％である。以上の酒務・諸数値を澶州酒務表に整理して示す。なお徳清軍・水北鎮・東石は共に地理表にみえないため、存続率＋不明率＜100％である。

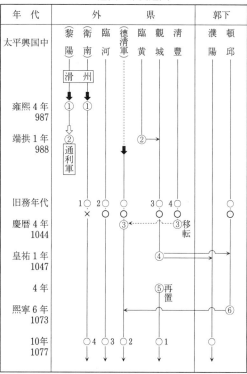

F1 澶州　県変遷図

F1 澶州　格上　地理表（主戸36,673　客戸19,352　計56,025　貢 席, 胡粉）

格	県	距　離	郷	鎮	％	その他	備　　考	水　系	計10
中	濮陽	郭下	6	0	0	0		黄河, 洪河, 瓠子口	3
望	観城	東　90	6	0	0	0		黄河, 泉源河	2
緊	臨河	西　60	2	1	50	0	土樓鎮	黄河, 永済渠, 澶淵	3
中	清豊	北　60	1	2	200	0	清豊, 舊州鎮	黄河	1
中	衛南	西南50	2	0	0	0		九里溝	1
計 5			17	3	17	0	土産	角弓, 鳳翮席, 香附子, 胡粉, 桑白皮, 茅香	6種

×印の地：小さな町候補地1

第二編　銅銭区北部

F1 澶州　　　　酒　務　表

外県	置務県	置務率	州県務	州県務率	鎮市務	鎮市務率	酒務	併設地	併設率	旧商税務	対税旧商率	新税務地	新務地率	新商税務	対税新商率	存続地	存続率
4	3	75	4	44	5	56	9	9	100	10	90	6	67	13	46	6	67

併設地	州県	在城¹・觀城²・清豊³・臨河⁴				4 処
計 9	鎮市	徳清軍⁵・舊州⁶・土樓⁷・水北鎮⁸・東石⁹（小都市、以下の州軍酒務表同じ）				5 処
新税務地	州県	1〜4の地				4 処
計 6	鎮市	6・7の地（小都市、以下の州軍酒務表同じ）				2 処
存続地	州県	1〜4の地				4 処
計 6	鎮市	6・7の地				2 処
不　明　地			0 処	不明率		0 ％

旧務年代の町0・小都市5、新務年代の町0・小都市2
注　①5・8・9の地は地理表不記地3、存続地・新務年代の町に入れず
　　②新商税務13には徳清軍務を含めず、拙著2・104頁参照

注

(1)　県変遷図の作成史料は拙著2、104〜106頁参照。
(2)　徳清軍と清豊県の関係については拙著2、105〜106頁参照。
(3)　拙著2、103頁。　(4)　拙著2、104頁。
(5)　拙著2、107頁の地理表に同じ。

2　滄州 F 2

滄州の酒務及び新旧酒銭額は次の如くである。

(1)　酒統計

舊。在城及保順軍・樂陵・無棣①・饒安・南皮②・歸化・臨津・鹽山県・郭橋③・咸平・馬逮・保安④・馬明・任河・會寧⑤・通商・朱堪・趙觀・長蘆・乾符鎮・劇口⑥・韋家荘・屯荘二十四務⑦

歳　　　　　　　１３２，２４７貫
　　　　　絹　　　　　５疋
　　　　　絲　　　１００両
熙寧十年祖額　　　１１９，９００貫２１６文
　　買撲　　　　　１２，３４５貫９４６文
　　　　新額計　　１３２，２４６貫１６２文

注　①原文、欠空　②原文、波。志、皮　③原文、郊。志、郭。　④新商税務に東保安、西保安がみえる　⑤原文、舎。志、會　⑥原文、劇家口。志、劇口　⑦原文、三。計24

旧額は132,247貫・新額132,245貫で、両額の差額－2貫・増額率0％である。また官売額119,900貫・買撲12,345貫で、官売率91％・買撲率9％である。以上の数値を銭額表にまとめる。

(2)　酒務表

　次に寰宇記65・九域志2・地理志2により太平興国中～元豊間の滄州諸県の変化を県変遷図[(1)]に示す。酒統計は在城・県6・鎮市17を記すが、それらの酒務からは旧務年代は不明であるので、一般的な旧務年代である景祐～慶暦に従っておく。

　図によれば治平元年前の旧外県6であり、酒統計の県酒務6であるので、県置務率は100％である。また酒務は州県務7・鎮市務17の計24務で、州県務率29％・鎮市務率71％である。

　次に酒統計に○印を付した在城・樂陵[2]・饒安[3]・南皮[4]・臨津[5]・鹽山県[6]（州県務6）、及び保順軍[7]・歸化[8]・郭橋[9]・咸平[10]・馬逮[11]・保安[12]・馬明[13]・任河[14]・會寧[15]・通商[16]・朱堪[17]・趙觀[18]・長蘆[19]・劇口[20]・屯莊[21]（鎮市務15）の計21処が酒務・旧商税務の併設地である。併設地が酒務地24処にしめる併設率88％、旧商税務22処[(2)]に対する併設地の対旧商税務率95％である。なお無棣県[22]の旧商税務は記載されていない。

　次に酒務地に新商税務が設置された新税務地は、酒統計に□印を付した上記の1・2・4・6の地・無棣県[22]（州県務5）、及び3・5・8・9・11～16・19・20・21の地・韋家荘[23]・乾符鎮[24]（鎮市務15）の計20処である。酒務地24処にしめる新税務地の新務地率は83％、また新商税務26処[(3)]に対する新税務地の対新商税務率は77％である。なお保順軍[7]に無棣県[22]が治平元年に移転したので新務年代では保順軍[7]を都市として扱わない。なお饒安[3]・臨津[5]両県は新務年代では鎮である。

　次に酒務地で元豊まで存在して地理表[(4)]にみえる存続地は、酒統計の地名に△印を付し

F2 滄州	銭　額　表	
旧　　額		132,247貫
新　　額	官売	119,900貫
	買撲	12,345貫
	計	132,245貫
新旧差額		－2貫
増額率		0％
官売率		91％
買撲率		9％

旧絹額	5疋
旧絲額	100両
新絹額	0
新絲額	0

F2 滄州　県変遷図

年　代	外　　　　県	郭下
	南皮　臨津　樂陵　鹽山　無棣　饒安	清池
開宝3年 970		
太平興国中		
旧務年代	1○　2○　　3　4○　5×　○　6○	○
治平1年 1044	○　○　咸平鎮　○　←①　○	○ 移転
熙寧2年 1072	②移転	③→
5年		
6年	←④	
10年	○4　　3　　2　　1	○

第二編　銅銭区北部

ている。存続地は上記の1・2・4・6・22の地（州県務5）、及び3・5・8・9・11～16・19～21～24の地（鎮市務16）で計21処である。酒務地24処にしめる存続地の存続率は83％である。なお、12の保安は地理表の西保安としておく。

　次に新旧商税務・地理表にみえない不明地はなく、不明率0％である。以上の酒務・諸数値を酒務表に整理して示す。なお保順軍[7]（酒務表の注④参照）・咸平[10]・朱堪[17]・趙観[18]が地理表にみえないので、存続率＋不明率＜100％となる。

F2 滄州　格上　地理表（主戸52,376　客戸4,535　計56,911　貢　絹，柳箱）

格	県	距　離	郷	鎮	％	その他	備　　考	水　系	計9
望	清池	郭下	11	4	36	寨5	任河・長蘆・郭疃・饒安鎮　乾符・巷姑・三女×・泥沽×・小南河寨	浮陽水，従駭河	2
望	無棣	東南107	5	3	60	0	無棣・劇口・車店鎮	鬲津河，無棣河	2
望	鹽山	東60	4	3	75	0	會寧・通商・違家荘鎮	浮水	1
緊	楽陵	南135	7	7	100	0	歸化・屯荘・馬逮・郭橋・楊攀・東保安・西保安鎮	鬲津河，鉤盤河，鴛馬河	3
中	南皮	西南60	6	4	66	0	南皮×・馬明・楽延・臨津鎮	永済河	1
計 5			33	21	63	5	土産　鹽，絹，五色柳箱，蟶蛤，綿，綾，水葱席，兎毫，牡蠣，鱧鮬，糖蟹，細文葦箪		12種

×印の地：小さな町候補地6
注　無棣鎮は旧無棣県跡の鎮であろう（図参照）

F2 滄州　　酒　務　表

外県	置務県	置務県率	州県務	州県務率	鎮市務	鎮市務率	酒務地	併設率	併設地	対旧商税務率	旧商税務	新税務地率	新税務地	新商税務率	新商税務	対新商税務率	存続地	存続率
6	6	100	7	29	17	71	24	21	88	22	95	20	83	26	77	20	83	

併設地	州県	在城[1]・樂陵[2]・饒安[3]・南皮[4]・臨津[5]・鹽山[6]	6処
計 21	鎮市	保順軍[7]・歸化[8]・郭橋[9]・咸平[10]・場逮[11]・保安[12]・馬明[13]・任河[14]・會寧[15]・通商[16]・朱堪[17]・趙観[18]・長蘆[19]・劇口[20]・屯荘[21]	15処
新税務地	州県	1・2・4・6の地・無棣[22]	5処
計 20	鎮市	3・5・8・9・11～16・19・20・22の地・韋家荘[23]・乾符[24]	15処
存続地	州県	1・2・4・6・22の地	5処
計 20	鎮市	3・5・8・9・11～16・19～21・23・24	15処
不明地		0処　不明率　0％	

旧務年代の町2（23、24の地）・小都市15、新務年代の町0・小都市15
注　①州県務7＝併設地6＋酒務県（無棣県）
　　②10・17・18の地は地理表不記地3、存続地・新務年代の町に入れず
　　③新商税務26には保順軍務を含めず、拙著2・109頁参照

注

(1) 県変遷図の作成史料は拙著2、110頁参照。
(2) 拙著2、108～109頁。　(3) 拙著2、109頁。
(4) 拙著2、111頁の地理表に同じ。

第五章　河北東路

3　冀州F3

冀州の酒務及び新旧酒銭額は次の如くである。

(1)　酒統計

舊。在城及堂陽・南宮・蓨①・棗彊・武邑・衡水県・新河・劉固・宗齊②・昌城・長蘆③・李億・來遠十四務
歳　　　　　　　　　８５，６６１貫
熙寧十年祖額　　　　７２，１３９貫９５５文
　　買撲　　　　　　４，０００貫４６０文
　　　新額計　　　　７６，１４０貫４１５文
注　①原文、修。志、蓨　②原文、紊。志、齊　③原文、葭。志、長

旧額は85,661貫・新額76,139貫で、両額の差額－9,522貫・増額率－11％である。また官売額72,139貫・買撲4,000貫で、官売率95％・買撲率5％である。以上の数値を銭額表にまとめる。

F3 冀州	銭額表	
旧額		85,661貫
新額	官売	72,139貫
	買撲	4,000貫
	計	76,139貫
新旧差額		－9,522貫
増額率		－11％
官売率		95％
買撲率		5％

(2)　酒務表

次に寰宇記63・九域志2により太平興国中～元豊間の冀州諸県の変化を県変遷図(1)に示す。酒統計は在城・県6・鎮市7を記すが、それらの酒務からは旧務年代は不明であるので、一般的な旧務年代である景祐～慶暦に従っておく。

図によれば皇祐四年前の旧外県6であり、酒統計の県酒務6であるので、県置務率は100％である。また酒務は州県務7・鎮市務7の計14務で、州県務率50％・鎮市務率50％である。

次に酒統計に○印を付した在城¹・堂陽²・南宮³・蓨県⁴・棗彊⁵・衡水県⁶（州県務6）、及び新河⁷（鎮市務1）の計7処が酒務・

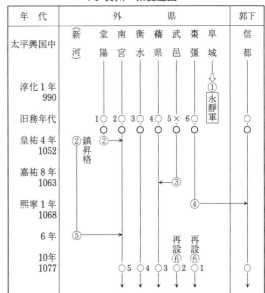

F3 冀州　県変遷図

第二編　銅銭区北部

旧商税務の併設地である。併設地が酒務地14処にしめる併設率50％、旧商税務7処[(2)]に対する併設地の対旧商税務率100％である。なお武邑県の旧商税務は記載されていない。

次に酒務地に新商税務が設置された新税務地は、酒統計に□印を付した上記の1・3・4・6の地・武邑[8]（州県務5）、及び2・5・7の地・長蘆[9]・李億[10]・來遠[11]（鎮市務6）の11処である。酒務地14処にしめる新税務地の新務地率は79％、また新商税務14処[(3)]に対する新税務地の対新商税務率は79％である。なお堂陽[2]・棗彊[5]・武邑[8]の3県は熙寧十年前に鎮に降格され、棗彊・武邑は同年に県に昇格したが、堂陽は元豊でも鎮である。

次に酒務地で元豊まで存在して地理表[(4)]にみえる存続地は、酒統計の地名に△印を付している。存続地は上記の1・3～6・8の地（州県務6）、及び2・7・9～11の地・劉固[12]・宗齊[13]（鎮市務7）の計13処である。酒務地14処にしめる存続地の存続率は93％である。

次に新旧商税務・地理表にみえない不明地は昌城[14]で、不明率7％である。以上の酒務・諸数値を酒務表に整理して示す。

F3　冀州　格上　地理表（主戸42,000　客戸9,136　計51,136　貢　絹）

格	県	距離	郷	鎮	％	その他	備　考	水　系	計9
望	信都	郭下	5	3	60	0	劉固・宗齊・來遠鎮	胡蘆河, 降水	2
上	蓚県	東北150	2	2	100	0	王貫・李億鎮	漳河	1
上	南宮	西南62	3	3	100	0	長蘆・新河・堂陽鎮	降水枯瀆	1
上	棗彊	東南55	2	1	50	0	楊家鎮	漳河	1
上	武邑	東北90	2	1	50	0	觀津鎮	漳河, 長蘆河	2
中	衡水	北 38	2	0	0	0		長蘆河, 降水	2
計 6			16	10	62	0	土産　絹, 綿, 草履子		3種

F3　冀州　　　　酒　務　表

外県6	置務県6	置務県率100	州県務7	州県務率50	鎮市務7	鎮市務率50	酒務14	併設地7	併設率50	旧商税務7	対旧商務率100	新税務地11	新務地率79	新商税務14	対新商務率79	存続地13	存続率93

併設地 計 7	州県	在城[1]・堂陽[2]・南宮[3]・蓚県[4]・棗彊[5]・衡水県[6]	6処
	鎮市	新河[7]	1処
新税務地 計 11	州県	1・3・4・6の地・武邑[8]	5処
	鎮市	2・5・7の地・長蘆[9]・李億[10]・來遠[11]	6処
存続地 計 13	州県	1・3～6・8の地	6処
	鎮市	2・7・9～11の地・劉固[12]・宗齊[13]	7処
不明地	昌城[14]	1処　不明率　7％	

旧務年代の町6（9～14の地）・小都市1、新務年代の町2（12、13の地）・小都市6
注　①不明地は新務年代の町に入れず
　　②旧務年代では武邑県は税務不記県。州県務7＝併設地6＋酒務県1（武邑県）

注

(1) 県変遷図の作成史料は拙著2、112〜113頁参照。
(2) 拙著2、112頁。
(3) 拙著2、112頁。
(4) 拙著2、114頁の地理表に同じ。

4　瀛州F4

瀛州の酒務及び新旧酒銭額は次の如くである。

(1) 酒統計

舊。在城及肅寧城。樂壽・景城・束城県・劉解・永牢鎮七務
　　　　　　①　　　　　　　　　②　　　　③
歳　　　　　　　64,341貫
熙寧十年租額　　41,675貫542文
　　　買撲　　　 6,309貫570文
　　　　新額計　47,985貫112文
注　①原文、肅寧県。志、肅寧寨　②原文、束。志、束　③原文、寧。志、牢

旧額は64,341貫・新額47,984貫で、両額の差額－16,357貫・増額率－25％である。また官売額41,675貫・買撲6,309貫で、官売率87％・買撲率13％である。以上の数値を銭額表にまとめる。

F4 瀛州	銭額表	
旧　額		64,341貫
新　額	官売	41,675貫
	買撲	6,309貫
	計	47,984貫
新旧差額		－16,357貫
増額率		－25％
官売率		87％
買撲率		13％

(2) 酒務表

次に寰宇記66・九域志2により太平興国中〜元豊間の瀛州諸県の変化を県変遷図(1)に示す。酒統計は在城・県3・鎮市3を記すが、それらの酒務からは旧務年代は不明であるので、一般的な旧務年代である景祐〜慶暦に従っておく。

図によれば熙寧六年前の旧外県3であり、酒統計の県酒務3であるので、県置務率は100％である。また酒務は州県務4・鎮市務3の計7務で、州県務率57％・鎮市務率43％である。

F4 瀛州	県変遷図	
年代	外県	郭下
太平興国中	高陽　景城　樂壽　束城（深州）	河間
至道3年 995	①順安軍	
旧務年代	1○　2○　3○	○
熙寧6年 1073	②　　②　　②	○
10年 1077	○1	○

— 219 —

第二編　銅銭区北部

　次に酒統計に○印を付した在城[1]・樂壽[2]・景城[3]・束城県（州県務4）、及び肅寧城[5]・劉解[6]・永牢鎮[7]（鎮市務3）の計7処が酒務・旧商税務の併設地である。併設地が酒務地7処にしめる併設率100％、旧商税務7処(2)に対する併設地の対旧商税務率100％である。

　次に酒務地に新商税務が設置された新税務地は、酒統計に□印を付した上記の1・2の地（州県務2）、及び3～5・7の地（鎮市務4）の6処である。酒務地7処にしめる新税務地の新務地率は86％、また新商税務6処(3)に対する新税務地の対新商税務率は100％である。なお景城[3]・束城[4]両県は新務年代では鎮であり、また劉解[6]鎮の新商税務は記載されていないが、地理表にはみえる。○△印が付されたこの鎮は新務年代の町である。

　次に酒務地で元豊まで存在して地理表(4)にみえる存続地は、酒統計の地名に△印を付している。存続地は上記の1・2の地（州県務2）、及び3～7の地（鎮市務5）の計7処である。酒務地7処にしめる存続地の存続率は100％である。

　次に新旧商税務・地理表にみえない不明地はなく、不明率0％である。以上の酒務・諸数値を酒務表に整理して示す。

F4　瀛州　格上　地理表（主戸31,601　客戸1,726　計33,327　貢　絹）

格	県	距離	郷	鎮	％	その他	備　　考	水　系	計3
望	河間	郭下	5	3	60	寨関各1	束城・永牢・北林鎮　肅寧寨, 高陽關	滹沱河	1
望	樂壽	南60	6	5	83	0	景城・劉解・沙渦・南大劉・北望鎮	徒駭河, 房淵	2
計2			11	8	72	2	土産　絲, 布, 人参, 蔓荊子		4種

×印の地：小さな町候補地5

F4　瀛州　　　酒　務　表

外県 3	置務県 3	置務率 100	州県務 4	州県務率 57	鎮市務 3	鎮市務率 43	酒務 7	併設地 7	併設率 100	旧商税務 7	対税旧商率 100	新税務地 6	新務地率 86	新商税務 6	対税新商率 100	存続地 7	存続率 100

併設地 計7	州県	在城[1]・樂壽[2]・景城[3]・束城県[4]	4処
	鎮市	肅寧城[5]・劉解[6]・永牢鎮[7]	3処
新税務地 計6	州県	1・2の地	2処
	鎮市	3～5・7の地	4処
存続地 計7	州県	1・2の地	2処
	鎮市	3～7の地	5処
不明地			0処　不明率　0％

旧務年代の町0・小都市3、新務年代の町1（6の地）・小都市4

注

⑴　県変遷図の作成史料は拙著2、115頁参照。
⑵　拙著2、114頁。
⑶　拙著2、115頁。
⑷　拙著2、116頁の地理表に同じ。

5　博州 F 5

博州の酒務及び新旧酒銭額は次の如くである。

⑴　酒統計

舊。在城及博平・高唐・明靈・堂邑県・夾灘・興利・固河・趙林・廣平・永安鎮・郭禮・崔度・杜郎店 十四務

歳	85,019貫
熙寧十年租額	65,374貫607文
買撲	20,672貫202文
新額計	86,046貫809文

注　①原文、灘。志、粧　②原文、村。志、林

旧額は85,019貫・新額86,046貫で、両額の差額1,027貫・増額率1％である。また官売額65,374貫・買撲20,672貫で、官売率76％・買撲率24％である。以上の数値を銭額表にまとめる。

F5 博州　銭額表

旧　額		85,019貫
新　額	官売	65,374貫
	買撲	20,672貫
	計	86,046貫
新旧差額		1,027貫
増額率		1％
官売率		76％
買撲率		24％

⑵　酒務表

次に寰宇記54・九域志2により太平興国中～元豊間の博州諸県の変化を県変遷図⑴に示す。酒統計は在城・県3・鎮市10を記すが、それらの酒務からは旧務年代は不明であるので、一般的な旧務年代である景祐～慶暦に従っておく。

図によれば熙寧十年前の旧外県3であり、酒統計の県酒務3であるので、県置務率は100％である。また酒務は州県務4・鎮市務10の計14務で、州県務率29％・鎮市務率71％である。

F5 博州　県変遷図

年代	外　県			郭下
太平興国中	博平	高唐	堂邑	聊城
旧務年代	1○	2○	3○	○
熙寧10年 1077	○3	○2	○1	○
	↓	↓	↓	↓

第二編　銅銭区北部

　次に酒統計に〇印を付した在城[1]・博平[2]・高唐[3]・堂邑県[4]（州県務4）、及び明靈[5]・夾灘[6]・興利[7]・固河[8]・趙林[9]・廣平[10]（鎮市務6）の計10処が酒務・旧商税務の併設地で、併設地が酒務地14処にしめる併設率71％、旧商税務14処[(2)]に対する併設地の対旧商税務率71％である。

　次に酒務地に新商税務が設置された新税務地は、酒統計に□印を付した上記の1〜4の地（州県務4）、及び6〜8・10の地（鎮市務4）の計8処である。酒務地14処にしめる新税務地の新務地率は57％、また新商税務12処[(3)]に対する新税務地の対新商税務率は67％である。なお明靈[5]・趙林[9]の新商税務は記載されていない。

　次に酒務地で元豊まで存在して地理表[(4)]にみえる存続地は、酒統計の地名に△印を付している。存続地は上記の1〜4の地（州県務4）、及び6〜8・10の地（鎮市務4）で計8処である。酒務地14処にしめる存続地の存続率は57％である。

　次に新旧商税務・地理表にみえない不明地は永安鎮[11]・郭禮[12]・崔度[13]・杜郎店[14]（鎮市務4）で、不明率29％である。以上の酒務・諸数値を酒務表に整理して示す。なお明靈[5]・興利[7]・趙林[9]・廣平[10]が地理表にみえないので、存続率＋不明率＜100％である。

F5　博州　格上　地理表（主戸49,854　客戸23,038　計72,892　貢　平紬）

格	県	距離	郷	鎮	％	その他	備　　　考	水　系	計9
望	聊城	郭下	4	4	100	0	興利・廣平・王館・沙家鎮	黄河, 金沙水	2
望	高唐	東北110	3	4	133	0	夾灘・新劉・固河・南劉鎮	黄河, 鳴犢溝	2
望	堂邑	西40	4	1	25	0	囬河鎮	黄河	1
緊	博平	東北50	3	1	33	0	舊博平鎮	澤水	1
計4			14	10	71	0	土産　綿, 絹, 平紬		3種

×印の地：小さな町候補地3、〇印の地：大きな町に準ずる町1

F5　博州　　　　　酒　務　表

外県3	置務県3	置務率100	州県務4	州県務率29	鎮市務10	鎮市務率71	酒務14	併設地10	併設率71	旧商税務14	対旧務商率71	新税務地8	新務地率57	新商税務12	対新務商率67	存続地8	存続率57

併設地 計10	州県	在城[1]・博平[2]・高唐[3]・堂邑県[4]	4処
	鎮市	明靈[5]・夾灘[6]・興利[7]・固河[8]・趙林[9]・廣平[10]	6処
新税務地 計8	州県	1〜4の地	4処
	鎮市	6〜8・10の地	4処
存続地 計8	州県	1〜4の地	4処
	鎮市	6〜8・10の地	4処
不明地		永安[11]・郭禮[12]・崔度[13]・杜郎店[14]　4処	不明率　29％

旧務年代の町4（11〜14の地）・小都市6・新務年代の町0・小都市4
注　5・9の地は地理表不記地2及不明地4は存続地・新務年代の町に入れず

第五章　河北東路

注

(1)　県変遷図の作成史料は拙著2、117頁参照。
(2)　拙著2、116頁。
(3)　拙著2、116～117頁。
(4)　拙著2、118頁の地理表に同じ。

6　棣州F6

棣州の酒務及び新旧酒銭額は次の如くである。

(1)　酒統計

棣州。舊。在城及陽信・商河県・欽風・寛河・歸仁・太平・新務・西界・桑樓・脂角鎮・七里渡・達多口十三務
歳　　　　　　　　　　81,246貫
熙寧十年租額　　　　　90,781貫677文
　　買撲　　　　　　　4,664貫744文
　　　　絹　　　　　　254疋
　　　新額計　　　　　95,446貫417文
　注　原文、欠空　②原文、滴。志、商　③原文、泓。志、欽　④原文、連。志、達（多鎮）

旧額は81,246貫・新額95,445貫で、両額の差額14,199貫・増額率17％である。また官売額90,781貫・買撲4,664貫で、官売率95％・買撲率5％である。以上の数値を銭額表にまとめる。

F6 棣州	銭　額　表	
旧　　額		81,246貫
新　　額	官売	90,781貫
	買撲	4,664貫
	計	95,445貫
新旧差額		14,199貫
増額率		17％
官売率		95％
買撲率		5％
旧絹額		0
新絹額		254疋

(2)　酒務表

次に寰宇記64・九域志2により太平興国中～元豊間の棣州諸県の変化を県変遷図⑴に示す。酒統計は在城・県2・鎮市10を記すが、それらの酒務からは旧務年代は不明であるので、一般的な旧務年代である景祐～慶暦に従っておく。

図によれば熙寧1年前の旧外県2であり、酒統計の県酒務2であるので、県置務率は100％である。また酒務は州県務3・鎮市務10の計13務で、州県務率23％・鎮市務率77％である。

第二編　銅銭区北部

　次に酒統計に〇印を付した在城^1・陽信^2・商河県^3（州県務3）、及び欽風^4・寛河^5・帰仁^6・太平^7・新務^8・西界^9・脂角鎮^{10}・七里渡^{11}（鎮市務8）の計11処が酒務・旧商税務の併設地である。併設地が酒務地13処にしめる併設率85％、旧商税務11処$^{(2)}$に対する併設地の対旧商税務率100％である。

　次に酒務地に新商税務が設置された新税務地は、酒統計に□印を付した上記の1～3の地（州県務3）、及び4～11の地・達多口^{12}（鎮市務9）の計12処である。酒務地13処にしめる新税務地の新務地率は92％、また新商税務15処$^{(3)}$に対する新税務地の対新商税務率は80％である。

　次に酒務地で元豊まで存在して地理表$^{(4)}$にみえる存続地は、酒統計の地名に△印を付している。存続地は上記の1～3の地（州県務3）、及び4～12（鎮市務9）の地で計12処である。酒務地13処にしめる存続地の存続率は92％である。

　次に新旧商税務・地理表にみえない不明地は桑楼^{13}（鎮市務1）で、不明率8％である。以上の酒務・諸数値を酒務表に整理して示す。

F6 棣州　県変遷図

年　代	外　県	郭　下
太平興国中	商河・陽信	厭次
大中祥府8年 1015	移転①	①
旧務年代	○1　○	○2　○
熈寧10年 1077	○2	○1

F6 棣州　格上　地理表（主戸30,580　客戸8,363　計38,943　貢 絹, 絁）

格	県	距　離	郷	鎮	％	その他	備　考	水　系	計5
上	厭次	郭下	5	5	100	0	帰仁・七里渡・脂角・達多・永利鎮	黄河	1
中	商河	西南80	3	2	66	0	寛河・太平鎮	黄河, 馬頬河	2
下	陽信	東北40	5	3	60	0	欽風, 西界, 新務鎮	黄河, 鉤盤河	2
計3			13	10	76	0	土産　絹, 絲蚕		2種

F6 棣州　　　　酒　務　表

外県	置務県	置務率	州県務	州県務率	鎮市務	鎮市務率	酒務	併設地	併設率	旧商税務	対旧商務率	新税務地	新務地率	新商税務	対新商務率	存続地	存続率
2	2	100	3	23	10	77	13	11	85	11	100	12	92	15	80	12	92

併設地 計11	州県	在城^1・陽信^2・商河県^3	3処
	鎮市	欽風^4・寛河^5・帰仁^6・太平^7・新務^8・西界^9・脂角鎮^{10}・七里渡^{11}	8処
新税務地 計12	州県	1～3の地	3処
	鎮市	4～11の地・達多口^{12}	9処
存続地 計12	州県	1～3の地	3処
	鎮市	4～12の地	9処
不明地		桑楼^{13}　　　　　　　　　　　　1処　不明率	8％

旧務年代の町2（12、13の地）・小都市8、新務年代の町0・小都市9
　注　不明地は存続地・新務年代の町に入れず

注

(1) 県変遷図の作成史料は拙著2、119～120頁参照。
(2) 拙著2、119頁。
(3) 拙著2、119頁。
(4) 拙著2、120頁の地理表に同じ。

7　莫州 F 7

莫州の酒務及び新旧酒銭額は次の如くである。

(1) 酒統計

舊。在城及任邱㊀・長豊㊁・莫県四務
歳　　　　　　22,468貫
熙寧十年祖額　　25,909貫080文
　　買撲　　　　1,562貫195文
　　　新額計　　27,471貫275文

注　①原文、丘。志、邱。任邱県は熙寧六年に郭下県、新務年代では在城。酒務数に入れず　②原文、鄭。鄭県はないので、莫県であろう。莫県は旧務年代の郭下県。酒務数に入れず

旧額は22,468貫・新額27,471貫で、両額の差額5,003貫・増額率22％である。また官売額25,909貫・買撲1,562貫で、官売率94％・買撲率6％である。以上の数値を銭額表にまとめる。

F7 莫州	銭額表	
旧　額		22,468貫
新　額	官売	25,909貫
	買撲	1,562貫
	計	27,471貫
新旧差額		5,003貫
増額率		22％
官売率		94％
買撲率		6％

(2) 酒務表

次に寰宇記66・九域志2・方域5・同12により太平興国中～元豊間の莫州諸県の変化を県変遷図(1)に示す。酒統計は在城・県2（郭下県を含めず）を記すが、それらの酒務からは旧務年代は不明であるので、一般的な旧務年代である景祐～慶暦に従っておく。

図によれば熙寧六年前の旧外県2で、酒統計の県酒務2（莫県を除く）であるので、県置務率は100％である。また酒務は州県務3・鎮市務0の計3務で、州県務率100％・

F7 莫州 県変遷図		
年代	外県	郭下
太平興国	長豊　任邱	莫県
旧務年代	①○　②○	○
熙寧6年 1073	① →	①
10年 1077	○	

第二編　銅銭区北部

鎮市務率0％である。

　次に酒統計に○印を付した在城・任邱・長豊（州県務3）の3処が酒務・旧商税務の併設地である。併設地が酒務地3処にしめる併設率100％、旧商税務3処[(2)]に対する併設地の対旧商税務率100％である。

　次に新務年代では長豊県が鎮に降格し、莫県（旧郭下県）が廃されて任邱県が郭下県となった[(3)]。酒務地に新商税務が設置された新税務地は、酒統計に□印を付した上記の1の地（州県務1）、及び3の地（鎮市務1）の計2処である。酒務地3処にしめる新税務地の新務地率は67％、また新商税務2処[(4)]に対する新税務地の対新商税務率は100％である。

　次に酒務地で元豊まで存在して地理表[(5)]にみえる存続地は、酒統計の地名に△印を付している。存続地は上記の1の地（州県務1）、及び3の地（鎮市務1）で計2処である。酒務地3処にしめる存続地の存続率は67％である。

　次に新旧商税務・地理表にみえない不明地はなく、不明率0％である。以上の酒務・諸数値を酒務表に整理して示す。なお莫県が廃され地理表にみえず、任邱県が熙寧六年に郭下県になったので、存続率＋不明率＜100％である。

F7 莫州　格上　地理表（主戸13,000　客戸436　計13,436　貢　綿）

格	県	距離	郷	鎮	％	その他	備　考	水　系	計2
上	任邱	郭下	8	1	12	寨 2	長豊鎮 焉村・王家寨	滹沱河，濡水	2
計 1		8	1	12		2	土産 蓗蓉，人参，絹		3種

×印の地：小さな町候補地2

F7 莫州　酒務表

外県 2	置務県 2	置務率 100	州県務 3	州県務率 100	鎮市務 0	鎮市務率 0	酒務地 3	併設地 3	併設率 100	旧商税務 3	対旧務商率 100	新税務地 2	新務地率 67	新商税務 2	対新商務率 100	存続地 2	存続率 67

併設地	州県	在城・任邱・長豊															3処
計 3	鎮市																0処
新税務地	州県	1の地（任邱県）															1処
計 2	鎮市	3の地															1処
存続地	州県	1の地（任邱県）															1処
計 2	鎮市	3の地															1処
不明地								0処		不明率		0	％				

旧務年代の町0・小都市0、新務年代の町0・小都市1

注　①旧務年代の1の地（莫県）は地理表不記地、存続地・新務年代の町に入れず
　　②新商税務2に任邱県務を含めず。拙著2・121頁参照

注

(1) 県変遷図の作成史料は拙著２、121～122頁参照。
(2) 拙著２、121頁。
(3) 詳しくは拙著２、121～122頁参照。莫県は鎮に降格。地理表にみえず。
(4) 拙著２、121頁。なお同頁「商税統計表」の本文参照。
(5) 拙著２、123頁の地理表に同じ。

8　雄州 F 8

雄州の酒務及び新旧酒銭額は次の如くである。

(1) 酒統計

舊。在城一務
歳　　　　　　　　　２３,８２７貫
熙寧十年租額　　　　２２,３１８貫０７６文
　　買撲　　　　　　　４６２貫６３６文
　　　新額計　　　　２２,７８０貫７１２文

　旧額は23,827貫・新額22,780貫で、両額の差額－1,047貫・増額率－４％である。また官売額22,318貫・買撲462貫で、官売率98％・買撲率２％である。以上の数値を銭額表にまとめる。

　「舊在城一務」とするが熙寧十年に買撲銭を示すので、新務年代には買撲官監務があった。酒務を記さないのは他の州軍の記載体裁に合わせたのであろう。

(2) 酒務表

　次に寰宇記67・九域志２により太平興国中～元豊間の雄州諸県の変化を県変遷図(1)に示す。酒統計は在城を記すが、旧務年代は不明であるので、一般的な旧務年代である景祐～慶暦に従っておく。

　図によれば熙寧十年前は在城務のみで県務・鎮市務がなく、州県務率100％・鎮市務率０％である。

F8 雄州　銭額表

旧	額		23,827貫
新　額	官売		22,318貫
	買撲		462貫
	計		22,780貫
新旧差額			－1,047貫
増額率			－４％
官売率			98％
買撲率			２％

F8 雄州　県変遷図

年代	外県	郭下
太平興国元年 976	ナシ	容城　帰義
旧務年代		↓　①改名 ↓　○帰信
熙寧10年 1077		↓　○ ↓　○

注　容城は郭内県

第二編　銅銭区北部

　次に酒務は酒統計に○□△印を付した在城（州県務1）のみである。併設地・存続地・新税務地・旧商税務・新商税務は共に1処で、諸比率は100％である。また新旧商税務・地理表(4)にみえない酒務はなく、不明率0％である。以上の酒務・諸数値を酒務表に整理して示す。

F8 雄州　格中　地理表（主戸8,707　客戸262　計8,969　貢　紬）

格	県	距離	郷	鎮	%	その他	備　　　考	水　　系	計4
中	帰信	郭下	4	0	0	寨 8関 1	張家・木場・三橋・雙樹・大渦・七姑垣・紅城・新垣寨瓦橋関	易水, 巨馬河	2
中	容城	郭内	3	0	0	0		南易水, 大泥淀	2
計 2			7	0	0	9	土産　絹, 布		2種

×印の地：小さな町候補地9

F8 雄州　　　　酒　務　表

外県	置務県	置務率	州県務	州県務率	鎮市務	鎮市務率	酒務	併設地	併設率	旧商税務	対税旧商率	新税務地	新務地率	新商税務	対税新商率	存続地	存続率
0	0	―	1	100	0	0	1	1	100	1	100	1	100	1	100	1	100

併設地 計 1	州県	在城	1処
	鎮市		0処
新税務地 計 1	州県	1の地	1処
	鎮市		0処
存続地 計 1	州県	1の地	1処
	鎮市		0処
不明地		0処　不明率　0％	

旧務年代の町0・小都市0、新務年代の町0・小都市0

注

(1)　県変遷図の作成史料は拙著2、123～124頁参照。
(2)　拙著2、123頁。
(3)　拙著2、123頁。
(4)　拙著2、124頁の地理表に同じ。

第五章　河北東路

9　覇州 F 9

覇州の酒務及び新旧酒銭額は次の如くである。

(1)　酒統計

覇州。舊。在城及大城県・文安・萬春鎮四務
①　　　　　　　②　　　　　③
歳　　　　　　　　24,536貫
　　　　絲　　　　　36両
熙寧十年祖額　　　18,919貫598文
　　　買撲　　　　1,7⊠8貫172文
　　　　新額計　20,717～20,627貫770文

注　①酒統計の原文では覇州は莫州の前に置かれているが、商税統計の記載順序に従い、莫州の後に置く。　②原文、太。志、大　③景祐元年以後郭下県。酒務数に入れず

旧額は24,536貫・新額20,717～20,627貫で、両額の差額－3,819～－3,909貫・増額率－15～－16％である。また官売額18,919貫・買撲1,708～1,798貫で、官売率91～92％・買撲率8～9％である。以上の数値を銭額表にまとめる。

(2)　酒務表

次に寰宇記67・九域志2により太平興国中～元豊間の覇州諸県の変化を県変遷図(1)に示す。酒統計は在城・県1（郭下県を入れず）・鎮市1を記すが、それらの酒務からは旧務年代は不明であるので、一般的な旧務年代である景祐～慶暦に従っておく。

図によれば皇祐元年前の旧外県1であり、酒統計の県酒務1（文安県を除く）であるので、県置務率は100％である。また酒務は州県務2・鎮市務1の計3務で、州県務率67％・鎮市務率33％である。

次に酒統計に○印を付した在城・大城県（州県務2）の2
　　　　　　　　　　　　　　　　　1　　2
処が酒務・旧商税務の併設地である。併設地が酒務地3処にしめる併設率67％、旧商税務3処(2)に対する併設地の対

F9 覇州	銭額表	
旧額		24,536 貫
新額	官売	18,919 貫
	買撲	1,7⊠8 貫
	計	20,717 ～ 20,627 貫
新旧差額		－3,819～－3,909 貫
増額率		－15～－16 ％
官売率		91～92 ％
買撲率		9～8 ％
旧絲額		36 両
新絲額		0

F9 覇州　県変遷図

年代	外県	郭下
太平興国中	大城　文安	永清
景祐1年 1034	①┄→①廃 　　　文安	
旧務年代	1○ ○文安	○
皇祐1年 1049	②┄→	
熙寧10年 1077	○1 ○	

第二編　銅銭区北部

旧商税務率67％である。

　次に酒務地に新商税務が設置された新税務地は、酒統計に□印を付した上記の１・２の地（州県務２）の２処である。酒務地３処にしめる新税務地の新務地率は67％、新商税務２処[3]に対する対新商税務率100％である。なお文安鎮は新務年代では県である。

　次に酒務地で元豊まで存在して地理表[4]にみえる存続地は、酒統計の地名に△印を付している。存続地は上記の１・２の地（州県務２）、及び萬春鎮（鎮市務１）で計３処である。酒務地３処にしめる存続地の存続率は100％である。

　次に新旧商税務・地理表にみえない不明地はなく、不明率０％である。以上の酒務・諸数値を酒務表に整理して示す。

F9 覇州　格中　地理表（主戸14,102　客戸957　計15,059　貢　絹）

格	県	距離	郷	鎮	％	その他	備　　考	水　　系	計4
上	文安	郭下	3	0	0	寨8 関1	劉家渦・刀魚・莫金・阿翁・雁頭・藜陽・喜渦・鹿角寨　益津関	滱水, 韋河, 百済河	3
上	大城	東南105	2	1	50	0	萬春鎮	滹沱河	1
計 2			5	1	20	9	土産	絲, 綿, 絹	3種

×印の地：小さな町候補地10

F9 覇州　　　　酒　務　表

外県 1	置務県 1	置務率 100	州県務 2	州県務率 67	鎮市務 1	鎮市務率 33	酒務 3	併設地 2	併設率 67	旧商税務 3	対税旧商率 67	新税務地 2	新務地率 67	新商税務 2	対税新商率 100	存続地 3	存続率 100
併設地 計 2			州県	在城・大城												2 処	
			鎮市													0 処	
新税務地 計 2			州県	１・２の地												2 処	
			鎮市													0 処	
存続地 計 3			州県	１・２の地												2 処	
			鎮市	萬春鎮												1 処	
不明地															0 処　不明率	0 ％	

旧務年代の町１（３の地）・小都市０、新務年代の町１（３の地）・小都市０
注　新商税務２に文安県務を含めず。拙著２・125頁参照

注

(1) 県変遷図の作成史料は拙著２、125頁参照。
(2) 拙著２、125頁。
(3) 拙著２、125頁。
(4) 拙著２、126頁の地理表に同じ。

10 徳州 F 10

徳州の酒務及び新旧酒銭額は次の如くである。

(1) 酒統計

舊。在城及將陵・德平・平原県・懷仁・重興・將陵①・藥家・水務・安樂・嚮化②・呉橋・王琮・糜村・安陵・盤河鎮十六務
歳　　　　　　　　　　９４,６０１貫
熙寧十年祖額　　　　　７８,８８７貫７８４文
　　　買撲　　　　　　　７,２５５貫７４４文
　　　　　新額計　　　　８６,１４３貫５２８文
注　①原文、校。志、陵。安德県の鎮　②原文、代。志、化

旧額は94,601貫・新額86,142貫で、両額の差額－8,459貫・増額率は－9％である。また官売額78,887貫・買撲7,255貫で、官売率92％・買撲率8％である。以上の数値を銭額表にまとめる。

F10 徳州	銭額表	
旧　額		94,601貫
新　額	官売	78,887貫
	買撲	7,255貫
	計	86,142貫
新旧差額		－8,459貫
増額率		－9％
官売率		92％
買撲率		8％

(2) 酒務表

次に寰宇記64・九域志2により太平興国中～元豊間の徳州諸県の変化を県変遷図[(1)]に示す。酒統計は在城・県3・鎮市12を記す。図によればそれらのうち安陵鎮は景祐二年に県を降格した鎮であるので、徳州の旧務年代は同年以降である。また將陵県は慶暦七年に永靜軍に割出されているので、旧務年代は同年以前である。したがって徳州旧務年代は景祐二年～慶暦六年である。

図によれば旧務年代の外県3であり、酒統計の県酒務3であるので、県置務率は100％である。また酒務は州県務4・鎮市務12の計16務で、州県務率25％・鎮市務率75％である。

F10 徳州	県変遷図	
年代	外県	郭下
太平興国中	平原　安陵　將陵　徳平	安徳
景祐2年 1035	① →	
旧務年代	1　2　3 ○　○　○	○
慶暦7年 1047	② ↓ 永靜軍	
熙寧6年 1073	③ →	
10年	○1 ↓	

次に酒統計に○印を付した在城[1]・將陵[2]・德平[3]・平原県[4]（州県務4）、及び懷仁[5]・重興[6]・將陵[7]・藥家[8]・水務[9]・安樂[10]・呉橋[11]・王琮[12]・安陵[13]（鎮市務9）の計13処が酒務・旧商税務の併設

第二編　銅銭区北部

地である。併設地が酒務地16処にしめる併設率81％、旧商税務13処[(2)]に対する併設地の対旧商税務率100％である。なお德平県は新務年代では鎮である。

次に酒務地に新商税務が設置された新税務地は、酒統計に□印を付した上記の1・4の地（州県務2）、及び3・5～9の地・嚮化[14]・糜村[15]・盤河鎮[16]（鎮市務9）の計11処である。酒務地16処にしめる新税務地の新務地率は69％、また新商税務16処[(3)]に対する新税務地の対新商税務率は69％である。

次に酒務地で元豊まで存在して地理表[(4)]にみえる存続地は、酒統計の地名に△印を付している。存続地は上記の1・4の地（州県務2）、及び3・5～9・14～16の地（鎮市務9）で計11処である。酒務地16処にしめる存続地の存続率は69％である。

次に新旧商税務・地理表にみえない不明地はなく、不明率0％である。以上の酒務・諸数値を酒務表に整理して示す。なお永靜軍に割出された將陵県[2]及び安樂[10]・呉橋[11]・王琮[12]・安陵鎮[13]が德州地理表にみえないため、存続率＋不明率＜100％である。

F10 德州　格上　地理表（主戸18,811　客戸18,027　計36,838　貢　絹）

格	県	距　離	郷	鎮	％	その他	備　　　考	水　　系	計4
望	安德	郭下	8	8	100	0	嚮化・糜村・將陵・懷仁・德平・重興・盤河・磁博鎮	黄河, 高津河	2
望	平原	西南 40	2	2	100	0	薬家・水務鎮	黄河, 金河	2
計 2			10	10	100	0	土産　綾, 蛇床子, 賦綿, 絹		4種

F10 德州　　　　酒　務　表

外県	置務県	置務率	州県務	州県務率	鎮市務	鎮市務率	酒務地	併設地	併設率	旧商税務	対旧商税務率	新税務地	新務地率	新商税務	対新商税務率	存続地	存続率
3	3	100	4	25	12	75	16	13	81	13	100	11	69	16	69	11(15)	69(94)

併設地 計13	州県	在城[1]・將陵[2]・德平[3]・平原県[4]	4処
	鎮市	懷仁[5]・重興[6]・將陵[7]・薬家[8]・水務[9]・安樂[10]・呉橋[11]・王琮[12]・安陵[13]	9処
新税務地 計11	州県	1・4の地	2処
	鎮市	3・5～9の地・嚮化[14]・糜村[15]・盤河鎮[16]	9処
存続地 計11(15)	州県	1・4の地・(2の地)	2処(3)
	鎮市	3・5～9・14～16の地・(11～13の地)	9処(12)
不明地		0処　不明率　0％	

旧務年代の町3（14～16の地）・小都市9、新務年代の町0・小都市9

注　①割出された10の地は地理表不記地（永靜軍地理表にみえず）、存続地・新務年代の町に入れず
　　②割出された2・11・12・13の地はF13永靜軍地理表にみえ、存続地であるので（　）で括って示す

注

(1) 県変遷図の作成史料は拙著2、127頁参照。
(2) 拙著2、126頁。 (3) 拙著2、127頁。 (4) 拙著2、129頁の地理表に同じ。

11　濱州 F 11

濱州の酒務及び新旧酒銭額は次の如くである。

(1) 酒統計

舊。在城及招安県・安定・東永和・永豊・蒲臺・寧海鎮・三叉口八務
歳　　　　　　　　　５２,４７３貫
　　　　絹　　　　　　２６２疋
熙寧十年祖額　　　　４３,４０７貫３２２文
　　買撲　　　　　　１７,４５１貫５４４文
　　　新額計　　　　６０,８５８貫８７６文
注　①原文、河。志、和。旧商税務、永和。新商税務、東永和

旧額は52,473貫・新額60,858貫で、両額の差額8,385貫・増額率16％である。また官売額43,407貫・買撲17,451貫で、官売率71％・買撲率29％である。以上の数値を銭額表にまとめる。

F11 濱州	銭	額 表	
旧　額			52,473 貫
新　額	官売		43,407 貫
	買撲		17,451 貫
	計		60,858 貫
新旧差額			8,385 貫
増 額 率			16 ％
官 売 率			71 ％
買 撲 率			29 ％

旧絹額　262疋
新絹額　　0

(2) 酒務表

次に寰宇記64・九域志2により太平興国中～元豊間の濱州諸県の変化を県変遷図(1)に示す。酒統計は在城・県1・鎮市6を記す。それらのうち「招安県」は図によれば慶暦三年（又は二年）に建置されているので(2)、濱州の旧務年代は同年以降である。

図によれば慶暦三年～熙寧六年前の旧外県1であり、酒統計の県酒務1であるので、県置務率は100％である。また酒務は州県務2・鎮市務6の計8務で、州県務率25％・鎮市務率75％である。

次に酒統計に○印を付した在城・招安県（州県務2）、及び安定・東永和・永豊・蒲臺（鎮市務4）の計6処が酒務・旧商税務の併設地である。併設地が酒務地8処にしめる併設

第二編　銅銭区北部

率75％、旧商税務 6 処[3]に対する併設地の対旧商税務率100％である。

　次に酒務地に新商税務が設置された新税務地は、酒統計に□印を付した上記の 1 の地（州県務 1 ）、及び 2 ～ 6 の地・寧海鎮[7]・三叉口[8]（鎮市務 7 ）の 8 処である。酒務地 8 処にしめる新税務地の新務地率は100％、また新商税務18処[4]に対する新税務地の対新商税務率は44％である。なお旧務年代の招安県[2]は新務年代では鎮であるが、元豊二年に再設されている。

　次に酒務地で元豊まで存在して地理表[5]にみえる存続地は、酒統計の地名に△印を付している。存続地は上記の 1 の地（州県務 1 ）、及び 2 ～ 8 の地（鎮市務 7 ）で計 8 処である。酒務地 8 処にしめる存続地の存続率は100％である。

　次に新旧商税務・地理表にみえない不明地はなく、不明率 0 ％である。以上の酒務・諸数値を酒務表に整理して示す。

F11 濱州　県変遷図

年代	外県（招安・蒲臺）	郭下（渤海）
大中祥符 5 年 1012	①	
慶暦 3 年 1043 旧務年代	② 建置 ○	○
熙寧 6 年 1073	③ ○	○
10 年		○
元豊 2 年 1079	④ 復置 ↓	

F11 濱州　格上　地理表（主戸14,612　客戸31,721　計46,333　貢　絹）

格	県	距離	郷	鎮	％	その他	備　考	水　系	計4
望	渤海	郭下	3	9	300	0	寧海・東永和・通賓・三汊・蒲臺・舊安定・李則・新安定・丁字河鎮	黄河	1
望	招安	西北 60	2	2	100	0	永豊・馬家荘鎮	沙河	1
計 2			5	11	220	0	土産　絹, 絲蚕（原文, 同棣州）		2 種

注　安定酒務地は舊安定鎮とす

F11 濱州　　酒　務　表

外県	置務県	置務率	州県務	州県務率	鎮市務	鎮市務率	酒務	併設地	併設率	旧商税務	対旧商税務率	新税務地	新務地率	新商税務	対新商税務率	存続地	存続率
1	1	100	2	25	6	75	8	6	75	6	100	8	100	18	44	8	100

併設地	州県	在城[1]・招安県[2]														2 処
計 6	鎮市	安定[3]・東永和[4]・永豊[5]・蒲臺鎮[6]														4 処
新税務地	州県	1 の地														1 処
計 8	鎮市	2 ～ 6 の地・寧海鎮[7]・三汊口[8]														7 処
存続地	州県	1 の地														1 処
計 8	鎮市	2 ～ 8 の地														7 処
不　明　地														0 処	不明率	0 ％

旧務年代の町 2（7、8 の地）・小都市 4、新務年代の町 0・小都市 7

注

(1) 県変遷図の作成史料は拙著2、130頁参照。
(2) 拙著2、130頁参照。なお同頁で旧商税務の年代を慶暦前としているが、「酒麹雑録」が「招安県」とするので旧務年代は慶暦3年又は2年以降である。
(3) 拙著2、129頁。
(4) 拙著2、129頁。
(5) 拙著2、131頁の地理表に同じ。

12　恩州 F 12

恩州の酒務及び新旧酒銭額は次の如くである。

(1) 酒統計

舊。在城及歴亭・漳南・武城・饒陽・甘陵・領宗・寶保・田樓・寧化鎮・阮村店十一務
歳　　　　　　　　　　６１，８０６貫
熙寧十年祖額　　　４０，９４９貫２５３文
　　買撲　　　　　 ９，６０５貫２２６文
　　　新額計　　　５０，５５４貫４７９文
注　①原文、砧。志、歴　②原文、成。志、城

旧額は61,806貫・新額50,554貫で、両額の差額－11,252貫・増額率－18％である。また官売額40,949貫・買撲9,605貫で、官売率81％・買撲率19％である。以上の数値を銭額表にまとめる。

F12 恩州	銭	額　表
旧　　額		61,806貫
新　　額	官売	40,949貫
	買撲	9,605貫
	計	50,554貫
新旧差額		－11,252貫
増額率		－18％
官売率		81％
買撲率		19％

(2) 酒務表

次に寰宇記58・九域志2により太平興国中～元豊間の恩州諸県の変化を県変遷図(1)に示す。酒統計は在城・県3・鎮7を記すが、それらの酒務からは旧務年代は不明であるので、一般的な旧務年代である景祐～慶暦に従っておく。

図によれば慶暦八年前の旧外県4であり、酒統計の県酒務3であるので、県置務率は75％である。また酒務は州県務4・鎮市務7の計11務で、州県務率36％・鎮市務率64％である。

次に酒統計に○印を付した在城・歴亭・漳南・武城（州県務4）、及び饒陽・寧化鎮（鎮

第二編　銅銭区北部

市務2）の計6処が酒務・旧商税務の併設地である。併設地が酒務地11処にしめる併設率55％、旧商税務6処⁽²⁾に対する併設地の対旧商税務率100％である。なお清陽県に旧商税務・酒務は置かれていず、熙寧四年に降格され地理表にもみえない。

次に酒務地に新商税務が設置された新税務地は、酒統計に□印を付した上記の1・2・4の地（州県務3）、及び寶保⁷（鎮市務1）の計4処である。酒務地11処にしめる新税務地の新務地率は36％、また新商税務6処⁽³⁾に対する新税務地の対新商税務率は67％である。なお旧務年代の漳南県は新務年代では鎮に格下げされ商税務が記載されていない。また寧化⁶鎮の新商税務も記載されていない。

次に酒務地で元豊まで存在して地理表⁽⁴⁾にみえる存続地は、酒統計の地名に△印を付している。存続地は上記の1・2・4の地（州県務3）、及び3・5〜7の地・甘陵⁸・領宗⁹・田樓¹⁰・阮村店¹¹（鎮市務8）計11処である。酒務地11処にしめる存続地の存続率は100％である。

次に新旧商税務・地理表にみえない不明地はなく、不明率0％である。以上の酒務・諸数値を酒務表に整理して示す。

F12　恩州　県変遷図

年代	外県				郭下	州名
	漳南	歴亭	武城	清陽	清河	貝州
太平興国中	○	○	○	○	○	↓
旧務年代	1○	2○	3○	4×	○	①恩州
慶暦8年 1048	○	○	○	×	○	↓
至和1年 1054	②→					
熙寧4年 1071					③→	
10年	○	2○	1○		○	↓

F12　恩州　格下　地理表（主戸32,535　客戸22,049　計54,584　貢　白氈）

格	県	距離	郷	鎮	％	その他	備考	水系	計5
望	清河	郭下	4	6	150	0	定遠・阮村・甘陵・大清・寧化・田樓鎮	永済渠, 漳渠	2
望	武城	東50	4	4	100	0	饒陽・領宗・寶保・舊県鎮	永済渠河, 沙河	2
望	歴亭	東90	4	4	100	0	安樂・楊村・禮固・漳南鎮	永済渠	1
計3			12	14	116	0	土産　白氈, 靴氈, 絲, 布, 絁, 絹		6種

○印の地：小さな町候補地5

第五章　河北東路

F12 恩州															酒　務　表		
外県	置務県	置務県率	州県務	州県務率	鎮市務	鎮市務率	酒務	併設地	併設率	旧商税務	対旧商税率	新税務地	新税務地率	新商税務	対新商税率	存続地	存続率
4	3	75	4	36	7	64	11	6	55	6	100	4	36	6	67	11	100

併設地	州県	在城¹・歴亭²・漳南³・武城⁴	4処
計 6	鎮市	饒陽⁵・寧化鎮⁶	2処
新税務地	州県	1・2・4の地	3処
計 4	鎮市	寶保鎮⁷	1処
存続地	州県	1・2・4の地	3処
計 11	鎮市	3・5～7の地・甘陵⁸・領宗⁹・田樓鎮¹⁰・阮村店¹¹	8処
不　明　地			0処　不明率　0％

旧務年代の町5（7～11の地）・小都市2、新務年代の町4（8～11の地）・小都市1
注　新商税務6に清河県務を含めず。拙著2・132頁参照

注

(1)　県変遷図の作成史料は拙著2、132頁参照。
(2)　拙著2、131頁。
(3)　拙著2、131頁。
(4)　拙著2、133頁の地理表に同じ。

13　永靜軍 F13

永靜軍の酒務及び新旧酒銭額は次の如くである。

(1)　酒統計

舊。在城及阜城県・新高・弓高・仁高鎮・袁村六務
歳　　　　　　　　　34,081貫①
熙寧十年祖額　　　　39,805貫275文
　　買撲　　　　　　 7,171貫256文
　　　　新額計　　　46,976貫531文
　注　①原文、表。志、袁

F13 永靜軍		銭　額　表
旧　額		34,081貫
新　額	官売	39,805貫
	買撲	7,171貫
	計	46,976貫
新旧差額		12,895貫
増額率		38％
官売率		85％
買撲率		15％

旧額は34,081貫・新額46,976貫で、両額の差額12,895貫・増額率38％である。また官売額39,805貫・買撲7,171貫で、官売率85％・買撲率15％である。以上の数値を銭額表にまとめる。

第二編　銅銭区北部

(2) 酒務表

次に寰宇記68・九域志2により太平興国中～元豊間の永靜軍諸県の変化を県変遷図[1]に示す。酒統計は在城・県1・鎮市4を記すが、旧務年代は不明であるので、一般的な旧務年代である景祐～慶暦に従っておく。

図によれば旧外県1であり、酒統計の県酒務1であるので、県置務率は100％である。酒務は州県務2・鎮市務4の計6務で、州県務率33％・鎮市務率67％である。

次に酒統計に〇印を付した在城¹・阜城県²（州県務2）、及び新高³・弓高⁴・仁高鎮⁵・袁村⁶（鎮市務4）の計6処が酒務・旧商税務の併設地である。併設地が酒務地6処にしめる併設率100％、旧商税務9処[2]に対する併設地の対旧商税務率67％である。

次に酒務地に新商税務が設置された新税務地は、酒統計に□印を付した上記の1・2の地（州県務2）、及び3・5の地（鎮市務2）の計4処である。酒務地6処にしめる新税務地の新務地率は67％、また新商税務6処[3]に対する新税務地の対新商税務率は67％である。なお弓高鎮⁴・袁村⁶には新商税務は置かれていず、新商税務表にはみえないが地理表にみえる。また旧務年代の阜城県²は嘉祐八年に鎮に降格され、熙寧十年には県に昇格して新商税務が置かれている。將陵県の新商税務は記載されていない。また〇△印を付した弓高⁴・袁村⁶は新務年代の町である。

次に酒務地で元豊まで存在して地理表[4]にみえる存続地は、酒統計の地名に△印を付している。存続地は上記の1・2の地（州県務2）、及び3～6の地（鎮市務4）で計6処である。酒務地6処にしめる存続地の存続率は100％である。

次に新旧商税務・地理表にみえない不明地はなく、不明率0％である。以上の酒務・諸数値を酒務表に整理して示す。

F13　永靜軍　県変遷図

年代	外県(將陵)(阜城)	郭下東光	州名
後周			定遠軍
北宋			
太平興国6年 981	冀州 ①		京師直隷
淳化元年 990			
景徳元年 1004	徳州		永靜軍
旧務年代	1〇 〇	〇	
慶暦7年 1047	②		
嘉祐8年 1063	③→再置		
熙寧10年 1077	④ ×2 〇1	〇	

F13　永靜軍　格同下州　地理表（主戸20,273　客戸13,112　計33,385　貢　絹、簟）

格	県	距離	郷	鎮	％	その他	備　考	水　系	計5
緊	東光	郭下	4	3	75	0	新高・弓高・袁村鎮	永濟河, 漳河	2
望	將陵	西南120	3	5	166	0	安陵・呉橋・仁高・趙宅ˣ・王琮鎮ˣ	永濟河, 鉤盤河	2
中	阜城	西70	2	0	0	0		衡漳河	1
計3			9	8	88	0	土産　水葱, 蓆, 茅簟, 海蛤, 絹		5種

×印の地：小さな町候補地2

第五章　河北東路

F13 永靜軍　　　酒　務　表

外県	置務県	置務率	州県務	州県務率	鎮市務	鎮市務率	酒務	併設地	併設率	旧商税務	対旧商率	新税務地	新税務地率	新商税務	対新商率	存続地	存続率
1	1	100	2	33	4	67	6	6	100	9	67	4	67	6	67	6	100

併設地	州県	在城・阜城県[1] [2]		2処
計 6	鎮市	新高[3]・弓高[4]・仁高鎮[5]・袁村[6]		4処
新税務地	州県	1・2の地		2処
計 4	鎮市	3・5の地		2処
存続地	州県	1・2の地		2処
計 6	鎮市	3〜6の地		4処
不明地			0処	不明率　0％

旧務年代の町0・小都市4、新務年代の町2（4、6の地）・小都市2

注

(1) 県変遷図の作成史料は拙著2、134頁参照。
(2) 拙著2、133頁。　(3) 拙著2、133頁。
(4) 拙著2、135頁の地理表に同じ。

14　乾寧軍 F 14

乾寧軍の酒務及び新旧酒銭額は次の如くである。

(1)　酒統計

舊。在城及范橋鎮二務[①]
歳[②]　　　　　　24,240貫
熙寧十年租額　　　16,982貫058文
　　買撲　　　　　224貫621文
　　　新額計　　　17,206貫679文

注　①原文、欠

F14 乾寧軍		銭　額　表
旧　額		24,240貫
新　額	官売	16,982貫
	買撲	224貫
	計	17,206貫
新旧差額		−7,034貫
増額率		−29％
官売率		99％
買撲率		1％

旧額は24,240貫・新額17,206貫で、両額の差額−7,034貫・増額率−29％である。また官売額16,982貫・買撲224貫で、官売率99％・買撲率1％である。以上の数値を銭額表にまとめる。

第二編　銅銭区北部

(2) 酒務表

次に寰宇記68・九域志2・方域5・地理志2・通鑑263・同書294により太平興国中～元豊間の乾寧軍諸県の変化を県変遷図[1]に示す。それらのうち范橋鎮は郷を有する県格の鎮（地理表参照）であるので県として扱う。酒統計は在城・県1を記すが、それらの酒務からは旧務年代は不明であるので、一般的な旧務年代である景祐～慶暦に従っておく。

F14 乾寧軍　県変遷図		
年　代	外県	郭下
太平興国中	范橋鎮	永安
旧務年代	1× ○ ○ ↓	○ ○ ○ ↓
熙寧10年 1077	○ 1	○

図によれば熙寧十年前の旧外県1であり、酒統計の県酒務1であるので、県置務率は100％である。また酒務は州県務2・鎮市務0の計2務で、州県務率100％・鎮市務率0％である。

次に酒統計に○印を付した在城（州県務1）の1処が酒務・旧商税務の併設地である。併設地が酒務地2処にしめる併設率50％、旧商税務1処[2]に対する併設地の対旧商税務率100％である。なお范橋鎮の旧商税務は記載されていない。

次に酒務地に新商税務が設置された新税務地は、酒統計に□印を付した上記の1の地・范橋鎮（州県務2）の2処である。酒務地2処にしめる新税務地の新務地率は100％、また新商税務2処[3]に対する新税務地の対新商税務率は100％である。

次に酒務地で元豊まで存在して地理表[4]にみえる存続地は、酒統計の地名に△印を付している。存続地は上記の1・2の地（州県務2）で2処である。酒務地2処にしめる存続地の存続率は100％である。

次に新旧商税務・地理表にみえない不明地はなく、不明率0％である。以上の酒務・諸数値を酒務表に整理して示す。

F14 乾寧軍　格同下州　地理表（主戸5,263　客戸1,193　計6,456　貢　絹）								
格　県	距　離	郷	鎮	％	その他	備　　考	水　系	計2
ナシ	郭下	0	0	－	寨 6	釣臺・獨流北・當城・沙渦・獨流東・百萬寨	永濟渠，界河	2
范橋鎮	南　30	2	0	0				
計 2		2	0	0	6	土産　ナシ		0

×印の地：小さな町候補地6
注　郭下は県でなくても1県とす

第五章　河北東路

F14 乾寧軍	酒務表															
外県	置務県	置務率	州県務	州県務率	鎮市務	鎮市務率	酒務	併設地	併設率	旧商税務	対旧商税率	新税務地	新税務地率	新商税務	対新商率	存続地	存続率
1	1	100	2	100	0	0	2	1	50	1	100	2	100	2	100	2	100

併設地	州県	在城[1]	1 処
計 1	鎮市		0 処
新税務地	州県	1の地・范橋鎮[2]	2 処
計 2	鎮市		0 処
存続地	州県	1・2の地	2 処
計 2	鎮市		0 処
不明地		0 処　不明率	0 ％

旧務年代の町 0・小都市 0、新務年代の町 0・小都市 0
注　范橋鎮は郷を有するので県とす

注

(1)　県変遷図の作成史料は拙著 2、136～138頁参照。
(2)　拙著 2、135頁。　(3)　拙著 2、135頁。
(4)　拙著 2、138頁の地理表に同じ。

15　信安軍 F 15

信安軍の酒務及び新旧酒銭額は次の如くである。

(1)　酒統計
舊。在城一務
歳　　　　　　　　　　　5,959貫
熙寧十年祖額　　　　　7,887貫554文
　　買撲　　　　　　　　　61貫873文
　　　　新額計　　　　7,949貫427文

F15 信安軍　銭額表		
旧　額		5,959貫
新　額	官売	7,887貫
	買撲	61貫
	計	7,948貫
新旧差額		1,989貫
増額率		33 ％
官売率		99 ％
買撲率		1 ％

旧額は5,959貫・新額7,948貫で、両額の差額1,989貫・増額率33％である。また官売額7,887貫・買撲61貫で、官売率99％・買撲率1％である。以上を銭額表にまとめる。

「舊在城一務」とするが熙寧十年に買撲銭を示すので新務年代には買撲官監務があった。

第二編　銅銭区北部

酒務を記なさいのは、他の州軍の記載体裁に合せるためであろう。

(2) 酒務表

次に広記10・九域志2により太平興国中〜元豊間の信安軍諸県の変化を県変遷図[1]に示す。酒統計は在城のみを記すが、酒務からは旧務年代は不明であるので、一般的な旧務年代である景祐〜慶暦に従っておく。

図によれば熙寧十年前の旧外県は0であるので、県置務率はない。酒務は州県務1・鎮市務0の計1務で、州県務率100%・鎮市務率0%である。

次に酒務地は酒統計に○□△印を付した在城（州県務1）のみである。併設地・新税務地・存続地・旧商税務[2]・新商税務[3]は共に1処で諸比率は100%である。また新旧商税務・地理表[4]にみえない不明地はなく不明率は0%である。以上の酒務・諸数値を酒務表に整理して示す。

F15 信安軍　県変遷図

年　代	外県	郭下
	ナシ	淤口關
後周顕徳6年 959		建置①寨
太平興国6年 981		建置②破虜軍
景徳3年 1006		改名③信安軍
旧務年代		○
熙寧10年 1077		○

F15 信安軍　同下州　地理表（主戸318　客戸391　計709　貢　絹）

格	県	距離	郷	鎮	%	その他	備　考	水　系	計1
	郭下		0	0	−	寨6	周河・刀魚・田家・狼城・佛聖渦・李詳寨	滹沱河	1
計1			0	0	−	土産6	ナシ		計0

×印の地：小さな町候補地6
注　郭下は県として扱う

F15 信安軍　酒務表

外県	置務県	置務率	州県務	州県務率	鎮市務	鎮市務率	酒務	併設地	併設率	旧商税務	対税旧商率	新税務地	新務地率	新商税務	対税新商率	存続地	存続率
0	0	−	1	100	0	0	1	1	100	1	100	1	100	1	100	1	100

併設地		州県	在城							1処
	計1	鎮市								0処
新税務地		州県	1の地							1処
	計1	鎮市								0処
存続地		州県	1の地							1処
	計1	鎮市								0処
不明地									0処	不明率 0 %

旧務年代の町0・小都市0、新務年代の町0・小都市0

第五章　河北東路

注

(1) 県変遷図の作成史料は拙著2、139頁参照。
(2) 拙著2、139頁。
(3) 拙著2、139頁。
(4) 拙著2、140頁の地理表に同じ。

16　保定軍 F 16

保定軍の酒務及び新旧酒銭額は次の如くである。

(1) 酒統計

保定軍。舊。在城一務
① 　 　 ○ □ △
歳　　　　　　　　　　6,667貫
熙寧十年租額　　　　　6,449貫632文
　（買撲不記）
　　　　新額計　　　　6,449貫632文
注　①原文、安。志、定

旧額は6,667貫・新額6,449貫で、両額の差額−218貫・増額率−3％である。また官売額6,449貫・買撲0貫で、官売率100％・買撲率0％である。以上の数値を銭額表にまとめる。

(2) 酒務表

次に寰宇記68・九域志2により太平興国中〜元豊間の保定軍諸県の変化を県変遷図(1)に示す。

酒統計は在城のみを記すが、旧務年代は不明であるので、一般的な旧務年代である景祐〜慶暦に従っておく。

図によれば熙寧十年前の旧外県は0であるので、県置務率はない。酒務は州県務1・鎮市務0の計1務で、州県務率100％・鎮市務率0％である。

次に酒務地は酒統計に○□△印を付した在城(州県務1)のみである。併設地・新税務地・存続地・旧商税務(2)・新

F16　保定軍　銭額表

旧	額		6,667貫
新　額	官売		6,449貫
	買撲		0貫
	計		6,449貫
新旧差額			−218貫
増額率			−3％
官売率			100％
買撲率			0％

F16　保定軍　県変遷図

年　代	外県	郭下
	ナシ	新鎮
太平興国6年 981		建置 ①平戎軍
景徳1年 1004		改名 ②保定軍
旧務年代		○
熙寧10年 1077		○

第二編　銅銭区北部

商税務(3)は共に1処で諸比率は100％である。また新旧商税務・地理表(4)にみえない不明地はなく不明率は0％である。以上の酒務・諸数値を酒務表に整理して示す。

F16 保定軍　同下州　地理表（主戸828　客戸233　計1,061　貢 絁）

格	県	距離	郷	鎮	％	その他	備考	水系	計1
	ナシ	郭下	0	0	—	寨 2	桃家・父母寨	滹沱河	1
計 1			0	0	—	2	土産 不記		

×印の地：小さな町候補地2
注　郭下は県として扱う

F16 保定軍　　　　　酒務表

外県	置務県	置務県率	州県務	州県務率	鎮市務	鎮市務率	酒務	併設地	併設率	旧商税務	対税旧商率	新税務地	新務地率	新商税務	対税新商率	存続地	存続率
0	0	—	1	100	0	0	1	1	100	1	100	1	100	1	100	1	100

併設地	州県	在城	1処
計 1	鎮市		0処
新税務地	州県	1の地	1処
計 1	鎮市		0処
存続地	州県	1の地	1処
計 1	鎮市		0処
不明地		0処	不明率 0％

旧務年代の町0・小都市0、新務年代の町0・小都市0

注

(1) 県変遷図の作成史料は拙著2、141頁参照。
(2) 拙著2、140頁。　(3) 拙著2、141頁。
(4) 拙著2、142頁の地理表に同じ。

おわりに

　表1に河北東路16州軍の銭額表をまとめ、また州軍の戸数・商税額を付した。F2滄州の元豊戸は約6万戸で、元豊に近い熙寧十年の新商税額は約9万貫であり、戸数・商税共に河北東路でトップクラスである。熙寧十年の新酒額も約13万貫でトップクラスである。逆に戸数・商税が低レベルのF15信安軍（戸約7百戸・商税約1千貫）の新酒額は約8千貫と少額である。河北東路では戸数・商税の大小がおおまかには酒額の大小と一致する。しか

第五章　河北東路

表1　F 河北東路　銭額総合表

州軍		旧額	新額	差額	増額率	官売	買撲	官売率	買撲率	戸	新商税
F1	澶州	79,187	91,756	12,569	16	81,354	10,402	89	11	56,025	33,330
F2	滄州	132,247	132,245	－2	0	119,900	12,345	91	9	56,911	94,825
F3	冀州	85,661	76,139	－9,522	－11	72,139	4,000	95	5	51,136	18,859
F4	瀛州	64,341	47,984	－16,357	－25	41,675	6,309	87	13	33,327	24,657
F5	博州	85,019	86,046	1,027	1	65,374	20,672	76	24	72,892	33,827
F6	棣州	81,246	95,445	14,199	17	90,781	4,664	95	5	38,943	52,379
F7	莫州	22,468	27,471	5,003	22	25,909	1,562	94	6	13,436	9,613
F8	雄州	23,827	22,780	－1,047	－4	22,318	462	98	2	8,969	11,552
F9	覇州	24,536	20,717 ～ 20,627	－3,819 ～ －3,909	－15 ～ －16	18,919	17囚8	91 ～ 92	9 ～ 8	15,059	5,817
F10	徳州	94,601	86,142	－8,459	－9	78,887	7,255	92	8	36,838	47,410
F11	濱州	52,473	60,858	8,385	16	43,407	17,451	71	29	46,333	68,595
F12	恩州	61,806	50,554	－11,252	－18	40,949	9,605	81	19	54,584	17,987
F13	永靜軍	34,081	46,976	12,895	38	39,805	7,171	85	15	33,385	26,727
F14	乾寧軍	24,240	17,206	－7,034	－29	16,982	224	99	1	6,456	5,392
F15	信安軍	5,959	7,948	1,989	33	7,887	61	99	1	709	1,434
F16	保定軍	6,667	6,449	－218	－3	6,449	0	100	0	1,061	1,738
計		878,359	876,716 ～ 876,626	－1,643 ～ －1,733	－0.2	772,735	103,891 ～ 103,981	88	12	526,064	454,142

注　州軍記号に下線を付した州軍は物額を有す

しF9覇州の商税額は約6千貫と少額であるが、酒額は約2万貫とやや高額である。覇州は北辺にあり軍事基地が置かれていたので、戸数・商税の低額に反して高額となったのであろう。これは永興軍路・秦鳳路などの西辺の軍事基地を擁する州軍にも共通してみられる。軍事基地の州軍を除くと、州軍の戸数・商税額の大小は大まかではあるが一致する。

　次に酒額の新旧の相違をみると、16州軍のうち減額州軍8、増額州軍7、ほぼ同額の州1（F2）であるが、路全体では0.2％減である。減額率・増額率が同率の州軍がほとんどなく、また新旧額の差額が同数の州軍もない。このように各州軍の新旧額の増減率及び差額が一定ではないので、斉一的・均一的な増減対策は行われなかったことがわかる。増減率・差額に一定の傾向がみられないのであるから、新旧額の相違は主として酒消費量自体の変動により生じたとみなければならない。

　次に官売額・買撲をみると、路全体の熙寧十年の官売額約77万貫、買撲約10万貫で、その差は約67万貫であり、また官売額が買撲の約8倍である。官売が路全体の88％を占め、買撲は12％に過ぎない。

　また各州軍の官売額・買撲をみると全州軍で相違しているので、各州軍に対する両額同

第二編　銅銭区北部

額の割付販売は行われなかったことがわかる。次に各州軍における官売率をみると、数州軍で同率であるが（F3とF6、F14とF15）、多くは相違するので、同比率州軍は偶然に同率になったのであり、意図的に即ち政策として同率での販売は行われなかったと思われる。したがって官売額・買撲、官売率・買撲率は大まかには都市エリア、町エリアの酒消費量が反映したものである。

なお高額官務1万貫以上は原則的なもので，F15・F16は官売額が1万貫未満であるので、州軍によっては行政都市官務額が1万貫未満であるケースがあったことがわかる。

次に表2は16州軍の酒務表をまとめている。旧務年代（旧商税務）・熙寧十年（新商税務）・元豊（地理表）のいずれにもみられない不明地6・地理表不記地14と多いが、不明率5％・存続率84％は、河北東路において酒務が置かれた行政都市・小都市・町が社会的・経済的に比較的に安定性が高かったことを証する。

次に併設率が路全体としては80％と高率であり、また州軍レベルでみると併設率が50％未満の州軍2と少ない。このことは河北東路の州県・鎮市には酒務・商税務の併設が多く行われたことを証する。また新商税務が置かれた新務年代の併設地である新税務地の新務地率も74％と高率であるので、新務年代でも併設が多く行われた。

表2　F河北東路　酒務総合表

州軍	州県務	鎮市務	鎮市率	全酒務	併設地	併設率	対旧税務商率	新税務地	新務地率	対新税務商率	存続地	存続率	不明地	不明率	旧商税務	新商税務	地理表不記地
F1	4	5	56	9	9	100	90	6	67	46	6	67	0	0	10	13	3
F2	7	17	71	24	21	88	95	20	83	77	20	83	0	0	22	26	3
F3	7	7	50	14	7	50	100	11	79	79	13	93	1	7	7	14	0
F4	4	3	43	7	7	100	100	6	86	100	7	100	0	0	7	6	0
F5	4	10	71	14	10	71	71	8	57	67	8	57	4	29	14	12	2
F6	3	10	77	13	11	85	100	12	92	80	12	92	1	8	11	15	0
F7	3	0	0	3	3	100	100	2	67	100	2	67	0	0	3	2	1
F8	1	0	0	1	1	100	100	1	100	100	1	100	0	0	1	1	0
F9	2	1	33	3	2	67	67	2	67	100	3	100	0	0	3	2	0
F10	4	12	75	16	13	81	100	11	69	69	11	69	0	0	13	16	5
F11	2	6	75	8	6	75	100	8	100	44	8	100	0	0	6	18	0
F12	4	7	64	11	6	55	100	4	36	67	11	100	0	0	6	6	0
F13	2	4	67	6	6	100	67	4	67	67	6	100	0	0	9	6	0
F14	2	0	0	2	1	50	100	2	100	100	2	100	0	0	1	2	0
F15	1	0	0	1	1	100	100	1	100	100	1	100	0	0	1	1	0
F16	1	0	0	1	1	100	100	1	100	100	1	100	0	0	1	1	0
計	51	82	62	133	105	80	92	99	74	70	112	84	6	5	115	141	14

注　不町地6 地理不記地15は存続地に含めず

第五章　河北東路

表3　F 河北東路　旧務年代の都市・町

州　　軍	F1	F2	F3	F4	F5	F6	F7	F8	F9	F10	F11	F12	F13	F14	F15	F16	計
行 政 都 市	4	7	7	4	4	3	3	1	2	4	2	4	2	2	1	1	51
小　都　市	5	15	1	3	6	8	0	0	0	9	4	2	4	0	0	0	57
町	0	2	6	0	4	2	0	0	1	3	2	5	0	0	0	0	25
酒務（計）	9	24	14	7	14	13	3	1	3	16	8	11	6	2	1	1	133

典拠：各州軍酒務表

表4　F 河北東路　新務年代の都市・町

州　　軍	F1	F2	F3	F4	F5	F6	F7	F8	F9	F10	F11	F12	F13	F14	F15	F16	計
行 政 都 市	4	5	5	2	4	3	1	1	2	2	1	3	2	2	1	1	39
小　都　市	2	15	6	4	4	9	1	0	0	9	7	1	2	0	0	0	60
町	0	0	2	1	0	0	0	0	1	0	0	7	2	0	0	0	13
酒 務 県	0	0	0	0	0	0	0	0	0	0	0	0	0	0	0	0	0
存 続 地	6	20	13	7	8	12	2	1	3	11	8	11	6	2	1	1	112

典拠：各州軍酒務表
注　F1・F5・F7・F10の地理表不記地計15、不明地6は存続地に入れず

表5　　　　　変動表

	旧務年代		新務年代		変動率
	州軍数	比率	州軍数	比率	
全　州　軍	16	―	16	―	0%
州　軍　甲	7	44%	7	44%	0%
州　軍　乙	9	56%	13	81%	44%
酒　務　数	133		112		−16%
都　市　数	108		99		−8%
町　　　数	25		13		−48%
都市の対酒務率	81%		88%		7%
町の対酒務率	19%		12%		−7%
町の対都市率	23%		13%		−10%

州軍甲：小都市未発達州軍（小都市 0 又は 1）
州軍乙：町未発達州軍（町 0 又は 1）
比率：甲、乙州軍÷全州軍
対酒務率＝都市数÷酒務数
対都市率＝町数÷都市数
州軍、酒務、都市、町の変動率＝（新数−旧数）÷旧数
対酒務率、対都市率の変動率＝新比率−旧比率
典拠：本章表3・表4

　次に表3によれば旧務年代の酒務地133で、その内訳は行政都市51・小都市57・町25である。都市108（51＋57）の対酒務地率は81％で、町の対酒務地率は19％である（表5）。都市対町＝108対25で、町の対都市率は23％である（表5）。

　次に旧務年代の全16州軍のうち小都市が 0 又は 1 の小都市未発達の州軍（表5、州軍甲）

第二編　銅銭区北部

7で44％に過ぎない（表5）。小都市は比較的に多くの州軍で発達していた。町が0又は1の町未発達州軍（表5、州軍乙）9で56％であり、多くの州軍に町は発達していなかった（表5）。

次に新務年代の未発達州軍7で全州軍16の44％をしめ、やや多くの州軍で小都市が展していた（表5）。また町未発達州軍13で81％であるので甚だ多くの州軍で町は発達していず（表5）、町未発達州軍が多くなっている。

次に表4によれば新酒務地112の内訳は、行政都市39・小都市60・町13である。都市99（39＋60）の対酒務地率は88％、町13の対酒務地率は12％である（表5）。また都市対町＝99対13であり、町の対都市率は13％に過ぎず、旧務年代より低い。その一因は次のことにあると思われる。

地理表に示した地名は九域志が採録した地であるが、九域志は草市や道店を採録しないので、存続地は旧酒務地より少なくなる場合があることである。表2の存続地112・存続率84％以上になる可能性が十分にある。

新務年代では河北東路には少なくとも商税務・酒務が併置された行政都市39、小都市60、酒務のみが置かれた町13が存在した。

次に酒務が置かれず商税務のみが記された地である旧商税地・新商税地は表6の如くである。河北東路の旧商税地10処は旧商税務115（表2）の一割弱で、旧商税地は数少ない地であることがわかる。このことに加えて酒務・商税務の併設地が105処と甚だ多いことから旧商税地は厳選された地であることがわかる。

また全州軍16のうち旧商税地0～3処の州軍15で、4処の州1（F5）であることは、路として商税務乱設を行なわなかったことを意味する。

新商税地42で旧商税地よりも多いのは、基本的には新務年代までの経済力発展にともない三司の税務が増加したことによる。前掲表2によれば26務が増設されている。

表6　河北東路　新旧務地

州　　軍	F1	F2	F3	F4	F5	F6	F7	F8	F9	F10	F11	F12	F13	F14	F15	F16	計
旧商税地	1	1	0	0	4	0	0	0	1	0	0	0	3	0	0	0	10
新商税地	7	6	3	0	4	3	0	0	0	5	10	2	2	0	0	0	42

旧商税地＝旧商税務－併設地、新商税地＝新商税務－新税務地
典拠：本章表2

次ぎに本章の諸州軍の地理表をまとめると表7の如くである。河北東路の記載地は148処と比較的に多く水準Ⅲである。その内訳は町・小都市90で（水準Ⅳ）、また小さな町候補地57（水準Ⅱ）であり、河北東路には都市・町が比較的に多い。それらの都市・町に置かれ

ている機関を機能により分類すると、保安機関の鎮107（水準Ⅳ）、寨・堡・城などの軍事機関41（水準Ⅳ）、監・場等の生産機関はない。軍事機関は主として北部の8州軍（F2・4・7・8・9・14・15・16）に置かれていた。（水準は一編一章末、比較表1を参照）

表7　河北東路　地理表記載地

路	記載地	無名地	町・小都市	大きな町に準ずる町	町候補地
F	148	0	無印地　90	○印地　1	×印地　57

機　能	保安	軍事	生産
機　関	鎮　107	寨　38 関　3	0

記載地＝町・小都市＋大きな町に準ずる町＋町候補地
典拠：本章各州軍地理表

第二編　銅銭区北部

第六章　河北西路

1　眞定府 G 1

眞定府の酒務及び新旧酒銭額は次の如くである。

(1)　酒統計

舊。在城及天威軍・獲鹿・井陘・欒城・藁城・行唐・元氏県八務
　①　　　　　②　　　③
歳　　　　　　　１３５,９３８貫
熙寧十年祖額　　９５,４４５貫２２０文
　　買撲　　　　９,２８７貫４４５文
　　　新額計　１０４,７３２貫６６５文

注　①天威軍に井陘県が置かれたので天威軍に□△を付す
　　②井陘旧跡地は舊県鎮で地理表に見える。井陘に△印を付す
　　③原文、※（原文不鮮明）

G1 眞定府	銭　額　表	
旧　　額		135,938 貫
新　額	官売	95,445 貫
	買撲	9,287 貫
	計	104,732 貫
新旧差額		−31,206 貫
増額率		−23 %
官売率		91 %
買撲率		9 %

旧額は135,938貫・新額104,732貫で、両額の差額−31,206貫・増額率−23％である。また官売額95,445貫・買撲9,287貫で、官売率91％・買撲率９％である。以上の数値を銭額表にまとめる。

(2)　酒務表

次に寰宇記61・九域志２・地理志２により太平興国中～元豊間の眞定府諸県の変化を県変遷図[(1)]に示す。酒統計は在城・県６・鎮市１を記すが、それらの酒務からは旧務年代は不明であるので、一般的な旧務年代である景祐～慶暦に従っておく。

G1 眞定府　県変遷図

年　代	外　県									郭下
	鼓城	束鹿	獲鹿	井陘	平山	靈壽	行唐	藁城	欒城	元氏	北寨	眞定
太平興国中	○	○	○	○	○	○	○	○	○	○	○	○
端拱２年 989	↓① 祁州			(天威軍)								
淳化元年 990		↓② 深州										
旧務年代	×	1○	2○	3○	4○	5○	6○	7○	8○		○	
熙寧６年 1073		○	○	×←③→× 廃	○	○	○	○			○	
８年			再建④ 井陘県			④				⑤		
10年		○8	○7	○6	○5	○4	○3	○2	○1		○	

— 250 —

第六章　河北西路

　図によれば熙寧六年前の旧外県8であり、酒統計の県酒務6であるので、県置務率は75％である。また酒務は州県務7・鎮市務1の計8務で、州県務率88％・鎮市務率12％である。

　次に酒統計に○印を付した在城[1]・獲鹿[2]・井陘[3]・欒城[4]・藁城[5]・行唐[6]・元氏県[7]（州県務7）、及び天威軍[8]（鎮市務1）の計8処が酒務・旧商税務の併設地である。併設地が酒務地8処にしめる併設率100％、旧商税務14処[(2)]に対する併設地の対旧商税務率57％である。なお平山・靈壽両県の酒務は記載されていない。

　次に旧務年代の小都市は、鎮市のうち酒統計の地名に○印を付す併設地1処で、町は○印を付さない鎮市であるが（以下の州軍酒統計同じ）、酒統計にみえないので町0である。

　次に酒務地に新商税務が設置された新税務地は、酒統計に□印を付した上記の1～7の地（州県務7）の計7処である。酒務地8処にしめる新税務地の新務地率は88％、また新商税務9処[(3)]に対する新税務地の対新商税務率は78％である。井陘県[3]は新務年代では天威軍に置かれていたので、新商税務に井陘県はみえるが天威軍[8]はみえない。井陘県の旧地は地理表にみえる舊県鎮であろう。この地に新商税務は置かれていない。

　次に酒務地で元豊まで存在して地理表[(4)]にみえる存続地は、酒統計の地名に△印を付している。存続地は上記の1～7の地（州県務7）及び3の地（舊県鎮）で計8処である。酒務地8処にしめる存続地の存続率は100％である。

　次に新務年代の□印が付された新税務地がないので小都市0である。また町は鎮市で△印のみを付す地及び○△印の地（以下の州軍酒統計同じ）であるが、両印の地が酒統計にみえないので町0である。次に新旧商税務・地理表にみえない不明地はなく、不明率0％である。以上の酒務・諸数値を酒務表に整理して示す。

G1　眞定府　格次府　地理表（主戸69,753　客戸12,854　計82,607　貢 羅）

格	県	距離	郷	鎮	％	その他	備　考	水　系	計12
次赤	眞定	郭下	8	0	0	0		滋水, 滹沱河	2
次畿	藁城	東 68	6	0	0	0		滋水, 滹沱河	2
次畿	欒城	南 63	2	0	0	0		泜水, 洨水	2
次畿	元氏	南 98	6	0	0	0		槐河	1
次畿	井陘	西南 89	1	1	100	0	舊県鎮	陘水, 縣蔓水	2
次畿	獲鹿	西南 99	3	1	33	0	○石邑鎮	滹沱河	1
次畿	平山	西 65	5	0	0	0		冶水	1
次畿	行唐	北 55	6	2	33	0	靈壽・慈谷鎮	常水	1
	北寨	西北 200	2	1	50	0	×嘉祐鎮		0
計 9			39	5	12	0	土産 常山, 瓜子羅, 孔雀羅, 春羅, 梨		5種

×印の地：小さな町候補地3、○印の地：大きな町に準ずる町2
注　北寨は郷を有するので県として扱う

第二編　銅銭区北部

G1　眞定府　　　　　　　　酒　務　表

外県	置務県	置務率	州県務	州県務率	鎮市務	鎮市務率	酒務	併設地	併設率	旧商税務	対旧商税率	新税務地	新務地率	新商税務	対新商税率	存続地	存続率
8	6	75	7	88	1	12	8	8	100	14	57	7	88	9	78	8	100

併設地	州県	在城[1]・獲鹿[2]・井陘[3]・欒城[4]・藁城[5]・行唐[6]・元氏県[7]	7処
計 8	鎮市	天威軍[8]（小都市、以下の州軍酒務表同じ）	1処
新税務地	州県	1～7の地	7処
計 8	鎮市	3の地（舊県鎮）（小都市、以下の州軍酒務表同じ）	1処
存続地	州県	1～7の地	7処
計 8	鎮市	3の地	1処
不明地		0処　不明率　0％	

旧務年代の町0・小都市1、新務年代の町1・小都市1
注　①井陘県は天威軍に移転、跡地は地理表の旧県鎮であろう。
　　②新旧税務数には郭下の眞定県務を含めず

注

(1)　県変遷図の作成史料は拙著2、151～152頁参照。
(2)　拙著2、150頁。　(3)　拙著2、150～151頁。
(4)　拙著2、153頁の地理表に同じ。

2　相州 G 2

相州の酒務及び新旧酒銭額は次の如くである。

(1)　酒統計

舊。在城及蕩陰・永和・臨漳・鄴・林慮県・天禧鎮七務①
歳　　　　　　　　　50,441貫
熙寧十年祖額　　　　46,980貫874文
　　買撲　　　　　　 4,025貫584文
　　　　新額計　　　51,006貫458文
　　注　①原文、陽。志、蕩

旧額は50,441貫・新額51,005貫で、両額の差額564貫・増額率1％である。また官売額50,441貫・買撲4,025貫で、官売率92％・買撲率8％である。以上の数値を銭額表にまとめる。

G2　相州　　銭　額　表

旧　額		50,441貫
新　額	官売	46,980貫
	買撲	4,025貫
	計	51,005貫
新旧差額		564貫
増額率		1％
官売率		92％
買撲率		8％

第六章　河北西路

(2) 酒務表

次に寰宇記55・九域志2により太平興国中〜元豊間の相州諸県の変化を県変遷図[1]に示す。酒統計は在城・県5・鎮市1を記すが、それらの酒務からは旧務年代は不明であるので、一般的な旧務年代である景祐〜慶暦に従っておく。

図によれば熙寧六年前の旧外県5であり、酒統計の県酒務5であるので、県置務率は100％である。また酒務は州県務6・鎮市務1の7務で、州県務率86％・鎮市務率14％である。

G2 相州　県変遷図							
年　代	外　　　県						郭下
	林慮	蕩陰	鄴県	臨漳	永定		安陽
太平興国	○	○	○	○	○		○
天聖7年 1029					① 永和		○
旧務年代	1○	2○	3○	4○	5○		○
熙寧6年 1073			②		②	→	○
熙寧10年	○3	○2		○1			○

次に酒統計に○印を付した在城[1]・蕩陰[2]・永和[3]・臨漳[4]・鄴[5]・林慮県[6]（州県務6）、及び天禧鎮[7]（鎮市務1）の計7処が酒務・旧商税務の併設地である。併設地が酒務地7処にしめる併設率100％、旧商税務7処[2]に対する併設地の対旧商税務率100％である。

次に酒務地に新商税務が設置された新税務地は、酒統計に□印を付した上記の1・2・4・6の地（州県務4）、及び3・5・7の地（鎮市務3）の計7処である。酒務地7処にしめる新税務地の新務地率は100％、また新商税務7処[3]に対する新税務地の対新商税務率は100％である。なお旧務年代の永和[3]・鄴[5]両県は新務年代では鎮である。

次に酒務地で元豊まで存在して地理表[4]にみえる存続地は、酒統計の地名に△印を付している。存続地は上記の1・2・4・6の地（州県務4）、及び3・5・7の地（鎮市務3）で計7処である。酒務地7処にしめる存続地の存続率は100％である。

次に新旧商税務・地理表にみえない不明地はなく、不明率0％である。以上の酒務・諸数値を酒務表に整理して示す。

G2 相州　格望　地理表（主戸26,753　客戸21,093　計47,846　貢　紗，絹，知母，胡粉）

格	県	距　離	郷	鎮	％	その他	備　　考	水　系	計8
緊	安陽	郭下	4	2	50	0	天禧・永和鎮	洹水，防水	2
緊	蕩陰	南 40	1	0	0	0		菱水，湯水，淇水	3
緊	臨漳	東北 60	2	1	50	0	鄴鎮	漳水	1
中	林慮	西 90	1	0	0	冶 1	礬陽冶	洹水，漳水	2
計 4			8	3	37	1	土産　紗，絹，鳳翢蓆，胡粉，花口胡蘆		5種

×印の地：小さな町候補地1

第二編　銅銭区北部

G2 相州　　　　　　　　　酒　務　表

外県	置務県	置務県率	州県務	州県務率	鎮市務	鎮市務率	酒務	併設地	併設率	旧商税務	対旧商税務率	新税務地	新税務地率	新商税務	対新商税務率	存続地	存続率
5	5	100	6	86	1	14	7	7	100	7	100	7	100	7	100	7	100

併設地	州県	在城¹・蕩陰²・永和³・臨漳⁴・鄴⁵・林慮⁶県	6 処
計　7	鎮市	天禧鎮⁷	1 処
新税務地	州県	1・2・4・6の地	4 処
計　7	鎮市	3・5・7の地	3 処
存続地	州県	1・2・4・6の地	4 処
計　7	鎮市	3・5・7の地	3 処
不　明　地		0 処　不明率　0 %	

旧務年代の町 0・小都市 1、新務年代の町 0・小都市 3

注

(1) 県変遷図の作成史料は拙著 2、154頁参照。
(2) 拙著 2、153頁。　(3) 拙著 2、154頁。
(4) 拙著 2、155頁の地理表に同じ。

3　定州 G 3

定州の酒務及び新旧酒銭額は次の如くである。

(1) 酒統計

舊。在城及新樂・龍泉・曲陽・無極・唐県・北平軍七務
歳　　　　１４６，５２１貫
熙寧十年租額　　　１０７，９０８貫３３６文
　　買撲　　　　　　５，６３９貫８４４文
　　　　新額計　１１３，５４８貫１８０文
注　①原文、不記。本文参照　②原文、六。北平軍を加えるので
　　　7 務　③定州額126,353貫に北平軍酒額を加えた。本文参照

G3 定州		銭　額　表	
旧　　額			146,521貫
新　額	官売		107,908貫
	買撲		5,639貫
	計		113,547貫
新旧差額			−32,974貫
増額率			−23 %
官売率			95 %
買撲率			5 %

注　旧額は北平軍旧額を含む

河北西路酒統計の末尾に「北平軍。舊。在城一務。歳20,168貫。併入定州。」とみえる。この軍は同下州の軍ではなく、慶暦二年に北平寨に置かれた州直属の軍で、同四

第六章　河北西路

年には北平県に移転し、県郭内に北平軍使が置かれた[1]。また商税統計では旧務年代・新務年代に定州の税務としてそれぞれ北平県・北平軍を記す。上掲の定州酒統計に北平県がみえないのは、軍使が酒務を管したことによると解することも出来る。その場合、定州の旧務年代は慶暦四年以降となる。しかし県に酒務が置かれないケースも考えられる。その場合、旧務年代は軍が建置された慶暦二年以降となる。ここでは旧務年代は慶暦四年以降として論を進める。したがって北平軍酒務＝北平県酒務とし、その旧額を定州の旧額に入れる。なお旧商税務の旧務年代は康定元年以前である[2]。

　旧額は146,521貫・新額113,547貫で、両額の差額－32,974貫・増額率－23％である。また官売額107,908貫・買撲5,639貫で、官売率95％・買撲率5％である。以上の数値を銭額表にまとめる。

(2)　酒務表

　次に寰宇記62・九域志2により太平興国中〜元豊間の定州諸県の変化を県変遷図[3]に示す。酒統計は在城・県5（北平軍＝北平県）・鎮市1を記す。上に述べたように、旧務年代は慶暦四年以降とするので、同年〜熙寧十年前の旧外県6であり、酒統計の県酒務5であるので、県置務率は83％である。また酒務は州県務6・鎮市務1の7務で、州県務率86％・鎮市務率14％である。

　次に酒統計に○印を付した在城[1]・新樂[2]・曲陽[3]・無極[4]・唐県[5]・北平軍[6]（州県務6）、及び龍泉[7]（鎮市務1）の計7処が酒務・旧商税務の併設地である。併設地が酒務地7処にしめる併設率100％、旧商税務17処[4]に対する併設地の対旧商税務率41％である。なお望都県の酒務は記載されていない。

　次に酒務地に新商税務が設置された新税務地は、酒統計に□印を付した上記の1〜6の地（州県務6）、及び7の地（鎮市務1）の計7処である。酒務地7処にしめる新税務地の

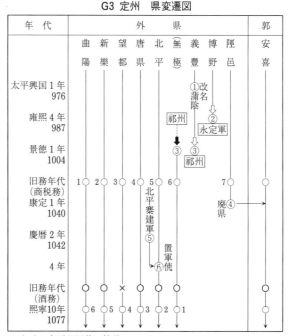

G3　定州　県変遷図

（　）：太平興国後の管県

第二編　銅銭区北部

新務地率は100％、また新商税務9処[5]に対する新税務地の対新商税務率は78％である。

次に酒務地で元豊まで存在して地理表[6]にみえる存続地は、酒統計の地名に△印を付している。存続地は上記の1～6の地（州県務6）、及び7の地（鎮市務1）の計7処である。酒務地7処にしめる存続地の存続率は100％である。

次に新旧商税務・地理表にみえない不明地はなく、不明率0％である。以上の酒務・諸数値を酒務表に整理して示す。

G3　定州　格上　地理表（主戸44,530　客戸14,730　計59,260　貢　羅，綾）

格	県	距離		郷	鎮	％	その他	備　考	水　系	計10
緊	安喜	郭下		7	0	0	0		滱水，慮奴水，長星川	3
緊	無極	南	90	3	0	0	0		瀘河	1
上	曲陽	西	60	3	1	33	0	龍泉鎮	曲陽水	1
中	唐県	北	50	3	2	66	0	力士・赤岸鎮	滱水	1
中	望都	東北	60	3	0	0	0		唐水	1
中	新樂	西南	50	2	0	0	0		孤水，木刀溝	2
中下	北平	北	90	2	0	0	0		濡水	1
計 7				23	3	13	0	土産　兩窠紋綾，羅奇，楊藜，常山，人葠，磁器		6種
寨	軍城	西	120	0	0	0	0			

×印の地：小さな町候補地2

G3　定州　　　　　　酒　務　表

外県	置務県	置務率	州県務	州県務率	鎮市務	鎮市務率	酒務	併設地	併設率	旧商税務	対税旧商率	新税務地	新務地率	新商税務	対税新商率	存続地	存続率
6	5	83	6	86	1	14	7	7	100	17	41	7	100	9	78	7	100

併設地	州県	在城¹・新樂²・曲陽³・無極⁴・唐県⁵・北平軍⁶（北平県）	6処
計 7	鎮市	龍泉⁷	1処
新税務地	州県	1～6の地	6処
計 7	鎮市	7の地	1処
存続地	州県	1～6の地	6処
計 7	鎮市	7の地	1処
不明地		0処　不明率　0％	

旧務年代の町0・小都市1、新務年代の町0・小都市1

第六章　河北西路

注

(1) 拙著2、156頁。
(2) 同（1）。
(3) 県変遷図の作成史料は拙著2、156頁参照。
(4) 拙著2、155頁。
(5) 同（4）。
(6) 拙著2、157頁の地理表に同じ。

4　邢州 G 4

邢州の酒務及び新旧酒銭額は次の如くである。

(1) 酒統計

舊。在城及鉅鹿・平郷・内丘・堯山・龍岡・沙河・南和・任県・恭村・新店・團城鎮十二務
歳　　　　　　　　 ６４，６８３貫
熙寧十年祖額　　　 ６５，８６５貫４１０文
　　　買撲　　　　　５，６４８貫５２０文
　　　　新額計　　 ７１，５１３貫９３０文
　注　①郭下県、酒務数に入れず　②原文、河沙。志、沙河　③原文、県。志、鎮。県変遷図参照

旧額は64,683貫・新額71,513貫で、両額の差額6,830貫・増額率11%である。また官売額65,865貫・買撲5,648貫で、官売率92%・買撲率8%である。以上の数値を銭額表にまとめる。

G4 邢州　銭額表

旧	額		64,683 貫
新	額	官売	65,865 貫
		買撲	5,648 貫
		計	71,513 貫
新旧差額			6,830 貫
増額率			11 %
官売率			92 %
買撲率			8 %

(2) 酒務表

次に寰宇記59・九域志2により太平興国中〜元豊間の邢州諸県の変化を県変遷図(1)に示す。酒統計は在城・県7（郭下県を入れず）・鎮市3を記すが、それらの酒務からは旧務年代は不明であるので、一般的な旧務年代である景祐〜慶暦に従っておく。

図によれば熙寧五年前の旧外県7であり、

G4 邢州　県変遷図

年　代	外　　　県	郭下
太平興国	平郷　鉅鹿　堯山　内丘　任県　南和　沙河	龍岡
旧務年代	1○　2○　3○　4○　5※　6○　7○	○
熙寧5年 1072	②→	○
6年	②→　　②→	
10年	○4　○3　　○2　○1	○↓

第二編　銅銭区北部

酒統計の県酒務7（龍岡県を除く）であるので、県置務率は100％である。また酒務は州県務8・鎮市務3の11務で、州県務率73％・鎮市務率27％である。

次に酒統計に〇印を付した在城¹・鉅鹿²・平郷³・内丘⁴・堯山⁵・沙河⁶（州県務6）、及び團城鎮⁷（鎮市務1）の計7処が酒務・旧商税務の併設地である。併設地が酒務地11処にしめる併設率64％、旧商税務7処⁽²⁾に対する併設地の対旧商税務率100％である。なお任県・南和両県の旧商税務は記載されていない。

次に酒務地に新商税務が設置された新税務地は、酒統計に□印を付した上記の1・2・4・6の地・南和⁸（州県務5）、及び3・5・7の地・綦村⁹・新店¹⁰（鎮市務5）の計10処である。酒務地11処にしめる新税務地の新務地率は91％、また新商税務10処⁽³⁾に対する新税務地の対新商税務率は100％である。なお任県は熙寧五年に鎮に降格され、新商税務は記載されていない。また旧務年代の平郷³・堯山⁵・任県¹¹は新務年代では鎮に降格されていた。

次に酒務地で元豊まで存在して地理表⁽⁴⁾にみえる存続地は、酒統計の地名に△印を付している。存続地は上記の1・2・4・6・8の地（州県務5）、及び3・5・7・9・10の地・

G4　邢州　格上　地理表（主戸38,936　客戸21,697　計60,633　貢　絹，瓷器，解玉沙）

格	県	距離	郷	鎮	%	その他	備　考	水　系	計10
上	龍岡	郭下	3	0	0	0		蓼水，渦水	2
上	沙河	南　25	3	1	33	鉄冶1	綦村鎮、（冶名不記）	渦水	1
上	鉅鹿	東北100	4	3	75	0	平郷・新店・團城鎮	大陸澤，漳河，落漠水	3
上	内丘	北　47	5	1	20	0	堯山鎮	泜水，渚水	2
中	南和	東南32	3	1	33	0	任鎮	任水，泜水	2
計 5			18	6	33	1	土産　白甆器，絲布，解玉沙，綿，綾		5種

×印の地：小さな町候補地1

G4　邢州　　　　酒　務　表

外県	置務県	置務率	州県務	州県務率	鎮市務	鎮市務率	酒務	併設地	併設率	旧商税務	対旧商税務率	新税務地	新務地率	新商税務	対新商税務率	存続地	存続率
7	7	100	8	73	3	27	11	7	64	7	100	10	91	10	100	11	100

併設地	州県	在城¹・鉅鹿²・平郷³・内丘⁴・堯山⁵・沙河⁶	6処
計 7	鎮市	團城鎮⁷	1処
新税務地	州県	1・2・4・6の地・南和⁸	5処
計10	鎮市	3・5・7の地・綦村⁹・新店¹⁰	5処
存続地	州県	1・2・4・6・8の地	5処
計11	鎮市	3・5・7・9・10の地・任鎮¹¹	6処
不明地			0処　不明率　0％

旧務年代の町4（8～11の地）・小都市1、新務年代の町1（11の地）・小都市5

第六章　河北西路

任鎮（鎮市務６）で計11処である。酒務地11処にしめる存続地の存続率は100％である。

次に新旧商税務・地理表にみえない不明地はなく、不明率０％である。以上の酒務・諸数値を邢州酒務表に整理して示す。

注

(1)　県変遷図の作成史料は拙著２、158頁参照。
(2)　拙著２、157頁。　(3)　拙著２、158頁。
(4)　拙著２、159頁の地理表に同じ。

5　懐州 G 5

懐州の酒務及び新旧酒銭額は次の如くである。

(1)　酒統計

舊。在城及武陟・武德・修武・河内県・青化・宋郭・萬善鎮・尚郷・柏樹店十務
歳　　　　　　　４１,２４３貫
熙寧十年祖額　　３４,６９７貫７２４文
　　　買撲　　　　　　７３貫３３７文
　　　　　　新額計　３４,７７１貫０６１文
注　①郭下県、酒務数に入れず

旧額は41,243貫・新額34,770貫で、両額の差額－6,473貫・増額率－16％である。また官売額34,697貫・買撲73貫で、官売率100％・買撲率０％である。以上の数値を銭額表にまとめる。

G5 懐州　銭額表

旧　額		41,243 貫
新　額	官売	34,697 貫
	買撲	73 貫
	計	34,770 貫
新旧差額		－6,473 貫
増額率		－16 ％
官売率		100 ％
買撲率		0 ％

(2)　酒務表

次に寰宇記53・九域志２により太平興国中～元豊間の懐州諸県の変化を県変遷図[(1)]に示す。酒統計は在城・県３（郭下県はを入れず）・鎮市５を記すが、それらの酒務からは旧務年代は不明であるので、一般的な旧務年代である景祐～慶暦に従っておく。

図によれば熙寧六年前の旧外県３であり、酒統計の

第二編　銅銭区北部

県酒務3（河内県を除く）であるので、県置務率は100％である。また酒務は州県務4・鎮市務5の計9務で、州県務率44％・鎮市務率56％である。

次に酒統計に○印を付した在城¹・武陟²・武徳³・修武⁴（州県務4）、及び青化⁵・宋郭⁶・萬善⁷鎮（鎮市務3）の計7処が酒務・旧商税務の併設地である。併設地が酒務地9処にしめる併設率78％、旧商税務8処⁽²⁾に対する併設地の対旧商税務率88％である。

次に酒務地に新商税務が設置された新税務地は、酒統計に□印を付した上記の1・2の地（州県務2）、及び3～7の地（鎮市務5）の計7処である。酒務地9処にしめる新税務地の新務地率は78％、また新商税務7処⁽³⁾に対する新税務地の対新商税務率は100％である。なお旧務年代の武徳³・修武⁴両県は熙寧六年以降は鎮である。

次に酒務地で元豊まで存在して地理表⁽⁴⁾にみえる存続地は、酒統計の地名に△印を付している。存続地は上記の1・2の地（州県務2）、及び3～7の地（鎮市務5）で計7処である。酒務地9処にしめる存続地の存続率は78％である。

次に新旧商税務・地理表にみえない不明地は尚郷⁸・柏樹店⁹（鎮市務2）で、不明率22％である。以上の酒務・諸数値を酒務表に整理して示す。

G5 懐州　格雄　地理表（主戸19,234　客戸13,682　計32,916　貢　牛膝）

格	県	距離	郷	鎮	％	その他	備　　考	水　系	計5
緊	河内	郭下	7	4	57	0	武徳・宋郭・清化・萬善鎮	黄河，沁水，溴水	3
中	武陟	東85	6	1	16	0	修武鎮	黄河，沁水	2
計2			13	5	38	0	土産　絲，絹，朱膠，絁，綿		5種

G5 懐州　酒務表

外県	置務県	置務率	州県務	州県務率	鎮市務	鎮市務率	酒務地	併設地	併設率	旧商税務	対旧商務率	新税務地	新務地率	新商税務	対新商務率	存続地	存続率
3	3	100	4	44	5	56	9	7	78	8	88	7	78	7	100	7	78

併設地 計7	州県	在城¹・武陟²・武徳³・修武⁴	4処
	鎮市	青化⁵・宋郭⁶・萬善鎮⁷	3処
新税務地 計7	州県	1・2の地	2処
	鎮市	3～7の地	5処
存続地 計7	州県	1・2の地	2処
	鎮市	3～7の地	5処
不明地		尚郷⁸・柏樹店⁹	2処　不明率　22％

旧務年代の町2（8、9の地）・小都市3、新務年代の町0・小都市5

第六章　河北西路

注

(1)　県変遷図の作成史料は拙著2、160頁参照。
(2)　拙著2、159頁。
(3)　拙著2、159～160頁。
(4)　拙著2、161頁の地理表に同じ。

6　衛州G6

衛州の酒務及び新旧酒銭額は次の如くである。

(1)　酒統計

舊。在城及共城・新郷・獲嘉県・太學鎮五務①
歳　　　　　　　　　４１，０１２貫
熙寧十年租額　　　　４６，４９１貫１５４文
　　　買撲　　　　　１６，４７７貫７１０文
　　　　新額計　　　６２，９６８貫８６４文
注　①原文、城。誤

旧額は41,012貫・新額62,968貫で、両額の差額21,959貫・増額率54％である。また官売額46,491貫・買撲16,477貫で、官売率74％・買撲率26％である。以上の数値を銭額表にまとめる。

G6 衛州	銭　額　表	
旧　　額		41,012貫
新　　額	官売	46,491貫
	買撲	16,477貫
	計	62,968貫
新旧差額		21,959貫
増額率		54％
官売率		74％
買撲率		26％

(2)　酒務表

次に寰宇記56・九域志2により太平興国中～元豊間の衛州諸県の変化を県変遷図(1)に示す。酒統計は在城・県3・鎮市1を記すが、それらの酒務からは旧務年代は不明であるので、一般的な旧務年代である景祐～慶暦に従っておく。

熙寧三年前の旧外県3であり、酒統計の県酒務3であるので、県置務率は100％である。また酒務は州県務4・鎮市務1の計5務で、州県務率80％・鎮市務率20％である。

次に酒統計に○印を付した在城・共城・新郷・獲嘉県（州県務4）の4処が酒務・旧商税務の併設地である。併設地が酒務地5処にしめる併設率80％、旧商税務8処(2)に対する併設地の対旧商税務率50％である。

— 261 —

第二編　銅銭区北部

次に酒務地に新商税務が設置された新税務地は、酒統計に□印を付した上記の1・2・4の地（州県務3）、及び3の地（鎮市務1）の4処である。酒務地5処にしめる新税務地の新務地率は80％、また新商税務13処[(3)]に対する新税務地の対新商税務率は31％である。なお旧務年代の新郷県は熙寧六年以降は鎮である。

次に酒務地で元豊まで存在して地理表[(4)]にみえる存続地は、酒統計の地名に△印を付している。存続地は上記の1・2・4の地（州県務3）、及び3の地（鎮市務1）で計4処である。酒務地5処にしめる存続地の存続率は80％である。

次に新旧商税務・地理表にみえない不明地は太學鎮で、不明率20％である。以上の酒務・諸数値を酒務表に整理して示す。

G6 衛州　県変遷図

年　代	外　県					郭下
太平興国	獲嘉	共城	黎陽	衛県	新郷	汲県
	懐州					
	①		①			
天聖4年 1026			通利軍			
旧務年代	1○	2○			3○	
熙寧3年 1070			②	②		
6年			③	③		
10年	○3	2○	1	淇門鎮		○

注：淇門鎮の汲県への併入は，熙寧三年に行われた可能性もある。

G6 衛州　格望　地理表（主戸33,843　客戸13,873　計47,716　貢　絹，綿）

格	県	距　離	郷	鎮	％	その他	備　考	水　系	計8
中	汲県	郭下	5	3	60	0	吝園・新郷・淇門鎮	黄河、御河	2
中	獲嘉	西　90	4	1	25	0	大寧鎮	黄河、清水	2
中	共城	西北 55	3	0	0	場 1	銀錫場（地名不記）	淇水、百門陂	2
中	黎陽	東北 120	4	2	50	0	衛・苑橋鎮	黄河、永済渠	2
計 4			16	6	37	1	土産　糸，布，絹		3種
黎陽監		北　2	0	0	0	1	銭監		0

×印の地：小さな町候補地 3
注　黎陽県・衛鎮・淇門鎮はG17通利軍酒統計参照

G6 衛州　　　　酒　務　表

外県	置務県	置務県率	州県務	州県務率	鎮市務	鎮市務率	酒務	併設地	併設率	旧商税務	対旧商務率	新税務地	新務地率	新商税務	対新商務率	存続地	存続率
3	3	100	4	80	1	20	5	4	80	8	50	4	80	13	31	4	80

併設地	州県	在城[1]・共城[2]・新郷[3]・獲嘉県[4]	4処
計 4	鎮市		0処
新税務地	州県	1・2・4の地	3処
計 4	鎮市	3の地	1処
存続地	州県	1・2・4の地	3処
計 4	鎮市	3の地	1処
不　明　地	太學鎮[5]	1処　不明率　20％	

旧務年代の町1（5の地）・小都市0、新務年代の町0・小都市1

第六章　河北西路

注

(1) 県変遷図の作成史料は拙著 2、162頁参照。
(2) 拙著 2、161頁。
(3) 拙著 2、161〜162頁。
(4) 拙著 2、163頁の地理表に同じ。

7　洺州 G 7

洺州の酒務及び新旧酒銭額は次の如くである。

(1)　酒統計

舊。在城及肥郷・平恩・曲周・臨洺・雞澤県・北洺水・永泰村・清漳・新安・白家灘鎮十一務
　　　　　　　　①　　②　　③　　　　　　　　　　　　　　④
歳　　　　　　　５６,８７７貫
熙寧十年租額　　５３,５４４貫８９４文
　　　　買撲　　　３,４１８貫５３６文
　　　　　　新額計　５６,９６３貫４３０文

注　①新商税務、東臨洺・西臨洺。地理表、臨洺東・臨洺西　②原文、鷄。志、雞　③地理表、北洺水・南洺水。旧商税務、洺水。新商税務、北洺水。旧商税務の洺水は北洺水としておく　④原文、灘。志、灘

旧額は56,877貫・新額56,962貫で、両額の差額85貫・増額率0.1％である。また官売額53,544貫・買撲3,418貫で、官売率94％・買撲率 6 ％である。以上の数値を銭額表にまとめる。

G7 洺州	銭　額　表	
旧　　額		56,877貫
新　　額	官売	53,544貫
	買撲	3,418貫
	計	56,962貫
新旧差額		85貫
増額率		0.1％
官売率		94％
買撲率		6％

(2)　酒務表

次に寰宇記58・九域志 2 により太平興国中〜元豊間の洺州諸県の変化を県変遷図⁽¹⁾に示す。酒統計は在城・県 5 ・鎮市 5 を記すが、それらの酒務からは旧務年代は不明であるので、一般的な旧務年代である景祐〜慶暦に従っておく。

図によれば熙寧三年前の旧外県 5 であり、酒統計の県酒務 5 であるので、県置務率は100％である。また酒務は州県務 6 ・鎮市務 5 の計11務で、州県務率55％・鎮市務率45％である。

次に酒統計に〇印を付した在城¹・肥郷²・平恩³・曲周⁴・臨洺⁵・雞澤県⁶（州県務 6 ）、白家灘鎮⁷・北洺水⁸（鎮市務 2 ）の計 8 処が酒務・旧商税務の併設地である。併設地が酒務地11処

— 263 —

第二編　銅銭区北部

にしめる併設率73%、旧商税務9処[(2)]に対する併設地の対旧商税務率89%である。

次に酒務地に新商税務が設置された新税務地は、酒統計に□印を付した上記の1～3・6の地（州県務4）、及び4・5・7・8・新安[9]（鎮市務5）の計9処である。新税務地の新務地率は82%、また新商税務11処[(3)]に対する新税務地の対新商税務率は82%である。なお曲周[4]・臨洺[5]両県は新務年代では鎮である。

次に酒務地で元豊まで存在して地理表[(4)]にみえる存続地は、酒統計の地名に△印を付している。存続地は上記の1～3・6の地（州県務4）、及び4・5・7～9の地・清漳[10]（鎮市務6）で計10処である。酒務地11処にしめる存続地の存続率は91%である。

次に新旧商税務・地理表にみえない不明地は永泰村[11]で、不明率9%である。以上の酒務・諸数値を洺州酒務表に整理して示す。

G7　洺州　県変遷図

年代	外　　県	郭下
太平興国中	肥郷　平恩　曲周　鶏澤　臨洺	永年
旧務年代	1　2　3　4　5	○
熙寧3年 1070	①→	○
6年	②→	
10年	○3　2　○1	↓

G7　洺州　地理表（主戸25,107　客戸10,652　計35,759　土貢　羅）

格	県	距離	郷	鎮	%	その他	備　　考	水　系	計0
上	永年	郭下	4	2	50	0	臨洺東・臨洺西鎮		0
望	肥郷	東南35	2	4	200	0	霍固・新寨・清漳・新安鎮		0
緊	平恩	東90	2	2	100	0	白家灘・南洺水鎮		0
中	鶏澤	東60	4	2	50	0	曲周・北洺水鎮		0
計 4			12	10	83	0	土産　平紬, 絁子, 絹, 人薓, 油衣		5種

×印の地：小さな町候補地2
注　東臨名を旧臨名県地とす

G7　洺州　酒務表

外県	置務県	置県務率	州県務	州県務率	鎮市務	鎮市務率	酒務	併設地	併設率	旧商税務	対税旧商率	新税務地	新務地率	新商税務	対税新商率	存続地	存続率
5	5	100	6	55	5	45	11	8	73	9	89	9	82	11	82	10	91

併設地	州県	在城[1]・肥郷[2]・平恩[3]・周曲[4]・臨洺[5]・鶏澤県	6処
計 8	鎮市	白家灘鎮[7]・北洺水[8]	2処
新税務地	州県	1～3・6の地	4処
計 9	鎮市	4・5・7・8の地・新安[9]	5処
存続地	州県	1～3・6の地	4処
計 10	鎮市	4・5・7～9の地・清漳[10]	6処
不明地		永泰村[11]	1処　不明率　9 %

旧務年代の町3（9～11の地）・小都市2、新務年代の町1（10の地）・小都市5
注　不明地は新務年代の町に入れず

第六章　河北西路

注

(1) 県変遷図の作成史料は拙著2、164頁参照。
(2) 拙著2、163頁。
(3) 拙著2、164頁。
(4) 拙著2、165頁の地理表に同じ。

8　深州G8

深州の酒務及び新旧酒銭額は次の如くである。

(1)　酒統計

舊。在城及安平・武彊・饒陽・束鹿県五務
歳　　　　　　　79,004貫
煕寧十年祖額　　61,332貫597文
　　買撲　　　　 5,883貫660文
　　　新額計　　67,216貫257文

旧額は79,004貫・新額67,215貫で、両額の差額－11,789貫・増額率－15％である。また官売額61,332貫・買撲5,883貫で、官売率91％・買撲率9％である。以上の数値を銭額表にまとめる。

G8 深州	銭　額　表	
旧　　　額		79,004貫
新　　額	官売	61,332貫
	買撲	5,883貫
	計	67,215貫
新旧差額		－11,789貫
増額率		－15％
官売率		91％
買撲率		9％

(2)　酒務表

次に寰宇記63・九域志2により太平興国中～元豊間の深州諸県の変化を県変遷図(1)に示す。酒統計は在城・県4を記すが、それらの酒務からは旧務年代は不明であるので、一般的な旧務年代である景祐～慶暦に従っておく。

煕寧十年前の旧外県4であり、酒統計の県酒務4であるので、県置務率は100％である。また酒務は州県務5・鎮市務0の計5務で、州県務率100％・鎮市務率0％である。

次に酒統計に○印を付した在城・安平・武彊・饒陽・束鹿県（州県務5）の5処が酒務・旧商税務の併設地である。併設地が酒務地5処にしめる併設率100％、旧商税務5処(2)に対する併設地の対旧商税務率100％である。

— 265 —

第二編　銅銭区北部

次に酒務地に新商税務が設置された新税務地は、酒統計に□印を付した上記の1〜5の地（州県務5）の5処である。新税務地の新務地率は100％、新商税務5処[3]に対する新税務地の対新商税務率は100％である。

次に酒務地で元豊まで存在して地理表[4]にみえる存続地は、酒統計の地名に△印を付している。存続地は上記の1〜5の地（州県務5）の計5処である。酒務地5処にしめる存続地の存続率は100％である。

次に新旧商税務・地理表にみえない不明地はなく、不明率0％である。以上の酒務・諸数値を深州酒務表に整理して示す。

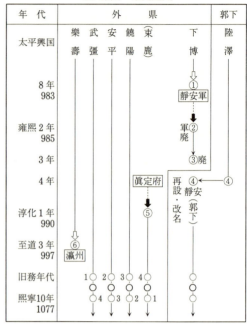

G8 深州　県変遷図

G8 深州　格望　地理表（主戸33,518　客戸5,250　計38,768　貢　絹）

格	県	距離	郷	鎮	％	その他	備　　考	水　系	計9
望	靜安	郭下	4	0	0	0		衡漳水，大陸澤	2
望	束鹿	西 45	4	0	0	0		衡漳水，滹沱河	2
望	安平	西北 85	3	0	0	0		沙河，滹沱河	2
望	饒陽	北 90	3	0	0	0		滹沱河	1
望	武彊	東北 60	4	0	0	0		衡漳水，武彊泉	2
計 5			18	0	0	0	土産　布，絹，石榴		3種

G8 深州　　　　酒　務　表

外県	置務県	置務率	州県務	州県務率	鎮市務	鎮市務率	酒務地	併設地	併設率	旧商税務	対税旧商率	新税務地	新務地率	新商税務	対税新商率	存続地	存続率
4	4	100	5	100	0	0	5	5	100	5	100	5	100	5	100	5	100

併設地	州県	1在城・2安平・3武彊・4饒陽・5束鹿県	5処
計 5	鎮市		0処
新税務地	州県	1〜5の地	5処
計 5	鎮市		0処
存続地	州県	1〜5の地	5処
計 5	鎮市		0処
不　明　地		0処　不明率	0％

旧務年代の町0・小都市0、新務年代の町0・小都市0

第六章　河北西路

　　　　　　　　　　　注

⑴　県変遷図の作成史料は拙著2、166頁参照。
⑵　拙著2、165頁。
⑶　拙著2、166頁。
⑷　拙著2、167頁の地理表に同じ。

9　磁州 G 9

磁州の酒務及び新旧酒銭額は次の如くである。

(1)　酒統計

舊｡在城及滏陽・邯鄲・武安・昭德県・固鎮・觀臺・臺村・大趙・二祖・北陽・邑城店十二務
　　　①　　　　　　　　　　　　　　　　　　②
歳　　　　　　　　　49,250貫
熙寧十年祖額　　　　63,386貫890文
　　　　買撲　　　　 3,384貫402文
　　　　　新額計　　66,771貫292文
　注　①原文、「原空」とす。滏陽は郭下県、酒務数に入れず　②原文、村臺。志、臺村

旧額は49,250貫・新額66,770貫で、両額の差額17,520貫・増額率36％である。また官売額63,386貫・買撲3,384貫で、官売率95％・買撲率5％である。以上の数値を銭額表にまとめる。

G9 磁州	銭　額　表	
旧　　額		49,250貫
新　額	官売	63,386貫
	買撲	3,384貫
	計	66,770貫
新旧差額		17,520貫
増額率		36 ％
官売率		95 ％
買撲率		5 ％

(2)　酒務表

次に寰宇記56・九域志2により太平興国中～元豊間の磁州諸県の変化を県変遷図⑴に示す。酒統計は在城・県3（郭下県を入れず）・鎮市7を記すが、それらの酒務からは旧務年代は不明であるので、一般的な旧務年代である景祐～慶暦に従っておく。

図によれば熙寧六年前の旧外県3であり、酒統計の県酒務3（滏陽県を除く）であるので、県置務率は100％である。また酒務は州県務4・鎮市務7の計11務で、州県務率36％・鎮市務率64％である。

G9 磁州　県変遷図		
年　代	外　　県	郭下
太平興国 1年 976	邯　武　昭 鄲　安　義　　①改 　　　　　　　昭德	滏 陽
旧務年代	1○　2○　3○ ○　○　○	○ ○
熙寧6年 1073	②→	○
10年	○2　○1	○

— 267 —

第二編　銅銭区北部

　次に酒統計に○印を付した在城・邯鄲・武安・昭徳県（州県務4）、及び固鎮・觀臺・臺村・大趙・二祖・北陽・邑城店（鎮市務7）の計11処が酒務・旧商税務の併設地である。併設地が酒務地11処にしめる併設率100％、旧商税務12処(2)に対する併設地の対旧商税務率92％である。

　次に酒務地に新商税務が設置された新税務地は、酒統計に□印を付した上記の1～3の地（州県務3）、及5～9・11の地（鎮市務6）の計9処である。酒務地11処にしめる新税務地の新務地率は82％、また新商税務10処(3)に対する新税務地の対新商税務率は90％である。なお旧務年代の昭徳県は新務年代では鎮で新商税務は記載されていない。また北陽鎮の新商税務も記載されていない。○△印を付したこの鎮は新務年代の町である。

　次に酒務地で元豊まで存在して地理表(4)にみえる存続地は、酒統計の地名に△印を付している。存続地は上記の1～3の地（州県務3）、及び4～11の地（鎮市務8）で計11処である。酒務地11処にしめる存続地の存続率は100％である。

　次に新旧商税務・地理表にみえない不明地はなく、不明率0％である。以上の酒務・諸数値を酒務表に整理して示す。

G9 磁州　格上　地理表（主戸20,024　客戸9,101　計29,125　土貢　磁石）

格	県	距離	郷	鎮	％	その他	備　考	水　系	計5
上	滏陽	郭下	2	4	200	0	昭徳・觀臺・二祖・臺村鎮	漳水, 滏水	2
上	邯鄲	東北 70	2	1	50	0	大趙鎮	漳水, 牛首水	2
上	武安	西北 95	2	3	150	鉄冶 1	北陽・固・邑城鎮（冶名不記）	洺水	1
計 3			6	8	133	1	土産　磁石, 磁毛		2種

×印の地：小さな町候補地 1

G9 磁州　　　　　酒　務　表

外県3	置務県3	置務県率100	州県務4	州県務率36	鎮市務7	鎮市務率64	酒務11	併設地11	併設率100	旧商税務12	対旧商税務率92	新税務地9	新務地率82	新商税務10	対新商税務率90	存続地11	存続率100

併設地 計11	州県	在城・邯鄲・武安・昭徳県	4処
	鎮市	固鎮・觀臺・臺村・大趙・二祖・北陽・邑城店	7処
新税務地 計9	州県	1～3の地	3処
	鎮市	5～9・11の地	6処
存続地 計11	州県	1～3の地	3処
	鎮市	4～11の地	8処
不明地		0処　不明率 0％	

旧務年代の町0・小都市7、新務年代の町1（10の地）・小都市6

注

(1) 県変遷図の作成史料は拙著2、168頁参照。
(2) 拙著2、167頁。
(3) 拙著2、167~168頁。
(4) 拙著2、169頁の地理表に同じ。

10 祁州 G 10

祁州の酒務及び新旧酒銭額は次の如くである。

(1) 酒統計

舊。在城及鼓城・深澤県三務
①

歳   31,984貫
熙寧十年祖額 34,591貫723文
  買撲   2,192貫496文
   新額計 36,784貫219文

注 ①原文、彭。志、鼓

旧額は31,984貫・新額36,783貫で、両額の差額4,799貫・増額率15%である。また官売額34,591貫・買撲2,192貫で、官売率94%・買撲率6%である。以上の数値を銭額表にまとめる。

G10 祁州	銭額表	
旧 額		31,984 貫
新 額	官売	34,591 貫
	買撲	2,192 貫
	計	36,783 貫
新旧差額		4,799 貫
増額率		15 %
官売率		94 %
買撲率		6 %

(2) 酒務表

次に寰宇記60・九域志2により太平興国中~元豊間の祁州諸県の変化を県変遷図[1]に示す。酒統計は在城・県2を記すが、それらの酒務からは旧務年代は不明であるので、一般的な旧務年代である景祐~慶暦に従っておく。

図によれば熙寧六年前の旧外県2であり、酒統計の県酒務2であるので、県置務率は100%である。また酒務は州県務3・鎮市務0の計3務で、州県務率100%・鎮市務率0%である。

次に酒統計に○印を付した在城・鼓城・深澤県（州県

G10 祁州 県変遷図

年代	外 県		郭下
太平興国	鼓城 深澤 蒲陰 眞定府 ①		無極
端拱1年 988		定州	
景徳1年 1004		② 郭下	定州
旧務年代	1 2 ○ ○ ←③	○	
熙寧6年 1073 10年	↓	○ 1 ↓	

第二編　銅銭区北部

務3）の3処が酒務・旧商税務の併設地である。併設地が酒務地3処にしめる併設率100％、旧商税務3処[2]に対する併設地の対旧商税務率100％である。

次に酒務地に新商税務が設置された新税務地は、酒統計に□印を付した上記の1・2の地（州県務2）、及び3の地（鎮市務1）の3処である。酒務地3処にしめる新税務地の新務地率は100％、また新商税務3処[3]に対する新税務地の対新商税務率は100％である。なお旧務年代の深澤県は熙寧六年以降は鎮である。

次に酒務地で元豊まで存在して地理表[4]にみえる存続地は、酒統計の地名に△印を付している。存続地は上記の1・2の地（州県務2）、及び3の地（鎮市務1）で計3処である。酒務地3処にしめる存続地の存続率は100％である。

次に新旧商税務・地理表にみえない不明地はなく、不明率0％である。以上の酒務・諸数値を酒務表に整理して示す。

G10 祁州　格中　地理表（主戸21,268　客戸224　計21,492　貢　花絁）

格	県	距離	郷	鎮	％	その他	備　考	水系	計5
望	蒲陰	郭下	7	0	0	0		唐河，沙河，雷源水	3
望	鼓城	西南100	3	1	33	0	深澤鎮	滹沱河，盤蒲澤	2
計2			10	1	10	0	土産　兩窠絞綾，羅綺，楊藜，常山，人葠，磁器（同定州）		6種

G10 祁州　酒務表

| 外県2 | 置務県2 | 置務率100 | 州県務3 | 州県務率100 | 鎮市務0 | 鎮市務率0 | 酒務3 | 併設地3 | 併設率100 | 旧商税務3 | 対旧商税務率100 | 新税務地3 | 新務地率100 | 新商税務3 | 対新商税務率100 | 存続地3 | 存続率100 |

併設地	州県	在城[1]・鼓城[2]・深澤県[3]	3処
計3	鎮市		0処
新税務地	州県	1・2の地	2処
計3	鎮市	3の地	1処
存続地	州県	1・2の地	2処
計3	鎮市	3の地	1処
不明地		0処　不明率	0％

旧務年代の町0・小都市0、新務年代の町0・小都市1

注

(1) 県変遷図の作成史料は拙著2、169〜170頁参照。
(2) 拙著2、169頁。　(3) 拙著2、169頁。　(4) 拙著2、170頁の地理表に同じ。

第六章　河北西路

11　趙州 G 11

趙州の酒務及び新旧酒銭額は次の如くである。

(1)　酒統計

舊。在城及臨城・高邑・柏鄉・寧晋・隆平・賛皇県七務
歳　　　　　　　　　５６,２０３貫
熙寧十年祖額　　　４４,３４８貫０６８文
　　買撲　　　　　　３,７３５貫０３６文
　　　新額計　　　４８,０８３貫１０４文
注　酒統計原文はG12保州の後に趙州を置くが、商税統計の記載順序に従い、趙州を保州の前に置いた

旧額は56,203貫・新額48,083貫で、両額の差額−8,120貫・増額率−14％である。また官売額44,348貫・買撲3,735貫で、官売率92％・買撲率8％である。以上の数値を銭額表にまとめる。

G11 趙州	銭額表	
旧　　額		56,203 貫
新　　額	官売	44,348 貫
	買撲	3,735 貫
	計	48,083 貫
新旧差額		−8,120 貫
増額率		−14 ％
官売率		92 ％
買撲率		8 ％

(2)　酒務表

次に寰宇記60・九域志2により太平興国中～元豊間の趙州諸県の変化を県変遷図(1)に示す。酒統計は在城・県6を記すが、それらの酒務からは旧務年代は不明であるので、一般的な旧務年代である景祐～慶暦に従っておく。

図によれば熙寧五年前の旧外県6であり、酒統計の県酒務6であるので、県置務率は100％である。また酒務は州県務7・鎮市務0の計7務で、州県務率100％・鎮市務率0％である。

次に酒統計に○印を付した在城・臨城・高邑・柏鄉・寧晋・隆平・(州県務6)の6処が酒務・旧商税務の併設地である。併設地が酒務地7処にしめる併設率86％、旧商税務6処(2)に対する併設地の対旧商税務率100％である。なお賛皇県の旧商税務は記載されていない。

年代	外県						郭下
	賛皇	高邑	柏鄉	寧晋	臨城	昭慶	平棘
開宝5年 972						①改名隆平	
太平興国 976～983							
旧務年代	1×	2○	3○	4○	5○	6○	○
熙寧5年 1072 6年	②→		←②			←③	
10年	○3	○	2	○1			○

G11 趙州　県変遷図

第二編　銅銭区北部

　次に酒務地に新商税務が設置された新税務地は、酒統計に□印を付した上記の1～3・5の地（州県務4）、及び4の地・賛皇[7]（鎮市務2）の計6処である。酒務地7処にしめる新税務地の新務地率は86％、また新商税務7処[(3)]に対する新税務地の対新商税務率は86％である。なお柏郷[4]・隆平[6]・賛皇[7]は旧務年代では県であるが、熙寧五・六年以降は鎮である。また隆平鎮の新商税務は記載されていない。

　次に酒務地で元豊まで存在して地理表[(4)]にみえる存続地は、酒統計の地名に△印を付している。存続地は上記の1～3・5の地（州県務4）、及び4・6・7の地（鎮市務3）で計7処である。酒務地7処にしめる存続地の存続率は100％である。

　次に新旧商税務・地理表にみえない不明地はなく、不明率0％である。以上の酒務・諸数値を酒務表に整理して示す。

G11　趙州　格望　地理表（主戸35,481　客戸6,256　計41,737　貢　絹，綿）

格	県	距離	郷	鎮	％	その他	備　考	水　系	計6
望	平棘	郭下	5	0	0	0		洨水，槐水	2
望	寧晋	西南41	4	1	25	0	奉城鎮	洨水，寝水	2
上	臨城	西南103	4	1	25	0	隆平鎮	泜水	1
中	高邑	西南42	5	2	40	0	柏郷・賛皇鎮	済水	1
計4			18	4	22	0	土産　絲布，䌷，㿉，石榴		4種

G11　趙州　　　酒　務　表

外県	置務県	置務率	州県務	州県務率	鎮市務	鎮市務率	酒務地	併設地	併設率	旧商税務	対旧商税務率	新税務地	新務地率	新商税務	対新商税務率	存続地	存続率
6	6	100	7	100	0	0	7	6	86	6	100	6	86	7	86	7	100

併設地	州県	在城[1]・臨城[2]・高邑[3]・柏郷[4]・寧晋[5]・隆平[6]	6処
計6	鎮市		0処
新税務地	州県	1～3・5の地	4処
計6	鎮市	4の地・賛皇[7]	2処
存続地	州県	1～3・5の地	4処
計7	鎮市	4・6・7の地	3処
不明地		0処　不明率	0％

旧務年代の町1（7の地）・小都市0、新務年代の町0・小都市2

注

(1)　県変遷図の作成史料は拙著2、171頁参照。
(2)　拙著2、171頁。　(3)　拙著2、171頁。　(4)　拙著2、172頁の地理表に同じ。

第六章　河北西路

12　保州 G 12

保州の酒務及び新旧酒銭額は次の如くである。

(1)　酒統計

舊。在城一務　○□△
歳　　　　　　　　　４０，２２９貫
熙寧十年租額　　　３３，２６０貫０７６文
　　買撲　　　　　　２，７２６貫２４４文
　　　新額計　　　３５，９８６貫３２０文

旧額は40,229貫・新額35,986貫で、両額の差額－4,243貫・増額率－11％である。また官売額33,260貫・買撲2,726貫で、官売率92％・買撲率８％である。以上の数値を銭額表にまとめる。

なお、旧務年代は「在城一務」とするが熙寧十年では買撲を示すので買撲官監務があった。酒務を記さないのは他の州軍の記載体裁に合せたのであろう。

G12 保州	銭　　額　　表	
旧　　額		40,229貫
新　　額	官売	33,260貫
	買撲	2,726貫
	計	35,986貫
新旧差額		－4,243貫
増額率		－11％
官売率		92％
買撲率		8％

(2)　酒務表

次に寰宇記68・九域志２により太平興国中～元豊間の保州諸県の変化を県変遷図[1]に示す。酒統計は在城務のみを記すが、酒務からは旧務年代は不明であるので、一般的な旧務年代である景祐～慶暦に従っておく。

次に併設地・新税務地・存続地は酒統計に○□△印を付した在城（州県務１）のみで、また旧商税務[2]・新商税務[3]も共に１処で、諸比率は100％である。また新旧商税務・地理表[4]にみえない不明地はなく、不明率０％である。以上の酒務・諸数値を酒務表に整理して示す。

G12 保州　県変遷図			
年　代	外県	郭下	州軍名
建隆元年 960	ナシ	清苑　莫州→③	保塞軍①↓昇格
太平興国６年 981		②④保改塞名○○○↓	②保州↓
旧務年代 熙寧10年 1077			

第二編　銅銭区北部

G12 保州　格下　地理表（主戸21,453　客戸3,420　計24,873　貢　絹）

格　県	距　離	郷	鎮	%	その他	備　　考	水　系	計2
望　保塞	郭下	8	0	0	寨 1	※郎山寨	沈水，饋軍河	2
計 1		8	0	0	1	土産 蓯容，人参，絹（原文，同莫州）		3種

※印の地：小さな町候補地 1

G12 保州　　　　　酒　務　表

外県	置務県	置務率	州県務	州県務率	鎮市務	鎮市務率	酒務地	併設地	併設率	旧商税務	対税旧商率	新税務地	新務地率	新商税務	対税新商率	存続地	存続率
0	0	―	1	100	0	0	1	1	100	1	100	1	100	1	100	1	100

併設地	州県	在城 1	1 処
計 1	鎮市		0 処
新税務地	州県	1の地	1 処
計 1	鎮市		0 処
存続地	州県	1の地	1 処
計 1	鎮市		0 処
不　明　地		0 処　不明率	0 ％

旧務年代の町 0・小都市 0、新務年代の町 0・小都市 0

注

(1) 県変遷図の作成史料は拙著 2、173頁参照。
(2) 拙著 2、172頁。　(3) 拙著 2、173頁。
(4) 拙著 2、174頁の地理表に同じ。

13　安粛州 G 13

安粛州の酒務及び新旧酒銭額は次の如くである。

(1) 酒統計

舊。在城一務
歳　　　　　　　　22,507貫
熙寧十年祖額　　　29,006貫728文
　　買撲　　　　　　301貫788文
　　　　新額計　　29,308貫516文

第六章　河北西路

旧額は22,507貫・新額29,307貫で、両額の差額6,800貫・増額率30%である。また官売額29,006貫・買撲301貫で、官売率99%・買撲率1%である。以上の数値を銭額表にまとめる。

なお旧務年代は「在城一務」とするが熙寧十年では買撲を示すので、買撲官監務もあった。酒務を記さないのは他の州軍の記載体裁に合せたのであろう。

G13　安粛軍　銭額表

旧　　額		22,507貫
新　　額	官売	29,006貫
	買撲	301貫
	計	29,307貫
新旧差額		6,800貫
増額率		30%
官売率		99%
買撲率		1%

(2)　酒務表

次に寰宇記68・九域志2・広記12により太平興国中～元豊間の安粛軍諸県の変化を県変遷図[1]に示す。酒統計は在城のみを記すが、酒務からは旧務年代は不明であるので、一般的な旧務年代である景祐～慶暦に従っておく。

図によれば熙寧十年前の旧外県0であるので県置務率はない。州県務1・鎮市務0の計1務で、州県務率100%・鎮市務率0%である。

次に併設地・新税務地・存続地は酒統計に○□△印を付した在城（州県務1）のみで、また旧商税務[2]・新商税務[3]も共に1処で、諸比率は100%である。また新旧商税務・地理表[4]にみえない不明地はなく、不明率0%である。以上の酒務・諸数値を酒務表に整理して示す。

G13　安粛軍　県変遷図

年代	外県	郭下	軍名
太平興国6年 981	ナシ	梁門口塞↓昇格①②③静戎県↓改名④安粛	寨↓昇格①静戎軍↓改名④安粛軍
景徳1年 1004		○	
旧務年代		○	
熙寧10年 1077		○↓	↓

G13　安粛軍　格同下州　地理表（主戸5,097　客戸1,004　計6,101　貢紵）

格	県	距離	郷	鎮	%	その他	備考	水系	計2
中	安粛	郭下	3	0	0	0		易水, 漕河	2
計 1			3	0	0	0	土産 不記		

第二編　銅銭区北部

G13 安粛軍　酒務表

外県	置務県	置務率	州県務	州県務率	鎮市務	鎮市務率	酒務	併設地	併設率	旧商税務	対旧商率	新税務地	新税務地率	新商税務	対新商率	存続地	存続率
0	0	—	1	100	0	0	1	1	100	1	100	1	100	1	100	1	100

併設地	州県	在城				1処
計　1	鎮市					0処
新税務地	州県	1の地				1処
計　1	鎮市					0処
存続地	州県	1の地				1処
計　1	鎮市					0処
不明地			0処	不明率		0　％

旧務年代の町0・小都市0、新務年代の町0・小都市0

注
(1) 県変遷図の作成史料は拙著2、174～175頁参照。
(2) 拙著2、174頁。　(3) 拙著2、174頁。
(4) 拙著2、175頁の地理表に同じ。

14　永寧軍 G 14

永寧軍の酒務及び新旧酒銭額は次の如くである。

(1) 酒統計

永寧軍。舊。在城及博野県二務
　　　①　　②
歳　　　　　　　21,162貫
熙寧十年租額　　35,551貫485文
　買撲　　　　　3,022貫988文
　　　新額計　　38,574貫473文
　注　①原文、州　②郭下県、酒務数に入れず

G14 永寧軍	銭額表	
旧額		21,162貫
新額	官売	35,551貫
	買撲	3,022貫
	計	38,573貫
新旧差額		17,411貫
増額率		82 ％
官売率		92 ％
買撲率		8 ％

旧額は21,162貫・新額38,573貫で、両額の差額17,411貫・増額率82％である。また官売額35,551貫・買撲3,022貫で、官売率92％・買撲率8％である。以上の数値を銭額表にまとめる。

第六章　河北西路

(2)　酒務表

次に寰宇記68・九域志２により太平興国中～元豊間の永寧軍の変化を県変遷図[1]に示す。酒統計は在城（郭下県を入れず）を記すが、旧務年代は不明であるので、一般的な旧務年代である景祐～慶暦に従っておく。

図によれば熙寧十年前の旧外県０であるので県置務率はない。州県務１（博野県を除く）・鎮市務０の計１酒務で、州県務率100％・鎮市務率０％である。

次に併設地・新税務地・存続地は酒統計に○□△印を付した在城（州県務１）のみで、それらに関する諸比率は100％である。旧商税務[2]１・新商税務[3]２で、対旧商税務率100％・対新商税務率50％である。また新旧商税務・地理表[4]にみえない不明地はなく、不明率０％である。以上の酒務・諸数値を酒務表に整理して示す。

G14　永寧軍　県変遷図

年　代	代外県	郭下	軍名
太平興国中	ナシ	(博野)　定州	建軍　①寧邊軍改名　②永定軍改名　③永寧軍
雍熙４年 987		①	
景徳１年 1004			
天聖７年 1029			
旧務年代		○○	
熙寧10年 1077		○○	

G14　永寧軍　格同下州　地理表（主戸13,582　客戸9,057　計22,639　貢　紬）

格	県	距離	郷	鎮	％	その他	備　　考	水　系	計2
望	博野	郭下	7	1		0	新橋鎮	沙河, 唐河	2
	計 1		7	1		0	土産　兩窠紋綾, 羅奇, 楊藜, 常山, 人葠, 磁器（原文, 同定州）		6種

G14　永寧軍　　　　酒　務　表

外県	置務県	置務率	州県務	州県務率	鎮市務	鎮市務率	酒務	併設地	併設地率	旧商税務	対旧商税務率	新税務地	新税務地率	新商税務	新商税務率	対新商税務率	存続地	存続率
0	0	－	1	100	0	0	1	1	100	1	100	1	100	2		50	1	100

併設地	州県	在城	1 処
計 1	鎮市		0 処
新税務地	州県	1の地	1 処
計 1	鎮市		0 処
存続地	州県	1の地	1 処
計 1	鎮市		0 処
不明地		0 処　　不明率　0 ％	

旧務年代の町０・小都市０、新務年代の町０・小都市０

第二編　銅銭区北部

注

(1) 県変遷図の作成史料は拙著2、176頁参照。
(2) 拙著2、175頁。
(3) 拙著2、176頁。
(4) 拙著2、177頁の地理表に同じ。

15　廣信軍 G 15

廣信軍の酒務及び新旧酒銭額は次の如くである。

(1) 酒統計

舊。○□△在城一務
歳　　　　　　　　　28,685貫
熙寧十年祖額　　　　16,397貫790文
（買撲不記）　　　　　　0貫
　　　　　新額計　　16,397貫790文

旧額は28,685貫・新額16,397貫で、両額の差額-12,288貫・増額率-43％である。また官売額16,397貫・買撲0貫で、官売100率％・買撲率0％である。以上の数値を銭額表にまとめる。

G15 廣信軍	銭額表	
旧　　額		28,685貫
新　額	官売	16,397貫
	買撲	0貫
	計	16,397貫
新旧差額		-12,288貫
増額率		-43％
官売率		100％
買撲率		0％

(2) 酒務表

次に寰宇記68・九域志2により太平興国中～元豊間の廣信軍諸県の変化を県変遷図[1]に示す。酒統計は在城を記すが、旧務年代は不明であるので、一般的な旧務年代である景祐～慶暦に従っておく。

図によれば熙寧十年前の旧外県0であるので県置務率はない。州県務1・鎮市務0の計1務で、州県務率100％・鎮市務率0％である。

次に併設地・新税務地・存続地は酒統計に○□△印を付した在城（州県務1）のみで、また旧商税務[2]・新商税務[3]

G15 廣信軍　県変遷図			
年　代	外県	郭下	軍名
太平興国6年 981	ナシ	遂城	県昇格 ① 威虜軍改名
景徳1年 1004			② 廣信軍
旧務年代			
熙寧10年 1077		○□○	

— 278 —

第六章　河北西路

も共に１処で、諸比率は100％である。また新旧商税務・地理表[4]にみえない不明地はなく、不明率０％である。以上の酒務・諸数値を酒務表に整理して示す。

G15　廣信軍　格同下州　地理表（主戸3,173　客戸180　計3,353　貢　紬）

格	県	距　離	郷	鎮	％	その他	備　　考	水　系	計3
中	遂城	郭下	4	0	0	0		易水, 漕水, 鮑河	3
計	1		4	0	0	0	土産 不記		

G15　廣信軍　　　　　酒　務　表

外県	置務県	置務率	州県務	州県務率	鎮市務	鎮市務率	酒務	併設地	併設率	旧商税務	対旧商率	新税務地	新税務率	新商税務	対新商率	存続地	存続率
0	0	―	1	100	0	0	1	1	100	1	100	1	100	1	100	1	100

併設地	州県	在城	1処
計　1	鎮市		0処
新税務地	州県	1の地	1処
計　1	鎮市		0処
存続地	州県	1の地	1処
計　1	鎮市		0処
不　明　地		0処　不明率　0％	

旧務年代の町0・小都市0、新務年代の町0・小都市0

注

(1) 県変遷図の作成史料は拙著２、177参照。
(2) 拙著２、177頁。
(3) 拙著２、177頁。
(4) 拙著２、178頁の地理表に同じ。

第二編　銅銭区北部

16　順安軍 G 16

　順安軍の酒務及び新旧酒銭額は次の如くである。

(1)　酒統計
舊。在城及高陽県二務
　　　　①
歳　　　　　　　１４，４０７貫
熙寧十年祖額　　１１，４５４貫２２１文
　　　買撲　　　　１，２０８貫６４１文
　　　　　新額計　１２，６６２貫８６２文
　注　①原文、欠。

　旧額は14,407貫・新額12,662貫で、両額の差額－1,745貫・増額率－12％である。また官売額11,454貫・買撲1,208貫で、官売率90％・買撲率10％である。以上の数値を銭額表にまとめる。

(2)　酒務表
　次に九域志2により太平興国中～元豊間の順安軍諸県の変化を県変遷図(1)に示す。酒統計は在城・県1を記すが、それらの酒務からは旧務年代は不明であるので、一般的な旧務年代である景祐～慶暦に従っておく。

　図によれば熙寧六年前の旧外県1であり、酒統計の県酒務1であるので、県置務率は100％である。また酒務は州県務2・鎮市務0の計2務で、州県務率100％・鎮市務率0％である。

　次に酒統計に○印を付した在城・高陽県（州県務2）の2処が酒務・旧商税務の併設地である。併設地が酒務地2処にしめる併設率100％、旧商税務2処(2)に対する併設地の対旧商税務率100％である。

　次に酒務地に新商税務が設置された新税務地は、酒統計に□印を付した上記の1・2の地（州県務2）の2処であ

G16 順安軍	銭　額　表	
旧　　額		14,407 貫
新　額	官売	11,454 貫
	買撲	1,208 貫
	計	12,662 貫
新旧差額		－1,745 貫
増 額 率		－12 ％
官 売 率		90 ％
買 撲 率		10 ％

G16 順安軍　県変遷図

年　代	外県	郭下	軍名
	〔高陽〕	唐興寨	唐興寨
太平興国7年 892	①	①	① 昇格
淳化3年 992	瀛州	②	② 順安軍
至道3年 997	③		
旧務年代	1○	○	
熙寧6年 1073	降格④鎮	○	
	昇格⑤県		
10年	○1		
元豊中	移転		

第六章　河北西路

る。酒務地２処にしめる新税務地の新務地率は100％、また新商税務２処(3)に対する新税務地の対新商税務率は100％である。

　次に酒務地で元豊まで存在して地理表(4)にみえる存続地は、酒統計の地名に△印を付している。存続地は上記の１・２の地（州県務２）の２処である(5)。酒務地２処にしめる存続地の存続率は100％である。

　次に新旧商税務・地理表にみえない不明地はなく、不明率０％である。以上の酒務・諸数値を酒務表に整理して示す。

G16　順安軍　格同下州　地理表（主戸6,106　客戸3,831　計9,937　貢　絹）

格	県	距離	郷	鎮	％	その他	備　　考	水　系	計2
中	高陽	郭下	2	0	0	0		徐河，百済河	2
計 1			2	0	0	0	土産 不記		

G16　順安軍　　　　　酒　務　表

外県	置務県	置務率	州県務	州県務率	鎮市務	鎮市務率	酒務地	併設地	併設率	旧商税務	対旧商率	新税務地	新務地率	新商税務	対新商率	存続地	存続率
1	1	100	2	100	0	0	2	2	100	2	100	2	100	2	100	2	100

併設地	州県	在城・高陽県	2 処
計 2	鎮市		0 処
新税務地	州県	１・２の地	2 処
計 2	鎮市		0 処
存続地	州県	１・２の地	2 処
計 2	鎮市		0 処
不明地			0 処　不明率　0 ％

旧務年代の町０・小都市０、新務年代の町０・小都市０

注

(1)　県変遷図の作成史料は拙著２、179頁参照。
(2)　拙著２、178頁。　(3)　拙著２、178頁。
(4)　拙著２、180頁の地理表に同じ。
(5)　熙寧十年までは軍治は唐興寨であり、元豊中に高陽県に移転したと思われる（拙著２、179頁）。地理表に唐興寨はみえないので、軍治移転後に廃されたのであろう。なお熙寧十年の新商税務表に在城と高陽県がみえるので、同年までは軍治は高陽県に置かれていなかったと思われる。しかし郭下複額制がとられたと考えられないことはない。現段階ではこの解釈をとらず、熙寧十年までは高陽県を外県とし、軍治は唐興寨に在ったとしておきたい。

第二編　銅銭区北部

17　通利軍 G 17

通利軍の酒務及び旧酒銭額は次の如くである。

(1)　酒統計

舊。在城及 黎陽・衛県・李周・苑橋・淇門鎮六務
　　　　　①　　②　　③
歳　　　　　　　３１,５５２貫
今廃
　　注　①郭下県、酒務数に入れず　①・②・③は衛州の新税務が置
　　　　かれ、同州の地理表にみえる。衛県は鎮に降格

通利軍の旧額は31,552貫であるが、同軍は熙寧三年に廃されたので新額はない。以上の数値を銭額表にまとめる。

(2)　酒務表

次に寰宇記57、九域志2・衛州、及び方域5により太平興国中～元豊間の通利軍諸県の変化を県変遷図[1]に示す。酒統計は在城・県1（郭下県を入れず）・鎮市3を記すが、それらの酒務からは旧務年代は不明であるので、一般的な旧務年代である景祐～慶暦に従っておく。

図によれば熙寧三年前の旧外県1であり、酒統計の県酒務1（黎陽県を除く）であるので、県置務率は100％である。また酒務は州県務2・鎮市務3の計5務で、州県務率40％・鎮市務率60％である。

次に酒統計に○印を付した在城（州県務1）、及び苑橋・淇門鎮（鎮市務2）の3処が酒務・旧商税務の併設地である。併設地が酒務地5処にしめる併設率60％、旧商税務3処[2]に対する併設地の対旧商税務率100％である。なお衛県・李周の旧商税務は記載されていない。

次に新税務地・存続地・不明地は割出先の衛州酒務表に表記できないので、本軍酒務表に（　）で括って示す。以上の酒務・諸数値を酒務表に整理し、通利軍旧域の地理表[3]

G17　通利軍　　銭　額　表

旧	額		31,552貫
新　額	官売		一貫
	買撲		一貫
	計		今廃
新旧差額			一貫
増額率			－％
官売率			－％
買撲率			－％

G17　通利軍　県変遷図

年　代	外県	郭下	軍名
太平興国中	(衛県)	黎陽	
雍熙4年 987		滑州 ⇩① 澶州 ⇩	
端拱1年 988	衛州	建軍②	②建軍 通利 ⇩⑥改名 安利 ⇩⑦改名 通利 ⇩④廃
天聖1年 1023	⇩		
4年	③		
明道2年 1033			
旧務年代	1× ○ ⇩	○ ⇩	
熙寧3年 1070	④ 衛州	④ 汲県	
6年	⑤		

注：淇門鎮の汲県への併入は，熙寧3年に行われた可能性もある。

第六章　河北西路

を示しておく。

G17 通利軍旧域　地理表（主客戸1,360）

格	県	距離	郷	鎮	%	その他	備　　考	水　系	計2
中	黎陽	郭下	4	3	75	0	衛・苑橋・淇門鎮	黄河, 永済渠	2
計 1			4	3	75	0	土産　絹, 絲		2種

注 1　土産・主客戸は寰宇記57による　　2　淇門鎮は汲県に属するが, 旧域の鎮である
　　3　3鎮は衛州地理表にみえる

G17 通利軍　　　　　　酒　務　表

外県	置務県	置務率	州県務	州県務率	鎮市務	鎮市務率	酒務	併設地	併設率	旧商税務	対税旧商率	新税務地	新務地率	新商税務	対税新商率	存続地	存続率
1	1	100	2	40	3	60	5	3	60	3	100	(4)	(80)	(4)	(100)	(4)	(80)

併設地	州県	在城[1]						1 処
計 3	鎮市	苑橋[2]・淇門[3]鎮						2 処
新税務地	州県	（1の地）						(1) 処
計 (4)	鎮市	（2・3の地・衛[4]鎮）						(3) 処
存続地	州県	（1の地）						(1) 処
計 (4)	鎮市	（2～4の地）						(3) 処
不明地		（李周[5]）					1 処	不明率　(20) ％

旧務年代の町1（5の地）・小都市2、旧域の新務年代の町0・小都市3
注　新商税務（4）は旧域の税務。拙著2、180頁参照

注

(1)　県変遷図の作成史料は拙著2、181頁参照。
(2)　拙著2、180頁。　(3)　拙著2、182頁の地理表に同じ。

おわりに

　表1に河北西路17州軍の銭額表をまとめ、また州軍の戸数・商税額を付した。G1眞定府の元豊戸は約8万戸で、元豊に近い熙寧十年の新商税額は約5万貫であり、戸数・商税共に河北西路はでトップクラスである。熙寧十年の新酒額も約10万貫でトップクラスである。逆に戸数・商税が低レベルクラスのG15廣信軍・G16順安軍（戸各約3千・約9千、商税各約4千貫）の新酒額は各約1.6万貫・1.2万貫と低レベルである。河北西路では戸数・商税の大小がおおまかには酒額の大小と一致すると。

第二編　銅銭区北部

表1　G 河北西路　銭額総合表

州軍		旧額	新額	差額	増額率	官売	買撲	官売率	買撲率	戸	新商税
G1	眞定府	135,938	104,732	−31,206	−23	95,445	9,287	91	9	82,607	47,420
G2	相州	50,441	51,005	564	1	46,980	4,025	92	8	47,846	19,360
G3	定州	146,521	113,547	−32,974	−23	107,908	5,639	95	5	59,260	29,782
G4	邢州	64,683	71,513	6,830	11	65,865	5,648	92	8	60,633	23,475
G5	懷州	41,243	34,770	−6,473	−16	34,697	73	100	0	32,916	13,698
G6	衛州	41,012	62,968	21,956	54	46,491	16,477	74	26	47,716	31,001
G7	洺州	56,877	56,962	85	0.1	53,544	3,418	94	6	35,759	15,339
G8	深州	79,004	67,215	−11,789	−15	61,332	5,883	91	9	38,768	18,527
G9	磁州	49,250	66,770	17,520	36	63,386	3,384	95	5	29,125	20,640
G10	祁州	31,984	36,783	4,799	15	34,591	2,192	94	6	21,492	15,257
G11	趙州	56,203	48,083	−8,120	−14	44,348	3,735	92	8	41,737	17,498
G12	保州	40,229	35,986	−4,243	−11	33,260	2,726	92	8	24,873	11,073
G13	安肅軍	22,507	29,307	6,800	30	29,006	301	99	1	6,101	4,103
G14	永寧軍	21,162	38,573	17,411	82	35,551	3,022	92	8	22,639	11,128
G15	廣信軍	28,685	16,397	−12,288	−43	16,397	0	100	0	3,353	4,084
G16	順安軍	14,407	12,662	−1,745	−12	11,454	1,208	90	10	9,937	4,435
G17	通利軍	31,552	廃	—	—	—	—	—	—	—	—
計		911,698	847,273	−64,425	−7	780,255	67,018	92	8	564,762	286,820

　次に酒額の新旧の相違をみると、熙寧三年に廃されて衛州に併入された G17通利軍を除く16州軍のうち減額州軍・増額州軍共に 8 州軍で、路全体では 7 ％減である。同率の州軍は G 1 眞定府と G 3 定州で減額率23％である。また新旧額の差額が同数の州軍はない。このようにほとんどの州軍の新旧の増減率及び銭額差が一定ではないので、斉一的・均一的な増減政策は行われなかったことがわかる。増減率・差額に一定の傾向がみられないのであるから、新旧額の相違は主として酒消費量自体の変動により生じたとみなければならない。

　次に官売額・買撲をみると、路全体の熙寧十年の官売額は約78万貫、買撲は約 7 万貫で、その差は約71万貫であり、官売額が買撲の約11倍である。官売が路全体の92％をしめ、買撲は 8 ％に過ぎない。また各州軍の官売額・買撲をみると全州軍で相違しているので、各州軍に対して同額の割付販売は行われなかったことがわかる。しかし各州軍における官売率・買撲率をみると、同率州軍は91％の G 1 ・G 8 、92％の G 2 ・G 4 ・G 11・G 12・G 14、94％の G 7 ・G 10、95％の G 3 ・G 9 、100％の G 5 ・G 15などで、16州軍中の13州軍にみられる。これらの同率は偶然とは考え難いので、それら13州軍では同率販売政策が取られた可能性も考えられるが、詳しくは後考に俟ちたい。こうした路は銅銭区では稀れである。

次に表 2 は17州軍の酒務表をまとめている。旧務年代（旧商税務）・熙寧十年（新商税務）・元豊（地理表）のいずれにもみられない不明地は 5 例・地理表不記地 0 にとどまり、全体の 5 ％に過ぎない。加えて存続地90・存続率約95％であるので、河北西路において酒務が置かれた行政都市・小都市・町が社会的・経済的に安定性が甚だ高かったことがわかる。

次に併設率が路全体としては86％と高率であり、また州軍レベルでみると併設率が50％未満の州軍 0 である。このことは河北西路の州県・鎮市には酒務・商税務の併設が甚だ多く行われたことを証する。また新商税務が置かれた新務年代の併設地である新税務地の新務地率も88％と高率であるので、新務年代でも併設が多く行われた。

次に表 3 によれば旧務年代の酒務地95で、その内訳は行政都市68・小都市18・町 9 である。都市86（68＋18）の対酒務地率91％、町 9 の対酒務地率 9 ％であるので（表 5 ）、酒務のほとんどは都市に置かれた。酒務のみが置かれた町は 9 処と少ない。また都市対町＝86対 9 であり、町の対都市率は10％に過ぎない（表 5 ）。

次に旧務年代の全17州のうち小都市が 0 又は 1 の小都市未発達の州軍13（表 5 、州軍甲）で76％と多い（表 5 ）。小都市は G 9 磁州に集中してみられる（ 7 処）。また町が 0 又は 1 の

表 2　G 河北西路　酒務総合表

州軍	州県務	鎮市務	鎮市率	全酒務	併設地	併設率	対旧商税務率	新税務地	新務地率	対新商税務率	存続地	存続率	不明地	不明率	旧商税務	新商税務	地理表不記地
G1	7	1	13	8	8	100	57	7	88	78	8	100	0	0	14	9	0
G2	6	1	14	7	7	100	100	7	100	100	7	100	0	0	7	7	0
G3	6	1	14	7	7	100	41	7	100	78	7	100	0	0	17	9	0
G4	8	3	27	11	7	64	100	10	91	100	11	100	0	0	7	10	0
G5	4	5	56	9	7	78	88	7	78	100	7	78	2	22	8	7	0
G6	4	1	20	5	4	80	50	4	80	31	4	80	1	20	8	13	0
G7	6	5	45	11	8	73	89	9	82	82	10	91	1	9	9	11	0
G8	5	0	0	5	5	100	100	5	100	100	5	100	0	0	5	5	0
G9	4	7	64	11	11	100	92	9	82	90	11	100	0	0	12	9	0
G10	3	0	0	3	3	100	100	3	100	100	3	100	0	0	3	3	0
G11	7	0	0	7	6	86	100	6	86	86	7	100	0	0	6	7	0
G12	1	0	0	1	1	100	100	1	100	100	1	100	0	0	1	1	0
G13	1	0	0	1	1	100	100	1	100	100	1	100	0	0	1	1	0
G14	1	0	0	1	1	100	100	1	100	50	1	100	0	0	1	1	0
G15	1	0	0	1	1	100	100	1	100	100	1	100	0	0	1	1	0
G16	2	0	0	2	2	100	100	2	100	100	2	100	0	0	2	2	0
G17	2	3	60	5	3	60	100	(4)	(80)	(100)	(4)	(80)	(1)	(20)	3	(4)	0
計	68	27	28	95	82	86	78	84	88	86	90	95	5	5	105	98	0

注　G17の新商税務（ 4 ）はG6に含まれているので計に加算せず、新税務地・存続地・不明地には加える

第二編　銅銭区北部

町未発達の州軍14（表5、州軍乙）で全州軍の82％であるので、河北西路では小都市・町は多くの州軍で発達していなかった。

また新務年代の小都市未発達の州軍10で全州軍16の63％であるので多くの州軍で小都市は発達していないなかった（表5）。町未発達の州軍15で94％をしめ（表5）、ほとんどの州軍で町は発達していなかった。河北西路では新務年代でも小都市・町は多くの州軍で未発達であった。

次に表4によれば新酒務地85の内訳は、行政都市51・小都市29・町5で、都市80（51＋29）の対酒務地率94％、町5の対酒務地率6％で旧務年代よりやや低率である（表5）。また都市対町＝80対5で、町の対都市率は約6％で旧務年代よりやや低率ある（表5）。町の対酒務地率・対都市率はいずれも旧務年代より低い。その一因は次のことにあると思われる。

地理表に示した地名は九域志が採録した地であるが、九域志は草市や道店を採録しないので、存続地は旧酒務地より少なくなる場合がある。存続地90・存続率95％以上になる可能性が十分にあろう。

新務年代では河北西路には少なくとも商税務・酒務が併置された行政都市51、小都市29、酒務のみが置かれた町5が存在した。

次に酒務が置かれず商税務のみが記された地である旧商税地・新商税地は表6の如くである。表を通覧するとG3定州のみが例外的に10処と多く、特別な事情があったと思われるので、定州を除外して考えるべきである。定州を除くと河北西路の旧商税地13処であ

表3　G 河北西路　旧務年代の都市・町

州　　軍	G1	G2	G3	G4	G5	G6	G7	G8	G9	G10	G11	G12	G13	G14	G15	G16	G17	計
行 政 都 市	7	6	6	8	4	4	6	5	4	3	7	1	1	1	1	2	2	68
小 都 市	1	1	1	1	3	0	2	0	7	0	0	0	0	0	0	0	2	18
町	0	0	0	2	2	1	3	0	0	0	0	0	0	0	0	0	1	9
酒務（計）	8	7	7	11	9	5	11	5	11	3	7	1	1	1	1	2	5	95

典拠：各州軍酒務表

表4　G 河北西路　新務年代の都市・町

州　　軍	G1	G2	G3	G4	G5	G6	G7	G8	G9	G10	G11	G12	G13	G14	G15	G16	計
行 政 都 市	7	4	6	5	2	3	4	5	3	2	4	1	1	1	1	2	51
小 都 市	0	3	1	5	5	1	5	0	6	1	2	0	0	0	0	0	29
町	0	0	0	1	0	0	1	0	2	0	1	0	0	0	0	0	5
酒 務 県	0	0	0	0	0	0	0	0	0	0	0	0	0	0	0	0	0
存 続 地	7	7	7	11	7	4	10	5	11	3	7	1	1	1	1	2	85

典拠：各州軍酒務表

第六章 河北西路

表5　　　　　　　変動表

	旧務年代		新務年代		変動
	州軍数	比率	州軍数	比率	
全　州　軍	17	－	16	－	－6%
州　軍　甲	13	76%	10	63%	－23%
州　軍　乙	14	82%	15	94%	7%
酒　務　数		95		85	－11%
都　市　数		86		80	－7%
町　　　数		9		5	－44%
都市の対酒務率		91%		94%	3%
町の対酒務率		9%		6%	－3%
町の対都市率		10%		6%	－4%

州軍甲：小都市未発達州軍（小都市0又は1）
州軍乙：町未発達州軍（町0又は1）
比率：甲、乙州軍÷全州軍
対酒務率＝都市数÷酒務数　対都市率＝町数÷都市数
州軍、酒務、都市、町の変動＝（新数－旧数）÷旧数
対酒務率、対都市率の変動＝新比率－旧比率
典拠：本章表3・表4

り旧商税務88の一割強で、旧商税地は少数に過ぎない。このことに加えて併設地が75処（定州を除く）と甚だ多いことから旧商税地は厳選された地であることがわかる。

また全州軍17のうち旧商税地が0～3の州軍14と多い。このことは路として商税務乱設を行わなかったことを意味する。

新商税地18で旧商税地より少ないのは、基本的には新務年代までに三司の税務が減少したことによる。前掲表2によれば7務が減少している。

次ぎに本章の諸州軍の地理表をまとめると表7の如くである。河北西路の記載地は57処で一般的な水準Ⅱにある。その内訳は町・小都市43（水準Ⅲ）で、また小さな町候補地14で水準Ⅰである。それらの都市・町に置かれている機関を機能により分類すると、保安機関の鎮50（水準Ⅱ）、寨・堡・城などの軍事機関2、監・場等の生産機関5（水準Ⅰ）と少ない。（水準は一編一章末、比較表1を参照）

表6　河北西路　新旧税務地

州軍	G1	G2	G3	G4	G5	G6	G7	G8	G9	G10	G11	G12	G13	G14	G15	G16	G17	計
旧商税地	6	0	10	0	1	4	1	0	1	0	0	0	0	0	0	0	0	23
新商税地	2	0	2	0	0	9	2	0	1	0	1	0	0	1	0	0	－	18

旧商税地＝旧商税務－併設地、新商税地＝新商税務－新税務地
典拠：本章表2

第二編　銅銭区北部

表7　河北西路　地理表記載地

路	記載地	無名地	町・小都市	大きな町に準ずる町	町候補地
G	57	0	無印地　41	○印地　2	×印地　14
機　能	保安	軍事	生産		
機　関	鎮　50	寨1・城1	監1，場1，冶3		

記載地＝町・小都市＋大きな町に準ずる町＋町候補地
典拠：本章各州軍地理表

第七章　永興軍路

1　京兆府 H 1

京兆府の酒務及び新旧酒銭額は次の如くである。

(1)　酒統計
舊。在城及臨潼・鄠・醴泉・咸陽・武功・涇陽・藍田・興平・高陵・乾祐・櫟陽県・粟邑・零口・中橋・鳴犢・渭橋・毗沙・秦渡・臨涇・義谷・甘北・甘河鎮二十三務
歳　　　　　　　　　２８７，６４１貫
熙寧十年祖額　　　　２６６，６３３貫３７３文
　　買撲　　　　　　２４，９１２貫８８３文
　　　　銀　　　　　３１両６銭
　　新額計　　　　　２９１，５４６貫２５６文
　注　①原文、樂。志、櫟　②原文、靈。志、零。　③原文、特。志、犢　④原文、比。志、北

旧額は287,641貫・新額291,545貫（文切り捨て、以下の州軍同じ）で、両額の差額3,904貫・増額率１％である。また官売額（祖額、以下同じ）266,633貫・買撲24,912貫で、官売率91％・買撲率９％である。以上の数値を銭額表にまとめる。

H1 京兆府	銭	額　表
旧　　額		287,641貫
新　　額	官売	266,633貫
	買撲	24,912貫
	計	291,545貫
新旧差額		3,904貫
増 額 率		1 %
官 売 率		91 %
買 撲 率		9 %
旧銀額		0
新銀額		31両6銭増

(2)　酒務表

次に寰宇記25・九域志３により太平興国中〜元豊間の京兆府諸県の変化を県変遷図[(1)]に示す。酒統計は在城・県11・鎮市11を記すが、それらの酒務からは旧務年代は不明であるので、一般的な旧務年代である景祐〜慶暦に従っておく。

図によれば熙寧五年前の旧外県11であり、酒統計の県酒務11であるので、県置務率は100％である。また酒務は州県務12・鎮市務11の計23務で、州県務率52％・鎮市務率48％である。

次に酒統計に○印を付した在城[1]・臨潼[2]・鄠[3]・醴泉[4]・咸陽[5]・武功[6]・涇陽[7]・藍田[8]・興平[9]・櫟陽県[10]（州県務10）、及び零口[11]・甘北[12]（鎮市務２）の12処が酒務・旧商税務の併設地である。併設地が酒務地23処にしめる併設率52％、旧商税務12処[(2)]に対する併設地の対旧商税務率100

第二編　銅銭区北部

H1　京兆府　　県変遷図

年　代	外　　　　　　　　　　　県	郭　下
	(奉)　昭　乾　武　興　高　櫟　涇　醴　咸　藍　鄠 天　應　祐　功　平　陵　陽　陽　泉　陽　田　県	長　萬 安　年
太平興国中	│　│　│　│　│　│　│　│　│　│　│　│	│　│
大中祥符8年 1015	乾州　①改 　　　臨潼	
旧務年代	↓　1○ 2× 3○ 4○ 5× 6○ 7○ 8○ 9○ 10○ 11○ ○	○　○
熙寧5年 1072	②↓	
10年 1077	○ 12○ 11×10○ 9○ 8× 7○ 6○ 5○ 4○ 3○ 2○ 1○	│　│

％である。

次に旧務年代の小都市は、鎮市のうち○印を付した併設地で2処である。町は鎮市のうち○印を付さない鎮市（以下の州軍酒統計同じ）で9処である。

次に酒務地に新商税務が設置された新税務地は、酒統計に□印を付した上記の1～10の地（州県務10）、及び11の地・粟邑[13]・鳴犢[14]・渭橋[15]・毗沙[16]・秦渡[17]・臨涇[18]（鎮市務7）の計17処である。酒務地23処にしめる新税務地の新務地率は74％、また新商税務20処[(3)]に対する新税務地の対新商税務率は85％である。なお高陵県・乾祐県の旧商税務・新商税務は記載されていない。

次に酒務地で元豊まで存在して地理表[(4)]にみえる存続地は、酒統計の地名に△印を付している。存続地は上記の1～10の地・高陵[19]・乾祐[20]（州県務12）、及び11～18の地・義谷[21]・甘河鎮[22]（鎮市務10）で計22処である。酒務地23処にしめる存続地の存続率は96％である。

次に新務年代の小都市は、鎮市のうち□印を付す新税務地で7処である。町は□印を付さず△印のみを付す鎮市及び○△印の鎮市で（以下の州軍酒統計同じ）3処である。

次に旧商税務・新商税務・地理表のいずれにもみえない不明地は中橋[23]で、不明率4％である。以上の酒務・諸数値を酒務表に整理して示す。

第七章　永興軍路

H1　京兆府　格次府　地理表

（主戸158,072，客戸65,240，計223,312　貢　席，韉，氈，蠟，酸棗仁，地骨皮）

格	県	距　離	郷	鎮	％	その他	備　　考	水　系	計29
次赤	長安	郭下	6	1	16	0	子午鎮	澧水，渭水，鎬水，漆渠	4
次赤	萬年	郭下	7	5	71		城東・城南・鳴犢・義谷・灞橋鎮	滻水，龍首渠	2
次畿	鄠県	南　60	3	2	66	0	秦渡・甘河鎮	渭水，潏陂	2
次畿	藍田	東南 70	2	2	100		焦戴・㟳子鎮	灞水	1
次畿	咸陽	西　40	2	0	0	0		渭水，澧水	2
次畿	醴泉	西北 70	4	1	25		甘北鎮	浪水	1
次畿	涇陽	北　70	3	1	33	0	臨涇鎮	涇水，白渠，龍泉陂	3
次畿	櫟陽	東北 90	2	1	50		粟邑鎮	渭水，沮水，清泉陂	3
次畿	高陵	東北 70	1	2	200	0	毗沙・渭橋鎮	涇水，渭水，白渠	3
次畿	興平	西　85	3	0	0			渭水，醴泉	2
次畿	臨潼	東　50	1	1	100	0	零口鎮	渭水，戯水	2
次畿	武功	西北 150	2	0	0			渭水	1
次畿	乾祐	東南 350	4	0	0			乍水，洵河	2
次畿	奉天	西北 150	3	1	33	0	薛祿鎮	漠水	1
計	14		43	17	39	0	土産　隔紗，地骨皮，韉，氈，槃席，櫻桃，藕粉，紫程，酸棗仁，粟	10種	
銅銭監（西北1里）　鉄銭監（西北1里）				2					

×印の地：小さな町候補地6
注　薛祿は旧乾州酒務地

H1　京兆府　酒務表

外県 11	置務県 11	置務県率 100	州県務 12	州県務率 52	鎮市務 11	鎮市務率 48	酒務 23	併設地 12	併設地率 52	旧商税務 12	対税旧商率 100	新税務地 17	新税務率 74	新商税務 20	対税新商率 85	存続地 22	存続率 96

併設地	州県	在城¹・臨潼²・鄠³・醴泉⁴・咸陽⁵・武功⁶・涇陽⁷・藍田⁸・興平⁹・櫟陽¹⁰県	10処
計12	鎮市	零口¹¹・甘北¹²（小都市，以下の州軍酒務表同じ）	2処
新税務地	州県	1〜10の地	10処
計17	鎮市	11の地・粟邑¹³・鳴犢¹⁴・渭橋¹⁵・毗沙¹⁶・秦渡¹⁷・臨涇¹⁸（小都市，以下同じ）	7処
存続地	州県	1〜10の地・高陵¹⁹・乾祐²⁰県	12処
計22	鎮市	11〜18の地・義谷²¹・甘河²²	10処
不明地		中橋²³	1処　不明率　4％

旧務年代の町11（13〜23の地）・小都市2，新務年代の町3（12・21・22の地）・小郡市7
注　①不明地は存続地・新務年代の町に入れず　②高陵・乾祐は酒務県（税務不記の県）

注

(1) 県変遷図の作成史料は拙著2、188頁参照。同図乾祐県旧務年代○印を×印に訂正。

(2) 拙著2、187頁。

(3) 拙著2、187頁。

(4) 拙著2、189頁の地理表に同じ。

第二編　銅銭区北部

2　河中府 H 2

河中府州の酒務及び新旧酒銭額は次の如くである。

(1)　酒統計

舊。在城及猗氏・龍門・臨晉・萬泉・永樂県・湋谷鎮七務
歳　　　　　　　　８３,７１１貫①
　　　　米　　　　６６碩
　　　　粟　　　　３１碩
熙寧十年祖額　　　１３,６９９貫８３４文②
　　　買撲　　　　３９,２３７貫９２８文
　　　　粟　　　　３１碩７斗
　　　新額計　　　５２,９３７貫７６２文
注　①原文、全。志、泉。音通　②本文参照

旧額は83,711貫・新額52,936貫で、両額の差額－30,775貫・増額率－37％である。また官売額13,699貫・買撲39,237貫で、官売率26％・買撲率74％である。以上の数値を銭額表にまとめる。

なお買撲率が甚だ高い州軍例は北部・南部（L4和州）に各一例のみで他にみられず原文に誤りがあるのではなかろうか。即ち原文の祖額は買撲で、買撲が祖額ではなかろうか。

(2)　酒務表

次に寰宇記46・九域志3により太平興国中～元豊間の河中府諸県の変化を県変遷図⑴に示す。酒統計は在城・県5・鎮市1を記すが、それらの酒務からは旧務年代は不明であるので、一般的な旧務年代である景祐～慶暦に従っておく。

図によれば熙寧元年前の旧外県6

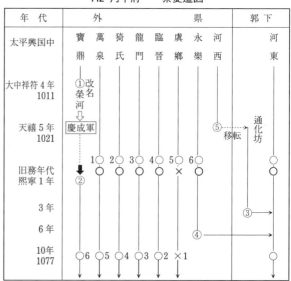

H2 河中府	銭額表	
旧額		83,711貫
新額	官売	13,699貫
	買撲	39,237貫
	計	52,936貫
新旧差額		－30,775貫
増額率		－37％
官売率		26％
買撲率		74％

旧米額	66碩	旧粟額	31碩
新米額	0	新粟額	31碩7斗
新旧差額	－66碩	新旧差額	7斗
増額率	－100％	増額	2％

第七章　永興軍路

であり、酒統計の県酒務5であるので、県置務率は83％である。また酒務は州県務6・鎮市務1の計7務で、州県務率86％・鎮市務率14％である。

次に酒統計に○印を付した在城[1]・猗氏[2]・龍門[3]・臨晉[4]・萬泉[5]・永樂県[6]（州県務6）、及び湾谷鎮[7]（鎮市務1）の計7処が酒務・旧商税務の併設地である。併設地が酒務地7処にしめる併設率100％、旧商税務11処[(2)]に対する併設地の対旧商税務率64％である。なお虞郷県の酒務は記載されていない。

次に酒務地に新商税務が設置された新税務地は、酒統計に□印を付した上記の1～5の地（州県務5）の5処である。酒務地7処にしめる新税務地の新務地率は71％、また新商税務8処[(3)]に対する新税務地の対新商税務率は63％である。なお永樂県[6]は熙寧六年以降は鎮であるが、新商税務は置かれていない。また湾谷鎮[7]の新商税務は記載されていない。

次に酒務地で元豊まで存在して地理表[(4)]にみえる存続地は、酒統計の地名に△印を付している。存続地は上記の1～5の地（州県務5）、及び6・7の地（鎮市務2）で計7処である。酒務地7処にしめる存続地の存続率は100％である。

次に旧商税務・新商税務・地理表のいずれにもみえない不明地はなく、不明率0％である。以上の酒務・諸数値を酒務表に整理して示す。

H2　河中府　格次府　地理表　（主戸49,351　客戸5,516　計54,867　貢　五味子, 龍骨）

格	県	距　離	郷	鎮	％	その他	備　　　考	水　　系	計10
次赤	河東	郭下	4	3	75	0	湾谷・㟙河・永樂鎮	黄河, 嬀水, 汭水	3
次畿	臨晉	東北 65	2	0	0	0		黄河, 瀵水	2
次畿	猗氏	東北 95	2	0	0	0		涑水	1
次畿	虞郷	東 60	2	0	0	0			0
次畿	萬泉	東北 150	2	0	0	0			0
次畿	龍門	東北 180	2	0	0	0		黄河, 汾水	2
次畿	榮河	北 100	2	2	100	0	北郷・胡壁堡鎮	黄河, 汾水	2
計 7			16	5	31	0	土産　竹扇, 經紙, 氊毯, 五味子, 天蒸棗, 藺蓆, 麻, 布, 綿, 絹		10種

×印の地：小さな町候補地 1
注　北郷・胡壁堡鎮は旧慶成軍の酒務地

第二編　銅銭区北部

H2　河中府　　　　　酒　務　表

	外県 6	置務県 5	置務県率 83	州県務 6	州県務率 86	鎮市務 1	鎮市務率 14	酒務 7	併設地 7	併設率 100	旧商税務 11	対税旧商率 64	新税務地 5	新税務地率 71	新商税務 8	対税新商率 63	存続地 7	存続率 100
併設地 計7	州県	在城¹・猗氏²・龍門³・臨晉⁴・萬泉⁵・永樂県⁶															6処	
	鎮市	湾谷鎮⁷															1処	
新税務地 計5	州県	1～5の地															5処	
	鎮市																0処	
存続地 計7	州県	1～5の地															5処	
	鎮市	6（永樂鎮）・7の地															2処	
不明地															0処	不明率	0	％

旧務年代の町0・小都市1、新務年代の町2（6・7の地）・小都市0
注　新商税務8に郭下の河東県務をいれず。拙著2、190頁参照

注

(1)　県変遷図の作成史料は拙著2、190頁参照。
(2)　拙著2、189頁。
(3)　拙著2、189～190頁。
(4)　拙著2、192頁の地理表に同じ。

3　陝州 H 3

陝州の酒務及び新旧酒銭額は次の如くである。

(1)　酒統計

舊。在城及関郷・芮城・湖城・靈寶・夏・硤石①・陝県②・曹張・銀冶・集津・三門・歇馬・曲沃・平時十五務

歳　　　　　　　７５，５９５貫
　　　　　米　　　８８７碩
煕寧十年租額　　４１，８０２貫１７０文
　　買撲　　　　１５，５０９貫０３９文
　　　　白米　　７２３碩５斗５勝２合
　　　　粟　　　２６碩１斗６勝
　　　新額計　　５７，３１１貫２０９文
　　注　①原文、峽。志、硤。なお本文参照　②郭下県、酒務数に入れず

旧額は75,595貫・新額57,311貫で、両額の差額－18,284貫・増額率－24％である。また官売額41,802貫・買撲15,509貫で、官売率73％・買撲率27％である。以上の数値を銭額表にまとめる。

H3 陝州	銭 額 表	
旧　　額		75,595貫
新　　額	官売	41,802貫
	買撲	15,509貫
	計	57,311貫
新旧差額		－18,284貫
増額率		－24％
官売率		73％
買撲率		27％
旧米額		887碩
新白米額		723碩5斗5勝2合
新旧差額		－163碩4斗4勝8合
増額率		約18％
旧粟額		0
新粟額		26碩1斗6勝
新旧差額		26碩1斗6勝増

(2) 酒務表

次に寰宇記6・九域志3により太平興国中〜元豊間の陝州諸県の変化を県変遷図[1]に示す。酒統計は在城・県6（郭下県は入れず）・鎮市7を記すが、それらの酒務からは旧務年代は不明であるので、一般的な旧務年代である景祐〜慶暦に従っておく。

図によれば熙寧四年前の旧外県7であり、酒統計の県酒務6（陝県を除く）であるので、県置務率は86％である。また酒務は州県務7・鎮市務7の計14務で、州県務率50％・鎮市務率50％である。

次に酒統計に〇印を付した在城・芮城・湖城（州県務3）、及び曹張・銀冶・三門（鎮市務3）の計6処が酒務・旧商税務の併設地である。併設地が酒務地14処にしめる併設率43％、旧商税務6処[2]に対する併設地の対旧商税務率100％である。なお平陸県の酒務・新旧商税務は記載されていない。

H3 陝州　県変遷図

更に関郷・霊寶・夏県の旧商税務も記載されていない。また酒務が置かれた硤石県に旧商税務は記載されず、同県は熙寧六年に廃され、陝県に割入されている。地理表陝県にみえる故県鎮が旧硤石県であろう。同鎮に新税務はない。存続地に入れておく。

次に酒務地に新商税務が設置された新税務地は、酒統計に□印を付した上記の1・2の地・関郷・霊寶・夏県（州県務5）、及び4・6の地・集津（鎮市務3）の計8処である。酒務地14処にしめる新税務地の新務地率は57％、また新商税務8処[3]に対する新税務地の対新商税務率は100％である。旧酒務がみえる湖城県は熙寧四年に鎮に降格され、新商税務は記載されていない。元豊六年には県に昇格したが、熙寧十年では町である。

第二編　銅銭区北部

　次に酒務地で元豊まで存在して地理表⁽⁴⁾にみえる存続地は、酒統計の地名に△印を付している。存続地は上記の1〜3・7〜9の地（州県務6）、及び4・6・10の地・歇馬・硤石（故県鎮）（鎮市務5）で計11処である。酒務地14処にしめる存続地の存続率は79％である。

　次に旧商税務・新商税務・地理表のいずれにもみえない不明地は曲沃[13]・平時[14]（鎮市務2）で、不明率14％である。以上の酒務・諸数値を酒務表に整理して示す。なお銀冶が地理表にみえないので、存続率＋不明率＜100％である。

H3　陝州　格大都督府　地理表
(主戸32,840　客戸11,552　計44,392　貢　絁，柏子人，紬，括蔞根)

格	県	距　離	郷	鎮	％	その他	備　　　考	水　　系	計11
上	陝県	郭下	6	3	50	0	石壕・乾壕・故県鎮	黄河，蹇水	2
上	平陸	北　5	5	3	60	0	張店・三門・集津鎮		0
上	夏県	北　98	7	1	14	0	曹張鎮	涑水	1
上	靈宝	西　45	3	0	0	0		黄河，稠桑沢	2
中下	芮城	西北 59	2	0	0	0		黄河，龍泉	2
中下	湖城	西南 110	1	0	0	0		鳳林泉，鼎湖	2
中下	閺郷	西　170	1	2	200	0	歇馬・闞東鎮	黄河，玉澗水	2
計 7			25	9	36	0	土産　柏子仁，瓜蔞根，絁，絹，麝香，麩仁，石膽		7種
銅銭監		東 100歩	0	0	—	1			
鉄銭監		西 50歩	0	0	—	1			

×印の地：小さな町候補地7

H3　陝州　酒務表

外県	置務県	置務県率	州県務	州県務率	鎮市務	鎮市務率	酒務	併設地	併設率	旧税務	対税旧商率	新税務地	新税務地率	新務	新商税務	対税新商率	存続地	存続率
7	6	86	7	50	7	50	14	6	43	6	100	8	57	8	100	11	79

併設地 計 6	州県	在城[1]・芮城[2]・湖城[3]	3 処
	鎮市	曹張[4]・銀冶[5]・三門[6]	3 処
新税務地 計 8	州県	1・2の地・閺郷[7]・靈寶[8]・夏[9]	5 処
	鎮市	4・6の地・集津[10]	3 処
存続地 計11	州県	1〜3・7〜9の地	6 処
	鎮市	4・6・10の地・歇馬[11]・硤石[12]（故県鎮）	5 処
不明地	曲沃[13]・平時[14]	2 処	不明率 14 ％

旧務年代の町4（10・11・13・14の地）・小都市3、新務年代の町3（3・11・12）・小都市3

注　①5の地は地理表不記地で、存続地・新務年代の町に入れず
　　②12の地は旧務年代では行政都市で、元豊では町
　　③湖城[3]には新税務が置かれていないので、新税務地欄の州県は5処である。同県は地理表にみえるので、存続地の州県は6処となる。新務年代の州県5・小都市3・町3で計10処であるが、存続地は11処

第七章　永興軍路

注

(1) 県変遷図の作成史料は拙著2、192〜193頁参照。
(2) 拙著2、192頁。
(3) 拙著2、192頁。
(4) 拙著2、194頁の地理表に同じ。

4　延州H4

延州の酒務及び新旧酒銭額は次の如くである。

(1) 酒統計

舊。在城及延水・敷政・豊林・金明・甘泉・延川県・青化・招安・石胡・萬安寨・青澗城十二務①

歳　　　　　　　　　２７１，４６０貫
熙寧十年租額　　　　９３，６０３貫３８４文
　　　買撲　　　　　６，６９６貫９０９文
　　　　新額計　　１００，３００貫２９３文

注　①原文、閏。志、澗

H4 延州	銭	額 表
旧　額		271,460貫
新　額	官売	93,603貫
	買撲	6,696貫
	計	100,299貫
新旧差額		−171,161貫
増 額 率		−63％
官 売 率		93％
買 撲 率		7％

旧額は271,460貫・新額100,299貫で、両額の差額−171,161貫・増額率−63％である。また官売額93,603貫・買撲6,696貫で、官売率93％・買撲率7％である。以上の数値を銭額表にまとめる。

(2) 酒務表

次に寰宇記36・九域志3により太平興国中〜元豊間の延州諸県の変化を県変遷図(1)に示す。酒統計は在城・県6・鎮市5を記すが、それらの酒務からは旧務年代は不明であるので、一般的な旧務年代である景祐〜慶暦に従っておく。

図によれば熙寧五年前の旧外県9であり、酒統計の県酒務6であ

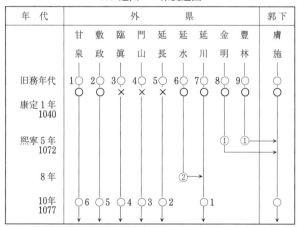

H4 延州　県変遷図

第二編　銅銭区北部

るので、県置務率は67％である。また酒務は州県務7・鎮市務5の計12務で、州県務率58％・鎮市務率42％である。

次に酒統計に○印を付した在城[1]・延水[2]・敷政[3]・豊林[4]・金明[5]・甘泉[6]・延川県[7]（州県務7）の7処が酒務・旧商税務の併設地である。併設地が酒務地12処にしめる併設率58％、旧商税務15処[(2)]に対する併設地の対旧商税務率47％である。なお臨眞・門山・延長3県の酒務は記載されていない。

次に酒務地に新商税務が設置された新税務地は、酒統計に□印を付した上記の1・3・5・7の地（州県務4）、及び2・4・5の地・青化[8]・招安[9]・萬安寨[10]・青澗城[11]（鎮市務7）の計11処である。酒務地12処にしめる新税務地の新務地率は92％、また新商税務26処[(3)]に対する新税務地の対新商税務率は42％である。なお旧務年代の延水[2]・豊林[4]・金明[5]の3県は熙寧5年・8年に鎮に降格されたので新務年代では鎮である（県変遷図参照）。

次に酒務地で元豊まで存在して地理表[(4)]にみえる存続地は、酒統計の地名に△印を付している。存続地は上記の1・3・6・7の地（州県務4）、及び2・4・5・8～11の地（鎮市務7）で計11処である。酒務地12処にしめる存続地の存続率は92％である。

次に旧商税務・新商税務・地理表のいずれにもみえない不明地は石胡[12]で、不明率8％である。以上の酒務・諸数値を酒務表に整理して示す。

H4　延州　格中都督府　地理表　（主戸34,918　客戸1,849　計36,767　貢　麝，蠟）

格	県	距離	郷	鎮	％	その他		備考	水系	計11
中	膚施	郭下	1	2	200			青化・豊林鎮	洛水, 清水, 濯筋水	3
						塞	3	金明・龍安・塞門寨		
						堡	1	安寨堡		
中	延川	東北140	3	1	33			延水鎮	黄河, 吐延水	2
						寨	9	丹頭・綏平・懷寧・順安・白草・米脂・永平・浮圖・義合寨		
						堡	2	安定・黒水堡		
						関	1	永寧関		
中	延長	東 130	3	0	0		0		濯筋水	1
中	門山	東南180	1	0	0		0		黄河, 渭牙川水	2
中	臨眞	東南110	2	0	0		0		庫利川	1
中	敷政	西 90	1	0	0	寨	2	招安・萬安寨	洛水	1
中下	甘泉	南 71	1	0	0		0		洛水	1
計 7			12	3	25	18	土産	麝香, 黄蠟, 秦膠		3種

| 青澗城　東北185里 | 綏徳城 東北330里 | 鉄銭監　東2里 |

×印の地：小さな町候補地5、○印の地：大きな町に準ずる町1

第七章　永興軍路

H4 延州　　　　　酒　務　表

		外県 9	置務県 6	置務県率 67	州県務 7	州県務率 58	鎮市務 5	鎮市務率 42	酒務 12	併設地 7	併設率 58	旧商税務 15	対税旧商率 47	新税務地 11	新税務地率 92	新商税務 26	対税新商率 42	存続地 11	存続率 92
併設地 計 7	州県	在城¹・延水²・敷政³・豊林⁴・金明⁵・甘泉⁶・延川⁷																7 処	
	鎮市																	0 処	
新税務地 計11	州県	1・3・6・7の地																4 処	
	鎮市	2・4・5の地・青化⁸・招安⁹・萬安¹⁰・清澗城¹¹																7 処	
存続地 計11	州県	1・3・6・7の地																4 処	
	鎮市	2・4・5・8〜11の地																7 処	
不　明　地		石胡¹²														1 処	不明率	8 ％	

旧務年代の町 5（8〜12の地）・小都市 0、新務年代の町 0・小都市 7
注　①不明地は新務年代の町に入れず
　　②旧商税務15に郭下県務を含めず。拙著 2・195頁参照

注

(1)　県変遷図の作成史料は拙著 2、195頁参照。
(2)　拙著 2、194頁。　(3)　拙著 2、194〜195頁。
(4)　拙著 2、197頁の地理表に同じ。

5　同州 H 5

同州の酒務及び新旧酒銭額は次の如くである。

(1)　酒統計

舊。在城①及馮翊・郃陽・澄城・白水・夏陽・韓城・朝邑県・延祥・寺前・新市鎮②・沙苑監③十二務
歳　　　　　　　８２,７７９貫
　　銀　　　２３５両
煕寧十年租額　　　６７,０５７貫６４９文
　　買撲　　　　　１１,７５０貫４２５文
　　　銀　　　１８４両８銭
　　　粟　　　２４６碩６斗７勝
　　新額計　　　　７８,００７貫文

注　①郭下県、酒務数に入れず　②陝西路文末に「沙苑監無定額」とみえる　③原文十一、沙苑監を加えるので十二　沙苑監は州直属（地理表）

— 299 —

第二編　銅銭区北部

旧額は82,779貫・新額78,807貫で、両額の差額−3,972貫・増額率−5％である。また官売額67,057貫・買撲11,750貫で、官売率85％・買撲率15％である。以上の数値を銭額表にまとめる。

(2) 酒務表

次に寰宇記28・九域志3により太平興国中〜元豊間の同州諸県の変化を県変遷図[1]に示す。酒統計は在城・県6（郭下県を入れず）・鎮市5を記すが、それらの酒務からは旧務年代は不明であるので、一般的な旧務年代である景祐〜慶暦に従っておく。

図によれば熙寧三年前の旧外県6であり、酒統計の県酒務6（馮翊県を除く）であるので、県置務率は100％である。酒務は州県務7・鎮市務4の計11務で、州県務率64％・鎮市務率36％である。

次に酒統計に○印を付した在城・邰陽・澄城・白水・夏陽（州県務5）、及び延祥・寺前・新市・沙苑（鎮市務4）の計9処が酒務・旧商税務の併設地である。併設地が酒務地11処にしめる併設率82％、旧商税務11処[2]に対する併設地9処の対旧商税務率82％である。なお韓城・朝邑両県の旧商税務は記載されていない。

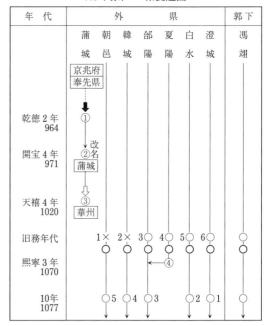

H5 同州	銭	額	表
旧　　額			82,779 貫
新　　額	官売		67,057 貫
	買撲		11,750 貫
	計		78,807 貫
新旧差額			−3,972 貫
増額率			−5 ％
官売率			85 ％
買撲率			15 ％
旧銀額	235両		
新銀額	184両8銭		
新旧差額	約51両（銭切捨）減		
旧粟額	0		
新粟額	246碩6斗7勝増		

次に酒務地に新商税務が設置された新税務地は、酒統計に□印を付した上記の1〜4の地・韓城・朝邑県（州県務6）、及び5〜8の地（鎮市務4）の計10処である。酒務地11処にしめる新税務地の新務地率は91％、また新商税務11処[3]に対する新税務地の対新商税務率は91％である。なお夏陽県は熙寧四年に降格され新務年代では鎮である。

次に酒務地で元豊まで存在して地理表[4]にみえる存続地は、酒統計の地名に△印を付している。存続地は上記の1〜4・10・11の地（州県務6）、及び5〜9の地（鎮市務5）で計11処である。酒務地11処[5]にしめる存続地の存続率は100％である。

第七章　永興軍路

次に旧商税務・新商税務・地理表のいずれにもみえない不明地はなく、不明率０％である。以上の酒務・諸数値を酒務表に整理して示す。

H5 同州　望　地理表　（主戸69,044　客戸10,556　計79,600　貢　鞣皮）

格	県	距　離	郷	鎮	％	その他	備　　考	水　　系	計11
緊	馮翊	郭下	10	1	10	0	沙苑鎮	洛水, 渭水	2
緊	澄城	北　90	6	2	33	0	寺前・良輔鎮	洛水	1
緊	朝邑	東　35	7	2	28	0	新市・延祥鎮	黄河, 渭水	2
上	郃陽	東北 120	7	1	14	0	夏陽鎮	黄河	1
中	白水	西北 120	3	0	0	0		洛水, 白水	2
中	韓城	東北 200	3	0	0	0		黄河, 暢水, 崌水	3
計 6			36	6	16		土産　籔文靴, 蒲合, 麝香, 草坐 白蒺藜, 防風, 石燉餅		7種

沙苑監　南25里

×印の地：小さな町候補地１、〇印の地：大きな町に準ずる町１

H5 同州　　　　酒　務　表

外県	置務県	置務県率	州県務	州県務率	鎮市務	鎮市務率	酒務	併設地	併設率	旧商税務	対税旧務商率	新税務地	対税新務地率	新商税務	対税新務商率	存続地	存続率
6	6	100	7	64	4	36	11	9	82	11	82	10	91	11	91	11	100

併設地	州県	¹在城・²郃陽・³澄城・⁴白水・⁵夏陽	5 処
計 9	鎮市	⁶延祥・⁷寺前・⁸新市鎮・⁹沙苑監	4 処
新税務地	州県	１〜４の地・¹⁰韓城・¹¹朝邑	6 処
計10	鎮市	５〜８の地	4 処
存続地	州県	１〜４・10・11の地	6 処
計11	鎮市	５〜９の地	5 処
不 明 地		0 処　　不 明 率　　０ ％	

旧務年代の町０・小都市４、新務年代の町１（９の地）・小都市４
注　新商税務11に郭下県務を含めず。拙著２、198頁参照

注

(1) 県変遷図の作成史料は拙著２、198〜199頁参照。
(2) 拙著２、198頁。
(3) 拙著２、198頁。
(4) 拙著２、200頁の地理表に同じ。
(5) 陝西路文末に「沙苑監。無定額」とみえる。

第二編　銅銭区北部

6　華州 H 6

華州の酒務及び新旧酒銭額は次の如くである。

(1)　酒統計

舊。在城及下邽・華陰・渭南・蒲城県・赤水・故市・荊姚・敷水・關西鎮十務
　　①
歳　　　　　　　　104,371貫
熙寧十年祖額　　　 81,273貫530文
　　買撲　　　　　 11,152貫789文
　　　　新額計　　 92,426貫319文
　注　①原文、空白、欠。県変遷図参照

　旧額は104,371貫・新額92,425貫で、両額の差額－11,946貫・増額率－11％である。また官売額81,273貫・買撲11,152貫で、官売率88％・買撲率12％である。以上の数値を銭額表にまとめる。

(2)　酒務表

　次に寰宇記29・九域志3により太平興国中～元豊間の華州諸県の変化を県変遷図⁽¹⁾に示す。酒統計は在城・県4・鎮市5を記すが、それらの酒務からは旧務年代は不明であるので、一般的な旧務年代である景祐～慶暦に従っておく。

　図によれば熙寧六年前の旧外県4であり、酒統計の県酒務4であるので、県置務率は100％である。また酒務は州県務5・鎮市務5の計10務で、州県務率50％・鎮市務率50％である。

　次に酒統計に○印を付した在城・下邽・華陰・渭
　　　　　　　　　　　　　　1　2　 3　 4
南・蒲城県（州県務5）、及び赤水・荊姚・關西鎮
5　　　　　　　　　　6　 7　　8
（鎮市務3）の計8処が酒務・旧商税務の併設地である。併設地が酒務地10処にしめる併設率80％、旧商税務8処⁽²⁾に対する併設地の対旧商税務率100％で

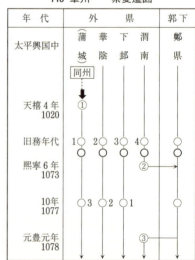

ある。

　次に酒務地に新商税務が設置された新税務地は、酒統計に□印を付した上記の１〜３・５の地（州県務４）、及び４・６〜８の地（鎮市務４）の計８処である。酒務地10処にしめる新税務地の新務地率は80％、また新商税務８処[3]に対する新税務地の対新商税務率は100％である。なお旧務年代の渭南県[4]は熙寧六年に鎮に降格されたので熙寧十年では鎮であったが、元豊元年に県に昇格した（県変遷図参照）。

　次に酒務地で元豊まで存在して地理表[4]にみえる存続地は、酒統計の地名に△印を付している。存続地は上記の１〜５の地（州県務５）、及び６〜８の地・敷水[9]（鎮市務４）で計９処である。酒務地10処にしめる存続地の存続率は90％である。

　次に旧商税務・新商税務・地理表のいずれにもみえない不明地は故市[10]で、不明率10％である。以上の酒務・諸数値を酒務表に整理して示す。

H6　華州　格望　地理表　（主戸68,344　客戸11,836　計80,180　貢　茯苓，細辛，茯神）

格	県	距　離	郷	鎮	％	その他	備　　　　考	水　　系	計8
上	鄭県	郭下	7	1	14	0	赤水東鎮	渭水，符禺水	2
望	下邽	西北 65	7	2	28	0	新市・來化鎮	渭水，太白渠	2
望	蒲城	西北 120	9	2	22	0	荊姚・常樂鎮	洛水	1
緊	華陰	東 50	3	2	66	関 1	關西・敷水鎮，潼關	黃河，渭水	2
上	渭南	西 35	4	1	25		赤水西鎮	渭水	1
計 5			30	8	26	1	土産 茯苓，茯神，細辛，綿，絹，朱柿子，石踏爐，五粒松，鶻		9種
銅錢監（南1里），鐵錢監（南1里）						2			

×印の地：小さな町候補地 7
注　赤水東鎮を酒務地とす

H6　華州　　　　　　　酒　　務　　表

外県 4	置務県 4	置務率 100	州県務 5	州県務率 50	鎮市務 5	鎮市務率 50	酒務地 10	併設地 8	併設率 80	旧商税務 8	対税旧商務率 100	新税務地 8	新務地率 80	新商税務 8	対税新商務率 100	存続地 9	存続率 90

併設地 計8	州県	在城[1]・下邽[2]・華陰[3]・渭南[4]・蒲城[5]	5 処
	鎮市	赤水[6]・荊姚[7]・關西[8]	3 処
新税務地 計8	州県	１〜３・５の地	4 処
	鎮市	４・６〜８の地	4 処
存続地 計9	州県	１〜５の地	5 処
	鎮市	６〜８の地・敷水[9]	4 処
不　明　地	故市[10]	1 処　　不　明　率　10　％	

旧務年代の町2（9・10の地）・小都市3、新務年代の町1（9の地）・小都市4

第二編　銅銭区北部

注
(1) 県変遷図の作成史料は拙著2、201頁参照。
(2) 拙著2、200頁。
(3) 拙著2、200頁。
(4) 拙著2、202頁の地理表に同じ。

7　耀州 H 7

耀州の酒務及び新旧酒銭額は次の如くである。

(1)　酒統計

舊。在城及三原・雲陽・美原県・黄堡鎮五務
歳　　　　　　　　84,342貫
熙寧十年租額　　　69,559貫691文
　　買撲　　　　　16,912貫996文
　　　新額計　　　86,472貫687文

旧額は84,342貫・新額86,471貫で、両額の差額2,129貫・増額率3％である。また官売額69,559貫・買撲16,912貫で、官売率80％・買撲率20％である。以上の数値を銭額表にまとめる。

H7 耀州	銭額表	
旧　額		84,342貫
新　額	官売	69,559貫
	買撲	16,912貫
	計	86,471貫
新旧差額		2,129貫
増額率		3％
官売率		80％
買撲率		20％

(2)　酒務表

次に寰宇記31・九域志3により太平興国中～元豊間の耀州諸県の変化を県変遷図[(1)]に示す。酒統計は在城・県3・鎮市1を記すが、それらの酒務からは旧務年代は不明であるので、一般的な旧務年代である景祐～慶暦に従っておく。

図によれば熙寧十年前の旧外県6であり、また酒統計の県酒務3であるので、県置務率は50％である。また酒務は州県務4・鎮市務1の計5務で、州県務率80％・鎮市務率20％である。

H7 耀州　県変遷図

年代	外県						郭下
太平興国中	淳化	雲陽	美原	同官	三原	富平	華原
	梨園鎮						
淳化4年 993	改名①県	昇格①県					
旧務年代	1○×	2○	3○×	4○	5○×	6○	○
熙寧10年 1077	○6	○5	○4	○3	○2	○1	○

第七章　永興軍路

　次に酒統計に○印を付した在城・三原・雲陽・美原県（州県務4）、及び黄堡鎮（鎮市務1）の計5処が酒務・旧商税務の併設地である。併設地が酒務地5処にしめる併設率100％、旧商税務9処[(2)]に対する併設地の対旧商税務率56％である。なお淳化・同官・富平3県の酒務は記載されていない。

　次に酒務地に新商税務が設置された新税務地は、酒統計に□印を付した上記の1～4の地（州県務4）、及び5の地（鎮市務1）の5処である。酒務地5処にしめる新税務地の新務地率は100％、また新商税務9処[(3)]に対する新税務地の対新商税務率は56％である。

　次に酒務地で元豊まで存在して地理表[(4)]にみえる存続地は、酒統計の地名に△印を付している。存続地は上記の1～4の地（州県務4）、及び5の地（鎮市務1）で計5処である。酒務地5処にしめる存続地の存続率は100％である。

　次に旧商税務・新商税務・地理表のいずれにもみえない不明地はなく、不明率0％である。以上の酒務・諸数値を酒務表に整理して示す。

H7　耀州　格緊　地理表　（主戸19,802　客戸6,108　計25,910　貢　瓷器）

格	県	距　離	郷	鎮	％	その他	備　　考	水　　系	計5
上	華原	郭下	2	0	0	0		漆水, 沮水	2
望	富平	東南 50	10	0	0	0		鄭水, 白水	2
望	三原	南　50	8	0	0	0			0
上	雲陽	西南 70	2	1	50	0	孟店鎮		0
上	同官	東北 50	3	1	33	0	黄堡鎮	同官川	1
中	美原	東　70	4	0	0	0			0
中	淳化	西　90	3	0	0	0			0
計	7		32	2	6	0	土産　栢板, 唂馬藥, 芍藥, 石脂, 青石		5種
	鐵錢監	州城西南					熙寧八年置		

×印の地：小さな町候補地1、○印の地：大きな町に準ずる町

H7　耀州　　酒　務　表

外県 6	置務県 3	置務県率 50	州県務 4	州県務率 80	鎮市務 1	鎮市務率 20	酒務 5	併設地 5	併設率 100	旧商税務 9	対旧商税率 56	新税務地 5	新務地率 100	新商税務 9	対新商税率 56	存続地 5	存続率 100

併設地 計5	州県	在城・三原・雲陽・美原	4 処
	鎮市	黄堡鎮	1 処
新税務地 計5	州県	1～4の地	4 処
	鎮市	5の地	1 処
存続地 計5	州県	1～4の地	4 処
	鎮市	5の地	1 処
不明地		0処　不明率　0％	

旧務年代の町0・小都市1、新務年代の町0・小都市1

第二編　銅銭区北部

注

(1) 県変遷図の作成史料は拙著2、203頁参照。
(2) 拙著2、202頁。
(3) 拙著2、202頁。
(4) 拙著2、203頁の地理表に同じ。

8　邠州 H 8

邠州の酒務及び新旧酒銭額は次の如くである。

(1)　酒統計

舊。在城及宜祿・三水・定平・龍泉鎮五務
　　　　　　　　　　　①
歳　　　　　　　　９１,１１３貫
熙寧十年祖額　　　７２,９０７貫７９７文
　　買撲　　　　　 ６,０５６貫４００文
　　　銀　　　　　　　２５両２銭
　　　　新額計　　 ７８,９６４貫１９７文
注　①定平は寧州に割出し、寧州の新商税務・地理表にみえる

旧額は91,113貫・新額78,963貫で、両額の差額－12,150貫・増額率－13％である。また官売額72,907貫・買撲6,056貫で、官売率92％・買撲率8％である。以上の数値を銭額表にまとめる。

(2)　酒務表

次に寰宇記34・九域志3により太平興国中～元豊間の邠州諸県の変化を県変遷図[(1)]に示す。酒統計は在城・県3・鎮市1を記すが、それらの酒務からは旧務年代は不明であるので、一般的な旧務年代である景祐～慶暦に従っておく。

熙寧五年前の旧外県3であり、酒統計の県酒務3であるので、県置務率は100％である。また酒務は州県務4・鎮市務1の計5務で、州県務率80％・鎮市務率20％である。

次に酒統計に○印を付した在城・宜祿・三水・定平（州県務4）の4処が酒務・旧商税務の併設地である。併設地が酒務地5処にしめる併設率80％、旧商税務4処[(2)]に対する併

H8 邠州	銭	額 表
旧　額		91,113 貫
新　額	官売	72,907 貫
	買撲	6,056 貫
	計	78,963 貫
新旧差額		－12,150 貫
増 額 率		－13 ％
官 売 率		92 ％
買 撲 率		8 ％
旧銀額		0
新銀額		25両2銭増

第七章　永興軍路

設地の対旧商税務率100％である。

次に酒務地に新商税務が設置された新税務地は、酒統計に□印を付した上記の１～４の地（州県務４）、及び龍泉鎮（鎮市務１）の５処である。酒務地５処にしめる新税務地の新務地率は100％、新商税務５処⁽³⁾に対する新税務地の対新商税務率は100％である。なお定平県は熙寧五年に寧州に割出された。

次に酒務地で地理表⁽⁴⁾にみえる存続地は、酒統計の地名に△印を付している。存続地は上記の１～４の地（州県務３）、及び５の地（鎮市務１）で計４処である。酒務地５処にしめる存続地の存続率は100％である。但し、４の地はH13寧州に属していた。

次に旧商税務・新商税務・地理表のいずれにもみえない不明地はなく、不明率０％である。以上の酒務・諸数値を酒務表に整理して示す。なお地理表に定平県がみえないので、

H8 邠州　　県変遷図

年代	外　　県				郭下
	永壽	定平	宜祿	三水	新平
乾徳２年 964	①乾州				
旧務年代		1○	2○	3○	○
		○	○	○	○
熙寧５年 1072	▼②	②寧州			
10年 1077	○3		○2	○1	○

H8 邠州　格緊　地理表　（主戸53,652　客戸6,185　計59,837　貢　火筋，蓽豆，翦刀）

格	県	距　　離	郷	鎮	％	その他	備　　　考	水　　系	計3
望	新平	郭下	8	1	12	0	×白驥鎮	涇水，漆水	2
望	宜祿	西　60	8	1	12	0	邠寨鎮		0
上	三水	東北60	9	1	11	0	龍泉鎮	羅川水	1
下	永壽	南　60	3	0	0	寨2	麻亭・常寧寨		0
計	4		28	3	10	2	土産 蜜，蠟，麻，布，羊，馬，麞，鹿，甘草，剪刀，大筋，蓽豆，鐵器		13種

×印の地：小さな町候補地3　注　麻亭は旧乾州の酒務地

H8 邠州　　　　　　酒　務　表

外県3	置務県3	置務率100	州県務4	州県務率80	鎮市務1	鎮市務率20	酒務地5	併設地4	併設率80	旧商税務4	対旧商税務率100	新税務地5	新務地率100	新商税務5	対新商税務率100	存続地5	存続率100

併設地	州県	在城・宜祿・三水・定平県	4処
計4	鎮市		0処
新税務地	州県	1～3の地・（4の地）	4処
計5	鎮市	龍泉鎮	1処
存続地	州県	1～3の地・（4の地）	4処
計5	鎮市	5の地	1処
不　明　地		0処　不明率　0％	

旧務年代の町１・小都市０、新務年代の町１・小都市０

第二編　銅銭区北部

存続率＋不明率＜100％である。しかし実質的には定平県は寧州に存在するので存続率100％・不明率０％である。寧州の酒務表に表記できないので（　）で括って邠州酒務表に付記することにした。

注

(1) 県変遷図の作成史料は拙著２、204頁参照。
(2) 拙著２、204頁。　(3) 拙著２、204頁。
(4) 拙著２、205頁の地理表に同じ。

9　鄜州Ｈ9

鄜州の酒務及び新旧酒銭額は次の如くである。

(1) 酒統計

舊。在城及康定軍・洛川・三川・直羅県・赤城鎮六務
歳　　　　　　　　　１２１，６７４貫
熙寧十年祖額　　　　４６，２７９貫５８１文
　　　買撲　　　　　　１，８８５貫７４９文
　　　　　新額計　　４８，１６５貫３３０文
注　①本文参照　②※(不鮮明記号)。志、川　③原文、欠

旧額は121,674貫・新額48,164貫で、両額の差額－73,510貫・増額率－60％である。また官売額46,279貫・買撲1,885貫で、官売率96％・買撲率4％である。以上の数値を銭額表にまとめる。

(2) 酒務表

酒統計の康定軍は外県の鄜城県郭内に康定二年に置かれたが[(1)]、単に軍使がおかれたのみで、州直轄の軍で同下州ではない。このため旧商税統計では康定軍はみえず「鄜城（県）」が記されている[(2)]。酒務は軍使が管轄したので酒統計では「康定軍」と表記したしたものと思われる。都市を問題とする本研究

H9 鄜州	銭　額　表	
旧　額		121,674貫
新　額	官売	46,279貫
	買撲	1,885貫
	計	48,164貫
新旧差額		－73,510貫
増額率		－60％
官売率		96％
買撲率		4％

H9 鄜州	県変遷図				
年　代	外　　県				郭下
	鄜城	直羅	洛川	三川	洛交
康定２年 1042	①置軍使				
旧務年代	1〇	2〇	3〇	4〇	〇
	〇	〇	〇	〇	〇
熙寧７年 1074				② →	
10年 1077	〇3	〇2	〇1		〇

－308－

第七章　永興軍路

では康定軍＝鄜城県として取扱う。

　次に寰宇記35・九域志3により太平興国中〜元豊間の鄜州諸県の変化を県変遷図[3]に示す。図によれば鄜州の旧務年代は康定軍が置かれた康定二年以降である。

　熙寧七年前の旧外県4であり、酒統計の県酒務4であるので、県置務率は100％である。また酒務は州県務5・鎮市務1の計6務で、州県務率83％・鎮市務率17％である。

　次に酒統計に○印を付した在城・康定軍（＝鄜城県）・洛川・三川・直羅県（州県務5）の計5処が酒務・旧商税務の併設地である。併設地が酒務地6処にしめる併設率83％、旧商税務5処[4]に対する併設地の対旧商税務率100％である。

　次に酒務地に新商税務が設置された新税務地は、酒統計に□印を付した上記の1〜3・5の地（州県務4）、及び4の地（鎮市務1）の5処である。酒務地6処にしめる新税務地の新務地率は83％、また新商税務6処[5]に対する新税務地の対新商税務率は83％である。なお三川県は熙寧七年以降は鎮である。

　次に酒務地で元豊まで存在して地理表[6]にみえる存続地は、酒統計の地名に△印を付している。存続地は上記の1〜3・5の地（州県務4）、及び4の地・赤城鎮（鎮市務2）の計

H9 鄜州　格上　地理表　（主戸19,442　客戸7,674　計27,116　貢　席、大黄）

格	県	距　離	郷	鎮	％	その他	備　　考	水　　系	計6
緊	洛交	郭下	3	1	33	0	三川鎮	洛水，華池水	2
上	洛川	東南65	3	0	0	0		洛川水，鄜水	2
上	鄜城	東120	3	0	0	0		楊班湫	1
中下	直羅	西90	3	1	33	0	赤城鎮	羅川水	1
計4			12	2	16	0	土産 龍鬚席，膩麻，布，大黄		4種

H9 鄜州　　　　酒　務　表

外県4	置務県4	置務率100	州県務5	州県務率83	鎮市務1	鎮市務率17	酒務6	併設地5	併設率83	旧商税務5	対税旧商率100	新税務地5	新務地率83	新商税務6	新商税率83	対税新商率83	存続地6	存続率100

併設地	州県	在城・康定軍・洛川・三川・直羅	5処
計5	鎮市		0処
新税務地	州県	1〜3・5の地	4処
計5	鎮市	4の地	1処
存続地	州県	1〜3・5の地	4処
計0	鎮市	4の地・赤城鎮	2処
不　明　地		0処　不明率　0％	

旧務年代の町1・小都市0、新務年代の町1（6の地）・小都市1

第二編　銅銭区北部

6処である。酒務地6処にしめる存続地の存続率は100％である。

次に旧商税務・新商税務・地理表のいずれにもみえない不明地はなく、不明率0％である。以上の酒務・諸数値を酒務表に整理して示す。

注

(1) 九域志3・鄜州・置廃に「康定二年。卽鄜城県治置康定軍使」とみえる。
(2) 拙著2、205頁。
(3) 県変遷図の作成史料は拙著2、206頁参照。
(4) 拙著2、205頁。
(5) 拙著2、205～206頁。
(6) 拙著2、207頁の地理表に同じ。

10　解州 H 10

解州の酒務及び新旧酒銭額は次の如くである。

(1) 酒統計

舊。在城及安邑・聞喜県・東鎮四務
歳　　　　　　　36,188貫
熙寧十年租額　　40,681貫902文
　　買撲　　　　5,233貫704文
　　　　新額計　45,915貫606文

H10 解州	銭　額　表	
旧　額		36,188貫
新　額	官売	40,681貫
	買撲	5,233貫
	計	45,914貫
新旧差額		9,726貫
増額率		27％
官売率		89％
買撲率		11％

旧額は36,188貫・新額45,914貫で、両額の差額9,726貫・増額率27％である。また官売額40,681貫・買撲5,233貫で、官売率89％・買撲率11％である。以上の数値を銭額表にまとめる。

(2) 酒務表

次に寰宇記46・九域志3により太平興国中～元豊間の解州諸県の変化を県変遷図[1]に示す。酒統計は在城・県2・鎮市1を記すが、それらの酒務からは旧務年代は不明であるので、一般的な旧務年代である景祐～慶暦に従っておく。

H10 解州　県変遷図		
年　代	外　県	郭下
太平興国中	聞喜　安邑	解県
旧務年代	1○ 2○	○
熙寧10年 1077	○2 ○1	○

第七章　永興軍路

　図によれば熙寧十年前の旧外県2であり、酒統計の県酒務2であるので、県置務率は100％である。また酒務は州県務3・鎮市務1の計4務で、州県務率75％・鎮市務率25％である。

　次に酒統計に○印を付した在城[1]・安邑[2]・聞喜県[3]（州県務3）、及び東鎮[4]（鎮市務1）の計4処が酒務・旧商税務の併設地である。併設地が酒務地4処にしめる併設率100％、旧商税務5処[(2)]に対する併設地の対旧商税務率80％である。

　次に酒務地に新商税務が設置された新税務地は、酒統計に□印を付した上記の1〜3の地（州県務3）の3処である。酒務地4処にしめる新税務地の新務地率は75％、新商税務5処[(3)]に対する新税務地の対新商税務率は60％である。なお東鎮[4]に新税務は置かれなかった。

　次に酒務地で元豊まで存在して地理表[(4)]にみえる存続地は、酒統計の地名に△印を付している。存続地は上記の1〜3の地（州県務3）、及び4の地（鎮市務1）で計4処である。酒務地4処にしめる存続地の存続率は100％である。

　次に旧商税務・新商税務・地理表のいずれにもみえない不明地はなく、不明率0％である。以上の酒務・諸数値を解州酒務表に整理して示す。

H10 解州　格中　地理表　（主戸25,004　客戸3,931　計28,935　貢　鹽花）

格	県	距　離	郷	鎮	％	その他	備　　考	水　系	計4
中	解県	郭下	1	0	0	0		鹽池	1
望	聞喜	東　105	2	1	50	0	東鎮	涑水	1
緊	安邑	北　45	2	0	0	0		鹽池, 涑水	2
計 3			5	1	20	0	土産 升麻, 黄芩, 瓜蔞根		3種

H10 解州　　　　　酒　務　表

外県	置務県	置務率	州県務	州県務率	鎮市務	鎮市務率	酒務	併設地	併設率	旧商税務	対旧商務率	新税務地	新務地率	新商税務	対新商務率	存続地	存続率
2	2	100	3	75	1	25	4	4	100	5	80	3	75	5	60	4	100

併設地 計4	州県	在城[1]・安邑[2]・聞喜県[3]	3処
	鎮市	東鎮[4]	1処
新税務地 計3	州県	1〜3の地	3処
	鎮市		0処
存続地 計4	州県	1〜3の地	3処
	鎮市	4の地	1処
不明地		0処　　不明率	0％

旧務年代の町0・小都市1、新務年代の町1（4の地）・小都市0

— 311 —

第二編　銅銭区北部

注

(1) 県変遷図の作成史料は拙著 2、208頁参照。
(2) 拙著 2、207頁。
(3) 拙著 2、207頁。
(4) 拙著 2、208頁の地理表に同じ。

11　慶州 H 11

慶州の酒務及び新旧酒銭額は次の如くである。

(1)　酒統計

舊。在城及淮安・業樂・景山・華池①・合水・鳳川・司川・平戎鎮・大順城②・西谷・東谷・柔遠寨十三務
歳　　　　　　　　　　　１６０，３４１貫
熙寧十年祖額　　　　　　９５，３６９貫２１６文
　　　買撲　　　　　　　　８，０２９貫５６０文
　　　　　　新額計　　　１０３，３９８貫７７６文
注　①原文、州。誤　②原文、次。志、大

旧額は160,341貫・新額103,398貫で、両額の差額−56,943貫・増額率−36％である。また官売額95,369貫・買撲8,029貫で、官売率92％・買撲率8％である。以上の数値を銭額表にまとめる。

H11 慶州	銭額表	
旧　額		160,341 貫
新　額	官売	95,369 貫
	買撲	8,029 貫
	計	103,398 貫
新旧差額		−56,943 貫
増額率		−36 ％
官売率		92 ％
買撲率		8 ％

(2)　酒務表

酒統計の一般的な記載順序は在城・県・鎮・その他であるが、慶州の記載はこの順序が守られていない。在城に続いて置かれているのは諸鎮であり、その中間に華池が置かれている。華池県が鎮に降格されるのは熙寧四年である(1)。酒統計の華池を鎮とすれば、慶州の旧務年代は熙寧四年以降である。したがって記載順序が乱れているとする解釈が妥当であり(2)、一般的旧務年代である景祐〜慶暦に従っておきたい。

次に寰宇記33・九域志3により太平興国中〜元豊間の慶州諸県の変化を県変遷図(3)に示す。酒統計は在城・県1・鎮市11を記す。図によれば熙寧三年前の旧外県2であり、酒統

計の県酒務 1 であるので、県置務率は50％である。また酒務は州県務 2・鎮市務11の計13務で、州県務率15％・鎮市務率85％である。

次に酒統計に○印を付した在城¹・華池²（州県務 2）、及び淮安³・業樂⁴・景山⁵・合水⁶・鳳川⁷・柔遠寨⁸（鎮市務 6）の計 8 処が酒務・旧商税務の併設地である。併設地が酒務地13処にしめる併設率62％、旧商税務11処⁽⁴⁾に対する対旧商税務率73％である。なお樂蟠県の酒務・旧商税務は記載されていない。

次に酒務地に新商税務が設置された新税務地は、酒統計に□印を付した上記の 1・6 の地（州県務 2）、及び 2～5・7・8 の地・大順城⁹・西谷¹⁰・東谷¹¹（鎮市務 9）の計11処である。酒務地13処にしめる新税務地の新務地率は85％、また新商税務18処⁽⁵⁾に対する新税務地の対新商税務率は61％である。なお合水県は旧務年代では鎮であったが熙寧四年に県に昇格した。また旧務年代では県であった華池県は熙寧四年以降は降格されて寨である。

次に酒務地で元豊まで存在して地理表⁽⁶⁾にみえる存続地は、酒統計の地名に△印を付している。存続地は上記の 1・6 の地（州県務 2）、及び 2～5・7・8～11の地（鎮市務 9）で計11処である。酒務地13処にしめる存続地の存続率は85％である。

次に旧商税務・新商税務・地理表のいずれにもみえない不明地は司川¹²・平戎鎮¹³（鎮市務 2）で、不明率15％である。以上の酒務・諸数値を酒務表に整理して示す。

第七章　永興軍路

H11　慶州　県変遷図

年代	外　県	郭下
太平興国	(合水) 樂蟠 華池 (彭原)	安化
旧務年代	1× 2○ ×　　　寧州 ↓①	○
熙寧3年 1070		
4年	新設②	
10年 1077	○2　　　　　○1	○

H11　慶州　格中府　地理表　（主戸12,638　客戸6,383　計19,021　貢　紫茸氈, 氈, 麝, 蠟）

格	県	距離	郷	鎮	％	その他	備　考	水　系	計3
中	安化	郭下	4	4	100		淮安・業樂・五交・景山鎮		
						城 1	大順城		
						寨 5	東谷・西谷・柔遠・大順・安彊寨		1
						堡 2	盧泥・美泥堡	延慶水	
望	合水	東南45	7	3	42		金櫃・鳳川・華池鎮		
						寨 1	華池寨		0
						堡 1	荔原堡		
緊	彭原	西南80	6	4	66	0	董志・蕭・赤城・寧羌鎮	睦陽川, 彭原池	2
計 3			17	11	64	10	土産 胡女布, 香子, 龍鬚蓆, 牛酥		4種

×印の地；小さな町候補地 7

— 313 —

第二編　銅銭区北部

H11 慶州　　　　　　　　　　酒　務　表

外県 2	置務県 1	置務県率 50	州県務 2	州県務率 15	鎮市務 11	鎮市務率 85	酒務 13	併設地 8	併設地率 62	旧商税務 11	対旧商税率 73	新税務地 11	新税務地率 85	新商税務 18	対新商税率 61	存続地 11	存続率 85

併設地	州県	在城¹・華池²								2処
計 8	鎮市	淮安³・業樂⁴・景山⁵・合水⁶・鳳川⁷・柔遠寨⁸								6処
新税務地	州県	1・6の地								2処
計11	鎮市	2～5・7・8の地・大順城⁹・西谷¹⁰・東谷¹¹								9処
存続地	州県	1・6の地								2処
計11	鎮市	2～5・7～11の地								9処
不明地		司川¹²・平戎鎮¹³				2処		不明率	15	%

旧務年代の町5（9～13の地）・小都市6、新務年代の町0・小都市9

注

(1) 九域志・慶州・置廃に、「熙寧四年。省華池・樂蟠二県。置合水県」とみえる。
(2) 拙著2、210頁参照。
(3) 県変遷図の作成史料は拙著2、210頁参照。
(4) 拙著2、209頁。
(5) 拙著2、209頁。
(6) 拙著2、211頁の地理表に同じ。

12　虢州 H 12

虢州の酒務及び新旧酒銭額は次の如くである。

(1) 酒統計

舊。在城及虢略①・盧氏②・朱陽③・玉城県④・鍋冶六務
歳　　　　　　　　　３６,３８５貫⑤
熙寧十年祖額　　　　３９,５１８貫０１６文
　　買撲　　　　　　 ３,３１５貫１３５文
　　　新額計　　　　４２,８３３貫１５１文

注　①郭下県、酒務数に入れず　②原文、盧民。志、盧氏　③原文、空欄。志、朱　④原文、王。志、玉　⑤原文、文。誤字

旧額は36,385貫・新額42,833貫で、両額の差額6,448貫・増額率18％である。また官売額39,518貫・買撲3,315貫で、官売率92％・買撲率8％である。以上の数値を銭額表にまとめる。

(2) 酒務表

次に寰宇記6・九域志3により太平興国中～元豊間の虢州諸県の変化を県変遷図[1]に示す。酒統計は在城・県3（郭下を入れず）・鎮市1を記すが、それらの酒務からは旧務年代は不明であるので、一般的な旧務年代である景祐～慶暦に従っておく。

図によれば熙寧二年前の旧外県3であり、酒統計の県酒務3（虢略県を除く）であるので、県置務率は100％である。また酒務は州県務4・鎮市務1の計5務で、州県務率80％・鎮市務率20％である。

次に酒統計に〇印を付した在城・盧氏・朱陽・玉城県（州県務4）の計4処が酒務・旧商税務の併設地である。併設地が酒務地5処にしめる併設率80％、旧商税務4処[2]に対する併設地の対旧商税務率100％である。

次に酒務地に新商税務が設置された新税務地は、酒統計に□印を付した上記の1～3の地（州県務3）、及び4の地（鎮市務1）で計4処ある。酒務地5処にしめる新税務地の新務地率は80％、また新商税務5処[3]に対する新税務地の対新商税務率は80％である。なお旧務年代の玉城県は熙寧四年以降は鎮である。

次に酒務地で元豊まで存在して地理表[4]にみえる存続地は、酒統計の地名に△印を付している。存続地は上記の1～3の地（州県務3）、及び4の地（鎮市務1）の計4処である。酒務地5処にしめる存続地の存続率は80％である。

次に旧商税務・新商税務・地理表のいずれにもみえない不明地は鍋冶で、不明率20％である。以上の酒務・諸数値を酒務表に整理して示す。

H12 虢州　銭額表

旧	額		36,385貫
新	額	官売	39,518貫
		買撲	3,315貫
		計	42,833貫
新旧差額			6,448貫
増額率			18％
官売率			92％
買撲率			8％

H12 虢州　県変遷図

第二編　銅銭区北部

H12　虢州　格雄　地理表　（主戸10,606　客戸6,695　計17,571　貢　麝，地骨皮，硯）

格県		距離	郷	鎮	％	その他	備　　考	水　系	計4
中	虢略	郭下	1	1	100		玉城鎮 監　1　鐵銭監	黄河，濁水	2
中	盧氏	東　122	1	1	100	0	欒川冶鎮	洛水，鄢水	2
中	朱陽	南　60	1	0	0	監　1	鐵銭監		0
計　3			3	2	66	2	土産　方紋綾，花紗，絹，梨，棗， 硯瓦，麝香，蜜，黄丹		9種

×印の地：小さな町候補地2

H12　虢州　　　　　　　酒　務　表

外県 3	置務県 3	置務県率 100	州県務 4	州県務率 80	鎮市務 1	鎮市務率 20	酒務地 5	併設地 4	併設率 80	旧商税務 4	対旧税務率 100	新税務地 4	新税務地率 80	新商税務 5	対新税商務率 80	存続地 4	存続率 80

併　設　地	州県	①在城・②盧氏・③朱陽・④玉城県	4処
計4	鎮市		0処
新税務地	州県	1～3の地	3処
計4	鎮市	4の地	1処
存　続　地	州県	1～3の地	3処
計4	鎮市	4の地	1処
不　明　地	鍋冶⁵	1処　　不明率　　20　％	

旧務年代の町1（5の地）・小都市0、新務年代の町0・小都市1

注

(1) 県変遷図の作成史料は拙著2、212～213頁参照。
(2) 拙著2、212頁。　(3) 拙著2、212頁。
(4) 拙著2、214頁の地理表に同じ。

13　商州 H 13

商州の酒務及び新旧酒銭額は次の如くである。

(1) 酒統計

舊。在城及上津・洛南県・採造・坑冶・石界・紅崖山・小湖八務
歳　　　　　　　　　４５，８０７貫
　　　　　水銀　　　６２斤
　　　　　方木　　　５５０條

第七章　永興軍路

```
              米          40碩
熙寧十年祖額      42,049貫488文
    買撲        2,199貫864文
      水銀         63斤13両5分
      白米         60碩8䪆4勝
    新額計      44,249貫352文
```
注　①原文、下。志、上　②抗治は地理表の麻地稜治銀場（洛南県）であろう

　旧額は45,807貫・新額44,248貫で、両額の差額－1,559貫・増額率－3％である。また官売額42,049貫・買撲2,199貫で、官売率95％・買撲率5％である。以上の数値を銭額表にまとめる。

H13 商州	銭額表	
旧　額		45,807貫
新　額	官売	42,049貫
	買撲	2,199貫
	計	44,248貫
新旧差額		－1,559貫
増額率		－3％
官売率		95％
買撲率		5％

旧水銀額	62斤	新旧差額
旧方木額	550条	
旧米額	40碩	
新水銀額	63斤13両5分	1斤13両5分増
新白米額	60碩8䪆4勝	20碩8䪆4勝増
新方木額	0条	550條減

(2) 酒務表

　次に寰宇記141・九域志3により太平興国中～元豊間の商州諸県の変化を県変遷図⁽¹⁾に示す。酒統計は在城・県2・鎮市5を記すが、それらの酒務からは旧務年代は不明であるので、一般的な旧務年代である景祐～慶暦に従っておく。

　図によれば熙寧十年前の旧外県4であり、また酒統計の県酒務2であるので、県置務率は50％である。次に酒務は州県務3・鎮市務5の計8務で、州県務率38％・鎮市務率62％である。

　次に酒統計に○印を付した在城・洛南県（州県務2）、及び採造・坑冶（鎮市務2）の4処が酒務・旧商税

H13 商州	県変遷図				
年　代	外　　県				郭下
太平興国中	洛南	商洛	豊陽	上津	上洛
旧務年代	1○	2×	3×	4×	○
	○	×	×	○	
熙寧10年 1077	○4	○3	○2	×1	○
	↓	↓	↓	↓	↓

務の併設地で、酒務地8処にしめる併設率は50％、旧商税務4処⁽²⁾に対する併設地の対旧商税務率100％である。なお上津県は旧商税務・新商税務が記載されていず酒務県である。また商洛・豊陽両県の酒務・旧商税務も記載されていない。

　次に酒務地に新商税務が設置された新税務地は、酒統計に□印を付した上記の1・2の地（州県務2）、及び3・4の地・石界（鎮市務3）の計5処である。酒務地8処にしめる新税務地の新務地率は63％、新商税務8処⁽³⁾に対する新税務地の対新商税務率は63％である。

　次に酒務地で元豊まで存在して地理表⁽⁴⁾にみえる存続地は、酒統計の地名に△印を付し

第二編　銅銭区北部

ている。存続地は上記の１・２の地・上津(6)（州県務３）及び３・４・５の地（鎮市務３）で計６処である。酒務地８処にしめる存続地の存続率は75％である。

　次に旧商税務・新商税務・地理表のいずれにもみえない不明地は紅崖山(7)・小湖(8)で、不明率25％である。以上の酒務・諸数値を酒務表に整理して示す。

H13　商州　格望　地理表　（主戸18,089　客戸62,336　計80,425　貢　麝, 枳殻, 枳実）

格	県	距　離	郷	鎮	％	その他	備　　考	水　系	計5
中	上洛	郭下	2	2	100		西市・黄川鎮 銀場 2　龍渦・鎮北銀場 監　 1　阜民鐵銭監	丹水	1
中下	南洛	東 80	2	1	50	0	青雲鎮	商洛水	1
中下	洛南	北 75	2	4	200		採造・石界・故県・南合鎮 銀場 1　麻地稜冶銀場 鉛場 1　錫定鉛場 監　 1　鐵銭監	洛水	1
中下	豊陽	西南 120	2	0	0	0		甲水	1
中下	上津	南 300	1	0	0	0		杏水	1
計 5			9	7	77	6	土産　弓材, 麝香, 朱砂, 麻布, 熊白, 　　　枳穀, 楮皮, 厚撲, 杜仲, 黄柏		10種

×印の地：小さな町候補地 9

H13　商州　　　　　酒　務　表

外県 4	置務県 2	置務県率 50	州県務 3	州県務率 38	鎮市務 5	鎮市務率 62	酒務地 8	併設地 4	併設率 50	旧商税務 4	対旧商税務率 100	新税務地 5	新税務地率 63	新商税務 9	対新商税務率 56	存続地 6	存続率 75

併設地	州県	在城(1)・洛南(2)	2 処
計 4	鎮市	採造(3)・坑冶(4)	2 処
新税務地	州県	１・２の地	2 処
計 5	鎮市	３・４の地・石界(5)	3 処
存続地	州県	１・２の地・上津(6)	3 処
計 6	鎮市	３・４・５の地	3 処
不　明　地		紅崖山(7)・小湖(8)　　　2 処	不明率　25　％

旧務年代の町 3（5・7・8の地）・小都市 2、新務年代の町 0・小都市 3
注　①不明地は存続地・新務年代の町に入れず
　　②新税務地 5 で存続地が 6 処となっているのは、上津県に新税務が置かれていないが、地理表に同県がみえるためである

注

(1) 県変遷図の作成史料は拙著 2、215頁参照。
(2) 拙著 2、214頁。
(3) 拙著 2、214頁。
(4) 拙著 2、216頁の地理表に同じ。

14　寧州 H 14

寧州の酒務及び新旧酒銭額は次の如くである。

(1)　酒統計

舊。在城及襄樂・眞寧・彭原県・山河・董志・泥陽・棗社鎮八務
　　　　　　　　　　　①　　　　　　　　②　　　　　③
歳　　　　　　　　６１，３１５貫
熙寧十年祖額　　　５８，６３３貫６６５文
　　買撲　　　　　　１，９９１貫３７３文
　　　新額計　　　６０，６２５貫０３８文

注　①彭原県は H11慶州に割出され、同州の新商税務・地理表にみえる　②原文、蕙。志、董　③原文、陽。志、社

旧額は61,315貫・新額60,624貫で、両額の差額－691貫・増額率－１％である。また官売額58,633貫・買撲1,991貫で、官売率97％・買撲率３％である。以上の数値を銭額表にまとめる。

H14 寧州	銭　額　表	
旧　額		61,315貫
新　額	官売	58,633貫
	買撲	1,991貫
	計	60,624貫
新旧差額		－691貫
増額率		－１％
官売率		97％
買撲率		３％

(2)　酒務表

次に寰宇記34・九域志３により太平興国中～元豊間の寧州諸県の変化を県変遷図(1)に示す。酒統計は在城・県３・鎮市４を記すが、それらの酒務からは旧務年代は不明であるので、一般的な旧務年代である景祐～慶暦に従っておく。

図によれば熙寧三年前の旧外県３であり、酒統計の県酒務３であるので、県置務率は100％である。また酒務は州県務４・鎮市務４の計８務で、州県務率50％・鎮市務率50％である。

次に酒統計に○印を付した在城・襄樂・眞寧・
　　　　　　　　　　　　１　　２　　３
彭原県（州県務４）、及び山河・董志（鎮市務２）の
　　　　　　　　　　　５　　６
計６処が酒務・旧商税務の併設地である。併設地が酒務地８処にしめる併設率75％、旧商税務６処(2)

H14 寧州　県変遷図

年　代	外　　　県				郭下
	彭原	豊義 (定平)	襄樂	眞寧	定安
太平興国1年	①改名 彭陽				
至道3年 995	↓② 原州				
旧務年代	1 ○		2 ○	3 ○	○
	○				
熙寧3年 1070	↓③ 慶州	邠州			
5年		↓④			
10年 1077		↓	○3	○2　○1	○

— 319 —

第二編　銅銭区北部

に対する併設地の対旧商税務率100％である。

　次に酒務地に新商税務が設置された新税務地は、酒統計に□印を付した上記の１〜４の地（州県務４）、及び５の地（鎮市務１）の５処である。酒務地８処にしめる新税務地の新務地率は50％、新商税務６処[(3)]に対する新税務地の対新商税務率は67％である。なお彭原県[4]は熙寧三年に慶州に割出された。慶州酒務表に表記できないので寧州酒務表に（　）で括って示す。

　次に酒務地で元豊まで存在して地理表[(4)]にみえる存続地は、酒統計の地名に△印を付している。存続地は上記の１〜４の地（州県務４）、及び５の地・泥陽[7]・棗社鎮[8]（鎮市務３）で計７処である。酒務地８処にしめる存続地の存続率は88％である。

　次に旧商税務・新商税務・地理表のいずれにもみえない不明地はなく、不明率０％である。以上の酒務・諸数値を寧州酒務表に整理して示す。

H14 寧州　格望　地理表　（主戸33,268　客戸4,106　計37,374　貢　荊芥、菴、蘭、席、硯）

格	県	距離	郷	鎮	％	その他	備　　　考	水　　系	計6
緊	定安	郭下	7	2	28	0	×交城・棗社鎮	洛水、九陵水	2
緊	定平	南60	8	1	12	0	永昌鎮	涇水	1
上	襄樂	東50	4	1	25	0	×泥陽鎮	延川水	1
上	眞寧	東南70	3	2	66	0	山河・巓聖鎮	羅川水、要册湫	2
	計4		22	6	27	0	土産 草荳蔲、白蜜、防風、蜜、蠟、麻、布、羊、麞、鹿、鐵器、甘草、剪刀、大筋、蓽豆、馬		16種

×印の地：小さな町候補地3

H14 寧州　　　　　酒　務　表

外県3	置務県3	置務県率100	州県務4	州県務率50	鎮市務4	鎮市務率50	酒務地8	併設地6	併設率75	旧商税務6	対旧商税率100	新税務地5	新務地率63	新商税務6	対新商税率83	存続地7	存続率88

併設地 計6	州県	在城[1]・襄樂[2]・眞寧[3]・彭原[4]	4処
	鎮市	山河[5]・董志[6]	2処
新税務地 計4	州県	１〜３の地	3処
	鎮市	５の地	1処
存続地 計7	州県	１〜３の地・（４の地）	4処
	鎮市	５の地・泥陽[7]・棗社鎮[8]	3処
不明地		0処　　不明率　0％	

旧務年代の町２（７、８の地）・小都市２、新務年代の町２（７、８の地）・小都市１
注　①４の地は元豊では慶州に在った
　　②６の地は地理表不記地、存続地・新務年代の町に入れず
　　③新商税務６に郭下県務を入れず。拙著２、216頁参照

第七章　永興軍路

注

(1) 県変遷図の作成史料は拙著2、217頁参照。
(2) 拙著2、216頁。　(3) 拙著2、216頁。　(4) 拙著2、218頁の地理表に同じ。

15　坊州 H 15

坊州の酒務及び新旧酒銭額は次の如くである。

(1) 酒統計

舊。在城及宜君・昇平県・北拓鎮四務①
歳　　　　　　　　　４３，２３９貫
熙寧十年租額　　　　３５，０３３貫９１２文
　　買撲　　　　　　１，６０３貫０９２文
　　　新額計　　　　３６，６３７貫００４文

注　①原文、欠。志、昇平県

旧額は43,239貫・新額36,636貫で、両額の差額－6,603貫・増額率－15％である。また官売額35,033貫・買撲1,603貫で、官売96率％・買撲率4％である。以上の数値を銭額表にまとめる。

H15 坊州	銭　額　表	
旧　　額		43,239貫
新　　額	官売	35,033貫
	買撲	1,603貫
	計	36,636貫
新旧差額		－6,603貫
増　額　率		－15％
官　売　率		96％
買　撲　率		4％

(2) 酒務表

次に寰宇記35・九域志3により太平興国中～元豊間の坊州諸県の変化を県変遷図⁽¹⁾に示す。酒統計は在城・県2・鎮市1を記すが、それらの酒務からは旧務年代は不明であるので、一般的な旧務年代である景祐～慶暦に従っておく。

図によれば熙寧元年前の旧外県2であり、酒統計の県酒務2であるので、県置務率は100％である。また酒務は州県務3・鎮市務1の計4務で、州県務率75％・鎮市務率25％である。

次に酒統計に〇印を付した在城・宜君・昇平県（州県務3）、及び北拓鎮（鎮市務1）で計4処が酒務・旧商税務の併設地である。併設地が酒務地4

H15 坊州	県変遷図	
年　代	外　県	郭下
太平興国中	昇平　宜君	中部
旧務年代	1〇　2〇	〇
	〇　〇	〇
熙寧1年	①→	
熙寧10年 1077	〇 1	〇

第二編　銅銭区北部

処にしめる併設率100％、旧商税務4処[(2)]に対する併設地の対旧商税務率100％である。

　次に酒務地に新商税務が設置された新税務地は、酒統計に□印を付した上記の1・2の地（州県務2）、及び3・4の地（鎮市務2）で計4処である。酒務地4処にしめる新税務地の新務地率は100％、また新商税務4処[(3)]に対する新税務地の対新商税務率は100％である。なお旧務年代の昇平県は熙寧元年以降は鎮である。

　次に酒務地で元豊まで存在して地理表[(4)]にみえる存続地は、酒統計の地名に△印を付している。存続地は上記の1・2の地（州県務2）、及び3・4の地（鎮市務2）の計4処である。酒務地4処にしめる存続地の存続率は100％である。

　次に旧商税務・新商税務・地理表のいずれにもみえない不明地はなく、不明率0％である。以上の酒務・諸数値を酒務表に整理して示す。

H15 坊州　格上　地理表　（主戸8,236　客戸5,403　計13,639　貢　弓弦麻，席）

格	県	距離	郷	鎮	％	その他	備　　考	水　系	計3
緊	中部	郭下	6	0	0	0		洛水, 蒲水	2
中	宜君	西南55	2	2	100	場 1	北拓・昇平鎮 礬場（地名不記）	沮水	1
計2			8	2	25	1	土産 龍鬚蓆, 弓弦麻		2種

×印の地：小さな町候補地1

H15 坊州　　　　　　　　　酒　務　表

外県 2	置務県 2	置務率 100	州県務 3	州県務率 75	鎮市務 1	鎮市務率 25	酒務 4	併設地 4	併設率 100	旧商税務 4	対旧商務率 100	新税務地 4	新務地率 100	新商税務 4	対新商務率 100	存続地 4	存続率 100
併設地 計4	州県	在城[1]・宜君[2]・昇平[3]															3処
	鎮市	北拓[4]															1処
新税務地 計4	州県	1・2の地															2処
	鎮市	3・4の地															2処
存続地 計4	州県	1・2の地															2処
	鎮市	3・4の地															2処
不明地															0処	不明率	0％

旧務年代の町0・小都市1、新務年代の町0・小都市2

注

(1) 県変遷図の作成史料は拙著2、218頁参照。
(2) 拙著2、218頁。　(3) 拙著2、218頁。
(4) 拙著2、219頁の地理表に同じ。

第七章　永興軍路

16　丹州 H 16

丹州の酒務及び新旧酒銭額は次の如くである。

(1)　酒統計

舊。在城及雲巖・汾川県三務
歳　　　　　　　１５，３０３貫
煕寧十年祖額　　１０，７１６貫０９１文
　　　買撲　　　　　６２６貫３７６文
　　　　　　　　　　　①
　　　新額計　　１１，３４２貫４６７文

注　①原文、井

旧額は15,303貫・新額11,342貫で、両額の差額－3,961・増額率－26％である。また官売額10,716貫・買撲626貫で、官売率94％・買撲率６％である。以上の数値を銭額表にまとめる。

(2)　酒務表

次に寰宇記35・九域志３により太平興国中～元豊間の丹州諸県の変化を県変遷図[1]に示す。酒統計は在城・県２を記すが、それらの酒務からは旧務年代は不明であるので、一般的な旧務年代である景祐～慶暦に従っておく。

図によれば煕寧三年前の旧外県２であり、酒統計の県酒務２であるので、県置務率は100％である。また酒務は州県務３・鎮市務０の計３務で、州県務率100％・鎮市務率０％である。

次に酒統計に○印を付した在城（州県務１）の１処が酒務・旧商税務の併設地である。併設地が酒務地３処にしめる併設率33％、旧商税務４処[2]に対する併設地の対旧商税務率25％である。なお雲巖・汾川両県の旧商税務は記載されていない。

次に酒務地に新商税務が設置された新税務地は、酒統計に□印を付した上記の１の地

H16 丹州	銭　額　表	
旧　額		15,303 貫
新　額	官売	10,716 貫
	買撲	626 貫
	計	11,342 貫
新旧差額		－3,961 貫
増額率		－26 ％
官売率		94 ％
買撲率		6 ％

H16 丹州　県変遷図

年　代	外　　県	郭下
太平興国中	雲巖　汾川	宜川
旧務年代 煕寧３年	同州 韓城県新封郷　1×　2× ①→	○
７年	②	○ →
８年	③	→
10年 1077		○ ↓

第二編　銅銭区北部

(州県務)で１処である。酒務地３処にしめる新税務地の新務地率は33％、また新商税務２処[3]に対する新税務地の対新商税務率は50％である。なお雲巌・汾川両鎮の新商税務は記載されていない。

　次に酒務地で元豊まで存在して地理表[4]にみえる存続地は、酒統計の地名に△印を付している。存続地は上記の１の地（州県務１）、及び雲巌[2]・汾川[3]（鎮市務２）で計３処である。酒務地３処にしめる存続地の存続率は100％である。なお旧務年代の雲巌・汾川両県は熙寧三・七年以降では鎮である。

　次に旧商税務・新商税務・地理表のいずれにもみえない不明地はなく、不明率０％である。以上の酒務・諸数値を酒務表に整理して示す。

H16　丹州　格上　地理表　（主戸7,988　客戸1,847　計9,835　貢　麝）

格	県	距離	郷	鎮	％	その他	備　　考	水　系	計2
上	宜川	郭下	9	2	22	0	汾川・雲巌鎮	黄河, 庫利川	2
計 1			9	2	22	0	土産　龍鬚席, 蠟燭, 香子, 苦参		4種

H16　丹州　　　　酒　務　表

外県	置務県	置務率	州県務	州県務率	鎮市務	鎮市務率	酒務	併設地	併設率	旧商税務	対税旧商率	新税務地	新務地率	新商税務	対税新商率	存続地	存続率
2	2	100	3	100	0	0	3	1	33	4	25	1	33	2	50	3	100

併設地 計1	州県	在城[1]							1 処
	鎮市								0 処
新税務地 計1	州県	１の地							1 処
	鎮市								0 処
存続地 計3	州県	１の地							1 処
	鎮市	雲巌[2]・汾川[3]							2 処
不　明　地						0 処	不明率		0 ％

旧務年代の町０・小都市０、新務年代の町２（２、３の地）・小都市０
　注　新商税務２には郭下県務を入れず。拙著２、220頁参照

注

(1) 県変遷図の作成史料は拙著２、220頁参照。
(2) 拙著２、219頁。
(3) 拙著２、219頁。
(4) 拙著２、221頁の地理表に同じ。

17　環州 H 17

環州の酒務及び新旧酒銭額は次の如くである。

(1)　酒統計

舊。在城及馬嶺・木波・合道鎮・大抜・團堡・安塞・定邊・平遠・肅遠・永和・烏崙寨・社家・掌保・
　　①　　　　　　　　②　　　　　③
于惰・佛堂・谷小・赤懃・啓樓堡・土侯・谷楡・搆店・高家堡・盤蚘・曲抜・劉家・賈家・石昌二十八
　　　　　　　　　　　　　　　　　　　　　　　　　　　　　　　　　　④　　　⑤　　　⑥
務
歳　　　　　　　　　７２，６５４貫
熙寧十年祖額　　　　３６，２５５貫９２６文
　　　買撲　　　　　　４，９８８貫４５８文
　　　　　新額計　　４１，３４４貫３８４文
　注　①原文、水陂。志、木波　②原文、枝。拙著１、221～222頁参照　③原文、寨。志、塞　④原文、
　　　掌劉家。掌、衍字　⑤原文、舊石昌。新旧商税務・志、石昌　⑥原文、二十五。計２８

旧額は72,654貫・新額41,343貫で、両額の差額－31,411貫・増額率－43％である。また官売額36,255貫・買撲4,988貫で、官売率88％・買撲率12％である。以上の数値を銭額表にまとめる。

H17 環州	銭	額	表
旧	額		72,654貫
新　額	官売		36,255貫
	買撲		4,988貫
	計		41,243貫
新旧差額			－31,411貫
増額率			－43％
官売率			88％
買撲率			12％

(2)　酒務表

次に寰宇記37・九域志３により太平興国中～元豊間の環州諸県の変化を県変遷図[1]に示す。酒統計は在城・鎮市27を記すが、それらの酒務からは旧務年代は不明であるので、一般的な旧務年代である景祐～慶暦に従っておく。

図によれば熙寧十年前の旧外県０であるので、県置務率はない。酒務は州県務１・鎮市務27の計28務で、州県務率４％・鎮市務率96％である。

次に酒統計に○印を付した在城（州県務１）、及び馬嶺・木波・合道鎮・石昌・大抜寨[2]
　　　　　　　　　　　　　　　　　　　１　　　２　　３　　４　　　５　　６
（鎮市務５）の計６処が酒務・旧商税務の併設地である。併設地が酒務地28処にしめる併設率21％、旧商税務６処[3]に対する併設地の対旧商税務率100％である。

次に酒務地に新商税務が設置された新税務地は、酒統計に□印を付した上記の１の地（州県務１）、及び２～６の地・團堡・安塞・定邊・平遠・肅遠・永和・烏崙寨（鎮市務12）
　　　　　　　　　　　　　　　　　　　７　　８　　９　　10　　11　　12　　13
の計13処である。酒務地28処にしめる新税務地の新務地率は46％、また新商税務14処[4]に

第二編　銅銭区北部

対する新税務地の対新商税務率は93％である。

　次に酒務地で元豊まで存在して地理表[5]にみえる存続地は、酒統計の地名に△印を付している。存続地は上記の1の地（州県務1）、及び2～5・7～13の地（鎮市務11）で計12処である。酒務地28処にしめる存続地の存続率は43％である。

　次に旧商税務・新商税務・地理表のいずれにもみえない不明地は社家[14]・掌保[15]・于憘[16]・佛堂[17]・谷小[18]・赤勲[19]・啓樓堡[20]・土侯[21]・谷楡[22]・搆店[23]・高家堡[24]・盤蚍[25]・曲抜[26]・劉家[27]・買家[28]など15務で、不明率54％である。以上の酒務・諸数値を酒務表に整理して示す。なお大抜寨[6]が地理表にみえないので、存続率＋不明率＜100％である。

H17 環州　県変遷図

年　代	郭下	州名	年　代
		威州①	晋　天福4年 939
		↓	
		環州①	周　広順2年 952
	①通遠	↓	
		通遠州①	顕徳4年 957
		↓	
		環州②	宋　淳化5年 994
天聖元年 1023	③方渠		
景祐元年 1034	④通遠		
旧務年代	○		
熙寧10年 1077	○		

H17 環州　格下　地理表　（主戸4,199　客戸2,384　計6,583　貢　甘草）

格	県	距　離	郷	鎮	％	その他	備　　　考	水　　系	計2
上	通遠	郭下	3	4	133	寨 8	木波・馬嶺・石昌・合道鎮 烏崙・粛遠・洪徳・永和・ 平遠・定邊・團堡・安塞寨	鹹河，馬嶺陂	2
計 1			3	4	133	8 土産	甘草		1種

○印の地：大きな町に準ずる町

H17 環州　　酒　務　表

外県	置務県	置務率	州県務	州県務率	鎮市務	鎮市務率	酒務地	併設地	併設率	旧商税務	対税旧商務率	新税務地	新務地率	新商税務	対税新商務率	存続地	存続率
0	0	ー	1	4	27	96	28	6	21	6	100	13	46	14	93	12	43

併設地 計6	州県	在城[1]		1処
	鎮市	馬嶺・木波・合道鎮・石昌・大抜寨		5処
新税務地 計13	州県	1の地		1処
	鎮市	2～6の地・團堡[7]・安塞[8]・定邊[9]・平遠[10]・粛遠[11]・永和[12]・烏崙寨[13]		12処
存続地 計12	州県	1の地		1処
	鎮市	2～5・7～13の地		11処
不明地		社家[14]・掌保[15]・于憘[16]・佛堂[17]・谷小[18]・赤勲[19]・啓樓堡[20]・土侯[21]・谷楡[22]・搆店[23]・高家堡[24]・盤蚍[25]・曲抜[26]・劉家[27]・買家[28]	15処	不明率 54 ％

旧務年代の町22（7～28の地）・小都市 5、新務年代の町 0・小都市12
注　6の地理表不記載及び不明地15は、存続地・新務年代の町に入れず

第七章　永興軍路

注

(1) 県変遷図の作成史料は拙著2、222頁参照。
(2) 大抜寨は拙著2、221～222頁参照。
(3) 拙著2、221頁。
(4) 拙著2、221頁。
(5) 拙著2、223頁の地理表に同じ。

18　保安軍 H 18

保安軍の酒務及び新旧酒銭額は次の如くである。

(1)　酒統計

舊。○□△在城及○□徳靖寨二務
歳　　　　　　　　　６９，６４２貫
熙寧十年租額　　　２９，７９６貫１７８文
　　　買撲　　　　　２，７１５貫１５６文
　　　　　新額計　３２，５１１貫３３４文

旧額は69,642貫・新額32,511貫で、両額の差額－37,131貫・増額率－53％である。また官売額29,796貫・買撲2,715貫で、官売率92％・買撲率8％である。以上の数値を銭額表にまとめる。

H18 保安軍	銭額表	
旧　額		69,642 貫
新　額	官売	29,796 貫
	買撲	2,715 貫
	計	32,511 貫
新旧差額		－37,131 貫
増 額 率		－53 ％
官 売 率		92 ％
買 撲 率		8 ％

(2)　酒務表

次に寰宇記37・九域志3により太平興国中～元豊間の保安軍諸県の変化を県変遷図[(1)]に示す。酒統計は在城・鎮市務1を記すが、両酒務からは旧務年代は不明であるので、一般的な旧務年代である景祐～慶暦に従っておく。

図によれば熙寧十年前の旧外県0であるので、県置務率はない。酒務は州県務1・鎮市務1の計2務で、州県務率50％・鎮市務率50％である。

次に酒統計に○印を付した在城（州県務1）、及び徳靖寨（鎮市務1）の計2処が酒務・旧商税務の併設地である。併設地が酒務地2にしめる併設率100％、旧商税務2処[(2)]に対する併設地の対旧商税務率100％である。

第二編　銅銭区北部

　次に酒務地に新商税務が設置された新税務地は、酒統計に□印を付した上記の1の地（州県務1）、及び2の地（鎮市務1）の2処である。酒務地2処にしめる新税務地の新務地率は100％、また新商税務4処[3]に対する新税務地の対新商税務率は50％である。

　次に酒務地で地理表[4]にみえる存続地は、酒統計の地名に△印を付している。存続地は上記の1の地（州県務1）、及び2の地（鎮市務1）の計2処である。酒務地2処にしめる存続地の存続率は100％である。

　次に旧商税務・新商税務・地理表のいずれにもみえない不明地はなく、不明率0％である。以上の酒務・諸数値を酒務表に整理して示す。

H18 保安軍　寨変遷

年代	寨			軍
	(順寧)	(保勝)	(徳靖)	保安
天禧4年 1020			①建置子城	
天聖1年 1023			②改名徳靖	
康定2年 1040		③建置保勝	○	○
旧務年代		×‥×	○	○
慶暦4年 1044	④建置順寧		○	
5年		⑤廃		
熙寧10年 1077	○		○	○

H18 保安軍　格同下州　地理表　（主戸919　客戸122　計1,041　貢　毛毬, 莅蓉）

格県	距離	郷	鎮	％	その他	備考	水系	計0
軍治	郭下	0	0	0	0			0
徳靖寨	西南 80	0	0	0	1			0
順寧寨	北 40	0	0	0	1			0
蘭林堡	東北 40	0	0	0	1			0
計 1		0	0	0	3	土産 羊		1種

○印の地：大きな町に準ずる町2
注　郭下は県として扱う

H18 保安軍　　　酒　務　表

外県	置務県	置務県率	州県務	州県務率	鎮市務	鎮市務率	酒務地	併設地	併設率	旧商税務	対旧務商率	新税務地	新務地率	新商税務	対新商率	存続地	存続率
0	0	−	1	50	1	50	2	2	100	2	100	2	100	4	50	2	100

併設地 計2	州県	在城															1処
	鎮市	徳靖寨															1処
新税務地 計2	州県	1の地															1処
	鎮市	2の地															1処
存続地 計2	州県	1の地															1処
	鎮市	2の地															1処
不明地														0処	不明率	0	％

旧務年代の町0・小都市1、新務年代の町0・小都市1

第七章　永興軍路

注

(1) 県変遷図の作成史料は拙著2、224頁参照。
(2) 拙著2、223頁。　(3) 拙著2、224頁。
(4) 拙著2、225頁の地理表に同じ。

19　乾州 H 19

乾州[(1)]の酒務及び旧酒銭額は次の如くである。乾州は廃され3州府に分割された。

(1)　酒統計

舊。在城及永壽・好時県・麻亭鎮・薛祿・馮氏鎮・常寧寨七務
歳　　　　　　３７,８６２貫
今廃

注　①原文、欠　②原文、県。誤
　　③長壽はH8邠州へ、好時はI1鳳翔府へ、郭下県の奉天はH1京兆府へ割出され、□印の地・△印の地は割出先の新商税務・地理表にみえる。鎮市は乾州旧地の地理表参照

旧額は37,862貫である。乾州は熙寧5年に廃されたので新額はない。以上の数値を銭額表に示す。

H19 乾州	銭額表	
旧　額		37,862貫
新　額	官売	一貫
	買撲	一貫
	計	一貫
新旧差額		一貫
増額率		一％
官売率		一％
買撲率		一％

(2)　酒務表

次に寰宇記31・九域志3により太平興国中～元豊間の乾州諸県の変化を県変遷図[(2)]に示す。酒統計は在城・県2・鎮市4を記すが、それらの酒務からは旧務年代は不明であるので、一般的な旧務年代である景祐～慶暦に従っておく。

図によれば熙寧五年前の旧外県2であり、酒統計の県酒務2であるので、県置務率は100％である。また酒務は州県務3・鎮市務4の計7務で、州県務率43％・鎮市務率57％である。

次に酒統計に○印を付した在城・好時県（州県務2）、及び麻亭鎮・薛祿・馮氏鎮（鎮市務3）の計5処が酒務・旧商税務の併設地である。併設地が酒務地7処にしめる併設率71％、また旧商税務8処[(3)]に対する併設地の対旧商税務率は63％である。なお永壽県・

H19 乾州旧域　県変遷図		
年代	外県	郭下
太平興国中	永壽　好時	奉天
旧務年代	×　○	○
	○　○	○
熙寧5年	②　③	①
	邠州　鳳翔府	京兆府
10年	○　×	○

第二編　銅銭区北部

常寧寨の旧商税務は記載されていない。新税務地・存続地は分割先の三州府の酒務表に表記できないので、乾州酒務表に（　）で括って示す。

　参考のため地理表[(4)]を示しておく。以上の酒務・諸数値を酒務表に整理して示す。

H19 乾州旧域　地理表　（主戸7,369　客戸1,756　計9,125）

格	県	距　離	郷	鎮	％	その他	備　　考	水　　系	計2
次畿	奉天	郭下	3	1	33	0	薛祿鎮	漢水	1
下	永壽	西 60	3	0	0	寨 2	麻亭・常寧寨		0
次畿	好畤	西北 35	1	0	0	0		武亭河	1
計 3			7	1	14	2	土産 無		0

　　戸・距離・土産：寰宇記31。京兆府・鳳翔府・邠州の地理表により作成

H19 乾州　　　　　　　　　酒　　務　　表

外県 2	置務県 2	置務率 100	州県務 3	州県務率 43	鎮市務 4	鎮市務率 57	酒務 7	併設地 5	併設率 71	旧商税務 8	対税旧商率 63	新税務地 (3)	新務地率 (43)	新商税務 (3)	対税新商率 (100)	存続地 (6)	存続率 (86)

併設地	州県	在城[1]・好畤[2]														2 処
計 5	鎮市	麻亭[3]・薛祿[4]・馮氏鎮[5]														3 処
新税務地	州県	（1（奉天県）の地・永壽県[5]）														(2) 処
計 (3)	鎮市	（4）														(1) 処
存 続 地	州県	（1・2・6）														(3) 処
計 (6)	鎮市	（3・4・常寧鎮[7]）														(3) 処
不 明 地														0 処	不明率	0 ％

　　旧務年代の町 1（7の地）・小都市 3、旧域の新務年代の町 2（3、7の地）・小都市 1
　　注　①5の地は地理表不記地、存続地・新務年代の町に入れず
　　　　②新商税務 (3) は旧域の税務

注

(1) 乾州は酒統計原文では、秦鳳路の後に置かれているが、永興軍路に属する。この統計では廃州・廃軍は陝西路（永興軍路・秦鳳路）の後に一括して示している。誤りではなく、この統計の記載スタイルである。

(2) 県変遷図の作成史料は拙著2、226頁参照。

(3) 拙著2、225頁。

(4) 拙著2、227頁の地理表に同じ。

第七章　永興軍路

20　慶成軍 H20

慶成軍の酒務及び旧酒銭額は次の如くである。

(1) 酒統計

舊。在城及北郷鎮・胡壁堡三務
歳　　　　　　　8,547貫
　　　　米　　　186石
今廃隷河中府
　注　慶成軍は河中府に割出され□印の地・△の地は河中府の新商税務・地理表にみえる

旧額は8,547貫である。慶成軍[1]は熙寧元年に廃されたので新額はない。以上の数値を銭額表に示す。

(2) 酒務表

次に九域志3・河中府・置廃により太平興国中〜元豊間の慶成軍諸県の変化を県変遷図[2]に示す。酒統計は在城・鎮市2を記すが、それらの酒務からは旧務年代は不明であるので、一般的な旧務年代である景祐〜慶暦に従っておく。

図によれば熙寧元年前の旧外県0であるので県置務率はない。酒務は州県務1・鎮市務2の計3務で、州県務率33%・鎮市務率67%である。

次に酒統計に○印を付した在城（州県務1）、及び北郷鎮（鎮市務1）の計2処が酒務・旧商税務の併設地である。併設地が酒務地3処にしめる併設率67%、また旧商税務2処[3]に対する併設地の対旧商税務率は100%である。なお胡壁堡の新旧商税務は記載されていない。

次に慶成軍は熙寧元年に河中府に割出されている。その新税務地・存続地を河中府酒務表に表記できないので、慶成軍の酒務表に（　）で括って示す。なお参考のため地理表[4]をあげておく。以上の酒務・諸数値を酒務表に整理して示す。

H20　慶成軍　　銭　額　表

旧	額	8,547貫
新　　額	官売	－貫
	買撲	－貫
	計	－貫
新旧差額		－貫
増額率		－%
官売率		－%
買撲率		－%

旧米額　　186石

H20　慶成軍旧域　県変遷図

年　代	外県	郭下	軍
太平興国中	ナシ	河中府 鼎寳 ↓改名 ①榮河 ○ ○ ↓ ② 河中府 ○ ┊	①建置 ↓ ②廃軍
太中祥符4年 1011			
旧務年代			
熙寧1年			
10年 1077			

— 331 —

第二編　銅銭区北部

H20 慶成軍旧域　格同下州　地理表　（主戸・客戸　不明，貢　不明）

格	県	距離	郷	鎮	%	その他	備　　考	水　　系	計2
次畿	榮河	旧郭下	2	2	100	0	北郷・胡壁堡鎮	黄河，汾水	2
計 1			2	2	100	0	土産 不明		

河中府地理表により作成

H20 慶成軍　　　　　　酒　務　表

外県	置務県	置務県率	州県務	州県務率	鎮市務	鎮市務率	酒務	併設地	併設率	旧商税務	対税旧商率	新税務地	新税務地率	新務地	新商税率	対税新商率	存続地	存続率
0	0	−	1	33	2	67	3	2	67	2	100	(2)	(67)	(2)	(100)		(3)	(100)

併設地	州県	在城¹		1 処
計 2	鎮市	北郷鎮²		1 処
新税務地	州県	（1の地）		(1) 処
計 (2)	鎮市	（2の地）		(1) 処
存続地	州県	（1の地）		(1) 処
計 (3)	鎮市	（2の地・胡壁堡³）		(2) 処
不　明　地			0 処　不明率	0 %

旧務年代の町1（3の地）・小都市1、旧域の新務年代の町1（3の地）・小都市1
注 （ ）内は旧域の数値

注

(1) 慶成軍は酒統計原文では秦鳳路の後に置かれているが、永興軍路に属する。
(2) 県変遷図の作成史料は拙著2、228頁参照。
(3) 拙著2、227頁。
(4) 拙著2、228頁の地理表に同じ。

おわりに

　表1に永興軍路20州軍の銭額表をまとめ、また州軍の戸数・商税額を付した。H1京兆府の元豊戸は約22万戸で、元豊に近い熙寧十年の新商税額は約8万貫であり、戸数・商税共に永興軍路でトップクラスである。熙寧十年の新酒額も約30万貫でトップクラスである。H18保安軍の約1千戸は最少額で酒額も低レベルである。一方、H4延州・H11慶州などは戸が約2～4万で特に多くないが、いずれも酒額が共に約10万貫と高レベルである。それら両州に共通しているのは軍が置かれていたことである。即ちそれらは西夏と対峙する

第七章　永興軍路

表1　H永興軍路　銭額総合表

州　軍		旧　額	新　額	差　額	増額率	官　売	買　撲	官売率	買撲率	戸	新商税
H1	京兆府	287,641	291,545	3,904	1	266,633	24,912	91	9	223,312	83,271
H2	河中府	83,711	52,936	−30,775	−37	13,699	39,237	26	74	54,867	31,012
H3	陝　州	75,595	57,311	−18,284	−24	41,802	15,509	73	27	44,392	42,505
H4	延　州	271,460	100,299	−171,161	−63	93,603	6,696	93	7	36,767	26,401
H5	同　州	82,779	78,807	−3,972	−5	67,057	11,750	85	15	79,600	24,964
H6	華　州	104,371	92,425	−11,946	−11	81,273	11,152	88	12	80,180	29,446
H7	耀　州	84,342	86,471	2,129	3	69,559	16,912	80	20	25,910	30,354
H8	邠　州	91,113	78,963	−12,150	−13	72,907	6,056	92	8	59,837	17,642
H9	鄜　州	121,674	48,164	−73,510	−60	46,279	1,885	96	4	27,116	8,737
H10	解　州	36,188	45,914	9,726	27	40,681	5,233	89	11	28,935	22,019
H11	慶　州	160,341	103,398	−56,943	−36	95,369	8,029	92	8	19,021	17,030
H12	虢　州	36,385	42,833	6,448	18	39,518	3,315	92	8	17,571	12,480
H13	商　州	45,807	44,248	−1,559	−3	42,049	2,199	95	5	80,425	20,264
H14	寧　州	61,315	60,624	−691	−1	58,633	1,991	97	3	37,374	13,150
H15	坊　州	43,239	36,636	−6,603	−15	35,033	1,603	96	4	13,639	5,256
H16	丹　州	15,303	11,342	−3,961	−26	10,716	626	94	6	9,835	2,603
H17	環　州	72,654	41,243	−31,411	−43	36,255	4,988	88	12	6,583	9,950
H18	保安軍	69,642	32,511	−37,131	−53	29,796	2,715	92	8	1,041	3,236
H19	乾　州	37,862	廃	－	－	－	－	－	－	－	－
H20	慶成軍	8,547	廃	－	－	－	－	－	－	－	－
計	18	1,789,969	1,305,670	−484,299	−27	1,140,862	164,808	87	13	846,405	400,320

注　州軍記号に下線を付す州軍は物額を有す

前線基地が置かれていた州軍である。軍事基地の有無も酒額の大小に関係すると思われる。軍事基地の州軍を除くと、州軍の戸数・商税額の大小は大まかではあるが一致する。即ち酒銭額の大小はおおまかではあるが州軍の経済力を反映している。

次に酒額の新旧の相違をみると、比較可能な18州軍のうち減額州軍14、増額州軍4で、路全体では27％減である。減額率・増額率が同率の州軍はなく、また新旧額の差が同数の州軍もない。このように各州軍の新旧の増減率及び差額が一定ではないので、斉一的・均一的な増減政策は行われなかったことがわかる。増減率・差額に一定の傾向がみられないのであるから、新旧額の相違は主として酒消費量自体の変動により生じたとみなければならない。

次に官売額・買撲をみると、路全体の熙寧十年の官売額は約114万貫、買撲は約16万貫で、その差は約98万貫であり、官売額が買撲の約7倍である。官売が路全体の87％をしめ、買撲は13％に過ぎない。

各州軍の官売額・買撲をみると全州軍で相違しているので、各州軍に対する両額同額の割付販売は行われなかったことがわかる。また各州軍における官売率・買撲率をみると、

第二編　銅銭区北部

表2　H 永興軍路　酒務総合表

州軍	州県務	鎮市務	鎮市務率	全酒務	併設地	併設率	対税旧務商率	新税務地	新税務地率	対税新務商率	存続地	存続率	不明地	不明率	旧商税務	新商税務	地不理記表地
H1	12	11	48	23	12	52	100	17	74	85	22	96	1	4	12	20	0
H2	6	1	14	7	7	100	64	5	71	63	7	100	0	0	11	8	0
H3	7	7	50	14	6	43	100	8	57	100	11	79	2	14	6	8	1
H4	7	5	42	12	7	58	47	11	92	42	11	92	1	8	15	26	0
H5	7	4	36	11	9	82	100	10	91	91	11	100	0	0	11	11	0
H6	5	5	50	10	8	80	100	8	80	100	9	90	1	10	8	8	0
H7	4	1	20	5	5	100	56	5	100	56	5	100	0	0	9	9	0
H8	4	1	20	5	4	80	100	5	100	100	5	100	0	0	4	5	0
H9	5	1	17	6	5	83	100	5	83	83	6	100	0	0	5	6	0
H10	3	1	25	4	4	100	80	3	75	60	4	100	0	0	5	5	0
H11	2	11	85	13	8	62	73	11	85	61	11	85	2	15	11	18	0
H12	4	1	20	4	4	80	100	4	80	80	4	80	1	20	4	5	0
H13	3	5	63	8	4	50	100	5	63	56	6	75	2	25	4	9	0
H14	4	4	50	8	6	75	100	5	63	83	7	88	0	0	6	6	1
H15	3	1	25	4	4	100	100	4	100	100	4	100	0	0	4	4	0
H16	3	0	0	3	1	33	25	1	33	50	3	100	0	0	4	2	0
H17	1	27	96	28	6	21	100	13	46	93	12	43	15	54	6	14	1
H18	1	1	50	2	2	100	100	2	100	50	2	100	0	0	2	4	0
H19	3	4	57	7	5	71	63	(3)	(43)	(100)	(6)	(86)	0	0	8	(3)	1
H20	1	2	67	3	2	67	100	(2)	(67)	(100)	(6)	(100)	0	0	2	(2)	0
計18	85	93	52	178	109	61	80	127	72	76	152	85	25	14	137	168	4

注　①全酒務177＝存続地148＋不明地25＋地理表不記地4
　　②H19・H20の新税務はH1・H2に含まれるので計に加えず、新税務地・存続地には加える
　　③（　）内は廃州軍地の数値

数州軍で同率であるが（H 8・H11・H12・H18、H 6・H17）、多くは相違する。同比率州軍には共通点がなく、例も多くないので偶然に同率になったのではなかろうか。意図的に即ち政策として同率での販売を行った可能性はなかろう。また12州軍は官売率・買撲率が相違するので路全体として政策的な同率販売は行われなかったと思われる。したがって州軍の官売額・買撲、官売率・買撲率は大まかには都市エリア、町エリアの酒消費量が反映したものであろう。

　次に表2は州軍20の酒務表をまとめている。旧務年代（旧商税務）・熙寧十年（新商税務）・元豊（地理表）のいずれにもみられない不明地は25例と多く、他路に比して不明率14％と高く（水準Ⅲ。一編、比較表2b）、地理表不記地は4処である。また存続率85％であるので、永興軍路において酒務が置かれた行政都市・小都市・町の社会的・経済的な安定性は他路に比べやや低い。不明率が高く地理表不記地があり、且つ存続率もやや低いのは西夏の侵

第七章　永興軍路

表3　永興軍路　旧務年代の都市・町

州　軍	H1	H2	H3	H4	H5	H6	H7	H8	H9	H10	H11	H12	H13	H14	H15	H16	H17	H18	H19	H20	計
行政都市	12	6	7	7	7	5	4	4	5	3	2	4	3	4	3	3	1	1	3	1	85
小都市	2	1	4	0	3	3	1	0	0	1	6	0	2	2	1	0	5	1	3	1	36
町	9	0	4	5	0	2	0	1	1	0	5	1	3	2	0	0	22	0	1	1	57
酒務	23	7	15	12	10	10	5	5	6	4	13	5	8	8	4	3	28	2	7	3	178

典拠：各州酒務表

表4　永興軍路　新務年代の都市・町

	州　軍	H1	H2	H3	H4	H5	H6	H7	H8	H9	H10	H11	H12	H13	H14	H15	H16	H17	H18	計
1	行政都市	10	5	5	4	6	4	4	4	3	2	3	3	2	4	2	1	1	1	65
2	小都市	7	0	3	7	4	4	1	1	1	0	9	1	3	1	2	0	12	1	57
3	町	3	2	2	0	1	1	0	0	1	1	0	0	0	2	0	2	0	0	15
4	酒務県	2	0	0	0	0	0	0	0	0	0	0	0	1	0	0	0	0	0	3
5	存続地	22	7	11	11	11	9	5	5	6	4	11	4	6	7	4	3	12	2	140

典拠：各州酒務表
注　H19・H20の廃州軍の地12処を含めず。但し表2では12処を加えている。割出先の州軍酒務表に廃州軍旧酒務は表記されないためである。実際には存続。

寇が影響した可能性も考えられよう。

　次に併設率が路全体としては61％であり、多くの州軍は80～100％であるが、併設率が50％未満の州軍2である。他路に比して併設率が低率であり（比較表2b）、このことは永興軍路では他路に比して都市が少なかったことを証する。新商税務が置かれた新務年代の併設地である新税務地の新務地率は72％とやや高率となり、新務年代までに商税務の増設・併設が進んだことがわかる。

　次に表3によれば旧務年代の酒務地178で、その内訳は行政都市85、小都市36、町57である。また表5によれば町57の対酒務地率32％は他路に比して高率である（一編、比較表2）。

　次に旧務年代の全州軍20のうち小都市が0又は1の小都市未発達の州軍11（州軍甲）で全州軍の55％とやや多く（表5）、半数以上の州軍で小都市は発達していなかった。また特定州軍（H11・H17）には小都市が比較的に発達していた（表3）。町が0又は1の町未発達の州軍12（州軍乙）で60％であり（表5）、やや多くの州軍で町は発達していなかった。但し町も小都市と同じく特定州軍（H1・H17）に発達していた（表3）。新務年代の州軍18のうち小都市未発達の州軍は9で50％をしめ、半数の州軍で小都市は発達していなかった（表5）。町未発達の州軍13で72％をしめ、新務年代でも多くの州軍で町は発達していなかった（表5）。

　次に表4によれば新酒務地139の内訳は、行政都市65、小都市57、町14、酒務県3であ

— 335 —

第二編　銅銭区北部

る。都市125（65＋57＋3）の対酒務地率89％、町15の対酒務地率11％である（表5）。また都市対町＝125対14で、町の対都市率は12％である（表5）。町の対酒務地率・対都市率は旧務年代に比して甚だ低率であるが（表5）。その一因は次のことにあったと思われる。

　地理表に示した地名は九域志が採録した地であるが、九域志は草市や道店を採録しないので、存続地は旧酒務地より少なくなる場合がある。表2の存続地152・存続率85％以上になる可能性が充分にあろう。

　新務年代では永興軍路には少なくとも商税務・酒務が併置された行政都市65、小都市57、酒務のみが置かれた町15、酒務県3が存在した。

表5　　　　変動表

	旧務年代		新務年代		変動率
	州軍数	比率	州軍数	比率	
全　州　軍	20	―	18	―	－10％
州　軍　甲	11	55％	9	50％	－18％
州　軍　乙	12	60％	13	72％	8％
酒　務　数	178		140		－21％
都　市　数	121		125		3％
町　　　数	57		15		－74％
都市の対酒務率	68％		89％		21％
町の対酒務率	32％		11％		－21％
町の対都市率	48％		12％		－36％

州軍甲：小都市未発達州軍（小都市0又は1）
州軍乙：町未発達州軍（町0又は1）
比率：甲、乙州軍÷全州軍
対酒務率＝都市数÷酒務数
対都市率＝町数÷都市数
州軍、酒務、都市、町の変動＝（新数－旧数）÷旧数
対酒務率、対都市率の変動＝新比率－旧比率
典拠：本章表3・表4
注　存続地数は諸計算に用いない

　次に酒務が置かれず商税務のみが記された地である旧商税地・新商税地は表6の如くである。永興軍路の旧商税地29処は旧商税務137（表2）の約二割で、旧商税地は数少ない地であることがわかる。このことに加えて酒務・商税務の併設地が109処（表2）と甚だ多いことから旧商税地は厳選された地であることがわかる。

　また全州軍20のうち旧商税地が0〜3の州軍17と多い。このことは路として商税務乱設を行わなかったことを意味する。

　新商税地47で旧商税地よりも多いのは、基本的には新務年代までの経済力発展にともな

い三司の税務が31務増加したことによると思われる（本章表2）。

表6　永興軍路　新旧商税地

州　　軍	H1	H2	H3	H4	H5	H6	H7	H8	H9	H10	H11	H12	H13	H14	H15	H16	H17	H18	H19	H20	計
旧商税地	0	4	0	8	3	0	4	0	0	1	3	0	0	0	0	3	0	0	3	0	29
新商税地	3	3	0	15	1	0	4	0	1	2	7	1	4	1	0	1	1	2	—	—	46

旧商税地＝旧商税務－併設地、新商税地＝新商税務－新税務地
典拠：本章表2

　次ぎに本章の諸州軍の地理表をまとめると表7の如くである。永興軍路の記載地152処で最も高い水準Ⅳである。その内訳は町・小都市95は水準Ⅳであり、小さな町候補地53は水準Ⅱである。それらの都市・町に置かれている機関を機能により分類すると、保安機関の鎮90（水準Ⅲ）、寨・堡・城などの軍事機関44（水準Ⅳ）、監・場等の生産機関18（水準Ⅱ）である。寨・堡・城等42は主として北部・西部の5州軍（H4・8・1・17・18）に配置され、防衛範囲は広大である。なお永興軍路の鎮は軍事機関が多かったようであるが、保安機関と明確に区別できないので、全て保安機関に入れている。生産機関の内訳は鋳銭監12・馬牧監1、銀場3、礬場・鉛場各1である。（水準は一編一章末、比較表1を参照）

表7　永興軍路　地理表記載地

路	記載地	無名地	町・小都市	大きな町に準ずる町	町候補地
H	152	11	無印地　93	○印地　6	×印地　53
機　能	保安	軍事	生産		
機　関	鎮　90	寨32, 関2 堡7, 城3	監 13, 場 5		

記載地＝町・小都市＋大きな町に準ずる町＋町候補地
無名地：町候補地数に含まれる。機関に地名が付されていず町ではない可能性がある。
典拠：本章各州軍地理表

第二編　銅銭区北部

第八章　秦鳳路

1　鳳翔府 I 1

鳳翔府州の酒務及び新旧酒銭額は次の如くである。

(1)　酒統計

舊。在城及寶雞・麟遊・普潤・扶風・盩屋・岐山・鄠・虢県・崔模・馬磧・横渠・清平・斜谷・清湫・法喜・武城・陽平・岐陽・洛谷・礎十・平故・赤谷・長青・閏青鎮・司竹監二十六務

歳　　　　　　　２３１，７８８貫
熙寧十年租額　　１７３，４４３貫２７６文
　　買撲　　　　　２２，９９２貫１３３文
　　　銀　　　　　１７，００９両４銭
　　　粟　　　　　　　１００碩
　　新額計　　　　１９６，４３５貫４０９文

注　①原文、鶏。志、雞　②原文、摸。志、模　③原文、※。志、横　④原文、青秋。志、清湫
　　⑤「酒麹雑録」陝西路文末に「司竹監無定額」とみえるので加えた。同監は本府地理表にみえる。
　　⑥司竹監を加えたので二十六、原文二十五

旧額は231,788貫・新額196,435貫（文切り捨て、以下同じ）で、両額の差額－35,353貫・増額率－15％である。官売額（租額、以下同じ）173,443貫・買撲22,992貫で、官売率88％・買撲率12％である。以上を銭額表にまとめる。

I 1 鳳翔府	銭　額　表	
旧　　額		231,788 貫
新　額	官売	173,443 貫
	買撲	22,992 貫
	計	196,435 貫
新旧差額		－35,353 貫
増額率		－15 ％
官売率		88 ％
買撲率		12 ％
新銀額	17,009両4銭増	
新粟額	100碩増	

(2)　酒務表

次に寰宇記30・九域志3により太平興国中～元豊間の鳳翔府諸県の変化を県変遷図(1)に示す。酒統計は在城・県8・鎮市16を記すが、それらの酒務からは旧務年代は不明であるので、一般的な旧務年代である景祐～慶暦に従っておく。

図によれば旧外県8であり、酒統計の県酒務8であるので、県置務率は100％である。また酒務は州県務9・鎮市務17の計26務で、州県務率35％・鎮市務率65％である。

次に酒統計に○印を付した在城・寶雞・普潤・扶風・盩屋・岐山・鄠・虢県（州県務8）、馬磧・横渠・清平・陽平・岐陽・洛谷・赤谷（鎮市務7）の15処が酒務・旧商税務の併設

地である。併設地が酒務地26処にしめる併設率58％、旧商税務15処[(2)]に対する併設地の対旧商税務率100％である。なお麟遊県の旧商税務は記載されていない。

次に旧務年代の小都市は、鎮市のうち○印を付した併設地で7処である。町は鎮市のうち○印を付さない地（以下の州軍酒統計同じ）で10処である。

|1 鳳翔府　県変遷図

年　代	外　　　　　県								郭下
	好時	崇信	盩屋	虢県	普潤	麟遊	寶雞	岐山	鄠県	扶風	天興
太平興国中	↓① 儀州									
淳化中 990～994										
旧務年代	乾州 ↓②	1○	2○	3○	4×	5○	6○	7○	8○	○
熙寧5年 1072		○	○	○		○	○	○	○	○
10年	×9	○8	○7	○6	×5	○4	○3	○2	○1	○

次に酒務地に新商税務が設置された新税務地は、酒統計に□印を付した上記の1～8の地（州県務8）、及び9～14の地・崔模[16]・武城[17]（鎮市務8）の16処である。酒務地26処にしめる新税務地の新務地率62％、また新商税務17処[(3)]に対する新税務地の対新商税務率は94％である。なお麟遊県の新旧商税務は記載されていず酒務県である。

次に酒務地で元豊まで存在して地理表[(4)]にみえる存続地は、酒統計の地名に△印を付している。存続地は上記の1～8の地・麟遊[18]（州県務9）、及び9～13・16・17の地・斜谷[19]・清湫[20]・法喜[21]・司竹監[22]（鎮市務11）で計20処である。酒務地26処[(5)]にしめる存続地の存続率は77％である。

次に新務年代の小都市は、鎮市のうち□印を付す新税務地で8処である。町は○△印の鎮市及び△印のみを付す鎮市で（以下の州軍酒統計同じ）、3処である。

次に旧商税務・新商税務・地理表のいずれにもみえない不明地は磴十[23]・平故[24]・長青[25]・閏青鎮[26]（鎮市務4）で、不明率15％である。以上の酒務・諸数値を酒務表に整理して示す。なお洛谷[14]・赤谷[15]が地理表にみえず、存続率＋不明率＜100％である。

第二編　銅銭区北部

I1 鳳翔府　格次府　地理表　（主戸127,018　客戸44,511　計171,529　貢　蠟燭，榛實，席）

格	県	距　離	郷	鎮	％	その他	備　考（鎮・その他の名称）	水　　系	計16
次赤	天興	郭下	5	1	20	0	五里鎮	雍水	1
次畿	岐山	東 40	14	2	14	0	馬磧・礜店鎮	渭水・姜水・汧水	3
次畿	扶風	東 80	5	2	40	0	岐陽・法喜鎮	渭水・漳水	2
次畿	盩屋	東南 200	4	1	25	0	清平鎮	渭水	1
次畿	郿県	東南 100	5	4	80		虢川・斜谷・清湫・横渠鎮		
						務 1	鐵冶務（地名不記）	渭水	1
次畿	寶雞	西南 65	4	3	75	0	武城(1)・車舍・大散鎮	渭水・汧水	2
次畿	虢県	南 35	3	1	33	0	陽平鎮	渭水・磻溪	2
次畿	麟遊(2)	東北 110	3	1	33	0	崔模鎮		0
次畿	普潤	東 70	4	0	0	0		杜水・漆水・岐水	3
次畿	好畤	東北 135	1	0	0	0		武亭河	1
計 10			48	15	31	1	土産　龍鬚席，蠟燭，麻布，松布，胡桃		5種
司竹監		東南 230	0	0	0		注　①九域志校注は五城を武城に訂正		
							②地理志3・寰宇記30，遊		

×印の地：小さな町候補地6

I1 鳳翔府　　　　酒　務　表

外県 8	置務県 8	置県務率 100	州県務 9	州県務率 35	鎮市務 17	鎮市務率 65	酒務 26	併設地 15	併設率 58	旧商税務 15	対旧税務率 100	新税務地 16	新税務率 64	新商税務 17	対新商務率 94	存続地 20	存続率 77

併設地	州県	1 在城・2 寶雞・3 普潤・4 扶風・5 盩屋・6 岐山・7 眉・8 虢県	8 処
計15	鎮市	9 馬磧・10 横渠・11 清平・12 陽平・13 岐陽・14 洛谷・15 赤谷（小都市、以下の州軍酒務表同じ）	7 処
新税務地	州県	1〜8の地	8 処
計16	鎮市	9〜14の地・16 崔模・17 武城（小都市、以下の州軍酒務表同じ）	8 処
存続地	州県	1〜8の地・18 麟遊	9 処
計20	鎮市	9〜13・16・17の地・19 斜谷・20 清湫・21 法喜・22 司竹監	11 処
不明地		23 磑十・24 平故・25 長青・26 聞青　　　　4 処　　不明率　15 %	

旧務年代の町10（16・17・19〜26の地）・小都市 7、新務年代の町4（19〜22の地）・小都市 8

注　①14・15の地は地理表不記地 2 及び不明地 4 処は、存続地・新務年代の町に入れず
　　②18は新旧税務が置かれず酒務県で、地理表にみえる
　　③新税務地16から14の地が抜けるが、18・19・20・21・22の地が存続地に加わり、存続地は20処

注

(1) 県変遷図の作成史料は拙著 2、233頁参照。
(2) 拙著 2、232頁。
(3) 拙著 2、232〜233頁。
(4) 拙著 2、234頁の地理表に同じ。
(5) 陝西路文末に「司竹監。無定額」とみえるので、これを入れると酒務地は26処となるが、割愛することにした。なお商税務も置かれていない。

2　秦州 I 2

秦州の酒務及び新旧酒銭額は次の如くである。

(1) 酒統計

舊。在城及太平監・清水・長道県・鹽官・白石・文篤・百家・白沙鎮・來遠・伏羌・三陽・定西・寧遠・永寧・安遠・弓門寨十七務
　　　①　　　　　　　　　　　　　　　　　　　　　　　　　　　②
歳　　　　　　　３４０，６６０貫
　　　銀　　　　　　５０両
熙寧十年租額　　２１３，６９３貫５１０文
　　　買撲　　　　９，９７９貫０８０文
　　　銀　　　　　　５０両
　　　新額計　　２２３，６７２貫５９１文

注　①原文、羌。志、羌　②原文、八。計17
注１　長道県・鹽官・白石は岷州地理表にみえ、長道県には新商税務が置かれている
　２　來遠・寧遠・永寧は通遠軍寨堡変遷図・地理表参照

I 2 秦州	銭 額 表	
旧　額		340,660貫
新　額	官売	213,693貫
	買撲	9,979貫
	計	223,672貫
新旧差額		－116,988貫
増額率		－34％
官売率		96％
買撲率		4％
旧銀額	50両	
新銀額	50両	

旧額は340,660貫・新額223,672貫で、両額の差額－116,988貫・増額率－34％である。また官売額213,693貫・買撲9,979貫で、官売率96％・買撲率４％である。以上の数値を銭額表にまとめる。

(2) 酒務表

次に寰宇記150・九域志３により太平興国中～元豊間の秦州諸県の変化を県変遷図[(1)]に示す。酒統計は在城・県２・鎮市14を記すが、それらの酒務からは旧務年代は不明であるので、一般的な旧務年代である景祐～慶暦に従っておく。

I 2 秦州	県変遷図					
年　代	外　　県					郭下
太平興国中	大潭	長道	天水	清水	隴城	成紀
旧務年代	1○×	2○○	3××	4○○	5○×	○○
熙寧７年1074	①岷州	①				○
10年			×3	○2	○1	○

図によれば熙寧七年前の旧外県５であり、酒統計の県酒務２であるので、県置務率は40％である。また酒務は州県務３・鎮市務14の計17務で、州県務率18％・鎮市務率82％である。

次に酒統計に○印を付した在城・清水・長道県（州県務３）、及び太平監[(2)]・鹽官・白石・百家・白沙鎮・伏羌・三陽・定西・永寧・弓門寨（鎮市務10）の計13処が酒務・旧商税務
　　　１　　２　　３　　　　　　　　　　　　４　　　５　　６
　　　７　　８　　９　　10　　11　　12　　13

第二編　銅銭区北部

の併設地である。併設地が酒務地17処にしめる併設率76％、旧商税務19処[(3)]に対する併設地の対旧商税務率68％である。なお大潭・天水・隴城３県の酒務は記載されていない。また天水県の新旧商税も記載されていない。後に大潭県は岷州郭下県となった。

次に酒務地に新商税務が設置された新税務地は、酒統計に□印を付した上記の１・２・３の地（州県務２）、及び４・７～11・13の地（鎮市務７）の９処である。酒務地17処にしめる新税務地の新務地率は53％、また新商税務15処[(4)]に対する新税務地の対新商税務率は60％である。なお長道県は熙寧七年[3]に岷州に割出され、同州の新商税務にみえるので実質的存続地である。

次に酒務地で元豊まで存在して地理表[(5)]にみえる存続地は、酒統計の地名に△印を付している。存続地は上記の１・２・３の地（州県務３）、及び４～13の地・安遠[14]・來遠[15]・寧遠[16]（鎮市務13）で計16処である（酒統計の注１・２参照）。酒務17処にしめる存続地の存続率は94％である。

次に旧商税務・新商税務・地理表のいずれにもみえない不明地は文篤[17]（鎮市務１）で、不明率６％である。以上の酒務・諸数値を酒務表に整理して示す。

12　秦州　格下府　地理表　（主戸43,236　客戸23,808　計67,044　貢　席，芎藭）

格	県	距　離	郷	鎮	％	その他	備　　考	水　　系	計5
上	成紀	郭下	2	3	150	0	童城・道口務・夕陽鎮	渭水，瓦亭川	2
上	天水	西 70	2	3	150	0	鐵冶・艾蒿・耒谷鎮	龍馬泉	1
中	隴城	東 35	2	2	100	0	隴城・安夷鎮	渭水	1
中	清沙	東 90	2	3	150	0	白沙・百家・清水鎮	清水	1
計 4			8	11	137	0	土貢　麝香，龍鬚席，芎藭，馬石斛		4種
監1	太平	東 70	0	0	—				0
城2	伏羌	西 90	0	0		堡11	得勝・楡林・大像・菜園・探長・新水・樫林・丙龍・石人・駞項・舊水堡		
	甘谷	西北 185	0	0		堡5	隴陽・大甘・吹蔵・隴諾・尖竿堡		
寨7	定西	西北 45	0	0		堡6	寧西・牛鞍・上硤・下硤・注鹿・圓川堡		
	三陽	北 40	0	0		堡14	渭濱・武安・上蝸牛・下蝸牛・聞喜・伏歸・硤口・照川・土門・四顧・平戎・赤崖湫・西青・遠近湫堡		
	弓門	東 165	0	0		堡7	東鞍・安人・斫鞍・上鐵窟・下鐵窟・坐交・得鐵堡		
	静戎	東北 40	0	0		堡9	白楡林・長山・郭馬・静塞・定平・永固・邦蹉・寧塞・長燧堡		
	安遠	西北 125	0	0		0	天禧2年置		
	隴城	東 120	0	0		0	慶暦5年置		
	雞川	北 200	0	0		0			
堡3	床襄	東 80	0	0		堡14	白石・古道・中城・東城・定戎・定安・西城・雄邊・臨川・德威・廣武・定川・挾河・鎮邊堡		
	冶坊	東北 120	0	0		堡6	橘子・古道・永安・博望・威塞・李子堡		
	達隆	西北 155	0	0		0	慶暦5年置		
計 13			0	0		72			

×印の地：小さな町候補地83
注　城・寨・堡に管轄された小堡72（その他欄計）

— 342 —

第八章　秦鳳路

12 秦州		酒　務　表														
外県	置務県	置務率	州県務	州県務率	鎮市務	鎮市務率	酒務	併設地	併設率	旧商税務	対税旧商率	新税務地	新税務地率	新商税務	対税新商率	存続地	存続率
5	2	40	3	18	14	82	17	13	76	19	68	10	53	15	60	16	94

併設地 計13	州県	在城・清水・長道県	3 処
	鎮市	太平監・鹽官・白石・百家・白沙鎮・伏羌・三陽・定西・永寧・弓門	10 処
新税務地 計10	州県	1・2・(3)の地	3 処
	鎮市	4・7～11・13の地	7 処
存続地 計16	州県	1・2・(3)の地	3 処
	鎮市	4・(5)・(6)～13の地・安遠・來遠・寧遠	13 処
不明地		文篦	1 処　不明率　6 %

旧務年代の町4（14～17の地）・小都市10、新務年代の町3（14～16の地）・小都市7
注　①3・5・6は18岷州に割出され存続。岷州酒統計に記載されていないので、（　）で括って
　　本表に示す
　　②不明地は存続地・新務年代の町に入れず

注

(1)　県変遷図の作成史料は拙著2、236頁参照。
(2)　「酒麹雑録」・秦鳳路の末尾に、「太平監無定額」とみえる。
(3)　拙著2、235頁。
(4)　拙著2、235頁。
(5)　拙著2、237頁の地理表に同じ。

3　涇州13

涇州の酒務及び新旧酒銭額は次の如くである。

(1)　酒統計

舊。在城及良原・靈臺県・長武寨・宮池・百里鎮六務
歳　　　　　　　９３,１３２貫
熙寧十年祖額　　５９,４４６貫０８３文
　　買撲　　　　６,７６８貫４６０文
　　　新額計　　６６,２１４貫５４３文

13 涇州	銭　額　表	
旧　額		93,132 貫
新　額	官売	59,446 貫
	買撲	6,768 貫
	計	66,214 貫
新旧差額		26,918 貫
増額率		29 %
官売率		90 %
買撲率		10 %

旧額は93,132貫・新額66,214貫で、両額の差額26,918貫・増額率29％である。また官売額59,446貫・買撲6,768貫で、

第二編　銅銭区北部

官売率90％・買撲率10％である。以上の数値を銭額表にまとめる。

(2)　酒務表

次に寰宇記32・九域志3により太平興国中～元豊間の溼州諸県の変化を県変遷図[1]に示す。酒統計は在城・県2・鎮市3を記すが、それらの酒務からは旧務年代は不明であるので、一般的な旧務年代である景祐～慶暦に従っておく。

図によれば熙寧十年前の旧外県2であり、酒統計の県酒務2であるので、県置務率は100％である。また酒務は州県務3・鎮市務3の計6務で、州県務率50％・鎮市務率50％である。

13 溼州	県変遷図	
年　代	外　県	郭下
太平興国中	（長 良 靈 　武 原 臺	保 定
咸平4年 1001	（鎮 ①↓ 　県）	
5年	②（県↓ 　寨）	
旧務年代	○1 ○2 ○　○	○ ○
熙寧10年 1077	○2 ○1 ↓ ↓	○ ↓

次に酒統計に○印を付した在城[1]・良原[2]・靈臺[3]県（州県務3）、及び長武寨[4]・百里鎮[5]（鎮市務2）の計5処が酒務・旧商税務の併設地である。併設地が酒務地6処にしめる併設率83％、旧商税務5処[2]に対する併設地の対旧商税務率100％である。

次に酒務地に新商税務が設置された新税務地は、酒統計に□印を付した上記の1～3の地（州県務3）、及び4・5の地（鎮市務2）の計5処である。酒務地6処にしめる新税務地の新務地率は83％、また新商税務5処[3]に対する新税務地の対新商税務率は100％である。

次に酒務地で元豊まで存在して地理表[4]にみえる存続地は、酒統計の地名に△印を付している。存続地は上記の1～3の地（州県務3）、及び4・5の地（鎮市務2）で計5処である。酒務地6処にしめる存続地の存続率は83％である。

次に旧商税務・新商税務・地理表のいずれにもみえない不明地は宮池[6]で、不明率17％である。以上の酒務・諸数値を酒務表に整理して示す。

13 溼州　格上　地理表　（主戸18,218　客戸7,772　計25,990　貢　紫茸毛毯）

格	県	距離	郷	鎮	％	その他	備　　考	水系	計5
望	保定	郭下	10	0	0	寨 1	長武寨	溼水, 汭水	2
上	靈臺	東 90	5	1	20	0	百里鎮	汭水, 細水	2
上	良原	西南 60	5	0	0			汭水	1
計 3			20	1	5	1	土貢　龍鬚蓆，羊，馬，馳毛，紅花，麻，布，黄蓍，穐，麝香，秦艽		11種

— 344 —

第八章　秦鳳路

13　涇州　　酒務表

外県	置務県	置務県率	州県務	州県務率	鎮市務	鎮市務率	酒務	併設地	併設率	旧商税務	対税旧商率	新税務地	新税務地率	新商税務	対税新商率	存続地	存続率
2	2	100	3	50	3	50	6	5	83	5	100	5	83	5	100	5	83

併設地	州県	在城[1]・良原[2]・靈臺[3]	3処
計5	鎮市	長武寨[4]・百里鎮[5]	2処
新税務地	州県	1～3の地	3処
計5	鎮市	4・5の地	2処
存続地	州県	1～3の地	3処
計5	鎮市	4・5の地	2処
不明地		宮池[6]	1処	不明率	17 %

旧務年代の町1（6の地）・小都市2、新務年代の町0・小都市2

注

(1) 県変遷図の作成史料は拙著2、238～239頁参照。
(2) 拙著2、238頁。
(3) 拙著2、238頁。
(4) 拙著2、239頁の地理表に同じ。

4　熙州14

熙寧五年に新設された熙州の酒務及び新酒銭額は次の如くである。

(1) 酒統計

<u>舊。在城一務</u>
①
熙寧十年租額　　　　　　２６，４００貫
　　買撲　　　　　　　　１，０２８貫１３７文
　　　　新額計　　　　　２７，４２８貫１３７文
注　①本文参照

①は誤りである。熙寧中に新設された他の州軍も旧務・旧額を記さない。但し熙寧五～十年の間に酒務が置かれ、額を立てていなかった、とする解釈をすれば誤りではない。

14　熙州　銭額表

旧　額		不記
新　額	官売	26,400 貫
	買撲	1,028 貫
	計	27,428 貫
新旧差額		――
増額率		
官売率		96 %
買撲率		4 %

第二編　銅銭区北部

しかしその場合「未立額」・「不立額」・「無額」などの記述があるはずである。

　熙州は熙寧五年に建置されたので、旧額はなく、官売額26,400貫・買撲1,028貫で、新額27,428貫、官売率96%・買撲率4%である。以上の数値を銭額表にまとめる。

　なお「舊在城一務」とするが買撲が示されているので買撲官監務があった。これを記さないのは他の州軍の記載体裁に合せるためであろう。

(2)　酒務表

　次に九域志3により熙寧五年～元豊間の熙州諸県の変化を県変遷図[1]に示す。なお熙州の地は熙寧五年以前では西夏が領有していた。

　新税務地1・新商税務1[2]・存続地1はすべて在城務とし、新務地率・対新税務率・存続率はそれぞれ100%としておく。以上の酒務・諸数値を酒務表に整理して示す。

　一遍一章で史料をあげて指摘しておいたが、買撲制は少額酒務に適用された制度であるので、熙州の買撲額約一千貫からみて、酒務は1、2ではなく、少なくなかったとみなければならない。県変遷図・地理表[3]によれば熙州は兵が屯駐する堡8を所轄しているので、それらに酒務が置かれたとみなければならない。しかしその酒務地・酒務地数が不明であるので、便宜上、在城務のみを酒務地としておいたので、新酒務地の多少を詳細に比較する際は熙州を除かねばならない。

資料
　①唐臨州之地，後陷吐蕃，號武勝軍。
　　皇朝熙寧五年収復置，治狄道県。
　②熙寧五年置慶平・通谷・渭源。
　③熙寧六年置。
　④熙寧六年置南川・當川。
　⑤熙寧六年置南關・南川。
　⑥熙寧七年置結河。
　⑦⑧熙寧五年収復置。九年省。
　　元豊二年復置。

出典
　九域志3
　熙州の注　①
　県一の注　⑦⑧
　寨一の注　③
　堡八の注　②④⑥
　地理志3　⑤

14　熙州　県変遷図

14 熙州　格上　地理表　（主戸199　客戸1,157　計1,358　貢　毛毾，麝）

格	県	距　離	郷	鎮	％	その他	備　　考	水　　系	計2
中下	狄道	郭下	0	0	0	0		洮水，浩亹河	2
	計　1		0	0	0	0	土産　不記		

寨1	康樂	西	36	熙寧六年置
堡8	慶平	東	67	熙寧五年置
	通谷	東	22	同上
	渭源	東	92	同上
	結河	北	20	熙寧七年置
	南川	南	30	熙寧六年置
	當川	西	40	同上
	南關	南	20	同上
	北關	北	20	熙寧五年置

×印の地：小さな町候補地9
注　北關・南關両堡の建置は地理志3による。

14 熙州　　　酒務表

外県	置務県	置務率	州県務	州県務率	鎮市務	鎮市務率	酒務	併設地	併設率	旧商税務	対税旧商率	新税務地	新務地率	新務商務	対新税商率	存続地	存続率
―	―	―	―	―	―	―	―	―	―	―	―	1	100	1	100	1	100

併設地	州県		－処
計－	鎮市		－処
新税務地	州県	在城	1処
計1	鎮市		0処
存続地	州県	1の地	1処
計1	鎮市		0処
不　明　地		0処　不明率　0％	

新務年代の町0・小都市0

注

(1) 県変遷図の作成史料は拙著2、240〜241頁参照。

(2) 拙著2、240頁。

(3) 拙著2、241頁の地理表に同じ。

第二編　銅銭区北部

5　隴州 I 5

隴州の酒務及び新旧酒銭額は次の如くである。

(1) 酒統計
舊。在城及汧陽県・隴安・呉山県・銀冶務・安仁・定戎・妙娥・來遠鎮・新關①・五里十一務②
歳　　　　　　　　８４，６２１貫
　　　　銀　　　　　　５４４両
熙寧十年祖額　　　　６６，０６８貫５３１文
　　　買撲　　　　　１２，２１６貫３０４文
　　　　銀　　　　　　１８４両８銭
　　　新額計　　　　７８，２４８貫８３５文
注　①原文、開。志、關　②原文、十。計11

旧額は84,621貫・新額78,248貫で、両額の差額－6,373貫・増額率－8％である。また官売額66,068貫・買撲12,216貫で、官売率84％・買撲率16％である。以上の数値を銭額表にまとめる。

(2) 酒務表

次に寰宇記32・九域志3により太平興国中～元豊間の隴州諸県の変化を県変遷図(1)に示す。酒統計は在城・県3・鎮市7を記すが、それらの酒務からは旧務年代は不明であるので、一般的な旧務年代である景祐～慶暦に従っておく。

図によれば熙寧十年前の旧外県3であり、酒統計の県酒務3であるので、県置務率は100％である。また酒務は州県務4・鎮市務7の計11務で、州県務率36％・鎮市務率64％である。

次に酒統計に○印を付した在城¹・汧陽県²・隴安³・呉山県⁴（州県務4）、及び銀冶務⁵・定戎⁶・新關⁷（鎮市務3）の計7処が酒務・旧商税務の併設地である。併設地が酒務地11処にしめる併設率64％、旧商税務8処(2)に対する併設地の対旧商税務率88％である。

15 隴州	銭額表	
旧　額		84,621 貫
新　額	官売	66,068 貫
	買撲	12,216 貫
	計	78,248 貫
新旧差額		－6,373 貫
増額率		－8 ％
官売率		84 ％
買撲率		16 ％

旧銀額　544両
新銀額　184両8銭

15 隴州		県変遷図	
年　代	外	県	郭下
太平興国	隴安	呉山	汧陽	汧源
旧務年代	1○	2○	3○	○
熙寧10年 1077	○3	○2	○1	○

第八章　秦鳳路

　次に酒務地に新商税務が設置された新税務地は、酒統計に□印を付した上記の1〜4の地（州県務4）、及び6の地（鎮市務1）の計5処である。酒務地11処にしめる新税務地の新務地率は45％、また新商税務8処[(3)]に対する新税務地の対新商税務率は63％である。

　次に酒務地で元豊まで存在して地理表[(4)]にみえる存続地は、酒統計の地名に△印を付している。存続地は上記の1〜4の地（州県務4）、及び6・7の地（鎮市務2）で計6処である。酒務地11処にしめる存続地の存続率は55％である。

　次に旧商税務・新商税務・地理表のいずれにもみえない不明地は安仁[8]・妙娥[9]・來遠鎮[10]・五里[11]（鎮市務4）で、不明率36％である。以上の酒務・諸数値を酒務表に整理して示す。なお銀冶務[5]が地理表にみえないので、存続地率＋不明地率＜100％である。

15　隴州　格上　地理表　（主戸15,702　客戸9,072　計24,774　貢　席）

格	県	距	離	郷	鎮	％	その他	備　　　考	水　　系	計5
望	汧源	郭下		6	3	50	銀場 1	定戎・新關・隴西鎮 古道場	汧水	1
緊	汧陽	東	67	2	2	100	0	安化・新興鎮	汧水・隃糜澤	2
中	呉山	南	87	4	0	0	0		白環水	1
中	隴安	南	85	4	1	25	0	保寧鎮	渭水	1
計 4				16	6	37	1	土産　龍鬚蓆, 鸚鵡, 山丹, 雉尾, 羊, 馬, 狨		7種

×印の地：小さな町候補地 3
注　古道銀場を銀冶酒務地とす、銀冶は旧税務の地でもある

15　隴州　　　　酒　務　表

外県 3	置務県 3	置務県率 100	州県務 4	州県務率 36	鎮市務 7	鎮市務率 64	酒務 11	併設地 7	併設率 64	旧商税務 8	対旧商務率 88	新税務地 5	新務地率 45	新商税務 8	新商務地率 63	対新商務率 63	存続地 6	存続率 55

併設地 計7	州県	在城[1]・汧陽[2]・隴安[3]・呉山県[4]	4 処
	鎮市	銀冶務[5]・定戎[6]・新關[7]	3 処
新税務地 計5	州県	1〜4の地	4 処
	鎮市	6の地	1 処
存続地 計6	州県	1〜4の地	4 処
	鎮市	6・7の地	2 処
不 明 地		安仁[8]・妙娥[9]・來遠鎮[10]・五里[11]　4処　不明率　36　％	

旧務年代の町4（8〜11の地）・小都市3、新務年代の町1（7の地）・小都市1
注　5の地理表不記地及び不明地4処は存続地・新務年代の町に入れず

注

(1)　県変遷図の作成史料は拙著2、242頁参照。
(2)　拙著2、242頁。　(3)　拙著2、242頁。　(4)　拙著2、243頁の地理表に同じ。

第二編　銅銭区北部

6　成州 I 6

成州の酒務及び新旧酒銭額は次の如くである。

(1)　酒統計

舊。在城及府城・泥陽鎮三務①
歳　　　　　　　　　29,446貫
熙寧十年祖額　　　　37,967貫251文
　　　買撲　　　　　 1,598貫100文
　　　　　銀　　　　　77両8銭
　　　新額計　　　　39,565貫351文
注　①原文、県。志、鎮

旧額は29,446貫・新額39,565貫で、両額の差額10,119貫・増額率34％である。また官売額37,967貫・買撲1,598貫で、官売率96％・買撲率4％である。以上の数値を銭額表にまとめる。

(2)　酒務表

次に寰宇記150・九域志3により太平興国中〜元豊間の成州諸県の変化を県変遷図[1]に示す。酒統計は在城・鎮市2を記すが、それらの酒務からは旧務年代は不明であるので、一般的な旧務年代である景祐〜慶暦に従っておく。

図によれば熙寧十年前の旧外県1であり、酒統計の県酒務0であるので、県置務率は0％である。また酒務は州県務1・鎮市務2の計3務で、州県務率33％・鎮市務率67％である。

次に酒統計に○印を付した在城（州県務1）、及び府城・泥陽鎮（鎮市務2）の計3処が酒務・旧商税務の併設地である。併設地が酒務地3処にしめる併設率100％、旧商税務5処[2]に対する併設地の対旧商税務率60％である。なお栗亭県の酒務は記載されていない。

次に酒務地に新商税務が設置された新税務地は、酒統計に□印を付した上記の1の地

I6 成州	銭額表	
旧額		29,446貫
新額	官売	37,967貫
	買撲	1,598貫
	計	39,565貫
新旧差額		10,119貫
増額率		34％
官売率		96％
買撲率		4％
新銀額	77両8銭増	

I6 成州	県変遷図	
年代	外県	郭下
太平興国中	栗亭	同谷
旧務年代	1○×○1	○○
熙寧10年 1077		

(州県務1)、及び2・3の地（鎮市務2）の計3処である。酒務地3処にしめる新税務地の新務地率は100％、また新商税務4処[3]に対する新税務地の対新商税務率は75％である。

次に酒務地で元豊まで存在して地理表[4]にみえる存続地は、酒統計の地名に△印を付している。存続地は上記の1の地（州県務1）、及び2・3の地（鎮市務2）で計3処である。酒務地3処にしめる存続地の存続率は100％である。

次に旧商税務・新商税務・地理表のいずれにもみえない不明地はなく、不明率0％である。以上の酒務・諸数値を酒務表に整理して示す。

16 成州　格中下　地理表　（主戸12,000　客戸2,659　計14,659　貢　蠟燭, 鹿茸）

格県	距離	郷	鎮	％	その他	備　　考	水　系	計3
上　同谷	郭下	2	2	100	0	府城・西安鎮	鳳皇潭, 下辮水	2
中　栗亭	東 50	2	1	50	0	泥陽鎮	栗亭川	1
計 2		4	3	75	0	土産　麝香, 羚羊角, 狄皮		3種

×印の地：小さな町候補地1

16 成州　　　　　　　　酒　務　表

外県	置務県	置務率	州県務	州県務率	鎮市務	鎮市務率	酒務地	併設地	併設率	旧商税務	対税旧務商率	新税務地	新務地率	新商税務	対新務商率	存続地	存続率
1	0	0	1	33	2	67	3	3	100	5	60	3	100	4	75	3	100

併設地	州県	在城	1処
計3	鎮市	府城・泥陽鎮	2処
新税務地	州県	1の地	1処
計3	鎮市	2・3の地	2処
存続地	州県	1の地	1処
計3	鎮市	2・3の地	2処
不明地		0処　不明率　0 ％	

旧務年代の町0・小都市2、新務年代の町0・小都市2

注

(1) 県変遷図の作成史料は拙著2、244頁参照。
(2) 拙著2、244頁。
(3) 拙著2、244頁。
(4) 拙著2、245頁の地理表に同じ。

第二編　銅銭区北部

7　鳳州１７

鳳州の酒務及び新旧酒銭額は次の如くである。

(1)　酒統計

舊。在城及河池・兩當県・廣郷・固鎮五務
　　　　　　　①　　②
歳　　　　　　　　４８，６２８貫
　　　　銀　　　　　４１２両
熙寧十年祖額　　　５１，１６８貫７０９文
　　買撲　　　　　４，９０３貫８３８文
　　　　銀　　　　　４１２両２銭
　　　新額計　　　５６，０７２貫５４７文

注　①原文、欠　②原文、廣郷県。「県」、衍字。県変遷図参照

　旧額は48,628貫・新額56,071貫で、両額の差額7,443貫・増額率15％である。また官売額51,168貫・買撲4,903貫で、官売率91％・買撲率９％である。以上の数値を銭額表にまとめる。

(2)　酒務表

　次に寰宇記134・九域志３により太平興国中～元豊間の鳳州諸県の変化を県変遷図⑴に示す。酒統計は在城・県２・鎮市２を記すが、それらの酒務からは旧務年代は不明であるので、一般的な旧務年代である景祐～慶暦に従っておく。

　注意しなければならないのは旧務年代よりはるか以前から廣郷鎮は兩當県郭内に置かれ、固鎮は河池県郭内に置かれていたことである⑵。酒統計をみると両県・両鎮が示されているので県と鎮が同じ郭内の複数の酒務を分け合い、それぞれが酒務を管したのである。本研究の区分法からすると、それら４務を州県務と鎮市務とに区分せず、州県務とする。また酒務地数は４処ではなく２処で、存続地も２処である。

17 鳳州	銭	額　表
旧　　額		48,628貫
新　額	官売	51,168貫
	買撲	4,903貫
	計	56,071貫
新旧差額		7,443貫
増額率		15％
官売率		91％
買撲率		9％

旧銀額　　412両
新銀額　　412両2銭

17 鳳州	県変遷図			
年　代	外　県			郭下
	河池	固鎮	廣郷県	兩當	梁泉
開宝5年 972	鎮	①⋯⋯		
至道1年 995			⋯⋯② 鎮	
旧務年代	○	○	○	○
熙寧10年	○	○	○	○

⋯⋯▶：移転

第八章　秦鳳路

　図によれば熙寧十年前の旧外県 2 であり、酒統計の県酒務 2 であるので、県置務率は100％である。また記載上の酒務は州県務 3・鎮市務 2 であるが、指摘したように、本研究の酒務地区分法・酒務地の数え方によれば州県務 2 であるので、州県務率100％・鎮市務率 0 ％である。

　次に酒統計に○印を付した在城・廣郷（兩當県）・固鎮（河池県）（州県務 3）の計 3 処が酒務・旧商税務の併設地である。併設地が酒務地 3 処にしめる併設率100％、旧商税務 4 処[(3)]に対する併設地の対旧商税務率75％である。なお旧商税務は廣郷鎮・固鎮が管し、河池・兩當の両県は管しなかった。

　次に酒務地に新商税務が設置された新税務地は、酒統計に□印を付した上記の 1・2・3 の地（州県務 3）の計 3 処である。酒務地 3 処にしめる新税務地の新務地率100％、また新商税務 5 処[(4)]に対する新税務地の対新商税務率は60％である。なお新商税務も廣郷鎮・固鎮が管し、河池・兩當の両県は管していない。

　次に酒務地で元豊まで存在して地理表[(5)]にみえる存続地は廣郷鎮・固鎮の 2 処でる。上に指摘しておいたように廣郷鎮は兩當県郭内に置かれ、固鎮は河池県郭内に置かれていたので存続地は州県務 2 処であり、存続率は100％である。なお酒統計に示しているように兩當県・廣郷鎮、河池県・固鎮はいずれも地理表にみえる。

　次に旧商税務・新商税務・地理表のいずれにもみえない不明地はなく、不明率 0 ％である。以上の酒務・諸数値を鳳州酒務表に整理して示す。

17　鳳州　格下　地理表　（主戸20,294　客戸17,900　計38,194　貢　蜜，蠟，蠟燭）

格	県	距離	郷	鎮	％	その他	備　　考	水　系	計4
上	梁泉	郭下	3	7	233		黄花・保安・方石・東河橋・白澗・歯土・武休鎮	嘉陵江	1
緊	河池	西　155	2	2	100	務　1 戍　1	河池・高橋・(固鎮) 永銀務（地名不記） 河池戍	固道水	1
上	兩當	西　85	2	1	50	監　1	兩當・(廣郷鎮) 開寶監（地名不記）	嘉陵江，兩當水	2
計 3			7	10	142	3	土産　蠟燭，麝香，石斛，葛根，蓬蔂子		5種

×印の地：小さな町候補地12
注　河池県＝固鎮、兩當県＝廣郷鎮であるので、両鎮は鎮数に入れず、（　）で囲む。なお河池鎮・兩當鎮がみえるが、両県の跡地の鎮であろう

第二編　銅銭区北部

17 鳳州　　　　　　　　　酒　務　表

外県	置務県	置務率	州県務	州県務率	鎮市務	鎮市務率	酒務	併設地	併設率	旧商税務	対税旧商率	新税務地	新税務地率	新商税務	対税新商率	存続地	存続率
2	2	100	3	100	0	0	3	3	100	4	75	3	100	5	60	3	100

併設地	州県	在城¹・廣郷²（兩當県）・固鎮³（河池県）	3 処
計3	鎮市		0 処
新税務地	州県	1～3の地	3 処
計3	鎮市		0 処
存続地	州県	1の地・河池⁴・兩當⁵	3 処
計3	鎮市		0 処
不　明　地			0 処	不 明 率	0 ％

旧務年代の町 0・小都市 0、新務年代の町 0・小都市 0

注

(1) 県変遷図の作成史料は拙著2、246頁参照。
(2) 拙著2、246頁を参照。
(3) 拙著2、245頁。
(4) 拙著2、245頁。
(5) 拙著2、247頁の地理表に同じ。

8　岷州 I 8

　熙寧六年に奪回され、七年に大潭・長道両県が割入された岷州の酒務及び新酒銭額は次の如くである。

(1)　酒統計

熙寧十年祖額　　　　　　40,336貫051文
（買撲不記）　　　　　　　　0貫
　　　新額計　　　　　　40,336貫051文

　岷州は旧務年代には存在しなかった州であるので、旧額はない。官売額40,336貫・買撲0貫で、新額40,336貫である。また官売率100％・買撲率0％である。以上の数値を銭額表にまとめる。

18 岷州　銭　額　表

旧　額		── 貫
新　額	官売	40,336 貫
	買撲	0 貫
	計	40,336 貫
新旧差額		── 貫
増額率		── ％
官売率		100 ％
買撲率		0 ％

第八章　秦鳳路

(2) 酒務表

　熙寧六年～元豊間の岷州諸県の変化を県変遷図[1]に示す。図によれば熙寧十年前の外県2であるが、酒統計に酒務地が記されていず、また少額酒務に適用される買撲もみえない。新税務地1・存続地1・不明地0としておく。新務地率・存続率は共に100％、不明地率0％である。新商税務は8処[3]で、対新税務地率は13％である。

　次に地理表[3]によれば岷州は元豊まで存続しているので、存続率100％である（なお存続地については秦州酒務表参照）。また不明地はなく、不明率0％である。以上の酒務・諸数値を酒務表に整理して示す。

　なお岷州も新務年代の酒務数を詳細に比較する際は除外しなければならない。

```
18 岷州　県変遷図
年　代   外　県         郭下
        （大潭）（長道）  州城
         秦州
熙寧6年   ↓    ↓       ①
 1073    ②    ②       収復
10年     ○2   ○1       ↓
注　両県割入は七年
```

18　岷州　格下　地理表　（主戸29,960　客戸7,761　計37,721　貢　甘草）

格	県	距離	郷	鎮	％	その他	備　考	水　系	計2
中	大潭	東南300	1	2	200	0	×良恭, ×宕山鎮	清水	1
緊	長道	東 330	2	8	400	0	長道・故城・白石・鹽官・骨谷・崖石・平泉・馬務鎮	鹽官水	1
計 2			3	10	333	0	土産　麝香, 龍鬚席		2種
寨5	臨江	南 140	堡3	逵羊　東	100	監1	宕山鋳鐵銭　西150歩		
	嘉川	東 80		穀蔵　西	40				
	床川	東 20		鐵城　東	80				
	閭川	東 120							
	岩昌	南 120							

×印の地：小さな町候補地13

注　1 寨・堡・監は州直轄。郭下県を記さず。地理志3は崇寧三年に唐の祐川県を再設とす
　　2 白石務は秦州酒務にみえ、岷州新商税務地でもあるので小都市
　　3 鹽官は秦州旧税務で、且つ秦州酒務、但し岷州新商税務にみえない

18　岷州　酒務表

外県	置務県	置務県率	州県務	州県務率	鎮市務	鎮市務率	酒務	併設地	併設地率	旧商税務	対税旧商率	新税務地	新務地率	新商税務	対税新商率	存続地	存続率
一							一					1	100	8	13	1	100

併設地	州県																一処
計 一	鎮市																一処
新税務地	州県	在城															1 処
計 1	鎮市																0 処
存続地	州県	1の地															1 処
計 1	鎮市																0 処
不明地														0処	不明率		0 ％

新務年代の町0（I2秦州酒務表の注①参照）・小都市0

— 355 —

第二編　銅銭区北部

注

(1) 県変遷図の作成史料は拙著2、248頁参照。九域志は大潭・長道両県の割入を六年とするが、誤。同書注141参照。
(2) 拙著2、247頁。　(3) 拙著2、249頁の地理表に同じ。

9　渭州Ⅰ9

渭州の酒務及び新旧酒銭額は次の如くである。

(1)　酒統計

渭州。舊。在城及潘原県・瓦亭・新寨・籠竿城・靜邊・羊牧隆城・得將・姚家・麻家堡・酒務・草川・安國鎮十三務
①
歳　　　　　　　　　　238,394貫
熙寧十年祖額　　　　　133,520貫493文
　買撲　　　　　　　　　7,065貫117文
　　新額計　　　　　　140,585貫610文

注　①原文、欠。　②原文、凡、志、瓦。　③志、隴。なお拙著2、249頁旧務表欄外注④参照　④原文、羊牧。旧商税務表の原文に「羊牧降隆城」がみえ、これに欄外注で羊・降を衍字とし、地理志の牧龍城を是としているが（拙著2、249頁）、方域18－4に「天禧元年。置羊牧隆城。慶暦三年。改羊牧隆城爲隆德寨」とみえるので、旧商税務表原文の「羊牧降隆城」は「羊牧隆城」で、地理志の「牧龍城」及び上記の拙著2の欄外注は誤りと思われる。訂正しておきたい。　⑤旧税務表、勝。音通

旧額は238,394貫・新額140,585貫で、両額の差額－97,809貫・増額率－41％である。また官売額133,520貫・買撲7,065貫で、官売率95％・買撲率5％である。以上の数値を銭額表にまとめる。

19 渭州	銭	額　表
旧　　額		238,394貫
新　額	官売	133,520貫
	買撲	7,065貫
	計	140,585貫
新旧差額		－97,809貫
増 額 率		－41％
官 売 率		95％
買 撲 率		5％

(2)　酒務表

次に寰宇記134・九域志3により太平興国中～元豊間の渭州諸県の変化を県変遷図⁽¹⁾に示す。酒統計は在城・県1・鎮市11を記す。酒統計の欄外注③によれば、羊牧隆城を隆德寨に改名したのが慶暦三年であるから、渭州の旧務年代は慶暦三年前である。また徳順軍は慶暦三年にⅠ9渭州の籠竿城に建置されたが、籠竿城は渭州の酒統計にみえるので、このことからも渭州の旧務年代

は慶暦三年前であることが確認される。

　図によれば熙寧五年前の旧外県１であり、酒統計の県酒務１であるので、県置務率は100％である。また酒務は州県務２・鎮市務11の計13務で、州県務率15％・鎮市務率85％である。

　次に酒統計に○印を付した在城・潘原県（州県務２）、及び新寨・籠竿城・静邊・羊牧隆城・得將・安國鎮・瓦亭（鎮市務７）の計９処が酒務・旧商税務の併設地で、併設地が酒務地13処にしめる併設率69％、旧商税務11処(2)に対する併設地の対旧商税務率82％である。

　次に新商税務が設置された新税務地は、酒統計に□印を付した上記の１・２の地（州県務２）、及び８・９の地（鎮市務２）の計４処である。酒務地13処にしめる新税務地の新務地率は31％、また新商税務11処(3)に対する新税務地の対新商税務率は36％である。

　次に酒務地で元豊まで存在して地理表(4)にみえる存続地は、酒統計の地名に△印を付している。存続地は上記の１・２の地（州県務２）、及び８・９の地（鎮市務２）の計４処である。酒務地13処にしめる存続地の存続率は31％である。

　次に旧商税務・新商税務・地理表のいずれにもみえない不明地は姚家・麻家堡・酒務・草川（鎮市務４）で、不明率31％である。以上の酒務・諸数値を酒務表に整理して示す。なお新寨・籠竿城・静邊・羊牧隆城・得將が地理表にみえないので(5)、存続率＋不明率＜100％である。

19　渭州　県変遷図

年代	外　　　県			郭下
	華亭	崇信	安化	潘原	平涼
太平興国中	｜	｜	｜	｜	｜
8年 983	｜	｜	｜	｜	｜
天禧2年 1018	｜	｜	｜	｜	｜
旧務年代	｜	｜	○1	○1	○
慶暦2年 1042	儀　　州				○
熙寧5年 1072	①↓	①↓	①↓		○↓
10年	○4	○3	○2	○1	○

19　渭州　格下府　地理表　（主戸26,640　客戸10,996　計37,636　貢　絹，茈蓉）

格	県	距　離	郷	鎮	％	その他	備　　考	水　系	計5
中	平涼	郭下	4	2	50	寨　1	安國・耀武鎮 瓦亭寨	渭水	1
中	潘原	東　36	2	0	0	0		渭水，閣川水	2
中	安化	西南70	3	2	66	0	安化・白巌河鎮	白巌河	1
中	崇信	東南85	4	1	25	0	西赤城鎮	閣川水	1
中下	華亭	南　70	4	1	25	冶　1 場　3	黄石河鎮 鐵冶（地名不記） 茶場・鹽場・銅場（地名不記）		0
計 5			17	6	35	5	土産　青虫，鸚鵡，龍鬚席 麝香，馬，牛		6種

　×印の地：小さな町候補地　5
　注　白巌河・西赤城・黄石河3鎮は旧儀州酒務地で且つ渭州新税務であり、いずれも小都市

第二編　銅銭区北部

19 渭州　　　　　　　酒　務　表

外県	置務県	置務県率	州県務	州県務率	鎮市務	鎮市務率	酒務地	併設率	併設地	旧商税務	対旧商税率	新税務地	新税務地率	新商税務	対新商税率	存続地	存続率
1	1	100	2	15	11	85	13	9	69	11	82	4	31	11	36	4	31

併設地	州県	在城・潘原県[1,2]	2処
計9	鎮市	新寨・籠竿城・靜邊・羊牧・得將・安國鎮・瓦亭[3,4,5,6,7,8,9]	7処
新税務地	州県	1・2の地	2処
計4	鎮市	8・9の地	2処
存続地	州県	1・2の地	2処
計4	鎮市	8・9の地	2処
不　明　地		姚家・麻家堡・酒務・草川[10,11,12,13]　　4処	不明率　31 %

旧務年代の町4（10～13の地）・小都市7、新務年代の町0・小都市2
注　3～7の地理表不記地5及び不明地4は、存続地・新務年代の町に入れず

注

(1) 県変遷図の作成史料は拙著2、250頁参照。
(2) 拙著2、249頁。
(3) 拙著2、249～250頁。
(4) 拙著2、251頁の地理表に同じ。
(5) 籠竿城・靜邊寨・羊牧隆城（＝隆德寨）・得將寨は慶暦三年に德順軍が籠竿城に建置されたので同軍に割入された。靜邊寨・隆德寨・得將寨は德順軍の新商税務にみえる（拙著2、260頁）。

10　原州 I 10

原州の酒務及び新旧酒銭額は次の如くである。

(1) 酒統計

舊。在城及彭陽・開邊・平安・西壕・新門・截原・羅使・新城・柳泉・臨涇一十一務[①]
歳　　　　　　　　　　1,354貫
熙寧十年祖額　　　　　50,167貫456文
　　買撲　　　　　　　4,887貫366文省[②]
　　　　白米　　　　　2,122碩2㪷2勝
　　　新額計　　　　　55,054貫文
注　①郭下県、酒務数に入れず　②省の字を付す例は他になし

旧額は1,354貫・新額55,054貫で、両額の差額53,700貫・増額率3,966％である。また官

売額50,167貫・買撲4,887貫で、官売率91％・買撲率9％である。以上の数値を銭額表にまとめる。

(2) 酒務表

次に寰宇記33・九域志3により太平興国中～元豊間の原州諸県の変化を県変遷図[1]に示す。酒統計は在城・県1（郭下県を入れず）・鎮市8を記すが、それらの酒務からは旧務年代は不明であるので、一般的な旧務年代である景祐～慶暦に従っておく。

図によれば熙寧十年前の旧外県1であり、酒統計の県酒務1（臨涇県を除く）であるので、県置務率は100％である。また酒務は州県務2・鎮市務8の計10務で、州県務率20％・鎮市務率80％である。

次に酒統計に○印を付した在城[1]・彭陽[2]（州県務2）、開邊[3]・新門[4]・柳泉[5]（鎮市務3）の計5処が酒務・旧商税務の併設地である。併設地が酒務地10処にしめる併設率50％、旧商税務6処[2]に対する併設地の対旧商税務率83％である。

次に酒務地に新商税務が設置された新税務地は、酒統計に□印を付した上記の1・2の地（州県務2）、及び3・5の地・平安[6]・西壕[7]・新城[8]（鎮市務5）の計7処である。酒務地10処にしめる新税務地の新務地率は70％、また新商税務10処[3]に対する新税務地の対新商税務率は70％である。

次に酒務地で元豊まで存在して地理表[4]にみえる存続地は、酒統計の地名に△印を付している。存続地は上記の1・2の地（州県務2）、及び3・5～8の地（鎮市務5）の計7処である。酒務地10処にしめる存続地の存続率は70％である。

次に旧商税務・新商税務・地理表のいずれにもみえない不明地は截原[9][5]・羅使[10]で、不明率20％である。以上の酒務・諸数値を酒務表に整理して示す。なお新門[4][6]が地理表にみえず、存続率＋不明率＜100％である。

I10 原州	銭 額 表	
旧　額		1,354貫
新　額	官売	50,167貫
	買撲	4,887貫
	計	55,054貫
新旧差額		53,700貫
増額率		3,966％
官売率		91％
買撲率		9％

新白米額　2,122碩2斗2勝

I10 原州　県変遷図

注　鎮は州直轄（地理表参照）

第二編　銅銭区北部

I10 原州　格望　地理表　（主戸16,840　客戸5,561　計22,401　貢　甘草）

格	県	距　離	郷	鎮	%	その他	備　考	水　系	計4
中	臨涇	郭下	4	0	0	0		陽晉水，朝那水	2
中	彭陽	東　60	3	1	33	0蕭鎮		大胡河，蒲川河	2
計 2			7	1	14	0	土産　覆鞍氈，白氈，黃香，白薬，賦麻，布		6種
鎮 2	新城	西　50	0	0	0	0	熙寧3年廢截原寨、入新城。		
	柳泉	西北 70	0	0	0	堡 1	耳朶城堡		
寨 5	西壕	北　40	0	0	0		端拱元年置。		
	開邊	西　20	0	0	0		咸平元年置。熙寧3年廢新門寨、入開邊。		
	靖安	西北 160	0	0	0	堡 9	慶暦5年置。中郭普・吃羅岔・張邑・常理・立馬城・穀獴川・新勒・雞川・中嶺堡（注）		
	平安	西　80	0	0	0		天聖5年置。		
	綏寧	西北 130	0	0	0	堡 3	慶暦4年置。羌城・南山・顛倒堡		

×印の地：小さな町候補地13
（注）九域志の校注162による。

I10 原州　酒務表

| 外県1 | 置務県1 | 置務率100 | 州県務2 | 州県務率20 | 鎮市務8 | 鎮市務率80 | 酒務10 | 併設地5 | 併設率50 | 旧商税務6 | 対税旧商率83 | 新税務地7 | 新税務率70 | 新商税務10 | 新商税地率70 | 対税新商率70 | 存続地7 | 存続率70 |

併設地 計5	州県	在城[1]・彭陽[2]															2 処	
	鎮市	開邊[3]・新門[4]・柳泉[5]															3 処	
新税務地 計7	州県	1・2の地															2 処	
	鎮市	3・5の地・平安[6]・西壕[7]・新城[8]															5 処	
存続地 計7	州県	1・2の地															2 処	
	鎮市	3・5〜8の地															5 処	
不明地		截原[9]・羅使[10]														2 処	不明率 20 %

旧務年代の町5（5〜10の地）・小都市3、新務年代の町0・小都市5
注　4の地理表不記地及び不明地2は、存続地・新務年代の町に入れず

注

(1) 県変遷図の作成史料は拙著2、252頁参照。
(2) 拙著2、252頁。
(3) 拙著2、252頁。
(4) 拙著2、253頁の地理表に同じ。
(5) 地理表によれば截原は熙寧三年に廃され新城に併入。
(6) 地理表によれば新門は熙寧三年に廃され開邊寨に併入。

第八章 秦鳳路

11　階州 I 11

階州の酒務及び新旧酒銭額は次の如くである。

(1)　酒統計

舊。在城及福津・將利県・角弓・河口・利亭鎮六務
　　　①
歳　　　　　　　　　５７,３６７貫
熙寧十年祖額　　　２６,７８３貫１４０文
　　買撲　　　　　　４,７６７貫４１２文
　　　新額計　　　３１,５５０貫５５２文
注　①郭下県、酒務数に入れず

　旧額57,367貫・新額31,550貫で、両額の差額－25,817貫・増額率－45％である。また官売額26,783貫・買撲4,767貫で、官売率85％・買撲率15％である。以上の数値を銭額表にまとめる。

I 11　階州　　銭　額　表

旧　　額		57,367 貫
新　額	官売	26,783 貫
	買撲	4,767 貫
	計	31,550 貫
新旧差額		－25,817 貫
増 額 率		－45 ％
官 売 率		85 ％
買 撲 率		15 ％

(2)　酒務表

　次に寰宇記154・九域志3により太平興国中～元豊間の階州諸県の変化を県変遷図[(1)]に示す。酒統計は在城・県1（郭下県を入れず）・鎮市3を記すが、それらの酒務からは旧務年代は不明であるので、一般的な旧務年代である景祐～慶暦に従っておく。

　図によれば熙寧十年前の旧外県1であり、酒統計の県酒務1（福津県を除く）であるので、県置務率は100％である。また酒務は州県務2・鎮市務3の計5務で、州県務率40％・鎮市務率60％である。

I 11　階州　　県変遷図

年　代	外県	郭下
太平興国中	將利	福津
旧務年代	1○ ○	○ ○
熙寧10年 1077	○1 ↓	○ ↓

　次に酒統計に○印を付した在城[1]・將利県[2]（州県務2）の2処が酒務・旧商税務の併設地である。併設地が酒務地5処にしめる併設率40％、旧商税務2処[(2)]に対する併設地の対旧商税務率100％である。

　次に酒務地に新商税務が設置された新税務地は、酒統計に□印を付した上記の1・2の地（州県務2）、及び角弓[3]・河口[4]・利亭鎮[5]（鎮市務3）の計5処である。酒務地5処にしめる

— 361 —

第二編　銅銭区北部

新税務地の新務地率は100％、また新商税務8処[3]に対する新税務地の対新商税務率は63％である。

　次に酒務地で元豊まで存在して地理表[4]にみえる存続地は、酒統計の地名に△印を付している。存続地は上記の1・2の地（州県務2）、及び3～5の地（鎮市務3）で計5処である。酒務地5処にしめる存続地の存続率は100％である。

　次に旧商税務・新商税務・地理表のいずれにもみえない不明地はなく、不明率0％である。以上の酒務・諸数値を酒務表に整理して示す。

Ⅰ11　階州　格中下　地理表　（主戸23,936　客戸17,725　計41,661　貢　羚羊角，蠟燭）

格県		距離	郷	鎮	％	その他	備　考	水　系	計4
中下	福津	郭下	3	6	200		安化・利亭・石門・角弓・河口・故城鎮		
						寨 3	峯貼硤・武平・沙灘寨	白江水，福津水	2
中下	將利	東 215	4	4	100	0	蘭皐・平落・新安・故城鎮	沺水，紫水	2
計 2			7	10	142	3	土貢　蜜，麝香，花椒，大黄，巴戟，水銀，馬，石鹽，水銀，磻礬，狼皮		11種

×印の地：小さな町候補地8

Ⅰ11　階州　　　　　酒　務　表

外県	置務県	置務率	州県務	州県務率	鎮市務	鎮市務率	酒務地	併設地	併設率	旧商税務	対旧商務率	新税務地	新税務地率	新商税務	対新商務率	存続地	存続率
1	1	100	2	40	3	60	5	2	40	2	100	5	100	8	63	5	100

併設地 計2	州県	在城・將利県	2 処
	鎮市		0 処
新税務地 計5	州県	1・2の地	2 処
	鎮市	角弓・河口・利亭	3 処
存続地 計5	州県	1・2の地	2 処
	鎮市	3～5の地	3 処
不　明　地		0 処　不明率	0 ％

旧務年代の町3（3～5の地）・小都市0、新務年代の町0・小都市3

注

(1)　県変遷図の作成史料は拙著2、254頁参照。
(2)　拙著2、254頁。
(3)　拙著2、254頁。
(4)　拙著2、255頁の地理表に同じ。

第八章　秦鳳路

12　河州 I 12

　河州は熙寧六年に西夏から奪回して建置されたのでの旧額はない。なお、一遍一章五節で論じておいたように、「酒麹雑録」は今、即ち熙寧十年の酒務を前提にしている。このことは旧務年代に存在していなかった河州を取上げ「未立額」と記載していることからも明らかである。

（1）酒統計
熙寧十年。未立額

　河州に酒務を置き酒専売を行なったが、課額を立てなかった。酒務は在城一務としておく。

（2）酒務表
　次に地理志3・九域志3により熙寧六年～元豊間の河州諸県の変化を県変遷図⁽¹⁾に示す。地理表⁽²⁾には在城・城1・寨2・堡2・関1がみえる。なお新商税務表では在城のみが記され、「無定額」とあるので、新商税務1である⁽³⁾。ここでは新税務地1（在城）・存続地1・鎮市務0・不明地0として諸比率を計算する。新務地率・対新商税務率・存続率は各100％である。以上の酒務・諸数値を酒務表に整理して示す。

I 12 河州	銭	額	表
旧　　　額			―貫
新　　額	官売	未立額	貫
	買撲		―貫
	計		―貫
新旧差額			―貫
増額率			―％
官売率			―％
買撲率			―％

資料
　①唐河州，後廃，皇朝熙寧六年収復，仍旧置。
　②熙寧六年以唐枹罕県地置枹罕県。九年省枹罕県。
　③熙寧七年置。
　④熙寧七年置南川・寧河二寨。
　⑤熙寧七年置東谷。
　⑥熙寧七年置。
　⑦熙寧八年置闊精。

出典
　九域志3
　　河州の注　　①
　　寨二の注　　②④
　　城一の注　　③
　　關一の注　　⑥
　　堡二の注　　⑤⑦

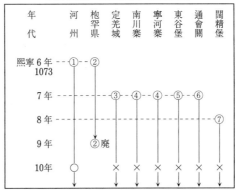

I 12　河州　県変遷図（付寨堡関）

― 363 ―

第二編　銅銭区北部

I 12 河州　格上　地理表　（主戸295　客戸296　計591　貢麝）

格県		距離		郷	鎮	％	その他	備　　考					水　　系	計0
		郭下		0	0	0	0							0
不記	枹罕	不記		0	0	0	0							0
計 2				0	0	0	0	土産	不記					
城寨	定羌	東	70	0	0	0	0	熙寧7年置	堡闕	東谷	東南	15	0	0	0	熙寧7年置
	南川	南	40	0	0	0	0	熙寧7年置		精	西南	15	0	0	0	同8年置
	寧河	東南	45	0	0	0	0	同　上	関	通會	東南	70	0	0	0	熙寧7年置

×印の地：小さな町候補地6　　注　枹罕県は熙寧9年廃

I 12 河州　　　　　　　　　酒　務　表

外県	置務県	置務県率	州県務	州県務率	鎮市務	鎮市務率	酒務	併設地	併設地率	旧商税務	旧商税務率	対新商税務	新税務地	新税務地率	新商務	新商務率	対新旧商	対新旧商率	存続地	存続率
—	—	—	—	—	—	—	—	—	—	—	—	—	1	100	1	100	1	100	1	100

併設地	州県		一処
計一	鎮市		一処
新税務地	州県	在城	1 処
計1	鎮市		0 処
存続地	州県	1の地	1 処
計1	鎮市		0 処
不　明　地		0 処　不明率　0 ％	

新務年代の町0・小都市0

注

(1)　県変遷図の作成史料は拙著2、256頁参照。
(2)　拙著2、257頁の地理表に同じ。
(3)　拙著2、255～256頁。

13　鎮戎軍 I 13

鎮戎軍は至道元年に建置された軍で、酒務及び新旧酒銭額は次の如くである。

(1)　酒統計

舊。在城及東山・乾興・三川・天聖寨・彭陽城六務
歳　　　　　　　　102,441貫
熙寧十年租額　　　　20,226貫957文
　　買撲　　　　　　19,756貫498文
　　　　新額計　　　39,983貫455文

— 364 —

第八章　秦鳳路

旧額は102,441貫・新額39,982貫で、両額の差額－62,459貫・増額率－61％である。また官売額20,226貫・買撲19,756貫で、官売率51％・買撲率49％である。以上の数値を銭額表にまとめる。

I 13 鎮戎軍	銭　額　表	
旧　　額		102,441 貫
新　　額	官売	20,226 貫
	買撲	19,756 貫
	計	39,982 貫
新旧差額		－62,459 貫
増 額 率		－61 ％
官 売 率		51 ％
買 撲 率		49 ％

(2)　酒務表

次に九域志3により至道元年～元豊間の鎮戎軍の諸寨堡の変化を寨堡変遷図に示す。酒統計は在城・鎮市5を記すが、それらの酒務からは旧務年代は不明であるので、一般的な旧務年代である景祐～慶暦に従っておく。

図によれば鎮戎軍には県が置かれていないので、県置務率はない。酒務は州県務1・鎮市務5の計6務で、州県務率17％・鎮市務率83％である。

次に酒統計に〇印を付した在城（州県務1）、及び東山・乾興・天聖寨・彭陽城（鎮市務4）の計5処が酒務・旧商税務の併設地である。併設地が酒務地6処にしめる併設率83％、旧商税務6処(1)に対する併設地の対旧商税務率83％である。

I 13 鎮戎軍　　寨堡変遷図

資料
①至道元年以原州故平高県地置軍。（地理志3,三）
②咸平元年置開遠。
③咸平二年置東山。
④咸平六年置。
⑤乾興元年置乾興。
⑥天聖元年置天聖。
⑦八年置三川。
⑧慶暦二年置高平・定川。
⑨熙寧元年置熙寧。
⑩熙寧四年廃安邊堡入開遠。
⑪熙寧五年置張義。

出典
九域志3
鎮戎軍の注　　①
堡二の注　　　②⑩⑪
寨七の注　　　③⑤～⑨
城一の注　　　④

注
⑤の乾興元年を方域（18-14）は九年とす

張義堡	安邊堡	熙寧寨	定川寨	高平寨	三川寨	天聖寨	乾興寨	彭陽城	東山寨	開遠堡	鎮戎軍	年代
											①	至道1年 995
										②		咸平1年 998
									③			2年
								④				6年
							⑤					乾興1年 1022
						⑥						天聖1年 1023
					⑦							8年
	建置不記	×	〇	〇	〇	〇	〇	〇	×	〇		旧務年代
	(?)	⑧	⑧							×		慶暦2年 1042
		⑨										熙寧1年 1068
	⑩									→		4年
⑪												5年
〇	×	×	×	×	×	〇	〇	〇	〇	〇		10年

第二編　銅銭区北部

　次に酒務地に新商税務が設置された新税務地は、酒統計に□印を付した上記の1の地（州県務1）、及び2～5の地（鎮市務4）の計5処である。酒務地6処にしめる新税務地の新務地率は83％、また新商税務6処[2]に対する新税務地の対新商税務率は83％である。

　次に酒務地で元豊まで存在して地理表[3]にみえる存続地は、酒統計の地名に△印を付している。存続地は上記の1の地（州県務1）、及び2～5の地・三川[6]（鎮市務5）で計6処である。酒務地6処にしめる存続地の存続率は100％である。

　次に旧商税務・新商税務・地理表のいずれにもみえない不明地はなく、不明率0％である。以上の酒務・諸数値を酒務表に整理して示す。

113 鎮戎軍　格同下州　地理表　（主戸1,434　客戸2,696　計4,130　貢　白氈）

城寨堡	距離	郷	鎮	その他	建置年代	水系	計0
県不置	郭大	0	0	0	至道1年置（996年）		0
東山寨	東　45	0	0	0	咸平2年置		0
乾興寨	東北　90	0	0	0	乾興1年置（1022年）		0
天聖寨	東北　60	0	0	0	天聖1年置（1023年）		0
三川寨	西　35	0	0	0	天聖8年置		0
×高平寨	北　25	0	0	0	慶暦2年置（1042年）		0
×定川寨	西北　25	0	0	0	慶暦2年置		0
×熙寧寨	北　35	0	0	0	熙寧1年置（1068年）		0
開遠堡	東南　30	0	0	0	咸平1年置（998年）		0
張義堡	西南　50	0	0	0	熙寧5年置		0

×印の地：小さな町候補地3
注　城・寨・堡は軍直轄

113 鎮戎軍　　酒　務　表

外県	置務県	置務率	州県務	州県務率	鎮市務	鎮市務率	酒務地	併設率	併設地	旧商税務	対旧商率	新税務地	新務地率	新商税務	対新商率	存続地	存続率
0	0	－	1	17	5	83	6	5	83	6	83	5	83	7	71	6	100

併設地 計5	州県	¹在城														1処
	鎮市	²東山・³乾興・⁴天聖・⁵彭陽城														4処
新税務地 計5	州県	1の地														1処
	鎮市	2～5の地														4処
存続地 計6	州県	1の地														1処
	鎮市	2～5の地・三川⁶														5処
不明地													0処	不明率		0	％

旧務年代の町1・小都市4、新務年代の町1（6の地）・小都市4

注

(1) 拙著2、257頁。　(2) 拙著2、257頁。
(3) 拙著2、259頁の地理表に同じ。

第八章　秦鳳路

14　徳順軍 I 14

徳順軍は I 9 渭州の酒統計にみえる籠竿城に慶暦三年に建置されたが、旧額・酒務の記載がない。新酒銭額は次の如くである。

(1) 酒統計

熙寧十年祖額		６９，３０９貫５６７文
	買撲	１７，７７３貫６９２文
	新額計	８７，０８３貫２５９文

官売額は69,309貫・買撲17,773貫で、新額87,082貫である。また官売率80％・買撲率20％である。以上の数値を銭額表にまとめる。

(2) 酒務表

次に九域志３により慶暦三年～元豊間の徳順軍諸寨堡の変化を寨堡変遷図に示す。

I 14 徳順軍　銭額表

旧　　額		── 貫
新　　額	官売	69,309 貫
	買撲	17,773 貫
	計	87,082 貫
新旧差額		── 貫
増額率		── ％
官売率		80 ％
買撲率		20 ％

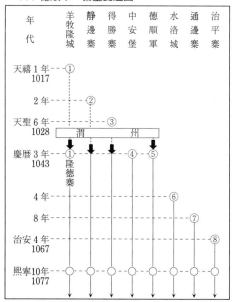

資料
　①天禧元年置羊牧隆城。
　　慶暦三年改羊牧隆城為隆徳寨。
　　（方域18－4, 同）。
　②天禧二年置静邊（方域18－10, 同）。
　③天聖六年置得勝（方域18－5, 天禧元年置）。
　④慶暦三年置。
　⑤慶暦三年以渭州隴竿城置軍。
　⑥慶暦四年置。
　⑦慶暦八年置通邊。
　⑧治平四年置治平。

出典
　九域志 3
　徳順軍の注　　⑤
　城一の注　　　⑥
　寨五の注　　　①～③⑦⑧
　堡一の注　　　④

注　羊牧隆城・静邊寨・得勝寨は I 9 渭州から割出された（渭州の酒統計にみえる）

第二編　銅銭区北部

　地理表[1]には在城・城 2・寨 5・堡 4 がみえる。それらのうち羊牧・静邊・得勝などの城寨は渭州の酒統計にみえ、新商税務表[2]には在城を含め城・寨・堡の税務10が記載されている。又買撲額が 1 万 7 千貫を越えるので、少額酒務が多く存在したことを証している。ここでは新税務地 1・存続地 1・鎮市務 0・不明地 0 として、諸比率を計算する。新務地率・存続率は各100％である。また新商税務10であるので、対新商税務率は10％である。以上の酒務・諸数値を酒務表に整理して示す。なお酒務の多少を詳細に比較する場合は、酒務地数を仮定しているので、比較対象から徳順軍を除かねばならない。

114　徳順軍　格同下州　地理表　（主戸7,589　客戸9,152　計16,741　貢　甘草）

格県	距離	郷	鎮	％	その他	備　考	水　系	計0
軍　治	郭下	0	0	－	城 2 寨 5 堡 4	水洛・主家城 治平・通邊・得勝・静邊・隆德寨 開遠・牧龍・中安・石門堡		0
計 1		0	0	－	11	土産　不記		

郭下は県として扱う
×印の地：小さな町候補地 3、〇印の地：大きな町に準ずる町 1

114　徳順軍　　　　　酒　務　表

外県 0	置務県 0	置務率 －	州県務 －	州県務率 －	鎮市務 －	鎮市務率 －	酒務 －	併設地 －	併設率 －	旧商税務 －	対旧商税務率 －	新税務地 1	新務地率 100	新商税務 10	対新商税務率 10	存続地 1	存続率 100
併設地　　州県																－処	
計－　　鎮市																－処	
新税務地　州県																1処	
計 1　　鎮市																0処	
存続地　　州県																1処	
計 1　　鎮市																0処	
不　明　地															0処	不明率	0％	

旧務年代の町 0・小都市 0、新務年代の町 0・小都市 0

注

(1) 拙著 2、261頁の地理表に同じ。
(2) 拙著 2、260頁。

第八章　秦鳳路

15　通遠軍 I 15

通遠軍は熙寧五年に建置されたので旧額はなく、新酒額は次の如くである。

(1)　酒統計

熙寧十年祖額	７７，０３０貫５５０文
買撲	１６，６００貫６１６文
新額計	９３，６３１貫１６６文

官売額は77,030貫・買撲16,600貫で、新額93,630貫である。また官売率82%・買撲率18%である。以上の数値を銭額表にまとめる。

I 15　通遠軍　銭額表

旧	額		――貫
新	額	官売	77,030 貫
		買撲	16,600 貫
		計	93,630 貫
新旧差額			――貫
増額率			――%
官売率			82 %
買撲率			18 %

(2)　酒務表

次に九域志3により熙寧五年～元豊間の通遠軍諸県の変化を寨堡変遷図に示す。

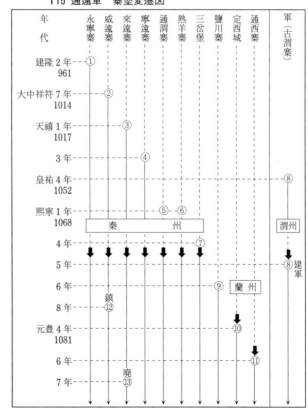

資料
①建隆二年置永寧。
②大中祥符七年置威遠寨。
⑫熙寧八年改爲鎮。
③天禧元年置來遠。
④三年置寧遠。
⑤⑥熙寧元年置通渭・熟羊。
⑦（三岔堡）熙寧四年置。
⑧皇祐四年以渭州地置古渭寨。
　熙寧五年建軍。
⑨熙寧六年置鹽川。
⑩元豊四年置。
⑪元豊六年以豊州通西寨隸軍。
⑬七年廢來遠寨。

出典
九域志3
　通遠軍の注　⑧
　鎮一の注　②⑫
　城一の注　⑩
　寨六の注　①③～⑥
　　　　　　⑨⑪⑬
　堡一の注　⑦

第二編　銅銭区北部

　地理表[1]には在城・城1・寨6・堡4がみえ、新商税務表には在城を含め鎮寨などの税務4が記載されている。また買撲額が1万6千貫を越えるので、少額酒務が多く存在したことを証している。しかしここでは新務地1（在城）・存続地1・鎮市務0・不明地0として、諸比率を計算する。新務地率・存続率は各100％である。しかし新商税務4[2]で、対新商税務率は25％である。また外県0で県置務率はない。以上の酒務・諸数値を酒務表に整理して示す。

　なお酒務の多少を詳細に比較する場合は、酒務地数を仮定しているので、比較対象から通遠軍を除かねばならないので留意しておきたい。

115　通遠軍　格同下州　地理表　（主戸1,392　客戸3,337　計4,729　貢 麝）

格	県	距離	郷	鎮	％	その他	備　　考	水　系	計0
軍	治	郭下	0	1	－		威遠鎮		
						城　1	定西城		
						寨　6	永寧・寧遠・通渭・熟羊・鹽川・通西寨		
						堡　4	三岔・廣呉・啞兒・七麻堡		0
計　1			0	1	－	11	土産　不記		

　郭下は県として扱う
　×印の地：小さな町候補地8、○印の地：大きな町に準ずる町1
　注　旧務年代では定西城及び永寧・寧遠寨は秦州酒務地であった

115　通遠軍　　　　酒　務　表

外県	置務県	置務率	州県務	州県務率	鎮市務	鎮市務率	酒務地	併設地	併設率	旧商税務	対旧商税率	新務地	新務地率	新商税務	対新商税率	存続地	存続率
0	0	－	－	－	－	－	－	－	－	－	－	1	100	4	25	1	100

併設地	州県																－処
計－	鎮市																－処
新税務地	州県																1処
計1	鎮市																0処
存続地	州県																1処
計1	鎮市																0処
不明地														0処	不明率		0 ％

　新務年代の町0・小都市0

注

(1)　拙著2、263頁の地理表に同じ。
(2)　拙著2、262頁。

16　儀州 I 16

儀州の旧酒務及び旧酒銭額は次の如くである。儀州は熙寧五年に廃されて渭州に併合されたので新酒銭額はない。

(1)　酒統計

舊。在城及崇信県・西赤城・黄石河・白巖河・永安鎮・制勝關七務
① 　　　　　　　②　　　③　　　△
歳　　　　　　　　８９，８４２貫
　　　　　　銀　　　　１０両
今廃

注　①郭下の華亭県及び□印の地・△印の地は渭州の新商税務・地理表にみえる　②原文、黄河石。志、黄石河　③原文、巖河。志、白巖河鎮

酒統計によれば、旧額は89,842貫である。この数値を銭額表に示す。

(2)　酒務表

次に寰宇記150・九域志3により太平興国中～元豊間の儀州諸県の変化を県変遷図(1)に示す。酒統計は在城・県1・鎮市5を記すが、それらの酒務からは旧務年代は不明であるので、一般的な旧務年代である景祐～慶暦に従っておく。

図によれば熙寧五年前の旧外県2であり、酒統計の県酒務1であるので、県置務率は50％である。また酒務は州県務2・鎮市務5の計7務で、州県務率29％・鎮市務率71％である。

次に酒統計に○印を付した在城・崇信県（州県務2）、及び黄石河・制勝關（鎮市務2）の計4処が酒務・旧商税務の併設地である。併設地が酒務地7処にしめる併設率57％、旧商税務4処(2)に対する併設地の対旧商税務率100％である。なお西赤城・永安鎮・白巖河に旧商税務は置かれていない。また安化県の酒務・旧商税は記載されていない。

次に新税務地・存続地・不明地は割出先の渭州酒務表に

I 16 儀州	銭　額　表	
旧　　額		89,842貫
新　額（今　廃）	官売	――貫
	買撲	――貫
	計	――貫
新旧差額		――貫
増 額 率		――％
官 売 率		――％
買 撲 率		――％

旧銀額　　10両

I 16 儀州旧域　県変遷図

年　代	外県		郭下
	安化	崇信	華亭
乾徳3年		建置①	
太平興国中		鳳翔府	
淳化中		↓②	
旧務年代	1×	2○	○
	×	○	○
熙寧5年	③	③	③
	渭　　州		
10年	○	○	○
	↓	↓	↓

— 371 —

第二編　銅銭区北部

表記できないので、本州酒務表に（　）で括って示す。以上の酒務・諸数値を酒務表に整理して示す。なお参考のために儀州旧域の地理表[3]を示しておく。

I16　儀州旧域　地理表（旧戸無籍）

格	県	距離	郷	鎮	％	その他	備　　考	水　系	計2
中下	華亭	郭下	4	1	25	場3・冶1	黄石河鎮 銅・茶・鹽場各1・鐵冶1		0
中	安化	西　90	3	2	66	0	安化・白巌河鎮	白巌河	1
中	崇信	？	4	1	25	0	西赤城鎮	閣川水	1
計　3			11	4	36	4	土産　弩弦麻		1種

1. 渭州地理表により作成
2. 距離欄は寰宇記による。なお崇信の距離は不明

I16　儀州　　　　　　　酒　務　表

外県2	置務県1	置務率50	州県務2	州県務率29	鎮市務5	鎮市務率71	酒務7	併設地4	併設率57	旧商税務4	対税旧商率100	新税務地(6)	新税務地率(86)	新商税務(6)	対税新商率(100)	存続地(6)	存続率(86)

併設地	州県	在城[1]・崇信県[2]	2　処
計4	鎮市	黄石河[3]・制勝關[4]	2　処
新税務地	州県	（1の華亭県・2の地）	(2)　処
計(6)	鎮市	（3・4の地・西赤城[5]・白巌河[6]）	(4)　処
存続地	州県	（1・2の地）	(2)　処
計(6)	鎮市	（3〜6の地）	(4)　処
不明地	永安鎮[7]	(1)　処	不明率　(14)　％

旧務年代の町3（5〜7の地）・小都市2、旧域の新務年代の町0・小都市4
注　4の地理表不記地1及び不明地1は、存続地・新務年代の町に入れず

注

(1) 県変遷図の作成史料は拙著2、264頁参照。
(2) 拙著2、263頁。
(3) 拙著2、265頁の地理表に同じ。

第八章　秦鳳路

17　開寶監 I 17

開寶監の旧酒務及び旧酒銭額は次の如くである。

(1)　酒統計

舊。在城及務
　　①
歳　　　　　　　　1,797貫
今比較内不開
　注　①本文参照

寰宇記134・開寶監に「本鳳州兩當県亂山中之出銀礦之所也。」とみえ、兩當県管内の亂山（銀山）の銀監である。したがって鎮・草市・その他は銀監に所属していなかったと思われる。酒統計の「在城及務」の文中の「及」は「一」の誤りで、「在城一務」が正しいと思われる。なお同監は治平元年に兩當県（鳳州属県）の管轄下に入ったため、酒額は同県に吸収された。酒統計によれば、旧額は1,797貫である。この数値を銭額表に示す。

I 17 開寶監　銭額表		
旧　　額		1,797貫
新　額 (今廃)	官売	―
	買撲	―
	計	―
新旧差額		―
増額率		―
官売率		―
買撲率		―

(2)　酒務表

次に寰宇記134・九域志3により建隆3年～元豊間の開寶監の変化を変遷図(1)に示す。酒統計は在城を記すが、旧務年代は不明であるので、一般的な旧務年代である景祐～慶暦に従っておく。

図によれば熙寧十年前の旧外県0で、県置務率はない。また州県務1・鎮市務0の計1務で、州県務率100％・鎮市務率0％である。

次に酒統計に○印を付した在城（州県務1）が酒務・旧商税務の併設地である。併設地が酒務地1処にしめる併設率100％、旧商税務1処(2)に対する併設地の対旧商税務率100％である。

I 17 開寶監旧域　変遷図		
年代	外県	郭下
	ナシ	
建隆3年 962		建置①銀冶
開宝5年 972		昇格②監
旧務年代		○
治平1年 1064	県管 兩當県	③
熙寧10年 1077		×
元豊6年 1083		監廃④

第二編　銅銭区北部

　次に図によれば同監は治平元年に兩當県の所管となり元豊六年まで存続しているが、開寶監に新商税務は設置されていない。先に指摘したように酒銭額は立てられなかったが酒務は置かれていたと思われる。新税務地０・新商税務０・存続地１・存続率100％・不明地０・不明地率０％である。新商税務０であるので対新税務地率はない。また本研究の分類法によれば旧務年代では開寶監は同下州であるので区分は州県に属するが、治平以降は鎮市となる。以上の酒務・諸数値を開寶監酒務表に整理して示す。なお参考のため兩當県域の地理表[3]を示しておく。

I17　兩當県域　地理表

格県	距離	郷	鎮	％	その他	備　　考	水　　系	計2
上　兩當	西 85	2	2	100	監 1	兩當・廣郷鎮　開寶監	嘉陵江、兩當水	2
計 1		2	2	100	1	土産（銀）		

I6鳳州の地理表による。

I17　開寶監　　　酒　務　表

外県	置務県	置務率	州県務	州県務率	鎮市務	鎮市務率	酒務	併設地	併設率	旧商税務	対旧商税務率	新税務地	新税務地率	新商税務	対新商税務率	存続地	存続率
0	0	－	1	100	0	0	1	1	100	1	100	0	0	0	－	1	100

併設地	州県	1 在城	1 処
計 1	鎮市		0 処
新税務地	州県		－ 処
計 －	鎮市		－ 処
存続地	州県		0 処
計 1	鎮市	1 の地	1 処
不　明　地		0 処　不明率　0 ％	

旧務年代の町０・小都市０、新務年代の町１（１の地）・小都市０

注

(1)　監変遷図の作成史料は拙著2、265〜166頁参照。
(2)　拙著2、265頁。
(3)　拙著2、266頁の地理表に同じ。

第八章　秦鳳路

おわりに

　表１に秦鳳路17州軍の銭額表をまとめ、また州軍の戸数・商税額を付した。Ｉ１鳳翔府・Ｉ２秦州の戸（約17万・約７万）・商税（約６万・約９万貫）はトップクラスであるが、熙寧の新酒額も各約20万・約22万貫と高額である。これに対しＩ13鎮戎軍の戸約４千・商税約６千貫と低レベルで新酒額も約４万貫と少額ある。秦鳳路においては戸・商税は酒額とおおまかには相関性を有するとみてよいであろう。次に酒額の新旧の相違をみると、比較可能な10州軍（Ｉ４・Ｉ８・Ｉ12・Ｉ14・Ｉ15・Ｉ16・Ｉ17を除く）のうち減額州軍６、増額州軍４・新旧同額州０である。路全体では11％減である。減額率の幅は－８～－61％で、増額率は15～3,966％の範囲であり、同率の州軍はない。また新旧額の差が同数の州軍もない。このように各州軍の新旧の増減率及び差額が一定ではないので、斉一的・均一的な増減対策は行われなかったことがわかる。増減率・差額に一定の傾向がみられないのであるから、新旧額の相違は主として酒消費量自体の変動により生じたとみなければならない。

　次に官売額・買撲をみると、路全体の熙寧十年の官売額は約104万貫、買撲は約13万貫で、その差は約91万貫であり、官売額が買撲の約８倍である。官売が路全体の89％をしめ、買撲は11％に過ぎない。各州軍の官売額・買撲をみると全州軍で相違しているので、各州

表１　Ｉ秦鳳路　銭額総合表

州軍	旧額	新額	差額	増減率	官売額	官売率	買撲額	買撲率	戸	新商税
Ｉ１　鳳翔府	231,788	196,435	－35,353	－15	173,443	88	22,992	12	171,529	57,957
Ｉ２　秦　州	340,660	223,672	－116,988	－34	213,693	96	9,979	4	67,044	92,658
Ｉ３　涇　州	93,132	66,214	26,918	29	59,446	90	6,768	10	25,990	16,541
Ｉ４　熙　州	──	27,428	──	──	26,400	96	1,028	4	1,358	3,600
Ｉ５　隴　州	84,621	78,248	－6,373	－8	66,068	84	12,216	16	24,774	19,965
Ｉ６　成　州	29,446	39,565	10,119	34	37,967	96	1,598	4	14,659	9,265
Ｉ７　鳳　州	48,628	56,071	7,443	15	51,168	91	4,903	9	38,194	51,370
Ｉ８　岷　州	──	40,336	──	──	40,336	100	0	0	37,721	6,646
Ｉ９　渭　州	238,394	140,585	－97,809	－41	133,520	95	7,065	5	37,636	21,114
Ｉ10　原　州	1,354	55,054	53,700	3,966	50,167	91	4,887	9	22,401	10,591
Ｉ11　階　州	57,367	31,550	－25,817	－45	26,783	85	4,767	15	41,661	21,771
Ｉ12　河　州	──	未立額	──	──	未立額	──	未立額	──	591	無定額
Ｉ13　鎮戎軍	102,441	39,982	－62,459	－61	20,226	51	19,756	49	4,130	6,369
Ｉ14　德順軍	──	87,082	──	──	69,309	80	17,773	20	16,741	14,587
Ｉ15　涌濟軍	──	93,630	──	──	77,030	82	16,600	18	4,729	10,604
Ｉ16　儀　州	89,842	今廃	──	──	──	──	──	──	──	──
Ｉ17　開寶監	1,797	──	──	──	──	──	──	──	──	──
計　　17	1,319,470	1,175,852	－143,618	－11	1,045,556	89	130,332	11	509,158	343,038

注　州軍記号に下線を付す州軍は物額を有す

第二編　銅銭区北部

軍に対する両額同額の割付販売は行われなかったことがわかる。各州軍における官売率をみると、数州軍で同率であるが（I2・I4・I6、I7・I10）、多くは相違するので、同比率州軍は偶然に同率になったのであり、意図的に即ち政策として同率での販売は行われなかったと思われる。したがって官売額・買撲額、官売率・買撲率は主として都市エリア、町エリアの酒消費量が反映したものである。

次に表2に17州軍の酒務表をまとめている。旧務年代（旧商税務）・熙寧十年（新商税務）・元豊（地理表）のいずれにもみられない不明地16例、不明率16％で他路に比して高い。また存続率75％は他路に比して低率であるので（一編、比較表2a及び表2b）、秦鳳路において酒務が置かれた行政都市・小都市・町は社会的・経済的にやや安定していなかった。地理表不記地も10処と多い。西夏侵寇の影響も考えられよう。

次に併設率が路全体としては67％とやや高率であり、併設率50％未満の州軍1（I11）で

表2　I秦鳳路　酒務総合表

州軍	州県務	鎮市務	鎮市率	全酒務	併設地	併設率	対税旧務商率	新税務地	新税務地率	対税新務商率	存続地	存続率	不明地	不明地率	旧商税務	新商税務	地理不記表地
I1	9	17	65	26	15	58	100	16	64	94	20	77	4	15	15	17	2
I2	3	14	82	17	13	76	68	9	53	60	16	94	1	6	19	15	0
I3	3	3	50	6	5	83	100	5	83	100	5	83	1	17	5	5	0
I4	—	—	—	—	—	—	—	1	100	100	1	100	0	0	—	1	0
I5	4	7	64	11	7	64	88	5	45	63	6	55	4	36	8	8	1
I6	1	2	67	3	3	100	60	3	100	75	3	100	0	0	5	4	0
I7	3	0	0	3	3	100	75	3	100	60	3	100	0	0	4	5	0
I8	—	—	—	—	—	—	—	1	100	13	1	100	0	0	—	8	0
I9	2	11	85	13	9	69	82	4	31	36	4	31	4	31	11	11	5
I10	2	8	80	10	5	50	83	7	70	70	7	70	2	20	6	10	1
I11	2	3	60	5	2	40	100	5	100	63	5	100	0	0	2	8	0
I12	—	—	—	—	—	—	—	1	100	100	1	100	0	0	—	1	0
I13	1	5	83	6	5	83	83	5	83	71	6	100	0	0	6	7	0
I14	—	—	—	—	—	—	—	1	100	10	1	100	0	0	—	10	0
I15	—	—	—	—	—	—	—	1	100	25	1	100	0	0	—	4	0
I16	2	5	71	7	4	57	100	(6)	(86)	(100)	(6)	(86)	(1)	(14)	4	(6)	1
I17	1	0	0	1	1	100	100	(0)	(0)	(0)	1	100	(0)	(0)	1	(0)	0
計 17	33	75	69	108	72	67	84	73	68	64	87	81	17	16	86	114	10

注　①I4・I8・I12・I14・I15は旧務年代には存在せず、I16・I17は新務年代には廃されていた。このため旧務年代・新務年代で州県務数・全酒務数が相違する。併設率には旧酒務数107、新務地率には新税務地73を用いる。
　　②存続率・不明率には旧酒務数107を用いる。
　　③不明地17・地理表不記地10は存続地に含めず
　　④全酒務107であるが、存続地86＋不明地17＋地理表不記地10＝113となるのは、新設州の存続地が加わるためである。

第八章　秦鳳路

ある。このことは秦鳳路の都市には酒務・商税務の併設が多く行われたことを証する。また新商税務が置かれた新税務地の新務地率も63％とやや高率であるので、新務年代でも同じ傾向にあり、都市に酒務・商税務の併設が多く行なわれた。このことは一編でみた記述史料の酒務立地条件と符合する。

次に表3によれば旧務年代の酒務地107で、その内訳は行政都市33・小都市40・町34である。北部における他路に比して町・小都市が甚だ多い（第2位。一編、比較表2a・b）。また表5によれば、都市73（33＋40）の対酒務地率68％、町34の対酒務地率32％である。町の対都市率は47％である（表5）。

次に旧務年代の比較可能な12州軍のうち小都市が0又は1の小都市未発達（州軍甲）の州軍3で全州軍の25％であるので（表5）、小都市は多くの州軍で発達していた。また町が0又は1の町未発達州軍5（州軍乙）で42％あるので、やや多くの州軍に町が発達していた（表5）。新務年代の小都市未発達の州軍7は15州軍の47％であり、やや多くの州軍で小都市が発達していたが、町未発達の13州軍は87％であるので、町は甚だ多くの州軍で発達していなかった（表5）。

次に表4によれば新酒務地75の内訳は、行政都市34・小都市33・町7・酒務県1である。都市68（34＋33＋1）の対酒務地率91％、町7の対酒務地率9％である（表5）。また都市対町＝68対7で、町の対都市率は10％になる（表5）。町の対酒務率・対都市率は旧務年代に比してかなり低率であるが（表5）、その一因は次のことにあると思われる。

地理表に示した地名は九域志が採録した地であるが、九域志は草市や道店を採録しないので、存続地は旧酒務地より少なくなる場合がある。存続地80・存続率75％以上になる可能性が充分あろう。

新務年代に秦鳳路には少なくとも商税務・酒務が併置された行政都市34、小都市33、酒務のみが置かれた町7、酒務県1が存在した。

表3　I秦鳳路　旧務年代の都市・町

州　軍	I1	I2	I3	I4	I5	I6	I7	I8	I9	I10	I11	I12	I13	I14	I15	I16	I17	計
行政都市	<u>9</u>	3	3	－	4	1	3	－	2	2	2	－	1	－	－	2	1	33
小　都　市	7	10	2	－	3	2	－	7	3	0	－	4	－	－	2	0		40
町	10	4	1	－	4	0	0	－	1	5	3		1	－	－	3	0	35
酒　　務	26	17	6	－	11	3	3	－	13	10	5	－	6	－	－	7	1	108

典拠：各州軍酒務表

第二編　銅銭区北部

表4　Ｉ秦鳳路　新務年代の小都市・町

州　　軍	I1	I2	I3	I4	I5	I6	I7	I8	I9	I10	I11	I12	I13	I14	I15	計
行 政 都 市	8	3	3	1	4	1	3	1	2	2	2	1	1	1	1	35
小　都　市	8	7	2	0	1	2	0	0	2	5	3	0	4	0	0	33
町	3	4	0	0	1	0	0	0	0	0	0	0	1	0	0	9
酒　務　県	1	0	0	0	0	0	0	0	0	0	0	0	0	0	0	1
存　続　地	19	16	5	1	6	3	3	1	4	7	5	1	6	1	1	78/79

典拠：各州軍酒務表
注　①I1の都市・町数と存続地数との不一致は，同府酒務表注1～4参照
　　②I2の都市・町数と存続地数との不一致は，同州酒務表注1参照
　　③廃州軍I16・I17の地は加えず。但し表2では入れている。
　　　割出先の州軍酒務表に廃州軍旧酒務は表記されないためである。実際には存続している。

表5　変動表

	旧務年代		新務年代		変動
	州軍数	比率	州軍数	比率	
全　州　軍	12	—	15	—	25%
州　軍　甲	3	25%	7	47%	133%
州　軍　乙	5	42%	13	87%	160%
酒　務　数	107		75		－30%
都　市　数	73		68		－7%
町　　数	34		9		－74%
都市の対酒務率	68%		91%		23%
町の対酒務率	32%		9%		－23%
町の対都市率	47%		10%		－37%

州軍甲：小都市未発達州軍（小都市0又は1）
州軍乙：町未発達州軍（町0又は1）
比率：甲、乙州軍÷全州軍
対酒務率＝都市数÷酒務数　対都市率＝町数÷都市数
州軍、酒務、都市、町の変動＝（新数－旧数）÷旧数
対酒務率、対都市率の変動＝新比率－旧比率
典拠：表3・表4

　次に酒務が置かれず商税務のみが記された地である旧商税地・新商税地は表6の如くである。秦鳳路の旧商税地14処は旧商税務86の一割強で、旧商税地は数少ない地であることがわかる。このことに加えて酒務・商税務の併設地が72処と甚だ多いことから旧商税地は厳選された都市以外の地であることがわかる。

　また比較可能な全州軍12のうち旧商税地が0～3処の州軍11で、6処の州1(I2)である。このことは路として商税務乱設を行わなかったことを意味する。

　新商税地46で旧商税地よりもはるかに多いのは、基本的には新務年代までの経済力発展にともない三司の税務が増設されたことによる。前掲表2によれば28務増えている。

第八章　秦鳳路

表6　秦鳳路　新旧商税地

州　　軍	I1	I2	I3	I4	I5	I6	I7	I8	I9	I10	I11	I12	I13	I14	I15	I16	I17	計
旧商税地	0	6	0	−	1	2	1	−	2	1	0	−	1	−	−	0	0	14
新商税地	1	6	0	0	3	1	2	7	7	3	3	0	2	9	3	−	−	47

旧商税地＝旧商税務−併設地、新商税地＝新商税務−新税務地
典拠：本章「おわりに」表2

　次ぎに本章の諸州軍の地理表をまとめると表7の如くである。秦鳳路の記載地250処は最も高い水準Ⅳである。その内訳は町・小都市76で水準Ⅳ、また小さな町候補地173で水準Ⅳである。それらの都市・町に置かれている機関を機能により分類すると、保安機関の鎮76（水準Ⅲ）、寨・堡・城などの軍事機関163（水準Ⅳ）、監・場等の生産機関11（水準Ⅱ）である。但し、堡111の内72はⅠ2秦州の寨・堡・城に管轄された小堡であるが、ここでは町候補地に入れることにした。なお秦鳳路の鎮は軍事機関が多かったようであるが、保安機関と明確に区別できないので、ここでは全て保安機関に入れている。

　なお軍事基地の寨・堡・城162はほぼ全域の州軍12に配置され（2・3・4・7・8・9・10・11・12・13・14・15の州軍）、秦鳳路が対西夏の軍事的中枢であったことを示している。因に永興軍路では軍事機関42が主として北部・西部の5州軍に配備されていた。

　生産機関11は一般的な水準Ⅱで、その内訳は鋳銭監3・司竹監1、銀場・塩場・銅場・水銀務各1、鉄冶務1である。場4には販売機関の売茶場1が含まれる。（水準は一編一章末、比較表1を参照）

表7　秦鳳路　地理表記載地

路	記載地	無名地	町・小都市	大きな町に準ずる町	町候補地
Ⅰ	250	91	無印地76	○印地1	×印地173
機　能	保安		軍事	生産・販売	
機　関	鎮　76		寨43,城7,関1,堡111,戍1	監4,場4務2,冶1	

記載地＝町・小都市＋大きな町に準ずる町＋町候補地
無名地91は町候補地数に含まれる。機関に地名が付されていず町ではない可能性もある。
典拠：本章地理表

第二編　銅銭区北部

第九章　河東路

1　太原府 J1

太原府の酒務及び新旧酒銭額は次の如くである。

(1)　酒統計

舊。在城及徐溝・平晉・祁・文水・清源・太谷・壽陽・孟・交城県・百井寨・團柏十二務
歳　　　　　　　　　１２２，０８５貫
熙寧十年祖額　　　１０９，３３４貫２０８文
　　　買撲　　　　　１４，２３０貫３１５文
　　　　新額計　　１２３，５６４貫５２３文
　　注　①原文、祈。志、祁

旧額は122,085貫・新額123,564貫（文切り捨て、以下の州軍同じ）で、両額の差額1,479貫・増額率１％である。また官売額（祖額、以下同じ）109,334貫・買撲14,230貫で、官売率88％・買撲率12％である。以上の数値を銭額表にまとめる。

J1 太原府	銭　額　表	
旧　額		122,085貫
新　額	官売	109,334貫
	買撲	14,230貫
	計	123,564貫
新旧差額		1,479貫
増 額 率		1％
官 売 率		88％
買 撲 率		12％

(2)　酒務表

次に寰宇記40・九域志４により太平興国中〜元豊間の太原府諸県の変化を県変遷図[1]に示す。酒統計は在城・県８・鎮市３を記すが、それらの酒務のうち交城県は図によれば宝元２年に大通監から割入されているので、太原府の旧務年代は同年以降である。なお旧商税統計では交城県は太原府管轄下になく同下州の大通監郭下県であるので太原府商税務の旧務年代は宝元二年前である。一方、「酒麹雑録」は無定額の J23大通監を記す。したがって、太原府の酒務・税務の旧務年代は相違するので留意しておきたい。また在城の次に置かれている徐溝は記載順序からすれば県であるが、鎮である。

図によれば宝元二年〜嘉祐四年前の旧外県９であり、酒統計の県酒務８であるので、県置務率は89％である。また酒務は州県務９・鎮市務３の計12務で、州県務率75％・鎮市務率25％である。

次に酒統計に○印を付した在城・平晉・祁・文水・清源・壽陽・交城県（州県務７）、及

第九章　河東路

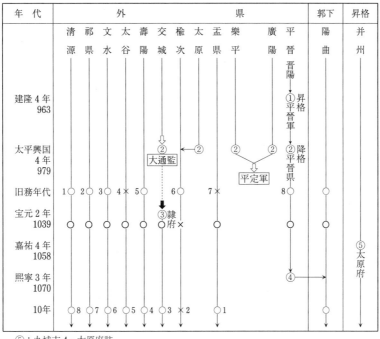

⑤：九域志4・太原府註

び百井寨[8]・團柏[9]（鎮市務2）の計9処が酒務・旧商税務の併設地である。併設地が酒務地12処にしめる併設率75％、旧商税務10処[(2)]に対する併設地の対旧商税務率90％である。なお交城県[7]は上に述べたように大通監旧商税務表にみえ（在城務）、同監郭下県であるため太原府旧商税務表にはみえないが、併設地である。同県税務は太原府の旧商税務ではないが、便宜上太原府旧商税務とし、太原府の本来の旧商税務は9処であるが10処として計算する。なお楡次県の酒務は記載されず、また太谷・盂県の旧商税務も記載されていない。

　次に旧務年代の小都市は、鎮市のうち〇印を付した併設地で2処であるが、〇印を付さない町（以下の州軍の酒統計同じ）は2処である。

　次に酒務地に新商税務が設置された新税務地は、酒統計に□印を付した上記の1・3〜7の地・太谷県[10]・盂県（州県務8）、及び8・9の地・徐溝[11]（鎮市務3）の11処[12]である。酒務地12処にしめる新税務地の新務地率は92％、また新商税務12処[(3)]に対する新税務地の対新商税務率は92％である。なお旧務年代の平晋県[2]は熙寧3年に降格され、新商税務も記載されていない。

　次に酒務地で元豊まで存在して地理表[(4)]にみえる存続地は、酒統計の地名に△印を付している。存続地は上記の1・3〜7・10・11の地（州県務8）、及び8・9・12の地（鎮市務3）で計11処である。酒務地12処にしめる存続地の存続率は92％である。

第二編　銅銭区北部

J1 太原府　格次府　地理表（主戸78,566　客戸27,572　計106,138　貢　銅鑑，甘草，人参，礬石）

格	県	距離	郷	鎮	%	その他	備　　考	水　系	計13
次赤	陽曲	郭下	8	0	0	寨 2	百井・陽興寨	汾水，晋水	2
次畿	太谷	南 100	3	0	0	0		蒋水	1
次畿	楡次	東南 70	14	0	0	0		涂水	1
次畿	壽陽	東 180	4	0	0	0		洞過水	1
次畿	盂県	東北 200	4	0	0	0		滹沱水	1
次畿	交城	西南 100	4	0	0	0		汾水，文水	2
次畿	文水	西南 140	7	0	0	0		汾水，文水	2
次畿	祁県	南 110	5	1	20	0	團柏鎮	太谷水	1
次畿	清源	西南 70	6	1	16	0	徐溝鎮	清源水，汾水	2
計 9			55	2	3	2	土 梨，馬鞍，甘草，龍骨，人参，柏實人，特生石，		12種
大通監		西南 100	0	0	0	0	産 礬石，礜石，葡萄，鐵鏡，黄石鈰		
永利監		東南 22	0	0	0	0			

×印の地：小さな町候補地 3

J1 太原府　酒務表

外県	置務県	置県率	州県務	州県務率	鎮市務	鎮市務率	酒務地	併設率	併設地	旧商税務	対税旧商率	新税務地	新税務地率	新務税地	新商税務率	対税新商率	存続地	存続率
9	8	89	9	75	3	25	12	9	75	9	100	11	92	12	92	11	92

併設地	州県	在城・平晋・祁・文水・清源・壽陽・交城	7処
計 9	鎮市	百井寨・團柏（小都市、以下の州軍酒務表同じ）	2処
新税務地	州県	1・3～7の地，太谷，盂	8処
計 11	鎮市	8・9の地・徐溝（小都市、以下の州軍酒務表同じ）	3処
存続地	州県	1・3～7・10～11の地	8処
計 11	鎮市	8・9・12の地	3処
不明地		0処　不明率	0 ％

旧務年代の町2（10・11の地）・小都市2、新務年代の町0・小都市3
注　2の地理表不記地は，存続地・新務年代の町に入れず

　次に新務年代の小都市は、鎮市のうち□印を付す新税務地で3処であるが、○△印の鎮市及び△印のみを付す鎮市が町であるが（以下の州軍酒統計同じ）、太原府にはないので新務年代の町0である。

　次に旧商税務・新商税務・地理表のいずれにもみえない不明地はなく、不明率0％である。以上の酒務・諸数値を酒務表に整理して示す。なお平晋が地理表にみえず、存続率＋不明率＜100％である。

注

(1) 県変遷図の作成史料は拙著2、273頁参照。
(2) 拙著2、272頁。　(3) 拙著2、272頁。
(4) 拙著2、274頁の地理表に同じ。

2 潞州 J 2

潞州の酒務及び新旧酒銭額は次の如くである。

(1) 酒統計

舊。在城及上黨・壼關・長子・屯留・潞城・襄垣・黎城・渉県・故県十務
　　　　　　　　①
歳　　　　　　　　　　１７,０５１貫
熙寧十年祖額　　　　　４６,３５２貫９６９文
　　　買撲　　　　　　　８,９０１貫５０４文
　　　　　新額計　　　５５,２５４貫４７３文
注　①郭下県、酒務数に入れず

旧額は17,051貫・新額55,253貫で、両額の差額38,202貫・増額率224％である。また官売額46,352貫・買撲8,901貫で、官売率84％・買撲率16％である。以上の数値を銭額表にまとめる。

J2 潞州	銭　額　表	
旧　　額		17,051 貫
新　　額	官売	46,352 貫
	買撲	8,901 貫
	計	55,253 貫
新旧差額		38,202 貫
増 額 率		224 ％
官 売 率		84 ％
買 撲 率		16 ％

(2) 酒務表

次に寰宇記45・九域志4により太平興国中～元豊間の潞州諸県の変化を県変遷図⁽¹⁾に示す。酒統計は在城・県7（郭下県を入れず）・鎮市1を記すが、それらの酒務からは旧務年代は不明であるので、一般的な旧務年代である景祐～慶暦に従っておく。

図によれば熙寧五年前の旧外県7であり、酒統計の県酒務7（上黨県を除く）であるので、県置務率は100％である。また酒務は州県務8・鎮市務1の計9務で、州県務率89％・鎮市務率11％である。

J2 潞州　県変遷図

年　代	外　　　　　県							郭下
太平興国中	渉県	襄垣	壼關	屯留	黎城	潞城	長子	上黨
旧務年代	1○	2○	3○	4○	5×	6×	7○	○
熙寧5年 1072	↓	↓	↓	↓	①→	↓	↓	↓
10年	○6	○5	×4	○3		○2	×1	

次に酒統計に○印を付した在城・壼關・長子・屯留・襄垣・渉県（州県務6）の計6処が酒務・旧商税務の併設地である。併設地が酒務地9処にしめる併設率67％、旧商税務6処⁽²⁾に対する併設地の対旧商税務率100％である。なお潞城・黎城両県の旧商税務は記載されていない。

第二編　銅銭区北部

　次に酒務地に新商税務が設置された新税務地は、酒統計に□印を付した上記の１・４～６の地・潞城（州県務５）の計５処である。酒務地９処にしめる新税務地の新務地率は56％、また新商税務７処[(3)]に対する新税務地の対新商税務率は71％である。なお壼關・長子両県の新商税務は記載されていない。また旧務年代の黎城県は熙寧５年に潞城県に併入され、新商税務は記載されていない。

　次に酒務地で元豊まで存在して地理表[(4)]にみえる存続地は、酒統計の地名に△印を付している。存続地は上記の１～７の地（州県務）の計７処である。酒務地９処にしめる存続地の存続率は78％である。

　次に旧商税務・新商税務・地理表のいずれにもみえない不明地は黎城・故県で、不明率22％である。以上の酒務・諸数値を酒務表に整理して示す。

J2　潞州　格大都督府　地理表（主戸39,378　客戸13,167　計52,545　貢　人参, 蜜, 墨）

格	県	距　離	郷	鎮	％	その他	備　　考	水　　系	計9
望	上黨	郭板	4	1	25	0	×上黨鎮	漳水	1
上	屯留	西北 47	2	0	0	0		絳水	1
上	襄垣	西北 80	3	1	33	0	禩亭鎮	涅水・漳水	2
上	潞城	東北 40	4	0	0	0		潞水・漳水	2
中	壼關	東 25	3	0	0	0		赤壤川	1
中	長子	西南 45	4	0	0	0		堯水	1
中下	渉県	東北 158	4	0	0	0		渉水	1
計	7		24	2	8	0	土産　石蜜, 人蓐, 墨, 柴草, 麻, 布		6種

×印の地：小さな町候補地1

J2　潞州　　酒　務　表

外県	置務県	置務率	州県務	州県務率	鎮市務	鎮市務率	酒務	併設地	併設率	旧商税務	対旧商税率	新税務地	新務地率	新商税務	対新商税率	存続地	存続率
7	7	100	8	89	1	11	9	6	67	6	100	5	56	7	71	7	78

併設地	州県	在城[1]・壼關[2]・長子[3]・屯留[4]・襄垣[5]・渉県[6]	6 処
計 6	鎮市		0 処
新税務地	州県	１・４～６の地, 潞城[7]	5 処
計 5	鎮市		0 処
存続地	州県	１～７の地	7 処
計 7	鎮市		0 処
不明地		黎城[8]・故県[9]　　　　　2 処	不明率 22 ％

旧務年代の町1（9の地）・小都市0、新務年代の町0・小都市0
注　2・3の県は新商税務が記載されていない酒務県

注

(1) 県変遷図の作成史料は拙著2、頁参照。
(2) 拙著2、275頁。
(3) 拙著2、275頁。
(4) 拙著2、276頁の地理表に同じ。

3　晋州 J 3

晋州の酒務及び新旧酒銭額は次の如くである。

(1)　酒統計

舊。在城及襄陵・礬山・和川・洪洞・神山・汾西・臨汾①・霍邑・趙城・岳陽県・冀氏十二務
歳　　　　　　　　　　　61,316貫
熙寧十年祖額　　　　　　65,440貫567文
　　買撲　　　　　　　　10,136貫140文
　　　新額計　　　　　　75,576貫707文
注　①郭下県、酒務数に入れず

旧額は61,316貫・新額75,576貫で、両額の差額14,260貫・増額率23%である。また官売額65,440貫・買撲10,136貫で、官売率87%・買撲率13%である。以上の数値を銭額表にまとめる。

J3 晋州	銭額表	
旧　額		61,316 貫
新　額	官売	65,440 貫
	買撲	10,136 貫
	計	75,576 貫
新旧差額		14,260 貫
増額率		23 %
官売率		87 %
買撲率		13 %

(2)　酒務表

次に寰宇記43・九域志4により太平興国中～元豊間の晋州諸県の変化を県変遷図(1)に示す。酒統計は在城・県9（郭下県を入れず）・鎮市1を記すが、それらの酒務からは旧務年代は不明であるので、一般的な旧務年代である景祐～慶暦に従っておく。

図によれば熙寧五年前の旧外県9であり、また酒統計の県酒務9（臨汾県

J3 晋州　県変遷図

年代	外　県									郭下
	岳陽	汾西	霍邑	神山	襄陵	趙城	洪洞	和川	冀氏	臨汾
太平興国中	○	○	○	○	○	○	○	○	○	○
旧務年代	1×	2×	3○	4×	5○	6○	7○	8×	9○	○
熙寧5年 1072	○	○	○	○	○	○①→	○	○①→	○	○
10年	○7	×6	○5	○4	○3		○2		○1	○
元豊2年 1079	↓	↓	↓	↓	↓	②再設	↓		↓	↓

第二編　銅銭区北部

を除く）であるので、県置務率は100％である。次に酒務は州県務10・鎮市務1の計11務で、州県務率91％・鎮市務率9％である。

　次に酒統計に〇印を付した在城・襄陵・洪洞・霍邑・趙城・冀氏（州県務6）の計6処が酒務・旧商税務の併設地である。併設地が酒務地11処にしめる併設率55％、旧商税務7処(2)に対する併設地の対旧商税務率64％である。なお岳陽・汾西・神山・和川4県の旧商税務は記載されていない。

　次に酒務地に新商税務が設置された新税務地は、酒統計に□印を付した上記の1～4・6の地・神山・岳陽（州県務7）、及び5の地・礬山・和川（鎮市務3）の10処である。酒務地11処にしめる新税務地の新務地率は80％、また新商税務8処(3)に対する新税務地の対新商税務率は50％である。なお趙城・和川は旧務年代では県であるが、新務年代では鎮である。但し趙城は元豊2年に再び県に昇格した。また汾西県には旧務年代と同じく新務年代でも商税務は記載されていない。

　次に酒務地で元豊まで存在して地理表(4)にみえる存続地は、酒統計の地名に△印を付している。存続地は上記の1～8の地・汾西（州県務9）、及び9・10の地（鎮市務2）で計11処である。酒務地11処にしめる存続地の存続率は100％である。

　次に旧商税務・新商税務・地理表のいずれにもみえない不明地はなく、不明率0％である。以上の酒務・諸数値を酒務表に整理して示す。

J3　晋州　格望　地理表（主戸77,486　客戸4,598　計82,084　貢　蜜, 蝋燭）

格	県	距離		郷	鎮	％	その他	備　考	水　系	計13
望	臨汾	郭下		5	1	20	0	礬山鎮	平水, 汾水	2
緊	洪洞	北	55	4	0	0	0		汾水	1
緊	襄陵	西南	30	4	1	25	0	官水鎮	汾水, 潏水	2
上	神山	東	75	2	0	0	0		澇水	1
上	趙城	北	85	3	0	0	0		汾水, 霍水	2
中	汾西	西北	165	2	0	0	0		汾水	1
中	霍邑	北	135	3	0	0	0		汾水, 彘水	2
中	冀氏	東	280	2	1	50	0	和川鎮	沁水	1
中下	岳陽	東北	95	3	0	0	0		通軍水	1
計	9			28	3	10	0	土産 蝋燭, 蜜蝋, 葡萄, 紅豆, 柴草, 紫參, 膩麻, 布		8種
煉礬務	城南	礬山務　州西北70里					2			

×印の地：小さな町候補地3

第九章　河東路

J3 晉州　　酒　務　表

外県	置務県	置務率	州県務	州県務率	鎮市務	鎮市務率	酒務	併設地	併設率	旧商税務	対旧商率	新税務地	新税務率	新務地率	新商税務	対新商率	存続地	存続率
9	9	100	10	91	1	9	11	6	55	7	64	10	91		10	100	11	100

併設地	州県	在城¹・襄陵²・洪同³・霍邑⁴・趙城⁵・冀氏⁶	6 処
計 6	鎮市		0 処
新税務地	州県	1〜4・6の地・神山⁷・岳陽⁸	7 処
計 10	鎮市	5の地・礬山⁹・和川¹⁰	3 処
存続地	州県	1〜8の地・汾西¹¹	9 処
計 11	鎮市	9・10の地	2 処
不 明 地			0 処　不明率　0 %

旧務年代の町1（9の地）・小都市0、新務年代の町0・小都市3
注　11の地は新旧商税務が記載されていない酒務県

注

(1)　県変遷図の作成史料は拙著2、277頁参照。
(2)　拙著2、276頁。
(3)　拙著2、277頁。
(4)　拙著2、278頁の地理表に同じ。

4　府州 J 4

府州の酒務及び新旧酒銭額は次の如くである。

(1) 酒統計

舊。在城一務①
歳　　　　　　　　　26,552貫
熙寧十年租額・買撲②　2,347貫600文
　　　新額計　　　　2,347貫600文
　注　①食貨下七酒は「不禁」とす
　　　②本文参照

J4 府州　　銭　額　表

旧　額		26,552貫
新　額	官売	？貫
	買撲	？貫
	計	2,347貫
新旧差額		−24,205貫
増額率		−91 %
官売率		− %
買撲率		− %

酒統計によれば旧額は26,552貫である。また官売額・買撲の区別はなされず原文は「租額・買撲二千三百四十七貫六百文」とあるが、この記載形式は例外である。なお食貨下七は「不禁」とするが、旧務年代前のことであろう。不禁の

第二編　銅銭区北部

州軍では万戸酒制がとられていた。新額2,347貫で、両額の差額－24,205貫・増額率－91％である。官売率・買撲率は不明である。以上の数値を銭額表にまとめる。

なお旧務年代では「在城一務」であったが、新務年代では買撲官監務を設けていたので買撲を記している。新酒務を記していないのは他の州軍の記載体裁と合せるためであろう。

(2)　酒務表

次に寰宇記38・九域志4により太平興国中～元豊間の府州諸県の変化を県変遷図[1]に示す。酒統計は在城を記すが、酒務からは旧務年代は不明であるので、一般的な旧務年代である景祐～慶暦に従っておく。

図によれば熙寧十年前の旧外県0であるので、県置務率はない。酒務は州県務1・鎮市務0の計1務で、州県務率100％・鎮市務率0％である。

J4　府州　県変遷図

年　代	外県	郭下
太平興国中	ナシ	府谷
旧務年代		○○○
熙寧10年 1077		○↓

次に酒務は酒統計に○□△印を付した在城（州県務1）のみで、併設地1・旧商税務1[2]・新税務地1・地存続地1であるので、併設率・対旧商税務率・新務地率・存続率は共に100％である。新商税務は2処[3]であるので、新税務地の対新商税務率は50％である。

次に旧商税務・新商税務・地理表[4]にみえない不明地はなく、不明率0％である。以上の酒務・諸数値を酒務表に整理して示す。

なお少額酒務に適用される買撲が行なわれているので、酒務は在城のみではなかったことがわかる。在城のみとして論を進めているので、酒務の多少を詳細に比較する際は、府州は比較対象から除くべきであるので留意しておきたい。

J4　府州　格中　地理表（主戸1,262　客戸78　計1,340　貢　甘草）

格	県	距離	郷	鎮	％	その他	備　考	水　系	計1
下	府谷	郭下	1	0	0	寨 3 堡 4	安豊・寧府・百勝寨 河濱・尅候・靖化[1]・西安堡	黄河	1
計	1		1	0	0	7	土産　羊，馬		2種

×印の地：小さな町候補地 7
注(1)　広記18, 請化。地理志2, 靖化。

— 388 —

第九章　河東路

J4 府州　酒務表

外県	置務県	置務率	州県務	州県務率	鎮市務	鎮市務率	酒務地	酒務率	併設地	併設率	旧商税務	旧商税率	対旧商	対旧商率	新税務地	新税務率	新商税務	新商税率	対新商	対新商率	存続地	存続率
0	0	ー	1	100	0	0	1	1	1	100	1	100	1	100	1	100	2	50	1	100		

併設地	州県	在城	1 処
	鎮市		0 処
計　1			
新税務地	州県	1の地	1 処
	鎮市		0 処
計　1			
存続地	州県	1の地	1 処
	鎮市		0 処
計　1			
不　明　地		0 処　不明率　0 %	

旧務年代の町 0・小都市 0、新務年代の町 0・小都市 0

注

(1) 県変遷図の作成史料は拙著 2、279頁参照。
(2) 拙著 2、279頁。　(3) 拙著 2、279頁。
(4) 拙著 2、280頁の地理表に同じ。

5　麟州 J 5

麟州の酒務及び新酒銭額は次の如くである。

(1) 酒統計

熙寧十年無祖額①
　　買撲　　　　　　　　2,186貫
注　①原文「麟州熙寧十年無祖額買撲二千一百八十六貫」。本文参照

J5 麟州　銭額表

旧　額		不権
新　額	官売	無額
	買撲	2,186貫
	計	一貫
新旧差額		貫
増額率		－ %
官売率		－ %
買撲率		－ %

麟州は乾徳五年に建寧軍節度に昇格し，端拱初には鎮西節度に改められた軍事上の要地であるから⁽¹⁾、多くの兵が駐屯していたであろう。酒統計は旧務年代についての記述を欠くが、これは万戸酒制がとられたことによる。「商税雑録」は旧商税・新商税を共に記す。即ち専売制をとらなかったため記載していないのである。食貨下七

第二編　銅銭区北部

も「不禁」とする。

　新務年代では「無祖額」と記されている。不権と無祖額の違いは、非専売と専売のちがいである。酒務の達成すべき酒銭額を立てないのが後者であり、無祖額であっても酒界分での酒麹の私的醸造販売及び酒界分への私的酒麹の持込は厳禁である。

　なお無祖額の官直営の官監務（恐らく在城であろう）と買撲官監務とがあった。その買撲酒務を記さないのは他の州軍の記載体裁に合せたのであろう。

　酒統計によれば新務年代の官売額は無額で、買撲2,186貫である。州全体としての新額はなく、新旧両額の差額・増額率及び官売率・買撲率は計算できない。以上の数値を銭額表に示す。

(2)　酒務表

　次に寰宇記38・九域志4により太平興国中〜元豊間の麟州諸県の変化を県変遷図[(2)]に示す。酒統計の原文は酒務を記さないが、新務年代では「無祖額」であるから少なくとも在城務はあった。買撲2千余貫であるから少額酒務が新務年代に置かれていたことがわかる。しかし以下では酒務は在城務のみとして論を進める。

J5　麟州　県変遷図

年　代	外　県		郭下
	銀城	連谷	新秦
太平興国中			
旧務年代	1×	2×	○
	×	×	↓
熙寧10年 1077	×2	×1	○
	↓	↓	↓

　旧務年代では不権であるから、州県務0・鎮市務0・併設地0・旧商税務1[(3)]であるので、県置務率・州県務率・鎮市務率なく、対旧商税務率0％である。

　次に酒務地は□△印を付した在城（州県務1）のみであり、また新務地1・新商税務1[(4)]・存続地1であるので、それらに関連する諸比率は100％である。

　次に旧商税務・新商税務・地理表[(5)]のいずれにもみえない不明地はなく、不明率0％である。以上の酒務・諸数値を麟州酒務表に整理して示す。

J5　麟州　格下　地理表（主戸3,790　客戸196　計3,986　貢　柴胡）

格	県	距　離	郷	鎮	％	その他		備　　考	水　　系	計3
上	新秦	郭下	0	0	0	寨	2	神堂・静羌寨		
						堡	2	恵寧・鎮川堡	兎毛川	1
中	銀城	南80	0	0	0	寨	3	銀城・神木・建寧寨		
						堡	4	蕭定・神木・通津・蘭干堡		
						塞	1	五原塞	屈野川	1
下	連谷	北10	0	0	0	堡	1	横陽堡	屈野川	1
計	3		0	0	0	土産	13	不記		

×印の地：小さな町候補地13

第九章　河東路

J5 麟州	酒務表														
外県	置務県	置務率	州県務	州県務率	鎮市務	鎮市務率	酒務	併設地	併設率	旧商税務	対旧商率	新税務地	新税務地率	新商税務	対新商率	存続地	存続率
2	0	0	1	100	0	0	0	0	—	1	—	1	100	1	100	1	100

併設地	州県		0 処
	鎮市		0 処
計　0			
新税務地	州県	在城①	1 処
計　1	鎮市		0 処
存続地	州県	1 の地	1 処
計　1	鎮市		0 処
不　明　地		0 処　不明率　0 ％	

旧務年代の町0・小都市0、新務年代の町0・小都市0

注

(1) 地理志2・麟州参照。なお九域志4・広記18は麟州の鎮西軍への改めを端拱元年とす。
(2) 県変遷図の作成史料は拙著2、280頁参照。
(3) 拙著2、280頁。　(4) 拙著2、280頁。
(5) 拙著2、281頁の地理表に同じ。

6　絳州 J 6

絳州の酒務及び新旧酒銭額は次の如くである。

(1) 酒統計
舊。在城及垣曲・曲沃・翼城・稷山・太平・絳県・澤掌八務
歳　　　　　　　５８,６４５貫
熙寧十年祖額　　６２,３０８貫６６３文
　買撲　　　　　３,３６６貫４２７文
　　　新額計　　６５,６７５貫０９０文
注　①原文、州。誤

J6 絳州	銭　額　表	
旧　額		58,645貫
新　額	官売	62,308貫
	買撲	3,366貫
	計	65,674貫
新旧差額		7,023貫
増額率		12％
官売率		95％
買撲率		5％

旧額は58,645貫・新額65,674貫で、両額の差額7,023貫・増額率12％である。また官売額62,308貫・買撲3,366貫で、官売率95％・買撲率5％である。以上の数値を銭額表にま

第二編　銅銭区北部

とめる。

(2) 酒務表

次に寰宇記47・九域志4・地理志2により太平興国中～元豊間の絳州諸県の変化を県変遷図[1]に示す。酒統計は在城・県6・鎮市1を記すが、それらの酒務からは旧務年代は不明であるので、一般的な旧務年代である景祐～慶暦に従っておく。

図によれば熙寧十年前の旧外県6であり、酒統計の県酒務6で、県置務率は100%である。また酒務は州県務7・鎮市務1の計8務で、州県務率88%・鎮市務率12%である。

年　代	外　　　　　県	郭下
太平興国中	垣　絳　翼　稷　　太　曲 曲　県　城　山　　平　沃	正 平
旧務年代	①　②×③×④　　⑤　⑥	⑦
熙寧5年 1072	慈州 郷寧県 ①	
10年	○6 ○5 ○4 ○3　　○2 ○1	

J6　絳州　県変遷図

次に酒統計に〇印を付した在城・垣曲・曲沃・稷山・太平（州県務5）の計5処が酒務・旧商税務の併設地である。併設地が酒務地8処にしめる併設率63%、旧商税務6処[2]に対する併設地の対旧商税務率83%である。なお絳県・翼城の旧商税務は記載されていない。

次に酒務地に新商税務が設置された新税務地は、酒統計に□印を付した上記の1～5の地・翼城・絳県（州県務7）の7処である。酒務地8処にしめる新税務地の新務地率は88%、また新商税務8処[3]に対する新税務地の対新商税務率は88%である。

次に酒務地で元豊まで存在して地理表[4]にみえる存続地は、酒統計の地名に△印を付している。存続地は上記の1～7の地（州県務7）で計7処である。また酒務地8処にしめる存続地の存続率は88%である。

次に旧商税務・新商税務・地理表のいずれにもみえない不明地は澤掌で、不明率12%である。以上の酒務・諸数値を酒務表に整理して示す。

J6　絳州　格雄　地理表（主戸55,522　客戸6,535　計62,057　貢　防風，蠟燭，墨）

格　県	距　離	郷	鎮	%	その他	備　　　　考	水　　系	計13
望　正平	郭下	4	0	0	0		汾水，澮水，鼓水	3
望　曲沃	東　45	5	0	0	場1	貢金場（地名不記）	絳水，汾水，澮水	3
望　太平	北　45	5	0	0	0		汾水	1
上　翼城	東北100	6	0	0	0		澮水，紫水	2
中　稷山	西　45	6	1	16	0	郷寧鎮	汾水	1
中　絳県	東南75	4	0	0	0		絳水	1
下　垣曲	東南215	2	0	0	監1	銅銭監（地名不記）	黄河，清水	2
計　7		32	1	3	2	土産　墨[1]黎，蠟燭，防風，交[2]授紗穀子， 梁米，賨布，胡桃，羊，馬，乾棗（宋版）		10種

×印の地：小さな町候補地2
注　(1)文海版寰宇記，梨墨　(2)文海版，夾

第九章　河東路

J6 絳州　　　　　酒　務　表

外県	置務県	置務率	州県務	州県務率	鎮市務	鎮市務率	酒務地	併設地	併設率	旧商税務	対税旧商率	新税務地	新税務地率	新商税務	対税新商率	存続地	存続率
6	6	100	7	88	1	12	8	5	63	6	83	7	88	8	88	7	88

併設地	州県	在城¹・垣曲²・曲沃³・稷山⁴・太平	5 処
計 5	鎮市		0 処
新税務地	州県	1～5の地，翼城⁶・絳県⁷	7 処
計 7	鎮市		0 処
存続地	州県	1～7の地	7 処
計 7	鎮市		0 処
不明地		澤掌⁸	1 処　不明率　12 ％

旧務年代の町 1（8 の地）・小都市 0 、新務年代の町 0・小都市 0
注　①不明地は新務年代の町及び存続地に入れず
　　②新商税務 8 に郭下県務を含めず。拙著 2・282 頁参照

注

(1)　県変遷図の作成史料は拙著 2、282 頁参照。
(2)　拙著 2、281 頁。　(3)　拙著 2、281 頁。
(4)　拙著 2、283 頁の地理表に同じ。

7　代州 J 7

代州の酒務及び新旧酒銭額は次の如くである。

(1)　酒統計

舊。在城及寳興・崞・繁時・雁門寨・興善鎮・義興冶七務
　　　　①　　　　　　　　　②
歳　　　　　　　　　19,433貫
熙寧十年租額　　　45,682貫671文
　　買撲　　　　　 3,956貫004文
　　　　新額計　　49,638貫675文
注　①寳興は記載順序からすれば県であるが寨である。
　　②原文、県、誤。地理表・本文参照

J7 代州　　銭　額　表

旧　額		19,433貫
新　額	官売	45,682貫
	買撲	3,956貫
	計	49,638貫
新旧差額		30,205貫
増額率		155 ％
官売率		92 ％
買撲率		8 ％

旧額は19,433貫・新額49,638貫で、両額の差額30,205貫・増額率155％である。また官売額45,682貫・買撲3,956貫で、官売率92％・買撲率8％である。以上の数値を銭額表にま

第二編　銅銭区北部

とめる。

(2) 酒務表

次に寰宇記49・九域志4により太平興国中～元豊間の代州諸県の変化を県変遷図[1]に示す。酒統計は在城・県2・鎮市4を記すが、それらの酒務からは旧務年代は不明であるので、一般的な旧務年代である景祐～慶暦に従っておく。なお雁門は郭下・寨の名称であるが、郭下県に州酒務と郭下県酒務が置かれるケースは少ないので、酒務統計の雁門は新旧商税務が置かれた雁門寨であろう。

J7 代州　県変遷図

年代	外　県				郭下
太平興国中	繁時	唐林	峥県	五臺	雁門
景徳2年 1005		①→			
旧務年代	1 ○	2 ○	3 ○ ×	○	○
熙寧10年 1077	○ 3	○ 2	○ 1		○ ↓

図によれば熙寧十年前の旧外県3であり、また酒統計の県酒務2であるので、県置務率は67％である。次に酒務は州県務3・鎮市務4の計7務で、州県務率43％・鎮市務率57％である。

次に酒統計に○印を付した在城[1]・峥[2]・繁時[3]（州県務3）及び寶興[4]・雁門寨[5]・義興冶[6]（鎮市務3）の計6が酒務・旧商税務の併設地である。併設地が酒務地7処にしめる併設率86％、旧商税務19処[2]に対する対旧商税務率32％である。なお五臺県の酒務は記載されていない。

次に酒務地に新商税務が設置された新税務地は、酒統計に□印を付した上記の1～3の地（州県務3）、及び4～6の地・興善鎮[7]（鎮市務4）の計7処である。新税務地の新務地率は100％、また新商税務20処[3]に対する新税務地の対新商税務率は35％である。

次に酒務地で元豊まで存在して地理表[4]にみえる存続地は、酒統計の地名に△印を付している。存続地は上記の1～3の地（州県務3）及び4～7の地（鎮市務4）で計7処である。また酒務地7処にしめる存続地の存続率は100％である。

次に旧商税務・新商税務・地理表のいずれにもみえない不明地はなく、不明率0％である。以上の酒務・諸数値を代州酒務表に整理して示す。

J7 代州　格上　地理表（主戸18,779　客戸11,125　計29,904　貢　青，磙，麝）

格	県	距離	郷	鎮	％	その他	備　考	水　系	計5
中下	雁門	郭下	5	0	0	寨3	胡谷・雁門・西陘寨	滹沱水	1
中	峥県	西南50	8	0	0	寨4	樓板・陽武・石䃛・土墱寨	滹沱水, 沙河	2
中下	五臺	東南120	3	2	66	0	興善・石觜鎮	虖虒水	1
下	繁時	東60	3	0	0	寨7	茹越・大石・義興冶・寶興軍・麻谷・瓶形・梅廻寨	滹沱水	1
計	4		19	2	10	14	土産　麝香，豹尾，鵰翎，膩麻，布，青，磙彩		7種

第九章　河東路

J7 代州																酒　務　表
外県	置務県	置務率	州県務	州県務率	鎮市務	鎮市務率	酒務	併設地	併設率	旧商税務	対税旧商率	新税務地	新務地率	新商税務	対税新商率	存続地	存続率
3	2	67	3	43	4	57	7	6	86	19	32	7	100	20	35	7	100

併設地	州県	在城・崞・繁時	3 処
計　6	鎮市	寶興・雁門寨・義興冶	3 処
新税務地	州県	1～3 の地	3 処
計　7	鎮市	4～6 の地・興善鎮	4 処
存続地	州県	1～3 の地	3 処
計　7	鎮市	4～7 の地	4 処
不　明　地		0 処　　不明率	0 %

旧務年代の町1（7の地）・小都市3、新務年代の町0・小都市4

注

(1) 県変遷図の作成史料は拙著2、284頁参照。
(2) 拙著2、284頁。　(3) 拙著2、284頁。
(4) 拙著2、285頁の地理表に同じ。

8　隰州 J 8

隰州の酒務及び新旧酒銭額は次の如くである。

(1) 酒統計

舊。在城及永和・大寧・石樓・溫泉・蒲県・永和・上平關八務
歳　　　　　　　51,121貫
熙寧十年祖額　　40,480貫703文
　　買撲　　　　 4,433貫136文
　　　新額計　　44,913貫839文
注　①県（地理表参照）。　②關（地理表参照）

J8 隰州	銭　額　表	
旧　　額		51,121貫
新　額	官売	40,480貫
	買撲	4,433貫
	計	44,913貫
新旧差額		−6,208貫
増額率		−12 %
官売率		90 %
買撲率		10 %

旧額は51,121貫・新額44,913貫で、両額の差額−6,208貫・増額率−12%である。また官売額40,480貫・買撲4,433貫で、官売率90%・買撲率10%である。以上の数値を銭額表にまとめる。

第二編　銅銭区北部

(2) 酒務表

次に寰宇記48・九域志4により太平興国中～元豊間の隰州諸県の変化を県変遷図[1]に示す。酒統計は在城・県5・鎮市2を記すが、それらの酒務からは旧務年代は不明であるので、一般的な旧務年代である景祐～慶暦に従っておく。

図によれば熙寧五年前の旧外県5であり、酒統計の県酒務5であるので、県置務率は100％である。また次に酒務は州県務6・鎮市務2の計8務で、州県務率75％・鎮市務率25％である。

年 代	外　　　　　　県	郭下
太平興国中	吉郷　大寧　石樓　永和　温泉　蒲県	隰川
旧務年代	慈州 1○ 2○ 3○ 4○ 5○ 文城　吉郷	○
熙寧5年 1072	①→① 置軍使	
10年	○6 ○5 ○4 ○3 ○2 ○1	

J8 隰州　県変遷図

次に酒統計に○印を付した在城¹・永和²・大寧³・石樓⁴・温泉⁵・蒲県⁶（州県務6）、及び永和關⁷・上平關⁸（鎮市務2）の計8処が酒務・旧商税務の併設地である。併設地が酒務地8処にしめる併設率100％、旧商税務9処[2]に対する併設地の対旧商税務率89％である。

次に酒務地に新商税務が設置された新税務地は、酒統計に□印を付した上記の1～6の地（州県務6）、及び7・8の地（鎮市務2）の8処である。酒務地8処にしめる新税務地の新務地率は100％、また新商税務11処[3]に対する新税務地の対新商税務率は73％である。

次に酒務地で元豊まで存在して地理表[4]にみえる存続地は、酒統計の地名に△印を付している。存続地は上記の1～6の地（州県務6）、及び7・8の地（鎮市務2）で計8処である。酒務地8処にしめる存続地の存続率は100％である。

次に旧商税務・新商税務・地理表のいずれにもみえない不明地はなく、不明率0％である。以上の酒務・諸数値を隰州酒務表に整理して示す。

J8 隰州　格下　地理表（主戸37,836　客戸1,121　計38,957　貢　蜜, 蠟）

格	県	距　離	郷	鎮	％	その他	備　考	水　系	計11
上	隰川	郭下	4	0	0	0		蒲水	1
上	温泉	東北 180	4	0	0	務 1	緑礬務（地名不記）	温泉	1
中	蒲県	東南 95	3	0	0	0		横嶺水	1
中	大寧	西南 68	3	0	0	0		黄河, 日斤水	2
中	石樓	西北 80	3	0	0	関 2	上平・永寧關	黄河, 龍泉	2
中	永和	西 100	3	0	0	関 1	永和關	黄河, 仙芝水	2
中	吉郷	西南 160	6	1	16	0	文城鎮	黄河, 蒲水	2
計 7			26	1	3	4	土産　蜜蠟, 胡女布, 龍鬚席, 蕪荑		4種

×印の地：小さな町候補地2
注　文城は旧慈州酒務地で大きな町

第九章　河東路

J8 隰州								酒　務　表										
外県	置務県	置務率	州県務	州県務率	鎮市務	鎮市務率	酒務地	併設地	併設率	旧商税務	対税旧商率	新税務地	新務地率	新商税務	対税新商率	存続地	存続率
5	5	100	6	75	2	25	8	8	100	9	89	8	100	11	73	8	100

併 設 地	州県	1在城・2永和・3大寧・4石樓・5温泉・6蒲県	6 処
計　8	鎮市	7永和關・8上平關	2 処
新税務地	州県	1〜6の地	6 処
計　8	鎮市	7・8の地	2 処
存 続 地	州県	1〜6の地	6 処
計　8	鎮市	7・8の地	2 処
不　明　地			0 処	不 明 率	0 ％

旧務年代の町0・小都市2、新務年代の町0・小都市2

注

(1)　県変遷図の作成史料は拙著2、286頁参照。
(2)　拙著2、286頁。　(3)　拙著2、286頁。
(4)　拙著2、288頁の地理表に同じ。

9　汾州 J 9

汾州の酒務及び新旧酒銭額は次の如くである。

(1)　酒統計

舊。在城及平遙・介休県・洪山寺四務①

歳	64,880貫
熙寧十年租額	59,812貫210文
買撲	6,460貫161文
新額計	66,272貫371文

注　①原文、遠。県変遷図・地理表参照

J9 汾州	銭 額 表	
旧　　額		64,880貫
新　額	官売	59,812貫
	買撲	6,460貫
	計	66,272貫
新旧差額		1,392貫
増 額 率		2 ％
官 売 率		90 ％
買 撲 率		10 ％

旧額は64,880貫・新額66,272貫で、両額の差額1,392貫・増額率2％である。また官売額59,812貫・買撲6,460貫で、官売率90％・買撲率10％である。以上の数値を銭額表にまとめる。

第二編　銅銭区北部

(2) 酒務表

次に寰宇記41・九域志4により太平興国中～元豊間の汾州諸県の変化を県変遷図[1]に示す。酒統計は在城・県2・鎮市1を記すが、それらの酒務からは旧務年代は不明であるので、一般的な旧務年代である景祐～慶暦に従っておく。

図によれば熙寧五年前の旧外県4であり、酒統計の県酒務2であるので、県置務率は50％である。また酒務は州県務3・鎮市務1の計4務で、州県務率75％・鎮市務率25％である。

次に酒統計に○印を付した在城・平遙・介休県（州県務3）の計3処が酒務・旧商税務の併設地である。併設地が酒務地4処にしめる併設率75％、旧商税務5処[2]に対する併設地の対旧商税務率60％である。なお孝義・霊石両県の酒務は記載されていない。

次に酒務地に新商税務が設置された新税務地は、酒統計に□印を付した上記の1～3の地（州県務3）、及び洪山寺（鎮市務1）の4処である。酒務地4処にしめる新税務地の新務地率は100％、また新商税務6処[3]に対する新税務地の対新商税務率は67％である。

次に酒務地で元豊まで存在して地理表[4]にみえる存続地は、酒統計の地名に△印を付している。存続地は上記の1～3の地（州県務3）で計3処である。酒務地4処にしめる存続地の存続率は75％である。

次に旧商税務・新商税務・地理表のいずれにもみえない不明地はなく、不明率0％である。以上の酒務・諸数値を酒務表に整理して示す。なお洪山寺が地理表にみえないので、存続地＋不明率＜100％である。

J9　汾州　県変遷図

年代	外　　　県	郭下
	孝義　介休　平遙　霊石	西河
太平興国元年 976	①改名中陽	○
後	①改名孝義	
旧務年代	1○× 2○ 3○ 4○×	○
熙寧5年 1072	② →	
10年	○3 ○2 ○1	↓

J9　汾州　格望　地理表　（主戸41,655　客戸11,482　計53,137　貢　石膏，席）

格	県	距離	郷	鎮	％	その他	備　　考	水　系	計5
望	西河	郭下	5	1	20	監1	郭棚鎮，永利西監	汾水，文水	2
望	平遙	東 80	5	0	0	0		汾水	1
上	介休	東南 65	16	1	6	0	孝義鎮	汾水	1
中	霊石	南 120	8	0	0	0		霊泉	1
計 4			34	2	5	1	土産　龍鬚席，石膏，賦麻，布		4種

×印の地：小さな町候補地2

第九章　河東路

J9　汾州　　　　　　　酒　務　表

外県 4	置務県 2	置務率 50	州県務 3	州県務率 75	鎮市務 1	鎮市務率 25	酒務 4	併設地 3	併設率 75	旧商税務 5	対税旧商率 60	新税務地 4	新税務地率 100	新商税務 6	対税新商率 67	存続地 3	存続率 75
併設地		州県	在城¹・平遙²・介休³													3 処	
計 3		鎮市														0 処	
新税務地		州県	1〜3の地													3 処	
計 4		鎮市	洪山寺⁴													1 処	
存続地		州県	1〜3の地													3 処	
計 3		鎮市														0 処	
不　明　地								0 処		不明率						0 ％	

旧務年代の町1（4の地）・小都市0、新務年代の町0・小都市1
注　①4の地は地理表不記地，存続地に入れず
　　②新商税務6に郭下県務を含めず。拙著2・288頁参照

注

(1)　県変遷図の作成史料は拙著2、289頁参照。
(2)　拙著2、288頁。　(3)　拙著2、288頁。
(4)　拙著2、290頁の地理表に同じ。

10　忻州 J 10

忻州の酒務及び新旧酒銭額は次の如くである。

(1)　酒統計

舊。在城及忻口寨二務
歳　　　　　　　　　30,217貫
熙寧十年租額　　　　19,496貫472文
　　買撲　　　　　　 2,272貫237文
　　　　新額計　　　21,768貫709文

J10 忻州	銭　額　表	
旧　額		30,217貫
新　額	官売	19,496貫
	買撲	2,272貫
	計	21,768貫
新旧差額		－8,110貫
増額率		－28 ％
官売率		90 ％
買撲率		10 ％

旧額は30,217貫・新額21,768貫で、両額の差額－8,449貫・増額率－28％である。また官売額19,496貫・買撲2,272貫で、官売率90％・買撲率10％である。以上の数値を銭額表にまとめる。

— 399 —

第二編　銅銭区北部

(2) 酒務表

次に寰宇記42・九域志4により太平興国中～元豊間の忻州諸県の変化を県変遷図[1]に示す。酒統計は在城・鎮市1を記すが、それらの酒務からは旧務年代は不明であるので、一般的な旧務年代である景祐～慶暦に従っておく。

J10 忻州　県変遷図		
年　代	外県	郭下
太平興国	定襄	秀容
旧務年代	1×	○
熙寧5年 1072	×① →	○
10年		○↓

図によれば熙寧五年前の旧外県1であり、酒統計の県酒務0であるので、県置務率は0％である。また酒務は州県務1・鎮市務1の計2務で、州県務率50％・鎮市務率50％である。

次に酒統計に○印を付した在城（州県務1）の1処が酒務・旧商税務の併設地である。併設地が酒務地2処にしめる併設率50％、旧商税務1処[2]に対する併設地の対旧商税務率100％である。なお定襄県の酒務・旧商税務は記載されていない。

次に酒務地に新商税務が設置された新税務地は、酒統計に□印を付した上記の1の地（州県務1）の1処である。酒務地2処にしめる新税務地の新務地率は50％、また新商税務1処[3]に対する新税務地の対新商税務率は100％である。

次に酒務地で元豊まで存在して地理表[4]にみえる存続地は、酒統計の地名に△印を付している。存続地は上記の1の地（州県務1）、及び忻口寨（鎮市務1）の地で計2処である。酒務地2処にしめる存続地の存続率は100％である。

次に旧商税務・新商税務・地理表のいずれにもみえない不明地はなく、不明率0％である。以上の酒務・諸数値を酒務表に整理して示す。

J10　忻州　格下　地理表（主戸12,471　客戸4,751　計17,222　貢　麝香, 解玉沙）

格　県	距　離	郷	鎮	％	その他		備　考	水　系	計
緊　秀容	郭下	21	0	0	寨 関	3 1	忻口・雲内・徒合寨 石嶺関	忻川水, 滹沱水	2
計　1		21	0	0	土産	4	豹尾, 扇, 臙麻, 布		4種

×印の地：小さな町候補地3

J10 忻州　　酒　務　表

外県	置務県	置務率	州県務	州県務率	鎮市務	鎮市務率	酒務	併設地	併設率	旧商税務	対旧商率	新税務地	新税率	新商税務	対新商率	存続地	存続率
1	0	0	1	50	1	50	2	1	50	1	100	1	50	1	100	2	100

併設地	州県	在城[1]														1 処	
	鎮市															0 処	
計 1																	
新税務地	州県	1の地														1 処	
	鎮市															0 処	
計 1																	
存続地	州県	1の地														1 処	
	鎮市	忻口寨[2]														1 処	
計 2																	
不明地									0 処	不明率						0 ％	

旧務年代の町1（2の地）・小都市0、新務年代の町1（2の地）・小都市0

注

⑴　県変遷図の作成史料は拙著2、290頁参照。
⑵　拙著2、290頁。　⑶　拙著2、290頁。
⑷　拙著2、291頁の地理表に同じ。

11　澤州 J 11

澤州の酒務及び新旧酒銭額は次の如くである。

(1)　酒統計

舊。在城及高平・沁水・陵川・陽城県五務
歳　　　　　　　　　　２５，１７４貫
熙寧十年祖額　　　　　２９，４９５貫１９８文
　　買撲　　　　　　　　５，１５６貫３９３文
　　　　新額計　　　　３４，６５１貫５９１文

J11 澤州	銭	額　表
旧　額		25,174貫
新　額	官売	29,495貫
	買撲	5,156貫
	計	34,651貫
新旧差額		9,477貫
増額率		38 ％
官売率		85 ％
買撲率		15 ％

旧額は25,174貫・新額34,651貫で、両額の差額9,477貫・増額率38％である。また官売額29,495貫・買撲5,156貫で、官売率85％・買撲率15％である。以上の数値を銭額表にまとめる。

第二編　銅銭区北部

(2) 酒務表

次に寰宇記44・九域志4により太平興国中〜元豊間の澤州諸県の変化を県変遷図[1]に示す。酒統計は在城・県4を記すが、それらの酒務からは旧務年代は不明であるので、一般的な旧務年代である景祐〜慶暦に従っておく。

J11　澤州　県変遷図					
年代	外　　　県				郭下
太平興国中	沁水	陵川	端氏	陽城	高平	晋城
旧務年代	1○	2※	3※	4○	5○	○
	○	○	×	○	○	○
熙寧10年 1077	○5	○4	○3	○2	○1	○

図によれば熙寧十年前の旧外県5であり、酒統計の県酒務4であるので、県置務率は80％である。また酒務は州県務5・鎮市務0の計5務で、州県務率100％・鎮市務率0％である。

次に酒統計に○印を付した在城・高平・沁水・陽城県（州県務4）の計4処が酒務・旧商税務の併設地である。併設地が酒務地5処にしめる併設率80％、旧商税務4処[2]に対する併設地の対旧商税務率100％である。なお端氏県の酒務・旧商税務は記載されていない。また陵川県の新旧商税務も記載されていない。

次に酒務地に新商税務が設置された新税務地は、□印を付した上記の1〜4の地（州県務4）の計4処である。酒務地5処にしめる新税務地の新務地率80％、また新商税務5処[3]に対する新税務地の対新商税務率は80％である。なお陵川県には新商税務が置かれていない。

次に酒務地で元豊まで存在して地理表[4]にみえる存続地は、酒統計の地名に△印を付している。存続地は上記の1〜4の地・陵川（州県務5）の計5処である。酒務地5処にしめる存続地の存続率は100％である。

次に旧商税務・新商税務・地理表のいずれにもみえない不明地はなく、不明率0％である。以上の酒務・諸数値を酒務表に整理して示す。

J11　澤州　格上　地理表（主戸38,991　客戸12,708　計51,699　貢　白石英，人参，禹餘糧）

格	県	距離	郷	鎮	％	その他	備　考	水系	計6
緊	晋城	郭下	4	1	25	0	皇軏鎮	丹水	1
上	高平	東北 65	4	0	0	0		丹水	1
上	陽城	西 80	2	0	0	0		濩澤	1
中	端氏	西北 87	2	0	0	0		沁水	1
中	陵川	東北 105	4	0	0	0		九仙水	1
中下	沁水	西北 200	2	0	0	0		沁水	1
計	6		18	1	5	0	土産　人蓑，柴草，白石英，石雄，茯苓，蜜，蠟（宋版）	7種

×印の地：小さな町候補地1

第九章　河東路

J11 澤州　酒務表

外県	置務県	置務率	州県務	州県務率	鎮市務	鎮市務率	酒務	併設地	併設率	旧商税務	対税旧商率	新税務地	新税務地率	新商税務	対税新商率	存続地	存続率
5	4	80	5	100	0	0	5	4	80	4	100	4	80	5	80	5	100

併設地	州県	在城¹・高平²・沁水³・陽城⁴	4 処
計 4	鎮市		0 処
新税務地	州県	1〜4の地	4 処
計 4	鎮市		0 処
存続地	州県	1〜4の地，陵川⁵	5 処
計 5	鎮市		0 処
不　明　地		0 処　不明率　0 %	

旧務年代の町 0・小都市 0、新務年代の町 0・小都市 0
注　5 の地は新旧商税務が記載されていない酒務県

注

(1)　県変遷図の作成史料は拙著 2、291頁参照。
(2)　拙著 2、291頁。　(3)　拙著 2、291頁。
(4)　拙著 2、292頁の地理表に同じ。

12　憲州 J12

憲州は熙寧三年に廃され、同十年に再設された州である。酒務及び新旧酒銭額は次の如くである。

(1)　酒統計
舊。在城一務
歳　　　　　　　　　14,548貫
熙寧十年祖額　　　　5,468貫762文
　　買撲　　　　　　　607貫200文
　　　新額計　　　　6,075貫962文

J12　憲州　銭額表		
旧　額		14,548貫
新　額	官売	5,468貫
	買撲	607貫
	計	6,075貫
新旧差額		−8,473貫
増額率		−58 %
官売率		90 %
買撲率		10 %

旧額は14,548貫・新額6,075貫で、両額の差額−8,473貫・増額率−58%である。また官売額5,468貫・買撲607貫で、官売率90%・買撲率10%である。以上の数値を銭額表にまとめる。

— 403 —

第二編　銅銭区北部

なお旧務年代は「在城一務」であったが、新務年代では買撲官監務があったので買撲銭が示されている。新酒務を記さないのは他の州軍と記載体裁を合わせたためであろう。

(2) 酒務表

次に寰宇記42・九域志4により太平興国中～元豊間の憲州諸県の変化を県変遷図[1]に示す。酒統計は在城を記すが、旧務年代は不明であるので、一般的な旧務年代である景祐～慶暦に従っておく。

図によれば熙寧三年前の旧外県0で、県地務率はない。次に酒務は州県務1・鎮市務0の計1務で、州県務率100%・鎮市務率0%である。次に酒統計に〇□△印を付した在城（州県務1）のみが併設地・存続地・新税務地であり、旧商税務1[2]・新商税務1[3]であるので、諸比率は共に100%である。

J12 憲州　県変遷図

年　代	静樂軍	外　県	郭下
太平興国中	(静樂)廃軍	玄池　天池	樓煩
咸平5年 1002	郭下①	①　①	①嵐州
旧務年代	〇		
熙寧3年 1070	②廃州 嵐州		
10年	①再設 〇		

次に旧商税務・新商税務・地理表のいずれにもみえない不明地はなく、不明率0%である。以上の酒務・諸数値を憲州酒務表に整理して示す。

J12 憲州　格中　地理表（主戸2,741　客戸811　計3,552　貢　麝）

格	県	距離	郷	鎮	%	その他	備　考	水　系	計1
中	静樂	郭下	3	0	0	0		汾水	1
計	1		3	0	0	0	土産　ナシ		

J12 憲州　酒務表

外県	置務県	置務県率	州県務	州県務率	鎮市務	鎮市務率	酒務	併設地	併設率	旧商税務	対税旧商率	新務地	新務地率	新商税務	対税新商率	存続地	存続率
0	0	—	1	100	0	0	1	1	100	1	100	1	100	1	100	1	100

併設地	州県	在城		1処
計 1	鎮市			0処
新税務地	州県	1の地		1処
計 1	鎮市			0処
存続地	州県	1の地		1処
計 1	鎮市			0処
不明地			0処　不明率	0%

旧務年代の町0・小都市0、新務年代の町0・小都市0

第九章　河東路

注

(1)　県変遷図の作成史料は拙著2、293頁参照。
(2)　拙著2、293頁。
(3)　拙著2、293頁。
(4)　拙著2、294頁の地理表に同じ。

13　嵐州 J 13

嵐州の酒務及び新旧酒銭額は次の如くである。

(1)　酒統計

舊。在城及樓煩・合河県・飛鳶堡四務
歳　　　　　　　　　31,509貫
熙寧十年租額　　　24,124貫250文
　　買撲　　　　　 1,435貫784文
　　　　新額計　　25,560貫034文
　注　①原文、飛鳶堡寨。商税務・地理表、寨の字なし

旧額は31,509貫・新額25,559貫で、両額の差額－5,950貫・増額率－19％である。また官売額24,124貫・買撲1,435貫で、官売率94％・買撲率6％である。以上の数値を銭額表にまとめる。

J13 嵐州	銭額表	
旧　額		31,509貫
新　額	官売	24,124貫
	買撲	1,435貫
	計	25,559貫
新旧差額		－5,950貫
増額率		－19％
官売率		94％
買撲率		6％

(2)　酒務表

次に寰宇記41・九域志4により太平興国中～元豊間の嵐州諸県の変化を県変遷図[1]に示す。酒統計は在城・県2・鎮市1を記すが、それらの酒務からは旧務年代は不明であるので、一般的な旧務年代である景祐～慶暦に従っておく。

図によれば熙寧三年前の旧外県2であり、酒統計の県酒務2であるので、県置務率は100％である。また酒務は州県務3・鎮市務1の計4務で、州県務率75％・鎮市務率25％である。

次に酒統計に○印を付した在城・樓煩県（州県務2）の計2処が酒務・旧商税務の併設地である。併設地が酒務地4処にしめる併設率50％、旧商税務3処[2]に対する併設地の対

— 405 —

第二編　銅銭区北部

旧商税務率67％である。なお合河県の旧商税務は記載されていない。

次に酒務地に新商税務が設置された新税務地は、酒統計に□印を付した上記の1・2の地・合河県（州県務3）、及び飛鳶堡（鎮市務1）の計4処である。酒務地4処にしめる新税務地の新務地率は100％、また新商税務6処(3)に対する新税務地の対新商税務率は67％である。

次に酒務地で元豊まで存在して地理表(4)にみえる存続地は、酒統計の地名に△印を付している。存続地は上記の1～3の地（州県務）、及び4の地（鎮市務1）で計4処である。酒務地4処にしめる存続地の存続率は100％である。

次に旧商税務・新商税務・地理表のいずれにもみえない不明地はなく、不明率0％である。以上の酒務・諸数値を酒務表に整理して示す。

J13 嵐州　県変遷図

年代	外　　県			郭下
太平興国中	（樓煩）	（靜樂）	合河	宜芳
咸平2年 999	①→憲州	②→靜樂軍		
5年		②→憲州		
旧務年代	1		2×	
熙寧3年 1070		③		
10年	2	④→憲州	1	

J13 嵐州　格下　地理表（主戸10,146　客戸1,313　計11,459　貢　麝）

格　県	距　離	郷	鎮	％	その他	備　　考	水　系	計4
中　宜芳	郭下	5	0	0	堡 1	飛鳶堡	秀容水	1
中下　合河	西　180	5	0	0	寨 1	乳浪寨	黄河, 蔚汾水	2
下　樓煩	南　80	2	0	0	0		汾水	1
計　3		12	0	0	土産 2	知母, 五色龍骨, 熊皮, 石蜜, 松柏木, 麻, 朮		7種

J13 嵐州　　酒　務　表

外県	置務県	置務率	州県務	州県務率	鎮市務	鎮市務率	酒務	併設地	併設率	旧商税務	対税旧商率	新税務地	新務地率	新商税務	対税新商率	存続地	存続率
2	2	100	3	75	1	25	4	2	50	3	67	4	100	6	67	4	100

併設地 計 2	州県	在城・樓煩	2処
	鎮市		0処
新税務地 計 4	州県	1・2の地, 合河県	3処
	鎮市	飛鳶堡	1処
存続地 計 4	州県	1～3の地	3処
	鎮市	4の地	1処
不　明　地			0処　不明率　0％

旧務年代の町1（4の地）・小都市0、新務年代の町0・小都市1

注

(1) 県変遷図の作成史料は拙著2、294頁参照。
(2) 拙著2、294頁。
(3) 拙著2、294頁。
(4) 拙著2、295頁の地理表に同じ。

14　石州 J 14

石州の酒務及び新旧酒銭額は次の如くである。

(1) 酒統計

舊。在城及伏落津二務
歳　　　　　　　　　　　４７，６５４貫
熙寧十年祖額　　　　　　３２，６２９貫３４５文
　　　買撲　　　　　　　２，２２４貫９５１文
　　　　　新額計　　　　３４，８５４貫２９６文

旧額は47,654貫・新額34,853貫で、両額の差額－12,801貫・増額率－27％である。また官売額32,629貫・買撲2,224貫で、官売率94％・買撲率6％である。以上の数値を銭額表にまとめる。

J14 石州　　銭　額　表

旧　額		47,654貫
新　額	官売	32,629貫
	買撲	2,224貫
	計	34,853貫
新旧差額		－12,801貫
増　額　率		－27％
官　売　率		94％
買　撲　率		6％

(2) 酒務表

次に寰宇記42・九域志4により太平興国中～元豊間の石州諸県の変化を県変遷図[1]に示す。酒統計は在城・鎮市1を記すが、それらの酒務からは旧務年代は不明であるので、一般的な旧務年代である景祐～慶暦に従っておく。

図によれば熙寧十年前の旧外県4であり、酒統計の県酒務0であるので、県置務率は0％である。また酒務は州県務1・鎮市務1の計2務で、州県務率50％・鎮市務率50％である。

J14 石州　県変遷図

年　代	外　　　県				郭下
太平興国中	定胡	方山	平夷	臨泉	離石
旧務年代	1○	2○	3○	4×	○
熙寧10年 1077	×↓4	×↓3	×↓2	↓1	○↓

第二編　銅銭区北部

　次に酒統計に○印を付した在城(州県務1)、及び伏落津(鎮市務1)の計2処が酒務・旧商税務の併設地である。併設地が酒務地2処にしめる併設率100％、旧商税務6処[(2)]に対する併設地の対旧商税務率33％である。なお定胡・方山・平夷・臨泉4県の酒務は記載されていない。また臨泉県の旧商税務も記載されていない。

　次に酒務地に新商税務が設置された新税務地は、酒統計に□印を付した上記の1の地(州県務1)、及び2の地(鎮市務1)の計2処である。酒務地2処にしめる新税務地の新務地率は100％、また新商税務8処[(3)]に対する新税務地の対新商税務率は25％である。

　次に酒務地で元豊まで存在して地理表[(4)]にみえる存続地は、酒統計の地名に△印を付している。存続地は上記の1の地(州県務1)、及び2の地(鎮市務1)で計2処である。酒務地2処にしめる存続地の存続率は100％である。

　次に旧商税務・新商税務・地理表のいずれにもみえない不明地はなく、不明率0％である。以上の酒務・諸数値を酒務表に整理して示す。

J14 石州　格下　地理表（主戸12,624　客戸2,179　計14,803　貢　蜜，蠟）

格	県	距離	郷	鎮	%	その他	備　　考	水　系	計8
中	離石	郭下	3	0	0	0		離石水	1
中	平夷	南 40	2	0	0	寨 1	伏落津寨	黄河，寧郷水	2
中	定胡	西 90	3	0	0	寨 3	定胡・天渾津・呉堡寨	黄河，湫水	2
中下	臨泉	西北120	2	0	0	寨 2	剋胡・霞蘆寨	黄河，臨泉水	2
下	方山	北 90	2	0	0	0		赤洪水	1
計 5			12	0	0	6	土産 胡女布，石英，松木，布，蜜，龍鬚蓆，麝香，賦布，蠟燭 9種		

×印の地：小さな町候補地 4

J14 石州　　　　　酒　務　表

外県4	置務県0	置務率0	州県務1	州県務率50	鎮市務1	鎮市務率50	酒務2	併設地2	併設率100	旧商税務6	対旧商務率33	新税務地2	新務地率100	新商税務8	対新商務率25	存続地2	存続率100

併設地	州県	在城	1処
計2	鎮市	伏落津	1処
新税務地	州県	1の地	1処
計2	鎮市	2の地	1処
存続地	州県	1の地	1処
計2	鎮市	2の地	1処
不明地		0処　不明率 0％	

旧務年代の町0・小都市1、新務年代の町0・小都市1

第九章　河東路

注

(1) 県変遷図の作成史料は拙著 2、296頁参照。
(2) 拙著 2、296頁。
(3) 拙著 2、296頁。
(4) 拙著 2、297頁の地理表に同じ。

15　威勝軍 J 15

威勝軍の酒務及び新旧酒銭額は次の如くである。

(1)　酒統計

舊。在城及沁源・武郷・南關鎮・新城・緜上・城西・西湯八務
　　　　　　　　　　①　　　　　②　　　　　③　　④
歳　　　　　　　　２４，３６５貫
熙寧十年祖額　　　２３，２７０貫５７０文
　　買撲　　　　　　３，５７８貫４４６文
　　　新額計　　　２６，８４９貫０１６文
　注　①原文、店。地理表参照　②原文、綿。志、緜　③原文、欠　④原文、陽。志、湯

旧額は24,365貫・新額26,848貫で、両額の差額2,483貫・増額率10％である。また官売額23,270貫・買撲3,578貫で、官売率87％・買撲率13％である。以上の数値を銭額表にまとめる。

J15 威勝軍	銭額表	
旧　額		24,365 貫
新　額	官売	23,270 貫
	買撲	3,578 貫
	計	26,848 貫
新旧差額		2,483 貫
増額率		10 ％
官売率		87 ％
買撲率		13 ％

(2)　酒務表

次に寰宇記50・九域志 4 により太平興国中〜元豊間の威勝軍諸県の変化を県変遷図(1)に示す。酒統計は在城・県 3 ・鎮市 4 を記すが、それらのうち大通監の外県であった緜上県は宝元二年に威勝軍に併入されているので、同軍の旧務年代は同年以降である(2)。

図によれば宝元二年〜熙寧七年前の旧外県 3 であり、酒統計の県酒務 3 であるので、県置務率は100％である。また酒務は州県務 4 ・鎮市務 4 の計 8 務で、州県務率50％・鎮市務率50％である。

次に酒統計に○印を付した在城・武郷（州県務 2 ）、及び西湯鎮（鎮市務 1 ）の計 3 処が酒務・旧商税務の併設地である。併設地が酒務地 8 処にしめる併設率38％、旧商税務 3 処(3)

— 409 —

第二編　銅銭区北部

に対する併設地の対旧商税務率100％である。なお沁源県の旧商税務は記載されていない。

　次に酒務地に新商税務が設置された新税務地は、酒統計に□印を付した上記の1・2の地・沁源・緜上(州県務4)、及び3の地・南關(鎮市務2)の計6処である。酒務地8処にしめる新税務地の新務地率75％、また新商税務8処⁽⁴⁾に対する新税務地の対新商税務率は75％である。

　次に酒務地で元豊まで存在して地理表⁽⁵⁾にみえる存続地は、酒統計の地名に△印を付している。存続地は上記の1・2・4・5(州県務4)、及び3・6の地(鎮市務2)で計6処で、酒務地8処にしめる存続地の存続率は75％である。

J15 威勝軍　県変遷図

年代	外　県			郭下
	(縣上)	沁源	武郷	銅鞮
太平興国2年 977			潞州↓②	↓①
6年		沁州↓③		
旧務年代	大通監	1×	2	○
宝元2年 1039	④	遼州 榆社鎮	○	○
慶暦6年 1046	⑥→大覺寺地 移転			
熙寧7年 1074		↓⑤→		
10年	○3	○2	○1	○

J15 威勝軍　格同下州　地理表（主戸16,190　客戸7,916　計24,106　貢　絁）

格県		距離	郷	鎮	％	その他	備　考	水系	計5
中	銅鞮	郭下	3	1	33	0	西湯鎮	洹水, 交水	2
上	武郷	東北60	5	1	20	0	南關鎮	五郷水	1
中下	沁源	西105	2	0	0	0		沁水	1
中下	緜上	西北100	2	0	0	0		沁水	1
計4			12	2	16	0	土産　人蓐		1種

J15 威勝軍　酒務表

外県	置務県	置務率	州県務	州県務率	鎮市務	鎮市務率	酒務地	併設地	併設率	旧商税務	対旧商税務率	新税務地	新務地率	新商税務	対新商税務率	存続地	存続率
3	3	100	4	50	4	50	8	3	38	3	100	6	75	8	75	6	75

併設地	州県	在城・武郷	2処
計3	鎮市	西湯	1処
新税務地	州県	1・2の地・沁源・緜上	4処
計6	鎮市	3の地・南關	2処
存続地	州県	1・2・4・5の地	4処
計6	鎮市	3・6の地	2処
不明地		新城・城西　　2処	不明率　25％

旧務年代の町3(6～8の地)・小都市1、新務年代の町0・小都市2

第九章　河東路

次に旧商税務・新商税務・地理表のいずれにもみえない不明地は新城[7]・城西[8]の2務で、不明率25％である。以上の酒務・諸数値を酒務表に整理して示す。

注

(1)　県変遷図の作成史料は拙著2、298頁参照。
(2)　J23大通監の注(2)を参照。　(3)　拙著2、297頁。　(4)　拙著2、297頁。
(5)　拙著2、299頁の地理表に同じ。

16　平定軍 J16

平定軍は太平興国四年に幷州（後の太原府）の平定県[(1)]・樂平県を属県とし建置された軍である。酒務及び新旧酒銭額は次の如くである。

(1)　酒統計

舊。在城及承天軍・樂平県・東百井寨四務
歳　　　　　　　　　　１６，３８２貫
熙寧十年祖額　　　３０，４７４貫４４９文
　　買撲　　　　　　１，４９４貫２４９文
　　　新額計　　　　３１，９６８貫６９８文

旧額は16,382貫・新額31,968貫で、両額の差額15,586貫・増額率95％である。また官売額30,474額貫・買撲1,494貫で、官売率95％・買撲率5％である。以上の数値を銭額表にまとめる。

J16 平定軍	銭額表	
旧　　額		16,382 貫
新　　額	官売	30,474 貫
	買撲	1,494 貫
	計	31,968 貫
新旧差額		15,586 貫
増額率		95 %
官売率		95 %
買撲率		5 %

(2)　酒務表

次に寰宇記50・九域志4により太平興国中～元豊間の平定軍諸県の変化を県変遷図[(2)]に示す。酒統計は在城・県1・鎮市2を記すが、それらの酒務からは旧務年代は不明であるので、一般的な旧務年代である景祐～慶暦に従っておく。

図によれば旧外県1であり、酒統計の県酒務1であるので、県置務率は100％である。また酒務は州県務2・鎮市務2の計4務で、州県務率50％・鎮市務率50％である。

次に酒統計に〇印を付した在城[1]・樂平県[2]（州県務2）、及び承天軍[3]・東百井寨[(3)][4]（鎮市務2）

第二編　銅銭区北部

の計4処が酒務・旧商税務の併設地である。併設地が酒務地4処にしめる併設率100％、旧商税務4処[4]に対する併設地の対旧商税務率100％である。

次に酒務地に新商税務が設置された新税務地は、酒統計に□印を付した□印を付した上記の1・2の地（州県務2）、及び3・4の地（鎮市務2）の計4処である。酒務地4処にしめる新税務地の新務地率は100％、また新商税務10処[5]に対する新税務地の対新商税務率は40％である。

次に酒務地で元豊まで存在して地理表[6]にみえる存続地は、酒統計の地名に△印を付している。存続地は上記の1・2の地（州県務2）、及び3・4の地（鎮市務2）で計4処である。酒務地4処にしめる存続地の存続率は100％である。

次に旧商税務・新商税務・地理表のいずれにもみえない不明地はなく、不明率0％である。以上の酒務・諸数値を酒務表に整理して示す。

J16 平定軍　県変遷図

年代	外　県	郭下
太平興国中	（遼山）　樂平	平定
旧務年代	遼州廃州　平城和順　①↓ 1○	○
熙寧7年 1074		
10年	○2　　1○	○
元豊8年 1085	②↓遼州再設	

注　樂平県は太平興国四年に并州から割入

J16 平定軍　格同下州　地理表（主戸7,176　客戸257　計7,433　貢　絹）

格	県	距離	郷	鎮	％	その他	備　考	水　系	計2
中	定平	郭下	4	0	0	寨　2	承天軍・東百井寨	澤涢水	1
中	樂平	東南60	4	0	0	寨　1	靜陽寨	清漳水	1
計　2			8	0	0	土産3	同并州		12種

J16 平定軍　　　酒　務　表

外県	置務県	置務率	州県務	州県務率	鎮市務	鎮市務率	酒務	併設地	併設率	旧商税務	対税旧商	新税務地	新務地率	新商税務	対税新商	存続地	存続率
1	1	100	2	50	2	50	4	4	100	4	100	4	100	10	40	4	100

併設地	州県	¹在城・²樂平県	2処
計　4	鎮市	³承天軍・⁴東百井	2処
新税務地	州県	1・2の地	2処
計　4	鎮市	3・4の地	2処
存続地	州県	1・2の地	2処
計　4	鎮市	3・4の地	2処
不　明　地		0処　不明率　0％	

旧務年代の町0・小都市2、新務年代の町0・小都市2

第九章　河東路

注

(1) 地理志2によれば、平定県は唐以来の廣陽県を太平興国四年に改名。なお同書は太平興国二年に鎮州廣陽砦に平定軍を建置し、同四年に平定・樂平両県を属させたとする。九域志4は并州平定県を郭下とする建軍を四年とする。同書注七五によれば平定県への軍治移転が四年。
(2) 県変遷図の作成史料は拙著2、300頁参照。
(3) 旧商税務・地理志2、百井寨。酒統計・新商税務・地理表、東百井寨。
(4) 拙著2、299頁。
(5) 拙著2、300頁。
(6) 拙著2、301頁の地理表に同じ。

17　寧化軍 J 17

寧化軍は太平興国五年に建置された軍である。酒務及び新旧酒銭額は次の如くである。

(1) 酒統計

舊。○□△在城一務
歲　　　　　　　　　　9,500貫
熙寧十年祖額　　　　　8,534貫942文
　　買撲　　　　　　　　320貫364文
　　　新額計　　　　　8,854貫文

旧額は9,500貫・新額8,854貫で、両額の差額－646貫・増額率－7％である。また官売額8,534貫・買撲320貫で、官売率96％・買撲率4％である。以上の数値を銭額表にまとめる。

なお旧務年代は「在城一務」であったが、新務年代では買撲官監務が設けられたので買撲銭が示されている。新酒務を記さないのは他の州軍と記載体裁を合せるためであろう。

J17 寧化軍	銭	額	表
旧　　額			9,500貫
新　　額	官売		8,534貫
	買撲		320貫
	計		8,854貫
新旧差額			－646貫
増 額 率			－7％
官 売 率			96％
買 撲 率			4％

(2) 酒務表

次に寰宇記50・九域志4により太平興国中～元豊間の寧化軍の変化を変遷図(1)に示す。酒統計は在城を記すが、旧務年代は不明であるので、一般的な旧務年代である。景祐～慶暦に従っておく。

第二編　銅銭区北部

　図によれば熙寧十年前の旧外県 0 であるので県置務率はない。また酒務は州県務 1・鎮市務 0 の計 1 務で、州県務率100%・鎮市務率 0 %である。

　次に酒統計に○□△印を在城（州県務 1 ）に付していることからわかるように、併設地 1・旧商税務 1 [2]・新税務地 1・新商税務 1 [3]・存続地 1 である。それらに関連する諸比率は共に100%である。

　次に旧商税務・新商税務・地理表[4]のいずれにもみえない不明地はなく、不明地率 0 %である。以上の酒務・諸数値を酒務表に整理して示す。

J17 寧化軍　県変遷図

年　代	外県	郭下	軍
太平興国 4 年 979	ナシ	寧化 ①建置	寧化軍
5 年		↓	②建置
旧務年代		○	↓
熙寧 3 年 1070		③廃県	
10年		↓	

J17 寧化軍　格同下州　地理表（主戸476　客戸640　計1,116　貢　絹）

格県	距離	郷	鎮	%	その他	備　　考	水　　系	計1
軍治	郭下	0	0	0	寨 1 ※	禽谷寨	汾水	1
計　1		0	0	−	1	土産　不記		

×印の地：小さな町候補地 1

J17 寧化軍　酒　務　表

外県	置務県	置務率	州県務	州県務率	鎮市務	鎮市務率	酒務	併設地	併設率	旧商税務	対旧商率	新税務地	新務地率	新商税務	対新商率	存続地	存続率
0	0	−	1	100	0	0	1	1	100	1	100	1	100	1	100	1	100

併設地	州県	在城	1 処
計　1	鎮市		0 処
新税務地	州県	1 の地	1 処
計　1	鎮市		0 処
存続地	州県	1 の地	1 処
計　1	鎮市		0 処
不　明　地		0 処　不明率	0 ％

旧務年代の町 0・小都市 0、新務年代の町 0・小都市 0

注

(1) 県変遷図の作成史料は拙著 2、302頁参照。
(2) 拙著 2、301頁。　(3) 拙著 2、301頁。
(4) 拙著 2、302頁の地理表に同じ。

第九章　河東路

18　火山軍 J 18

火山軍は太平興国七年に建置された軍である。酒務及び新旧酒銭額は次の如くである。

(1)　酒統計

舊。在城一務　○□△

歳		1,066貫
熙寧十年租額		7,644貫162文
	買撲	320貫992文
	新額計	7,965貫154文

　旧額は1,066貫・新額7,964貫で、両額の差額6,898貫・増額率647％である。また官売額7,644貫・買撲320貫で、官売率96％・買撲率4％である。以上の数値を銭額表にまとめる。

　なお旧務年代は「在城一務」であったが、新務年代では買撲官監務が置かれたので買撲銭を示している。新酒務を記さないのは他の州軍と記載体裁を合わせるためであろう。

J18　火山軍　銭額表

旧額		1,066貫
新額	官売	7,644貫
	買撲	320貫
	計	7,964貫
新旧差額		6,898貫
増額率		647％
官売率		96％
買撲率		4％

(2)　酒務表

　次に寰宇記50・九域志4により太平興国中～元豊間の火山軍の変化を変遷図[(1)]に示す。なお地理表によれば下鎮寨は2郷を有するので本研究では県として取扱う。

　酒統計は在城を記すが、旧務年代は不明であるので、一般的な旧務年代である景祐～慶暦に従っておく。

　図によれば治平四年前[(2)]の旧外県1（下鎮寨）で、酒統計の県酒務0であるので、県置務率0％である。また酒務は州県務1・鎮市務0の計1務で、州県務率100％・鎮市務率0％である。

　次に酒統計に○□△印を在城（州県務1）に付し

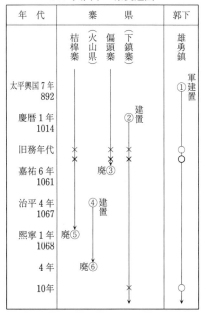

— 415 —

第二編　銅銭区北部

ていることからわかるように、併設地 1・旧商税務 1[3]・新税務地 1・存続地 1 であり、それらに関連する諸比率は共に100％である。新商税務 2[4]で対新商税務率は50％である。

次に旧商税務・新商税務・地理表[5]のいずれにもみえない不明地はなく、不明地率 0 ％である。以上の酒務・諸数値を火山軍酒務表に整理して示す。

J18 火山軍　格同下州　地理表（主戸1,304　客戸571　計1,875　貢　柴胡）

格県	距離	郷	鎮	％	その他	備　考	水　系	計1
軍治	郭下	0	0	—	0			0
下鎮寨	西北 50	2	0	0	0		黄河	1
計　2		2	0	0		土産 不記		

注　①郭下に県は置かれていないが，軍治を 1 県として数える
　　②下鎮寨は 2 郷を有するので県格の寨であり，1 県と数える

J18 火山軍　　　　　酒　務　表

外県	置務県	置務県率	州県務	州県務率	鎮市務	鎮市務率	酒務	併設地	併設率	旧商税務	対旧商率	新税務地	新務地率	新商税務	対新商率	存続地	存続率
1	0	0	1	100	0	0	1	1	100	1	100	1	100	2	50	1	100

併設地	州県	在城														1 処
計　1	鎮市															0 処
新税務地	州県	1 の地														1 処
計　1	鎮市															0 処
存続地	州県	1 の地														1 処
計　1	鎮市															0 処
不　明　地												0 処	不明率			0 ％

旧務年代の町 0・小都市 0、新務年代の町 0・小都市 0

注

(1)　県変遷図の作成史料は拙著 2、303頁参照。
(2)　治平四年〜熙寧四年には火山県が置かれたので、この間は外県 2 である。
(3)　拙著 2、302〜303頁。
(4)　拙著 2、303頁。
(5)　拙著 2、304頁の地理表に同じ。

第九章　河東路

19　岢嵐軍 J 19

　岢嵐軍は太平興国五年に建置された軍である。酒務及び新旧酒銭額は次の如くである。

(1)　酒統計

舊。在城及水谷鎮二務①
歳　　　　　　　　　　　３７,５６９貫
熙寧十年祖額　　　　　１６,１８０貫８８５文
　　　買撲　　　　　　　　　５７５貫８５６文
　　　　　新額計　　　　１６,７５５貫文
　注　①原文、三。計 2

　旧額は37,569貫・新額16,755貫で、両額の差額－20,814貫・増額率－55％である。また官売額16,180貫・買撲575貫で、官売率97％・買撲率3％である。以上の数値を銭額表にまとめる。

(2)　酒務表

　次に寰宇記50・九域志4により太平興国中～元豊間の岢嵐軍の変化を軍変遷図(1)に示す。酒統計は在城・鎮市1を記すが、それらの酒務からは旧務年代は不明であるので、一般的な旧務年代である景祐～慶暦に従っておく。

　図によれば熙寧三年前の旧外県０で、県置務率はない。また酒務は州県務1・鎮市務1の計2務であり、州県務率50％・鎮市務率50％である。

　次に酒統計に○□△印が付されているのは在城（州県務1）のみで酒務2であるので、併設率・新務地率・存続地率はすべて50％である。また旧商税務(2)・新商税務(3)は各1務であるので対旧商税務率・対新商税務率はともに100％である。なお水谷鎮の新旧商税務は記載されていない。

　次に旧商税務・新商税務・地理表(4)のいずれにもみえない不明地は水谷鎮であり、不明地率は50％である。以上の酒務・諸数値を酒務表に整理して示す。

J19　岢嵐軍　銭額表

旧　　額		37,569貫
新　　額	官売	16,180貫
	買撲	575貫
	計	16,755貫
新旧差額		－20,814貫
増額率		－55％
官売率		97％
買撲率		3％

J19　岢嵐軍　県変遷図

年代	外県	郭下	軍
太平興国5年 980	ナシ	嵐谷 嵐州 ①	建置 ①
旧務年代		○ ②	廃県
熙寧3年 1070			
10年		○	
元豊6年 1083		③	再設

第二編　銅銭区北部

J19 岢嵐軍　格同下州　地理表（主戸814　客戸1,692　計2,506　貢　絹）

格県	距離	郷	鎮	%	その他	備　　考	水　系	計1
下　嵐谷	郭下	2	0	0	0		岢嵐水	1
計　1		2	0	0	0	土産　知母，五色龍骨，朮，松柏木，熊皮，石蜜，麻（原文，同嵐州）7種		

J19 岢嵐軍　　　　　　　酒　務　表

外県	置務県	置務率	州県務	州県務率	鎮市務	鎮市務率	酒務	併設地	併設率	旧商税務	対税旧商率	新税務地	新務地率	新商税務	対税新商率	存続地	存続率
0	0	—	1	50	1	50	2	1	50	1	100	1	50	1	100	1	50

併 設 地	州県	在城[1]	1 処
計　1	鎮市		0 処
新税務地	州県	1の地	1 処
計　1	鎮市		0 処
存 続 地	州県	1の地	1 処
計　1	鎮市		0 処
不　　明　　地		永谷鎮[2]	1 処　不 明 率　50 ％

旧務年代の町 1（2の地）・小都市 0、新務年代の町 0・小都市 0
注　不明地は存続地及び新務年代の町に入れず

注

(1) 県変遷図の作成史料は拙著 2、305頁参照。
(2) 拙著 2、305頁。
(3) 拙著 2、305頁。
(4) 拙著 2、306頁の地理表に同じ。

20　保徳軍 J 20

保徳軍は淳化四年に建置された軍である。酒務及び新旧酒銭額は次の如くである。

(1)　酒統計

舊。°□△
　　在城一務
歳　　　　　　　　　　３６，８９２貫
熙寧十年祖額　　　　　７，１３７貫４２９文
　　買撲　　　　　　　　９０９貫
　　　　新額計　　　　８，０４６貫４２９文

第九章　河東路

　　旧額は36,892貫・新額8,046貫で、両額の差額－28,846貫・増額率－78％である。また官売額7,137貫・買撲909貫で、官売率89％・買撲率11％である。以上の数値を銭額表にまとめる。

　　なお旧務年代は「在城一務」であったが、新務年代では買撲官監務が置かれたので買撲銭が示されている。新酒務を記さないのは他の州軍の記載体裁と合わせるためであろう。

J20　保徳軍　　銭　額　表

旧　　額		36,892貫
新　　額	官売	7,137貫
	買撲	909貫
	計	8,046貫
新旧差額		－28,846貫
増額率		－78％
官売率		89％
買撲率		11％

(2)　酒務表

　　次に九域志4により淳化中～元豊間の保徳軍諸県の変化を県変遷図(1)に示す。なお同図・地理表にみえる沙谷津は2郷を有するので本研究では県として取扱う。酒統計は在城を記すが、旧務年代は不明であるので、一般的な旧務年代である景祐～慶暦に従っておく。

　　図によれば熙寧十年前の旧外県1（沙谷津）で、酒統計の県酒務0であるので、県置務率は0％である。また酒務は州県務1・鎮市務0の計1務で、州県務率100％・鎮市務率0％である。

　　次に酒統計に○□△印が付されているのは在城(州県務1)のみであり、また併設務・旧商税務(2)・新税務地・存続地も各1務であるので、併設率・新務地率・対旧商税務率・存続率は共に100％である。新商税務2(3)であり、新商税務に対する新税務地の対新商税務率は50％である。

　　次に旧商税務・新商税務・地理表(4)のいずれにもみえない不明地はなく、不明地率0％である。以上の酒務・諸数値を酒務表に整理して示す。

J20　保徳軍　県変遷図

年　代	津（沙谷県格）（大堡）	軍
太平興国中		嵐　州
淳化4年993		↓①建軍定羌軍
咸平4年1001	③　③	
景徳2年1005		↓②改名保徳軍
旧務年代	×　×	○
熙寧10年1077	×　×	○
	↓　↓	↓

J20　保徳軍　格同下州　地理表（主戸611　客戸217　計828　貢　絹）

格　県	距離	郷	鎮	％	その他	備　　考	水　系	計1
軍治	郭下	0	0	0	津　1	大堡津		0
沙谷津	北　5	2	0	0			黄河	1
計　2		2	0	1	土産	不記		

　　注　九域志は2郷を有する沙谷津を軍直属とするので県格の津。

－419－

第二編　銅銭区北部

J20 保徳軍					酒　務　表										
外県	置務県	置務率	州県務	州県務率	鎮市務	鎮市務率	酒務	併設地	併設率	旧商税務	対旧商税率	新税務地	新務地率	新商税務	対新商税率	存続地	存続率
1	0	0	1	100	0	0	1	1	100	1	100	1	100	2	50	1	100

併設地	州県	在城	1 処
計 1	鎮市		0 処
新税務地	州県	1の地	1 処
計 1	鎮市		0 処
存続地	州県	1の地	1 処
計 1	鎮市		0 処
不明地		0 処	不明率 0 %

旧務年代の町 0・小都市 0、新務年代の町 0・小都市 0

注

(1) 県変遷図の作成史料は拙著 2、306〜307頁参照。
(2) 拙著 2、306頁。　(3) 拙著 2、306頁。
(4) 拙著 2、307頁の地理表に同じ。

21　慈州 J 21

慈州は熙寧五年に絳・晉・隰三州に分割された。酒務及び旧酒銭額は次の如くである。

(1)　酒統計

舊。在城及文城・郷寧県三務
　①　　②　　③
歳　　　　　　　17,319貫
今廃

注　①郭下県の吉郷県は隰州に割出され、新商税務・地理表にみえる　②隰州の地理表にみえる　③絳州の新商税務・地理表にみえる

J21 慈州		銭　額　表	
旧　額			17,319貫
新　額	官売		一貫
	買撲		一貫
	計		今廃
新旧差額			一貫
増額率			一%
官売率			一%
買撲率			一%

酒統計によれば、旧額は17,319貫であるが、慈州は熙寧五年には廃されたので新額はない。以上を銭額表に示す。

（2） 酒務表

次に寰宇記48・地理志2により太平興国中～元豊間の慈州諸県の変化を県変遷図[(1)]に示す。酒統計は在城・県2を記すが、それらの酒務からは旧務年代は不明であるので、一般的な旧務年代である景祐～慶暦に従っておく。

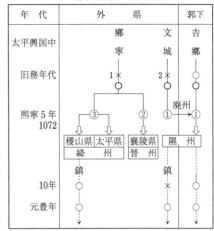

図によれば熙寧五年前の旧外県2で、また酒統計の県酒務2であるので、県置務率は100％である。次に酒務は州県務3・鎮市務0の計3務で、州県務率100％・鎮市務率0％である。

次に酒統計に○印を付した在城（州県務1）が酒務・旧商税務の併設地である。酒務地3処にしめる併設地の併設率は33％である。旧商税務2処[(2)]であるので併設地の対旧商税務率は、50％である。なお熙寧五年に廃州になっているので慈州の新税務地・新税務地率・新商税務・対新商税務率・存続地・存続率・不明地・不明率は絳・晋・隰三州の酒務表に表記できないので、慈州酒務表に（　）で括って示すことにする。なお両外県の旧商税務は記載されていない。

以上の酒務・諸数値を酒務表に整理して示す。なお参考のために慈州旧域の地理表[(3)]を示しておく。

J21 慈州旧域　地理表（主戸5,311　客戸630　計5,941）

州	格	県	距離	郷	鎮	％	その他	備　　　考	水　系	計?
隰	中	吉郷	西南 160	6	1	0	0	文城鎮	黄河，蒲水	2
絳		（稷山県）		?	1	?	0	郷寧鎮		?
晋		（襄陵県）		?	0	0	0			?
計		1		?	2	?	0	土産	蠟燭，膩麻布，綠礬，鐵（宋版）	4種

注1．寰宇記48・吉郷県，郷5　文城県郷1　郷寧県，郷3
　2．戸・土産・寰宇記48に拠る
　3．吉郷県：隰州地理表に拠る
　　　稷山県：絳州地理表に拠る
　　　襄陵県：晋州地理表に拠る

第二編　銅銭区北部

J21 慈州　　　酒 務 表

外県	置務県	置務県率	州県務	州県務率	鎮市務	鎮市務率	酒務	併設地	併設率	旧商税務	対旧商税務率	新税務地	新税務地率	新商税務	対新商税務率	存続地	存続率
2	2	100	3	100	0	0	3	1	33	2	50	(2)	(67)	(2)	(100)	(3)	(100)

併設地	州県	在城¹														1 処
計 1	鎮市															0 処
新税務地	州県	（1の地）														(1) 処
計 (2)	鎮市	（郷寧鎮²）														(1) 処
存続地	州県	（1の地）														(1) 処
計 (3)	鎮市	（2の地・文城鎮³）														(2) 処
不　明　地							0 処			不明率			0 ％				

旧務年代の町 0・小都市 0、新域の新務年代の町 1（3 の地）・小都市 1

注

(1) 県変遷図の作成史料は拙著 2、308〜309頁参照。
(2) 拙著 2、308頁。
(3) 拙著 2、310頁の地理表に同じ。

22　遼州 J 22

遼州は熙寧七年に廃され、元豊八年に再設された。酒務及び旧酒銭額は次の如くである。

(1)　酒統計

舊。在城及平城県①・楡社県②三務
歳　　　　　　　　　12,806貫
今廃

注　①郭下県の遼山県及び平城県は平定軍に割出され，新商税務が置かれた。なお平城は鎮に降格
②威勝軍に割出し，新商税務が置かれた。なお①〜③は遼州地理表にみえる

酒統計によれば、旧額は12,806貫であるが、遼州は熙寧七年に廃されたので新額はない。以上の数値を銭額表に示す。

J22 遼州　銭 額 表

旧　額		12,806貫
新　額	官売	一貫
	買撲	一貫
	計	今廃
新旧差額		一貫
増額率		一％
官売率		一％
買撲率		一％

第九章　河東路

(2) 酒務表

次に寰宇記44・九域志４により太平興国中～元豊間の遼州諸県の変化を県変遷図[1]に示す。酒統計は在城・県２を記すが、それらの酒務からは旧務年代は不明であるので、一般的な旧務年代である景祐～慶暦に従っておく。

図によれば熙寧七年前の旧外県３であり、また酒統計の県酒務２であるので、県置務率は67％である。次に酒務は州県務３・鎮市務０の計３務で、州県務率100％・鎮市務率０％である。和順県酒務は記されていない。

次に酒統計に○印を付した在城・平城・楡社県（州県務３）の計３処が併設地で、酒務３処にしめる併設地の併設率は100％、旧商税務５処[2]に対する併設地の対旧商税務率は60％である。

なお割出先の両軍酒務表に表記できない新税務地・新商税務・存続地・不明地・新務地率・対新商税務率・存続率・不明率は本州酒務表に（　）で括って示す。以上の酒務・諸数値を酒務表に整理して示す。なお元豊八年に再設されたので地理表[3]を示しておく。

J22 遼州　県変遷図

年　代	外　　県			郭下
太平興国中	楡社	平城	和順	遼山
旧務年代	1 ○ ○	2 ○ ○	3 ○ ×	○ → ①
熙寧7年 1074	威勝軍 ①鎮 ↓	平　定　軍		① ↓
10年	○	○		○
元豊8年 1085	▼②	▼②		▼② 州再設

J22 遼州　格下　地理表 (主戸5,578　客戸1,725　計7,303　貢　人参)

格	県	距離	郷	鎮	％	その他	備　　考	水　系	計2
下	遼山	郭下	2	3	150	寨　1	楡社・平城・和順鎮 黄澤寨	遼陽水, 清漳水	2
計	1		2	3	150	1	土産　人葠		1種

J22 遼州　酒　務　表

外県	置務県	置務率	州県務	州県務率	鎮市務	鎮市務率	酒務	併設地	併設率	旧商税務	対旧商務率	新税務地	新務地率	新商税務	対新商務率	存続地	存続率
3	2	67	3	100	0	0	3	3	100	5	60	(3)	(100)	(6)	(50)	(3)	(100)

併設地 計3	州県	在城・平城県・楡社県	3 処
	鎮市		0 処
新税務地 計(3)	州県	（1の地）	(1) 処
	鎮市	（2・3の地）	(2) 処
存続地 計(3)	州県	（1の地）	(1) 処
	鎮市	（2・3の地）	(2) 処
不明地		0 処　不明率	0 ％

旧務年代の町０・小都市０、旧域の新務年代の町０・小都市２
注　商税務は J16平定軍（平城・和順・遼山）・J15威勝軍（楡社）にみえる

第二編　銅銭区北部

注

(1) 県変遷図の作成史料は拙著2、311頁参照。
(2) 拙著2、311頁。
(3) 拙著2、312頁の地理表に同じ。

23　大通監 J 23

　大通監は宝元二年に廃された監である。旧酒銭額は次の如くである。

(1) 酒統計

舊。在城一務無定額
　　①
今廃

　注　①意を以て補う。太原府に割出。新商税務・地理表にみえる。食貨下七は天聖以後に不権とするが、旧務年代前のこと。無定額は不権ではない。

J23 大通監　銭額表		
旧　額		無定額
新　額	官売	一貫
	買撲	一貫
	計	今廃
新旧差額		一貫
増額率		一％
官売率		一％
買撲率		一％

　酒統計によれば、旧務年代に額が立てられなかった。また宝元2年に廃されたので新額はない。以上を銭額表に示す。

(2) 酒務表

　次に寰宇記50・九域志4により太平興国中～宝元2年間の大通監の変化を変遷図(1)に示す。酒統計は酒務を示さないが、他の例からして酒務は在城のみとして論をすすめる。大通監は宝元二年に廃されたので、旧務年代は景祐～宝元二年(2)としておく。外県酒務は記されていない。

　宝元二年前の旧外県1であり、酒統計の県酒務0で、県置務率は0％である。また酒務は州県務1・鎮市務0の計1務で、州県務率100％・鎮市務率0％である。

　次に酒務は在城（州県務1）のみで、併設地1・併設率100％である。旧商税務2(3)で、対旧商税務率は50％である。大通監は宝元二年に廃されたので、新務地・新商税務・存続地・不明地及びそれらに関連する諸比率は割出先の太原府・威勝軍の酒務表に表記できないので本監酒務表に（　）で括って示す。なお参考のため大通監旧域の地理表(4)をあげておく。

J23 大通監　県変遷図			
年代	外県	郭下	監
	繫 上沁州	交 城 并州	
太平興国4年 979	↓	↓①	大通 ①建置
6年	②〇		
天聖1年 1023		〇	交城 ③改名
明道2年 1033			大通 ④改名
旧務年代	1〇×	〇	
宝元2年 1039	⑥〇 威勝軍	⑤〇 太原府	⑤廃
熙寧10年 1077	〇	〇	

第九章　河東路

J23　大通監旧域　地理表（主戸2,709　客戸521　計3,230）

格県	距離	郷	鎮	％	その他	備　考	水系	計3
次畿　交城		4	0	0	0		汾水，文水	2
中下　縣上		2	0	0	0		沁水	1
計　2		6	0	0	0	土産　鐵栢子		1種

注　1　戸・土産：寰字記50大通監　2　交城県：J1太原府地理表　3　縣上県：J15威勝軍地理表

J23　大通監　　　　酒　務　表

外県	置務県	置務率	州県務	州県務率	鎮市務	鎮市務率	酒務	併設地	併設率	旧商税務	旧商税務率	対税新務地	新税務率	新税務地	新税務率	新商税務	対新商商率	存続地	存続率
1	0	0	1	100	0	0	1	1	100	2	50	(1)	(100)	(3)	(100)			(1)	(100)

併設地	州県	在城¹															1処
計　1	鎮市																0処
新税務地	州県	（1の地）															(1)処
計 (1)	鎮市																0処
存続地	州県	（1の地）															1処
計 (1)	鎮市																0処
不明地															0処	不明率	0％

旧務年代の町 0・小都市 0、旧域の新務年代の町 0・小都市 0

注

(1) 県変遷図の作成史料は拙著 2、313～314頁参照。
(2) 大通監の縣上県は威勝軍に宝元二年に併入され、同軍の酒務統計にみえるので、同軍の旧務年代は宝元二年以後で、また大通監の旧務年代は宝元二年前であるので、両州軍の旧務年代は相違する。
(3) 拙著 2、313頁。
(4) 拙著 2、315頁の地理表に同じ。

24　豊州 J 24

豊州は嘉祐七年に新設された州である。酒務及び新酒銭額は次の如くである。

(1) 酒統計

舊。在城①

熙寧十年無祖額
　　　　　買撲　　　　　　　　３４０貫０８０文

注　①本文参照。

第二編　銅銭区北部

酒統計の原文は「豐州　舊　在城　熙寧十年　無祖額　買撲三百四十貫八十文」である。旧額・新額はともに無額という解釈もあろう。しかし豐州は嘉祐七年に奪回して新しく建置された州である。他の州軍の旧務年代は嘉祐（1056～1063年）より早い時期の景祐～慶暦（1034～1048年）であるので、原文の「舊」は衍字である可能性もあろう。因みに「商税雑録」には豐州はみえない。

次に「舊」は衍字ではなく、「（在城）一務」の脱漏（「舊。在城一務」）とする解釈も可能であろう。この場合も一般的旧務年代と「舊」は上に指摘したように合わないという問題が残る。この豐州の原文と似るのはＪ５麟州の文「麟州　熙寧十年　無祖額　買撲〇〇〇貫〇〇〇文」である。旧務年代では麟州は不権であり、無額（＝無定額・不立額）ではないと解釈しておいた。ここでは麟州と同じとして豐州の嘉祐七年～熙寧十年前の間は不権として論を進めたい。

まとめると熙寧十年前は専売制を豐州には適用せず不権であり、新務年代では専売制を適用するようになったが官直営務の在城官監務の官売額は無額とし、買撲官監務の課利＋淨利銭は340貫80文であったと解しておく。また買撲の新務を記さないのは他の州軍の記載体裁に合わせるためであろう。

J24 豐州	銭額表	
旧額		不権
新額	官売	無祖額
	買撲	340貫
	計	一貫
新旧差額		一貫
増額率		－％
官売率		－％
買撲率		－％

(2)　酒務表

次に九域志４により嘉祐七年～元豊間の豐州の変化を変遷図[1]に示す。豐州の旧酒務・旧商税務がなく、新商税務が不明であるので新務地・その他も不明である。新務年代の酒務は在城のみとしておく。但し買撲額が立てられているので少額酒務もあった。地理表[2]に在城がみえるので存続地１・存続率100％・不明地０・不明率０％となる。以上の酒務・数値を酒務表に整理して示す。

J24 豐州　県変遷図		
年代	寨	郭下
	保寧　　永安	県ナシ
嘉祐７年 1062	②建置　②建置	①建置
熙寧10年 1077	↓　　　↓	○ ↓

第九章 河東路

J24 豊州　格下　地理表（主戸22　客戸136　計158　貢 氀, 柴胡）

格県	距離	郷	鎮	%	その他	備　考	水系	計0
県ナシ	郭下	0	0	−	0	土産：羊原羊, 野長, 石雞, 鴨, 鼠, 駝毛, 褐布, 白麺, 印鹽, 遏邏殿, 蘆牛, 沙蓬, 茨箕, 狼針		0
計　1					0			
寨2　永安	南	17	0	0	−	1	土産：寰宇記39	
保寧	東	17	0	0	−	1		

郭下は県として数える
小さな町候補地2

J24 豊州　酒務表

外県	置務県	置務率	州県務	州県務率	鎮市務	鎮市務率	酒務	併設地	併設率	旧商税務	対旧商率	新税務地	新税務地率	新商税務	対新商率	存続地	存続率
0	0	−	0	−	0	−	0	−	−	−	−	−	−	−	−	1	100

併設地	州県		− 処
計 −	鎮市		− 処
新税務地	州県		− 処
計 −	鎮市		− 処
存続地	州県	¹在城	1 処
計 1	鎮市		0 処
不明地		0 処　不明率	0 %

新務年代の町0・小都市0

注

(1) 県変遷図の作成史料は九域志4・豊州・置廃の次の二条である。①「嘉祐七年。以府州蘆泊川<u>掌地置州</u>。」（下線部分、地理志は「掌地復建爲州」）、②「寨二。嘉祐七年置。永安・保寧。」
(2) 地理表は九域志4・豊州による。

おわりに

　表1に河東路24州軍の銭額表をまとめ、また州軍の戸数・商税額を付した。J1太原府・J3晋州の元豊戸はそれぞれ約11万戸・約8万戸で、元豊に近い熙寧十年の新商税額は約5万貫・約4万貫であり、戸・商税共に河東路でトップクラスである。熙寧十年の新酒額も約12万貫・約8万貫でトップクラスである。戸・商税が低レベルのJ20保徳軍（戸約8百戸・商税約4千貫）の新酒額は約8千貫で少額である。河東路では戸・商税の大小と酒額の大小とがおおまかには一致する。

第二編　銅銭区北部

表1　J河東路　銭額総合表

州軍		旧額	新額	差額	増額率	官売	買撲	官売率	買撲率	戸	新商税
J1	太原府	122,085	123,564	1,479	1	109,334	14,230	88	12	106,138	49,145
J2	潞州	17,051	55,253	38,202	224	46,352	8,901	84	16	52,545	451
J3	晉州	61,316	75,576	14,260	23	65,440	10,136	87	13	82,084	40,582
J4	府州	26,552	2,347	−24,205	−91	―	―	―	―	1,340	4,701
J5	麟州	不権	2,186	―	―	―	―	―	―	3,986	2,499
J6	絳州	58,645	65,674	7,023	12	62,308	3,366	95	5	62,057	31,452
J7	代州	19,433	49,638	30,205	155	45,682	3,956	92	8	29,904	12,239
J8	隰州	51,121	44,913	−6,208	−12	40,480	4,433	90	10	38,957	12,588
J9	汾州	64,880	66,272	1,392	2	59,812	6,460	90	10	53,137	20,117
J10	忻州	30,217	21,768	−8,449	−28	19,496	2,272	90	10	17,222	6,800
J11	澤州	25,174	34,651	9,477	38	29,495	5,156	85	15	51,699	17,768
J12	憲州	14,548	6,075	−8,473	−58	5,468	607	90	10	3,552	3,844
J13	嵐州	31,509	25,559	−5,950	−19	24,124	1,435	94	6	11,459	20,213
J14	石州	47,654	34,853	−12,801	−27	32,629	2,224	94	6	14,803	7,066
J15	威勝軍	24,365	26,848	2,483	10	23,270	3,578	87	13	24,106	10,366
J16	平定軍	16,382	31,968	15,586	95	30,474	1,494	95	5	7,433	12,206
J17	寧化軍	9,500	8,854	−646	−7	8,534	320	96	4	1,116	1,213
J18	火山軍	1,066	7,964	6,898	647	7,644	320	96	4	1,875	3,522
J19	岢嵐軍	37,569	16,755	−20,814	−55	16,180	575	97	3	2,506	593
J20	保德軍	36,892	8,046	−28,846	−78	7,137	909	89	11	828	4,598
J21	慈州	17,319	今廃	―	―	―	―	―	―	―	―
J22	遼州	12,806	今廃	―	―	―	―	―	―	―	―
J23	大通監	無定額	今廃	―	―	―	―	―	―	―	―
J24	豊州	不権	無定額	―	―	無祖額	340	―	―	158	―
計		726,084	708,764	−17,320	−2	633,859	70,712	89	10	566,905	261,963

注　計欄の官売＋買撲が新額と一致しない。J4・J5の官売・買撲がなく且つJ24に買撲があるが無祖額であるためである。それらを除くと，新額＝官売＋買撲＝703,891となる。

次に酒額の新旧の相違をみると、比較可能な19州軍（J5・J21・J22・J23・J24を除く）のうち減額州軍9、増額州軍10、新旧同額州0であり、路全体では2％減である。増減率が同率の州軍はなく、また新旧額の差が同数の州軍もない。このように各州軍の新旧の増減率及び差額が一定ではないので、斉一的・均一的な増減政策は行われなかったことがわかる。増減率・差額に一定の傾向がみられないのであるから、新旧額の相違は主として酒消費量自体の変動により生じたとみなければならない。

次に官売額・買撲をみると、路全体の熙寧十年の官売額は約63万貫、買撲は約7万貫で、その差は約56万貫であり、官売額が買撲の約9倍である。官売が路全体の約90％をしめ、買撲は10％に過ぎない。各州軍の官売額・買撲をみると全州軍で相違しているので、各州

第九章　河東路

軍に対する官売額・買撲の割付販売は行われなかったことがわかる。また各州軍における官売率をみると、比較可能な18州軍のうち12州軍（J3とJ15、J6とJ16、J8及びJ9・J10・J12、J13とJ14、J17とJ18）が同率で、6州軍が異なる。河東路では意図的に即ち政策として同率での販売が多くの州軍で行われた可能性も考えられる数少ない例である。しかし6州軍では官売額・買撲、官売率・買撲率は大まかには都市エリア、町エリアの酒消費量が反映したものと思われる。

　次に表2は24州軍の酒務表をまとめたものである。旧務年代（旧商税務）・熙寧十年（新商税務）・元豊（地理表）のいずれにもみられない不明地は6例にとどまる。不明率6％・

表2　J河東路　酒務総合表

州軍	州県務	鎮市務	鎮市率	全酒務	併設地	併設率	対旧務商率	新税務地	新税務地率	対新務商率	存続地	存続率	不明地	不明率	旧商税務	新商税務	地理表不記地
J1	9	3	25	12	9	75	100	11	92	92	11	92	0	0	9	12	1
J2	8	1	11	9	6	67	100	5	56	71	7	78	2	22	6	7	0
J3	10	1	9	11	6	55	64	10	91	100	11	100	0	0	7	10	0
J4	1	0	0	1	0	−	−	1	100	50	1	100	0	0	1	2	0
J5	1	0	0	1	1	−	100	1	100	100	1	100	0	0	1	1	0
J6	7	1	13	8	5	63	83	7	88	88	7	88	1	13	6	8	0
J7	3	4	57	7	6	86	32	7	100	35	7	100	0	0	19	20	0
J8	6	2	25	8	8	100	89	8	100	73	8	100	0	0	9	11	0
J9	3	1	25	4	3	75	60	4	100	67	3	75	0	0	5	6	1
J10	1	1	50	2	1	50	100	1	50	100	2	100	0	0	1	1	0
J11	5	0	0	5	4	80	100	4	80	80	5	100	0	0	4	5	0
J12	1	0	0	1	1	100	100	1	100	100	1	100	0	0	1	1	0
J13	3	1	25	4	2	50	67	4	100	67	4	100	0	0	3	6	0
J14	1	1	50	2	2	100	33	2	100	25	2	100	0	0	6	8	0
J15	4	4	50	8	3	38	100	6	75	75	6	75	2	25	3	8	0
J16	2	2	50	4	4	100	100	4	100	40	4	100	0	0	4	10	0
J17	1	0	0	1	1	100	100	1	100	100	1	100	0	0	1	1	0
J18	1	0	0	1	1	100	100	1	100	50	1	100	0	0	1	2	0
J19	1	1	50	2	1	100	100	1	50	100	1	50	1	50	1	1	0
J20	1	0	0	1	1	100	100	1	100	50	1	100	0	0	1	2	0
J21	3	0	0	3	1	33	50	(2)	(67)	(100)	(3)	(100)	0	0	2	(2)	0
J22	3	0	0	3	3	100	60	(3)	(100)	(50)	(3)	(100)	0	0	5	(6)	0
J23	1	0	0	1	1	100	50	(1)	(100)	(33)	(1)	(100)	0	0	2	(3)	0
J24	−	−	0	−	−	−	−	1	100	100	1	100	0	0	−	−	0
計	76	23	23	99	70	71	71	86	86	66	92	92	6	6	98	122	2

注　①廃州軍3・新設州1のため，酒務地≠存続地＋不明地＋地理表不記地
　　②不明地6・地理表不記地2は存続地に含めず
　　③J21・J22・J23の新商税務は割出州軍に含まれているので計に加えず。J24の新税務不記

第二編　銅銭区北部

存続率93％は、河東路において酒務が置かれた行政都市・小都市・町が社会的・経済的に安定性が高かったことを証する。なお地理表不記地も2処と少ない。

次に併設率が路全体としては70％で他路に比べ高率であり（比較表2）、併設率が50％未満の州軍2（J15・J21）である。河東路の都市では酒務・商税務の併設が多く行われたことを証する。また新商税務が置かれた新務年代併設地である新税務地の新務地率も86％と高率であるので、新務年代でも同じ傾向にあり、都市に酒務・商税務の併設が多く行われた。

表3　J河東路　旧務年代の都市・町

州　　軍	J1	J2	J3	J4	J5	J6	J7	J8	J9	J10	J11	J12	J13	J14	J15	J16	J17	J18	J19	J20	J21	J22	J23	計
行政都市	9	8	10	1	1	7	3	6	3	1	5	1	3	1	4	2	1	1	1	1	3	3	1	76
小都市	2	0	0	0	0	0	3	2	0	0	0	0	0	1	1	2	0	0	0	0	0	0	0	11
町	1	1	1	0	0	1	1	0	1	1	0	0	1	0	3	0	0	0	1	0	0	0	0	12
酒務（計）	12	9	11	1	1	8	7	8	4	2	5	1	4	2	8	4	1	1	2	1	3	3	1	99

典拠：各州軍酒務表
注　旧務年代にJ24豊州は存在せず

次に表3によれば旧務年代の酒務地99で、その内訳は行政都市76・小都市11・町12である。また表5によれば都市87（76+11）の対酒務地率約88％、町12の対酒務地率12％であり、酒務は都市に甚だ多く置かれた。また都市対町＝87対12で、町の対都市率は14％に過ぎず（表5）、酒務は圧倒的に都市に多く置かれた。

次に表3の旧務年代の23州軍のうち小都市が0又は1の小都市未発達の州軍（州軍甲）19で全州軍の83％あるので（表5）、小都市は甚だ多くの州軍で発達していない。また町が0又は1の町未発達の州軍（州軍乙）22で全州軍の96％であり、町もほとんどの州軍で発達していなかった（表5）。新務年代の州軍21のうち小都市未発達の州軍は15で71％をしめ、多くの州軍で小都市は発達していず、また町未発達の州軍も21で100％であり（表5）、河東路は新務年代でも小都市・町がほとんど発達していなかった。

次に表4によれば新酒務地86の内訳は、行政都市63・小都市18・町1・酒務県4である。都市85（63+18+4）の対酒務地率99％、町1の対酒務地率1％である（表5）。また都市対町＝85対1で、町の対都市率は1％である（表5）。町の対酒務地率・対都市率は旧務年代に比して低い。その一因は次のことにあると思われる。

地理表に示した地名は九域志が採録した地であるが、九域志は草市や道店を採録しないので、存続地は旧酒務地より少なくなる場合がある。表2の存続地92・存続率92％以上になる可能性が十分にあろう。

新務年代に河東路には少なくとも商税務・酒務が併置された行政都市63、小都市18、酒

第九章　河東路

表4　J 河東路　新務年代の都市・町

州　　　軍	J1	J2	J3	J4	J5	J6	J7	J8	J9	J10	J11	J12	J13	J14	J15	J16	J17	J18	J19	J20	J24	計
行 政 都 市	8	5	7	1	1	7	3	6	3	1	5	1	3	1	4	2	1	1	1	1	1	63
小　都　市	3	0	3	0	0	0	4	2	0	0	0	0	1	1	2	2	0	0	0	0	0	18
町	0	0	0	0	0	0	0	0	0	1	0	0	0	0	0	0	0	0	0	0	0	1
酒　務　県	0	2	1	0	0	0	0	0	0	0	1	0	0	0	0	0	0	0	0	0	0	4
存　続　地	11	7	11	1	1	7	7	8	3	2	5	1	4	2	6	4	1	1	1	1	1	86/85

酒務県：税務不記県
典拠：各州軍酒務表
注　1 新務年代の都市・町が地理表にみえないため計欄の数値が一致しない
　　2 地理表不記地2，存続地に含めず

表5　　　　　　変動表

	旧務年代		新務年代		変動
	州軍数	比率	州軍数	比率	
全　州　軍	23	—	21	—	−9%
州　軍　甲	19	83%	15	71%	−21%
州　軍　乙	22	96%	21	100%	−5%
酒　務　数	99		86		−13%
都　市　数	87		85		2%
町　　　数	12		1		−92%
都市の対酒務率		88%		99%	11%
町の対酒務率		12%		1%	−11%
町の対都市率		14%		1%	−13%

州軍甲：小都市未発達州軍（小都市0又は1）
州軍乙：町未発達州軍（町0又は1）
比率：甲、乙州軍÷全州軍
対酒務率＝都市数÷酒務数　対都市率＝町数÷都市数
州軍、酒務、都市、町の変動＝（新数−旧数）÷旧数
対酒務率、対都市率の変動＝新比率−旧比率
典拠：表3・表4

　務のみが置かれた町1・酒務県4が存在したであろう。

　次に酒務が置かれず商税務のみが記された地である旧商税地・新商税地は表6の如くである。表を通覧するとJ7代州のみが例外的に13処と多く、特別な事情があったと思われるので、代州を除外して考えるべきである。代州を除くと河東路の旧商税地14処であり旧商税務79の二割弱で、旧商税地は数少ない地であることがわかる。このことに加えて併設地が70処（代州を除く）と甚だ多いことから旧商税地は厳選された地であることがわかる。

　また全州軍23のうち旧商税地が0～3の州軍21と多いことは、路として商税務乱設を行わなかったことを意味する。

　新商税地42で旧商税地よりもはるかに多いのは、基本的には新務年代までに経済力発展

— 431 —

第二編　銅銭区北部

の地が増加し、それにともなって三司の税務を増設したことによる。前掲表2によれば24務が増えている。

表6　河東路　新旧商税地

州　　軍	J1	J2	J3	J4	J5	J6	J7	J8	J9	J10	J11	J12	J13	J14	J15	J16	J17	J18	J19	J20	J21	J22	J23	計
旧商税地	0	0	1	0	0	1	13	1	2	0	0	0	1	4	0	0	0	0	0	0	1	2	1	27
新商税地	1	2	0	1	0	1	13	3	2	0	1	0	2	6	2	6	0	1	0	1	―	―	―	42

旧商税地＝旧商税務－併設地、新商税地＝新商税務－新税務地
典拠：本編各章「おわりに」表2
注　J24の商税務記録脱漏

次ぎに本章の諸州軍の地理表をまとめると表7の如くである。河東路の記載地82で一般的水準Ⅱである。その内訳は町・小都市38処で水準Ⅱにあり、また小さな町候補44で水準Ⅱに属する。それらの都市・町に置かれている機関を機能により分類すると、保安機関の鎮16（水準Ⅰ）、寨・堡などの軍事機関58（水準Ⅳ）と多いが、監・場などの生産機関は8処で少ない（水準Ⅰ）。鎮16は銅鉄銭両区の四京・19路において最少である（一編、比較表1）。軍事機関のうち寨・堡53は主として太原以北の12州軍（J1・4・5・6・7・10・13・14・16・17・22・24）にわたり配置され、防衛範囲は広大であった。生産機関は鋳銭監4、礬務3、買金場1で比較的少ない。（水準は一編一章末、比較表1参照）

表7　河東路　地理表記載地

路	記載地	無名地	町・小都市	大きな町に準ずる町	町候補地
J	82	3	無印地38	○印地0	×印地44
機　能	保安	軍事	生産・購買		
機　関	鎮　16	寨　41 堡　12 関　4 津　1	監　4, 場　1 務　3		

記載地＝町・小都市＋大きな町に準ずる町＋町候補地
無名地は町候補地数に含まれる。機関に地名が付されていず町ではない可能性もあろう。
場1はJ6の買金場である
典拠：本章地理表

第三編　銅銭区南部

序

　銅銭区南部は温暖で降雨量がに多く水田地帯が広がる。西は四川の東部山地に区切られ、東は海に至る。北は淮河に区切られ山南・河南と接する。水系は北からに淮河・長江・浙水が西から東に流れ黄海・東海に注ぐ。南は山系を隔てて福建路・廣南東路と接する。

　その南北のほぼ中央を長江が東西に貫流して四川と江南を結び、東部沿岸地区では南北に伸びる大運河が兩浙・淮南・河南を結び、西の内陸部では南から北へ流れる諸水系が潘陽湖・洞庭湖に注ぎ長江に連なる。このように銅銭区南部には東西南北を結ぶ多くの水運路があり、その運路を通じて東南の豊な物資が北へ向って流れた。

　南部は沿岸部の淮南・兩浙、内陸部の江南・荊湖に分けられ、淮南東西・兩浙の3路、江南東西・荊湖南北の4路の計7路から構成される。南部7路の州軍は、淮南東路の州軍12（新務年代、10。亳・宿両州は淮河の北。河南に属す）、淮南西路の州軍9、兩浙の州軍15（14）、江南東路の州軍10、江南西路の州軍10、荊湖南路の州軍8、荊湖北路の州軍12（10）の計76州軍（71）であり、多くの州軍が存在した。旧務年代においては、銅銭区南部総合表によれば南部州軍の酒務445（行政都市266＝州県、小都市・町179＝鎮市）、酒銭額総計429万貫で、商税務445、商税額194万貫であり、酒銭額が商税額の1.0～3.5倍で、平均2.2倍である。酒

表1　　　　　　　　銅銭区南部総合表

路	行政都市	小都市・町	計	旧商税務	旧酒銭額	旧商税額	酒額倍率	戸数	州軍数
K 淮 南 東 路	34	40	74	74	97	41	2.3	61	12
L 淮 南 西 路	32	46	78	75	47	45	1.0	74	9
M 兩 浙 路	68	45	113	105	168	48	3.5	178	15
N 江 南 東 路	44	16	60	68	48	24	2.0	113	10
O 江 南 西 路	37	9	46	45	19	16	1.1	127	10
P 荊 湖 南 路	21	7	28	20	11	7	1.5	87	8
Q 荊 湖 北 路	30	16	46	58	39	13	3.0	65	12
計　7	266	179	445	445	429	194	2.2	705	76

　　酒銭額・商税額・戸数：単位万（各路千以下四捨五入）　酒額倍率＝旧酒銭額÷旧商税額
　　典拠：各路「おわりに」表1・2　旧商税額：拙著2の各路「はじめに」総合表1
　注　州軍数は新設州軍を含む、脱漏のQ11復州は除外

第三編　銅銭区南部

表2　　　　　　　　　　　銅鉄銭区比較表（旧務年代）

地区	行政都市		小都市・町		計		旧酒銭額		旧税務数		旧商税額		戸	
銅銭北部	508	55%	434	49%	942	52%	889	61%	878	57%	279	53%	561	39%
銅銭南部	266	29%	179	20%	445	25%	429	28%	445	29%	194	37%	705	49%
鉄銭区	146	16%	268	30%	414	23%	220	14%	209	14%	53	10%	168	12%
計	920	—	881	—	1,801	—	1,538	—	1,532	—	526	—	1,434	—

注　第一編序の表2に同じ

及び課税対象商品の消費を可能にした経済力の基盤である戸は705万戸である。
　次に銅鉄銭区比較表によれば南部の戸数は全体の約五割で、都市・町数445は全体の約二割強をしめ、酒額は約三割であり、また商税額は全体の約四割であるので、経済的には北部に次いで重要な存在である。

第一章　淮南東路

1　揚州 K 1

揚州の酒務及び新旧酒銭額は次の如くである。

(1) 酒統計

舊。在城及天長県・銅城・邵柏・石梁・宜陵・大儀・瓜洲・板橋鎮九務 ①
歳　　　　　　　　82,016貫
熙寧十年祖額　　　81,120貫575文
　　買撲　　　　　34,616貫076文
　　　　　新額計　115,736貫651文

　注　①原文、州。志、洲

旧額は82,016貫・新額（文切り捨て、本編以下の州軍同じ）115,736貫で、両額の差額33,720貫・増額率41%である。また官売額（祖額、以下同じ）は81,120貫・買撲34,616貫で、官売率70%・買撲率30%である。以上の諸数値を銭額表にまとめる。

K1 揚州	銭額表	
旧額		82,016貫
新額	官売	81,120貫
	買撲	34,616貫
	計	115,736貫
新旧差額		33,720貫
増額率		41 %
官売率		70 %
買撲率		30 %

(2) 酒務表

寰宇記123・九域志5により太平興国中～元豊間の揚州諸県の変化を県変遷図[1]に示す。

第一章　淮南東路

酒統計は在城・県務1・鎮市7を記すが、旧務年代は不明である。一般的な旧務年代の景祐～慶暦に従っておく。

図によれば熙寧五年前の旧外県1で、酒統計の県酒務1であるので、県置務率は100％である。また酒務は州県務2・鎮市務7の計9務で、州県務率22％・鎮市務率78％である。

次に酒統計に〇印を付した在城¹・天長²（州県務2）、及び³銅城・⁴邵柏・⁵石梁・⁶瓜洲・⁷板橋鎮（鎮市務5）の計7処が酒務・旧商税務の併設地で、併設地の併設率は78％である。また旧商税務7処⁽²⁾に対する併設地の対旧商税務率は100％である。

K1　揚州　県変遷図

年　代	外　県			郭下	
	六合	永貞	高郵	天長	廣陵	江都
開宝4年 971			①↓高郵軍			
太平興国中 976～983				天長軍		
				①		
雍熙2年 985		②↓建安軍				
至道2年 996	②↓建安軍					
旧務年代			↓③	1 〇		
熙寧5年 1072				〇	③ 〇→〇	
10年			↓	2↓ 1↓	↓	

次に酒務地に新商税務が設置された地である新税務地は、酒統計に□印を付した上記の1・2の地（州県務2）、及び3・4・6の地（鎮市務3）の計5処である。酒務地9処にしめる新税務地の新務地率は、56％である。また新商税務9処⁽³⁾に対する新税務地の対新商税務率は56％である。

次に酒務地で元豊まで存在して地理表⁽⁴⁾にみえる存続地には、酒統計の地名に△印を付している。存続地は上記の1・2の地（州県務2）、及び3～7の地・⁸宜陵・⁹大儀（鎮市務7）で計9処である。酒務地9処にしめる存続地の存続率は100％である。

次に旧務年代の町は〇印を付さない鎮市で（以下の州軍酒統計同じ）、2処（8・9の地）である。新務年代の町は△印のみの鎮市及び〇△の鎮市で（以下の州軍酒統計同じ）、4処（5・7～9の地）である。

次に旧商税務・新商税務・地理表のいずれにもみえない不明地はなく、不明率0％である。以上の酒務・諸数値を酒務表に整理して示す。

K1　揚州　格大都督府　地理表（主戸29,077　客戸24,855　計53,932　貢　細紵、青銅鑑、莞席）

格	県	距　離	郷	鎮	％	その他	備　　考	水　系	計？
緊	江都	郭下	25	7	28	0	楊子・板橋・大儀・彎頭・邵伯・宜陵・瓜洲鎮	欠	
望	天長	西110	28	2	7	0	銅城・石梁鎮	欠	
望	高郵	西北100	10	4	40	0	臨澤・三墊・北阿・樊良鎮	運河	1
	計3		63	13	20	0	土産 莞席、綿綺、白綾、銅鏡、柘木		5種

×印の地：小さな町候補地2。
注　旧務表では北阿は北河、樊良は樊梁とす。なお高郵県とその4鎮は高郵軍から割入。酒務・旧商税務は高郵軍にみえる

第三編　銅銭区南部

K1 揚州　　　　　　　　酒　務　表

外県 1	置務県 1	置務率 100	州県務 2	州県務率 22	鎮市務 7	鎮市務率 78	酒務 9	併設地 7	併設率 78	旧商税務 7	対税旧商率 100	新税務地 5	新務地率 56	新商税務 9	対税新商率 56	存続地 9	存続率 100
併設地			州県		在城・天長[1][2]											2処	
計 7			鎮市		銅城[3]・邵伯[4]・石梁[5]・瓜洲[6]・板橋鎮[7]（小都市、以下の州軍酒務表同じ）											5処	
新税務地			州県		1・2の地											2処	
計 5			鎮市		3・4・6の地（小都市、以下の州軍酒務表同じ）											3処	
存続地			州県		1・2の地											2処	
計 9			鎮市		3〜7の地, 宜陵[8]・大儀[9]											7処	
不　明　地															0処	不明率	0％

旧務年代の町2（8・9の地）・小都市5、新務年代の町4（5・7〜9の地）・小都市3

注

(1) 県変遷図の作成史料は拙著2、320頁参照。
(2) 拙著2拙著1、319頁。　(3) 拙著2拙著1、320頁。　(4) 拙著2拙著1、322頁の地理表に同じ。

2　亳州K2

亳州の酒務及び新旧酒銭額は次の如くである。

(1) 酒統計

舊。在城及城父○□△・蒙城○□△・鄲○□△・鹿邑○□△・永城○□△・衛眞県○□△・谷陽○□△・酇城○□△・蒙館○□△・酇陽○□△・保安鎮十二務
歳　　　　　　　　117,068貫
熙寧十年租額　　　73,806貫129文
　　買撲　　　　　24,000貫312文①
　　新額計　　　　97,806貫441文
注　①原文、「二萬四千三百一十二文」。次のケースも考えられる。24,300貫12文、24,310貫2文、24,312貫（文が貫の誤の場合）

旧額は117,068貫・新額97,806貫で、両額の差額−19,262貫・増額率−16％である。また官売額73,806貫・買撲24,000貫で、官売率75％・買撲率25％である。以上の諸数値を銭額表にまとめる。

第一章　淮南東路

(2) 酒務表

寰宇記12・九域志5により太平興国中～元豊間の亳州諸県の変化を県変遷図[1]に示す。酒統計は在城・県務6・鎮市5を記すが、それらの酒務からは旧務年代は不明である。一般的な旧務年代である景祐～慶暦に従っておく。

図によれば熙寧十年前の旧外県6で、酒統計の県酒務6であるので、県置務率は100％である。また酒務は州県務7・鎮市務5務の計12務で、州県務率58％・鎮市務率42％である。

K2 亳	銭　額　表	
旧　額		117,068 貫
新　額	官売	73,806 貫
	買撲	24,000 貫
	計	97,806 貫
新旧差額		－19,262 貫
増額率		－16 ％
官売率		75 ％
買撲率		25 ％

次に酒統計に○印を付した在城[1]・城父[2]・蒙城[3]・鄲[4]・鹿邑[5]・永城[6]・衛眞県[7]（州県務7）、及び谷陽[8]・酇城[9]・酇陽[10]・保安鎮[11]（鎮市務4）の計11処が酒務・旧商税務の併設地である。酒務地12処にしめる併設地の併設率は92％である。また旧商税務11処[2]に対する併設地の対旧商税務率は100％である。

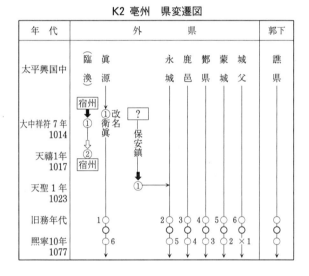

次に酒務地に新商税務が設置された地である新税務地は、酒統計に□印を付した上記の1・3～7の地（州県務6）、及び8～11の地・蒙館[12]（鎮市務5）の計11処である。酒務地12処にしめる新税務地の新務地率は92％である。また新商税務12処[3]に対する新税務地の対新商税務率は92％である。なお城父[2]県には新商税務は記載されていない。

次に酒務地で元豊まで存在して地理表[4]にみえる存続地は、酒統計の地名に△印を付している。存続地は上記の1～7の地（州県務7）、及び8～12の地（鎮市務5）で計12処である。酒務地12処にしめる存続地の存続率は100％である。

次に旧商税務・新商税務・地理表のいずれにもみえない不明地はなく、不明率0％である。以上の酒務・諸数値を酒務表に整理して示す。

第三編　銅銭区南部

K2 亳州　格望　地理表（主戸86,811　客戸34,068　計120,879　貢　絹）

格県		距離		郷	鎮	％	その他	備　考	水　系	計13
望	譙	郭下		10	1	10	0	雙溝鎮	渦水, 泡水	2
望	城父	東南	70	7	1	14	0	福寧鎮×	渦水, 淝水, 父水	3
望	蒙城	南	160	7	1	14	0	蒙館鎮	渦水	1
望	酇	東	80	7	2	28	0	馬頭・酇陽鎮×	汴河, 灘水	2
望	永城	東北	115	8	1	12	0	保安鎮	汴河	1
望	衛眞	西	60	6	1	16	0	谷陽鎮	洵水, 沙市	2
緊	鹿邑	西	120	6	1	16	0	鄲城鎮	渦水, 明水	2
計　7				51	8	15	0	土産　絲, 綿, 綾, 絹		4種

×印の地：小さな町候補地3

K2 亳　　酒　務　表

	外県	置務県	置務率	州県務	州県務率	鎮市務	鎮市務率	酒務地	併設地	併設率	旧商税務	対税旧商率	新税務地	新税務地率	新商税務	対税新商率	存続地	存続率
	6	6	100	7	58	5	42	12	11	92	11	100	11	92	12	92	12	100

併設地	州県	在城¹・城父²・蒙城³・酇⁴・鹿邑⁵・永城⁶・衛眞県⁷	7処
計 11	鎮市	谷陽⁸・鄲城⁹・酇陽¹⁰・保安鎮¹¹	4処
新税務地	州県	1・3～7の地	6処
計 11	鎮市	8～11の地, 蒙館¹²	5処
存続地	州県	1～7の地	7処
計 12	鎮市	8～12の地	5処
不　明　地		0処　不明率　0　％	

旧務年代の町1（12の地）・小都市4、新務年代の町0・小都市5
注　2の地は新務年代では酒務県（税務不記の県）

注

(1)　県変遷図の作成史料は拙著2、323頁参照。
(2)　拙著2、322頁。　(3)　拙著2、322頁。
(4)　拙著2、324頁の地理表に同じ。

3　宿州K3

宿州の酒務及び新旧酒銭額は次の如くである。

(1)　酒統計

舊。在城及臨渙・虹・靳県・西故・柳子・零壁・荊山・新馬・桐墟・靜安・靳澤鎮・通海十三務
歳　　　　　　119,228貫

第一章　淮南東路

熙寧十年祖額　　　　　９８，７２０貫８４１文
　　買撲　　　　　　　２８，７６６貫６１６文
　　　　新額計　　　１２７，４８７貫４５７文

注　①原文、※

旧額は119,228貫・新額127,486貫で、両額の差額8,258貫・増額率７％である。また官売額98,720貫・買撲28,766貫で、官売率77％・買撲率23％である。以上の諸数値を銭額表にまとめる。

K3 宿州	銭額表	
旧　額		119,228貫
新　額	官売	98,720貫
	買撲	28,766貫
	計	127,486貫
新旧差額		8,258貫
増額率		7％
官売率		77％
買撲率		23％

(2) 酒務表

寰宇記17・九域志５により太平興国中～元豊間の宿州諸県の変化を県変遷図[1]に示す。酒統計は在城・県３・鎮市９を記すが、それらの酒務からは旧務年代は不明である。一般的な旧務年代である景祐～慶暦に従っておく。

図によれば旧外県３であり、酒統計の県酒務３であるので、県置務率は100％である。また酒務は州県務４・鎮市務９の計13務で、州県務率31％・鎮市務率69％である。

次に酒統計に〇印を付した在城・臨渙・虹・蘄県（州県務４）及び柳子・零壁・荊山・靜安・蘄澤鎮（鎮市務５）の計９処が酒務・旧商税務の併設地である。酒務地13処にしめる併設地の併設率は69％である。また旧商税務９処[2]に対する併設地の対旧商税務率は100％である。

次に酒務地に新商税務が設置された地である新税務地は、酒統計に□印を付した上記の１～４の地（州県務４）、及び５～９の地・西故・新馬（鎮市務７）計11処である。酒務地13処にしめる新税務地の新務地率は85％である。また新商税務11処[3]に対する新税務地の対新商税務率は100％である。

次に酒務地で元豊まで存在して地理表[4]にみえる存続地は、酒統計の地名に△印を付している。存続地は上記の１～４の地（州県務４）、及び５～11の地・桐墟・涌海（鎮市務９）で計13処である。酒務地13処にしめる存続地の存続率は100％である。

次に旧商税務・新商税務・地理表のいずれにもみえない不明地はなく、不明率０％であ

K3 宿州	県変遷図	
年代	外県	郭下
太平興国中	臨渙　虹県　蘄県	符離
大中祥符７年 1014	① ↓ 亳州	
天禧１年 1017	②	
旧務年代	1 2 3 ○ ○ ○	○
熙寧10年 1077	3 2 1 ○ ○ ○	○

第三編　銅銭区南部

る。以上の酒務・諸数値を酒務表に整理して示す。

K3 宿州　格上　地理表（主戸57,818　客戸48,060　計105,878　貢　絹）

格	県	距　離	郷	鎮	％	その他	備　　考	水　系	計11
望	符離	郭下	6	0	0	0		汴河, 灘水, 陣河	3
望	蘄	南 36	3	4	133	0	靜安・荊山・西故・桐壚鎮	渙水, 渦水, 蘄水	3
緊	臨渙	西南 90	3	2	66	0	柳子・蘄澤鎮	汴河, 泥水	2
中	虹	東 180	4	3	75	0	新馬・通海・零壁鎮	汴河, 淮水, 廣濟渠	3
計	4		16	9	56	0	土産 絹		1種

K3 宿州　　　酒　務　表

外県	置務県	置務率	州県務	州県務率	鎮市務	鎮市務率	酒務	併設地	併設率	旧商税務	対税旧商税率	新税務地	新税務地率	新商税務	対税新商税率	存続地	存続率
3	3	100	4	31	9	69	13	9	69	9	100	11	85	11	100	13	100

併設地	州県	在城¹・臨渙²・虹³・蘄県⁴	4処
計 9	鎮市	柳子⁵・零壁⁶・荊山⁷・靜安⁸・蘄澤⁹	5処
新税務地	州県	1～4の地	4処
計 11	鎮市	5～9の地・西故¹⁰・新馬¹¹	7処
存続地	州県	1～4の地	4処
計 13	鎮市	5～11の地・桐壚¹²・通海¹³	9処
不　明　地		0処　不明率　0％	

旧務年代の町4（10・11・12・13の地）・小都市5、新務年代の町2（12・13の地）・小都市7

注

(1) 県変遷図の作成史料は拙著2、325頁参照。
(2) 拙著2、324頁。
(3) 拙著2、324～325頁。
(4) 拙著2、326頁の地理表に同じ。

4　楚州K 4

楚州の酒務及び新旧酒銭額は次の如くである。

(1)　酒統計

舊。在城及山陽①・寶應・鹽城県・北神鎮五務
歳　　　　　　　１３５，２２１貫

第一章　淮南東路

熙寧十年祖額　　　　　１３４,０４０貫２０３文
　　買撲　　　　　　　　３０,２１９貫５８２文
　　　新額計　　　　　１６４,２５９貫７８５文
　注　①郭下県、酒務数に入れず

旧額は135,221貫・新額164,259貫で、両額の差額29,038貫・増額率21％である。また官売額134,040貫・買撲30,219貫で、官売率82％・買撲率18％である。以上の諸数値を銭額表にまとめる。

K4 楚州	銭　額　表	
旧　　額		135,221貫
新　　額	官売	134,040貫
	買撲	30,219貫
	計	164,259貫
新旧差額		29,038貫
増額率		21％
官売率		82％
買撲率		18％

(2)　酒務表

寰宇記124・九域志5により太平興国中～元豊間の楚州諸県の変化を県変遷図[1]に示す。酒統計は在城・県務2（郭下県を入れず）・鎮市1を記すが、それらの酒務からは旧務年代は不明である。一般的な旧務年代である景祐～慶暦に従っておく。

図によれば熙寧五年前の旧外県3であり、酒統計の県酒務2（山陽県務を除く）であるので、県置務率は67％である。また酒務は州県務3・鎮市務1の計4務で、州県務率75％・鎮市務率25％である。

次に酒統計に○印を付した在城・寶應・鹽城県（州県務3）及び北神鎮（鎮市務1）の計4処が酒務・旧商税務の併設地である。酒務地4処にしめる併設地の併設率は100％である。また旧商税務8処[2]に対する併設地の対旧商税務率は50％である。なお淮陰県の酒務は記載されていない。

次に酒務地に新商税務が設置された地である新税務地は、酒統計に□印を付した上記の1～3の地（州県務3）である。酒務地4処にしめる新税務地の新務地率は75％である。また新商税務6処[3]に対する新税務地の対新商税務率は50％である。なお北神鎮に新商税務は置かれなかった。

次に酒務地で元豊まで存在して地理表[4]にみえる存続地は、酒統計の地名に△印を付し

第三編　銅銭区南部

ている。存続地は上記の１～３の地（州県務３）、及び４の地（鎮市務１）で計４処である。酒務地４処にしめる存続地の存続率は100％である。

　次に旧商税務・新商税務・地理表のいずれにもみえない不明地はなく、不明率は０％である。以上の酒務・諸数値を酒務表に整理して示す。

K4 楚州　格緊　地理表（主戸59,727　客戸20,018　計79,745　貢　紵布）

格県		距離	郷	鎮	％	その他	備　　考	水　　系	計10
望	山陽	郭下	5	1	20	0	北神鎮	淮水，運河	2
望	漣水	東北 60	4	2	50	0	金城・太平鎮	漣水，運河	2
緊	寶應	南 80	5	1	20	0	上游鎮	運河，白水陂	2
上	鹽城	東南 240	4	0	0	塩場9	名称不記	射陽湖	1
中	淮陰	西 40	5	3	60	0	十八里河・洪澤・濆頭鎮	淮水，沙河，鹽漬	3
計 5			23	7	30	9	土産　絹，絲，贊布，淮白魚		4種

×印の地：小さな町候補地15

K4 楚州　　　　　酒　務　表

外県	置務県	置務率	州県務	州県務率	鎮市務	鎮市務率	酒務	併設地	併設率	旧商税務	対旧商税率	新税務地	新税務地率	新商税務	対新商税率	存続地	存続率
3	2	67	3	75	1	25	4	4	100	8	50	3	75	6	50	4	100

併設地	州県	在城¹・寶應²・鹽城県³	3 処
計 4	鎮市	北神鎮⁴	1 処
新税務地	州県	１～３の地	3 処
計 3	鎮市		0 処
存続地	州県	１～３の地	3 処
計 4	鎮市	４の地	1 処
不明地		0 処　　不明率	0 ％

旧務年代の町０・小都市１、新務年代の町０・小都市０

注

(1) 県変遷図の作成史料は拙著２、326～327頁参照。
(2) 拙著２、326頁。
(3) 拙著２、326頁。
(4) 拙著２、328頁の地理表に同じ。

5　海州 K 5

海州の酒務及び新旧酒銭額は次の如くである。

(1)　酒統計

舊。在城及懷仁・沭陽県・臨洪鎮四務
歳　　　　　　　　４５,２５２貫
熙寧十年祖額　　　４８,２２１貫５６４文
　　買撲　　　　　 ６,３２７貫７５６文
　　　　新額計　　５４,５４９貫３２０文

旧額は45,252貫・新額54,548貫で、両額の差額9,296貫・増額率21％である。また官売額48,221貫・買撲6,327貫で、官売率88％・買撲率12％である。以上の諸数値を銭額表にまとめる。

K5 海州	銭	額 表
旧　額		45,252貫
新　額	官売	48,221貫
	買撲	6,327貫
	計	54,548貫
新旧差額		9,296貫
増額率		21％
官売率		88％
買撲率		12％

(2)　酒務表

　寰宇記22・九域志5により太平興国中～元豊間の海州諸県の変化を県変遷図[1]に示す。酒統計は在城・県務2・鎮市1を記すが、それらの酒務からは旧務年代は不明である。一般的な旧務年代である景祐～慶暦に従っておく。

　図によれば熙寧十年前の旧外県3であり、酒統計の県酒務2であるので、県置務率は67％である。また酒務は州県務3・鎮市務1の計4務であり、州県務率75％・鎮市務25％である。

　次に酒統計に〇印を付した在城・懷仁・沭陽県（州県務3）、及び臨洪鎮（鎮市務1）の計4処が酒務・旧商税務の併設地である。酒務地4処にしめる併設地の併設率は100％である。また旧商税務4処[2]に対する併設地の対旧商税務率は100％である。なお東海県の酒務・新旧商税務は記載されていない。

　次に酒務地に新商税務が設置された地である新税務地は、酒統計に□印を付した上記の1～3の地（州県務3）、及び4の地（鎮市務1）の計4処である。酒務地4処にしめる新税

K5 海州　県変遷図

年代	外　県			郭下
	沭陽	懷仁	東海	胊山
開宝3年 970			建置①	
太平興国中 976～983				
旧務年代 熙寧10年 1077	1〇 3〇	2〇 2〇	3× ×1	〇 〇

— 443 —

第三編　銅銭区南部

務地の新務地率は100％である。また新商税務4処[3]に対する新税務地の対新商税務率は100％である。

　次に酒務地で元豊まで存在して地理表[4]にみえる存続地は、酒統計の地名に△印を付している。存続地は上記の1〜3の地（州県務3）、及び4の地（鎮市務1）で計4処である。酒務地4処にしめる存続地の存続率は100％である。

　次に旧商税務・新商税務・地理表のいずれにもみえない不明地はなく、不明率は0％である。以上の酒務・諸数値を酒務表に整理して示す。

K5 海州　格上　地理表（主戸26,983　客戸20,660　計47,643　貢　絹，䉂皮，鹿皮）

格	県	距離	郷	鎮	％	その他	備　考	水　系	計4
緊	胸山	郭下	3	0	0	0			0
中	懐仁	北 80	1	1	100	0	臨洪鎮	義水，光水	2
中	沭陽	西180	1	1	100	0	厚丘鎮	沭水	1
中	東海	東 10	1	0	0	0		捍海堰	1
計 4			6	2	33	0	土産　綾，絹，海味，鹽，楚布，紫菜		6種

×印の地：小さな町候補地1

K5 海州　　　　　　酒　務　表

外県3	置務県2	置務率67	州県務3	州県務率75	鎮市務1	鎮市務率25	酒務4	併設地4	併設率100	旧商税務4	対税旧商率100	新税務地4	新務地率100	新商税務4	対税新商率100	存続地4	存続率100

併設地	州県	在城[1]・懐仁[2]・沭陽[3]	3処
計 4	鎮市	臨洪鎮[4]	1処
新税務地	州県	1〜3の地	3処
計 4	鎮市	4の地	1処
存続地	州県	1〜3の地	3処
計 4	鎮市	4の地	1処
不明地		0処　不明率　0％	

旧務年代の町0・小都市1、新務年代の町0・小都市1

注

(1) 県変遷図の作成史料は拙著2、328頁参照。
(2) 拙著2、328頁。
(3) 拙著2、328頁。
(4) 拙著2、329頁の地理表に同じ。

第一章　淮南東路

6　泰州 K6

泰州の酒務及び新旧酒銭額は次の如くである。

(1)　酒統計

舊。在城及興化・泰興・如皋県・陵亭・柴墟・西溪七務
歳　　　　　　　　　　８３,３８８貫①
熙寧十年租額　　　　　８７,２３６貫４０６文
　　　買撲　　　　　　１４,６１４貫０５６文
　　　　　新額計　　１０１,８５０貫４６２文
　注　①原文、紫。志、柴

旧額は83,388貫・新額101,850貫で、両額の差額18,462貫・増額率22％である。また官売額は87,236貫・買撲14,614貫で、官売率86％・買撲率14％である。以上の諸数値を銭額表にまとめる。

K6　泰州　　銭　額　表

旧　　額		83,388 貫
新　　額	官売	87,236 貫
	買撲	14,614 貫
	計	101,850 貫
新旧差額		18,462 貫
増 額 率		22 ％
官 売 率		86 ％
買 撲 率		14 ％

(2)　酒務表

寰宇記130・九域志5により太平興国中〜元豊間の泰州諸県の変化を県変遷図⑴に示す。酒統計は在城・県務3・鎮市3を記すが、それらの酒務からは旧務年代は不明である。一般的な旧務年代である景祐〜慶暦に従っておく。

図によれば熙寧十年前の旧外県3であり、酒統計の県酒務3であるので、県置務率は100％である。また酒務は州県務4・鎮市務3の計7務で、州県務率57％・鎮市務率43％である。

次に酒統計に○印を付した在城・興化・泰興・如皋県（州県務4）及び陵亭・柴墟・西溪（鎮市務3）の計7処が酒務・旧商税務の併設地である。また酒務地7処にしめる併設地の併設率は100％である。旧商税務7処⑵に対する併設地の対旧商税務率は100％である。

K6　泰州　県変遷図

年　代	外　　　県			郭下
	如皋	泰興	興化	海陵
太平興国中	｜	｜	｜	｜
天聖1年 1023				海安鎮①設置
旧務年代	1○	2○	3○	×　○
熙寧10年 1077	○3	○2	○1	×　×
元豊中	↓	↓	↓	↓

注　海安鎮は海陵県に属した鎮

— 445 —

第三編　銅銭区南部

　次に酒務地に新商税務が設置された地である新税務地は、酒統計に□印を付した上記の1〜4の地（州県務4）、及び5〜7の地（鎮市務3）の計7処である。酒務地7処にしめる新税務地の新務地率は100％である。また新商税務8処[3]に対する新税務地の対新商税務率は88％である。

　次に酒務地で元豊まで存在して地理表[4]にみえる存続地は、酒統計の地名に△印を付している。存続地は上記の1〜4の地（州県務4）、及び5〜7の地（鎮市務3）で計7処である。酒務地7処にしめる存続地の存続率は100％である。

　次に旧商税務・新商税務・地理表のいずれにもみえない不明地はなく、不明率は0％である。以上の酒務・諸数値を酒務表に整理して示す。

K6　泰州　格上　地理表（主戸37,339　客戸7,102　計44,441　貢　隔織）

格	県	距　　離	郷	鎮	％	その他	備　　　考	水　　系	計5
望	海陵	郭下	7	2	28	0	海安・西溪鎮	大海, 運河	2
緊	興化	北 120	2	1	50	0	陵亭鎮	千人湖	1
中	泰興	東南 73	4	2	50	0	柴墟・永豊鎮	大江	1
中下	如皐	東南 150	2	1	50	0	白蒲鎮	如皐浦	1
計 4			15	6	40	0	土産　塩		1種

×印の地：小さな町候補地3

K6　泰州　　　　　　　酒　務　表

外県 3	置務県 3	置務県率 100	州県務 4	州県務率 57	鎮市務 3	鎮市務率 43	酒務 7	併設地 7	併設率 100	旧商税務 7	対旧商率 100	新税務地 7	新務地率 100	新商税務 8	対新商率 88	存続地 7	存続率 100

併設地	州県	在城¹・興化²・泰興³・如皐県⁴														4 処	
計 7	鎮市	陵亭⁵・柴墟⁶・西溪⁷														3 処	
新税務地	州県	1〜4の地														4 処	
計 7	鎮市	5〜7の地														3 処	
存続地	州県	1〜4の地														4 処	
計 7	鎮市	5〜7の地														3 処	
不明地													0 処	不明率		0 ％	

旧務年代の町0・小都市3、新務年代の町0・小都市3

注

(1)　県変遷図の作成史料は拙著2、330頁参照。
(2)　拙著2、329頁。　(3)　拙著2、330頁。　(4)　拙著2、331頁の地理表に同じ。

7 泗州 K 7

泗州の酒務及び新旧酒銭額は次の如くである。

(1) 酒統計

舊。在城及徐城・招信県・青陽・河南・三十里・木場七務
歳　　　　　　　　１２７，２００貫
熙寧十年祖額　　　７２，４４５貫９６８文
　　買撲　　　　　５，６５６貫６７８文
　　　新額計　　　７８，１０２貫６４６文

旧額は127,200貫・新額78,101貫で、両額の差額－49,099貫・増額率－39％である。また官売額72,445貫・買撲5,656貫で、官売率93％・買撲率7％である。以上の諸数値を銭額表にまとめる。

(2) 酒務表

寰宇記16・九域志5 により太平興国中～元豊間の泗州諸県の変化を県変遷図[1]に示す。酒統計は在城・県務1・鎮市5を記すが、それらの酒務からは旧務年代は不明である。一般的な旧務年代である景祐～慶暦に従っておく。なお招信県の前に置かれている徐城は鎮である。

図によれば熙寧十年前の旧外県2であり、酒統計の県酒務1であるので、県置務率は50％である。また酒務は州県務2・鎮市務5務の計7務で、州県務率29％・鎮市務率71％である。

次に酒統計に○印を付した在城・招信県（州県務2）及び徐城・青陽・木場鎮（鎮市務3）の計5処が酒務・旧商税務の併設地である。酒務地7処にしめる併設地の併設率は71％である。また旧商税務7処[2]に対する併設地の対旧商税務率は71％である。なお臨淮県の酒務・新旧商税務が記載されていない。

次に酒務地に新商税務が設置された地である新税務地は、酒統計に□印を付した上記の1・2の地（州県務2）、及び3～5の地・河南（鎮市務4）の計6処である。酒務地7処に

K7 泗州	銭額表	
旧額		127,200貫
新額	官売	72,445貫
	買撲	5,656貫
	計	78,101貫
新旧差額		－49,099貫
増額率		－39％
官売率		93％
買撲率		7％

K7 泗州　県変遷図

年代	外県	郭下
太平興国中	招信　臨淮	盱眙
旧務年代	1○　2×	○
熙寧10年 1077	○2　×1	○

第三編　銅銭区南部

しめる新税務地の新務地率は86％である。また新商税務7処[3]に対する新税務地の対新商税務率は86％である。

次に酒務地で元豊まで存在して地理表[4]にみえる存続地は、酒統計の地名に△印を付している。存続地は上記の1・2の地（州県務2）、及び3～5（鎮市務3）で計5処である。酒務地7処にしめる存続地の存続率は71％である。

次に旧商税務・新商税務・地理表のいずれにもみえない不明地は三十里務[7]で、不明率は14％である。以上の酒務・諸数値を酒務表に整理して示す。なお河南[6]が地理表にみえず、存続率＋不明率＜100％である。

K7　泗州　格上　地理表（主戸36,725　客戸17,240　計53,965　貢　絹）

格	県	距離	郷	鎮	％	その他	備　　考	水　系	計5
緊	盱眙	郭下	5	3	60	0	盱眙・平源・亀山鎮	淮水	1
上	臨淮	北 60	6	5	83	0	青陽・徐城・安河・十八里河・霍家灣鎮	汴河, 淮水, 澳水	3
上	招信	西 51	6	1	16	0	木場鎮	淮水	1
計　3			17	9	52	0	土産　綿, 絹, 賃布, 施		4種

×印の町：小さな町候補地 5

K7 泗州　　　　　　酒　務　表

外県 2	置務県 1	置務県率 50	州県務 2	州県務率 29	鎮市務 5	鎮市務率 71	酒務 7	併設地 5	併設率 71	旧商税務 7	対税旧商率 71	新税務地 6	新務地率 86	新商税務 7	対税新商率 86	存続地 5	存続率 71

併設地	州県	在城[1]・招信[2]・（臨淮県＝河南務[6]）	2(3)処
計 5(6)	鎮市	徐城[3]・青陽[4]・木場[5]	3 処
新税務地	州県	1・2の地	2 処
計 5	鎮市	3～5の地・（河南[6]）	3 処
存続地	州県	1・2の地	2 処
計 5	鎮市	3～5の地	3 処
不 明 地	三十里[7]	1 処　　不明率　14 ％	

旧務年代の町2・小都市3、新務年代の町0・小都市3
注　6の地は地理表不記地、不明地は存続地・新務年代の町に入れず（臨淮県には新旧税務・酒務がみえないので、河南務は鎮市ではなく臨淮県郭内の場務である。したがって、6の地を鎮市とすべきでない）

注

(1) 県変遷図の作成史料は拙著2、332頁参照。
(2) 拙著2、331頁。　(3) 拙著2、331～332頁。　(4) 拙著2、333頁の地理表に同じ。

第一章 淮南東路

8 滁州 K 8

滁州の酒務及び新旧酒銭額は次の如くである。

(1) 酒統計

舊。在城及全椒・來安県・白塔・水口・六丈鎮六務①
歳　　　　　　　　２６,３５９貫
熙寧十年租額　　　１５,７０９貫２９６文
　　買撲　　　　　１１,７２２貫７１３文
　　　新額計　　　２７,４３２貫００９文
　注　①原文、文。志、丈

旧額は26,359貫・新額27,431貫で、両額の差額1,072貫・増額率4％である。また官売額15,709貫・買撲11,722貫で、官売率54％・買撲率43％である。以上の諸数値を銭額表にまとめる。

K8 滁州	銭額表	
旧額		26,359 貫
新額	官売	15,709 貫
	買撲	11,722 貫
	計	27,431 貫
新旧差額		1,072 貫
増額率		4 ％
官売率		57 ％
買撲率		43 ％

(2) 酒務表

寰宇記128・九域志5により太平興国中〜元豊間の滁州諸県の変化を県変遷図⁽¹⁾に示す。酒統計は在城・県務2・鎮市3を記すが、それらの酒務からは旧務年代は不明である。一般的な旧務年代である景祐〜慶暦に従っておく。

図によれば熙寧十年前の旧外県2であり、酒統計の県酒務2であるので、県置務率は100％である。また酒務は州県務3・鎮市務3の計6務で、州県務率50％・鎮市務率50％である。

K8 滁州　県変遷図		
年代	外県	郭下
太平興国中	全　來 椒　安	清 流
旧務年代	1○ 2○ ○　○	○ ○
熙寧10年 1077	○2 ○1 ↓　↓	○ ↓

次に酒統計に○印を付した在城¹・全椒²・來安県³（州県務3）、及び白塔⁴（鎮市務1）の計4処が酒務・旧商税務の併設地である。酒務地6処にしめる併設地の併設率は67％である。また旧商税務4処⁽²⁾に対する併設地の対旧商税務率は100％である。

次に酒務地に新商税務が設置された地である新税務地は、酒統計に□印を付した上記の1〜3の地（州県務3）、及び4の地（鎮市務1）の計4処である。酒務地6処にしめる新税

第三編　銅銭区南部

務地の新務地率は67％である。また新商税務4処[3]に対する新税務地の対新商税務率は100％である。

　次に酒務地で元豊まで存在して地理表[4]にみえる存続地は、酒統計の地名に△印を付している。存続地は上記の1～3の地（州県務3）、及び4の地・六丈鎮[5]（鎮市務2）で計5処である。酒務地6処にしめる存続地の存続率は83％である。

　次に旧商税務・新商税務・地理表のいずれにもみえない不明地は水口務[6]で、不明率は17％である。以上の酒務・諸数値を酒務表に整理して示す。

K8　滁州　格上　地理表（主戸29,922　客戸10,363　計40,285　貢　絹）

格	県	距　離	郷	鎮	％	その他	備　　　考	水　　系	計4
望	清流	郭下	5	0	0	0		清流水，滁水	2
望	來安	東北35	5	1	20	0	白塔鎮	來安水	1
緊	全椒	南50	4	2	50	0	全椒・六丈鎮	滁水	1
計	3		14	3	21	0	土産 貢布		1種

×印の地：小さな町候補地1

K8　滁州　　　　　　　　　酒　務　表

外県	置務県	置務県率	州県務	州県務率	鎮市務	鎮市務率	酒務地	併設地	併設率	旧商税務	対税旧商率	新税務地	新務地率	新商税務	対税新商率	存続地	存続率
2	2	100	3	50	3	50	6	4	67	4	100	4	67	4	100	5	83

併 設 地	州県	在城・全椒・來安	3 処
計　4	鎮市	白塔	1 処
新税務地	州県	1～3の地	3 処
計　4	鎮市	4の地	1 処
存 続 地	州県	1～3の地	3 処
計　5	鎮市	4の地・六丈鎮	2 処
不　明　地	水口	1 処　不明率　17 ％	

旧務年代の町2（5・6の地）・小都市1、新務年代の町1（5の地）・小都市1

注

(1) 県変遷図の作成史料は拙著2、333～334頁参照。
(2) 拙著2、333頁。
(3) 拙著2、333頁。
(4) 拙著2、334頁の地理表に同じ。

9　眞州 K 9

眞州の酒務及び新旧酒銭額は次の如くである。

(1)　酒統計

舊。在城及六合県・瓜歩・宣化鎮四務
　　　　　　　　　①　　②
歳　　　　　　　　１１０，９４１貫
熙寧十年祖額　　　１，２９８貫１１６文
　　　買撲　　　１０，３８１貫５４８文
　　　　　新額計　１１，６７９貫６６４文
注　①原文、州。志、歩　②原文、成。志、宣

旧額は110,941貫・新額11,679貫で、両額の差額－99,262貫・増額率は－89％である。また官売額は1,298貫・買撲10,381貫で、官売率11％・買撲率89％である。以上の諸数値を銭額表にまとめる。

K9 眞州		銭　額　表
旧　　額		110,941貫
新　　額	官売	1,298貫
	買撲	10,381貫
	計	11,679貫
新旧差額		－99,262貫
増 額 率		－89％
官 売 率		11％
買 撲 率		89％

(2)　酒務表

寰宇記130・九域志5・方域6～14により太平興国中～元豊間の眞州諸県の変化を県変遷図[1]に示す。酒統計は在城・県務1・鎮市2を記すが、それらの酒務からは旧務年代は不明である。一般的な旧務年代である景祐～慶暦に従っておく。

図によれば熙寧十年前の旧外県1であり、酒統計の県酒務1であるのであるので、県置務率は100％である。また酒務は州県務2・鎮市務2の計4務で、州県務率50％・鎮市務率50％である。

次に酒統計に○印を付した在城・六合県（州県務2）、及び瓜歩・宣化鎮（鎮市務2）の計4処が酒務・旧商税務の併設地である。酒務地4処にしめる併設地の併設率は100％である。また旧商税務5処[2]に対する併設地の対旧商税務率は80％である。

次に酒務地に新商税務が設置された地である新税務地は、酒統計に□印を付した上記の1・2の地（州県務2）、及び3・4の地（鎮市務2）の計4処である。酒務地4処にしめる新税務地の新務地率は100％である。また新商税務4処[3]に対する新税務地の対新商税務率は100％である。

第三編　銅銭区南部

　次に酒務地で元豊まで存在して地理表[(4)]にみえる存続地は、酒統計の地名に△印を付している。存続地は上記の1・2の地（州県務2）、及び3・4の地（鎮市務2）で計4処である。酒務地4処にしめる存続地の存続率は100％である。

　次に旧商税務・新商税務・地理表のいずれにもみえない不明地はなく、不明率0％である。以上の酒務・諸数値を酒務表に整理して示す。

K9 眞州　県変遷図

年代	外県（六合）	郭下（揚子）		州軍名
乾徳2年 964			③①建置建安軍	①建安軍
太平興国中 976～983		揚州永貞県		
雍熙2年	揚州	④		
至道2年 996	↓⑤			↓②改名眞州昇格
大中祥符6年 1013		④②改名揚子県		
旧務年代	1○	○		
熙寧10年 1077	○1	○		

K9 眞州　格上　地理表（主戸16,790　客戸17,068　計33,858　貢 紙）

格県	距離	郷	鎮	％	その他	備考	水系	計3
中　揚子	郭下	6	1	16	0	瓜歩鎮	運河, 淮子河	2
望　六合	西北 70	10	2	20	0	宣化・長蘆鎮	滁塘	1
計　2		16	3	18	0	土産　莞席, 綿綺, 白綾, 銅鏡, 柘木		5種

×印の地：小さな町候補地 1

K9 眞州　　酒　務　表

外県	置務県	置務率	州県務	州県務率	鎮市務	鎮市務率	酒務地	併設地	併設率	旧商税務	対税旧商率	新税務地	新税務地率	新商税務	対税新商率	存続地	存続率
1	1	100	2	50	2	50	4	4	100	5	80	4	100	4	100	4	100

併設地 計4	州県	¹在城・²六合県	2処
	鎮市	³瓜歩・⁴宣化鎮	2処
新税務地 計4	州県	1・2の地	2処
	鎮市	3・4の地	2処
存続地 計4	州県	1・2の地	2処
	鎮市	3・4の地	2処
不明地		0処　不明率　0％	

旧務年代の町0・小都市2、新務年代の町0・小都市2

第一章　淮南東路

注

(1) 県変遷図の作成史料は拙著2、335～336頁参照。
(2) 拙著2、334頁。
(3) 拙著2、335頁。
(4) 拙著2、337頁の地理表に同じ。

10　通州 K10

通州の酒務及び新旧酒銭額は次の如くである。

(1) 酒統計

舊。在城及海門県・崇明・石港四務
歳　　　　　　　　３８,５４７貫
熙寧十年租額　　　４６,０７２貫８５８文
　　買撲　　　　　　３,７３０貫２７２文
　　　　新額計　　　４９,８０３貫１３０文

旧額は38,547貫・新額49,802貫で、両額の差額11,255貫・増額率29％である。また官売額は46,072貫・買撲3,730貫で、官売率93％・買撲率7％である。以上の諸数値を銭額表にまとめる。

(2) 酒務表

寰宇記130・九域志5により太平興国中～元豊間の通州諸県の変化を県変遷図(1)に示す。酒統計は在城・県務1・鎮市2を記すが、それらの酒務からは旧務年代は不明である。一般的な旧務年代である景祐～慶暦に従っておく。

図によれば熙寧十年前の旧外県1であり、酒統計の県酒務1であるのであるので、県置務率は100％である。また酒務は州県務2・鎮市務2の計4務で、州県務率50％・鎮市務率50％である。

次に酒統計に○印を付した在城・海門県（州県務2）の2

K10 通州	銭	額 表
旧　額		38,547貫
新　額	官売	46,072貫
	買撲	3,730貫
	計	49,802貫
新旧差額		11,255貫
増額率		29％
官売率		93％
買撲率		7％

K10 通州　県変遷図			
年　代	外県	郭下	州名
太平興国中	海門	静海	通州
天聖1年 1023	│	│	①崇州
明道2年 1033	│	│	②通州
旧務年代	1○	○	│
熙寧10年 1077	○1	○	│

— 453 —

第三編　銅銭区南部

処が酒務・旧商税務の併設地である。酒務地4処にしめる併設地の併設率は50％である。また旧商税務2処[(2)]に対する併設地の対旧商税務率は100％である。

　次に酒務地に新商税務が設置された地である新税務地は、酒統計に□印を付した上記の1～2の地（州県務2）、及び崇明[3]（鎮市務1）の計3処で、新税務地の新務地率は75％である。また新商税務3処[(3)]に対する新税務地の対新商税務率は100％である。

　次に酒務地で元豊まで存在して地理表[(4)]にみえる存続地は、酒統計の地名に△印を付している。存続地は上記の1・2の地（州県務2）、及び3の地（鎮市務1）で計3処である。酒務地4処にしめる存続地の存続率は75％である。

　次に旧商税務・新商税務・地理表のいずれにもみえない不明地は石港務[4]で、不明率は25％である。以上の酒務・諸数値を酒務表に整理して示す。

K10　通州　格中　地理表（主戸28,692　客戸3,247　計31,939　貢　鰾膠、鼇皮、鹿皮）

格県	県	距離	郷	鎮	％	その他	備考	水系	計1
緊	静海	郭下	3	1	33	0	江口鎮	大江	1
望	海門	東215	3	1	33	0	崇明鎮		0
計	2		6	2	33	0	土産　塩、絲、乾鰡魚、鯹魚醤、蝦米		5種

×印の地：小さな町候補地1

K10　通州　酒務表

外県	置務県	置務率	州県務	州県務率	鎮市務	鎮市務率	酒務	併設地	併設率	旧商税務	対旧商務率	新税務地	新務地率	新商税務	対新商務率	存続地	存続率
1	1	100	2	50	2	50	4	2	50	2	100	3	75	3	100	3	75

併設地 計2	州県	在城・海門県	2処
	鎮市		0処
新税務地 計3	州県	1・2の地	2処
	鎮市	崇明[3]	1処
存続地 計3	州県	1・2の地	2処
	鎮市	3の地	1処
不明地	石港[4]	1処　不明率 25％	

旧務年代の町2（3・4の地）・小都市0、新務年代の町0・小都市1
不明地は存続地・新務年代の町に入れず

注

(1) 県変遷図の作成史料は拙著2、338頁参照。
(2) 拙著2、337頁。　(3) 拙著2、338頁。　(4) 拙著2、339頁の地理表に同じ。

11　漣水軍 K 11

熙寧五年に楚州に併入された漣水軍の酒務及び旧酒銭額は次の如くである。

(1)　酒統計

舊。　在城一務
　①　○□△
歳　　　　　　　　　　４５,９８７貫
今廃

注　①郭下の漣水県は楚州に割出され、新商税務・地理表にみえる

酒統計によれば旧額は45,987貫である。漣水軍は熙寧五年に廃され楚州に併入された軍であるため新額はなく、「今廃」と表記されている。

(2)　酒務表

寰宇記17・九域志5により太平興国中～熙寧五年間の漣水軍州諸県の変化を県変遷図[1]に示す。酒統計は在城一務のみを記すが、旧務年代は不明である。一般的な旧務年代である景祐～慶暦に従っておく。

図によれば熙寧五年前の旧外県０であるので、県置務率はない。また酒務は州県務1・鎮市務0の計1務で、州県務率100％・鎮市務率0％である。

次に酒統計に○印を付した在城（州県務1）のみの1処が、酒務・旧商税務の併設地である。酒務地1処にしめる併設地の併設率は100％である。また旧商税務2処[2]に対する併設地の対旧商税務率は50％である。

次に新税務地・存続地は割出先の楚州の酒務表に表記できないので、本軍酒務表に（　）で括って示す。以上の酒務・諸数値を酒務表に整理して示す。なお参考のために漣水軍旧域の地理表[3]を示しておく。

K11　漣水軍　銭　額　表

旧　　額		45,987貫
新　　額	官売	一貫
	買撲	一貫
	計	今廃
新旧差額		一貫
増　額　率		一％
官　売　率		一％
買　撲　率		一％

K11　漣水軍旧域　県変遷図

年　代	外県	郭下
太平興国1年 旧額設定 熙寧5年 10年	ナシ	漣水 楚州 ↓ ① ○ ↓ ② 楚州 ○ ↓

第三編　銅銭区南部

K11 漣水軍旧域　地理表（主戸1,183　客戸7,341　計8,524）

格 県	距 離	郷	鎮	％	その他	備　　考	水　系	計2
望　漣水	旧郭下	4	2	50	0	金城・太平鎮	漣水，運河	2
計　1		4	2	50	0	土産　淮白魚，海鰡魚		2種

戸・土産は寰宇記17，その他はK4楚州地理表による

K11 漣水軍　　　　　酒　務　表

外県	置務県	置務率	州県務	州県務率	鎮市務	鎮市務率	酒務	併設地	併設率	旧商税務	対税旧商率	新税務地	新税務地率	新商税務	対税新商率	存続地	存続率
0	0	—	1	100	0	0	1	1	100	2	50	(1)	(100)	1	(100)	(1)	(100)

併設地	州県	在城	1　処
計　1	鎮市		0　処
新税務地	州県	（1の漣水県）	(1)　処
計　(1)	鎮市		(0)　処
存続地	州県	（1の地）	(1)　処
計　(1)	鎮市		(0)　処
不　明　地		(0)　処　不明率	(0)　％

旧務年代の町0・小都市0、旧域の新務年代の町0・小都市0

注

(1) 県変遷図の作成史料は拙著2、340頁参照。
(2) 拙著2、339頁。
(3) 拙著2、340頁の地理表に同じ。

12　高郵軍 K 12

熙寧五年に揚州に併入された高郵軍の酒務及び旧酒銭額は次の如くである。

(1)　酒統計

舊。在城及三塾・北阿鎮三務
　　①　　　　②
歳　　　　　　　43,099貫
今廃
　注　①郭下の高郵県・三塾・北阿は揚州に割出され、□印の地は新商税務・△印の地は地理表にみえる
　　　②原文、河。志、阿

第一章　淮南東路

酒統計によれば高郵軍の旧額は43,099貫であるが、熙寧五年に廃されたので新額はない。

(2) 酒務表

寰宇記130・九域志5により太平興国中～熙寧五年間の高郵軍諸県の変化を県変遷図[(1)]に示す。酒統計は在城・鎮市2を記すが、それらの酒務からは旧務年代は不明である。一般的な旧務年代である景祐～慶暦に従っておく。

図によれば熙寧五年前の旧外県0であるので、県置務率はない。また酒務は州県務1・鎮市務2の計3務で、州県務率33%・鎮市務率67%である。

次に酒統計に〇印を付した在城[1]（州県務1）及び三塾[2]・北阿鎮[3]（鎮市務2）の計3務が、酒務と旧商税務の併設地である。酒務地3処にしめる併設地の併設率は100%である。また旧商税務8処[(2)]に対する対旧商税務率は38%である。

次に新税務地・存続地は割出先の揚州酒務表に表記できないので、本軍酒務表に（　）で括って示す。以上の酒務・諸数値を酒務表に整理する。なお参考のために高郵軍旧域の地理表[(3)]を示しておく。

K12 高郵軍　　銭　額　表

旧　　額		43,099貫
新　　額	官売	一貫
	買撲	一貫
	計	今廃
新旧差額		一貫
増額率		－%
官売率		－%
買撲率		－%

K12 高郵軍旧域　県変遷図

年　代	外県	郭下
開宝4年 旧務年代 熙寧5年 10年	ナシ	高郵 揚州 ① 〇〇 ② ……

K12 高郵軍旧域　地理表（主戸11,628　客戸9,127　計20,755）

格	県	距　離	郷	鎮	%	その他	備　　考	水　　系	計1
望	高郵	旧郭下	10	4	40	0	臨澤・三塾・北阿・樊良鎮	運河	1
計	1		10	4	40	0 土産	亀趺粉,小香米,荷苞,白魚鮓		4種

戸・土産は寰宇記130, 他はK1揚州地理表による

第三編　銅銭区南部

K12 高郵軍　　　　　　　　　　酒　務　表

外県	置務県	置務率	州県務	州県務率	鎮市務	鎮市務率	酒務	併設地	併設率	旧商税務	対税務旧商率	新税務地	新務地率	新商税務	対税務新商率	存続地	存続率
0	0	―	1	33	2	67	3	3	100	8	38	(2)	(67)	(2)	(100)	(3)	(100)

併設地	州県	在城[1]														1	処
計 3	鎮市	三塾[2]・北阿[3]														2	処
新税務地	州県	（1の高郵県）														(1)	処
計 (2)	鎮市	（2の地）														(1)	処
存続地	州県	（1の地）														(1)	処
計 (2)	鎮市	（2・3の地）														(2)	処
不明地														(0) 処	不明率	(0)	%

旧務年代の町0・小都市2、旧域の新務年代の町1（3の地）・小都市1

注

(1) 県変遷図の作成史料は拙著2、341頁参照。
(2) 拙著2、341頁。　(3) 拙著2、342頁の地理表に同じ。

おわりに

　表1に淮南東路12州軍の銭額表をまとめ、また戸数・新商税額を付している。K1揚州・K4楚州の元豊戸は各約5万戸・約8万戸で、元豊に近い熙寧十年の新商税額はそれぞれ約10万貫・約11万貫であり、戸数・商税共に淮南東路でトップクラスである。熙寧10年の新酒額もそれぞれ約12万貫・16万貫でトップクラスである。また戸が多いK2亳州・K3宿州（約12万戸・約11万戸）の酒額は約10万貫・約13万貫と高額である。しかしK6泰州・K10通州の酒額はやや高額であるが、戸・商税は比較的に少ない。しかし淮南東路では戸数・商税の大小が酒額の大小と大まかに一致する。

　次に酒額の新旧の相違をみると、熙寧5年に廃されたK11漣水軍・K12高郵軍を除く10州軍のうち、増額州軍7・減額州軍3で、路全体では15％減である。K4楚州とK5海州の増額率21％を除くと、増減額が一致する州軍はなく、また新旧額の差が一致する州軍はない。このようにほとんどの州軍の新旧の増減率及び差が一定ではないので、斉一的・均一的な増減政策はとられなかった。増減率・差額に一定の傾向がみられないのであるから、州軍の新旧額の相違は主として各州軍における酒消費量自体の変動により生じたとみなけ

第一章　淮南東路

表1　K 淮南東路　銭額総合表

州軍		旧額	新額	差額	増額率	官売	買撲	官売率	買撲率	戸	新商税
K1	揚州	82,016	115,736	33,720	41	81,120	34,616	70	30	53,932	97,986
K2	亳州	117,068	97,806	−19,262	−16	73,806	24,000	75	25	120,879	24,493
K3	宿州	119,228	127,486	8,258	7	98,720	28,766	77	23	105,878	26,055
K4	楚州	135,221	164,259	29,038	21	134,040	30,219	82	18	79,745	113,973
K5	海州	45,252	54,548	9,296	21	48,221	6,327	88	12	47,643	17,171
K6	泰州	83,388	101,850	18,462	22	87,236	14,614	86	14	44,441	26,070
K7	泗州	127,200	78,101	−49,099	−39	72,445	5,656	93	7	53,965	28,644
K8	滁州	26,359	27,431	1,072	4	15,709	11,722	57	43	40,285	15,343
K9	眞州	110,941	11,679	−99,262	−89	1,298	10,381	11	89	33,858	62,910
K10	通州	38,547	49,802	11,255	29	46,072	3,730	93	7	31,939	9,530
K11	漣水軍	45,987	−	−	−	−	−	−	−	−	−
K12	高郵軍	43,099	−	−	−	−	−	−	−	−	−
計		974,306	828,698	−145,608	−15	658,667	170,031	79	21	612,565	422,175

ればならない。

　また各州軍の官売額・買撲をみると全州軍で相違しているので、各州軍に対する両額同額の割付販売は行われなかったことがわかる。また各州軍における官売率をみると、K7泗州とK10通州の比率が共に93％であるが、これは偶然であろう。他の州軍では官売率・買撲率の両比率は相違するので、各州軍において官売・買撲の同率割付販売の政策はとられなかった。したがって官売額・買撲・官売率・買撲率はそれぞれ都市エリア・町エリアの酒消費量が反映したものと解される。

　次に官売額・買撲をみると、路全体の熙寧十年の官売額は約66万貫、買撲は約17万貫で、官売額が買撲の約4倍である。官売が路全体の79％を占め、買撲はわずか21％に過ぎない。なお眞州の官売約千貫で極端に少額で買撲が約九割をしめる。史料に問題があると思われる。原文の祖額が買撲、買撲が祖額ではなかろうか。

　次に表2は12州軍の酒務表をまとめたものである。旧務年代（旧商税務）・熙寧10年（新商税務）・元豊（地理表）のいずれにもみえない不明地はわずか3例にとどまり、全体の4％に過ぎない。また地理不記地も1例のみである。不明率4％・存続率約95％は、淮南東路において酒務が置かれた行政都市・小都市・町が社会的・経済的に安定性が甚だ高かったことを証する。

　次に併設率が路全体としては82％と高率であり、併設率が50％未満の州軍0である。このことは淮南東路では酒務・商税務の併設が多く行われたことを証する。また新商税務が置かれた新務年代の併設地である新税務地の新務地率も82％と高率であるので、新務年代

— 459 —

第三編　銅銭区南部

表2　K 淮南東路　酒務総合表

州軍	州県務	鎮市務	鎮市率	全酒務	併設地	併設率	対税旧務商率	新税務地	新務地率	対税新務商率	存続地	存続率	不明地	不明率	旧商税務	新商税務	地理表不記地
K1	2	7	78	9	7	78	100	5	56	56	9	100	0	0	7	9	0
K2	7	5	42	12	11	92	100	11	92	92	12	100	0	0	11	12	0
K3	4	9	69	13	9	69	100	11	85	100	13	100	0	0	9	11	0
K4	3	1	25	4	4	100	50	3	75	50	4	100	0	0	8	6	0
K5	3	1	25	4	4	100	100	4	100	100	4	100	0	0	4	4	0
K6	4	3	43	7	7	100	100	7	100	88	7	100	0	0	7	8	0
K7	2	5	71	7	5	71	71	6	86	86	5	71	1	14	7	7	1
K8	3	3	50	6	4	67	100	4	67	100	5	83	1	17	4	4	0
K9	2	2	50	4	4	100	80	4	100	100	4	100	0	0	5	4	0
K10	2	2	50	4	2	50	100	3	75	100	3	75	1	25	2	2	0
K11	1	0	0	1	1	100	50	(1)	(100)	(100)	(1)	(100)	0	0	2	(1)	0
K12	1	2	67	3	3	100	38	(2)	(67)	(100)	(3)	(100)	(0)	(0)	8	(4)	0
計	34	40	54	74	61	82	82	61	82	90	70	95	3	4	74	68	1

注　①K11・K12の新商税務（1）（2）は他の州軍に含まれているので計に加えず、新税務地・存続地は計に入れる
　　②酒務地74＝存続地70＋不明地3＋地理表不記地1

表3　K 淮南東路　旧務年代の都市・町

州　　軍	K1	K2	K3	K4	K5	K6	K7	K8	K9	K10	K11	K12	計
行政都市	2	7	4	3	3	4	2	3	2	2	1	1	34
小 都 市	5	4	5	1	1	3	3	1	2	0	0	2	27
町	2	1	4	0	0	0	2	2	0	2	0	0	13
酒務（計）	9	12	13	4	4	7	7	6	4	4	1	3	74

行政都市数：各州軍酒統計の州県数
小 都 市 数：各州軍の酒務表の併設地欄の鎮市数
町　　数：酒務−（行政都市＋小都市）
典　　拠：各州軍酒務表

でも併設が多く行なわれた。

　次に表3によれば旧務年代の酒務地74で、その内訳は行政都市34、小都市27、町13である。都市61（34＋27）の対酒務地率82％、町13の対酒務地率18％である（表5）。また都市対町＝61対13で、町の対都市率21％である（表5）。酒務の大半以上は都市エリアに置かれた。

　次に旧務年代の全軍12州のうち小都市が0又は1の小都市未発達の州軍（表5、州軍甲）5で全州軍の42％であり、多くの州軍で小都市が発達していた（表5）。また町が0又は1の町未発達の州軍（表5、州軍乙）7で、全州軍の58％で（表5）、町未発達の州軍が過半数を占める。新務年代の州軍10のうち小都市未発達の州軍4で40％であるので、やや多くの州軍で小都市が発達していたが、町未発達の州軍8で80％であるので（表5）、甚だ多くの

第一章　淮南東路

表4　K 淮南東路　新務年代の都市・町

州軍	K1	K2	K3	K4	K5	K6	K7	K8	K9	K10	計
行政都市	2	6	4	3	3	4	2	3	2	2	31
小都市	3	5	7	0	1	3	4	1	2	1	27
町	4	0	2	1	0	0	0	1	0	0	8
酒務県	0	1	0	0	0	0	0	0	0	0	1
存続地	9	12	13	4	4	7	5	5	4	3	66/67

存続地＝行政都市＋地方小都市＋町＋酒務県（地理表不記地及び不明地を含まず）
行政都市数：各州軍酒務表の新税務地欄の州県数
小都市数：各州軍酒務表の新税務地欄の鎮市数
町　　数：各州軍酒務表の新税務地欄にみえず、存続地欄にみえる酒務地
酒務県：各州軍酒務表の新税務地欄にみえず、存続地欄にみえる酒務設置の県で、商税務が置かれていない。各州軍県変遷図参照
典　　拠：各州軍酒務表
注　K7の酒務数と存続地数が一致しないのは、K7の河南務が地理表にみえないことによる

表5　変動表

	旧務年代 州軍数	旧務年代 比率	新務年代 州軍数	新務年代 比率	変動
全州軍	12	−	10	−	17%
州軍甲	5	42%	4	40%	−20%
州軍乙	7	58%	8	80%	14%
酒務数	74		67		−9%
都市数	61		59		−3%
町数	13		8		−38%
都市の対酒務率	82%		88%		6%
町の対酒務率	18%		12%		−6%
町の対都市率	21%		14%		−7%

州軍甲：小都市未発達州軍（小都市0又は1）
州軍乙：町未発達州軍（町数0又は1）
比率：甲、乙州軍÷全州軍
対酒務率＝都市数÷酒務数　対都市率＝町数÷都市数
州軍、酒務、都市、町の変動＝（新数−旧数）÷旧数
対酒務率、対都市率の変動＝新比率−旧比率
典拠：表3・表4

州軍は町が発達していなかった。淮南東路では小都市は比較的に発達していたが、町は小都市に比べてやや発達していなかった。

次に新務年代の町の対酒務地率・対都市率は旧務年代に比して低い（表5）。この一因は次のことにあると思われる。

地理表に示した地名は九域志が採録した地である。九域志は草市や道店を採録しないので、存続地は旧酒務地より少なくなる場合がある。表2の存続地70・存続率95％以上になる可能性が充分にあろう。

第三編　銅銭区南部

　新務年代では淮南東路には少なくとも商税務・酒務が併置された行政都市31、小都市27、酒務のみが置かれた町8及び酒務県1が存在した。

　次に酒務が置かれず商税務のみが記された地である旧商税地・新商税地は表6の如くである。淮南東路の旧商税地13処であり旧商税務74（表2）の二割弱で、旧商税地は少数に過ぎない。このことに加えて併設地が61処と甚だ多いことから旧商税地は厳選された地であることがわかる。また全州軍12のうち旧商税地が0～3の州軍10と多い。これらのことは路として商税務乱設を行わなかったことを意味する。

　新商税地10で旧商税地と少差である。これは基本的には新務年代までに三司税務の増減があまり行われなかったことによる（表2参照）。

表6　淮南東路　新旧商税地

州　　軍	K1	K2	K3	K4	K5	K6	K7	K8	K9	K10	K11	K12	計
旧商税地	0	0	0	4	0	0	2	0	1	0	1	5	13
新商税地	4	1	0	3	0	1	1	0	0	0	－	－	10

旧商税地＝旧商税務－併設地、新商税地＝新商税務－新税務地
典拠：「おわりに」表2

　次ぎに本章の諸州軍の地理表の分析をまとめると表7の如くである。淮南東路の記載地71処で一般的水準Ⅱにある。その内訳は町・小都市が39処で水準Ⅱ、また小さな町候補32処で水準Ⅱである。それらの都市・町に置かれている機関を機能により分類すると、保安機関の鎮62（水準Ⅱ）、寨・堡などの軍事機関はなく、監・場などの生産機関9（水準Ⅰ）と少ない。生産機関9はK4楚州の塩場で無名地である。（水準は一編一章末、比較表1参照）

表7　淮南東路　地理表記載地

路	記載地	無名地	町・小都市	大きな町に準ずる町	町候補地
K	71	9	無印地 39	○印地 0	×印地 32
機　能	保安	軍事	生産		
機　関	鎮 62	0	場 9		

記載地＝町・小都市＋大きな町に準ずる町＋町候補地
無名地9は町候補地数に含まれる。機関に地名が付されていず町ではない可能性もある。
典拠：本章地理表

第二章　淮南西路

1　壽州 L 1

壽州の酒務及び新旧酒銭額は次の如くである。

(1) 酒統計
舊。在城及壽春・安豐・霍邱・六安県・郭界歩・開順口・霍山・隠賢・成家歩・南盧・史源・謝歩・麻歩・來遠十五務
歳　　　　　　　　　９９，５４８貫
熙寧十年祖額　　　３１，８８５貫１８０文
　　買撲　　　　　４６，６３９貫５９６文
　　　　新額計　　７８，５２４貫７７６文
　注　①原文、丘。志、邱　②原文、盧。志、廬　③原文、六。計15

　旧額は99,548貫・新額78,524貫（文切り捨て、以下の諸州軍酒統計同じ）で、両額の差額－21,024貫・増額率－21％である。また官売額（祖額、以下同じ）31,885貫・買撲46,639貫で、官売率41％・買撲率59％である。以上の諸数値を銭額表にまとめる。

L1 壽州	銭　額　表	
旧　額		99,548 貫
新　額	官売	31,885 貫
	買撲	46,639 貫
	計	78,524 貫
新旧差額		－21,024 貫
増 額 率		－21 ％
官 売 率		41 ％
買 撲 率		59 ％

(2) 酒務表
　寰宇記129・九域志5より太平興国中～元豊間の壽州諸県の変化を県変遷図(1)に示す。酒統計は在城・県務4・鎮市10を記すが、それらの酒務からは旧務年代は不明である。一般的な旧務年代である景祐～慶暦に従っておく。

L1 壽州　県変遷図		
年　代	外　　県	郭下
太平興国中	六　霍　安　壽 安　邱　豐　春	下 蔡
旧務年代	1○　2○　3○　4○	○
熙寧10年 1077	○4　○3　○2　○1	○

　図によれば熙寧十年前の旧外県4であり、酒統計の県酒務4であるので、県置務率は100％である。また酒務は州県務5・鎮市務10務の計15務で、州県務率33％・鎮市務率67％である。鎮市務率がやや高い。
　次に酒統計に○印を付した在城・壽春・安豐・霍邱・六安県（州県務5）及び開順口・霍山・麻歩（鎮市務3）の計8処が酒務・旧商税務の併設地で、併設地の併設率は53％で

第三編　銅銭区南部

ある。また旧商税務8処[(2)]に対する併設地の対旧商税務率は100％である。

　次に酒務地に新商税務が設置された地である新税務地は、酒統計に□印を付した上記の1〜5の地（州県務5）、及び6〜8の地・來遠（鎮市務4）の計9処で、新税務地の新務地率は60％である。新商税務10処[(3)]に対する新税務地の対新商税務率は90％である。

　次に酒務地で元豊まで存在して地理表[(4)]にみえる存続地は、酒統計の地名に△印を付している。存続地は上記の1〜5の地（州県務5）、及び6〜9の地・郭界歩[10]・隠賢[11]・成家歩[12]・南廬[13]・史源[14]・謝歩[15]（鎮市務10）で計15処で、存続地の存続率は100％である。

　次に旧務年代の町は○印を付さない鎮市で（以下の州軍酒統計同じ）、7処（9〜15の地）である。新務年代の町は△印のみの鎮市及び○△印の鎮で（以下の州軍酒統計同じ）、6処（10〜15の地）である。

　次に旧商税務・新商税務・地理表のいずれにもみえない不明地はなく、不明率0％である。以上の酒務・諸数値を酒務表に整理して示す。

L1 壽州　格緊　地理表（主戸50,063　客戸72,705　計122,768　貢　葛布，石斛）

格	県	距離	郷	鎮	％	その他	備考	水系	計12
緊	下蔡	郭下	4	2	50	0	蘇村・蘭團鎮	潁水，淮水	2
望	安豐	南80	16	9	56	0	延春・塘曲・夏塘・合寨・來遠・隱賢・謝歩・禾場・永樂鎮	淮水，肥水，芍陂，渒水	4
望	霍丘	西南127	10	4	40	0	霍丘・成家歩・善香・開順鎮	淮水，渒水	2
緊	壽春	東南25	6	4	66	0	壽春・南廬・史源・撅(注)澗鎮	淮水，肥水	2
中	六安	南210	7	10	142	0	六安・霍山・桐木・山南・麻歩・郭界歩・故県・船坊・丁汲・故歩鎮	決水，潛水	2
計	5		43	29	67	0	土産　絁，絲布，石斛，綿，茜草，麻布		6種

×印の地：小さな町候補地18　　（注）原文，土偏

L1 壽州　　酒務表

外県	置務県	置務県率	州県務	州県務率	鎮市務	鎮市務率	酒務地	併設地	併設地率	旧商税務	対税旧商率	新税務地	新務地率	新商税務	対税新商率	存続地	存続率
4	4	100	5	33	10	67	15	8	53	8	100	9	60	10	90	15	100

併設地	州県	在城[1]・壽春[2]・安豐[3]・霍邱[4]・六安県	5 処
計 8	鎮市	開順口[6]・霍山[7]・麻歩[8]（小都市、以下の州軍酒務表同じ）	3 処
新税務地	州県	1〜5の地	5 処
計 9	鎮市	6〜8の地，來遠[9]（小都市、以下の州軍酒務表同じ）	4 処
存続地	州県	1〜5の地	5 処
計 15	鎮市	6〜9の地，郭界歩[10]・隠賢[11]・成家歩[12]・南廬[13]・史源[14]・謝歩[15]	10 処
不明地		0 処　不明率　0 ％	

旧務年代の町7（9〜15の地）・小都市3、新務年代の町6（10〜15の地）・小都市4

第二章　淮南西路

注

(1) 県変遷図の作成史料は拙著2、346頁参照。
(2) 拙著2、346頁。
(3) 拙著2、346頁。
(4) 拙著2、347頁の地理表に同じ。

2　廬州 L 2

廬州の酒務及び新旧酒銭額は次の如くである。

(1) 酒統計

廬州。舊。在城及舒城・愼県三務
①
歳　　　　　　　　　84,657貫
熙寧十年祖額　　　　57,605貫919文
　　　買撲　　　　　13,119貫540文
　　　　　新額計　　70,725貫459文

注　①原文、盧。誤

旧額は84,657貫・新額70,724貫で、両額の差額−13,933貫・増額率−16％である。また官売額57,605貫・買撲13,119貫で、官売率81％・買撲率19％である。以上の諸数値を銭額表にまとめる。

L2 廬州	銭　額　表	
旧　　額		84,657貫
新　　額	官売	57,605貫
	買撲	13,119貫
	計	70,724貫
新旧差額		−13,933貫
増 額 率		−16％
官 売 率		81％
買 撲 率		19％

(2) 酒務表

寰宇記126・九域志5により太平興国中〜元豊間の廬州諸県の変化を県変遷図(1)に示す。酒統計は在城・県務2を記すが、酒務からは旧務年代は不明である。一般的な旧務年代である景祐〜慶暦に従っておく。

図によれば熙寧十年前の旧外県2であり、酒統計の県酒務2であるので、県置務率は100％である。また酒務は州県務3・鎮市務0の計3務で、州県務率100％・鎮市務率0％である。

L2 廬州　県変遷図

年代	外　　県	郭下
	廬　巢　舒　愼 江　県　城　県	合 肥
太平興国3年 978	①　① 無爲軍	
旧務年代	1　2	○
熙寧10年 1077	2　1	○

第三編　銅銭区南部

　次に酒統計に○印を付した在城¹・舒城²・愼県³（州県務3）の計3処が酒務・旧商税務の併設地である。酒務地3処にしめる併設地の併設率は100%である。また旧商税務6処⁽²⁾に対する併設地の対旧商税務率は50%である。

　次に酒務地に新商税務が設置された地である新税務地は、酒統計に□印を付した上記の1～3の地（州県務3）の計3処である。酒務地3処にしめる新税務地の新務地率は100%である。また新商税務5処⁽³⁾に対する新税務地の対新商税務率は60%である。

　次に酒務地で元豊まで存在して地理表⁽⁴⁾にみえる存続地は、酒統計の地名に△印を付している。存続地は上記の1～3の地（州県務3）である。酒務地3処にしめる存続地の存続率は100%である。

　次に旧商税務・新商税務・地理表のいずれにもみえない不明地はなく、不明率は0%である。以上の酒務・諸数値を酒務表に整理して示す。

L2 廬州　格上　地理表（主戸60,136　客戸30,352　計90,488　貢　紗, 絹, 生石斛, 蠟）

格	県	距離	郷	鎮	%	その他	備　考	水　系	計4
上	合肥	郭下	10	4	20	0	段寨・青陽・移風・永安鎮	淝水, 淮水	2
中	愼	東北60	6	7	116	0	竹里・故郡・東曹・天潤・清水・沛城節・袁團鎮	滁水	1
下	舒城	西南110	2	4	200	0	九井・新倉・桃城・航歩鎮	龍舒水	1
計 3			18	15	83	0	土産　交梭絲布, 石斛, 蠟, 開火新茶, 鹿脯酥		5種

×印の地：小さな町候補地13

L2 廬州　　　　　酒　務　表

外県 2	置務県 2	置務率 100	州県務 3	州県務率 100	鎮市務 0	鎮市務率 0	酒務 3	併設地 3	併設率 100	旧商税務 6	対旧商務率 50	新税務地 3	新務地率 100	新商税務 5	対新商務率 60	存続地 3	存続率 100
併設地 計3	州県		在城¹・舒城²・愼県³													3処	
	鎮市															0処	
新税務地 計3	州県		1～3の地													3処	
	鎮市															0処	
存続地 計3	州県		1～3の地													3処	
	鎮市															0処	
不明地														0処	不明率	0	%

旧務年代の町0・小都市0、新務年代の町0・小都市0

第二章　淮南西路

注

(1) 県変遷図の作成史料は拙著2、348頁参照。
(2) 拙著2、348頁。
(3) 拙著2、348頁。
(4) 拙著2、349頁の地理表に同じ。

3　蘄州 L 3

蘄州の酒務及び新旧酒銭額は次の如くである。

(1) 酒統計

舊。在城及黄梅・蘄水・廣濟県・馬嶺・蘄口・王祺・石橋八務
①

歳　　　　　　　　　４４，３１６貫
熙寧十年租額　　　２９，５４９貫９０１文
　　買撲　　　　　　６，０４６貫６４７文
　　　　新額計　　　３５，５９６貫５４８文

注　①原文、欠

旧額は44,316貫・新額35,595貫で、両額の差額－8,721貫・増額率－20％である。また官売額29,549貫・買撲6,046貫で、官売率83％・買撲率17％である。以上の諸数値を銭額表にまとめる。

(2) 酒務表

寰宇記127・九域志5により太平興国中～元豊間の蘄州諸県の変化を県変遷図(1)に示す。酒統計は在城・県務3・鎮市4を記すが、それらの酒務からは旧務年代は不明である。一般的な旧務年代である景祐～慶暦に従っておく。

図によれば熙寧十年前の旧外県3であり、酒統計の県酒務3であるので、県置務率は100％である。また酒務は州県務4・鎮市務4の計8務で、州県務率・鎮市務率は共に50％である。

L3 蘄州　銭額表

旧	額		44,316 貫
新　額	官売		29,549 貫
	買撲		6,046 貫
	計		35,595 貫
新旧差額			－8,721 貫
増額率			－20 ％
官売率			83 ％
買撲率			17 ％

L3 蘄州　県変遷図

年　代	外　県			郭下
太平興国中	蘄水	廣濟	黄梅	蘄春
旧務年代	1○	2○	3○	○
熙寧10年 1077	3○	2○	1○	○
	↓	↓	↓	↓

第三編　銅銭区南部

　次に酒統計に〇印を付した在城・黄梅・蘄水・廣濟県（州県務4）及び馬嶺・蘄口・王祺・石橋鎮（鎮市務4）の計8処が酒務・旧商税務の併設地である。酒務地8処にしめる併設地の併設率は100％である。また旧商税務8処[2]に対する併設地の対旧商税務率は100％である。

　次に酒務地に新商税務が設置された地である新税務地は、酒統計に□印を付した上記の1～4の地（州県務4）、及び5～8の地（鎮市務4）の計8処である。酒務地8処にしめる新税務地の新務地率は100％である。また新商税務8処[3]に対する新税務地の対新商税務率は100％である。

　次に酒務地で元豊まで存在して地理表[4]にみえる存続地は、酒統計の地名に△印を付している。存続地は上記の1～4の地（州県務4）、及び5～8の地（鎮市務4）で計8処である。酒務地8処にしめる存続地の存続率は100％である。

　次に旧商税務・新商税務・地理表のいずれにもみえない不明地はなく、不明率は0％である。以上の酒務・諸数値を酒務表に整理して示す。

L3 蘄州　格望　地理表（主戸74,017　客戸38,356　計112,373　貢　白紵布，簟）

格	県	距　離	郷	鎮	％	その他	備　　考	水　系	計6
望	春	郭下	5	1	20	0	蘄口鎮	蘄水	1
望	蘄水	西　55	4	3	75	0	石橋・馬嶺・王祺鎮	蘭渓水，蘄水，流水	3
望	廣濟	東　45	4	0	0	0		大江	1
上	黄梅	東　120	4	1	25	0	獨木鎮	大江	1
計	4		17	5	29	0	土産　白紵布，竹簟，茶，白花蛇，笛管		5種

×印の地：小さな町候補地1

L3 蘄州　　　　酒　務　表

外県	置務県	置務県率	州県務	州県務率	鎮市務	鎮市務率	酒務	併設地	併設率	旧商税務	対税旧商務率	新税務地	新務地率	新商税務	対税新商務率	存続地	存続率
3	3	100	4	50	4	50	8	8	100	8	100	8	100	8	100	8	100

併設地	州県	在城・黄梅・蘄水・廣濟	4 処
計 8	鎮市	馬嶺・蘄口・王祺・石橋	4 処
新税務地	州県	1～4の地	4 処
計 8	鎮市	5～8の地	4 処
存続地	州県	1～4の地	4 処
計 8	鎮市	5～8の地	4 処
不　明　地		0 処　不 明 率　0 ％	

旧務年代の町0・小都市4、新務年代の町0・小都市4

第二章　淮南西路

注

(1) 県変遷図の作成史料は拙著 2、350頁参照。
(2) 拙著 2、349頁。
(3) 拙著 2、349頁。
(4) 拙著 2、350頁の地理表に同じ。

4　和州 L 4

和州の酒務及び新旧酒銭額は次の如くである。

(1)　酒統計

舊。在城及 歴陽・烏江・含山県・棚江五務
　　　①
歳　　　　　　　３６，５５３貫
熙寧十年祖額　　　１２５貫５８２文
　　　買撲　　　２５，９８９貫０９７文
　　　　新額計　２６，１１４貫６７９文
注　①郭下県、酒務に数に入れず

　旧額は36,553貫・新額26,114貫で、両額の差額－10,439貫・増額率－29％である。また官売額125貫・買撲25,989貫で、官売率0.5％・買撲率99.5％である。以上の諸数値を銭額表にまとめる。

　なお官売額が約125貫という極端に低額の例は銅銭区にはみられないので、原文に脱漏があるか、原文の祖額が買撲で、買撲が祖額である可能性が高い。買撲務と思われる鎮市務も１務にすぎない。和州の酒額は詳細な比較に用いるべきではない。また参考にすべきではないであろう。

L4　和州　銭額表

旧	額	36,553貫
新　額	官売	125貫
	買撲	25,989貫
	計	26,114貫
新旧差額		－10,439貫
増額率		－29％
官売率		0.5％
買撲率		99.5％

(2)　酒務表

　寰宇記124・九域志５により太平興国中～元豊間の和州諸県の変化を県変遷図[(1)]に示す。酒統計は在城・県務２（郭下県を入れず）・鎮市１を記すが、それらの酒務からは旧務年代は不明である。一般的な旧務年代である景祐～慶暦

L4　和州　県変遷図

年　代	外　県		郭下
太平興国中	含山	烏江	歴陽
旧務年代	1○	2○	○
	○	○	○
熙寧10年 1077	○2	○1	○
	↓	↓	↓

第三編　銅銭区南部

に従っておく。

　図によれば熙寧十年前の旧外県 2 であり、酒統計の県酒務 2 （歴陽県を除く）であるので、県置務率は100％である。また酒務は州県務 3 ・鎮市務 1 の計 4 務で、州県務率75％・鎮市務率25％である。

　次に酒統計に○印を付した在城[1]・烏江[2]・含山県[3]（州県務 3 ）及び柵江[4]（鎮市務 1 ）の計 4 処が酒務・旧商税務の併設地である。酒務地 4 処にしめる併設地の併設率は100％である。また旧商税務 6 処[(2)]に対する併設地の対旧商税務率は67％である。

　次に酒務地に新商税務が設置された地である新税務地は、酒統計に□印を付した上記の 1 ～ 3 の地（州県務 3 ）、及び 4 の地（鎮市務 1 ）の計 4 処である。酒務地 4 処にしめる新税務地の新務地率は100％である。また新商税務 6 処[(3)]に対する新税務地の対新商税務率は67％である。

　次に酒務地で元豊まで存在して地理表[(4)]にみえる存続地は、酒統計の地名に△印を付している。存続地は上記の 1 ～ 3 の地（州県務 3 ）、及び 4 の地（鎮市務 1 ）で計 4 処である。酒務地 4 処にしめる存続地の存続率は、100％である。

　次に旧商税務・新商税務・地理表のいずれにもみえない不明地はなく不明率は 0 ％である。以上の酒務・諸数値を酒務表に整理して示す。

L4　和州　格上　地理表（主戸26,163　客戸13,126　計39,289　貢　紵、練）

格	県	距離	郷	鎮	％	その他	備　考	水　系	計8
望	歴陽	郭下	8	6	75	寨 2	䃜下・功剰橋・白渡橋・萬歳嶺・平痾湯・白望堆鎮／粢山・棚江寨	大江，滁水，歴湖	3
中	含山	西　55	4	4	100	寨 1	清溪・仙宗・再安・石門鎮／東關寨	大江，滁水，濡須水	3
中	烏江	東北35	4	5	125	0	湯泉・永安・石磧・新市・高望鎮	大江，烏江浦	2
計 3			16	15	93	3	土産	紵布，茶，魚，稲	4 種

×印の地：小さな町候補地16、○印の地：大きな町に準ずる町 1

L4 和州　　　　　　酒務表

外県	置務県	置務県率	州県務	州県務率	鎮市務	鎮市務率	酒務	併設地	併設率	旧商税務	対税旧商率	新税務地	新税務地率	新商税地	対税新商率	存続地	存続率
2	2	100	3	75	1	25	4	4	100	6	67	4	100	6	67	4	100

併設地	州県	在城¹・烏江²・含山県³														3処	
計 4	鎮市	柵江⁴														1処	
新税務地	州県	1～3の地														3処	
計 4	鎮市	4の地														1処	
存続地	州県	1～3の地														3処	
計 4	鎮市	4の地														1処	
不明地									0処		不明率					0	％

旧務年代の町0・小都市1、新務年代の町0・小都市1

注

(1) 県変遷図の作成史料は拙著2、351頁参照。
(2) 拙著2、350頁。　(3) 拙著2、351頁。
(4) 拙著2、352頁の地理表に同じ。

5　舒州 L 5

舒州の酒務及び新旧酒銭額は次の如くである。

(1) 酒統計
舊。在城及桐城○・望江△・宿松○・太湖県△・石井・長風沙△・馬頭・龍溪△・楊溪○・銅山・鷲山△・永安・晥口・孔城○・石溪・盤小○・許公○・雙港十九務。

歳	5 3, 5 8 9 貫
熙寧十年祖額	2 7, 3 5 3 貫 3 0 0 文
買撲	3 6, 1 4 5 貫 4 9 3 文
新額計	6 3, 4 9 8 貫 7 9 3 文

注　①原文、※

旧額は53,589貫・新額63,498貫で、両額の差額9,909貫・増額率18％である。また官売額27,353貫・買撲36,145貫で、官売率43％・買撲率57％である。以上の諸数値を銭額表にまとめる。

第三編　銅銭区南部

(2) 酒務表

　寰宇記125・九域志5により太平興国中～元豊間の舒州諸県の変化を県変遷図[1]に示す。酒統計は在城・県務4・鎮市14を記すが、酒務からは旧務年代は不明である。一般的な旧務年代である景祐～慶暦に従っておく。

　図によれば熙寧十年前の旧外県4であり、酒統計の県酒務4であるので、県置務率は100％である。また酒務は州県務5・鎮市務14の計19務で、州県務率26％・鎮市務率74％である。

　次に酒統計に〇印を付した在城・桐城・望江・宿松・太湖県（州県務5）、及び長風沙・馬頭・龍渓・楊渓・銅山・鷲山・永安・皖口・孔城・石渓・盤小・許公・雙港（鎮市務13）の計18処が酒務・旧商税務の併設地である。酒務地19処にしめる併設地の併設率は95％である。また旧商税務19処[2]に対する併設地の対旧商税務率は95％である。

　次に酒務地に新商税務が設置された地である新税務地は、酒統計に□印を付した上記の1～5の地（州県務5）、及び9・11～15・17・18の地（鎮市務8）の計13処である。酒務地19処にしめる新税務地の新務地率は68％である。また新商税務13処[3]に対する新税務地の対新商税務率は100％である。

　次に酒務地で元豊まで存在して地理表[4]にみえる存続地は、酒統計の地名に△印を付している。存続地は上記の1～5の地（州県務5）、及び6～8・10～18の地・石井（鎮市務13）で計18処である。酒務地19処にしめる存続地の存続率は95％である。

　次に旧商税務・新商税務・地理表のいずれにもみえない不明地はなく、不明率は0％である。以上の酒務・諸数値を酒務表に整理して示す。なお旧商税務にみえる楊渓が地理表にはみえず、存続率＋不明率＜100％である。

L5 舒州　　銭　額　表

旧	額		53,589 貫
		官売	27,353 貫
新	額	買撲	36,145 貫
		計	63,498 貫
新旧差額			9,909 貫
増額率			18 ％
官売率			43 ％
買撲率			57 ％

L5 舒州　県変遷図

年　代	外　　県	郭下
太平興国中	太　宿　望　桐 湖　松　江　城	懐 寧
旧務年代	1〇　2〇　3〇　4〇	〇 〇 〇
熙寧10年 1077	〇　〇　〇　〇 4　3　2　1 ↓　↓　↓　↓	〇 ↓

第二章　淮南西路

L5　舒州　格上　地理表（主戸79,050　客戸47,434　計126,484　貢　白紵布、白朮）

格	県	距離	郷	鎮	％	その他	備　　考	水　系	計9
上	懐寧	郭下	8	6	75	0	許公・荻歩・長風沙・皖口・石井・羅豆鎮	尾江・皖水	2
上	桐城	東北120	4	9	225	0	北硤・永安・鶯山・銅山・挂車・盤小・石溪・雙港・孔城鎮	大江，樅陽水	2
上	宿松	西南140	3	1	33	0	龍溪鎮	大江，雷水	2
上	望江	南130	2	1	50	0	馬頭鎮	大江，雷水	2
上	太湖	西南75	2	0	0	0		太湖	1
計 5			19	17	89	0	土産　白紵布，開火茶，酒器，鐵器，蠟（宋版）		5種
同安監		東80	0	0	-	0	鑄銅錢	0	1

×印の地：小さな町候補地5

L5　舒州　　　　　　　　酒　務　表

外県	置務県	置務率	州県務	州県務率	鎮市務	鎮市務率	酒務	併設地	併設率	旧商税務	対税旧商率	新税務地	新務地率	新商税務	対税新商率	存続地	存続率
4	4	100	5	26	14	74	19	18	95	19	95	13	68	13	100	18	95

併設地	州県	在城¹・桐城²・望江³・宿松⁴・太湖⁵県	5 処
計 18	鎮市	長風沙⁶・馬頭⁷・龍溪⁸・楊溪⁹・銅山¹⁰・鶯山¹¹・永安¹²・皖口¹³・孔城¹⁴・石溪¹⁵・盤小¹⁶・許公¹⁷・雙港¹⁸	13 処
新税務地	州県	1～5の地	5 処
計 13	鎮市	9・11～15・17・18の地	8 処
存続地	州県	1～5の地	5 処
計 18	鎮市	6～8・10～18の地・石井¹⁹	13 処
不　明　地		0 処　不明率　0 ％	

旧務年代の町1（19の地）・小都市13、新務年代の町1（19の地）・小都市8
注　9の地は地理表不記地、存続地・新務年代に入れず

注

(1) 県変遷図の作成史料は拙著2、353頁参照。

(2) 拙著2、352頁。

(3) 拙著2、352頁。

(4) 拙著2、354頁の地理表に同じ。

第三編　銅銭区南部

6　濠州 L 6

濠州の酒務及び新旧酒銭額は次の如くである。

(1)　酒統計

舊。在城及鍾離・定遠県・藕塘・長樂・永安鎮六務
①　　　　　　　　　　　　　　　　②

歳　　　　　　　　２４,８７１貫
　　　　絹　　　　２,３９１疋
　　　　絲　　　　　　　８両
熙寧十年祖額　　　１７,１８０貫１０９文
　　　買撲　　　　７,８６５貫９３９文１厘２毫
　　　　絹　　　　４,４５８疋３尺２寸
　　　　絲　　　　　　３６両
　　　新額計　　　２５,０４６貫０４８文

注　①郭下県、酒務数に入れず　②原文、七。計６

　旧額は24,871貫・新額25,045貫で、両額の差額174貫・増額率0.7％である。また官売額17,180貫・買撲7,865貫で、官売率69％・買撲率31％である。以上の諸数値を銭額表にまとめる。

(2)　酒務表

　寰宇記128・九域志5により太平興国中～元豊間の濠州諸県の変化を県変遷図(1)に示す。酒統計は在城・県務1（郭下県を入れず）・鎮市3を記すが、それらの酒務からは旧務年代は不明である。一般的な旧務年代である景祐～慶暦に従っておく。

　図によれば熙寧十年前の旧外県1であり、酒統計の県酒務1（鍾離県を除く）であるので、県置務率は100％である。また酒務は州県務2・鎮市務3の計5務で、州県務率40％・鎮市務率60％である。

　次に酒統計に○印を付した在城・定遠（州県務2）及び藕塘（鎮市務1）の計3処が酒務・旧商税務の併設地である。酒務地5処にしめる併設地の併設率は60％である。また旧商税務4処(2)に対する併設地の対旧商税務率は75％である。

L6 濠州	銭額表	
旧額		24,871貫
新額	官売	17,180貫
	買撲	7,865貫
	計	25,045貫
新旧差額		174貫
増額率		0.7％
官売率		69％
買撲率		31％

旧絹額　　2,391疋
旧絲額　　　　8両
新絹額　　4,458疋3尺2寸
絲　　　　　36両

L6 濠州　県変遷図

年代	外県	郭下
太平興国中	定遠	鍾離
旧務年代	○ 1 ○	○ ○
熙寧10年 1077	○ 1 ↓	○ ↓

— 474 —

第二章　淮南西路

　次に酒務地に新商税務が設置された地である新税務地は、酒統計に□印を付した上記の1・2の地（州県務2）、及び3の地・永安鎮(4)（鎮市務2）の計4処である。酒務地5処にしめる新税務地の新務地率は80％である。また新商税務4処(3)に対する新税務地4の対新税務率は100％である。

　次に酒務地で元豊まで存在して地理表(4)にみえる存続地は、酒統計の地名に△印を付している。存続地は上記の1・2の地（州県務2）、及3・4の地・長樂（鎮市務3）で計5処である。酒務地5処にしめる存続地の存続率は100％である。

　次に旧商税務・新商税務・地理表のいずれにもみえない不明地はなく、不明率は０％である。以上の濠州の酒務・諸数値を酒務表に整理して示す。

L6　濠州　格上　地理表（主戸31,837　客戸15,477　計47,314　貢　絹）

格	県	距　離	郷	鎮	％	その他	備　　考	水　系	計3
望	鐘離	郭下	8	1	12	0	淮東鎮	濠水，淮水	2
望	定遠	南　80	6	4	66	0	永安・藕塘・長樂・蘆塘鎮	洛水	1
計	2		14	5	35	0	土産　鐘乳，雲母，官絁，絹，綿，米麥，柴炭		7種

×印の地：小さな町候補地1、○印の地：大きな町に準ずる地1

L6　濠州　　酒　務　表

外県	置務県	置務率	州県務	州県務率	鎮市務	鎮市務率	酒務地	併設地	併設率	旧商税務	対税旧商率	新税務地	新務地率	新商税務	対税新商率	存続地	存続率
1	1	100	2	40	3	60	5	3	60	4	75	4	80	4	100	5	100

併設地	州県	在城・定遠	2処
計　3	鎮市	藕塘	1処
新税務地	州県	1・2の地	2処
計　4	鎮市	3の地・永安鎮	2処
存続地	州県	1・2の地	2処
計　5	鎮市	3・4の地・長樂	3処
不　明　地			0処　不明率　0％

旧務年代の町2（4・5の地）・小都市1、新務年代の町（5の地）・小都市2

注

(1) 県変遷図の作成史料は拙著2、354頁参照。
(2) 拙著2、354頁。　(3) 拙著2、354頁。　(4) 拙著2、355頁の地理表に同じ。

第三編　銅銭区南部

7　光州 L 7

光州の酒務及び新旧酒銭額は次の如くである。

(1) 酒統計
舊。在城及定城・光山・仙居・固始県・商城・朱皐七務
　　　　　　　　　①
歳　　　　　　　　39,979貫
熙寧十年租額　　　40,434貫874文
　　買撲　　　　　 4,828貫413文
　　　　新額計　　45,263貫287文
注　①郭下県、酒務数に入れず

旧額は39,979貫・新額45,262貫で、両額の差額5,283貫・増額率13%である。また官売額40,434貫・買撲4,828貫で、官売率89%・買撲率11%である。以上の諸数値を銭額表にまとめる。

L7 光州	銭　額　表	
旧　額		39,979貫
新　額	官売	40,434貫
	買撲	4,828貫
	計	45,262貫
新旧差額		5,283貫
増額率		13 %
官売率		89 %
買撲率		11 %

(2) 酒務表

寰宇記127・九域志5により太平興国中～元豊間の光州諸県の変化を県変遷図[1]に示す。酒統計は在城・県務3（郭下県を入れず）・鎮市2を記すが、それらの酒務からは旧務年代は不明である。一般的な旧務年代である景祐～慶暦に従っておく。

図によれば熙寧十年前の旧外県3であり、酒統計の県酒務3（定城県を除く）であるので、県置務率は100%である。また酒務は州県務4・鎮市務2の計6務で、州県務率67%・鎮市務率33%である。

L7 光州　県変遷図		
年代	外　県	郭下
太平興国中	固　仙　光 始　居　山	定 城
旧務年代	1○　2○　3○	○
熙寧10年 1077	○　○　○ 3　2　1	○
	↓　↓　↓	↓

次に酒統計に○印を付した在城・光山・仙居・固始県（州県務4）及び商城・朱皐（鎮市務2）の計6処が酒務・旧商税務の併設地である。酒務地6処にしめる併設地の併設率は100%である。また旧商税務7処[2]に対する併設地の対旧商税務率は86%である。

次に酒務地に新商税務が設置された地である新税務地は、酒統計に□印を付した上記の1～4の地（州県務4）、及び5・6の地（鎮市務2）の計6処である。酒務地6処にしめる

— 476 —

第二章　淮南西路

新税務地の新務地率は100％である。また新商税務7処[3]に対する新税務地の対新商税務率は86％である。

次に酒務地で元豊まで存在して地理表[4]にみえる存続地は、酒統計の地名に△印を付している。存続地は上記の1～4の地（州県務4）、及び5・6の地（鎮市務2）で計6処である。酒務地6処にしめる存続地の存続率は100％である。

次に旧商税務・新商税務・地理表のいずれにもみえない不明地はなく不明率は0％である。以上の酒務・諸数値を酒務表に整理して示す。

L7　光州　格上　地理表（主戸25,296　客戸40,662　計65,958　貢　葛布，生石斛）

格	県	距離	郷	鎮	％	その他	備考	水系	計7
上	定城	郭下	7	0	0	0		淮水，黃水	2
望	固始	東北145	7	3	42	0	商城・子安・朱皋鎮	淮水，灌水	2
中下	光山	西60	5	0	0	0		淮水，滍水	2
中下	仙居	西100	4	0	0	0		柴水	1
計 4			23	3	13	0	土産　茜草，葛，遠志，綿，絹，生石斛，名玉		7種

L7　光州　　酒務表

外県	置務県	置務率	州県務	州県務率	鎮市務	鎮市務率	酒務地	併設地	併設率	旧商税務	対税旧商率	新務地	新務地率	新商税務	対税新商率	存続地	存続率
3	3	100	4	67	2	33	6	6	100	7	86	6	100	7	86	6	100

併設地	州県	在城¹・光山²・仙居³・固始県⁴	4 処
計 6	鎮市	商城⁵・朱皋⁶	2 処
新税務地	州県	1～4の地	4 処
計 6	鎮市	5・6の地	2 処
存続地	州県	1～4の地	4 処
計 6	鎮市	5・6の地	2 処
不明地		0 処　不明率　0 ％	

旧務年代の町0・小都市2、新務年代の町0・小都市2

注

(1) 県変遷図の作成史料は拙著2、356頁参照。
(2) 拙著2、355頁。　(3) 拙著2、356頁。　(4) 拙著2、357頁の地理表に同じ。

第三編　銅銭区南部

8　黄州 L 8

黄州の酒務及び新旧酒銭額は次の如くである。

(1)　酒統計
舊。在城及黄陂・麻城・岐亭・久長・團風・陽羅・故県八務
歳　　　　　　　 32,881貫
熙寧十年祖額　　 32,982貫907文
　　　買撲　　　 8,018貫077文
　　　　　新額計 41,000貫984文

旧額は32,881貫・新額41,000貫で、両額の差額8,119貫・増額率25%である。また官売額32,982貫・買撲8,018貫で、官売率80%・買撲率20%である。以上の諸数値を銭額表にまとめる。

L8 黄州	銭　額　表	
旧　　額		32,881貫
新　　額	官売	32,982貫
	買撲	8,018貫
	計	41,000貫
新旧差額		8,119貫
増額率		25%
官売率		80%
買撲率		20%

(2)　酒務表

寰宇記131・九域志5により太平興国中～元豊間の黄州諸県の変化を県変遷図[1]に示す。酒統計は在城・県務2・鎮市5を記すが、それらの酒務からは旧務年代は不明である。一般的な旧務年代である景祐～慶暦に従っておく。

図によれば熙寧十年前の旧外県2であり、酒統計の県酒務2であるので、県置務率は10%である。また酒務は州県務3・鎮市務5の計8務で、州県務率38%・鎮市務率62%である。

L8 黄州　県変遷図		
年　代	外　県	郭下
太平興国中	黄　麻 陂　城	黄 岡
旧務年代	1　2 ○　○	○
熙寧10年 1077	○　○ 2　1	○

次に酒統計に○印を付した在城・黄陂・麻城県（州県務3）、及び岐亭・久長・團風・陽羅・故県（鎮市務5）の計8処が酒務・旧商税務の併設地である。酒務地8処にしめる併設地の併設率は、100%である。また旧商税務9処[2]に対する併設地の対旧商税務率は89%である。

次に酒務地に新商税務が設置された地である新税務地は、酒統計に□印を付した上記の1～3の地（州県務3）、及び4～8の地（鎮市務5）の計8処である。酒務地8処にしめる新税務地の新務地率は100%である。また新商税務8処[3]に対する新税務地の対新商税務

率は100％である。

次に酒務地で元豊まで存在して地理表[4]にみえる存続地は、酒統計の地名に△印を付している。存続地は上記の1～3の地（州県務3）、及び4～8の地（鎮市務5）で計8処である。酒務地8処にしめる存続地の存続率は100％である。

次に旧商税務・新商税務・地理表のいずれにもみえない不明地はなく、不明率0％である。以上の酒務・諸数値を酒務表に整理して示す。

L8 黄州　格下　地理表（主戸32,933　客戸49,005　計81,938　貢　白紵布, 連翹）

格	県	距　離	郷	鎮	％	その他	備　　考	水　系	計5
望	黄岡	郭下	10	7	70	0	斉安・久長・壷山・團風・陽羅・沙湖・龍陂鎮	大江	1
上	黄陂	西　184	4	1	25	0	蘭城鎮	大江, 渝水, 松湖	3
中	麻城	北　175	4	6	150	0	岐亭・故県・白沙・永泰・桑林・永寧鎮	永泰河	1
計　3			18	14	77	0	土産　連翹, 松蘿, 白紵布, 贅布		4種

×印の地：小さな町候補地8、○印の地：大きな町に準ずる町1

L8 黄州　　　　　　　　　　酒　務　表

外県	置務県	置務率	州県務	州県務率	鎮市務	鎮市務率	酒務	併設地	併設率	旧商税務	対旧商率	新税務地	新税務率	新商税務	対新商率	存続地	存続率
2	2	100	3	38	5	62	8	8	100	9	89	8	100	8	100	8	100

併設地	州県	在城・黄陂・麻城	3処
計　8	鎮市	岐亭・久長・團風・陽羅・故県	5処
新税務地	州県	1～3の地	3処
計　8	鎮市	4～8の地	5処
存続地	州県	1～3の地	3処
計　8	鎮市	4～8の地	5処
不明地		0処　不明率　0％	

旧務年代の町0・小都市5、新務年代の町0・小都市5

注

(1) 県変遷図の作成史料は拙著2、358頁参照。
(2) 拙著2、357頁。　(3) 拙著2、357頁。　(4) 拙著2、358頁の地理表に同じ。

第三編　銅銭区南部

9　無爲軍 L 9

無爲軍の酒務及び新旧酒銭額は次の如くである。

(1)　酒統計
舊。在城及巢・廬江県・石牌・憯潭・崑山・羅塲・襄安・礬山・武亭十務
歳　　　　　　　　５３，１５２貫
熙寧十年祖額　　　１４，７７１貫１９４文
　　買撲　　　　　１７，９１５貫４７３文
　　　新額計　　　３２，６８６貫６６７文
注　①原文、濞。志、潭　②原文、陽。志、場

旧額は53,152貫・新額32,686貫で、両額の差額－20,466貫・増額率－39％である。また官売額14,771貫・買撲17,915貫で、官売率45％・買撲率55％である。以上の諸数値を銭額表にまとめる。

(2)　酒務表
寰宇記126・九域志５により太平興国中～元豊間の無爲軍諸県の変化を県変遷図⁽¹⁾に示す。酒統計は在城・県務２・鎮市７を記すが、それらの酒務からは旧務年代は不明である。一般的な旧務年代である景祐～慶暦に従っておく。

図によれば熙寧十年前の旧外県２であり、酒統計の県酒務２であるので、県置務率は100％である。また酒務は州県務３・鎮市務７の計10務で、州県務率30％・鎮市務率70％務である。

次に酒統計に○印を付した在城・巢・廬江県（州県務３）、及び石牌・憯潭・崑山（鎮市務３）の計６処が酒務・旧商税務の併設地である。酒務地10処にしめる併設地の併設率60％である。また旧商税務８処⁽²⁾に対する併設地の対旧商税務率は75％である。

L9　無爲軍　銭　額　表			
旧　　額		53,152	貫
新　　額	官売	14,771	貫
	買撲	17,915	貫
	計	32,686	貫
新旧差額		－20,466	貫
増額率		－39	％
官売率		45	％
買撲率		55	％

次に酒務地に新商税務が設置された地である新税務地は、酒統計に□印を付した上記の１～３の地（州県務３）、及び４～６の地（鎮市務３）の計６処である。酒務地10処にしめる新税務地の新務地率は60％である。また新商税務７処⁽³⁾に対する新税務地の対新商税務率は86％である。

— 480 —

第二章　淮南西路

次に酒務地で元豊まで存在して地理表[(4)]にみえる存続地は、酒統計の地名に△印を付している。存続地は上記の１～３の地（州県務３）、及び４～６の地・羅場[7]・襄安[8]・礬山[9]・武亭[10]（鎮市務７）で計10処である。酒務地10処にしめる存続地の存続率は100％である。

次に旧商税務・新商税務・地理表のいずれにもみえない不明地はなく、不明率は０％である。以上の酒務・諸数値を酒務表に整理して示す。

L9 無爲軍　県変遷図

年　代	外　　県		郭下
	廬 江	巣 県	無爲鎮
	廬　　　州		
太平興国３年 978	②↓	②↓	①↓建置
旧務年代	○1	○2	○
			析地
熙寧３年 1070	○③	○	○③無爲県建置
	析地→		
10年	○2	○1	○

L9 無爲軍　格同下州　地理表（主40,258　客11,629　計51,887　貢　絹）

格　県	距　離	郷	鎮	％	その他	備　　　考	水　系	計5
望　無爲	郭下	5	2	40	0	襄安・糝潭鎮	江水，湖	2
望　巣	北　90	11	2	18	0	石牌・柘皋鎮	濡須水，巣湖	2
望　廬江	西140	10	6	60	場 1	金牛・清野・羅場・礬山・武亭 崑山鎮，崑山礬場	大江	1
計　3		26	10	38	1	土産　不記		

×印の地：小さな町候補地 3

L9 無爲軍　　　　酒　務　表

外県	置務県	置務県率	州県務	州県務率	鎮市務	鎮市務率	酒務地	併設地	併設地率	旧商税務	対旧商税務率	新税務地	新税務地率	新商税務	対新商税務率	存続地	存続率
2	2	100	3	30	7	70	10	6	60	8	75	6	60	7	86	10	100

併設地	州県	在城[1]・巣[2]・廬江県[3]	3 処
計　6	鎮市	石牌[4]・糝潭[5]・崑山[6]	3 処
新税務地	州県	１～３の地	3 処
計　6	鎮市	４～６の地	3 処
存続地	州県	１～３の地	3 処
計　10	鎮市	４～６の地，羅場[7]・襄安[8]・礬山[9]・武亭[10]	7 処
不　明　地		0 処　　不明率　　0 ％	

旧務年代の町4（7～10の地）・小都市3、新務年代の町4（7～10の地）・小都市3

注

(1) 県変遷図の作成史料は拙著２、359頁参照。
(2) 拙著２、359頁。　(3) 拙著２、359頁。　(4) 拙著２、360頁の地理表に同じ。

第三編　銅銭区南部

おわりに

　表1に淮南西路9州軍の銭額表をまとめ、また戸数・新商税額を付している。L1壽州の元豊戸は約12万戸で、元豊に近い熙寧十年の新商税額は約7万貫であり、戸数・商税共に淮南西路でトップクラスである。熙寧十年の新酒額も約8万貫でトップクラスである。またL2廬州も元豊戸約9万戸・新商税額約6万貫・新酒額約7万貫でいずれもL1壽州次いで高額でトップクラスに属する。逆に戸・商税が低レベルのL6濠州（戸約5万・税約2万貫）の新酒額は約3万貫と少額である。淮南西路では戸・商税の大小がおおまかには酒額の大小と一致する。なお先に指摘しておいたが、L4和州の官売額には誤りがあると思われるので厳密な比較に使えないが、大まかな計算では同州の酒額を含めることにする。

　次に酒額の新旧の相違をみると、9州軍のうち5州軍が減額し、4州軍が増額している。路全体では11％減である。減額率・増額率いずれも同率の州軍はない。また新旧額の差も同数の州軍はない。このように州軍の新旧の増減率及び差が一定ではないので、斉一的・均一的な酒額の増減政策は行われなかったことがわかる。増減率・差額に一定の傾向がみられないのであるから、新旧額の相違は主として酒消費量自体の変動により生じたとみなければならない。

　次に官売額・買撲をみると、路全体の熙寧十年の官売額は約25万貫、買撲は約17万貫で、官売額が買撲の約1.4倍である。官売が路全体の60％を占め、買撲は40％であり、両者の差は10％に過ぎない。官売額と買撲に大差がないのは淮南西路の特徴である。しかし州軍別にみると官売率約70％以上の州軍5であり、全体の官売率が低くなっているのはL4

表1　L 淮南西路　銭額総合表

州軍		旧額	新額	差額	増額率	官売	買撲	官売率	買撲率	戸	新商税
L1	壽州	99,548	78,524	−21,024	−21	31,885	46,639	41	59	122,768	73,378
L2	廬州	84,657	70,724	−13,933	−16	57,605	13,119	81	19	90,488	62,072
L3	蘄州	44,316	35,595	−8,721	−20	29,549	6,046	83	17	112,373	53,666
L4	和州	36,553	26,114	−10,439	−29	125	25,989	0.5	99.5	39,289	26,998
L5	舒州	53,589	63,498	9,909	18	27,353	36,145	43	57	126,484	23,128
L6	濠州	24,871	25,045	174	0.7	17,180	7,865	69	31	47,314	19,103
L7	光州	39,979	45,262	5,283	13	40,434	4,828	89	11	65,958	24,871
L8	黃州	32,881	41,000	8,119	25	32,982	8,018	80	20	81,938	39,657
L9	無爲軍	53,152	32,686	−20,466	−39	14,771	17,915	45	55	51,887	36,161
計		469,546	418,448	−51,098	−11	251,884	166,564	60	40	738,499	359,034

注　州記号に下線を付した州軍は物額を有す

和州の官売率が0.5％と極端に低いことによる。またＬ１壽州・Ｌ５舒・Ｌ９無爲軍の３州軍はいずれも官売率が40％代であり、買撲率が高い。銅銭区ではこうした州軍は多くはない。

また各州軍の官売額・買撲をみると全州軍で相違しているので、両額同額の割付販売は行われなかったことがわかる。各州軍における官売率・買撲率をみると、全州軍で両比率は相違するので、両比率同率の割付販売の政策は取られなかった。したがって官売額・買撲・官売率・買撲率はそれぞれ都市エリア・町エリアの酒消費量が反映したものと解される。

但し上にみたように淮南西路の４州軍は買撲率が官売率をしのぐので小都市エリア・町エリアの消費量が大である。なお淮南西路では次に述べるように鎮市務が州県務よりやや多い。

次に表２に９州軍の酒務表をまとめている。旧務年代（旧商税務）・熙寧十年（新商税務）・元豊（地理表）のいずれにもみえない不明地０である。また地理表不記地も１例である。不明率０％・存続率99％は、淮南西路において酒務が置かれた行政都市・小都市・町が社会的・経済的に安定性が甚だ高かったことを証する。

同じく表２によれば全酒務78処でその内訳は州県酒務32、鎮市務46で、鎮市務が多い。銅銭区では一般的に鎮市務より州県務がはるかに多い（一編一章、比較表２）。

次に併設率が路全体としては82％と高率であり、併設率が50％未満の州軍０である。このことは淮南西路では酒務・商税務の併設が多く行われたことを証する。また新商税務が置かれた新務年代の併設地である新税務地の新務地率も78％と高率であるので、新務年代

表２　Ｌ淮南西路　酒務総合表

州軍	州県務	鎮市務	鎮市率	全酒務	併設地	併設率	対旧税商率	旧務税地	新税務地率	対新税商率	存続地	存続率	不明地	不明率	旧商税務	新商税務	地理表不記地
L1	5	10	67	15	8	53	100	9	60	90	15	100	0	0	8	10	0
L2	3	0	0	3	3	100	50	3	100	60	3	100	0	0	6	5	0
L3	4	4	50	8	8	100	100	8	100	100	8	100	0	0	8	8	0
L4	3	1	25	4	4	100	67	4	100	67	4	100	0	0	6	6	0
L5	5	14	74	19	18	95	95	13	68	100	18	95	0	0	19	13	1
L6	2	3	60	5	3	60	75	4	80	100	5	100	0	0	4	4	0
L7	4	2	33	6	6	100	86	6	100	86	6	100	0	0	7	7	0
L8	3	5	63	8	8	100	89	8	100	100	8	100	0	0	9	8	0
L9	3	7	70	10	6	60	75	6	60	86	10	100	0	0	8	7	0
計	32	46	59	78	64	82	85	61	78	90	77	99	0	0	75	68	1

注　酒務78＝存続地77＋不明地０＋地理表不記地１

第三編　銅銭区南部

でも併設が多く行なわれた。

表3　淮南西路　旧務年代の小都市・町

州　　軍	L1	L2	L3	L4	L5	L6	L7	L8	L9	計
行政都市	5	3	4	3	5	2	4	3	3	32
小　都　市	3	0	4	1	13	1	2	5	3	32
町	7	0	0	0	1	2	0	0	4	14
酒務（計）	15	3	8	4	19	5	6	8	10	78

典拠：各州軍酒務

　次に表3によれば旧務年代の酒務地78で、そのうち内訳は行政都市32、小都市32、町14である。都市64（32＋32）の対酒務地率82％、町14の対酒務地率18％である（表5）。また都市対町＝64対14で、町の対都市率は22％である（表5）。酒務の甚だ多くは都市エリアに置かれた。

　次に表3の全州軍9のうち小都市が0又は1の小都市未発達（表5、州軍甲）の州軍3で全州軍の33％であり（表5）、多くの州軍で小都市が発達していた。また町が0又は1の町未発達（表5、州軍乙）の州軍6で67％であるので（表5）、やや多くの州軍で町は発達していなかった。旧務年代の淮南西路では小都市は比較的に多くの州軍で発達しており、町は特定州軍（L1壽州・L9無爲軍）に発達していた（表3）。新務年代の州軍9のうち小都市未発達の州軍2で全州軍の22％に過ぎないので、多くの州軍で小都市が発達していた。また町未発達州軍6で全州軍の67％を占めているので、新務年代でも多くの州軍で町は発達していなかった（表4）。

　次に表4によれば新酒務地78の内訳は行政都市32、小都市29、町17である。新務年代の都市61（32＋29）の対酒務地率79％、町17の対酒務地率22％である（表5）。また都市対町＝61対17であり、町の対都市率は28％である（表5）。旧務年代とほぼ同じである。

　なお地理表に示した地名は九域志が採録した地であるが、九域志は草市や道店を採録しないので、存続地は旧酒務地より少なくなる場合がある。表2の存続地77・存続率99％以上になる可能性が充分にあろう。

　新務年代では淮南西路には少なくとも商税務・酒務が併置された行政都市32、小都市29、酒務のみが置かれた町17が存在した。

第二章　淮南西路

表4　淮南西路　新務年代の都市・町

州　　軍	L1	L2	L3	L4	L5	L6	L7	L8	L9	計
行 政 都 市	5	3	4	3	5	2	4	3	3	32
小　都　市	4	0	4	1	8	2	2	5	3	29
町	6	0	0	0	5	1	0	0	4	16
酒　務　県	0	0	0	0	0	0	0	0	0	0
存　続　地	15	3	8	4	18	5	6	8	10	77

典拠：各州軍酒務表
注　表3の酒務78と存続地77とが一致しないのはL5に地理表不記地（1）があるためである

次に酒務が置かれず商税務のみが記された地である旧商税地・新商税地は表6の如くである。淮南西路の旧商税地11処であり旧商税務75（表2）の一割強で、旧商税地は少数に過ぎない。このことに加えて併設地が64処と多いことから旧商税地は厳選された地であることがわかる。また全州軍9が旧商税地0〜3であることは、路として商税務乱設を行わなかったことを意味する。なお新商税地7で旧商税地より少ないのは、基本的には新務年代までに三司税務が減少したことによる（表2参照）。

表5　　　　変動表

	旧務年代		新務年代		変動
	州軍数	比率	州軍数	比率	
全　州　軍	9	—	9	—	0%
州　軍　甲	3	33%	2	22%	−33%
州　軍　乙	6	67%	6	67%	0%
酒　務　数	78		77		1%
都　市　数	64		61		−5%
町　　　数	14		17		21%
都市の対酒務率	82%		79%		−3%
町の対酒務率	18%		22%		4%
町の対都市率	22%		28%		6%

州軍甲：小都市未発達州軍（小都市0又は1）
州軍乙：町未発達州軍（町0又は1）
比率：甲、乙州軍÷全州軍
対酒務率＝都市数÷酒務数　対都市率＝町÷都市
州軍、酒務、都市、町の変動＝（新数−旧数）÷旧数
対酒務率、対都市率の変動＝新比率−旧比率
典拠：表3・表4

表6　淮南西路　新旧務地

州　　軍	L1	L2	L3	L4	L5	L6	L7	L8	L9	計
旧 商 税 地	0	3	0	2	1	1	1	1	2	11
新 商 税 地	1	2	0	2	0	0	1	0	1	7

旧商税地＝旧商税務−併設地　　新商税地＝新商税務−新税務地
典拠：「おわりに」表2

次ぎに本章の諸州軍の地理表の分析をまとめると表7の如くである。淮南西路の記載地118処で比較的多い水準Ⅲである。その内訳は町・小都市が50処で水準Ⅲ、また小さな町候補65処で水準Ⅲに属し、都市・町が比較的に多かった。それらの都市・町に置かれている機関を機能により分類すると、保安機関の鎮113と多く（水準Ⅳ）、寨・堡などの軍事機

第三編　銅銭区南部

関3（水準Ⅰ）、監・場などの生産機関2（水準Ⅰ）と少ない。軍事機関の寨3はＬ4和州に置かれた。生産機関は鋳銭監・礬場である。（水準は一編一章末、比較表1を参照）

表7　淮南西路　地理表記載地

路	記載地	無名地	町・小都市	大きな町に準ずる町	町候補地
L	118	0	無印地　49	○印地　4	×印地　65

機　能	保安	軍事	生産
機　関	鎮113	寨3	監1, 場1

記載地＝町・小都市＋大きな町に準ず町＋町候補地
典拠：本章地理表

第三章　兩浙路

1　杭州 M 1

杭州の酒務及び新旧酒銭額は次の如くである。

(1)　酒統計
舊。在城及餘杭・鹽官・富陽・新城・南新・於潛・昌化・臨安・湯村十務
歳　　　　　　　　　３６０，３４６貫
熙寧十年祖額　　　４７７，３２１貫１２６文
　　　買撲　　　　　２２，０２６貫１９２文
　　　　新額計　４９９，３４７貫３１８文

旧額は360,346貫・新額499,347貫（文切り捨て、以下の州軍同じ）で、両額の差額139,001貫・増額率39％である。また官売額（祖額、以下同じ）477,321貫・買撲22,026貫で、官売率96％・買撲率4％である。以上の諸数値を銭額表にまとめる。

(2)　酒務表

寰宇記93・九域志5・方域12により太平興国中〜元豊間の杭州諸県の変化を県変遷図[1]に示す。酒統計は在城・県務8・鎮市1を記すが、それらの酒務からは旧務年代は不明である。一般的な旧務年代である景祐〜慶暦に従っておく。

図によれば熙寧十年前の旧外県8であり、酒統計の県酒務8であるので、県置務率は100％である。また酒務は州県務9・鎮市務1の計10務で、州県務率90％・鎮市務率10％である。

M1 杭州	銭　額　表	
旧　　額		360,346貫
新　額	官売	477,321貫
	買撲	22,026貫
	計	499,347貫
新旧差額		139,001貫
増額率		39％
官売率		96％
買撲率		4％

次に酒統計に〇印を付した在城・餘杭・富陽・新城・南新・於潛・昌化・臨安（州県務8）の計8処が酒務・旧商税務の併設地である。酒務地10処にしめる併設地の併設率は80％である。また旧商税務13処[2]にしめる併設地の対旧商税務率は62％である。なお鹽官県の旧商税務は記載されていない。

次に酒務地に新商税務が設置された地である新税務地は、酒統計に□印を付した上記の

第三編　銅銭区南部

M1　杭州　鎮変遷図

県	新城	仁和				
鎮	南新	仁和	江漲橋	北範関	范浦	臨平
端拱1年	南新場	仁和②湯村改名	①建置	①建置	①建置	①建置
淳化5年	照徳県③昇格					
6年	南新県④改名					
旧務年代	↓ ○	×	×	×	×	×
熙寧5年	南新鎮⑤降格					
10年	↓	×	○	○	○	×
元豊						

M1　杭州　県変遷図

年代	外県								郭下	
	(南)新城	新城	昌化	臨安	鹽官	富陽	餘杭	於潛	仁和	銭塘
太平興国中	南新場→									
	①昭徳県									
淳化5年 994										
	②南新県									
6年										
旧額設定	1 ○	2 ○	3 ○	4 ○	5 ×	6 ○	7 ○	8 ○	○	○
熙寧5年 1072	③→									
10年		7 ○	6 ○	5 ○	4 ○	3 ○	2 ×	1 ○	○	○

1・3・4・6〜8の地・鹽官（州県務7）、及び5の地（鎮市務1）の計8処である。酒務地10処にしめる新税務地の新務地率は80％である。また新商税務15処[3]に対する新税務地の対新商税務率は53％である。なお鹽官県旧商税務・餘杭県の新商税務は記載されていない。また旧務年代の南新県は熙寧五年以降は降格されて鎮である。

次に酒務地で元豊まで存在して地理表[4]にみえる存続地は、酒統計の地名に△印を付している。存続地は上記の1〜4・6〜9の地（州県務8）、及び5の地・湯村（鎮市務2）で計10処である。酒務地10処にしめる存続地の存続率は100％である。

次に旧務年代の町は○印を付さない鎮で（以下の州軍酒統計同じ）、1処（10の地）である。新務年代の町は△印のみの鎮市及び○△の鎮市で（以下の州軍酒統計同じ）、1処（10の地）である。

次に旧商税務・新商税務・地理表のいずれにもみえない不明地はなく、不明率0％である。以上の杭州の酒務・諸数値を酒務表に整理して示す。

第三章　兩浙路

M1 杭州　格大都監府　地理表（主戸164,293　客戸38,523　計202,816　貢　綾、藤紙）

格	県	距離	郷	鎮	％	その他	備　考	水　系	計9
望	錢塘	郭下	11	4	36		南場・北關・安溪・西溪鎮	浙江	1
						塩監1	名称不記		
望	仁和	郭下	9	4	44		臨平・范浦・江漲橋・湯村鎮	浙江	1
						塩場1	名称不記		
望	餘杭	西北 72	9	0	0	0		南下湖	1
望	臨安	西 120	21	0	0	0		南溪，猷溪	2
緊	富陽	西南 73	10	0	0	0		浙江	0
緊	於潛	西 203	6	1	16	0	保城鎮	印渚	1
上	新城	西南 130	12	2	16	0	東安・南新鎮	桐溪	1
上	鹽官	東 129	6	1	16	塩監1	長安鎮		0
							名称不記		
中	昌化	西 248	4	0	0	塩場1	名称不記	柴溪	1
計 9			88	12	13	4	土産　乾地黄・牛膠・藤紙・蜜・乾薑・緋綾・白編綾・海蛤・橘・木瓜		10種

×印の地：小さな町候補地12

M1 杭州　酒務表

	外県	置務県	置務率	州県務	州県務率	鎮市務	鎮市務率	酒務地	併設地	併設率	対旧商税務	旧商税務率	新税務地	新税務地率	新商税務	新商税務率	対新商税率	存続地	存続率
	8	8	100	9	90	1	10	10	8	80	13	62	8	80	15	53		10	100

併設地	州県	在城¹・餘杭²・富陽³・新城⁴・南新⁵・於潛⁶・昌化⁷・臨安⁸		8 処
計　8	鎮市	（小都市、以下の州軍酒務表同じ）		0 処
新税務地	州県	1・3・4・6～8の地，鹽官⁹		7 処
計　8	鎮市	5の地（小都市、以下の州軍酒務表同じ）		1 処
存続地	州県	1～4・6～9の地		8 処
計 10	鎮市	5の地・湯村¹⁰		2 処
不　明　地			0 処　不明率	0 ％

旧務年代の町1（10の地）・小都市0、新務年代の町1（10の地）・小都市1
注　2の地は新務年代の酒務県（税務不記の県）

注

(1) 県変遷図の作成史料は拙著2、367頁参照。
(2) 拙著2、366頁。
(3) 拙著2、366頁。
(4) 拙著2、369頁の地理表に同じ。

第三編　銅銭区南部

2　越州 M 2

越州の酒務及び新旧酒銭額は次の如くである。

（1）　酒統計
舊。在城及上虞・餘姚・蕭山・諸暨・山陰・剡県・臨浦・西興・漁浦鎮十務
　　　　　　　　　　　　　　　　　　①
歳　　　　　　　　123,297貫
熈寧十年祖額　　　83,707貫098文
　　買撲　　　　　33,385貫044文
　　　　②
　　　　新額計　117,092貫142文
注　①郭下県、酒務数に入れず　②原文、貫。誤

旧額は123,297貫・新額117,092貫で、両額の差額−6,205貫・増額率−5％である。また官売額83,707貫・買撲33,385貫で、官売率71％・買撲率29％である。以上の諸数値を銭額表にまとめる。

M2 越州	銭額表	
旧額		123,297貫
新額	官売	83,707貫
	買撲	33,385貫
	計	117,092貫
新旧差額		−6,205貫
増額率		−5％
官売率		71％
買撲率		29％

（2）　酒務表

宋本寰宇記96・九域志5により太平興国中〜元豊間の越州諸県の変化を県変遷図(1)に示す。酒統計は在城・県務5（郭下県を入れず）・鎮市務3を記すが、それらの酒務からは旧務年代は不明である。一般的な旧務年代である景祐〜慶暦に従っておく。

図によれば熈寧十年前の旧外県6であり、酒統計の県酒務5（山陰県を除く）であるので、県置務率は83％である。また酒務は州県務6・鎮市務3の計9務で、州県務率67％・鎮市務率33％である。

M2 越州　県変遷図								
年代	外県						郭下	
太平興国中 976〜983	新昌	蕭山	上虞	餘姚	諸暨	剡県	會稽	山陰
旧務年代	1○	2○	3○	4○	5○	6○	○	○
	×							
熈寧10年 1077	○6	○5	○4	○3	○2	○1	○	○
	↓	↓	↓	↓	↓	↓	↓	↓

次に酒統計に○印を付した在城・上虞・餘姚・蕭山・諸暨・剡県（州県務6）及び西興・漁浦（鎮市務2）の計8処が酒務・旧商税務の併設地である。酒務地9処にしめる併設地の併設率は89％である。また旧商税務9処(2)に対する併設地の対旧商税務率は89％である。なお新昌県の酒務は記載されていない。

次に酒務地に新商税務が設置された地である新税務地は、酒統計に□印を付した上記の

第三章　兩浙路

1～6の地（州県務6）、及び7・8の地（鎮市務2）の計8処である。酒務地9処にしめる新税務地の新務地率は89％である。また新商税務13処[3]に対する新税務地の対新商税務率は62％である。

次に酒務地で元豊まで存在して地理表[4]にみえる存続地は、酒統計の地名に△印を付している。存続地は上記の1～6の地（州県務6）、及び7・8（鎮市務2）で計8処である。酒務地9処にしめる存続地の存続率は89％である。

次に旧商税務・新商税務・地理表のいずれにもみえない不明地は臨浦務[9]のみで、不明率は11％である。以上の酒務・諸数値を酒務表に整理して示す。

M2 越州　格大都監府　地理表（主戸152,585　客戸337　計152,922　貢　越綾，輕容紗，茜緋花紗）

格	県	距　離	郷	鎮	％	その他	備　　考	水　　系	計14
望	會稽	郭下	14	5	35	0	東城・曹娥・纂風・平水・三界鎮	大海，曹蛾江	2
望	山陰	郭下	14	1	7	0	錢清鎮	大江，鏡湖，運河	3
望	剡県	東南 180	27	0	0	0		剡溪	1
望	諸曁	西南 142	25	0	0	銀冶 1	龍泉銀冶	浣江，蟹浦	2
望	餘姚	東北 147	15	0	0	0		餘姚江	1
望	上虞	東　 120	14	1	7	0	五夫鎮	上虞江，運河	2
緊	蕭山	西北 100	15	2	13	0	西興・漁浦鎮	浙江，運河	2
緊	新昌	東南 220	8	0	0	0		眞水	1
計 8			132	9	6	1	土産　緋紗，瓷器，越綾，甘橘，葛根，交梭白綾（宋本）		7種

×印の地：小さな町候補地 5

M2 越州　　　　　酒　務　表

外県	置務県	置務率	州県務	州県務率	鎮市務	鎮市務率	酒務	併設地	併設率	旧商税務	対税旧商率	新税務地	新務地率	新商税務	新商税率	対税新商率	存続地	存続率
6	5	83	6	67	3	33	9	8	89	9	89	8	89	13		62	8	89

併設地	州県	1 在城・2 上虞・3 餘姚・4 蕭山・5 諸曁・6 剡県	6 処
計 8	鎮市	7 西興・8 漁浦	2 処
新税務地	州県	1～6の地	6 処
計 8	鎮市	7・8の地	2 処
存続地	州県	1～6の地	6 処
計 8	鎮市	7・8の地	2 処
不　明　地		9 臨浦　　　　　　　　　　　　　　1 処　　不明率　　11 ％	

旧務年代の町 1（9の地）・小都市 2、新務年代の町 0・小都市 6

第三編　銅銭区南部

注

(1)　県変遷図の作成史料は拙著2、370頁参照。
(2)　拙著2、370頁。
(3)　拙著2、370頁。
(4)　拙著2、371頁の地理表に同じ。

3　蘇州M3

蘇州の酒務及び新旧酒銭額は次の如くである。

(1)　酒統計

舊。在城及常熟・呉江県・福山・慶安・木瀆・崑山鎮七務①

歳	283,251貫
熙寧十年祖額	263,122貫223文
買撲	24,262貫548文
新額計	287,384貫771文

注　①原文、崑山鎮。本文参照

旧商税務・新商税務・地理表・塩銭統計に崑山鎮はみえず崑山県がみえる[1]。したがって酒統計原文の崑山鎮の鎮は県の誤り、もしくは衍字であろう。以下では崑山県として論を進める。

旧額は283,251貫・新額287,384貫で、両額の差額4,133貫・増額率1％である。また官売額263,122貫・買撲24,262貫で、官売率92％・買撲率8％である。以上の諸数値を銭額表にまとめる。

M3 蘇州　銭額表

旧	額		283,251貫
新	額	官売	263,122貫
		買撲	24,262貫
		計	287,384貫
新旧差額			4,133貫
増額率			1％
官売率			92％
買撲率			8％

(2)　酒務表

宋本寰宇記91・九域志5により太平興国中〜元豊間の蘇州諸県の変化を県変遷図[2]に示す。

酒統計は在城・県務3・鎮市3を記すが、それらの酒務からは旧務年代は不明である。一般的な旧務年代であ

M3 蘇州　県変遷図

年代	外　県	郭　下
太平興国中	崑山　呉江　常熟	長洲　呉県
旧務年代	1○　2○　3○	○　○
熙寧10年 1077	○　○　○ 3　2　1	○　○

第三章　兩浙路

る景祐～慶暦に従っておく。

　図によれば熙寧十年前の旧外県3であり、酒統計の県酒務3であるので、県置務率は100％である。また酒務は州県務4・鎮市務3の計7務で、州県務率57％・鎮市務率43％である。

　次に酒統計に○印を付した在城・常熟・呉江・崑山（州県務4）、及び福山鎮（鎮市務1）の計5処が酒務・旧商税務の併設地である。酒務地7処にしめる併設地の併設率は71％である。また旧商税務5処[(3)]にしめる併設地の対旧商税務率は100％である。

　次に酒務地に新商税務が設置された地である新税務地は、酒統計に□印を付した上記1～4の地（州県務4）、及び5の地・慶安・木瀆（鎮市務3）の計7処である。酒務地7処に対する新税務地の新務地率は100％である。また新商税務8処[(4)]に対する新税務地7の対新商税務率は88％である。

　次に酒務地で元豊まで存在して地理表[(5)]にみえる存続地は、酒統計の地名に△印を付している。存続地は上記の1～4の地（州県務4）、及び5～7の地（鎮市務3）で計7処である。酒務地7処にしめる存続地の存続率は100％である。

　次に旧商税務・新商税務・地理表のいずれにもみえない不明地はなく、不明率0％である。以上の酒務・諸数値を酒務表に整理して示す。

M3　蘇州　格望　地理表（主戸158,767　客戸15,202　計173,969　貢　席，蛇牀子，葛，白石脂）

格	県	距　離	郷	鎮	％	その他	備　　考	水　　系	計9
望	呉県	郭下	20	1	5	0	木瀆鎮	呉江, 太湖	2
望	長洲	郭下	19	0	0	0		松江, 運河	2
望	崑山	東　70	14	0	0	0		松江	1
望	常熟	北　75	9	3	33	0	福山・慶安・梅里鎮	大江, 運河	2
緊	呉江	南　40	4	0	0	0		呉江, 運河	2
計 5			66	4	6	0	土産　絲葛, 白石脂, 藕, 綾, 席, 草履, 蛇床子		7種

第三編　銅銭区南部

M3 蘇州　　　　　　　　　　酒　務　表

		外県	置務県	置務率	州県務	州県務率	鎮市務	鎮市務率	酒務	併設地	併設率	旧商税務	対税旧商率	新税務地	新税務地率	新商税務	対税新商率	存続地	存続率
		3	3	100	4	57	3	43	7	5	71	5	100	7	100	8	88	7	100

併設地	州県	在城[1]・常熟[2]・呉江[3]・崑山[4]	4 処
計　5	鎮市	福山[5]	1 処
新税務地	州県	1～4 の地	4 処
計　7	鎮市	5 の地, 慶安[6]・木涜[7]	3 処
存続地	州県	1～4 の地	4 処
計　7	鎮市	5～7 の地	3 処
不　明　地		0 処　　　　　不明率　　0 ％	

旧務年代の町 2（6・7 の地）・小都市 1、新務年代の町 0・小都市 3

注

(1) 地理表・長編及び宋会要にも蘇州の崑山鎮はみえない。淮南西路無為軍虜江県には崑山鎮がある。
(2) 県変遷図の作成史料は拙著 2、372 頁参照。
(3) 拙著 2、372 頁。　(4) 拙著 2、372 頁。　(5) 拙著 2、373 頁の地理表に同じ。

4　潤州 M 4

潤州の酒務及び新旧酒銭額は次の如くである。

(1)　酒統計

舊。在城及丹徒県○△・金壇・延陵県○□△・丁角△・呂城鎮○□△六務
　　　　　　①　　　　　　　　②
歳　　　　　　　67,323 貫
熙寧十年祖額　　66,670 貫 413 文
　　買撲　　　　20,759 貫 227 文
　　　新額計　　87,429 貫 640 文
　注　①郭下県、酒務数に入れず　②熙寧五年に降格

旧額は 67,323 貫・新額 87,429 貫で、両額の差額 20,106 貫・増額率 30％ である。また官売額 66,670 貫・買撲 20,759 貫で、官売率 76％・買撲率 24％ である。以上の諸数値を銭額表にまとめる。

— 494 —

(2) 酒務表

寰宇記89・九域志5により太平興国中〜元豊間の潤州諸県の変化を県変遷図[1]に示す。酒統計は在城・県務2（郭下県を入れず）・鎮市2を記すが、酒務からは旧務年代は不明である。一般的な旧務年代である景祐〜慶暦に従っておく。

図によれば熙寧五年前の旧外県3であり、酒統計の県酒務2（丹徒県を除く）であるので、県置務率は67％である。また酒務は州県務3・鎮市務2の計5務で、州県務率60％・鎮市務率40％である。

次に酒統計に○印を付した在城¹・金壇²（州県務2）、及び呂城鎮³（鎮市務1）の計3処が酒務・旧商税務の併設地である。酒務地5処にしめる併設地の併設率は60％である。また旧商税務5処[2]に対する併設地の対旧商税務率は60％である。なお延陵県の旧商税務は記載されていない。また丹陽県の酒務も記載されていない。

次に酒務地に新商税務が設置された地である新税務地は、酒統計に□印を付した上記の1・2の地（州県務2）、及び3の地・延陵⁴・丁角⁵（鎮市務3）の計5処である。酒務地5処にしめる新税務地の新務地率は100％である。また新商税務7処[3]に対する新税務地の対新商税務率は71％である。なお旧務年代の延陵県⁴は熙寧五年以降鎮である。

次に酒務地で元豊まで存在して地理表[4]にみえる存続地は、酒統計の地名に△印を付している。存続地は上記の1・2の地（州県務2）、及び3〜5（鎮市務3）で計5処である。酒務地5処にしめる存続地の存続率は100％である。

次に旧商税務・新税務・地理表のいずれにもみえない不明地はなく、不明率は0％である。以上の酒務・諸数値を酒務表に整理して示す。

M4 潤州　銭額表

旧額		67,323貫
新額	官売	66,670貫
	買撲	20,759貫
	計	87,429貫
新旧差額		20,106貫
増額率		30％
官売率		76％
買撲率		24％

M4 潤州　県変遷図

年代	外県			郭下
	延陵	丹陽	金壇	丹徒
太平興国中	延陵	丹陽	金壇	丹徒
旧務年代	1×	2○	3○	○
熙寧5年 1072	①→	×		○
10年		○2	○1	○

M4 潤州　格望　地理表（主戸33,318　客戸21,480　計54,798　貢　羅，綾）

格	県	距離	郷	鎮	％	その他	備考	水系	計6
緊	丹徒	郭下	8	3	37	寨 1	丹徒・大港・丁角鎮 圍山寨	揚子江、潤浦	2
緊	丹陽	東南64	12	2	16	0	延陵・呂城鎮	運河、後湖、練湖	3
緊	金壇	東南140	9	0	0	0		長塘湖	1
計3			29	5	17	1 土産	方紋綾，水波綾，羅綿絹		3種

×印の地：小さな町候補地2

第三編　銅銭区南部

M4 潤州　　　　　　　　　　酒　務　表

外県	置務県	置務県率	州県務	州県務率	鎮市務	鎮市務率	酒務地	併設地	併設率	旧商税務	対税旧商率	新税務地	新税務地率	新商税務	対税新商率	存続地	存続率
3	2	67	3	60	2	40	5	3	60	5	60	5	100	7	71	5	100

併設地	州県	在城¹・金壇²														2処	
計 3	鎮市	呂城³														1処	
新税務地	州県	1・2の地														2処	
計 5	鎮市	3の地・延陵⁴・丁角⁵														3処	
存続地	州県	1・2の地														2処	
計 5	鎮市	3～5の地														3処	
不　明　地													0処	不明率		0	%

旧務年代の町1（5の地）・小都市1、新務年代の町0・小都市3
注　新旧商務税務数には郭下県務を含めず。拙著2、374頁参照

注

(1) 県変遷図の作成史料は拙著2、374頁参照。
(2) 拙著2、373頁。なお旧商税務にも丹徒県がみえるが、商税務数に入れていない。
(3) 拙著2、373頁。　(4) 拙著2、375頁の地理表に同じ。

5　湖州M 5

湖州の酒務及び新旧酒銭額は次の如くである。

(1) 酒統計

舊。在城及長興・烏墩①・歸安・安吉・德清・武康県七務③

歳	109,657貫
熙寧十年祖額	98,369貫676文
買撲	37,747貫884文
新額計	136,117貫560文

注　①原文、城。地理表・新旧商税務、墩　②郭下県、酒務数に入れず　③原文、六。計7

　旧額は109,657貫・新額136,116貫で、両額の差額26,459貫・増額率24％である。また官売額98,369貫・買撲37,747貫で、官売率72％・買撲率28％である。以上の諸数値を銭額表にまとめる。

第三章　兩浙路

(2) 酒務表

寰宇記94・九域志5により太平興国中～元豊間の湖州諸県の変化を県変遷図(1)に示す。酒統計は在城・県務4・鎮市1を記すが、それらの酒務からは旧務年代は不明である。一般的な旧務年代である景祐～慶暦に従っておく。

図によれば熙寧十年前の旧外県4であり、酒統計の県酒務4であるので、県置務率は100％である。また酒務は州県務5・鎮市務1の計6務で、州県務率83％・鎮市務率17％である。

次に酒統計に○印を付した在城¹・長興²・安吉³・徳清⁴・武康⁵（州県務5）、及び烏墩⁶（鎮市務1）の計6処が酒務・旧商税務の併設地である。酒務地6処にしめる併設地の併設率は100％である。また旧商税務10処(2)に対する併設地の対旧商税務率は60％である。

次に酒務地に新商税務が設置された地である新税務地は、酒統計に□印を付した上記の1～5の地（州県務5）、及び6の地（鎮市務1）の計6処である。酒務地6処にしめる新税務地の新務地率は100％である。また新商税務10処(3)に対する新税務地の対新商税務率は60％である。

次に酒務地で元豊まで存在して地理表(4)にみえる存続地は、酒統計の地名に△印を付している。存続地は上記の1～5の（州県務5）、及び6の地（鎮市務1）の計6処である。酒務地6処にしめる存続地の存続率は100％である。

次に旧商税務・新商税務・地理表のいずれにもみえない不明地はなく、不明率0％である。以上の湖州の酒務・諸数値を酒務表に整理して示す。

M5 湖州　銭額表

旧額		109,657貫
新額	官売	98,369貫
	買撲	37,747貫
	計	136,116貫
新旧差額		26,459貫
増額率		24％
官売率		72％
買撲率		28％

M5 湖州　県変遷図

年代	外県	郭下
	武康　徳清　長興　安吉	帰安　烏程
太平興国7年 982		①建置
旧務年代	1○　2○　3○　4○	○　○
熙寧10年 1077	4○　3○　2○　1○	○　○

M5 湖州　格上　地理表（主戸134,612　客戸10,509　計145,121　貢　白紵,漆器）

格	県	距離	郷	鎮	％	その他	備　考	水　系	計10
望	烏程	郭下	11	1	9	0	烏墩鎮	太湖, 苕溪, 霅溪	3
望	帰安	郭下	10	1	10	0	施渚鎮	呉興塘	1
望	安吉	西南171	16	1	6	0	梅溪鎮	苕水, 揚子湖	2
望	長興	西北 70	15	2	13	0	四安・永口鎮	西湖	1
緊	徳清	南　105	6	1	16	0	新市鎮	苧溪	1
上	武康	西南107	4	0	0	0		前溪, 餘不溪	2
	計 6		62	6	9	0	土産　紫笋菜, 木瓜, 糝煎, 重杭子, 白紵布		5種

×印の地：小さな町候補地1

— 497 —

第三編　銅銭区南部

M5 湖州　　　　　　　　　　酒　務　表

外県	置務県	置務県率	州県務	州県務率	鎮市務	鎮市務率	酒務	併設地	併設率	旧商税務	対税旧商率	新税務地	新税務地率	新商税務	対税新商率	存続地	存続率
4	4	100	5	83	1	17	6	6	100	10	60	6	100	10	60	6	100

併 設 地	州県	$\overset{1}{在城}$・$\overset{2}{長興}$・$\overset{3}{安吉}$・$\overset{4}{德清}$・$\overset{5}{武康}$	5 処
計　6	鎮市	$\overset{6}{烏墩}$	1 処
新税務地	州県	1〜5の地	5 処
計　6	鎮市	6の地	1 処
存 続 地	州県	1〜5の地	5 処
計　6	鎮市	6の地	1 処
不　明　地		0 処　不明率　0 ％	

旧務年代の町0・小都市1、新務年代の町0・小都市1

注

(1)　県変遷図の作成史料は拙著2、376頁参照。
(2)　拙著2、375頁。　(3)　拙著2、375頁。
(4)　拙著2、376頁の地理表に同じ。

6　婺州 M 6

婺州の酒務及び新旧酒銭額は次の如くである。

(1)　酒統計
舊。在城及東陽・義烏・永康・武義・浦江・蘭溪県・李溪・孝順鎮九務①

歳　　　　　　　　１２０，４１２貫
熙寧十年祖額　　　６４，０５４貫７０１文
　　　買撲　　　　２９，３７３貫９０９文
　　　　新額計　　９３，４２８貫６１０文
　注　①原文、李。志、孝

旧額は120,412貫・新額93,427貫で、両額の差額－26,985貫・増額率－22％である。また官売額64,054貫・買撲29,373貫で、官売率69％・買撲率31％である。以上の諸数値を銭額表にまとめる。

(2) 酒務表

寰宇記97・九域志5により太平興国中～元豊間の婺州諸県の変化を県変遷図に示す。酒統計は在城・県務6・鎮市2を記すが、それらの酒務からは旧務年代は不明である。一般的な旧務年代である景祐～慶暦に従っておく。

図によれば熙寧十年前の旧外県6であり、酒統計の県酒務6であるので、県置務率は100％である。また酒務は州県務7・鎮市務2務の計9務で、州県務率78％・鎮市務率22％である。

次に酒統計に○印を付した在城¹・東陽²・義烏³・永康⁴・武義⁵・浦江⁶・蘭渓⁷県（州県務7）及び李渓⁸（鎮市務1）の計8処が酒務・旧商税務の併設地である。酒務地9処にしめる併設地の併設率は89％である。また旧商税務8処に対する併設地の対旧商税務率は100％である。

M6 婺州	銭　額　表	
旧　　額		120,412貫
新　　額	官売	64,054貫
	買撲	29,373貫
	計	93,427貫
新旧差額		−26,985貫
増額率		−22％
官売率		69％
買撲率		31％

M6 婺州　県変遷図

次に酒務地に新商税務が設置された地である新税務地は、酒統計に□印を付した上記の1～7の地（州県務7）、及び孝順鎮（鎮市務1）の計8処である。酒務地9処にしめる新税務地の新務地率は89％である。また新商税務9処に対する新税務地の対新商税務率は89％である。なお李渓⁸に新商税務は置かれていない。

次に酒務地で元豊まで存在して地理表にみえる存続地は、酒統計の地名に△印を付している。存続地は上記の1～7の地（州県務7）、及び9の地（鎮市務1）で計8処である。酒務地9処にしめる存続地の存続率は89％である。

次に旧商税務・新商税務・地理表のいずれにもみえない不明地はなく、不明率0％である。以上の酒務・諸数値を酒務表に整理して示す。なお李渓⁸務が地理表にみえず、存続率＋不明率＜100％である。

第三編　銅銭区南部

M6 婺州　格上　地理表（主戸129,751　客戸8,346　計138,097　貢　綿、藤紙）

格	県	距　離	郷	鎮	％	その他	備　考	水　系	計7
望	金華	郭下	13	1	7		孝順鎮	東陽江	1
望	東陽	東　155	14	0	0	鎮場 1	名称不記	東陽江	1
望	義烏	東北 110	8	0	0	0		義烏溪	1
望	蘭溪	西北　55	10	0	0	0		蘭溪	1
緊	永康	東南 109	10	0	0	0		永康溪	1
上	武義	南　90	4	0	0	0		永康溪	1
上	浦江	東　120	7	0	0	0		浦陽江	1
計　7			66	1	1	1	土産　綿、紵、絹		3種

×印の地：小さな町候補地 1

M6 婺州　　　　酒　務　表

外県 6	置務県 6	置務率 100	州県務 7	州県務率 78	鎮市務 2	鎮市務率 22	酒務 9	併設地 8	併設率 89	旧商税務 8	対税旧商率 100	新税務地 8	新税務地率 89	新商税務 9	対税新商率 89	存続地 8	存続率 89

併設地	州県	在城¹・東陽²・義烏³・永康⁴・武義⁵・浦江⁶・蘭溪⁷	7処
計　8	鎮市	李溪⁸	1処
新税務地	州県	1〜7の地	7処
計　8	鎮市	孝順鎮⁹	1処
存続地	州県	1〜7の地	7処
計　8	鎮市	9の地	1処
不　明　地			0処　不明率　0％

旧務年代の町 1（9の地）・小都市 1、新務年代の町 0・小都市 1
注　8の地は地理表不記地、存続地・新務年代の町に入れず

注

(1) 県変遷図の作成史料は拙著 2、377頁参照。
(2) 拙著 2、377頁。　(3) 拙著 2、377頁。
(4) 拙著 2、378頁の地理表に同じ。

7　明州 M 7

明州の酒務及び新旧酒銭額は次の如くである。

(1)　酒統計

舊。在城及奉化・慈溪・定海県・小溪鎮五務
歳　　　　　　　　　８３，１５４貫

熙寧十年祖額　　　　　８３，１１６貫３９５文
　　買撲　　　　　　　２５，４７９貫１９２文
　　　新額計　　　　１０８，５９５貫５８７文

　旧額は83,154貫・新額108,595貫で、両額の差額25,441貫・増額率31％である。また官売額83,116貫・買撲25,479貫で、官売率77％・買撲率23％である。以上の諸数値を銭額表にまとめる。

M7 明州	銭　額　表	
旧　額		83,154貫
新　額	官売	83,116貫
	買撲	25,479貫
	計	108,595貫
新旧差額		25,441貫
増額率		31％
官売率		77％
買撲率		23％

(2) 酒務表

　寰宇記98・九域志5・方域12により太平興国中～元豊間の明州諸県の変化を県変遷図[1]に示す。酒統計は在城・県務3・鎮市1を記すが、それらの酒務からは旧務年代は不明であるので、一般的な旧務年代である景祐～慶暦に従っておく。

　図によれば熙寧六年前の旧外県4であり、酒統計の県酒務3であるので、県置務率は75％である。また酒務は州県務4・鎮市務1の計5務で、州県務率80％・鎮市務率20％である。

　次に酒統計に○印を付した在城・奉化・慈溪・定海県（州県務4）の計4処が酒務・旧商税務の併設地で、併設地の併設率は80％である。また旧商税務5処[2]に対する併設地の対旧商税務率は80％である。なお象山県の酒務は記載されていない。

　次に酒務地に新商税務が設置された地である新税務地は、酒統計に□印を付した上記の1～4の地（州県務4）の計4処である。酒務地5処にしめる新税務地の新務地率は80％である。また新商税務5処[3]に対する新税務の対新商税務率は80％である。なお図にみえる熙寧6年に建置された昌國県の新商税務は記載されていない。

　次に酒務地で元豊まで存在して地理表[4]にみえる存続地は、酒統計の地名に△印を付している。存続地は上記の1～4の地（州県務4）、及び小溪鎮（鎮市務1）で計5処である。酒務地5処にしめる存続地の存続率は100％である。

　次に旧商税務・新商税務・地理表のいずれにもみえない不明地はなく、不明率は0％である。以上の酒務・諸数値を酒務表に整理して示す。

第三編　銅銭区南部

M7 明州　格上　地理表（主戸57,874　客戸57,334　計115,208　貢　綾，乾山蕷，烏賊魚骨）

格	県	距　離	郷	鎮	%	その他	備　　考	水　系	計4
望	鄞県	郭下	13	1	7	0	小溪鎮	廣德湖	1
望	奉化	南 80	8	1	12	0	公塘鎮 ×		0
上	慈溪	西 60	5	0	0	塩場1	鳴鶴鹽場	慈溪	1
上	定海	東北 71	6	1	16	0	蟹浦鎮 ×	大浹江	1
下	象山	東南 360	3	0	0	0			0
下	昌國	東北 175	4	0	0	塩場1	名称不記	西湖	1
計 6			39	3	7	2	土産　絹，海物，舶船，紅蝦鮓，大蝦米		5種

×印の地：小さな町候補地 4

M7 明州　　　　　　　酒　務　表

外県	置務県	置務率	州県務	州県務率	鎮市務	鎮市務率	酒務地	併設地	併設率	旧商税務	旧商税率	対税旧商率	新税務地	新税務率	新商税務	新商税率	対税新商率	存続地	存続率
4	3	75	4	80	1	20	5	4	80	5	80	4	80	5	80	5	80	5	100

併設地	州県	在城¹・奉化²・慈溪³・定海⁴	4 処
計 4	鎮市		0 処
新税務地	州県	1〜4の地	4 処
計 4	鎮市		0 処
存続地	州県	1〜4の地	4 処
計 5	鎮市	小溪鎮⁵	1 処
不　明　地		0 処　不明率　0 %	

旧務年代の町 1（5の地）・小都市 0 、新務年代の町 1（5の地）・小都市 0

注

(1)　県変遷図の作成史料は拙著 2、379頁参照。
(2)　拙著 2、378頁。　(3)　拙著 2、379頁。
(4)　拙著 2、380頁の地理表に同じ。

8　常州 M 8

常州の酒務及び新旧酒銭額は次の如くである。

(1)　酒統計

舊。在城及宜興・奔牛・望亭鎮①・萬歳・湖㳇②・青城・横林・張渚鎮③九務
歳　　　　　　　　１０５，８６５貫

第三章　兩浙路

```
熙寧十年租額　　　　　１２０，１３６貫７０２文
　　買撲　　　　　　　　２７，１２９貫８１７文
　　　　新額計　　　　１４７，２６６貫５１９文
```
注　①原文、堰。志、鎮　②原文、汉。志、狀　③原文、緒。志、渚

旧額は105,865貫・新額147,265貫で、両額の差額41,400貫・増額率39％である。また官売額120,136貫・買撲27,129貫で、官売率82％・買撲率18％である。以上の諸数値を銭額表にまとめる。

M8 常州	銭 額 表	
旧　　額		105,865 貫
新　額	官売	120,136 貫
	買撲	27,129 貫
	計	147,265 貫
新旧差額		41,400 貫
増額率		39 ％
官売率		82 ％
買撲率		18 ％

(2)　酒務表

寰宇記92・九域志5により太平興国中～元豊間の常州諸県の変化を県変遷図[1]に示す。酒統計は在城・県務1・鎮市7を記すが、それらの酒務からは旧務年代は不明で、一般的な旧務年代である景祐～慶暦に従っておく。

図によれば熙寧四年前の旧外県2であり、酒統計の県酒務1であるので、県置務率は50％である。また酒務は州県務2・鎮市務7の計9務で、州県務率22％・鎮市務率78％であり、鎮市務率が甚だ高い。

次に酒統計に〇印を付した在城・宜興県（州県務2）、及び湖狀（鎮市務1）の計3処が酒務・旧商税務の併設地であり、併設率は33％と低率である。また旧商税務5処[2]に対する併設地の対旧商税務率は60％である。なお無錫県の酒務は記載されていない。

M8 常州	県変遷図		
年　代	外　　県		郭　下
太平興国中	江陰　江陰軍	宜興　無錫	武進　晋陵
淳化1年 990	①		
3年	② 江陰軍		
旧務年代		1〇 2〇 ×	〇
熙寧4年 1071	③		
10年	〇3	〇2 〇1	〇

次に酒務地に新商税務が設置された地である新税務地は、酒統計に□印を付した上記の1・2の地（州県務2）、及び3の地・奔牛・萬歳・青城・張渚鎮（鎮市務5）の計7処である。酒務地9処にしめる新税務地の新務地率は78％である。また新商税務11処[3]に対する新税務地の対新商税務率は64％である。

次に酒務地で元豊まで存在して地理表[4]にみえる存続地は、酒統計の地名に△印を付している。存続地は上記の1・2の地（州県務2）、及び3～7の地・望亭鎮・横林（鎮市務7）で計9処である。酒務地9処にしめる存続地の存続率は100％である。

第三編　銅銭区南部

次に旧商税務・新商税務・地理表にみえない不明地はなく、不明率は０％である。以上の酒務・諸数値を酒務表に整理して示す。

M8 常州　格望　地理表（主戸90,852　客戸45,508　計136,360　貢　白紵，紗，席）

格	県	距　離	郷	鎮	%	その他	備　　　考	水　系	計12
望	晋陵	郭下	20	1	5	0	横林鎮	揚子江, 太湖, 運河	3
望	武進	郭下	15	3	20	0	奔牛・青城・萬歳鎮	運河, 滆湖	2
望	無錫	東　91	23	1	4	0	望亭鎮	運河, 無錫湖	2
望	宜興	西南 120	16	2	12	0	湖洑・張渚鎮	運河, 太湖, 陽羨溪	3
望	江陰	東北 90	19	3	15	0	利城・茶林・石橋鎮	芙蓉湖, 大江	2
計　5			93	10	10	0	土産　紅紫綿布, 白紵布, 緊紗, 紫芛茶, 薯蕷, 龍鳳細席		6種

○印の地：大きな町に準ずる町 2
注　茶林・石橋は旧江陰軍の酒務地

M8 常州　酒務表

外県 2	置務県 1	置務県率 50	州県務 2	州県務率 22	鎮市務 7	鎮市務率 78	酒務 9	併設地 3	併設率 33	旧商税務 5	対旧商率 60	新税務地 7	新税務率 78	新商税務 11	対新商率 64	存続地 9	存続率 100

併設地	州県	在城¹・宜興²	2 処
計　3	鎮市	湖洑³	1 処
新税務地	州県	1・2 の地	2 処
計　7	鎮市	3 の地・奔牛⁴・萬歳⁵・青城⁶・張渚鎮⁷	5 処
存続地	州県	1・2 の地	2 処
計　9	鎮市	3～7 の地・望亭鎮⁸・横林⁹	7 処
不明地		0 処　不明率　0 %	

旧務年代の町 6（4～9 の地）・小都市 1、新務年代の町 2（8・9 の地）・小都市 5

注

(1) 県変遷図の作成史料は拙著 2、381頁参照。
(2) 拙著 2、380頁。
(3) 拙著 2、380～381頁。
(4) 拙著 2、382頁の地理表に同じ。

9　溫州 M 9

溫州の酒務及び新旧酒銭額は次の如くである。

(1) 酒統計

舊。在城及永安・樂清・平陽・瑞安県・柳市・前倉鎮七務
歳　　　　　　　　　５０，７４８貫
熙寧十年祖額　　　　６８，５２６貫０５２文
　　　買撲　　　　　１２，７８３貫３８３文
　　　　　新額計　　８１，３０９貫４３５文

旧額は50,748貫・新額81,309貫で、両額の差額30,561貫・増額率60％である。また官売額68,526貫・買撲12,783貫で、官売率84％・買撲率16％である。以上の諸数値を銭額表にまとめる。

M9 溫州	銭額表	
旧　額		50,748 貫
新　額	官売	68,526 貫
	買撲	12,783 貫
	計	81,309 貫
新旧差額		30,561 貫
増額率		60 %
官売率		84 %
買撲率		16 %

(2) 酒務表

寰宇記99・九域志５により太平興国中～元豊間の溫州諸県の変化を県変遷図[1]に示す。酒統計は在城・県務３・鎮市３を記すが、それらの酒務からは旧務年代は不明であるので、一般的な旧務年代である景祐～慶暦に従っておく。

図によれば熙寧十年前の旧外県３であり、酒統計の県酒務３であるので、県置務率は100％である。また酒務は州県務４・鎮市務３の計７務で、州県務率57％・鎮市務率43％である。

M9 溫州　県変遷図		
年代	外県	郭下
太平興国中	平　樂　瑞 陽　清　安	永 嘉
旧務年代	1○ 2× 3○	○
熙寧10年 1077	○3 ○2 ○1 ↓　↓　↓	○ ↓

次に酒統計に○印を付した在城・平陽・瑞安県（州県務３）及び永安・柳市・前倉鎮（鎮市務３）の計６処が酒務・旧商税務の併設地である。酒務地７処にしめる併設地の併設率は86％である。また旧商税務６処[2]に対する併設地の対旧商税務率は100％である。なお樂清県の旧商税務は記載されていない。

次に酒務地に新商税務が設置された地である新税務地は、酒統計に□印を付した上記の１～３の地・樂清（州県務４）、及び４・６の地（鎮市務２）の計６処である。酒務地７処にしめる新税務地の新務地率は86％である。また新商税務６処[3]に対する新税務地の対新商

第三編　銅銭区南部

税務率は100％である。

　次に酒務地で元豊まで存在して地理表[4]にみえる存続地は、酒統計の地名に△印を付している。存続地は上記の１〜３・７の地（州県務４）、及び４〜６（鎮市務３）で計７処である。酒務地７処にしめる存続地の存続率は100％である。

　次に旧商税務・新商税務・地理表のいずれにもみえない不明地はなく、不明率は０％である。以上の温州の酒務・諸数値を酒務表に整理して示す。

M9 温州　格上　地理表（主戸80,489　客戸41,427　計121,916　貢　鮫魚皮，紙）

格	県	距　離	郷	鎮	％	その他	備　　　　考	水　　系	計3
緊	永嘉	郭下	13	0	0	塩場 1	永嘉鹽場	永嘉江	1
望	平陽	西南 105	10	3	30	塩場 1	前倉・梅槽・泥山鎮 天富鹽場	平陽江	1
緊	瑞安	南　80	12	2	16	塩場 1	瑞安・永安鎮 雙穂鹽場		0
上	樂清	東北 100	6	2	33	塩監 1	柳市・封市鎮 天富鹽監	大江	1
計 4			41	7	17	4	土産　鮫魚，穀紙（宋本）	2種	

×印の地：小さな町候補地 7

M9 温州　　　　酒　　務　　表

外県 3	置務県 3	置務率 100	州県務 4	州県務率 57	鎮市務 3	鎮市務率 43	酒務 7	併設地 6	併設率 86	旧商税務 6	対税旧商率 100	新税務地 6	新新務税地率 86	新商税務 6	対税新商率 100	存続地 7	存続率 100

併　設　地	州県	1在城・2平陽・3瑞安	3 処
計　6	鎮市	4永安・5柳市・6前倉鎮	3 処
新税務地	州県	1〜3の地，7樂清	4 処
計　6	鎮市	4・6 の地	2 処
存　続　地	州県	1〜3・7の地	4 処
計　7	鎮市	4〜6の地	3 処
不　明　地		0 処　　不明率　　0 ％	

旧務年代の町０・小都市３、新務年代の町０・小都市２
注　７の地は旧務年代の酒務県

注

(1) 県変遷図の作成史料は拙著２、383頁参照。
(2) 拙著２、382頁。
(3) 拙著２、382〜383頁。
(4) 拙著２、384頁の地理表に同じ。

10　台州 M 10

台州の酒務及び新旧酒銭額は次の如くである。

(1) 酒統計
舊。在城及黄巌・寧海・天台・仙居・県渚・渚路橋鎮・港頭八務
　　　　　　　　①　　②　　　　　　　　③　　④
歳　　　　　　　　８１，２９８貫
熙寧十年祖額　　　６９，０４４貫７５３文
　　買撲　　　　　３，１０３貫３０３文
　　　新額計　　　７２，１４８貫０５６文

注　①原文、嵓。志、巌　②原文、臨。志、寧　③原文、諸。志、渚　④原文、欠。新旧商税務、渚路橋。なお原文は「仙居県・諸路橋鎮」と読めるが、「八務」に合わなくなるので、県渚を補うべきであろう。県渚は新旧商税務及び地理表にみえる。

旧額は81,298貫・新額72,147貫で、両額の差額－9,151貫・増額率－11％である。また官売額69,044貫・買撲3,103貫で、官売率96％・買撲率４％である。以上の諸数値を銭額表にまとめる。

M10 台州	銭　額　表	
旧　　額		81,298貫
新　　額	官売	69,044貫
	買撲	3,103貫
	計	72,147貫
新旧差額		－9,151貫
増額率		－11％
官売率		96％
買撲率		4％

(2) 酒務表

寰宇記98・九域志５により太平興国中～元豊間の台州諸県の変化を県変遷図⁽¹⁾に示す。酒統計は在城・県務４・鎮市３を記すが、旧務年代は不明であるので、一般的な旧務年代である景祐～慶暦に従っておく。

図によれば熙寧十年前の旧外県４であり、酒統計の県酒務４であるので、県置務率は100％である。また酒務は州県務５務・鎮市務３の計８務で、州県務率63％・鎮市務率37％である。

次に酒統計に○印を付した在城・黄巌・寧海・天台・
　　　　　　　　　　　　　　１　２　３　４
仙居県（州県務５）、及び県渚・諸路橋鎮・港頭（鎮市務
５　　　　　　　　　　６　　７　　　　８
３）の計８処が酒務・旧商税務の併設地である。酒務地８処にしめる併設地の併設率は100％である。また旧商税務８処⁽²⁾対する併設地の対旧商税務率は100％である。

M10 台州	県変遷図	
年　代	外　　県	郭下
太平興国中	寧　永　天　黄 海　安　台　巌	臨海
景徳４年 1077	↓ ②改名 仙居	
旧務年代	1○ 2○ 3○ 4○	○
熙寧10年 1077	○ ○ ○ ○ 4 3 2 1	○

第三編　銅銭区南部

　次に酒務地に新商税務が設置された地である新税務地は、酒統計に□印を付した上記の1〜5の地（州県務5）、及び6〜8の地（鎮市務3）の計8処である。酒務地8処にしめる新税務地の新務地率は100％である。また新商税務8処[3]に対する新税務地の対新商税務率は100％である。

　次に酒務地で元豊まで存在して地理表[4]にみえる存続地は、酒統計の地名に△印を付している。存続地は上記の1〜5の地（州県務5）、及び6・8の地（鎮市務2）で計7処である。酒務地8処にしめる存続地の存続率は86％である。

　次に旧商税務・新商税務・地理表のいずれにもみえない不明地はなく、不明率は0％である。以上の酒務・諸数値を酒務表に整理して示す。なお新旧商税務にみえる渚路橋鎮[7]が地理表にみえず、存続率＋不明率＜100％である。

M10　台州　格上　地理表（主戸120,481　客戸25,232　計145,713　貢　甲香, 金漆, 鮫魚皮）

格	県	距離	郷	鎮	％	その他	備　考	水系	計6
望	臨海	郭下	15	2	13	0	大田・章安鎮	臨海江, 始豊溪	2
望	黄巌	東南106	12	5	41	塩場2	嶴嶺・予浦・新安・青額・塩監鎮　予浦・杜瀆塩場	永寧江	1
緊	寧海	東北170	6	2	33	0	港頭・県渚鎮		0
上	天台	西110	4	0	0	0		銅溪・霊溪	2
上	仙居	西105	6	0	0	0		永安溪	1
計 5			43	9	20	2	土産　海物, 絹, 乾薑, 甲香, 鮫魚皮		5種

×印の地：小さな町候補地 9

M10 台州　　酒　務　表

外県	置務県	置務県率	州県務	州県務率	鎮市務	鎮市務率	酒務地	併設地	併設率	旧商税務	対税旧商率	新税務地	新務地率	新商税務	新商務率	対税新商率	存続地	存続率
4	4	100	5	63	3	37	8	8	100	8	100	8	100	8	100	100	7	88

併設地	州県	在城[1]・黄巌[2]・寧海[3]・天台[4]・仙居[5]	5処
計 8	鎮市	県渚[6]・渚路橋鎮[7]・港頭[8]	3処
新税務地	州県	1〜5の地	5処
計 8	鎮市	6〜8の地	3処
存続地	州県	1〜5の地	5処
計 7	鎮市	6・8の地	2処
不明地		0処　不明率　0％	

旧務年代の町0・小都市3、新務年代の町0・小都市3
注　7の地は地理表不記地、存続地・新務年代の町に入れず

— 508 —

第三章　兩浙路

　　　　　　　　　　注

(1)　県変遷図の作成史料は拙著2、385頁参照。
(2)　拙著2、384頁。
(3)　拙著2、384～385頁。
(4)　拙著2、385頁の地理表に同じ。

11　處州 M 11

處州の酒務及び新旧酒銭額は次の如くである。

(1)　酒統計

舊。在城及遂昌・青田・龍泉・縉雲・松陽県・九龍・利山鎮八務
歳　　　　　　　　　１１，１６９貫
熙寧十年租額　　　　２７，７５２貫５８６文
　　買撲　　　　　　９，４４３貫２９２文
　　　新額計　　　　３７，１９５貫８７８文

旧額は11,169貫・新額37,195貫で、両額の差額26,026貫・増額率233％である。また官売額27,752貫・買撲9,443貫で、官売率75％・買撲率25％である。以上の諸数値を銭額表にまとめる。

(2)　酒務表

宋本寰宇記99・九域志5により太平興国中～元豊間の處州諸県の変化を県変遷図(1)に示す。酒統計は在城・県務5・鎮市2を記すが、旧務年代は不明であるので、一般的な旧務年代である景祐～慶暦に従っておく。

図によれば熙寧十年前の旧外県5であり、酒統計の県酒務5であるので、県置務率は100％である。また酒務は州県務6・鎮市務2務の計8務で、州県務率75％・鎮市務率25％である。

M11 處州	銭	額　表
旧　　額		11,169貫
新　　額	官売	27,752貫
	買撲	9,443貫
	計	37,195貫
新旧差額		26,026貫
増額率		233 ％
官売率		75 ％
買撲率		25 ％

次に酒統計に○印を付した在城・遂昌・青田・龍泉・縉雲・松陽県（州県務6）の計6処が酒務・旧商税務の併設地で、併設地の併設率は75％である。また旧商税務7処(2)に対

— 509 —

第三編　銅銭区南部

する併設地の対旧商税務率は86％である。

　次に酒務地に新商税務が設置された地である新税務地は、酒統計に□印を付した上記の1～6の地（州県務6）の計6処である。酒務地8処にしめる新税務地の新務地率は75％である。新商税務6処[3]に対する新税務地6の対新商税務率は100％である。

　次に酒務地で元豊まで存在して地理表[4]にみえる存続地は、酒統計の地名に△印を付している。存続地は上記の1～6の地（州県務6）、及び九龍[7]（鎮市務1）で計7処である。酒務地8処にしめる存続地の存続率は88％である。

　次に旧商税務・新商税務・地理表のいずれにもみえない不明地は利山鎮[8]で、不明率は12％である。以上の酒務・諸数値を酒務表に整理して示す。

M11　處州　県変遷図

年　代	外　　　県					郭下
太平興国中	青田	遂昌	縉雲	白龍泉	龍泉	麗水
咸平2年 999				↓改名①松陽		
旧務年代	○1	○2	○3	○4	○5	○
熙寧10年 1077	○5	○4	○3	○2	○1	○
	↓	↓	↓	↓	↓	↓

M11　處州　格上　地理表（主戸20,363　客戸68,995　計89,358　貢　綿，黄連）

格	県	距離	郷	鎮	％	その他	備　考	水　系	計6
望	麗水	郭下	10	1	10	0	九龍鎮	麗水	1
望	龍泉	西南355	5	0	0	銀場1	高亭銀場	龍泉湖	1
上	松陽	西北 92	5	1	20	0	松陽鎮	大溪	1
上	遂昌	西 240	4	0	0	銀場1	永豐銀場	桐柏溪	1
上	縉雲	東北110	5	1	20	0	胡陳鎮	好溪	1
中	青田	東南150	3	0	0	0		青田溪	1
計 6			32	3	9	2	土産　海物，絹，乾薑，甲香，鮫魚皮（宋本，與台州同）		5種

×印の地：小さな町候補地 4

M11　處州　　酒　務　表

外県 5	置務県 5	置務率 100	州県務 6	州県務率 75	鎮市務 2	鎮市務率 25	酒務地 8	併設地 6	併設率 75	旧商税務 7	対旧商税務率 86	新税務地 6	新務地率 75	新商税務 6	対新商税務率 100	存続地 7	存続率 88

併設地 計 6	州県	在城・遂昌[2]・青田[3]・龍泉[4]・縉雲[5]・松陽[6]	6処
	鎮市		0処
新税務地 計 6	州県	1～6の地	6処
	鎮市		0処
存続地 計 7	州県	1～6の地	6処
	鎮市	九龍[7]	1処
不明地		利山鎮[8]　　　　　1処　不明率　12％	

旧務年代の町2（7・8の地）・小都市0、新務年代の町1（7の地）・小都市0

— 510 —

第三章　兩浙路

注

(1) 県変遷図の作成史料は拙著 2、387頁参照。
(2) 拙著 2、386頁。
(3) 拙著 2、386頁。
(4) 拙著 2、387頁の地理表に同じ。

12　衢州 M 12

衢州の酒務及び新旧酒銭額は次の如くである。

(1)　酒統計

舊。在城及開化・龍游・南銀四務
　　　　　　①　　　②
歳　　　　　　　９０，７９０貫
熙寧十年祖額　　４９，３５１貫９４６文
　　買撲　　　　１７，４８４貫５８６文
　　　新額計　　６６，８３６貫５３２文
　注　①原文、遊。志、游　②原文、鎮。志、南銀場。新商税務にもみえる

旧額は90,790貫・新額66,835貫で、両額の差額－23,955貫・増額率－26％である。また官売額49,351貫・買撲17,484貫で、官売率74％・買撲率26％である。以上の諸数値を銭額表にまとめる。

(2)　酒務表

寰宇記97・九域志5により太平興国中～元豊間の衢州諸県の変化を県変遷図[1]に示す。酒統計は在城・県務2・鎮市1を記すが、それらの酒務からは旧務年代は不明であるので、一般的な旧務年代である景祐～慶暦に従っておく。

図によれば熙寧十年前の旧外県4であり、酒統計の県酒務2で、県置務率は50％である。また州県務3・鎮市務1務の計4務で、州県務率75％・鎮市務率25％である。

次に酒統計に○印を付した在城・開化・龍游県（州県務3）
　　　　　　　　　　　　　　１　　２　　３
の計3処が酒務・旧商税務の併設地で、併設地の併設率は75％である。また旧商税務8処[2]

M12 衢州	銭額表	
旧　額		90,790貫
新　額	官売	49,351貫
	買撲	17,484貫
	計	66,835貫
新旧差額		－23,955貫
増額率		－26％
官売率		74％
買撲率		26％

第三編　銅銭区南部

に対する対旧商税務は38％である。なお常山・江山両県の酒務は記載されていない。

次に酒務地に新商税務が設置された地である新税務地は、酒統計に□印を付した上記の1～3の地（州県務3）、及び南銀(4)（鎮市務1）の計4処である。酒務地4処にしめる新税務地の新務地率は100％である。また新商税務9処(3)に対する新税務地対新商税務率は44％である。

次に酒務地で元豊まで存在して地理表(4)にみえる存続地は、酒統計の地名に△印を付している。存続地は上記の1～3の地（州県務3）、及び4の地（鎮市務1）で計4処である。酒務地4処にしめる存続地の存続率は100％である。

次に旧商税務・新商税務・地理表のいずれにもみえない不明地はなく、不明率は0％である。以上の衢州の酒務・諸数値を酒務表に整理して示す。

M12 衢州　県変遷図		
年代	外　県	郭下
太平興国中	開化　常山　龍游　江山	西安
旧務年代	1○　2○×　3○　4○×	○
熙寧10年 1077	○4　○3　○2　○1	○

M12 衢州　格上　地理表（主戸69,245　客戸17,552　計86,797　貢　綿, 藤紙）

格	県	距離	郷	鎮	％	その他	備　　考	水系	計5
望	西安	郭下	17	0	0	銀場2	南銀・北銀場	信安渓	1
緊	江山	西80	12	1	8	0	禮賓鎮	江山渓	1
上	龍游	東75	11	1	9	0	白革湖鎮	穀水	1
中	常山	西90	10	0	0	0		穀水	1
中	開化	東80	7	0	0	0		馬金渓	1
計5			57	2	3	2	土産　白紵布, 大麻布, 沙, 扇, 礬		5種

小さな町候補地1

M12 衢州　酒務表

外県	置務県	置務県率	州県務	州県務率	鎮市務	鎮市務率	酒務地	併設地	併設率	旧商税務	対税旧商率	新税務地	新務地率	新商税務	対税新商率	存続地	存続率
4	2	50	3	75	1	25	4	3	75	8	38	4	100	9	44	4	100

併設地	州県	在城(1)・開化(2)・龍游(3)	3処
計3	鎮市		0処
新税務地	州県	1～3の地	3処
計4	鎮市	南銀(4)	1処
存続地	州県	1～3の地	3処
計4	鎮市	4の地	1処
不明地		0処　不明率　0％	

旧務年代の町1（4の地）・小都市0、新務年代の町0・小都市1

第三章　兩浙路

注

(1) 県変遷図の作成史料は拙著2、388頁参照。
(2) 拙著2、388頁。
(3) 拙著2、388頁。
(4) 拙著2、389頁の地理表に同じ。

13　睦州 M 13

睦州の酒務及び新旧酒銭額は次の如くである。

(1) 酒統計

舊。在城及桐廬・清溪・遂安・建德①・壽昌・分水県七務

歳	５１,３２１貫
熙寧十年租額	３９,１７３貫８６０文
買撲	１０,６４６貫６４７文
新額計	４９,８２０貫５０７文

注　①郭下県、酒務数に入れず

旧額は51,321貫・新額49,819貫で、両額の差額－1,502貫・増額率－3％である。また官売額39,173貫・買撲10,646貫で、官売率79％・買撲率21％である。以上の数値を銭額表にまとめる。

(2) 酒務表

寰宇記95・九域志5により太平興国中～元豊間の睦州諸県の変化を県変遷図(1)に示す。酒統計は在城・県務5（郭下県を入れず）を記すが、旧務年代は不明である。一般的な旧務年代である景祐～慶暦に従っておく。

図によれば熙寧十年前の旧外県5であり、酒統計の県酒務5（建徳県を除く）であるので、県置務率は100％である。また州県務6・鎮市務0の計6務で、州県務率100％・鎮市務率0％である。

M13 睦州　銭額表

旧　額		51,321 貫
新　額	官売	39,173 貫
	買撲	10,646 貫
	計	49,819 貫
新旧差額		－1,502 貫
増額率		－3％
官売率		79％
買撲率		21％

M13 睦州　県変遷図

年　代	外　　県					郭下
太平興国中	清溪	分水	遂安	壽昌	桐廬	建德
旧務年代	○1	○2	○3	○4	○5	○
熙寧10年 1077	○5↓	○4↓	○3↓	○2↓	○1↓	○↓

— 513 —

第三編　銅銭区南部

　次に酒統計に○印を付した在城¹・桐廬²・清溪³・遂安⁴・壽昌⁵・分水⁶県（州県務6）の計6処が酒務・旧商税務の併設地である。酒務地6処にしめる併設地の併設率は100％である。また旧商税務6処⁽²⁾に対する併設地の対旧商税務率は100％である。

　次に酒務地に新商税務が設置された地である新税務地は、酒統計に□印を付した上記の1～6の地（州県務6）で計6処である。酒務地6処にしめる新税務地の新務地率は100％である。また新商税務6処⁽³⁾に対する新税務地の対新商税務率は100％である。

　次に酒務地で元豊まで存在して地理表⁽⁴⁾にみえる存続地は、酒統計の地名に△印を付している。存続地は上記の1～6の地（州県務6）で計6処である。酒務地6処にしめる存続地の存続率は100％である。

　次に旧商税務・新商税務・地理表にみえない不明地はなく、不明率は0％である。以上の睦州の酒務・諸数値を酒務表に整理して示す。

M13 睦州　格上　地理表（主戸66,915　客戸9,836　計76,751　貢　白紵，筆）

格	県	距離	郷	鎮	％	その他	備考	水系	計9
望	建德	郭下	9	0	0	0		新安江，東陽江，七里瀬	3
望	青溪	西166	14	0	0	0		新安江	1
上	桐廬	東105	11	0	0	0		浙江，桐廬江	2
中	分水	北192	5	0	0	0		天目溪	1
中	遂安	西南229	6	0	0	0		武彊溪	1
中	壽昌	西南115	4	0	0	0		壽昌溪	1
	計6		49	0	0	0	土産　交梭紗，竹簟，絲布，鳩坑團茶，麥門冬煎		5種
×神泉監		東5	0	0	0	1	鑄銅銭		0

×印の地：小さな町候補地1

M13 睦州　酒務表

外県5	置務県5	置務率100	州県務6	州県務率100	鎮市務0	鎮市務率0	酒務地6	併設地6	併設率100	旧商税務6	対旧商税務率100	新税務地6	新務地率100	新商税務6	対新商税務率100	存続地6	存続率100
併設地　計6			州県	在城¹・桐廬²・清溪³・遂安⁴・壽昌⁵・分水⁶													6処
			鎮市														0処
新税務地　計6			州県	1～6の地													6処
			鎮市														0処
存続地　計6			州県	1～6の地													6処
			鎮市														0処
不明地															0処	不明率	0％

旧務年代の町0・小都市0、新務年代の町0・小都市0

第三章　兩浙路

注

(1)　県変遷図の作成史料は拙著 2、390頁参照。
(2)　拙著 2、390頁。
(3)　拙著 2、390頁。
(4)　拙著 2、391頁の地理表に同じ。

14　秀州 M 14

秀州の酒務及び新旧酒銭額は次の如くである。

(1)　酒統計

舊。在城及靑龍・華亭・魏塘・大盈・徐沙・石門・牛進・海鹽・上海・趙屯・泖口・嵩子・廣成・州錢・崇德・漢盤十七務

歳　　　　　　　　　１０４，９５２貫
熙寧十年祖額　　　　１１７，８０９貫０７３文
　　　買撲　　　　　 １５，０８１貫６００文
　　　　　新額計　　１３２，８９０貫６７３文

注　①原文、※

旧額は104,952貫・新額132,890貫で、両額の差額27,938貫・増額率27％である。また官売額117,809貫・買撲15,081貫で、官売率89％・買撲率11％である。以上の諸数値を銭額表にまとめる。

(2)　酒務表

寰宇記95・九域志５により太平興国中～元豊間の秀州諸県の変化を県変遷図(1)に示す。酒統計は在城・県務３・鎮市13を記すが、それらの酒務からは旧務年代は不明であるので、一般的な旧務年代である景祐～慶暦に従っておく。

図によれば旧外県３であり、酒統計の県酒務３であるのであるので、県置務率は100％である。また州県務４・鎮市務13の計17務で、州県務率24％・鎮市務率76％である。他の州軍に比して鎮市務率が高率である。

M14 秀州　銭額表

旧	額		104,952貫
新	額	官売	117,809貫
		買撲	15,081貫
		計	132,890貫
新旧差額			27,938貫
増額率			27 ％
官売率			89 ％
買撲率			11 ％

M14 秀州　県変遷図

年　代	外　　県			郭下
太平興国中	崇德	華亭	海鹽	嘉興
旧務年代	１○	２○	３○	○
熙寧10年 1077	○ ３	○ ２	○ １	○

第三編　銅銭区南部

　次に酒統計に○印を付した在城・華亭・海鹽・崇徳（州県務4）、及び青龍（鎮市務1）の計5処が酒務・旧商税務の併設地である。酒務地17処にしめる併設地の併設率は29％である。また旧商税務7処[(2)]に対する併設地の対旧商税務率は71％である。

　次に酒務地に新商税務が設置された地である新税務地は、酒統計に□印を付した上記の1～4の地（州県務4）、及び5の地・魏塘（鎮市務2）の計6処である。酒務地17処にしめる新税務地の新務地率は35％である。また新商税務9処[(3)]に対する新税務地の対新商税務率は67％である。

　次に酒務地で元豊まで存在して地理表[(4)]にみえる存続地は、酒統計の地名に△印を付している。存続地は上記の1～4の地（州県務4）、及び5の地（鎮市1）で計5処である。酒務地17処にしめる存続地の存続率は29％である。存続率が甚だ低く例外に属する。

　次に旧商税務・新商税務・地理表のいずれにもみえない不明地は大盈・徐沙・石門・牛進・上海・趙屯・泖口・嵩子・廣成・州錢・漢盤（鎮市11）の11処である。不明率は65％と甚だ高率である。以上の酒務・諸数値を酒務表に整理して示す。なお地理表に魏塘がみえず、存続率＋不明率＜100％である。

M14　秀州　格上　地理表（主戸139,137　客戸0　貢　綾）

格	県	距離	郷	鎮	％	その他	備　考	水　系	計4
望	嘉興	郭下 27	0	0		0			0
緊	華亭	東北 120	13	1	7		青龍鎮		
							塩監 1 名称不記		
							塩場 3 浦東・袁部・青墩鹽場	松陵江, 華亭海	2
上	海鹽	東南 80	11	2	18		澉浦・廣陳鎮		
							塩監 1 名称不記		
							塩場 3 海鹽・沙要・蘆瀝鹽場	當湖	1
中	崇徳	西南 100	12	1	8	0	青墩鎮	運河	1
	計 4		63	4	6	8	土産 絲葛, 白石脂, 藕, 綾, 蓆, 草履, 蛇床子（原文, 與蘇州同）7 種		

×印の地：小さな町候補地 9

M14 秀州　　　　　　酒　務　表

外県	置務県	置務率	州県務	州県務率	鎮市務	鎮市務率	酒務	併設地	併設率	旧商税務	対税旧商率	新税務地	新税務地率	新商税務	対税新商率	存続地	存続率
3	3	100	4	24	13	76	17	5	29	7	71	6	35	9	67	5	29

併設地	州県	在城¹・華亭²・海鹽³・崇徳⁴	4処
計 5	鎮市	青龍⁵	1処
新税務地	州県	1～4の地	4処
計 6	鎮市	5の地・魏塘⁶	2処
存続地	州県	1～4の地	4処
計 5	鎮市	5の地	1処
不　明　地		大盈⁷・徐沙⁸・石門⁹・牛進¹⁰・上海¹¹・趙屯¹²・泖口¹³・嵩子¹⁴・廣成¹⁵・州錢¹⁶・漢盤¹⁷　　11処　　不明率　65　％	

旧務年代の町12（6・17）・小都市 1、新務年代の町 0・小都市 2
注　①6 の地は地理表不記地、存続地・新務年代の町に入れず
　　②酒務17＝存続地 5 ＋不明11＋地理表不記地 1

注

(1)　県変遷図の作成史料は拙著 2、392頁参照。
(2)　拙著 2、391頁。
(3)　拙著 2、391頁。
(4)　拙著 2、393頁の地理表に同じ。

15　江陰軍 M 15

熙寧四年に常州に併入された江陰軍の酒務及び旧酒銭額は次の如くである。

(1)　酒統計

舊。在城及利城鎮・巣村三務
①
歳　　　　　　　　36,622貫
今廃
注　①郭下の江陰県及び利城鎮は常州に割出され、常州の新商税務、地理表にみえる

江陰軍の旧額は36,622貫であるが、熙寧四年に廃されたので新額は無い。この数値を銭額表に示す。

第三編　銅銭区南部

(2) 酒務表

　寰宇記92・九域志5により太平興国中～熙寧五年間の江陰軍諸県の変化を県変遷図[(1)]に示す。酒統計は在城・鎮市2を記すが、それらの酒務からは旧務年代は不明であるので、一般的な旧務年代である景祐～慶暦に従っておく。

　図によれば熙寧十年前の旧外県0であり、県置務率はない。また州県務1・鎮市務2の計3務で、州県務率33%・鎮市務率67%である。

　次に酒統計に○印を付した在城（州県務1）、及び利城鎮（鎮市務1）の計2処が酒務・旧商税務の併設地である。酒務地3処[(2)]にしめる併設地の併設率は67%である。また旧商税務3処に対する併設地の対旧商税務率は67%である。なお巣村には旧商税務は置かれていない。

　次に新税務地・存続地・不明地は割出先の常州酒務表に表示できないので、本軍酒務表に（　）で括って示す。以上の酒務・諸数値を酒務表に整理して示す。なお参考のために江陰軍旧域の地理表[(3)]を示しておく。

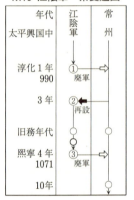

M15 江陰軍　銭額表

旧	額		36,622貫
新　額	官売		一貫
	買撲		一貫
	計		今廃
新旧差額			一貫
増額率			－ %
官売率			－ %
買撲率			－ %

M15 江陰軍旧域　地理表（主戸7,645　客戸6,906　計14,551）

格	県	距 離	郷	鎮	%	その他	備　　考	水　系	計4
望	江陰	旧郭下	19	3	15	0	利城・茶林・石橋鎮	芙蓉湖，大江	2
計 1			19	3	15	0 土産	（同與常州）		

　戸・土産は寰宇記92，その他は常州地理表による。

M15 江陰軍　　　　　　　　酒　務　表

外県	置務県	置務県率	州県務	州県務率	鎮市務	鎮市務率	酒務	併設地	併設率	旧商税	対税旧商率	新税務地	新税務地率	新商税務	新商税務率	対税新商率	存続地	存続率
1	0	0	1	33	2	67	3	2	67	3	67	(2)	(67)	(2)	(67)	(100)	(2)	(67)

併設地	州県	1 在城						1	処
計 2	鎮市	2 利城鎮						1	処
新税務地	州県	（1の江陰県）						(1)	処
計 (2)	鎮市	（2の地）						(1)	処
存続地	州県	（1の地）						(1)	処
計 (2)	鎮市	（2の地）						(1)	処
不　明　地		（3巣村）			(1) 処	不明率		(1)	％

旧務年代の町1（3の地）・小都市1、旧域の新務年代の町0・小都市1

注

(1) 県変遷図の作成史料は拙著2、394頁参照。
(2) 拙著2、393頁。　(3) 拙著2、394頁の地理表に同じ。

おわりに

　表1に兩浙路15州軍の銭額表をまとめ、また戸数・新商税額を付している。M1杭州の元豊戸は約20万戸で、元豊に近い熙寧10年の新商税額約17万貫であり、戸数・商税共に兩浙路でトップクラスである。また越州・蘇州・湖州・婺州・常州・秀州などはいずれも10万戸以上の州であり、商税も5万を越え、新酒額も約10万貫以上の高額である。兩浙路では戸・商税の大小がおおまかには酒額の大小と一致する。

　次に酒額の新旧の相違をみると、熙寧四年に廃されM15江陰軍を除く14州軍のうち減額州5・増額州9で、路全体では14％増である。減額率・増額率は杭州・常州（39％）を除くと同率の州軍はなく、また新旧額の差が同数の州軍はない。このようにほとんどの各州軍の新旧の増減率及び差が一定ではないので、斉一的・均一的な増減政策は行われなかったことがわかる。増減率・差額に一定の傾向がみられないのであるから、新旧額の相違は主として酒消費量自体の変動により生じたとみなければならない。したがって官売額・買撲・官売率・買撲率はそれぞれ都市エリア・町エリアの酒消費量が反映したものと解される。また官売額は買撲の5.6倍で全額の85％をしめる。

第三編　銅銭区南部

表1　M 兩浙路　銭額総合表

州軍		旧額	新額	差額	増額率	官売	買撲	官売率	買撲率	戸	新商税
M1	杭州	360,346	499,347	139,001	39	477,321	22,026	96	4	202,816	173,805
M2	越州	123,297	117,092	-6,205	-5	83,707	33,385	71	29	152,922	66,204
M3	蘇州	283,251	287,384	4,133	1	263,122	24,262	92	8	173,969	77,071
M4	潤州	67,323	87,429	20,106	30	66,670	20,759	76	24	54,798	39,499
M5	湖州	109,657	136,116	26,459	24	98,369	37,747	72	28	145,121	77,683
M6	婺州	120,412	93,427	-26,985	-22	64,054	29,373	69	31	138,097	71,024
M7	明州	83,154	108,595	25,441	31	83,116	25,479	77	23	115,208	26,945
M8	常州	105,865	147,265	41,400	39	120,136	27,129	82	18	136,360	64,948
M9	温州	50,748	81,309	30,561	60	68,526	12,783	84	16	121,916	41,976
M10	台州	81,298	72,147	-9,151	-11	69,044	3,103	96	4	145,713	45,282
M11	處州	11,169	37,195	26,026	233	27,752	9,443	75	25	89,358	27,734
M12	衢州	90,790	66,835	-23,955	-26	49,351	17,484	74	26	86,797	44,758
M13	睦州	51,321	49,819	-1,502	-3	39,173	10,646	79	21	76,751	35,563
M14	秀州	104,952	132,890	27,938	27	117,809	15,081	89	11	139,137	65,443
M15	江陰軍	36,622	—	—	—	—	—	—	—	—	—
計		1,680,205	1,916,850	236,645	14	1,628,150	288,700	85	15	1,778,957	857,935

表2　M 兩浙路　酒務総合表

州軍	州県務	鎮市務	鎮市率	全酒務	併設地	併設率	対旧商税率	新税務地	新税務地率	対新商税率	存続地	存続率	不明地	不明率	旧商税務	新商税務	地理表不記地
M1	9	1	10	10	8	80	62	8	80	53	10	100	0	0	13	15	0
M2	6	3	33	9	8	89	89	8	89	62	8	89	1	11	9	13	0
M3	4	3	43	7	5	71	100	7	100	88	7	100	0	0	5	8	0
M4	3	2	40	5	3	60	60	5	100	71	5	100	0	0	5	7	0
M5	5	1	17	6	6	100	60	6	100	60	6	100	0	0	10	10	0
M6	7	2	22	9	8	89	100	8	89	89	8	89	0	0	8	9	1
M7	4	1	20	5	4	80	80	4	80	80	5	100	0	0	5	5	0
M8	2	7	78	9	3	33	60	7	78	64	9	100	0	0	5	11	0
M9	3	4	57	7	6	86	100	6	86	100	7	100	0	0	6	6	0
M10	5	3	38	8	8	100	100	8	100	100	7	88	0	0	6	6	1
M11	6	2	20	8	6	75	86	6	75	100	7	88	1	12	7	6	0
M12	3	1	20	4	3	75	38	4	100	44	4	100	0	0	6	6	0
M13	6	0	0	6	6	100	100	6	100	100	6	100	0	0	6	6	0
M14	4	13	76	17	5	29	71	6	35	67	5	29	11	65	7	9	1
M15	1	2	67	3	2	67	67	(2)	(67)	(100)	(2)	(67)	(1)	(33)	3	(2)	0
計	68	45	40	113	81	72	77	91	81	75	96	85	14	12	105	122	3

注　①M15の新商税務（2）は他の州軍に含まれているので計に加えず
　　②酒務113＝存続地96＋不明地14＋地理表不記地3

第三章　兩浙路

　次に表２に15州軍の酒務表をまとめている。旧務年代（旧商税務）・熙寧十年（新商税務）・元豊（地理表）のいずれにもみえない不明地は14例で、全体の約12％である。多くの路に比してやや高率である（一編一章末、比較表２）。しかし不明率12％・存続率85％は、兩浙路において酒務が置かれた行政都市・小都市・町が社会的・経済的に安定性が甚だ高かったことを証する。なお地理表記地も僅か３例である。

　同じく表２によれば、旧商税務105処に対し併設地81処で、商税務のみの地は24処（105－81）で、酒務がない地にも多く商税務が置かれた。兩浙路は商税務のみの町が多い路に属する。

　次に併設率が路全体としては72％であるのは、M8常州・M14秀州が33％・29％と低率のためである。併設率が他の州軍では酒務・商税務の併設が多く行われている。また新商税務が置かれた新務年代の併設地である新税務地91の新務地率も81％と高率であるので、新務年代でも併設が多くの州軍で行なわれた。

表３　M兩浙路　旧務年代の都市・町

州　　軍	M1	M2	M3	M4	M5	M6	M7	M8	M9	M10	M11	M12	M13	M14	M15	計
行政都市	<u>9</u>	6	4	<u>3</u>	5	7	4	2	<u>3</u>	5	6	3	6	4	1	68
小都市	0	2	1	1	1	1	0	1	3	3	0	0	0	1	1	15
町	1	1	2	1	0	1	1	6	1	0	2	1	0	12	1	30
酒務（計）	10	9	7	5	6	9	5	9	7	8	8	4	6	17	3	113

典拠：各州軍酒務表
注　下線を付した行政都市数は酒務県を含む（M1-1、M4-1、M9-1、計３県）

　次に表３によれば旧務年代の酒務地113で、その内訳は行政都市68、小都市15、町30である。都市83（68＋15）の対酒務地率73％、町30の対酒務地率27％である（表５）。また都市対町＝83対30で、町の対都市率36％で（表５）、町が少ない。

　次に旧務年代の全州軍15のうち小都市が０又は１の小都市未発達の州軍（表５、州軍甲）12で全州軍の80％をしめ、また町が０又は１の町未発達の州軍（表５、州軍乙）11で73％であり（表５）、兩浙路では小都市・町は甚だ多くの州軍で未発達であった。町は特定州軍（M8・M14）に発達していたに過ぎない。表４の新務年代の州軍14のうち小都市未発達の州軍７で全体の50％であり（表５）、やや多くの州軍で小都市は未発達であった。町未発達の州軍13で93％であり（表５）、新務年代でもほとんどの州軍で町は発達していなかったことになる。

　新務年代の町の対酒務地率・対都市率は旧務年代に比してかなり低い（表５）。その一因は次のことにあったと思われる。

第三編　銅銭区南部

表4　M 兩浙路　新務時代の都市・町

	州　　　軍	M1	M2	M3	M4	M5	M6	M7	M8	M9	M10	M11	M12	M13	M14	計
①	行 政 都 市	7	6	4	2	5	7	4	2	4	5	6	3	6	4	66
②	小　都　市	1	2	3	3	1	1	0	5	2	3	0	1	0	2	24
③	町	1	0	0	0	0	0	1	2	1	0	1	0	0	0	6
④	酒　務　県	1	0	0	0	0	0	0	0	0	0	0	0	0	0	1
⑤	存　続　地	10	8	7	5	6	8	5	9	7	7	7	4	6	5	94 / 97

典拠：各州軍酒務表
注　地理表不記地（2）・廃軍（1）があるため計欄の数値が一致しない

表5　　　　　　変動表

	旧務年代		新務年代		変動
	州軍数	比率	州軍数	比率	
全　州　軍	15	—	14	—	−7%
州　軍　甲	12	80%	7	50%	−42%
州　軍　乙	11	73%	13	93%	18%
酒　務　数	113		97		−14%
都　市　数	83		92		8%
町　　　数	30		6		−80%
都市の対酒務率	73%		95%		22%
町の対酒務率	27%		6%		−21%
町の対都市率	36%		7%		−29%

州軍甲：小都市未発達州軍（小都市0又は1）
州軍乙：町未発達州軍（町数0又は1）
比率：甲、乙州軍÷全州軍
対酒務率＝都市数÷酒務数　対都市率＝町数÷都市数
州軍、酒務、都市、町の変動＝（新数−旧数）÷旧数
対酒務率、対都市率の変動＝新比率−旧比率
典拠：表3・表4

　九域志は草市や道店を記載しないので地理表によれば存続地が少なくなるケースがあると思われので、新務年代の存続地・町などの数値が実際には増える可能性がある。
　新務年代では兩浙路には少なくとも商税務・酒務が併置された行政都市66・小都市24、酒務のみが置かれた町6・酒務県1が存在した。
　次に酒務が置かれず商税務のみが記された地である旧商税地・新商税地は表6の如くである。旧商税地24処であり旧商税務105の二割強で、旧商税地は少数に過ぎない。このことに加えて併設地が81処と甚だ多いことから旧商税地は厳選された地であることがわかる。
　また全州軍15のうち旧商税地が0～3の州軍12と多いことは、路として商税務乱設を行わなかったことを意味する。
　新商税地33で旧商税地より17務多いのは、基本的には新務年代までに三司の税務が増加

第三章　兩浙路

表6　兩浙路　新旧商税地

州　　軍	M1	M2	M3	M4	M5	M6	M7	M8	M9	M10	M11	M12	M13	M14	M15	計
旧 商 税 地	5	1	0	2	4	0	1	2	0	0	1	5	0	2	1	24
新 商 税 地	7	5	1	2	4	1	1	4	0	0	0	5	0	3	−	33

旧商税地＝旧商税務−併設地　　新商税地＝新商税務−新税務地
典拠：「おわりに」表2

したことによる（表2参照）。

　次ぎに本章の諸州軍の地理表の分析をまとめると表7の如くである。兩浙路の記載地103処と比較的に多く水準Ⅲである。その内訳は町・小都市が44処で水準Ⅲ、また小さな町候補56処で水準Ⅱである。それらの都市・町に置かれている機関を機能により分類すると、保安機関の鎮75（水準Ⅲ）、寨・堡などの軍事機関1と少ないが、監・場などの生産機関は27処（水準Ⅲ）と比較的に多い。生産機関は塩場15・塩監6で塩生産機関が多く、銀冶1・銀場5などの鉱物生産機関もあった。（水準は一編一章末、比較表1を参照）

表7　兩浙路　地理表記載地

路	記載地	無名地	町・小都市	大きな町に準ずる町	町候補地
M	103	8	無印地　45	○印地　2	×印地　56
機　　能	保安	軍事	生産		
機　　関	鎮75	寨1	監6, 場20 冶1		

記載地＝町・小都市＋大きな町に準ずる町＋町候補地
無名地8は町候補地数に含まれる。機関に地名が付されていず町ではない可能性もあろう。
典拠：本章地理表

第三編　銅銭区南部

第四章　江南東路

1　江寧府 N 1

江寧府の酒務及び新旧酒銭額は次の如くである。

(1)　酒統計
江寧府。舊。在城及溧水・溧陽・句容・下蜀・社渚六務
　①　　　②　　③　　④　　　⑤
歳　　　　　　　１０５，６５９貫
熙寧十年祖額　　１２２，０４９貫９３０文
　　買撲　　　　１７，５１３貫０２７文９分
　　　新額計　　１３９，５６２貫９５７文９分
注　①原文、陰。志、寧　②原文、漂。志、溱　③同②　④原文、白。志、句
　　⑤「商税雑録」、杜

旧額は105,659貫・新額139,562貫（文切り捨て、以下の州軍同じ）で、両額の差額33,903貫・増額率32％である。また官売額（祖額、以下同じ）122,049貫・買撲17,513貫で、官売率87％・買撲率13％である。以上の諸数値を銭額表にまとめる。

N1 江寧府	銭額表	
旧　額		105,659貫
新　額	官売	122,049貫
	買撲	17,513貫
	計	139,562貫
新旧差額		33,903貫
増額率		32％
官売率		87％
買撲率		13％

(2)　酒務表
寰宇記90・九域志6により太平興国中～元豊間の江寧府諸県の変化を県変遷図[(1)]に示す。酒統計は在城・県3・鎮市2を記すが、それらの酒務からは旧務年代は不明である。一般的な旧務年代である景祐～慶暦に従っておく。

図によれば熙寧十年前の旧外県3であり、酒統計の県酒務3であるので、県置務率は100％である。次に酒務は州県務4・鎮市務2の計6務で、州県務率67％・鎮市務率33％である。

N1 江寧府　県変遷図			
年代	外　県	郭下	州名
太平興国中 976〜982	句　溧　溧 容　陽　水	上　江 元　寧	昇 州 ① 江 寧 府
天禧2年 1018	｜　｜　｜	｜　｜	
旧務年代	1　2　3 ○　○　○	○ ○	
熙寧10年 1077	○　○　○ 3　2　1	○ ↓	↓

— 524 —

第四章　江南東路

　次に酒統計に○印を付した在城・溧水・溧陽・句容県（州県務4）、及び下蜀（鎮市務1）の計5処が酒務・旧商税務の併設地である。酒務地6処にしめる併設地の併設率は83％である。また旧商税務6処[(2)]に対する併設地の対旧商税務率は83％である。

　次に酒務地に新商税務が設置された新税務地は、酒統計に□印を付した上記の1～4のち地（州県務4）、及び5の地・社渚（鎮市務2）の計6処で、新税務地の新務地率は100％である。また新商税務6処[(3)]に対する新税務地の対新商税務率は、100％である。

　次に酒務地で元豊まで存在して地理表[(4)]にみえる存続地は、酒統計の地名に△印を付している。存続地は上記の1～4の地（州県務4）、及び5・6の地（鎮市務2）で計6処である。酒務地6処にしめる存続地の存続率は100％である。

　次に旧務年代の町は○印を付さない鎮市で（以下の州軍酒統計同じ）、1処（6の地）である。新務年代の町は△印のみの鎮及び○△印の鎮市（以下の州軍酒統計同じ）であるが、江寧府にはなく町0である。

　次に旧商税務・新商税務・地理表のいずれにもみえない不明地はなく、不明率0％である。以上の酒務・諸数値を酒務表に整理して示す。

N1　江寧府　格次府　地理表（主戸118,597　客戸49,865　計168,462　貢　筆）

格	県	距　離	郷	鎮	％	その他	備　　　考	水　系	計9
次赤	上元	郭下	21	4	19	0	淳化・土橋・湖熟・石歩鎮	大江，淮水，青溪	3
次赤	江寧	郭下	21	3	14	0	江寧・秣陵・金陵鎮	大江，新林浦	2
次畿	句容	東　90	17	3	17	0	常寧・東陽・下蜀鎮	上容溪	1
次畿	溧水	東　85	17	3	17	0	孔家岡・高淳・固城鎮	淮水，丹陽湖	2
次畿	溧陽	東南240	10	2	20	0	犨善・社渚鎮	溧水	1
計　5			86	15	17	0	土産　雑薬，紋綾，絲，絹，紗，繍		6種

×印の地：小さな町候補地12、○印の地：大きな町に準ずる町1

N1　江寧府　　　　酒　務　表

外県	置務県	置務率	州県務	州県務率	鎮市務	鎮市務率	酒務地	併設地	併設率	旧商税務	対旧務商率	新税務地	新務地率	新商税務	対新務商率	存続地	存続率
3	3	100	4	67	2	33	6	5	83	6	83	6	100	6	100	6	100

併設地	州県	在城・溧水・溧陽・句容	4 処
計　5	鎮市	下蜀（小都市、以下の州軍酒務表同じ）	1 処
新税務地	州県	1～4の地	4 処
計　6	鎮市	5の地・社渚（小都市、以下の州軍酒務表同じ）	2 処
存続地	州県	1～4の地	4 処
計　6	鎮市	5・6の地	2 処
不　明　地		0 処　　不明率　　0 ％	

旧務年代の町1（6の地）・小都市1、新務年代の町0・小都市2

第三編　銅銭区南部

注

(1) 県変遷図の作成史料は拙著2、399～400頁参照。
(2) 拙著2、399頁。
(3) 拙著2、399頁。
(4) 拙著2、400頁の地理表に同じ。

2　宣州N2

宣州の酒務及び新旧酒銭額は次の如くである。

(1) 酒統計

舊。在城及南陵・寧國・旌德・涇県・杜遷・水陽鎮七務
　　　　　　　　　　　　　　　①
歳　　　　　　　　　85,621貫
熙寧十年祖額　　　　77,046貫971文
　　買撲　　　　　　11,484貫984文
　　　　新額計　　　88,531貫955文
注　①原文、社。志、杜

旧額は85,621貫・新額88,530貫で、両額の差額2,909貫・増額率3％である。また官売額77,046貫・買撲11,484貫で、官売率87％・買撲率13％である。以上の諸数値を銭額表にまとめる。

N2 宣州	銭	額　表
旧　額		85,621貫
新　額	官売	77,046貫
	買撲	11,484貫
	計	88,530貫
新旧差額		2,909貫
増額率		3％
官売率		87％
買撲率		13％

(2) 酒表

寰宇記103・九域志6により太平興国中～元豊間の諸県の変化を県変遷図(1)に示す。酒統計は在城・県4・鎮市2を記すが、旧務年代は不明である。一般的な旧務年代である景祐～慶暦に従っておく。

図によれば熙寧十年前の旧外県5であり、酒統計の県酒務4であるので、県置務率は80％である。また酒務は州県務5務・鎮市務2の計7務で、州県務率71％・鎮市務率29％である。

年　代	外　県					郭下
太平興国中	太平	旌德	寧國	南陵	涇県	宣城
旧務年代	1×	2○	3○	4○	5○	○
熙寧10年 1077	×○5	○4	○3	○2	○1	○
	↓	↓	↓	↓	↓	↓

第四章　江南東路

　次に酒統計に〇印を付した在城・南陵・寧國・旌德・涇県（州県務5）、及び杜遷・水陽鎮（鎮市務2）の計7処が酒務・旧商税務の併設地である。酒務地7処にしめる併設地の併設率は100％である。また旧商税務9処[(2)]に対する併設地の対旧商税務率は78％である。なお太平県の酒務・旧商税務は記載されていない。

　次に酒務地に新商税務が設置された新税務地は、酒統計に□印を付した上記の1～5地（州県務5）、及び6・7の地（鎮市務2）の計7処である。酒務地7処にしめる新税務地の新務地率は100％である。また新商税務10処[(3)]に対する新税務地の対新商税務率は70％である。

　次に酒務地で元豊まで存在して地理表[(4)]にみえる存続地は、酒統計の地名に△印を付している。存続地は上記の1～5の地（州県務5）、及び6・7の地（鎮市務2）で計7処である。酒務地7処にしめる存続地の存続率は100％である。

　次に旧商税務・新商税務・地理表[(4)]にみえない不明地はなく、不明率0％である。以上の酒務・諸数値を酒務表に整理して示す。

N2　宣州　格望　地理表（主戸120,959　客戸21,853　計142,812　貢　白紵布，黄連，筆）

格	県	距　　離	郷	鎮	％	その他	備　　　　　考	水　　　系	計7
望	宣城	郭下	13	3	23	0	符裏窯・水陽・城子務鎮	句溪水，青弋水	2
望	南陵	西　105	8	0	0	0		漳淮水	1
緊	涇	西　105	11	0	0	0		涇水	1
緊	寧國	南　110	15	1	6	0	杜遷鎮	五湖水	1
緊	旌德	西南 245	7	0	0	0			0
中	太平	西南 240	9	0	0	0		上・下涇	2
計 6			63	4	6	0	土産　毯　銅，紵布，紙，筆，熟線綾，綾，綺，黄連，綿，絹，五色線		11種

N2　宣州　　　　　酒　務　表

外県 5	置務県 4	置県務率 80	州県務 5	州県務率 71	鎮市務 2	鎮市務率 29	酒務 7	併設地 7	併設率 100	旧商税務 9	対旧商務率 78	新税務地 7	新務地率 100	新商税務 10	対新商務率 70	存続地 7	存続率 100

併設地	州県	在城・南陵・寧國・旌德・涇県	5 処
計 7	鎮市	杜遷・水陽鎮	2 処
新税務地	州県	1～5の地	5 処
計 7	鎮市	6・7の地	2 処
存続地	州県	1～5の地	5 処
計 7	鎮市	6・7の地	2 処
不　明　地		0 処　不明率　0 ％	

旧務年代の町0・小都市2、新務年代の町0・小都市2

第三編　銅銭区南部

注

(1) 県変遷図の作成史料は拙著2、402頁参照。
(2) 拙著2、401頁。
(3) 拙著2、401〜402頁。
(4) 拙著2、403頁の地理表に同じ。

3　歙州 N 3

歙州の酒務及び新旧酒銭額は次の如くである。

(1)　酒統計

舊。在城及休寧・績溪・祁門・婺源・黟県六務
①
歳　　　　　　　　　29,807貫
熙寧十年祖額　　　21,614貫554文
　　買撲　　　　　1,863貫283文
　　　　新額計　23,477貫837文

注　①原文、祈。志、祁

　旧額は29,807貫・新額23,477貫で、両額の差額−6,330貫・増額率−21％である。また官売額21,614貫・買撲1,863貫で、官売率92％・買撲率8％である。以上の諸数値を銭額表にまとめる。

(2)　酒務表

　寰宇記104・九域志6により太平興国中〜元豊間の歙州諸県の変化を県変遷図[(1)]に示す。酒統計は在城・県5を記すが、旧務年代は不明である。一般的な旧務年代である景祐〜慶暦に従っておく。

　図によれば熙寧十年前の旧外県5であり、酒統計の県酒務5であるので、県置務率は100％である。また酒務は州県務6・鎮市務0の計6務で、州県務率100％・鎮市務率0％である。

N3 歙州	銭　額　表	
旧　額		29,807貫
新　額	官売	21,614貫
	買撲	1,863貫
	計	23,477貫
新旧差額		−6,330貫
増額率		−21％
官売率		92％
買撲率		8％

N3 歙州　県変遷図

年代	外　県					郭下
太平興国中	黟県	休寧	績溪	婺源	祁門	歙県
旧務年代	1○	2○	3○	4○	5○	○
熙寧10年 1077	○5	○4	○3	○2	○1	○
	↓	↓	↓	↓	↓	↓

第四章　江南東路

　次に酒統計に○印を付した在城・休寧・績溪・祁門・婺源・黟県（州県務6）の計6処が酒務・旧商税務の併設地である。酒務地6処にしめる併設地の併設率は100％である。また旧商税務6処[(2)]に対する併設地の対旧商税務率は100％である。

　次に酒務地に新商税務が設置された新税務地は、酒統計に□印を付した上記の1～6の地（州県務6）である。酒務地6処にしめる新税務地の新務地率は100％である。また新商税務7処[(3)]に対する新税務地の対新商税務率は86％である。

　次に酒務地で元豊まで存在して地理表[(4)]にみえる存続地は、酒統計の地名に△印を付している。存続地は上記の1～6の地（州県務6）である。酒務地6処にしめる存続地の存続率は100％である。

　次に旧商税務・新商税務・地理表のいずれにもみえない不明地はなく、不明率は0％である。以上の酒務・諸数値を酒務表に整理して示す。

N3　歙州　格上　地理表（主戸103,716　客戸2,868　計106,584　貢　白紵，紙）

格	県	距離	郷	鎮	％	その他	備　　　考	水　　系	計8
望	歙	郭下	16	0	0	0		新安江，揚之水，黄墩湖	3
望	休寧	西　66	11	0	0	0		漸江	1
望	祁門	西　179	7	0	0	0		閶門灘	1
望	婺源	西南209	6	1	16	0	清化鎮	婺水	1
望	績溪	東北66	9	0	0	0		臨溪	1
緊	黟	西　153	4	0	0	0		吉陽水	1
計 6			53	1	1	0	土産	茶，漆，蠟，硾紙，蜜，墨，銀，鶬鳥	8種

N3　歙州　　　　　　　　　　　　　　酒　務　表

外県	置務県	置務率	州県務	州県務率	鎮市務	鎮市務率	酒務	併設地	併設率	旧商税務	対旧税務商率	新務地	新務地率	新商税務	対新商税務率	存続地	存続率
5	5	100	6	100	0	0	6	6	100	6	100	6	100	7	86	6	100

併設地	州県	在城・休寧・績溪・祁門・婺源・黟県	6処
計 6	鎮市		0処
新税務地	州県	1～6の地	6処
計 6	鎮市		0処
存続地	州県	1～6の地	6処
計 6	鎮市		0処
不明地		0処　不明率	0％

旧務年代の町0・小都市0、新務年代の町0・小都市0

第三編　銅銭区南部

注

(1) 県変遷図の作成史料は拙著 2、403～404頁参照。
(2) 拙著 2、403頁。
(3) 拙著 2、403頁。
(4) 拙著 2、404頁の地理表に同じ。

4　江州 N 4

江州の酒務及び新旧酒銭額は次の如くである。

(1)　酒統計

舊。在城及德化・彭澤・德安・瑞昌・湖口六務
　　①
歳　　　　　　　　36,189貫
熙寧十年租額　　　38,003貫096文
　（買撲不記）
　　　　新額計　　38,003貫096文
注　①郭下県、酒務数に入れず

旧額は36,189貫・新額38,003貫で、両額の差額1,814貫・増額率5％である。また官売額38,003貫・官売率100％で、買撲は記されていない。以上の諸数値を銭額表にまとめる。

(2)　酒務表

寰宇記111・九域志6により太平興国中～元豊間の江州諸県の変化を県変遷図[1]に示す。酒統計は在城・県務4（郭下県を入れず）を記すが、それらの酒務からは旧務年代は不明である。一般的な旧務年代である景祐～慶暦に従っておく。

図によれば熙寧十年前の旧外県4であり、酒統計の県酒務4（德化県を除く）であるので、県置務率は100％である。また酒務は州県務5・鎮市務0の計5務で、州県務率100％・鎮市務率0％である。

N4 江州	銭	額 表
旧　額		36,189貫
新　額	官売	38,003貫
	買撲	0貫
	計	38,003貫
新旧差額		1,814貫
増額率		5％
官売率		100％
買撲率		0％

N4 江州　県変遷図		
年　代	外　　県	郭下
太平興国中	德　瑞　彭　湖 安　昌　澤　口	德 化
旧務年代	1○ 2○ 3○ 4○ ○ ○ ○ ○ 4　3　2　1	○ ○
熙寧10年 1077	↓　↓　↓　↓	↓

第四章　江南東路

　次に酒統計に○印を付した在城・彭澤・德安・瑞昌・湖口県（州県務5）の計5処が酒務・旧商税務の併設地である。酒務地5処にしめる併設地の併設率は100％である。また旧商税務5処[(2)]に対する併設地の対旧商税務率は100％である。

　次に酒務地に新商税務が設置された新税務地は、酒統計に□印を付した上記の1〜5の地（州県務5）である。酒務地5処にしめる新税務地の新務地率は100％である。また新商税務6処[(3)]に対する新税務地の対新商税務率は83％である。

　次に酒務地で元豊まで存在して地理表[(4)]にみえる存続地は、酒統計の地名に△印を付している。存続地は上記の1〜5の地（州県務5）で、存続率は100％である。

　次に旧商税務・新商税務・地理表のいずれにもみえない不明地なく、不明率0％である。以上の江州の酒務・諸数値を酒務表に整理して示す。

N4　江州　格上　地理表（主戸75,888　客戸19,496　計95,384　貢　生石斛, 雲母）

格	県	距離	郷	鎮	％	その他	備　　考	水　系	計6
望	德化	郭下	13	3	23	0	×楚城・丁田・馬頭鎮	九江, 巣湖, 彭蠡湖	3
緊	德安	西南90	4	1	25	0	德安鎮	敷淺水	1
中	瑞昌	西120	8	0	0	0			0
中	湖口	東北60	4	0	0	0		大江	1
中	彭澤	東210	8	0	0	0		大江	1
計　5			37	4	10	0	土産　雲母, 葛布, 布水紙		3種
廣寧監		南120歩	0	0	0	1	鑄銅錢		

×印の地：小さな町候補地5

N4　江州　　　　　　　酒　務　表

外県	置務県	置務率	州県務	州県務率	鎮市務	鎮市務率	酒務地	併設地	併設率	旧商税務	対旧商税務率	新税務地	新務地率	新商税務	対新商税務率	存続地	存続率
4	4	100	5	100	0	0	5	5	100	5	100	5	100	6	83	5	100

併設地	州県	在城・彭澤・德安・瑞昌・湖口県	5処
計　5	鎮市		0処
新税務地	州県	1〜5の地	5処
計　5	鎮市		0処
存続地	州県	1〜5の地	5処
計　5	鎮市		0処
不明地		0処　　不明率　　0％	

旧務年代の町0・小都市0、新務年代の町0・小都市0
注　旧商税務5には郭下県を含めず。拙著2・405頁参照

第三編　銅銭区南部

注

(1) 県変遷図の作成史料は拙著2、405頁参照。
(2) 拙著2、405頁。
(3) 拙著2、505頁。
(4) 拙著2、406頁の地理表に同じ。

5　池州 N 5

池州の酒務及び新旧酒銭額は次の如くである。

(1)　酒統計

舊。在城及青陽・建德・銅陵県・大通・順安鎮六務
　　　　　　　　①
歳　　　　　　　　　29,902貫
熙寧十年祖額　　　　36,886貫839文
　　買撲　　　　　　 8,394貫776文
　　　　新額計　　　45,281貫615文

注　①原文、得。志、德（音通、Le）

旧額は29,902貫・新額45,280貫で、両額の差額15,378貫・増額率51％である。また官売額36,886貫・買撲8,394貫で、官売率81％・買撲率19％である。以上の諸数値を銭額表にまとめる。

N5 池州	銭	額　表
旧　額		29,902貫
新　額	官売	36,886貫
	買撲	8,394貫
	計	45,280貫
新旧差額		15,378貫
増額率		51 ％
官売率		81 ％
買撲率		19 ％

(2)酒務表

寰宇記105・九域志6により太平興国中～元豊間の池州諸県の変化を県変遷図[(1)]に示す。酒統計は在城・県3・鎮市2を記すが、それらの酒務からは旧務年代は不明である。一般的な旧務年代である景祐～慶暦に従っておく。

図によれば熙寧十年前の旧外県5であり、酒統計の県酒務3であるので、県置務率は60％である。また酒務は州県務4・鎮市務2の計6務で、州県務率

N5 池州　県変遷図

年　代	外　　県					郭下
太平興国中	東流	建德	石埭	銅陵	青陽	貴池
旧務年代	1×	2○	3○	4○	5○	○
	×	×	○	○	○	○
熙寧10年 1077	↓5	↓4	↓3	↓2	↓1	↓

— 532 —

67%・鎮市務率33%である。

次に酒統計に○印を付した在城・青陽・建徳・銅陵県（州県務4）、及び順安鎮（鎮市務1）の計5処が酒務・旧商税務の併設地である。酒務地6処にしめる併設地の併設率は83%である。また旧商税務11処[(2)]に対する併設地の対旧商税務率は45%である。なお石埭・東流両県の酒務は記載されていない。また東流県には旧商税務も記載されていない。

次に酒務地に新商税務が設置された新税務地は、酒統計に□印を付した上記の1～4の地（州県務4）、及び5の地・大通（鎮市務2）の計6処である。酒務地6処にしめる新税務地の新務地率は100%である。また新商税務9処[(3)]に対する新税務地の対新商税務率は67%である。

次に酒務地で元豊まで存在して地理表[(4)]にみえる存続地は、酒統計の地名に△印を付している。存続地は上記の1～4の地（州県務4）、及び5・6の地（鎮市務2）で計6処である。酒務地6処にしめる存続地の存続率は100%である。

次に旧商税務・新商税務・地理表のいずれにもみえない不明地はなく、不明率0%である。以上の酒務・諸数値を酒務表に整理して示す。

N5 池州　格上　地理表（主戸106,657　客戸24,708　計131,365　貢　紙）

格	県	距離	郷	鎮	%	その他	備　　考	水　系	計6
望	貴池	郭下	7	4	57	0	池口・青溪・靈芝・秀山鎮	大江, 貴池	2
上	青陽	東南 100	9	0	0			五溪	1
上	銅陵	東北 140	5	2	40	0	大通・順安鎮	天門水	1
上	建徳	西 240	4	0	0			蘭溪	1
上	石埭	東南 200	5	1	20	0	留口鎮		0
中下	東流	西南 230	4	1	25	0	趙屯鎮	大江	1
計 6			34	8	23	0	土産　銅, 銀, 茶, 鉛, 鐵, 苧		6種
永豊監		東北 2	0	0	0	1	鑄銅錢		

×印の地：小さな町候補地3、○印の地：大きな町に準ずる町3

第三編　銅銭区南部

N5 池州　　　　　　　　酒　務　表

外県	置務県	置務率	州県務	州県務率	鎮市務	鎮市務率	酒務地	併設地	併設率	旧商税務	対税旧商	新税務地	新税務地率	新商税務	対税新商率	存続地	存続率
5	3	60	4	67	2	33	6	5	83	11	45	6	100	9	67	6	100

併設地	州県	1在城・2青陽・3建徳・4銅陵県	4処
計　5	鎮市	5順安鎮	1処
新税務地	州県	1～4の地	4処
計　6	鎮市	5の地・6大通	2処
存続地	州県	1～4の地	4処
計　6	鎮市	5・6の地	2処
不　明　地		0処　不明率　0％	

旧務年代の町1（6の地）・小都市1、新務年代の町0・小都市2

注

(1)　県変遷図の作成史料は拙著2、407頁参照。
(2)　拙著2、407頁。　(3)　拙著2、407頁。　(4)　拙著2、408頁の地理表に同じ。

6　饒州 N 6

饒州の酒務及び新旧酒銭額は次の如くである。

(1)　酒統計

舊。在城及餘干・浮梁・樂平・德興・安仁・興利場・石頭・景德鎮・永平監① 十務②

歳　　　　　　　47,597貫
熙寧十年祖額　　28,543貫174文
　買撲　　　　　 3,130貫460文
　　金　　　　 62両7銭9分3釐6毫
　新額計　　　　31,673貫634文

注　①江南西路統計資料の末尾の記載により補う　②原文、九。永平監を加え計10

旧額は47,597貫・新額31,673貫で、両額の差額－15,924貫・増額率－33％である。また官売額28,543貫・買撲3,130貫で、官売率90％・買撲率10％である。以上の諸数値を銭額表にまとめる。

(2) 酒務表

寰宇記107・九域志6・方域12により太平興国中～元豊間の饒州諸県の変化を県変遷図[1]に示す。酒統計は在城・県5・鎮市4を記すが、旧務年代は不明である。一般的な旧務年代である景祐～慶暦に従っておく。

図によれば熙寧十年前の旧外県5であり、酒統計の県酒務5であるので、県置務率は100％である。また酒務は州県務6・鎮市務4の計10務で、州県務率60％・鎮市務率40％である。

次に酒統計に○印を付した在城[1]・餘干[2]・浮梁[3]・德興[4]・安仁県[5]（州県務5）、及び石頭鎮[6]（鎮市務1）の計6処が酒務・旧商税務の併設地である。酒務地10処に対する併設地の併設率は60％である。旧商税務6処[2]にしめる併設地の対旧商税務率は100％である。なお樂平県の旧商税務は記載されていない。

次に酒務地に新商税務が設置された新税務地は、酒統計に□印を付した上記の1～5の地・樂平[7]（州県務6）、及び6の地・景德鎮[8]（鎮市務2）の計8処である。酒務地10処にしめる新税務地の新務地率は80％である。新商税務8処[3]に対する新税務地の対新商税務率は100％である。

次に酒務地で元豊まで存在して地理表[4]にみえる存続地は、酒統計の地名に△印を付している。存続地は上記の1～5・7の地（州県務6）、及び6・8の地・永平監[9]（鎮市務3）で計9処である。酒務地10処にしめる存続地の存続率は90％である。

次に旧商税務・新商税務・地理表のいずれにもみえない不明地は興利場[10]で、不明率11％である。以上の酒務・諸数値を酒務表に整理して示す。なお地理表に銀・金・銅の3場がみえるので、興利場はそれらの一つである可能性があろう。

N6 饒州　銭額表

旧額		47,597貫
新額	官売	28,543貫
	買撲	3,130貫
	計	31,673貫
新旧差額		−15,924貫
増額率		−33％
官売率		90％
買撲率		10％

旧金額　0
新金額　62両7銭9分3釐6毫

N6 饒州　県変遷図

年代	外県					郭下
	浮梁	安仁	餘干	德興	樂平	鄱陽
開寶8年 957				①場設置		
太平興國中						
端拱1年 988		②←県建置				
景德1年 1004	景德鎮③建置					
旧務年代	×1	2○	3○	4○	5×	○
熙寧10年 1077	○5	○4	○3	○2	○1	○
元豊中 1078～1085						

第三編　銅銭区南部

N6　饒州　格上　地理表（主戸153,605　客戸34,590　計188,195　貢　麩金，簟）

格	県	距離	郷	鎮	%	その他	備　　　考	水　　系	計7
望	鄱陽	郭下	20	1	5	0	石頭鎮	鄱江	1
望	餘干	東南 160	6	0	0	0		餘干水, 族亭湖	2
望	浮梁	東北 250	7	1	14	0	景德鎮	新昌水	1
望	樂平	東 180	12	0	0	0		樂安江	1
緊	德興	東 240	6	0	0	院 1 場 3	市銀院（地名不記） 銀・金・銅場（地名不記）	洎溪	1
中	安仁	南 200	5	0	0			安仁港	1
計 6			56	2	3	4	土産　麩金, 銀, 銅, 茶, 簟		5種
永平監		東　4	0	0	0	1	鑄銅錢		

×印の地：小さな町候補地5

N6 饒州　酒務表

外県 5	置務県 5	置務率 100	州県務 6	州県務率 60	鎮市務 4	鎮市務率 40	酒務 10	併設地 6	併設率 60	旧商税務 6	対税旧商率 100	新税務地 8	新務率 80	新商務 8	新商税率 100	対税新商率	存続地 9	存続率 90
併設地 計 6	州県	在城・餘干・浮梁・德興・安仁															5 処	
	鎮市	石頭															1 処	
新税務地 計 8	州県	1～5の地・樂平															6 処	
	鎮市	6の地・景德鎮															2 処	
存続地 計 9	州県	1～5・7の地															6 処	
	鎮市	6・8の地・永平監															3 処	
不明地		興利場													1 処	不明率	10	%

旧務年代の町2（9・10の地）・小都市1、新務年代の町1（9の地）・小都市2

注

(1) 県変遷図の作成史料は拙著2、409頁参照。
(2) 拙著2、408頁。
(3) 拙著2、408～409頁。
(4) 拙著2、410頁の地理表に同じ。

第四章　江南東路

7　信州 N 7

信州の酒務及び新旧酒銭額は次の如くである。

(1)　酒統計

舊。在城及弋陽・玉山・貴溪・鉛山・寳豊県・永豊・汭口鎮八務
　　　　　　　　　　　　　①
歳　　　　　　　　５１，７５８貫
熈寧十年租額　　　６１，２１８貫８１７文
　　買撲　　　　　１，４２４貫２６８文
　　　　新額計　　６２，６４３貫０８５文

注　①原文、鈜。志、鉛

　旧額は51,758貫・新額62,642貫で、両額の差額10,884貫・増額率21％である。また官売額61,218貫・買撲1,424貫で、官売率98％・買撲率2％である。以上の諸数値を銭額表にまとめる。

N7 信州	銭　額　表	
旧　　額		51,758貫
新　　額	官売	61,218貫
	買撲	1,424貫
	計	62,642貫
新旧差額		10,884貫
増 額 率		21％
官 売 率		98％
買 撲 率		2％

(2)　酒務表

　寰宇記107・九域志6により太平興国中～元豊間の信州諸県の変化を県変遷図⑴に示す。酒統計は在城・県5・鎮市2を記す。それらのうち寳豊県は慶暦三年に鎮に降格されて弋陽県に併入されているが、酒統計は「寳豊県」としているので、信州の旧務年代は慶暦三年前である。

　図によれば慶暦三年前の旧外県5であり、酒統計の県酒務5であるので、県置務率は100％である。また酒務は州県務6・鎮市務2の計8務で、州県務率75％・鎮市務率25％である。

　次に酒統計に○印を付した在城・弋陽・玉山・貴溪・鉛山・寳豊県（州県務6）、及び永豊・汭口（鎮市務2）の計8処が酒務・旧商税務の併設地である。酒務地8処に対する併設地の併設率は100

N7 信州　県変遷図

年　代	外　　　県					郭下
	寳豊	弋陽	貴溪	玉山	鉛山	永豊	上饒
太平興国中	○	○	○	○	(旧直隸県)	○	○
淳化5年 994	県建置①	鎮			?		
景祐2年 1035		②					
康定1年 1040	県再設	③					
旧務年代	1○	2○	3○	4○	5○	○	○
慶暦3年 1043	○	④					
熈寧7年 1074						県建置⑤	
10年		○5	×4	○3	○2	○1	○

第三編　銅銭区南部

％である。また旧商税務8処[(2)]にしめる併設地の対旧商税務率は100％である。

　次に酒務地に新商税務が設置された新税務地は、酒統計に□印を付した上記の1～3・5・7の地（州県務5）、及び6・8の地（鎮市務2）の計7処である。酒務地8処にしめる新税務地の新務地率は88％である。また新商税務7処[(3)]に対する新税務地の対新商税務率は100％である。なお貴溪県[4]の新商税務は記載されていない。寶豐県[6]は新務年代では鎮であり、また永豐鎮[7]は新務年代では県である。

　次に酒務地で元豊まで存在して地理表[(4)]にみえる存続地は、酒統計の地名に△印を付している。存続地は上記の1～5・7の地（州県務6）、及び6・8の地（鎮市務2）で計8処である。酒務地8処にしめる存続地の存続率は100％である。

　次に旧商税務・新商税務・地理表のいずれにもみえない不明地はなく、不明率は0％である。以上の酒務・諸数値を酒務表に整理して示す。

N7　信州　格上　地理表（主戸109,410　客戸23,207　計132,617　貢　葛粉、白蜜、水精器）

格	県	距　離	郷	鎮	％	その他	備　考	水　系	計6
望	上饒	郭下	13	0	0	場 2	丁溪銀・丁溪銅場	上饒江	1
望	玉山	東 90	9	0	0	0		上干溪	1
望	弋陽	西 120	9	1	11	場 1	寶豐鎮／寶豐銀場	弋溪	1
望	貴溪	西 190	8	0	0	場 1	黄金銀場	貴水	1
中	鉛山	南 80	7	1	14	場 1	汭口鎮／鉛山銀場	桐源水	1
中	永豐	東南 50	6	0	0	0		永豐溪	1
計 6			52	2	3	5	土産　金、鉛、青碌、銅、銀、空青	6種	6

×印の地：小さな町候補地 5

N7　信州　　　　　酒　務　表

外県 5	置務県 5	置務県率 100	州県務 6	州県務率 75	鎮市務 2	鎮市務率 25	酒務地 8	併設地 8	併設率 100	旧商税務 8	対旧商税率 100	新税務地 7	新務地率 88	新商税務 7	対新商税率 100	存続地 8	存続率 100
併設地 計8	州県	在城[1]・弋陽[2]・玉山[3]・貴溪[4]・鉛山[5]・寶豐県[6]														6処	
	鎮市	永豐[7]・汭口[8]														2処	
新税務地 計7	州県	1～3・5・7の地														5処	
	鎮市	6・8の地														2処	
存続地 計8	州県	1～5・7の地														6処	
	鎮市	6・8の地														2処	
不明地															0処	不明率	0％

旧務年代の町0・小都市2、新務年代の町0・小都市2
注　4の地は新務年代の酒務県（税務不記の県）

注

(1) 県変遷図の作成史料は拙著2、411頁参照。
(2) 拙著2、410頁。
(3) 拙著2、411頁。
(4) 拙著2、413頁の地理表に同じ。

8　太平州 N 8

太平州の酒務及び新旧酒銭額は次の如くである。

(1) 酒統計

舊。在城及蕪湖・繁昌県・荻港鎮・下羨橋・慈湖六務
歳　　　　　　　　３７,１７８貫
熙寧十年祖額　　　４２,８１７貫７５２文
　　買撲　　　　　１,５９２貫２６６文
　　　　鐵　　　　７,５００斤
　　新額計　　　　４４,４１０貫０１８文

旧額は37,178貫・新額44,409貫で、両額の差額7,231貫・増額率19%である。また官売額42,817貫・買撲1,592貫で、官売率96%・買撲率4%である。以上の諸数値を銭額表にまとめる。

(2) 酒務表

寰宇記105・九域志6により太平興国中〜元豊間の太平州諸県の変化を県変遷図[(1)]に示す。酒統計は在城・県2・鎮市3を記すが、それらの酒務からは旧務年代は不明である。一般的な旧務年代である景祐〜慶暦に従っておく。

図によれば熙寧十年前の旧外県2であり、酒統計の県酒務2であるので、県置務率は100%である。また酒務は州県務3・鎮市務3の計6務で、州県務率50%・鎮市務率50%である。鎮市務率はやや高い（一編一章、比較表2）。

次に酒統計に〇印を付した在城・蕪湖・繁昌県（州県務3）、

N8 太平州　銭額表

旧	額		37,178 貫
新	額	官売	42,817 貫
		買撲	1,592 貫
		計	44,409 貫
新旧差額			7,231 貫
増額率			19 %
官売率			96 %
買撲率			4 %

鉄旧額　　0斤
鉄新額　7,500斤

N8 太平州　県変遷図

年　代	外　県	郭下
太平興国中	繁　蕪 昌　湖	當 塗
旧務年代	〇1　〇2	〇
熙寧10年 1077	〇2　〇1	〇
	↓　↓	↓

第三編　銅銭区南部

及び荻港鎮[4]・下奘橋[5]（鎮市務2）の計5処が酒務・旧商税務の併設地である。酒務地6処にしめる併設地の併設率は83％である。また旧商税務8処[(2)]に対する併設地の対旧商税務率は63％である。

　次に酒務地に新商税務が設置された新税務地は、酒統計に□印を付した上記の1〜3の地（州県務3）、及び4・5の地・慈湖[6]（鎮市務3）の計6処で、新税務地の新務地率は100％である。また新商税務8処[(3)]に対する新税務地の対新商税務率は75％である。

　次に酒務地で元豊まで存在して地理表[(4)]にみえる存続地は、酒統計に△印を付している。存続地は上記の1〜3の地（州県務3）、及び4〜6の地（鎮市務3）で計6処である。酒務地6処にしめる存続地の存続率は100％である。

　次に旧商税務・新商税務・地理表のいずれにもみえない不明地はなく、不明率0％である。以上の酒務・諸数値を酒務表に整理して示す。

N8　太平州　格上　地理表（主戸41,720　客戸9,277　計50,997　貢　紗）

格	県	距離	郷	鎮	％	その他	備　　考	水　系	計4
上	當塗	郭下	14	6	42	0	采石・慈湖・黄池・薛店・青游・丹陽鎮	丹陽湖，慈湖	2
中	蕪湖	西南65	5	0	0	0		蕪湖	1
中	繁昌	西南165	5	5	100	0	荻港・上奘橋・黄火・楊家會・下奘橋鎮	大江	1
計3			24	11	45	0	土産　無		0

×印の地：小さな町候補地5、○印の地：大きな町に準ずる町1
注　新商税務地の奘橋鎮を地理表は下奘橋鎮とす

N8 太平州　　　　酒　務　表

外県 2	置務県 2	置務県率 100	州県務 3	州県務率 50	鎮市務 3	鎮市務率 50	酒務 6	併設地 5	併設率 83	旧商税務 8	対税旧商率 63	新税務地 6	新務地率 100	新商税務 8	対税新商率 75	存続地 6	存続率 100
併設地	州県	在城[1]・蕪湖[2]・繁昌県[3]															3処
計5	鎮市	荻港鎮[4]・下奘橋[5]															2処
新税務地	州県	1〜3の地															3処
計6	鎮市	4・5の地・慈湖[6]															3処
存続地	州県	1〜3の地															3処
計6	鎮市	4〜6の地															3処
不明地									0処			不明率					0 ％

旧務年代の町1（6の地）・小都市2、新務年代の町0・小都市3

注

(1) 県変遷図の作成史料は拙著2、414頁参照。
(2) 拙著2、413頁。
(3) 拙著2、413頁。
(4) 拙著2、415頁の地理表に同じ。

9　南康軍Ｎ9

南康軍の酒務及び新旧酒銭額は次の如くである。

(1) 酒統計

舊。在城及都昌・建昌県・河湖鎮四務
歳　　　　　　　２５，４２２貫
熙寧十年租額　　３２，０４４貫２６８文
　　買撲　　　　　９９９貫５０４文
　　　新額計　　３３，０４３貫７７２文

旧額は25,422貫・新額33,043貫で、両額の差額7,621貫・増額率30％である。また官売額32,044貫・買撲999貫で、官売率97％・買撲率3％である。以上の諸数値を銭額表にまとめる。

N9 南康軍	銭　額　表	
旧　　額		25,422 貫
新　　額	官売	32,044 貫
	買撲	999 貫
	計	33,043 貫
新旧差額		7,621 貫
増額率		30 ％
官売率		97 ％
買撲率		3 ％

(2) 酒務表

寰宇記111・九域志6により太平興国中～元豊間の南康軍諸県の変化を県変遷図[(1)]に示す。酒統計は在城・県2・鎮市1を記すが、それらの酒務からは旧務年代は不明である。一般的な旧務年代である景祐～慶暦に従っておく。

図によれば熙寧十年前の旧外県2であり、また酒統計の県酒務2であるので、県置務率は100％である。次に酒務は州県務3・鎮市務1の計4務で、州県務率75％・鎮市務率25％である。

次に酒統計に○印を付した在城・都昌・建昌県（州県務

N9 南康軍　県変遷図		
年代	外　県	郭下
太平興国中	建昌　都昌	星子
旧務年代	1○　2○	○
	○　　○	○
熙寧10年 1077	○2　○1	○
	↓　　↓	↓

第三編　銅銭区南部

3)、及び河湖鎮(鎮市務1)の計4処が酒務・旧商税務の併設地である。酒務地4処にしめる併設地の併設率は100％である。また旧商税務7処⁽²⁾に対する併設地の対旧商税務率は57％である。

　次に酒務地に新商税務が設置された新税務地は、酒統計に□印を付した上記の1～3の地(州県務3)である。酒務地4処にしめる新税務地の新務地率は75％である。また新商税務3処⁽³⁾に対する新税務地の対新商税務率は100％である。

　次に酒務地で元豊まで存在して地理表⁽⁴⁾にみえる存続地は、酒統計の地名に△印を付している。存続地は上記の1～3の地(州県務3)、及び4の地(鎮市務1)で計4処である。酒務地4処にしめる存続地の存続率は100％である。

　次に旧商税務・新商税務・地理表のいずれにもみえない不明地はなく、不明率は0％である。以上の酒務・諸数値を酒務表に整理して示す。

N9 南康軍　格同下州　地理表（主戸55,527　客戸14,969　計70,496　貢　茶芽）

格	県	距離	郷	鎮	％	その他	備　考	水　系	計4
上	星子	郭下	5	1	20	0	龍溪鎮	彭蠡湖, 大江	2
望	建昌	西南120	16	5	31	0	◦太平・桐城・娉婷・河湖・炭婦鎮	脩江	1
上	都昌	東 75	11	0	0	0		大江	1
計 3			32	6	18	0	土産 布水紙, 雲母, 石斛		3種

×印の地：小さな町候補地2、○印の地：大きな町に準ずる町3

N9 南康軍　　　　　　酒　務　表

外県	置務県	置務県率	州県務	州県務率	鎮市務	鎮市務率	酒務	併設地	併設率	旧商税務	対旧商務率	新税務地	新務地率	新商税務	対新商務率	存続地	存続率
2	2	100	3	75	1	25	4	4	100	7	57	3	75	3	100	4	100

併設地	州県	在城¹・都昌²・建昌県³	3処
計 4	鎮市	河湖鎮⁴	1処
新税務地	州県	1～3の地	3処
計 3	鎮市		0処
存続地	州県	1～3の地	3処
計 4	鎮市	4の地	1処
不　明　地		0処　不明率	0％

旧務年代の町0・小都市1、新務年代の町1(4の地)・小都市0

注

⑴　県変遷図の作成史料は拙著 2 、416頁参照。
⑵　拙著 2 、415頁。
⑶　拙著 2 、415頁。
⑷　拙著 2 、417頁の地理表に同じ。

10　廣德軍 N 10

廣德軍の酒務及び新旧酒銭額は次の如くである。

(1)　酒統計

舊。在城及建平県二務
　　　　　○□△　○□△

歳　　　　　　　２６,２７８貫
熙寧十年祖額　　２５,０３３貫０６６文
（買撲不記）
　　　　新額計　２５,０３３貫０６６文

旧額は26,278貫・新額25,033貫で、両額の差額－1,245貫・増額率－ 5 ％である。また官売額25,033貫・官売率100％である。買撲は記されていず、買撲率 0 ％である。以上の諸数値を銭額表にまとめる。

N10 廣德軍	銭 額 表	
旧　　額		26,278貫
新　額	官売	25,033貫
	買撲	0貫
	計	25,033貫
新旧差額		－1,245貫
増額率		－5％
官売率		100％
買撲率		0％

(2)　酒務表

　寰宇記103・九域志 6 により太平興国中～元豊間の廣德軍諸県の変化を県変遷図⑴に示す。酒統計は在城・県 1 を記すが、それらの酒務からは旧務年代は不明である。一般的な旧務年代である景祐～慶暦に従っておく。

　図によれば熙寧十年前の旧外県 1 であり、酒統計の県酒務 1 であるので、県置務率は100％である。また酒務は州県務 2 ・鎮市務 0 の計 2 務で、州県務率100％・鎮市務率 0 ％である。

　次に酒統計に○印を付した在城・建平県（州県務 2 ）の計 2 処が酒務・旧商税務の併設地である。酒務地 2 処に対する併設地の併設率は100％である。また旧商税務 2 処⑵にし

第三編　銅銭区南部

める併設地の対旧商税務率は100％である。

　次に酒務地に新商税務が設置された地である新税務地は、酒統計に□印を付した上記の１～２の地（州県務２）である。酒務地２処にしめる新税務地の新務地率は100％である。また新商税務２処[3]に対する新税務地の対新商税務率は100％である。

　次に酒務地で元豊まで存在して地理表[4]にみえる存続地は、酒統計の地名に△印を付している。存続地は上記の１～２の地（州県務２）である。酒務地２処にしめる存続地の存続率は100％である。

　次に旧商税務・新商税務・地理表のいずれにもみえない不明地はなく、不明率０％である。以上の廣徳軍の酒務・諸数値を酒務表に整理して示す。

N10 廣徳軍　県変遷図

国	年代	郭下	外県
唐		宣州 廣徳県	（建平）
南唐	保大8年	① 制置	
宋	太平興国4年 979	② 軍建置	
	端拱1年 988		③ 県建置
	旧務年代	○○	○○ 1
	熙寧10年 1077	○ 1	○ 1

N10 廣徳軍　格同下州　地理表（主戸40,146　客戸253　計40,399　貢　茶芽）

格	県	距離	郷	鎮	％	その他	備考	水系	計2
望	廣徳	郭下	9	0	0	0		桐水	1
望	建平	西北 90	5	1	20	0	梅渚鎮×	南碕湖	1
	計 2		14	1	7	0	土産 茶,紬,絹,綿,布		5種

×印の地：小さな町候補地1

N10 廣徳軍　　酒務表

外県	置務県	置務率	州県務	州県務率	鎮市務	鎮市務率	酒務	併設地	併設率	旧商税務	対旧商務率	新税務地	新務地率	新商税務	対新商務率	存続地	存続率
1	1	100	2	100	0	0	2	2	100	2	100	2	100	2	100	2	100

併設地 計 2	州県	在城・建平県	2 処
	鎮市		0 処
新税務地 計 2	州県	1・2の地	2 処
	鎮市		0 処
存続地 計 2	州県	1・2の地	2 処
	鎮市		0 処
不明地		0 処　不明率　0 ％	

旧務年代の町０・小都市０、新務年代の町０・小都市０

第四章　江南東路

注
(1)　県変遷図の作成史料は拙著2、417～418頁参照。
(2)　拙著2、417頁。　(3)　拙著2、417頁。　(4)　拙著2、418頁の地理表に同じ。

おわりに

　表1に江南東路10州軍の銭額表をまとめ、また戸数・新商税額を付している。Ｎ１江寧府・Ｎ２宣州の元豊戸はそれぞれ約17万戸・約14万戸で、元豊に近い熙寧十年の新商税額約6万貫・約4貫であり、戸数・商税共に江南東路でトップクラスである。また両州の新酒額も約14万貫・約9万貫でトップクラスである。逆にＮ８太平州・Ｎ10廣徳軍の戸数約5万戸・約4万戸と少なく、商税も約2万貫・約1万貫と低レベルであり、新酒額もそれぞれ約4万貫・約3万貫とレベルが低い。江南東路では戸・商税の大小がおおまかには酒額の大小と一致する。

　次に酒額の新旧の相違をみると、全10州軍のうち減額州3・増額州7で、路全体では12％増である。減額率・増額率で同率の州軍はなく、また新旧額の差が同数の州軍もない。このように各州軍の新旧の増減率及び差が一定ではないので、斉一的・均一的な増減政策は行われなかったことがわかる。増減率・差額に一定の傾向がみられないのであるから、新旧額の相違は主として酒消費量自体の変動により生じたとみなければならない。したがって官売額・買撲・官売率・買撲率はそれぞれ都市エリア・町エリアの酒消費量が反映したものと解される。また官売額は買撲の約10倍で全額の91％をしめる。

表1　Ｎ江南東路　銭額総合表

州軍		旧額	新額	差額	増額率	官売	買撲	官売率	買撲率	戸	商税
N1	江寧府	105,659	139,562	33,903	32	122,049	17,513	87	13	168,462	57,238
N2	宣州	85,621	88,530	2,909	3	77,046	11,484	87	13	142,812	42,454
N3	歙州	29,807	23,477	-6,330	-21	21,614	1,863	92	8	106,584	25,954
N4	江州	36,189	38,003	1,814	5	38,003	0	100	0	95,384	46,142
N5	池州	29,902	45,280	15,378	51	36,886	8,394	81	19	131,365	36,645
N6	饒州	47,597	31,673	-15,924	-33	28,543	3,130	90	10	188,195	48,471
N7	信州	51,758	62,642	10,884	21	61,218	1,424	98	2	132,617	38,392
N8	太平州	37,178	44,409	7,231	19	42,817	1,592	96	4	50,997	22,825
N9	南康軍	25,422	33,043	7,621	30	32,044	999	97	3	70,496	29,344
N10	廣徳軍	26,278	25,033	-1,245	-5	25,033	0	100	0	40,399	14,314
計・率		475,411	531,652	56,241	12	485,253	46,399	91	9	1,127,311	361,779

注　州軍記号に下線を付す州軍は物額を有す

第三編　銅銭区南部

　次に表2に10州軍の酒務表をまとめている。旧務年代（旧商税務）・熙寧十年（新商税務）・元豊（地理表）のいずれにもみえない不明地は1例にとどまり、全体の約2％に過ぎない。また地理表不記地もない。不明率2％・存続率98％は、江南東路において酒務が置かれた行政都市・小都市・町が社会的・経済的に安定性が甚だ高かったことを証する。

　次に併設率が路全体としては88％と高率であり、併設率が約50％未満の州軍0である。このことは江南東路の都市には酒務・商税務の併設が多く行われたことを証する。また新商税務が置かれた新務年代の併設地である新税務地の新務地率も93％と高率であるので、新務年代でも多くの都市に併設が行われた。

　次に表3によれば旧務年代の酒務地60で、その内訳は行政都市44、小都市10、町6である。都市54（44＋10）の対酒務地率90％、町6の対酒務地率10％である（表5）。都市対町＝54対6で、町の対都市率11％である（表5）。酒務のほとんどは都市エリアに置かれた。

　次に旧務年代の小都市が0又は1の小都市未発達の州軍（表5、州軍甲）7で全州軍10の70％をしめる（表5）。また町が0又は1の町未発達の州軍（表5、州軍乙）9で、90％である（表5）。新務年代においてもほぼ同じである（表4）。これらのことから江南東路では小

表2　N江南東路　酒務総合表

州軍	州県務	鎮市務	鎮市率	全酒務	併設地	併設率	対税旧務商率	新税務地	新務地率	対税新務商率	存続地	存続率	不明地	不明率	旧商税務	新商税務
N1	4	2	33	6	5	83	83	6	100	100	6	100	0	0	6	6
N2	5	2	29	7	7	100	78	7	100	70	7	100	0	0	9	10
N3	6	0	0	6	6	100	100	6	100	86	6	100	0	0	6	7
N4	5	0	0	5	5	100	100	5	100	83	5	100	0	0	5	6
N5	4	2	33	6	5	83	45	6	100	67	6	100	0	0	11	9
N6	6	4	40	10	6	60	100	8	80	100	9	90	1	10	6	8
N7	6	2	25	8	8	100	100	7	77	100	8	100	0	0	8	7
N8	3	3	50	6	5	83	63	6	100	75	6	100	0	0	8	8
N9	3	1	25	4	4	100	57	3	75	100	4	100	0	0	7	3
N10	2	0	0	2	2	100	100	2	100	100	2	100	0	0	2	2
計	44	16	27	60	53	88	78	56	93	85	59	98	1	2	68	66

注　1　酒務60＝存続地59＋不明地1　　2　地理表不記地無し

表3　N江南東路　旧務年代の都市・町

州軍	N1	N2	N3	N4	N5	N6	N7	N8	N9	N10	計
行政都市	4	5	6	5	4	6	6	3	3	2	44
小都市	1	2	0	0	1	1	2	2	1	0	10
町	1	0	0	0	1	3	0	1	0	0	6
酒務（計）	6	7	6	5	6	10	8	6	4	2	60

典拠：各州軍酒務表

第四章　江南東路

都市・町は多くの州軍において未発達であった。

次に表4によれば熙寧十年に新商税務が置かれた酒務地である新税務地59の内訳は、行政都市43、小都市13、町2、酒務県1である。都市57（43＋13＋1）の対酒務地率97％、町2の対酒務地率3％である（表5）。また都市対町＝57対2であり、町の対都市率は4％に過ぎない（表5）。

新務年代では江南東路には少なくとも商税務・酒務が併置された行政都市43・小都市13、酒務のみが置かれた町2・酒務県1が存在した。

次に酒務が置かれず商税務のみが記された地である旧商税地・新商税地は表6の如くである。江南東路の旧商税地15処であり旧商税務68の2割で、旧商税地は少数に過ぎない。このことに加えて併設地が53処と甚だ多いことから旧商税地は厳選された地であることが

表4　N 江南東路　新務年代の都市・町

州　軍	N1	N2	N3	N4	N5	N6	N7	N8	N9	N10	計
行政都市	4	5	6	5	4	6	5	3	3	2	43
小都市	2	2	0	0	2	2	2	3	0	0	13
町	0	0	0	0	0	1	0	0	1	0	2
酒務県	0	0	0	0	0	0	1	0	0	0	1
存続地	6	7	6	5	6	9	8	6	4	2	59

酒務県：税務不記県
典拠：各州軍酒務表

表5　変動表

	旧務年代		新務年代		変動
	州軍数	比率	州軍数	比率	
全　州　軍	10	－	10	－	0％
州　軍　甲	7	70％	4	40％	－43％
州　軍　乙	9	90％	10	100％	11％
酒　務　数	60		59		－2％
都　市　数	54		57		6％
町　　　数	6		2		67％
都市の対酒務率		90％		97％	7％
町の対酒務率		10％		3％	－7％
町の対都市率		11％		4％	－7％

州軍甲：小都市未発達州軍（小都市0又は1）
州軍乙：町未発達州軍（町0又は1）
比率：甲, 乙州軍÷全州軍
対酒務率＝都市数÷酒務数　対都市率＝町数÷都市数
州軍、酒務、都市、町の変動＝（新数－旧数）÷旧数
対酒務率、対都市率の変動＝新比率－旧比率
典拠：表3・表4

第三編　銅銭区南部

わかる。また全州軍10のうち旧商税地が0～3の州軍9と多いことは、路として商税務乱設を行わなかったことを意味する。

　なお新商税地10で旧商税地より少ないのは、基本的には新務年代までに三司の税務が減少したことによる（表2参照）。

表6　江南東路　新旧商税地

州　　　軍	N1	N2	N3	N4	N5	N6	N7	N8	N9	N10	計
旧 商 税 地	1	2	0	0	6	0	0	3	3	0	15
新 商 税 地	0	3	1	1	3	0	0	2	0	0	10

旧商税地＝旧商税務－併設地　　新商税地＝新商税務－新税務地
典拠：本章「おわりに」表2

　次ぎに本章の諸州軍の地理表の分析をまとめると表7の如くである。江南東路の記載地66処で一般的水準Ⅱである。その内訳は町・小都市が20処で水準Ⅱ、また小さな町候補38処で水準Ⅱである。それらの都市・町に置かれている機関を機能により分類すると、保安機関の鎮54（水準Ⅱ）、寨・堡などの軍事機関はなく、監・場などの生産機関12（水準Ⅱ）である。生産機関は鋳銭監3、金場1・銀場5・銅場2で、購買機関の市銀院1があった。（水準は一編一章末、比較表1を参照）

表7　江南東路　地理表記載地

路	記載地	無名地	町・小都市	大きな町に準ずる町	町候補地
N	66	5	無印地　21	○印地　7	×印地　38
機　　能	保安	軍事	生産・購買		
機　　関	鎮　54	0	院 1, 監 3 場 8		

記載地＝町・小都市＋大きな町に準ずる町＋町候補地
無名地5は町候補地数に含まれる。機関に地名が付されていず町ではない可能性もあろう。
典拠：本章地理表

第五章　江南西路

1　洪州 O 1

洪州の酒務及び新旧酒銭額は次の如くである。

(1)　酒統計

舊。在城及奉新・豊城・分寧・武寧県・進賢・土坊鎮七務
　　　　①　　　　　　　②　　　　　③
歳　　　　　　　４７，５６７貫
熙寧十年祖額　　５１，７０４貫００３文
　　買撲　　　　 ２，３８２貫２６４文
　　　新額計　　５４，０８６貫２６７文
　注　①原文、欠。原文「新豊城」　②原文、欠。「武県」　③原文、士。志、土

洪州の旧額47,567貫・新額54,086貫（文切り捨て、以下の州軍同じ）で、両額の差額6,519貫・増額率14％である。官売額（祖額、以下同じ）51,704貫・買撲2,382貫で、官売率96％・買撲率4％である。以上の諸数値を銭額表にまとめる。

O1 洪州	銭　額　表	
旧　額		47,567貫
新　額	官売	51,704貫
	買撲	2,382貫
	計	54,086貫
新旧差額		6,519貫
増額率		14％
官売率		96％
買撲率		4％

(2)　酒務表

寰宇記106・九域志6により太平興国中～元豊間の洪州諸県の変化を県変遷図に示す。酒統計は在城・県4・鎮市2を記すが、それらの酒務からは旧務年代は不明である。一般的な旧務年代である景祐～慶暦に従っておく。

図によれば熙寧十年前の旧外県5であり、酒統計の県酒務4であるので、県置務率は80％である。また酒務は州県務5・鎮市務2の計7務で、州県務率71％・鎮市務率29％である。

次に酒統計に○印を付した在城・奉

年代	外　県					郭　下	
太平興国中 976～983	武寧	奉新	靖安	豊城	分寧	新建	南昌
至道3年 997					査田鎮② 建置	椎舎鎮① 建置	進賢鎮③ 建置
旧務年代	1○	2○	3○	4○	×　5 ○	×	○
熙寧10年 1077	○5	○4	○3	○2	○1	○	○
元豊	↓	↓	↓	↓	↓	↓	↓

第三編　銅銭区南部

　新・豊城・分寧・武寧県（州県務5）、及び進賢・土坊鎮（鎮市務2）の計7処が酒務・旧商税務の併設地である。酒務地7処にしめる併設地の併設率は100％である。また旧商税務8処に対する併設地の対旧商税務率は88％である。なお靖安県の酒務は記載されていない。

　次に酒務地に新商税務が設置された新税務地は、酒統計に□印を付した上記の1～5の地（州県務5）、及び6・7の地（鎮市務2）の計7処で、新税務地の新務地率は100％である。また新商税務10処に対する新税務地の対新商税務率は70％である。

　次に酒務地で元豊まで存在して地理表にみえる存続地は、酒統計の地名に△印を付している。存続地は上記の1～5の地（州県務5）、及び6・7の地（鎮市務2）で計7処である。酒務地7処にしめる存続地の存続率は100％である。

　旧商税務・新商税務・地理表のいずれにもみえない不明地はなく、不明率0％である。

O1　洪州　格都督　地理表（主戸180,760　客戸75,474　計256,234　貢　葛）

格	県	距　離	郷	鎮	％	その他	備　　考	水　系	計8
望	南昌	郭下	16	4	25	0	土坊・進賢・新義・閏安鎮	武陽水, 宮亭湖	2
望	新建	郭下	16	6	37	0	大安・新城・樵舎・大通・西嶺・松湖鎮	章水	1
望	奉新	西 150	10	0	0	0		華林水	1
望	豊城	南 155	18	4	22	0	港口・河湖・曲江・赤江鎮	豊水	1
望	分寧	西 600	8	1	12	0	査田鎮	脩水, 瀑布水	2
緊	武寧	北 360	8	0	0	0		東津水	1
中	靖安	西北 160	5	0	0	0			0
計 7			81	15	18	0	土産　蠟, 柑橘, 葛布, 絲布, 梅煎		5種

×印の地：小さな町候補地11

O1　洪州　　　　　　　　酒　務　表

外県 5	置務県 4	置務率 80	州県務 5	州県務率 71	鎮市務 2	鎮市務率 29	酒務 7	併設地 7	併設率 100	旧商税務 8	対旧商務率 88	新税務地 7	新務地率 100	新商税務 10	対新商務率 70	存続地 7	存続率 100

併設地 計7	州県	1在城・2奉新・3豊城・4分寧・5武寧県	5処
	鎮市	6進賢・7土坊鎮（小都市、以下の州軍酒務表同じ）	2処
新税務地 計7	州県	1～5の地	5処
	鎮市	6・7の地（小都市、以下の州軍酒務表同じ）	2処
存続地 計7	州県	1～5の地	5処
	鎮市	6・7の地	2処
不明地		0処　不明率　0％	

旧務年代の町0・小都市2、新務年代の町0・小都市2
注　旧商税務8には郭下県務2を含めず。拙著2・423頁参照

第五章　江南西路

注

(1)　県変遷図の作成史料は拙著2、423頁参照。
(2)　拙著2、422頁。
(3)　拙著2、422頁。
(4)　拙著2、424頁の地理表に同じ。

2　虔州O2

虔州の酒務及び新旧酒銭額は次の如くである。

(1)　酒統計

舊。在城及義豐監・安遠・雩都・虔化・信豐・龍南・瑞金・興國・石城・贛縣・寶積・銀場十三務
　　　　　　　　　　　　　　　　　　　　　　　　　　①
歳　　　　　　　　２４，５６０貫
熙寧十年租額　　　２６，３９４貫５２３文
　　　買撲　　　　　　７３９貫９９２文
　　　　新額計　　２７，１３４貫５１５文
　注　①原文、贛。志、贛。郭下県、酒務数に入れず

旧額は24,560貫・新額27,133貫で、両額の差額2,573貫・増額率10％である。官売額26,394貫・買撲739貫で、官売率97％・買撲率3％である。以上の諸数値を銭額表にまとめる。

O2 虔州	銭額表	
旧　額		24,560貫
新　額	官売	26,394貫
	買撲	739貫
	計	27,133貫
新旧差額		2,573貫
増額率		10％
官売率		97％
買撲率		3％

(2)　酒務表

宋本寰宇記108・九域志6により太平興国中～元豊間の虔州諸県の変化を県変遷図⁽¹⁾に示す。酒統計は在城・県8（郭下県を入れず）・鎮市3を記すが、それらの酒務からは旧務年代は不明で、一般的な旧務年代である景祐～慶暦に従っておく。

図によれば熙寧十年前の旧外県9であり、酒統計の県酒務8（贛県を除く）であるので、県置務率は89％である。また酒務は州県務9・鎮市務3の計12務で、州県務率75％・鎮市務率25％である。

次に酒統計に○印を付した在城・雩都・興國（州県務3）が酒務・旧商税務の併設地で

第三編　銅銭区南部

ある。酒務地12処にしめる併設地の併設率は25％である。また旧商税務6処[(2)]に対する併設地の対旧商税務率は50％である。なお會昌県に旧酒務は置かれておらず、また雩都・興國両県以外の7外県の旧商税務は記載されていない。

O2　虔州　県変遷図

年代	外　県										郭下
	會昌	上猶	大庚	南康	龍南	石城	瑞金	信豐	虔化	安遠	雩都	興國	贛県
太平興国中	↓	↓	↓	↓									↓
淳化1年 990		①↓	①↓	①↓									
			南安軍										
旧務年代	1××				2× ○	3× ○	4× ○	5× ○	6× ○	7× ○	8 ○	9 ○	○
熙寧10年 1077	○9				○8	○7	○6	○5	○4	○3	○2	○1	↓

次に酒務地に新商税務が設置された地である新税務地は、酒統計に□印を付した上記の1～3の地・安遠[4]・虔化[5]・信豐[6]・龍南[7]・瑞金[8]・石城[9]（州県務9）で、新務地率は75％である。また新商税務13処[(3)]に対する新税務地の対新商税務率は69％である。

次に酒務地で元豊まで存在して地理表[(4)]にみえる存続地は、酒統計の地名に△印を付している。存続地は上記の1～9の地（州県務9）、及び寶積（鉛場）[10]・銀場（鎮市務2）[11]で計11処で、存続率は92％である。なお銀場は地理表に2処みえる。

次に〇印を付さない鎮市が旧務年代の町で（以下の州軍酒統計同じ）、3処（10～12の地）である。△印のみの鎮市及び〇△印の鎮市が新務年代の町で（以下の州軍酒統計同じ）、2処（10・11の地）である。

次に旧商税務・新商税務・地理表のいずれにもみえない不明地は義豐監[12]で、不明率は8％である。以上の虔州の酒務・諸数値を酒務表に整理して示す。

O2　虔州　格上　地理表（主戸81,621　客戸16,509　計98,130　貢　白紵）

格	県	距離	郷	鎮	％	その他		備　考	水　系	計10
望	贛	郭下	6	4	66			楊梅・合流・平固・七里鎮	章水，貢水	2
						銀場	1	蛤湖銀場		
望	虔化	東北 535	6	0	0	鉛場	1	寶積鉛場	虔化水	1
望	興國	東 240	6	0	0		0		平江	1
望	信豐	南 195	5	0	0		0		夢水	1
望	雩都	東南 171	6	0	0	銀場	1	地名不記		
						錫場	1	天井錫場	雩水	1
望	會昌	東 400	5	0	0	錫場	1	抜渓錫場	榮陽水	1
望	瑞金	東南 300	4	0	0	銀銅場	1	九龍銀銅場	錦江	1
緊	石城	東 700	2	0	0		0			
上	安遠	東南 700	4	0	0				安遠水	1
中	龍南	南 450	6	0	0		0		渥水	1
計 10			50	4	8	土産	6	鉛，竹梳箱，糖，蜜梅（宋本）		4種

×印の地：小さな町候補地8

O2 虔州　　　　　　　　　酒　務　表

外県	置務県	置務率	州県務	州県務率	鎮市務	鎮市務率	酒務	併設地	併設率	旧商税務	対税旧商率	新税務地	新税務率	新商税務	対税新商率	存続地	存続率
9	8	89	9	75	3	25	12	3	25	6	50	9	75	13	69	11	92

併設地	州県	在城¹・雩都²・興國³		3 処
計 3	鎮市			0 処
新税務地	州県	1～3の地・安遠⁴・虔化⁵・信豊⁶・龍南⁷・瑞金⁸・石城⁹		9 処
計 9	鎮市			0 処
存続地	州県	1～9の地		9 処
計 11	鎮市	寶積¹⁰・銀場¹¹		2 処
不 明 地		義豊監¹²	1 処	不明率　8 ％

旧務年代の町3（10～12の地）・小都市0、新務年代の町2（10・11の地）・小都市0
注　4～9の地は旧務年代では酒務県（6）

注

(1) 県変遷図の作成史料は拙著2、425頁参照。
(2) 拙著2、425頁。　(3) 拙著2、425頁。
(4) 拙著2、427頁の地理表に同じ。

3　吉州〇3

吉州の酒務及び新旧酒銭額は次の如くである。

(1)　酒統計
舊。在城及廬陵①・太和・安福・永新・龍泉・吉水県・沙市・報恩鎮九務②

歳	5,303貫
熙寧十年祖額	18,215貫314文
買撲	1,778貫760文
新額計	19,994貫074文

注　①原文、廬。志、廬。郭下県、酒務数に入れず　②後の永豊県

旧額は5,303貫・新額19,993貫で、両額の差額14,690貫・増額率277％である。官売額18,215貫・買撲1,778貫で、官売率91％・買撲率9％である。以上の諸数値を銭額表にまとめる。

第三編　銅銭区南部

(2) 酒務表

宋本寰宇記109・九域志6・地理志4により太平興国中～元豊間の吉州諸県の変化を県変遷図⁽¹⁾に示す。酒統計は在城・県5（郭下県を入れず）・鎮市2を記すが、それらの酒務からは旧務年代は不明である。一般的な旧務年代である景祐～慶暦に従っておく。

図によれば報恩鎮は熙寧四年に県に昇格し、且つ永豊県に改名しているので留意しておきたい。また新商税務・地理表に永豊県がみえるので、酒統計には□△印を付している。

図によれば熙寧十年前の旧外県5であり、酒統計の県酒務5（廬陵県を除く）であるので、県置務率は100％である。また酒務は州県務6・鎮市務2の計8務で、州県務率75％・鎮市務率25％である。

次に酒統計に○印を付した在城¹・安福²・吉水³県（州県務3）が酒務・旧商税務の併設地である。酒務地8処にしめる併設地の併設率は38％である。また旧商税務6処⁽²⁾に対する併設地の対旧商税務率は50％である。なお報恩鎮の酒務は記載されているが、旧商税務は記載されていない。また永新・太和・龍泉3県の旧商税務も記載されていない

次に酒務地に新商税務が設置された地である新税務地は、酒統計に□印を付した上記の1～3の地・太和⁴・永新⁵・龍泉⁶・永豊県（旧報恩鎮）など州県務7、及び沙市鎮⁸の計8処である。酒務地8処にしめる新税務地の新務地率は100％である。また新商税務12処⁽³⁾に対する新税務地の対新商税務率は67％である。

次に酒務地で元豊まで存在して地理表⁽⁴⁾にみえる存続地は、酒統計の地名に△印を付している。存続地は上記の1～7の地（州県務7）、及び8の地（鎮市務1）で計8処である。酒務地8処にしめる存続地の存続率は100％である。

次に旧商税務・新商税務・地理表のいずれにもみえない不明地はなく、不明率0％である。以上の吉州の酒務・諸数値を酒務表に整理して示す。

O3 吉州　銭額表

旧	額	5,303 貫
新　額	官売	18,215 貫
	買撲	1,778 貫
	計	19,993 貫
新旧差額		14,690 貫
増額率		277 ％
官売率		91 ％
買撲率		9 ％

O3 吉州　県変遷図

年代	外県	郭下
太平興国中	永新　太和　(萬安)龍泉　安福　新淦　(永豊)吉水	廬陵
雍熙1年 984		①折地置報恩鎮県
淳化3年 992		臨江軍
旧務年代	1× 2× 3○ 4○ ×5	○
至和1年 1054	萬安鎮昇格	改名②昇格
熙寧4年 1071	③	
10年	○7 ○6 ○5 ○4 ○3 ○2 ○1	○

—554—

第五章　江南西路

O3 吉州　格上　地理表（主戸130,767　客戸142,630　計273,397　貢　葛，紵布）

格	県	距離		郷	鎮	％	その他	備　考	水　系	計7
望	廬陵	郭下		9	1	11	0	×永和鎮	頼水	1
望	吉水	東北	40	6	0	0	0		吉水	1
望	安福	西	140	13	1	7	0	×時礱鎮	大泉	1
望	太和	南	80	6	0	0	0		遂興水	1
望	龍泉	西南	210	5	0	0	0		龍泉江	1
望	永新	西南	220	13	2	15	0	沙市・栗傅鎮	勝業水	1
望	永豐	東	140	5	2	40	0	×沙溪・彰化鎮	報恩江	1
望	萬安	南	180	3	0	0	0			0
計	8			60	6	10	0	土産　碁子，竹紙，絲布，白紵布，茶，藤（宋本）		6種

×印の地：小さな町候補地4

O3 吉州　　　　　　　　　　　酒　務　表

外県	置務県	置務県率	州県務	州県務率	鎮市務	鎮市務率	酒務	併設地	併設率	旧商税務	対税旧商率	新税務地	新税務地率	新務	新商税務	対税新商率	存続地	存続率
5	5	100	6	75	2	25	8	3	38	6	50	8	100	12		67	8	100

併設地	州県	¹在城・²安福・³吉水県	3 処
計 3	鎮市		0 処
新税務地	州県	1～3の地・⁴太和・⁵永新・⁶龍泉・⁷永豐（旧報恩鎮）	7 処
計 8	鎮市	⁸沙市	1 処
存続地	州県	1～7の地	7 処
計 8	鎮市	8の地	1 処
不明地			0 処　不明率　0 ％

旧務年代の町2（7・8の地）・小都市0、新務年代の町0・小都市1
注　①4～6の地は旧務年代では酒務県3
　　②旧商税務6に郭下県務を含めず。拙著2、428頁参照

注

(1) 県変遷図の作成史料は拙著2、428頁参照。
(2) 拙著2、427頁。
(3) 拙著2、427頁。
(4) 拙著2、429頁の地理表に同じ。

第三編　銅銭区南部

4　袁州O4

袁州の酒務及び新旧酒銭額は次の如くである。

(1)　酒統計

舊。○□△ ○□△ ○□△
在城及分宜・萍郷・萬載県四務
歳　　　　　　　　8,864貫
熙寧十年祖額　　11,351貫700文
　　買撲　　　　 2,896貫048文
　　　　新額計　14,247貫748文

O4 袁州	銭	額 表
旧　　額		8,864 貫
新　　額	官売	11,351 貫
	買撲	2,896 貫
	計	14,247 貫
新旧差額		5,383 貫
増額率		61 ％
官売率		80 ％
買撲率		20 ％

旧額は8,864貫・新額14,247貫で、両額の差額5,383貫・増額率61％である。官売額11,351貫・買撲2,896貫で、官売率80％・買撲率20％である。以上の諸数値を銭額表にまとめる。

(2)　酒務表

宋本寰宇記109・九域志6により太平興国中〜元豊間の袁州諸県の変化を県変遷図[1]に示す。酒統計は在城・県3を記すが、それらの酒務からは旧務年代は不明で、一般的な旧務年代である景祐〜慶暦に従っておく。

図によれば旧外県3であり、酒統計の県酒務3であるので、県置務率は100％である。また酒務は州県務4務・鎮市務0の計4務で、州県務率100％・鎮市務は0％である。

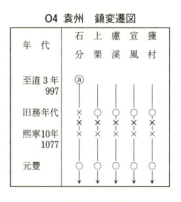

第五章　江南西路

次に酒統計に○印を付した在城・分宜・萍郷・萬載（州県務4）が酒務・旧商税務の併設地である。酒務地4処にしめる併設地の併設率は100％である。また旧商税務8処[2]に対する併設地の対旧商税務率は50％である。

次に酒務地に新商税務が設置された地である新税務地は、酒統計に□印を付した上記の1～4の地（州県務4）である。酒務地4処にしめる新税務地の新務地率100％である。また新商税務4処[3]に対する新税務地の対新商税務率は100％である。

次に酒務地で元豊まで存在して地理表にみえる存続地は、酒統計の地名に△印を付している。存続地[4]は上記の1～4の地（州県務4）で、存続地の存続率は100％である。

次に旧商税務・新商税務・地理表のいずれにもみえない不明地はなく、不明率は0％である。以上の酒務・諸数値を酒務表に整理して示す。

○4　袁州　格上　地理表（主戸79,207　客戸50,477　計129,684　貢　白紵）

格	県	距離	郷	鎮	％	その他	備考	水系	計4
望	宜春	郭下	12	0	0	0		袁江, 宜春水	2
望	分宜	東80	10	2	20	鉄務1	貴山・石分鎮　貴山鐵務	昌江	1
望	萍郷	西145	7	3	42	0	蘆溪・宣風・上栗鎮		0
緊	萬載	北80	5	1	20	0	獲村鎮	康樂水	1
計4			34	6	17	1	土産　白紵布, 葛, 紙, 竹鞋, 酒（宋本）		5種

×印の地：小さな町候補地3、○印の地：大きな町に準ずる町4

○4　袁州　　　　　酒　務　表

外県	置務県	置務率	州県務	州県務率	鎮市務	鎮市務率	酒務	併設地	併設率	旧商税務	対旧商税務率	新税務地	新務地率	新商税務	対新商税務率	存続地	存続率
3	3	100	4	100	0	0	4	4	100	8	50	4	100	4	100	4	100

併設地	州県	1在城・2分宜・3萍郷・4萬載	4 処
計4	鎮市		0 処
新税務地	州県	1～4の地	4 処
計4	鎮市		0 処
存続地	州県	1～4の地	4 処
計4	鎮市		0 処
不明地		0 処　不明率　0 ％	

旧務年代の町0・小都市0、新務年代の町0・小都市0

注

(1) 県変遷図の作成史料は拙著2、430頁参照。
(2) 拙著2、430頁。　(3) 拙著2、430頁。　(4) 拙著2、431頁の地理表に同じ。

第三編　銅銭区南部

5　撫州 O 5

撫州の酒務及び新旧酒銭額は次の如くである。

(1)　酒統計
舊。在城一務　○□△
歳　　　　　　　　12,826貫
熙寧十年租額　　　19,305貫017文
　　買撲　　　　　 1,736貫670文
　　　新額計　　　21,041貫687文

旧額は12,826貫・新額21,041貫で、両額の差額8,215貫・増額率64％である。官売額19,305貫・買撲1,736貫で、官売率92％・買撲率8％である。以上の諸数値を銭額表にまとめる。

O5 撫州	銭額表	
旧　額		12,826貫
新　額	官売	19,305貫
	買撲	1,736貫
	計	21,041貫
新旧差額		8,215貫
増額率		64％
官売率		92％
買撲率		8％

(2)　酒務表
宋本寰宇記110・九域志6により太平興国中～元豊間の撫州諸県の変化を県変遷図[1]に示す。酒統計は在城のみを記すが、在城務からは旧務年代は不明で、一般的な旧務年代である景祐～慶暦に従っておく。

図によれば熙寧十年前の旧外県3であり、酒統計の県酒務0であるので、県置務率は0％である。また酒務は州県務1・鎮市務0の計1務で、州県務率100％・鎮市務は0％である。

次に酒統計に○印を付した在城（州県務1）が酒務・旧商税務の併設地で、併設率は100％である。また旧商税務2処[2]に対する併設地の対旧商税務率は50％である。なお金谿・宜黄・崇仁など全外県の酒務は記載されていない。また宜黄・崇仁両県の旧商税務も記載されていない。但し、金谿県には旧商税務が記載され[3]、新務年代ではそれら3県の新商税務が記載されている[4]。

次に酒務地に新商税務が設置された地である新税務地は、酒統計に□印を付した上記の

O5 撫州　県変遷図

年代	外県				郭下
太平興国中	金谿	宜黄	南豊	崇仁	臨川
淳化2年 991			①建昌軍		
5年		②建置			
旧務年代	1○	2×		3×	○
熙寧10年 1077	×○3	○2		○1	○

第五章　江南西路

1の地（州県務1）で、新務地率は100％である。また新商税務4処[5]に対する新税務地の対新商税務率は25％である。

次に酒務地で元豊まで存在して地理表[6]にみえる存続地は、酒統計の地名に△印を付している上記の1の地（州県務1）である。酒務地1処にしめる存続地の存続率は100％である。次に旧商税務・新商税務・地理表のいずれにもみえない不明地はなく、不明率は0％である。以上の酒務・諸数値を酒務表に整理して示す。

O5 撫州　格上　地理表（主戸93,915　客戸61,921　計155,836　貢 葛）

格	県	距離	郷	鎮	％	その他	備　　考	水　系	計4
望	臨川	郭下	17	4	23	0	崇山・豐安・長林・清遠鎮	臨川水	1
望	崇仁	西南109	因	0	0	0		寶唐水	1
望	宜黄	南 150	3	0	0	0		宜黄水	1
緊	金谿	東 120	7	0	0	0		金谿水	1
計 4			27	4	14	0	土産 箭簳, 柘木, 葛, 茶杉紙（宋本）		4種

×印の地：小さな町候補地4
注　郷合計は崇仁県の郷0と仮定

O5 撫州　　　　　　酒　務　表

外県	置務県	置務県率	州県務	州県務率	鎮市務	鎮市務率	酒務	併設地	併設率	旧商税務	対税旧商率	新税務地	新務地率	新商税務	対税新商率	存続地	存続率
3	0	0	1	100	0	0	1	1	100	2	50	1	100	4	25	1	100

併設地	州県	在城	1処
計 1	鎮市		0処
新税務地	州県	1の地	1処
計 1	鎮市		0処
存続地	州県	1の地	1処
計 1	鎮市		0処
不明地		0処　不明率	0 ％

旧務年代の町0・小都市0、新務年代の町0・小都市0

注

(1) 県変遷図の作成史料は拙著2、432頁参照。
(2) 拙著2、432頁。　(3) 同(2)。　(4) 拙著2、432頁。
(5) 同(4)。
(6) 拙著2、433頁の地理表に同じ。

第三編　銅銭区南部

6　筠州O 6

筠州の酒務及び新旧酒銭額は次の如くである。

(1)　酒統計
舊。在城及上高・新昌県三務 （○□△ ○□△ ○□△）
歳　　　　　　　　　18,014貫
煕寧十年祖額　　　　12,693貫642文
　　買撲　　　　　　　692貫460文
　　　　新額計　　　13,386貫102文

旧額は18,014貫・新額13,385貫で、両額の差額－4,629貫・増額率－26％である。官売額12,693貫・買撲692貫で、官売率95％・買撲率５％である。以上の諸数値を銭額表にまとめる。

O6 筠州	銭	額　表
旧　額		18,014貫
新　額	官売	12,693貫
	買撲	692貫
	計	13,385貫
新旧差額		－4,629貫
増額率		－26％
官売率		95％
買撲率		5％

(2)　酒務表

宋本寰宇記106・九域志６により太平興国中～元豊間の筠州諸県の変化を県変遷図[1]に示す。酒統計は在城・県２を記すが、それらの酒務からは旧務年代は不明である。一般的な旧務年代である景祐～慶暦に従っておく。

図によれば煕寧十年前の旧外県２であり、酒統計の県酒務２であるので、県置務率は100％である。また酒務は州県務３・鎮市務０の計３務で、州県務率100％・鎮市務率０％である。

次に酒統計に○印を付した在城[1]・上高[2]・新昌[3]（州県務３）が酒務・旧商税務の併設地である。酒務地３処にしめる併設地の併設率は100％である。また旧商税務３処[2]に対する併設地の対旧商税務率は100％である。

次に酒務地に新商税務が設置された地である新税務地は、酒統計に□印を付した上記の１～３の地（州県務３）である。酒務地３処にしめる新税務地の新務地率は100％である。また新商税務３処[3]に対する新税務地３の対新商税務率は

O6 筠州　県変遷図

年代	外　県			郭下
	青江	新昌	上高	高安
太平興国３年 978		鹽歩鎮①昇格改名		
淳化３年 992	②臨江軍			
旧務年代		1○	2○	○
煕寧10年 1077		○2	○1	○

第五章　江南西路

100％である。

　次に酒務地で元豊まで存在して地理表[4]にみえる存続地は、酒統計の地名に△印を付している。存続地は上記1～3の地（州県務3）である。酒務地3処にしめる存続地の存続率は100％である。

　次に旧商税務・新商税務・地理表のいずれにもみえない不明地はなく、不明率は0％である。以上の酒務・諸数値を酒務表に整理して示す。

O6　筠州　格上　地理表（主戸36,134　客戸43,457　計79,591　貢　紵）

格	県	距　離	郷	鎮	％	その他	備　　考	水　　系	計3
望	高安	郭下	17	0	0	0		錦口江	1
望	上高	西南95	14	0	0	0		斜口水	1
望	新昌	西120	9	0	0	0		大江	1
計3			40	0	0	0	土産　南燭子, 南燭花, 出調露, 薯薬, 黎源茶, 黄雀児鮓, 牛尾狸（宋本）		7種

O6 筠州　　　　　酒　務　表

外県	置務県	置務県率	州県務	州県務率	鎮市務	鎮市務率	酒務	併設地	併設率	旧商税務	対税旧商率	新税務地	新税務地率	新商税務	対税新商率	存続地	存続率
2	2	100	3	100	0	0	3	3	100	3	100	3	100	3	100	3	100

併設地	州県	在城・上高・新昌	3処
計3	鎮市		0処
新税務地	州県	1～3の地	3処
計3	鎮市		0処
存続地	州県	1～3の地	3処
計3	鎮市		0処
不明地		0処　不明率　　0％	

旧務年代の町0・小都市0、新務年代の町0・小都市0

注

(1)　県変遷図の作成史料は拙著2、434頁参照。
(2)　拙著2、433頁。
(3)　拙著2、434頁。
(4)　拙著2、435頁の地理表に同じ。

第三編　銅銭区南部

7　興國軍O7

興國軍の酒務及び新旧酒銭額は次の如くである。

(1)　酒統計

舊。在城及大冶県・佛圖鎮三務
　　①

歳	35,119貫
熙寧十年租額	29,624貫507文
（買撲不記）	
新額計	29,624貫507文

注　①原文、治。志、冶

旧額は35,119貫・新額29,624貫で、両額の差額－5,495貫・増額率－16％である。官売額29,624貫で官売率100％である。買撲は記されていず、買撲率0％である。以上の諸数値を銭額表にまとめる。

O7　興國軍　　銭　額　表

旧　　額		35,119貫
新　　額	官売	29,624貫
	買撲	0貫
	計	29,624貫
新旧差額		－5,495貫
増　額　率		－16％
官　売　率		100％
買　撲　率		0％

(2)　酒務表

宋本寰宇記113・九域志6により太平興国中～元豊間の興国軍諸県の変化を県変遷図⁽¹⁾に示す。酒統計は在城・県1・鎮市1を記すが、酒務からは旧務年代は不明である。一般的な旧務年代である景祐～慶暦に従っておく。

図によれば熙寧十年前の旧外県2であり、酒統計の県酒務1であるので、県置務率は50％である。また酒務は州県務2・鎮市務1の計3務で、州県務率67％・鎮市務率33％である。

次に酒統計に○印を付した在城・大冶県（州県務2）が酒務・旧商税務の併設地である。酒務地3処にしめる併設地の併設率は67％である。また旧商税務2処⁽²⁾に対する併設地の対旧商税務率は100％である。なお通山県に酒務・旧商税務が記載されていない。また佛圖鎮の旧商税務も記載されていない。

O7　興國軍　県変遷図

第五章　江南西路

　次に酒務地に新商税務が設置された地である新税務地は、酒統計に□印を付した上記の1～2の地（州県務2）、及び佛圖鎮（鎮市務1）の計3処である。酒務地3処にしめる新税務地の新務地率は100％である。また新商税務5処[(3)]に対する新税務地3の対新商税務率は60％である。なお新務年代では通山県の新商税務が記載されている。

　次に酒務地で元豊まで存在して地理表[(4)]にみえる存続地は、酒統計の地名に△印を付している。存続地は上記の1～2の地（州県務2）、及び3の地（鎮市務1）で計3処である。酒務地3処にしめる存続地の存続率は100％である。

　次に旧商税務・新商税務・地理表のいずれにもみえない不明地はなく、不明率は0％である。以上の酒務・諸数値を酒務表に整理して示す。

O7　興國軍　格同下州　地理表（主戸40,970　客戸21,890　計53,860　貢　紵）

格	県	距離	郷	鎮	％	その他	備　　考	水　　系	計3
望	永興	郭下	8	9	112	0	富池・佛圖・瀼歩・硤口・鳳新・龍川・寶川・炭歩・三溪鎮	大江	1
緊	大冶	西88	4	2	50	銭監1 銅場1 鉄務1	磁湖・漳源鎮　富民銭監　名不記　磁湖鐵務	磁湖	1
中	通山	西140	1	0	0	0		通羊水	1
計3			13	11	84	3	土産　茶，銅，鐵，銀（宋本）		4種

×印の地：小さな町候補地12

O7　興國軍　　　　酒　務　表

外県2	置務県1	置務県率50	州県務2	州県務率67	鎮市務1	鎮市務率33	酒務3	併設地2	併設率67	旧商税務2	対税旧商率100	新税務地3	新務地率100	新商税務5	対税新商率60	存続地3	存続率100

併設地	州県	在城[1]・大冶県[2]	2処
計2	鎮市		0処
新税務地	州県	1・2の地	2処
計3	鎮市	佛圖鎮[3]	1処
存続地	州県	1・2の地	2処
計3	鎮市	3の地	1処
不明地			0処　不明率　0％

旧務年代の町1（3の地）・小都市0、新務年代の町0・小都市1

第三編　銅銭区南部

注

(1) 県変遷図の作成史料は拙著2、435～436頁参照。
(2) 拙著2、435頁。
(3) 拙著2、435頁。
(4) 拙著2、437頁の地理表に同じ。

8　南安軍○8

南安軍の酒務及び新旧酒銭額は次の如くである。

(1)　酒統計

舊。在城及南康県二務
歳　　　　　　　　6,522貫
　　　　銀　　　　46両
熙寧十年祖額　　　4,106貫137文
　　買撲　　　　　1,746貫419文
　　　　銀　　　　46両2銭
　　　　新額計　　5,852貫556文

旧額は6,522貫・新額5,852貫で、両額の差額－670貫・増額率－10％である。官売額4,106貫・買撲1,746貫で、官売率70％・買撲率30％である。以上の諸数値を銭額表にまとめる。

○8 南安軍	銭	額 表
旧　額		6,522貫
新　額	官売	4,106貫
	買撲	1,746貫
	計	5,852貫
新旧差額		－670貫
増額率		－10％
官売率		70％
買撲率		30％

旧銀額　46両
新銀額　46両2銭

(2)　酒務表

九域志6により淳化元年～元豊間の南安軍諸県の変化を県変遷図[1]に示す。酒統計は在城・県1を記すが、それらの酒務からは旧務年代は不明である。一般的な旧務年代である景祐～慶暦に従っておく。

図によれば熙寧十年前の旧外県2であり、酒統計の県酒務1であるので、県置務率は50％である。また酒務は州県務2・鎮市務0の計2務で、州県務率100％・鎮市務率0％である。

次に酒統計に○印を付した在城[1]・南康県[2]（州県務2）が酒務・旧商税務の併設地である。

酒務地2処に対する併設地の併設率は100％である。また旧商税務3処[(2)]にしめる併設地の対旧商税務率は67％である。なお上猶県の酒務は記載されていない。

次に酒務地に新商税務が設置された地である新税務地は、酒統計に□印を付した上記の1・2の地（州県務2）である。酒務地2処にしめる新税務地の新務地率は100％である。また新商税務3処[(3)]に対する新税務地の対新商税務率は67％である。

次に酒務地で元豊まで存在して地理表[(4)]にみえる存続地は、酒統計の地名に△印を付している。存続地は上記の1・2の地（州県務2）である。酒務地2処にしめる存続地の存続率は100％である。

次に旧商税務・新商税務・地理表のいずれにもみえない不明地はなく、不明率0％である。以上の酒務・諸数値を酒務表に整理して示す。

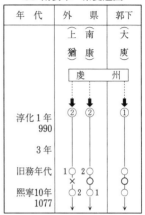
O8 南安軍　県変遷図

O8 南安軍　格同下州　地理表（主戸34,024　客戸1,775　計35,799　貢　紵）

格	県	距　離	郷	鎮	％	その他	備　　考	水　系	計3
中	大庚	郭下	5	1	20		硤頭鎮(×)	良熱水	1
望	南康	東北160	5	2	40	錫務 1	南壄・章水鎮(×) 瑞陽錫務	章水	1
上	上猶	東北200	2	0	0	鉄務 1	山田鐵務	猶水	1
計 3			12	3	25	2	土産 寰宇記不記（旧は虔州の地）		

×印の地：小さな町候補地5

O8 南安軍　　　　酒　務　表

外県	置務県	置務率	州県務	州県務率	鎮市務	鎮市務率	酒務地	併設地	併設率	旧商税務	対旧商税務率	新税務地	新務地率	新商税務	対新商税務率	存続地	存続率
2	1	50	2	100	0	0	2	2	100	3	67	2	100	3	67	2	100

併設地	州県	在城[1]・南康県[2]	2 処
計 2	鎮市		0 処
新税務地	州県	1・2の地	2 処
計 2	鎮市		0 処
存続地	州県	1・2の地	2 処
計 2	鎮市		2 処
不　明　地			0 処　不明率　0 ％

旧務年代の町0・小都市0、新務年代の町0・小都市0

第三編　銅銭区南部

注

(1) 県変遷図の作成史料は拙著2、438頁参照。
(2) 拙著2、437頁。
(3) 拙著2、437。
(4) 拙著2、438頁の地理表に同じ。

9　臨江軍 O 9

臨江軍の酒務及び新旧酒銭額は次の如くである。

(1) 酒統計

臨江軍。舊。在城及新淦・新喩県三務
①　　　②

歳　　　　　　　　　　12,570貫
熙寧十年祖額　　　　　12,245貫
　　　　　　　　　　　　　　　③
　　買撲　　　　　1,446貫132文
　　　新額計　　13,691貫132文

注　①原文、安。誤　②原文、除。志、淦　③原文、文。誤

旧額は12,570貫・新額13,691貫で、両額の差額1,121貫・増額率9％である。官売額12,245貫・買撲1,446貫で、官売率89％・買撲率11％である。以上の諸数値を銭額表にまとめる。

O9 臨江軍	銭　額　表	
旧　　額		12,570貫
新　　額	官売	12,245貫
	買撲	1,446貫
	計	13,691貫
新旧差額		1,121貫
増額率		9％
官売率		89％
買撲率		11％

(2) 酒務表

九域志6により太平興国中～元豊間の臨江軍諸県の変化を県変遷図(1)に示す。酒統計は在城・県2を記すが、それらの酒務からは旧務年代は不明である。一般的な旧務年代の景祐～慶暦に従っておく。

図によれば熙寧十年前の旧外県2であり、酒統計の県酒務2であるので、県置務率は100％である。また酒務は州県務3・鎮市務0の計3務で、州県務率100％・鎮市務率0％である。

次に酒統計に○印を付した在城・新淦・新喩県（州県務3）が酒務・旧商税務の併設地である。酒務地3処にしめる併設地の併設率は、100％である。また旧商税務5処(2)に対

第五章　江南西路

する併設地の対旧商税務率は60％である。

次に酒務地に新商税務が設置された地である新税務地は、酒統計に□印を付した上記の１～３の地（州県務３）である。酒務地３処にしめる新税務地の新務地率は100％である。また新商税務３処[3]に対する新税務地の対新商税務率は100％である。

次に酒務地で元豊まで存在して地理表[4]にみえる存続地は、酒統計の地名に△印を付している。存続地は上記の１～３の地（州県務３）である。酒務地３処にしめる存続地の存続率は100％である。

次に旧商税務・新商税務・地理表のいずれにもみえない不明地はなく、不明率は０％である。以上の酒務・諸数値を酒務表に整理して示す。

O9 臨江軍　県変遷図

年代	外　　県		郭下
太平興国中	（新喩）袁州↓	（新淦）吉州↓	（清江）筠州↓
淳化3年 992	②	②	①建軍
旧務年代	1○	2○	○
熙寧10年 1077	○2	○1	○↓

O9 臨江軍　格同下州　地理表（主戸68,286　客戸2,111　計70,397　貢　絹）

格	県	距離	郷	鎮	％	その他	備　　考	水　　系	計3
望	清江	郭下	5	2	40	0	×清江・永泰鎮	大江	1
望	新淦	東南60	9	0	0	0		淦水	1
望	新喩	西120	11	1	9	0	萬安鎮	渝水	1
計3			25	3	12	0	土産　寰宇記不記（旧は袁・吉・筠の地）		

×印の地：小さな町候補地２、○印の地：大きな町に準ずる１

O9 臨江軍　酒務表

外県	置務県	置務県率	州県務	州県務率	鎮市務	鎮市務率	酒務	併設地	併設地率	旧商税務	対税旧商率	新税務地	新務地率	新商税務	対税新商率	存続地	存続率
2	2	100	3	100	0	0	3	3	100	5	60	3	100	3	100	3	100
併設地	州県	在城・新淦・新喩県														3処	
計3	鎮市															0処	
新税務地	州県	１～３の地														3処	
計3	鎮市															0処	
存続地	州県	１～３の地														3処	
計3	鎮市															0処	
不明地															0処　不明率		0％

旧務年代の町０・小都市０、新務年代の町０・小都市０

第三編　銅銭区南部

注

(1) 県変遷図の作成史料は拙著2、439頁参照。
(2) 拙著2、438頁。
(3) 拙著2、439頁。
(4) 拙著2、440頁の地理表に同じ。

10　建昌軍 O 10

建昌軍の酒務及び新旧酒銭額は次の如くである。

(1)　酒統計

舊。在城及南豊県・太平場三務
　　　　　　　①

歳　　　　　　　　１５,１８１貫
熙寧十年祖額　　１３,５４２貫９８８文
　　買撲　　　　　３７５貫８８１文
　　　　新額計　１３,９１８貫８６９文

注　①志、銀場

旧額は15,181貫・新額13,917貫で、両額の差額－1,264貫・増額率－8％である。官売額13,542貫・買撲375貫で、官売率97％・買撲率3％である。以上の諸数値を銭額表にまとめる。

O10 建昌軍	銭　額　表	
旧　　額		15,181 貫
新　　額	官売	13,542 貫
	買撲	375 貫
	計	13,917 貫
新旧差額		－1,264 貫
増 額 率		－8 ％
官 売 率		97 ％
買 撲 率		3 ％

(2)　酒務表

寰宇記110・九域志6により太平興国中～元豊間の諸県の変化を県変遷図(1)に示す。酒統計は在城・県1・鎮市1を記すが、それらの酒務からは旧務年代は不明である。一般的な旧務年代である景祐～慶暦に従っておく。

図によれば熙寧十年前の旧外県1であり、酒統計の県酒務1であるので、県置務率は100％である。また酒務は州県務2・鎮市務1の計3務で、州県務率67％・鎮市務率33％である。

次に酒統計に○印を付した在城・南豊県（州県務2）が酒務・旧商税務の併設地である。

第五章　江南西路

酒務地3処にしめる併設地の併設率は67％である。また旧商税務2処⁽²⁾に対する併設地の対旧商税務率は100％である。

次に酒務地に新商税務が設置された地である新税務地は、酒統計に□印を付した上記の1・2の地（州県務2）、及び太平場（鎮市務1）の計3処である。酒務地3処にしめる新税務地の新務地率は100％である。また新商税務3処⁽³⁾に対する新税務地の対新商税務率は100％である。

次に酒務地で元豊まで存在して地理表⁽⁴⁾にみえる存続地は、酒統計の地名に△印を付している。存続地は上記の1・2の地（州県務2）、及び3の地（鎮市務1）で計3処である。酒務地3処にしめる存続地の存続率は100％である。

次に旧商税務・新商税務・地理表のいずれにもみえない不明地はなく、不明率は0％である。以上の酒務・諸数値を酒務表に整理して示す。

O10 建昌軍　県変遷図

年　代	外県（南豊）	郭下 南城	軍名
南唐時代			建武 改名① 建昌
太平興国4年 979	撫州→		
淳化2年 991	②		
旧務年代	1 ○	○	○
熙寧10年 1077	○ 1 ↓	↓	↓

O10 建昌軍　格同下州　地理表（主戸89,582　客戸25,626　計115,208　貢　絹）

格	県	距離	郷	鎮	％	その他	備考	水系	計2
望	南城	郭下	10	0	0	0		盱水	1
望	南豊	東南120	6	0	0	銀場4	看都・萬茨湖・蒙池・太平銀場	軍口水	1
計 2			16	0	0	4	土産　呉茱萸, 承露仙（白漿）		2種

×印の地：小さな町候補地3

O10 建昌軍　　酒務表

外県1	置務県1	置務率100	州県務2	州県務率67	鎮市務1	鎮市務率33	酒務地3	併設地2	併設率67	旧商税務2	対旧商税務率100	新税務地3	新務地率100	新商税務3	対新商税務率100	存続地3	存続率100

併設地 計2	州県	在城・南豊県	2処
	鎮市		0処
新税務地 計3	州県	1・2の地	2処
	鎮市	太平場	1処
存続地 計3	州県	1・2の地	2処
	鎮市	3の地	1処
不明地		0処　不明率　0％	

旧務年代の町1（3の地）・小都市0、新務年代の町0・小都市1

第三編　銅銭区南部

注

(1) 県変遷図の作成史料は拙著2、440頁参照。
(2) 拙著2、440頁。
(3) 拙著2、440頁。
(4) 拙著2、441頁の地理表に同じ。

おわりに

　表1に江南西路10州軍の銭額表をまとめ、また戸数・新商税額を付している。O１洪州の元豊戸は約26万戸、元豊に近い熙寧十年の新商税額約5万貫であり、戸数・商税共に江南西路でトップクラスである。また同州の新酒額も約5万貫でトップクラスである。逆にO８南安軍の戸数約4万戸と少なく、新商税約2万貫・新酒額約6千貫と低レベルである。江南西路では戸・商税の大小がおおまかには酒額の大小と一致する。

　次に酒額の新旧の相違をみると、全10州軍のうち減額州4・増額州6で、路全体では14％増である。減額率・増額率で同率の州軍はなく、また新旧額の差が同数の州軍もない。このように各州軍の新旧の増減率及び差が一定ではないので、斉一的・均一的な増減政策が行われなかったことがわかる。増減率・差額に一定の傾向がみられないのであるから、新旧額の相違は主として酒消費量自体の変動により生じたとみなければならない。したがって官売額・買撲・官売率・買撲率はそれぞれ州軍の都市エリア・町エリアの酒消費量が反映したものと解される。また官売額は買撲の約14倍で全額の94％をしめる。

表1　O江南西路　銭額総合表

州軍		旧額	新額	差額	増額率	官売	買撲	官売率	買撲率	戸	商税
O1	洪州	47,567	54,086	6,519	14	51,704	2,382	96	4	256,234	47,064
O2	虔州	24,560	27,133	2,573	10	26,394	739	97	3	98,130	51,229
O3	吉州	5,303	19,993	14,690	277	18,215	1,778	91	9	273,397	50,006
O4	袁州	8,864	14,247	5,383	61	11,351	2,896	80	20	129,684	14,147
O5	撫州	12,826	21,041	8,215	64	19,305	1,736	92	8	155,836	19,677
O6	筠州	18,014	13,385	−4,629	−26	12,693	692	95	5	79,591	10,134
O7	興國軍	35,119	29,624	−5,495	−16	29,624	0	100	0	53,860	10,209
O8	南安軍	6,522	5,852	−670	−10	4,106	1,746	70	30	35,799	15,120
O9	臨江軍	12,570	13,691	1,121	9	12,245	1,446	89	11	70,397	16,130
O10	建昌軍	15,181	13,917	−1,264	−8	13,542	375	97	3	115,208	14,772
計・率		186,526	212,969	26,443	14	199,179	13,790	94	6	1,268,136	248,488

注　州軍記号に下線を付した州軍は物額を有す

第五章　江南西路

　次に表2に10州軍の酒務表をまとめている。旧務年代（旧商税務）・熙寧十年（新商税務）・元豊（地理表）のいずれにもみえない不明地は1例にとどまり、全体の2％に過ぎない。また地理表不記地もない。不明率2％・存続率98％は、江南西路において酒務が置かれた行政都市・小都市・町が社会的・経済的に安定性が甚だ高かったことを証する。

　次に併設率が路全体としては65％とやや低率であるのは、併設率が約50％未満の州軍2（O2・O3）のためである。他の州軍では酒務・商税務の併設が多く行われた。また新商税務が置かれた新務年代の併設地である新税務地の新務地率も93％と高率であるので、新務年代でも多くの都市に併設が行われた。

　次に表3によれば旧務年代の酒務地46で、その内訳は行政都市37、小都市2、町7である。都市39（37＋2）の対酒務地率85％、町7の対酒務地率15％である（表5）。また都市対町＝39対7で、町の対都市率18％である（表5）。酒務は都市エリアに甚だ多く置かれた。

　次に旧務年代の小都市が0又は1の小都市未発達の州軍（表5、州軍甲）9で全州軍10の

表2　O江南西路　酒務総合表

州軍	州県務	鎮市務	鎮市率	全酒務	併設地	併設率	対旧商務率	新税務地	新務地率	対新税務商率	存続地	存続率	不明地	不明率	旧商税務	新商税務
O1	5	2	29	7	7	100	88	7	100	70	7	100	0	0	8	10
O2	9	3	25	12	3	25	50	9	75	69	11	92	1	8	6	13
O3	6	2	25	8	3	38	50	8	100	67	8	100	0	0	6	12
O4	4	0	0	4	4	100	50	4	100	100	4	100	0	0	8	4
O5	1	0	0	1	1	100	50	1	100	25	1	100	0	0	2	4
O6	3	0	0	3	3	100	100	3	100	100	3	100	0	0	3	3
O7	2	1	33	3	2	67	100	3	100	60	3	100	0	0	2	5
O8	2	0	0	2	2	100	67	2	100	67	2	100	0	0	3	3
O9	3	0	0	3	3	100	60	3	100	100	3	100	0	0	5	3
O10	2	1	33	3	2	67	100	3	100	100	3	100	0	0	2	3
計	37	9	20	46	30	65	67	43	93	73	45	98	1	2	45	59

注　1　酒務46＝存続地45＋不明地1　2　地理表不記地無し

表3　O江南西路　旧務年代の都市・町

州軍	O1	O2	O3	O4	O5	O6	O7	O8	O9	O10	計
行政都市	5	<u>9</u>	<u>6</u>	4	1	3	2	2	3	2	37
小都市	2	0	0	0	0	0	0	0	0	0	2
町	0	3	2	0	0	0	1	0	0	1	7
酒務（計）	7	12	8	4	1	3	3	2	3	3	46

典拠：各州軍酒務表
注　下線を付した行政都市数は商税務不記の酒務県を含む（O2-6、O3-3、計9県）

第三編　銅銭区南部

90％をしめる。また町が0又は1の州軍（表5、州軍乙）8で、80％である（表5）。したがって江南西路では小都市・町は特定州軍にみられ、甚だ多くの州軍では未発達であった（表3）。新務年代でも小都市・町はほとんどの州軍において未発達であった（表4）。

次に表4によれば新務年代の新税務地45の内訳は、行政都市38、小都市5、町2である。都市43（38＋5）の対酒務地率96％、町2の対酒務地率4％である（表5）。また都市対町＝43対2であり、町の対都市率は5％に過ぎない（表5）。町の対酒務地率・対都市率は旧務年代に比して低い。これは次のことに一因があると思われる。

地理表に示した地名は九域志が採録した地であり、九域志は草市や道店を採録しないので、存続地は旧酒務地より少なくなる場合がある。表2の存続地45・存続率98％以上になる可能性が充分にあろう。

新務年代では江南西路には少なくとも商税務・酒務が併置された行政都市38・小都市5、酒務のみが置かれた町2が存在した。

表4　O江南西路　新務年代の都市・町

州　　軍	O1	O2	O3	O4	O5	O6	O7	O8	O9	O10	計
行政都市	5	9	7	4	1	3	2	2	3	2	38
小 都 市	2	0	1	0	0	0	1	0	0	1	5
町	0	2	0	0	0	0	0	0	0	0	2
酒 務 県	0	0	0	0	0	0	0	0	0	0	0
存 続 地	7	11	8	4	1	3	3	2	3	3	45

酒務県：税務不記県
典拠：各州軍酒務表

次に酒務が置かれず商税務のみが記された地である旧商税地・新商税地は表6の如くである。江南西路の旧商税地15処は旧商税務45（表2）の三割強で、旧商税地は数少ない地であることがわかる。これに加えて酒務・商税務の併設地が30処と多いことから旧商税地は厳選された地であることがわかる。

また州軍10のうち旧商税地が0〜3の州軍9と多いことは、路として商税務乱設を行わなかったことを意味する。

新商税地17で旧商税地より多いのは（表6）、基本的には新務年代までに主として三司の税務が増設されたことによる（表2参照）。

次に本章の諸州軍の地理表の分析をまとめると表7の如くである。江南西路の記載地68処で一般的水準Ⅱである。その内訳は町・小都市が11処で水準Ⅱであるが、小さな町候補地は52処で水準Ⅱである。それらの都市・町に置かれている機関を機能により分類すると、

第五章　江南西路

表5　　　　　　　変動表

	旧務年代		新務年代		変動
	州軍数	比率	州軍数	比率	
全　　州　　軍	10	—	10	—	0%
州　　軍　　甲	9	90%	9	90%	0%
州　　軍　　乙	8	80%	9	90%	13%
酒　　務　　数	46		45		−2%
都　　市　　数	39		43		10%
町　　　　　数	7		2		−71%
都市の対酒務率	85%		96%		11%
町　の対酒務率	15%		4%		−11%
町　の対都市率	18%		5%		−13%

州軍甲：小都市未発達州軍（小都市0又は1）
州軍乙：町未発達州軍（町0又は1）
対酒務率＝都市数÷酒務数
対都市率＝町数÷都市数
州軍、酒務、都市、町の変動＝（新数－旧数）÷旧数
対酒務率、対都市率の変動＝新比率－旧比率
典　拠：表3・表4

表6　江南西路　新旧商税地

州　　軍	O1	O2	O3	O4	O5	O6	O7	O8	O9	O10	計
旧商税地	1	3	3	4	1	0	0	1	2	0	15
新商税地	3	4	4	0	2	0	2	1	0	0	16

旧商税地＝旧商税務－併設地　　新商税地＝新商税務－新税務地
典拠：本章「おわりに」表2

表7　江南西路　地理表記載地

路	記載地	無名地	町・小都市	大きな町に準ずる町	町候補地
O	68	2	無印　11	○印地　5	×印地　52
機　能	保安	軍事	生産		
機　関	鎮　52	0	監 1, 場 11 務 4		

記載地＝町・小都市＋大きな町に準ずる町＋町候補地
無名地2は町候補地数に含まれる。機関に地名が付されていず町ではない可能性もあろう。
典拠：本章地理表

　保安機関の鎮52（水準Ⅱ）、寨・堡などの軍事機関はなく、監・場などの生産機関16（水準Ⅱ）である。生産機関は鋳銭監1・銀場務7・銀銅場1・銅場1・鉛場1・錫場2・鉄務3である。（水準は一編一章末、比較表1を参照）

第三編　銅銭区南部

第六章　荊湖南路

1　潭州 P 1

潭州の酒務及び新旧酒銭額は次の如くである。

(1)　酒統計
舊。在城及衡山・湘陰・湘郷・湘潭・醴陵・益陽・攸県八務①
歳　　　　　　　６７，６２５貫
熙寧十年祖額　　７２，０１１貫９５７文
　　買撲　　　　 ８，３３１貫３４６文
　　　　新額計　８０，３４３貫３０３文
　注　①原文、湖。志、湘

旧額は67,625貫・新額80,342貫（文切り捨て、以下の州軍同じ）で、両額の差額12,717貫・増額率19％である。また官売額（祖額、以下同じ）は72,011貫・買撲8,331貫で、官売率90％・買撲率10％である。以上の諸数値を銭額表にまとめる。

P1 潭州		銭額表
旧額		67,625貫
新額	官売	72,011貫
	買撲	8,331貫
	計	80,342貫
新旧差額		12,717貫
増額率		19 %
官売率		90 %
買撲率		10 %

(2)　酒務表
寰宇記補114・九域志6・地理表4により太平興国中〜元豊間の潭州諸県の変化を県変遷図(1)に示す。酒統計は在城・県務7を記すが、それらの酒務からは旧務年代は不明であるので、一般的な旧務年代である景祐〜慶暦に従っておく。

図によれば熙寧十年前の旧外県9であり、酒統計の県酒務7であるので、県置務率は78％である。また酒務は州県務8・鎮市務0の計8務で、州県務率100％・鎮市務率0％である。

次に酒統計に○印を付した在城¹・衡山²・湘陰³・湘郷⁴・湘潭⁵・醴陵⁶・益陽⁷（州県務7）の7処が酒務・旧商税務の併設地である。酒務地8処にしめる併設地の併設率は88％である。また旧商税務7処(2)に対する併設地の対旧商税務率は100％である。なお瀏陽・寧郷両県の酒務・旧商税務は記されていない。また攸県の旧商税務も記されていない。

— 574 —

第六章　荊湖南路

次に酒務地に新商税務が設置された地である新税務地は、酒統計に□印を付した上記の1～7の地・攸県（州県務8）の8処である。酒務地8処にしめる新税務地の新務地率は100％である。また新商税務11処[(3)]に対する新税務地の対新商税務率は73％である。

次に酒務地で元豊まで存在して地理表[(4)]にみえる存続地は、酒統計の地名に△印を付している。存続地は上記の1～8の地（州県務4）で8処である。酒務地8処にしめる存続地の存続率は100％である。

次に旧務年代の町は○印を付さない鎮市であるが（以下の州軍酒統計同じ）、潭州は町0である。新務年代の町は△印のみの鎮市及び○△印の鎮市であるが（以下の州軍酒統計同じ）、潭州の町0である。

次に旧商税務・新商税務・地理表のいずれにもみえない不明地はなく不明率は0％である。以上の酒務・諸数値を酒務表に整理して示す。

P1 潭州　県変遷図

年代	外県	郭下
太平興国中 976～983	衡山／湘陰（衡州）／安化（岳州）／攸県／醴陵／瀏陽／益陽／寧郷／湘郷／湘潭／善化	長沙
淳化4年 993	①衡山　①湘陰　七星砦	
旧務年代	1○ 2○ 3× 4○ 5× 6○ 7× 8○ 9○	○
熙寧6年 1073	建置②　③七星鎮	
10年	○10 ○9 ×8 ×7 ○6 ○5 ×4 ○3 ○2 ○1	○ 建置④
元符1年 1098	1 2 3 4 5 6 7 8 9 10 11 2郷 12	5郷

P1 潭州　酒務表

外県	置務県	置務県率	州県務	州県務率	鎮市務	鎮市務率	酒務地	併設地	併設率	旧商税務	対旧商率	新務地	新務地率	新商税務	対新商率	存続地	存続率
9	7	78	8	100	0	0	8	7	88	7	100	8	100	11	73	8	100

併設地	州県	1在城・2衡山・3湘陰・4湘郷・5湘潭・6醴陵・7益陽	7処
計　7	鎮市	（小都市、以下の州軍酒務表同じ）	0処
新税務地	州県	1～7の地，攸県[8]	8処
計　8	鎮市	（小都市、以下の州軍酒務表同じ）	0処
存続地	州県	1～8の地	8処
計　8	鎮市		0処
不明地		0処　不明率　0％	

旧務年代の町0・小都市0、新務年代の町0・小都市0
注　8の地は旧務年代では酒務県（税務を置かない県）

第三編　銅銭区南部

P1　潭州　格上　地理表（主戸175,660　客戸182,164　計357,824　貢　葛，茶末）

格	県	距離	郷	鎮	％	その他	備考	水系	計14
望	長沙	郭下	12	1	8	0	橋口鎮	靳江，湘水，潙水	3
望	衡山	西南 310	7	0	0	銀場 1	黄蔶銀場	湘水	1
望	安化	西 320	8	1	12	0	七星鎮	資江	1
緊	醴陵	東 180	5	0	0	0			0
上	攸	東南 326	5	0	0	0		攸水	1
中	湘郷	西南 155	13	0	0	0		漣水	1
中	湘潭	南 160	8	0	0	0		湘水，涓湖	2
中	益陽	西北 182	8	1	12	0	弄渓鎮	益水	1
中	瀏陽	東北 160	4	1	25	銀場 2	永興鎮　永興・焦渓銀場	瀏陽水	1
中	湘陰	東北 165	5	0	0	0		湘水，汨水	2
中	寧郷	西 200	5	1	20	0	玉潭鎮	潙水	1
計 11			80	5	6	土産 3	絲布，葛布，紵布，檕皮，烏梅，木爪，楮皮，魚稻，竹木，雲母，茶（宋本）		11種

×印の地：小さな町候補地 6　　注　新商税務の永興場は永興鎮場とす

注

(1) 県変遷図の作成史料は拙著 2、446頁参照。
(2) 拙著 2、445頁。　(3) 拙著 2、445頁。
(4) 拙著 2、447頁の地理表に同じ。

2　衡州 P 2

衡州の酒務及び新旧酒銭額は次の如くである。

(1) 酒統計

舊。在城及耒陽・安仁・常寧・新城・衡陽県六務
歳　　　　　　１０，２５４貫
　　　銀　　　２７２両
熙寧十年租額　１６，９６５貫３０６文
　　買撲　　　　３３５貫７０１文
　　　新額計　１７，３０１貫００７文
　注　①郭下県、酒務数に入れず

　旧額は10,254貫・新額17,300貫で、両額の差額7,046貫・増額率69％である。また官売額は16,965貫・買撲335貫で、官売率98％・買撲率２％である。以上の諸数値を銭額表にまとめる。

— 576 —

(2) 酒務表

寰宇記補115・九域志6により太平興国中～元豊間の衡州諸県の変化を県変遷図[1]に示す。酒統計は在城・県務3（郭下県を入れず）・鎮市1を記すが、それらの酒務からは旧務年代は不明であるので、一般的な旧務年代である景祐～慶暦に従っておく。

図によれば熙寧十年前の旧外県4であり、酒統計の県酒務3（衡陽県を除く）であるので、県置務率は75％である。また酒務は州県務4・鎮市務1の計5務で、州県務率80％・鎮市務率20％である。なお衡陽県の前の新城は県ではない。

次に酒統計に○印を付した在城（州県務1）のみが酒務・旧商税務の併設地である。酒務地5処にしめる併設地の併設率は20％で低率である。また旧商税務1処[2]に対する併設地の対旧商税務率は100％である。なお茶陵県の酒務は記載されていない。また4外県の旧商税務も記載されていない。

次に酒務地に新商税務が設置された地である新税務地は、酒統計に□印を付した上記の1の地・耒陽・安仁・常寧（州県務4）の4処である。酒務地5処にしめる新税務地の新務地率は80％である。また新商税務6処[3]に対する新税務地の対新商税務率は67％である。

次に酒務地で元豊まで存在して地理表[4]にみえる存続地は、酒統計の地名に△印を付している。存続地は上記の1～4の地（州県務4）、及び新城（鎮市務1）で計5処である。酒務地5処にしめる存続地の存続率は100％である。

次に旧商税務・新商税務・地理表にみえない不明地はなく、不明率0％である。以上の酒務・諸数値を酒務表に整理して示す。

P2 衡州　銭額表

旧額		10,254貫
新額	官売	16,965貫
	買撲	335貫
	計	17,300貫
新旧差額		7,046貫
増額率		69％
官売率		98％
買撲率		2％

旧銀額　272両
新銀額　　0

P2 衡州　県変遷図

年代	外県				郭下
	常寧	茶陵	耒陽	衡山	安仁	衡陽
乾徳3年 965					①建置
太平興国中 976～983					
淳化4年 993			③潭州		
咸平5年 1002			②析地	←②	
旧務年代	1× ○	2× ×	3× ○	4×	○
熙寧10年 1077	○4	○3	○2	○1	○

第三編　銅銭区南部

P2 衡州　格上　地理表（主戸74,087　客戸105,963　計180,050　貢　麩金，犀角）

格	県	距離	郷	鎮	％	その他	備　考	水　系	計6
緊	衡陽	郭下	15	4	26	銭監 1	寒溪・西渡・泉溪・白竹鎮× 熙寧銭監×	瀟湘水, 蒸水	2
中	茶陵	東 215	7	0	0			茶水	1
中	耒陽	東南 135	7	2	28		安陽・新城鎮	耒水	1
中下	常寧	南 120	3	1	33	銀場 1	大鴻鎮 菱源銀場	湘水	1
下	安仁	東 143	3	0	0	0		小江水	1
計 5			35	7	20	2	土産 美酒, 水銀, 朱砂, 茶（宋本）		4種

×印の地：小さな町候補地 7

P2 衡州　　　　　　　　　酒　務　表

外県	置務県	置務率	州県務	州県務率	鎮市務	鎮市務率	酒務	併設地	併設率	旧商税務	対税旧商務率	新税務地	新務地率	新商税務	対税新商務率	存続地	存続率
4	3	75	4	80	1	20	5	1	20	1	100	4	80	6	67	5	100

併設地	州県	在城¹		1 処
計 1	鎮市			0 処
新税務地	州県	1の地・耒陽²・安仁³・常寧⁴		4 処
計 4	鎮市			0 処
存続地	州県	1〜4の地		4 処
計 5	鎮市	新城⁵		1 処
不明地			0 処　不明率	0 ％

旧務年代の町 0・小都市 0、新務年代の町 1（5の地）・小都市 0
注　2・3・4の地は旧務年代では酒務県（税務不記の県）

注

(1)　県変遷図の作成史料は拙著 2、449頁参照。
(2)　拙著 2、448頁。　(3)　拙著 2、448頁。
(4)　拙著 2、450頁の地理表に同じ。

3　道州 P 3

道州の酒務及び新旧酒銭額は次の如くである。

(1)　酒統計

舊。在城一務　○□△
歳　　　　　　　　　2,307貫

熙寧十年租額　　　　　5,049貫283文
　　買撲　　　　　　　　0貫
　　　　新額計　5,049貫283文

　旧額は2,307貫・新額5,049貫で、両額の差額2,742貫・増額率119％である。また官売額は5,049貫・買撲0貫、官売率100％・買撲率0％である。以上の諸数値を銭額表にまとめる。

（2）酒務表

　宋本寰宇記116・九域志6により太平興国中～元豊間の道州諸県の変化を県変遷図[1]に示す。酒統計は在城務を記すが、旧務年代は不明であるので、一般的な旧務年代である景祐～慶暦に従っておく。

　図によれば熙寧五年前の旧外県3であり、酒統計の県酒務0で、県置務率は0％である。また酒務は州県務1・鎮市務0の計1務で、州県務率100％・鎮市務率0％である。

　次に酒統計に○□△印を付した在城（州県務1）が併設地・新税務地・存続地で、また旧商税務[2]・新商税務[3]は各1務である。したがって諸比率は共に100％である。なお寧遠・江華・永明の全外県の旧商税務・酒務は記されていない。州額制をとっていた可能性が考えられる[4]。小都市・町は不明である。

　次に旧商税務・新商税務・地理表[5]のいずれにもみえない不明地はなく、不明率0％である。以上の酒務・諸数値を酒務表に整理して示す。

P3 道州　銭額表

旧　額		2,307貫
新　額	官売	5,049貫
	買撲	0貫
	計	5,049貫
新旧差額		2,742貫
増額率		119 %
官売率		100 %
買撲率		0 %

P3 道州　県変遷図

年　代	外　　県			郭下
	寧遠	江華	永明	營道
太平興国中				
旧務年代	1×	2×	3×	○
	×	×	×	○
熙寧5年 1072				① →
10年	×2	×1		○

P3 道州　格中　地理表（主戸23,038　客戸13,646　計36,684　貢　白紵, 零陵香）

格	県	距　離	郷	鎮	%	その他	備　　考	水　系	計3
緊	營道	郭下	15	1	6	0	×永明鎮	營水	1
緊	江華	南　90	8	0	0	鉄場1	黄富鐵場	滝水	1
緊	寧遠	東　75	12	0	0	銀場2	上下槽銀場	泠道水	1
計 3			35	1	2	3	土産　零陵香, 白紵布, 朱砂, 水銀, 鍾乳, 荔枝, 白蠟（宋本）		7種

×印の地：小さな町候補地4

第三編　銅銭区南部

P3 道州　　　　　　　　　酒　務　表

外県	置務県	置務率	州県務	州県務率	鎮市務	鎮市務率	酒務	併設地	併設率	旧商税務	対旧商税率	新税務地	新税務地率	新商税務	対新商税率	存続地	存続率
3	0	0	1	100	0	0	1	1	100	1	100	1	100	1	100	1	100

併設地	州県	在城¹							1 処
計 1	鎮市								0 処
新税務地	州県	1の地							1 処
計 1	鎮市								0 処
存続地	州県	1の地							1 処
計 1	鎮市								0 処
不明地							0 処	不明率	0 ％

旧務年代の町 0・小都市 0、新務年代の町 0・小都市 0

注

(1) 県変遷図の作成史料は拙著2、451頁参照。
(2) 拙著2、451頁。　(3) 拙著2、451頁。
(4) 五編二章四節の「1　単務州軍」参照
(5) 拙著2、452頁の地理表に同じ。

4　永州P 4

永州の酒務及び新旧酒銭額は次の如くである。

(1)　酒統計

舊。在城及祁○陽△・東安県三務
　　　　①　　②　　③
歳　　　　　　　　9,133貫
　　　　銀　　　　61両
熙寧十年祖額　　12,392貫186文
　　買撲　　　　　336貫686文
　　　　銀　　　　72両
　　　　新額計　12,728貫872文
　注　①原文、祈。志、祁　②原文、県。志、陽　③原文、來。志、東

旧額は9,133貫・新額12,728貫で、両額の差額3,595貫・増額率39％である。また官売額

は12,392貫・買撲336貫で、官売率97％・買撲率3％である。以上の諸数値を銭額表にまとめる。

(2) 酒務表

　寰宇記補116・九域志6により太平興国中～元豊間の永州諸県の変化を県変遷図[1]に示す。酒統計は在城・県2を記すが、それらの酒務からは旧務年代は不明であるので、一般的な旧務年代である景祐～慶暦に従っておく。

　図によれば熙寧十年前の旧外県2であり、酒統計の県酒務2であるので、県置務率は100％である。また酒務は州県務3・鎮市務0の計3務で、州県務率100％・鎮市務率0％である。

　次に酒統計に○印を付した在城・祁陽・東安県（州県務3）の3処が酒務・旧商税務の併設地である。酒務地3処にしめる併設地の併設率は100％である。また旧商税務3処[2]に対する併設地の対旧商税務率は100％である。

　次に酒務地に新商税務が設置された地である新税務地は、酒統計に□印を付した上記の1～3の地（州県務3）の3処である。酒務地3処にしめる新税務地の新務地率は100％である。また新商税務3処[3]に対する新税務地の対新商税務率は100％である。

　次に酒務地で元豊まで存在して地理表[4]にみえる存続地は、酒統計の地名に△印を付している。存続地は上記の1～3の地（州県務3）で3処である。酒務地3処にしめる存続地の存続率は100％である。

　次に旧商税務・新商税務・地理表にみえない不明地はなく、不明率0％である。以上の酒務・諸数値を酒務表に整理して示す。

P4 永州　銭　額　表

旧　　　額		9,133貫
新　　　額	官売	12,392貫
	買撲	336貫
	計	12,728貫
新旧差額		3,595貫
増額率		39％
官売率		97％
買撲率		3％

旧銀額　61両
新銀額　72両

P4 永州　県変遷図

年　代	外　県	郭下
太平興国中	祁　（東 陽　安	零 陵
雍熙1年 984	建① 置	
旧務年代	1○　2○	○
熙寧10年 1077	○2　○1	○

P4 永州　格中　地理表（主戸58,625　客戸28,576　計87,201　貢　葛, 石蕋）

格	県	距　離	郷	鎮	％	その他	備　　考	水　系	計5
望	零陵	郭下	14	0	0	0		瀟水, 永水	2
中	祁陽	北　100	14	0	0	0		湘水	1
中	東安	西南120	3	0	0	寨 1	東安寨	大陽江, 小陽江	2
	計 3		31	0	0	1	土産 白花蛇, 細葛, 零陵香, 班竹, 朱砂, 石蕋（宋本）		6種

×印の地：小さな町候補地1

第三編　銅銭区南部

P4 永州　　　　　　　酒　務　表

外県	置務県	置務率	州県務	州県務率	鎮市務	鎮市務率	酒務地	併設地	併設率	旧商税務	対税旧商務率	新税務地	新税務地率	新商税務	対税新商務率	存続地	存続率
2	2	100	3	100	0	0	3	3	100	3	100	3	100	3	100	3	100

併設地	州県	1在城・2祁陽・3東安県	3 処
計 3	鎮市		0 処
新税務地	州県	1～3の地	3 処
計 3	鎮市		0 処
存続地	州県	1～3の地	3 処
計 3	鎮市		0 処
不　明　地		0 処　不明率　0 ％	

注

(1)　県変遷図の作成史料は拙著 2、452頁参照。
(2)　拙著 2、452頁。　(3)　拙著 2、452頁。
(4)　拙著 2、453頁の地理表に同じ。

5　郴州 P 5

郴州の酒務及び新旧酒銭額は次の如くである。

(1)　酒統計

舊。在城一務
歳　　　　　　　　3，624貫
熙寧十年租額　　　7，715貫775文
　　買撲　　　　　　875貫352文
　　　新額計　　　8，591貫127文

　旧額は3,624貫・新額8,590貫で、両額の差額4,966貫・増額率137％である。また官売額は7,715貫・買撲875貫で、官売率90％・買撲率10％である。以上の諸数値を銭額表にまとめる。

（2） 酒務表

寰宇記補117・九域志6により太平興国中～元豊間の郴州諸県の変化を県変遷図[1]に示す。酒統計は在城務を記すが、旧務年代は不明であるので、一般的な旧務年代である景祐～慶暦に従っておく。

図によれば熙寧六年前の旧外県3であり、酒統計の県酒務0であるので、県置務率は0％である。また酒務は州県務1・鎮市務0の計1務で、州県務率100％・鎮市務率0％である。

次に酒統計に○□△印を付した在城（州県務1）が併設地・新税務地・存続地で、また旧商税務も1処[2]であるので、それらに関連する諸比率は共に100％である。但し新商税務8処[3]で新税務地の対新商税務率は13％である。なお桂陽・宜章・高亭3県の旧商税務・酒務は記載されていない。したがって州額制をとっていた可能性が考えられる。小都市・町は不明である。

次に旧商税務・新商税務・地理表[4]にみえない不明地はなく、不明率0％である。以上の酒務・諸数値を酒務表に整理して示す。

P5 郴州　銭額表

旧　　額		3,624貫
新　　額	官売	7,715貫
	買撲	875貫
	計	8,590貫
新旧差額		4,966貫
増額率		137％
官売率		90％
買撲率		10％

P5 郴州　県変遷図

年　代	外　　県	郭下
太平興国中	藍山　桂陽　宜章　高亭	郴県
景徳1年 1004	②桂陽監（↓）	
旧務年代	1× 2× 3×	○
熙寧6年 1073	×　改名　×	○①永興
10年	○3　○2　○1	○

P5 郴州　格中　地理表（主戸21,912　客戸15,076　計36,988　貢 紵）

格	県	距　離	郷	鎮	％	その他	備　　考	水　系	計5
緊	郴	郭下	8	0	0	銀坑2	新塘・浦渓銀坑	郴水, 淥醽水	2
中	桂陽	東200	8	0	0	銀坑1 銅坑1	延壽銀坑 地名不記	耒水	1
中	宜章	南85	5	0	0	錫坑1	地名不記	章水	1
中	永興	北90	5	0	0	0		安陵水	1
計	4		26	0	0	5	土産　白紵布, 朱砂, 青苑（宋本）		3種

×印の地：小さな町候補地2

第三編　銅銭区南部

P5 郴州　　　　　　　　　酒　務　表

外県	置務県	置務率	州県務	州県務率	鎮市務	鎮市務率	酒務	併設地	併設率	旧商税務	対税旧商率	新税務地	新税務地率	新商税務	対税新商率	存続地	存続率
3	0	0	1	100	0	0	1	1	100	1	100	1	100	8	13	1	100

併設地	州県	在城[1]		1処
計 1	鎮市			0処
新税務地	州県	1の地		1処
計 1	鎮市			0処
存続地	州県	1の地		1処
計 1	鎮市			0処
不明地			0処　不明率	0 %

旧務年代の町0・小都市0、新務年代の町0・小都市0

注

(1) 県変遷図の作成史料は拙著2、454頁参照。
(2) 拙著2、453頁。　(3) 拙著2、453〜454頁。
(4) 拙著2、455頁の地理表に同じ。

6　邵州 P6

邵州の酒務及び新旧酒銭額は次の如くである。

(1) 酒統計

舊。在城及武岡県・白沙鎮　三務
歳　　　　　　　　　5,531貫
熙寧十年租額　　　10,141貫832文
　　買撲　　　　　　303貫456文
　　　新額計　　10,445貫288文
　注　①原文、寨。志、鎮　②原文、二。計3

　旧額は5,531貫・新額10,444貫で、両額の差額4,913貫・増額率89％である。また官売額は10,141貫・買撲303貫で、官売率97％・買撲率3％である。以上の諸数値を銭額表にまとめる。

(2) 酒務表

宋本寰宇記115・九域志6により太平興国中〜元豊間の邵州諸県の変化を県変遷図[1]に示す。酒統計は在城・県1・鎮市1を記すが、それらの酒務からは旧務年代は不明であるので、一般的な旧務年代である景祐〜慶暦に従っておく。

図によれば熙寧五年前の旧外県1であり、酒統計の県酒務1であるので、県置務率は100％である。また酒務は州県務2・鎮市務1の計3務で、州県務率67％・鎮市務率33％である。

次に酒統計に○印を付した在城・武岡県（州県務2）、及び白沙鎮（鎮市務1）の計3処が酒務・旧商税務の併設地で、併設地の併設率は100％である。また旧商税務3処[2]に対する併設地の対旧商税務率は100％である。

次に酒務地に新商税務が設置された地である新税務地は、酒統計に□印を付した上記の1・2の地（州県務2）、及び3の地（鎮市務1）の計3処である。酒務地3処にしめる新税務地の新務地率は100％である。また新商税務3処[3]に対する新税務地の対新商税務率は100％である。なお新化県の新商税務は記載されていない。

次に酒務地で元豊まで存在して地理表[4]にみえる存続地は、酒統計の地名に△印を付している。存続地は上記の1・2の地（州県務2）、及び3の地（鎮市務1）で計3処である。酒務地3処にしめる存続地の存続率は100％である。

次に旧商税務・新商税務・地理表にみえない不明地はなく、不明率0％である。以上の酒務・諸数値を酒務表に整理して示す。

P6 邵州　銭額表

旧額		5,531貫
新額	官売	10,141貫
	買撲	303貫
	計	10,444貫
新旧差額		4,913貫
増額率		89％
官売率		97％
買撲率		3％

P6 邵州　県変遷図

年代	外県			郭下
太平興国中	蔣竹	新化	武岡	邵陽
旧務年代		1○	○	○
熙寧5年 1072		収①建 復置		
10年		×2	○1	
元豊4年 1081	↓	②建 置	↓	↓

P6 邵州　格中　地理表（主戸61,841　客戸35,393　計97,234　貢　銀，犀角）

格	県	距離	郷	鎮	％	その他	備考	水系	計4
望	邵陽	郭下	11	1	9	0	谷周驛鎮	邵水	1
望	新化	東北235	6	1	16	寨5	白沙鎮 惜溪・柘溪・募溪・深溪・雲溪寨	濱水	1
中	武岡	西270	9	0	0	寨4	山塘・關硤・武陽・城歩寨	濱水	1
下	蔣竹	西425	0	0	0	堡3	上里寨・波風・香平堡	蔣竹水	1
計4			26	2	7	12	土産　銀，水銀，朱砂，鍾乳，白膠，鶻鶻鮓（宋本）		6種

×印の地：小さな町候補地13

第三編　銅銭区南部

P6 邵州　　　　　　　　　　酒　務　表

外県	置務県	置務率	州県務	州県務率	鎮市務	鎮市務率	酒務	併設率	併設地	旧商税務	対税旧商率	新税務地	新税務地率	新商税務	対税新商率	存続地	存続率
1	1	100	2	67	1	33	3	100	3	3	100	3	100	3	100	3	100

併設地	州県	在城¹・武岡²		2 処
計 3	鎮市	白沙鎮³		1 処
新税務地	州県	1・2の地		2 処
計 3	鎮市	3の地		1 処
存続地	州県	1・2の地		2 処
計 3	鎮市	3の地		1 処
不　明　地			0 処　不明率	0 ％

旧務年代の町 0・小都市 1、新務年代の町 0・小都市 1

注

(1) 県変遷図の作成史料は拙著 2、456頁参照。
(2) 拙著 2、456頁。　(3) 拙著 2、456頁。
(4) 拙著 2、457頁の地理表に同じ。

7　全州 P 7

全州の酒務及び新旧酒銭額は次の如くである。

(1) 酒統計

舊。在城一務
歳　　　　　　　　3,740貫
熙寧十年租額　　　3,670貫034文
　　買撲　　　　　　141貫019文
　　　新額計　　　3,811貫053文

　旧額は3,740貫・新額3,811貫で、両額の差額71貫・増額率2％である。また官売額は3,670貫・買撲141貫で、官売率96％・買撲率4％である。以上の諸数値を銭額表にまとめる。

(2) 酒務表

宋本寰宇記116・九域志6により太平興国中～元豊間の全州諸県の変化を県変遷図(1)に示す。酒統計は在城を記すが、旧務年代は不明であるので、一般的な旧務年代である景祐～慶暦に従っておく。

図によれば熙寧十年前の旧外県1であり、酒統計の県酒務0であるので、県置務率は0％である。また酒務は州県務1・鎮市務0の計1務で、州県務率100％・鎮市務率0％である。

次に酒統計に〇□△印を付した在城(州県務1)が併設地・新税務地・存続地で、また新商税務1処(2)である。したがってそれらに関連する諸比率は共に100％である。但し旧商税務2処(3)で併設地の対旧商税務率は50％である。なお灌陽県の酒務・新旧商税務は記載されていない。州額制がとられたのではなかろうか。

次に旧商税務・新商税務・地理表(4)のいずれにもみえない不明地はなく、不明率0％である。以上の酒務・諸数値を酒務表に整理して示す。

P7 全州 銭額表

旧額		3,740貫
新額	官売	3,670貫
	買撲	141貫
	計	3,811貫
新旧差額		71貫
増額率		2％
官売率		96％
買撲率		4％

P7 全州 県変遷図

年代	外県	郭下
太平興国中	灌陽	清湘
旧務年代	1×	〇
	×	〇
熙寧10年 1077	×1	〇

P7 全州 格下 地理表 (主戸29,648 客戸4,737 計34,385 貢 葛, 零陵香)

格	県	距離	郷	鎮	％	その他	備考	水系	計2
望	清湘	郭下	6	5	83	寨 7	香煙・麻田・西延・建安・宜湘鎮 香煙・淥塘・長烏・羊狀・硤石・磨石・獲源寨	宜湘水	1
中	灌陽	南 90	3	2	66	0	城田・遲田鎮	灌水	1
計 2			9	7	77	土産 7	斑竹簾, 簟, 長通箭篸, 零陵香, 細白葛 (宋本)		5種

×印の地：小さな町候補地14

第三編　銅銭区南部

P7 全州		酒　務　表											
外県	置務県	置務率	州県務	州県務率	鎮市務	鎮市務率	酒務	併設地	併設率	旧商税務	対旧商率	新税務地	新税務地率	新商税務	対新商率	存続地	存続率
1	0	0	1	100	0	0	1	1	100	2	50	1	100	1	100	1	100

併設地	州県	在城	1処
計　1	鎮市		0処
新税務地	州県	1の地	1処
計　1	鎮市		0処
存続地	州県	1の地	1処
計　1	鎮市		0処
不　明　地			0処　不明率　0％

旧務年代の町0・小都市0、新務年代の町0・小都市0

注

(1) 県変遷図の作成史料は拙著2、457頁参照。
(2) 拙著2、457頁。　(3) 拙著2、457頁。
(4) 拙著2、458頁の地理表に同じ。

8　桂陽監 P 8

桂陽監の酒務及び新旧酒銭額は次の如くである。

(1)　酒統計

舊。在城及板源・龍岡・小白竹・九鼎坑・石筍坑六務
　　　①　　②　　③　　　④
歳　　　　　　　4,099貫
煕寧十年祖額　　2,944貫205文
　　買撲　　　　　252貫888文
　　　新額計　　3,197貫093文
　注　①志、大板源　②原文、崗。志、岡　③志、白竹。　④原文、笋。志、筍

旧額は4,099貫・新額3,196貫で、両額の差額−903貫・増額率−22％である。また官売額は2,944貫・買撲252貫で、官売率92％・買撲率8％である。以上の諸数値を銭額表にまとめる。

(2) 酒務表

寰宇記補117・九域志6・地理志4により太平興国中～元豊間の桂陽監の変化を県変遷図⁽¹⁾に示す。酒統計は在城・鎮市5を記すが、それらの酒務からは旧務年代は不明であるので、一般的な旧務年代である景祐～慶暦に従っておく。

図によれば熙寧十年前の旧外県1であり、酒統計の県酒務0あるので、県置務率は0％である。また酒務は州県務1・鎮市務5の計6務で、州県務率17％・鎮市務率83％である。

次に酒統計に○印を付した在城（州県務1）、及び板源（鎮市務1）の計2処が酒務・旧商税務の併設地である。酒務地6処にしめる併設地の併設率は33％である。また旧商税務2処⁽²⁾に対する併設地の対旧商税務率は100％である。なお藍山県の酒務・旧商税務は記載されていない。

次に酒務地に新商税務が設置された地である新税務地は、酒統計に□印を付した上記の1の地（州県務1）、及び2の地・龍岡・小白竹・九鼎坑・石筍坑（鎮市務5）の計6処である。酒務地6処にしめる新税務地の新務地率は100％である。また新商税務11処⁽³⁾に対する新税務地の対新商税務率は55％である。

次に酒務地で元豊まで存在して地理表⁽⁴⁾にみえる存続地は、酒統計の地名に△印を付している。存続地は上記の1の地（州県務1）、及び2～6の地（鎮市務5）で計6処である。酒務地6処にしめる存続地の存続率は100％である。

次に旧商税務・新商税務・地理表のいずれにもみえない不明地はなく、不明率0％である。以上の酒務・諸数値を酒務表に整理して示す。

P8 桂陽監　銭額表

旧額		4,099 貫
新額	官売	2,944 貫
	買撲	252 貫
	計	3,196 貫
新旧差額		－903 貫
増額率		－22 ％
官売率		92 ％
買撲率		8 ％

P8 桂陽監　県変遷図

年代	外県	郭下
太平興国中	(藍山)	(平陽)
景徳1年 1004	郴州① ↓	
天禧1年 1017		建② 置
旧務年代	1× ×	○ ○
熙寧10年 1077	○1	○ ↓

P8 桂陽監　格同下州　地理表（主戸30,866　客戸9,982　計40,848　貢　銀）

格	県	距離	郷	鎮	％	その他	備考	水系	計2
上	平陽	郭下	18	1	5	銀坑9	香風鎮 大湊山・大板源・龍岡・毛寿・九鼎・白竹・水頭・石筍・大富銀坑	零星江	1
中	藍山	西215	4	0	0	0		九疑水	1
計	2		22	1	4	9	土産 銀（宋本）		1種

×印の地：小さな町候補地2

第三編　銅銭区南部

P8 桂陽監　　　　　　　　　　酒　務　表

外県	置務県	置務率	州県務	州県務率	鎮市務	鎮市務率	酒務	併設地	併設率	旧商税務	対旧商税務率	新税務地	新税務地率	新商税務	対新商税務率	存続地	存続率
1	0	0	1	17	5	83	6	2	33	2	100	6	100	11	55	6	100

併設地	州県	在城[1]		1処
計 2	鎮市	板源[2]		1処
新税務地	州県	1の地		1処
計 6	鎮市	2の地・龍岡[3]・小白竹[4]・九鼎坑[5]・石筍坑[6]		5処
存続地	州県	1の地		1処
計 6	鎮市	2〜6の地		5処
不　明　地			0処　不明率	0 %

旧務年代の町4（3〜6の地）・小都市1、新務年代の町0・小都市5

注

(1) 県変遷図の作成史料は拙著2、459〜460頁参照。
(2) 拙著2、459頁。　(3) 拙著2、459頁。
(4) 拙著2、461頁の地理表に同じ。

おわりに

　表1に荊湖南路8州軍の銭額表をまとめ、また州軍の戸数・商税額を付した。P1潭州・P2衡州の元豊戸は各約36万戸・約18万戸で、元豊に近い熙寧十年の新商税額は各約9万貫・約3万貫であり、戸・商税共に荊湖南路でトップクラスである。熙寧十年の新酒額も各約8万貫・約2万貫でトップクラスである。逆に戸・商税が低レベルのP3道州・P7全州・P8桂陽監（戸約4万・税約6千貫、戸約3万・税約4千貫、戸約4万・税約6千貫）の新酒額は各約5千貫・約4千貫・約3千貫と少額である。荊湖南路では戸・商税の大小がおおまかには酒額の大小と一致する。

　次に酒額の新旧の相違をみると、8州軍のうち減額州軍1、増額州軍7であるが、路全体では33％増である。減額率・増額率で同率の州軍がなく、また新旧額の差が同数の州軍もない。このように各州軍の新旧の増減率及び差額が一定ではないので、斉一的・均一的な増減政策は行われなかったことがわかる。増減率・差額に一定の傾向がみられないのであるから、新旧額の相違は主として酒消費量自体の変動により生じたとみなければならな

第六章　荊湖南路

表1　P荊湖南路　銭額総合表

州軍		旧額	新額	差額	増額率	官売	買撲	官売率	買撲率	戸	新商税
P1	潭州	67,625	80,342	12,717	19	72,011	8,331	90	10	357,824	93,907
P2	衡州	10,254	17,300	7,046	69	16,965	335	98	2	180,050	26,379
P3	道州	2,307	5,049	2,742	119	5,049	0	100	0	36,684	6,314
P4	永州	9,133	12,728	3,595	39	12,392	336	97	3	87,201	10,053
P5	郴州	3,624	8,590	4,966	138	7,715	875	90	10	36,988	18,790
P6	邵州	5,531	10,444	4,913	89	10,141	303	97	3	97,234	13,012
P7	全州	3,740	3,811	71	2	3,670	141	96	4	34,385	4,063
P8	桂陽監	4,099	3,196	-903	-22	2,944	252	92	8	40,848	5,806
計		106,313	141,460	35,147	33	130,887	10,573	93	7	871,214	178,324

注　州軍記号に下線を付した州軍は物額を有す

い。なお多くの路で酒額が商税額より高額であるが、荊湖南路では新酒額約14万貫、新商税額約18万貫であり、商税額が酒額より約4万貫多く、荊湖南路では比較的に商業活動が盛んであった。

　次に各州軍の官売額・買撲をみると全州軍で相違している。また官売率・買撲率をみると数州軍（P1とP5、P4とP6）で同率であるが、それらを除くと相違しているので、各州軍に対する両比率同率の割付販売は行われなかった。したがって官売額・買撲、官売率・買撲率は大まかには各州軍の都市エリア、町エリアの酒消費量が反映したものである。

　次に官売額・買撲をみると、路全体の熙寧十年の官売額は約13万貫、買撲は約1万貫で、その差は約12万貫であり、官売額が買撲の約13倍である。官売が路全体の93％をしめ、買撲は7％に過ぎず官売額が圧倒的に多い。

　なお荊湖南路では官売額が1万貫以下の例が4例（P3・P5・P7・P8）みられ、最少額約3千貫であるので、高額官務1万貫以上はあくまでも原則的なものであり、州軍によっては行政都市官売額が数千貫の場合があった。

　次に表2に8州軍の酒務表をまとめている。旧務年代（旧商税務）・熙寧十年（新商税務）・元豊（地理表）のいずれにもみられない不明地及び地理表不記地はない。不明率0％・存続率100％は、荊湖南路において酒務が置かれた行政都市・小都市・町が社会的・経済的に安定性が甚だ高かったことを証する。

　同じく表2によれば旧商税務20処に対し併設地19処で、商税務のみの地は1処であり、商税務のみが置かれた地が甚だ少なかった。併設率が路全体としては68％とやや低率であるのは、P2衡州・P8桂陽監が甚だ低率であるためである。荊湖南路の州軍では一般的に酒務・商税務の併設が多く行われた。また新商税務が置かれた新務年代の併設地である

— 591 —

第三編　銅銭区南部

表2　P 荊湖南路　酒務総合表

州軍	州県務	鎮市務	鎮市率	全酒務	併設地	併設率	対旧務商率	新税務地	新務地率	対新務商率	存続地	存続率	不明地	不明率	旧商税務	新商税務
P1	8	0	0	8	7	88	100	8	100	73	8	100	0	0	7	11
P2	4	1	20	5	1	20	100	4	80	67	5	100	0	0	1	6
P3	1	0	0	1	1	100	100	1	100	100	1	100	0	0	1	1
P4	3	0	0	3	3	100	100	3	100	100	3	100	0	0	3	3
P5	1	0	0	1	1	100	100	1	100	13	1	100	0	0	1	8
P6	2	1	33	3	3	100	100	3	100	100	3	100	0	0	3	3
P7	1	0	0	1	1	100	50	1	100	100	1	100	0	0	2	1
P8	1	5	83	6	2	33	100	6	100	55	6	100	0	0	2	11
計	21	7	25	28	19	68	95	27	96	61	28	100	0	0	20	44

注　地理表不記地無し

表3　P 荊湖南路　旧務年代の都市・町

州軍	P1	P2	P3	P4	P5	P6	P7	P8	計
行政都市	<u>8</u>	<u>4</u>	1	3	1	2	1	1	21
小都市	0	0	0	0	0	1	0	1	2
町	0	1	0	0	0	0	0	4	5
酒務（計）	8	5	1	3	1	3	1	6	28

典拠：各州軍酒務表
注　下線を付した行政都市数は酒務県を含む（P1-1、P2-3、計4県）

　新税務地の新務地率も100％と高率であり、新務年代でもほとんどの都市に併設が行われた。
　次に表3によれば旧務年代の酒務地28で、その内訳は行政都市21、小都市2、町5である。都市23（21＋2）の対酒務地率82％、町5の対酒務地率18％である（表5）。また都市対町＝23対5で、対都市率22％である（表5）。
　次に旧務年代の全州軍8は小都市が0又は1の小都市未発達の州軍（表5、州軍甲）で、また町が0又は1の町未発達州軍7（表5、州軍乙）であり（表5）、荊湖南路では小都市・町がほとんど発達していなかった。表4の新務年代の州軍8であるが、小都市未発達州軍・町未発達州軍がそれぞれ88％・100％であるので（表5）、新務年代でも小都市・町は発達していない。
　次に表4によれば新務年代の新税務地28の内訳は、行政都市21、小都市6、町1である。都市27（21＋6）の対酒務地率96％、町1の対酒務地率4％である（表5）。また都市対町＝27対1であり、町の対都市率4％に過ぎない（表5）。町の対都市率は旧務年代に比してかなり低率である。その一因はP8桂陽監で小都市4が増加し、逆に町4が減少したことに

第六章　荊湖南路

表4　P 荊湖南路　新務年代の都市・町

州　　軍	P1	P2	P3	P4	P5	P6	P7	P8	計
行政都市	8	4	1	3	1	2	1	1	21
小　都　市	0	0	0	0	0	1	0	5	6
町	0	1	0	0	0	0	0	0	1
酒　務　県	0	0	0	0	0	0	0	0	0
存　続　地	8	5	1	3	1	3	1	6	28

酒務県：税務不記県
注　本編一章「おわりに」表4注参照

表5　変動表

	旧務年代		新務年代		変動
	州軍数	比率	州軍数	比率	
全　　州　　軍	8	—	8	—	0%
州　　軍　　甲	8	100%	7	88%	−13%
州　　軍　　乙	7	88%	8	100%	14%
酒　　務　　数	28		28		0%
都　　市　　数	23		27		17%
町　　　　数	5		1		−80%
都市の対酒務率	82%		96%		14%
町　の　対酒務率	18%		4%		−14%
町　の　対都市率	22%		4%		−18%

州軍甲：小都市未発達州軍（小都市0又は1）
州軍乙：町未発達州軍（町0又は1）
比率＝甲、乙州軍÷全州軍
対酒務率＝都市数÷酒務数　　対都市率＝町数÷都市数
州軍、酒務、都市、町の変動＝（新数−旧数）÷旧数
対酒務率、対都市率の変動＝新比率−旧比率
典　拠：表3・表4

表6　荊湖南路　新旧商税地

州　　軍	P1	P2	P3	P4	P5	P6	P7	P8	計
旧商税地	0	0	0	0	0	0	1	0	1
新商税地	3	2	0	0	7	0	0	5	17

旧商税地＝旧商税務−併設地　　新商税地＝新商税務−新税務地
典拠：本編「おわりに」表2

よる。即ち新商税務が酒務地に新設されたことによる。

　次に酒務が置かれず商税務のみが記された地である旧商税地・新商税地は表6の如くである。荊湖南路の旧商税地1処は旧商税務20（表2）の5％で、旧商税地は数少ない地である。このことに加えて酒務・商税務の併設地が19処（表2）と多いことから旧商税地は厳選された地であることがわかる。

第三編　銅銭区南部

　また全州軍8が旧商税地0～3の州軍である。このことは路として商税務乱設を行わなかったことを意味する。

　新商税地17で旧商税地よりかなり多いのは、基本的には新務年代までの経済力発展にともない三司の税務が増設されたことによる（表2参照）。

　次ぎに本章の諸州軍の地理表の分析をまとめると表7の如くである。荊湖南路の記載地65処で一般的水準Ⅱである。その内訳は町・小都市が16処で水準Ⅱ、また小さな町候補49処で水準Ⅱである。都市・町は比較的に少ない。それらの都市・町に置かれている機関を機能により分類すると、保安機関の鎮23（水準Ⅰ）、寨・堡などの軍事機関20（水準Ⅲ）、監・場などの生産機関22（水準Ⅲ）と比較的に多い。なお荊湖南路は内陸部であるが軍事機関の寨・堡20処と多い。その多くが西部山間地区の3州軍（P4・6・7）に配置されているのは対少数民族対策である。生産機関は鋳銭監1・銀場6・鉄場1・銀坑12・銅坑1・錫坑1である。（水準は一編一章末、比較表1を参照）

表7　荊湖南路　地理表記載地

路	記載地	無名地	町・小都市	大きな町に準ずる町	町候補地
P	65	11	無印地 16	○印地 0	×印地 49
機　能	保安	軍事	生産・購買		
機　関	鎮23	寨 17, 堡 3	監 1, 場 7, 坑 14		

記載地＝町・小都市＋大きな町に準ずる町＋町候補地
無名地11は町候補地数に含まれる。機関に地名が付されていず町ではない可能性もあろう。
典拠：本章地理表

第七章　荊湖北路

1　江陵府 Q 1

江陵府の酒務及び新旧酒銭額は次の如くである。

(1)　酒統計

舊。在城及石首・建寧・洺陽㊀・松滋・公安・監利・潜江県・藕池・沙市・沙峒・赤岸・房陵・師子・泉鎮
十五務

歳　　　　　　　　１０６，０００貫
　　　　絹　　　　　　１５５疋
　　　　絲　　　　　１，０００両
熙寧十年祖額　　　１４７，９４７貫８８６文㊁
　　　買撲　　　　　１８，０１７貫１４５文
　　　　絹　　　　　　７５疋２丈１尺
　　　　絲　　　　　６６７両２分
　　新額計　　　　　１６５，９６５貫０３１文

注　①記載順序からすれば県であるが鎮（地理表参照）　②原文、八八六。誤。八百八十六

旧額は106,000貫・新額165,964貫（文切り捨て、以下の州軍同じ）で、両額の差額59,964貫・増額率57％である。また官売額（祖額、以下同じ）は147,947貫・買撲18,017貫で、官売率89％・買撲率11％である。以上の諸数値を銭額表にまとめる。

Q1 江陵府	銭額表	
旧　額		106,000 貫
新　額	官売	147,947 貫
	買撲	18,017 貫
	計	165,964 貫
新旧差額		59,964 貫
増額率		57 %
官売率		89 %
買撲率		11%

旧絹　155疋
旧絲　1,000両
新絹　75疋2丈1尺
新絲　667両2分

(2)　酒務表

寰宇記146・九域志6により太平興国中～元豊間の江陵府諸県の変化を県変遷図⑴に示す。酒統計は在城・県6・鎮市8を記すがそれらの酒務からは旧務年代は不明であるので、一般的な旧務年代である景祐～慶暦に従っておく。

図によれば旧外県7であり、酒統計の県酒務6であるので、県置務率は86％である。また酒務は州県務7・鎮市務8の計15務で、州県務率47％・鎮市務率53％である。

次に酒統計に○印を付した在城・石首・建寧・松滋・公安・監利・潜江（州県務7）、及

第三編　銅銭区南部

び涔陽・藕池・沙市・赤岸（鎮市務4）の計11処が酒務・旧商税務の併設地である。酒務地15処にしめる併設地の併設率は73％である。また旧商税務14処[(2)]に対する併設地の対旧商税務率は79％である。なお枝江県の酒務・旧商税務は記載されていない。

次に酒務地に新商税務が設置された新税務地は、酒統計に□印を付した上記の1・2・4〜7地の地（州県務6）、及び3・9〜11の地・屓陵・師子（鎮市務6）で計12処である。酒務地15処にしめる新税務地の新務地率は80％である。また新商税務22処[(3)]に対する新税務地の対新商税務率は55％である。なお旧務年代の建寧県は熙寧六年以降では鎮である。

次に酒務地で元豊まで存在して地理表[(4)]にみえる存続地は、酒統計の地名に△印を付している。存続地は上記の1・2・4〜7の地（州県務6）、及び3・8・9・11〜13の地（鎮市務6）で計12処である。酒務地15処にしめる存続地の存続率は80％である。

次に旧務年代の町は○印を付さない鎮市で（以下の州軍酒統計同じ）、4処（12〜15の地）である。新務年代の町は△印のみの鎮市及び○△の鎮市であるが（以下の州軍酒統計同じ）、江陵府の町0である。

次に旧商税務・新商税務・地理表のいずれにもみえない不明地は沙峒・泉鎮（鎮市務2）2処であり、不明率13％である。以上の酒務・諸数値を酒務表に整理して示す。なお沙市が地理表にみえず、存続率＋不明率＜100％である。

Q1　江陵府　県変遷図

年　代	外　　　県	郭下
太平興国中 976〜983	（當陽）（長林）玉沙　監利　潜江　建寧　石首　枝江　松滋　公安	江陵
至道3年 997	⇩ 復州	
旧務年代	荊門軍 1 2 3 4 5× 6 7 ×× 降格	○
熙寧6年 1073	④ ④ ③→ ② ②	
10年	○7 ○6 ○5 ○4 ○3 ○2 ○1	○

Q1　江陵府　格次府　地理表　（主戸56,314　客戸133,608　計189,922　貢　綾，紵布，碧澗茶芽）

格	県	距　離	郷	鎮	％	その他	備　　考	水　系	計10
次赤	江陵	郭下	7	3	42	0	俞潭・赤岸・㵎溪鎮	漢江	1
次畿	公安	南　90	5	2	40	0	涔陽・屓陵鎮	大江，油水	2
次畿	潜江	東北120	10	2	20	0	安遠・師子鎮	漢江	1
次畿	監利	東南180	3	3	100	0	監利・汚陽・玉沙鎮	蜀江	1
次畿	松滋	西南80	16	2	12	0	白水・枝江鎮	大江	1
次畿	石首	東南200	7	2	28	0	藕池・建寧鎮	大江	1
次畿	長林	北　165	9	6	66	0	長林・安平・樂郷・蔦梁・歴口・柏鋪鎮	漢江，漕水	2
次畿	當陽	西北135	2	2	100	0	山口・新店鎮	漳水	1
計　8			59	22	37	0	土産 綿絹，方綾，廿草，烏梅，橘，貝母，柑子，橙子，白魚		9種

×印の地：小さな町候補地11

第七章　荊湖北路

Q1　江陵府　　　　　　　酒　務　表

外県	置務県	置務率	州県務	州県務率	鎮市務	鎮市務率	酒務	併設地	併設率	旧商税務	対税旧商率	新税務地	新税務地率	新商税務	対税新商率	存続地	存続率
7	6	86	7	47	8	53	15	11	73	14	79	12	80	22	55	12	80

併設地	州県	在城¹・石首²・建寧³・松滋⁴・公安⁵・監利⁶・潜江⁷	7処		
計 11	鎮市	涔陽⁸・藕池⁹・沙市¹⁰・赤岸¹¹（小都市、以下の州軍酒務表同じ）	4処		
新税務地	州県	1・2・4〜7の地	6処		
計 12	鎮市	3・9〜11の地・屑陵¹²・師子¹³（小都市、以下の州軍酒務表同じ）	6処		
存続地	州県	1・2・4〜7の地	6処		
計 12	鎮市	3・8・9・11〜13の地	6処		
不明地		沙峒¹⁴・泉鎮¹⁵	2処	不明率	13 ％

旧務年代の町 4（12〜15の地）・小都市 4、新務年代の町 0・小都市 6
注　10の地は地理表不記地、存続地・新務年代の町に入れず

注

(1) 県変遷図の作成史料は拙著 2、467頁参照。
(2) 拙著 2、465頁。
(3) 拙著 2、465〜466頁。
(4) 拙著 2、469頁の地理表に同じ。

2　鄂州 Q 2

鄂州の酒務及び新旧酒銭額は次の如くである。

(1) 酒統計

舊。在城及武昌・崇陽・嘉魚①・咸寧・蒲圻・金牛鎮②・通城鎮③八務
歳　　　　　　　　　６５，３７５貫
熙寧十年祖額　　　　７９，２８３貫０４０文
　　買撲　　　　　　４，９８０貫３４０文
　　　新額計　　　　８４，２６３貫３８０文
　注　①原文、漁。志、魚　②原文、県。衍字。志、金牛鎮　③旧商税務、同。音通（tong）

旧額は65,375貫・新額84,263貫で、両額の差額18,888貫・増額率29％である。また官売額は79,283貫・買撲4,980貫、官売率94％・買撲率 6％である。以上の諸数値を銭額表にまとめる。

第三編　銅銭区南部

(2) 酒務表

　宋本寰宇記112・九域志6により太平興国中～元豊間の鄂州諸県の変化を県変遷図に示す。酒統計は在城・県5・鎮市2を記すが、それらの酒務からは旧務年代は不明であるので、一般的な旧務年代である景祐～慶暦に従っておく。

　図によれば熙寧十年前の旧外県5であり、酒統計の県酒務5であるので、県置務率は100％である。また酒務は州県務6・鎮市務2の計8務で、州県務率75％・鎮市務率25％である。

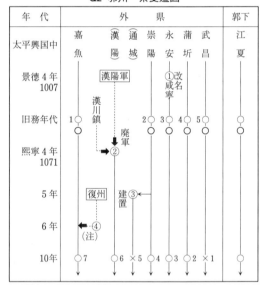

Q2 鄂州	銭 額 表	
旧　　額		65,375 貫
新　　額	官売	79,283 貫
	買撲	4,980 貫
	計	84,263 貫
新旧差額		18,888 貫
増額率		29 ％
官売率		94 ％
買撲率		6 ％

　次に酒統計に〇印を付した在城[1]・武昌[2]・崇陽[3]・嘉魚[4]・咸寧[5]・蒲圻県[6]（州県務6）、及び金牛[7]・通城鎮[8]（鎮市務2）の計8処が酒務・旧商税務の併設地である。酒務地8処に対する併設地の併設率は100％である。また旧商税務8処にしめる併設地の対旧商税務率は100％である。

　次に酒務地に新商税務が設置された新税務地は、酒統計に□印を付した上記の1・3～6の地（州県務5）、及び7の地（鎮市務1）の計6処である。酒務地8処にしめる新税務地の新務地率は75％である。また新商税務8処に対する新税務地の対新商税務率は75％である。なお武昌[2]県の新商税務は記載されていない。また旧務年代の通城鎮[8]は熙寧五年に県に昇格したが新商税務が記載されていない。

　次に酒務地で元豊まで存在して地理表にみえる存続地は、酒統計の地名に△印を付している。存続地は上記の1～6・8の地（州県務7）、及び7の地（鎮市務1）で計8処である。酒務地8処にしめる存続地の存続率は100％である。

　次に旧商税務・新商税務・地理表のいずれにもみえない不明地はなく、不明率は0％である。以上の鄂州の酒務・諸数値を酒務表に整理して示す。

第七章　荊湖北路

Q2 鄂州　格緊　地理表（主戸53,150　客戸72,107　計125,257　貢　銀）

格	県	距　離	郷	鎮	%	その他	備　　考	水　　系	計10
緊	江夏	郭下	18	0	0	0		大江, 金水	2
望	崇陽	南　470	2	0	0	0		㑺水	1
緊	漢陽	西　　3	4	2	50	0	漢川・下汊鎮	大江, 漢水	2
上	武昌	東北 180	9	1	11	0	金牛鎮	大江	1
中	蒲圻	西南 410	4	0	0	0		蒲圻湖	1
中	咸寧	東南 300	3	0	0	0		牛鼻潭	1
中	通城	西南 400	3	0	0	0		太平港	1
下	嘉魚	西南 280	3	0	0	0		大江	1
計 8			46	3	6	0	土産　銀, 麻, 茶, 紵布（宋本）		4種
	寳泉監	東　　2	0	0	0	1	鑄錢監	0	1

×印の地：小さな町候補地 1

注　漢川・下汊鎮は旧漢陽軍の酒務地、また下汊鎮は旧漢陽軍の商税地。なお旧漢陽軍の商税務として権務が示されているが、鄂州の新税務では漢川鎮になっているので、権務から漢川鎮に商税務が移管された。酒務も置かれているので、漢川鎮は小都市である。

Q2 鄂州　　　　　酒　務　表

		外県 5	置務県 5	置務率 100	州県務 6	州県務率 75	鎮市務 2	鎮市務率 25	酒務 8	併設地 8	併設率 100	旧商税務 8	対税旧商率 100	新税務地 6	新税務率 75	新務地 8	新商税務 8	対税新商率 75	存続地 8	存続率 100
併設地	州県	在城¹・武昌²・崇陽³・嘉魚⁴・咸寧⁵・蒲圻⁶																	6処	
計 8	鎮市	金牛⁷・通城鎮⁸																	2処	
新税務地	州県	1・3～6の地																	5処	
計 6	鎮市	7の地																	1処	
存続地	州県	1～6・8の地																	7処	
計 8	鎮市	7の地																	1処	
不明地																		0処	不明率	0 %

旧務年代の町 0・小都市 2、新務年代の町 0・小都市 1

注

(1) 県変遷図の作成史料は拙著 2、470頁参照。
(2) 拙著 2、469頁。
(3) 拙著 2、470頁。
(4) 拙著 2、471頁の地理表に同じ。

第三編　銅銭区南部

3　安州 Q 3

安州の酒務及び新旧酒銭額は次の如くである。

(1)　酒統計

舊。在城及應城・雲夢・孝感県・澴河鎮五務①
歳　　　　　　　　３５,３５９貫
　　　　　絹　　　２９疋
　　　　　絲　　　１００両
熙寧十年租額　　　５４,１７３貫６９０文
　　買撲　　　　　４,８８７貫５７６文
　　　　　絹　　　１６疋
　　　　　絲　　　１００両
　　　　新額計　　５９,０６１貫２６６文
　注　①原文、李。志、孝

　旧額は35,359貫・新額59,060貫で、両額の差額23,701貫・増額率67％である。また官売額は54,173貫・買撲4,887貫で、官売率92％・買撲率8％である。以上の諸数値を銭額表にまとめる。

Q3 安州	銭　額　表	
旧　　額		35,359貫
新　　額	官売	54,173貫
	買撲	4,887貫
	計	59,060貫
新旧差額		23,701貫
増 額 率		67 %
官 売 率		92 %
買 撲 率		8 %

旧絹　29疋
旧絲　100両
新絹　16疋
新絲　100両

(2)　酒務表

　寰宇記132・九域志6により太平興国中～元豊間の安州諸県の変化を県変遷図(1)に示す。酒統計は在城・県3・鎮市1を記すが、それらの酒務からは旧務年代は不明であるので、一般的な旧務年代である景祐～慶暦に従っておく。

　図によれば熙寧二年前の旧外県4であり、酒統計の県酒務3であるので、県置務率は75％である。また酒務は州県務4・鎮市務1の計5務で、州県務率80％・鎮市務率は20％である。

　次に酒統計に〇印を付した在城・應城・雲夢・孝感県（州県務4）、及び澴河鎮（鎮市務1）の計5

Q3 安州　県変遷図

年　代	郭　　　　外					郭下
太平興国中	(景陵)	應山	應城	孝感	雲夢	安陸
旧務年代	1×	2〇×	3〇	4〇	〇	〇
熙寧2年 1069	復州 廃州				②→	
6年	③					
10年	〇4	×3	〇2	×1		〇

処が酒務・旧商税務の併設地である。酒務地 5 処にしめる併設地の併設率は100％である。また旧商税務 5 処[2]に対する併設地の対旧商税務率は100％である。なお應山県の酒務・新旧商税務は記載されていない。

次に酒務地に新商税務が設置された新税務地は、酒統計に□印を付した上記の 1・2 の地（州県務 2）、及び 3・5 の地（鎮市務 2）の計 4 処である。酒務地 5 処にしめる新税務地の新務地率は80％である。また新商税務 5 処[3]に対する新税務地の対新商税務率は80％である。旧務年代の雲夢県は熙寧二年以降鎮である。また孝感県の新商税務は記載されていない。

次に酒務地で元豊まで存在して地理表[4]にみえる存続地は、酒統計の地名に△印を付している。存続地は上記の 1・2・4 の地（州県務 3）、及び 3・5 の地（鎮市務 2）で計 5 処である。酒務地 5 処にしめる存続地の存続率は100％である。

次に旧商税務・新商税務・地理表のいずれにもみえない不明地はなく、不明率は 0 ％である。以上の酒務・諸数値を酒務表に整理して示す。

Q3 安州　格中　地理表（主戸25,524　客戸35,220　計60,744　貢 紵）

格	県	距　離	郷	鎮	％	その他	備　　考	水　系	計7
中	安陸	郭下	1	1	100	0	雲夢鎮	涓水，雲夢澤	2
緊	景陵	西南 190	2	5	250	0	官陂・沸潭・青藤・天門・觀解鎮	漢水，夏水	2
中	應城	西南 80	2	0	0	0		汝河，温泉	2
中	孝感	東南 130	2	2	100	0	澴河・東舊鎮		0
中下	應山	北 108	1	2	200	0	太平・北舊鎮	溠水	1
計	5		8	10	125	0	土産　青紵布，唐笋，茶		3種

×印の地：小さな町候補地 8

Q3 安州　　　酒　務　表

外県	置務県	置務率	州県務	州県務率	鎮市務	鎮市務率	酒務地	併設地	併設率	旧商税務	対旧商税率	新税務地	新務地率	新商税務	対新商税率	存続地	存続率
4	3	75	4	80	1	20	5	5	100	5	100	4	80	5	80	5	100

併設地	州県	在城・應城・雲夢・孝感県	4 処
計 5	鎮市	澴河	1 処
新税務地	州県	1・2 の地	2 処
計 4	鎮市	3・5 の地	2 処
存続地	州県	1・2・4 の地	3 処
計 5	鎮市	3・5 の地	2 処
不明地		0 処　不明率　0 ％	

旧務年代の町 0・小都市 1、新務年代の町 0・小都市 2

第三編　銅銭区南部

　　　　　　　　　　　　　　注
(1)　県変遷図の作成史料は拙著 2、472 頁参照。
(2)　拙著 2、472 頁。
(3)　拙著 2、472 頁。
(4)　拙著 2、473 頁の地理表に同じ。

4　鼎州 Q 4

　鼎州の酒務及び新旧酒銭額は次の如くである。

(1)　酒統計
舊。在城及桃源・龍陽県・趙塘鎮・高居市五務
歳　　　　　　　　５５，２３６貫
　　　　　銀　　　　１８０両
熙寧十年租額　　　４０，１８４貫８５８文
　　買撲　　　　　　２，４６９貫１２８文
　　　　　銀　　　　１８０両
　　　　新額計　　４２，６５３貫９８６文
　注　原文、呉。新商税務、居

　旧額は 55,236 貫・新額 42,653 貫で、両額の差額－12,583 貫・増額率－23％である。また官売額は 40,184 貫・買撲 2,469 貫で、官売率 94％・買撲率 6％である。以上の諸数値を銭額表にまとめる。

(2)　酒務表
　宋本寰宇記 118・九域志 6 により太平興国中～元豊間の鼎州諸県の変化を県変遷図に示す。酒統計は在城・県 2・鎮市 2 を記すが、それらの酒務からは旧務年代は不明であるので、一般的な旧務年代である景祐～慶暦に従っておく。
　図によれば熙寧十年前の旧外県 2 であり、酒統計の県酒務 2 であるので、県置務率は 100％である。また酒務は州県務 3・鎮市務 2 の計 5 務で、州県務率 60％・鎮市務率 40％である。

Q4 鼎州	銭　額　表	
旧　額		55,236 貫
新　額	官売	40,184 貫
	買撲	2,469 貫
	計	42,653 貫
新旧差額		－12,583 貫
増 額 率		－23％
官 売 率		94％
買 撲 率		6％

旧銀　180 両
新銀　180 両

第七章　荊湖北路

次に酒統計に〇印を付した在城[1]・桃源[2]・龍陽[3]県（州県務3）、及び趙塘鎮[4]（鎮市務1）の計4処が酒務・旧商税務の併設地である。酒務地5処にしめる併設地の併設率は80％である。また旧商税務4処に対する併設地の対旧商税務率は100％である。

次に酒務地に新商税務が設置された新税務地は、酒統計に□印を付した上記の1～3の地（州県務3）、及び高居市[5]（鎮市務1）の計4処である。酒務地5処にしめる新税務地の新務地率は80％である。また新商税務4処に対する新税務地の対新商税務率は100％である。

次に酒務地で元豊まで存在して地理表にみえる存続地は、酒統計の地名に△印を付している。存続地は上記の1～3の地（州県務3）、及び4の地（鎮市務1）で計4処である。酒務地5処にしめる存続地の存続率は80％である。

次に旧商税務・新商税務・地理表のいずれにもみえない不明地はなく、不明率は0％である。以上の酒務・諸数値を酒務表に整理して示す。なお高居市[5]が地理表にみえず、存続率＋不明率＜100％である。

Q4 鼎州　県変遷図

年代	外県				郭下	州名
	橋江	湘陰	龍陽	桃源	武陵	
乾徳1年 963	①改名 沅江	①	② ←			唐 ③朗州
	⇩ 岳州	⇩				
太平興国中 976～983						
大中祥符5年 1012						④改名 鼎州
旧務年代			1〇	2〇	〇	
			〇	〇	〇	
熙寧10年 1077			〇2	〇1	〇	

Q4 鼎州　格上　地理表（主戸33,064　客戸8,096　計41,160　貢　布, 紵, 練）

格	県	距離		郷	鎮	％	その他	備　考	水系	計6
望	武陵	郭下		8	2	25	0	趙塘・崇孝鎮	沅水, 柱水, 鼎水	3
望	桃源	西	60	7	0	0	0		沅水	1
中	龍陽	東南	85	5	0	0	0		滄浪水, 零水	2
計3				20	2	10	0	土産 白紵布, 芒消, 蠟, 紫苑, 五入簞（宋本）		5種

×印の地：小さな町候補地1

第三編　銅銭区南部

Q4 鼎州　　　　　　　　酒　務　表

外県	置務県	置務県率	州県務	州県務率	鎮市務	鎮市務率	酒務地	併設地	併設率	旧商税務	対旧商税率	新税務地	新税務地率	新商税務	対新商税率	存続地	存続率
2	2	100	3	60	2	40	5	4	80	4	100	4	80	4	100	4	80

併設地	州県	在城¹・桃源²・龍陽県³	3処
計 4	鎮市	趙塘鎮⁴	1処
新税務地	州県	1〜3の地	3処
計 4	鎮市	高居市⁵	1処
存続地	州県	1〜3の地	3処
計 4	鎮市	4の地	1処
不明地		0処　不明率	0％

旧務年代の町1（5の地）・小都市1、新務年代の町1（4の地）・小都市1
注　①5の地は地理表不記地、存続地・新務年代の町に入れず
　　②4の地に新商税務は置かれなかったが、地理表にみえ、存続地である。このため新税務地と存続地とが同数になっている

注

(1) 県変遷図の作成史料は拙著2、474頁参照。
(2) 拙著2、473頁。　(3) 拙著2、473頁。
(4) 拙著2、475頁の地理表に同じ。

5　澧州 Q 5

澧州の酒務及び新旧酒銭額は次の如くである。

(1) 酒統計

舊。在城及安郷県二務
歳　　　　　　　　　36,993貫
熙寧十年祖額　　　43,443貫479文
　　買撲　　　　　　　905貫697文
　　　　新額計　　44,349貫176文

　旧額は36,993貫・新額44,348貫で、両額の差額7,355貫・増額率20％である。また官売額は43,443貫・買撲905貫で、官売率98％・買撲率2％である。以上のの諸数値を銭額表にまとめる。

第七章　荊湖北路

(2) 酒務表

宋本寰宇記118・九域志6により太平興国中～元豊間の澧州諸県の変化を県変遷図[1]に示す。酒統計は在城・県1を記すが、それらの酒務からは旧務年代は不明であるので、一般的な旧務年代である景祐～慶暦に従っておく。

図によれば熙寧十年前の旧外県3であり、酒統計の県酒務1であるので、県置務率は33％である。また酒務は州県務2・鎮市務0の計2務で、州県務率100％・鎮市務率0％である。

次に酒統計に○印を付した在城・安郷（州県務2）が酒務・旧商税務の併設地である。酒務地2処にしめる併設地の併設率は100％である。また旧商税務4処[2]に対する併設地の対旧商税務率は50％である。なお慈利・石門両県の酒務は記載されていない。

Q5 澧州	銭　額　表	
旧　額		36,993貫
新　額	官売	43,443貫
	買撲	905貫
	計	44,348貫
新旧差額		7,355貫
増額率		20％
官売率		98％
買撲率		2％

Q5 澧州　県変遷図

年代	外　県			郭下
太平興国中	慈利	石門	安郷	澧陽
旧務年代	○1	○2	○3	○
	×	×	×	
熙寧10年 1077	○3	○2	○1	○
	↓	↓	↓	↓

次に酒務地に新商税務が設置された新税務地は、酒統計に□印を付した上記の1・2の地（州県務2）である。酒務地2処にしめる新税務地の新務地率は100％である。また新商税務4処[3]に対する新税務地の対新商税務率は50％である。

次に酒務地で元豊まで存在して地理表[4]にみえる存続地は、酒統計の地名に△印を付している。存続地は上記の1・2の地（州県務2）である。酒務地2処にしめる存続地の存続率は100％である。

次に旧商税務・新商税務・地理表のいずれにもみえない不明地はなく、不明率は0％である。以上の澧州の酒務・諸数値を酒務表に整理して示す。

Q5 澧州　格上　地理表（主戸19,403　客戸39,276　計58,679　貢　綾，筆）

格	県	距離		郷	鎮	％	その他		備　　考	水　系	計5
望	澧陽	郭下		6	2	33		0	清化・涔河鎮	澧水	1
中下	安郷	東	104	2	0	0		0		澧水，澹水	2
中下	石門	西	92	3	0	0	寨	1	臺宜寨	因水	1
下	慈利	西	246	4	0	0	寨	5	索口・安福・西牛・武口・澧川寨	溇水	1
計	4			15	2	13		6	土産　龜甲綾，五紋綾，牛膝，紵練紗，光明沙（宋本）		5種

×印の地：小さな町候補地8

第三編　銅銭区南部

Q5 澧州　　　　　　　　酒　務　表

外県	置務県	置務率	州県務	州県務率	鎮市務	鎮市務率	酒務	併設地	併設率	旧商税務	対税旧商率	新税務地	新税務地率	新商税務	対税新商率	存続地	存続率
3	1	33	2	100	0	0	2	2	100	4	50	2	100	4	50	2	100

併設地	州県	在城¹・安郷²		2処
計 2	鎮市			0処
新税務地	州県	1・2の地		2処
計 2	鎮市			0処
存続地	州県	1・2の地		2処
計 2	鎮市			0処
不　明　地			0処　不明率	0 ％

旧務年代の町0・小都市0、新務年代の町0・小都市0

注

(1) 県変遷図の作成史料は拙著2、476頁参照。
(2) 拙著2、475頁。　(3) 拙著2、475〜476頁。
(4) 拙著2、476頁の地理表に同じ。

6　峡州 Q 6

峡州の酒務及び新旧酒銭額は次の如くである。

(1) 酒統計

舊。在城一務
歳　　　　　　　　　　8,819貫
熙寧十年租額　　　　　14,997貫360文
　　買撲　　　　　　　　603貫876文
　　　新額計　　　　　15,601貫236文

　旧額は8,819貫・新額15,600貫で、両額の差額6,781貫・増額率77％である。また官売額は14,997貫・買撲603貫で、官売率96％・買撲率4％である。以上の諸数値を銭額表にまとめる。

第七章　荊湖北路

(2) 酒務表

寰宇記147・九域志6により太平興国中〜元豊間の峡州諸県の変化を県変遷図[1]に示す。酒統計は在城のみを記すが、酒務からは旧務年代は不明であるので、一般的な旧務年代である景祐〜慶暦に従っておく。

図によれば熙寧十年前の旧外県3であり、酒統計の県酒務0であるので、県置務率は0％である。また酒務は州県務1・鎮市務0の計1務で、州県務率100％・鎮市務率0％である。

次に酒統計に〇印を付した在城（州県務1）が酒務・旧商税務の併設地である。酒務地1処にしめる併設地の併設率は100％である。また旧商税務5処[2]に対する併設地の対旧商税務率は20％である。なお遠安・長陽・宜都の全外県の酒務・旧商税務が記載されていない。州額制がとられた可能性があろう。小都市・町は不明である。また長陽・宜都の新商税務は記載されていない。

次に酒務地に新商税務が設置された新税務地は、酒統計に□印を付した上記の1の地（州県務1）である。酒務地1処にしめる新税務地の新務地率は100％である。また新商税務6処[3]に対する新税務地の対新商税務率は17％である。

次に酒務地で元豊まで存在して地理表[4]にみえる存続地は、酒統計の地名に△印を付している。存続地は上記の1の地（州県務1）である。酒務地1処にしめる存続地の存続率は100％である。

次に旧商税務・新商税務・地理表のいずれにもみえない不明地はなく、不明率は0％である。以上の酒務・諸数値を酒務表に整理して示す。

Q6 峡州　銭額表

旧額		8,819貫
新額	官売	14,997貫
	買撲	603貫
	計	15,600貫
新旧差額		6,781貫
増額率		77％
官売率		96％
買撲率		4％

Q6 峡州　県変遷図

年代	外県			郭下
太平興国中	遠安	長陽	宜都	夷陵
旧務年代	1×	2×	3×	〇
	×	×	×	〇
熙寧10年 1077	〇3	×2	×1	〇
	↓	↓	↓	↓

Q6 峡州　格中　地理表（主戸12,609　客戸32,887　計45,496　貢　芒硝、杜若、五加皮）

格	県	距離	郷	鎮	％	その他		備考	水系	計4
中	夷陵	郭下	20	0	0	寨	6	漢流・巴山・麻渓・魚羊・長樂・梅子寨		
						場	1	鉛錫場（名不記）	蜀江	1
中	宜都	東南60	13	0	0		0		清江	1
中下	長陽	西南69	13	0	0	塩井	2	漢流・飛魚鹽井	長陽渓	1
中下	遠安	北100	7	0	0		0		沮水	1
	計4		53	0	0	土産	9	葛、蠟、蒜、硝（宋本）		4種

×印の地：小さな町候補地9

第三編　銅銭区南部

Q6 峡州　　　　　　　　　　酒　務　表

外県	置務県	置務県率	州県務	州県務率	鎮市務	鎮市務率	酒務	併設地	併設率	旧商税務	対税旧商率	新税務地	新税務地率	新商税務	対税新商率	存続地	存続率
3	0	0	1	100	0	0	1	1	100	5	20	1	100	6	17	1	100

併設地	州県	在城[1]							1 処
計　1	鎮市								0 処
新税務地	州県	1の地							1 処
計　1	鎮市								0 処
存続地	州県	1の地							1 処
計　1	鎮市								0 処
不　明　地						0 処	不明率		0 ％

旧務年代の町 0・小都市 0、新務年代の町 0・小都市 0

注

(1) 県変遷図の作成史料は拙著 2、477頁参照。
(2) 拙著 2、477頁。　(3) 拙著 2、477頁。
(4) 拙著 2、478頁の地理表に同じ。

7　岳州 Q 7

岳州の酒務及び新旧酒銭額は次の如くである。

(1)　酒統計

舊。在城及臨湘県・閣子・烏沙鎮四務[1]
歳　　　　　　　３８,７４８貫
熙寧十年祖額　　５７,０３０貫１９７文
　　買撲　　　　２,７７５貫５４０文
　　　絹　　　　４０疋
　　　新額計　　５９,８０５貫７３７文
　注　①原文、紗。志、沙

　旧額は38,748貫・新額59,805貫で、両額の差額21,057貫・増額率54％である。また官売額は57,030貫・買撲2,775貫で、官売率95％・買撲率5％である。以上の諸数値を銭額表にまとめる。

(2) 酒務表

宋本寰宇記113・九域志6・広記28により太平興国中〜元豊間の岳州諸県の変化を県変遷図[1]に示す。酒統計は在城・県1・鎮市2を記すが、それらの酒務からは旧務年代は不明であるので、一般的な旧務年代である景祐〜慶暦に従っておく。

図によれば熙寧十年前の旧外県4であり、酒統計の県酒務1であるので、県置務率は25％である。また酒務は州県務2・鎮市務2の計4務で、州県務率50％・鎮市務率50％である。

次に酒統計に○印を付した在城・臨湘（州県務2）、及び閣子・烏沙（鎮市務2）の計4処が酒務・旧商税務の併設地である。酒務地4処にしめる併設地の併設率は100％である。また旧商税務11処[2]に対する併設地の対旧商税務率は36％である。沅江・平江・華容3県の酒務は記載されていない。また沅江の旧商税務も記載されていない。

次に酒務地に新商税務が設置された新税務地は、酒統計に□印を付した上記の1・2の地（州県務2）、及び3・4の地（鎮市務2）の計4処である。酒務地4処に対する新税務地の新務地率は100％である。また新商税務8処[3]に対する新税務地の対新商税務率は50％である。

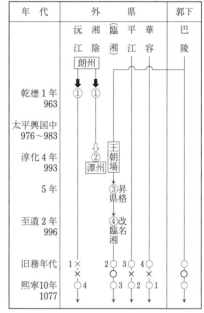

Q7 岳州　銭額表

旧　　額		38,748 貫
新　　額	官売	57,030 貫
	買撲	2,775 貫
	計	59,805 貫
新旧差額		21,057 貫
増額率		54 %
官売率		95 %
買撲率		5 %

新絹　40疋

Q7 岳州　県変遷図

次に酒務地で元豊まで存在して地理表[4]にみえる存続地は、酒統計の地名に△印を付している。存続地は上記の1・2の地（州県務2）、及び3・4の地（鎮市務2）で計4処である。酒務地4処にしめる存続地の存続率は100％である。

次に旧商税務・新商税務・地理表のいずれにもみえない不明地はなく、不明率は0％である。以上の岳州の酒務・諸数値を酒務表に整理して示す。

第三編　銅銭区南部

Q7 岳州　格下　地理表（主戸50,605　客戸46,079　計96,684　貢 紵）

格	県	距　離	郷	鎮	%	その他	備　考	水　系	計8
上	巴陵	郭下	3	3	100	寨 1	公田・閣子・烏沙鎮 ※ 安流寨	大江，湘水，洞庭湖	3
望	華容	西 125	6	0	0	寨 1	※ 古樓寨	赤亭湖	1
上	平江	東南 257	7	0	0	金場1	※ 土竈金場	汨水，蘆水	2
中	臨湘	東北 57	1	0	0	0		大江	1
中下	沅江	西南 226	4	0	0	0		沅江	1
計 5			21	3	14	3	土産　白紵布，魚，稲，鱉甲，鲂魚，龜甲，鱓魚（宋本）	7種

×印の地：小さな町候補地 3

Q7 岳州　酒務表

外県	置務県	置務県率	州県務	州県務率	鎮市務	鎮市務率	酒務	併設地	併設率	旧商務	旧商務率	対税旧商	対税旧商率	新税務地	新税務地率	新務商	新務商率	対税新商	対税新商率	存続地	存続率
4	1	25	2	50	2	50	4	4	100	11	36	4	100	8	50	4	100				

併設地		州県	1　　　　2 在城・臨湘	2 処
	計 4	鎮市	3　　　4 閣子・烏沙	2 処
新税務地		州県	1・2の地	2 処
	計 4	鎮市	3・4の地	2 処
存続地		州県	1・2の地	2 処
	計 4	鎮市	3・4の地	2 処
不　明　地			0 処　不 明 率　0 %

旧務年代の町 0・小都市 2、新務年代の町 0・小都市 2

注

(1) 県変遷図の作成史料は拙著 2、479頁参照。
(2) 拙著 2、479頁。　(3) 拙著 2、479頁。
(4) 拙著 2、480頁の地理表に同じ。

8　歸州 Q 8

歸州の酒務及び新旧酒銭額は次の如くである。

(1) 酒統計

舊。○□△在城一務
歳　　　　　　　　9,281貫
熙寧十年祖額　　　8,962貫172文

買撲　　　　　　１７５貫
　　新額計　　　９，１３７貫１７２文

　旧額は9,281貫・新額9,137貫で、両額の差額－144貫・増額率－２％である。また官売額は8,962貫・買撲175貫で、官売率98％・買撲率２％である。以上の諸数値を銭額表にまとめる。

Q8 帰州	銭　額　表	
旧　　額		9,281貫
新　額	官売	8,962貫
	買撲	175貫
	計	9,137貫
新旧差額		－144貫
増額率		－２％
官売率		98％
買撲率		２％

(2)　酒務表

　宋本寰宇記148・九域志６により太平興国中～元豊間の帰州諸県の変化を県変遷図[1]に示す。酒統計は在城を記すが、酒務からは旧務年代は不明であるので、一般的な旧務年代である景祐～慶暦に従っておく。

　図によれば熙寧五年前の旧外県２であり、酒統計の県酒務０であるので、県置務率は０％である。また酒務は州県務１・鎮市務０の計１務で、州県務率100％・鎮市務率０％である。

　次に酒統計に○□△印を付した在城（州県務１）が併設地・新税務地・存続地であり、また旧商税務１処[2]であるので、それらに関連する諸比率は共に100％である。但し、新商税務２処[3]であるので、対新商税務率は50％である。なお旧務年代の巴東・興山両県の酒務・新旧商税務は記載されていない。州額制がとられた可能性も考えられる。小都市・町は不明である。

　次に旧商税務・新商税務・地理表[4]のいずれにもみえない不明地はなく、不明率０％である。以上の帰州の酒務・諸数値を酒務表に整理して示す。

Q8 帰州 県変遷図		
年　代	外　県	郭下
太平興国中	巴東　興山	秭帰
旧務年代	１× ２×	○
	× ×	○
熙寧5年 1072	①	○
10年	×１	○

Q8 帰州　格上　地理表（主戸6,877　客戸2,761　計9,638　貢　紵）

格	県	距離	郷	鎮	％	その他	備　　考	水　系	計2
下	秭帰	郭下	17	1	5		興山鎮		
						塩井 1	青林塩井		
						寨　 1	撥禮寨	大江	1
下	巴東	西 64	9	0	0	塩井 1	永昌塩井		
						寨　 1	折磊寨	大江	1
計 2			26	1	3	4 土産	黄蠟, 白茶, 椒, 紵麻, 馬鞭, 亭歴子（宋本）		6種

×印の地：小さな町候補地4

第三編　銅銭区南部

Q8 歸州　　　　　　　　酒　務　表

外県	置務県	置務県率	州県務	州県務率	鎮市務	鎮市務率	酒務	併設地	併設率	旧商税務	対旧商税率	新税務地	新税務地率	新商税務	対新商税率	存続地	存続率
2	0	0	1	100	0	0	1	1	100	1	100	1	100	2	50	1	100

併設地	州県	在城[1]														1 処
計　1	鎮市															0 処
新税務地	州県	1の地														1 処
計　1	鎮市															0 処
存続地	州県	1の地														1 処
計　1	鎮市															0 処
不　明　地										0 処	不明率					0 ％

旧務年代の町0・小都市0、新務年代の町0・小都市0

注

(1)　県変遷図の作成史料は拙著2、481頁参照。
(2)　拙著2、481頁。　(3)　拙著2、481頁。
(4)　拙著2、482頁の地理表に同じ。

9　辰州 Q 9

辰州の酒務及び新旧酒銭額は次の如くである。

(1)　酒統計

$\overset{○□△}{\text{在城一務}}$[1]
無定額[2]

注　①原文「辰州無定額」。意を以て補う　②食貨下七酒は「不禁」とす。旧務年代前のことであろう。

「無定額」は「不権」の意味ではなく、旧務年代・新務年代共に課額が立てられなかったことを意味する。酒務は在城務のみであると思われる。

(2)　酒務表

寰宇記補119・九域志6により太平興国中～熙寧七年間の辰州諸県の変化を県変遷図[1]に示す。酒統計には記されていないが、酒務は在城のみであったと思われる。酒務からは

第七章　荊湖北路

旧務年代は不明であるので、一般的な旧務年代である景祐〜慶暦に従っておく。

次に○□△印を付した在城（州県務1）のみが併設置・新務地・存続地で、また旧商税務(2)・新商税務(3)がいずれも1務であるので、それらに関連する諸比率は100％である。5外県の新旧商税務が記載されていない。州額制がとられた可能性も考えられる。但し沅州に割出された麻陽県には新商税務が置かれた（Q10沅州参照）。小都市・町は不明である。なお酒麹は不権とされていた。

次に旧商税務・新商税務・地理表(4)のいずれにもみえない不明地はなく、不明率は0％である。以上の酒務・諸数値を酒務表に整理して示す。

なお図によれば外県5で、また地理表によれば多くの鎮寨堡がみえる。それらには酒務が置かれことも考えられる。したがって新旧酒務数の詳細な比較には辰州を用いるべきではない。

Q9 辰州　　銭　額　表

旧	額	無定額
新　　額	官売	一貫
	買撲	一貫
	計	一貫
新旧差額		一貫
増額率		－ ％
官売率		－ ％
買撲率		－ ％

Q9 辰州　県変遷図

年　代	外　　　県					郭下
	招諭	麻陽	辰渓	敘浦	盧渓	沅陵
太平興国7年 982	建①置					○
旧務年代	1× ↓ ②	2× ↓ ②	3×	4×	5×	○
熙寧7年 1074						○
						↓
	沅州					
10年			×3	×2	×1	○
						↓

Q9 辰州　格下　地理表（主戸5,669　客戸3,244　計8,913　貢　光明砂，水銀）

格	県	距　離	郷	鎮	％	その他	備　　考	水　系	計4
中	沅陵	郭下	4	0	0	0		沅江	1
中下	敘浦	東南350	3	1	33	堡 1	長律鎮 龍潭堡	激水	1
下	辰渓	東南164	3	0	0	0		辰渓	1
下	盧渓	西南130	3	0	0	0		武渓	1
計 4			13	1	7	1	土産（不記）		
會渓 城		西北250	0	0	0	1	熙寧8年置		0
池蓬 寨		東北265	0	0	0	1	嘉祐3年置		0
鎮渓 寨		西北190	0	0	0	1	熙寧3年置		0
黔安 寨		西北215	0	0	0	1	熙寧8年置		0

×印の地：小さな町候補地6
注　會渓・池蓬・鎮渓・黔安などの城寨は，州直轄

— 613 —

第三編　銅銭区南部

Q9　辰州　　　　　　　酒　務　表

外県	置務県	置務県率	州県務	州県務率	鎮市務	鎮市務率	酒務	併設地	併設率	旧商税務	対旧商税率	新税務地	新税務地率	新商税務	対新商税率	存続地	存続率
5	0	0	1	100	0	0	1	1	100	1	100	1	100	1	100	1	100

併設地	州県	在城						1 処
計 1	鎮市							0 処
新税務地	州県	1の地						1 処
計 1	鎮市							0 処
存続地	州県	1の地						1 処
計 1	鎮市							0 処
不　明　地					0 処	不明率	0	%

注
(1) 県変遷図の作成史料は拙著2、483頁参照。
(2) 拙著2、482頁。　(3) 拙著2、482頁。
(4) 拙著2、483頁の地理表に同じ。

10　沅州 Q 10

沅州の新酒銭額は次の如くである。

(1) 酒統計
　在城一務^①
無定額
注　①原文「沅州無定額」。意を以て補う

　沅州は熙寧七年に新しく建置された州で旧務年代の旧酒務はない。したがって「無定額」は新務年代に課額が立てられなかったことを意味する。新務年代の酒務は在城務のみであろう。

(2) 酒務表
　九域志6により熙寧七年～元豊間の沅州諸県の変化を県変遷図[(1)]に示す。図・地理表に

第七章　荊湖北路

よれば外県1で、多くの寨鋪があったが酒務は記載されていない。

次に□△印を付した在城(州県務1)のみが新務地・存続地であるので、それらに関連する諸比率は100%である。新商税務は7務(2)で、対新商税務率は14%である。

次に新商税務・地理表(3)のいずれにもみえない不明地はなく、不明率は0％である。以上の酒務・諸数値を酒務表に整理して示す。

Q10 沅州　銭額表

旧	額		－
新	額	官売	－貫
		買撲	－貫
		計	無定額
新旧差額			－貫
増額率			－％
官売率			－％
買撲率			－％

Q10 沅州　県変遷図

年代	外　県	郭下
太平興国中	(黔陽)　招諭　(麻陽)	盧陽
	↓　　↓　　↓	
	辰州	
熙寧7年 1074	①↓錦州寨↓①	①建置
8年	②　　②	
10年	1○	○
	鎮　黔	
	江　江	
	寨　城 ③	
元豊3年 1080	④　④昇改格名	

Q10 沅州　格下　地理表 (主戸7,051　客戸3,514　計10,565　貢　朱砂, 水銀)

格	県	距離	郷	鎮	％	その他	備　　考	水　系	計5
下	盧陽	郭下	0	0	0	鋪8	獎州・西県・八洲・長宜・迥渓・鎮江・龍門・懷化鋪	錦水, 濾水	2
下	麻陽	北170	0	0	0	鋪6	龔溪・龍家・竹寨・虎踵・齋天・父溪鋪	辰水	1
下	黔陽	南190	0	0	0	鋪5	竹寨・煙溪・無狀・米州・洪江鋪	灘水, 沅水	2
計3			0	0	0	19	土産 (不記)		
安江寨		東120	0	0	0	鋪2	洪江・銅安鋪		0
托口寨		南285	0	0	0	鋪1	竹灘鋪		0
計2			0	0	0	3			

×印の地：小さな町候補地22　　注　安口・托口両寨は、州直轄の寨

沅州の鋪は地理表によれば県管轄19、寨管轄3である。鎮江鋪・朝安鋪・洪江鋪に商税務が置かれ(拙著2、484頁)、また鎮江鋪には売塩場も置かれているので、それらの3鋪は町である。他の鋪が町であるか否か明らかではないが県管轄の鋪22を小さな町候補地としたい。なお鋪の商税務はQ6峡州、U4施州、W4潮州などにもみられる(拙著2)。

第三編　銅銭区南部

Q10 沅州　　　　　　　酒　務　表

外県	置務県	置務率	州県務	州県務率	鎮市務	鎮市務率	酒務	併設地	併設率	旧商税務	対旧商税率	新税務地	新税務地率	新商税務	対新商税率	存続地	存続率
1	0	0	1	100	0	0	1	—	—	—	—	1	100	7	14	1	100

併設地	州県		一処
	鎮市		一処
計　—			
新税務地	州県	在城	1 処
計　1	鎮市		0 処
存続地	州県	1 の地	1 処
計　1	鎮市		0 処
不　明　地		0 処　不明率　0 %

新務年代の町 0・小都市 0

　　　　　　　　　　　　　　　　　注
　(1)　県変遷図の作成史料は拙著 2、484〜465頁参照。
　(2)　拙著 2、484頁。　(3)　拙著 2、485頁の地理表に同じ。

11　漢陽軍 Q 12

　熙寧四年に鄂州に併入された漢陽軍の酒務及び旧酒銭額は次の如くである。なお「酒麹雑録」は Q12漢陽軍の前の Q11復州を欠く。商税務は置かれているので脱漏であろう。

(1)　酒統計

舊。在城及漢川県・下㲼鎮三務
　　①
歳　　　　　　　２８，５８８貫
今廃

　注　①郭下の漢陽県及び漢川県・下㲼鎮は鄂州に割出された。□印地は鄂州の新商税務、△印地は鄂州の地理表にみえる

　旧額は28,588貫である。漢陽軍は熙寧四年に鄂州に併入されたので、新額はなく、酒統計に「今。廃」と表記されている。なお元祐元年に再設された。以上の数値を銭額表に示す。

(2) 酒務表

寰宇記131・地理志4・方域6により太平興国中～元祐元年間の漢陽軍諸県の変化を県変遷図[1]に示す。酒統計は在城・県務1・鎮市1を記すが、それらの酒務からは旧務年代は不明であるので、一般的な旧務年代である景祐～慶暦に従っておく。

図によれば熙寧四年前の旧外県1であり、酒統計の県酒務1であるので、県置務率は100％である。また酒務は州県務2・鎮市務1の計3務で、州県務率67％・鎮市務率33％である。

次に○印を付した在城(州県務1)、及び下汊鎮[2](鎮市務1)の計2処が旧商税務・酒務の併設地である。酒務地3処にしめる併設地の併設率は67％である。また旧商税務3処[3]に対する対旧商税務率は67％である。なお漢川県の旧商税務は記載されていない。

漢陽軍の酒務地は新務年代では併入先の鄂州に表記できないので、新税務地・存続地は本軍酒務表に（ ）で括って示す。なお参考に供するため漢陽軍旧域の地理表[3]を示しておく。以上の酒務・諸数値を酒務表に整理して示す。

Q12 漢陽軍　銭額表

旧　　額		28,588貫
新　　額	官売	今廃
	買撲	－貫
	計	－貫
新旧差額		－貫
増額率		－％
官売率		－％
買撲率		－％

Q12 漢陽軍　県変遷図

年　代	外県	郭下	軍
太平興国中	漢川	漢陽	
旧務年代	1×	○	
	↓鎮	↓	↓
熙寧4年 1071	①③→	①	①廃止
	鄂　州		
10年	○	●	
	県再設②	②	
元祐1年 1086	↓	↓	②再建

Q12 漢陽軍旧域　地理表（主戸2,439　客戸2,280　計4,719）

県	鎮	郷	鎮	％	その他	備　　考	水　系	計2
漢陽県		4	2	50	0	漢川・下汊鎮	大江，漢水	2
計 1		4	2	75	0 土産	簀布，苡仁，蒻茹，菱仁		4種

鄂州地理表による
土産・主客戸は寰宇記

第三編　銅銭区南部

Q12 漢陽軍　　　　　　酒　務　表

外県	置務県	置務県率	州県務	州県務率	鎮市務	鎮市務率	酒務	併設地	併設率	旧商税務	対旧商税率	新税務地	新税務地率	新商税務	対新商税率	存続地	存続率
1	1	100	2	67	1	33	3	2	67	3	67	(2)	(67)	(2)	(100)	(3)	(100)

併設地	州県	在城[1]														1	処
計 2	鎮市	下汊鎮[2]														1	処
新税務地	州県	（1の漢陽県）														(1)	処
計 (2)	鎮市	（漢川）[3]														(1)	処
存続地	州県	（1の地）														(1)	処
計 (3)	鎮市	（2・3の地）														(2)	処
不　明　地													0 処	不明率		0	％

旧務年代の町0・小都市1、旧域の新務年代の町1（2の地）・小都市1
注　3の地は旧務年代では酒務県（税務不記の県）

注

(1)　県変遷図の作成史料は拙著2、490頁参照。
(2)　下汊鎮は漢陽県が熙寧四年に鄂州に併入されるので、鄂州の地理表にみえ元豊まで存続している。
(3)　拙著2、489頁。　(4)　拙著2、491頁の地理表に同じ。

12　荊門軍 Q 13

荊門軍の酒務及び旧酒銭額は次の如くである。

(1)　酒統計

舊。在城一務[①]
歳　　　　　　　　　１０，５５６貫
今廃
①郭下の長林県は江陵府に割出され、新商税務・地理表にみえる

　旧額は10,556貫である。同軍は熙寧六年に江陵府に併入されたので、酒統計に「今廃」と表記されている。なお元祐三年に再設された。以上の数値を銭額表に示す。

(2) 酒務表

方域6・地理志4により開宝五年～元祐三年間の荊門軍の変化を県変遷図[1]に示す。酒統計は在城を記すが、酒務からは旧務年代は不明であるので、一般的な旧務年代である景祐～慶暦に従っておく。

図によれば熙寧六年前の旧外県1であり、酒統計の県酒務0であるので、県置務率は0％である。また酒務は州県務1・鎮市務0の計1務で、州県務率100％・鎮市務率0％である。

次に酒統計に〇印を付した在城（州県務1）が酒務・旧商税務の併設地である。酒務地1処にしめる併設地の併設率は100％である。また旧商税務2処[2]に対する併設地の対旧商税務率は50％である。なお當陽県の酒務・旧商税務は記載されていない。州額制がとられた可能性が考えられる。小都市・町は不明である。

荊門軍の酒務地は新務年代では併入先の江陵府に表記できないので、新税務地・存続地は本軍酒務表に（　）で括って示す。なお参考に供するため荊門軍旧域の地理表[3]を示しておく。以上の酒務・諸数値を酒務表に整理して示す。

なお荊湖北路には太平興国～熙寧六年までQ11復州が存在したが酒統計には記されていない。Q12漢陽軍・Q13荊門軍は熙寧四・六年まで存在してその旧務年代の酒務・酒額が記されているので、復州の記録が脱漏しているとみなくてはならない。また原文では、漢陽軍の前に「淯州監。無額」とみえるが、九域志6・「商税雑録」にはみえないので、淯州監[4]は割愛することにする。

Q13 荊門軍　銭額表

旧　額		556貫
新　額	官売	今廃
	買撲	－貫
	計	－貫
新旧差額		－貫
増額率		－％
官売率		－％
買撲率		－％

Q13 荊門軍　県変遷図

年　代	外県	郭下	軍置廃
開寶5年 972	當陽　①↓	長林　①↓	建軍①
旧務年代	1×　×	師子鎮　〇	
熙寧6年 1070	江　　陵　　府		②廃軍
10年	〇	〇	
元祐3年 1088	再建③↓	③↓	③再建

Q13 荊門軍旧域　　地理表（主戸1,734　客戸2,236　計3,970）

格	県	郷	鎮	％	その他	備　　考	水　系	計3
次畿	長林	9	6	66	0	長林・安平・樂郷・柏鋪・馬梁・歷口鎮	漢江, 漕水	2
次畿	當陽	2	2	100	0	山口・新店鎮	漳水	1
計2		11	8	72	0	土産　綿絹, 方綾, 甘草, 烏梅, 橘, 貝母, 柑子, 橙子, 白魚		9種

注　1　江陵府地理表により作成
　　2　主客戸・土産は實宇記114による

第三編　銅銭区南部

Q13 荊門軍　酒務表

		外県	置務県	置務率	州県務	州県務率	鎮市務	鎮市務率	酒務地	併設地	併設率	旧商税務	対旧商税率	新税務地	新税務地率	新商税務	対新商税率	存続地	存続率
		1	0	0	1	100	0	0	1	1	100	2	50	(1)	(100)	(3)	(33)	(1)	(100)
併設地	州県	在城																1	処
計 1	鎮市																	0	処
新税務地	州県	（1の長林県）																(1)	処
計 (1)	鎮市																	(0)	処
存続地	州県	（1の地）																(1)	処
計 (1)	鎮市																	0	処
不明地																0 処	不明率	0	％

旧務年代の町 0・小都市 0、旧域の新務年代の町 0・小都市 0
注　（　）は酒統計の注①参照

注

(1) 県変遷図の作成史料は拙著 2、493頁参照。
(2) 拙著 2、491頁。　(3) 拙著 2、494頁の地理表に同じ。
(4) 寰宇記88・剣南東道 7 に「渲州。永観元年置。領県二。云々。」とみえるが、唐宋に永観年号はないので年号に誤字があると思われる。なお、S梓州路のS8瀘州地理表に渲井監がみえる。

おわりに

　表 1 に荊湖北路13州軍の銭額表をまとめ、また戸数・新商税額を付している。Q 1 江陵府・Q 2 鄂州の元豊戸は各約19万戸・約13万戸で、元豊に近い熙寧十年の新商税額はそれぞれ約 5 万貫・約 4 万貫であり、戸数・商税共に荊湖北路でトップクラスである。熙寧十年の新酒額もそれぞれ約17万貫・8 万貫でトップクラスである。逆に戸・商税が低レベルのQ 8 帰州（戸約 1 万・税約 6 千貫）の新酒額は約 1 万貫と少額である。荊湖北路では戸・商税の大小がおおまかには酒額の大小と一致する。

　次に酒額の新旧の相違をみると、路全体では22％増である。13州軍のうち比較可能な 8 州軍で、減額州軍 2、増額州軍 6 であるが、減額率・増額率が同率の州軍はない。また新旧額の差が同数の州軍もない。各州軍の新旧の増額率及び差額が一定ではないので、斉一的・均一的な増減政策は行われなかったことがわかる。増減率・差額に一定の傾向がみられないのであるから、新旧額の相違は主として酒消費量自体の変動により生じたとみなけ

第七章　荊湖北路

表1　Q 荊湖北路　銭額総合表

州軍		旧額	新額	差額	増額率	官売	買撲	官売率	買撲率	戸	新商税
Q1	江陵府	106,000	165,964	59,964	57	147,947	18,017	89	11	189,922	50,224
Q2	鄂州	65,375	84,263	18,888	29	79,283	4,980	94	6	125,257	35,350
Q3	安州	35,359	59,060	23,701	67	54,173	4,887	92	8	60,744	7,358
Q4	鼎州	55,236	42,653	−12,583	−23	40,184	2,469	94	6	41,160	8,775
Q5	澧州	36,993	44,348	7,355	20	43,443	905	98	2	58,679	16,208
Q6	峡州	8,819	15,600	6,781	77	14,997	603	96	4	45,496	9,627
Q7	岳州	38,748	59,805	21,057	54	57,030	2,775	95	5	96,684	41,766
Q8	帰州	9,281	9,137	−144	−2	8,962	175	98	2	9,638	5,893
Q9	辰州	−	無定額	−	−	−	−	−	−	8,913	2,616
Q10	沅州	−	無定額	−	−	−	−	−	−	10,565	364
Q12	漢陽軍	28,588	今廃	−	−	−	−	−	−	−	−
Q13	荊門軍	10,556	今廃	−	−	−	−	−	−	−	−
計		394,955	480,830	85,875	22	446,019	34,811	93	7	647,059	178,181

注　①Q11復州は脱漏（原文不記）
　　②州軍記号に下線を付した州軍は物額を有す

ればならない。

　次に各州軍の官売額・買撲をみると数州軍（Q2とQ4、Q5とQ8）が同率である。これらの同率は偶然ではなかろうか。多くの州軍で比率は相違するので、同率の割付販売は行われなかったと思われる。したがって官売額・買撲・官売率・買撲率はそれぞれ都市エリア・町エリアの酒消費量が反映したものと解される。

　次に官売額・買撲をみると、路全体の熙寧十年の官売額は約45万貫、買撲は約3万貫で、官売額が買撲の約15倍である。官売が路全体の93％をしめ、買撲はわずか7％に過ぎない。

　なおQ8帰州の官売額は約9千貫であるので州軍高額官務1万貫以上は原則的なものであり、州軍によっては行政都市官務額が1万貫未満のケースもあったことがわかる。

　次に表2に9州軍の酒務表をまとめている。旧務年代（旧商税務）・熙寧十年（新商税務）・元豊（地理表）で確認できない不明地は2例にとどまり、全体の約4％に過ぎないことである。不明率4％・存続率93％は、荊湖北路において酒務が置かれた行政都市・小都市・町が社会的・経済的に安定性が甚だ高かったことを証する。なお地理表不記地も3例のみである。

　次に併設率が路全体としては87％と高率であり、併設率が50％未満の州軍0である。このことは荊湖北路の都市には酒務・商税務の併設が甚だ多く行われたことを証する。また新商税務が置かれた新務年代の併設地である新税務地39の新務地率も85％と高率であるの

第三編　銅銭区南部

表2　Q荊湖北路　酒務総合表

州軍	州県務	鎮市務	鎮市務	全酒務	併設地	併設率	対旧務商	新税務地	新税務率	対新務商率	存続地	存続率	不明地	不明率	旧商税務	新商税務	地理表不記地
Q1	7	8	53	15	11	73	79	12	80	55	12	80	2	13	14	22	1
Q2	6	2	25	8	8	100	100	6	75	75	8	100	0	0	8	8	0
Q3	4	1	20	5	5	100	100	4	80	80	5	100	0	0	5	5	0
Q4	3	2	40	5	4	80	100	4	80	100	4	80	0	0	4	4	1
Q5	2	0	0	2	2	100	50	2	100	50	2	100	0	0	4	4	0
Q6	1	0	0	1	1	100	20	1	100	17	1	100	0	0	5	6	0
Q7	2	0	25	4	4	100	36	4	100	50	4	100	0	0	11	8	0
Q8	1	0	0	1	1	100	100	1	100	50	1	100	0	0	1	2	0
Q9	1	0	0	1	1	100	100	1	100	100	1	100	0	0	1	1	0
Q10	—	—	—	—	—			1	100	14	1	100	0	0	—	7	0
Q12	2	1	33	3	2	67	67	(2)	(67)	(100)	(3)	(100)	0	0	3	(2)	0
Q13	1	0	0	1	1	100	50	(1)	(100)	(33)	(1)	(100)	0	0	2	(3)	0
計	30	16	35	46	40	87	70	39	85	58	43	93	2	4	58	67	2

注　①Q11復州は欠。復州の税務2を表の旧税務数に含めず
　　②（　）内は廃州軍の旧域酒務地の数値
　　③Q12・Q13の（2）・（1）の新商税務は他の州軍に含まれているので計に加えず
　　④酒務46－（存続地43＋不明地2＋地理表不記地2）＝－1　新設州の沅州が存続に加わっているためである

表3　Q荊湖北路　旧務年代の都市・町

州軍	Q1	Q2	Q3	Q4	Q5	Q6	Q7	Q8	Q9	Q12	Q13	計
行政都市	7	6	4	3	2	1	2	1	1	<u>2</u>	1	30
小都市	4	2	1	1	0	0	2	0	0	1	0	11
町	4	0	0	1	0	0	0	0	0	0	0	5
酒務（計）	15	8	5	5	2	1	4	1	1	3	1	46

典拠：各州軍酒務表
注　①Q10沅州は旧務年代には存在しない
　　②下線を付した行政都市数は酒務県を含む（Q12－1、計1県）

で、新務年代でも併設が多く行われた。

　次に表3によれば旧務年代の州軍11の酒務地46で、その内訳は行政都市30、小都市11、町5である。都市41（30＋11）の対酒務地率89％、町5の対酒務地率11％である（後掲表5）。また都市対町＝41対5で、町の対都市率12％である（後掲表5）。酒務のほとんどは都市エリアに置かれた。なお酒務のみが置かれた町は5処と少ない。

　次に旧務年代の小都市が0又は1の小都市未発達州軍（表5、州軍甲）8で全州軍11の73％をしめ、また町が0又は1の町未発達の州軍10（表5、州軍乙）で91％あり（後掲表5）、荊湖北路では多くの州軍で小都市・町が発達していなかった。小都市・町が比較的に多いのはQ1江陵府のみである。表4の新務年代の州軍10のうち小都市未発達州軍7・町未

第七章　荊湖北路

表 4　Q 荊湖北路　新務年代の都市・町

州　　軍	Q1	Q2	Q3	Q4	Q5	Q6	Q7	Q8	Q9	Q10	計
行 政 都 市	6	5	2	3	2	1	2	1	1	1	24
小　都　市	6	1	2	1	0	0	2	0	0	0	12
町	1	0	0	1	0	0	0	0	0	0	3
酒　務　県	0	1	1	0	0	0	0	0	0	0	2
存　続　地	12	8	5	4	2	1	4	1	1	1	39/41

典拠：各州軍酒務表
注　計欄の数が一致しないのは地理表不記地（2）、及び廃州軍があることによる

表 5　　　　　　　変動表

	旧務年代		新務年代		変動
	州軍数	比率	州軍数	比率	
全　州　軍	12	—	10	—	−16%
州　軍　甲	10	73%	7	70%	−13%
州　軍　乙	10	91%	10	100%	0%
酒　務　数	46		40		−13%
都　市　数	41		38		−7%
町　　数	5		3		−60%
都市の対酒務率		89%		95%	6%
町 の 対 酒 務 率		11%		8%	−6%
町 の 対 都 市 率		12%		5%	−7%

州軍甲：小都市未発達州軍（小都市0又は1）
州軍乙：町未発達州軍（町数0又は1）
比　率：甲、乙州軍÷全州軍
対酒務率＝都市数÷酒務数　対都市率＝町数÷都市数
州軍、酒務、都市、町の変動＝（新数−旧数）÷旧数
対酒務率、対都市率の変動＝新比率−旧比率
典　拠：表3・表4

発達州軍10で、それぞれ70%・100%であるので（表5）、新務年代でも小都市は多くの州軍で発達してず、町はわずかしか存在していなかった。

　新務年代の町の対酒務率・対都市率は旧務年代より低い（表5）。その一因は次のことにあろう。

　地理表に示した地名は九域志が採録した地であり、九域志は草市や道店を採録しないので、存続地は旧酒務地より少なくなる場合がある。表2の存続地43・存続率93%以上になる可能性が充分にあろう。

　新務年代では荊湖北路には少なくとも商税務・酒務が併置された行政都市24・小都市12、酒務のみが置かれた町3・酒務県2が存在した。

　次に酒務が置かれず商税務のみが記された地である旧商税地・新商税地は表6の如くで

第三編　銅銭区南部

ある。荊湖北路の旧商税地18処は旧商税務58（表2）の三割強で、旧商税地は数少ない地である。このことに加えて酒務・商税務の併設地が40処と多いことから旧商税地は厳選された地であることがわかる。また比較可能な州軍11のうち旧商税地が0〜3の州軍9と多い。これらのことは路として商税務乱設を行なわなかったことを意味する。

新商税地31で旧商税地よりかなり多いのは、基本的には新務年代までの経済力発展にともない三司の税務が増加したことによるものと思われる（表2参照）。

表6　荊湖北路　新商税務地

州　　軍	Q1	Q2	Q3	Q4	Q5	Q6	Q7	Q8	Q9	Q10	Q12	Q13	計
旧商税地	3	0	0	0	2	4	7	0	0	－	1	1	18
新商税地	10	2	1	0	2	5	4	1	0	6	－	－	31

旧商税地＝旧商税務－併設地　　新商税地＝新商税務－新税務地
典拠：「おわりに」表2

次ぎに本章の諸州軍の地理表の分析をまとめると表7の如くである。荊湖南路の記載地96処で一般的水準Ⅱである。その内訳は町・小都市が23処と少なく水準Ⅱである。また小さな町候補73処で水準Ⅲで比較的多い。それらの都市・町に置かれている機関を機能により分類すると、保安機関の鎮44（水準Ⅱ）、城・寨・堡などの軍事機関は45処（水準Ⅳ）と甚だ多い。監・場などの生産機関は7処（水準Ⅰ）と少ない。なお荊湖北路は内陸部であるが寨・堡・城・舗が45処と多い。それらの軍事機関が南部・西部山間地区の6州軍（Q5・6・7・8・9・10）に配置されている。対少数民族対策である。寨より小規模の軍事機関である舗22が最南端のQ10沅州に置かれている。なお生産機関は鋳銭監1・金場1・鉛場1・塩井4である。（水準は一編一章末、比較表1参照）

表7　荊湖北路　地理表記載地

路	記載地	無名地	町・小都市	大きな町に準ずる町	町候補地
Q	96	3	無印地 23	○地 0	×印地 73
機　能	保安	軍事	生産		
機　関	鎮44	寨21,堡1 城1,舗22	監1,場2, 井4		

記載地＝町・小都市＋大きな町に準ずる町＋町候補地
無名地3は町候補地数に含まれる。機関に地名が付されていず町ではない可能性もあろう。
典拠：本章諸州軍地理表

第四編　鉄銭区

序

　鉄銭区は東西南北を諸山系・高地で囲まれ、その北域に東西に伸びる利州路が置かれた。利州路の南に東から夔州路・梓州路・成都府路が列置され、それら3路は南北に長く伸びている。鉄銭区の榷酒州軍（夔州路を除く）は、利州路の13州軍（新務年代、11）、成都府路の15州軍（新務年代、14）、及び梓州路の14州軍で、計42州軍（新務年代、39）である。

　本編では「酒麹雑録」の鉄銭区の新旧酒銭額を常識的に鉄銭額として取扱う。この仮定にたつと種々の問題が生じるので、五編一章で鉄銭区酒銭額については再度論じることにする。

　下の表1によれば旧務年代においては、3路の酒務414（行政都市140、小都市・町274）、酒銭額総計は鉄銭220万貫（銅銭22万）で、商税務209、商税額は鉄銭534万貫（銅銭53万）であり、酒銭額が商税額の0.2～0.5倍で、平均0.4倍である。鉄銭区では酒額が税額よりはるかに少ないことになる。これに対して銅銭区では北部・南部ともに酒額が税額よりはるかに多額である。この問題は第五編で取上げる。

　次に酒及び商税の課税対象商品の消費を可能にした経済力の基盤である戸は168万戸と少ない。なお夔州路は福建・廣南東西路とともに数州軍を除き酒麹不榷である。表1の総合表では同路の商税額・戸数などを鉄銭区の統計に含めていない。

　次に表2の銅鉄銭区比較表は銅銭区北部・南部及び鉄銭区の酒務が置かれた行政都市、小都市・町、酒額、商税を示し、また三区の戸数を付している。南部と鉄銭区の行政都市・

表1　　　　　　　　　　鉄銭区総合表

路	行政都市	小都市・町	計	旧商税務	旧酒銭額		旧商税額		酒額倍率	戸数	州軍数
					鉄	銅	鉄	銅			
R成都路	59	111	170	97	130	―	246	―	0.5	86	15
S梓州路	43	81	124	65	59	―	164	―	0.3	48	14
T利州路	30	81	120	47	31	―	124	―	0.2	34	13
計3	141	273	414	209	220	22	534	53	0.4	168	42

　　酒額・商税額・戸数：単位万（各路千以下四捨五入）　銅鉄銭の換算比率：鉄対銅＝10：1
　　酒額倍率＝旧酒銭額÷旧商税額（但し鉄銭）
　　典拠：本編各路「おわりに」表1・2　旧商税額・税率：拙著2、各路「はじめに」の総合表1

第四編　鉄銭区

小都市・町の総数に大差はないが、南部酒額は全体の32％で、鉄銭区の酒額は約２％である。商税・戸数も鉄銭区は南部の約四分の一に過ぎない。また鉄銭区の商税額は全体の10％、戸も全体の約12％である。したがって鉄銭区は銅銭区に比して経済的にはるかに劣っていたことになる。

なお鉄銭区に夔州路を含めていない。しかし同路は利州路とともに不毛の地[1]とさえ言われており商税額も最低で、少数民族も多く[2]、経済的発展が低レベルであるので、仮に夔州路の全州軍に酒専売制が適用されていても、鉄銭区の酒額が大きく伸びることはないと考えてよい。

次に本編での各州軍の酒統計の記載酒銭は新旧共に鉄銭と仮定して分析するので注意しておきたい。銭額分析では鉄銭額と銅銭額を示す。その銅鉄銭の換算は、旧額は銅銭対鉄銭＝１対10（真宗時代）、新額は銅銭対鉄銭＝１対２（熙寧）を用いる。[2]

酒統計酒銭を鉄銭と仮定して分析すると種々の問題が生じるので（各章「おわりに」参照）、五編一章で考察する。

表2　銅鉄銭区比較表（旧務年代）

地区	行政都市		小都市・町		計		酒銭額		税務数		旧商税額		戸	
銅銭北部	508	55％	434	49％	942	52％	889	61％	878	57％	579	53％	561	39％
銅銭南部	266	29％	179	20％	445	25％	429	28％	445	29％	194	37％	705	49％
鉄銭区	146	16％	267	30％	414	23％	220	14％	209	14％	53	10％	168	12％
計	920	—	881	—	1,801	—	1,538	—	1,532	—	526	—	1,434	—

典拠：本書二編序の表２に同じ　％：全体に対する各区がしめる比率

表3　町比較表

路	町数	町の対酒務率	町の対都市率
成都路R	80	47％	89％
梓州路S	81	65％	182％
利州路T	76	63％	173％
銅銭区路	2〜58	9〜32％	10〜48％

典拠：本編各路「おわりに」表5

注

(1) 拙著２、「序章　二」（15頁）を参照。
(2) 『文献通考』巻一四・征榷の「熙寧十年以前天下諸州商税歳額」に付され註に「按天下商税。惟四蜀獨重。雖夔戎間小壘。云々」とみえる。
(3) 宮澤知之『宋代中国の国家と経済』、創文社（1998年）、420〜434頁参照。又同『中国銅銭の世界』、思文閣出版（2007年）、表４（234頁）を参照。

第一章　成都府路

1　成都府 R 1

成都府の酒務及び新旧酒銭額は次の如くである。

(1)　酒統計
舊。在城及新繁・新都・雙流・廣都・犀浦・郫県・浣花・爾牟・沱江・鼉此・清流・河屯・王店・雍店・全節・衡山・木馬・馮街・井口・安國・洪道・招攜・義安・温江・小東陽・靈泉・洛帶二十八務
歳　　　　　　　４３９，７７９貫
熙寧十年祖額　　４４，２８６貫４８１文
　注　①原文、攜。志、攜　②旧商税務、小東北津

旧額は鉄銭439,779貫・新額44,286貫（文切り捨て、以下の州軍同じ）で、両額の差額－395,493貫・増額率－90％である。銅銭では旧額は43,977貫・新額22,143貫（祖額、以下同じ）で、両額の差額－21,834貫・増額率－50％である。以上の諸数値は章末の表1銭額総合表に示す。

(2)　酒務表
次に寰宇記72・九域志7にもとづくと太平興国中～元豊間の成都府諸県の変化は県変遷図(1)の如くである。酒統計は在城・県8・鎮市19を記すが、図のそれらの州県変遷からは旧務年代は不明であるので、一般的な旧務年代である景祐～慶暦に従っておく。

図によれば熙寧五年前の旧外県8であり、酒統計の県酒務8であるので、県置務率は100％である。また酒務は州県務9・鎮市務19の計28務、州県務率32％・鎮市務率68％で鎮市務率が高い。

次に酒統計に○印を付した在城・新繁・新都・雙流・廣都・犀浦・郫県・温江・靈泉県（州県務9）及び爾牟・鼉此・清流・河屯・雍店・全節・馮街・招攜・小東陽・洛帶（鎮市務10）の計19処が酒務・旧商税務の併設地である。酒務地28処にしめる併設地の併設率は68％でやや低率である。また旧商税務21処(2)に対する併設地の対旧商税務率は90％である。

次に酒務地に新商税務が設置された新税務地は、酒統計に□印を付した上記の１～５・７～９の地（州県務8）、及び6の地（鎮市務1）の計9処である。酒務地28処にしめる新税務地の新務地率は、32％で低率である。また新商税務10処(3)に対する新税務地の対新商税

第四編　鉄銭区

R1 成都府　県変遷図

年　代	外　県								郭下		州府	長官
	廣都	靈池	新繁	温江	雙流	新都	犀浦	郫県	華陽	成都		
太平興國6年 981											府	使
端拱元年 988											↓州	↓知州
淳化5年 994											↓府	↓使
天聖4年 1026		①改名靈泉									↓州	↓知州
旧務年代	1○	2○	3○	4○	5○	6○	7○	8○	○			
嘉祐4年 1059	○	○	○	○	○	○	○	○			府	知府
6年	廃州←陵州貴平降格／籍県										↓	↓
熙寧5年 1072	③→ ③→					②→						使
10年	7○	6○	5○	4○	3○	2○		1○	○			

府：成都府，使：節度使
注　旧務年代の上段の○印は商税務設置，下段の太い○印は酒務設置の県。
　　郭下県に付した○・○印は在城の商税務・酒務の設置を意味する。
　　熙寧10年の○印は新商税務設置の県・在城を意味する。

務率は90％である。なお旧務年代の犀浦県[6]は新務年代では鎮である。

　次に酒務地で元豊まで存在して地理表[(4)]にみえる存続地は、酒統計の地名に△印を付している。存続地は上記の1～5・7～9の地（州県務8）、及び6・10～19の地・滝江[20]・王店[21]・木馬[22]・安國[23]（鎮市務15）で計23処である。酒務地28処にしめる存続地の存続率は82％である。

　旧務年代の町は○印を付さない鎮市で（以下の州軍酒統計同じ）、9処（20～28の地）である。新務年代の町は△印のみの鎮市及び○△印の鎮市で（以下の州軍酒統計同じ）、19処（10～28の地）である。

　次に旧商税務・新商税務・地理表のいずれにもみえない不明地は浣花[24]・衡山[25]・井口[26]・洪道[27]・義安[28]の5処で、不明率18％である。以上の酒務・諸数値を酒務表に整理して示す。

　なお成都府の鎮19のうち10鎮には酒務が記載されていないが、16鎮には旧商税務が記載されている。しかし多くの鎮の税務は新務年代では記載されていず、わずか2鎮のみに新税務が記載されている。多くの鎮は小都市としての鎮ではなく、経済的にみれば坊場がある小さな町であろう。

— 628 —

第一章　成都府路

R1 成都府　格次府　地理表（主戸119,388　客戸49,710　計169,098　貢　花羅，錦，高紵布，雑色賤）

格	県	距離	郷	鎮	%	その他	備　　考	水　系	計13
次赤	成都	郭下	16	2	12	0	滝江・蠶此鎮	大江，都江	2
次赤	華陽	郭下	8	1	12	0	均窰鎮	笮江	1
次畿	新都	北45	16	2	12	0	爾牟・軍屯鎮	毗橋水	1
次畿	郫県	西45	14	3	21	0	犀浦・馮街・雍店鎮	岷江，郫江	2
次畿	雙流	南40	17	0	0	0		牛飲水	1
次畿	温江	西南50	10	2	20	0	全節・安國鎮	温江，皂水	2
次畿	新繁	西北56	28	2	7	0	河屯・清流鎮	都江	1
次畿	廣都	南45	22	4	18	0	招攝・木馬・籍・麗江鎮	導江	1
次畿	靈泉	東50	15	3	20	0	洛帯・王店・小東陽鎮	綬帯，靈泉池	2
計 9			146	19	13	0	土産　単絲羅，高杼衫段，交梭紗，琵琶捍撥，蜀漆銅盆，龍葵，綾，羅，高杼布，絲，椑布衫段，柘蠶絲，毦，綿，絹，布，麻		17種

×印の地：小さな町候補地2、○印の地：大きな町に準ずる町1
注　酒務・旧商税務の小東陽鎮と小東北津とは同じ地であろう

R1 成都府　　酒　務　表

		外県	置務県	置務率	州県務	州県務率	鎮市務	鎮市務率	酒務	併設地	併設率	旧商税務	対税旧商率	新税務地	新税務率	新商税務	新務税商率	対税新商率	存続地	存続率
		8	8	100	9	32	19	68	28	19	68	21	90	9	32	10	90		23	82
併設地	州県	在城・新繁・新都・雙流・廣都・犀浦・郫県・温江・靈泉																	9 処	
計 19	鎮市	爾牟・蠶此・清流・河屯・雍店・全節・馮街・招攝・小東陽・洛帯（小都市，以下の州軍酒務表同じ）																	10 処	
新税務地	州県	1～5・7～9の地																	8 処	
計 9	鎮市	6の地（小都市，以下の州軍酒務表同じ）																	1 処	
存続地	州県	1～5・7～9の地																	8 処	
計 23	鎮市	6・10～19の地・滝江・王店・木馬・安國																	15 処	
不明地		浣花・衡山・井口・洪道・義安　　5 処　　不明率　18 ％																		

旧務年代の町9（20～28の地）・小都市10、新務年代の町19（10～28の地）・都市1
注　不明地は存続地・新務年代の町に含めず

注

(1) 県変遷図の作成史料は拙著2、629～630頁参照。
(2) 拙著2、628頁。
(3) 拙著2、628頁。
(4) 拙著2、631頁の地理表に同じ。

第四編　鉄銭区

2　眉州 R 2

眉州の酒務及び新旧酒銭は次の如くである。

(1)　酒統計

舊。○在城及□彭山・青神・丹稜・△恩濛・魚池・石佛・△多悦・龍安・△樂康・永豐・△黃龍・福化・長泉・△賴母・東館十六務
　　①
歳　　　　　　　７２，５０２貫
　　　布　　　　１，６８０疋
熙寧十年祖額　　７，２６６貫８１６文
　　　布　　　　１，６８０疋
注　①原文、蒙。志、濛

　旧額は鉄銭72,502貫・新額7,266貫で、両額の差額は－65,236貫・増額率－90％である。銅銭では旧額は7,250貫・新額3,633貫で、その差額－3,617貫・増額率－50％である。なお布額は新旧共に1,680疋である。以上の酒銭の諸数値は章末の表1銭額総合表に整理して示す。

(2)　酒務表

　次に寰宇記74・九域志7により太平興国中～元豊間の眉州諸県の変化を県変遷図[(1)]に示す。酒統計は在城・県3・鎮市12を記すが、図のそれらの州県変遷からは旧務年代は不明であるので、一般的な旧務年代である景祐～慶暦に従っておく。

　図によれば熙寧十年前の旧外県3であり、酒統計の県酒務3であるので、県置務率は100％である。また酒務は州県務4・鎮市務12の計16務、州県務率25％・鎮市務率75％であり、鎮市務率が甚だ高率である。

　次に酒統計に○印を付した在城・彭山県（州県務2）
　　　　　　　　　　　　　　　　　①　　②
の2処が酒務・旧商税務の併設地である。酒務地16処にしめる併設地の併設率は13％で甚だ低率である。また旧商税務2処[(2)]に対する併設地の対旧商税務率は100％である。なお青神・丹稜両県に旧商税務は記載されていない。

R2　眉州　県変遷図

年　代	外　　県				郭下
	洪雅	青神	丹稜	彭山	通義
太平興國1年 976	↓	○	○	○	改①名眉山
	②嘉州				
淳化4年 993		○	○	○	○
旧務年代		1× ○	2× ○	3× ○	○
熙寧10年 1077		×3 ↓	×2 ↓	×1 ↓	○ ↓

— 630 —

第一章　成都府路

　次に酒務地に新商税務が設置された新税務地は、酒統計に□印を付した上記の１の地（州県務１）の１処である。酒務地16処にしめる新税務地の新務地率は６％で甚だ低率である。また新商税務２処[(3)]に対する新税務地の対新商税務率は50％である。なお青神・丹稜・彭山の３外県の新商税務は記載されていない。

　次に酒務地で元豊まで存在して地理表[(4)]にみえる存続地は、酒統計の地名に△印を付している。存続地は１・２の地・青神・丹稜県（州県務４）、及び恩濛[3]・石佛[4]・多悦[5]・龍安[6]・永豊[7]・黄龍[8]・福化[9]・長泉[10]・頼母[11]・東館[12]（鎮市務10）の計14処であり、存続率は88％である。

　次に旧商税務・新商税務・地理表のいずれにもみえない不明地は魚池[15]・樂康[16]の２処で、不明率は12％である。以上の酒務・諸数値を酒務表に整理して示す。

　なお眉州の鎮18で、酒務が置かれたのは10鎮であるが、全鎮に新旧商税務が置かれていない。おそらくほとんどの鎮は小都市としての鎮ではなかった。

R２　眉州　格上　地理表（主戸48,179　客戸27,950　計76,129　貢　麩金, 巴豆）

格	県	距離	郷	鎮	％	その他	備　　考	水系	計5
望	眉山	郭下	20	6	30	0	龍安・多悦・魚蛇・石佛・思濛・金流鎮	導江	1
望	彭山	北40	19	4	21	0	永豊・蟹回・黄龍・福化鎮	導江	1
望	丹稜	西65	7	4	57	買茶場1	東館・欄頭・蟠鼇・青倚鎮　貢茶場	思濛水	1
緊	青神	南65	4	4	100	0	長泉・歸徳・頼母・胡濃鎮	導江, 青衣水	2
計	4		50	18	36	1 土産	麩金, 秋黍, 茶		3種

×印の地：小さな町候補地９

R２　眉州　　　　　酒　務　表

外県3	置務県3	置務県率100	州県務4	州県務率25	鎮市務12	鎮市務率75	酒務16	併設地2	併設率13	旧商税務2	対税旧商100	新税務地1	新務地率6	新商税務2	対税新商50	存続地14	存続率88

併設地	州県	在城[1]・彭山[2]	2処
計2	鎮市		0処
新税務地	州県	１の地	1処
計1	鎮市		0処
存続地	州県	１・２の地・青神[3]・丹稜[4]	4処
計14	鎮市	恩濛[5]・石佛[6]・多悦[7]・龍安[8]・永豊[9]・黄龍[10]・福化[11]・長泉[12]・頼母[13]・東館[14]	10処
不明地		魚池[15]・樂康[16]　　2処	不明率	12%

旧務年代の町12（５～16の地）・小都市０、新務年代の町10（５～14の地）・小都市０
注　３・４の地は旧務年代の酒務県（２）、２～４の地は新務年代の酒務県（３）

第四編　鉄銭区

注

(1) 県変遷図の作成史料は拙著2、631～632頁参照。
(2) 拙著2、631頁。
(3) 拙著2、631頁。
(4) 拙著2、632頁の地理表に同じ。

3　蜀州 R 3

蜀州の酒務及び新旧酒銭は次の如くである

(1) 酒統計

舊。在城及新津・江源・永康県・新渠・洞口・方井・新穿八務
　　　　　　　①
歳　　　　　　99,421貫
熙寧十年祖額　13,220貫100文
　注　①原文、原。志、源

　旧額は鉄銭99,421貫・新額13,220貫で、両額の差額は－86,201貫・増額率－87％である。銅銭では旧額は9,942貫・新額6,610貫で、両額の差額－3,332貫・増額率－34％である。以上の酒銭の諸数値は章末の表1銭額総合表に整理して示す。

(2) 酒務表

　次に寰宇記75・九域志7により太平興国中～元豊間の蜀州諸県の変化を県変遷図(1)に示す。酒統計は在城・県3・鎮市4を記すが、図のそれらの州県変遷からは旧務年代は不明であるので、一般的な旧務年代である景祐～慶暦に従っておく。
　図によれば熙寧五年前の旧外県3であり、酒統計の県酒務3であるので、県置務率は100％である。また酒務は州県務4・鎮市務4の計8務で、州県務率50％・鎮市務率50％である。
　次に酒統計に○印を付した在城・新津・江源・永康県（州県務4）及び新渠・方井（鎮市務2）の計6処が

R3 蜀州　県変遷図

年代	外県				郭下
	青城	永康	新津	唐興	晋原
乾徳4年 966	↓① 永康軍				
開寶4年 971				②江源	
太平興國中 976～983					
旧務年代		1○	2○	3○	○
熙寧5年 1072	↓③				
10年	○4	○3	○2	○1	○

第一章 成都府路

酒務・旧商税務の併設地である。酒務地8処にしめる併設地の併設率は75％である。また旧商税務8処[(2)]に対する併設地の対旧商税務率は75％である。

次に酒務地に新商税務が設置された新税務地は、酒統計に□印を付した上記の1～4の地（州県務4）、及び5の地（鎮市務1）の計5処である。酒務地8処にしめる新税務地の新務地率は63％である。また新商税務10処[(3)]に対する新税務地の対新商税務率は50％である。

次に酒務地で元豊まで存在して地理表[(4)]にみえる存続地は、酒統計の地名に△印を付している。存続地は上記の1～4の地（州県務4）、及び5・6の地・洞口・新穿（鎮市務4）で計8処である。酒務地8処にしめる存続地の存続率は100％である。次に旧商税務・新商税務・地理表のいずれにもみえない不明地はなく、不明率0％である。以上の酒務・諸数値を酒務表に整理して示す。

R3 蜀州　格緊　地理表（主戸65,599　客戸13,328　計78,927　貢　春羅，單絲羅）

格	県	距　離	郷	鎮	％	その他	備　　考	水　系	計5
望	晉原	郭下	25	1	4	0	洞口鎮	斜江	1
望	新津	東南70	15	2	13	0	新穿・方井鎮	皀江	1
望	江源	東南30	20	2	10	0	金馬・萬集鎮	邡江	1
望	永康	西50	8	1	12	0	新渠鎮	味江	1
						茶場1	名不記		
望	青城	北50	15	4	26		陶塸・味江・堋市・白江鎮	大江	1
						茶場2	青城・味江茶場		
計 5			83	10	12	3 土産	白花羅，紫草，紅花，金，單絲羅，木蘭皮，椒，茶		8種

×印の地：小さな町候補地5
注　1　地理表の青城茶場は新商税務の青城竹木場と同じ地とす
　　2　地理表の陶塸・味江・白江は旧永康軍の酒務地

R3 蜀州　　　　　　　酒　務　表

外県	置務県	置務率	州県務	州県務率	鎮市務	鎮市務率	酒務地	併設地	併設率	旧商税務	対旧商税務率	新税務地	新務地率	新商税務	対新商税務率	存続地	存続率
3	3	100	4	50	4	50	8	6	75	8	75	5	63	10	50	8	100

併設地	州県	在城[1]・新津[2]・江源[3]・永康県[4]	4処
計 6	鎮市	新渠[5]・方井[6]	2処
新税務地	州県	1～4の地	4処
計 5	鎮市	5の地	1処
存続地	州県	1～4の地	4処
計 8	鎮市	5・6の地・洞口[7]・新穿[8]	4処
不明地		0処　不明率　0％	

旧務年代の町2（7・8の地）・小都市2、新務年代の町3（6～8の地）・小都市1

第四編　鉄銭区

注

(1) 県変遷図の作成史料は拙著2、634頁参照。
(2) 拙著2、633頁。
(3) 拙著2、633頁。
(4) 拙著2、635頁の地理表に同じ。

4　彭州 R 4

彭州の酒務及び新旧酒銭は次の如くである。

(1) 酒統計

舊。在城及・濛陽・永昌県・永樂・安德・珊口・木頭・晉壽八務
歳　　　　　　　86,383貫
熙寧十年租額　　14,300貫220文

　鉄銭の旧額86,383貫・新額14,300貫で、両額の差額は－72,083貫・増額率－83％である。銅銭では旧額8,638貫・新額7,150貫で、その差額－1,488貫・増額率－17％である。以上の酒銭の諸数値は章末の表1銭額総合表に整理して示す。

(2) 酒務表

　次に寰宇記73・九域志7により太平興国中～元豊間の彭州諸県の変化を県変遷図⑴に示す。酒統計は在城・県2・鎮市5を記すが、図のそれらの州県変遷からは旧務年代は不明であるので、一般的な旧務年代である景祐～慶暦に従っておく。

　図によれば熙寧二年前の旧外県2であり、酒統計の県酒務2であるので、県置務率は100％である。また酒務は州県務3・鎮市務5の計8務で、州県務率38％・鎮市務率63％である。

　次に酒統計に○印を付した在城・濛陽・永昌県（州県務3）及び永樂・安德・珊口・木頭（鎮市務4）の計7処が酒務・旧商税務の併設地で、併設地の併設率は

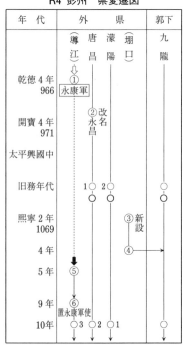

第一章　成都府路

88％である。また旧商税務8処[(2)]に対する併設地の対旧商税務率は88％である。

次に酒務地に新商税務が設置された新税務地は、酒統計に□印を付した上記の1〜3の地（州県務3）、及び6・7の地（鎮市務2）の計5処である。酒務地8処にしめる新税務地の新務地率は63％である。また新商税務11処[(3)]に対する新税務地の対新商税務率は45％である。なお永樂・安德に新商税務は置かれていず、また地理表にみえない。

次に酒務地で元豊まで存在して地理表[(4)]にみえる存続地は、酒統計の地名に△印を付している。存続地は上記の1〜3の地（州県務3）、及び6・7の地（鎮市務2）で計5処である。酒務地8処にしめる存続地の存続率は63％である。

次に旧商税務・新商税務・地理表のいずれにもみえない不明地は晉壽の1処で、不明率13％である。以上の酒務・諸数値を酒務表に整理して示す。なお永樂・安德が地理表にみえず、存続率＋不明率＜100％である。

R4　彭州　格緊　地理表（主戸57,418　客戸14,999　計72,417　貢　羅）

格	県	距離	郷	鎮	％	その他	備　考	水系	計5
望	九隴	郭下	30	2	6	寨1 茶場2	堋口・木頭鎮 鹿角寨 堋口・木頭茶場	廣濟江	1
望	永昌	西26	23	0	0	茶場1	名不記	都江	1
望	濛陽	東31	14	0	0			羅江・瀺濛水	2
望	導江	西75	20	3	15	茶場2 礬場1	導江・蒲村・唐興鎮 導江・蒲村茶場 名不記	大江	1
計 4			87	5	5	7	土産　麩金・續斷・升麻・茶		4種

×印の地：小さな町候補地7　　注　地理表の導江・蒲村・唐興鎮は旧永康軍の酒務地

R4　彭州　　　　酒　務　表

外県 2	置務県 2	置務県率 100	州県務 3	州県務率 38	鎮市務 5	鎮市務率 63	酒務 8	併設地 7	併設率 88	旧商税務 8	対税旧商率 88	新税務地 5	新務地率 63	新商税務 11	対税新商率 45	存続地 5	存続率 63

併設地	州県	[1]在城・[2]濛陽・[3]永昌	3 処
計 7	鎮市	[4]永樂・[5]安德・堋口・木頭	4 処
新税務地	州県	1〜3の地	3 処
計 5	鎮市	6・7の地	2 処
存続地	州県	1〜3の地	3 処
計 5	鎮市	6・7の地	2 処
不明地	晉壽	1 処　不明率　13　％	

旧務年代の町1（8の地）・小都市4、新務年代の町0・小都市2
注　4・5の地は地理表不記地及び不明地は、存続地・新務年代の町に入れず

第四編　鉄銭区

注

(1) 県変遷図の作成史料は拙著2、637頁参照。
(2) 拙著2、636頁。
(3) 拙著2、636頁。
(4) 拙著2、638頁の地理表に同じ。

5　綿州R5

綿州の酒務及び新旧酒銭は次の如くである。

(1)　酒統計

舊。在城及彰明・羅江・魏城・西昌・龍安・神泉・鹽泉県・鐘陽・奉濟・慶興・金山・黃鹿・龍門・香溪十五務

歳　　　　　　　　　１１８，６０７貫
熙寧祖額　　　　　１０，９０２貫５７８文
　注　①原文、鍾。志、鐘　②原文、四。計15

鉄銭の旧額118,607貫・新額10,902貫で、両額の差額－107,705貫・増額率－91%である。銅銭では旧額11,860貫・新額5,451貫で、その差額－6,409貫・増額率－54%である。以上の酒銭の諸数値は章末の表1銭額総合表に整理して示す。

(2)　酒務表

次に寰宇記83・九域志7により太平興国中～元豊間の綿州諸県の変化を県変遷図(1)に示す。酒統計は在城・県7・鎮市7を記すが、図のそれらの州県変遷からは旧務年代は不明であるので、一般的な旧務年代である景祐～慶暦に従っておく。

図によれば熙寧五年前の旧外県7であり、酒統計の県酒務7であるので、県置務率は100%である。また酒務は州県務8・鎮市務7の計15務で、州県務率53%・

R5 綿州　県変遷図

年代	外県							郭下
	石泉	神泉	鹽泉	龍安	西昌	羅江	魏城	彰明	巴西
太平興國中	○	○	○	○	○	○	○	○
旧務年代	1×	2×	3×	4×	5×	6×	7×	○
	○	○	○	○	○	○	○	○
熙寧5年 1072	茂州← ①							
9年	↓②							
10年	○7 ↓	○6 ↓	○5 ↓	○4 ↓	○3 ↓	○2 ↓	○1 ↓	○ ↓

第一章　成都府路

鎮市務率47％である。

　次に酒統計に〇印を付した在城の１処（州県務１）が酒務・旧商税務の併設地である。酒務地15処にしめる併設地の併設率は７％で甚だ低率である。また旧商税務２処[(2)]に対する併設地の対旧商税務率は50％である。なお７外県の旧商税務が記載されていない。したがって旧商税は州額制をとっていた可能性も考えられる。この問題は五編二章で考察する。

　次に酒務地に新商税務が設置された新税務地は、酒統計に□印を付した上記の１の地・彰明・羅江・魏城・龍安・神泉・鹽泉県（州県務７）、及び５の地（鎮市務１）の計８処である。酒務地15処にしめる新税務地の新務地率は53％である。また新商税務９処[(3)]に対する新税務地の対新商税務率は89％である。なお西昌県は新務年代では鎮である。

　次に酒務地で元豊まで存在して地理表[(4)]にみえる存続地は、酒統計の地名に△印を付している。存続地は上記の１～４・６～８の地（州県務７）、及び５の地・鐘陽・奉濟・慶興・金山・黄鹿・龍門・香渓（鎮市務８）で計15処である。酒務地15処にしめる存続地の存続率は100％である。次に旧商税務・新商税務・地理表のいずれにもみえない不明地はなく、不明率０％である。以上の酒務・諸数値を酒務表に整理して示す。

　なお綿州の鎮27で、酒務が置かれたのは７鎮にすぎない。また新旧商税務がほとんどの鎮には置かれず、新税務が西昌鎮のみに置かれた。同鎮を除く他の26鎮は経済的には小都市としての鎮でなかった。

R5　綿州　格上　地理表（主戸106,064　客戸17,085　計123,149　貢　綾, 紵布）

格	県	距離		郷	鎮	％	その他	備考	水系	計11
望	巴西	郭下		22	5	22	0	鍾陽・奉齊・寧県・袁村・龍門鎮	羅江, 涪水	2
望	彰明	北	71	20	7	35	茶場1	龍飲・西流・輿教・雙流・慶興・長江・芙廍鎮　名不記	涪水, 廉水	2
緊	魏城	東	65	10	4	40	0	龍渓・太平・青渠・萬全鎮	安西水	1
緊	羅江	南	70	10	3	30	0	黄鹿・金山・石凍鎮	羅江, 則水	2
上	神泉	西北	85	10	1	10	寨1	石城鎮　石関寨	神泉, 綿水	2
上	龍安	西北	94	14	4	28	寨1 茶場1	西昌・保國・龍穴・香渓鎮　三盤寨　名不記	龍安川, 長江水	2
中	鹽泉	東	120	5	2	40	0	石羊・石匙鎮		0
下	石泉	西	244	3	1	33	0	石門鎮		0
計	8			94	27	28	4	土産　小綾, 交梭紗, 絁, 緋紅, 毬, 栢桔, 紫參		7種

×印の地：小さな町候補地23

第四編　鉄銭区

R5 綿州　　　　　　酒　務　表

外県	置務県	置務率	州県務	州県務率	鎮市務	鎮市務率	酒務	併設地	併設率	旧商税務	対旧商税率	新税務地	新税務地率	新商税務	対新商税率	存続地	存続率
7	7	100	8	53	7	47	15	1	7	2	50	8	53	9	89	15	100

併設地	州県	在城[1]	1処
計 1	鎮市		0処
新税務地	州県	1の地・彰明[2]・羅江[3]・魏城[4]・龍安[5]・神泉[7]・鹽泉県[8]	7処
計 8	鎮市	5の地	1処
存続地	州県	1〜4・6〜8の地	7処
計 15	鎮市	5の地・鐘陽[9]・奉済[10]・慶興[11]・金山[12]・黄鹿[13]・龍門[14]・香渓[15]	8処
不　明　地		0処　不明率　0%	

旧務年代の町5（9〜15の地）・小都市0、新務年代の町7（9〜15の地）・小都市1
注　2〜8の地は旧務年代の酒務県6（税務不記の県）

注

(1) 県変遷図の作成史料は拙著2、639頁参照。
(2) 拙著2、639頁。
(3) 拙著2、639頁。
(4) 拙著2、640頁の地理表に同じ。

6　漢州 R 6

漢州の酒務及び新旧酒銭は次の如くである。

(1)　酒統計

舊。在城及綿竹○□・什邡○□・德陽県○□・姜詩鎮○・王村△・楊村△・馬脚△・石碑△・新邑△・略坪△・柏杜△・連山△・靈龕△・白堋・高田・吉陽・清泥・普潤十九務
歳　　　　　　　１７５，５６７貫
熙寧十年祖額　　　１７，５５７貫０８０文

鉄銭の旧額175,567貫・新額17,557貫で、両額の差額−158,010貫・増額率−90%である。銅銭では旧額17,556貫・新額8,778貫で、両額の差額−8,778貫・増額率−50%である。以上の酒銭の諸数値は章末の表1銭額総合表に整理して示す。

第一章　成都府路

(2) 酒務表

次に寰宇記73・九域志7により太平興国中～元豊間の漢州諸県の変化を県変遷図[1]に示す。酒統計は在城・県3・鎮市15を記すが、図のそれらの州県変遷からは旧務年代は不明であるので、一般的な旧務年代である景祐～慶暦に従っておく。

R6 漢州　県変遷図

年　代	外　　　県	郭下
太平興國中	德綿什陽竹邡	雒県
旧務年代	1○ 2○ 3✕ ○ ○ ○	○
熙寧10年 1077	○3 ○2 ○1 ↓ ↓ ↓	○ ↓

図によれば熙寧十年前の旧外県3であり、酒統計の県酒務3であるので、県置務率100％である。また酒務は州県務4・鎮市務15の計19務で、州県務率21％・鎮市務率79％である。

次に酒統計に○印を付した在城・德陽県（州県務2）の計2処が酒務・旧商税務の併設地で、酒務地19処にしめる併設地の併設率は11％で低率である。また旧商税務2処[2]に対する併設地の対旧商税務率は100％である。なお綿竹・什邡両県の旧商税務は記載されていない。

次に酒務地に新商税務が設置された新税務地は、酒統計に□印を付した上記の1・2の地・綿竹・什邡（州県務4）の計4処である。酒務地19処にしめる新税務地の新務地率は21％で低い。また新商税務4処[4]に対する新税務地の対新商税務率は100％である。

次に酒務地で元豊まで存在して地理表[4]にみえる存続地は、酒統計の地名に△印を付している。存続地は上記の1～4の地（州県務4）、及び王村・馬脚・石碑・新邑・略坪・柏杜・連山・霊龕・白珊・高田・吉陽・普潤（鎮市務12）で計16処である。酒務地19処にしめる存続地の存続率は、84％である。

次に旧商税務・新商税務・地理表のいずれにもみえない不明地は姜詩鎮・楊村・清泥の3処で、不明率は16％である。以上の酒務・諸数値を酒務表に整理して示す。

なお漢州の鎮15であるが、酒務が置かれたのは12鎮である。しかし全鎮に新旧商税務が置かれていないので、ほとんどの鎮は経済的には小都市としての鎮ではなかった。

R6 漢州　格上　地理表（主戸61,697　客戸16,843　計78,540　貢 紵）

格	県	距離	郷	鎮	％	その他	備　　　　　考	水　　系	計5
望	雒	郭下	20	3	15	0	白珊・高田・連山鎮	雒水, 綿水	2
望	什邡	西北 40	23	4	17	貢茶場1	王村・馬脚・吉陽・楊場鎮 名不記	綏江	1
望	綿竹	東北 93	17	5	29	貢茶場1	石碑・新巴・孝泉・高平・普潤鎮 名不記	綿水	1
望	德陽	東北 05	13	3	23	0	柏杜・略坪・靈龕鎮	緜水	1
計 4			73	15	20	2	土産　紵布, 爾牟布, 紋綾, 芩根鞋, 合簟		5種

✕印の地：小さな町候補地4
注　楊場鎮は酒統計の楊村である可能性もあろう

第四編　鉄銭区

R6 漢州　　　　　　　　　　酒　務　表

外県	置務県	置務率	州県務	州県務率	鎮市務	鎮市務率	酒務	併設地	併設率	旧商税務	対旧税商率	新税務地	新税務地率	新商税務	対新税商率	存続地	存続率
3	3	100	4	21	15	79	19	2	11	2	100	4	21	4	100	16	84

併設地	州県	在城[1]・德陽県[2]		2 処
計 2	鎮市			0 処
新税務地	州県	1・2の地・綿竹[3]・什邡[4]		4 処
計 4	鎮市			0 処
存続地	州県	1〜4の地		4 処
計 16	鎮市	王村[5]・馬脚[6]・石碑[7]・新邑[8]・略坪[9]・柏杜[10]・連山[11]・靈龕[12]・白珊[13]・高田[14]・吉陽[15]・普潤[16]		12 処
不明地		姜詩鎮[17]・楊村[18]・清泥[19]	3 処	不明率　16 ％

旧務年代の町15（5〜9の地）・小都市0、新務年代の町12（5〜16の地）・小都市0
注　3・4の地は旧務年代の酒務県

注

(1) 県変遷図の作成史料は拙著2、641頁参照。
(2) 拙著2、641頁。
(3) 拙著2、641頁。
(4) 拙著2、642頁の地理表に同じ。

7　嘉州R7

嘉州の酒務及び新旧酒銭は次の如くである。

(1)　酒統計

舊。在城及夾江・峩眉県三務
歳　　　　　　　　92,325貫
熙寧十年祖額　　　9,282貫862文9分

鉄銭の旧額92,325貫・新額9,282貫で、両額の差額−83,043貫・増額率−90％であるが、銅銭では旧額9,232貫・新額4,641貫で、差額−4,591貫・増額率−50％である。以上の酒銭の諸数値は章末の表1銭額総合表に整理して示す。

(2)　酒務表

次に寰宇記74・九域志7により太平興国中〜元豊間の嘉州諸県の変化を県変遷図[(1)]に示

第一章　成都府路

す。酒統計は在城・県2を記すが、図のそれらの州県変遷からは旧務年代は不明であるので、一般的な旧務年代である景祐～慶暦に従っておく。

図によれば熙寧五年前の旧外県5であり、酒統計の県酒務2であるので、県置務率は40％である。また酒務は州県務3・鎮市務0の計3務で、州県務率100％・鎮市務率0％である。

次に酒統計に○印を付した在城の計1処（州県務1）が酒務・旧商税務の併設地である。酒務地3処にしめる併設地の併設率は、33％で低い。また旧商税務8処(2)に対する併設地の対旧商税務率は13％である。なお洪雅・犍爲・平羌3県の酒務が記載されていず、また5外県中の洪雅県のみに新旧商税務が置かれている。犍爲・峨眉・夾江・平羌には新旧商税務は記載されていない。

次に酒務地に新商税務が設置された新税務地は、酒統計に□印を付した上記の1の地（州県務1）の1処である。酒務地3処にしめる新税務地の新務地率は33％である。また新商税務3処(3)に対する新税務地の対新商税務率は33％で低い。

次に酒務地で元豊まで存在して地理表(4)にみえる存続地は、酒統計の地名に△印を付している。存続地は上記の1の地（州県務1）及び夾江・峨眉県（州県務3）で計3処である。酒務地3処にしめる存続地の存続率は100％である。

次に旧商税務・新商税務・地理表のいずれにもみえない不明地はなく、不明率0％である。以上の酒務・諸数値を酒務表に整理して示す。

嘉州の鎮17であるが、それらに旧酒務・新旧税務はほとんど置かれていない。懲非鎮のみに新旧商税務が置かれたに過ぎない。他の鎮は経済的には小都市としての鎮ではなかった。

R7　嘉州　県変遷図

年代	外県							郭下
	洪雅	犍爲	玉津	羅目	綏山	峨眉	夾江	平羌	龍游
乾徳4年 966			眉州 鎮←①	①	① 鎮	鎮			
太平興國中 976～983			↓②						
淳化4年 993									
旧務年代	1○	2×	×			3×	4○	5×	○
熙寧5年 1072								③→	
10年	○4	×3				×2	×1	↓	○

第四編　鉄銭区

R7　嘉州　格上　地理表（主戸17,720　客戸52,826　計70,546　貢　麩金）

格	県	距離	郷	鎮	%	その他	備考	水系	計6
上	龍游	郭下	14	4	28	0	符文・蘇稽・安國・平羌鎮	導江, 洙水	2
上	洪雅	西北130	14	5	35	買茶場1	永安, 止戈・龐衰・向巒・安和鎮　名不記	雅江	1
中	夾江	西北70	5	1	20	0	弱漓鎮	雅江	1
中	峨眉	西90	9	5	55	0	羅目・合江・邁東・綏山・南村鎮	大渡河	1
下	犍爲	東南120	8	2	25	0	懲非・玉津鎮	導江	1
計5			50	17	34	1	土産　水波綾, 烏頭綾, 芩根, 紅花, 麩金, 紫葛, 巴豆, 金毛狗脊, 丁公藤		8種
	豐遠監	北50歩	0	0	0	1	鑄鐵錢		0

×印の地：小さな町候補地18

R7　嘉州　酒務表

外県	置務県	置務県率	州県務	州県務率	鎮市務	鎮市務率	酒務	併設地	併設率	旧商税務	対旧商税務率	新税務地	新税務率	新商税務	対新商税率	存続地	存続率
5	2	40	3	100	0	0	3	1	33	8	13	1	33	3	33	3	100

併設地	州県	在城[1]	1処
計1	鎮市		0処
新税務地	州県	1の地	1処
計1	鎮市		0処
存続地	州県	1の地・夾江[2]・峨眉県[3]	3処
計3	鎮市		0処
不明地		0処　不明率	0%

旧務年代の町0・小都市0、新務年代の町0・小都市0
注　2・3の地は新旧務年代の酒務県

注

(1) 県変遷図の作成史料は拙著2、643頁参照。
(2) 拙著2、642頁。　(3) 拙著2、643頁。
(4) 拙著2、644頁の地理表に同じ。

8　邛州 R 8

邛州の酒務及び新旧酒銭は次の如くである。

(1)　酒統計

舊。在城及依政・火井・蒲江・安仁・大邑・思安・沙渠・後田・頭泊・平樂・西界・臨溪・合水・壽安・永安・故驛・延貢・夾門十九務
歳　　　　　　　　128,854貫

第一章　成都府路

熙寧十年祖額　　　　　13,106貫220文
　　　　布　　　　　　 3,780疋

　鉄銭の旧額128,854貫・新額13,106貫で、両額の差額−115,748貫・増額率−90％である。銅銭では旧額12,885貫・新額6,553貫で、その差額−6,332貫・増額率−49％である。なお布の新額は3,780疋である。以上の酒銭の諸数値は章末の表1銭額総合表に整理して示す。

(2)　酒務表

　次に寰宇記75・九域志7により太平興国中～元豊間の邛州諸県の変化を県変遷図⑴に示す。酒統計は在城・県6・鎮市12を記すが、図のそれらの州県変遷からは旧務年代は不明であるので、一般的な旧務年代である景祐～慶暦に従っておく。

　図によれば熙寧五年前の旧外県6であり、酒統計の県酒務6であるので、県置務率は100％である。また酒務は州県務7・鎮市務12の計19務で、州県務率37％・鎮市務率63％である。

年　代	外　　県						郭下
太平興國中	安仁	依政	蒲江	火井	大邑	臨溪	臨邛
旧務年代	1○	2○	3○	4○	5○	6○	○
	○	○	○	○	○	○	○
熙寧5年 1072						鎮①	→
10年	○5	○4	○3	○2	○1		
	↓	↓	↓	↓	↓	↓	

R8　邛州　県変遷図

　次に酒統計に○印を付した在城¹・依政²・火井³・蒲江⁴・安仁⁵・大邑⁶・臨溪⁷県（州県務7）及び思安⁸・沙渠⁹・後田¹⁰・頭泊¹¹・平樂¹²・合水¹³・壽安¹⁴・故驛¹⁵・延貢¹⁶・夾門¹⁷（鎮市務10）の計17処が酒務・旧商税務の併設地である。酒務地19処にしめる併設地の併設率は89％である。また旧商税務19処⑵に対する併設地の対旧商税務率は89％である。

　次に酒務地に新商税務が設置された新税務地は、酒統計に□印を付した上記の1～6の地（州県務6）、及び8・16の地（鎮市務2）の計8処である。酒務地19処にしめる新税務地の新務地率は42％でやや低率である。また新商税務9処⑶に対する新税務地の対新商税務率は89％である。なお旧務年代の臨溪県は新務年代では鎮であり、新商税務は記載されていない。

　次に酒務地で元豊まで存在して地理表⑷にみえる存続地は、酒統計の地名に△印を付している。存続地は上記の1～6の地（州県務6）、及び7～17の地・西界¹⁸・永安¹⁹（鎮市務13）で計19処である。酒務地19処にしめる存続地の存続率は、100％である。次に旧商税務・新商税務・地理表のいずれにもみえない不明地はなく、不明率0％である。以上の酒務・諸数値を酒務表に整理して示す。

第四編　鉄銭区

なお邛州の鎮11で、酒務・旧商税務がおかれたのは10～11鎮であるが、新商税務は全鎮に置かれていない。それらの鎮は本来小都市ではなかったのであろう。

R8　邛州　格上　地理表（主戸63,049　客戸17,081　計80,130　貢　絲布）

格	県	距離	郷	鎮	%	その他	備　考	水　系	計5
望	臨邛	郭下	10	2	20	0	臨溪・夾門鎮	邛池	1
望	依政	東南 50	10	2	20	0	壽安・故驛鎮	蒲江	1
望	安仁	東北 38	12	3	25	寨1	後田・沙渠・頭泊鎮／延貢寨	斜江	1
望	大邑	東北 40	10	1	10	寨1　茶場2	永安鎮／思安寨／大邑・息安茶場	斜江	1
上	蒲江	東南 65	6	2	33	寨1　監1	合水・西界鎮／鹽井寨／鹽井監（名不記）	蒲江	1
中	火井	西 62	6	1	16	茶場1	平樂鎮／火井茶場		0
計 6			54	11	20	7	土産　蘇布，細葛，紅花，續斷，茶		5種
惠民監		南 60	0	0	0	1	鐵銭監		0

×印の地：小さな町候補地5、○印の地：大きな町に準ずる町1

R8 邛州　　　　　　酒　務　表

外県 6	置務県 6	置務率 100	州県務 7	州県務率 37	鎮市務 12	鎮市務率 63	酒務 19	併設地 17	併設率 89	旧商税務 19	対税旧商率 89	新税務地 8	新務地率 42	新商税務 9	対税新商率 89	存続地 19	存続率 100
併設地	州県	在城¹・依政²・火井³・蒲田⁴・安仁⁵・大邑⁶・臨溪⁷														7 処	
計 17	鎮市	思安⁸・沙渠⁹・後田¹⁰・頭泊¹¹・平樂¹²・合水¹³・壽安¹⁴・故驛¹⁵・延貢¹⁶・夾門¹⁷														10 処	
新税務地	州県	1～6の地														6 処	
計 8	鎮市	8・16の地														2 処	
存続地	州県	1～6の地														6 処	
計 19	鎮市	7～17の地・西界¹⁸・永安¹⁹														13 処	
不　明　地															0 処	不明率	0 %

旧務年代の町2（18・19の地）・小都市10、新務年代の町10（9～15・17～19の地）・小都市2

注

(1) 県変遷図の作成史料は拙著2、645～646頁参照。
(2) 拙著2、645頁。
(3) 拙著2、645頁。
(4) 拙著2、647頁の地理表に同じ。

第一章　成都府路

9　黎州 R 9

黎州の酒務及び新旧酒銭は次の如くである。

(1)　酒統計

舊。在城一務
　○□△
①
無定額
②
　注　①原文「黎州舊無定額」。意を以て補う　②食貨下七酒は「不禁」とす。旧務年代前のことであろう。

酒統計によれば黎州の旧額・新額共に無額であるので、両額の差額及び増額率は鉄銭・銅銭共に不明である。

(2)　酒務表

次に宋本寰宇記77・九域志7により太平興国中～元豊間の黎州諸県の変化を県変遷図[1]に示す。旧務年代は不明であるので、一般的な旧務年代である景祐～慶暦に従っておく。

図によれば慶暦七年前の旧外県1であり、酒統計の県酒務0であるので、県置務率は0％である。また酒務は州県務1・鎮市務0の計1務で、州県務率100％・鎮市務率0％である。

次に酒統計に○□△印を付した在城の1処（州県務1）が併設地・新税務地・存続地で、また旧商税務[2]・新商税務[3]共に1処であるのでそれらに関連する諸比率は共に100％である。なお通望県の商税務・酒務は記載されていない。

次に旧商税務・新商税務・地理表[4]にみえない不明地はなく、不明率0％である。以上の酒務・諸数値を酒務表に整理して示す。

なお黎州の鎮7であるが、新旧商税務・酒務は記載されていないので、それらの鎮は小都市としての鎮ではなかったと思われる。

R9 黎州　県変遷図

年　代	外県	郭下
太平興国中	通望	漢源
	↓	○
旧務年代	1×	○
	×	
	① →	
慶暦7年 1047		○
		↓
熙寧10年 1077		○
		↓

R9 黎州　格上　地理表（主戸1,797　客戸915　計2,712　貢　紅椒）

格	県	距離	郷	鎮	％	その他	備　　　考	水　系	計2
下	漢源	郭下	5	7	140	0	漢源・通望・永安・大渡・淨浪・安靜・西漢池鎮	大渡河，漢水	2
	計1		5	7	140	0 土産	紅椒（宋本）		1種

×印の地：小さな町候補地 7

第四編　鉄銭区

R9 黎州　　　　　　　　酒　務　表

外県	置務県	置務率	州県務	州県務率	鎮市務	鎮市務率	酒務	併設地	併設率	旧商税務	対旧商税率	新税務地	新税務地率	新商税務	対新商税率	存続地	存続率
1	0	0	1	100	0	0	1	1	100	1	100	1	100	1	100	1	100

併設地	州県	在城		1処
計　1	鎮市			0処
新税務地	州県	1の地		1処
計　1	鎮市			0処
存続地	州県	1の地		1処
計　1	鎮市			0処
不　明　地			0処　不明率	0 ％

旧務年代の町0・小都市0、新務年代の町0・小都市0

注

(1) 県変遷図の作成史料は拙著2、648頁参照。
(2) 拙著2、647頁。　(3) 拙著2、647頁。
(4) 拙著2、648頁の地理表に同じ。

10　雅州 R 10

雅州の酒務及び新旧酒銭は次の如くである。

(1) 酒統計

舊。在城及名山・百丈・盧山・榮經県・車領・始陽七務
歳　　　　　　　　9,462貫
熙寧十年租額　　　946貫253文6分

　鉄銭の旧額9,462貫・新額946貫で、両額の差額－8,516貫・増額率－90％である。銅銭では旧額946貫・新額473貫で、その差額－473貫・増額率－50％である。以上の諸数値を章末の表1銭額総合表に整理して示す。

(2) 酒務表
　次に寰宇記77・九域志7により太平興国中～元豊間の雅州諸県の変化を県変遷図[1]に示

第一章　成都府路

す。酒統計は在城・県 4・鎮市 2 を記すが、図のそれらの州県変遷からは旧務年代は不明であるので、一般的な旧務年代である景祐～慶暦に従っておく。

図によれば熙寧五年前の旧外県 4 であり、酒統計の県酒務 4 であるので、県置務率は100％である。また酒務は州県務 5 務・鎮市 2 の計 7 務で、州県務率71％・鎮市務率29％である。

次に酒統計に○印を付した在城・名山・百丈・盧山・榮經県（州県務 5）及び車領・始陽（鎮市務 2）の計 7 処が酒務・旧商税務の併設地である。酒務地 7 処にしめる併設地の併設率は100％である。また旧商税務11処[(2)]に対する併設地の対旧商税務率は64％である。

次に酒務地に新商税務が設置された新税務地は、酒統計に□印を付した上記の 1・2・4・5 の地（州県務 4）、及び 3 の地（鎮市務 1）の計 5 処である。また酒務地 7 処にしめる新税務地の新務地率は71％である。新商税務 6 処[(3)]に対する新税務地の対新商税務率は83％である。なお旧務年代の百丈県は新務年代では鎮である。

次に酒務地で元豊まで存在して地理表[(4)]にみえる存続地は、酒統計の地名に△印を付している。存続地は上記の 1・2・4・5 の地（州県務 4）、及び 3・6・7 の地（鎮市務 3）で計 7 処である。酒務地 7 処にしめる存続地の存続率は100％である。

次に旧商税務・新商税務・地理表のいずれにもみえない不明地はなく、不明率 0 ％である。以上の酒務・諸数値を酒務表に整理して示す。

R10 雅州　県変遷図

年　代	外　県				郭下
太平興国中	榮經	盧山	名山	百丈	嚴道
旧務年代	1○	2○	3○	4○	○
熙寧 5 年 1072			←①		
10年	○3	2	○1		○

R10 雅州　格上　地理表（主戸13,461　客戸9,526　計22,987　貢　麩金）

格	県	距　離	郷	鎮	％	その他	備　　考	水　　系	計2
中	嚴道	郭下	6	2	33	寨1	始陽・和川鎮 礠門寨		0
上	盧山	西北 80	4	0	0	寨1	靈關寨		0
中	名山	東北 40	9	2	22	茶場2	百丈・車領鎮 名山・百丈茶場	名山水	1
中下	榮經	西南110	3	0	0	茶場1	名不記	榮經水	1
計 4			22	4	18	5	土産　麩金, 石菖蒲, 升麻, 黃連, 茶, 蠲紙, 落雁木（宋本）　7種		
茶場		城内	0	0	0		熙寧 9 年置		0

×印の地：小さな町 4（城内茶場を含めず）、○印の地：大きな町に準ずる町 2

第四編　鉄銭区

R10 雅州　　　　　　　　酒　務　表

外県	置務県	置務率	州県務	州県務率	鎮市務	鎮市務率	酒務地	併設地	併設率	旧商税務	対税旧商	新税務地	新税務地率	新商税務	対税新商	存続地	存続率
4	4	100	5	71	2	29	7	7	100	11	64	5	71	6	83	7	100

併設地	州県	¹在城・²名山・³百丈・⁴盧山・⁵榮經県	5 処
計 7	鎮市	⁶車領・⁷始陽	2 処
新税務地	州県	1・2・4・5の地	4 処
計 5	鎮市	3の地	1 処
存続地	州県	1・2・4・5の地	4 処
計 7	鎮市	3・6・7の地	3 処
不　明　地		0 処　不明率　0 ％	

旧務年代の町0・小都市2、新務年代の町2（6・7の地）・小都市1

注

(1)　県変遷図の作成史料は拙著2、649頁参照。
(2)　拙著2、649頁。　(3)　拙著2、649頁。
(4)　拙著2、650頁の地理表に同じ。

11　茂州 R 11

茂州の酒務及び新旧酒銭は次の如くである。

(1)　酒統計

舊。在城一務
①
無定額
②

注　①意を以て補う　②食貨下七は天聖以後に不権とするが、旧務年代前のことであろう。無定額は不権ではない

　茂州酒統計によれば、旧額・新額は無額であり、両額の差額及び増額率は明らかではない。以上の酒銭の記録を章末の表1銭額総合表に示す。

(2)　酒務表
　次に宋本寰宇記78・九域志7により太平興国中〜元豊間の茂州諸県の変化を県変遷図[(1)]

第一章　成都府路

に示す。旧務年代は不明であるので、一般的な旧務年代である景祐～慶暦に従っておく。

　図によれば熙寧九年前の旧外県2であり、酒統計の県酒務0であるので、県置務率は0％である。また酒務は州県務1・鎮市務0の計1務で、州県務率100％・鎮市務率0％である。

　次に酒統計に○□△印を付した在城の1処（州県務1）が併設地・新税務地であり、旧商税務1処[(2)]であるので、それらに関連する諸比率は共に100％である。但し、新商税務2処[(3)]であるので対新商税務率は50％である。なお石泉・汶川両県の新旧税務・酒務は記載されていない。州額制をとった可能性も考えられる。小都市・町は不明である。

　次に旧商税務・新商税務・地理表[(4)]にみえない不明地はなく、不明率0％である。以上の酒務・諸数値を酒務表に整理して示す。

R11　茂州　県変遷図

年　代	外　　県		郭下
	石泉	汶川	汶山
太平興國中	○	○	○
旧務年代	1×	2×	○○
熙寧9年 1076	①綿州	①軍置威戎使	○
10年		×1	○

R11　茂州　格上　地理表（主戸318　客戸239　計557　貢麝）

格	県	距　離	郷	鎮	％	その他	備　　考	水　系	計1
下	汶山	郭下	1	0	0	0		岷江	1
下	汶川	南100	1	1	100	0	牛溪鎮		0
計2			2	1	50	0	土産 麝香,麝臍,五味子,馬,馬牙硝,乾酪蜜,升麻（宋本）		7種
鎮羌砦		南40	0	0	0	1	熙寧9年置		0
雞宗関		南42	0	0	0	1	熙寧9年置		0

×印の地：小さな町候補地2

R11　茂州　　酒務表

外県	置務県	置務率	州県務	州県務率	鎮市務	鎮市務率	酒務	併設地	併設率	旧商税務	対旧税務商率	新税務地	新税務地率	新商税務	対新商税務率	存続地	存続率
2	0	0	1	100	0	0	1	1	100	1	100	1	100	2	50	1	100

併設地	州県	在城	1処
計1	鎮市		0処
新税務地	州県	1の地	1処
計1	鎮市		0処
存続地	州県	1の地	1処
計1	鎮市		0処
不明地		0処　不明率	0％

旧務年代の町0・小都市0、新務年代の町0・小都市0

第四編　鉄銭区

注

(1) 県変遷図の作成史料は拙著 2、651頁参照。
(2) 拙著 2、651頁。
(3) 拙著 2、651頁。
(4) 拙著 2、652頁の地理表に同じ。

12　簡州 R 12

簡州の酒務及び新旧酒銭は次の如くである。

(1)　酒統計

舊。在城・平泉県・湧泉・甘泉・乾封・儒靈・白馬・飛鸞・和興・江南・崇徳・永寧・安仁・懐仁・太平
十五務

歳　　　　　　　　42,220貫
熙寧十年租額　　　3,922貫971文6分
　注　①原文、虛。志、靈

　鉄銭の旧額42,220貫・新額3,922貫で、両額の差額－38,298貫・増額率－91％である。銅銭では旧額4,222貫・新額1,961貫で、その差額－2,261貫・増額率－54％である。以上の諸数値は章末の表1銭額総合表に整理して示す。

(2)　酒務表

　次に寰宇記76・九域志7により太平興国中～元豊間の簡州諸県の変化を県変遷図(1)に示す。酒統計は在城・県1・鎮市13を記すが、図のそれらの州県変遷からは旧務年代は不明であるので、一般的な旧務年代である景祐～慶暦に従っておく。

　図によれば熙寧十年前の旧外県1であり、酒統計の県酒務1であるので、県置務率は100％である。また酒務は州県務2・鎮市務13の計15務で、州県務率13％・鎮市務率87％である。鎮市務率が甚だ高率である。

R12 簡州　県変遷図

年　代	外県	郭下
太平興國中	平泉	陽安
旧務年代	1○	○
	○	○
熙寧10年 1077	○1	○
	↓	↓

　次に酒統計に○印を付した在城・平泉県（州県務2）及び乾封（鎮市務1）の計3処が酒務・旧商税務の併設地である。酒務地15処にしめる併設地の併設率は20％で甚だ低率である。また旧商税務4処(2)に対する併設地の対旧商税務率は75％である。

第一章　成都府路

　次に酒務地に新商税務が設置された新税務地は、酒統計に□印を付した上記の１・２の地（州県務２）で２処である。酒務地15処にしめる新税務地の新務地率は13％である。また新商税務３処[(3)]に対する新税務地の対新商税務率は67％である。

　次に酒務地で元豊まで存在して地理表[(4)]にみえる存続地は、酒統計の地名に△印を付している。存続地は上記の１・２の地（州県務２）、及び３の地・湧泉[4]・甘泉[5]・儒靈[6]・白馬[7]・飛鸞[8]・和興[9]・江南[10]・崇徳[11]・永寧[12]・安仁[13]・懐仁[14]・太平[15]（鎮市務13）で計15処である。酒務地15処にしめる存続地の存続率は100％である。

　次に旧商税務・新商税務・地理表のいずれにもみえない不明地はなく、不明率０％である。以上の酒務・諸数値を酒務表に整理して示す。

　簡州の鎮15であるが、それらには新旧商税務が置かれていないので、小都市としての鎮ではなかったと思われる。

R12　簡州　格下　地理表（主戸32,638　客戸7,576　計40,214　貢　綿紬, 麩金）

格	県	距離	郷	鎮	％	その他	備　　考	水　　系	計3
上	陽安	郭下	11	9	81	0	江南・儒靈・湧泉・飛鸞・白馬・崇徳・甘泉・懐仁・太平鎮	中江, 絳水	2
中	平泉	西南50	8	6	75	0	乾封・和興・安仁・永寧・貴平・牛鞞鎮	絳水	1
計 2			19	15	78	0	土産　綿, 紬, 茶		3種

×印の地：小さな町候補地2

R12　簡州　　　　　酒　　務　　表

外県	置務県	置務率	州県務	州県務率	鎮市務	鎮市務率	酒務地	併設地	併設率	旧商税務	対旧商務率	新税務地	新務地率	新商税務	対新商務率	存続地	存続率
1	1	100	2	13	13	87	15	3	20	4	75	2	13	3	67	15	100

併設地	州県	在城[1]・平泉[2]	2処
計 3	鎮市	乾封[3]	1処
新税務地	州県	１・２の地	2処
計 2	鎮市		0処
存続地	州県	１・２の地	2処
計 15	鎮市	３の地・湧泉[4]・甘泉[5]・儒靈[6]・白馬[7]・飛鸞[8]・和興[9]・江南[10]・崇徳[11]・永寧[12]・安仁[13]・懐仁[14]・太平[15]	13処
不　明　地			0処　不明率　0％

旧務年代の町12（４〜15の地）・小都市１、新務年代の町13（３〜15の地）・小都市０

第四編　鉄銭区

注

(1)　県変遷図の作成史料は拙著2、653頁参照。
(2)　拙著2、652頁。
(3)　拙著2、652頁。
(4)　拙著2、653頁の地理表に同じ。

13　威州 R 13

威州の酒務及び新旧酒銭は次の如くである。

(1)　酒統計

舊。在城一務 ①
○□△
無定額 ②

注　①原文「威州無定額」。意を以て補う　②食貨下七酒は「不禁」とす。旧務年代前のことであろう。

威州酒統計によれば、旧額・新額は無額で、差額・増額率は不明である。以上の威州酒銭の記録は章末の表1銭額総合表に示す。

(2)　酒務表

次に寰宇記78・九域志7により太平興国中～元豊間の威州諸県の変化を県変遷図⁽¹⁾に示す。図の州県変遷によれば威州の旧名は維州であり、景祐3年に改名しているので、旧務年代は景祐3年以降である。

図によれば熙寧十年前の旧外県1であり、酒統計の県酒務0であるので、県置務率は0％である。

また酒務は州県務1・鎮市務0の計1務で、州県務率100％・鎮市務率0％である。

次に酒統計に○□△印を付した在城の1処（州県務1）が併設地・新税務地・存続地で、また旧商税務⁽²⁾・新商税務⁽³⁾各1であるので、それらに関連する諸比率は100％である。なお通化県の新旧商税務・酒務は記載されていない。州額制をとった可能性も考えられる。小都市・町が不明で

年代	外県	郭下	州名
太平興國中	通化 改名①↓ 金川	保寧	維州
天聖元年 1023			
景祐3年 1036	改名②↓ 通化		改名④ 威州
4年			
旧務年代	× ×	○	
治平3年 1066	③軍使置 通化	○	
熙寧10年 1077	×	○	

R13 威州　県変遷図

第一章　成都府路

ある。

次に旧商税務・新商税務・地理表[4]にみえない不明地はなく、不明率０％である。以上の酒務・諸数値を酒務表に整理して示す。

R13 威州　格下　地理表（主戸1,286　客戸383　計1,669　貢　羗活, 當歸）

格	県	距　離	郷	鎮	％	その他	備　　考	水　　系	計1
下	保寧	郭下	4	0	0	0		湔江	1
下	通化	東 130	0	0	0	0			0
計 2			4	0	0	0	土産　魚虎（宋本）		1種

R13 威州　　酒　務　表

外県	置務県	置務県率	州県務	州県務率	鎮市務	鎮市務率	酒務地	併設地	併設率	旧商税務	対税旧商率	新税務地	新務地率	新商税務	対税新商率	存続地	存続率
1	0	0	1	100	0	0	1	1	100	1	100	1	100	1	100	1	100

併設地	州県	在城	1処
計 1	鎮市		0処
新税務地	州県	1の地	1処
計 1	鎮市		0処
存続地	州県	1の地	1処
計 1	鎮市		0処
不　明　地		0処　不明率　0％	

旧務年代の町0・小都市0、新務年代の町0・小都市0

注

(1) 県変遷図の作成史料は拙著2、654～655頁参照。
(2) 拙著2、654頁。
(3) 拙著2、654頁。
(4) 拙著2、655頁の地理表に同じ。

第四編　鉄銭区

14　陵井監 R 14

陵井監の酒務及び新旧酒銭は次の如くである。

(1)　酒統計

舊。在監・貴平・井研・籍県・唐福・頼鑲・頼藕・新市・始建・高橋・帰安・永安・三溪・頼社・石馬・上平・頼漫・麗江・米市・頼玉・羅泉二十一務
歳　　　　14,223貫
熙寧十年祖額　　1,163貫896文5分6釐

注　①籍県は成都府地理表に鎮としてみえる　②原文、浸。志、漫　③原文、王。志、玉
　　④原文、二十。計21

　鉄銭の旧額14,223貫・新額1,163貫で、両額の差額－13,060貫・増額率－92％である。銅銭では旧額1,422貫・新額581貫で、その差額－840貫・増額率－59％である。以上の諸数値は章末の表1銭額総合表に整理して示す。

(2)　酒務表

　次に寰宇記85・九域志7により太平興国中～元豊間の陵井監諸県の変化を県変遷図(1)に示す。酒統計は在城・県3・鎮市17を記すが、図のそれらの州県変遷からは旧務年代は不明であるので、一般的な旧務年代である景祐～慶暦に従っておく。なお陵井監の旧名は陵州であり、熙寧5年に降格改名しているので、旧務年代は同年以降ということになるが、他の例から旧務年代が熙寧五年以降ということはありえない。

　図によれば熙寧5年前の旧外県3であり、酒統計の県酒務3であるので、県置務率は100％である。また酒務は州県務4・鎮市務17務の計21務で、州県務率19％・鎮市務率81％である。

　次に酒統計に〇印を付した在城・貴平・井研・籍県（州県務4）の4処が酒務・旧商税務の併設地である。酒務地21処にしめる併設地の併設率は19％で甚だ低率である。また旧商税務4処(2)に対する併設地の対旧商税務率は100％である。

R14　陵井監　県変遷図

年代	外県			郭下	郭下
	籍県	貴平	始建 井研	仁壽	陵州③
太平興国中	〇	〇	〇	〇	
咸平4年 1001			①→		
旧務年代	1〇 〇	2〇 〇	3〇 〇	〇	
熙寧5年 1072	②↓	②↓			④降格改名 陵井監
	廣都県 成都府				
10年				〇1	
	↓			↓	↓

第一章　成都府路

　次に酒務地に新商税務が設置された新税務地は、酒統計に□印を付した上記の1・3の地の計2処（州県務2）である。酒務地21処にしめる新税務地の新務地率は10％で甚だ低率である。また新商税務2処[3]に対する新税務地の対新商税務率は100％である。

　次に酒務地で元豊まで存在して地理表[4]にみえる存続地は、酒統計の地名に△印を付している。存続地は上記の1・3の地（州県務2）、及び唐福・頼鑲・頼藕・新市・始建・高橋・歸安・永安・三溪・頼社・石馬・頼漫・米市・頼玉（鎮市務14）で計16処である。酒務地21処にしめる存続地の存続率は76％である。

　次に旧商税務・新商税務・地理表のいずれにもみえない不明地は上平・麗江・羅泉の3処で、不明率14％でやや高率である。以上の酒務・諸数値を酒務表に整理して示す。

　なお貴平・籍県は熙寧五年に成都府に割出されているので、存続率＋不明率＜100％である。但し籍県は成都府地理表にみえるので存続地に加える。

　なお陵井監の鎮14には新旧商税務は置かれず、経済的には小都市ではない。

R14　陵井監　格同下州　地理表（主戸31,909　客戸15,419　計47,328　貢　續隨子，苦薬子）

格	県	距離	郷	鎮	％	その他	備　考	水　系	計1
中	仁壽	郭下	12	9	75	0	頼鑲・歸安・三溪・高橋・石馬・永安・米市・唐福・新市鎮	仁壽水	1
中下	井研	西南100	4	5	125	0	頼藕・頼漫・始建・頼社・頼玉鎮		0
計2			16	14	87		土産　麸金・細葛・緞・鶩溪絹・續斷子・苦薬子		6種

R14　陵井監　　酒　務　表

外県	置務県	置務県率	州県務	州県務率	鎮市務	鎮市務率	酒務地	併設地	併設地率	旧商税務	対税旧務商率	新税務地	新務地率	新商税務	対税新務商率	存続地	存続率
3	3	100	4	19	17	81	21	4	19	4	100	2	10	2	100	17	80

併設地	州県	1在城・2貴平・3井研・4籍県	4処
計 4	鎮市		0処
新税務地	州県	1・3の地	2処
計 2	鎮市		0処
存続地	州県	1・3の地	2処
計 17	鎮市	（4の地）・5唐福・6頼鑲・7頼藕・8新市・10始建・11高橋・12歸安・13永安・14三溪・15頼社・16石馬・17頼漫・18米市・頼玉	15処
不　明　地		19上平・20麗江・21羅泉　　3処	不明率　14 ％

旧務年代の町14（5〜18の地）・小都市0、新務年代の町15（4〜18の地）・小都市0
注　①（4の地）は新務年代では成都府に属す
　　②2の地は地理表不記地、成都府地理表にみえず。
　　③地理表不記地1及び不明地3は存続地・新務年代の町に入れず

第四編　鉄銭区

注

(1) 県変遷図の作成史料は拙著2、656頁参照。
(2) 拙著2、655頁。
(3) 拙著2、655頁。
(4) 拙著2、657頁の地理表に同じ。

15　永康軍 R 15

永康軍の酒務及び旧酒銭は次の如くである。

(1)　酒統計

舊。在城及 青城・導江・陶塤・蒲村・味江・小唐興・白江鎮八務
　　　　①　　②　　③　　④　　⑤　　⑥　　　⑦
歳　　　　　　　１９，０２６貫
今廃

注　⑥の小は衍字。志、唐興鎮
　　①③⑤⑦は蜀州に割出。□印の地は新商税務にみえ、△印の地は地理表にみえる
　　②④⑥は彭州に割出。□印の地は新商税務にみえ、△印の地は地理表にみえる

酒統計によれば、永康軍の旧額は鉄銭19,026貫であるが、同軍は熙寧五年に廃されたので新額は無く、酒統計には「今廃」と記されている。したがって差額・増額率はない。なお銅銭では旧額は1,902貫である。以上の数値は章末の表1銭額総合表に示す。

(2)　酒務表

次に寰宇記73・九域志7により太平興国中～元豊間の永康軍諸県の変化を県変遷図(1)に示す。酒統計は在城・県2・鎮市5を記すが、それらの州県変遷からは旧務年代は明らかではないので、一般的な旧務年代である景祐～慶暦に従っておく。

図によれば熙寧五年前の旧外県2であり、酒統計の県酒務2であるので、県置務率は100％である。また酒務は州県務3・鎮市務5の計8務で、州県務率38％・鎮市務率62％である。

R15 永康軍　県変遷図

年代	外県		郭下	軍名
	青城県	導江県	灌口鎮	
	蜀州	彭州		
	↓②	↓②		
乾徳4年 966			①	②永安軍
太平興国3年 978				③永康軍
旧務年代	1○	2○	○	
	○	○	○	
熙寧5年 1014	④蜀州	⑤彭州	⑤寨	④⑤廃軍
7年			⑥廃寨	
10年	○	○	×	
	↓	↓	↓	

— 656 —

第一章　成都府路

次に酒統計に○印を付した在城・青城・導江（州県務3）、及び陶埧・味江（鎮市務2）の計5処が酒務・旧商税務の併設地である。酒務地8処にしめる併設地の併設率は63％である。また旧商税務5処[(2)]に対する併設地の対旧商税務率は100％である。永康軍は熙寧五年に蜀州・彭州に分割され廃軍となった。新税務地・存続地は割出先の酒務表に表記できないので、本軍酒務表に（　）で括って示す。なお参考のために永康軍旧域の地理表[(3)]を示しておく。

R15　永康軍旧域　地理表（主戸14,526　客戸5,857）

格	県	距離	郷	鎮	%	その他	備考	水系	計2
灌口鎮		郭下	－	－	－				
望	導江	東　18	20	3	15		導江・蒲村・唐興鎮		
						茶場2	導江・蒲村茶場		
						礬場1	名不記	大江	1
望	青城	西南　40	15	4	26		陶埧・味江・堋市・白江鎮		
						茶場2	青城・味江茶場	大江	1
計3			35	7	20	土産5	交梭布、馬鞭、草藥		3種

典拠　主客戸数は寰宇記73による　距離は寰宇記73（灌口からの方位・里程）　導江県は九域志7の彭州導江県による　青城県は九域志7の蜀州青城県による

R15　永康軍　　酒　務　表

外県2	置務県2	置務率100	州県務3	州県務率38	鎮市務5	鎮市務率62	酒務地8	併設地5	併設率63	旧商税務5	対旧商税務率100	新税務地(4)	新税務地率(50)	新商税務(7)	対新商税務率(57)	存続地(7)	存続率(88)

併設地 計5	州県	在城・青城・導江	3処
	鎮市	陶埧・味江	2処
新税務地 計(4)	州県	（2・3の地）	(2)処
	鎮市	（4・5の地）	(2)処
存続地 計(7)	州県	（2・3の地）	2処
	鎮市	（4・5の地・蒲村・唐興・白江）	5処
不明地			0処　不明率 0％

旧務年代の町3（6～8の地）・小都市2、旧域の新務年代の町3（6～8の地）・小都市2
（　）は酒統計注①～⑥参照
注　在城（灌口）は地理表不記地、存続地・新務年代の町に入れず

注

(1)　県変遷図の作成史料は拙著2、658頁参照。
(2)　拙著2、657頁。
(3)　拙著2、659頁の地理表に同じ。

第四編　鉄銭区

おわりに

　成都府路15州軍の酒銭額をまとめると表1の如くである。この表は酒統計即ち「酒麹雑録」記載酒銭を全て鉄銭と仮定して作成されている。表1の上段は鉄銭の新旧銭額・両額の差額・増額率を示している。さらに州軍の戸数及び鉄銭の新旧商税額を付している。こ

表1　R成都府路　銭額総合表

州軍	旧額	新額	差額	酒銭増額率	商税増額率	旧商税	新商税	戸
R 1 成都府	439,779	44,286	−395,493	−90	−81	899,300	171,631	169,098
R 2 眉州	72,502	7,266	−65,236	−90	−69	127,100	38,834	76,129
R 3 蜀州	99,421	13,220	−86,201	−87	−66	219,910	74,619	78,927
R 4 彭州	86,383	14,300	−72,083	−83	−65	277,857	96,321	72,417
R 5 綿州	118,607	10,902	−107,705	−91	−45	126,375	69,473	123,149
R 6 漢州	175,567	17,557	−158,010	−90	−54	170,486	78,615	78,540
R 7 嘉州	92,325	9,282	−83,043	−90	−66	116,121	39,884	70,546
R 8 邛州	128,854	13,106	−115,748	−90	−48	124,070	64,398	80,130
R 9 黎州	無定額	無定額	−	−	−85	21,318	3,150	2,712
R 10 雅州	9,462	946	−8,516	−90	12	32,036	36,025	22,987
R 11 茂州	無定額	無定額	−	−	−	1,400	無定額	557
R 12 簡州	42,220	3,922	−38,298	−91	−74	129,150	33,213	40,214
R 13 威州	無定額	無定額	−	−	−	無定額	無定額	1,669
R 14 陵井監	14,223	1,163	−13,060	−92	117	8,975	19,467	47,328
R 15 永康軍	19,026	今廃	−	−	−72	209,370	−	−
計	1,298,369	135,950	−1,162,419	−90	−68	2,463,468	725,630	864,403
R 1	43,977	22,143	−21,834	−50				
R 2	7,250	3,633	−3,617	−50				
R 3	9,942	6,610	−3,332	−34				
R 4	8,638	7,150	−1,488	−17				
R 5	11,860	5,451	−6,409	−54				
R 6	17,556	8,778	−8,778	−50				
R 7	9,232	4,641	−459	−50				
R 8	12,885	6,553	−6,332	−49				
R 9	無定額	無定額	−	−				
R 10	946	473	−473	−50				
R 11	無定額	無定額	−	−				
R 12	4,222	1,961	−2,261	−54				
R 13	無定額	無定額	−	−				
R 14	1,422	581	−840	−59				
R 15	1,902	今廃	−	−				
計	129,832	67,974	−61,858	−48				

注　州軍記号に下線を付した州軍は物額を有す
典拠
　新旧商税：拙著2・627頁、総合表1
　戸　　　：本章各州軍の地理表

第一章　成都府路

れは酒銭額と戸・商税との相関性をみるためである。下段は新旧酒銭額を銅銭に換算した銅銭額・差額・増額率を示している。本編序で述べたように、鉄銭・銅銭の交換比は真宗時代の交換比（10対1）を用いる。熙寧では交換比（2対1）を用いておく。

　R1成都府・R4彭州・R6漢州の元豊戸はそれぞれ約17万戸・7万戸・約8万戸で、元豊に近い熙寧10年の新商税額はそれぞれ鉄銭約17万貫・約10貫・約8万貫であり、戸・商税共に成都府路でトップクラスである。それらの州府の熙寧10年の新酒銭額も約4万貫・約1万貫・約2万貫でトップクラスである。逆に戸・商税が低レベルのR9黎州・R11茂州・R13威州（戸約3千・約5百・約2千、鉄銭商税額約3千貫・無額・無額。無額の州は小州で額が低レベルである）の酒銭もそれぞれ無額であるので、成都府路では戸・商税の大小は酒銭額の大小とおおまかには相関性がある。

　次に酒銭額の新旧の相違をみると、比較可能な州軍11は全て減額されていて、しかも注意したいのはR4の83％を除く他の10州軍は約90％の減額になっている。銅銭区の新旧の酒銭増減率の幅は－27％～36％（一編、比較表2）である。したがって成都府路の新旧の減額率は異常である。また銅銭区路では、酒額は商税額の5.4～1.0倍（二・三編「序」総合表）であるが、成都府路では旧酒銭額・新酒銭額は各鉄銭約130万貫・14万貫、旧商税額・新商税額は各鉄銭約246万貫・約73万貫であり、商税額が酒銭額の各約1.9・5.2倍である。したがって銅銭区とは逆に成都府路では商税額が酒額より甚だ多額で不自然である。これは鉄銭区の梓州路・利州路にも共通してみられることから、銅銭区より鉄銭区の商業活動が甚だ盛んであったと考えてはならない。鉄銭額を銅銭額に換算して銅銭区と比較すると鉄銭区の商税額は低い水準である。鉄銭区の商税額が酒銭額より甚だ高額であることの原因については五編で分析する。

　次に表2に15州軍の酒務表をまとめている。酒務地170処のうち景祐～慶暦の旧務年代（旧商税税務）・熙寧10年（新商税務）・元豊（地理表）で確認できない不明地は僅か14処で、地理表不記地も4処過ぎない。不明率8％・存続率89％は、成都府路において酒務が置かれた行政都市・小都市・町が社会的・経済的に安定性が甚だ高かったことを証する。なお地理表即ち九域志は鎮・寨・堡・城・津などを記すが、道店・草市を記さないので、酒務が置かれた道店・草市は地理表に現れない。したがって存続率は高くなり、不明率は低くなる可能性が高い。

　次に同じく表2によれば併設率が甚だ低い州軍（R2・R5・R6・R7・R12・R14）が多いため、併設率が路全体としては45％と低率であり（一編一章末、比較表2）、このことは成都府路の多くの都市・町には三司の酒務・商税務の併設があまり行われなかったことを証する。な

— 659 —

第四編　鉄銭区

表2　R成都府路　酒務総合表

州軍	州県務	鎮市務	鎮市率	全酒務	併設地	併設率	対旧税商務率	新税務地	新務地率	対新税商務率	存続地	存続率	不明地	不明率	旧商税務	新商税務	地理表不記地
R 1	9	19	68	28	19	68	90	9	32	90	23	82	5	18	21	10	0
R 2	4	12	75	16	2	13	100	1	6	50	14	88	2	12	2	2	0
R 3	4	4	50	8	6	75	75	5	63	50	8	100	0	0	8	10	0
R 4	3	5	63	8	7	88	88	5	63	45	9	63	1	13	8	11	2
R 5	8	7	47	15	1	7	50	8	53	89	15	100	0	0	2	9	0
R 6	4	15	79	19	2	11	100	4	21	100	16	84	3	16	2	4	0
R 7	3	0	0	3	1	33	13	1	33	33	3	100	0	0	8	3	0
R 8	7	12	63	19	17	89	89	8	42	89	19	100	0	0	19	9	0
R 9	1	0	0	1	1	100	100	1	100	100	1	100	0	0	1	1	0
R 10	5	2	29	7	7	100	64	5	71	83	7	100	0	0	11	6	0
R 11	1	0	0	1	1	100	100	1	100	50	1	100	0	0	1	2	0
R 12	2	13	87	15	3	20	75	2	13	67	15	100	0	0	4	3	0
R 13	1	0	0	1	1	100	100	1	100	100	1	100	0	0	1	1	0
R 14	4	17	81	21	4	19	100	2	10	100	17	80	3	14	4	2	1
R 15	3	5	63	8	5	63	100	(4)	(50)	(57)	(7)	(88)	(0)	(0)	5	(7)	1
計	59	111	65	170	77	45	79	57	34	78	152	89	14	8	97	73	4

注　①（　）内は廃軍旧域の酒務地の数値
　　②R15の新商税務（7）は他の州軍に含まれているので計に加えず
　　③酒務170＝存続地152＋不明地14＋地理表不記地 4

表3　R成都府路　旧務年代の都市・町

州　　軍	R1	R2	R3	R4	R5	R6	R7	R8	R9	R10	R11	R12	R13	R14	R15	計
行 政 都 市	9	<u>4</u>	4	3	<u>8</u>	<u>4</u>	<u>3</u>	7	1	5	1	2	1	4	3	59
小　都　市	10	0	2	4	0	0	0	10	0	2	0	1	0	0	2	31
町	9	12	2	1	7	15	0	2	0	0	0	12	0	17	3	80
酒務（計）	28	16	8	8	15	19	3	19	1	7	1	15	1	21	8	170

　小都市数：各州軍酒務表併設地欄の鎮市数
　町　　数：酒務－（行政都市＋小都市）
　典拠：各州軍の酒務表
注　行政都市数：各州軍の酒統計の州県。下線を付した行政都市数には酒務県が含まれる（R2-2、R5-6、R6-2、R7-2、計12県）

　お酒務地に新商税務が置かれた新税務地の新務地率も34％と甚だ低率であり、旧務年代・新務年代の両年代における酒務・商税務の併設は同じ傾向にあった。
　次に表3によれば旧務年代の酒務地170で、その内訳は行政都市59・小都市31・町80である。都市90（59+31）の対酒務地率は53％、町80の対酒務地率47％である（表5）。また都市対町＝90対80であり、町の対都市率89％である（表5）。銅銭区の諸路に比較すると成都府路の町が甚だ多いため町の対酒務地率・対都市率も甚だ高い（第四編序、町比較表）。

第一章　成都府路

表4　R成都府路　新務時代の行政都市・小都市・町

州　　　軍	R1	R2	R3	R4	R5	R6	R7	R8	R9	R10	R11	R12	R13	R14	計
行 政 都 市	8	1	4	3	8	4	1	6	1	4	1	2	1	2	46
小　都　市	1	0	1	2	0	0	0	2	0	1	0	0	0	0	7
町　　数	14	10	3	0	7	12	0	11	0	2	0	13	0	15	87
酒　務　県	0	3	0	0	0	0	2	0	0	0	0	0	0	0	5
存　続　地	23	14	8	5	15	16	3	19	1	7	1	15	1	16	145/144

存続地＝行政都市＋小都市＋町＋酒務県（但し不明地・地理表不記地（1）を含まず）
行政都市数：各州軍酒務表の新税務地欄の州県数
小都市数：各州軍酒務表の新税務地欄の鎮市数
町　　数：各州軍酒務表の新税務地欄にみえず、存続地欄にみえる酒務地
酒　務　県：各州軍酒務表の新税務地欄にみえず、存続地欄にみえる酒務設置の県で、商税務が置かれていない。
　　　　　　各州軍県変遷図参
典　　拠：各州軍酒務表
注　計欄の数値が一致しないのはR14に地理表不記地（1）があるため

　次に旧務年代の全15州軍のうち小都市0又は1の小都市未発達州軍（表5、州軍甲）9で60％をしめ、やや多くの州軍で小都市は比較的に発達していなかった。小都市は特定少数の州軍（R1・R8、各10処、小都市全体31の65％）で発展し、州軍間で大きな格差があった。また町0又は1の町未発達州軍（表5、州軍乙）6で40％をしめるが、特定少数州軍（R1・2・5・6・12・14）に特に多くみられ、州軍間の地域格差が大である。表4の新務年代の州軍14であるが、小都市未発達州軍・町未発達州軍のしめる比率はそれぞれ86％・36％であり（表5）、小都市は甚だ多くの都市で発達していないが、町は多くの州軍でみられる。

　次のことが考えられる。即ちR14陵井監の旧酒銭額は約1万4千貫（表1）と路内でも甚だ低レベルであるが、町は15処であり路で最も多いので、酒務設置基準が他の州軍と相違し、人戸集住度が低く商業活動が低レベルの地にも酒務を置いたのではなかろうか。

　次に表4によれば新務年代の併設地である新酒務地145の内訳は、行政都市46・小都市7・町87・酒務県5である。都市58（46＋7＋5）の対酒務地率40％、町87の対酒務地率60％である（表5）。また都市対町＝58対87であり、町の対都市率150％である（表5）。なお酒務県即ち税務不記の県5については五編二章で分析する。

　次に酒務が置かれず商税務のみが記された地である旧商税地・新商税地は表6の如くである。成都府路の旧商税地20処は旧商税務97の2割強で、旧商税地は数少ない地であることがわかる。このことに加えて酒務・商税務の併設地が77処と多いことから旧商税地は厳選された地であることがわかる。

　また全州軍15のうち旧商税地が0〜3の州軍が13と多いことは、路として商税務乱設を行わなかったことを意味する。

　新商税地20で旧商税地よりかなり多いのは、基本的には新務年代までの経済力発展にと

第四編　鉄銭区

表5　変動表

	旧務年代		新務年代		変動
	州軍数	比率	州軍数	比率	
全　州　軍	15	—	14	—	7%
州　軍　甲	9	60%	12	86%	33%
州　軍　乙	6	40%	5	36%	17%
酒　務　数	170		145		−15%
都　市　数	90		58		−34%
町　　　数	80		87		9%
都市の対酒務率	53%		40%		−13%
町 の 対 酒 務 率	47%		60%		13%
町 の 対 都 市 率	89%		150%		61%

州軍甲：小都市未発達州軍（小都市0又は1）
州軍乙：町未発達州軍（町数0又は1）
比率：甲、乙州軍÷全州軍
対酒務率＝都市数÷酒務数
対都市率＝町数÷都市数
州軍、酒務、都市、町の変動＝（新数−旧数）÷旧数
対酒務率、対都市率の変動＝新比率−旧比率
典拠：表3・表4

もなう税務増設が行われたことによると思われる。ただし前掲表2によればR1・R7・R8・R10の4州軍は5～11務が減少している。それらの減務は司農寺坊場（税場）とされた可能性も考えられる。

表6　成都府路　新旧商税地

州　　軍	R1	R2	R3	R4	R5	R6	R7	R8	R9	R10	R11	R12	R13	R14	R15	計
旧商税地	2	0	2	1	1	0	7	2	0	4	0	1	0	0	0	20
新商税地	1	1	5	6	1	0	2	1	0	1	1	1	1	0	—	20

旧商税地＝旧商税務−併設地　　新商税地＝新商税務−新税務地
典拠：「おわりに」表2
注　旧商税地には県を含めず

表7　成都府路　地理表記載地

路	記載地	無名地	町・小都市	大きな町に準ずる町	町候補地
R	197	12	無印 104	○印地　5	×印地　88
機能	保安	軍事	生産・購買		
機関	鎮 163	寨 9 関 1	監 3, 場 21		

記載地＝町・小都市＋大きな町に準ずる町＋町候補地
無名地12は町候補地数に含まれる。機関に地名が付されていず町ではない可能性もあろう。
典拠：本章諸州軍地理表
注　R10雅州の城内に茶場1があるが、場数に含めず

第一章　成都府路

　次ぎに本章の諸州軍の地理表の分析をまとめると表7の如くである。成都府路の記載地197処は最も多い水準Ⅳである。その内訳は町・小都市105処、小さな町候補88処は何れも水準Ⅳで都市・町が甚だ多い。それらの都市・町に置かれている機関を機能により分類すると、保安機関の鎮163（水準Ⅳ）、保寨・堡などの軍事機関10（水準Ⅱ）で、監・場などの生産機関24（水準Ⅲ）と比較的に多い。少数民族に備える軍事機関の寨9は主として北部の5州軍（R4・5・8・10・11）に置かれていた。生産機関は鋳銭監2・塩井監1・礬場1・茶場16である。また購買機関の買茶場4処がある。（水準は一編一章末、比較表1参照）

第四編　鉄銭区

第二章　梓州路

1　梓州 S 1

梓州の酒務及び新旧酒銭額は次の如くである。

(1)　酒統計

舊。在城及射洪・東關・飛烏・鹽亭・中江・通泉・涪城県・張杷・木池・何店・白馬・新安・石臼・臨津・新市・銅山・新井・南明一十九務
①　　②

歳　　　　　　　　１３５，２８８貫
熙寧十年租額　　　１３，５１７貫８２７文
　注　①県と思われる　②原文、一十八。計１９

　旧額は鉄銭135,288貫・新額13,517貫（文切り捨て、以下の州軍同じ）で、両額の差額－121,771貫・増額率－90％である。銅銭では旧額13,528貫・新額6,758貫（租額、以下同じ）で、両額の差額－6,770貫・増額率－50％である。以上の諸数値は章末の表１銭額総合表に整理して示す。

(2)　酒務表

　次に寰宇記82・九域志７にもとづくと太平興国中～元豊間の梓州諸県の変化は県変遷図(1)の如くである。酒統計は在城・県８・鎮市10を記すが、図のそれらの州県変遷からは旧務年代は不明であるので、一般的な旧務年代である景祐～慶暦に従っておく。

　図によれば熙寧五年前の旧外県９であり、酒統計の県酒務８であるので、県置務率は89％である。また酒務は州県務９・鎮市務10の計19務で、州県務率47％・鎮市務率53％である。

S1　梓州　県変遷図

年代	外県									郭下
	永泰	鹽亭	玄武	東關	飛烏	銅山	通泉	射洪	涪城	郪県
乾德４年 966							①建置			
太平興國中										
大中祥符５年 976～983			②改名中江							
旧務年代	1×	2×	3×	4×	5○	6○	7○	8○	9×	○
熙寧５年 1072	③→									
10年	④→									
	○9	○8	○7	○6	○5	○4	○3	○2	○1	○

次に酒統計に〇印を付した在城・飛烏県(州県務2)の計2処が酒務・旧商税務の併設地で、併設率は11％で甚だ低率である。また旧商税務2処[2]に対する併設地の対旧商税務率は100％である。なお永泰県の酒務は記載されていない。また飛烏県を除く8外県に旧商税務が記載されていない。

次に酒務地に新商税務が設置された新税務地は、酒統計に□印を付した上記の1・2の地及び射洪・東關・鹽亭・中江・通泉・涪城・銅山(州県務9)の計9処で、新務地率は47％と低率である。また新商税務10処[3]に対する新税務地の対新商税務率は90％である。

次に酒務地で元豊まで存在して地理表[4]にみえる存続地は、酒統計の地名に△印を付している。存続地は上記の1〜9の地(州県務9)、及び張杷・木池・何店・白馬・新安・石臼・臨津・新井・南明(鎮市務9)、計18処で存続率は95％である。

次に旧務年代の町は〇印を付さない鎮市で(以下の州軍酒統計同じ)、17処(3〜19の地)である。新務年代の町は△印のみの鎮市及び〇△印の鎮で(以下の州軍酒統計同じ)、9処(10〜18の地)である。

次に旧商税務・新商税務・地理表のいずれにもみえない不明地は新市で、不明率は5％である。以上の酒務・諸数値を酒務表に整理して示す。

S1 梓州 格緊 地理表 (主戸58,707 客戸22,464 計81,171 貢 白花綾,曾青,空青)

格	県	距離	郷	鎮	％	その他	備考	水系	計11
望	郪	郭下	9	11	122		歴鼻・唐橋・富國・龍谷・富樂・張杷・木池・豊饒・臨池・雷井・秋林鎮		
						塩井34	地名不記	涪江, 郪江	2
望	中江	西90	9	6	66		臨津・眞店・石臼・新安・陽平・馬橋鎮		
						塩井1	地名不記	中江	1
望	涪城	西北55	5	4	80		南明・新井・鳳溪・高鋪鎮		
						塩井27	地名不記	涪江	1
緊	射洪	東南60	4	2	50		豊義・納埧鎮		
						塩井1	地名不記	梓潼水, 射江	2
緊	鹽亭	東95	9	5	55		何店・白馬・岩渠・臨江・鷲溪鎮		
						塩井6	地名不記	鹽亭水	1
上	通泉	東南130	13	4	30		大通・剰隴・赤車・千頃鎮		
						鉄冶3	地名不記	涪江	1
中	飛烏	西南135	3	5	166		集市・頼王・七泉・路口・保安鎮		
						塩井5	地名不記	郪江	1
中	銅山	西南95	7	2	28		大石・曲木鎮		
						銅冶1	地名不記	郪江	1
中下	東關	東南140	3	0	0	塩井4	地名不記		
						鉄冶1	地名不記	楊桃溪	1
尉司	永泰	東130	3	2	66	0	大汁・永豊鎮		0
計	10		65	41	63	83	土産 綾, 綿, 銀, 空青, 曾青, 石碌, 地黄, 紅花, 沙糖, 甘蔗, 枇杷	11種	

×印の地：小さな町候補地114(地名不記の銅冶1、鉄冶4、塩井78を含む)

第四編　鉄銭区

　梓州の鎮41・郷65であるが、新旧商税務はそれらの鎮に置かれていず、酒務は9鎮に置かれたのみであり、商税務・酒務が置かれていない32鎮は小都市としての鎮ではなかろう。

S1　梓州　　　　　　　　酒　務　表

外県 9	置務県 8	置務率 89	州県務 9	州県務率 47	鎮市務 10	鎮市務率 53	酒務 19	併設地 2	併設率 11	旧商税務 2	対税旧商率 100	新税務地 9	新務地率 47	新商税務 10	対税新商率 90	存続地 18	存続率 95

併設地	州県	在城¹・飛鳥²	2 処
計 2	鎮市	（小都市、以下の州軍酒務表同じ）	0 処
新税務地	州県	1・2の地・射洪³・東關⁴・鹽亭⁵・中江⁶・通泉⁷・涪城⁸・銅山⁹	9 処
計 9	鎮市	（小都市、以下の州軍酒務表同じ）	0 処
存続地	州県	1～9の地	9 処
計 18	鎮市	張杷¹⁰・木池¹¹・何店¹²・白馬¹³・新安¹⁴・石臼¹⁵・臨津¹⁶・新井¹⁷・南明¹⁸	9 処
不明地		新市¹⁹	1 処　不明率 5 ％

旧務年代の町17（3～19の地）・小都市0、新務年代の町9（10～18の地）・小都市0
注　①3～9の地は旧務年代では酒務県7（税務不記の県）
　　②不明地は新務年代の町及び存続地に入れず

注

(1)　県変遷図の作成史料は拙著2、665頁参照。
(2)　拙著2、664頁。　(3)　拙著2、644頁。　(4)　拙著2、666頁の地理表に同じ。

2　遂州 S 2

　遂州の酒務及び新旧酒銭額は次の如くである。

(1)　酒統計

舊。在城及長江・蓬溪・青石県四務
歳　　　　　　　　　９３，９２２貫
熙寧十年租額　　　　９，４５４貫１６１文

　旧額は鉄銭93,922貫・新額9,454貫で、両額の差額－84,468貫・増額率－90％であるが、銅銭では旧額は9,392貫・新額4,727貫で、その差額－4,665貫、増額率－50％である。以上の諸数値は章末の表1銭額総合表に整理して示す。

第二章　梓州路

(2) 酒務表

次に寰宇記87・九域志7により太平興国中～元豊間の遂州諸県の変化を県変遷図(1)に示す。酒統計は在城・県3を記すが、図のそれらの州県変遷からは旧務年代は不明であるので、一般的な旧務年代である景祐～慶暦に従っておく。

図によれば熙寧六年前の旧外県4であり、酒統計の県酒務3であるので、県置務率は75％である。また酒務は州県務4・鎮市務0の計4務で、州県務率100％・鎮市務率0％である。

次に酒統計に○印を付した在城の1処（州県務1）が酒務・旧商税務の併設地である。酒務地4処にしめる併設地の併設率は25％と低率である。また旧商税務2処(2)に対する併設地の対旧商税務率は50％である。なお遂寧県の酒務は記載されていない。また4外県の新旧商税務が記載されていない。

次に酒務地に新商税務が設置された新税務地は、酒統計に□印を付した上記の1の地（州県務1）の1処である。酒務地4処にしめる新税務地の新務地率は25％と低率である。また新商税務2処(3)に対する新税務地の対新商税務率は50％である。

次に酒務地で元豊まで存在して地理表(4)にみえる存続地は、酒統計の地名に△印を付している。存続地は上記の1の地、及び長江・蓬渓・青石（州県務4）で計4処である。酒務地4処にしめる存続地の存続率は100％である。

次に旧商税務・新商税務・地理表のいずれにもみえない不明地はなく、不明率0％である。以上の酒務・諸数値を酒務表に整理して示す。

S2　遂州　県変遷図

年代	外県				郭下
	青石	遂寧	蓬渓	長江	方義
太平興國元年 976					①改小名渓
旧務年代	1×	2×	3×	4×	○
	○	×	○	○	
熙寧6年 1073		② →			○
7年		③ ←			○
10年	×4	×3	×2	×1	○

S2　遂州　格都督府　地理表　（主戸31,651　客戸19,536　計51,187　貢　樗蒲綾）

格	県	距離	郷	鎮	％	その他	備　　考	水　系	計5
望	小渓	郭下	11	10	90	0	白水・白崖・拾傾・昭徳・襄善・葉街・穣錫・莆井・石城・閬國鎮	涪江	1
望	蓬渓	東北70	10	5	50	0	利國・仁和・石洞・懐化・義富鎮	蓬渓	1
緊	長江	北80	10	6	60	0	白土・鳳臺・江店・長灘・客館・趙井鎮	鳳皇川	1
緊	青石	東南50	10	5	50	0	九節・龍會・大張・市河・玉頼岡鎮	涪江	1
中	遂寧	南85	5	4	80	0	柏子・井鼻・萬歳・蒲市鎮	大安渓	1
	計 5		46	30	65	0	土産　樗蒲綾、簟子、芎根、鞋、交譲木、紫葛根		6種

×印の地：小さな町候補地29、○印の地：大きな町に準ずる町1

第四編　鉄銭区

　遂州の鎮30・郷40であるが白水鎮に旧商税務が置かれたのみで、新商税務は全鎮に置かれなかった。29鎮には酒務も置かれていないので、経済的には小都市としての鎮ではなかった。

S2 遂州　　　　　　　　　　酒　務　表

外県	置務県	置務県率	州県務	州県務率	鎮市務	鎮市務率	酒務	併設地	併設率	旧商税務	対税旧商率	新税務地	新税務地率	新商税務	対税新商率	存続地	存続率
4	3	75	4	100	0	0	4	1	25	2	50	1	25	2	50	4	100

併設地	州県	在城¹		1処
計　1	鎮市			0処
新税務地	州県	1の地		1処
計　1	鎮市			0処
存続地	州県	1の地・長江²・蓬溪³・靑石県⁴		4処
計　4	鎮市			0処
不明地			0処　不明率	0％

旧務年代の町0・小都市0、新務年代の町0・小都市0

注

(1)　県変遷図の作成史料は拙著2、667頁参照。
(2)　拙著2、667頁。　(3)　拙著2、677頁。
(4)　拙著2、668頁の地理表に同じ。

3　果州 S 3

　果州の酒務及び新旧酒銭額は次の如くである。

(1)　酒統計

舊。在城及南充県二務
　　　○　□　△
　　　①
歳　　　　　　　　　102,584貫
熙寧十年租額　　　13,090貫506文3分
　　　　　　　　　　　　　　②
　注　①郭下県、酒務数に入れず　②原文、文

　旧額は鉄銭102,584貫・新額13,090貫で、両額の差額－89,494貫・増額率－87％である。銅銭では旧額10,258貫・新額6,545貫で、両額の差額－3,713貫・増額率－36％である。以上の諸数値は章末の表1銭額総合表に整理して示す。

(2) 酒務表

次に寰宇記86・九域志7により太平興国中～元豊間の果州諸県の変化を県変遷図[1]に示す。酒統計は在城を記すが、図の州県変遷からは旧務年代は不明であるので、一般的な旧務年代である景祐～慶暦に従っておく。

図によれば熙寧六年前の旧外県3であり、酒統計の県酒務0であるので、県置務率は0％である。また州県務1・鎮市務0の計1務で、州県務率100％・鎮市務率0％である。

次に酒統計に○□△印を付した在城(州県務1)の1処が併設地・新税務地・存続地で、また旧商税務[2]・新商税務[3]各1であるので、それらに関連する諸比率は100％である。なお外県全ての新旧商税務、及び酒務が記載されていない。州額制がとられた可能性も考えられる。小都市・町が不明である。

次に旧商税務・新商税務・地理表[4]にみえない不明地はなく、不明率0％である。以上の酒務・諸数値を酒務表に整理して示す。

果州の鎮35・郷24で鎮が多いのであるが、それらの鎮に新旧商税務・酒務は置かれていないので、小都市としての鎮ではなかった。

S3 果州 県変遷図

年 代	外　　県			郭下
	相如	西充	流溪	南充
太平興國中	○	○	○	○
旧務年代	1×	2×	3×	○
熙寧6年 1073				①→
10年		×2	×1	○

S3 果州　格中　地理表 (主戸38,333　客戸14,085　計52,418　貢　絲布, 天門冬)

格	県	距　離	郷	鎮	％	その他	備　　　考	水　系	計3
望	南充	郭下	14	18	128	0	曲水・溪頭・羅獲・長樂・龍門・儒池・板橋・龍合・瀘溪・善樂・琉璃・彭城・流溪・安福・小㹂・白富・景店・華池鎮	嘉陵江	1
望	西充	西北70	5	9	180	0	大陵・油井・小陵・車隴・義合・西太平・洛陽・富安・小鼠鎮	西溪水	1
上	相如	東北85	5	8	160	0	七盤・方山・登井・三溪・永歓・太平・琴臺・永安鎮	嘉陵江	1
計3			24	35	145	0	土産 巴戟, 大黄, 絲布, 難父草, 山大豆		5種

×印の地：小さな町候補地35

第四編　鉄銭区

S3 果州　　　　　　　　　　酒　務　表

外県	置務県	置務県率	州県務	州県務率	鎮市務	鎮市務率	酒務	併設地	併設率	旧商税務	対税旧商率	新税務地	新務地率	新商税務	対税新商率	存続地	存続率
3	0	0	1	100	0	0	1	1	100	1	100	1	100	1	100	1	100

併設地	州県	在城¹														1処	
計　1	鎮市															0処	
新税務地	州県	1の地														1処	
計　1	鎮市															0処	
存続地	州県	1の地														1処	
計　1	鎮市															0処	
不　明　地															0処	不明率	0　%

旧務年代の町 0・小都市 0、新務年代の町 0・小都市 0

注

(1) 県変遷図の作成史料は拙著 2、669頁参照。
(2) 拙著 2、668頁。　(3) 拙著 2、668頁。
(4) 拙著 2、669頁の地理表に同じ。

4　資州 S 4

資州の酒務及び新旧酒銭額は次の如くである。

(1) 酒統計

舊。在城及資陽・内江・龍水県・月山・丹山・頼磐①・銅鼓・頼胥・栗林・南潓・頼關・銀山・頼坑・安仁・白沙鎮十六務

歳　　　　　　　　　　３９，８０６貫
熙寧十年祖額　　　　　４，５６１貫０５８文８毫
　注　①原文、盤。志、磐

　鉄銭の旧額39,806貫・新額4,561貫で、両額の差額－35,245貫・増額率－89％である。銅銭では旧額3,980貫・新額2,280貫で、その差額－1,700貫・増額率－43％である。以上の諸数値は章末の表 1 銭額総合表に整理して示す。

(2) 酒務表

次に寰宇記76・九域志7により太平興国中〜元豊間の資州諸県の変化を県変遷図[1]に示す。酒統計は在城・県3・鎮市12を記すが、図のそれらの州県変遷からは旧務年代は不明であるので、一般的な旧務年代である景祐〜慶暦に従っておく。

S4 資州　県変遷図		
年　代	外　　県	郭下
太平興國中	龍　資　内 水　陽　江	盤 石
旧務年代	1✕　2✕　3✕ ○　○　○	○
熙寧6年 1073	｜　｜　｜ ｜　趙 ｜　市 ｜　鎮	② ○
10年	↓　↓　↓ ✕3　✕2　✕1	○

図によれば熙寧六年前の旧外県3であり、酒統計の県酒務3であるので、県置務率は100％である。また酒務は州県務4・鎮市務12務の計16務で、州県務率25％・鎮市務率75％である。鎮市務率が甚だ高率である。

次に酒統計に○印を付した在城の1処(州県務1)が酒務・旧商税務の併設地である。酒務地16処にしめる併設地の併設率は6％と甚だ低率である。また旧商税務1処[2]に対する併設地の対旧商税務率は100％である。なお3外県の新旧商税務が記載されていない。商税は州額制であった可能性も考えられる。

次に酒務地に新商税務が設置された新税務地は、酒統計に□印を付した上記の1の地(州県務1)で1処である。酒務地16処にしめる新税務地の新務地率も6％と甚だ低率である。また新商税務1処[3]に対する新税務地の対新商税務率は100％である。

次に酒務地で元豊まで存在して地理表[4]にみえる存続地は、酒統計の地名に△印を付している。存続地は上記の1の地・資陽・内江・龍水県(州県務4)、及び月山・丹山・頼磐・銅鼓・頼胥・栗林・南淄・頼闕・銀山・安仁(鎮市務10)で計14処である。酒務地16処にしめる存続地の存続率は88％である。

次に旧商税務・新商税務・地理表のいずれにもみえない不明地は頼坑・白沙鎮の2処で、不明率は12％である。以上の酒務・諸数値を酒務表に整理して示す。

資州の鎮25・郷37であるが、10鎮に酒務が置かれた。しかし15鎮には新旧商税務及び酒務は置かれていないので、経済的には小都市としての鎮ではない

第四編　鉄銭区

S4 資州　格上　地理表（主戸17,879　客戸21,586　計39,465　貢　麩金）

格	県	距　離	郷	鎮	％	その他	備　　　考	水　系	計5
緊	磐石	郭下	16	10	62		丹山・南渕・月山・鼓樓・頼胥・ 頼磐・小石同・銀山・栗林・銅鼓		
						塩井18 鐵冶 1	鎮　塩井地名不記 地名不記	中江	1
緊	資陽	西北 120	4	3	75	0	三江・頼博・頼琬鎮	資水	1
中下	龍水	西 145	5	5	100	0	白土・頼社・東津・龍吉・頼關鎮	龍水	1
下	内江	東 98	12	7	58		神木・賈市・全信・永安・安仁・ 樺溪・趙市鎮		
						塩井66	地名不記	資江，中江	2
計 4			37	25	67	85	土産　高良薑，甘蔗，麩金		3種

×印の地：小さな町候補地100（地名不記の鉄冶1、塩井84を含む）

S4 資州　　　酒　務　表

外県	置務県	置務県率	州県務	州県務率	鎮市務	鎮市務率	酒務	併設地	併設率	旧商税務	対旧商税率	新税務地	新務地率	新商税務	対新商税率	存続地	存続率
3	3	100	4	25	12	75	16	1	6	1	100	1	6	1	100	14	88

併設地	州県	在城¹	1 処
計 1	鎮市		0 処
新税務地	州県	1の地	1 処
計 1	鎮市		0 処
存続地	州県	1の地・²資陽・³内江・⁴龍水県	4 処
計 14	鎮市	⁵月山・⁶丹山・⁷頼盤・⁸銅鼓・⁹頼胥・¹⁰栗林・¹¹南渕・¹²頼關・¹³銀山・¹⁴安仁	10 処
不明地		¹⁵頼坑・¹⁶白沙鎮　　　　　　　　2 処　　不明率　12 ％	

旧務年代の町12（5～16の地）・小都市0、新務年代の町（5～14の地）・小都市0
注　①2～4の地は新旧務年代の酒務県（3）
　　②不明地は新務年代の町及び存続地に入れず

注

(1) 県変遷図の作成史料は拙著2、670頁参照。
(2) 拙著2、670頁。
(3) 拙著2、670頁。
(4) 拙著2、671頁の地理表に同じ。

第二章　梓州路

5　普州 S 5

普州の酒務及び新旧酒銭額は次の如くである。

(1)　酒統計

舊。在城及安居・樂至・普康県①・新龍臺・舊龍臺・茗山・通賢・大瀘②・候市・韓朋③・灘流・永安④・喜井・崇龕・順合・張康・石濡・永興・永勝・婆渝・日富⑤・三會・白崖・史明・龍山・新龍歸・永寧・仁義・固城・仁風・拐殻・舊龍歸・羅溪・普慈・清流・羅楊仙⑥・小安・流胡・六井・頼欽⑦・高寨・碑子・崇儀・頼姑⑧・管資・永寧店四十七務⑨

歳　　　　　　　　　２４，２３７貫
熙寧十年租額　　　　２，４５４貫７９９文２分
　注　①衍字。図参照　②原文、欠。志、大瀘　③原文、的。志、朋　④原文、水。志、永　⑤原文、白。志、日　⑥衍字。志、楊仙　⑦原文、歆。志、欽　⑧原文、如。志、姑　⑨原文、四十三。計４７

鉄銭の旧額24,237貫・新額2,454貫で、両額の差額－21,783貫・増額率－90％である。銅銭では旧額2,423貫・新額1,227貫で、その差額－1,196貫・増額率－49％である。以上の諸数値は章末の表１銭額総合表に整理して示す。

(2)　酒務表

次に寰宇記87・九域志７により太平興国中～元豊間の普州諸県の変化を県変遷図(1)に示す。酒統計は在城・県２・鎮市44を記すが、図のそれらの州県変遷からは旧務年代は不明であるので、一般的な旧務年代である景祐～慶暦に従っておく。

図によれば熙寧十年前の旧外県２であり、酒統計の県酒務２であるので、県置務率は100％である。また酒務は州県務３・鎮市務44務の計47務で、州県務率６％・鎮市務率94％である。

次に酒統計に〇印を付した在城の１処（州県務１）が酒務・旧商税務の併設地である。酒務地47処にしめる併設地の併設率は２％で甚だ低率である。また旧商税務１処(2)に対する併設地の対旧商税務率は100％である。なお樂至・安居両県に旧商税務は記載されていない。

S5 普州　県変遷図					
年　代	外　　県				郭下
	樂至	普慈	安居	崇龕	普康	安岳
乾徳5年 967		①↓	①↓		①↓	
太平興國中						
旧務年代	1× ○	2× ○	○		○	○
熙寧10年 1077	○2 ↓	○1 ↓				○ ↓

第四編　鉄銭区

　次に酒務地に新商税務が設置された新税務地は、酒統計に□印を付した上記の１の地及び安居・樂至（州県務３）の計３処である。酒務地47処にしめる新税務地の新務地率も６％と低率である。また新商税務３処[(3)]に対する新税務地の対新商税務率は100％である。

　次に酒務地で元豊まで存在して地理表にみえる存続地は、酒統計の地名に△印を付している。存続地は上記の１～３の地（州県務３）、及び普康・新龍臺・舊龍臺・茗山・通賢・大瀘・韓朋・灘流・永安・喜井・崇龕・張康・石淵・永興・永勝・婆渝・日富・三會・白崖・新龍歸・永寧・仁風・舊龍歸・羅溪・普慈・清流・羅楊仙・小安・六井・賴欽・賴姑・永寧店（鎮市務32）で計35処である。酒務地47処にしめる存続地の存続率は74％である。

　次に旧商税務・新商税務・地理表[(4)]にみえない不明地は候市・順合・史明・龍山・仁義・固城・拐殼・流胡・高寒・碑子・崇儀・管資で計12処であり、不明率26％と高率である。以上の酒務・諸数値を酒務表に整理して示す。

　普州の鎮32で郷29より多く、また32鎮に新旧商税務は置かれていない。酒務は栗子・安居を除く30鎮に置かれているが、普州の酒額・税額ともに低レベルであるので、それらは小都市としての鎮ではなかったと思われる。

S5　普州　格上　地理表（主戸9,122　客戸20,378　計29,500　貢　葛, 天門冬）

格	県	距　離	郷	鎮	％	その他	備　考	水　系	計3
中下	安岳	郭下	12	16	133	0	楊仙・龍臺・六井・大瀘・灘流・通賢・小安・張康・賴欽・喜井・栗子・普康・白崖・賴姑・清流・龍歸鎮	岳陽溪	1
下	安居	北　70	9	8	88	0	安居・韓朋・仁風・崇龕・茗山・龍歸・永安・永寧鎮	安居水	1
下	樂至	西　108	8	8	100	0	三會・普慈・羅溪・日富・石淵・永興・永勝・婆渝鎮	樂至池	1
計　3			29	32	110	0	土産　葛, 梅, 杏		3種

×印の地：小さな町候補地2
注　1　酒務の羅楊仙・永寧店は地理表の楊仙・永寧鎮とす
　　2　地理表の龍臺・龍歸は酒務地の新龍臺・新龍歸とす
　　3　新商税地の安居場は県とす

第二章　梓州路

S5 普州	酒務表															
外県	置務県	置務率	州県務	州県務率	鎮市務	鎮市務率	酒務	併設地	併設率	旧商税務	対税旧商率	新税務地	新税務地率	新商税務	対税新商率	存続地	存続率
2	2	100	3	6	44	94	47	1	2	1	100	3	6	3	100	35	74

併設地 計 1	州県	¹在城	1 処
	鎮市		0 処
新税務地 計 3	州県	1の地・²安居・³樂至	3 処
	鎮市		0 処
存続地 計 35	州県	1〜3の地	3 処
	鎮市	⁴普康・⁵新龍臺・⁶舊龍臺・⁷茗山・⁸通賢・⁹大瀘・¹⁰韓朋・¹¹灌流・¹²永安・¹³喜井・¹⁴崇龕・¹⁵張康・¹⁶石滴・¹⁷永興・¹⁸永勝・¹⁹婆瓮・²⁰日富・²¹三會・²²白崖・²³新龍歸・²⁴永寧・²⁵仁風・²⁶舊龍歸・²⁷羅溪・²⁸普慈・²⁹清流・³⁰羅龍仙・³¹小安・³²六井・³³賴楊仙・³⁴賴姑・³⁵永寧店	32 処
不明地		³⁶候市・³⁷順合・³⁸史明・³⁹龍山・⁴⁰仁義・⁴¹固城・⁴²拐殻・⁴³流胡・⁴⁴高寨・⁴⁵碑子・⁴⁶崇儀・⁴⁷管資	12 処	不明率	26 %

旧務年代の町44（4〜47の地）・小都市0、新務年代の町32（4〜35の地）・小都市0
注　①6・26は地理表に龍臺・龍歸がみえるので不明地とせず
　　②2・3の地は旧務年代では酒務県（税務不記の県）
　　③不明地は新務年代の町及び存続地に入れず

注

(1)　県変遷図の作成史料は拙著2、672頁参照。
(2)　拙著2、671頁。
(3)　拙著2、671頁。
(4)　拙著2、673頁の地理表に同じ。

6　昌州 S 6

昌州の酒務及び新旧酒銭額は次の如くである。

(1)　酒統計

舊。在城及大足・昌元・永川県四務
　　　①
歳　　　　　　　　　10,151貫
熙寧十年租額　　　　1,162貫986文
　注　①郭下県、酒務数に入れず

鉄銭の旧額10,151貫・新額1,162貫で、両額の差額－8,989貫・増額率－89％である。銅銭では旧額1,015貫・新額581貫で、その差額－434貫・増額率－43％である。以上の諸数値は章末の表1銭額総合表に整理して示す。

第四編　鉄銭区

(2) 酒務表

次に寰宇記88・九域志7により太平興国中～元豊間の昌州諸県の変化を県変遷図[1]に示す。酒統計は在城・県2（郭下県を入れず）を記すが、図のそれらの州県変遷からは旧務年代は不明であるので、一般的な旧務年代である景祐～慶暦に従っておく。

図によれば熙寧十年前の旧外県2であり、酒統計の県酒務2（大足県を除く）であるので、県置務率は100％である。また酒務は州県務3・鎮市務0の計3務で、州県務率100％・鎮市務率0％である。

次に酒統計に○印を付した在城・昌元・永川（州県務3）の3処が酒務・旧商税務の併設地である。酒務地3処にしめる併設地の併設率は100％である。また旧商税務39処[2]に対する併設地の対旧商税務率は8％で甚だ低率ある。

次に酒務地に新商税務が設置された新税務地は、酒統計に□印を付した上記の1～3の地（州県務3）の3処である。酒務地3処にしめる新税務地の新務地率は100％である。また新商税務3処[3]に対する新税務地の対新商税務率は100％である。

次に酒務地で元豊まで存在して地理表[4]にみえる存続地は、酒統計の地名に△印を付している。存続地は上記の1～3の地（州県務3）の3処である。酒務地3処にしめる存続地の存続率は100％である。

次に旧商税務・新商税務・地理表のいずれにもみえない不明地は無く、不明率0％である。以上の酒務・諸数値を酒務表に整理して示す。

昌州の鎮38で郷は15と少ない。旧務年代に商税務がそれらのうち30鎮に置かれたが[5]、新務年代にはそれらの鎮務は記載されていない。在城・昌元・永川両県に3務が置かれたのみである。また酒務はそれらの鎮には置かれていなかった。更に昌州の商税額・酒務額ともに低レベルである。多くの鎮は、経済的には小都市としての鎮ではなかった。

S6　昌州　県変遷図

年代	外　県		郭下
太平興國中	永川	昌元	大足
旧務年代	1○	2○	○
	○	○	○
熙寧10年 1077	○2	○1	○
	↓	↓	↓

第二章　梓州路

S6 昌州　格上　地理表（主戸5,822　客戸28,641　計34,463　貢　絹，麩金）

格	県	距離	郷	鎮	％	その他	備　　考	水　系	計3
上	大足	郭下	5	13	260	0	大足・龍水・陵山・安仁・永康・河樓灘・劉安・三驅磨・獠母城・靜南・李店・龍安・米糧鎮	大足川	1
上	昌元	西100	5	14	280	0	賴川・灘子・磁子・靜灘・安仁・羅市・小井・安民・龍會・鴨子池・延灘水・磁灘・寶蓋・歸仁鎮	頼波溪	1
上	永川	南150	5	11	220	0	牛尾・永興・來蘇・侯溪・龍歸・羅市・歡樂・鐵山・咸昌・永群・永昌鎮	侯溪	1
計 3			15	38	253	0	土産　斑布，筒布，金，絹		4種

×印の地：小さな町候補地6、〇印の地：大きな町に準ずる町32

S6 昌州　　　　　　　酒　務　表

外県 2	置務県 2	置務県率 100	州県務 3	州県務率 100	鎮市務 0	鎮市務率 0	酒務 3	併設地 3	併設率 100	旧商税務 39	対税旧商率 8	新務地 3	新税務率 100	新務商税 3	対税新商率 100	存続地 3	存続率 100
併設地	州県	在城¹・昌元²・永川県³														3処	
計 3	鎮市															0処	
新税務地	州県	1～3の地														3処	
計 3	鎮市															0処	
存続地	州県	1～3の地														3処	
計 3	鎮市															0処	
不明地															0処	不明率	0％

旧務年代の町0・小都市0、新務年代の町0・小都市0

注

(1) 県変遷図の作成史料拙著2、674頁参照。
(2) 拙著2、673頁。
(3) 拙著2、673頁。
(4) 拙著2、675頁の地理表に同じ。
(5) 拙著2、674頁参照。

第四編　鉄銭区

7　戎州 S 7

戎州の酒務及び新旧酒銭額は次の如くである。

(1)　酒統計

舊。在城及・樊道・南溪県三務
　　　　○□□　　○□△
　　　　　①
歳　　　　　　　　　　　　５１２貫
熙寧十年無定額
　注　①郭下県、酒務数に入れず

　鉄銭の旧額512貫であるが、新額は無定額であり、新額・旧額の差額及び増額率は不明である。以上の数値は章末の表１銭額総合表に示す。

(2)　酒務表

　次に寰宇記79・九域志７により太平興国中～元豊間の戎州諸県の変化を県変遷図(1)に示す。酒統計は在城・県１（郭下県を入れず）を記すが、図のそれらの州県変遷からは旧務年代は不明であるので、一般的な旧務年代である景祐～慶暦に従っておく。

　図によれば熙寧四年前の旧外県２であり、酒統計の県酒務１（樊道県を除く）であるので、県置務率は50％である。また酒務は州県務２・鎮市務０の計２務で、州県務率100％・鎮市務率０％である。

　次に酒統計に○印を付した在城・南溪県（州県務２）の２処が酒務・旧商税務の併設地である。酒務地２処にしめる併設地の併設率は100％である。また旧商税務３処(2)に対する併設地の対旧商税務率は67％である。なお宜賓県の酒務は記載されていない。

　次に酒務地に新商税務が設置された新税務地は、酒統計に□印を付した上記の１・２の地（州県務２）の２処である。酒務地２処にしめる新税務地の新務地率は100％である。また新商税務３処(3)に対する新税務地の対新商税務率は67％である。

　次に酒務地で元豊まで存在して地理表(4)にみえる存続地は、酒統計の地名に△印を付し

S7 戎州　県変遷図

年代	外　県	郭下
	南　義　歸　開 溪　賓　順　邊	樊 道
乾徳５年 967	①　①	→
太平興國元年 976	②改 　宜名 　賓	
旧務年代	1○　2○ 　　　×	○
熙寧４年 1071	③	→
10年	○1	○

— 678 —

ている。存続地は上記の1・2の地（州県務2）で2処である。酒務地2処にしめる存続地の存続率は100％である。

次に旧商税務・新商税務・地理表のいずれにもみえない不明地はなく、不明率は0％である。以上の酒務・諸数値を酒務表に整理して示す。

S7 戎州　格上　地理表（主戸12,833　客戸4,186　計17,019　貢　葛）

格	県	距離	郷	鎮	％	その他	備　考	水　系	計4
中	僰道	郭下	8	2	25	0	宜賓・番坦鎮	蜀江, 滇池	2
中	南溪	東南52	10	0	0	塩井1	登井鹽井	青衣江, 馬湖江	2
計 2			18	2	11	1	土産　荔枝煎, 半夏, 升麻, 獦皮暖座		4種

×印の地：小さな町候補地2

S7 戎州　　　　酒　務　表

外県	置務県	置務率	州県務	州県務率	鎮市務	鎮市務率	酒務地	併設地	併設率	旧商税務	対旧商税務率	新税務地	新税務地率	新商税務	対新商税務率	存続地	存続率
2	1	50	2	100	0	0	2	2	100	3	67	2	100	3	67	2	100

併設地	州県	在城・南溪	2処
計 2	鎮市		0処
新税務地	州県	1・2の地	2処
計 2	鎮市		0処
存続地	州県	1・2の地	2処
計 2	鎮市		0処
不明地		0処　不明率　0％	

旧務年代の町0・小都市0、新務年代の町0・小都市0

注

(1) 県変遷図の作成史料は拙著2、676頁参照。
(2) 拙著2、675頁。
(3) 拙著2、675頁。
(4) 拙著2、677頁の地理表に同じ。

第四編　鉄銭区

8　瀘州 S 8

瀘州の酒務及び新旧酒銭額は次の如くである。

(1) 酒統計

<u>舊</u>。在城一務
　①
熙寧十年祖額　　　　　　　6,432貫752文
　注　①意を以て補う　②原文、「原空」とある

　旧務年代以前から存在していた瀘州の旧額が記されていない。食貨下七酒は「不禁」とするが、旧務年代前のことであろう。鉄銭新額6,432貫がみえるが、旧額がないので新旧銅銭額の差額・増額率は不明である。以上の瀘州酒銭の諸数値は章末の表1銭額総合表に示す。

(2) 酒務表

　次に寰宇記88・九域志7により太平興国中～元豊間の瀘州諸県の変化を県変遷図(1)に示す。図の県変遷からは旧務年代は不明であるので、一般的な旧務年代である景祐～慶暦に従っておく。

　図によれば熙寧十年前の旧外県2であり、酒統計の県酒務0であるので、県置務率は0％である。また新務年代の酒務は州県務1・鎮市務0の計1務で、州県務率100％・鎮市務率0％である。

　次に酒務地に新商税務が設置された新税務地は、酒統計に□印を付した上記の1の地（州県務1）の1処である。酒務地1処にしめる新税務地の新務地率は100％である。また新商税務3処(3)に対する新税務地の対新商税務率は33％である。

　次に酒務地で元豊まで存在して地理表(4)にみえる存続地は、酒統計の地名に△印を付している。存続地は上記の1の地（州県務1）で1処である。酒務地1処にしめる存続地の存続率は100％である。

　次に旧商税務・新商税務・地理表のいずれにもみえない不明地はなく、不明率0％である。以上の酒務・諸数値を酒務表に整理して示す。

S8　瀘州　県変遷図

年代	外　　県		郭下
	富　合　綿　江 義　江　水　安		瀘 川
乾徳5年 967	① 富義監	①	
太平興國中			
旧務年代	1×	2○	○ ×
熙寧10年 1077	○2	×1	

第二章 梓州路

　瀘州の郷は極端に少なく3郷のみであるが、鎮5・寨12・堡2と多い。それらには税務・酒務は置かれていない。

S8 瀘州　格上　地理表（主戸2,647　客戸32,417　計35,064　貢 葛）

格	県	距離	郷	鎮	％	その他	備　考	水　系	計4
中	瀘川	郭下	1	4	400	0	安夷・峽山・赤岸・赤水鎮	汶江, 瀘江	2
中	江安	西南115	1	1	100		綿水鎮		
						寨 5	納溪・寧遠・安夷・西寧遠・南田寨	綿溪	1
中	合江	東 123	1	0	0	寨 6	遙塸・青山・安溪・小溪・帶頭・使君寨	安樂溪	1
計 3			3	5	166	11	土産　大黄, 杏仁, 斑布, 花竹簟, 茶		5種
監2	淯井	西南 263	0	0	0	1			
	南井	西 70	0	0	0	1			0
城	樂共	西南 260	0	0	0	寨 1	江門寨。城は元豐5年建置		
						堡 2	鎮溪・梅嶺堡		0

×印の地：小さな町候補地20、○印の地：大きな町に準ずる町2

S8 瀘州　　　　酒　務　表

外県 2	置務県 0	置務率 0	州県務 0	州県務率 －	鎮市務 0	鎮市務率 －	酒務 －	併設地 0	併設率 0	旧商税務 6	対旧税務商率 0	新税務地 1	新税務地率 100	新商務 3	対新商税務率 33	存続地 1	存続率 100
併設地	州県																0処
計 0	鎮市																0処
新税務地	州県	1の地															1処
計 1	鎮市																0処
存続地	州県	1の地															1処
計 1	鎮市																0処
不明地														0処	不明率		0 ％

旧務年代の町0・小都市0、新務年代の町0・小都市0

注

(1) 県変遷図の作成史料は拙著2、677頁参照。
(2) 拙著2、677頁。
(3) 拙著2、677頁。
(4) 拙著2、679頁の地理表に同じ。

第四編　鉄銭区

9　合州 S 9

合州の酒務及び新旧酒銭額は次の如くである。

(1)　酒統計

舊。○在城及巴川・漢初・赤水・銅梁県・沙溪・羊口・新興・安居九務
歳　　　　　　　　　　８０，８３７貫
熙寧十年租額　　　　　８，１３５貫４９４文
　　注　①原文、初。誤

鉄銭の旧額80,837貫・新額8,135貫で、その両額の差額－72,702貫・増額率－90％である。銅銭の旧額8,083貫・新額4,067貫で、両額の差額－4,016貫・増額率－50％である。以上の諸数値は章末の表１銭額総合表に整理して示す。

(2)　酒務表

次に寰宇記136・九域志7により太平興国中～元豊間の合州諸県の変化を県変遷図(1)に示す。酒統計は在城・県4・鎮市4を記すが、図のそれらの州県変遷からは旧務年代は不明であるので、一般的な旧務年代である景祐～慶暦に従っておく。

図によれば熙寧四年前の旧外県4であり、酒統計の県酒務4であるので、県置務率は100％である。また酒務は州県務5・鎮市務4の計9務で、州県務率56％・鎮市務率44％である。

次に酒統計に○印を付した在城（州県務1）の1処が酒務・旧商税務の併設地である。酒務地9処にしめる併設地の併設率は11％と甚だ低率である。また旧商税務1処(2)に対する併設地の対旧商税務率は100％である。なお4外県の新旧商税務が記載されていない。州額制であった可能性も考えられる。

次に酒務地に新商税務が設置された新税務地は、酒統計に□印を付した上記の1の地（州県務1）の1処である。酒務地9処にしめる新税務地の新務地率は11％と低率である。また新商税務1処(3)に対する新税務地の対新商税務率は100％である。

第二章　梓州路

　次に酒務地で元豊まで存在して地理表[(4)]にみえる存続地は、酒統計の地名に△印を付している。存続地は上記の1の地・巴川[2]・漢初[3]・赤水[4]・銅梁[5]（州県務5）、及び沙溪[6]・羊口[7]・新興[8]・安居[9]（鎮市務4）で計9処である。酒務地9処にしめる存続地の存続率は100％である。

　次に旧商税務・新商税務・地理表のいずれにもみえない不明地はなく、不明率0％である。以上の酒務・諸数値を酒務表に整理して示す。

　合州の鎮45・郷29で鎮が郷より甚だ多い。しかし45鎮の新旧商税務は記載されていない。また酒務はわずか4鎮にのみに記載されている。41鎮は小都市としての鎮ではなかった。

S9　合州　格上　地理表（主戸18,013　客戸18,621　計36,634　貢　白藥子，牡丹皮）

格	県	距離	郷	鎮	％	その他	備　考	水　系	計5
中	石照	郭下	4	9	225	0	雲門・龍會・安垻・來灘・來蘇・扶山・銅期・童市・赤城鎮		0
中	漢初	北140	5	7	140	0	羊口・沙溪・新明・龍泉・鶴鳴・太平・新興鎮	嘉陵江	1
中	巴川	西南110	7	11	157	0	曲水・雍溪・小羅市・柳溪・銅鼓・高莊・大井・樓灘・小井・樂活・安樂鎮	小安溪，巴川	2
中下	赤水	西北130	7	6	85	0	独柏・長利・小張市・白崖・萌山・龍門鎮	赤水	1
中下	銅梁	西130	6	12	200	0	大安・武金・彭市・咸通・石盆・李店・東流・詹市・大羅・謝市・安居・羊溪鎮	悦池	1
計5			29	45	155	0	土産　麩金，桃竹筋，牡丹皮，藥子，石藤，雙陸子，書筒		7種

×印の地：小さな町候補地41

S9　合州　酒務表

外県	置務県	置務率	州県務	州県務率	鎮市務	鎮市務率	酒務地	併設地	併設率	旧商税務	対税旧商率	新税務地	新税務率	新商税務	対税新商率	存続地	存続率
4	4	100	5	56	4	44	9	1	11	1	100	1	11	1	100	9	100

併設地	州県	在城[1]	1処
計1	鎮市		0処
新税務地	州県	1の地	1処
計1	鎮市		0処
存続地	州県	1の地・巴川[2]・漢初[3]・赤水[4]・銅梁県[5]	5処
計9	鎮市	沙溪[6]・羊口[7]・新興[8]・安居[9]	4処
不明地		0処　不明率　0％	

旧務年代の町4（6～9の地）・小都市0、新務年代の町4（6～9の地）・小都市0
注　2～5の地は新旧務年代の酒務県4

第四編　鉄銭区

注

(1) 県変遷図の作成史料は拙著２、680頁参照。
(2) 拙著２、680頁。
(3) 拙著２、680頁。
(4) 拙著２、681頁の地理表に同じ。

10　榮州 S 10

榮州の酒務及び新旧酒銭額は次の如くである。

(1)　酒統計

舊。在城及威遠・公井・資官・應靈県五務
歳　　　　　　　　　１３，４４９貫
熙寧十年租額　　　　　１，３３８貫０３８文
　注　①原文、六。計 5

　鉄銭の旧額13,449貫・新額1,338貫で、両額の差額－12,111貫・増額率－90％である。銅銭では旧額1,344貫・新額669貫で、その差額－675貫・増額率－50％である。以上の諸数値は章末の表１銭額総合表に整理して示す。

(2)　酒務表

　次に寰宇記85・九域志７により太平興国中～元豊間の榮州諸県の変化を県変遷図(1)に示す。酒統計は在城・県４を記すが、図のそれらの州県変遷からは旧務年代は不明であるので、一般的な旧務年代である景祐～慶暦に従っておく。

　図によれば熙寧四年前の旧外県４であり、酒統計の県酒務４であるので、県置務率は100％である。また酒務は州県務５・鎮市務０の計５務で、州県務率100％・鎮市務率０％である。

　次に酒統計に○印を付した在城（州県務１）の１処が酒務・旧商税務の併設地である。酒務地５処にしめる併設地の併設率は20％で低率である。また旧商税務１処(2)に対する併設地の対旧商税務率は100％である。

S10　榮州　県変遷図

年代	外県				郭下
	資官	應靈	威遠	公井	旭川
太平興國中	○	○	○	○	○
旧務年代	1×	2×	3×	4×	○
	○	○	○	○	
治平４年 1067					①改榮名德
熙寧４年 1071					② →
10年	○3	○2	○1		○

第二章　梓州路

なお4外県の旧商税務は記載されていず州額制をとっていた可能性が考えられる。

次に酒務地に新商税務が設置された新税務地は、酒統計に□印を付した上記の1の地・威遠・資官・應靈（州県務4）の4処である。酒務地5処にしめる新税務地の新務地率は80％である。また新商税務4処[3]に対する新税務地の対新商税務率は100％である。

次に酒務地で元豊まで存在して地理表[4]にみえる存続地は、酒統計の地名に△印を付している。存続地は上記の1～4の地（州県務4）、及び公井（鎮市務1）で計5処である。酒務地5処にしめる存続地の存続率は100％である。なお公井は旧務年代では県である。

次に旧商税務・新商税務・地理表のいずれにもみえない不明地はなく、不明率0％である。以上の酒務・諸数値を酒務表に整理して示す。

榮州の鎮14・郷13で鎮が郷より多い。新旧商税務は全鎮に置かれず、また酒務はわずか1鎮に記載されているのみである。ほとんどの鎮は小都市ではなかった。

S10　榮州　格下　地理表（主戸4,911　客戸11,754　計16,665　貢　斑布）

格	県	距　離	郷	鎮	％	その他	備　　考	水　系	計4
中下	榮德	郭下	5	4	80	0	來蘇・䫻遠・公井・永棚鎮	大牢溪	1
中	威遠	東 70	2	6	300	0	婆日・龍臺・䫻魯・石牛・三望・䫻種鎮	中江	1
中下	資官	西南 75	4	3	75	0	石梯・䫻牟・永吉鎮	灘斯川	1
中下	應靈	西 150	2	1	50	0	三江鎮	應靈水	1
計 4			13	14	107	0	土産　麩金、芜活、黃連、斑布、鹽		5種

×印の地：小さな町候補地13

S10　榮州　　　　　　　酒　務　表

外県	置務県	置務県率	州県務	州県務率	鎮市務	鎮市務率	酒務	併設地	併設地率	旧商税務	対税旧商率	新税務地	新務地率	新商税務	対税新商率	存続地	存続率
4	4	100	5	100	0	0	5	1	20	1	100	4	80	4	100	5	100

併設地	州県	在城	1 処
計 1	鎮市		0 処
新税務地	州県	1の地・威遠・資官・應靈	4 処
計 4	鎮市		0 処
存続地	州県	1～4の地	4 処
計 5	鎮市	公井	1 処
不　明　地		0 処　　不明率　　0　％	

旧務年代の町0・小都市0、新務年代の町1（5の地）・小都市0
注　2～5の地は旧務年代では酒務県4（税務不記の県）。5の地は旧務年代では県

— 685 —

第四編　鉄銭区

注

(1) 県変遷図の作成史料は拙著2、682頁参照。
(2) 拙著2、681頁。
(3) 拙著2、681頁。
(4) 拙著2、683頁の地理表に同じ。

11　渠州 S 11

渠州の酒務及び新旧酒銭額は次の如くである。

(1) 酒統計

舊。在城一務　○□△
歳　　　　　　　　　　　２４，２１０貫
熙寧十年租額　　　　　　２，４５４貫７１２文

鉄銭の旧額24,210貫・新額2,454貫で、両額の差額－21,756貫・増額率－90％である。銅銭では旧額2,421貫・新額1,227貫で、両額の差額－1,194貫・増額率－49％である。以上の諸数値は章末の表1銭額総合表に整理して示す。

(2) 酒務表

次に寰宇記138・九域志7により太平興国中～元豊間の渠州諸県の変化を県変遷図(1)に示す。酒統計は在城を記すが、旧務年代は不明であるので、一般的な旧務年代である景祐～慶暦に従っておく。

図によれば熙寧十年前の旧外県2であり、酒統計の県酒務0であるので、県置務率は0％である。また酒務は州県務1・鎮市務0の計1務で、州県務率100％・鎮市務率0％である。

次に酒統計に○□△印を付した在城（州県務1）の1処が併設地・新税務地・存続地であり、旧商税務(2)・新商税務(3)各1処であるので、それらに関連する諸比率は共に100％である。なお隣山・隣水両県に新旧商税務及び酒務は記載されていない。

次に旧商税務・新商税務・地理表(4)にみえない不明地は

年代	外　　県	郭下
太平興國中	隣　隣　大 山　水　竹	流 江
景祐2年 1035		①→
旧務年代	1×　2× ×　×	○ ○
熙寧10年	×2　×1	○ ○

S11 渠州　県変遷図

第二章 梓州路

なく、不明率０％である。以上の酒務・諸数値を酒務表に整理して示す。

　渠州の鎮38・郷21で郷より鎮が多いが、新旧商税務及び酒務が記載されていない。それらの鎮は経済的には小都市としての鎮ではなかったと思われる。

Ｓ11　渠州　格下　地理表（主戸10,910　客戸9,894　計20,804　貢　綿紬，賣子木）

格	県	距　離	郷	鎮	％	その他	備　　　考	水　系	計3
緊	流江	郭下	15	18	120	0	鳶頭・東觀・永門・永安・大竹・新興・岳安・白土・龍臺・鷟溪・蓮荷・龍合・神市・爛灘・零巴・南陽・南溪・樂川鎮	流江	1
下	鄰水	東南 130	2	10	500	0	鄰水・太平・桑支・長樂・澡圖・廉井・合祿・龍會・樂游・安仁鎮	鄰水	1
下	鄰山	東南 200	4	10	250		鄰山・巴王・桑山・龍門・沙溪・金山・石船・羅峯・多來・石洞鎮		1
						塩井 1	臥牛鹽井	濕水	
計　3			21	38	180	1	土産　黃連，車前子，恒山，茱萸，鐵器		5種

×印の地：小さな町候補地39

Ｓ11　渠州　　　　　　　酒　　務　　表

外県 2	置務県 0	置務率 0	州県務 1	州県務率 100	鎮市務 0	鎮市務率 0	酒務 1	併設地 1	併設率 100	旧商税務 1	対税旧商率 100	新税務地 1	新税務率 100	新商税務 1	対税新商率 100	存続地 1	存続率 100
併設地		州県	在城													1 処	
計　1		鎮市														0 処	
新税務地		州県	1の地													1 処	
計　1		鎮市														0 処	
存続地		州県	1の地													1 処	
計　1		鎮市														0 処	
不明地														0 処	不明率	0 ％	

旧務年代の町 0・小都市 0、新務年代の町 0・小都市 0

注

(1) 県変遷図の作成史料は拙著２、683頁参照。
(2) 拙著２、683頁。
(3) 拙著２、683頁。
(4) 拙著２、684頁の地理表に同じ。

第四編　鉄銭区

12　懐安軍 S 12

懐安軍の酒務及び新旧酒銭額は次の如くである。

(1)　酒統計

舊。在城及金堂県・古城・牟池・眞多・唐化・三䇿・三州・常樂・柏茂・白苅・范村十二務
歳　　　　　　　　　　３７,０９３貫
　　　　　布　　　　　４,４２０疋
熙寧十年租額　　　　　３,８５３貫９９７文６分
　　　　　布　　　　　１,４２０疋
　注　①原文、苑。志、芳　②※

　鉄銭の旧額37,093貫・新額3,853貫で、両額の差額－33,240貫・増額率－90％であるが、銅銭では旧額3,709貫・新額1,926貫で、その差額－1,783貫・増額率－48％である。以上の諸数値は章末の表１銭額総合表に整理して示す。

(2)　酒務表

　次に寰宇記76・九域志７により太平興国中～元豊間の懐安軍県の変化を県変遷図[1]に示す。酒統計は在城・県１・鎮市10を記すが、図のそれらの州県変遷からは旧務年代は不明であるので、一般的な旧務年代である景祐～慶暦に従っておく。

　図によれば熙寧十年前の旧外県１であり、酒統計の県酒務１であるので、県置務率は100％である。また酒務は州県務２・鎮市務10務の計12務で、州県務率17％・鎮市務率83％である。

　次に酒統計に○印を付した在城・金堂県（州県務２）、及び古城（鎮市務１）の計３処が酒務・旧商税務の併設地である。酒務地12処にしめる併設地の併設率は25％と低率である。また旧商税務３処[2]に対する併設地の対旧商税務率は100％である。

　次に酒務地に新商税務が設置された新税務地は、酒統計に□印を付した上記の１・２の地（州県務２）、及び３の地（鎮市務１）の計３処である。酒務地12処にしめる新税務地の新務率も25％と低率である。また新商税務３処[3]に対する新税務地の対新商税務率は100％である。

S12　懐安軍　県変遷図

年　代	外県	郭下
	金堂 漢州	金水 簡州
乾徳５年 967	②↓	①↓建軍
太平興國中		
旧務年代	1○ ○	○ ○
熙寧10年 1077	○1 ↓	↓

— 688 —

第二章　梓州路

　次に酒務地で元豊まで存在して地理表(4)にみえる存続地は、酒統計の地名に△印を付している。存続地は上記の1・2の地（州県務2）、及び3の地・牟池・眞多・唐化・三節・三州・常樂・柏茂・白芳（鎮市務9）で計11処である。酒務地12処にしめる存続地の存続率は92％である。上記の4～11の地（鎮）には新旧商税務が置かれていず、酒務のみが置かれているが酒額が約4千貫と低レベルである。

　次に旧商税務・新商税務・地理表のいずれにもみえない不明地は范村で、不明率8％である。以上の酒務・諸数値を酒務表に整理して示す。

S12　懐安軍　格同下州　地理表（主戸24,141　客戸3,184　計27,325　貢　紬）

格	県	距離	郷	鎮	％	その他	備　　考	水　系	計2
望	金水	郭下	13	6	46	0	唐化・三州・常樂・白芳・三節・柏茂鎮	中江	1
望	金堂	西50	16	4	25	0	金堂・眞多・古城・牟池鎮	中江	1
計2			29	10	34	0	土産　侯杏, 石榴		2種

×印の地：小さな町候補地1

S12　懐安軍　　　　酒　　務　　表

外県	置務県	置務率	州県務	州県務率	鎮市務	鎮市務率	酒務	併設地	併設率	旧商税務	対税務旧商率	新税務地	新税務率	新商税務	対税務新商率	存続地	存続率
1	1	100	2	17	10	83	12	3	25	3	100	3	25	3	100	11	92

併設地	州県	在城・金堂県						2処
計3	鎮市	古城						1処
新税務地	州県	1・2の地						2処
計3	鎮市	3の地						1処
存続地	州県	1・2の地						2処
計11	鎮市	3の地・牟池・眞多・唐化・三節・三州・常樂・柏茂・白芳						9処
不明地		范村			1処	不明率	8	％

旧務年代の町9（4～12の地）・小都市1、新務年代の町8（4～11の地）・小都市1
注　不明地は新務年代の町及び存続地に入れず

注

(1) 県変遷図の作成史料は拙著2、685頁参照。
(2) 拙著2、684頁。
(3) 拙著2、684頁。
(4) 拙著2、685頁の地理表に同じ。

第四編　鉄銭区

13　廣安軍 S 13

廣安軍の酒務及び新旧酒銭額は次の如くである。

(1)　酒統計

舊。○在□城△及○岳□池△県・故県△三務
歳　　　　　　　　　29,104貫
熙寧十年租額　　　2,914貫881文5分

　鉄銭の旧額29,104貫・新額2,914貫で、両額の差額－26,190貫・増額率－90％である。銅銭では旧額2,910貫・新額1,457貫であり、差額－1,453貫・増額率－50％である。以上の諸数値は章末の表1銭額総合表に整理して示す。

(2)　酒務表

　次に寰宇記138・九域志7により太平興国中～元豊間の廣安軍諸県の変化を県変遷図[1]に示す。酒統計は在城・県1・鎮市1を記すが、図のそれらの県変遷からは旧務年代は不明であるので、一般的な旧務年代である景祐～慶暦に従っておく。

　図によれば熙寧十年前の旧外県2であり、酒統計の県酒務1であるので、県置務率は50％である。また酒務は州県務2・鎮市務1務の計3務で、州県務率67％・鎮市務率33％である。

年　代	外　　県		郭下
	岳池	新明	渠江
	果州	合州	渠州
開寶2年 969	↓①	↓①	↓①
太平興國中			
旧務年代	1 ○	2 × ×	○ ○
熙寧10年 1077	○2 ↓	○1 ↓	↓

S13 廣安軍　県変遷図

　次に酒統計に○印を付した在城[1]・岳池県[2]（州県務2）の2処が酒務・旧商税務の併設地である。酒務地3処にしめる併設地の併設率は67％である。また旧商税務3処[2]に対する併設地の対旧商税務率は67％である。なお新明県には旧商税務・酒務が記載されていない。

　次に酒務地に新商税務が設置された新税務地は、酒統計に□印を付した上記の1・2の地（州県務2）の2処である。酒務地3処にしめる新税務地の新務地率は67％である。また新商税務3処[3]に対する新税務地の対新商税務率は67％である。

　次に酒務地で元豊まで存在して地理表[4]にみえる存続地は、酒統計の地名に△印を付している。存続地は上記の1・2の地（州県務2）、及び故県[3]（鎮市務1）で計3処である。酒

— 690 —

第二章　梓州路

務地3処にしめる存続地の存続率は100％である。

次に旧商税務・新商税務・地理表のいずれにもみえない不明地はなく、不明率０％である。以上の酒務・諸数値を酒務表に整理して示す。

廣安軍の鎮29・郷20で郷より鎮が多いが、新旧商税務・酒務はほとんどの鎮に置かれていない。單溪鎮に旧商税務のみが、故県鎮には酒務のみが記載されているに過ぎない。それらの多くの鎮は、経済的には小都市ではなかった。

S13　廣安軍　格同下州　地理表（主戸10,521　客戸14,751　計25,272　貢　絹）

格	県	距離	郷	鎮	％	その他	備　　考	水　系	計3
中	渠江	郭下	3	9	300	0	三溪・龍城・化城・望溪・舊龍池・袁市・沙溪・井溪・較車鎮	渠江	1
緊	岳池	西北120	11	7	63	0	蠱溪・故県・永勝・糞都・講山・雲山・銀山鎮	岳池水	1
中	新明	西南60	6	13	216	0	單溪・大通・鹽灘・龍臺・富流・西溪・甘溪・蠱池・雲賓・封山・萍池・和溪・石鼓鎮	嘉陵江	1
計 3			20	29	145	0	土産　絲, 布, 紬, 綿, 牡丹皮		5種

×印の地：小さな町候補地27、○印の地：大きな町に準ずる町1

S13　廣安軍　　　　酒　務　表

外県 2	置務県 1	置務率 50	州県務 2	州県務率 67	鎮市務 1	鎮市務率 33	酒務 3	併設地 2	併設率 67	旧商税務 3	対税務旧商率 67	新税務地 2	新税務率 67	新商税務 3	対税務新商率 67	存続地 3	存続率 100
併設地		州県	在城¹・岳池県²													2処	
計 2		鎮市														0処	
新税務地		州県	1・2の地													2処	
計 2		鎮市														0処	
存続地		州県	1・2の地													2処	
計 3		鎮市	故県³													1処	
不明地															0処	不明率	0 ％

旧務年代の町0・小都市0、新務年代の町1（3の地）・小都市0

注

(1) 県変遷図の作成史料は拙著2、686頁参照。
(2) 拙著2、686頁。　(3) 拙著2、686頁。
(4) 拙著2、687頁の地理表に同じ。

— 691 —

第四編　鉄銭区

14　富順監 S 14

富順監の酒務及び新旧酒銭額は次の如くである。

(1)　酒統計

舊。在監一務
　○□△
　①
無定額
　②
熙寧十年租額　　　　　　　　1,027貫500文
　注　①意を以て補う　②意を以て補う。食貨下七は天聖以後不榷とするが、旧務年代前のことであろう。

　富順監酒統計は、鉄銭の旧額を記さないので、無定額又は不榷であろう。ここでは無定額としておく。新額は1,027貫である。新旧両額の差額及び増額率は不明である。銅銭では新額513貫であるが、新旧差額・増額率は不明である。以上の諸数値は章末の表1銭額総合表に示す。

(2)　酒務表

　次に寰宇記88・九域志7により太平興国中～元豊間の富順監の変化を県変遷図⁽¹⁾に示す。図の州県変遷からは旧務年代は不明であるので、一般的な旧務年代である景祐～慶暦に従っておく。

　図によれば熙寧十年前の旧外県0で、県置務率はない。また酒務は州県務1・鎮市務0の計1務で、州県務率100％・鎮市務率0％である。

　次に酒統計に○□△印を付した在監の1処が併設地・新税務地・存続地であり、旧商税務⁽²⁾・新商税務⁽³⁾各1処であるので、それらに関連する諸比率は共に100％である。

　次に旧商税務・新商税務・地理表⁽⁴⁾にみえない不明地はなく、不明率0％である。以上の酒務・諸数値を酒務表に整理して示す。

　富順監は監直轄の鎮13を有するが郷がない。また鎮には新旧商税務・酒務が記載されていないので、それらは経済的には小都市ではなかった。

S14 富順監　県変遷図

年　代	郭下	監名
	瀘州	
乾德4年 966	⑤廃県義監 / ①富義監	①建置富義監
太平興國元年 976	○	②改名富順監
旧務年代	○	
治平1年 1064	③置県富順	
熙寧1年 1068	④廃県	
10年	○	

— 692 —

第二章 梓州路

S14 富順監　格同下州　地理表（主戸2,991　客戸8,193　計11,184　貢　葛）

格	県	距　離	郷	鎮	％	その他	備　　考	水　　系	計0
	郭下		0	0		0			0
鎮	×戦井	東　40	0			0			0
鎮	×夢井	東　63	0			0			0
鎮	×方灘	東　60	0			0			0
鎮	×羅井	東　80	0			0			0
鎮	×新棚	東　100	0			0			0
鎮	×眞溪	西　50	0			0			0
鎮	×臨江	西　50	0			0			0
鎮	×鄧井	西　50	0			0			0
鎮	×鼓井	西　60	0			0			0
鎮	×頼井	西　80	0			0			0
鎮	×赤頭	西　90	0			0			0
鎮	×頼易	西　100	0			0			0
鎮	×高市	北　70	0			0			0
計　14			0			0	土産　不記		
×鹽	井	西　?0	0			1	名不記		0

×印の地：小さな町候補地14
注　郭下は県として扱う

S14 富順監　　　　　　酒　務　表

外県	置務県	置務率	州県務	州県務率	鎮市務	鎮市務率	酒務	併設地	併設率	旧商税務	対税旧商率	新税務地	新務地率	新商税務	対税新商率	存続地	存続率
0	0	－	1	100	0	0	1	1	100	1	100	1	100	1	100	1	100

併設地	州県	在城	1処
計　1	鎮市		0処
新税務地	州県	1の地	1処
計　1	鎮市		0処
存続地	州県	1の地	1処
計　1	鎮市		0処
不明地		0処　不明率　0％	

旧務年代の町0・小都市0、新務年代の町0・小都市0

注

(1) 県変遷図の作成史料は拙著2、688～689頁参照。
(2) 拙著2、688頁。
(3) 拙著2、688頁。
(4) 拙著2、689頁の地理表に同じ。

第四編　鉄銭区

おわりに

　梓州路14州軍の酒銭額をまとめると表1の如くである。表1の上段には鉄銭の新旧銭額及び両額の差額、増額率を示し、下段には銅銭額に換算（旧額は鉄銭対銅銭＝10対1、新額は鉄銭対銅銭＝2対1）した新旧銅銭額及び両額の差額・増額率を示している。さらに表1に

表1　S梓州路　銭額総合表

州軍	旧額	新額	差額	酒銭増額率	商税増額率	旧商税	新商税	戸
S 1 梓州	135,288	13,517	−121,771	−90	−76	274,046	64,274	81,171
S 2 遂州	93,922	9,454	−84,468	−90	−82	280,676	50,147	51,187
S 3 果州	102,584	13,090	−89,494	−87	−78	148,188	32,478	52,418
S 4 資州	39,806	4,561	−35,245	−89	−76	92,677	21,389	39,465
S 5 普州	24,237	2,454	−21,783	−90	−73	68,321	18,356	29,500
S 6 昌州	10,151	1,162	−8,989	−89	−76	51,057	11,744	34,463
S 7 戎州	512	無定額	—	—	−86	103,245	14,210	17,019
S 8 瀘州	無定額	6,432	—	—	−80	113,293	21,631	35,064
S 9 合州	80,837	8,135	−72,702	−90	−72	137,206	37,597	36,634
S10 榮州	13,449	1,338	−12,111	−90	−81	47,347	8,769	16,665
S11 渠州	24,210	2,454	−21,757	−90	−70	53,221	15,563	20,804
<u>S12</u> 懷安軍	37,093	3,853	−33,240	−90	−86	181,488	24,137	27,325
S13 廣安軍	29,104	2,914	−26,190	−90	−57	42,786	18,256	25,272
S14 富順監	無定額	1,027	—	—	−77	44,349	9,788	11,184
計	591,193	70,391	−520,803	−80		1,637,900	348,339	478,171
S 1	13,528	6,758	−6,770	−50				
S 2	9,392	4,727	−4,665	−50				
S 3	10,258	6,545	−3,713	−36				
S 4	3,980	2,280	−1,700	−43				
S 5	2,423	1,227	−1,196	−49				
S 6	1,015	581	−434	−43				
S 7	51	無定額	—	—				
S 8	無定額	3,216	—	—				
S 9	8,083	4,067	−4,016	−50				
S10	1,344	669	−675	−50				
S11	2,421	1,227	−1,194	−49				
S12	3,709	1,926	−1,783	−48				
S13	2,910	1,457	−1,453	−50				
S14	無定額	513	—	—				
計	59,114	35,193	−23,921	−40				

注　州軍記号に下線を付した州軍は物額を有す
典拠
　新旧商税：拙著2・663頁、総合表1
　戸　　　：本章諸州軍の地理表

は各州軍の戸数及び商税額（熙寧十年新額）を付した。これは酒銭額と戸・商税との相関性・その他をみるためである。

　S1梓州・S2遂州・S3果州・S9合州の元豊戸はそれぞれ約8・5・5・4万戸で、元豊に近い熙寧十年の新商税額はそれぞれ鉄銭約6・5・3・4万貫である。戸・商税共に梓州路でトップクラスであり、熙寧十年の新酒額もまた各大約1万貫でトップクラスである。逆に戸・商税が低レベルのS10榮・S14富順監（戸約2万・約1万。商税鉄銭約8千貫・約9千貫）の新酒額も各々約1千貫で低レベルである。したがって梓州路では戸・商税の大小が大まかには酒銭額の大小と一致するので、戸・商税と酒銭額はおおまかではあるが相関性がある。

　次に酒銭額の新旧の相違をみると、比較可能な州軍11（S7・8・14を除く）は全て減額されている。注意したいのは、11州軍は全て約90％前後の減額になっていることである。銅銭区諸路の新旧の酒銭増減率の幅は－27％～36％（一編、比較表2）である。したがって梓州路の新旧の減額率は異常であることがわかる。

　また銅銭区の酒銭額は商税銭額の約1～5倍（二・三編「序」総合表）であるが、梓州路では旧酒銭額・新酒銭額は各鉄銭約59万貫・7万貫で、旧商税額・新商税額は各鉄銭約164万貫・35万貫である。新額では商税額が酒銭額より約28万貫多い。即ち新旧両額において商税が酒額の各約3～5倍である。したがって銅銭区とは逆に梓州路では商税額が酒額より甚だ多額であり異常である。この異常な逆転は鉄銭区の成都府路・利州路にも共通してみられる。このことをもって銅銭区より鉄銭区の商業活動が甚だ盛んであったと考えてはならない。商税の鉄銭額を銅銭額に換算して銅銭区と比較すると、鉄銭区の商税額は低い水準である。この鉄銭区における商税額が酒銭額より低額である原因については五編一章で分析する。

　次に表2に14州軍の酒務表をまとめている。酒務地124処のうち景祐～慶暦の旧務年代（旧商税務）・熙寧十年（税商新務）・元豊（地理表）で確認できない不明地は僅か16処にすぎず、地理表不記地もない。不明率13％・存続率87％は、梓州路において酒務が置かれた行政都市・小都市・町が社会的・経済的に安定性が甚だ高かったことを証する。なお地理表即ち九域志は鎮・寨・堡・城・津などを記すが、道店・草市を全く記さないので、酒務が置かれた道店・草市は地理表に現れない。したがって実際には存続率は高くなり、不明率は低くなる可能性が高い。

　次に表2によれば併設率が路全体としては17％と極低率である（一編一章、比較表2）。また酒務地に新商税務が置かれた新税務地の新務地率と併設率は共に甚だ低率であり、旧務

第四編　鉄銭区

表2　S梓州路　酒務総合表

州軍	州県務	鎮市務	鎮市率	全酒務	併設地	併設率	対旧商務率	新税務地	新税務地率	対新商務率	存続地	存続率	不明地	不明率	旧商税務	新商税務
S 1	9	10	53	19	2	11	100	9	47	90	18	95	1	5	2	10
S 2	4	0	0	4	1	25	50	1	25	50	4	100	0	0	2	2
S 3	1	0	0	1	1	100	100	1	100	100	1	100	0	0	1	1
S 4	4	12	75	16	1	6	100	1	6	100	14	88	2	12	1	1
S 5	3	44	94	47	1	2	100	3	6	100	35	74	12	26	1	3
S 6	3	0	0	3	3	100	8	3	100	100	3	100	0	0	39	3
S 7	2	0	0	2	2	100	67	2	100	67	2	100	0	0	3	3
S 8	1	0	0	1	1	100	0	1	100	33	1	100	0	0	6	3
S 9	5	4	44	9	1	11	100	1	11	100	9	100	0	0	1	1
S 10	5	0	20	5	1	20	100	4	80	100	5	100	0	0	1	4
S 11	1	0	0	1	1	100	100	1	100	100	1	100	0	0	1	1
S 12	2	10	83	12	3	25	100	3	25	100	11	92	1	8	3	3
S 13	2	1	33	3	2	67	67	2	67	67	3	100	0	0	3	3
S 14	1	0	0	1	1	100	100	1	100	100	1	100	0	0	1	1
計	43	81	66	124	21	17	32	33	27	85	108	87	16	13	65	39

注　1　酒務124＝存続地108＋不明地16
　　2　S8の旧務年代の酒務0である。州県務1、全酒務1は新務年代の数値
　　3　地理表不記地は無い

年代・新務年代の両年代における三司管轄の酒務・商税務の併設は同じ傾向にあった。なお銅銭区では併設率が70％以上の路13、60％以上の路4であり、鉄銭区3路は50％以下である（比較表2）。併設率が低い主たる原因は、人戸集住度が低く商業活動が低レベルで商税務が置かれない道店・草市・その他に酒務が多く置かれたことにあろう。また旧商税務65、併設地21であるので（表2）、商税務のみの地44と多い。表1によればS6昌州の旧商税額は僅か約1万貫でありながら旧商税務のみは39処と極端に多い。新商税務3で実に36務が減少している（表2）。このことについては後の表6で分析する。

表3　S梓州路　旧務年代の行政都市・小都市・町

州軍	S1	S2	S3	S4	S5	S6	S7	S8	S9	S10	S11	S12	S13	S14	計
行政都市	<u>9</u>	<u>4</u>	1	<u>4</u>	<u>3</u>	3	2	1	<u>5</u>	<u>5</u>	1	2	2	1	43
小都市	0	0	0	0	0	0	0	0	0	0	0	1	0	0	1
町	10	0	0	12	44	0	0	0	4	0	0	9	1	0	80
酒務（計）	19	4	1	16	47	3	2	1	9	5	1	12	3	1	124

典拠：各州軍酒務表
注　下線を付した行政都市数は酒務県を含む（S1-7、S2-3、S4-3、S5-2、S9-4、S10-3、計22県）

次に表3によれば、旧務年代の酒務124で、その内訳は行政都市42・小都市1・町81で

第二章　梓州路

ある。都市44（43＋1）の対酒務地率35％に過ぎない（表5）。これに対して町80の対酒務地率65％・対都市率182％で（表5）、銅銭区の諸路に比して極端に高率である（四編序、表3町比較表）。

次に表3の全14州軍が小都市0又は1の小都市未発達州軍（表5、州軍甲）であり、全州軍で小都市は発達していなかった。町が0又1の町未発達州軍州軍（表5、州軍乙）9で65％をしめ、多くの州軍で町が少なく、特定少数の州軍（S5普州44・S4資州12・S1梓州10・S12懐安軍9）に多い。普州の町44は異常であり、町が発達していたというより酒務を多設していた感がある。普州の旧酒銭額は約2万貫（表1）に過ぎず、路内ではS6昌州・S7戎州・S10榮州などと共に低レベルクラスに属する。町数に極端な地域格差がある場合は、州軍により酒務設置基準が違っていた可能性も考えられよう。なお表4の新務年代でも小都市未発達州軍・町未発達州軍のしめる比率はそれぞれ100％・64％であり旧務年代とほとんど差はない（後掲表5）。

次に表4によれば新務年代の併設地である新酒務地108の内訳は、行政都市32・小都市1・町65・酒務県10である。都市43（32＋1＋10）の対酒務地率40％、町の対酒務地率60％で（後掲表5）、町が酒務地の過半数を占めている。また都市対町＝43対65で、町の対都市率151％である（後掲表5）。新務年代でも町が多かった。

次に酒務が置かれず商税務のみが記された地である旧商税地・新商税地は表6の如くである。梓州路の旧商税地44処は旧商税務65の七割弱で、旧商税地が甚だ多く例外的である。しかし表を通覧するとS6昌州にのみ36処と多く、特殊な事情があったと思われるので、昌州を除外して考えるべきである。昌州を除くと旧商税地はわずか8処に過ぎず、旧商税務26（昌州を除く）の約三割でしかない。やはり梓州路でも旧商税地は数少ない地であることがわかる。これに加えて酒務・商税務の併設地が21処と多いことから旧商税地は厳選された地であることがわかる。また州軍13（昌州を除く）のうち旧商税地が0～3の州軍が12と多い。これらのことは路として商税務乱設を行なわなかったことを意味する。

新商税地6で旧商税地より甚だ少ないのは、基本的には新務年代までに主として三司の商税務が減少したことを意味する。前掲表2によれば2州軍で計39務が減少し、3州軍で計13務が新設され、全体では26務減である。それらの一部は司農寺坊場（税場）とされた可能性も考えられよう。

次ぎに本章の諸州軍の地理表の分析をまとめると表7の如くである。梓州路の記載地545処で最も多い水準Ⅳにある。その内訳は町・小都市が66処で水準Ⅳ、また小さな町候補443処で水準Ⅳで、いずれも甚だ多い。それらの都市・町に置かれている機関を機能に

第四編　鉄銭区

表4　S梓州路　新務時代の行政都市・小都市・町

州　　　　軍	S1	S2	S3	S4	S5	S6	S7	S8	S9	S10	S11	S12	S13	S14	計
行 政 都 市	9	1	1	1	3	3	2	1	1	4	1	2	2	1	32
小　都　市	0	0	0	0	0	0	0	0	0	0	0	1	0	0	1
町	9	0	0	10	32	0	0	0	4	1	0	8	1	0	65
酒　務　県	0	3	0	3	0	0	0	0	4	0	0	0	0	0	10
存　続　地	18	4	1	14	35	3	2	1	9	5	1	11	3	1	108

典拠：各州軍酒務表

表5　変動表

	旧務年代		新務年代		変動
	州軍数	比率	州軍数	比率	
全　州　軍	14	—	14	—	0%
州　軍　甲	14	100%	14	100%	0%
州　軍　乙	9	64%	9	64%	0%
酒　務　数	124		108		−13%
都　市　数	44		43		−1%
町　　　数	80		65		−15%
都市の対酒務率		35%		40%	5%
町 の 対 酒 務 率		65%		60%	−5%
町 の 対 都 市 率		182%		151%	−31%

州軍甲：小都市未発達州軍（小都市0又は1）
州軍乙：町未発達州軍（町数0又は1）
比率：甲、乙州軍÷全州軍
対酒務率＝都市数÷酒務数　対都市率＝町数÷都市数
州軍、酒務、都市、町の変動＝（新数−旧数）÷旧数
対酒務率、対都市率の変動＝新比率−旧比率
典　拠：表3・表4

表6　梓州路　新旧商税地

州　　　軍	S1	S2	S3	S4	S5	S6	S7	S8	S9	S10	S11	S12	S13	S14	計
旧 商 税 地	0	1	0	0	0	36	1	5	0	0	0	0	1	0	44
新 商 税 地	1	1	0	0	0	0	1	2	0	0	0	0	1	0	6

旧商税地＝旧商税務−併設地　新商税地＝新商税務−新税務地
典拠：本章「おわりに」前掲表2

より分類すると、保安機関の鎮357（水準Ⅳ）、保寨・堡などの軍事機関15（水準Ⅱ）、監・場などの生産機関173（水準Ⅳ）である。都市・町が極端に多く例外に属する。蛮に備える軍事機関は寨・堡・城など15処で、南端のS8濾州に集中して置かれた。生産機関は塩井監3・塩井165・鉄冶5・銅冶1である。（水準は一編一章末、比較表1参照）

第二章　梓州路

表7　梓州路　地理表記載地

路	記載地	無名地	町・小都市	大きな町に準ずる町	町候補地
S	545	168	無印地 66	○印地 36	×印地 443
機　能	保安	軍事	生産		
機　関	鎮 357	寨12, 堡2 城1	監2, 冶6 塩井165		

記載地＝町・小都市＋大きな町に準ずる町＋町候補地
無名地168は町候補地数に含まれる。機関に地名が付されていず町ではない可能性もあろう。
典拠：本章諸州軍地理表

第四編　鉄銭区

第三章　利州路

1　興元府 T 1

興元府の酒務及び新旧酒銭額は次の如くである。

(1) 酒統計

舊。在城及襃城・城固・西県・柏樹・長柳・石溪・鐸水・元融橋・尹池・桑林・符李店・界首・鶴鳴・仙源・十八里・游村・保子・白渠・颿石・沙坡橋・上元・勾家店・石羊・移平・柳家店・板橋・塌橋・張家店・梅子店・董村・龍潭・斯旱・文川・楊家舗・長木三十六務
歳　　　　　　　　　　６７，８００貫
熙寧十年買撲　　　　　　９，３６０貫４５１文
　注　①原文、驛。志、鐸　②原文、圓。志、元

　興元府の旧額は鉄銭67,800貫・新額9,360貫（文切り捨て、以下の州軍同じ）で、両額の差額－58,440貫・増額率－86％であるが、銅銭では旧額6,780貫・新額4,680貫（買撲、以下の州軍同じ）で、両額の差額－2,100貫、増額率－31％である。以上の諸数値は章末の表1銭額総合表に整理して示す。

(2) 酒務表

　次に宋本寰宇記133・九域志8・紀勝183にもとづくと太平興国中～元豊間の興元府諸県の変化は県変遷図(1)の如くである。酒統計は在城・県3・鎮市32を記すが、図のそれらの州県変遷からは旧務年代は不明であるので、一般的な旧務年代である景祐～慶暦に従っておく。

　図によれば熙寧十年前の旧外県3であり、酒統計の県酒務3であるので、県置務率は100％である。酒務は州県務4・鎮市務32務の計36務で、州県務率11％・鎮市務率89％である。鎮市務率が甚だ高い。

　次に酒統計に○印を付した在城・城固・西県（州県

第三章　利州路

務3）の計3処が酒務・旧商税務の併設地である。酒務地36処にしめる併設地の併設率は8％と極端に低率である。旧商税務3処⁽²⁾に対する併設地の対旧商税務率は100％である。なお襃城県の旧商税務は記載されていない。

次に小都市は○印の併設地の鎮市であるが、興元府にはみえない。町は○印を付さない鎮市（以下の州軍酒統計同じ）で32処（5～36の地）である。

次に酒務地に新商税務が設置された新税務地は、酒統計に□印を付した上記の1～3の地・襃城（州県務4）、及び元融橋（鎮市務1）の計5処である。酒務地36処にしめる新税務地の新務地率は14％と甚だ低い。新商税務5処⁽³⁾に対する新税務地の対新商税務率は100％である。

次に新務年代の小都市は□印の新税務地の鎮市で1処、町は○△印の地及び△印のみの鎮市であるが（以下の州軍酒統計同じ）、興元府には△印のみの町が2処（6・7の地）ある。

次に酒務地で元豊まで存在して地理表⁽⁴⁾にみえる存続地は、酒統計の地名に△印を付している。存続地は上記の1～4の地（州県務4）、及び5の地・長柳・鐸水（鎮市務3）で計7処である。酒務地36処にしめる存続地の存続率は19％と低率である。

次に旧商税務・新商税務・地理表のいずれにもみえない不明地は柏樹・石溪・尹池・桑林・符李店・界首・鶴鳴・仙源・十八里・游村・保子・白渠・颰石・沙坡橋・上元・勾家店・石羊・移平・柳家店・板橋・塌家店・張家店・梅子店・董村・龍潭・斯旱・文川・楊家鋪・長木など29処と甚だ多く、不明率は81％と極端に高率である。以上の酒務・諸数値を酒務表に整理して示す。

T1　興元府　格次府　地理表（主戸48,567　客戸9,161　計57,728　貢　臙脂，紅花）

格	県	距離	郷	鎮	％	その他	備考	水系	計4
次赤	南鄭	郭下	5	3	60	0	長柳・柏香・西橋鎮	漢水	1
次畿	城固	東65	7	2	28	茶場1	元融橋・弱溪鎮 麻油塸茶場	黒水	1
次畿	襃城	西北45	3	2	66		襃城・橋閣鎮	溪水，襃水，斜水（注）	1
次畿	西県	西100	8	2	25	冶1	仙流・鐸水鎮 錫冶（地名不記）	洛水	1
計4			23	9	39	2	土産 紅花，燕脂，夏蒜，冬筍，糟瓜，薬物，蠲紙（宋本）		7種
茶場		西北1	0	0	0	0	熙寧八年置（地名不記）		0

×印の地：小さな町候補地9
（注）九域志9・溪水の校注⑽を参照

第四編　鉄銭区

T1 興元府　　　　　　　酒　務　表

外県	置務県	置務率	州県務	州県務率	鎮市務	鎮市務率	酒務	併設率	併設地	旧商税務	対税旧商率	新税務地	新税務地率	新商税務	対税新商率	存続地	存続率
3	3	100	4	11	32	89	36	3	8	3	100	5	14	5	100	7	19

併設地	州県	在城¹・城固²・西県³	3 処
計 3	鎮市	（小都市、以下の州軍酒務表同じ）	0 処
新税務地	州県	1〜3の地・褒城⁴	4 処
計 5	鎮市	元融橋⁵（小都市、以下の州軍酒務表同じ）	1 処
存続地	州県	1〜4の地	4 処
計 7	鎮市	5の地・長柳⁶・鐸水⁷	3 処
不明地		柏樹⁸・石渓⁹・尹池¹⁰・桑林¹¹・符李店¹²・界首¹³・鶴鳴¹⁴・仙源¹⁵・十八里¹⁶・澼村¹⁷・保子・白渠・颶石・沙坡橋・上元・勾家店・石羊・移平・柳家店・板橋・塌家店・張家店・梅子店・董村・龍潭・斯早・文川・楊家鋪・長木　29処	不明率 81 ％

旧務年代の町32（5〜36の地）・小都市0、新務年代の町2（6・7の地）・小都市1
注　①4の地は旧務年代では酒務県
　　②不明地29処は存続地・新務年代の町に入れず

注

(1) 県変遷図の作成史料は拙著2、693〜694頁参照。
(2) 拙著2、693頁。　(3) 拙著2、693頁。　(4) 拙著2、695頁の地理表に同じ。

2　利州T2

利州の酒務及び新旧酒銭額は次の如くである。

(1)　酒統計

舊。在城及縣谷○□△・東嘉・昭化○□△・平蜀・葭萌県六務
　　①
歳　　　　　　　　　　19,743貫
熙寧十年買撲　　　　　1,982貫028文
　注　①郭下県、都市数に入れず　②原文、葫。志、萌

利州の旧額は鉄銭19,743貫・新額1,982貫で、両額の差額−17,761貫・増額率−90％である。銅銭では旧額は1,974貫・新額991貫で、その差額−983貫、増額率−50％である。以上の諸数値は章末の表1銭額総合表に整理して示す。

（2） 酒務表

次に宋本寰宇記135・九域志8・紀勝83により太平興国中～元豊間の利州諸県の変化を県変遷図[1]に示す。酒統計は在城・県3（郭下県を入れず）・鎮市1を記すが、図のそれらの州県変遷からは旧務年代は不明であるので、一般的な旧務年代である景祐～慶暦に従っておく。

図によれば熙寧三年前の旧外県4であり、酒統計の県酒務3（緜谷を除く）であるので、県置務率は75％である。また酒務は州県務4・鎮市務1務の計5務で、州県務率80％・鎮市務率20％である。

```
    T2 利州　県変遷図
年 代      外　県         郭下
         嘉 平 昭 葭       緜
太平興國中 川 蜀 化 萌       谷
         集州
                ↓
咸平5年    ①
1002
         1× 2× 3○ 4○    ○
旧務年代    ×  ○  ○  ○     ○
熙寧3年         ←②
1070
                         ↓
10年     ○3    ○2 ○1   ○
                ↓       ↓
```

次に酒統計に○印を付した在城・昭化・葭萌県（州県務3）の計3処が酒務・旧商税務の併設地である。酒務地5処にしめる併設地の併設率は60％である。また旧商税務3処[2]に対する併設地の対旧商税務率は100％である。なお嘉川・平蜀両県の旧商税務は記載されず、嘉川の酒務も記載されていない。平蜀は新務年代では地理表にみえない。

次に酒務地に新商税務が設置された新税務地は、酒統計に□印を付した上記の1～3の地（州県務3）の計3処である。酒務地5処にしめる新税務地の新務地率は60％である。また新商税務4処[3]に対する新税務地の対新商税務率は75％である。

次に酒務地で元豊まで存在して地理表[4]にみえる存続地は、酒統計の地名に△印を付している。存続地は上記の1～3の地（州県務3）で計3処である。酒務地5処にしめる存続地の存続率は60％である。

次に旧商税務・新商税務・地理表のいずれにもみえない不明地は東嘉・平蜀の2処で、不明率40％である。以上の酒務・諸数値を酒務表に整理して示す。

T2 利州　格都督府　地理表（主戸5,535　客戸16,644　計22,179　貢　金，銅鐵）

格	県	距　離	郷	鎮	％	その他	備　　考	水　系	計4
中	緜谷	郭下	22	2	9	0	朝天・嘉川鎮	潜水，緜谷	2
中	葭萌	南　85	9	3	33	0	永長・永安・永興鎮	嘉陵水	1
中下	嘉川	東　110	6	1	16	0	地擀鎮	宋江	1
下	昭化	南　33	2	3	150	0	昭化・望喜・白水鎮		0
計　4			39	9	23	0	土産 柑子，蠟燭，附子，枇杷，鱔子，天雄，烏頭，黄連，絁（宋本）9種		

×印の地：小さな町候補地9

第四編　鉄銭区

T2 利州　　　　　　　酒　務　表

外県	置務県	置務率	州県務	州県務率	鎮市務	鎮市務率	酒務	併設地	併設率	旧商税務	対旧商税務率	新税務地	新税務地率	新商税務	対新商税率	存続地	存続率
4	3	75	4	80	1	20	5	3	60	3	100	3	60	4	75	3	60

併設地	州県	在城[1]・昭化[2]・葭萌県[3]					3処
	計 3	鎮市						0処
新税務地	州県	1～3の地						3処
	計 3	鎮市						0処
存続地	州県	1～3の地						3処
	計 3	鎮市						0処
不明地		東嘉[4]・平蜀[5]			2処	不明率	40 %

旧務年代の町 2（4・5 の地）・小都市 0、新務年代の町 0・小都市 0
注　1　不明地 2 は存続地・新務年代の町に入れず
　　2　平蜀は旧務年代の酒務県（税務不記の県）

注

(1)　県変遷図の作成史料は拙著 2、696 頁参照。
(2)　拙著 2、695 頁。　(3)　拙著 2、695 頁。
(4)　拙著 2、696 頁の地理表に同じ。

3　洋州 T 3

洋州の酒務及び新旧酒銭額は次の如くである。

(1)　酒統計

舊。在城及興道○□△①・西郷・眞符県○□▲・昔水五務②
歳　　　　　　　　　　15,419貫
熙寧十年買撲　　　2,061貫424文8分
　注　①郭下県、酒務数に入れず。　②原文、聟。志、昔。旧商税務、胥

　旧額は鉄銭15,419貫・新額2,061貫で、両額の差額－13,358貫・増額率－87％であるが、銅銭では旧額は1,541貫・新額1,030貫で、両額の差額－511貫、増額率－33％である。以上の諸数値は章末の表1銭額総合表に整理して示す。

第三章　利州路

(2)　酒務表

次に宋本寰宇記138・九域志8により太平興国中～元豊間の洋州諸県の変化を県変遷図[1]に示す。酒統計は在城・県2（郭下県を入れず）・鎮市1を記すが、図のそれらの州県変遷からは旧務年代は不明であるので、一般的な旧務年代である景祐～慶暦に従っておく。

図によれば熙寧十年前の旧外県2であり、酒統計の県酒務2（興道県を除く）であるので、県置務率は100％である。また酒務は州県務3・鎮市務1の計4務で、州県務率75％・市務率25％である。

次に酒統計に○印を付した在城・西郷県（州県務2）の計2処が酒務・旧商税務の併設地である。酒務地4処にしめる併設地の併設率は50％である。旧商税務8処[2]に対する併設地の対旧商税務率は25％である。なお眞符県の新旧商税務は記載されていない。

次に酒務地に新商税務が設置された新税務地は、酒統計に□印を付した上記の1・2の地（州県務2）の計2処である。酒務地4処にしめる新税務地の新務地率は50％である。また新商税務4処[3]に対する新税務地の対新商税務率は50％である。

次に酒務地で元豊まで存在して地理表[4]にみえる存続地は、酒統計の地名に△印を付している。存続地は上記の1・2の地・眞符（州県務3）、及び昔水（鎮市務1）で計4処である。酒務地4処にしめる存続地の存続率は100％である。

次に旧商税務・新税務・地理表のいずれにもみえない不明地はなく、不明率0％である。以上の酒務・諸数値を酒務表に整理して示す。

T3　洋州　県変遷図

年代	外　県			郭下
	黃金	眞符	西郷	興道
乾徳4年 966	①→			
太平興國中				
旧務年代	1×	2○	○	○
熙寧10年 1077	×2	○1	○	○

T3　洋州　格望　地理表（主戸32,159　客戸27,138　計59,297　貢　隔織）

格	県	距　離	郷	鎮	%	その他	備　　考	水　系	計3
望	興道	郭下	21	1	4	0	昔水鎮	漢水	1
上	西郷	東南 87	15	0	0	0		洋水	1
中	眞符	東 49	11	0	0	0		黃金水	1
計 3			47	1	2	0	土産　熊皮，豼皮，狐皮，狸皮，麝香，隔織（宋本）	6種	

第四編　鉄銭区

T3 洋州　　　　　　　　　酒　務　表

外県 2	置務県 2	置務率 100	州県務 3	州県務率 75	鎮市務 1	鎮市務率 25	酒務 4	併設地 2	併設率 50	旧商税務 8	対旧商税務率 25	新税務地 2	新税務地率 50	新商税務 4	対新商税務率 50	存続地 4	存続率 100

併設地	州県	在城¹・西郷²	2処
計　2	鎮市		0処
新税務地	州県	1・2の地	2処
計　2	鎮市		0処
存続地	州県	1・2の地・眞符県³	3処
計　4	鎮市	昔水⁴	1処
不　明　地		0処　　不明率　0%	

旧務年代の町1（4の地）・小都市0、新務年代の町1（4の地）・小都市0
注　3の地は新旧務年代の酒務県

注

(1) 県変遷図の作成史料は拙著2、697頁参照。
(2) 拙著2、697頁。
(3) 拙著2、697頁。
(4) 拙著2、698頁の地理表に同じ。

4　閬州 T 4

閬州の酒務及び新旧酒銭額は次の如くである。

(1) 酒統計

舊。在城及南部・蒼溪・新政・奉國・新井・晉安・岐平県①・彭城・龍榮・龍義・耀池・恭思・馬頭・東郭・南平②・富安・金池・泉會・青山・牟池・普安・重山・長利・龍延・安溪・利溪・普潤・龍泉・重錦・龍山・王井・封山・木奴・玉山・龍居・西永・金仙・木頭・永安・花林四十一務③

歳　　　　　　　１０１,００９貫
熙寧十年買撲　　　　９,１９５貫６６５文１分
　注　①原文、忏。志、平　②原文、垣。志、郭　③原文、二。計４１

鉄銭の旧額101,009貫・新額9,195貫で、両額の差額−91,814貫・増額率−91%である。銅銭では旧額10,100貫・新額4,597貫で、その差額−5,503貫、増額率−54%である。以上の諸数値は章末の表1銭額総合表に整理して示す。

第三章　利州路

(2) 酒務表

次に寰宇記86・九域志8により太平興国中～元豊間の閬州諸県の変化を県変遷図[1]に示す。酒統計は在城・県8・鎮市32を記すが、図のそれらの州県変遷からは旧務年代は不明であるので、一般的な旧務年代である景祐～慶暦に従っておく。

図によれば熙寧三年前の旧外県8であり、酒統計の県酒務8であるので、県置

年　代	外　　　　　県								郭下
	南部	岐平	奉國	西水	晉安	新政	蒼溪	新井	閬中
太平興國中	○	○	○	○	○	○	○	○	○
旧務年代	1※○	2※○	3※○	4※○	5※○	6※○	7※○	8※○	○
熙寧3年 1070		①→		←①					○
10年	○6↓	○5↓	○4↓	○3↓		○2↓		○1↓	○↓

T4　閬州　県変遷図

務率は100％である。また酒務は州県務9・鎮市務32務の計41務で、州県務率22％・鎮市務率78％である。鎮市務率が甚だ高い。

次に酒統計に○印を付した在城の計1処（州県務1）が酒務・旧商税務の併設地で甚だ少ない。酒務地41処にしめる併設地の併設率は2％で極端に低率である。旧商税務1処[2]に対する併設地の対旧商税務率は100％である。なお8外県全ての旧商税務が記載されていないが、新務年代では全県に税務が置かれた。

次に酒務地に新商税務が設置された新税務地は、酒統計に□印を付した上記の1の地・南部・蒼溪・新政・奉國・新井・西水（州県務7）の計7処である。酒務地41処にしめる新税務地の新務地率は17％と低率である。また新商税務7処[3]に対する新税務地の対新商税務率は100％である。

次に酒務地で元豊まで存在して地理表[4]にみえる存続地は、酒統計の地名に△印を付している。存続地は上記の1～7の地（州県務7）、及び晉安・岐平・富安・泉會・青山・牟池・普安・長利・龍延・安溪・利溪・龍泉・重錦・龍山・王井・封山・木奴・玉山・金仙・永安・花林・東郭・南平[5]・重山（鎮市務24）で計31処である。酒務地41処にしめる存続地の存続率は76％である。なお晉安・岐平は旧務年代では県であるが、新務年代では鎮である。

次に旧商税務・新商税務・地理表のいずれにもみえない不明地は彭城・龍榮・龍義・耀池・恭思・馬頭・金池・普潤・龍居・木頭などの10処と多く、不明率24％と高率である。以上の酒務・諸数値を酒務表に整理して示す。

閬州の鎮27であるが、それらに新旧商税務が記載されていない[6]。酒務はそれらのうち24鎮に置かれているが、商業活動が低レベルで税務も記載されない鎮である。それらの鎮は経済的には小都市としての鎮ではなかった。

第四編　鉄銭区

T4　閬州　格上　地理表（主戸36,536　客戸17,701　計54,237　貢　蓮綾）

格	県	距離		郷	鎮	%	その他	備　考	水　系	計8
望	閬中	郭下		8	4	50	0	東郭・南津・西津・北津鎮	嘉陵江	1
緊	蒼溪	北	40	6	2	33	0	牟池・青山鎮	東江，蒼溪	2
緊	南部	南	71	5	3	60	0	富安・泉會・南坪鎮	嘉陵江	1
緊	新井	西南	75	13	2	15	0	王井・封山鎮	西水	1
中	奉國	東北	70	2	4	200	0	重錦・龍泉・龍山・岐平鎮	奉國水	1
中	新政	東南	135	3	6	200	0	長利・利溪・安溪・普安　重山・龍延鎮	嘉陵江	1
中下	西水	西	120	4	6	150	0	晉安・木奴・玉山・花林　永安・金仙鎮	西水	1
計　7				41	27	65	0	土産　獠布，當歸，重蓮綾，絹		4種

×印の地：小さな町候補地3、〇印の地：大きな町に準ずる町1
注　刊本により「平」

T4　閬州　　　　　　　　酒　務　表

外県	置務県	置務率	州県務	州県務率	鎮市務	鎮市務率	酒務	併設地	併設率	旧商税務	対旧税商率	新税務地	新税務率	新商税務	対新商税率	存続地	存続率
8	8	100	9	22	32	78	41	1	2	1	100	7	17	7	100	31	76

併設地	州県	在城[1]	1 処
計　1	鎮市		0 処
新税務地	州県	1の地・南部[2]・蒼溪[3]・新政[4]・奉國[5]・新井[6]・西水[7]	7 処
計　7	鎮市		0 処
存続地	州県	1～7の地	7 処
	鎮市	晉安[8]・岐平[9]・富安[10]・泉會[11]・青山[12]・牟池[13]・普安[14]・長利[15]・龍延[16]・安溪[17]・利溪[18]・龍泉[19]・重錦[20]・龍山[21]・王井[22]・封山[23]・木奴[24]・玉山[25]・金仙[26]・永安[27]・花林[28]・東郭[29]・南平[30]・重山[31]	
計 31			24 処
不明地		彭城[32]・龍榮[33]・龍義[34]・耀池[35]・恭思[36]・馬頭[37]・金池[38]・普潤[39]・龍居[40]・木頭[41]　10 処	不明率　24 ％

旧務年代の町34（8～41の地）・小都市0、新務年代の町24（8～31の地）・小都市0
注　2～7の地は旧務年代では酒務県6

注

(1)　県変遷図の作成史料は拙著2、699頁参照。
(2)　拙著2、698頁。
(3)　拙著2、698～699頁。
(4)　拙著2、700頁の地理表に同じ。
(5)　南平は地理表にみえる南坪の可能性も考えられるが、ここでは別の鎮として取扱う。
(6)　同(3)。

第三章　利州路

5　劍州 T 5

劍州の酒務及び新旧酒銭額は次の如くである。

(1)　酒統計

舊。在城及劍門關・梓潼県三務
　　①
歳　　　　　　　　　　36,962貫
熙寧十年買撲　　　　　3,730貫714文
　注　①県として扱う。県が関に置かれた。拙著1、701頁参照

　劍州の鉄銭の旧額36,962貫・新額3,730貫で、両額の差額－33,232貫・増額率－90％である。銅銭では旧額3,696貫・新額1,865貫で、その差額－1,831貫、増額率－50％である。以上の諸数値は章末の表1銭額総合表に整理して示す。

(2)　酒務表

　次に寰宇記84・九域志8・紀勝186により太平興国中～元豊間の劍州諸県の変化を県変遷図[(1)]に示す。酒統計は在城・県2を記すが、図のそれらの州県変遷からは旧務年代は不明であるので、一般的な旧務年代である景祐～慶暦に従っておく。

　図によれば熙寧五年前の旧外県5であり、酒統計の県酒務2であるので、県置務率は40％である。また酒務は州県務3・鎮市務0の計3務で、州県務率100％・鎮市務率0％である。

　次に酒統計に○印を付した在城・劍門關[(2)]・
　　　　　　　　　　　　　　　１　　２
梓潼県（州県務3）の計3処が酒務・旧商税務の併設地である。酒務地3処にしめる併設
３
地の併設率は100％である。旧商税務7処[(3)]に対する併設地の対旧商税務率は43％である。なお普成・武連・陰平・臨津4県の酒務は記載されていない。

　次に酒務地に新商税務が設置された新税務地は、酒統計に□印を付した上記の1～3の地（州県務3）の計3処である。酒務地3処にしめる新税務地の新務地率は100％である。

年　代	外　県					郭下
太平興國中	劍門	普成	武連	梓潼	陰平	臨津	普安
景德3年 1006	①劍門關						
旧務年代	○	○1	○2	○3	○4	○5	○
	○	×	×	○	×	×	○
熙寧5年 1072	②↓					②→	
10年	○	○5 ○4 ○3 ○2 ○1					○

T5 劍州　県変遷図

注　劍門關は京師直隷

第四編　鉄銭区

　また新商税務6処[4]に対する新税務地の対新商税務率は50％である。

　次に酒務地で元豊まで存在して地理表[5]にみえる存続地は、酒統計の地名に△印を付している。存続地は上記の1～3の地（州県務3）で計3処である。酒務地3処にしめる存続地の存続率は100％である。

　次に旧商税務・新商税務・地理表のいずれにもみえない不明地はなく、不明率0％である。以上の酒務・諸数値を酒務表に整理して示す。

　剣州の鎮17であるが、それらのうち旧商税が置かれたのは臨津鎮のみである[6]。しかし新商税務は置かれなかった。酒務は全鎮に置かれていないので、17鎮は経済的には小都市ではなかった。

T5　剣州　格上　地理表（主戸20,659　客戸7,586　計28,245　貢　巴戟）

格	県	距離	郷	鎮	％	その他	備考	水系	計6
中下	普安	郭下	9	2	22	0	臨津・永安鎮	大剣水	1
上	梓潼	南 160	4	4	100	0	亮山・稜連・龍池・上亭鎮	梓潼江	1
中	陰平	西北 160	7	3	42	0	全門・百頃・長平鎮	岐江	1
中	武連	西 85	5	2	40	0	柳池・長江鎮	小潼水	1
中下	普成	南 142	8	5	62	0	豊饒・馬顕・長興・茄城・香城鎮	柘渓	1
中下	剣門	東北 55	20	1	5	寨6	豊盛鎮　小剣・白砥・砲砍・糧谷・龍聚・托渓寨	剣門峡	1
計 6			53	17	32	6	土産　葦鞋，紗，絲布，蘇蓆，巴戟，蜀紙		6種

×印の地：小さな町候補地22、○印の地：大きな町に準ずる町1
注　新商税務6に郭下県務を含めず。拙著2、700頁参照

T5　剣州　　　　　　酒　務　表

外県 5	置務県 2	置務率 40	州県務 3	州県務率 100	鎮市務 0	鎮市務率 0	酒務 3	併設地 3	併設率 100	旧商税務 7	対旧商税率 43	新税務地 3	新税務地率 100	新商税務 6	対新商税率 50	存続地 3	存続率 100

併設地	州県	在城・剣門關・梓潼県	3 処
計 3	鎮市		0 処
新税務地	州県	1～3の地	3 処
計 3	鎮市		0 処
存続地	州県	1～3の地	3 処
計 3	鎮市		0 処
不　明　地		0 処　不明率　0 ％	

旧務年代の町0・小都市0、新務年代の町0・小都市0

第三章　利州路

注

(1) 県変遷図の作成史料は拙著 2 、701頁参照。
(2) 景徳三年〜熙寧五年の間、劍門県は劍門關に隷し、劍門關は京師直隷であった。しかし旧務年代の商税務は劍門県に置かれ、劍州に記載されている。旧酒務も劍州に記載されているので、劍門県を劍州外県として取扱う。また酒務を劍門關が監しているが、ここでは劍門県酒務として扱う。都市の視点からすると劍門県＝劍門關である。
(3) 拙著 2 、700頁。
(4) 拙著 2 、700頁。
(5) 拙著 2 、702頁の地理表に同じ。
(6) 拙著 2 、700頁参照。

6　巴州 T 6

巴州の酒務及び新旧酒銭額は次の如くである。

(1)　酒統計

舊。在城及恩陽・七盤・曾口・其章県・茶垣・萬善・嘉福・茸山・新興・定寶・赤石・萬春・習善十四務
歲　　　　　　　　7,470貫
熙寧十年買撲　　　1,050貫992文
　　　銀　　　　　126兩

注　①原文、息。志、恩

鉄銭の旧額7,470貫・新額1,050貫で、両額の差額－6,420貫・増額率－86％である。銅銭では旧額747貫・新額525貫で、その差額－222貫、増額率－30％である。以上の諸数値は章末の表 1 銭額総合表に整理して示す。

(2)　酒務表

次に寰宇記139・九域志 8 により太平興国中〜元豊間の巴州諸県の変化を県変遷図[(1)]に示す。酒統計は在城・県 4 ・鎮市 9 を記すが、図のそれらの州県変遷からは旧務年代は不明であるので、一般的な旧務年代である景祐〜慶暦に従っておく。

図によれば熙寧二年前の旧外県 4 であり、酒統計の県酒務 4 であるので、県置務率は100％である。また酒務は州県務 5 ・鎮市務 9 務の計14務で、州県務率36％・鎮市務率64％である。鎮市務率が高い。

次に酒統計に○印を付した在城・恩陽・七盤・曾口・其章県（州県務 5 ）の計 5 処が酒

第四編　鉄銭区

務・旧商税務の併設地である。酒務地14処にしめる併設地の併設率は36％で低率である。旧商税務5処[(2)]に対する併設地の対旧商税務率は100％である。

次に酒務地に新商税務が設置された新税務地は、酒統計に□印を付した上記の1・2・4の地（州県務3）の計3処である。酒務地14処にしめる新税務地の新務地率は21％で低率である。また新商税務6処[(3)]に対する新税務地の対新商税務率は50％である。

次に酒務地で元豊まで存在して地理表[(4)]にみえる存続地は、酒統計の地名に△印を付している。存続地は上記の1・2・4の地（州県務3）、及び3・5の地・萬善[6]・嘉福[7]・葺山[8]・新興[9]・定寶[10]・萬春[11]（鎮市務8）で計11処である。酒務地14処にしめる存続地の存続率は79％である。旧務年代の七盤[3]・其章[5]両県は新務年代では鎮であり、新商税務も置かれなかった。

次に旧商税務・新商税務・地理表のいずれにもみえない不明地は茶垣[12]・赤石[13]・習善[14]など3処で、不明率21％である。以上の酒務・諸数値を酒務表に整理して示す。

巴州の鎮15のうち6鎮に酒務が記載されているが、6鎮の新旧商税務は記載されていない。清化鎮に新商税務が新設されているが、他の14鎮に新旧商税務が設置されていない。ほとんどの鎮は小都市としての鎮ではないと思われる。

T6 巴州　県変遷図

年代	外県								郭下
	通江	始寧	其章	歸仁	曾口	七盤	恩陽	盤道	難江	清化	化城
乾徳4年 966 太平興國中		①→		①→				①→			
咸平2年 999	壁州									集州②	
旧務年代			1○		2○	3○	4○				○
熙寧2年 1069	符陽 白石					③→					
5年	④	④→					④		④	④	
10年	○4				○3		○2		○1		○

T6 巴州　格中　地理表（主戸8,605　客戸23,261　計31,866　貢　縣紬）

格	県	距離	郷	鎮	％	その他	備　　考	水　系	計6
中下	化城	郭下	9	4	44	0	萬春・永城・清化・盤道鎮	巴江	1
上	難江	北160	7	1	14	0	塗輪鎮	難江	1
中下	恩陽	西南30	7	3	42	0	七盤・嘉福・萬善鎮	清水	1
下	曾口	東南30	5	5	100	0	其章・定寶・運山・葺山・新興鎮	北水, 曾口谷	2
下	通江	東160	16	2	12	0	廣納・消渓鎮	諾水	1
計 5			44	15	34	0	土産　紬, 綿, 白藥, 巴戟天, 茶		5種

×印の地：小さな町候補地3、○印の地：大きな町に準ずる町5（永城・塗輪・盤道は集州旧税務）

T6 巴州 酒務表

外県	置務県	置務率	州県務	州県務率	鎮市務	鎮市務率	酒務	併設地	併設率	旧商税務	対税務旧商率	新税務地	新税務地率	新商税務	対税新商率	存続地	存続率
4	4	100	5	36	9	64	14	5	36	5	100	3	21	6	50	11	79

併設地	州県	在城[1]・恩陽[2]・七盤[3]・曾口[4]・其章県[5]	5 処		
計 5	鎮市		0 処		
新税務地	州県	1・2・4の地	3 処		
計 3	鎮市		0 処		
存続地	州県	1・2・4の地	3 処		
計 11	鎮市	3・5の地・萬善[6]・嘉福[7]・茸山[8]・新興[9]・定寶[10]・萬春[11]	8 処		
不 明 地		茶垣[12]・赤石[13]・習善[14]	3 処	不明率	21 ％

旧務年代の町 9（6〜14の地）・小都市 0、新務年代の町 6（6〜11の地）・小都市 0
注　不明地 3 は存続地・新務年代の町に入れず

注

(1) 県変遷図の作成史料は拙著 2、703頁参照。
(2) 拙著 2、702頁。
(3) 拙著 2、702頁。
(4) 拙著 2、704頁の地理表に同じ。

7　文州 T 7

文州の麹務及び新旧酒銭額は次の如くである。

(1)　酒統計

舊。在城一務 ○□△
歳　　　　　　　　　6,443貫
熙寧十年買撲　　　　1,129貫276文

鉄銭の旧額6,443貫・新額1,129貫で、両額の差額−5,314貫・増額率−82％である。銅銭では旧額644貫・新額564貫で、その差額−80貫、増額率−12％である。以上の諸数値は章末の表1銭額総合表に整理して示す。

第四編　鉄銭区

(2) 酒務表

次に宋本寰宇記134・九域志8により太平興国中～元豊間の文州諸県の変化を県変遷図[1]に示す。酒統計は在城を記すが、旧務年代は不明であるので、一般的な旧務年代である景祐～慶暦に従っておく。

図によれば熙寧十年前の旧外県はなく、県置務率はない。酒務は州県務1・鎮市務0の計1務で、州県務率は100％・鎮市務率0％である。

T7 文州　県変遷図		
年　代	外県	郭下
太平興国中	ナシ	曲水
旧務年代		○ ○
熙寧10年 1077		○ ↓

次に酒統計に○印を付した在城の1処（州県務1）が酒務・旧商税務の併設地である。酒務地1処にしめる併設地の併設率は100％である。旧商税務6処[2]に対する併設地の対旧商税務率は17％と低率である。

次に酒務地に新商税務が設置された新税務地は、酒統計に□印を付した上記の1の地の1処（州県務1）である。酒務地1処にしめる新税務地の新務地率は100％である。また新商税務4処[3]に対する新税務地の対新商税務率は25％と低率である。

次に酒務地で元豊まで存在して地理表[4]にみえる存続地は、酒統計の地名に△印を付している。存続地は上記の1の地の1処（州県務1）である。酒務地1処にしめる存続地の存続率は100％である。

次に旧商税務・新商税務・地理表のいずれにもみえない不明地はなく、不明率0％である。以上の酒務・諸数値を酒務表に整理して示す。

T7 文州　格中下　地理表（主戸11,535　客戸573　計12,108　貢　麝香）

格	県	距離	郷	鎮	％	その他	備　　　考	水　　系	計1
中下	曲水	郭下	9	5	55	寨9 務1	扶州・永定・宕由・南路・方維鎮 童石・毗谷・張添・磨蓬・留夯・ 羅移・息林・茂門・特波寨 永銀務（名不記）	東維水	1
計　1			9	5	55	10	土産　羚羊角, 麝香, 紅花, 白蜜, 甘子, 雄黄, 布, 羌活, 獂, 香, 　　　獐子		11種

×印の地：小さな町候補地14

第三章　利州路

T7 文州　　酒務表

外県	置務県	置務率	州県務	州県務率	鎮市務	鎮市務率	酒務	併設地	併設率	旧商税務	対税旧商率	新税務地	新税地率	新商税務	対税新商率	存続地	存続率
0	0	―	1	100	0	0	1	1	100	6	17	1	100	4	25	1	100

併設地	州県	在城		1処
	計 1	鎮市		0処
新税務地	州県	1の地		1処
	計 1	鎮市		0処
存 続 地	州県	1の地		1処
	計 1	鎮市		0処
不 明 地			0処　不明率	0　%

旧務年代の町0・小都市0、新務年代の町0・小都市0

注
(1)　県変遷図の作成史料は拙著2、705頁参照。
(2)　拙著2、705頁。
(3)　拙著2、705頁。
(4)　拙著2、706頁の地理表に同じ。

8　興州 T 8

興州の酒務及び新旧酒銭額は次の如くである。

(1)　酒統計
舊。在城一務
歳　　　　　　　　　　18,320貫
熙寧十年買撲　　　　　2,241貫264文

　鉄銭の旧額18,320貫・新額2,241貫で、両額の差額－16,079貫・増額率－88％である。銅銭では旧額1,832貫・新額1,120貫で、その差額－712貫、増額率－39％である。以上の諸数値は章末の表1銭額総合表に整理して示す。

— 715 —

第四編　鉄銭区

(2) 酒務表

次に宋本寰宇記135・九域志8により太平興国中～元豊間の興州諸県の変化を県変遷図(1)に示す。酒統計は在城を記すが、旧務年代は不明であるので、一般的な旧務年代である景祐～慶暦に従っておく。

図によれば熙寧十年前の旧外県1であり、酒統計の県酒務0であるので、県置務率は0％である。また酒務は州県務1・鎮市務0の計1務で、州県務率100％・鎮市務率0％である。

次に酒統計に〇印を付した在城の1処（州県務1）が酒務・旧商税務の併設地である。酒務地1処にしめる併設地の併設率は100％である。旧商税務2処(2)に対する併設地の対旧商税務率は50％である。なお長挙県に旧酒務は記載されていない。

次に酒務地に新商税務が設置された新税務地は、酒統計に□印を付した上記の1の地（州県務1）の1処である。また酒務地1処にしめる新税務地の新務地率は100％である。新商税務2処(3)に対する新税務地の対新商税務率は50％である。

次に酒務地で元豊まで存在して地理表(4)にみえる存続地は、酒統計の地名に△印を付している。存続地は上記の1の地（州県務1）の1処である。酒務地1処にしめる存続地の存続率は100％である。

次に旧商税務・新商税務・地理表のいずれにもみえない不明地はなく、不明率0％である。以上の酒務・諸数値を酒務表に整理して示す。

T8 興州　県変遷図

年　代	外県	郭下
太平興國中	長舉	順政
旧務年代	1〇 ✕	〇 ↓
熙寧10年 1077	〇1 ↓	〇 ↓

T8 興州　格下　地理表（主戸3,192　客戸10,052　計13,244　貢 蜜，蠟）

格	県	距離	郷	鎮	％	その他	備　　　考	水　系	計3
中	順政	郭下	7	2	28	銅場1	石門・沮水鎮 青陽場	嘉陵江，沮水	2
中下	長舉	西 100	3	0	0	0		嘉陵江	1
計 2			10	2	20	1	土産 麝香，蠟，丹砂，漆，蜜（宋本）		5種
✕濟衆監		東 120歩	0	0	0	1	鑄鐵錢，景德3年置		0

✕印の地：小さな町候補地4

― 716 ―

T8 興州　　　　　　　　酒　務　表

外県	置務県	置務率	州県務	州県務率	鎮市務	鎮市務率	酒務	併設地	併設率	旧商税務	対旧商税務率	新税務地	新税務率	新商税務	対新商税率	存続地	存続率
1	0	0	1	100	0	0	1	1	100	2	50	1	100	2	50	1	100

併設地	州県	在城														1処	
計　1	鎮市															0処	
新税務地	州県	1の地														1処	
計　1	鎮市															0処	
存続地	州県	1の地														1処	
計　1	鎮市															0処	
不　明　地									0処	不明率						0％	

旧務年代の町0・小都市0、新務年代の町0・小都市0

注

(1) 県変遷図の作成史料は拙著2、707頁参照。
(2) 拙著2、706頁。
(3) 拙著2、707頁。
(4) 拙著2、707頁の地理表に同じ。

9　蓬州 T 9

蓬州の酒務及び新旧酒銭額は次の如くである。

(1) 酒統計
舊。在城及蓬池・儀隴・蓬山・營山・伏虞・良山県七務
歳　　　　　　　　13,795貫
熙寧十年租額　　　1,294貫906文2分
　注　①郭下県、都市数に入れず

　鉄銭の旧額13,795貫・新額1,294貫で、両額の差額12,501貫・増額率91％である。銅銭では旧額1,379貫・新額647貫で、両額の差額－732貫、増額率は53％である。以下の酒銭の諸数値は章末の表1銭額総合表に整理して示す。

第四編　鉄銭区

(2) 酒務表

次に寰宇記139・九域志8により太平興国中～元豊間の蓬州諸県の変化を県変遷図[1]に示す。酒統計は在城・県5（郭下県を入れず）を記すが、図のそれらの州県変遷からは旧務年代は不明であるので、一般的な旧務年代である景祐～慶暦に従っておく。

図によれば熙寧三年前の旧外県5であり、酒統計の県酒務5（蓬池県を除く）であるので、県置務率は100％である。また酒務は州県務6・鎮市務0の計6務で、州県務率100％・鎮市務率0％である。

年代	外県					郭下
太平興國中	蓬山	朗池	良山	伏虞	儀隴	蓬池
大中祥符5年 1012		①改名營山				
旧務年代	1×○	2×○	3×○	4×○	5×○	○
熙寧3年 1070	②→					○
5年			③→			
10年	○3		○2	○1		○

T9　蓬州　県変遷図

次に酒統計に○印を付した在城の1処（州県務1）が酒務・旧商税務の併設地である。酒務地6処にしめる併設地の併設率は17％で低率である。旧商税務1処[2]に対する併設地の対旧商税務率は100％である。なお5外県全てに旧商税務が記載されていない。州額制をとっていた可能性が考えられる。

次に酒務地に新商税務が設置された新税務地は、酒統計に□印を付した上記の1の地・儀隴・營山・伏虞（州県務4）の計4処である。酒務地6処にしめる新税務地の新務地率は67％である。また新商税務4処[3]に対する新税務地の対新商税務率は100％である。

次に酒務地で元豊まで存在して地理表[4]にみえる存続地は、酒統計の地名に△印を付している。存続地は上記の1～4の地（州県務4）、及び蓬山・良山（鎮市務2）で計6処である。酒務地6処にしめる存続地の存続率は100％である。なお旧務年代の蓬山・良山両県は新務年代では鎮である。

次に旧商税務・新商税務・地理表のいずれにもみえない不明地はなく、不明率0％である。以上の酒務・諸数値を酒務表に整理して示す。

蓬州の郷21・鎮31で郷より鎮が多いが、新旧商税務は全鎮に置かれず、また酒務は29鎮に置かれていない。それらの鎮は経済的には小都市としての鎮ではなかった。

第三章　利州路

T9 蓬州　格下　地理表（主戸15,212　客戸20,596　計35,808　貢　綜絲綾，縒紬）

格	県	距　離	郷	鎮	％	その他	備　　考	水　系	計3
中	蓬池	郭下	4	5	125	0	永安・長樂・新豊・ˣ古城・龍運鎮		0
中	儀隴	西　90	3	5	166	0	唐清・流江・永蘇・樂安・陵山鎮	流江	1
中	營山	南　60	9	13	144	0	風寶・長寧・石門・桑山・白塗・普安・ˣ蓬山・ˣ古樓・遙水・土門・息營・龍詞・扶路鎮	嘉陵江	1
中下	伏虞	東北85	5	8	160	0	南市・竹山・龍定・大羅・龍謀・ˣ古・ˣ立山・良山鎮	宣漢水	1
計　4			21	31	147	0	土産	不記（山高水險。不生藥物）	

×印の地：小さな町候補地29

T9 蓬州　　　　　　　酒　務　表

外県	置務県	置務率	州県務	州県務率	鎮市務	鎮市務率	酒務	併設地	併設率	旧商税務	対税旧商率	新税務地	新税務率	新商税務	新商税新率	対税新商率	存続地	存続率
5	5	100	6	100	0	0	6	1	17	1	100	4	67	4		100	6	100

併設地	州県	在城¹	1処
計　1	鎮市		0処
新税務地	州県	1の地・儀隴²・營山³・伏虞⁴	4処
計　4	鎮市		0処
存続地	州県	1～4の地	4処
計　6	鎮市	蓬山⁵・良山⁶	2処
不　明　地		0処　不明率　0％	

旧務年代の町0・小都市0、新務年代の町2（5・6の地）・小都市0
注　2～4の地は旧務年代では酒務県3（税務不記の県）

注

(1) 県変遷図の作成史料は拙著2、708～709頁参照。
(2) 拙著2、708頁。
(3) 拙著2、708頁。
(4) 拙著2、709頁の地理表に同じ。

第四編　鉄銭区

10　龍州 T10

龍州の酒務及び新旧酒銭額は次の如くである。

(1)　酒統計

舊。在城及清川県・都竹三務
　　　①　　　　②
歳　　　　　　　　　　3,742貫
熙寧十年買撲　　　　　358貫857文
　注　①原文、山。志、川　②原文、歳。誤又は務の脱漏

鉄銭の旧額3,742貫・新額358貫で、両額の差額－3,384貫・増額率－90％である。銅銭では旧額374貫・新額179貫で、その差額－195貫、増額率－52％である。以上の諸数値は章末の表1銭額総合表に整理して示す。

(2)　酒務表

次に寰宇記84・九域志8により太平興国中～元豊間の龍州諸県の変化を県変遷図(1)に示す。酒統計は在城・県1・鎮市1を記すが、図のそれらの州県変遷からは旧務年代は不明であるので、一般的な旧務年代である景祐～慶暦に従っておく。

図によれば熙寧十年前の旧外県1であり、酒統計の県酒務1であるので、県置務率は100％である。また酒務は州県務2・鎮市務1の計3務で、州県務率67％・鎮市務率33％である。

次に酒統計に○印を付した在城・青川県（州県務2）の計2処が酒務・旧商税務の併設地である。酒務地3処にしめる併設地の併設率は67％である。旧商税務2処(2)に対する併設地の対旧商税務率は100％である。

次に酒務地に新商税務が設置された新税務地は、酒統計に□印を付した上記の1・2の地（州県務2）の計2処である。酒務地3処にしめる新税務地の新務地率は67％である。また新商税務2処(2)に対する新税務地の対新商税務率は100％である。

次に酒務地で元豊まで存在して地理表(4)にみえる存続地は、酒統計の地名に△印を付している。存続地は上記の1・2の地（州県務2）、及び都竹（鎮市務1）で計3処である。酒務地3処にしめる存続地の存続率は100％である。

T10 龍州　県変遷図

年　代	外県	郭下
太平興國中	清川	江曲
旧務年代	1○ ○	○ ○
熙寧10年 1077	○1 ↓	○ ↓

第三章　利州路

次に旧商税務・新商税務・地理表のいずれにもみえない不明地はなく、不明率０％である。以上の酒務・諸数値を酒務表に整理して示す。

T10 龍州　格下　地理表（主戸3,796　客戸11,426　計15,222　貢　麩金, 羚羊角, 天雄）

格	県	距離	郷	鎮	％	その他	備考	水系	計2
中	江油	郭下	5	2	40	寨1	江油溪・都竹鎮 乾陂寨	涪江	1
下	清川	北　70	1	0	0	0		清川	1
計 2			6	2	33	土産1	麩金, 羚羊角, 葛粉, 附子		4種

×印の地：小さな町候補地 2

T10 龍州　　酒務表

外県	置務県	置務率	州県務	州県務率	鎮市務	鎮市務率	酒務	併設地	併設率	旧商税務	対旧商税率	新税務地	新務地率	新商税務	対新商税率	存続地	存続率
1	1	100	2	67	1	33	3	2	67	2	100	2	67	2	100	3	100

併設地	州県	在城¹・青川県²	2 処
計 2	鎮市		0 処
新税務地	州県	1・2 の地	2 処
計 2	鎮市		0 処
存続地	州県	1・2 の地	2 処
計 3	鎮市	都竹³	1 処
不明地		0 処　不明率	0 ％

旧務年代の町1（3の地）・小都市0、新務年代の町1（3の地）・小都市0

注

(1) 県変遷図の作成史料は拙著2、710頁参照。
(2) 拙著2、710頁。
(3) 拙著2、710頁。
(4) 拙著2、710頁の地理表に同じ。

第四編　鉄銭区

11　三泉県 T 11

　三泉県は京直隸県であったため、「酒麹雑録」は州軍と同等の扱いをしている。その酒務及び新旧酒銭額は次の如くである。

(1)　酒統計

舊。在城一務
　○□△
①
歳　　　　　　　　　　　　　１２，３１１貫
熈寧十年租額　　　　　　　１，５９７貫０５６文
　注　①原文、不記。意を以て補う

　鉄銭の旧額12,311貫・新額1,597貫で、両額の差額－10,714貫・増額率－87％である。銅銭では旧額1,231貫・新額798貫で、両額の差額－433貫、増額率－35％である。以上の三泉県酒銭の諸数値は章末の表1銭額総合表に整理して示す。

(2)　酒務表

　次に九域志8により太平興国中～元豊間の三泉県の変化を県変遷図[1]に示す。図の州県変遷からは旧務年代は不明であるので、一般的な旧務年代である景祐～慶暦に従っておく。

　図によれば熈寧十年前の旧外県はなく、酒統計によれば県酒務もないので、県置務率はない。また酒務は州県務1・鎮市務0の計1務で、州県務率100％・鎮市務率0％である。

　次に酒統計に○□△印を付した在城の1処（州県務1）が併設地・新税務地・存続地であり、旧商税務[2]1処であるので、それらに関連する諸比率は共に100％である。但し、新商税務3処[3]で新税務地の対新商税務率33％である。

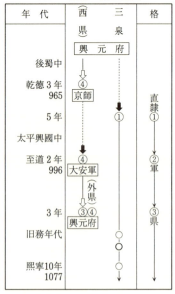

T11　三泉県　県変遷図

　次に旧商税務・新商税務・地理表[4]にみえない不明地はなく、不明率0％である。以上の酒務・諸数値を酒務表に整理して示す。

第三章　利州路

T11 三泉県　格中　地理表（主戸3,337　客戸2,977　計6,314　貢　不記）

格	県	距離	郷	鎮	%	その他	備　考	水　系	計1
中	三泉		4	2	50	0	金牛, 青烏鎮	嘉陵江	1
計	1		4	2	50	0	土産 不記		

T11 三泉県　　　　　　　酒　務　表

外県	置務県	置務率	州県務	州県務率	鎮市務	鎮市務率	酒務	併設地	併設率	旧商税務	対旧商税率	新税務地	新税務率	新商税務	新商税率	対新商税率	存続地	存続率
0	0	―	1	100	0	0	1	1	100	1	100	1	100	3	33		1	100

併設地	州県	在城¹			1 処
	計 1	鎮市			0 処
新税務地	州県	1の地			1 処
	計 1	鎮市			0 処
存続地	州県	1の地			1 処
	計 1	鎮市			0 処
不明地			0 処	不明率	0 ％

旧務年代の町 0・小都市 0、新務年代の町 0・小都市 0
注　旧商税務 1 は拙著 2、711頁参照。

注

(1) 県変遷図の作成史料は拙著 2、711〜712頁参照。
(2) 拙著 2、711頁。　(3) 拙著 2、711頁。
(4) 拙著 2、713頁の地理表に同じ。

12　集州 T 12

熙寧五年に巴州に併入された集州の酒務及び旧酒銭額は次の如くである。

(1) 酒統計

舊。在城及清化県二務①
歳　　　　　　　　2,242貫
今廃
①郭下の難江県及び清化県（鎮に格下げ）は割出先の巴州の新商税務・地理表にみえる

第四編　鉄銭区

鉄銭の旧額は2,242貫であるが、集州は熙寧五年に廃されたので、酒統計には「今廃」と記され、新額はない。なお銅銭では旧額は224貫である。以上の諸数値は章末の表1銭額総合表に整理して示す。

(2)　酒務表

次に寰宇記140・九域志8により太平興国中～元豊間の集州諸県の変化を県変遷図[1]に示す。酒統計は在城・県1を記すが、図のそれらの州県変遷からは旧務年代は不明であるので、一般的な旧務年代である景祐～慶暦に従っておく。

図によれば熙寧五年前の旧外県1であり、酒統計の県酒務1であるので、県置務率は100％である。また酒務は州県務2・鎮市務0の計2務で、州県務率100％・鎮市務率0％である。

次に酒統計に○印を付した在城・清化県（州県務2）の計2処が酒務・旧商税務の併設地である。また酒務地2処にしめる併設地の併設率は100％である。旧商税務7処[2]に対する併設地の対旧商税務率29％である。なお新税務地・存続地は割出先の巴州酒務表に表記できないので、本州酒務表に（　）で括って示す。以上の酒務・諸数値を酒務表に整理して示す。なお参考のため集州旧域の地理表[3]を示しておく。

T12　集州　県変遷図

年代	外県	郭下
	清化　通平　嘉川　大牟	難江
乾徳5年 967	②←　　　①→	→
太平興國中	巴州	
咸平2年 999	④	
5年	利州③	
旧務年代	1○	○
熙寧5年 1072	降格併入⑤鎮　化城県　巴（鎮）	州（県）
10年	○	○1

T12　集州旧域　地理表（主戸2,713　客戸3,235　計5,948）

格	県	距離	郷	鎮	％	その他	備考	水系	計1
上	難江	郭下	7	2	28	0	塗輪鎮, 清川鎮(化城県)	難江	1
計			7	2	28	0	土産　小絹, 薬子, 蜜, 蠟		4種

注　1　格・郷・鎮・水系は九域志8の巴州による。
　　2　戸・距離・土産は寰宇記140による。
　　3　旧額設定後の集州の県は難江県と清化県のみであるが, 清化県は鎮に降格され, 巴州化城県に併入された。化城県は集州の旧域に属さないが, 清化鎮は旧域に属す。

第三章　利州路

T12 集州　　　酒　務　表

外県	置務県	置務県率	州県務	州県務率	鎮市務	鎮市務率	酒務	併設地	併設率	旧商税務	対税務旧商率	新税務地	新税務地率	新商税務	対税務新商率	存続地	存続率
1	1	100	2	100	0	0	2	2	100	7	29	(2)	(100)	(2)	(100)	(2)	(100)

併設地	州県	在城[1]・清化県[2]		2 処
計 2	鎮市			0 処
新税務地	州県	（1の難江県）		(1) 処
計 (2)	鎮市	（2の地）		(1) 処
存続地	州県	（1の地）		(1) 処
計 (2)	鎮市	（2の地）		(1) 処
不　明　地			0 処　不明率	0 ％

旧務年代の町 0・小都市 0、旧域の新務年代の町 0・小都市 1

注

(1) 県変遷図の作成史料は拙著 2、714頁参照。
(2) 拙著 2、713頁。
(3) 拙著 2、715頁の地理表に同じ。

13　壁州 T 13

熙寧五年に巴州に併入された壁州の酒務及び旧酒銭額は次の如くである。

(1) 酒統計

舊。在城及符陽県・白石県三務[①]
歳　　　　　　　　　1,109貫
今廃

①郭下県通江は巴州に割出され、巴州の新商税務・地理表にみえる

鉄銭の旧額1,109貫であるが、壁州は熙寧五年に廃されたので、酒統計には「今廃」と記され、新額はない。なお銅銭では旧額は110貫である。以上の諸数値は章末の表1銭額総合表に整理して示す。

第四編　鉄銭区

(2) 酒務表

次に寰宇記140・九域志8により太平興国中～元豊間の壁州諸県の変化を県変遷図[1]に示す。酒統計は在城・県2を記すが、図のそれらの州県変遷からは旧務年代は不明であるので、一般的な旧務年代である景祐～慶暦に従っておく。

図によれば熙寧五年前の旧外県2であり、酒統計の県酒務2であるので、県置務率は100％である。また酒務は州県務3・鎮市務0の計3務で、州県務率100％・鎮市務率0％である。

次に酒統計に○印を付した在城のみが酒務地・旧商税務地の併設地である。酒務地1処にしめる併設地の併設率は100％である。旧商税務1処[2]にしめ

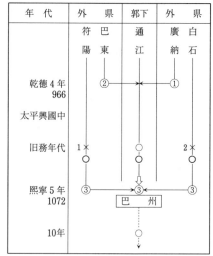

る併設地の対旧商税務率は100％である。なお符陽・白石両県の旧商税務は記載されていない。

なお新税務地・存続地・不明地などは割出先の巴州酒務表に表記できないので本州酒務表に（ ）で括って示すことにする。

以上の酒務・諸数値を酒務表に整理して示す。なお参考のため壁州旧域の地理表[3]を示しておく。

T13　壁州旧域　地理表（主戸719　客戸2,137　計2,856）

格	県	距離	郷	鎮	％	その他	備　　　考	水　　系	計1
下	通江	郭下	16	2	12	0	廣納・消渓鎮	諸水	1
計 1			16	2	12	0	土産　麻布，絲布，綿，紬，蠟，馬鞭		6種

注　① 格・郷・鎮・水系は九域志8・巴州・通江県による。
　　② 戸・土産・距離は寰宇記140・壁州による。

第三章　利州路

T13 璧州　　　　　　　　酒　務　表

外県	置務県	置務率	州県務	州県務率	鎮市務	鎮市務率	酒務	併設地	併設率	旧商税務	対税旧商率	新税務地	新税務地率	新商税務	対税新商率	存続地	存続率
2	2	100	3	100	0	0	3	1	33	1	100	(1)	(33)	(1)	(100)	(1)	(33)

併設地	州県	在城[1]		1 処
計 1	鎮市			0 処
新税務地	州県	（1の通江県）		(1) 処
計 (1)	鎮市			0 処
存続地	州県	（1の地）		(1) 処
計 (1)	鎮市			0 処
不明地		（符陽[2]・白石[3]）	(2) 処	不明率　(67) ％

旧務年代の町0・小都市0、旧城の新務年代の町0・小都市0
注　不明地は存続地・新務年代の町に入れず

注
(1) 県変遷図の作成史料は拙著 2、715～716頁参照。
(2) 拙著 2、715頁。
(3) 拙著 2、716頁の地理表に同じ。

おわりに

利州路の酒統計は全て「熙寧十年買撲〇〇〇貫」であるが、一編で述べたように、これは各州軍の全酒額を意味する。このことをふまえたうえで他路と比較すると、利州路全州軍に共通するのは、新務年代の銅銭酒額が全て1万貫未満であることである。銅銭区のほとんどの州軍でみられる行政都市高額官務1万貫以上の例が利州路には一例もないことになる。この問題は二つの疑問を提する。一は果して利州路酒統計の「買撲」は各州軍の全酒額を意味するのかという疑問である。これについては一編で論じているのでここでは取上げない。二は成都府路・梓州路を含めて、新務年代の酒額が甚だ低額であるので、鉄銭区酒統計の新務年代酒額は銅銭額ではないかという疑問である。この疑問については五編一章で論じることにしたい。

利州路13州軍の酒銭額をまとめると表1の如くである。表1は酒統計記載酒銭が新旧共に鉄銭と仮定した数値である。上段は鉄銭の新旧銭額及び両額の差額、増額率を示している。下段には銅銭額に換算（旧額は鉄銭対銅銭＝10対1、新額は鉄銭対銅銭＝2対1）した新旧銅

第四編　鉄銭区

表1　T利州路　銭額総合表

州軍	旧額	新額	差額	酒銭増額率	商税増額率	旧商税	新商税	戸
T 1 興元府	67,800	9,360	-58,440	-86	-79	426,146	87,440	57,728
T 2 利州	19,743	1,982	-17,761	-90	-64	134,563	48,938	22,179
T 3 洋州	15,419	2,061	-13,358	-87	-64	75,022	26,822	59,297
T 4 閬州	101,009	9,195	-91,814	-91	-83	150,165	26,229	54,237
T 5 剣州	36,962	3,730	-33,232	-90	-50	106,204	53,043	28,245
T 6 巴州	7,470	1,050	-6,420	-86	-60	37,104	14,973	31,866
T 7 文州	6,443	1,129	-5,314	-82	-43	26,598	15,107	12,108
T 8 興州	18,320	2,241	-16,079	-88	-55	79,130	35,473	13,244
T 9 蓬州	13,795	1,294	-12,501	-91	-78	30,651	6,809	35,808
T10 龍州	3,742	358	-3,384	-90	22	16,292	19,934	15,222
T11 三泉県	12,311	1,597	-10,714	-87	-76	121,500	28,600	6,314
T12 集州	2,242	今廃	—	—	—	11,827	—	—
T13 壁州	1,109	今廃	—	—	—	25,726	—	—
計	306,365	33,997	-272,368	-89	-71	1,240,928	363,368	336,248
T 1	6,780	4,680	-2,100	-31				
T 2	1,974	991	-983	-50				
T 3	1,541	1,030	-511	-33				
T 4	10,100	4,597	-5,503	-54				
T 5	3,696	1,865	-1,831	-50				
T 6	747	525	-222	-30				
T 7	644	564	-80	-12				
T 8	1,832	1,120	-712	-39				
T 9	1,379	647	-732	-53				
T10	374	179	-195	-52				
T11	1,231	798	-433	-35				
T12	224	今廃	—	—				
T13	110	今廃	—	—				
計	30,632	16,996	-13,636	-45				

注　州軍記号に下線を付した州軍は物額を有す
典拠
新旧商税額：拙著2・692頁、総合表1
戸　　　　：本章各州軍の地理表

銭額及び両額の差額・増額率を示している。さらに表1には各州軍の戸数及び商税額（熙寧十年新額）を付した。これは酒銭額と戸・商税との相関性・その他をみるためである。

　T1興元府の元豊戸約6万戸（千位四捨五入、以下同じ）で、元豊に近い熙寧十年の新商税額が鉄銭約9万貫であり、戸・商税共に利州路でトップである。また熙寧十年の新酒額約1万貫でトップである。しかし戸・商税が低レベルのT11三泉県の戸6千・商税鉄銭約3万貫で、酒銭額は約1千貫である。これに対しT10龍州の戸約2万・商税約2万貫で三泉県に近いが、新酒銭額は約4百貫で最も少ない。利州路州軍では戸・商税額の大小と酒銭

第三章　利州路

額の大小とは相関性が弱い。

　次に新旧銭額の相違をみると、比較可能な州軍11（T12・13を除く）は全て減額されていて、しかも注意したいのは、例外（T7）を除くと10州軍の銅銭額は約90％の減額になっている。銅銭区の諸路の新旧の酒銭増減率の幅は－27％～36％（一編一章末、比較表2）である。したがって利州路の新旧の減額率は異常である。また銅銭区諸路では、酒額は商税額の約1～5倍（二・三編序の表1総合表）と高額であるが、利州路では逆に新酒額鉄銭約3万貫、新商税額鉄銭約36万貫であり（表1）、商税額が酒額より約33万貫多く、約12倍である。したがって銅銭区とは逆に利州路では商税額が酒額より甚だ高額であり、異常である。この異常な逆転は鉄銭区の成都府路・梓州路にも共通してみられるが、銅銭区より鉄銭区の商業活動が甚だ盛んであったと考えてはならない。鉄銭区の商税額は銅銭に換算して銅銭区と比較すると水準が低い。

　次に表2に13州軍の酒務表をまとめている。酒務地120処のうち景祐～慶暦の旧務年代（旧商税務）・熙寧十年（新商税務）・元豊（地理表）で確認できない不明地が44処と甚だ多い。また不明率37％と高率で存続率59％と低率である。なお地理表不記地はない。

　九域志は店・草市などを一切記さないので、そうした地に酒務が置かれていても地理表では確認できない。そのため不明率は実際より高くなる。多くの酒務が地理表にみえない

表2　T利州路　酒務総合表

州軍	州県務	鎮市務	鎮市率	全酒務	併設地	併設率	対税旧務商率	新税務地	新税地率	対税新務商率	存続地	存続率	不明地	不明率	旧商税務	新商税務
T 1	4	32	89	36	3	8	100	5	14	100	7	19	29	81	3	5
T 2	4	1	20	5	3	60	100	3	60	75	3	60	2	40	3	4
T 3	3	1	25	4	2	50	25	2	50	50	4	100	0	0	8	4
T 4	9	32	78	41	1	2	100	7	17	100	31	76	10	24	6	7
T 5	3	0	0	3	3	100	43	3	100	50	3	100	0	0	7	6
T 6	5	9	64	14	5	36	100	3	21	50	11	79	3	21	5	6
T 7	1	0	0	1	1	100	17	1	100	25	1	100	0	0	6	4
T 8	1	0	0	1	1	100	50	1	100	50	1	100	0	0	2	2
T 9	6	0	0	6	1	17	100	4	67	100	6	100	0	0	1	4
T 10	2	1	33	3	2	67	100	2	67	100	3	100	0	0	2	2
T 11	1	0	0	1	1	100	100	1	100	33	1	100	0	0	3	3
T 12	2	0	0	2	2	100	29	(2)	(100)	(100)	(2)	(100)	0	0	7	(2)
T 13	3	0	0	3	1	33	100	(1)	(33)	(100)	(1)	(33)	(2)	(67)	1	(1)
計	44	76	63	120	26	22	55	35	29	74	74	62	46	38	47	47

　注　①（　）内は廃州軍の旧域酒務地の数値　②酒務120＝存続地74＋不明地46　③地理不記地は無い
　　　④T12・T13の新商税務は他の州軍に含まれているので計に加えず、新税務地・存続地・不明地は計に加える

— 729 —

第四編　鉄銭区

店・草市・その他に置かれたとすれば、不明地率の高さ・存続率の低さから直ちに利州路の都市・町の安定性の高下を論じることはできない。

　また利州路の不明率を州軍別にみると、不明率が極端に高いのはＴ１興元府の81％であり、またＴ13壁州67％・Ｔ２利州の40％・Ｔ４閬州の24％・Ｔ６の21％なども高い。多くの州軍（Ｔ３・５・７・８・９・10・11・12）の不明率は０％である。

　次に表２によれば併設率が路全体としては22％と甚だ低率である。全国的にみると銅銭区では併設率が70〜80％以上の路13、約60％代の路４（一編、比較表２）である。利州路の外県36、税務不記県19であり、多くの県に税務が記されていないことも併設率低下の一因である。しかし併設率が極低率である主因は、商業活動が低レベルの店・草市・その他に三司管轄の酒務が置かれたことにあろう。

　次に表３によれば旧務年代の酒務地120で、その内訳は行政都市44・小都市０・町76である。都市44の対酒務地率37％、町76の対酒務地率63％で高率である（後掲表５）。町が都市より甚だ多く、銅銭区の諸路に比して町の対酒務率・対都市率が異常に高い（本編序、表３町比較表）。

　また旧務年代の全州軍13に小都市がみえないので、小都市は利州路では発展していなかったことになる。町が０又は１の町未発達州軍（後掲表５、州軍乙）10で77％あり、町も多くの州軍で発展していなかった。表４の新務年代の全州軍11にしめる小都市未発達州軍・町未発達州軍の比率はそれぞれ100％・64％であり（後掲表５）、旧務年代と大差はない。

　旧務年代の町は特定少数の州軍（Ｔ１・４・６）に集中している。したがって州軍によっては他の州軍では酒務を置かないような人戸集住度が低く商業活動が低レベルの店・草市・その他にも酒務を置いたと思われる。

　次に表４によれば新酒務地70の内訳は、行政都市31・小都市１・町37・酒務県１（酒務のみの県）である。都市33（31＋１＋１）の対酒務地率49％、町35の対酒務地率54％である（後掲表５）。また都市対町＝33対37であり、町の対都市率112％と高率である（後掲表５）。

表３　Ｔ利州路　旧務年代の都市・町

州　　軍	Ｔ１	Ｔ２	Ｔ３	Ｔ４	Ｔ５	Ｔ６	Ｔ７	Ｔ８	Ｔ９	Ｔ10	Ｔ11	Ｔ12	Ｔ13	計
行 政 都 市	<u>4</u>	<u>4</u>	<u>3</u>	<u>9</u>	3	5	1	1	<u>6</u>	2	1	2	<u>3</u>	44
小 都 市	0	0	0	0	0	0	0	0	0	0	0	0	0	0
町	32	0	1	32	0	9	0	0	0	1	0	0	0	76
酒務（計）	36	5	4	41	3	14	1	1	6	3	1	2	3	120

典拠：各州軍酒務表
注　下線を付した行政都市数は酒務県を含む（Ｔ1-1、Ｔ3-1、Ｔ4-6、Ｔ9-3、計11県）

第三章　利州路

町は都市よりやや多いが旧務年代より町が44処減じている。新務年代までに町が消えたのではなく、地理表にみえない不明地が多いことによる。

表3の旧務年代のT4闐州の小都市0・町34であるが、そのうちの21処が鎮で、残りの13の町は地理表にみえない。

次に表5によれば新務年代の全酒務68であり、これは旧務年代の120処に比べると52処の減少（－43％）であり、全体としては大変動となっている。行政都市は6処の減（－15％）であり、行政都市削減政策も変動の一因になっている。小都市は22処増加しているが、その一因は旧務年代に税務を置かなかった地に新務年代に税務を置いたことにある。

次に町が46処減であるが、表3・4によればT1興元府30処減・T4闐州13処減であり、両州府の町減少が大半をしめる。主たる原因は草市・店・村を九域志が記さないこと

表4　T利州路　新務年代の都市・町

州軍	T1	T2	T3	T4	T5	T6	T7	T8	T9	T10	T11	計
行政都市	4	3	2	7	3	3	1	1	4	2	1	31
小都市	1	0	0	0	0	0	0	0	0	0	0	1
町	2	0	1	24	0	8	0	0	2	1	0	38
酒務県	0	0	1	0	0	0	0	0	0	0	0	1
存続地	7	3	4	31	3	11	1	1	6	3	1	71

典拠：各州軍酒務表
注　廃州軍の旧域の酒務地を除いている

表5　　　変動表

	旧務年代		新務年代		変動
	州軍数	比率	州軍数	比率	
全州軍	13		11		－15％
州軍甲	13	100％	11	100％	－15％
州軍乙	10	77％	7	64％	－13％
酒務数	120		68		－43％
都市数	44		33		－15％
町数	76		37		－54％
都市の対酒務率	37％		49％		16％
町の対酒務率	63％		54％		－14％
町の対都市率	172％		112％		－96％

州軍甲：小都市未発達州軍（小都市0又は1）
州軍乙：町未発達州軍（町数0又は1）
比率：甲、乙州軍÷全州軍
対酒務率＝都市数÷酒務数　対都市率＝町数÷都市数
州軍、酒務、都市、町の変動＝（新数－旧数）÷旧数
対酒務率、対都市率の変動＝新比率－旧比率
典　拠：表3・表4

第四編　鉄銭区

にあろう。

　次に酒務が置かれず商税務のみが記された地である旧商税地・新商税地は表6のごとくである。利州路の旧商税地20処は旧商税務47の四割強であり、他路に比して割合が甚だ高く例外である。このことに加えて酒務・商税務の併設地が26処（表2）と少ない。

　またT3洋州6処・T5剣州4処・T7文州5処・T12集州5処の計20処の旧商税地のうち、鎮であるのは集州の清化（旧務年代は県）・塗輪の2処のみで、他の18処は草市・その他であるため地理表にみえない。加えて上記20処の旧商税務地に新商税務が置かれたのは剣州3処（県）、文州2処（鎮1、その他1）の僅か5処に過ぎず、洋州・集州などは0である。

　上の4州に旧商税地が甚だ多いのは特例であるので、4州軍は除外して考えるべきである。残る9州軍では旧商税地は0～1と少ない。それらの州軍では税務を置く地が厳選され税務乱設は行われなかったことを物語る。

表6　利州路　新旧商務地

州　　軍	T1	T2	T3	T4	T5	T6	T7	T8	T9	T10	T11	T12	T13	計
旧 商 税 地	0	0	6	0	4	0	5	1	0	0	0	5	0	21
新 商 税 地	0	1	2	0	3	3	3	1	0	0	2	—	—	15

旧商税地＝旧商税務－併設地　新商税地＝新商税務－新税務地
典拠：前掲表2

　次ぎに本章の諸州軍の地理表の分析をまとめると表7の如くである。利州路の記載地144処（県を除く）で比較的に多く水準Ⅲである。その内訳は町・小都市42処で水準Ⅲである。また小さな町候補95処と甚だ多く水準Ⅳである。それらの都市・町に置かれている機関を機能により分類すると、保安機関の鎮122（水準Ⅳ）と多い。保寨・堡などの軍事機関16処（水準Ⅱ）、監・場などの生産機関6処（水準Ⅰ）である。西辺異民族に備える軍事機関は西部の3州軍（T5・7・10）に置かれていた。生産機関は鋳銭監1・銅場1・茶場2・錫冶1・水銀務1である。（水準は一編一章末比較表1参照）

表7　利州路　地理表記載地

路	記載地	無名地	町・小都市	大きな町に準ずる町	町候補地
T	144	4	無印地　42	○印地　7	×印地　95
機　能	保安	軍事	生産		
機　関	鎮122	寨16	監1, 場3 務1, 冶1		

記載地＝町・小都市＋大きな町に準ずる町＋町候補地
無名地4は町候補地数に含まれる。機関数を記すのみで、地名を付さないので町ではない可能性もあろう。
典拠：本章諸州軍地理表

第一章　鉄銭区酒銭額

第五編　総合

序

　本書は「人口の集中」・「経済の中心」・「政治行政の中心」の集落を都市・町とし、行政官庁及び財務機関（人口集中の地に置かれる酒麹務・塩場務・商税場務）が存在する在城・外県・鎮市を宋代の都市・町としてとらえる。また経済指標・人口指標となる酒麹銭・塩銭・商税銭及び行政官庁・財務機関を都市・町の分類基準として用いる。

　諸基準により地方の在城・外県・鎮市は、大都市・中都市・小都市・大きな町・小さな町に分類され（一編）、それら各種の新旧の都市・町の存在を、銅銭区南部・北部及び鉄銭区の19路・244州軍にわたって具に検証した（二〜四編）。本編はその成果を総合し都市・町の全国的分布を俯瞰するが、まず鉄銭区の問題を解決しておこう。

　「酒麹雑録」鉄銭区は用語及び酒銭額の両記載において、銅銭区と相違する。これまでの諸書を猟歩して行われた先学の諸研究において、その相違の原因は明らかにされていない。また『續資治通鑑長編』・『宋史』・『宋會要輯稿』などの基本文献において、銅銭区・鉄銭区の酒専売制の相違を窺わせる記述史料はみられない[1]。

　太宗〜英宗の酒麹専売制度は全国の官直営務、買撲務を問わず祖額をたてさせ、一界一額原則の酒界分制度をもうけていた。神宗に至って新買撲制及び権酒銭管轄体制の変革（祖額に浄利銭を上乗せさせる買撲制の導入、三司一転運使の人戸買撲官監務の買撲銭管轄、司農寺一常平司の坊場銭管轄）が行われたが、両変革は全国を対象とするもので、鉄銭区を除くものではなかった。しかし「酒麹雑録」は熙寧十年の新額記載で成都府路・梓州路では祖額のみを記し、利州路では買撲のみをあげ祖額を記載しない[2]。また鉄銭区新旧権酒銭額を鉄銭額とすると第四編で指摘しておいたように諸問題が生じる。一章では権酒銭額の仮説をたて、これを検証し、次いで用語の相違をとりあげる。二章で都市の分布をまとめる。

注

(1)　銅銭区と鉄銭区との権酒制度上の相違は、買大泉「宋代四川的酒政」（『社会科学研究』1983年4期）においても説明されていない。

(2)　(1)の買大泉論文84頁に、「并将利州路酒務全部買撲承包」とみえ、利州路が買撲制のみであることを述べているがその理由についての言及はない。また、成都府路・梓州路が祖額のみで、買撲が記載されていないことは指摘されていない。

第五編　総合

第一章　鉄銭区酒銭額

はじめに

　四編各章「おわりに」では、鉄銭区州軍の新旧酒額を鉄銭額として銭額総合表にまとめた。更に旧額は鉄銭対銅銭を10対1に、新額は2対1で換算して新旧銅銭額も合わせ示した。その結果、次の四つの問題が生じる。

①旧酒額に対する新酒額の増減率が斉一的になり、銅銭区の増減率の傾向と異なる。

②銅銭区の新旧酒額は新旧商税額より数倍高額であるが、鉄銭区酒額は商税額より甚だ少額となる。

③鉄銭区の新旧酒額水準が低水準に偏る。

④銅銭区では各州軍における酒額と商税・戸数とは甚だおおまかではあるが比例関係にある。これに対して鉄銭区はこの傾向と大きく相違する。

　これらの問題を解決するため、『文献通考』巻一七・征榷考四・榷酤・熙寧十年以前天下諸州酒課歳額の条に基づき、「酒麹雑録」が記す鉄銭区の旧額を銅銭額とし、且つ新旧酒銭額の差があまりにも大きいので、「酒麹雑録」が記す新額を10倍した数値が銅銭新額であるとする仮定をたてる。これを仮定1とする。また次の仮定2・仮定3をたて、銅銭区と比較して、仮定1が適切であり、仮定2・仮定3は不適切であることを検証する。この検証をへて仮定1を本書の説としたい。

　仮定1、「酒麹雑録」記載の旧額は銅銭額、記載新額を10倍した額が銅銭新額。

　仮定2、「酒麹雑録」が記す旧額・新額は共に鉄銭額。

　仮定3、「酒麹雑録」が記す旧額は鉄銭額、新額は鉄銭額を10分の1にした銅銭額。

　なお旧額・新額を共に銅銭額とする仮定も考えられるが、新額がなぜ約90％減になるかの説明ができず、また新酒額が新商税額より甚だ少額となることが明らかであるのでこの仮定をたてての検証はしない。また旧額は鉄銭額、新額が銅銭額とする仮定では、鉄銭旧額を10分の1にするので商税額より少額となり、また新酒額も同じく商税額より少額となるのが明らかであるので、この仮定をたてての検証も行わない。

第一章　鉄銭区酒銭額

第一節　新旧酒額増減率

　旧務年代では銅銭対鉄銭＝１対10であるが、この換算比が「酒麹雑録」が記す新額に適用された根拠は次の如くである。３路の諸州軍の旧酒銭額に対し新酒銭額は２例（R4の83％・T7の82％）を除くと、先に指摘したように斉一的に約90％減となっている。このことから次の式がなりたつ。

　　　　　（新額－旧額）÷旧額×100＝－90％。旧額＝X、新額＝Yとし、左の式に代入。
　　　　　$(Y-X)÷X×100＝-90\%$・・・①　$(X÷Y-1=-0.9,\ X÷Y=0.1,\ X=0.1Y)$
　　　　　式①から$10X=Y$が得られ、$X:Y=1:10$（旧額対新額＝１対10）となる。

この解から、「酒麹雑録」は旧務年代における銅銭と鉄銭の交換レート「１対10」にもとづいて新鉄銭酒額を銅銭に換算したことがわかる。銅銭対鉄銭の熙寧10年の換算比は１対２であるので、なぜ１対10で換算したかその理由は不明である。

　仮定１に基づき次の表１では、旧酒額に対する新酒額の増減率、及び新旧酒額の水準を示している。路レベルの増減率をみると、R成都府路５％、S梓州路19％、T利州路11％増である。表２によると銅銭区の路レベルの増減率は－27～36％であり、仮定１の鉄銭区３路の増減率に問題はない。

　州軍レベルでは、表１によれば鉄銭区の増減率の幅は－18～75％である。表３に示している銅銭区の州軍増減率は例外を除くと約－90～280％であり、鉄銭区の州軍増減率はこの範囲内である。水準をみると銅銭区では第Ⅳ水準以上は僅か27州軍に過ぎない。一般的な増額率は３、40％以下で83州軍が属する。銅銭区の減額率は－20％未満から－91％の範囲である。一般的な減額率は水準Ⅱ（－20％）以下である。鉄銭区のほとんどの州軍の増減率は銅銭区の一般的な範囲内の数値をとっている。即ち鉄銭区では仮定１にたつと極端な増減率或は斉一的な増減率がみられず自然である。

　次に「酒麹雑録」が記す新旧酒銭額を鉄銭とする仮定２にたつと、鉄銭区の各州軍の増減率は、四編各章「おわりに」の表１銭額総合表の上段に示しているが、各州軍新額のほとんどが旧額より約90％減になる。また次の表４に示しているように仮定３では、旧額を鉄銭とするので銅銭に換算すると、旧額は10分の１になり甚だ少額になる。また仮定１の新旧酒額差に比して仮定３では新額を銅銭額とするので新旧額の差が全体的に小差になり、このため増減率も小さくなる。表４に示しているが、仮定３では±１％未満の州軍12（計算可能州軍33の四割弱）と極端に多い。このように仮定２・仮定３にたつと、増減率が偏り

第五編　総合

銅銭区の傾向と大きく相違して不自然になる。したがって、新旧酒額水準の比較においては、仮定1をとるべきである。

表1　仮定1鉄銭区酒額（銅銭額）

路	旧額	新額	増減率	旧額水準	新額水準	路	旧額	新額	増減率	旧額水準	新額水準	路	旧額	新額	増減率	旧額水準	新額水準
R1	439,779	442,860	1	Ⅳ	Ⅳ	S1	135,288	135,170	0	Ⅳ	Ⅳ	T1	67,800	93,600	42	Ⅲ	Ⅲ
R2	72,502	72,660	0	Ⅲ	Ⅲ	S2	93,922	94,540	1	Ⅲ	Ⅲ	T2	19,743	19,820	0	Ⅱ	Ⅱ
R3	99,421	132,200	33	Ⅲ	Ⅳ	S3	102,584	130,900	28	Ⅳ	Ⅳ	T3	15,419	20,610	34	Ⅱ	Ⅱ
R4	86,383	143,000	66	Ⅲ	Ⅳ	S4	39,806	45,610	15	Ⅱ	Ⅱ	T4	101,009	91,950	−9	Ⅳ	Ⅲ
R5	118,607	109,020	−8	Ⅳ	Ⅳ	S5	24,237	24,540	1	Ⅱ	Ⅱ	T5	36,962	37,300	1	Ⅱ	Ⅱ
R6	175,567	175,570	0	Ⅳ	Ⅳ	S6	10,151	11,620	10	Ⅱ	Ⅱ	T6	7,470	10,500	41	Ⅰ	Ⅱ
R7	92,325	92,820	1	Ⅲ	Ⅲ	S7	512	無定額	—	Ⅰ	Ⅰ	T7	6,443	11,290	75	Ⅰ	Ⅱ
R8	128,854	131,060	2	Ⅳ	Ⅳ	S8	無定額	64,320	—	Ⅰ	Ⅲ	T8	18,320	22,410	22	Ⅱ	Ⅱ
R9	無定額	無定額	—	Ⅰ	Ⅰ	S9	80,837	81,350	1	Ⅲ	Ⅲ	T9	13,795	12,940	−6	Ⅱ	Ⅱ
R10	9,462	9,460	0	Ⅰ	Ⅰ	S10	13,449	13,380	1	Ⅱ	Ⅱ	T10	3,742	3,580	−4	Ⅰ	Ⅰ
R11	無定額	無定額	—	Ⅰ	Ⅰ	S11	24,210	24,540	1	Ⅱ	Ⅱ	T11	12,311	15,970	30	Ⅱ	Ⅱ
R12	42,220	39,220	−7	Ⅱ	Ⅱ	S12	37,093	38,530	4	Ⅱ	Ⅱ	T12	2,242	廃	—	Ⅰ	—
R13	無定額	無定額	—	Ⅰ	Ⅰ	S13	29,104	29,140	0	Ⅱ	Ⅱ	T13	1,109	廃	—	Ⅰ	—
R14	14,223	11,630	−18	Ⅱ	Ⅱ	S14	無定額	1,0270	—	Ⅰ	Ⅱ	計	306,365	339,970	11	—	—
R15	19,026	廃	—	Ⅱ	—	計	591,193	703,910	19	—	—						
計	1,298,369	1,359,500	5	—	—												

増減率：（新額−旧額）÷旧額
水準　Ⅳ：10万以上　Ⅲ：5万以上　Ⅱ：1万以上　Ⅰ：1万未満（無定額・不立額の州軍は水準Ⅰ、以下同じ）
典拠：四編各章「おわりに」表1銭額総合表に基づき作成
注　1「酒麹雑録」の旧酒額銭を銅銭額とし、且つ「酒麹雑録」が記す新額を10倍す
　　2　増減率0％は±1％未満とす

仮定1酒額水準別州軍（旧42、新39）

水準	旧務年代	計	新務年代	計
Ⅰ	R9,R10,R11,R13,S7,S8,S14,T6,T7,T10,T12,T13	12	R9,R19,R11,R13,S7,T10	6
Ⅱ	R12,R14,R15,S4,S5,S6 S10,S11,S12,S13,T2,T3 T5,T8,T9,T11	16	R12,R14,S4,S5,S6,S10,S11,S12,S13,S14,T2,T3,T5,T6,T7,T8,T9,T11	18
Ⅲ	R2,R3,R4,R7,S2,S9,T1	7	R2,R7,S2,S8,S9,T1,T4	7
Ⅳ	R1,R5,R6,R8,S1,S3,T4	7	R1,R3,R4,R5,R6,R8,S1,S3,	8
	計	42	計	39

典拠：表1

表2　銅銭区の路レベル酒麹銭増減率

地区	北部									南部						
路	A	B	C	D	E	F	G	H	I	J	K	L	M	N	O	P	Q
率	−16	36	11	24	−10	−0.2	−7	−27	−11	−2	−15	−11	14	12	14	33	22

典拠：二・三編各章「おわりに」表1銭額総合表増額率の計欄

第一章　鉄銭区酒銭額

表3　銅銭区州軍レベルの酒麹銭増減率水準（186州軍）

水準	増　額　州　軍	計	減　額　州　軍	計
Ⅴ	B5-284、I10-3,966、J2-224、J18-647、M11-233、O3-277 D5-159、J7-155、P3-119、P5-137	10	H4-63、H9-60、I3-61、J4-91、J20-78、K9-89 H18-53、J12-58、J19-55	9
Ⅳ	B4-66、C3-66、D1-58、E7-89、G6-54、G14-82、J16-95、M9-60、N5-51、O4-61、O5-64、P2-69、P6-89、Q1-57、Q3-67、Q6-77、Q7-54	17	G15-43、H17-43、I9-41、I11-45	4
Ⅲ	A2, B3,B6,B8,D4,D6,D7,D8,E2,E3,F13 F15,G9,G13,I6,J11,K1,M1,M4,M7,M8, N1,N9,P4,	24	A1,H2,H11,I2,K7,L9,N6	7
Ⅱ	B1,C4,F7,H10,I3,J3,K4,K5,K6,K10,L8, M5,M14,N7,Q2,Q5	16	F4,F14,G1,G3,H3,H16,I3,J10,J14,L1,L4,M6, M9,M12,N3,O6,P8,Q4	18
Ⅰ	A4,B2,B7,B9,C1,C2,C5,D2,D3,E5,E6,F1 F5,F6,F11,G2,G4,G7,G10,H1,H7,H12,I7, J1,J6,J9,J15,K3,K8,L5,L6,L7,M3,N2,N4, N8,O1,O2,O9,P1,P7	41	A3,C6,C7,E1,E4,F2,F3,F8,F9,F10,F12, F16 G5,G8,G11,G12,G16,H5,H6,H8, H13, H14 H15,I1,I5,I14,J8,J13,J17,K2,L2,L3,M2, M10,M13,N10,O7,O8,O10,Q8	40
	計	108	計	78

増額率水準　Ⅴ：100％以上　Ⅳ：50％以上　Ⅲ：50％未満　Ⅱ：30％未満　Ⅰ：20％未満
減額率水準　Ⅴ：−50％以下　Ⅳ：−40％以下　Ⅲ：−30％以下　Ⅱ：−20％以下　Ⅰ：−20％以下
Ⅳ・Ⅴの欄には州軍と率を記す（例、B5-284：B5の増加率284％）
典拠：第二〜三編各章「おわりに」表1銭額総合表の増額率欄
注　①廃州軍及び無定額・不立額・酒額不記の州軍を除く
　　②I10の3,966％・J18の647％は例外で、特殊事情があったか或はデーターに問題があると思われる

表4　仮定3鉄銭区酒額増減率

州軍	旧額	新額	率	州軍	旧額	新額	率	州軍	旧額	新額	率
R1	43,978	44,286	0	S1	13,529	13,517	0	T1	6,780	9360	38
R2	7,250	7,266	0	S2	9,392	9,454	0	T2	1,974	1,982	0
R3	9,942	13,220	33	S3	10,258	13,090	28	T3	1,542	2,061	34
R4	8,638	14,300	66	S4	3,981	4,561	15	T4	10,101	9,195	−9
R5	11,861	10,902	8	S5	2,424	2,454	1	T5	3,696	3,730	0
R6	17,557	17,557	0	S6	1,015	1,162	14	T6	747	1,050	41
R7	9,233	9,282	0	S7	51	無定額	−	T7	644	1,129	75
R8	12,885	13,106	2	S8	無定額	6,432	−	T8	1,832	2,241	22
R9	無定額	無定額	−	S9	8,084	8,135	0	T9	1,380	1,294	−6
R10	946	946	0	S10	1,345	1,338	0	T10	374	358	−4
R11	無定額	無定額	−	S11	2,421	2,454	1	T11	1,231	1,597	30
R12	4,222	3,922	−7	S12	3,709	3,853	4	T12	224	廃	−
R13	無定額	無定額	−	S13	2,910	2,914	0	T13	111	廃	−
R14	1,422	1,163	−18	S14	無定額	1,027	−	計	30,636	33,997	11
R15	1,903	廃	−	計	59,119	70,391	19				
計	129,837	135,950	5								

率欄0％は±1％未満
注　1　「酒麹雑録」が記す旧酒額を10分の1にし、小数点第1位を四捨五入
　　2　「酒麹雑録」が記す新酒額を銅銭とす
　　3　計算可能州軍はR成都府路11、S梓州路11、T利州路11。計33州軍

第五編　総合

第二節　酒額倍率

　二編「序」で指摘したように、銅銭区の州軍のほとんどは酒額が商税額よりはるかに高額である。次の表5の路レベルでは、新務年代の多くの路の酒額倍率（商税額に対する酒額の倍率）は5倍未満（酒額が商税額の1～5倍未満）の水準Ⅱであり、水準Ⅰ（1倍未満）の路は2路（OP）に過ぎない。また旧務年代でも多くの路が水準Ⅱで、水準Ⅲ（5～10倍未満）は僅かに2路（HI）のみである。

　仮定1により鉄銭区の旧酒銭額を銅銭額とみなし、旧商税額は鉄銭額であるので銅銭額に換算して、州軍レベルで両者を比較すると表7の如くである。銅銭区と同じく酒額が商税額よりはるかに高額となる。即ち、仮定1にたつと新旧両年代において鉄銭区3路の酒額倍率は水準Ⅱ～Ⅲとなるので、銅銭区諸路の傾向と同じになる。

表5　銅銭区路レベル酒額倍率（酒麹銭÷商税銭）水準

		新　務　年　代	旧　務　年　代
水準	Ⅰ（1倍未満）	O-1,P-1	―
	Ⅱ（5倍未満）	A-2,B-2,C-2,D-2,E-3,F-2,G-3,H-3 I-3,J-3,K-2,L-1,M-2,N-1,Q-3	B-3,C-2,D-2,E-2,F-2,G-3, J-3 K-2,L-1,M-4,N-2,O-1,P-2,Q-3
	Ⅲ（10倍未満）	―	H-5,I-6
	Ⅳ（10倍以上）	―	―

　倍率：新旧酒額÷新旧商税額（各路計欄数値）　1倍以上は小数点第一位四捨五入
　　　　路記号の右側数値は倍率（例、A-2：A四京の酒額倍率2）
　典拠：商税は拙著2の各章「はじめに」総合表1　酒額は本書二～三編の各章「おわりに」銭額総
　　　　合表1に基づき倍率を算出
　注　旧務年代 A1東京の都商税院は無定額で計算不可

　次に銅銭区の州軍レベル酒額倍率は表6の如くである。銅銭区における新務年代189州軍のうち水準Ⅰの州軍23、水準Ⅱの州軍143、水準Ⅲの州軍15、水準Ⅳの州軍3であり、酒額が商税額の1～5倍未満の水準Ⅱの州軍が圧倒的に多く全州軍の八割弱を占める。また旧務年代195州軍のち水準Ⅰの州軍17、水準Ⅱの州軍142、水準Ⅲの州軍29、水準Ⅳの州軍7であり、酒額が商税額の1～5倍未満の水準Ⅱの州軍が圧倒的に多く七割強を占め、新務年代とほぼ同じ傾向にある。

　仮定1鉄銭区の各州軍の酒額倍率は表7の如くである。表7の各州軍酒額倍率の水準を銅銭区と同じく水準Ⅰ～Ⅳに分け、水準別に整理すると表8の如くである。新務年代35州軍のうち水準Ⅰの州軍1、水準Ⅲの州軍5、水準Ⅳの州軍0であり共に少ない。しかし水準Ⅱの州軍29で、全体の八割強をしめ、これは旧務年代でも同じで、水準Ⅱの州軍26であ

第一章　鉄銭区酒銭額

表6　銅銭区州軍レベル酒額倍率水準

年代		新　務　年　代	旧　務　年　代
水準	Ⅰ	A1,F11,K9,J4,J5,L3,L4,L9,N3,N4 N6, O2, O3, O8,O9,O10,P1,P2,P3 P5,P6,P7,P8　　　　　　　計 23	B5,I10,J2,K12,L1,L3,L8,L9,M11,N9,O2,O3,O4,O9 P1,P8,Q13　　　　　　　　　　　　　　　計 17
	Ⅱ	州軍記号省略（148州軍）	州軍記号省略（142州軍）
	Ⅲ	F15,G13,H9,H11,H15, I4,I8,I9,I10 I13,I14 I15,J17,K3,Q3　　　　　計 15	C8,D3,G3,G13,G15,H1,H5,H8,H12,H15,H16,H17 I1,I2,I3, I9,J8,J10,J12,J13, J14,J19,J20,J21,K7 M3,M15,Q4,Q5　　　　　　　　　　　　　計 29
	Ⅳ	H18,J2,J19　　　　　　　　計 3	H4,H9,H11,H18,I14,I17,I18　　　　　　　計 7

州軍水準：表5に同じ　典拠：表5に同じ
注　1 計算可能州軍は新務年代189、旧務年代195
　　2 新旧州軍数の相違は廃州軍・新設州軍があることによる、また不立額・無定額の州軍があることによる
　　　なおI14徳順軍は酒額不記のため除外、Q11復州は脱漏

表7　仮定1鉄銭区州軍酒額倍率（銅銭額）

州軍	旧酒銭	旧商税	倍率	新酒銭	新商税	倍率	州軍	旧酒銭	旧商税	倍率	新酒銭	新商税	倍率
R1	439,779	89,930	5	442,860	85,815	5	S1	135,288	27,404	5	135,170	32,137	4
R2	72,502	12,710	6	72,660	19,417	4	S2	93,922	28,067	3	94,540	25,073	4
R3	99,421	21,991	5	132,200	37,309	4	S3	102,584	14,818	7	130,900	16,239	8
R4	86,383	27,785	3	143,000	48,160	3	S4	39,806	9,267	4	45,610	10,694	4
R5	118,607	12,637	9	109,020	34,736	3	S5	24,237	6,832	4	24,540	9,178	3
R6	175,567	17,048	10	175,570	39,307	4	S6	10,151	5,105	2	11,620	5,872	2
R7	92,325	11,612	8	92,820	19,942	5	S7	512	10,324	0	無定額	7,105	—
R8	128,854	12,407	10	131,060	32,199	4	S8	無定額	11,329	—	64,320	10,815	6
R9	無定額	2,131	—	無定額	1,575	—	S9	80,837	13,720	6	81,350	18,798	4
R10	9,462	3,203	3	9,460	18,012	1	S10	13,449	4,734	3	13,380	4,384	3
R11	無定額	140	—	無定額	無定額	—	S11	24,,210	5,322	5	24,540	7,781	3
R12	42,220	12,915	3	39,220	16,606	2	S12	37,093	18,148	2	38,530	12,068	3
R13	無定額	無定額	—	無定額	無定額	—	S13	29,104	4,278	7	29,140	9,128	3
R14	14,223	897	—	11,630	9,733	1	S14	無定額	4,434	—	10,270	4,894	2
R15	19,026	20,937	1	廃軍	廃軍	—	計	591,193	163,782	4	703,910	174,166	4
計	1298,369	246,343	5	1,359,500	362,811	4							
T1	67,800	42,614	2	93,600	43,720	2							
T2	19,743	13,456	1	19,320	24,469	1							
T3	15,419	7,502	2	20,610	13,411	2							
T4	101,009	15,016	7	91,950	13,114	7							
T5	36,962	10,620	3	37,300	26,521	1							
T6	7,470	3,710	2	10,500	7,486	1							
T7	6,443	2,659	2	11,290	7,553	1							
T8	18,320	7,913	2	22,410	17,736	1							
T9	13,795	3,065	5	12,940	3,404	4							
T10	3,742	1,629	2	3,580	9,967	0							
T11	12,311	12,150	1	15,080	14,300	1							
T12	2,242	1,182	2	廃州	1,590	—							
T13	1,109	2,572	0	廃州	2439	—							
計	306,365	124,088	2	338,580	185,710	2							

注
旧酒額：「酒麹雑録」の記載額を銅銭額とす
新酒額：「酒麹雑録」の記載額を10倍
旧商税：「商税雑録」の記載額の10分の1
新商税：「商税雑録」の記載額の2分の1

典拠：酒額・税額は四編各章「おわりに」表1

第五編　総合

表8　仮定1鉄銭区州軍酒額倍率水準

水準		新務年代	計	旧務年代	計
	Ⅰ	T10	1	S7	1
	Ⅱ	州軍省略	29	州軍省略	26
	Ⅲ	R1,R7,S3,S8,T4	5	R1,R2,R3,R5,R7,S1,S3,S9,S11,S13,T4,T9	12
	Ⅳ		0	R6,R8,R14	3

水準：本章表5に同じ　典拠：本章表7
注　比較可能州軍は新務年代35、旧務年代35。但し、無定額の州軍除外

り全体の七割強を占める。仮定1にたつと、新旧両年代において銅銭区と同じく水準Ⅰ・Ⅲ・Ⅳの州軍が少なく、水準Ⅱが圧倒的に多い。

　次に「酒麹雑録」が記す新旧酒額を鉄銭とする仮定2にたつと、表7の新旧両年代酒額を10分の1（旧額）・2分の1（新額）にすることになるので、表示は省略するが、新旧酒額は新旧商税額より甚だ少額になり、酒額倍率は2例（R6・R8）を除くと他はすべてマイナスになる。また旧酒額を鉄銭とする仮定3では旧酒額を10分の1にするので、旧商税額より旧酒額が少額になり、そのため商税に対する酒額倍率は2例（R6・R8）を除くとすべてマイナスになる。このように仮定2・仮定3にたつと酒額倍率は銅銭区の酒額倍率の傾向と大きく相違して不自然になる。

第三節　酒額水準

　銅銭区の州軍レベルでの酒銭額を10万貫以上の水準Ⅳ、5万貫以上の水準Ⅲ、1万貫以上の水準Ⅱ、1万貫未満の水準Ⅰの4ランクに等級づけると次の表9の如くである。旧務年代における水準Ⅳの州軍34（全州軍203の約17％。計欄、率欄参照）、水準Ⅲの州軍63（約31％）、水準Ⅱの州軍81（約40％）、水準Ⅰの州軍26（約13％）である。また新務年代の水準Ⅳの州軍34（全州軍192の約18％）、水準Ⅲの州軍63（約33％）、水準Ⅱの州軍77（約40％），水準Ⅰの州軍18（約9％）である。新旧両年代の各水準に属する州軍が全体にしめる比率はほぼ同じである。また両年代において水準Ⅱ・Ⅲの州軍が圧倒的に多く、全体の約70％をしめる。また水準Ⅳの州軍がこれに次いで多く約20％程度であり、水準Ⅰの州軍が最も少なく約10％である。

　次に「酒麹雑録」が記載する鉄銭区新旧酒額を鉄銭額とする仮定2の表10では、水準Ⅳ・Ⅲの州軍0である。ほとんどの州軍は水準Ⅰ（旧酒額35州軍、新酒額38州軍。計欄参照）で全州軍（旧42・新39）の83％（旧、率欄）・97％（新、率欄）をしめ、水準Ⅱの州軍は僅かである（旧17％・新3％）。このような分布をする路は銅銭区には一路としてない。

— 740 —

第一章　鉄銭区酒銭額

表9　銅銭区州軍レベル酒銭額水準

年代 路	旧務年代 水準				新務年代 水準			
	10万以上 Ⅳ	5万以上 Ⅲ	1万以上 Ⅱ	1万未満 Ⅰ	10万以上 Ⅳ	5万以上 Ⅲ	1万以上 Ⅱ	1万未満 Ⅰ
A	1,2,4	3			1,2,4	3		
B	3	1,2,6,8,9	4,7	5	1,2,3	4,6,7,8,9	5	
C	2,4	1,5,6,7	3,8		2,4	1,3,5,7	6	
D		1,2	3,4,6,7,8,9	5	1	2	3,4,5,6,7,8	
E	1	2,3,4,5,8	6,9	7	1,3	2,4,5,6	7	
F	2	1,3,4,5,6 10,11,12	7,8,9,13,14	15,16	2	1,3,5,6, 10,11,12	4,7,8,9,13 14	15,16
G	1,3	2,4,7,8 11	5,6,9,10,12, 13,14,15,16,17		1,3	2,4,6,7,8,9	5,10,11,12 13,14,15,16	
H	1,4,6, 9,11	2,3,5,7,8 14,17,18	10,12,13,15 16,19	20	1,4,11	2,3,5,6,7,8, 14	9,10,12,13 15,16,17,18	
I	1,2,913	3,5,11,16	6,7	10,17	1,2,9	3,5,7,10, 14,15	4,6,8,11,13	12
J	1	3,6,8,9	2,4,7,10,11,12 13,14,15,16,19 20,21,22	5,17,18 23,24	1	2,3,6,9	7,8,10,11 13,14,15 16,19	4,5,12,17 18,20,24
K	2,3,4 7,9	1,6	5,8,10,11,12		1,3,4,6	2,5,7	8,9,10	
L		1,2,5,9	3,4,6,7,8			1,2,5	3,4,6,7,8,9	
M	1,2,3,5 6,8,14	4,7,9,10 12,13	11,15		1,2,3,5,7 8,14	4,6,9,10,12	11,13	
N	1	2,7	3,4,5,6, 8,9,10		1	2,7	3,4,5,6,8,9 10	
O			1,2,5,6, 7,9,10	3,4,8		1	2,3,4,5,6,7 9,10	8
P		1	2	3,4,5,6,7,8		1	2,4,6	3,5,7,8
Q	1	2,4	3,5,7,12,13	6,8,9	1	2,3,7	4,5,6	8,9,10
計	34	63	81	25	34	63	77	18
率	17	31	40	12	18	33	40	9

酒額水準：Ⅳ10万以上　Ⅲ5万以上　Ⅱ1万以上　Ⅰ1万未満
　　　各水準欄下の数字は各路の州軍番号。表10,11,12共通（例、AのⅣ欄下：1はA1東京）。
計欄：各水準に属する州軍数。
率：旧務年代計欄州軍数÷203　　新務年代計欄州軍数÷192
典拠：二・三編各章「おわりに」表1銭額総合表により作成
注1 旧務年代州軍203、新務年代州軍192、旧務年代の廃額州軍17、額新設州軍6(徳順軍を含む)
　2 廃額州軍17：C8,D9,E8,E9,G17、H19,H20,I16,I17,J21,J22,J23,K11,K12,M15,Q12,Q13。新務年代では除外
　　新設州軍5：I4,I8,I12,I15,Q10。I14徳順軍旧額不記（旧務年代欄から除外）。熙寧七年に廃されたQ11復州は原文脱漏（新旧両年代欄から除外）
　3 下線を付す旧務年代州軍27・新務年代州軍23は、絹・布・金・銀・その他の物額を併記する州軍。銭額と物額を合わせると水準が上る州軍も若干ある。但し、大勢に影響は無い。一編二章表6「酒麹雑録」記載物額表参照

また旧額を鉄銭額・新額を銅銭額とする仮定3の表11では、旧務年代では水準Ⅰの州軍が83％と極端に高率でありで、水準Ⅱの州軍は17％、水準Ⅳ・Ⅲの州軍ゼロである。新務年代でも水準Ⅰの州軍が約80％と極端に高率となり、水準Ⅱの州軍は20％である。また新務年代でも水準Ⅳ・Ⅲの州軍ゼロである。このように州軍が低水準に偏って分布する路は銅銭区にはみられない。

次に仮定1にたつ表12では、州軍は水準Ⅰ～Ⅳに分布し、最多は水準Ⅱの州軍で新旧両年代において全体の大約40～50％をしめる。また新旧両年代の水準Ⅳ・Ⅲ・Ⅰの州軍がそれぞれ大約20％である。州軍が全水準に分布すること、及び水準Ⅱ州軍が最多であること

第五編　総合

などは銅銭区と共通する。

　以上の酒額水準の比較によれば、三つの仮定のうち銅銭区と傾向を同じくする仮定1が自然であり、仮定1をとるのが適切と思われる。

表10　仮定2鉄銭区酒額水準

	水準	IV	III	II	I
R	旧酒額			1,5,6,8	2,3,4,7,9,10,11,12,13,14,15
	新酒額			1	2,3,4,5,6,7,8,9,10,11,12,13,14
S	旧酒額			1,3	2,4,5,6,7,8,9,10,11,12,13,14
	新酒額				1,2,3,4,5,6,7,8,9,10,11,12,13,14
T	旧酒額			4	1,2,3,5,6,7,8,9,10,11,12,13
	新酒額				1,2,3,4,5,6,7,8 ,9,10,11
計	旧酒額			7 州軍	35州軍
	新酒額			1 州軍	38州軍
率	旧酒額			17%	83%
	新酒額			3%	97%

各水準欄の下の各路の数は州軍番号（表11,12,13共通）
率　：旧酒額計欄数値÷42、新酒額計欄÷39（表10・11・12共通）
典拠：四編各章「おわりに」の表1銭額総合表の下段により作成
注　1「酒麹雑録」が記す新旧酒額を鉄銭とす
　　2 鉄銭・銅銭の換算比：旧額は10対1、新額は2対1
　　3 旧州軍42、新州軍39　廃州軍R15,T12,T13（表10・11・12共通）

表11　仮定3鉄銭区酒額水準

	水準	IV	III	II	I
R	旧酒額			1,5,6,8	2,3,4,7,9,10,11,12,13,14,15
	新酒額			1,3,4,5,6,8	2,7,9,10,11,12,13,14
S	旧酒額			1,3,	2,4,5,6,7,8,9,10,11,12,13,14
	新酒額			1,3	2,4,5,6,7,8,9,10,11,12,13,14
T	旧酒額			4	1,2,3,5,6,7,8,9,10,11,12,13
	新酒額				1,2,3,4,5,6,7,8,9,10,11
計	旧酒額			7 州軍	35州軍
	新酒額			8 州軍	31州軍
率	旧酒額			17%	83%
	新酒額			20%	80%

典拠：四編各章「おわりに」の表1銭額総合表の上段
注　「酒麹雑録」が記す旧額を鉄銭、新額を銅銭と仮定

表12　仮定1鉄銭区酒額水準

	水準	IV	III	II	I
R	旧酒額	1,5,6,8	2,3,4,7	12,14,15	9,10,11,13
	新酒額	1,3,4,5,6,8	2,7	12,14	9,10,11,13
S	旧酒額	1,3	2,9	4,5,6,10,11,12,13	7,8,14
	新酒額	1,3	2,8,9	4,5,6,10,11,12,13,14	7
T	旧酒額	4	1	2,3,5,8,9,11,	6,7,10
	新酒額		1,4	2,3,5,6,7,8,9,11	10
計	旧州軍	7州軍	7 州軍	16州軍	10州軍
	新州軍	8州軍	7 州軍	18州軍	6州軍
率	旧酒額	17%	17%	36%	24%
	新酒額	21%	19%	46%	15%

計欄：州軍合計
典拠：本章表1

— 742 —

第四節　酒額と戸数・商税の比例関係

　一編でみたように北宋では、人戸・物産が繁多で経済力のある地に酒務を置き、また酒務の酒額大小もこの経済力により勘案されていた。戸数はその地の人口を反映し、物産の繁多は商業活動に反映されるので、州軍の酒額と戸数、州軍の酒額と商税額とは多くの州軍でおおまかには比例する。

　表13は、熙寧末・元豊の同時期、即ち新務年代（戸が新務年代戸であるので酒額・税額も新務年代額）の銅銭区北部119州軍の新酒銭額（以下、酒額又は酒）・新商税額（以下、税額又は税）・戸数（以下、戸）の統計に基づいている。比例関係を検討するため、各州軍の額をⅠ～Ⅳ水準に等級づけ、各水準における州軍数が酒・戸・税でほぼ同じになるようにしてある。即ち、州軍数に極端な相違が出ないように酒・戸・税のそれぞれの水準を定める基準値を工夫した。この操作により水準Ⅳの計欄（表下部）では酒33州軍・戸33州軍・税33州軍と同数になり、水準Ⅲ計欄では酒64州軍・戸65州軍・税70州軍で最大の差6州軍、水準Ⅱ計欄では酒76州軍・戸73州軍・税67州軍で最大差は9州軍、水準Ⅰの計欄の酒17州軍・戸19州軍・税20州軍で最大差は3州軍となり、各水準における酒・戸・税の州軍数の差はほんどが数州軍にとどまる。

　計欄の下に率欄を設けているが、この欄は酒・戸・税の各水準に属する各州軍が全州軍190にしめる比率を示している。この比率を州軍比率と呼ぶことにする。水準Ⅳの酒・戸・税の州軍比率は全州軍の約20％、水準Ⅲの酒・戸・税の州軍比率は約30～40％、水準Ⅱの酒・戸・税の州軍比率も約40％で、水準Ⅰの酒・戸・税の州軍比率は約10％である。

　次に水準Ⅰ～Ⅳの各欄の下の各路の数字は州軍番号であるが、戸・税両欄の州軍番号を〇印又は□印で囲み、或は無印としている。戸・税両欄の〇印は酒額と商税、酒額と戸数とが同一水準である州軍を意味する。戸・税両欄の無印州軍は酒額と商税、酒額と戸数とが1ランク相違する水準隣接州軍である。また戸・税両欄の□印州軍は酒額と戸数、酒額と商税との水準が2ランクまたは3ランクはなれている水準隔絶州軍を意味する。即ち〇印州軍は酒額と戸数・商税が比例する州軍、無印州軍は比例関係に近い州軍、□印州軍は非比例州軍である。

　表13欄外の総合は、戸数・商税のそれぞれにおける〇印州軍数、無印州軍数、□印州軍数及び全州軍190にしめる〇印州軍の比率、無印州軍の比率、□印州軍の比率をまとめている。以下で問題にしたいのはこの比率である。酒額と戸数及び酒額と商税における同水

第五編　総合

表13　銅銭区州軍の酒・戸・税の水準（全州軍190）

路	区分	Ⅳ水準	Ⅲ水準	Ⅱ水準	Ⅰ水準
A	酒	1,2,4　　10万貫以上	3　　5万貫以上	1万貫以上	1万貫未満
	戸	①,④　　12万戸以上	2,③　　5万戸以上	8千戸以上	8千戸未満
	税	①,②,④　　5万貫以上	③　　2万貫以上	5千貫以上	8千貫未満
B	酒	1,2	4,,6,7,8,9	5	
	戸	②,6	1,④,5,⑧,⑨	7	
	税	①,②,8	④,⑥,⑦,⑨	⑤	
C	酒	2,4	1,3,5,7	6	
	戸	④	①,2,③,⑤,6,⑦		
	税	④	①,2,③,⑤,⑦	⑥	
D	酒	1	2	3,4,5,6,7,8	
	戸		1	2,③,④,⑤,⑥,⑦,⑧	
	税	①	②,	③,④,⑤,⑥,⑦,⑧	
E	酒	1,3	2,4,5,6	7	
	戸	③	1,⑤,⑥	2,4,⑦	
	税		1,2,3,④,⑤,⑥	⑦	
F	酒	2	1,3,5,6,10,11,12	4,7,8,9,13,14	15,16
	戸		①,2,③,⑤,⑫	④,6,⑦,⑧,⑨,10,11,⑬	14,⑮,⑯
	税	②,6,11	①,4,⑤,⑩,13	3,⑦,⑧,⑨,12,⑭	⑮,⑯
G	酒	1,3	2,4,6,7,8,9	5,10,11,12,13,14,15,16	
	戸		1,3,④	2,⑤,6,7,8,9,⑩,⑪,⑫,⑭,16	13,15
	税		1,3,④,⑥,9	2,⑤,7,8,⑩,⑪,⑫,⑭	13,15,16
H	酒	1,4,11	2,3,5,6,7,8,14	9,10,12,13,15,16,17,18	
	戸	①	②,⑤,⑥,⑧,13	3,4,7,⑨,⑩,11,⑫,14,⑮,16	17,18
	税	①	②,3,4,⑤,⑥,⑦,10,13	8,⑨,11,⑫,14,⑮,⑰	16,18
I	酒	1,2,9	3,5,7,10,14,15	4,6,8,11,13	12,
	戸	①	2	3,5,⑥,7,⑧,⑨,10,⑪,14	4,⑫,13,15
	税	①,②,7	9,11	3,5,⑥,⑧,10,⑬,14,15	4,⑫
J	酒	1	2,3,6,9	7,8,10,11,13,14,15,16,19	4,5,12,17,18,20
	戸		1,②,③,⑥,⑨,11	⑦,⑧,⑩,⑬,⑭,⑮	④,⑤,⑫,16,⑰,⑱,19,⑳
	税		1,③,⑥,⑨,13	⑦,⑧,⑩,⑪,⑭,⑮,16	②,④,⑤,⑫,⑰,⑱,19,⑳
K	酒	1,3,4,6	2,5,7	8,9,10	
	戸	2	1,3,4,⑦	5,⑥,⑧,9,⑩	
	税	1,④,9	②,3,6,⑦	5,⑧,⑩	
L	酒		1,2,5	3,4,6,7,8,9	
	戸	1,5	②,3,7,8,9	④,6	
	税	1,2,3	4,⑤,7,8,9	⑥	
M	酒	1,2,3,5,7,8,14	4,6,9,10,12	11,13	
	戸	①,②,③,⑤,6⑧,9,10,⑭	④,7,11,⑫,13		
	税	①,②,③,⑤,6,8,⑭	④,7,⑨,⑩,11,⑫,13		
N	酒	1	2,7	3,4,5,6,8,9,10	
	戸	①,2,5,6,7	3,4,8,9	⑩	
	税	①	②,3,4,5,6,⑦,8,9	⑩	
O	酒		1	2,3,4,5,6,7,9,10	8
	戸	1,3,4,5	2,6,7,9,10	8	
	税	2,3	①	④,⑤,⑥,⑦,8,⑨,⑩	
P	酒		1	2,4,6	3,5,7,8
	戸	1,2	4,6	3,5,7,8	
	税	1	2	3,④,5,⑥,8	⑦
Q	酒	1	2,3,7	4,5,6	8,9,10
	戸	①,2	③,5,⑦	④,⑥,8,9,10	
	税	①	②,⑦	3,④,⑤,⑥,8	9,10
計	酒	33州軍	64州軍	76州軍	17州軍
	戸	33州軍	65州軍	73州軍	19州軍
	税	33州軍	70州軍	67州軍	20州軍
率	酒	17%	34%	40%	9%
	戸	17%	34%	39%	10%
	税	17%	37%	35%	11%

第一章　鉄銭区酒銭額

水準欄の下の各路の数字：州軍記号の数（例、Aの酒・Ⅳの1：A1東京）
率　　　：各水準の計の酒・戸・税各欄の州軍数÷全州軍190
　　　　　（例、率の水準Ⅳ酒欄の17％＝計の酒欄33州軍÷190）
基準値：酒額水準　Ⅳ10万以上　Ⅲ5万以上　Ⅱ1万以上　Ⅰ1万未満
　　　　税額水準　Ⅳ5万以上　　Ⅲ2万以上　Ⅱ5千以上　Ⅰ5千未満
　　　　戸数水準　Ⅳ12万以上　Ⅲ5万以上　Ⅱ8千以上　Ⅰ8千未満
○印州軍：酒額水準に対し戸数・商税の水準が同じ（例、Aの戸・税欄の①：A1の戸・税の水準が酒水準と同じ）
無印州軍：酒額水準に対し戸数・商税の水準が1ランク相違（例、Aの戸欄の2：A2の戸の水準は酒より1ランク低い
□印州軍：酒水準に対して戸数・商税の水準が2・3ランク相違（例、J税欄水準1の2：酒水準Ⅳ・税水準Ⅰ、2ランク相違）
典拠：二・三編各章（各路）の「おわりに」表1銭額総合表
注　B3戸数不明・J24新商税不明、表に示さず

準州軍即ち○印州軍の比率が共に最大で約50〜60％である。最小は水準隔絶州軍即ち□印州軍の比率で戸数・商税ともに数％に過ぎない。水準隣接州軍即ち無印州軍は35・46％である。この比率を後で鉄銭区の仮定1・仮定2・仮定3と比較する。

州軍区分	総合			
	戸	率	税	率
○印州軍	91	48%	117	62%
無印州軍	88	46%	67	35%
□印州軍	11	6%	6	3%
計	190	—	190	—

次に表13と同じ方法で仮定1鉄銭区の州軍の水準・比例関係・州軍区分を示したのが表14である。表13・14に基づき銅銭区・鉄銭区の比率を示すと表15の如くである。銅銭区・仮定1鉄銭区は酒額と戸数・商税とが同水準州軍比率が最大で、これに水準隣接州軍が次ぎ、水準隔絶州軍の比率が共に一割以下である。

表14　仮定1鉄銭区州軍の酒・戸・税の水準（州軍39）

	水準	Ⅳ	Ⅲ	Ⅱ	Ⅰ
R	酒	1,3,4,5,6,8	2,7	12,14	9,10,11,13
	戸	①,⑤	②,3,4,6,⑦,8	10,⑫,⑭	⑨,⑪,⑬
	税	①	3,4,5,6,8	2,7,10,⑫,⑭	⑨,⑪,⑬
S	酒	1,3	2,8,9	4,5,6,10,11,12,13,14	7
	戸		1,②,3	④⑤⑥,7,8,9,⑩,⑪⑫⑬⑭	
	税		1,	2③④⑤⑥,7,8,9,⑪⑫⑬	10,14
T	酒		1,4	2,3,5,6,7,8,9,11	10
	戸		①,3,④	②,⑤,⑥,⑦,⑧,⑨,10	11
	税		①	②,③,4,⑤,⑥,⑦,⑧,10,⑪	9
計	酒	8	7	18	6
	戸	2	12	21	4
	税	1	7	25	6
率	酒	21	18	46	15
	戸	5	31	54	10
	税	3	18	64	15

率　：各水準の酒・戸・税各欄の州軍÷全州軍39（例、率の水準Ⅳ酒欄の21％＝計の酒欄8州軍÷39）
水準：表13に同じ
典拠：四編各章「おわりに」表1銭額総合表

州軍区分	総計			
	戸	率	税	率
○印州軍	26	67	20	51
無印州軍	13	33	18	46
□印州軍	0	0	1	3
計	39		39	

第五編　総合

表15　銅銭区・仮定1鉄銭区の州軍比率

区　分		戸　　　　　数						商　　　　　税					
種　類		○印州軍		無印州軍		□印州軍		○印州軍		無印州軍		□印州軍	
		州軍	%	州軍	%	州軍	%	州軍	%	州軍	%	州軍	%
銅銭区		91	38	88	38			11	5	117	6		3
鉄銭区		26	11	13	6	0	0	20	9	18	8	1	0
計229州軍		117	51	101	44	11	5	137	60	85	37	7	3

計欄％：計欄州軍÷全区州軍229（例、○印州軍比率51％＝117÷229）
典拠　：表13・14

表16　仮定2鉄銭区州軍の酒・戸・税の水準

水準		Ⅳ	Ⅲ	Ⅱ	Ⅰ
R	酒	—	—	1,3,4,5,6,8	2,7,9,10,11,12,13,14
	戸	1,5	2,3,4,6,7,8	10,12,14	⑨⑪⑬
	税	1	3,4,,5,6,8	2,7,10,12,14	⑨⑪⑬
S	酒	—	—	1,3,	2,4,5,6,7,8,9,10,11,12,13,14
	戸	—	1,2,3	4,5,6,7,8,9,10,11,12,13,14	—
	税	—	1	2,3,4,5,6,7,8,9,11,12,13	⑩⑭
T	酒	—	—	—	1,2,3,4,5,6,7,8,9,10,11
	戸	—	1,3,4	2,5,6,7,8,9,10	⑪
	税	—	1	2,3,4,5,6,7,8,10,11	⑨

戸：路の○印州軍4。路の無印州軍27。路の□印州軍8。
税：○印州軍6。無印州軍31。□印州軍2。

表17　仮定3鉄銭区州軍の酒・戸・税の水準

水準		Ⅳ	Ⅲ	Ⅱ	Ⅰ
R	酒	—	—	1	2,3,4,5,6,7,8,9,10,11,12,13,14
	戸	1,5	2,3,4,6,7,8	10,12,14	⑨⑪⑬
	税	1	3,4,5,6,8	2,7,10,12,14	⑨⑪⑬
S	酒	—	—	—	1,2,3,4,5,6,7,8,9,10,11,12,13,14
	戸	—	1,2,3	4,5,6,7,8,9,10,11,12,13,14	—
	税	—	1,	2,3,4,5,6,7,8,9,11,12,13	⑩⑭
T	酒	—	—	—	1,2,3,4,5,6,7,8 ,9,10,11
	戸	—	1,3,4	2,5,6,7,8,9,10	⑪
	税	—	1	2,3,4,5,6,7,8,10,11	⑨

戸：路の○印州軍4。路の無印州軍21。路の□印州軍14。
税：○印州軍6。無印州軍25。□印州軍8。

次に仮定2・3にたつ表16・17から州軍比率をまとめると表18の如くである。仮定2では銅銭区・仮定1鉄銭区の傾向と相違し、戸数における○印州軍比率が甚だ小さく（戸2％・税3％）、無印州軍比率が甚だ大で（戸12％・税14％）、その差が大きい。更に酒額と戸数・商税の水準が2・3ランク離れた□印州軍比率が仮定1の0％に対し、仮定2・仮定3では数％になっている。このように酒額と戸数、酒額と商税との比例関係からみて、仮定1が銅銭区と傾向を同じくし、仮定2・3は銅銭区の傾向と大きく相違する。

新旧酒額の増減率、酒銭額・商税額の対比、酒銭額水準、酒額と戸数・商税額との比例関係の四つの観点から仮定1・仮定2・仮定3を比較検証した。その結果、仮定1が銅銭区と同じ傾向になり適切であると思われる。「酒麹雑録」の鉄銭区3路の酒額統計解釈として、「記載されている旧酒銭額は銅銭額、記載新額を10倍した額が銅銭新額」を本書の説とする。

第一章　鉄銭区酒銭額

表18　鉄銭区仮定2・仮定3の州軍比率

区　　分	戸　　数						商　　税					
種　　類	○印州軍		無印州軍		□印州軍		○印州軍		無印州軍		□印州軍	
	州軍	%	州軍	%	州軍	%	州軍	%	州軍	%	州軍	%
仮定2	4	2	27	12	8	3	6	3	31	14	2	1
仮定3	4	2	21	9	14	6	6	3	25	11	8	3

%：州軍数÷229　典拠：表16・表17

　なお、一編一章で成都府路・梓州路の祖額は銅銭区の祖額・買撲の合計に相当するものであり、利州路の買撲は銅銭区の祖額・買撲の合計に同じとした。即ち記載されている酒務の新旧の酒額のトータルが示されているとした。しかし、これに対し前者は買撲が省略又は脱漏し、後者は祖額の省略又は脱漏とする解釈もあろう。

　銅銭区買撲の路レベルの新酒銭額に対する買撲率は6～40%である（表19）。また表20の欄外に銅銭区の買撲率の最高40%・最低6%の両ケースにもとづき鉄銭区の酒額を計算している。表20は式の解を整理したものである。表には新商税額及び酒額の商税額に対する酒額倍率を付している。路レベルの銅銭区の商税額に対する酒額倍率は先に示したように、例外を除くと旧務年代・新務年代共に5倍未満である（本章表5）。

　成都府路・梓州路は買撲率40%・6%とした場合、1例を除き酒額が商税額より少額となる。したがって、成都府路・梓州路の買撲省略・脱漏、利州路の祖額省略・脱漏とする解釈をとるべきではない。「酒麴雑録」には、記載する酒務の新旧の酒銭額のトータルが示されているのである。

表19　銅銭区の路買撲率水準

水準	路買撲率	路数	比率
Ⅰ（10%未満）	A-7%,D-9%,G-9%,N-9% O-6%,P-7%,Q-7%	7	41%
Ⅱ（10%以上）	B-11%,E-14%,F-12%,H-13% I-11%,J-10%,M-15%	7	41%
Ⅲ（20%以上）	K21%	1	6%
Ⅳ（30%以上）	C-32%,L-40%	2	12%

比率：路数÷17路（四京を1路とす）
路買撲率：路買撲÷路酒銭額
典拠：第二～三編各章（路）「おわりに」表1

第五編　総合

表20　鉄銭区路レベル酒額・酒額倍率

買撲率	路	新酒額	新商税額	酒額倍率
40%	成都府路酒額	226,583	725,630	0.3
	梓州路酒額	117,318	348,339	0.3
	利州路酒額	84,992	363,368	0.2
6%	成都府路酒額	144,627	725,630	0.1
	梓州路酒額	74,884	348,339	0.2
	利州路酒額	566,616	363,368	1.5

典拠：四編各章「おわりに」表1
注　①買撲率が最高の40％の場合の計算（酒額・税額共に鉄銭額）
　　　A＝祖額、B＝買撲、X＝酒額とする。「酒麹雑録」記載の成都府路新祖額135,950貫、
　　　梓州路新祖額70,391貫、利州路新買撲33,997貫であるので、式①に祖額・買撲及び式③を代入。
　　　A＋B＝X　①　B÷X＝0.4　②　式②から、B＝0.4X　③
　　　成都府路　　　135,950＋0.4X＝X　135,950＝0.6X　X＝226,583
　　　梓州路　　　　70,391＋0.4X＝X　70,391＝0.6X　X＝117,318
　　　利州路　　　　A＋33,997＝X　　33,997＝0.4X　X＝84,992
　　②買撲率が最低の6％の場合の計算（酒額・税額共に鉄銭額）
　　　成都府路　　　B＝0.06X　A＋0.06 X＝X　0.94 X　135,950＝0.94 X　X＝144,627
　　　梓州路　　　　70,391＋＝0.06X＝X　70,391＝0.94 X　X＝74,884
　　　利州路　　　　A＋33,997＝X　B÷X＝0.06　B＝0.06X　X＝33,997÷0.06　X＝566,616

おわりに

『文献通考』巻一七・征権四・権酤は、旧酒額を10ランクに等級付け、銅銭区・鉄銭区の別なく全州軍を10等級に振り分けて示す。したがって、同書は鉄銭区州軍の旧酒額を銅銭額とみなしていることになる。この『文献通考』にもとづき仮定1をたてた。

同書巻一四・征権考一・征商をみると、商税額を10ランクに等級付け、各ランクの州軍を示し、その後に次の如く述べる。

　　按天下商税。惟四蜀獨重。雖（有）蘷戎間小墨。其數亦倍蓰於内地之荘郡。然會要言。
　　四蜀所納皆鐵錢。十緡及銅錢之一。則數目雖多而所取亦未爲甚重。而熙寧十年以後再
　　定之額他郡皆增於前。而四蜀獨減於舊。豈亦以元額偏重之故歟。注、（）内意を以て補う
　　　天下の商税を按ずるに、惟だ四蜀のみ獨り重し。蘷戎の間に小墨有ると雖も、其數
　　　亦内地の荘郡に倍蓰す。然るに會要言う、「四蜀の納むる所は皆鐵錢にして、十緡は
　　　銅錢の一に及ぶ」と。則ち數目多しと雖も而して取る所は亦未だ甚だ重くはならざる
　　　なり。而して熙寧十年以後再定せる額は他郡皆前より增す。而して四蜀は獨り舊より
　　　減ず。豈に亦元額偏重の故以てならんや。

この解説で採るべきは、会要が鉄銭区では商税を皆鉄銭で納めさせているが、鉄銭は銅銭の十分の一であると指摘している箇所である。「豈亦以元額偏重之故歟」をはじめとして、その他は詳細な研究にもとづくものではなく、単なる著者の感想を述べているに過ぎない。

会要は国朝会要であり、これにしたがうと鉄銭区旧商税額は鉄銭額であるので、銅銭額に換算するには十分の一にすればよい。拙著2でも「10対1」を使っている。この換算は

第一章　鉄銭区酒銭額

同時代の「酒麹雑録」でも行なわれたはずであるとすると、すでにあげた諸矛盾が生じる。この点に関しては「酒麹雑録」を「商税雑録」と同列に扱うべきではない。

「酒麹雑録」の編纂過程又は原文採録に際し、新額換算の間違いが生じたと思われる。もともと銅銭額に換算して記載されていた新務年代酒額を十分の一にしたため、諸州軍の新務年代銭額が旧務年代銭額に比して斉一的に約90％減と極端に少額になったのである。仮定1では「酒麹雑録」鉄銭区新額を十倍した数値を銅銭額と仮定した。鉄銭区新額については、後人が誤った解釈を入れて統計を作成したようである。そもそも、同じ年代の政策の下で行なわれた酒専売制であるから、鉄銭区新旧酒額が銅銭区新旧酒麹額とあまりにも懸離れた傾向になるはずはないのである。仮定1は、鉄銭区と銅銭区とを比較し、商税額との関連も考慮に入れて検証した結果、銅銭区の傾向に反しない。

次に「酒麹雑録」の用語について本書としての見解を出しておこう。成都府路・梓州路の熙寧十年額は祖額のみを示し、また利州路では祖額を記さず買撲のみを記載する。

宋会要食貨20-9・熙寧九年十月十二日の条に次の如くみえる。

　侍御史周尹言。川峡州県鎮酒務（A）。許令諸色人於課外管認浄利銭召保。當官売撲造酒沽賣。如沽賣不行無銭。納官或實家産蕩盡。方勒保人陪塡。訪聞成都府路州県酒務（B）多有虧敗。蓋是買撲人故作弊倖。不時送納浄利。裏私陰寄銭物。立詭名置買田土。及司官催督惟委保人破賣家産出銭納官。欲乞下成都府鈐轄按撫司専切根究管下。如有巧為弊倖。隠寄銭物。詭名置買田土。推委保人破蕩家産。及昏頼干礙之人。財物陪塡。即於法外刺配。詔司農寺根究依理施行（C）。

　　侍御史周尹言う、「川峡州県鎮酒務、諸色人に令して、課外に浄利銭を管認し召保するを許し、當官売撲し造酒沽賣せしむ。如し沽賣行われず銭無ければ、官に納むるに或は家産を實てて蕩盡せば、方に保人を勒して陪塡せしむ。訪聞するに、成都府路州県酒務、多く虧敗する有り。蓋し是買撲人ことさらに弊倖をなし、時に浄利を送納せず、裏私に銭物を陰寄し、詭名を立てて田土を置買す。司官催督するに及び惟だ保人に委ね家産を破賣して出銭して官に納むるのみ。欲いて乞う、成都府鈐轄按撫司に下し管下を専ら切に根究せしめん。如し巧に弊倖を為し、銭物を隠寄し、詭名を立てて田土を置買し、保人に推委して家産を破蕩し、及び昏頼干礙の人有らば、財物は陪塡し、即ち法外に刺配せんことを」と。詔す、司農寺根究し依理施行せよ。

熙寧九年に侍御史は下線部分の川峡州県鎮酒務A・成都府路州県酒務Bの買撲における弊害は浄利銭を私的に流用して他人名義で田土を買う「立詭名置買田土」にあることを指摘している。一編二章で証したが、「熙寧五年。詔天下州県酒務。不以課額高下。並以

第五編　総合

祖額紐算淨利錢數。許有家業人召保買撲」の州県酒務は買撲坊場であるので、周尹の言う「川峡州県鎮酒務」・「成都府路州県酒務」の酒務はこの詔の酒務と同じ語義用法で買撲坊場である。加えて文末の下線部分Cの詔で司農寺に捜索を命じているので司農寺管轄下の坊場である。周尹の言うＡ・Ｂ「酒務」を買撲官監務とすれば熙寧十年の成都府路・梓州路の28州軍の祖額のみを記す「酒麹雑録」と合わなくなる。

　仮定１によれば、新旧額の増減率・商税額との比較において問題は生じず、「祖額」又は「買撲」の語で榷酒銭の実質的総額（銅銭区の祖額＋買撲）を表している。成都府路・梓州路では三司管轄買撲官監務を置かず、「旧。在城及〇〇務」として記載している場務は熙寧十年では全て官監務即ち官直営務とし、利州路では記載している場務は全て三司管轄の買撲官監務とし、官直営務を置かなかったという解釈をしても、仮定１に問題は生じない。本書としては、銅銭区と鉄銭区成都府路・梓州路・利州路とは経営方式の適用を異にしたと解し、「酒麹雑録」鉄銭区新額の用語は間違いではないと結論しておく。

　まとめておこう。銅銭区では三司管轄下の酒麹務にはほとんどの州軍が官直営方式と買撲方式の両経営方式を導入していたが（但し、開封府・10州軍は買撲官監務を置かず。一編一章注(12)参照）、鉄銭区では三司管轄下の酒務に路により官直営方式のみをとるか或は買撲方式のみをとったので、「酒麹雑録」は祖額のみを示し（成都府路・梓州路）、又買撲のみを記した（利州路）。この記載は実態に即したものであると解される。

　鉄銭区で路により異なる方式をとった一因は酒務課額の大小及び衙前役の多少にあったと思われる。成都府路・梓州路は衙前役が多いため、多くの酒務を司農寺坊場とし、衙前役費用を賄わせ、高額税務は官直営務とし、買撲官監務を置かなかったと解せられる。また利州路州軍の酒務銭額が少額であるため三司は官直営務を置かず買撲官監務のみを置いたと考えられる。酒銭額水準をまとめた前掲表12によれば、新務年代における成都府路の水準Ⅳ・Ⅲの州軍８、梓州路５州軍で比較的に多い。これに対して利州路は水準Ⅳの州軍０、水準Ⅲの州軍２に過ぎない。

　また仮定１に立った前掲表７の新旧酒銭額を対比してみると、成都府路対梓州路対利州路＝４対２対１である。水準・対比いずれも利州路酒銭額は少額である。なお坊場河渡も三路で最も少なく357処に過ぎない（成都府路1,653、梓州路534。一編二章61頁、表11）。

　但し、異なる経営方式をとった原因については問題解決とせず、後考に俟ちたい。

— 750 —

第二章　まとめ

はじめに

　本章では二〜四編の統計史料分析結果の酒麹銭額と酒麹務、及び地理表にみえる生産機関・軍事機関が置かれた地をまとめ、それらを地区レベル（北部・南部・鉄銭区）・路レベル（四京・19路）、或は必要に応じて州軍レベル（旧務年代244・新務年代231州軍）の3レベルにおいて比較する。

　この比較により出てくるのが、単務州軍・酒務不記県・税務不記県・両務不記県の多さであり、また小都市0又は1の州軍・町0又は1の州軍が多く存在する問題である。それらの問題を税場の町・塩場の町及び坊場・河渡の町との関連から論じる。

　なお地区別にみる場合、北部・南部・鉄銭区の3区域は、本書が取上げた路がそれぞれ10路（四京を1路とす）・7路・3路であり、路数が相違するが、あくまでも地区の比較であるから路数は問題にしない。また路レベルの比較では州軍数の多少を、州軍レベルの比較では外県数の多少を考慮していない。地域・管区をエリアとしてとらえ、都市・町分布のエリア間格差の大まかな傾向をとらえることを目的としているからである。詳細な違いは別の角度からの研究に委ねたい。

第一節　酒銭額

　各章「おわりに」（二〜四編）において示している銭額総合表は各路の諸州軍の銭額表をまとめている。この表に基づいて本編前章の表13・14において、銅銭区・鉄銭区における比較可能な229州軍の新酒銭額・新商税額・戸数の水準をⅠ〜Ⅳの4ランクに分け、相関性の有無を分析して示している。商税額水準が酒額水準と同水準州軍（表中の○印州軍）137で全州軍の約六割を占め、1ランク相違する水準隣接州軍85（表中の無印州軍）で全体の四割弱である。水準が2・3ランク相違する水準隔絶州軍7（表中の□印州軍）で、全体の僅か3％で一割にはるかに及ばず特例である（前掲表15）。戸数水準においてもこの傾向は同じで、同水準州軍が多く、水準隣接州軍がこれに次ぎ、水準隔絶州軍は僅か5％でやはり一割に及ばない（前章表15）。

　同水準・隣接水準の州軍がほとんどを占め、水準隔絶州軍が極僅かであることは、酒額

第五編　総合

の大小と税額・戸数の大小とは甚だ大まかではあるが相関関係にあることを証している。一編一章の記述史料によれば、各州軍における酒務の置廃及び課額の増減の基準は、「人烟多寡」・「戸口倍増」・「人・物繁盛」・「市肆人烟」で、宋人は経済的条件を酒務の立地・課額増減の基本条件としていた。即ち人口・物資・商業などの経済的基礎要件に基づき酒務の置廃と課額の増減が行なわれた。したがって酒銭額が甚だ大まかにではあるが戸数・商税と関連するのは当然である。このように統計分析と記述史料とは大まかではあるが一致する。よって基本的に酒務が置かれた地は経済的に豊かな都市や町である。

　なお酒銭額と商税・戸数との大小関係を細かく比較すると、両者が比例しないケースが少なくない。これは戸数・商税に甚だ大きな差がなければ、経済的条件（田の広狭・地力、物産の多寡、商業、手工業、その他）、文化的条件（祭祀、慣習、その他）、社会的条件（貧農・富農の多寡、その他）・地理的位地（交通の要所、遠隔地、僻地、辺境）などの諸条件が酒消費量に影響し、州軍の酒額水準に１ランク程度の差が生じるのは当然であると思われる。

　次に銅銭区の四京・16路の銭額総合表の新旧酒麹額をみると、同一路内の州軍で減額率・増額率が同率の州軍及び新旧両額の差額が同数の州軍がほとんどない。したがって新旧酒額の差額は主として約40年間の酒消費量自体の変動により生じたとみてよい。但し、東京では麹販売量・麹価格の操作をしている[1]。また同一路内で同額の州軍がほとんどなく、且つ各州軍の祖額と買撲とが同一の州軍もほとんどない。更に同一路内の諸州軍の買撲率（買撲÷新酒麹額）が同率のケースも甚だ少ない。よって、銅銭区四京・16路の諸州軍の官売額（祖額）・買撲・買撲率は、基本的には各州軍管内の都市エリ・町エリアの酒消費量が反映したものである。

　また社会にとり酒は再生産に必需の物資ではなく、社会における余剰の生産により購買消費される物資である。唐では不作・飢饉になると酒造を禁じているので[2]、酒消費は豊かさを示す。酒銭額は都市エリア・町エリアの余剰の生産の一部を示す重要な経済指標の１つである。

　次に州軍レベルの買撲率水準は次の表１の如くである。州軍レベルでは10％未満の州軍97と多く、20％未満では145州軍となり、銅銭区186州軍の約八割をしめ、第Ⅳ水準（30％以上）の州軍19で全体の一割に過ぎず特例的存在である。したがって、全体として買撲場務額は甚だ少額であった。この傾向から推して、買撲場務が置かれた地の多くは小都市・町と思われる。これらの小都市・町の買撲場務は三司管轄の買撲監官場務であった（一編二章一節参照）。

第二章　まとめ

表1a　新務年代州軍買撲率（買撲率＝買撲÷新酒麹額、買撲率の計算可能な州軍186）

州	1	2	3	4	5	6	7	8	9	10	11	12	13	14	15	16	17	18	19	20
A	0	19	36	10																
B	8	2	10	8	8	39	3	6	14											
C	51	21	46	22	21	34	44													
D	8	9	10	7	4	6	25	6												
E	24	5	10	11	9	31	3													
F	11	9	5	13	24	5	6	2	9	8	29	19	15	1	1	0				
G	9	8	5	8		26	6	9	5	6	8	8	1	8	0	10				
H	9	74	27	7	15	12	20	8	4	11	8		5	3	4	6	12	8		
I	12	4	10	4	16	4	9	0	5	9	15	—	49	20	18					
J	12	16	13	—	—	5	8	10	10		15	10	6	13	5	4	4	3	11	
K	30	25	23	18	12	14	7	43	89	7										
L	59	19	17	99	57	31	11	20	55											
M	4	29	8	24	28	31	23	18	16	4	25	26	21	11						
N	13	13	8	0	19	10	2	4	3	0										
O	4	3	9	20	8	5	0	30	11	3										
P	10	2	0	3	10	3	4	8												
Q	11	6	8	6	2	4	5	2												

　　州：州軍番号　　　州軍番号下の数：買撲率　　　典拠：二・三編各章「おわりに」表1銭額総合表
　注　①粗額のみを記す成都府路・梓州路、及び買撲のみを記す利州路を除く
　　　②脱漏Q11復州、廃止州軍C8,D9,E8,E9,G17,H19,H20,I16,J21,J22,J23,K11,K12,M15,Q12,Q13（計16）、
　　　　無定額州軍I12,I17,J5,J24,Q9,Q10（計6）、及び買撲不明州軍I17,J4を除く

買撲率水準別州軍数
　水準Ⅳ30％以上　19例（内訳　70％以上3例―K9-89、L4-99,H2-74、40％以上8例―C1,C3,C7,I13,K8,L1,L5,L9、
　　　　　　　　　　　　　　　30％以上8例―A3,B6,C6,E6,K1,L6,M6,O8）
　水準Ⅲ20％以上23例―C2,C4,C5,D7,E1,F5,F11,G6,H3,H7,I14,K2,K3,L8,M2,M4,M5,M7,M11,M12,M13,O4,O8
　水準Ⅱ10％以上47例　　　水準Ⅰ10％未満97例（内訳　10％未満56例、5％未満41例）
　注　①水準Ⅰの州軍には買撲不記（買撲率0％）州軍が含まれる。A1,F16,G5,G15,I8,N4,N10,O7,P3,計9州軍

表1b　買撲率水準別州軍数

水準	Ⅰ10％未満	Ⅱ10％以上	Ⅲ20％以上	Ⅳ30％以上	計
北部	66州軍	31州軍	11州軍	9州軍	117州軍
比率1	35％	17％	6％	5％	63％
南部	31州軍	17州軍	11州軍	10州軍	69州軍
比率2	17％	9％	6％	5％	37％
合計	97州軍	48州軍	22州軍	19州軍	186州軍
比率3	52％	26％	12％	10％	―

　　合計＝北部州軍＋南部州軍　　比率1＝北部州軍数÷計欄186
　　比率2＝南部州軍数÷計欄186　　比率3＝合計欄州軍数÷計欄186　　典拠：表1a

　なお買撲率が高い水準Ⅲ・Ⅳの少数の州軍20では県酒務も多く買撲官監務とされたと思われる。

　一編一章にあげた記述史料によれば、高額酒麹務は官直営酒麹務で、その官務の課額はおおまかには1万貫以上であった。これが地方における多くの大都市エリアの課額である。また記述史料によれば旧務年代以前から買撲場務は、小都市エリアの数千貫の少額官務及び町エリアの1千貫未満の民営務とされていた。

　鎮市務のなかには官直営酒務であるものもあり、また州県酒務のなかにも買撲されるも

第五編　総合

表2　銅銭区行政都市酒麹銭・鎮市酒銭

路	祖額	買撲	行政都市	鎮市	行政都市平均額	鎮市平均額	行政都市倍率
A	937,430	72,221	56	40	16740	1806	9
B	763,707	94,839	34	33	22462	2874	8
C	405,103	187,159	34	26	11915	7198	2
D	331,305	33,307	25	7	13252	4758	3
E	472,871	78,477	46	29	10280	2706	4
F	772,735	103,891	51	82	15152	1267	12
G	780,255	67,018	68	27	11474	2482	5
H	1,140,862	164,808	85	92	13422	1791	7
I	1,045,556	130,332	33	74	31684	1761	18
J	633,859	70,712	76	23	8340	2074	4
計	7,283,683	1,002,764	508	433	14337	2315	6
K	658,667	170,031	34	40	19373	4251	5
L	251,884	166,564	32	46	7871	3621	2
M	1,628,150	288,700	68	45	23943	6416	4
N	485,253	46,399	44	16	11028	2900	4
O	199,179	13,790	37	9	5383	1532	4
P	130,887	10,573	21	7	6233	1510	4
Q	446,019	34,811	30	16	14867	2176	7
計	3,800,039	730,868	266	179	14286	4083	3
総合	11,083,722	1,733,632	774	612	14320	2832	5

行政都市：旧務年代の在城と酒務が置かれた外県。酒務不記の県123であり（後掲表13）、これらの県は表の行政都市には含まれない。
行政都市平均＝祖額÷行政都市　　鎮市平均＝買撲÷鎮市　　倍率＝行政都市平均÷鎮市平均
典拠：二・三編各章「おわりに」表1・2・3（祖額と買撲とを併記しない鉄銭区を除く）
注　①表では祖額を全て行政都市酒額、買撲をすべて鎮市酒額と仮定している。実際には旧務年代の小県は衙前に買撲され、大鎮では官直営酒務が置かれていた。しかし一編二章で述べたように、煕寧3～5年に旧衙前買撲務は司農寺酒坊とされたので、旧衙前買撲小県務は「酒麹雑録」の買撲には含まれない。祖額は州県酒額で若干の大鎮酒額が含まれるが、おおまかには上のように仮定しても大勢に大きな影響はないであろう。
②煕寧十年の行政都市は旧務年代に比して少なくなる。これは廃州・廃県が行なわれたためである。
③行政都市・鎮市は旧務年代の数をあげることにした。おおよその傾向を把握するための表であるので問題は生じない。
④煕寧十年の県変遷図の在城・外県（後掲表33b）と地理表（後掲表34a）のそれらとは一致しない。地理表は元豊年代の記録であるためである。

表3　行政都市平均額倍率水準

水準		路	計	率
Ⅳ	10倍以上	FI	2	12
Ⅲ	7倍以上	ABHQ	4	24
Ⅱ	4・5倍	EGJKMNOP	8	47
Ⅰ	2・3倍	CDL	3	18

率：各水準の計欄路数÷全路（17）

のがあったので、「酒麹雑録」の祖額は精確にいえば州県行政都市酒銭のみではなく、またその買撲も精確には鎮市酒務銭のみではない。しかし祖額が買撲より極端に高額であるから「酒麹雑録」煕寧十年の祖額のほとんどは州県の官直営酒麹務銭で、買撲のほとんどは鎮市の買撲官監務の買撲銭と思われる。

　表2には銅銭区北部・南部の各路の行政都市数・鎮市数と祖額・買撲から、行政都市平

均額・鎮市平均額を出し、行政都市平均額の鎮市平均額に対する倍率を示している。最高はⅠ秦鳳路の18倍で、最低でもＣ京東西路・Ｌ淮南西路の2倍である。倍率を五等に等級づけると表3の如くである。4～7倍の水準Ⅱ・Ⅲの路が約71％をしめ最多で、また4倍以上が約83％であり、行政都市酒銭は鎮市酒銭に比して甚だ高額であった。

「酒麹雑録」熙寧十年の買撲率分析から明らかのように買撲官監場務は少額であり、記述史料と統計分析から得られた傾向は一致する。

なお、一編三章の商業活動指標である商税額分析からも指摘しておいたように、行政都市の経済は特例を除くと一般的に鎮市経済よりはるかに発展していた。

第二節　　都市の分布

一編一章で証したように、「酒麹雑録」に記載された旧務年代の都市・町は同時に熙寧十年の都市・町でもある。また同編三章でみたように、各州軍管内における在城と外県とを商業活動・物資流通などの経済的指標である商税額で比較すると、「商税雑録」熙寧十年における各州軍内の在城額より外県額が高額であるのは僅か14例で（一編三章表7参照）、外県650中の2％に過ぎない。また同じく熙寧十年における鎮市の商税額が所属州軍内の最少額県より高額の鎮市173（鎮市775の22％）、どの県額より高額の鎮市43（鎮市の6％）、及び在城額より高額の鎮市18（鎮市の2％）で、計234が高額鎮市である。全鎮市775の35％であり、これらの特例を除けば一般的に各州軍管域内における外県商税が鎮市よりはるかに高額である（一編三章表6ａ・ｂ参照）。したがって、各州軍管域内において在城を大都市、外県を中都市、鎮市を小都市・町と位置づけてよく、この傾向からはずれた在城・外県・鎮市は極少ないのである。なお「商税雑録」と「酒麹雑録」が記載する州軍数・外県数・鎮市数は相違するので注意しておきたい。

次に酒麹額からみた場合、記述史料によれば行政都市の多くは酒麹額5、6千貫以上で（酒銭額は商税額の数倍）、鎮市は数千貫、町は数百貫～数十貫である。少額酒銭額の県も存在したと思われるが、政治行政機関の存在を都市としての重要な要因とみなし、県は全て中都市または準中都市としたい。この基準に基づき各州軍の酒麹統計にみえる酒務地を分類して二～四編各州軍の酒務表に示した。この各州軍の酒務表に記載された旧務年代の州県・鎮市を二～四編の各章「おわりに」の表3にまとめた。本節ではこの表3に基づき、路・州軍レベルでの行政都市・小都市・町の分布及び水準・問題点を論じるが、その前に不明地の分析をしておく。

第五編　総合

1　不明地

　不明地は酒務が置かれた鎮市のうち新旧商税務が記載されていず且つ地理表にみえない地である。酒務地約1,800のうち、次の表4によれば不明地は172処で一割弱に過ぎない。それらの地は鎮ではないために九域志、即ち地理表に記載されていない可能性がある。表4によれば不明地0の路2（LP）、不明地1の路3（DNO）であることに注目したい。淮南西路・荊湖南路の全州軍には不明地がなく、京西南路・江南東路・江南西路の不明地も各1処であることは、旧酒務と新酒務とがほとんど変わっていずほぼ同じであることを示唆する。このことについては州軍レベルの分析により論じるのが適切である。

　州軍レベル　表4に示した不明地0の州軍は176州軍で最も多い。新務年代の酒務がみ

表4　不明地（州軍レベル）・地理表不記地（路レベル）

路	不明地数	0	1	2	3	4	例外州軍の不明地	地理表不記地数	
A	州軍数	2	1	0	0	1			2
B		5	2	1	0	0			0
C		5	1	0	1	0			0
D		7	1	0	0	0			1
E		8	0	1	0	0			2
F		13	2	0	0	1			15
G		13	2	1	0	0			0
H		10	3	2	1	0	H17-15		4
I		9	1	1	1	3			10
J		16	2	2	0	0			2
州軍数小計		88	15	8	3	5	1	小計	36
K	州軍数	7	3	0	0	0			1
L		9	0	0	0	0			1
M		11	2	0	0	0	M14-11		3
N		9	1	0	0	0			0
O		9	1	0	0	0			0
P		8	0	0	0	0			0
Q		9	0	1	0	0			3
州軍数小計		62	7	1	0	0	1	小計	8
R		9	1	1	2	0	R1-5		4
S		10	2	0	0	0	S5-12		0
T		7	0	1	1	0	T1-29,T4-13		0
小計		26	3	3	3	0	4	小計	4
州軍数総計		176	25	12	6	5	6	総計	48
比率		76%	11%	5%	3%	2%	3%		

不明地欄の見方：A 四京の不明地0の京2、不明地1の京1，不明地2の京0
例外州軍欄の見方：例、H17-15、H17環州の不明地15
地理表不記地欄：各路の不記地数
比率＝州軍総計欄州軍数÷全州軍数（232）
不明地＝1×<u>25</u>＋2×<u>12</u>＋3×<u>6</u>＋4×<u>5</u>＋(15＋11＋5＋12＋29＋13)＝172
　下線を付さない数（下線を付した数の前の数）は不明地数　下線を付した数値は総計欄の州軍数
　波線を付した（　）内の数は例外州軍の不明地数
典拠：二～四編各章（路）「おわりに」表2

える州軍232の実に八割弱を占めていることに注目したい。九域志は州県鎮の国初からの変遷も簡潔に記すが、王朝にとり重要であった多くの諸機関を記す。この書に録されている酒麴務地の都市や町は元豊に在って生きていて酒務がそこに置かれていたと見るのが自然である。

　表4によれば不明地0～2の州軍は全体の92%で、ほとんどの州軍において不明地は0又は1，2である。不明地3，4の州軍は僅かに11州軍に過ぎない。二～四編で「不明地は草市や道店などであったため九域志が記載しなかった地である可能性がある」（各章「おわりに」）としているが、ここで「不明地は草市や道店などであるため九域志が記載しなかった地である」と改める。一編一章で「酒麴雑録」の目的及び記載形式から新酒務＝旧酒務を論証した。この論証と同じ結果が不明地の分析でも得られた。この新酒務＝旧酒務をふまえて都市・町の分布・水準の分析を行なう。

　ただし、「酒麴雑録」は詳細にみると若干の大まかさを含む統計である。また旧務年代から熙寧十年までに約40年の歳月を経ているので、不明地のなかには、外寇、大賊の跋扈、少数民族の叛乱、黄河・長江・その他の河川氾濫などの被災により、廃墟と化した町も極僅かながらあったことも想定しておくべきである。

　なお表4によれば、旧酒務地で新旧商税務が併設されたが地理表にみえない地理表不記地は46処である。地理表不記地0の路8（40%）、1の路3（15%）、2～4の路7（35%）であり、それらは全路20の90%をしめる。そのうちF河北東路の15処、I秦鳳路の10処は例外である。不明地の分析から推して、地理表不記地のうち元豊まで存続した地は少なくなかったであろう。

2　行政都市

　地区レベル　次の表5a・5bによれば、「酒麴雑録」の旧務年代の四京・19路の酒務が設置された行政都市は北部508・南部266・鉄銭区146（3対2対1）、計920であり、北部に多く、南部がこれに次ぎ、鉄銭区が最も少ない。

　路レベル　表5bによれば、行政都市はG河北西路68・H永興軍路85・J河東路76・M両浙路68などが多い。行政都市が少ない路はD京西南路25・P荊湖南路21である。他の16路は50未満で、最も一般的な路は行政都市が3、40台の路である。11路がこの水準にある。なお1路当りの平均は約46処である。

　州軍レベル　「酒麴雑録」にみえる銅銭区四京・16路及び鉄銭区3路の行政都市の分布

第五編　総合

状況をみてみよう。表5cによれば、比較可能な州軍は244州軍である。行政都市が10以上存在する水準Ⅵの州軍6（在城1・外県9以上の州軍）で、北部に偏在している。在城1務の州軍が比較的に多く48州軍で、全区に分布している。これらについては後文において詳論する。一般的な州軍は水準Ⅱ～Ⅳの州軍で行政都市が2～4処の州軍である。124州軍（51％）がこの水準にある（表5e）。

なお後で述べるが酒務がみえない酒務不記県（「酒麹雑録」にみえず「商税雑録」にのみにえる県、18路58県）、及び酒務・商税務がみえない両務不記県（「酒麹雑録」・「商税雑録」にみえない県、13路65県）は計123県である。これを加えると行政都市1,053となる。

なお「商税雑録」熙寧十年の在城190（大都市）・外県589（中都市）であり、典型的大都市の商業活動指標は約1～8万貫で、典型的中都市は2千貫～1万貫未満であった（一編三章二節表1a）。酒額は商税額より数倍高額であるので（本編前章一節）、典型の在城・外県即ち大都市・中都市の酒額は5、6千貫～10数万貫以上であったであろう。

表5a　旧務年代各州軍の行政都市数（酒務設置州県）

州	1	2	3	4	5	6	7	8	9	10	11	12	13	14	15	16	17	18	19	20	21	22	23
A	16	17	7	16																			
B	6	3	5	5	3	3	3	4	2														
C	7	5	4	6	4	3	4	1															
D	6	4	2	1	2	2	2	5	1														
E	6	5	10	5	3	6	2	5	4														
F	4	7	7	4	4	3	1	2	4	2	4	2	2	1	1								
G	7	6	4	8	4	4	6	5	4	3	7	1	1	1	1	2	2						
H	12	6	7	7	7	5	4	4	5	3	2	4	3	4	3	3	1	1	3	1			
I	9	3	3	—	4	1	3	—	2	2	2	—	1	—	—	2	1						
J	9	8	10	1	1	7	3	6	3	1	5	1	3	1	4	2	1	1	1	1	3	3	1
K	2	7	4	3	4	2	3	2	2	1	1												
L	5	3	4	3	5	2	4	3	3														
M	9	6	4	3	5	7	4	2	3	5	6	3	6	4	1								
N	4	4	6	5	4	6	3	3	2														
O	5	9	6	4	1	3	2	2															
P	8	1	4	3	1	1	1																
Q	7	6	4	1	2	1	1	—	—	2	1												
R	9	4	3	8	4	3	7	1	5	1	2	1	4	3									
S	9	4	1	4	2	1	5	5	1	2	2	1											
T	4	4	3	9	3	5	1	1	6	2	1	2	3										

州：州軍番号　表の見方：例、A4北京の行政都市16　典拠：二～四編各章「おわりに」表3

注　1　新務年代の各州軍の行政都市数は旧務年代と大差はない。本章末表30a参照。
　　2　州軍・県は県変遷図・地理表で若干相違する。本章末の表33・表34参照。
　　3　州軍外県数＝州軍行政市数－在城　　例、A1外県＝16－1＝15
　　　　路外県数＝路行政都市数－路州軍数　例、A四京外県＝56－4＝52

第二章　まとめ

表5b　路の旧行政都市数（大都市242　中都市678）

地区	路											計
北部	路	A	B	C	D	E	F	G	H	I	J	計
	都市数	56	34	34	25	46	51	68	85	33	76	508
南部	路	K	L	M	N	O	P	Q	－	－	－	
	都市数	34	32	68	44	37	21	30				266
鉄銭区	路	R	S	T	－	－	－	－	－	－	－	
	都市数	59	43	44	－	－	－	－	－	－	－	146
	－	－	－	－	－	－	路平均	46務	－	合計		920

典拠：表5a
注　新務年代の路の都市数は本章末表30b参照

表5c　旧行政都市数水準別の州軍数

水準	都市数	A	B	C	D	E	F	G	H	I	J	計	K	L	M	N	O	P	Q	計	R	S	T	計	合計	比率
Ⅰ	1	0	0	1	2	0	3	4	3	3	10	26	2	0	1	0	1	4	4	12	3	4	3	10	48	20%
Ⅱ	2	0	1	0	4	1	4	2	1	4	1	18	4	1	1	1	3	1	3	14	1	3	2	6	38	16%
Ⅲ	3	0	4	1	0	1	2	1	5	3	5	22	3	4	3	2	2	1	1	16	4	2	3	9	47	19%
Ⅳ	4	0	1	3	1	1	5	3	4	1	1	20	2	2	3	2	1	1	1	12	3	3	2	7	39	16%
Ⅴ	5～9	1	3	3	2	5	2	7	6	1	5	35	1	2	7	5	3	1	2	21	3	3	3	10	66	27%
Ⅵ	10～17	3	0	0	0	1	0	0	1	0	1	6	0	0	0	0	0	0	0	0	0	0	0	0	6	2%
計		4	9	8	9	9	16	17	20	12	23	127	12	9	15	10	10	8	11	75	15	14	13	42	244	－
地区					北部比率							52%				南部比率				31%	鉄銭区比率			17%	－	－

路記号の下の数：州軍数　　水準欄の都市数：州郭酒務と外県郭酒務の合計（郭下県酒務を含まず）
表の見方：例、B京東東路　　水準Ⅰの州軍0・Ⅱの州軍1・Ⅲの州軍4・Ⅳの州軍1・Ⅴの州軍3・Ⅵの州軍0
比率＝合計欄÷全州軍244　　地区比率＝地区州軍数÷244（例、北部52％＝計欄127÷244）
典拠：表5a

表5d　新旧州軍の増減

地区	北部	南部	鉄銭区	計
新務年代	121	71	39	231
旧務年代	127	75	42	244
差	－6	－4	－3	－13
増減率	－5%	－5%	－7%	－5%

新務年代の州軍減少は新設州軍より廃止州軍が多いことによる
差：新務年代数－旧務年代数　　増減率＝差÷旧務年代数
典拠：表5a・本章末表30a

表5e　旧行政都市の分布

水準	州軍数	地区別内訳	比率
Ⅵ 10以上	6	北部6 南部0 鉄銭区0	2
Ⅴ 10未満	66	北部35 南部21 鉄銭区10	27
Ⅱ～Ⅳ 5未満	124	北部60 南部42 鉄銭区22	51
Ⅰ 1処	48	北部26 南部12 鉄銭区10	20

比率：州軍数÷244　　典拠：表5cにより作成

第五編　総合

3　小都市

　地区レベル　表6aによれば税務・酒務が併設された経済的に豊かな小都市は全区で352であり、その内訳は北部221・南部99・鉄銭区32（7対3対1）である（表6b）。小都市は北部に最も発展し、南部ははるかに北部に及ばず、鉄銭区は僅か32処である。また前掲表5によれば行政都市は930（酒務・両務不記県を入れると1,053）であるので、小都市は行政都市に比してはるかに少なかった（約三分の一）。なお商業活動指標は典型的な小都市では2千貫未満である（一編三章二節表1a）。

　路レベル　四京・19路の1路当たりの小都市は平均約18処である。表6bによれば小都市が甚だ多い40以上の水準Ⅳの路はF河北東路57・I秦鳳路40の両路で、H永興軍路36・L淮南西路32・R成都府路31は水準Ⅲである。一般に軍事基地が多い路に小都市が発展していた（FHI）。10未満の路は内陸部のC京東西路・D京西南路・O江南西路・P荊湖南路・S梓州路・T利州路の6路である。特に利州路は小都市0で、梓州路は1処と少ない。小都市10以上の水準Ⅱの路8で（表6b欄外参照）、水準Ⅰ・Ⅱが一般的な路である。

　州軍レベル　次に表6cによれば小都市を10～15処有する州軍は6州軍（2％）で特例に属し、北部でも3州軍と少ない。小都市5～9処を有する州軍も少なく15州軍（6％）で特例的である。注目したいのは小都市0の州軍が最多で122州軍にのぼり、全区に多くみられ、全244州軍の五割をしめる。小都市が0又は1の小都市未発達州軍（二～四編各章「おわりに」表5の甲州軍）は、合計167州軍であり、全体の実に約七割を占める。

　これまで三司管轄の酒務と商税務とが併設されている経済的に豊かな集落地を小都市とする基準を用いているが、この基準によると仁宗朝では小都市は大半の州軍おいて未発達であったこになる（表6d）。特に小都市0の州軍が五割をしめ、小都市5以上の州軍21で、僅か8％に過ぎない（表6d）。

　なお新務年代の小都市409処で、旧小都市より57処（16％）増である。小都市0又は1の小都市未発達州軍143処で、全体231処の約六割であり、旧務年代より若干減である（本章末792頁、表30a～d）。

表6a 旧務年代各州軍の小都市数（酒務・税場の併設鎮市）

州	1	2	3	4	5	6	7	8	9	10	11	12	13	14	15	16	17	18	19	20	21	22	23
A	5	5	1	5																			
B	1	0	12	0	0	0	0	2	0														
C	1	2	0	2	0	1	2	0															
D	1	2	0	0	0	1	1	0	0														
E	3	0	1	1	4	4	0	2	0														
F	5	15	1	3	6	8	0	0	0	9	4	2	4	0	0	0							
G	1	1	1	1	3	0	2	0	7	0	0	0	0	0	0	0	2						
H	2	1	4	0	3	3	1	0	0	1	6	0	2	2	1	0	5	1	3	1			
I	7	10	2	−	3	2	0	−	7	3	0	−	4	−	−	2	0	0	0	0	0	0	0
J	2	0	0	0	0	0	3	2	0	0	0	0	1	1	2	0	0	0	0	0	0	0	
K	5	4	5	1	1	3	3	1	2	0	0	2											
L	3	0	4	1	13	1	2	5	3														
M	0	2	1	1	1	1	1	3	3	0	0	0	1	1									
N	1	2	0	0	1	1	2	2	1	0													
O	2	0	0	0	0	0	0	0	0														
P	0	0	0	0	0	1	0	1															
Q	4	2	1	1	0	0	2	0	0	−	−	1	0										
R	10	0	2	4	0	0	0	10	0	2	0	1	0	0	2								
S	0	0	0	0	0	0	0	0	0	1	0												
T	0	0	0	0	0	0	0	0	0	0	0												

州：州軍番号　典拠：二〜四編各章「おわりに」表3　注　表の見方は表5aに同じ

表6b 路の旧小都市数

北部	路	A	B	C	D	E	F	G	H	I	J	計
	小都市	16	15	8	5	15	57	18	36	40	11	221
南部	路	K	L	M	N	O	P	Q	−	−	−	−
	小都市	27	32	15	10	2	2	11	−	−	−	99
鉄銭区	路	R	S	T	−	−	−	−	−	−	−	−
	小都市	31	1	0	−	−	−	−	−	−	−	32
	−	−	−	−	−	−	−	路平均	17処	−	計	352

水準：Ⅳ40以上 FI　Ⅲ30以上 HLR　Ⅱ10以上 ABEGJKMNQ　Ⅰ10未満 CDOPST
典拠：表6a
注　新務年代の路の小都市数は本章末表31b参照

表6c 旧小都市数水準別の州軍数

水準	都市数	A	B	C	D	E	F	G	H	I	J	計	K	L	M	N	O	P	Q	計	R	S	T	計	合計	比率
Ⅰ	0	0	6	3	5	3	6	9	5	3	17	57	2	1	5	3	9	6	5	31	8	13	13	34	122	50%
Ⅱ	1	1	1	2	3	2	1	4	6	0	2	22	3	2	7	4	0	2	3	21	1	1	0	2	45	18%
Ⅲ	2	0	1	3	1	1	1	2	3	3	3	18	2	1	1	3	1	0	2	10	3	0	0	3	31	13%
Ⅳ	3・4	0	0	0	0	3	3	1	4	3	1	15	3	3	2	0	0	0	1	9	1	0	0	1	25	10%
Ⅴ	5〜9	3	0	0	0	0	4	1	2	2	0	12	2	1	0	0	0	0	0	3	0	0	0	0	15	6%
Ⅵ	10〜15	0	1	0	0	0	1	0	0	1	0	3	0	1	0	0	0	0	0	1	2	0	0	2	6	2%
計		4	9	8	9	9	16	17	20	12	23	127	12	9	15	10	10	8	11	75	15	14	13	42	244	−
地区				北部比率					52%				南部比率					31%	鉄銭区比率	17%						

路記号の下の数：各水準の州軍数（例、水準ⅠのB京東東路の州軍数は6州軍）　比率＝合計欄÷全州軍244
地区比率＝地区州軍数÷244　典拠：表6a

第五編　総合

表6d　旧小都市の分布

水準		州軍	比率	内　　　　　訳
Ⅴ	10以上	6	3%	北部3（B3-12,F2-15,I2-10）　南部1（L5-13） 鉄銭区2（R1-10,R8-10）
Ⅳ	10未満	15	6%	北部12　南部3　鉄銭区0
Ⅲ	5未満	56	23%	北部33　南部19　鉄銭区4
Ⅱ	1	45	18%	北部22　南部21　鉄銭区2
Ⅰ	0	122	50%	北部57　南部31　鉄銭区34
	計	244	—	

水準Ⅴ欄の州軍記号の右に付す数は小都市数（例、B3-12：B3青州の小都市12）
水準Ⅳ～Ⅰの地区の右に付す数は小都市数（例、北部12：北部の小都市12）
比率：各水準の州軍÷244
典拠：表6c

　次に行政都市と小都市を加えた都市数を表7にまとめているが、都市は全区1,282処（酒務不記県・両務不記県123を加えると1,405）でその内訳は北部739・南部365・鉄銭区178（4対2対1）であり、圧倒的に北部に都市は発展していた。仁宗朝において南部は未だ北部にははるかに及ばず、また鉄銭区では都市の発展が最も遅れていた。

　路レベルではF河北東路108・H永興軍路121が水準Ⅳで、水準Ⅰの路は内陸部のD京西南路30・O江南西路39・P荊湖南路23などである。一般的な路は都市が40〜70台の第Ⅱ水準の路で、10路がこの水準にある。路の平均は約64処である（表7）。

表7　各路の旧都市（行政都市＋小都市＝1,282、1路平均64）

	路	A	B	C	D	E	F	G	H	I	J	計
北部	都市	82	49	42	30	61	108	86	121	73	87	739
	水準	Ⅲ	Ⅱ	Ⅱ	Ⅰ	Ⅱ	Ⅳ	Ⅲ	Ⅳ	Ⅱ	Ⅲ	—
	路	K	L	M	N	O	P	Q	計			
南部	都市	61	64	83	54	39	23	41	365			
	水準	Ⅱ	Ⅱ	Ⅲ	Ⅱ	Ⅰ	Ⅰ	Ⅱ	—			
	路	R	S	T	計							
鉄銭区	都市	90	44	44	178							
	水準	Ⅲ	Ⅱ	Ⅱ	—							

Ⅰ：40未満3路　DOP　　Ⅱ：40以上10路　BCEIKLNQST
Ⅲ：80以上5路　AGJMR　Ⅳ：100以上2路　FH
典拠：前掲表5b・表6b

第二章　まとめ

第三節　　町

　二～四編の「酒麹雑録」の分析では町の基準を三司管轄の酒務の有無に置いた。この基準によれば次に述べるように町は全区529処にとどまり、五割の州軍に町がみられない。それらの州軍は町未発展の州軍になる。この町に三司管轄の税場の町334処、及び塩場の町120処を含めると約990処となる。即ち基準を変えると町未発展の問題がやや緩和される。
　この観点から酒務を基準にした酒務の町に加えて税場の町、塩場の町、及び坊場・河渡の町を取り上げる。

1　酒務の町

　地区レベル　町の基準を三司管轄の酒務のみが記載された地とすると、後掲表9によれば町は全区529処で、その内訳は鉄銭区236・北部213・南部80（3.0対2.6対1）であり、鉄銭区が最多で、北部がこれに次ぎ、南部が最少である。この順序は先にみた行政都市・小都市及び都市（行政都市＋小都市）の場合と逆転し、鉄銭区の町には問題があると思われる。なお町の商業活動指標は1千貫未満である（一編三章二節）。
　鉄銭区の町が特に多い3州府と経済的に発展していた四京とを比較してみよう。次の表8のS5普州の町44、T1興元府の町32、T4閬州の町32（計108）であり、他の州軍に比して町が極端に多い。そのため鉄銭区が一位になっているのである。
　3州府の酒額は水準Ⅰ・Ⅱに過ぎず低レベルである。また戸も約3～6万戸に過ぎず、商税額は約1～4万貫と少額であり、郷約20～40と少ない。したがって、これらの3州府の経済力は高くない。同表によれば四京の町は、東京の15処、西京の1処、南京の2処、北京の処6と少ない。しかし、四京酒麹銭額は水準Ⅲ・Ⅳと高水準で、商税額も約5～40万貫と甚だ高額であり、郷約40～100・戸約9～24万と多い（表8）。また同表によれば、四京の行政都市56・小都市14とはるかに多いが、鉄銭区の3州府はいずれも甚だ少ない。州軍の酒銭額・商税額・戸口が低レベルで且つ都市が少ないのはそれだけその州軍の経済力が弱いとみなければならない。
　四京の経済力が3州府よりはるかに高いが、町だけは鉄銭区3州府が極端に多いのは、梓州路の普州、利州路の興元府・閬州の酒務地には、銅銭区では司農寺坊場に入れるべき小さな町の零細酒務を三司が官監酒務（梓州路は買撲がないことによる）・買撲官監酒務（利州路

第五編　総合

は租額がないことによる）として多く取込んでいたことによると思われる。しかし、ここでは鉄銭区の町236処としておく。

表8　鉄銭区3州府と四京の町数

州軍	町	酒額水準	行政都市	小都市	不明地	戸	新商税額	郷	鎮	生産機関
S5普州	44	Ⅰ	3	0	12	29,500	9,178	29	32	0
T1興元府	32	Ⅱ	4	0	29	57,728	43,720	23	9	茶場2,冶1
T4閬州	32	Ⅱ	7	0	13	54,237	13,114	41	27	0
計	108	—	14	0	54	141,465	66,012	93	68	3
A1東京	15	Ⅳ	16	5	4	235,599	418,062	103	31	0
A2西京	1	Ⅳ	17	5	1	115,676	67,537	41	22	銀場1
A3南京	2	Ⅲ	7	1	0	91,334	45,558	40	13	0
A4北京	8	Ⅳ	16	3	0	141,869	95,915	41	20	0
計	26	—	56	14	5	584,478	627,072	225	86	1

　水準：酒額水準：Ⅳ10万以上　Ⅲ5万以上　Ⅱ1万以上　Ⅰ1万未満
　典拠：町数は各州府所属路（各章）「おわりに」の表2・3
　　　　戸・郷・鎮・その他は各州府地理表
　　　　新商税A1～A4：二編一章「おわりに」表1　S5・T1・T4：本編一章表7（739頁）

　州軍レベル　「酒麹雑録」にみえる町を州軍レベルで分析すると、表9cの如くである。町を10以上有する水準Ⅵの州軍は僅か14州軍であり、町5～9の水準Ⅴの州軍も15州軍と少ない（同表合計）。両水準の州軍は北部13、南部3、鉄銭区13である。町が2～4処である水準Ⅲ・Ⅳの州軍はやや多く43であり、全244州軍の約18％である。両水準の州軍は北部に多く25州軍で、鉄銭区では僅か4州軍に過ぎない。

　特に注目したいのは町0の州軍が124と多く、全体の約五割を占め（表9d）、全区に多く分布していることである。更に水準Ⅰ・Ⅱの町0又は1の町未発達州軍（二～四編各章「おわりに」表5の州軍乙）は、合計172州軍で全体の七割強をしめるのに対し、町2～4の州軍は全体の三割弱に過ぎない（表9d）。三司管轄の酒務が置かれた経済的に豊かな大きな町は甚だ多くの州軍で発達していなかった。

　以上に見たように、三司管轄の酒務の有無に基準をおいた大きな町は、州軍レベルでは0又は1の州軍が甚だ多く未発達であった。これは町の基準の置き方による。一編三章で証したように、行政都市・小都市に典型・境界型・特例があり、都市は斉一的に区分できない。このことから町にも境界型町が存在することが想定される。大きな町の下に税場の町、塩場の町などの境界型町があり、それらの下に小さな町である坊場・河渡の町があった。

第二章　まとめ

表9a　旧務年代各州軍の大きな町数（酒務単記鎮市）

州	1	2	3	4	5	6	7	8	9	10	11	12	13	14	15	16	17	18	19	20	21	22	23
A	15	1	2	6																			
B	3	2	8	1	0	1	0	1	2														
C	1	0	0	13	2	0	2	0															
D	1	1	0	0	0	0	0	0	0														
E	3	0	10	0	0	0	0	1	0														
F	0	2	6	0	4	2	0	0	1	3	2	5	0	0	0	0							
G	0	0	0	2	2	1	3	0	0	0	0	0	0	0	0	1							
H	9	0	4	5	0	2	0	1	1	0	5	1	3	2	0	0	22	0	1	1			
I	9	4	1	—	4	0	0	—	4	5	3	—	1	—	—	3	0						
J	1	1	1	0	0	1	1	0	1	1	0	0	1	0	3	0	0	0	1	0	0	0	0
K	2	1	4	0	0	0	2	2	0	2	0	0											
L	7	0	0	0	1	2	0	0	4														
M	1	1	2	1	0	1	1	6	1	0	2	1	0	12	1								
N	1	0	0	0	1	3	0	1	0	0													
O	0	3	2	0	0	0	1	0	0	1													
P	0	1	0	0	0	0	0	4															
Q	4	0	0	0	1	0	0	0	0	0	—	—	0	0									
R	9	12	2	1	7	15	0	2	0	0	0	12	0	17	3								
S	10	0	0	12	44	0	0	0	4	0	0	9	1	0									
T	32	0	1	32	0	9	0	0	0	1	0	0	0										

州：州軍番号　　表の見方：例、A 四京の A1 東京の大きな町15
典拠：二～四編各章「おわりに」表3

表9b　路の旧町数

北部	路	A	B	C	D	E	F	G	H	I	J	—
	町	24	18	18	2	14	25	9	57	34	12	計213
南部	路	K	L	M	N	O	P	Q	—	—	—	—
	町	13	14	30	6	7	5	5	—	—	—	計80
鉄銭区	路	R	S	T	—	—	—	—	—	—	—	—
	町	80	80	76	—	—	—	—	—	—	—	計236
—	—	—	—	—	—	路平均	26.4処	—			合計529

典拠：表9a
注　新務年代の路の町数は本章末表32b参照

表9c　旧町数水準別の州軍数

水準	町数	A	B	C	D	E	F	G	H	I	J	計	K	L	M	N	O	P	Q	計	R	S	T	計	合計	比率
I	0	0	2	4	7	6	8	12	7	3	13	62	6	5	3	6	6	6	9	41	5	8	8	21	124	51%
II	1	1	3	1	2	1	1	2	5	2	9	27	1	1	8	3	2	1	1	17	1	1	2	4	48	20%
III	2	1	2	2	0	0	3	2	2	0	0	12	4	1	2	0	1	0	0	8	2	0	0	2	22	9%
IV	3・4	0	1	0	0	0	2	1	2	5	1	13	1	1	0	1	1	1	1	6	1	1	0	2	21	9%
V	5以上	1	1	0	0	0	2	0	3	2	0	9	0	1	1	0	0	0	0	2	2	1	1	4	15	6%
VI	10以上	1	0	1	0	1	0	0	1	0	0	4	0	0	1	0	0	0	0	1	1	3	2	9	14	6%
計		4	9	8	9	9	16	17	20	12	23	127	12	9	15	10	10	8	11	75	15	14	13	42	244	—
	地区	北部比率				52%		南部比率				31%	鉄銭区比率			17%		—	—

路記号の下の数：各水準の州軍数　　比率＝合計欄÷全州軍244　　地区比率＝地区州軍数÷244（例、北部52％＝127÷244）　　典拠：表9a

第五編　総合

表9d　旧町数水準別の州軍数

水　準		州軍	比率	内　　　　訳
Ⅵ	10以上	14	6%	北部 4 (A1-15,C4-13,E3-10,H17-22) 南部 1 (M14-12) 鉄銭区 9 (R2-12,R6-15,R12-12,R14-17、S1-10,S4-12,S5-44,T1-32,T4-34)
Ⅴ	5以上	15	6%	北部 9 (A4,B3,F3,F12,H1,H4,H11,I1,I10) 南部 2 (L1,M8) 鉄銭区 4 (R1,R5,S12,T6)
Ⅳ	3・4	21	9%	北部13　南部 6　鉄銭区 2
Ⅲ	2	43	18%	北部25　南部14　鉄銭区 4
Ⅱ	1	48	20%	北部27　南部17　鉄銭区 4
Ⅰ	0	124	51%	北部62　南部41　鉄銭区21
計		244	100%	典拠：表9a

水準Ⅴ欄内訳：（　）内は州軍記号と町数（例、A1-15、A1東京の町15）
水準Ⅳ欄内訳：（　）内は州軍記号　　水準Ⅲ～Ⅰ欄内訳：各地区の州軍数　　比率：州軍数÷244

2　税場の町

　酒務は「人・物繁盛」の都市や町に置かれ、朝夕に食する塩を販売場する国家の塩務・塩場もまた人口が多い都市・町に置かれる。そうした都市・町に流通している指定商品に課税するのが商税場務である。こうした酒務・塩場・税場を一体的にとらえる理解が自然であろう。

　この見地から一編三章で税務単記地を、大きな町に準ずる町として位置づけておいた。検証したのは塩場設置区の南部 7 路70州軍・北部 3 路28州軍の鎮市537である。税場・酒務・塩場の三場併設、及び税場と酒務、税場と塩場などの併設がみられない税場単記鎮市は46処のみで[3]、税場が在る地の併設率は実に87％、約九割であるので、税場単記鎮市46には司農寺の酒坊が置かれたとした。更にこのことから四京・19路の税場のみが記載されている鎮市334（塩場設置区の46鎮市を含む）を大きな町に準ずる町として位置づけた[4]。

　また税塩併設の鎮市を準小都市（104処）として位置づけるので、これを334処（表10、計欄）から差引くと税場単記の大きな町に準ずる町は230処となる。なお後で述べるが、同表に示している塩場単記鎮市120も大きな町に準ずる町とするので、税場単記と合わせると大きな町に準じる町は350（230＋120）処となる。

　これらの350処の税場の町・塩場の町は三司管轄の酒務を置くほどの大きな町ではないが、商品流通からみて税場を置き、また塩販売所である塩場を置くべき大きな町に準ずる町として位置づけてよいであろう。

　大きな町・大きな町に準ずる町・小都市・準小都市を塩場設置区・塩場不設区に分けて整理すると表10の如くである。

表10　小都市・準小都市・大きな町・大きな町に準ずる町

塩場設置区				塩場不設区		計
a 塩単記の準町	120処	塩不記地		税酒不記地		
b 酒塩併設の準小都市	14処	e 酒単記の町	73処	h 酒単記の町	442処	529処
c 税酒塩併設の小都市	162処	f 税酒併設の小都市	18処	i 税酒併設の小都市	172処	352処
d 税塩併設の準小都市	104処	g 税単記の準町	46処	j 税単記の準町	184処	334処

町：大きな町　準町：大きな町に準ずる町
典拠：計欄529処（本章前掲表9b），349処（本章前掲表6b），334処（本章注（4）表22a）
　　　abcdefg欄は一編三章末表11c
注　①h欄442処＝529−(b+e)　　i欄172処＝352−(c+f)　　j欄184処＝334−(d+g)
　　②税単記の準町230処、塩単記の準町120処　　③酒単記の大きな町529処　　④鉄銭区を含める
　　⑤酒塩併設の準小都市14処、税塩併設の準小都市104処、計118処

　次に旧税場のうち「商税雑録」の新税場としてみえず、且つ「酒麹雑録」にも記載されていない鎮市217がある（本章784頁、表23a）。後述するように、そのうち92処は地理表にみえるので（本章789頁、表28乙欄）、それらを大きな町に準ずる町として位置づけたい。残り125処の鎮市の税場は坊場とされたか、或は廃されたか明らかではなく、位置づけが困難であるが、それらを「司農寺帳」の坊場河渡の町2万7千余に含め、所在地名が分かる小さな町候補地としておきたい。地理表にみえる旧税場の鎮市を含めると大きな町に準ずる町は計442処（230＋120＋92）となる。

　塩場設置区の税場単記地46と税場・塩場併設地104（準小都市）の商税額を比較すると両者に特定の傾向はみられない。単記地はP8T2小馬竹坑の1貫からP1T2永興場の8,951貫の間に分布し、併設地はJ2S1褫亭鎮2貫からQ1S10鴻陽鎮5,694貫の間に分布する（本章782頁、表21a・21b）。

　一編三章において、税務・酒務併設の地を小都市とし、典型的小都市の商業活動指標は2千貫未満、町の指標を数百貫～10貫以上としておいた。塩場設置区の税場単記地46のうち税額千貫以上は7処で24％であり、税場・塩場併記104処のうち千貫以上は24処で28％であるので、指標からみると両者に大差は無い（表21a・表21b）。また両者に高額或は小額への偏りはみられない。商業活動指標の観点からみても税場単記地を大きな町に準ずる町としてよいであろう。

3　塩場の町

　次に前掲表10によれば、「商税雑録」・「酒麹雑録」に記載されていず、「塩法五」にのみ記載されている塩場単記の鎮市120がある[5]。

　塩場が置かれるのはそのエリアに人戸が多く居住していたことを意味する。司農寺管轄の税場・酒坊は、三司管轄の商税場務・酒麹務を記載する「商税雑録」・「酒麹雑録」に記

第五編　総合

載されないので、塩場単記鎮市には恐らく司農寺管轄の酒坊・税場が置かれていたであろう。塩場単記鎮市120を大きな町に準ずる町として位置づけておこう。

　「塩法五」に記載されていない北部・鉄銭区州軍の行政都市・小都市・町の多さから推して、塩場不設州軍における塩場単記地に相当する規模の町数は、塩場設置区の南部7路に優るとも劣らなかったであろう。

4　坊場・河渡の町

　太平興国元年十月の詔に「民を募り茶・鹽・榷酤を掌らす」とみえ、茶場・塩場・酒務を買撲させていた（一編13頁参照）。また司農寺坊場制の開始に際し、熙寧三年十一月の陝西常平倉司の奏に「應に自来衙前・（諸色）人の買撲に係るべき酒・税等諸般場務」とみえ（一編42頁参照）、熙寧四年二月の司農寺の言に「京西差役條目内の酒・税等諸般坊店場務類」とみえるので（一編44頁）、熙寧でも茶場・塩場・酒務・税場などの小規模のものは買撲させていた。

　一編一章においてみておいたように、景祐以降、酒額年10貫未満の村の酒戸を廃し、また酒務の立地条件は「人・物繁盛」・「市肆人烟」などであり、酒務は戸口・経済の豊かな地に置かれていた。したがって酒坊が置かれた地の集落は年酒額10貫未満の村に比して比較的に戸口が多く且つ物資の流通が豊かな集落であったと見てよい。しかし、熙寧九年「司農寺帳」坊場河渡約2万7千余の分析に基づくと、坊場の酒額は三司管轄の酒務の額に比して極少額であることから、坊場の町を小さな町であるとしておいた（一編二章三節）。

　次に「商税雑録」には、表11に示した河川の船着場に設けられた商税場務が多い。北部の新務年代欄のF10沙河渡口・新河渡口、F12金河渡口は現地の地名の原型を留めるもので、河の渡し場に設けられた税場であることが容易にわかる。河渡・河口・渡口の二字を残す税場名も少なくないが、河・渡・口のいずれか一字が残された税場名が最も多い。これらの他に、津の字が付され、また港・岸の字がある税場名もみえるが、これらは河渡口と同じく船着場の町に設けられた税場である。

　鉄銭区の都市（行政都市＋小都市）は178処（本章表7）で、全1,282処（福・夔・廣南東西4路を除く）の14％、約一割に過ぎない。坊場・河渡の町も2,544処で（一編二章表12）、全27,252処の9％で一割に満たない。鉄銭区は都市の発達が遅れ、経済発展が低レベルであった。また表11に鉄銭区4路の税場が置かれた河渡がみられないのは、河渡の都市・町がほとんど発達していず、河川沿岸の物資流通が銅銭区に比して低レベルであったことを示唆している。

第二章 まとめ

表11 河渡の税場・酒務

北 部 新 務 年 代																		
A1	河口鎮	B8	陶唐口	D2	峡口鎮	F1	大塔渡口	F6	七里渡	F11	蒲臺渡	G9	觀臺鎮	J13	合河津			
A1	張家渡	B8	趙邑口	E1	合流渡鎮	F1	曹村渡	F6	達多口	F11	東永和渡	G9	河渡	J14	伏落津			
A1	李家渡	C4	滑家口	E2	黄河渡	F2	劇家口	F10	羅家渡口	F11	丁字河渡	H1	零口鎮	J14	天渾津			
A2	長泉渡	C4	傅家岸	E3	東岸鎮	F2	臨津鎮	F10	官橋渡口	F12	金河渡口	H1	秦渡鎮	J18	雄勇津			
B1	文家港	C4	竹口鎮	E5	會津門	F2	楊攀口	F10	沙河渡口	G6	河渡	H2	清潤渡	J20	大堡津			
B1	博興渡	C5	山口鎮	E5	河渡	F3	觀津鎮	F10	新河渡	G6	張家渡	H3	集津渡		—			
B3	摽竿口	C6	河渡	E6	石塘河務	F5	張家渡	F11	新定渡	G6	李家渡	H16	烏仁関		—			
B3	老僧口	D1	岷首津	F1	商渡口	F6	歸仁渡	F11	三汊渡	G6	宋家渡	I11	河口務	計70処				
A4	淺口鎮、蘭家口、北馬陵渡口、陳家口、南馬陵渡口、董古渡口、梁村渡口、南北羅村渡															J8	渡利務	
北 部 旧 務 年 代																		
A1	李家渡	B3	商家橋口	B8	買済河口	D4	溜口	E3	東岸	F2	荊州口	G9	觀臺鎮					
A1	張家渡	B3	茅家口	B8	趙邑口	D4	任口	E3	閭江渡	F2	劇家口	H1	零口鎮					
A2	長泉渡	B3	老僧口	B8	南河口	D4	蜀口	E5	漕口	F6	歸仁渡	H2	清潤渡					
A4	淺口	B3	陰河口	B8	北河口	D4	閶口	E5	會津	F6	七里渡	H16	烏仁渡					
B1	博興河口	B3	馮家口	C4	楊劉口	E1	合流	E5	河渡	F13	婆羅河口	J6	口口					
B1	王家口	B3	李唐口	D2	峡口	E1	馳口	E6	石塘河	G3	新興渡	J13	合河津					
B3	南泊水渡	B3	滑口	D4	激口	E2	氾水渡	E8	宋家渡	G6	李家渡	J14	伏落津					
B3	耿口	B3	高河口	D4	浣口	E29	九鼎渡	E9	白皋渡	G6	河渡	計55処						
南 部 新 務 年 代																		
L1	開順口	N8	荻港務	W1	扶塔口鎮	X4	陽鎮口	L1	開順口	N7	汭口	W13	羅口					
L3	拶口鎮	Q1	東津場	W1	厭口	X4	武津鎮	L3	拶口	N8	荻港	X4	武陽口					
L5	皖口務	Q1	西津場	W4	松口務	X16	廉口	L5	皖口	Q1	東津場	X4	武津					
L5	雙港	Q1	赤岸務	W8	胥口務	X17	都成津	L5	石口	Q1	西津場	X10	北津					
M10	港頭務	Q1	山口務	W13	羅口場	X17	屙村浮覽津	L5	皖口	Q7	灃口	X15	北口					
N5	池港務	V1	水口鎮	W13	光口虛	X17	鎮歩津	L5	雙港務	W1	扶塔口鎮		—					
N7	汭口	V6	海口務	W13	回口虛	X17	音津	L9	渡	W1	厭口	計47処						
酒 麹 務																		
E1	馳口	K8	水口	L5	雙港	N4	湖口	R1	井口	S1	臨津		—					
J10	忻口	K10	石口	M14	澗口	N8	荻港鎮	R3	洞口	S9	羊口	計9処						

記号：所属州軍記号　例、A1は東京、B1は青州
典拠：本書付録・「商税雑録」
注　渡口であるか否か不明瞭な場務名は新旧の場務名を比較されたい
　　例、新務年代のH16烏仁関、旧務年代 H16烏仁渡

　船着場の税場は、北部・南部の両地区で新旧合わせて172例である。商業活動に基づき流通している指定商品現物に課税するのが税場であるので、河渡の商税場務が多見されるのは、河渡地における物資の流通が一般的に豊であることをものがたる。

　なお、「酒麹雑録」の河渡が9例と極少ないのは、河渡の酒務の多くは常平司管轄酒坊とされていたためではなかろうか。後考に俟ちたい。

　「商税雑録」・「酒麹雑録」から河渡の税場・酒務が多く徴されるので、常平河渡は人戸が比較的多い小さな町である。南宋の例によれば、常平河渡は僅かで、官渡がやや多く、私渡は甚だ多かった（一編二章66頁表15）。私渡は措くとして、常平河渡は酒や塩も売られている小さな町と思われる。

　次に「司農寺帳」が各路の坊場河渡数を記すが、坊場と河渡は機能が別であるのでそれぞれの数の合計を示していると思われる。町数・都市数を分析する立場からすると、同一地の酒坊・河渡は一つの町として数えねばならない。したがって、「司農寺帳」の坊場河渡数＝小さな町数とすることは避けねばならない。

　しかし、一編二章で論じたように、常平河渡は極少なく、河川の多い荊湖路でさえ45処と少ないので、恐らく数百ではなかろうか。千を超えないと思われる。一方、塩場不設州

第五編　総合

軍133（HIJ3路の塩場設置州軍28を除くと北部 A～J10路94州軍・鉄銭区 RST3路39州軍）における塩場の町に相当する規模の町は塩場設置州軍98の塩場の町120より多いと思われる。したがって、河渡の町に坊場が併設されていても、塩場の町に相当する町と相殺され、総数２万７千余から千単位の差は生じないと考えている。

　なお、税額序列表（一編三章末表12。福建・廣南東西・夔州路を含めず）をみると、税場1,505のうち10貫未満の税場15例がみられ、その中には１・２貫の税場さえ８例含まれている。それらは例外的税場（30貫未満も約30例と少ない。約1,500の約２％）である。

　「司農寺帳」坊場河渡は、北部17,368（A1東京を含む）、南部7,340、鉄銭区2,544であるので（一編二章表11）、小さな町は計27,252処となる。本節の「①　酒務の町」・「②　税場の町」・「③　塩場の町」において、大きな町・大きな町に準ずる町を区分したが、町を細分せず「④　坊場・河渡の町」を加えれば、町は総計27,900余処となる。

　なお税場の町230処・塩場の町120処、計350処には酒坊が置かれたと推定しているので坊場河渡からこれを差引くと、坊場・河渡の町26,902処、約２万７千処となる。

　まとめると、熙寧年代には典型・境界型・特例などの格差がある行政都市・小都市があった。新務年代の大約２万８千の町にも格差があり、おおまかに大きな町（約300処・旧務年代約500処）・これに準ずる町（約450処）・小さな町（約27,000処）の三類型に収斂されよう[6]。

第四節　単務州軍・場務不記県

1　単務州軍

　先に都市の州軍レベルでの分析で、在城１務の行政都市48と述べたが（758頁）、これには「不立額」・「無定額」の州軍及び旧務数を記さない州軍を含めている。これらの州軍は単務州軍と思われるが、精確さを期することにしよう。48州軍のうち「在城一務」と記された州軍のみを拾うと、次の表12aの25州軍で、「酒麹雑録」に記載された全244州軍の約一割である。またそれら25州軍のうち旧務年代において「商税雑録」に商税務が複数記載された州軍８（表中の下線を付す州軍）であるので、旧務年代における酒務・商税務が共に「在城一務」と明記されている単務州軍は17州軍である。なおJ4府州「在城一務」とするが、万戸酒制が施行されていたので除外している。

第二章　まとめ

表12a　単務州軍（25）

区	北部							南部				鉄銭区	
州軍	C8廣濟	D9光化	F8雄	F15信安	F16保定	G12保	G13安蕭	K11漣水	O5撫	P3道	P5郴	S3果	S13渠
酒額水準	廃	廃	II	I	I	II	II	廃	II	I	I	IV	II
戸水準	廃	廃	II	I	I	II	I	廃	IV	II	II	III	II
商税水準	廃	廃	II	I	I	II	1	廃	II	II	II	II	II
州軍	G14永寧	G15廣信	J12憲	J17寧化	J18火山	J20保徳	/	P7全	Q6峽	Q8歸	Q13荊門	T7文	T8興
酒額水準	II	II	I	I	I	I	/	I	II	II	廃	II	II
戸水準	II	I	I	I	I	I	/	II	II	II	廃	II	II
商税水準	II	I	I	I	I	I	/	II	II	II	廃	II	II

典拠　「在城一務」：当該州軍酒統計、水準：本編一章表13（銅銭区）・表14（鉄銭区）
注　①下線を付す州軍8：税務複数州軍　②廃：新務年代では廃額
　　③S3は郭下県を記すので「在城一務」とみなす　④Q13荊門軍は元祐三年に再設、拙著2、493頁参照

　次に25州軍のうち12州軍は、表12bに示しているように州城以外の行政都市である外県（1～3県）、治安機関の鎮（1～38鎮）、複数村からなる多くの郷（6～53郷）、生産機関の場務（1～5処）、軍事機関の寨堡（1～9処）、津（1処）など、戸口を有する地を多く抱えていた。換言すれば、酒の消費地が州城の外に多く存在いていた。しかし、「在城一務」とするので、在城エリア（半径20里）外の地の酒消費に如何に対応したかが問題になる。

表12b　単務州軍で県鎮・その他を有する州軍（12）

州軍	外県	鎮	郷	その他	州軍	外県	鎮	郷	その他
J18火山軍	1	0	2	0	Q6峽州	3	0	53	寨6、鉛錫場1、塩井2
J20保徳軍	1	0	0	津1、堡1	Q8歸州	1	1	26	寨2、塩井2
O5撫州	3	4	27	0	Q13荊門	1	9	11	0
P3道州	2	1	35	鉄場1、銀場2	S13渠州	2	38	21	塩井1
P5郴州	3	0	26	銀坑3、銅坑1、錫坑1	T7文州	2	5	9	寨9、水銀務1
P7全州	1	7	9	寨7	T8興州	1	2	10	監1、銅場1

典拠：当該州軍地理表　注　12州軍はいずれも万戸酒制の不権州軍ではない（本書「はしがき」ii頁）

表12c　単務州軍の遠隔外県

路	O			P				Q		S		T
州	撫			道	郴			全	峽	果	渠	興
県	崇仁	宜黄	金谿	祁陽	東安	桂陽	宜章	永興	灌陽	遠安	相如	鄰水	鄰山	長擧
里程	西南109	南150	東120	北100	西南120	東200	南85	北90	南90	北160	東北85	東南130	東南200	西100

典拠：当該州軍地理表

　次に表12cには12州軍のうち州郭から80里以上離れている外県を有する8州軍を示している。それらは江南西路のO5撫州、荊湖南路のP3道州・P5郴州・P7全州、荊湖北路のQ6峽州、梓州路のS11渠州、利州路のT8興州などの外県である。表の諸県は州城から遠く離れていて、酒務が州城のみに置かれていたとすれば、諸県の人々は少なくとも約80～

第五編　総合

200里を往復して酒を買わなければならず甚だ不便で常識的には考えられない。

「酒麹雑録」及び「商税雑録」は、「在城一務」と明記するので特定少数州軍には州額制を適用したと考えられる。即ち州額制では酒額は在城の酒務に課せられ、城外の現場の諸酒務の酒課は在城酒務の課額に含められ統合される制である。州額制は五代から行なわれた制度であるので、北宋でも一部の州軍に適用されたのではなかろうか[7]。12例は少なくとも記載形式では州額制形式をとっている。

また単務州軍（在城一務と明記しない州軍を含む）のうち次の表12dの州軍は外県を有さない。保州・永寧軍・果州が2～5万戸であるが、6軍の戸は数千戸で、信安軍は約700戸に過ぎない。州軍の管域をみると多くの州軍は狭く、郷も少ない。また果州の鎮35を除くと生産・軍事・保安などの機関がない州軍も多い。恐らく三司管轄の酒務は在城一務でその酒界分外は坊場で対応していたのではなかろうか。

以上にみたように、単務州軍は州額制又は坊場制により在城酒界分外の外県・鎮市・郷村に対応したと思われる。なお、廣南東西路・福建路・夔州路などの不榷の州軍には万戸酒制が適用された。全州軍の約一割に過ぎない在城一務の単務州軍の在城酒界分20里外には万戸酒制で対応した可能性も考えられよう。しかし、そのことは基本的な文献には徴されないので、この可能性については今後の研究に俟ち、本書では単務州軍は州額制・坊場による対応をしていたとしておきたい。

表12d　単務州軍の州軍界里程

格	方位	東	西	南	北	東南	西南	東北	西北	戸	郷	機関
中	F8雄州	45	65	15	—	60	80	90	—	8,969	7	寨8, 関1
同下	F15信安軍	85	8	20	—	20	35	—	—	709	0	0
同下	F16保定軍	3	10	20	—	7	15	8	—	1,061	2	0
下	G12保州	40	45	70	5	60	50	20	—	24,873	8	寨1
同下	G13安粛軍	20	15	20	—	20	20	20	—	6,101	3	0
同下	G14永寧軍	50	42	30	35	35	32	50	50	22,639	7	鎮1
同下	G15廣信軍	7	—	30	—	15	15	15	—	3,353	4	0
中	J12憲州	75	50	45	5	55	25	60	60	3,552	3	0
同下	J17寧化軍	50	—	55	—	55	45	65	—	1,116	0	0
中	S3果州	60	105	45	90	25	115	130	70	52,418	24	鎮35

典拠：州軍郭から州軍界までの方位・里程：九域志当該州軍四至八到
　　　州軍の格・戸・郷・機関：本書当該州軍地理表
注　①—：州軍界までの道がないか、或は州軍郭のその方位の地が1里未満のため記載されていないと思われる
　　②戸：主戸＋客戸

2　場務不記県

次に表13に示した県123は、「酒麹雑録」には記されていない県である。したがって、それらの県は一編の比較表2及び先掲の本章表5bの行政都市920には含まれていない。123

第二章　まとめ

県の内訳は、「酒麹雑録」にはみえないが「商税雑録」には記されている酒務不記県58、「酒麹雑録」・「商税雑録」に共に記されていない両務不記県65である。

また表13の両務不記県65、及び表14の旧務年代税務不記県115（酒務は置かれていた）の計180県は、旧務年代において商税場務が記されていない県である。それらについては二～四編の本文で指摘し、また県変遷図に×印を付して示している。

以上の多くの税務不記県115・酒務務不記県58・両務不記県65（計238県）の存在から、「酒麹雑録」・「商税雑録」が記載する酒務・商税務の外県は全ての外県ではないことがわかる。

宋史食貨下八・商税の冒頭に「凡州県皆務を置く」とみえ、州・県に皆税務が置かれたとする。又同じく食貨下七・酒に「宋の権酤の法、諸州城内に皆務を置き酒を醸す。県鎮・郷閭或は民に醸するを許し、而して其の歳課を定む」とみえ、鎮・郷閭にさえ酒務が置かれたのであるから中都市である県には当然酒務が置かれていなくてはならい。こうした記述は、多くの酒務不記県・税務不記県・両務不記県の存在と矛盾する。

県変遷図に基づく次の表15の新務年代の税務不記県は14路70県である。これらの新務年代の税務不記県商税銭は司農寺管轄と解すれば問題はない。また「酒麹雑録」は熙寧十年の新酒務＝旧酒務としているので、酒務不記県には酒坊が置かれていたと解すれば矛盾は氷解する。

なお「酒麹雑録」は、ただ単に熙寧十年の祖額・買撲のみを記したに過ぎず、同年の酒務は一切記していない（不明）という解釈をすれば、新旧の酒務不記県は問題にならない。しかしこの解釈に立てば、新設州軍5の記載及び開封府の「今二十一県」・廃止州軍20（全区）の「今廃」の「今」が説明できなくなる（新設・廃止の州軍、一編28頁・表4参照）。「酒麹雑録」は熙寧十年酒務＝旧酒務としており、新酒務不記県＝司農寺管轄酒坊（県）＝旧酒務不記県と解されるのである。

次に旧務年代では司農寺の坊場銭管轄は行なわれていなかったので、「商税雑録」の旧務年代における税務不記県180（115＋65）の商税銭は、州額制形式例の存在から、州額に含められていた可能性があろう。それらが州額に含められていなければ、外県には税務が置かれない場合があったことになる。したがって、上の宋史食貨の記述は大まかな表現であり、県により数は少ないが税務が置かれいないケースがあったことになる。本書では宋史食貨の記載を否定せず旧務年代の税務不記県の商税銭は州額に含められたとする州額制説をとることにしたい。

第五編　総合

表13　旧務年代の酒務不記県（18路58県）・両務不記県（13路65県）（合計123県）

酒務不記県 62（左欄）				両務不記県 65（右欄）		
北部	A2-1	1	北部	D3-1,D4-1	2
	B2-1,B5-1,B6-1	3		F12-1	1
	C6-1	1		H3-1,H11-1,H13-2	4
	D2-1,D3-1,D4-3	5		I2-1,I16-1	2
	E1-1,E5-1	2		J5-2,J10-1,J11-1,J14-1,J18-1,J20-1	7
	F1-1	1		計　　5路	16県
	G1-2, G3-1	3	南部	K5-1,K7-1	2
	H2-1,H4-3,H7-3	7		N2-1,N5-1	2
	I2-2,I6-1	3		O2-1,O5-2,O7-1	4
	J1-1,J7-1,J9-2,J14-3,J22-1,J23-1	9		P1-2,P2-1,P3-3,P5-3,P7-1,P8-1	11
	計　　10路	35県		Q1-1,Q3-1,Q6-3,Q7-1,Q8-2,Q9-5,Q13-1	14
南部	K4-1	1		計　　5路	33県
	M2-1, ,M4-1,M7-1,M8-1,M12-2	6	鉄銭区	R7-2,R9-1,R11-2,R13-1	6
	N5-1	1		S1-1,S2-1,S3-3,S8-1,S11-2,S13-1	9
	O1-1, O5-1,O8-1	3		T2-1	1
	Q5-2,Q7-2	4		計　　3路	16県
	計　　5路	15県			
鉄銭区	R7-1	1			
	S7-1,S8-1	2			
	T5-4,T8-1	5			
	計　　3路	8県			

左欄州軍記号の右の数は酒務不記県数（例、A2-1:、A2西京の酒務不記1）
右欄州軍記号の右の数は県数（例 D3-1：D3随州の両務不記1）
典拠：当該州軍の県変遷図

表14　旧務年代税務不記県（15路115県）

北部	A2-2,A4-1	3	南部	M1-1,M4-1,M9-1	3
	D1-1,D2-1,D5-1,D7-1,D8-1	5		N6-1	1
	F2-1,F3-1,F14-1	3		O2-6,O3-3	9
	G4-2,G11-1,G17-1	4		P1-1,P2-3	4
	H1-2,H3-4,H5-2,H13-1,H16-2,H19-1	12		Q12-1	1
	I1-1	1		計　　5路	18県
	J1-2,J2-2,J3-4,J6-2,J11-1,J13-1,J15-1,J21-2	15	鉄銭区	R2-2,R5-7,R6-2,R7-2	13
				S1-7,S2-3,S4-3,,S5-2,S9-4,S10-4	23
	計　　7路	43県		T1-1,T2-1,T3-1,T4-8,T9-5,T13-2,	18
				計　　3路	54県

州軍記号の右の数は税務不記県数（例、A2-2：A2西京の税務不記県2）　典拠：当該州軍県変遷図
注　①両務不記県を含まず　②税務不記県には酒務は置かれていた

表15　新務年代税務不記県（14路70県）

北部	A2-1,A4-1	2	南部	K2-1,K5-1,K7-1	3
	D2-1,D4-1	2		M1-1,M7-1,	2
	F13-1	1		N7-1	1
	H1-2,H2-1,H3-1,H13-1	5		P1-2,P3-2,P6-1,P7-1	6
	I1-2,I2-1	4		Q2-2,Q3-2,Q6-2,Q8-1,Q9-3	10
	J1-1,J2-2,J3-1,J5-2,J11-1,J18-1,J20-1	9		計　　5路	22県
	計　　6路	23県	鉄銭区	R2-3,R7-3,R11-1,R13-1	8
				,S2-4,S3-2,S4-3,S8-1,S9-4,S11-2	16
				T3-1	1
				計　　3路	25県

表の見方：表14に同じ
典拠：当該州軍県変遷図

第五節　小さな町候補地

　九域志は元豊年代（元祐時代の記載を若干含む）の233州軍の地理・戸・土貢・県及び州軍直轄の軍事機関などを記す。県には郷・鎮・山・水（河川）を註記し、更に塩・茶・鉱物・その他の生産機関の場・務・坑・冶・監、軍事交通機関の寨・堡・鋪・城・津・関、及びその他を註記している[8]。すでにみたように本書二～四編の各章地理表において、九域志の県に付された註記のうち山を除く郷・鎮・場務・寨・堡・城・津・鋪・関及び水を整理し、同表の備考欄に一括してその名称・数を記した。記載された機関総数は2,452に及ぶ。

　それらのうち地名を付さない場・監、及び州城隣接の監・場、寨・堡・城に管轄された小規模の寨・堡・鋪などは、町ではない可能性も考えられるが町候補地の対象とした。地名を付さない機関数は二～四編各章「おわりに」表7の無名地欄にまとめている。

　表16によれば九域志の四京・19路（福建・廣南東西・夔州4路除く）の記載地のうち三司管轄の場務が置かれていない地（「商税雑録」・「酒麹雑録」・「塩法五」にみえない地＝町候補地）は1,382処である。九域志記載地のうち三司管轄の新旧商税務・酒務が置かれた地は994処（町・小都市＋大きな町に準ずる町＝地理表の無印の地＋○印の地）、また塩場が置かれた地76処（本章注5・表25参照）、計1,070処で、記載地2,452に対する場務設置率は約44％となる。したがって九域志が採録した記載地は経済的にも重要な地であったことがわかる。

　このことと夥しい「司農寺帳」の坊場河渡の町2万7千余処の存在とを考え合わせると、「商税雑録」・「酒麹雑録」・「塩法五」にみえないが、九域志が採録した地1,382処に酒坊が置かれた可能性が高いであろう。それらが地理表に×印を付して示した小さな町候補地である（後掲表28甲欄参照）。即ち坊場河渡が置かれた地の町の名が推測される地である。

　なお地理表の地名に○のみを付した鎮市は旧商税場が置かれた地で、「酒麹雑録」及び「商税雑録」の熙寧十年の税務としてみえない鎮市である。次の表16に示したように全区92処である。それらは地理表に見えるので元豊まで存続した鎮市であり、新務年代の税場単記鎮市、即ち税場の町と同じく大きな町に準ずる町として位置づけておく[9]。

第五編　総合

表16　九域志記載鎮市内訳

地域	記載地	内訳					設置率
		小都市・大きな町	大きな町に準ずる町	小計	小さな町候補地	無名地	場務設置率
北部	982	481	26	507	475(369)	106	52%
南部	585	211	18	229	356(318)	38	39%
鉄銭区	885	210	48	258	627(439)	188	29%
計	2,452	902	92	994	1,458(1,126)	332	41%

記載地＝大きな町・小都市＋大きな町に準ずる町＋小さな町候補地（無名地を含む）＝2,452
大きな町：九域志・「酒麹雑録」にみにみえる地（地理表無印地）
小都市　：酒務・税務の併設地で「酒麹雑録」「商税雑録」両統計にみえる地（地理表無印地）
大きな町に準ずる町：九域志にみえる地で「商税雑録」の旧税場地（新税場としてみえず。地理表○印地）
小さな町候補地：酒坊が置かれた可能性がある地（「商税雑路」「酒麹雑録」にはみえず。地理表×印地）
無名地　：機関数のみが記された地。小さな町に含める（地理表×印地）
場務：大きな町・小都市・大きな町に準ずる町の場務
小さな町候補欄の（　）内：無名地に酒坊が置かれていない場合の数値
場務設置率＝（大きな町・小都市＋大きな町に準ずる町）÷各地区記載地数
典拠：二～四編各章「おわりに」表7及び本章注（9）の表28
　注：①記載地＝小計＋小さな町
　　　②北部無名地の多くはⅠ秦鳳路の砦・堡。下表17参照
　　　③鉄銭区無名地のほとんどはS梓州路の塩井。下表17参照
　　　④無名地の路レベル分布は下表17参照
　　　⑤設置率41%には塩場設置の地を含めず。これを入れると44%になる（本文参照）

表17　路レベルの無名地分布

地域	路	無名地	路数
北部	B-0,C-0,D-0,E-0,F-0,G-0,L-0	0	4
	A-1,H-11,J-3	15	
	I-91	91	
南部	K-9,M-8,N-5,O-2,P-11,Q-3	38	6
鉄銭駆	R-12,T-4	16	3
	S-172	172	
計		332	13

路記号右の数値は無名地数（例、A-1：四京の無名地1）
典拠：各路「おわりに」表7

第六節　酒坊の役割

　酒麹専売行政における酒坊が果たす役割の理解には図解が最適である。青州及び開封府（鄭滑旧域を除く）を例にとってみよう。図1では州酒界分（半径20里、縮尺40里：1cm）・県酒界分（半径10里）・鎮酒界分（半径10里）を示している。図は「酒麹雑録」にみえる在城・県・鎮の酒界分である。作図の諸データーは青州地理表・開封府地理表を用いている。また九域志の四至八到・界首の記載は、東西南北及び東南・東北・西南・西北の里程を記し、且つ隣接州までの里程も記す。

第二章　まとめ

図1　青州在城・県鎮の酒界分

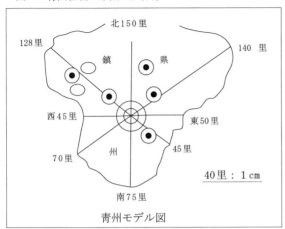

青州モデル図

青州地理表

県	里程	郷	鎮	計	酒界	場務
益都	郭下	5	0	5	20里	0
壽光	東北62	6	0	6	10里	2
臨朐	東南40	3	1	4	10里	0
博興	西北120	4	2	6	10里	0
千乘	北80	3	2	5	10里	0
臨淄	西北40	2	0	2	10里	0
計	—	23	5	28	—	2

青州界首里程　東50里1.3cm、西45里1.1cm、南75里2cm、北150里3.8cm、東南45里1.1cm、西南70里1.8cm、東北140里3.5cm、西北128里3.2cm

　青州の酒統計には博興県の淳化・博昌両鎮がみえるので図示している。しかし同統計にみえる大王橋鎮は元豊では鎮ではないため地理表にはみえず図示していない。また統計の猫兒潟酒務も地理表にみえない。大王橋・猫兒潟は元豊では草市・店などの町であったであろう。両酒務を仮に鎮として図に挿入しても広い空き間がある。郷23であるが郷には複数村が属するので[(10)]、少なくとも4、50村があったであろう。それらの諸村は図の空き間に散在していた。5鎮のうち博興県の2鎮は図に示したが、3鎮は州の東南45里の臨朐県、及び北80里の千乘県に在った。なお海辺の生産機関である塩務2である。これらを加えても広い空き間がある。

　図の広い空き間にある町や村の酒需要を満たすには酒坊が必要とされたことが明らかである。なお青州の坊場数は不明である。

　開封府モデル図（宿尺40里1cm）に京酒界分（半径30里）・県酒界分（半径10里）・鎮酒界分（半径10里）を示している[(11)]。熙寧十年では鄭州・滑州両州が東京に併合されているが図には示していない。図は旧域・元豊域である。また「酒麴雑録」にみえる旧務年代の東京・県・鎮の酒界分を入れて作図している。作図の諸データーは開封府地理表及び九域志巻一・地理の京界の里程である。

　「酒麴雑録」は開封府の旧務年代の県15とし、熙寧十年の県21と記し、鄭州・滑州から割入した県が含まれ増加したことを断っているが、両州の鎮市は記さない。また旧務年代の鎮市18を記載しているが、元豊まで残り、地理志に記載されているのは15鎮市である。

　それらは開封府開封県の赤倉鎮、祥符県の陳橋・郭橋・八角・張三館鎮、尉氏県の宋家

第五編　総合

曲・宋樓・盧館、陳留県の蕭館鎮、雍丘県の圉城鎮、封丘県の潘鎮、中牟県の萬勝鎮、東明県の故濟陽鎮、扶溝県の建雄・義聲鎮、鄢陵県の馬欄橋鎮である。なお酒麹統計にみえる鎮酒務で地理表にはみえないものは元豊ではで草市・店などの町になっていたと思われるが、図示していない。仮に鎮として図に挿入しても巨大な空き間がある。

　元豊の開封府の郷103・鎮31である。郷には複数村が属するので少なくとも2、300村があったであろう。それらの諸鎮・諸村は図の空き間に散在していた。図の広い空き間にある町や村の酒需要を満たすには酒坊が必要とされことが明らかである。そのため熙寧九年現在で開封府には酒坊千数百処（坊場河渡1,571処）を置いているのである。

　モデル図に府県鎮酒麹務の酒界分を描きこめば、空き間の広さがわかり、酒坊が必要であることが明らかになる。なお開封府の空き間に千数百の酒坊を書き込むとすれば1mm未満の点を根気よく入れていかねばならない。酒坊がいかに小さな町でであるかがわかる。

図2　東京在城・県鎮の酒界分

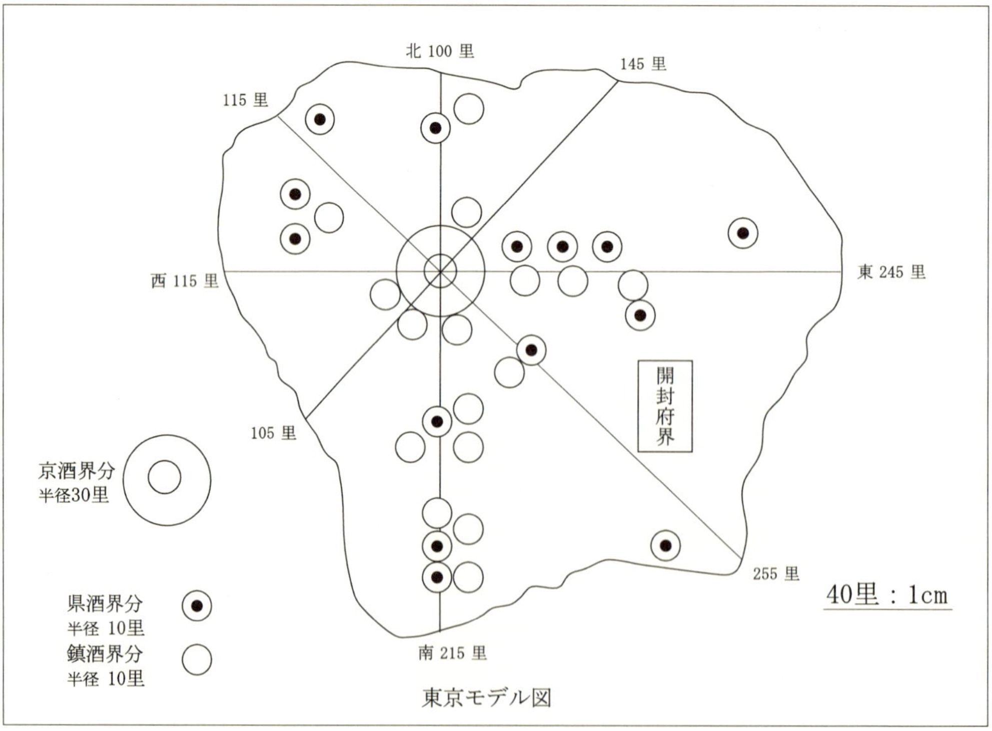

東京モデル図

東京地理表

県	開封	祥符	慰氏	陳留	雍丘	封丘	中牟	陽武	酸棗	長垣	東明	襄邑	扶溝	陵	考城	太康	咸平	計
里程	郭下	郭下	南90	東52	東87	北60	西70	西北90	西90	東北105	東90	東170	南180	南160	東180	東南230	東南90	—
郷	6	8	8	4	7	6	5	10	5	7	6	6	5	4	4	8	4	103
鎮	1	4	3	7	1	1	3	1	1	0	1	2	2	1	0	3	0	31
計	7	12	11	11	8	7	8	11	6	7	7	8	7	5	4	11	4	134

東京界首里程　東245里6.1cm、西115里2.9cm、南215里5.4cm、北100里2.5cm、東南255里6.4cm、西南105里2.6cm、東北145里3.6cm、西北115里2.9cm

　東京の在城・外県・鎮市の酒界分の外に広がる広大な空隙に多くの郷が存在するので、その空隙に酒坊がなければならない。熙寧九年「司農寺帳」に開封府の坊場河渡千5百余がみえるのは当然である。酒坊があれば買撲銭があることになる。しかるに「酒麹雑録」の開封府には熙寧十年の買撲は記載されていない。一編・序の冒頭で指摘したように、酒坊買撲（＝課利＋浄利銭）は「酒麹雑録」にみえないのであるから、酒坊買撲銭は「司農寺帳」の坊場河渡銭54,924貫（一編二章61頁、表11）に含まれていることになる。

　このことは「酒麹雑録」・「司農寺帳」の両統計記載と酒界分を入れた上掲図2とを合わせると、視覚からも容易に認識されるのである。

おわりに

　地方における大都市・中都市・小都市・大きな町・小さな町の五基準を設定して、「酒麹雑録」・「商税雑録」・「司農寺帳」・「塩法五」、及び「地理表」・「県変遷図」を分析すると、景祐～慶暦の旧務年代の大都市・中都市・準中都市[12]などの行政都市1,286（UVWX 4路の210処を含めず、表29a 参照）、小都市352、大きな町529、小さな町27,063であり[13]、都市・町は約2万9千処である（次の表18参照）。なお、準小都市・大きな町に準ずる町を設定すると大きな町・小さな町が若干少なくなる（次の表19参照）。約40年後の熙寧十年の新務年代になると数百程度変化するが、旧務年代と都市・町の数に大差はなく（本章末の表30・31・32・33）、大約2万9千処が仁宗～神宗朝の都市・町の基本的な数である。

　また旧酒額約1,538万貫・新酒額約1,523万貫（1％減）であり、豊かさの指標の一つであ

第五編　総合

る酒額においても新旧両時代に差はほとんどない（次の表20）。旧商税額約514万貫（A1東京を含めず）・新商税額638万貫（東京を含めず）であり、商業活動指標は約24％増で（表20）、やや変化がみられる。

都市数・町数及び都市・町の経済的両指標によれば全体的には大変動はみられず、農業を基幹産業とした社会の変化は、仁宗～神宗朝では全体として見れば極緩やかであったようである。

これまでの都市研究では、唐から宋にかけて全国に多くの都市・町が形成されたと考えられている。その多くの都市・町をなんらかの基準・指標で整理できないかという思いがあった。拙著2『北宋の商業活動』が全商税務地をとりあげ、商税額が商業活動の指標であることを指摘し、在城（州軍郭内）・県（外県郭内）・鎮市の税額を対比しているのはこの動機に基づいている。本書は謂わば続巻で、同書の税務・商税額・県変遷図・地理表を用いた。なお本書は拙著3に加筆し、また訂正したものである[14]。

表18　旧務年代の都市・町数

地　区	北　部	南　部	鉄銭区	計	典　　拠
行政都市	518	266	146	930	本章表5b
準中都市	51	48	44	144	本章表13
小都市	221	99	32	352	本章表6b
大きな町	213	80	236	529	本章表9b
小さな町	17,368	7,340	2,544	27,063	一編二章表11a
計	18,320	7,785	2,958	29,063	—

注①準中都市：酒務不記県＋両務不記県
②小さな町数：熙寧9年数。旧務年代もほぼおなじであったであろう
③大きな町529・小さな町27,063については次の表19の注②・③を参照

表19　準小都市・準町（大きな町に準ずる町）

都市・町	鎮市の種類	数	典　　拠
準小都市A	酒塩併設鎮市	14	本章表10(b)
準小都市B	税塩併設鎮市	104	本章表10(d)
準町C	税単記鎮市	230	本章表10(g+j)
準町D	塩単記鎮市	120	本章表10(a)
準町E	地理表記載の旧税場単設鎮市	92	本章注(8)　表24乙欄

注①酒塩併設鎮市14処は次の鎮市である
　　南部 K3S8,K4S9,L5S8,L5S9,L6S4,M1T8, M8T3,O2T4,P2S4, Q1S11,Q2S3（5路）
　　北部 H11S9,I13T10,J10T2（3路）（地名は一編86～90頁表11a参照）
②準小都市Aの14処は大きな町と重なるので大きな町は515処
③準小都市B・準町C・準町D・準町Eには酒坊が置かれたと思われるので小さな町は26,517処となる

第二章　まとめ

表20　路レベル酒額・税額の新旧比較

路	新酒	旧酒	差額	率%	新税	旧税	差額	率%
A2-A4	101	120	−19	−16	22	17	9	32
B	86	63	23	37	47	25	22	88
C	59	53	6	11	27	27	0	0
D	36	29	7	24	19	14	5	36
E	55	61	−6	−10	17	27	−10	−37
F	88	88	0	0	45	48	−3	−6
G	85	91	−6	−7	29	29	0	0
H	131	179	−48	−27	40	33	7	21
I	118	132	−14	−11	34	24	10	42
J	71	73	-2	−3	26	23	3	13
計	830	889	−59	−7	306	267	39	15
K	83	97	−14	−14	42	41	1	2
L	42	47	−5	−11	36	45	−9	−20
M	192	168	24	14	86	48	38	79
N	53	48	5	10	36	24	12	50
O	21	19	2	11	25	16	9	56
P	14	11	3	27	18	7	11	157
Q	48	39	9	23	18	13	5	38
計	453	429	24	6	261	194	67	35
R	136	130	6	5	36	25	11	44
S	70	59	11	19	17	16	1	6
T	34	31	3	10	18	12	7	58
計	240	220	20	9	71	53	18	34
合計	1,523	1,538	−15	−1	638	514	124	24

酒・税：路額の千位四捨五入　　単位：万貫
典拠　各路税額：拙著2・各路「はじめに」総合表1
　　　各京税額：拙著2・各京商税統計表
　　　銅銭区酒額：本書二～三編各章「おわりに」表1銭額総合表
　　　鉄銭区酒額：本書五編一章・表1仮定1鉄銭区酒額（736頁）
注　①東京都商税院旧商税は不立額であり、新旧額の比較ができないため本表にはA1東京を含めず。
　　　A1新商税額約56万貫（都商税院税＋開封府外県鎮市税）を含めると、四京新額計77万貫、北部新額計362万貫、合計新額694万貫
　　②本表は、百位切り捨ての諸路比較表2（単位千貫、一編一章末）と相違するケースあり
　　③本表作成に関連して拙著2の路商税額訂正
　　　　　　　　　　　誤　　　　正　　　　　　　　誤　　　　正
　　　　G 河北西路旧額277,402→287,482　　I 秦鳳路旧額 225,970→239,283
　　参考
東京都商税院新商税約40万貫。（開封府新税152,702−旧税108,740）÷旧税×100＝40％。
この増加率 と都税院の商税増加率が仮に同率であるとすれば、都商税院旧約24万貫、A1東京旧税約35万貫（都商税院税24万＋開封府外県鎮市税11万）であったことになる。

第五編　総合

注

(1) 一例をあげると、宋会要食貨20-9・熙寧四年六月四日の条によれば、出買麹量を減らして1斤当りの価格を上げている。「前略。請以一百八十万斤爲定額。中略。舊價斤一百六十八文。請增作二百文。云々。從之」とみえるので、酒麹専売行政上の操作も偶に行なわれた。巨視的にみれば購買力・需要により価格操作は常識的な数値となり、売上高、即ち酒麹銭額も常識的な額に落ちつくはずである。

(2) 『冊府元亀』・邦計部二十二から例を拾う。唐武徳二年閏二月詔「前略。方今烽燧尚警。兵革未寧。年數不登。市肆騰踊。中略。關内諸州官民。具斷屠酤」。高宗咸亨元年七月庚戌「粟麥貴。斷五熟雜食酤酒」。玄宗先天二年十一月「禁京城酤酒。歲饑故也」。乾元二年十月「禁酤酒。除光祿供進祭祀及宴蕃客外。一切禁斷」とあるが、旧唐書本紀同年四月癸亥に「以久旱徙市。雩祈雨」・三年四月甲午に「歲年饑。斗米至千五百文」とみえるので災害が乾元二年十月の酒造禁止の原因である。また旧唐書本紀の肅宗乾元元年三月辛卯「以歲饑。禁酤酒。麥熟之後。任依常式」とみえる。

(3) 税場単記、税場・塩場併記地の税額は表21a・21bの如くである。

表21a　新務年代税場単記鎮市（46処）の税額

序列	記号	税額	序列	記号	税額	序列	記号	税額	序列	記号	税額	序列	記号	税額
1357	K2T1	253	618	M2T1	2153	1326	N8S3	307	1501	P8T2	1	1481	Q10T4	20
869	K6T1	1276	953	M5S3	1041	1064	O1S4	718	552	Q1S8	2561	1486	Q10T5	13
66	M1S3	17242	1029	M6T1	820	500	O2T1	2887	1004	Q1T1	872	1123	H4T10	621
72	M1T1	16446	688	M14S2	1819	819	O2T2	1643	950	Q1T2	1062	1352	H18T3	270
480	M1T2	2992	983	M14S3	937	655	O2T3	1966	1330	Q1T4	298	1158	I8S1	577
539	M1T3	2640	1071	M14T2	712	390	O3T1	3772	1491	Q6S1	7	1289	I8S2	370
295	M2S3	4936	1362	N3S1	244	1371	P1T1	226	771	Q6T1	1547	1077	I9S2	700
990	M2S4	909	1191	N4T1	520	149	P1T2	8951	1492	Q6T3	7	1214	I9S4	492
1470	M2S5	45	92	N5S1	13386	1485	P5T4	15	1446	Q8S1	99	1195	I9S5	517
												1499	J2T1	2

典拠　序列・税額：一編三章末表12税額序列表（検索簡便のため税額序列を付す）
　　　鎮市記号：本章注(4)・表22a中段塩場設置州軍の税場単記鎮市に拠る

表21b　新務年代の税場・塩場併設鎮市（100処）の税額

序列	記号	税額	序列	記号	税額	序列	記号	税額	序列	記号	税額	序列	記号	税額	序列	記号	税額
1423	K4T1	139	573	M8S6	2421	1461	P8T8	64	1413	H4T16	155	286	I14T1	5069	1405	J7T11	174
1445	K7S4	101	1223	M12S1	469	1247	Q1S3	440	1336	H11S3	291	1306	I14T5	346	1429	J7T12	132
845	L1S5	1349	1042	M12S2	785	679	Q1S5	1887	1455	H11S4	79	1047	I14T6	768	1458	J7T13	70
1203	L2S1	507	1456	M12T2	73	498	Q1S6	2894	1389	H11T4	199	1319	I14T7	325	1369	J9S1	231
1162	L2S2	517	689	N2S3	1819	253	Q1S10	5694	1399	H11T5	183	1212	I14T8	496	147	J13T1	9000
437	L4T2	3312	825	N2S4	1408	1416	Q6T2	151	1410	H11T7	158	138	J1S3	203	644	J13T2	2021
719	L4T3	1719	840	N8S2	1368	301	Q7S2	4812	1443	H17T3	103	1498	J2S1	2	1467	J14T2	55
1015	L7S3	842	810	O1S2	1456	1349	Q10T1	274	1217	H18T2	489	633	J4T1	2061	1401	J14T3	180
806	L9S2	1465	721	O3S1	1712	1484	Q10T2	18	855	I8S3	1323	797	J7S2	1788	1020	J15T1	835
1327	M1S1	306	598	O3S3	2227	1490	Q10T3	9	1104	I8S4	651	1460	J7T2	65	1052	J16S1	753
518	M1S2	2896	1264	O7S1	406	831	H4T1	712	1302	I8S5	351	1432	J7T3	124	1086	J16S3	680
811	M1T4	1452	1313	P2T1	331	1094	H4T3	664	1205	I9S1	501	1459	J7T4	66	1279	J16T3	389
568	M3S4	2450	1396	P5T1	193	1125	H4T8	618	1193	I10S2	520	1427	J7T5	134	1345	J16T4	281
1311	M4S4	334	420	P5T2	3497	1061	H4T11	727	1143	I10T2	597	1464	J7T6	62	1118	J18T1	633
523	M5S1	3770	1045	P5T3	774	1209	H4T12	498	1213	I10T4	494	1466	J7T7	58	1422	J20T1	139
651	M5S2	1973	1359	P8T5	252	1331	H4T13	297	1284	I13T5	376	1462	J7T8	64			
703	M5S5	1771	1493	P8T7	6	1266	H4T15	405	1400	I14T9	182	1468	J7T10	50			

典拠　一編三章末表11a塩場設置区鎮市場務表、同じく表12税額序列表
注　I13T6張義堡は併設地であるが「商税雑録」に「未有額」とあるので表に含めず

(4) 新務年代の税場の町は次の表22a・bの鎮市334処である。なお二～四編各章「おわりに」表6に旧商税地（＝旧税務－併設地）、新商税地（＝新商税務－新税務地）を示しているが（後掲表22a参照）、

第二章　まとめ

それらには税場単記の在城務・外県務が含まれる。このため「おわりに」表6に示した旧商税地数・新商税地数と鎮市のみの税場単記地の統計である表22aの鎮市数とは一致しないので注意したい。

塩場不設区州軍（「塩法五」に記載されていない州軍）には塩場がないので酒務・税務の有無の調査で簡単に税場単記鎮市が検出される（表22aの上段）。問題になるのは北部に数は少ないが塩場設置州軍が存在することである。中段・下段にH永興軍路・I秦鳳路・J河東路の3路の州軍が含まれているのはこのためである。塩場設置区（「塩法五」に記載されている地区）では酒務・税務・塩場の三者の有無を調査することになる（中・下段）。

本文で税塩併設鎮市・酒塩併設鎮市を準小都市とし、税務単記鎮市は大きな町に準ずる町とするので、両基準にあてはまる鎮市が容易に見分けられるように、表22aには鎮市記号が三段に分けて示されている。本文の表10の準小都市・大きな町に準ずる町はこの表22aに基づいている。

表22a　新務年代の税場の町（334処）

塩場不設区	A1S4	A4T8	B4S3	C5S1	E4S2	F2S19	F11S3	G6T4	I2S2	R3T2	上段
	A1S13	A4T9	B4S4	C5S2	E5S3	F2T1	F11S4	G7S5	I2S4	R4T1	
	A1S15	B1S3	B4S5	C5S3	E5S5	F2T2	F11S8	G7S7	I2T3	R4T2	
	A1S17	B1S4	B4S6	C6T1	E5S7	F3S2	F11S11	G9T1	I2T7	R4T3	
	A1T1	B1T1	B5S1	C6T2	E5T1	F3S5	F11S12	G11S3	I2T8	R7S1	
	A1T2	B1T2	B5T1	C6T3	E5T2	F3S6	F11T1	G14S1	I5S1	R8T3	
	A1T3	B1T3	B6S2	C7S1	E5T3	F3S7	F11T2	H1S5	I5S3	R10T1	
	A2S1	B2S1	B6T1	C7S3	E6S4	F5S1	F11T3	H1S7	I7S1	R11S1	
	A2S6	B2S3	B6T2	D1S3	F1S1	F5S5	F11T4	H5S2	I7S2	R12S1	
	A2S9	B2T1	B7T1	D2S1	F1T1	F5S7	F11T5	H7S1	I11S1	S2T1	
	A3S2	B3S4	B8S1	D2S4	F1T2	F5T1	F12S2	H10T1	I11S4	S7S1	
	A4S1	B3S7	B8S2	D2S5	F1T3	F6S4	F12T1	H10T2	I15S1	S8S1	
	A4S2	B3S8	B8S5	D4S1	F1T4	F6T1	F13S1	H12S2	J6S1	T1S1	
	A4S8	B3S11	B9S2	D5S1	F1T5	F6T2	F13S3	H13T2	J8T3	—	
	A4T3	B3S16	C2S1	E1S1	F2S1	F10S3	G3T1	H14S2	J8T4	—	
	A4T4	B3S18	C2S2	E2T1	F2S2	F10T1	G6S2	H15T1	R1S2	—	
	A4T5	B3T2	C4S8	E2T2	F2S10	F10T2	G6T1	H15S2	R3S2	—	
	A4T6	B3T3	C4S10	E3S1	F2S14	F10T3	G6T2	H16T1	R3S3	—	
	A4T7	B4S2	C4S10	E3S2	F2S17	F10T4	G6T3	I1S1	R3T1	計184	
塩場区	K2T1	M1T3	M5S3	N3S1	O2T1	P1T2	Q1T2	Q8S1	I8S1	J2T1	中段
	K6T1	M2S3	M6T1	N4T1	O2T2	P5T4	Q1T4	Q10T4	I8S2	—	
	M1S3	M2S4	M14S2	N5S1	O2T3	P8T2	Q6S1	Q10T5	I9S2	—	
	M1T1	M2S5	M14S3	N8S3	O3T1	Q1S8	Q6T1	H4T10	I9S4	—	
	M1T2	M2T1	M14T2	O1S4	P1T1	Q1T1	Q6T3	H18T3	I9S5	計46	
塩場区	K1S5	M1S1	N2S3	P8T5	Q10T3	H4T17	I9S1	J1S3	J7T10	J16S3	下段
	K1S6	M1S2	N2S4	P8T7	H4T1	H11S3	I10S3	J2S1	J7T11	J16T2	
	K4T1	M1T4	N8S2	P8T8	H4T3	H11S4	I10T2	J4T1	J7T12	J16T4	
	K7S4	M3S4	O1S2	Q1S3	H4T6	H11T4	I10T4	J7S2	J7T13	J18T1	
	L1S5	M4S4	O3S1	Q1S5	H4T7	H11T5	I13T5	J7T2	J9S1	J20T1	
	L2S1	M5S1	O3S3	Q1S6	H4T8	H11T7	I13T6	J7T3	J13T1	—	
	L2S2	M5S2	P2T5	Q1S10	H4T11	I14T1	I14T1	J7T4	J13T2	—	
	L4T2	M5S5	P2T1	Q6T2	H4T12	H18T2	I14T5	J7T5	J14T2	—	
	L4T3	M12S1	P5T1	Q7S2	H4T13	I8S3	I14T6	J7T6	J14T3	—	
	L7S3	M12S2	P5T2	Q10T1	H4T15	I8S4	I14T7	J7T7	J15T1	—	
	L9S2	M12T2	P5T3	Q10T2	H4T16	I8S5	I14T8	J7T8	J16S1	計104	

上段：塩場不設州軍鎮市。「商税雑録」の新税場と「酒麹雑録」の当該州軍鎮市を対比作成(184処)
　　　地名は本書附録参照
中段：塩場区州軍鎮市地名は一編三章末の表11a参照（○××印の鎮市、46処）
下段：塩場区州軍鎮市地名は一編三章末の表11a参照（○×○印の鎮市、104処）
典拠：一編三章末、表11a
注　①塩場区では税塩併設鎮市（○×○印）と税場単記鎮市（○××印）を区別して示す
　　②「商税雑録」鎮市務には塩場区の税塩併設鎮市104が含まれる。これを除くと230処となる
　　③上段塩場不設区には塩場設置州軍（H, I, J路に散在する）が含まれ、且つそれらは中段・下段にも含まれる
　　④一編二章注（17）、表17の新商税務数は州県を含むので上の表の数と一致しない
　　⑤新務年代の税務単記鎮市数を路別・地区別にまとめると次の表22bの如くである

— 783 —

第五編　総合

表22b　路レベル新務年代税場の町（334処）

地区	北				部				鉄銭区			
路	A	B	C	D	E	F	G	計	R	S	T	計
上段	21	31	13	6	13	44	11	139	13	3	1	17

地区	北		部		南			部				—
路	H	I	J	計	K	L	M	N	O	P	Q	計
上段	12	13	3	28	0	0	0	0	0	0	0	0
中段	2	5	1	8	2	0	13	4	5	4	10	38
下段	18	14	27	59	4	7	11	3	4	7	9	45
合計	32	32	31	95	6	7	24	7	9	11	19	83

北部鎮市数：上段167(139＋28)＋中段8＋下段59＝234処
南部鎮市数：中段38＋下段45＝83
鉄銭区鎮市数：17
全区334＝234＋83＋17
典拠：表22a

旧務年代の税場単記鎮市

　　旧務年代にも税場単記鎮市が存在する。各州軍の酒統計分析の記述ではそれらの鎮市には言及していない。それらのうち地理表にみえるものは地名に○印を付して欄外にその数を表記し、大きな町に準ずる町として位置づけておいた。地理表にもみえない旧税場単記鎮市もあるので、表23aに一括して示す。

表作成手順

　　「商税雑録」に基づく商税統計表の旧務年代鎮市税場と新務年代鎮市税場を対比して旧務年代のみに見える鎮市税場を拾う。次にその税場を「酒麹雑録」に基づく酒統計の酒務と照合し、酒統計に記載されていない鎮市税場のみを検出する。検出した税場が旧税場単記鎮市（税場の町）である。

表23a　旧務年代の税場単記鎮市（217処）

A2 延禧	C4 鄒家		陳橋	H11 沃壌		唐村新河	Q1 白苣	陵山		侯溪
南陳		王家	E9 大翟村	H16 虎谷頭	L2 故郡	Q2 同城鎮	米糧		永祥
A4 韓張		沙溝	F2 荊州口		烏仁渡	L6 蘆塘	Q6 清江	李店		牛尾
馬橋	C7 瓠河	F5 任平	H19 大橫	L8 白沙		南湘	龍安		永興
馬陵		蘇村	F13 李橋		田教寺	L9 渡		靖江	劉安		懽樂
梁村	D1 大譲		婆羅河口		李呉店	M1 北郭	Q7 羊角	安仁		咸昌
鄒店		高舎	G1 靈壽	I2 長道	M4 埤城		磊石	静南	S8 江口
B1 王家口	D4 潋口		石邑		慵襖	M11 保定場		澧口	河樓		安夷
B2 洩滄		浣口		新城		大潭	M15 曬村	領市	永康		七里
B3 耿明水		溜口		嵐州寨		鹽官	N1 固城		候景	三驅	S13 單溪
	黃河		任口	G3 東城		白石	N2 馬頭	南部計46処	獠母	T3 平定
	泊水渡		蜀口		張謙		永寧冶	N5 靈芝	R1 軍屯	頼川		子午
	柳家港		閬口		五女村	I6 金沙		太平		小東南津	寶善		鶏雄
	耿口		瓦鎮		羊馬	I9 定川		趙屯	R4 石粉	龍會		遊仙
	商家橋		洵城		懷德驛	I13 安邊堡		石澤	R5 津涑	永安		少府
	茅家口		他溪		佛殿	I16 制勝關	N9 太平	R7 青永	趙市	T7 水口
	陰河口		莊門		新興村口	J3 晉橋店		媦娉		白州	龍門		安昌
	馮家口		水銀	G5 外場	J6 合口		桐城		笑江	清灘		貝毯
	李唐口		青鳳	G9 觀臺渡	J21 谷都鎮		河湖		南津	豊安	T12 永城
	渚口		龍迴	H1 甘北	北部,計103処	O1 新建		東津	歸仁		塗輪
	高河口		連山	H2 永安鎮	K4 馬遲	O3 新市	R8 西悲	礎子		厭坡
	家商橋	D8 山莊		三亭		謝陽	O4 獲村		婆寨	小井		大牟
	臨河鎮	E2 泥水渡	H4 永和關	K7 南城		宣風	R10 和川	灘子		盤道
	清城		九鼎渡		安遠	K9 橫驛		盧溪		靈關	舊州	鉄銭区計68処
	賈濟河口	E3 汝南		塞門	K11 淮南渡		上栗		思經	永昌	全区合計 217
	河南		臨淮		栲栳	K12 臨津嶺	O9 永泰	R12 竹木場	鐵山	北部州軍 36
	北河口		閬江渡	H5 沙苑		第二溝場		樟永鎮	S2 白水	龍歸	南部州軍 26
C1 新興鎮	E8 宋家渡		芝川		名勒	P7 路溪	S6 龍水	來蘇	鉄銭区州軍14

表の見方：例、A2延禧・南陳、A2西京の税務単記鎮市は延禧と南陳
典拠：「商税雑録」に基づく拙著2の各章商税統計表と「酒麹雑録」に基づく本書各章酒麹統計・酒統計とを対照して作成
注　①外県は含めていない。因に条件に合うのは僅か8県に過ぎない（A2鞏,D8方城,G3陞邑,G9昭徳,H2虞郷,J1楡次,S8江安,T5臨津）
　　②一編二章注（17）の表17の旧商税場は州県務を含むので表23aの数と一致しない

第二章　まとめ

地区レベル

　旧税場単記鎮市を地区別にまとめると表23bの如くである。旧税場単記鎮市は三地区で217処に存在し（北部103、南部46、鉄銭区68）、四京・19路に分布している（U,V,W,X 4路を除く）。またそれらの鎮市の所属州軍は76州軍（北部36州軍、南部26州軍、鉄銭区14）であり、特定の地区に極端に偏在していない。

表23b　地区レベル旧商税場務

地　区	北部	南部	鉄銭区	計
①旧商税場務	878	445	209	1,532
②旧単記鎮市	103	46	68	217
③差	774	399	141	1,314
④比率	12%	10%	33%	14%
⑤旧州軍数	245	76	42	363
⑥所属州軍数	36	26	14	76
⑦差	209	50	28	287
⑧比率	15%	34%	33%	21%

①旧商税場務：「商税雑録」記載の旧務年代の全税務
②旧単記鎮市：表23aの税場単記鎮市
③差＝①－②　④比率＝②÷①
⑤旧州軍：「商税雑録」記載の旧務年代州軍
⑥所属州軍：②の鎮市所属の州軍
⑦差＝⑤－⑥　⑧比率＝⑥÷⑤
典拠
旧商税場務：本書二～四編各序・表1
旧州軍　　：同上。
所属州軍　：表23a
旧単記鎮市：表23a

州軍レベル

　計欄④比率に示しているように旧税務単記鎮市217は旧商税場務1,532の14％に過ぎない。このことは、約九割の旧商税務は熙寧十年まで存続し、且つ酒務が旧商税務地の約九割の地に併設されていたことを意味する。

　次に旧税場単記鎮市の所属州軍は76州軍と少なく、旧務年代の商税務が置かれた州軍363の21％（⑧比率）であり、税場単記鎮市は一部州軍に限定されている。このことは熙寧三～五年に商税銭が司農寺―常平司に仮に管轄されたとしても、八割の州軍においてはその税場管轄は及ばず、限定的なものであったことを示している。

　更に表23aに基づく次の表23cによれば10処以上、5処以上、及び3・4処の州軍は僅か23州軍（30％）で、その鎮市は150処（69％）と多い。これに対し1又は2処の州軍は55州軍（72％）と多いが、逆にそれらに所属する鎮市は67処（35％）と少ない。即ち特定の少数州軍に単記鎮市が偏在し、大半の州軍において単記鎮市は1・2処しかみられない。これらのことから経済的・社会的な変動があったと仮定すると、変動は特定の少数州軍に起きたが一般的な州軍には変動は起きなかったことを意味する。またこの変動を税場削減政策によると仮定すれば、特定の少数州軍において税場削減が行われたことになる。

例外

　次に表23cによればS6昌州の税場単記鎮市が例外的に多く35処である。税場単記鎮市は全体で217処と少なく、所属州軍も76州軍と少ないことから、恐らく昌州の多くの旧税場単記鎮市税額が全て司農寺―常平司に移管されたのではなく、35処の税務が甚だ小額であるため多くは廃されたのではなかろうか。また10処以上、5処以上、3・4処の鎮市の旧商税場のなかには廃された税場が含まれている可能性があろう。

　以上の旧税場単記鎮市217のなかには本文で示した地理表にみえる鎮市92が含まれる（州軍レベルの数は本章注（9）、表28乙欄参照）。

　なお新務年代の税場単記鎮市は大きな町に準ずる町として把握されている（本編・766頁参照）。

第五編　総合

表23c　旧税務単記鎮市（大きな町に準ずる町）所在州軍

鎮市	10処以上州軍	5処以上州軍	3・4処州軍	計	1・2処州軍
北　部	B3-18, D4-14	A4-5,G3-7,I2-6	C4-3,E3-3,G1-4,H4-4,H19-3	10州軍・67鎮市	27州軍・36鎮市
南　部	—	Q7-5	K12-4,N5-4,N9-4,O4-4,Q6-3	6州軍・24鎮市	20州軍・22鎮市
鉄銭区	S6-35	R7-5,T3-5,T12-5	R10-3,S8-3,T7-3	7州軍・59鎮市	7州軍・9鎮市
計	3州軍・67鎮市	7州軍・38鎮市	13州軍・45鎮市	23州軍・150鎮市	54州軍・67鎮市
比率	州軍 4% 鎮市31%	州軍 9% 鎮市18%	州　17% 鎮市21%	州軍30% 鎮市69%	州軍72% 鎮市31%

記号・数値：例、B3-18、B3斉州の単記鎮市18処　州軍比率＝州軍数÷76（表23bの⑥所属州軍計欄数）
鎮市比率＝鎮市÷217（表23bの②単記鎮市計欄数）　1又は2処州軍：54州軍（72%）・鎮市67（35%）
典　　拠：表23a
注　①1処州軍　B1,B2,C1,D8,E9,F2,F5,G5,G9,H1,H11,I6,I9,I13,I16,J3,J6,J21,K7,K9,K11,L2,L6,L8,L9,M1,M4,M11,
　　　　　　　　M15,N1,N2,O1,O3,P7,Q1,Q2,R4,R5,R12,S2,S13（計41）
　　②2処州軍　A2,C7,D1,E2,E8,F13,H2,H5,H16,K4,O9,R1,R8（計13）

次に二編～四編各章「おわりに」の表6には新旧両時代の税務単記地数（新旧税務地）を示し、税場設置政策の大勢を述べた。単記地が少ないことは、酒税併設が甚だ多いことを意味し、ほとんどの州軍でこのことが確認された。

「おわりに」の表2・表6に基づき州県鎮市の新旧税務地・新旧併設地・税務単記地を路レベルでまとめると表24aの如くである。

表24a　都市の税務・併設地・単記地の比率

地区	年代		路	A	B	C	D	E	F	G	H	I	J	計	—
北部	旧		税務	83	75	52	48	79	115	105	137	86	98	878	—
			併設	69	49	42	25	61	105	82	109	72	70	684	—
			単記	14	26	10	23	18	10	23	28	14	28	194	—
			比率	83%	65%	81%	52%	77%	91%	78%	80%	84%	71%	78%	—
	新		税務	105	93	62	38	67	141	98	168	114	122	1,008	—
			併設	70	59	48	27	61	99	84	127	73	86	700	—
			単記	35	34	14	11	6	42	14	41	41	36	308	—
			比率	67%	63%	77%	71%	91%	70%	86%	76%	64%	70%	69%	—
			路	K	L	M	N	O	P	Q	計	R	S	T	計
南部・鉄銭区	旧		税務	74	75	105	68	45	20	58	445	97	65	47	209
			併設	61	64	81	53	30	19	40	348	77	21	26	124
			単記	13	11	24	15	15	1	18	97	20	44	21	85
			比率	82%	85%	77%	78%	67%	95%	69%	78%	79%	32%	55%	59%
	新		税務	68	68	122	66	59	44	67	494	73	39	47	159
			併設	61	61	91	56	43	27	39	378	57	33	35	125
			単記	7	7	31	10	16	17	28	116	16	6	12	34
			比率	90%	90%	75%	85%	73%	61%	58%	77%	78%	85%	74%	79%

税務：新旧商税務地　　併設：酒務・税務の併設地　　単記：税務単記地（在城＋外県＋鎮市）
比率＝併設÷税務
典拠　新旧税務・新旧併設：二～四編各章「おわりに」表2酒務総合表の新旧商税務計欄・併設地計欄
　　　　　　　　　　　　及び新税務地計欄
　　　新旧税務地：二～四編各章「おわりに」表6計欄

表24aに基づき併設率に五段階の水準を設け、路・地区別にみてみると表24bの如くである。新旧両時代における併設率は80%・70%以上の路が最も多い。50%未満の路は新旧両時代で僅かS梓州路の1路に過ぎず例外である。梓州路の「おわりに」で指摘しておいたが、特定少数州軍に旧務年代に少額税務が多く置かれ、新務年代になると廃され併設率が高率になっている。特に梓州路は85%に跳ね上がる。

50～60%%台の路も僅かで、70～90%台の路が一般的である。換言すると、併設率によれば商税務の単設地は厳選され、一般的に三司の税務は酒務がある都市に置かれた。

第二章 まとめ

表24b 都市における場務併設率水準別の路

路別		水準 V 80%以上	IV 70%以上	III 60%以上	II 50%以上	I 50%未満
路別	旧	ACFHIKLP 8路	EGJMNR 6路	BOQ 3路	DT 2路	S 1路
	新	EGKLNS 6路	CDFHJMORT 8路	ABIP 4路	Q 1路	—
地区別	旧 北	ACFHI	EGJ	B	D	—
	旧 南	KLP	MN	OQ	—	—
	旧 鉄	—	R	—	T	S
	新 北	EG	EGJ	ABDJ	I	—
	新 南	KLN	MN	P	Q	—
	新 鉄	S	RT	—	—	—

(5) 大きな町に準ずる塩場の町は次の120鎮市である。

表25 塩場の町（塩場単記鎮市120処）

K1T1	L6S3	M4S1	P2S6	P2T12×	Q3S3	Q5T9×	I8T2	J1T5	J5T2	J9S2
K4S1	L6S5	M5T1×	P2T2×	P3S1	Q3S4	Q6T4×	I8T3	J1T6×	J5T3	J10T1
K4S2	L9S5×	M8T2×	P2T3×	P5S1×	Q3S5	Q6T5	I8T4	J2T2×	J5T4	J10T3
K4S3	M1T5	M10T2×	P2T4	P5T5×	Q5T1×	Q6T6	I8T5	J4T2	J5T5	J10T4
K4S4	M1T6	N1S1	P2T5×	P5T6×	Q5T2×	Q6T7	I13T7	J4T3	J5T6	J11S1×
K6S4	M1T7×	N4S1	P2T6×	P5T7×	Q5T3	Q8S2×	I13T8	J4T4	J5T7	J11T1×
L1S6	M1T9	N4T2×	P2T7×	P5T8×	Q5T4	Q10T6×	I13T9	J4T5	J5T8	J14T4
L3S5	M2S6	P2S1	P2T8×	P5T9×	Q5T5	H4S4×	J1S4×	J4T6	J5T9	J17T1
L3T1×	M2T2	P2S2	P2T9×	P8S1	Q5T6	H4T17	J1T2×	J4T7	J5T10	J24T1
L3T2×	M3T1×	P2S3	P2T10×	Q2T1×	Q5T7	I8S6	J1T3×	J4T8	J5T11	J24T2
L5S10	M3T2×	P2S5	P2T11×	Q2T2×	Q5T8	I8T1	J1T4×	J5T1	J5T12×	計120

地名は一編三章末、表11a 参照（同表××〇印の鎮市）
注 1 ×印の鎮市44処は地理表にみえず
　2 無印の鎮市76処は地理表にみえる

(6) 路レベルで四種の町を示すと次の表26の如くである。

表26 町（①酒務の町 ②税場の町 ③塩場の町 ④坊場・河渡の町（計28,009））

	路	A1	B	C	D	E	F	G	H	I	J	計
北部	①	8	0	8	1	11	18	5	15	9	1	76
	②	7	31	14	6	16	54	11	32	32	31	234
	③	—	—	—	—	—	—	—	2	9	36	47
	④	1,571	1,211	1,834	1,259	1,512	2,375	1,838	1,824	2,175	1,769	17,368
	計	1,586	1,242	1,854	1,266	1,538	2,442	1,854	1,853	2,206	1,809	17,725

	路	K	L	M	N	O	P	Q	計	R	S	T	計
南部・鉄銭区	①	8	16	6	2	2	1	2	37	87	65	38	190
	②	6	7	24	7	9	11	19	83	13	3	1	17
	③	6	8	12	3	0	24	20	73	—	—	—	—
	④	2,341	1,595	1,238	641	380	330	815	7,340	1,653	534	357	2,544
	計	2,361	1,626	1,280	653	391	366	856	7,533	1,753	602	396	2,751

A1：開封府
典拠：①酒務の町：A1〜J・RSTは二〜四編各章「おわりに」表4町欄、K〜Qは一編三章末表11aの酒務単記鎮市欄（同表×〇×印の地）
②税場の町：前掲表22a ③塩場の町：前掲表25 ④坊場・河渡の町：一編二章表11a
注 1 C京東西路にはA3南京の町、E京西北路にはA2西京の町、F河北東路にはA4北京の町が含まれる
　2 町総計28,009＝北部17,725＋南部7,533＋鉄銭区2,751
　3 「塩法五」にみえない塩場不設州軍（A〜G、H・I・Jの一部州軍、及び鉄銭区R・S・T）には塩場設置州軍の塩場の町に相当する規模の町が多く存在したであろう

(7) 拙著「五代の商税政策に就いて－税場政策を廻って－」（『鹿大史学』20号、1972年）参照。

第五編　総合

(8) 各路の州軍レベルの軍事・生産機関は次の如くである。

表27　州軍の軍事機関・生産機関

	路	軍事	計	州軍	生産	計	州軍
北部	A		0	0	A2-2	2	1
	B	B5-4	4	1	B1-2	2	1
	C		0	0	C1-1,C2-1	2	2
	D		0	0	D1-1,D8-1	2	2
	E	E2-1	1	1		0	0
	F	F2-5,F4-2,F7-2, F8-9 F9-9,F14-6,F15-6,F16-2	41	8		0	0
	G	G3-1,G12-1	2	2	G2-1,G4-1,G6-2,G9-1	5	4
	H	H4-20,H6-1,H8-2 H11-10,H17-8,H18-3	44	6	H3-2,H4-1,H5-1,H6-2 H7-1,H12-2,H13-6,H15-1	16	8
	I	I2-84 ,I3-1,I4-9,I7-1,I8-8 I9-1,I10-18,I11-3,I12-6, I13-10,I14-11,I15-11	163	12	I1-2,I2-1,I5-1,I7-2,I8-1 I9-4	11	6
	J	J1-2,J4-7,J5-13,J7-14,J8-3, J10-4,J13-2,J14-6,J16-3 J17-1,J20-1,J22-1,J24-2	59	13	J1-2,J3-2,J6-2,J8-1 J9-1	8	5
	計		314	43		48	29
南部	K		0	0	K4-9	9	1
	L	L4-3	3	1	L5-1,L9-1	2	2
	M	M4-1	1	1	M1-4,M2-1,M6-1,M7-2 M9-4,M10-2,M11-2 M12-2,M13-1, M14-8	27	10
	N		0	0	N4-1,N5-1,N6-5,N7-5	12	4
	O		0	0	O2-6,O4-1,O7-3,O8-2 O10-4	16	5
	P	P4-1,P6-12,P7-7	20	3	P1-3,P2-2,P3-3 P5-3,P8-9	20	5
	Q	Q5-6,Q6-6,Q7-2 Q8-2,Q9-5,Q10-24	45	6	Q2-1,Q6-3,Q7-1,Q8-2	7	4
	計		69	11		93	31
鉄銭区	R	R4-1,R5-2,R8-3, R10-2 R11-2	10	5	R2-1,R3-3,R4-6,R5-2,R6-2 R7-2,R8-5,R10-3	24	8
	S	S8-15	15	1	S1-83,S4-85,S7-1, S8-2,S11-1,S14-1	173	5
	T	T5-6,T7-9,T10-1	16	3	T1-3,T7-1,T8-2	6	3
	計		41	9		203	16
	総計		424	63		344	76

軍事機関：北部43州軍314処、南部11州軍69処、鉄銭区 9州軍41処、計63州軍424処
生産機関：北部29州軍48処、南部31州軍93処、鉄銭区16州軍203処、計76州軍344処
両機関合計：139州軍768処。但し、両機関併設州軍11
典拠：二～四編各章「おわりに」表7
注1 地名不記の軍事機関あり（例、小寨小堡のI2-72,I10-13）。
　2 地名不記の生産機関あり（例、塩井のS1-84・S4-85、鉄銭区の83％を占める）
　3 州城内の生産機関を含めず（1例）。
　4 軍事・生産両機関が置かれた鎮市がある

第二章　まとめ

(9) 路・州軍レベルの小さな町候補地数（甲欄）・大きな町に準ずる町数（乙欄）は次の表28の如くである。

表28　地理表の州軍レベル町候補地（甲欄、地理表×印地）・大きな町に準ずる町（乙欄、地理表○印の地）

	州	1	2	3	4								州	1	2	3	4	5	6				
A	甲	13	12	8	5	38						K	甲	2	3	0	15	1	3				
	乙	0	0	1	1	計 2							乙	0	0	0	0	0	0				
	州	1	2	3	4	5	6	7	8	9			州	7	8	9	10	11	12				
B	甲	3	1	*	2	5	0	0	1	0	計12		甲	5	1	1	1	—	—	計32			
	乙	0	0	*	0	0	0	0	1	0	計 1		乙	0	0	0	0	—	—	計 0			
	州	1	2	3	4	5	6	7	8				州	1	2	3	4	5	6	7	8	9	
C	甲	1	2	0	1	0	0	0	—	計 4		L	甲	18	13	1	16	5	1	0	8	3	計65
	乙	0	2	1	2	3	0	3	—	計11			乙	0	0	0	1	0	1	0	1	1	計 4
	州	1	2	3	4	5	6	7	8	9			州	1	2	3	4	5	6	7	8		
D	甲	15	18	1	1	1	13	7	—	計56			甲	12	5	0	5	2	1	1	4	0	
	乙	1	1	0	0	0	0	0	—	計 2			乙	0	0	0	0	0	0	0	0	0	
	州	1	2	3	4	5	6	7	8	9			州	9	10	11	12	13	14	15			
E	甲	2	0	3	5	4	4	1	4	0	計23	M	甲	7	9	4	1	1	9	—	計56		
	乙	0	0	0	0	0	0	0	0	0	計 0		乙	0	0	0	0	0	0	—	計 2		
	州	1	2	3	4	5	6	7	8				州	1	2	3	4	5					
	甲	1	6	0	5	0	2	9					甲	12	0	0	5	3					
F	乙	0	0	0	0	1	0	0					乙	1	0	0	0	0					
	州	9	10	11	12	13	14	15	16			N	州	6	7	8	9	10					
	甲	10	0	0	5	2	6	6	2	計57			甲	5	5	5	2	1	計38				
	乙	0	0	0	0	0	0	0	0	計 1			乙	0	0	1	3	0	計 7				
	州	1	2	3	4	5	6	7	8				州	1	2	3	4	5					
	甲	3	1	2	1	0	3	2	0				甲	11	8	4	3	4					
G	乙	2	0	0	0	0	0	0	0			O	乙	0	0	0	4	0					
	州	9	10	11	12	13	14	15	16	17			州	6	7	8	9	10					
	甲	1	0	0	1	0	0	0	0	—	計14		甲	0	12	5	2	3	計52				
	乙	0	0	0	0	0	0	0	0	—	計 2		乙	0	0	0	1	0	計 5				
	州	1	2	3	4	5	6	7					州	1	2	3	4	5	6	7	8		
	甲	6	1	7	5	1	7	1				P	甲	6	7	4	1	2	13	14	2	計49	
	乙	0	0	0	1	1	0	1					乙	0	0	0	0	0	0	0	0	計 0	
	州	8	9	10	11	12	13	14					州	1	2	3	4	5	6	7			
H	甲	3	0	0	7	2	9	3					甲	11	1	8	1	8	9	3			
	乙	0	0	0	0	0	0	0				Q	乙	0	0	0	0	0	0	0			
	州	15	16	17	18	19	20						州	8	9	10	11	12	13				
	甲	1	0	0	0	—	—	計53					甲	4	6	22	欠	—	—	計73			
	乙	0	0	1	2	—	—	計 6					乙	0	0	0	欠	—	—	計 0			
	州	1	2	3	4	5	6	7	8	9			州	1	2	3	4	5	6	7	8		
	甲	6	83	0	9	3	1	12	13	5			甲	9	2	9	5	7	23	4	18	5	
I	乙	0	0	0	0	0	0	0	0	0		R	乙	1	0	0	0	0	0	0	0	1	
	州	10	11	12	13	14	15	16	17				州	9	10	11	12	13	14	15			
	甲	13	8	6	3	3	8	—	—	計173			甲	7	4	2	2	0	0	—	計88		
	乙	0	0	0	0	0	1	—	—	計 1			乙	0	0	0	0	0	0	—	計 5		
	州	1	2	3	4	5	6	7	8				州	1	2	3	4	5	6	7			
	甲	3	1	3	7	13	2	0	2				甲	114	29	35	100	2	6	2			
	乙	0	0	0	0	0	0	0	0			S	乙	0	1	0	0	0	32	0			
	州	9	10	11	12	13	14	15	16				州	8	9	10	11	12	13	14			
J	甲	2	3	1	0	4	0	0	0				甲	20	41	13	39	1	27	14	計443		
	乙	0	0	0	0	0	0	0	0				乙	2	0	0	0	0	1	0	計36		
	州	17	18	19	20	21	22	23	24				州	1	2	3	4	5	6	7			
	甲	1	0	0	0	—	—	—	2	計44			甲	9	0	0	3	22	3	14			
	乙	0	0	0	0	—	—	—	0	計 0		T	乙	0	0	0	1	1	5	0			
													州	8	9	10	11	12	13				
													甲	4	29	2	0	—	—	計95			
													乙	0	0	0	0	—	—	計 7			

州欄数字：州軍番号　　　　＊印：九域志不記
典拠：二〜四編各州軍地理表
注　本章表25の塩場の町を含めず

(10) 柳田節子「郷村制の展開」（『岩波講座世界史』9巻、1979年）参照。

(11) 『慶元條法事類』巻二十八・椎貨総類によれば東京城の酒界分は半径25里、州20里、県鎮寨10里である。なお李華瑞の研究によれば、『赤城県志』にみえる台州諸県の酒坊は33処で、県からの里程は最短15里3処、最長130里2処であり、県酒界分10里が守られていた。県名・酒坊名などについては李華瑞書の「台州諸県酒場方位分布表」（200〜201頁）参照。

第五編　総合

(12) 新旧中都市・準中都市の税務不記県・酒務不記県・両務不記県は表29a・29b の如くである。

表29a　地区レベル中都市・準中都市（付大都市）

地区		旧中都市	新中都市	旧準中都市	新準中都市	旧大都市	新大都市
北部		431	370	94	19	129	122
南部		243	243	66	23	76	71
鉄銭区		127	118	78	25	42	39
計		801	731	238	67	247	232
備考	U	29	19	—	—	14	14
	V	36	36	—	—	9	9
	W	24	25	—	—	16	15
	X	53	35	—	—	29	27
	計	142	115	—	—	68	65
総計		943	846	—	—	315	297

表29b　旧務年代の準中都市内訳

地域	酒務不記県	税務不記県	両務不記県	計
北部	35	43	16	94
南部	15	18	33	66
鉄銭区	8	54	16	78
計	58	115	65	238

注　1　税務不記県は酒務不記県・両務不記県と重複せず
　　2　税務不記県には酒務有り

旧中都市：旧務年代外県　　新中都市：熙寧十年外県
新準中都市：新税務不記県　　旧大都市：旧務年代在城　　新大都市：新務年代在城
旧準中都市：商税務・酒務のいずれかが記されていない県、及び両務不記県
旧準中都市数＝旧税務不記県＋旧酒務不記県＋両務不記県
典拠：第二～四編各章州軍の県変遷図。備考欄のUVWX 4 路は拙著2の各路州軍県変遷図（本書不記）

(13) 『太平治跡統類』巻二十八・祖宗用度損益・哲宗元符三年十一月の条の兩浙路に「坊場河渡一千二百三十八處。一界九十三萬三千五百六十四貫」とみえるが、『中書備對』の熙寧九年「司農寺帳」の坊場河渡1,238処・一界933,564貫と同じ。『太平治跡統類』は哲宗元符年代の史料を使っていない。

また『建炎以來朝野雜記』十四巻甲集・東南酒課に、「舊兩浙坊場有一千二百二十四所。每歲收淨利錢八十四萬緡。至是合江浙・荊湖人戶買撲坊場一百二十七萬緡。云々。」とみえる。『太平治跡統類』では坊場・河渡が含まれるが、『建炎以來朝野雜記』は酒課を課せられた酒坊のみとし、14処少ない。「司農寺帳」によれば熙寧九年収（原文、支）金銀銭約24万余貫両であるが、『建炎以來朝野雜記』では年収84万貫とし、約4倍である。

この記述は兩浙路の酒坊が甚だ多かったことを推測せしめる。江南・兩浙・荊湖を合わせると坊場淨利錢は127万貫に達していたという。「酒麹雜録」の熙寧十年兩浙路酒額は190余万貫であり、南宋時代の江南・兩浙・荊湖の合計坊場酒銭127万よりはるかに高額である。

また同巻の四川酒課に、「王瞻叔爲焙川漕。獨請罷三州官監隔槽二百三十餘務。許買撲。中略。明年詔許之。」とみえ、同じく夔州路酒に「夔路自祖宗以來亦不榷酒。趙應祥爲大漕。建炎四年。始榷之。舊一路場店一百四所。應祥爲六百餘所。」とみえるので、南宋に入って酒坊増設が甚だしい。

なお周藤吉之『宋代史研究』（200～203頁）では、『太平治跡統類』巻二十八・祖宗用度損益・哲宗元符三年十一月の条の「戶部言天下坊場三萬一千餘處。云々」の坊場を酒坊とし、また『永樂大典』巻七千五百七・倉・常平倉二の熙寧の坊場河渡の統計にもとづきその総計を二万六千六百六処とする。この熙寧の数には河渡・税場が含まれるので酒坊はやや少ない数となる。この数は20数年後の元符三年の天下坊場三万一千余（酒坊・坊場の語は州軍県鎮の酒務を含む場合がある）と大きく相違する。両史料から酒坊数は正確には把握できないが、少なくなかったことが推測されよう。

(14) 本書は、拙著3に一編二章・三章及び五編一・二章を新しく加えた。また二～四編の地理表に印を付し、各章に表7を加え、機関・小さな町候補地・その他を分析した。加筆・訂正は主として拙著3の序章及び二～四編各章「おわりに」に対して行った。なお同書の「結びにかえて」を削除。

大きな違いの一つは、李華瑞氏書に啓発され、本書には新しく坊場・河渡の町を加えたことにある。

表30a 新務年代各州軍の行政都市数（酒務設置州県）

州	1	2	3	4	5	6	7	8	9	10	11	12	13	14	15	16	17	18	19	20	21	22	23	24
A	16	12	7	13																				
B	6	3	5	5	3	3	3	4	2															
C	6	5	4	6	4	3	4																	
D	6	4	2	1	2	2	2	4																
E	5	4	10	4	3	5	2																	
F	4	5	5	2	4	3	1	1	2	2	1	3	2	2	1	1								
G	7	4	6	5	2	3	4	5	3	2	4	1	1	1	1	2								
H	12	5	5	4	6	4	4	4	4	3	2	3	3	4	2	1	1	1						
I	9	3	3	1	4	1	3	1	2	2	1	1	1	1										
J	8	7	8	1	1	7	3	6	3	1	6	1	3	1	4	2	1	1	1	1	−	−	−	1
K	2	7	4	3	3	4	2	3	2	2														
L	5	3	4	3	5	2	4	3																
M	8	6	4	2	5	7	4	2	4	5	6	3	6	4										
N	4	5	5	4	6	3	3	2																
O	5	9	4	7	4	1	9	2																
P	8	4	1	3	1	2	1	1																
Q	6	6	3	3	2	1	2	1	1	1														
R	8	4	4	3	8	4	3	6	1	4	1	2	1	2										
S	9	4	1	4	3	3	2	1	5	4	1	2	2	1										
T	4	3	3	7	3	3	1	1	4	2	1													

州：州軍番号　　表の見方：例、A四京のA1東京の行政都市16　　典拠：二～四編各章「おわりに」表4

表30b 路の新務年代州県務

北部	路	A	B	C	D	E	F	G	H	I	J	計
	務	48	34	32	23	33	39	51	68	36	67	431
南部	路	K	L	M	N	O	P	Q	−	−	−	計
	務	32	32	67	44	38	21	26	−	−	−	260
鉄銭区	路	R	S	T	−	−	−	−	−	−	−	計
	務	51	42	32	−	−	−	−	−	−	−	125
	−	−	−	−	−	−	路平均約46処	−				計 816

典拠：表30a

表30c 行政都市新旧増減

地　区	北　部	南　部	鉄銭区	計
新務年代	431	260	125	816
旧務年代	518	266	146	930
差	−87	−6	−21	−114
増減率	−17%	−2%	−8%	−12%

差：新務年代数−旧務年代数　　増減率＝差÷旧務年代数
典拠：本章本文表5b及び上掲表30b

表30d 新務年代の行政都市数水準別の州軍数

水準	都市数	A	B	C	D	E	F	G	H	I	J	計	K	L	M	N	O	P	Q	計	R	S	T	計	合計	比率
I	1	0	0	0	1	0	5	4	3	7	10	30	0	0	0	0	1	4	4	9	3	4	3	10	49	20%
II	2	0	1	0	4	1	5	3	2	3	1	20	4	1	2	1	3	1	2	14	2	3	1	6	40	165
III	3	0	4	1	0	1	2	2	2	3	3	19	3	4	1	2	2	1	2	15	4	3	2	9	42	19%
IV	4	0	1	3	2	2	2	5	4	1	1	21	2	2	4	2	1	1	0	12	4	3	2	9	42	16%
V	5～9	1	3	3	1	2	2	4	3	1	6	26	1	2	7	5	3	1	2	21	3	2	1	6	53	27%
VI	10～17	3	0	0	0	1	0	0	1	0	0	5	0	0	0	0	0	0	0	0	0	0	0	0	5	2%
計		4	9	8	7	16	16	18	15	21		121	10	9	14	10	10	8	10	71	14	14	11	39	231	−
地区					北部比率							52%			南部比率					31%	鉄銭区比率			17%	−	−

路記号の下の数：州軍数　　比率＝合計欄÷全州軍231　地区比率＝地区州軍数÷231（例、北部52%＝121÷231）
典拠：表30a

第五編　総合

表31a　新務年代各州軍の小都市数

州	1	2	3	4	5	6	7	8	9	10	11	12	13	14	15	16	17	18	19	20	21	22	23	24
A	8	8	1	7																				
B	2	1	16	1	0	1	0	2	2															
C	2	2	0	8	1	1	1																	
D	2	2	2	0	0	0	0	0	1															
E	4	0	2	2	4	5	0																	
F	2	15	6	4	4	9	1	0	0	9	7	1	2		0	0								
G	0	3	1	5	5	1	5	0	6	1	2	0	0	0	0	0								
H	7	0	3	7	4	4	1	1	1	0	9	1	3	1	2	0	12	1						
I	8	7	2	0	1	2	0	0	2	5	3	0	4	0	0									
J	3	0	3	0	0	0	4	2	0	0	0	1	1	2	2	0	0	0	0	−	−	−	−	0
K	3	5	7	0	1	3	4	1	2	1														
L	4	0	4	1	8	2	2	5	3															
M	1	2	3	3	1	1	0	5	2	3	0	1	0	2										
N	2	2	0	0	2	2	2	3	0	0														
O	2	0	1	0	0	0	1	0	0	1														
P	0	0	0	0	0	1	0	5																
Q	6	1	2	1	2	0	0																	
R	1	0	1	2	0	0	2	0	1	0	0	0												
S	0	0	0	0	0	0	0	0	0	1	0	0												
T	1	0	0	0	0	0	0	0	0	0														

州：州軍番号　　表の見方：A 四京の A1東京の小都市 8　　典拠：二～四編各章「おわりに」表4

表31b　路の新小都市数

	路	A	B	C	D	E	F	G	H	I	J	計
北部	小都市	24	25	15	5	17	60	29	57	34	18	284
南部	路	K	L	M	N	O	P	Q	−	−	−	−
	小都市	27	29	24	13	5	6	12	−	−	−	116
鉄銭区	路	R	S	T	−	−	−	−	−	−	−	−
	小都市	7	1	1	−	−	−	−	−	−	−	9
	−	−	−	−	−	路平均		処	−		計	409

典拠：表31a

表31c　小都市の新旧増減

地区	北部	南部	鉄銭区	計
新務年代	284	116	9	409
旧務年代	221	99	32	352
差	63	17	−23	57
増減率	29%	17%	−72%	16%

差：新務年代数−旧務年代数　　増減率＝差÷旧務年代数352
典拠：本章本文表6b及び上掲表31b
注　①小都市が増加した主たる原因は旧務年代の酒務のみの町に税場が置かれたことにある
　　②鉄銭区の激減の原因は多くの旧務年代小都市の税場廃止及び税場の司農寺管轄化（坊場化）にある

表31d　新務年代小都市数水準別の州軍数

水準	都市数	A	B	C	D	E	F	G	H	I	J	計	K	L	M	N	O	P	Q	計	R	S	T	計	合計	比率
I	0	0	2	1	5	2	5	7	3	6	13	44	1	1	3	4	6	6	5	26	9	13	10	32	102	44%
II	1	1	3	3	1	0	2	3	6	1	2	22	3	1	4	0	3	1	2	14	3	1	1	5	41	18%
III	2	0	3	2	2	2	2	1	1	3	3	19	1	2	3	5	1	0	2	14	2	0	0	2	35	15%
IV	3・4	0	0	0	0	2	2	1	4	2	3	14	3	3	3	1	0	0	0	10	0	0	0	0	24	10%
V	5～9	3	0	1	0	1	4	4	3	3	0	19	2	2	1	0	0	1	1	7	0	0	0	0	26	11%
VI	10～15	0	1	0	0	0	1	0	1	0	0	3	0	0	0	0	0	0	0	0	0	0	0	0	3	1%
計		4	9	7	8	7	16	16	18	15	21	121	10	9	14	10	10	8	10	71	14	14	11	39	231	−
地区				北部比率					53%				南部比率					31%		鉄銭区比率		17%		−		

路記号の下の数：州軍数　　比率＝合計欄÷全州軍231　　地区比率＝地区州軍数÷231　　典拠：表31a

— 792 —

第二章　まとめ

表32a　新務年代各州軍の大きな町数

州	1	2	3	4	5	6	7	8	9	10	11	12	13	14	15	16	17	18	19	20	21	22	23	24	計
A	8	1	2	5																					16
B	0	0	—	0	0	0	0	0	0																0
C	1	0	0	4	0	0	1																		6
D	0	0	0	0	0	0	1	0																	1
E	3	0	7	0	0	0	0																		10
F	0	0	2	1	0	0	0	0	1	0	0	7	2	0	0	0									13
G	0	0	0	1	0	0	1	0	2	0	1	0	0	0	0										5
H	3	2	2	0	1	1	0	0	1	1	0	0	0	2	0	2	0	0							15
I	3	4	0	0	1	0	0	0	0	0	0	1	0	0											9
J	0	0	0	0	0	0	0	0	0	1	0	0	0	0	0	0	0	0	0	0	—	—	—	0	1
K	4	0	2	1	0	1	0	0																	8
L	6	0	0	0	5	1	0	0	4																16
M	1	0	0	0	0	1	2	1	0	1	0	0													6
N	0	0	0	0	0	1	0	0	1	0															2
O	0	2	0	0	0	0	0																		2
P	0	1	0	0	0	0	0																		1
Q	1	0	1	0	0	1	0																		3
R	14	10	3	0	7	12	0	11	0	2	0	13	0	15											87
S	9	0	0	10	32	0	0	0	4	1	0	8	1	0											65
T	2	0	1	24	0	8	0	0																	38

州：州軍番号　表の見方：例、A四京のA1東京の大きな町数8
典拠：各路「おわりに」表4
注　①B3斉州：九域志が元豊の鎮市記載を欠く。州数に含めず（州軍230）
　　②J21・22・23：廃州軍

表32b　路の新務年代町数

北部	路	A	B	C	D	E	F	G	H	I	J	計
	町	16	0	6	1	10	13	5	15	9	1	76
南部	路	K	L	M	N	O	P	Q	—	—	—	
	町	8	16	6	2	2	1	2				37
鉄銭区	路	R	S	T	—	—	—	—	—	—	—	190
	町	87	65	38								
		—	—	—	—	—	路平均 15.2処	—	計			303

典拠：表32a

表32c　大きな町の新旧増減

地区	北部	南部	鉄銭区	計
新務年代	76	37	190	303
旧務年代	213	80	236	529
差	−137	−43	−46	−226
増減率	−64%	−54%	−19%	−43%

差：新務年代数−旧務年代数　　増減率＝差÷旧務年代数529
典拠：本章本文表9b、上揚表32b
注　新務年代の町減少は旧務年代の町に税場が置かれ、小都市になったこ
とに主たる原因がある

表32d　新務年代町数水準別の州軍数

水準	町数	A	B	C	D	E	F	G	H	I	J	計	K	L	M	N	O	P	Q	計	R	S	T	計	合計	比率
I	0	0	8	4	7	5	11	12	9	11	20	87	6	5	9	8	9	7	8	52	5	7	5	17	156	68%
II	1	1	0	2	1	0	2	3	4	2	1	16	2	1	4	2	0	1	2	12	0	2	2	4	32	14%
III	2	1	0	0	0	0	2	1	4	0	0	8	1	0	1	0	1	0	0	3	1	0	2	3	14	6%
IV	3・4	0	0	1	0	1	0	0	1	2	0	5	1	1	0	0	0	0	0	2	1	1	0	2	9	4%
V	5以上	2	0	0	0	1	1	0	0	0	0	4	0	2	0	0	0	0	0	2	1	2	1	4	10	4%
VI	10以上	0	0	0	0	0	0	0	0	0	0	0	0	0	0	0	0	0	0	0	6	2	1	9	9	4%
計		4	8	7	8	7	16	16	18	15	21	120	10	9	14	10	10	8	10	71	14	14	11	39	230	—
地区比率					北部比率						52%				南部比率				31%	鉄銭比率	17%		—			

路記号下の数：州軍数　比率＝合計欄÷全州軍230　地区比率＝地区州軍数÷230　典拠：表32a

第五編　総合

表33a　県変遷図の旧務年代（景祐～慶暦）各州軍の外県数

州	1	2	3	4	5	6	7	8	9	10	11	12	13	14	15	16	17	18	19	20	21	22	23	24	計
A	15	17	6	15																					53
B	5	3	4	4	3	3	2	3	1																28
C	6	4	4	5	3	3	3	0																	28
D	5	4	3	4	1	1	1	4	0																23
E	6	4	9	4	3	5	1	4	3																39
F	4	6	6	3	3	2	2	0	1	3	1	4	1	1	0	0									37
G	8	5	7	7	3	3	5	4	3	2	6	0	0	0	0	1	1								55
H	11	6	7	9	6	4	6	3	4	2	2	3	4	3	2	2	0	0	2	0					76
I	8	5	2	—	3	1	2	—	1	1	1	0	0	0	—	2	0								26
J	8	7	9	0	2	6	3	5	4	1	5	0	2	4	2	1	0	1	0	0	2	3	1	—	66
K	1	6	3	3	3	3	2	2	1	1	0	0													25
L	4	2	3	2	4	1	2	3	2																23
M	8	6	3	3	4	6	4	2	3	4	5	4	5	3	1										61
N	3	5	5	4	5	5	5	2	2	1															37
O	5	9	5	3	3	2	2	2	2	1															34
P	9	4	3	2	3	1	1	1																	24
Q	7	5	4	3	3	4	2	5	—	2	1	1													39
R	8	3	3	2	7	3	5	6	1	4	2	1	1	3	2										51
S	9	4	3	3	2	2	2	4	4	2	1	2	0												40
T	3	4	2	8	5	4	0	1	5	1	0	1	2												36

州：州軍番号　　表の見方：例、A四京のA1東京の外県15　　典拠：二～四編各州軍「県変遷図」　　—：不設
不設州軍5：I4, I8, I15, J24, Q10（熙寧十年では新設州軍）

表33b　県変遷図の熙寧十年各州軍の外県数

州	1	2	3	4	5	6	7	8	9	10	11	12	13	14	15	16	17	18	19	20	21	22	23	24	計
A	20	12	6	12																					50
B	5	3	4	4	3	3	2	3	1																28
C	5	4	4	5	3	3	3	—																	27
D	6	4	2	3	1	1	1	3	—																21
E	5	4	9	3	3	4	1	—	—																29
F	4	4	5	1	3	2	0	0	1	1	0	2	2	1	0	0									26
G	8	3	7	4	1	3	4	2	1	3	0	0	0	0	0	1	—								40
H	12	6	5	6	5	3	6	3	3	2	2	2	4	3	1	0	0	0	—	—					63
I	9	3	2	0	3	1	2	2	4	1	1	0	0	0	0	—	0								28
J	8	6	7	0	2	6	3	6	3	0	5	0	2	4	3	2	0	1	0	0	—	—	—	0	58
K	2	6	3	4	3	3	2	2	1	1	—	0													27
L	4	2	3	2	4	1	3	2	2																23
M	7	6	3	2	4	6	5	3	3	4	5	4	5	3	—										60
N	3	5	5	4	5	5	5	2	2	1															37
O	5	9	7	3	3	2	2	2	2	1															36
P	10	4	2	3	2	1	1	2																	25
Q	7	7	4	2	3	3	4	1	3	—	1	—	—												35
R	7	3	4	3	7	3	4	5	0	3	1	1	1	1	—										43
S	9	4	2	3	2	1	2	4	3	2	1	2	0												37
T	3	3	2	6	5	4	0	1	3	1	0	—													28

州：州軍番号　　典拠：二～四編各州軍「県変遷図」　　—：廃止
廃止州軍20：C8, D9, E8, E9, G17, H19, H20, I16, J21, J22, J23, K11, K12, M15, Q11, Q12, Q13, R15, T12, T13

表33c　県変遷図の路の新旧外県数（旧801県・新731県）

	路	A	B	C	D	E	F	G	H	I	J	計
北部	旧	53	28	28	23	39	37	55	76	26	66	431
	新	50	28	27	21	29	26	40	63	28	58	370
	路	K	L	M	N	O	P	Q	—	—	—	
南部	旧	25	23	61	37	34	24	39	—	—	—	243
	新	27	23	60	37	36	25	35	—	—	—	243
	路	R	S	T	—	—	—	—	—	—	—	
鉄銭区	旧	51	40	36	—	—	—	—	—	—	—	127
	新	53	37	28	—	—	—	—	—	—	—	118

典拠：表33a・表33b
注　①本章本文表5b及び先掲表30bの旧務年代・新務年代の外県数と相違
　　②後掲表34bの地理表（九域志）の元豊外県数と相違

第二章　まとめ

表34a　地理表元豊の州軍数235・外県数731

州	1	2	3	4	5	6	7	8	9	10	11	12	13	—	15	16	17	18	19	20	21	22	23	24	計
A	**15**	12	6	12																					45
B	5	3	4	4	3	3	2	3	1																28
C	**6**	4	4	5	3	3	3	—																	28
D	6	4	2	3	1	1	1	4	—																22
E	5	**5**	9	3	3	4	1	4	2																36
F	4	4	5	1	3	2	0	0	1	1	1	2	2	1	0	0									27
G	8	3	6	4	1	3	3	4	2	1	3	0	0	0	0	0	**0**	—	0	—	—				38
H	12	6	**6**	6	5	4	**6**	3	3	2	2	2	4	3	1	0	0	0	—						65
I	9	3	2	5	0	3	1	2	2	4	1	1	0	0	0	0	—	0							28
J	8	6	**8**	0	2	6	3	6	3	0	5	0	2	4	3	1	0	1	0	1	—	0	—	0	59
K	2	6	3	4	3	3	2	2	1	1	—	—													27
L	4	2	3	2	4	1	3	2	2																23
M	7	6	3	2	4	6	5	3	3	4	5	4	5	3	—										60
N	3	5	5	4	5	5	5	2	2	1															37
O	5	9	7	3	3	2	2	2	2	1															36
P	10	4	2	2	3	**3**	1	1																	26
Q	7	7	4	2	3	3	4	1	3	②	0	1	1												38
R	7	3	4	3	7	3	4	5	0	1	1	1	1	—											43
S	9	4	2	3	2	2	1	2	4	3	2	1	2	0											37
T	3	3	2	6	5	4	0	1	3	1	0	—	—												28

州：州軍番号　　州軍番号欄下の各路の数：外県数　　表の見方：例、A1東京の外県15・A2西京の外県12
　―印：廃止州軍、県変遷図の旧務年代には存在したが、後に廃止されて元豊に無い州軍　10路14州軍
　　　北部 C8,D9,G17,H19,H20,I16,J21,J23　　南部 K11,K12,M15　　鉄銭区 R15,T12,T13
　□印：再設、県変遷図の旧務年代には存在し、その後は廃止されたが、再び置かれた州軍　3路6州軍
　　　E8,E9,Q12,Q13熙寧5年廃元豊4年再設、J22熙寧7年廃元豊8年再設、Q11熙寧6年廃祐元年再設
　○印：県変遷図旧務年代後に新設された州軍2路2州軍　J24嘉祐7年、Q10熙寧7年
　ゴチ数字：熙寧十年外県数と相違する元豊外県数
　　　北部8路11州軍 A1,C1,D8,E2,F11,G16,H3,H6,J3,J16,J20。南部2路2州軍 P6,Q10。鉄銭区 0。
　典拠：二～四編各州軍地理表及び前頁表33a・33b

表34b　熙寧・元豊路の州軍数・外県数

	路	A		B		C		D		E		F		G		H		I		J		計	
	年	熙	豊	熙	豊	熙	豊	熙	豊	熙	豊	熙	豊	熙	豊	熙	豊	熙	豊	熙	豊	熙	豊
北部	州	4	4	9	9	7	7	8	8	7	9	16	16	16	16	18	18	16	16	21	22	122	125
	県	50	45	28	28	27	28	21	22	29	36	26	27	40	38	63	65	28	28	58	59	370	376

	路	K		L		M		N		O		P		Q		計	
	年	熙	豊	熙	豊	熙	豊	熙	豊	熙	豊	熙	豊	熙	豊	熙	豊
南部	州	10	10	9	9	14	14	10	10	10	10	8	8	10	10	71	71
	県	27	27	23	23	60	60	37	37	36	36	25	26	35	38	243	247

	路	R		S		T		計	
	年	熙	豊	熙	豊	熙	豊	熙	豊
鉄銭区	州	14	14	14	14	11	11	39	39
	県	43	43	37	37	28	28	108	108

年：年代　　熙：熙寧十年　豊：元豊　　州：州軍数　　県：外県数
熙豊で州軍数が相違する路：2路 EJ　　熙豊で県数が相違する路：北部8路 ACDEFGHJ、南部2路 PQ、鉄銭区0
典拠：表33b・表34a

第五編　総合

表35a　慶暦前降格県（36）

B 3 臨済-咸平 4	F11 蒲台-大中 5	J 7 唐林-景徳 2	R 7 綏山-乾徳 4	S 7 歸順-乾徳 5	T 6 歸仁-乾徳 4
E 7 鍾山-開寶 9	G 3 陞邑-康定 8	J12 玄池-咸平 5	R14 始建-咸平 4	S 7 開邊-乾徳 5	T 6 盤道-乾徳 4
E 7 羅山-開寶 9	G 8 下博-雍煕 3	J12 天池-咸平 5	S 1 東関-乾徳 4	S 8 綿水-乾徳 5	T12 通平-乾徳 5
F 1 臨黄-端拱 1	G 8 陸澤-雍煕 4	N 7 寶豊-景祐 2	S 5 普慈-乾徳 5	S14 富義-乾徳 4	T12 大牟-乾徳 5
F 9 永清-景祐 1	I 3 長武-咸平 5	R 7 玉津-乾徳 4	S 5 崇龕-乾徳 5	T 3 黄金-乾徳 4	T13 巴東-乾徳 4
F10 安陵-淳化 5	J 1 太原-太平 4	R 7 羅目-乾徳 4	S 5 普康-乾徳 5	T 6 始寧-乾徳 4	T13 廣納-乾徳 4

典拠：当該州軍の県変遷図、以下の表同じ

表35b　慶暦以後降格県（131）　慶：慶暦、皇：皇祐、至：至和、嘉：嘉祐、治：治平、煕：煕寧、豊：元豊

A 1 栄澤-煕 5	E 2 汜水-煕 5	F12 清陽-煕 4	G11 隆平-煕 6	I12 枹罕-煕 9	M 4 延期-煕 5	S 3 流溪-煕 6	
A 1 栄陽-煕 5	E 4 南頓-煕 6	F13 阜城-嘉 8	G17 衛県-煕 6	J 1 平晋-煕 3	N 7 寶豊-煕 3	S 7 宜賓-煕 4	
A 1 原武-煕 5	E 6 龍興-煕 4	G 1 井陘-煕 6	H 2 河西-煕 3	J 2 黎城-煕 5	P 3 永明-煕 5	S 9 赤水-煕 5	
A 2 偃師-慶 3	E 9 霊河-治 3	G 1 霊壽-煕 8	H 2 永楽-煕 5	J 3 趙城-煕 5	Q 1 玉沙-煕 6	S10 公井-煕 4	
A 2 緱氏-慶 3	F 1 觀城-皇 1	G 2 鄴県-煕 5	H 3 湖城-煕 4	J 3 和川-煕 5	Q 1 建寧-煕 6	S14 富順-煕 1	
A 2 穎陽-慶 3	F 1 頓丘-煕 6	G 2 永定-煕 5	H 3 硤石-煕 6	J 6 郷寧-煕 5	Q 1 枝江-煕 6	T 2 平蜀-煕 3	
A 2 河清-慶 3	F 2 饒安-煕 5	G 4 平郷-煕 6	H 4 延水-煕 8	J 8 文城-煕 5	Q 3 雲夢-煕 2	T 4 岐坪-煕 3	
A 2 壽安-慶 5	F 2 臨津-煕 6	G 4 堯山-煕 6	H 4 金明-煕 5	J 9 孝義-煕 5	Q 8 興山-煕 5	T 4 晋安-煕 3	
A 2 伊闕-煕 3	F 3 堂陽-皇 4	G 4 仁県-煕 5	H 4 豊林-煕 5	J10 定襄-煕 5	Q10 招諭-煕 8	T 5 臨津-煕 5	
A 2 偃師-煕 3	F 3 棗彊-煕 1	G 5 修武-煕 6	H 5 夏陽-煕 3	J16 平城-煕 7	Q12 漢川-煕 4	T 6 七盤-煕 2	
A 2 福昌-煕 3	F 3 武邑-嘉 8	G 5 武徳-煕 6	H 6 渭南-煕 6	J16 和順-煕 7	R 1 犀浦-煕 5	T 6 其章-煕 5	
A 2 洛陽-煕 3	F 3 新河-煕 6	G 6 黎陽-煕 5	H 9 三川-煕 7	J17 寧化-煕 3	R 4 店躝-煕 4	T 6 清化-煕 5	
A 4 永済-煕 5	F 4 景城-煕 5	G 6 衛県-煕 6	H11 楽壽-煕 4	J18 火山-煕 4	R 5 西昌-煕 5	T 9 蓬山-煕 3	
A 4 経城-煕 6	F 4 束城-煕 5	G 7 曲周-煕 3	H11 華池-煕 4	J19 嵐谷-煕 3	R 7 平堯-煕 5	T 9 良山-煕 5	
A 4 洹水-煕 5	F 7 長豊-煕 6	G 7 臨名-煕 5	H12 玉城-煕 4	J22 寧城-煕 7	R 8 臨溪-煕 5	T12 清化-煕 5	
B 3 大名-煕 6	F 7 莫県-煕 5	G 9 昭徳-煕 6	H15 昇平-煕 1	J22 和順-煕 7	R 9 通義-慶 7	T13 符陽-煕 5	
C 1 鄒県-煕 5	F10 徳平-煕 6	G10 深澤-煕 6	H16 汾川-煕 3	J22 榆社-豊 8	R10 百丈-煕 5	T13 白石-煕 5	
D 4 平利-煕 6	F11 招安-煕 6	G11 贊皇-煕 6	H16 雲巌-煕 7	K 1 廣陵-煕 5	S 1 永泰-煕 5	―――	
E 1 許田-煕 4	F12 漳南-至 1	G11 柏郷-煕 5	I 4 狄道-煕 9	M 1 南新-煕 5	S 2 青石-煕 6	―――	

表35c　慶暦前昇格鎮（30）　太平：太平興国

A 1 咸平-咸平 5	D 1 乾徳-乾徳 2	I 3 長武-咸平 4	N 6 安仁-端拱 1	O 4 分宜-雍煕 1	P 4 東安-雍煕 1
A 2 永安-景徳 4	E 7 羅山-雍煕 3	I16 崇信-乾徳 3	N 7 寶豊-淳化 5	O 5 金谿-淳化 5	P 8 平陽-天禧 1
B 7 昌邑-建隆 3	G 8 靜安-雍煕 4	J17 寧化-太平 4	N 7 寶豊-康定 1	O 6 新昌-太平 3	Q 7 臨湘-淳化 5
B 7 昌樂-端拱 1	G13 靜戎-太平 6	K 5 東海-開寶 3	N10 建平-端拱 1	O 7 通山-太平 2	Q 9 招諭-太平 7
C 3 定陶-太平 2	H 7 淳化-淳化 4	M 5 歸安-太平 7	O 3 吉水-雍煕 1	P 2 安仁-乾徳 3	S11 大竹-淳化 5

第二章　まとめ

表35d　慶暦以後昇格鎮（44）

A 2 河清-慶暦 4	E 2 氾水-元豊 3	F13阜城-熙寧10	J18火山-治平 4	P 1 善化-元符 1	S 1 永泰-熙寧10
A 2 壽安-慶暦 4	E 8 原武-元祐 1	H 3 湖城-元豊 6	J19嵐谷-元豊 6	P 6 新化-熙寧 5	S 2 青石-熙寧 7
A 2 偃師-慶暦 4	E 8 滎陽-元祐 1	H 6 渭南-元豊 1	L 9 無為-熙寧 3	P 6 蔣竹-元豊 4	S 9 赤水-熙寧 7
A 2 緱氏-慶暦 4	E 8 滎澤-元祐 1	H11合水-熙寧 4	M 7 昌國-熙寧 6	Q 2 通城-熙寧 5	S14富順-治平 1
A 2 潁陽-慶暦 4	F 1 觀城-皇祐 4	I 4 狄道-元豊 6	N 7 永豊-熙寧 7	Q10盧陽-熙寧 7	──
A 2 偃師-熙寧 8	F 3 新河-皇祐 4	I 4 狄道-元豊 2	O 3 萬安-熙寧 4	Q10黔陽-元豊 3	──
C 1 鄒縣-元豊 7	F11招安-慶暦 3	J 3 趙城-元豊 2	O 3 永豊-至和 1	Q12漢川-元祐 1	──
D 2 方城-元豊 1	F11招安-慶暦 2	J12靜樂-熙寧10	P 1 安化-熙寧 6	R 4 柵口-熙寧 4	──

表35e　県鎮昇降の地区比較

	区	北	南	鉄	計	比②
降格県	慶暦前	15	1	20	36	1
	慶暦後	93	12	26	131	4
	計	108	13	46	167	─
	比①	9	1	4	─	比④
昇格鎮	慶暦前	13	16	1	30	1
	慶暦以後	26	13	5	44	1.5
	計	39	29	6	74	─
	比③	7	5	1	─	─

典拠：表35a・表35b・表35c・表35d
備考　1 県廃止（降格）は主として北部で行われた（比①）。
　　　2 県廃止は慶暦以後に盛んに行われた（比②）。
　　　3 鎮昇格は北部で多く行われ、鉄銭区では稀である（比③）。
　　　4 鎮昇格は慶暦以後にやや多いが、大差はない（比④）

注　1 慶暦前廃県は36例に過ぎないが、慶暦以後131例、約3.5倍に急増している。慶暦以後では、ほとんどが熙寧において行われている（北81、南11、鉄25、計117例。131例中の約九割。表35b）。募役法をはじめとする新法施行に伴う一時的な施策と思われる。慶暦以後の北部鎮昇格26例中24県は、旧県の再建で、新規の県は2県のみである（H11合水県・J12靜樂県）。また鉄銭区鎮昇格5例中4県も旧県の再建で、新規の県は1県のみである（R4柵口県）。
　　2 南部の慶暦以後の鎮昇格13例中12県が新規の県で、1県のみが旧県の再建である（Q12漢川県）。南部の経済発展が窺われる。
　　3 慶暦前の北部・南部・鉄銭区の鎮昇格30例中27県は新規の県で、3県が旧県の再建である（E7羅山県・G8靜安県・I3長武県）。また30例のうち後に廃県されたのは僅か3例である（J17寧化県・N7寶豊県が2度廃された）。慶暦前の鎮昇格はほとんどが都市としての発展に伴う昇格であったと思われる。

あとがき

　九州の秋は遅い。天空にうす雲がたなびく日々の今年の紅葉は格別に美しくて緩やかに移ろう。

　酒を嗜むようになったのは九年前のように思う。そのころ酒から都市・町を考え始め、五年前に拙著3にまとめるが、問題を感じ納得していなかった。三年前中国から『宋代酒的生産和征榷』をとりよせた。視点を異にする研究であるが、刺激をうけ、再考の契機となった。

　酒麹専売・塩専売・商税・都市・町・村は故日野開三郎先生に学んだ。学恩に深く感謝している。

　河南の人である李華瑞氏は酒にも博学であられる。車窓に目をやると、機会が訪れて杯を交わす光景をふと想った。愉しみになった。

　新幸印刷の方々の多年にわたる多大なご協力を頂き、ようやく上梓が可能となった。心から感謝申しあげます。

黄葉の車窓にて
平成24年12月10日

あとがき

初出一覧
はしがき　　　　　　　　　　　　　　本書
第一編　酒麹専売制
　序　　　　　　　　　　　　　　　　本書
　第一章　酒麹務　　　　　　　　　　北宋の都市－酒麹務・酒麹銭－
　　　　　　　　　　　　　　　　　　（久留米大学産業経済研究所紀要32集　2008年）
　第二章　熙寧の酒坊　　　　　　　　本書
　第三章　都市の基準・指標　　　　　本書
第二編　銅銭区北部
　序　　　　　　　　　　　　　　　　本書
　第一章　四京・京東東路　　　　　　産業経済研究46－2（2005年）
　第二章　京東西路　　　　　　　　　同47－1（2006年）
　第三章　京西南路　　　　　　　　　同
　第四章　京西北路　　　　　　　　　同
　第五章　河北東路　　　　　　　　　同
　第六章　河北西路　　　　　　　　　同
　第七章　永興軍路　　　　　　　　　同46－3
　第八章　秦鳳路　　　　　　　　　　同
　第九章　河東路　　　　　　　　　　同46－4
第三編　銅銭区南部
　序　　　　　　　　　　　　　　　　本書
　第一章　淮南東路　　　　　　　　　産業経済研究46－4
　第二章　淮南西路　　　　　　　　　同
　第三章　兩浙路　　　　　　　　　　同
　第四章　江南東路　　　　　　　　　同47－2
　第五章　江南西路　　　　　　　　　同
　第六章　荊湖南路　　　　　　　　　同
　第七章　荊湖北路　　　　　　　　　同
第四編　鉄銭区
　序　　　　　　　　　　　　　　　　久留米大学産業経済研究所紀要32（2008年）
　第一章　成都府路　　　　　　　　　同
　第二章　梓州路　　　　　　　　　　同
　第三章　利州路　　　　　　　　　　同
第五編　　　　　　　　　　　　　　　本書

索 引

凡　例

一、地名採録は二〜四編の酒麴統計・本文・本文の注・表の注とし、地理表・その他の表及び県変遷図の地名を含めず。
二、州軍直轄の軍・監は京府州軍監索引に含める。
三、京府州軍・県・鎮・その他は語頭の字の画数による排列とし、路は目次のＡ〜Ｘ路の順とする。

　　　　表索引・図索引……………………………………………………＜ 2 ＞

　　　　京府州軍監索引……………………………………………………＜ 7 ＞

　　　　県索引………………………………………………………………＜10＞

　　　　鎮市索引……………………………………………………………＜17＞

　　　　路索引………………………………………………………………＜22＞

表索引・図索引

目　　次

一編・五編
　1 都市・町、州県鎮市関連表
　2 場務・坊場関連表
　3 場務銭関連表
　4 買撲関連表
　5 その他

二〜四編
　1 各編「序」の表
　2 諸路各章「おわりに」の表
　3 諸州軍共通の図表
　図

一・五編表

注　表題に付す数は頁数

1 都市・町、州県鎮市関連表

[都市]

表1a　都市の経済指標格差　776
表1b　都市類型　78
表5a　旧務年代各州軍の行政都市数　758
表5b　路の旧行政都市数　759
表5c　旧行政都市数水準別の州軍数　759
表5e　旧行政都市の分布　759
表7　各路の旧都市（行政都市＋小都市）　762
表18　休務年代の都市・町数　780
表24a　都市の税務・併設地・単記地の比率　786
表24b　都市における場務併設率水準別の路　787
表29a　地区レベル中都市・準中都市(付大都市)　790
表29b　旧務年代の準中都市内訳　790
表30a　新務年代各州軍の行政都市数　791
表30c　行政都市新旧増減　791
表30d　新務年代の行政都市数水準別の州軍数　791

[小都市]

表2　小都市の塩場設置率　80
表6a　旧務年代各州軍の小都市数　761
表6b　路の旧小都市数　761
表6c　旧小都市数水準別の州軍数　761
表6d　旧小都市の分布　762
表10　小都市・準小都市・大きな町・
　　　大きな町に準ずる町　767

表19　準小都市・準町（大きな町に準ずる町）　780
表31a　新務年代各州軍の小都市数　792
表31b　路の新小都市数　792
表31c　小都市の新旧増減　792
表31d　新務年代小都市数水準別の州軍数　792

[町]

表3　町比較表　626
表3　町の塩場　80
表8　鉄銭区3州府と四京の町数　764
表9a　旧務年代各州軍の大きな町数　765
表9b　路の旧町数　765
表9c　旧町数水準別の州軍(1)　765
表9d　旧町数水準別の州軍(2)　766
表22a　新務年代の税場の町　783
表22b　路レベル新務年代税場の町　784
表25　塩場の町　787
表26　町（酒務の町　税場の町
　　　塩場の町　坊場河渡の町）　787
表28　地理表の州軍レベル町候補地・
　　　大きな町に準ずる町　789
表32a　新務年代各州軍の大きな町数　793
表32b　路の新務年代町数　793
表32c　大きな町の新旧増減　793
表32d　新務年代町数水準別の州軍数　793

州

表4	廃止・新設の州軍（付新設州軍の酒務数）	28
表10	在城複額制州軍	37
表13	各路減務の州軍数	39
表16	建州・南劍・邵武の税務・郷・鎮・場	67
表18	移管税場及び廃止税場０の州軍・新設税場０の州軍	70
表11b	「塩法五」記載州軍	91
表5d	新旧州軍の増減	759
表12a	単務州軍	771
表12b	単務州軍で県鎮・その他を有する州軍	771
表12c	単務州軍の遠隔外県	771
表12d	単務州軍の州軍界里程	772
表34a	地理表元豊の州軍数・外県数	795
表34b	熙寧・元豊路の州軍数・外県数	795

県

表7	商税高額県（14例）	83
表30b	路の新務年代州県務	791
表33a	県変遷図の旧務年代各州軍の外県数	794
表33b	県変遷図の熙寧十年各州軍の外県数	794
表33c	県変遷図の路の新旧外県数	794
表35a	慶暦前降格県	796
表35b	慶暦以後降格県	796
表35c	慶暦前昇格鎮	796
表35d	慶暦以後昇格鎮	797
表35e	県鎮昇降の地区比較	797
表13	旧務年代酒務不記県・両務不記県	774
表14	旧務年代税務不記県	774
表15	新務年代税務不記県	774

鎮市

表6a	「商税雑録」新務年代高額鎮市	82
表6b	商税高額鎮市総合	83
表10	鎮市税額＞在城税額	85
表9	鎮市税額＞外県最高税額	85
表11c	場務記載の鎮市類型	92
表11d	地理表記載の塩場単記鎮市	92
表23a	旧務年代の税場単記鎮市	784
表23c	旧税務単記鎮市	786
表16	九域志記載鎮市内訳	776
表21a	新務年代税場単記鎮市の税額	782
表21b	新務年代の税場・塩場併設鎮市の税額	782

2 場務・坊場・河渡関連表

表12	路別商税務増減	39
表2	移管税場・新設税場	53
表6	「酒麹雑録」記載物額	56
表9	路の酒坊倍率（酒坊÷酒麹務）水準	60
表10	路の郷平均酒坊水準	60
表11	熙寧九年「司農寺帳」酒坊表	61
表12	酒坊表の総計	62
表14	「酒麹雑録」・「司農寺帳」解釈	64
表15	南宋河渡例	66
表17	旧税場＝移管又は廃止の税場・新設商税場	69
表19	酒不権路の廃止税場・新設税場	70
表4	税場地の酒務・塩場	81
表5	新務年代全国商税務	82
表8	諸路新商税場務	84
表11a	塩場設置区鎮市の税務・酒務・塩場	86
表11	河渡の税場・酒務	769
表23b	地区レベル旧商税場務	785

3 場務銭物関連表

表1	酒麹銭・坊場銭の比較	1
表3	鉄銭区酒銭増額率	22
表5	「司農寺帳」各路銭物額	55
表7	路の酒坊銭率（酒坊銭÷酒麹銭）の水準	58
表8	路の酒麹銭・酒坊銭の平均額水準	59
表13	路の買撲銭・坊場銭対比率	63
表12	税額序列	93
表1	仮定1鉄銭区酒額（銅銭額）	736
仮定1	酒額水準別州軍	736
表2	銅銭区の路レベル酒麹銭増額率	736
表3	銅銭区州軍レベルの酒麹銭増減率水準	737
表4	仮定3鉄銭区酒額増減率	737
表5	銅銭区路レベル酒額倍率（酒麹銭÷商税銭）水準	738
表6	銅銭区州軍レベル酒額倍率水準	739
表7	仮定1鉄銭区州軍酒額倍率	739

表8	仮定1鉄銭区州軍酒額倍率水準 740	表20	鉄銭区路レベル酒額・酒額倍率 748
表9	銅銭区州軍レベル酒銭額水準 741	表2	銅銭区行政都市酒麹銭・鎮市酒銭 754
表10	仮定2鉄銭区酒額水準 742	表3	行政都市酒麹銭平均額倍率水準 754
表11	仮定3鉄銭区酒額水準 742	表20	路レベル酒額・税額の新旧比較 781
表12	仮定1鉄銭区酒額水準 742		

4 買撲関連表

表1	新務年代買撲率水準 19	表19	銅銭区の路買撲率水準 747
表2	新務年代高買撲率州軍 19	表1a	新務年代州軍買撲率（買撲÷新酒麹額） 753
表11	銅銭区の買撲不記州軍 38	表1b	買撲率水準別州軍数 753

5 その他表

表1	地区別戸統計 ⅱ	表20	平常の斗米価 71
表2	「戸口雑録」の主客戸(宋会要食貨11-12～30) ⅱ	表13	銅銭区州軍の酒・戸・税の水準
表3	本書対照地 (9,474) ⅲ	表14	鉄銭区仮定1の州軍の酒・戸・税の水準 745
表5	旧酒務年代判定史料 29	表15	銅銭区・仮定1鉄銭区の州軍比率 746
表6	塩務年代判定史料 29	表16	鉄銭区仮定2・州軍の酒・戸・税水準 746
表7	路記号表 31	表17	鉄銭区仮定3・州軍の酒・戸・税水準 746
諸路比較表1（地理表分析） 40		表18	鉄銭区仮定2・仮定3の州軍比率 747
諸路比較表2a（酒務地分析） 41		表4	不明地・地理表不記地 756
諸路比較表2b 41		表17	路レベルの無名地分布 776
表1	榷酒銭管轄の変革 47	表27	州軍の軍事機関・生産機関 788

二～四編表

1 各編「序」の表

表1　総合表
　　各地区の各路の行政都市、小都市・町、旧商税務、旧酒銭額、旧商税額、酒額倍率（酒額÷商税額）、戸数、州軍数のまとめ。
　　北部101頁　南部433頁　鉄銭区625頁
表2　銅鉄銭区比較表
　　三地区の行政都市、小都市・町、旧酒銭額、旧税務数、旧商税額、戸をまとめ、各地区のそれらが三区全体に占める
　　比率を示し、比較に供す。
所在頁
　　北部102頁　南部434頁　鉄銭区626頁

2 諸路各章「おわりに」の表

表題	表示事項
表1 銭額総合表	各路州軍の酒銭の旧額・新額・差額・増額率・官売額・買撲額・官売率・買撲率、及び外県・戸・新商税
表2 酒務総合表	各路州軍の州県務・鎮市務・鎮市務率・酒麹務・併設地・併設率・対旧商税務率・新税務地・新税務地率・対新商税務率・存続地・存続率・不明地・不明率・旧商税務・新商税務・地理表不記地
表3 旧務年代の都市・町	各路州軍の行政都市・小都市・町・酒麹務
表4 新務年代の都市・町	同上
表5 変動表	新旧両年代州軍数・比率・、酒務数・都市数・町数・都市の対酒務率・町の対酒務率・町の対都市率、及びそれら諸項目の変動率
表6 新旧商税地	旧商税地（酒務不記の地）・新商税地
表7 地理表記載地	記載地数、無名地、町・小都市、大きな町に準ずる町、町候補地、軍議・保安機関、生産機関

　表の所在
北部
A四京・B京東東路138～143頁　C京東西路161～164頁　D京西南路184～187頁　E京西北路208～211頁　F河北東路245～249頁　G河北西路284～288頁　H永興軍路333～337頁　I秦鳳路375～379頁　J河東路428～432頁
南部
K淮南東路459～462頁　L淮南西路482～486頁　M両浙路520～523頁　N江南東路545～548頁　O江南西路570～573頁　P荊湖南路591～594頁　Q荊湖北路621～624頁
鉄銭区
R成都府路658～662頁　S梓州路694～699頁　T利州路728～732頁

3 諸州軍共通の酒統計・諸表

　各章（路）の州軍の酒統計・酒銭額表・県変遷図・地理表・酒麹務表の5種の統計・図表の記載順序・形式は同じである。州軍名記載頁か2〜3頁以内に示されている。州軍名記載頁が分かれば、それらの統計・図表は直ちに見出せる。本書の目次では、項題は州軍名であり、それに記号を付し、且つ所在頁を示している。諸州軍共通の統計・図表の所在頁は目次により容易に検索できる。目次が索引の役割をしている。なお、鉄銭区の諸州軍には酒銭額表を示さず、各州軍銭額は各章「おわりに」の銭額総合表に一括されている。

図

一編	図1　榷酒銭管轄の新旧体制図　43頁	
五編	図1　青州モデル図（酒界分）　777頁　図2　東京モデル図（酒界分）　778頁	
二編〜四編	各章県変遷図251は上掲「3　諸州軍共通の統計・表」参照	
	鎮置廃図7　A1, 106頁　B3, 124頁　B4, 127頁　C4, 151頁　E1, 189頁　M1, 488頁	
	O4, 556頁	

京府州軍監索引

三画

大名　7、29、115、116
大通　424、425

四画

丹州　323
太平　341、539、545
太原　28、73、380、381、382、411、424、427
天威　250、251
巴州　711、712、723、724、725、726
文州　713、714、732
火山　25、415、416

五画

代州　393、394、431
北京　7、23、24、29、30、102、109、113、115、116、763
北平　254、255
司竹　338、340、379
台州　68、507、789
平定　411、422
永州　580
永平　534、535
永康　656、657
永寧　276、277、772
永靜　237、238
石州　407

六画

光州　476
光化　182、184
全州　586、587
合州　682、683、695
吉州　553、554
同州　299、300
安州　600
安肅　25、274、275
戎州　678、697
成州　350

成都　627、628、654、655、659
汝州　199、200
江州　530、531
江陰　517、518、519
江陵　595、596、618、619、620、622
江寧　30、524、525、545
池州　532
西京　7、8、9、22、23、24、28、29、30、102、103、109、110、112、113、115、191、763
邛州　642、643、644

七画

利州　702、703、730
利国　146、147
均州　176
坊州　321
延州　297、332
忻州　399、400
汾州　397、398
沂州　126
沅州　78、613、614、615、624
沙苑　299、301
秀州　48、90、91、515、519、521
貝州　103
辰州　612、613
邠州　306、308、329
邢州　38、257、259

八画

京兆　6、101、289、329、332
和州　19、292、469、482、483、486
孟州　109、110、112、191、192
定州　254、255、284、286、287

岢嵐　417
岳州　608、609
岷州　341、342、354、355
幷州　411
府州　25、387、388、770
承天　411
昌州　675、676、696、697、785
明州　500、501
杭州　11、38、487、488、519
東京　7、8、9、11、20、21、22、23、24、26、27、29、30、38、102、103、104、105、106、107、109、113、138、203、204、205、206、209、752、763、770、777、779、789
果州　668、669、695、772
河州　363
河中　19、292、331
河南　23、109、110
泗州　86、447、459
房州　174、183、184
祁州　269
金州　25、171、172、173、185、186
邵州　48、584、585
青州　24、118、119、120、776、777

九画

保州　25、271、273、772
保安　327、332
保定　243
保順　214、216
保德　418、419、427
信州　537
信安　25、241、242、244、772
信陽　202、207
兗州　145
南京　7、23、24、29、30、

	47、102、103、109、113、114、115、139、763	常州	502、503、517、518、519、521		26、27、30、38、43、44、49、50、51、55、65、68、104、105、106、138、139、143、204、206、211、750、773、776、777、778、779
南安	564、570	康定	308、309		
南康	83、541	曹州	148、149、159、161		
威州	652、659	梓州	664、666、695、697		
威勝	28、409、422、424、425	淄州	134、136	開寶	373、374
宣州	30、526、545	淮陽	136	階州	361
建昌	568	深州	265	雄州	25、227
洋州	704、705、732	清平	123、124	雅州	646
洪州	549、570	莫州	73、225、229	集州	723、724、732
洺州	263、264	處州	509	順安	280、283
相州	252、253	許州	188、207	黃州	478
眉州	630、631	通州	453、458、459		
茂州	648、659	通利	282、284	**十三画**	
虔州	551、552	通遠	341、369、370	楚州	38、440、441、455、458、462
		郴州	25、582、583、771		
十画		陳州	195、196	溫州	505、506
亳州	436、437、458	陵州	27、654	滁州	449
原州	358、359	陵井	27、654、655、661	滄州	214、215、244
唐州	180、181、184			滑州	205、206、207、777
峽州	25、606、607、771	**十二画**		熙州	345、346
徐州	146、147、148、161	博州	221	睦州	513、514
恩州	235	單州	155、161	筠州	560
晉州	90、385、427	婺州	498、499、519	蜀州	632、656、657
桂陽	588、589、590、591、592	富順	692、695	解州	310、311
泰州	445、458	嵐州	405	遂州	666、667、668、695
海州	443、458	彭州	634、656、657、659	資州	670、671、697
涇州	343、344	復州	616、619	道州	578、579
益州	103	揚州	434、456、457、458	鼎州	602
眞州	451、459	普州	763		
眞定	250、283、284	棣州	223	**十四画**	
秦州	341、355、375、379	渠州	686、687、771	嘉州	640、641
荊門	618、619	渭	356、367、368、371	壽州	20、463、482、483、484
郢州	178、179	湖州	496、497、519	寧州	306、307、308、319、320
袁州	556	無爲	480、483、484	寧化	25、413
陝州	294、295	登州	128	慈州	420、421
高郵	456、457、458	絳州	90、391、392	榮州	684、685、697
		舒州	471、472	漢州	638、639、659
十一画		華州	302	漢陽	616、617、619
乾州	329、330	萊州	130	漣水	458
乾寧	239、240	萊蕪	144、145、146	維州	652
商州	101、316、317	越州	490、519	趙州	271
宿州	438、439、458	鄂州	597、598、616、617、618、620	鄜州	308、309、310
密州	120、121	鄆州	150、151、161、163	鳳州	352、353、373
		開封	6、7、8、22、23、		

鳳翔	56、329、338、375	黎州	645、659	十八画	
齊州	122、123、125、139、142	十六画		簡州	650、651
		冀州	217	豐州	3、425、426、427
十五画		壁州	725、726、730	鎮州	413
儀州	371、372	憲州	25、90、403、404	鎮戎	364、365、375
廣安	690、691	歙州	528	魏州	29、115、116
廣信	278、283	澤州	401、402	十九画	
廣德	543、544、545	澶州	212、213	懷州	259
廣濟	159、161	興州	715、716、771	懷安	688
德州	28、231、232	興元	700、701、728、730、731、763	瀘州	620、680、681、698
德清	212、213、214	興國	38、562	瀛州	219
德順	356、358、367、368	衢州	261	廬州	465、482
慶州	312、314、319、320、332	衡州	576、577、590、591	霸州	229、245
慶成	331、332	遼州	422、423	隴州	348
撫州	25、91、558、771	隨州	169、170	二十画	
潁州	197、198	龍州	720、728	耀州	304
潞州	383	十七画		蘄州	467
潤州	494、495	應天	38、113	蘇州	492、494、519
潭州	574、575、590	歸州	25、610、611、620、621	二十一画	
綿州	636、637	濟州	153、161	澧州	604、605
磁州	267、285	豪州	474、475、482	饒州	534、535
蓬州	717、718	濮州	157	二十三画	
蔡州	193、194、207	濰州	132	麟州	3、389、390、391、426
虢州	314、315	濱州	233	二十四画	
鄧州	167、168、180、181、183	環州	325	衢州	511、512
鄭州	105、139、143、203、204、207、209、211、777	臨江	566		
閬州	706、707、730、731、763	襄州	165、166、182、183		
		隰州	395、396、420、421		

県　索　引

二画

七盤	711

三画

三水	306
三泉	722、728
三原	304、305
上津	316、317
上高	48、560
上猶	565
上虞	490
上蔡	193、194
下邑	113、114
下邽	302
千乗	118、119
大冶	562
大足	675
大邑	642、643
大城	229
大寧	395、396
大潭	342、354、356
山陰	490
山陽	440
弋陽	537

四画

中江	664
中牟	778
中都	150、151
中盧	165
丹徒	495、496
丹陽	495
丹稜	630、631
五臺	394
井研	654
井陘	250、251
什邡	638、639
元氏	250、251
介休	397、398
公安	595
六合	451
六安	463

内丘	257、258
内江	670、671
内郷	167、168
内黄	115、116
分水	513、514
分宜	556、557
分寧	549、550
天水	342
天台	507
天長	434、435
太平	527
太谷	380、381
太和	553、554
太湖	471、472
屯留	383
巴川	682、683
巴東	611
文水	380
文城	420
文登	129
方山	408
方城	180、181
比陽	180
火井	642、643
王屋	109、110、112、191

五画

仙居	476、507
仙源	144
句容	524、525
平山	251
平江	609
平夷	408
平定	411、413
平羌	641
平城	422、423
平泉	650
平原	231
平晋	380
平恩	263
平陸	295
平陰	150、151
平陽	505

平郷	257、258
平遙	397、398
平輿	193、194
永川	675、676
永安	109、110
永和	252、253
永城	436、437
永康	498、499、632
永新	553、554
永寧	109、110
永壽	329
永樂	292、293
永濟	115、116
永豐	553、554
玉山	537
玉城	314、315
甘泉	297、298
白水	299、300
白石	725、726
石門	605
石泉	649
石城	551、552
石首	595
石埭	533
石樓	395、396

六画

丞県	126
交城	380
任邱	225、226
任城	153
伊陽	110、111
伊闕	109、110、111
伏虞	717、718
休寧	528、529
光山	476
光化	170
全椒	83、449
共城	261
合水	312、314
合河	405、406
吉水	553、554
同官	305

名山	646、647	延水	297、298	岳池	690		
如皋	445	延長	298	岳陽	385、386		
好時	329	攸縣	574、575	房陵	174		
安仁	534、576、577、642、643	扶風	338	招安	233、235		
		扶溝	778	招信	447		
安化	371	束城	219、220	於潛	487		
安平	265	束鹿	265	昇平	321		
安丘	121	汲縣	282	昌元	675、676		
安吉	83、496、497	汾西	385、386	昌化	487		
安邑	310、311	沁水	401、402	昌邑	132		
安居	673、674	沁源	409、410	昌國	501		
安遠	551、552	沂水	126	昌樂	132		
安郷	604、605	沅江	609	東安	580、581		
安福	553、554	沈丘(邱)	197、198	東明	778		
安德	231	沙河	257、258	東阿	150、151		
安豊	463	沛縣	146、147	東流	533		
成安	115、116	良山	717	東海	443		
成武	155	良原	343、344	東陽	498、499		
曲沃	391、392	赤水	682、683	東關	664、665		
曲周	263			松陽	509		
曲陽	254、255	**八画**		松滋	595		
朱陽	314、315			林慮	252、253		
氾水	191、192	京山	178	枝江	596		
汝陽	193	來安	449	武功	289		
江山	512	依政	642、643	武安	267、268		
江華	579	兩當	352、353、373、374	武昌	597、598		
江源	632	其章	711	武陟	259、260		
牟平	128、129	固始	476	武康	496、497		
竹山	174	奉化	500、501	武連	709		
耒陽	576、577	奉天	329	武崗	584、585		
行唐	250、251	奉符	144	武義	498、499		
西水	706	奉國	706、707	武郷	409		
西平	193、194	奉新	48	武寧	549、550		
西昌	636、637	宗城	115、116	武德	259、260		
西郷	704、705	定平	306、307、308	武彊	265		
西華	195、196	定胡	408	沭縣	443		
		定城	476	河內	260		
七画		定海	500、501	河池	352、353		
含山	469、470	定陶	160	河清	109、110、111		
吳山	348	定遠	474	河陰	191		
吳江	492、493	宜君	321	泗水	144		
夾江	640、641	宜城	165	孟縣	380、381		
孝感	600	宜章	583	直羅	308、309		
岐山	338	宜都	607	肥郷	263		
岐坪	706	宜黃	558	祁縣	380		
延川	297、298	宜祿	306	祁門	528、529		
		宜興	502、503				

祁陽	580、581		咸寧	597、598		桃源	602、603
邯鄲	267、268		咸陽	289		桐城	471、472
金明	297、298		垣縣	392		桐柏	180
金堂	688		垣曲	391、392		桐廬	513、514
金鄉	153		城父	436、437		泰興	445
金壇	494、495		城固	700		浦江	498、499
金谿	48、558		威遠	684、685		浮梁	534、535
長山	134、383		封丘	778		海門	83、453
長子	383		建平	543		海鹽	515、516
長水	109、110		建昌	541		涇縣	526、527
長江	666、667		建寧	595		涇陽	289
長林	618		建德	513		烏江	469、470
長清	123、124		昭化	702、703		益陽	574
長陽	607		昭德	267、268		眞符	704、705
長葛	188		柏鄉	271		眞陽	193、194
長道	341、354、356		柘城	113、114		眞寧	319
長興	496、497		洛川	308、309		神山	385、386
長舉	716		洛南	316、317		神泉	636、637
長豐	225、226		汧陽	348		胙城	205、206
門山	298		洪洞	385、386		茶陵	577
阜城	237、238		洪雅	641		郯城	199、200
青石	666、667		禹城	123、124		陝縣	294
青田	509		美原	304、305		高平	401、402
青城	656、657		芮城	294、295		高邑	271
青神	630、631		范縣	157		高苑	134、136
青陽	532、533		虔化	551、552		高唐	221、222
青溪	513、514		虹縣	438、439		高陽	280、281
			郤陽	299、300		高密	121
九画			韋城	205、206		高陵	289、290
信豐	551、552		飛鳥	664、665			
冠氏	115、116					**十一画**	
南皮	214、215		**十画**			乾祐	5、6、289、290、291
南和	257、258		乘氏	148、149		偃師	109、110、111
南宮	217		修武	259、260		商水	195、196
南康	83、564		剡縣	490		商河	223、224
南部	706、707		原武	105、203、204		商洛	317
南陵	526、527		唐縣	254、255		堂邑	221、222
南華	148、149		唐城	170		堂陽	217、218
南陽	167、168		夏縣	294、295		宿松	471、472
南新	487		夏津	115、116		宿遷	136、137
南溪	678		夏陽	299、300		密縣	109、110
南漳	165		恩陽	711		將利	361
南頓	195、196		峩眉	640、641		將陵	231、238
南樂	115、116		射洪	664、665		尉氏	777
南豐	568		栗亭	350		崇仁	48、558
即墨	131		桂陽	583		崇信	371

崇陽	597、598	博野	276、277	鄏縣	338
崇德	515、516	博興	118、119、777	鄄城	188
崑山	480、492、494	堯山	257、258	鄆城	153
崞縣	393、394	壺關	383、384	開化	511
巢縣	480	婺源	528、529	開封	8、105
常山	512	富平	305	陽信	223、224
常寧	576、577	富陽	487	陽城	401、402
常熟	492、493	宛句	148、149	陽翟	188
旌德	526、527	彭山	630、631	陽穀	150、151
望江	471、472	彭城	146	隆平	271、272
望都	255	彭原	319、320	雁門	393、394
梓潼	709	彭陽	358、359	雲陽	304、305
涪城	664、665	彭澤	530、531	雲夢	600、601
淅川	167、168	普潤	338	項城	195、196
淮陰	441	景城	219、220	順陽	168
深澤	269、270	棗彊	217	馮翊	299、300
淳化	118、119	棗陽	169、170	黃縣	128、129
清化	723、724、732	曾口	711	黃陂	478
清水	341	朝邑	299、300	黃梅	467、468
清平	115、116	朝城	115、116	黃巖	507
清源	380	渭南	302、303		
清豐	212、213、214	湖口	530、531	**十三畫**	
涉縣	383	湖城	294、295	慎縣	465、466
猗氏	292、293	湖陽	180	新井	706、707
章丘	124	湘陰	574	新化	585
符陽	725、726	湘鄉	574	新安	109、110
莒縣	121	湘潭	574	新昌	48、560
莘縣	115、116	無棣	215	新明	690
莫縣	73、225、226、227	無極	254、255	新城	487
許田	188、189	無錫	503	新政	706、707
通山	562、563	犀浦	627、628	新津	632
通化	652	登封	109、110	新息	193、194
通泉	664、665	硤石	295	新泰	126
鄟縣	627	絳縣	391、392	新都	627
都昌	541	舒城	465、466	新喻	566
陰平	709	華池	312、313、314	新鄉	261
陳留	778	華容	609	新樂	254、255
陵川	401、402	華亭	371、515、516	新蔡	193、194
雩都	84、551、552	華陰	302	新鄭	203、204
魚臺	155	萊陽	130	新繁	627
鹿邑	436、437	萊蕪	144	會昌	552
麻城	478	萍鄉	556、557	楚丘	113、114
麻陽	613	象山	501	榆次	381
		貴平	27、654、655	榆社	422、423
十二畫		貴溪	537、538	溧水	524、525
博平	221、222	費縣	126	溧陽	525

溫縣	191		壽陽	380		樂平	411、413、534、535
溫江	627		寧晉	271		樂至	673、674
溫泉	395、396		寧海	507		樂清	505
滏陽	267		寧國	526、527		樂陵	214、215
犍爲	641		寧陵	24、113、114		樂壽	219、220
瑕丘	144		寧遠	579		樂蟠	313、314
瑞安	505		彰明	636、637		樓煩	405
瑞昌	530、531		慈利	605		滕縣	146、147
瑞金	551、552		慈溪	500、501		潁上	198
當陽	619		滎經	646、647		潁陽	109、110、111
靖安	48、550		滎陽	105、203、204		潘原	356、357
經城	115、116		滎澤	105、203、204		潛江	595
義烏	498、499		漢川	616		潞城	383、384
萬安	48		漢初	682、683		澄城	299、300
萬泉	292、293		漳南	235、236		確山	193、194
萬載	556、557		碭山	155		稷山	391、392
萬壽	197、198		監利	595		縣上	409、410、425
葉縣	199、200		福昌	109、110、111		綿竹	638
葭萌	702、703		福津	361		緱氏	109、110、111
虞城	113、114		穀城	165		膠水	130
虞鄉	293		端氏	402		舞陽	189
資官	684、685		聞喜	310、311		蓿縣	217
資陽	670、671		蒙城	436、437		蓬池	716、718
逐平	193、194		蒲縣	395、396		蓬溪	666、667
逐安	513、514		蒲江	642、643		虢縣	338
逐昌	509		蒲圻	597、598		虢略	314、315
逐寧	667		蒲城	302		褒信	193、194
鄒縣	144、145		蒼溪	706、707		褒城	700、701
鄒平	134		趙城	385、386		諸暨	83、490
鄉寧	420		遠安	607		鄧城	165、166
鄋鄉	176		鄠城	308、309、310		鞏縣	109、110
鉛山	537		鄠縣	289		魯山	199、200
鉅鹿	257、258		銅梁	682、683		黎陽	282
雍丘	778		銅陵	532、533			
雷澤	157					**十六畫**	
鼓城	269		**十五畫**			冀氏	385、386
			儀隴	717、718		導江	656、657
十四畫			廣都	627		歷亭	235
僰道	678		廣濟	467、468		歷陽	469、470
嘉川	703		德化	530		澠池	109、110
嘉魚	597、598		德平	231、232		盩厔	338
壽安	109、110		德安	530、531		盧山	646、647
壽光	118、119		德清	496、497		盧氏	314、315
壽昌	513、514		德陽	638、639		縉雲	509
壽春	463		德興	534、535		繁昌	539
壽張	150、151		敷政	297、298		繁時	393、394

興化	445	臨城	271	羅山	201、202
興平	289	臨津	214、215、709	羅江	636、637
興國	551、552	臨洺	263、264	贊皇	271、272
興道	704、705	臨朐	118、119、777	隴安	348
燕湖	539	臨晉	292、293	隴城	342
蕩陰	252、253	臨眞	298	難江	723
蕭縣	146、147	臨涇	359		
蕭山	490	臨淮	447	二十画	
衞縣	282	臨淄	118、119	寶應	440、441
衞南	212	臨清	115、116	寶鷄	338
衞眞	436、437	臨洓	438、439	寶豐	537、538
衡山	574	臨湘	608、609	籍縣	654、655
衡水	217	臨溪	642、643	醴泉	289
衡陽	576、577	臨漳	252、253	醴陵	574
遼山	422	臨潁	188	蘄縣	438、439
鄴縣	252、253	臨潼	289	蘄水	467、468
閿鄉	294、295	臨濮	157		
霍丘	463	臨濟	123	二十一画	
霍邑	385、386	襄垣	383	灌陽	587
餘干	534、535	襄城	199、200	蘭溪	498、499
餘杭	487、488	襄陵	385、386	饒安	214、215
餘姚	490	襄樂	319	饒陽	265
龍安	636、637	鍾離	474	鷄澤	263
龍泉	509、553、554	韓城	299、300		
龍岡	257	館陶	115、116	二十二画	
龍門	292、293			鄧縣	436、437
龍南	551、552	十八画		龔丘	144
龍陽	602、603	瀏陽	574		
龍游	511	翼城	391、392	二十三画	
龍興	199、200	藍山	589	欒城	250、251
		藍田	289	麟游	338
十七画		藁城	250、251		
應山	601	豐縣	146、147	二十四画	
應城	600	豐林	297、298	贛縣	551
應靈	684、685	豐城	549、550	靈石	398
濛陽	634	豐陽	317	靈河	205、206
濟源	191	雙流	627	靈泉	627
營山	717、718	魏縣	115、116	靈壽	251
獲鹿	250、251	魏城	636、637	靈臺	343、344
獲嘉	261	黟縣	528、529	靈寶	294、295
績溪	528、529			鹽山	214、215
臨安	487	十九画		鹽官	487、488
臨汾	385	廬江	83、480	鹽泉	636、637
臨邑	123、124	廬陵	553、554	鹽亭	664、665
臨泉	408	懷仁	443	鹽城	440、441
臨河	212	櫟陽	289		

二十五画
觀城　　212

鎮市索引

二画

丁角　　494、495
七里渡　　223、224
九鼎(坑)　　588、589
九龍　　509、510
二祖　　267、268
八角　　104、107

三画

三汊口　　233、234
三州　　688、689
三陽　　341
三會　　673、674
三溪　　654、655
三鄉　　109、110
三塾　　456、457
三節　　688、689
上平(関)　　395、396
下汊　　616、617
下羕橋　　539、540
下蜀　　524、525
久長　　478
土坊　　549、550
土樓　　212
大拔　　325
大通　　532、533
大順城　　312、313
大趙　　267、268
大儀　　434、435
大瀘　　673、674
小白竹　　588、589
小安　　673、674
小東陽　　627
小溪　　500、501
山河　　319
弓門　　341
弓高　　237、238

四画

丹山　　670、671
仁風　　673、674
仁高　　237、238
元融橋　　700、701
公井　　685
公乘　　150、151
六丈　　449、450
六井　　673、674
天聖　　364、365
天禧　　252、253
太平　　144、145、223、224、568、569、650、651
孔城　　471、472
屯莊　　214、215
斤溝　　197、198
方井　　632
月山　　670、671
木奴　　706、707
木池　　664、665
木波　　325
木馬　　627、628
木場　　447
木頭　　634、706、707
木瀆　　492、493
水北　　212
水陽　　526、527
水務　　231
牛首　　165
王井　　706、707
王村　　638、639
王店　　627、628
王琮　　231
王務　　193、194
王祺　　467、468
王臺　　193、194

五画

北拓　　321
北阿　　456、457
北洺水　　263
北神　　440、441
北陽　　267、268
北鄉　　331
史源　　463、464
平安　　358、359
平戎　　312、313
平遠　　325
平樂　　642、643
正陽　　197、198
永平　　157、158
永安　　471、472、505、642、643、654、655、673、674、706、707
永牢　　219、220
永和　　325
永清　　178
永勝　　673、674
永寧　　341、650、651、673、674
永樂　　634
永興　　673、674
永豐　　233、630、631
瓜步　　451
瓜洲　　434、435
瓦亭　　356、357
甘北　　289
甘河　　289、290
甘泉　　650、651
甘陵　　235、236
田樓　　235、236
白土　　146、147
白石　　341
白江　　656、657
白芳　　688、689
白沙　　341、584、585
白波　　109、110
白家灘　　263
白崖　　673、674
白珊　　638、639
白馬　　650、651、664、665
白塔　　449
白巖河　　371
石井　　471、472
石臼　　664、665
石佛　　630、631
石昌　　325
石界　　316、317
石梁　　434、435
石馬　　654、655

< 17 >

石湍	673、674	竹口	150、151	沙溪	682、683		
石牌	480	米市	654、655	良山	718		
石筥	588、589	羊口	682、683	角弓	361		
石塘河	199、200	羊牧隆	356、357	谷陽	436、437		
石溪	471、472	西谷	312、313	赤水	302		
石碑	638、639	西赤城	371	赤谷	338		
石頭	534、535	西昌	637	赤岸	595、596		
石橋	467、468	西故	438、439	赤城	308、309		
石橫	150、151	西界	223、224、642、643	赤倉	104、107		
		西湯	409	車領	646、647		
六画		西溪	445	邑城店	267、268		
任河	214、215	西興	490	阮村	235、236		
伊闕	109、110	西壕	358、359				
伏羌	341	西臨洺	263	**八画**			
伏落津	407、408			來遠	217、218、463、464		
全節	627	**七画**		制勝	371		
合水	642、643	但歡	150、151	味江	656、657		
合流	188、189	何店	664、665	和川	386		
合道	325、326	佛圖	562、563	和興	650、651		
吉陽	638、639	利亭	361	固鎮	267、268		
安仁	650、651、670、671	利城	517、518	固河	221、222		
安定	157、158、233	利溪	706、707	始建	654、655		
安居	682、683	呉城	193、194	始陽	646、647		
安國	356、357、627、628	呉橋	231、232	宗齊	217、218		
安陵	231	呂城	494、495	定安	115、116		
安塞	325	坑冶	316、317	定戎	348		
安溪	706、707	夾門	642、643	定西	341、342		
安遠	341、342	夾灘	221、222	定邊	325		
安德	634	孝順	498、499	定寶	711、712		
安樂	150、151	宋郭	259、260	宜陵	434、435		
安賢	115、116	宋樓	104、107	府店	109、110		
寺前	299、300	岐平	706、707	府城	350		
回(廻)河	123、124	岐亭	478	奔牛	502、503		
多悦	630、631	岐陽	338	招安	297、298		
成家步	463、464	延安	115、116	招攜	627		
曲河	109、110	延貢	642、643	昌邑	153		
曲隄(堤)	123、124	忻口	399、400	明靈	221、222		
朱家曲	104、107	李固	115、116	昔水	704、705		
朱皐	476	李家	123、124	東鎮	310、311		
朱堪	214、215	李溪	498、499	東山	364、365		
汝墳	199、200	李億	217、218	東永和	233		
江南	650、651	杜遷	526、527	東石	212		
牟池	688、689、706、707	汭口	537	東百井	411		
百井	380、381	沙市	553、554	東谷	312、313		
百里	343、344	沙苑	299、300	東郭	706、707		
百家	341	沙渠	642、643	東館	630、631		

板源	588、589	封山	706、707	徐城	447		
板橋	434、435	建雄	104、107	晉安	707		
武亭	480、481	後田	642、643	栗林	670、671		
武城	338、339	思安	642、643	桃園	136、137		
社渚	524、525	恩濛	630、631	桐墟	438、439		
洰江	627、628	故県	478、690	桑橋	115、116		
河口	361	故驛	642、643	浐陽	595、596		
河屯	627	柏杜	638、639	烏沙	608、609		
河南	447	柏林	157	烏嵓	325		
河湖	541、542	柏茂	688、689	烏墩	496、497		
法喜	338、339	柔遠	312、313	眞多	688、689		
泥陽	319、320、350	柴壚	445	秦渡	289、290		
花林	706、707	柵江	469、470	脂角	223、224		
迎鸞	150、151	柳子	438、439	茗山	673、674		
邵伯	434、435	柳市	505	荊山	438、439		
金山	636、637	柳泉	358、359	袁村	237、238		
金牛	597、598	殄寇	195、196	馬逮	214、215		
金仙	706、707	毗沙	289、290	馬頭	471、472		
金鄉	193、194	泉會	706、707	馬嶺	325、467、468		
金嶺	134	洛谷	338	馬欄橋	104、107		
長利	706、707	洛南	199、200	高田	638、639		
長柳	700、701	洛帶	627	高辛	113、114		
長武	343、344	洞口	632、633	高居	602、603		
長泉	630、631	洪山寺	397、398	高橋	654、655		
長風沙	471、472	洴谷	292、293				
長樂	474、475	界首	150、151	**十一画**			
長蘆	217、218	界溝	197、198	乾封	650		
青山	706、707	胡家林	123、124	乾興	364、365		
青城	502、503	胡家羌	123、124	商城	476		
青陽	447	胡壁堡	331、332	圉城	104、107		
青澗	297、298	苑橋	282	棚口	634		
青龍	515、516	范橋	239、240	婆渝	673、674		
		苤陂	193、194	將陵	231		
九画		重山	706、707	崇德	650、651		
保安	214、215、436、437	重興	231	崇明	453、454		
信陽	121	重錦	706、707	崇龕	673、674		
前倉	505	韋家莊	214、215	崑山	480		
南平	706、707	飛鳶	405、406	崔模	338、339		
南明	664、665	香溪	636、637	常寧	329、330		
南門	176			常樂	688、689		
南湍	670、671	**十画**		張三館	104、107		
南銀	511、512	唐化	688、689	張杞	664、665		
南關	409、410	唐福	654、655	張渚	502、503		
南廬	463、464	師子	595、596	張康	673、674		
咸平	214、215	孫生	115、116	得勝(將)	356、357		
宣化	451	射子	193、194	採造	316、317		

掌保	325、326	景德	150、151	新務	223、224		
斜谷	338、339	棗社	319、320	新馬	438、439		
曹仁	115、116	欽風	223、224	新渠	632		
曹張	294、295	渚陽	167、168	新寨	188、189、356、357		
望亭	502、503	渚路橋	507	新興	682、683、711、712		
淇門	282	渭橋	289、290	新關	348		
淮安	312、313	港頭	507	會亭	113、114		
淳化	118、119	湖洑	502、503	會寧	214、215		
清化	259、260	湧泉	650、651	椹澗	188、189		
清水	115、116	湯村	487、488	楊劉	150、151		
清平	338	皖口	471、472	業樂	312、313		
清流	627、673、674	粟邑	289、290	歇馬	294、296		
清湫	338、339	翔鸞	150、151	滑家口	150、151		
清漳	263、264	肅安	123、124	義興	393、394		
淺口	115、116	肅寧	219、220	義聲	104、107		
略坪	638、639	肅遠	325	萬安	297、298		
荻港	539、540	進賢	549、550	萬春	229、230、711、712		
許公	471、472	開邊	358、359	萬善	259、260、711、712		
連山	638、639	開順	463、464	萬勝	104、107		
通城	597、598	陽平	338	萬歲	502、503		
通海	438、439	陽橋	203、204	葺山	711、712		
通商	214、215	陽羅	478	達多口	223		
通賢	673、674	順安	532、533	雍店	627		
郭店	203、204	雁門	393、394	零口	289		
郭界步	463、464	馮氏	329				
郭橋	104、107	馮街	627	**十四画**			
都竹	720	黃石河	371	團保	325		
陳橋	104、107、203、204	黃堡	304、305	團城	257、258		
陵亭	445	黃特	193、194	團堡	325		
陶塓	656、657	黃鹿	636、637	壽安	642、643		
魚溝	136、137	黃隊	155	寧化	235		
麻步	463	黃龍	630、631	寧海	233、234		
麻亭	329			寧鄉	150、151		
		十三画		寧遠	341、342		
十二画		新鎮	123、124	慈湖	539、540		
博寧	115、116	新井	664、665	截原	358、359		
喜井	673、674	新邑	638、639	榮山	717、718		
報恩	553	新市	123、124、299、300	漁浦	490		
房陵	595、596	新安	263、264、664、665	漕口	197、198		
富安	706、707	新安仁	123、124	福山	492、493		
彭婆	109、110	新店	257、258	福化	630、631		
彭陽	364、365	新門	358、359	福昌	109、111		
普通	115、116	新河	217	綦村	257、258		
普慈	673、674	新城	358、359、576、577	臺村	267、268		
普潤	638、639	新穿	632、633	蒙館	436、437		
景山	312、313	新高	237、238	蒲村	656、657		

蒲臺	233		賴姑	673、674		舊州	212
趙林	221、222		賴胥	670、671		雙港	471、472
趙嵓口	134		賴社	654、655		魏塘	515、516
趙塘	602、603		賴欽	673、674			
趙觀	214、215		賴漫	654、655		十九画	
銀山	670、671		賴磐	670、671		嚮化	231、232
銅山	471、472		賴關	670、671		懷仁	231、232、650、651
銅城	434、435		賴藕	654、655		羅場	480、481
銅鼓	670、671		賴鎌	654、655		羅溪	673、674
領宗	235、236		霍山	463		藕池	595、596
鳴犢	289、290		靜安	438、439		藕塘	474
			靜邊	356、357		關山祶	150、151
十五画			頭泊	642、643		關西	302
劇口	214、215		龍安	630、631、636、637		隴竿	356、357
劉宏	123、124		龍岡	588、589			
劉固	217、218		龍門	636、637		二十画	
劉解	219、220		龍延	706、707		寶興	393、394
劍門	709		龍泉	254、255、306、307、706、707		寶積	551、552
廣平	221、222					礬山	385、386、480、481
廣成	515、516		龍溪	471、472		寶保	235、236
廣鄉	352、353					靳口	467、468
德靖	327		十七画			靳澤	438、439
慶安	492、493		彌牟	627			
慶興	636、637		濟河	123、124		二十一画	
敷水	302、303		濟陽	113、114		蘭陵	126、127
樊村	165、166		糜村	231、232		鐸水	700、701
潁橋	199、200		糝潭	480		饒陽	235
潘鎮	104、107		繁城	188、189			
盤小	471、472		臨洪	443		二十二画	
盤河	231、232		臨涇	289、290		酈陽	436、437
蓬山	717、718		臨黃	157			
鄆城	436、437		臨濟	123、124		二十三画	
馺口	188、189		薛祿	329		鷟山	471、472
			蕭館	104、107			
十六画			襄安	480、481		二十四画	
儒靈	650、651		謝步	463、464		蠶此	627
橫林	502、503		鐘陽	366、367		鹽官	341
橫渠	338		隱賢	463、464			
灘流	673、674		韓朋	673、674		二十五画	
瀀河	600					觀臺	267、268
盧館	104、107		十八画				
縣渚	507		擧鎮	123、124		二十九画	
興利	221、222		歸化	214、215		鸚鵡	167、168
興善	393、394		歸仁	223、224			
賴母	630、631		歸安	654、655			
賴玉	654、655		舊安仁	123、124			

路 索 引

四京　1、2、4、10、22、23、24、29、30、37、53、73、75、81、82、90、101、102、103、104、109、138、139、140、141、142、143、172、432、733、751、752、757、760、763、766、775、785

京東路　24、46、47、84、103

京東東路　30、46、52、58、65、101、102、118、138

京東西路　46、57、60、65、101、102、144、146、148、161、162、163、164、755、760

京西路　6、44、51、84、103

京西南路　44、60、65、101、165、183、184、185、186、187、756、757、760、762

京西北路　44、65、101、102、112、188、207、208、209、210、211

京西南北　172

河北路　7、57、79、84、101、102、103

河北東路　28、29、65、101、102、212、244、246、248、757、760、762

河北西路　65、66、90、101、250、254、283、285、286、287、757

河北東西　25

陝西路　5、18、38、42、43、44、51、52、57、79、101、299、301、330、338、340、768

永興軍路　5、6、43、66、67、80、90、101、245、280、289、330、332、334、335、336、337、379、757、760、762、783

秦鳳路　43、60、65、66、80、90、101、245、330、332、338、343、375、376、377、378、379、755、757、760、783

河東路　25、28、57、59、63、65、66、67、79、80、84、90、101、380、427、429、430、431、432、757、783

淮南路　15、16、17、38、52、57、433、458

淮南東路　60、65、433、434、458、459、461、462

淮南西路　60、65、433、463、482、483、484、485、494、755、756、760

淮南東西　433

兩浙路　11、38、48、52、57、58、65、68、79、84、90、433、487、519、521、522、523、757、790

江南路　38、52、57、433、790

江南東路　30、65、79、433、524、545、546、547、548、756

江南西路　25、47、48、63、65、79、90、91、433、534、549、570、571、572、756、760、762、771

江南東西　84、433

荊湖路　20、38、52、433、769、790

荊湖南路　48、65、79、433、574、590、591、592、593、756、757、760、762、771

荊湖北路　21、51、65、66、79、433、595、619、620、621、622、623、624、771

荊湖南北　25、84、433

成都府路　3、20、21、27、38、66、84、90、103、625、627、658、659、660、661、663、695、727、729、733、735、747、749、750、760

梓州路　3、20、21、52、66、79、84、90、103、620、625、659、664、694、695、697、727、729、733、735、747、749、750、760、763、771、786

利州路　3、20、21、52、66、79、84、90、103、625、626、659、695、700、727、728、729、730、732、733、735、747、749、750、760、763、771

夔州路　30、51、52、62、66、67、76、79、84、90、103、625、768、770、772、790

福建路　30、52、53、54、60、62、67、75、76、80、84、90、103、433、625、768、770、772、775

廣南路　52、66、103

廣南東路　51、52、53、54、60、65、66、67、75、84、90、103、433

廣南西路　30、51、65、67、79、84、90、103

廣南東西　30、52、62、66、67、75、76、80、103、625、768、770、772、775

著者紹介

清 木 場　東（きよこば　あづま）

1943年　北九州市に生れる
1969年　鹿児島大学法文学部卒業
1974年　九州大学大学院文学研究科
　　　　博士課程単位取得
1977年　純真女子短期大学助教授
1984年　久留米大学助教授
1990年　久留米大学教授
1996年　久留米大学文学博士
2013年　久留米大学名誉教授

著　書
『唐代財政史研究』（運輸編）（九州大学出版会、1996）
『帝賜の構造－唐代財政史研究支出編－』（中国書店、1997）
『北宋の商業活動』（久留米大学経済学会、2005）

北宋の都市と町

```
平成26年12月1日　印刷
平成27年1月1日　発行

    著　者
          清 木 場　　　東
    発行者

    発売　中　国　書　店
        〒812-0035 福岡市博多区中呉服町5-23
                電話　092(271)3767
                FAX  092(272)2946
                http://www.cbshop.net

    印刷所　有限会社 新 幸 印 刷
        〒830-1123 久留米市北野町冨多121-9
                電話　0942(78)4715
                FAX  0942(78)7321
```

ISBN978-4-903316-40-6 C3022